医疗纠纷的鉴定与防范

司法部司法鉴定科学技术研究所
上 海 市 法 医 学 重 点 实 验 室 编著

科 学 出 版 社
北 京

内 容 简 介

本书由长期从事医疗纠纷鉴定与研究的专业人员编撰，系统阐述了医疗纠纷鉴定的实务与相关法律问题。本书分为理论篇、鉴定篇、司法实务篇与防范篇。理论篇重点阐述了医疗纠纷的概念、成因及其处置途径与相关法律、法规的规定，介绍了鉴定的基本理论、原则、程序与方法。鉴定篇按照医疗过错的分类，系统讲解了不同类型医疗过错的特点与鉴定时的注意事项；通过对临床医学主要专科典型案例的剖析，进一步使理论与实际相结合，便于读者理解与实际把握。司法实务篇重点关注司法裁判中对鉴定意见的认识，通过法律条款解读与典型案例剖析将科学鉴定与依法裁判相结合，对鉴定人、司法从业人员以及社会公众均有借鉴参考价值；而对国外案例的点评，有助于启发思维，推动相关学术研究。防范篇重点关注减少、避免与应对医疗纠纷等临床医务工作者更为关注的实际问题，从司法鉴定人员专业角度提出可参考意见。

本书可供司法鉴定人员、医疗事故技术鉴定专家、卫生行政管理人员、临床医务工作者，以及相关法律界人士参考使用。

图书在版编目(CIP)数据

医疗纠纷的鉴定与防范/ 司法部司法鉴定科学技术研究所，上海市法医学重点实验室编著. —北京：科学出版社，2015.6
ISBN 978-7-03-044846-0

Ⅰ.①医… Ⅱ.①司…②上… Ⅲ.①医疗事故—伤害鉴定—中国②医疗事故—预防—中国 Ⅳ.①D923.8 ②D922.165

中国版本图书馆 CIP 数据核字(2015)第 126929 号

责任编辑：潘志坚 闵 捷
责任印制：谭宏宇 / 封面设计：殷 靓

科学出版社 出版
北京东黄城根北街 16 号
邮政编码：100717
http：//www.sciencep.com
南京展望文化发展有限公司排版
广东虎彩云印刷有限公司印刷
科学出版社出版 各地新华书店经销
*
2015 年 6 月第 一 版 开本：787×1092 1/16
2025 年11月第二十次印刷 印张：36 3/4
字数：823 000

定价：198.00 元

本书获“十二五”国家科技支撑计划《司法鉴定关键技术研究》(2012BAK16B00)项目资助
本书为上海市法医学重点实验室资助项目(13DZ2271500)

编辑委会员

主编

夏文涛(研究员,主任法医师,硕士研究生导师,中国法医学会法医临床学专业委员会副主任委员)

朱广友(研究员,主任法医师,硕士研究生导师,享受政府特殊津贴)

杨小萍(副主任法医师)

编者(按姓氏笔画排序)

万　雷(主检法医师,司法部司法鉴定科学技术研究所　上海市法医学重点实验室)

王　萌(主检法医师、主治医师,司法部司法鉴定科学技术研究所　上海市法医学重点实验室)

王亚辉(主检法医师,司法部司法鉴定科学技术研究所　上海市法医学重点实验室)

朱广友(研究员、主任法医师,司法部司法鉴定科学技术研究所　上海市法医学重点实验室)

朱晋峰(助理研究员、编辑,司法部司法鉴定科学技术研究所　《中国司法鉴定》杂志社)

刘瑞珏(主任法医师,司法部司法鉴定科学技术研究所　上海市法医学重点实验室)

许　毅(三级法官,山东省青岛市市南区人民法院)

孙会艳(讲师、主检法医师,内蒙古赤峰学院司法鉴定中心)

李　瑜(主检法医师、主治医师,司法部司法鉴定科学技术研究所　上海市法医学重点实验室)

李绪周(法医师,杭州华硕司法鉴定所舟山分所)

杨小萍(副主任法医师,司法部司法鉴定科学技术研究所　上海市法医学重点实验室)

应充亮(副主任医师,司法部司法鉴定科学技术研究所　上海市法医学重点实验室)

沈寒坚(主检法医师,司法部司法鉴定科学技术研究所　上海市法医学重点实验室)

张丽敏（教授、主任医师，内蒙古赤峰学院司法鉴定中心）
张建华（副主任法医师，司法部司法鉴定科学技术研究所　上海市法医学重点实验室）
陈捷敏（副主任法医师，司法部司法鉴定科学技术研究所　上海市法医学重点实验室）
俞晓英（主管技师，司法部司法鉴定科学技术研究所　上海市法医学重点实验室）
夏　晴（主检法医师，司法部司法鉴定科学技术研究所　上海市法医学重点实验室）
夏文涛（研究员、主任法医师，司法部司法鉴定科学技术研究所　上海市法医学重点实验室）
顾晓峰（副主任法医师，南通大学附属医院司法鉴定中心）
徐彩裙（讲师，温州医科大学司法鉴定科学技术研究所）
曹松智（主治医师，杭州华硕司法鉴定所舟山分所）
葛志强（教授、主任医师，绍兴文理学院司法鉴定中心）
葛建荣（副教授、主任医师、主任法医师，绍兴文理学院司法鉴定中心）
廖　毅（主任医师，温州医科大学司法鉴定科学技术研究所）

学术秘书

彭书雅（临沂新光法医司法鉴定所　司法部司法鉴定科学技术研究所）
刘冬梅（苏州大学医学部法医学系　司法部司法鉴定科学技术研究所）
周　姝（复旦大学法医学系　司法部司法鉴定科学技术研究所）

PREFACE 序

医疗质量直接关系到国民的身心健康，历来为全社会所关注。一旦发生医疗差错造成不良后果，无论对于患者个人及其家属，还是对于社会都将造成不良影响。同时，医疗行业又具有相当大的风险，医疗效果带有一定的不确定性。正因如此，医疗纠纷已成为当前社会热点问题之一。其中，医疗行业管理人员及从业人员、医疗纠纷鉴定技术人员、医疗纠纷处理行政人员及司法审判人员乃至普通民众，均十分关注医疗纠纷鉴定的问题。鉴定质量对于医疗纠纷的正确处置，彰显公平正义，对于今后尽可能避免同类问题再度发生，无疑都具有重要的意义。虽然我国对于医疗纠纷的鉴定已出台一系列法律、法规、部门规章等相关规定，但在理论研究与鉴定实践等方面仍未臻完善，距离公正司法的要求与人们普遍满意而言，还有相当长的路要走。

目前，经常引发业内专业人士、相关法律界人士及社会公众广泛而深入讨论的有关医疗纠纷鉴定的主要议题包括：鉴定的属性、鉴定机构及鉴定人的资质、鉴定材料的确定与取舍、鉴定模式、鉴定程序、鉴定理论与鉴定方法、鉴定意见的审核、质证与采信等。本书作者多是实践经验丰富的资深法医学鉴定人，接受过系统临床医学和法医学训练，大多有丰富的临床医学工作经验，在医疗纠纷鉴定领域颇有心得与体会。多年来，他们不断总结并凝练医疗纠纷法医学鉴定问题，结合实践经验积累，应用理论阐述与典型案例剖析对科学鉴定与法律适用等问题展开了深入的研究，成果颇丰且具有很强的实践应用价值和指导意义。

纵览本书，包括理论篇、鉴定篇、司法实务篇、防范篇。开篇从医疗纠纷的概念、成因及其处置途径与相关法律、法规的规定入手，层层抽丝剥茧，展开鉴定的基本理论与原则、鉴定分析和判定方法的论述，既有法律问题的解说，又有鉴定技术问题的评析。全书涵盖了法医临床学与法医病理学有关医疗纠纷鉴定的技术问题和典型案例，分章叙述时按照医疗过错分类娓娓道来，内容博而不杂，叙事说理深入浅出，是医疗损害司法鉴定人、医疗事故技术鉴定人可备于案头的参考书、工具书，同样对医疗行业管理及从业人员以及相关法律工作者有很好的借鉴价值，也可作为对该问题有兴趣的医学、法律专业学子及普通民众有益的参考。

值此倡导依法治国的盛世，本书的出版，有望激发相关行业内技术专家和从业人员持续研究、探讨医疗纠纷鉴定的理论问题，使之日臻完善，不断丰富和提高鉴定的技术手段和能力，更好地为公正司法提供技术支撑，同时也有望促进司法鉴定行业日益进步，医疗卫生事业更优质地为人们提供服务。

应本书作者之邀，欣然提笔，以此为序。

司法部司法鉴定科学技术研究所　副所长

研究员、主任法医师、博士研究生导师，享受政府特殊津贴

二〇一五年二月

于上海

FOREWORD

前　言

弗朗西斯·培根曾提出医学的三大目的，即：促进健康，减少疾病，延长寿命。随着现代医学的不断发展，疾病的诊断、治疗及预防技术不断丰富，人们的健康水平有了很大的提高，期望寿命得以明显延长，但人们还是不得不面临各种疾病的困扰，甚至因为不断进步的现代诊疗技术手段与越来越丰富的化学合成药物给人们带来新的疾病，而且始终不能避免生命走向死亡的进程。这是现代医学难以摆脱的悖论。某些时候，事实就是如此无情，当你对医学的期望越高，可能面对的失望也越大。正确认识医学的价值，无论对医生，还是对患者，都是极其重要的。

恩格斯说过，科学是用一种比较不荒谬的理论去取代一种比较荒谬的理论的一种荒谬理论。科学其实就是这样进步着的，不断地抛弃自己，不断地修正自己。医学作为一门科学，同样具有时效性、保鲜期。如果用今天的眼光去看待昨天的医疗行为，可能会发现其中或多或少的"荒谬"与"失败"。而且，与人们普遍的期望完全不同，随着医学科学的进步，医学变得越来越权威，貌似总有一天可以治愈所有的疾病，但理论与技术的进步不但毫无希望催生出一种无所不能的医学，而且今天我们所面对的医学问题，远比以往任何时候更多、更为复杂。因此，无论是行医者，还是患者或者家属，都应该用时代的眼光辩证地审视医疗过程。

医学不仅是一门自然科学，更需要处理人的问题，因为人是医学的最终服务对象。与人打交道，医生仅有高深的技术，可能还远不能满足其社会科学属性的要求。就像希波克拉底所言：医学是一门艺术，而不是单纯的技术。不同的服务对象，有不同的需求、不同的认知、不同的心理承受能力、不同的经济能力，也不可能适应千篇一律的服务方法。因此，如果医务人员不能恰如其分地处理好与患者及其家属的关系，则很可能会陷入尴尬的窘境。

患者就医看似一种消费行为，却绝不是普通的消费。普通的消费，无论是易货贸易，还是持币购物或者购买服务，都能够通过物化的客体或者过程使消费结果体现出来。但医疗消费最大的特点，就是有时候消费结果是无法预知的。就医的结果可能是痊愈，可能是好转，可能是稳定，也可能是恶化，甚至可能是残疾乃至死亡。事实上，现代都市人绝大多数最终都会在医生无奈的目光下绝望地闭上双眼、停止呼吸。不能说一旦出现患者并不期望的消费结果，他们就可以理直气壮地拒绝“买单”。

临床医学之所以能够吸引广大勤奋而睿智的人皓首穷经、孜孜钻研，正在于她不仅需要具有深厚扎实的理论基础，又需要持之以恒的实践积累。她可以给人带来克服病魔的成就感，也可能让人陷入人财两空的黑洞。她的不确定性可能正是她的魅力所在。我们要为那些将毕生的精力奉献于临床医学的医务人员点赞，但也必须承认，他们所面对的是至高无上的生命，是千金不易的健康，是家人的期盼，是父母的希望，更是孩子的天。因此，他们应当、也必须承担起这份责任，从举起右手庄严念诵希波克拉底誓言的那刻开始，从穿上神圣的白大褂的那天开始。

我曾经是其中的一员，至今仍时常在梦中穿越回到弥漫消毒药水味道的手术室，仿佛患者期盼的目光正殷殷注视我的脚步。当我孤独地坐在电脑前敲击键盘，写下这些文字的时候，心情是矛盾而痛苦的。医疗纠纷这个词语，从没有像今天这样噬痛我的心。本该是站在同一条战线对抗病魔的医患同盟军，现在似乎成为最缺乏互信的两个对立的群体，还有什么比这更令曾经作为医生的我感到难以忍受之痛。但是，理智告诉我，“存在的”就一定有它的“合理性”。既然已经是事实，就一定要冷静面对。最理想化的结局当然是杜绝所有纠纷，无论什么样的治疗效果，所有患者都带着满意回家或踏入另一个世界。但是，我们深切地认识到，这在相当长一段时期内是不可能实现的。我们如果能够妥善处置每一件纠纷，让真相大白于天下，必然有希望达到既服众息诉、又警示后人的目的，也会有希望从根本上减少纠纷。

我想，这正是本书可能的价值之所在。

二〇一五年二月春节

CONTENTS 目　录

鉴定篇

司法实务篇

防范篇

附录

理论篇

第一章　医疗纠纷概述

医疗纠纷的发生既有其内在原因，也与整个社会经济的发展密切相关。认识医疗纠纷的本质特征及其形成原因，了解医疗纠纷鉴定的作用与意义，对于鉴定人进行科学鉴定，以及促进纠纷最终得以妥善解决、对于未来纠纷的防范无疑都具有积极的意义。

第一节　发生医疗纠纷的原因及其公正鉴定的重要意义

一、发生医疗纠纷的原因

曾几何时，医疗纠纷对于现今50后、60后的人们来说，都曾经是遥远、陌生乃至难以想象、不可思议的名词，但近二十年来，医疗纠纷发生率迅猛增长。据最高人民法院某项统计资料，医疗纠纷诉讼近年来的年增长率达10%～20%，2010年全国法院审理医疗纠纷案件总计5万余件，近年仅北方某直辖市各级人民法院上传可供公开查询的医疗纠纷诉讼裁判文书每年均超过1 000例。因纠纷致医务人员伤亡的恶性事件也时有发生，经常成为网络乃至社会热点话题。根据中国医院协会近期发布的《医院场所暴力伤医情况调研报告》，有暴力伤医事件发生的医院从2008年的47.7%上升至2012年的63.7%。该报告调查还显示，医务人员遭到谩骂、威胁较为普遍。虽然并没有证据证明恶性伤医、侮医事件并非一定由医疗纠纷引起，但从一个侧面反映了本应一致共抗疾病、和谐相处的医患关系目前呈现较为紧张的势态，医患互信似乎跌入历史谷底，长此以往，必然将妨碍医疗卫生事业的健康发展，不利于国家经济社会的建设以及多数国民的利益。

作者认为，医疗纠纷案件的增多，当然与所处时代的发展、人们法制意识的增强，以及社会正处于转型的关键时期有着重要的联系，但其本身却也存在诸多内在因素，而且是多方面的，现尝试做如下举例说明。

1. 科学技术进步带来的问题

虽然医学科学、医疗技术与其他自然科学、工程技术一样日益取得进步，但人们对医疗服务效果日益增长的期待与医疗水平的发展仍受到时代限制的客观事实之间难免存在尖锐的矛盾。真所谓“期望越大，留下的遗憾和失望也越大”，在巨大的失望面前，容易形成不满和抱怨情绪，酿成纠纷。

2. 医疗制度带来的问题

医疗制度的设计存在缺陷，医疗资源过于集中于一些发达地区的大医院，形成相对的“就医难”，易使求医者产生烦躁情绪，为就医过程中产生争议埋下祸根。而一些中、小医院，因没有足够的患者，缺乏足够的设备资源，医务人员难以得到有效的锻炼机会，影响业务水平的提高，反过来进一步制约了患者量的增加。

3. 医疗手段不断丰富带来的问题

医学的进步，促进诊断产品、中西药品、技术方法、器械及辅助用具等医疗手段不断丰富，同时不同的医疗手段很可能产生诊疗效果的差异，甚至带来意料之外的风险，而这些风险由于缺乏必要而良好的沟通，容易成为争议的祸端。

4. 医疗责任保险滞后带来的问题

迄今，医疗责任保险制度仍不尽完善，使医务人员往往成为矛盾的直接“当事人”和“受害者”，牵扯了他们的精力，必然也会限制他们聪明才智的发挥，往往一件医疗纠纷会给医务人员留下终生的阴影，甚至在某些地区、某些专业领域导致医务人员的流失，加大医疗服务的缺口，反过来增加矛盾发生的机会。

5. 信息化时代伴随而生的问题

随着信息技术的发展，医学知识和医疗信息较前明显容易获取，普通人可以通过各种途径获得比较、评价医疗服务结果的机会，虽然这种比较和评价往往并不具有专业水准，甚至显得不合逻辑乃至荒谬，但不专业的评价又得不到有效的疏导和纠正，甚至形成广泛的误解。

6. 人们维权意识不断提高带来的问题

公民生活水平持续提高，法律意识、维权意识较前持续增强，在社会活动中越来越注意维护自己的权益，更加敢于揭示矛盾、直面纷争，不再像他们的前辈一样耻于“上公堂”、“打官司”。

7. 医务人员服务态度带来的问题

少数医务人员“朝南坐、脸难看”的服务态度，少数医疗单位和“医疗专家”盲目自信，拍胸脯，空许诺，结果却难以令人满意甚或与承诺截然相反，必然导致患者的强烈不满和反弹。

8. 纠纷解决机制不够完善带来的问题

相当长一段时期内，医疗纠纷专门法律、法规仍不够健全，或者规定内容显得相对滞后，刻意强调对医疗事故的行政处理，对第三方调解、司法处理重视不足，使纠纷不能得到妥善的处置，可能激化矛盾。

9. 媒体过度曝光带来的问题

近年来不时被揭露的一些医疗行业的负面新闻，增加了普通群众对医疗从业人员的不满和怀疑，也为纠纷的发生埋下了隐患。

10. 人们对自身健康高度关注带来的问题

医疗服务质量直接关系到社会成员的健康乃至生命安全，而随着社会进步与生活水平的总体提高，人们往往会给予更多的关注，加之媒体的高度发达和多元化的报道，在接受医疗服务时容易产生负面的“联想”和“不安全感”。

11. 纠纷鉴定渠道不畅带来的问题

少数鉴定技术专家出于行业保护或者同行情面，在鉴定过程中，羞于谈论医疗过错，鉴定结果“阳性率”过低，不能达到化解争议、平息纠纷的目的。

12. 医务人员业务能力不足带来的问题

医学科学的迅猛进步，对医务人员提出了不断更新理论知识、提高技术能力的迫切要求，但少数医务人员在学习上不求甚解，在技术上甘于自满，难免在崭新的医疗环境下马失前蹄。

13. “居间中介”怂恿过度维权带来的问题

少数“好心人”居心叵测，为了一己私利，挑起矛盾，扩大争议，甚至挑诉架讼，从中谋取不当利益。

14. 少数患者过度维权带来的问题

确有部分所谓的“患者”听信他人“谗言”，或者抱着不健康的心态，在医疗事件中存有不切实际的索赔心理，主观上或者客观上扩大事态，使纠纷久拖不决，占用了医疗资源或者司法资源，甚至采取违法犯罪的“医闹”行为，危害社会秩序和公共安全。

15. 少数医务人员同行相忌带来的问题

部分医疗单位在面对纠纷时举止失措，或者横眉冷对，或者以暴制暴，或者委曲求全，在一定范围内造成不好的示范效应。

由此可见，医疗纠纷在相当长的一段时期内，将是当今社会难以完全避免和彻底化解的矛盾，需要我们大家引起高度重视。当然，我们相信，随着社会文明与法制建设的持续进步，随着各界越来越多的关注，医疗纠纷在不远的将来一定会逐渐减少，医患关系和谐的局面一定会到来。

二、医疗纠纷鉴定的重要意义

如前所述，当前医疗纠纷呈增多趋势，恶性事件频发，医患矛盾突出，严重影响社会和谐稳定。作者认为，在短时期内切实缓解医患矛盾的一大关键在于发生纠纷后应具有妥善的解决机制，避免矛盾激化甚至酿成严重事件。因此，医疗纠纷的调解、仲裁、司法审判就显得至关重要。

作为专业的法医学司法鉴定人，医疗纠纷一直是我们重视和研究的课题。我们远没有能力从根本上改变上述局面，但我们坚持认为，努力争取使每一件纠纷都能获得相对公平、公正的鉴定结果，是案件最终得以公正调解、裁决、判决的前提和基础，切实提高我国医疗纠纷的鉴定水平更是缓解医疗纠纷给各方带来巨大压力的对症良药。提高医疗纠纷鉴定水平可能带来的益处大致可以归纳为以下几个方面。

1. 有利于促进医疗纠纷的理性解决

理性是争议、矛盾妥善解决的关键前提，只有给争议双方设计好通畅、合理的宣泄口，争议、矛盾才会循着既定的程序得以逐步化解。

2. 有利于促进医疗服务水平的提高

鉴定可能给医务人员带来暂时的“难堪”，甚至不得不作出真金实银的赔偿，但由此带来的切肤之痛与血的教训，可以警示自己以及同行今后的执业生涯，避免类似错误的再次发生。

3. 有利于挤压试图从中渔利者的生存空间

在制度设计严密、鉴定专家与裁判人员公正执法的医疗纠纷处理体系面前，少数抱有不良心态的“挑事者”必然将逐渐失去市场，人们将回归和平解决诉求的渠道。

4. 有利于形成患者的健康思维

与医务人员一样，患者同样需要提高其就医水准。在一致的法规面前，在公正的处理下，相似的案件一定会有相近的处理结果，有助于打消少数人通过扩大争议甚至“医闹”获取利益的不健康心态。

5. 有利于改善医疗环境，促进医疗资源的合理分布

据统计，我国目前仍有相当部分医疗纠纷的患者试图通过不合理地占用医疗资源争取达成自己的诉求，同时医疗单位为了处置缠诉、缠访患者，也往往设置了专门的处理机构，占用了大量的精力和财力。公正的鉴定有助于促进妥善的处置，医患双方均可以从沉重的压力下获得解脱。

6. 有利于促进医疗责任保险制度的完善

保险制度的建立，在某种程度上依赖于责任的准确认定。没有客观、公正的鉴定，不可能有真正意义上完善的保险制度。建立医疗责任保险制度的真正意义是从根本上解放医务人员，让他们专心于医疗业务，让患者有信心选择专业的诉求解决渠道。

7. 有利于公众普及医事法律及医学科普知识

借助当今发达的资讯平台，公布典型案件的鉴定结果，通过专家释疑，使普通人了解事件的客观真相，理解鉴定人提出专家意见的科学依据，理解法官做出判决的法律思维，让患者不会对鉴定与审判产生“幕后操控”的误解。

8. 有利于促进医疗单位与医务人员队伍的建设

通过科学、客观、公正的鉴定，明晰是非，分清责任，对于一些事故频发且管理落后的医疗单位，对于一批经常制造麻烦且不思进取、毫无责任心的医务人员，建立淘汰机制，净化医疗行业，提高整体水平，让患者享受更为良好的服务，最终达到从根本上减少医疗纠纷的目的。

（夏文涛　许毅）

第二节　医疗纠纷的定义、类型及其新特点

一、医疗纠纷的定义及其概述

1. 医疗纠纷的定义

患者或其代理人与医疗单位发生的纠纷，均可以称为医患纠纷，但并非所有的医患纠纷，均属于医疗纠纷范畴。医患纠纷较之医疗纠纷，是一个外延更为宽泛的概念，当然包括医疗纠纷在内，但也可以是患者或其代理人因医疗以外的因素（如在医疗单位发生摔伤等意外伤害，或者对医疗服务收费持有异议）与医疗单位发生纠纷。

本书所谓的医疗纠纷，是指患者或其代理人与医疗卫生、预防保健、医学美容等具有

合法医疗资质的医疗单位在形成了法律关系的基础上，就医疗行为的需求、实施的诊疗措施、预期结果及对各方权利义务的认识产生分歧，并以损害赔偿为主要请求的民事纠纷。医疗纠纷属医患纠纷的主要形式，亦有人称之为医疗侵权纠纷，即医疗服务的提供者与接受者之间对医疗行为及其后果是否侵权及是否存在侵权责任的争议。

其他类型的医患纠纷，非本书的重点，故不多展开。

2. 医疗纠纷的构成要素

作者总结构成医疗纠纷的要素包括如下几个方面。

（1）争议行为的主体是医疗单位

毫无疑问，医疗纠纷特指发生在诊疗环节、就诊疗行为与结果所形成的患者方与医疗单位的争议或矛盾。医务人员是医疗行为的实施者，属职务行为，其后果由医疗单位承担。因此，没有医务单位及其医务人员作为行为主体，将不可能导致医疗纠纷的发生。从广义上讲，在医疗单位发生的由不具备医务人员资格的人实施的医疗行为若引发纠纷，仍属于医疗纠纷，因过错造成损害后果的，由医疗单位承担相应责任。在非医疗单位发生的争议，则不能构成本书所称的医疗纠纷，此类纠纷应当适用其他法律、法规来调整。

（2）争议的关键内容是医疗行为

如前所述，无论医患双方是就诊疗中的何种环节发生争议，都必然落脚于医疗单位及其医务人员所实施的诊断、治疗、护理与知情说明等具体的医疗活动。没有具体指向的医疗行为，同样难以构成医疗纠纷。

（3）争议的焦点是是否存在医疗过错

在几乎所有的医疗纠纷中，患者均毫无例外地指出医疗单位及其医务人员存在医疗过错，并因过错导致患者发生损害后果。诚如全国人民代表大会内务司法委员会任茂东副主任委员在《侵权责任法》颁布实施之际所言："侵权行为要承担侵权责任，至少要具备行为过错、损害结果、侵权行为与损害结果之间的因果关系这三个基本要件"。

（4）争议的结果是患者或其亲属能否获得赔偿

与其他民事侵权的损害后果有所不同的是，医疗损害后果常难以逆转（无法恢复原状）。通常来说，无论损害后果是死亡，还是残疾或者功能障碍，乃至病程迁延、病情加重，医疗损害一旦发生，后果多已固定。此时患者最可能得到的救济（也是主要的民事诉求）往往只能是经济上的赔偿。

二、医疗纠纷的类型

迄今尚没有比较权威的有关医疗纠纷的分类方法。作者认为，依据不同的原则与方法，医疗纠纷可以有如下多种分类。

1. 按照发生纠纷所在医疗单位的性质进行分类

（1）一般医疗活动引发的医疗纠纷

在具有临床医疗资质的医疗单位发生的医疗纠纷，是日常最为常见的类型。目前，我国对此类医疗单位大致上依照医务人员、医疗设备、医疗能力等条件，分为一至三级医院。有作者统计，三级医院因诊疗工作量大、疑难杂症患者比例较大以及患方往往有更多、更高的期望，医疗纠纷发生率通常较高，二级医院次之，一级医院因多数仅承担一般疾病以及疾病初期的诊疗，医疗纠纷发生率反而最低。近年来，随着民营及外资医疗单位的迅速发展，其医疗纠纷的发生率也呈明显增加趋势。

(2) 预防保健引发的医疗纠纷

在具有预防保健资质的医疗单位发生的医疗纠纷，是另一种较为常见的类型。预防保健机构根据国家卫生行政管理部门的要求，承担计划免疫、流行病防控等重要工作。其中，计划免疫是根据某些特定传染病的疫情监测和人群免疫状况，按照规定的程序，有计划、有组织地利用疫苗进行免疫接种，以提高人群的免疫水平，预防、控制乃至最终消灭相应传染病。计划免疫引发的纠纷主要集中于接种对象的适应证与禁忌证，接种对象发生不期待的异常反应，以及接种对象未达到预期的预防效果等。计划外免疫也可归属为此类纠纷。司法实践中，患者因预防接种活动造成损害的，可以按照医疗损害责任案件起诉。人民法院在审理过程中确定属于预防接种异常反应造成损害的，则应当驳回起诉，并告知患者依照国务院《疫苗流通和预防接种管理条例》的规定处理。

(3) 医学美容引发的医疗纠纷

按照现行法律规定，因医疗美容机构或者开设医疗美容科室的医疗机构实施的医疗美容活动受到损害，患者可依照医疗损害责任纠纷案件起诉。因医疗美容引发的医疗纠纷，是近年来增长较快的一种新的类型。医学美容不同于一般的临床医疗，其目的不在于治病救人，而在于改善求医者的容貌、形体等外表特征，往往因效果与求医者的预期存在差异而形成矛盾。若纠纷焦点在于医学美容过程中发生各种并发症(如失血性休克、组织器官功能障碍等)，其鉴定可比照一般临床医疗纠纷，相对容易进行；但若系针对美容效果而发生争议，往往因缺乏统一的评判标准而陷入困境，如不同的人对求医者的容貌较术前是否得到改善可能难以达成一致意见，更难以量化。

2. 按照发生纠纷后的法律诉求不同进行分类

按照最高人民法院《民事案件案由规定》，医疗纠纷有两类案由：一是医疗服务合同纠纷，也称“违约之诉”；二是医疗损害责任纠纷，包括侵害患者知情同意权和医疗产品责任纠纷，也称“侵权之诉”。医患双方发生医疗纠纷后，患者可以选择侵权之诉或者违约之诉要求医方承担法律责任。患者主张医疗机构承担侵权责任或者违约责任提起诉讼的，但根据案情选择另一种请求显然更有利于患者时，人民法院应向其释明不同请求权基础在法律适用上的区别，由患者做出自主选择确定相应案由。

(1) 侵权之诉

是指患方主张医疗单位侵犯患者的知情权、健康权、生命权等民事权利，要求医方按照《侵权责任法》承担侵权的赔偿责任。在多数医疗纠纷中，患者或其代理人均会选择侵权责任提起诉讼，是目前司法实践中较为常见的医疗纠纷类型。

(2) 违约之诉

是指患方主张医疗单位未能及时、正确地履行医疗服务合同，要求医方按照《合同法》、《消费者权益保护法》等相关法律规定承担违约责任。在诸如医学美容、产前筛查(诊断)等医疗纠纷案件中，患者或其代理人可能选择违约责任提起诉讼，此类诉讼在目前司法实践中也并非少见。

3. 按照发生纠纷后的鉴定途径与结果进行分类

（1）属于医疗事故与不属于医疗事故的医疗纠纷

查阅新中国成立以来的相关资料，最早出现“医疗事故”一词系源于1950年5月《人民日报》有关石家庄某医院的医疗质量和管理问题的报道。此后，受到我国工业领域“消灭事故”新闻宣传影响，一些地方行政管理部门提出“消灭医疗事故”口号，“医疗事故”一词越来越频繁地进入人们的视野，1955年11月30日《人民日报》头版发表“消灭医疗事故”社论，“医疗事故”一词作为新闻语言进一步得到确认。此后，“医疗事故”逐渐从新闻语言逐渐转变为卫生管理用语。1955年8月，当时的国家卫生部颁布《关于处理医疗事故的草案》及《医疗事故处理暂行办法草案》，首次将“医疗事故”概念上升为具有医疗责任含义的行政处罚概念。

现行的由国务院发布实施的《医疗事故处理条例》是医疗事故行政处理的依据，在诸多由医患双方协商调解以及由卫生行政管理部门主导调解的案件中，是否构成医疗事故依然是调解的主要依据。

（2）构成医疗损害与不构成医疗损害的医疗纠纷

“医疗损害”一词在《侵权责任法》颁布实施之前更多的是法律专用术语，多专指侵权之诉的医疗纠纷。在《侵权责任法》实施以后，“医疗损害”一词逐渐步入人们的视线，在涉诉的医疗纠纷案件中经常被广泛使用。原国家卫生部为配合《侵权责任法》的实施，专门发文通知各地医疗事故技术鉴定部门可以受理由人民法院委托的“医疗损害”鉴定，该词遂从专门的法律术语演化为鉴定中的常用词语。

按照《侵权责任法》的原则精神，是否存在医疗过错是医疗单位承担侵权责任的关键，通常需要进行司法鉴定，主要由司法行政管理部门主管的司法鉴定机构提出鉴定意见，判定医疗单位在诊疗过程中是否存在过错行为，其过错行为是否与患者的损害后果存在因果关系。实践中，也有人民法院委托由各级医学会进行医疗过错鉴定的情况，这种情况下，该类鉴定也属于广义上的司法鉴定范畴。

（3）存在医疗过错与不存在医疗过错的医疗纠纷

相当一部分医疗纠纷经医疗事故技术鉴定或者医疗损害司法鉴定后被认定存在医疗过错行为是不争的事实，但同样也有不少的医疗纠纷，仅仅因患者缺乏基本的医学知识而不理解、不接受所发生的不良后果，甚至爆发单方面的不满意而毫无道理地责难医务人员，经鉴定最终无法认定存在医疗过错，或者虽然存在一定的医疗不足（过错），但患者的不良后果确系其自身疾病的转归、个人体质状况的特异性、患者或其家属未能遵行医嘱、受到当时医疗水平的限制或者突发难以预料的状况所致。当然，对于后一种情形，医疗单位不应承担赔偿责任；实践中对医疗单位虽有过错但该过错确与患者不良后果无关的情形，可要求医疗单位适当给予补偿。

4. 按照纠纷所涉临床医疗专业的不同进行分类

各个临床医疗专业均存在发生医疗纠纷的可能。据有关文献资料，妇产科、腹部外科、骨科、神经外科、麻醉科、胸外科、介入治疗科等手术科室，以及病情变化易发生突变的儿科、急诊科、神经内科、心血管内科、感染科等非手术科室，发生医疗纠纷的风险较大；而主要针对慢性疾病的中医内科、针灸科、皮肤科、老年病科等非手术科室，发生医疗纠纷的风险相对较小。不同临床医疗专业的医疗纠纷各有其特点,本书虽未从临床专业分科的角度分章分节加以介绍,但所选案例基本遍布各临床专业,医务人员从中仍可有所体会。

三、医疗纠纷的新特点

1. 数量有逐渐增多趋势

据有关资料,与前些年相比,全国各级人民法院医疗纠纷诉讼案件呈大幅度增加趋势,年增长率达10%～20%;北京市某基层人民法院1999年全年审理医疗纠纷案件仅9起,而2008年则达到200余起,十年间增长20余倍。另据原国家卫生部统计数据显示,2006年全国共发生医疗纠纷事件10 248件,2009年上升为16 448件,2010年进一步上升至17 243件,较5年前增长了68.3%,2013年更是多达7万件左右。另有资料表明,自2008年起全国每年发生疑似医疗纠纷事件逾百万起,平均每家医疗单位每年发生医疗纠纷的数量多达40起左右。事实上,多数医疗从业人员尤其医疗单位处理医疗纠纷的专业人员,也都有这种感觉,即:医疗投诉较以往明显增多,要求医疗技术(司法)鉴定介入的比例增高,要求伤残等级评定的患者也大量存在,同时新闻媒体介入、参与甚或造成社会广泛影响的案件也时有所见。

2. 医方败诉的情况屡见不鲜

以往,在发生医疗纠纷后,因患方不能及时掌握病历等关键证据材料,又不具有专业知识,且作为个人多数情况下难以抗衡作为医方的"单位",在争议处理时多居于弱势地位,故诉讼往往被患方视为畏途。近十多年来,一度实施的在医疗纠纷诉讼中采用"举证责任倒置"的证据规则,曾使医方经常出现举证不能的情况;随着《侵权责任法》的颁布实施,以及司法鉴定介入力度的不断加大,最终认定医方存在过错责任的鉴定意见较以往单纯依赖医疗事故技术鉴定时明显增多。以上情形,均是造成人们眼中医方败诉案件增多现象的重要原因。

3. 赔偿数额持续提高

随着经济社会的不断进步,人们生活水平水涨船高,在遭受侵害时,其提出的赔偿标的也往往不断攀升,给医方带来了极大的压力;由于医疗技术的不断进步,新的诊疗方法层出不穷,新技术在为人们的健康带来丰厚利益的同时,也带来了一些意想不到的巨大风险;少数患者及其家属在发生纠纷后采用非正常手段(如大肆喧闹、干扰正常医疗、侵占医疗资源等),提出巨额赔偿要求,数额越多越好,乃至造成负面示范效应,令人深切忧虑。

4. 引起社会广泛关注

医疗行业几乎与每一个人都有千丝万缕的关系,患者或其代理人为争取纠纷得以尽快解决并获得满意效果,常乐于投诉至新闻媒体,或者借助当今网络提供的"自媒体",但案件中的有关专业问题又时常难以被普通人理解、接受(甚至有些问题在医学上本身就存在一定程度的争议),难免引发不同的声音,甚至形成街谈巷议的话题,客观上增加了医疗纠纷处理的难度。

5. 处理难度越来越大

多数医疗纠纷发生原因复杂,法律、法规、部门规章、诊疗护理规范与常规虽已有相关规定,但不可能面面俱到,难免给人过于"笼统"、"原则"之感,易使不同的专家有不尽相同乃至截然相反的意见，重新鉴定比例居高不下，鉴定意见"打架"时有发生，案件久鉴不决的情形也不在少数，直至最终致使纠纷的处理变得极为困难。

第三节 医疗事故罪与非法行医

一、关于医疗事故罪

1. 有关法律规定及其实施现状

第八届全国人民代表大会第五次会议于 1997 年 3 月 14 日完成修订、自 1997 年 10 月 1 日起实施的《中华人民共和国刑法》第三百三十五条规定：医务人员由于严重不负责任，造成就诊人死亡或者严重损害就诊人身体健康的，处三年以下有期徒刑或者拘役。

该法律条款自生效以来，事实上在司法实践中极少真正有案件医方当事人因此罪名被科以刑罚。但近年以来，随着北京大学人民医院医师的"北京首例医疗事故罪"、长乐市医院的"福建省首例医疗事故罪"的开庭审理，"医疗事故罪"逐渐进入人们的视线，甚至引起一部分医务人员的恐慌乃至强烈反弹，也引发了广泛的讨论。有识之士认为，法律不可能仅仅因为一种职业具有一定的特殊性就给予从业人员"豁免特权"，对于严重不负责任、造成严重后果的行为，施以刑事处罚更能彰显法律的公平、正义。

作者认为，即使医务人员在诊疗活动中存在医疗过错行为，但因为临床医疗后果本身所具有的不确定性和诊疗过程中必然伴随的相当大的风险性，决定了在严格适用上述刑法条款时，绝大多数医务人员根本不用担心会被课以如此刑罚。当然，真正要避免刑事法律的惩罚，还是应当对医疗事故罪有所基本了解。

2. 医疗事故罪的构成要件

医疗事故罪是指具有刑事责任能力执业医务人员，因主观上的严重过失，在实施诊疗护理的工作中有严重不负责任的行为，导致患者严重损害身体健康乃至死亡的后果，且上述严重不负责任的行为与患者的损害后果之间必须存在必然的因果联系。

(1) 医务人员的"严重不负责任"

由此可见，刑法所谓的严重不负责任行为排除了医务人员的一般过失。如前所述，医疗活动本身固有其风险性和不确定性，医务人员稍有不慎即会发生不良后果，如果把一般过失行为确定为犯罪，于情理上显然有失公平，于法律上则显得过于严苛，对此类一般过失行为通过民事法律来调整也就完全可以了。那么，什么是"严重不负责任"的过失呢?

目前一般认为，医务人员的"严重不负责任"是指在诊疗护理工作中严重违反诊疗规范、操作常规、护理常规的行为。具体表现在医务人员因严重疏忽而对于患者错误使用药物、错误实施手术、错误输血，甚至擅离职守、当班严重失职等情形。

(2) 患者的严重损害后果

司法实践中衡量患者损害后果的标准通常采用《医疗事故处理条例》及配套实施的《医疗事故处理办法》。根据现行医疗事故分级的规定，一级医疗事故的损害后果系指造成患者死亡或者重度残疾，二级医疗事故的损害后果系指造成患者中度残疾、器官组织损伤导致严重功能障碍，三级医疗事故的损害后果系指造成患者轻度残疾、器官组织损伤导致一般功能障碍，四级医疗事故的损害后果系指造成患者明显人身损害的其他后果。作者认为，二级以上的事故符合刑法所称的严重损害后果。

(3) 刑法上的因果关系

刑法上的因果关系一般指必然的、排他的因果关系。因此，在确定刑法上的因果关系时就需要采用严格的证明标准。在因果关系的认定方面，大致上可以分为如下几种情形：① 过错医疗行为对患者的病情未起到任何治疗作用，放任患者病情进展引起伤残、死亡后果，包括了医务人员在诊疗活动中不作为和无效作为两种情形；② 过错医疗行为采用了原本需要实施的治疗完全相反的措施，加剧病情引起患者伤残、伤亡后果，如用错药、开错刀等；③ 过错医疗行为直接对人体造成损害或者因损害促进患者病情进展，如手术中因疏忽大意或过度自信而误伤大血管造成难以控制的大量失血等情形。

3. 医疗事故罪的立案标准

《最高人民检察院、公安部关于公安机关管辖的刑事案件立案追诉标准的规定(一)》(公通字[2008]36号)第五十六条规定了刑法第三百三十五条医疗事故罪的立案标准。

该立案标准中对医务人员“严重不负责任”规定的是指以下情形：① 擅离职守的；② 无正当理由拒绝对危急就诊人实行必要的医疗救治的；③ 未经批准擅自开展试验性医疗的；④ 严重违反查对、复核制度的；⑤ 使用未经批准使用的药品、消毒药剂、医疗器械的；⑥ 严重违反国家法律法规及有明确规定的诊疗技术规范、常规的；⑦ 其他严重不负责任的情形。

该立案标准中所称“严重损害就诊人身体健康”是指以下情形：造成就诊人严重残疾、重伤、感染艾滋病、病毒性肝炎等难以治愈的疾病或者其他严重损害就诊人身体健康的后果。

二、关于非法行医

1. 非法行医与非法行医罪

(1) 非法行医

非法行医是指未取得医生执业资格的人员从事医学诊疗活动，包括擅自开业从事诊疗活动以及在合法的医疗机构中以医师的名义从事与诊疗有关的活动。

有医生执业资格而未取得开业执照行医的，不属非法行医。

在医疗机构学习、进修的医学生、进修生，在执业医师的带教下参与医疗活动的，不属非法行医。

(2) 非法行医罪

1997年10月1日开始施行的《中华人民共和国刑法》第三百三十六条规定：未取得医生执业资格的人非法行医，情节严重的，处三年以下有期徒刑、拘役或者管制，并处或者单处罚金；严重损害就诊人身体健康的，处三年以上十年以下有期徒刑，并处罚金；造成就诊人死亡的，处十年以上有期徒刑，并处罚金。未取得医生执业资格的人擅自为他人进行节育复通手术、假节育手术、终止妊娠手术或者摘除宫内节育器，情节严重的，处三年以下有期徒刑、拘役或者管制，并处或者单处罚金；严重损害就诊人身体健康的，处三年以上十年以下有期徒刑，并处罚金；造成就诊人死亡的，处十年以上有期徒刑，并处罚金。

由此可见，非法行医的情节达到一定的严重程度，或者造成严重损害就诊人身体健康或者死亡等后果的，有可能承担不同程度的刑事责任。

2. 非法行医罪的构成要件

临床医学直接关系到人们的身体健康乃至生命安全，属国家严格管理的特殊行业，不仅对行医者的资格加以严格限制，对行医活动有完整的工作制度及规范，而且严格禁止无执业资格的人员从事行医活动。

为保障公民身体健康和生命安全，依法惩处非法行医犯罪，最高人民法院根据刑法有关规定，出台了《最高人民法院关于审理非法行医刑事案件具体应用法律若干问题的解释》，自 2008 年 5 月 9 日起施行。该司法解释进一步明确了认定非法行医犯罪行为的五种情形：① 未取得或者以非法手段取得医师资格从事医疗活动的；② 个人未取得《医疗机构执业许可证》开办医疗机构的；③ 被依法吊销医师执业证书期间从事医疗活动的；④ 未取得乡村医生执业证书，从事乡村医疗活动的；⑤ 家庭接生员实施家庭接生以外的医疗行为的。

该司法解释还规定，下列情形之一应认定为"情节严重"：① 造成就诊人轻度残疾、器官组织损伤导致一般功能障碍的；② 造成甲类传染病传播、流行或者有传播、流行危险的；③ 使用假药、劣药或不符合国家规定标准的卫生材料、医疗器械，足以严重危害人体健康的；④ 非法行医被卫生行政部门行政处罚两次以后，再次非法行医的；⑤ 其他情节严重的情形。下列情形之一应认定为"严重损害就诊人身体健康"：① 造成就诊人中度以上残疾、器官组织损伤导致严重功能障碍的；② 造成三名以上就诊人轻度残疾、器官组织损伤导致一般功能障碍的。

（夏文涛　许毅）

第二章　医疗纠纷的鉴定与处理途径

医疗纠纷发生以后，很关键的就是需要得到客观、公平的处置，而处置的前提又高度依赖科学、公正的鉴定。当前我国事实上仍处于鉴定的“双轨制”，即医疗事故技术鉴定与医疗损害司法鉴定并存的局面，医疗事故技术鉴定机构与司法鉴定机构同时涉足其间。这一局面的形成，既有其合理性，也确实存在相当的弊端。理清两者的关系，需要明确鉴定的最终目的与本质特征，否则将很难获得彻底的改变。

第一节　医疗纠纷的鉴定

司法实践中，医疗纠纷的鉴定按照与诉讼的时间关系，分为诉前鉴定和诉讼过程中的鉴定；按照鉴定的前后秩序，分为初次鉴定和重新鉴定；按照委托机构主体的不同，分为行政鉴定和司法鉴定；按照鉴定机构主体的不同，分为由医学会主导的鉴定和司法鉴定机构主导的鉴定。鉴定事项的主要内容包括：① 诊疗行为是否违反法律、行政法规、规章以及其他有关诊疗规范、常规的规定；② 医务人员在诊疗活动中是否尽到与当时医疗水平相应的诊疗义务；③ 是否出现了需要抢救生命垂危患者等紧急情况，医务人员在抢救生命垂危患者等紧急情况下是否尽到合理诊疗义务；④ 是否因药品、消毒药剂、医疗器械的缺陷，或者输入不合格的血液造成患者损害及其原因力大小；⑤ 是否尽到了告知说明的义务；⑥ 是否进行了不必要的检查；⑦ 诊疗过错行为与损害后果之间是否存在因果关系以及原因力大小；⑧ 患者的人身损害、损伤残疾程度；⑨ 患者定残后所需护理期、残疾生活器具、后续治疗费等。

一、医疗事故技术鉴定

医疗事故技术鉴定的法理依据是 2002 年 4 月 4 日公布并自 2002 年 9 月 1 日起施行的国务院令第 351 号文件《医疗事故处理条例》。《医疗事故处理条例》的前身是其实施同时废止的《医疗事故处理办法》。其立法宗旨在于“正确处理医疗事故，保护患者和医疗机构及其医务人员的合法权益，维护医疗秩序，保障医疗安全，促进医学科学的发展”。该条例还就医疗事故技术鉴定的主体、目的、程序、方法以及技术专家等问题作出了明确规定。

1. 鉴定的启动

根据《医疗事故处理条例》的规定，在医疗纠纷发生以后，患方、医方若就有关医疗技术争议不能达成协商一致的，可以单方面或者共同委托负责组织医疗事故技术鉴定的医学会组织鉴定；卫生行政管理部门接到医疗单位关于重大医疗过失行为的报告或者医疗事故争议当事人要求处理医疗事故争议的申请后，对需要就专业技术问题进行鉴定的，也可交由医学会组织鉴定。

在《侵权责任法》颁布实施以前，人民法院在受理患者或其代理人提起医疗事故诉讼请求以后，时常也按照上述条例，委托医学会组织鉴定。

2. 鉴定的程序

医疗事故技术鉴定从本质上来说，属于行政鉴定。

根据《医疗事故处理条例》以及《医疗事故技术鉴定暂行办法》、《医疗事故分级标准》等配套规定，医疗事故技术鉴定需由从医学会组建的专家库中抽取的专家负责。专家库的成员是担任专业高级技术职务 3 年以上并具有良好业务素质和执业品德的医学专家，法医专家也可受聘进入专家库。

专家组组成以后，将审查医、患双方所提供的鉴定材料以及陈述书，听取双方的陈述意见，进行必要的询问以及专家检查，然后出具技术鉴定报告。鉴定报告的结论为是否构成医疗事故，若构成医疗事故的，则说明事故等级及医方应当承担的责任程度。责任程度分为五级，即：完全责任、主要责任、次要责任、轻微责任与无责任。

根据《医疗事故处理条例》第二十九条之规定，“负责组织医疗事故技术鉴定工作的医学会可以向双方当事人调查取证”。同样，《医疗事故技术鉴定暂行办法》第二十八条也规定，“医学会可以向双方当事人和其他相关组织个人进行调查取证”。因此，调查取证经常是医疗事故技术鉴定中必不可少的环节。但是，上述调查取证权限于当事人或卫生行政部门委托的鉴定，而对人民法院委托的鉴定，则应由人民法院负责调查取证工作。医、患任何一方不予配合调查，影响技术鉴定进行的，由不配合一方承担责任。

鉴定报告形成以后，由医学会组织的医疗事故技术鉴定机构加盖公章，鉴定技术专家不具名，实行专家组集体负责制。原则上，技术专家也不就鉴定有关问题接受法庭调查、质证，仅在必要时出具书面质证意见，书面意见同样不显示专家姓名。

3. 鉴定结论争议的解决

医疗事故技术鉴定一般实行逐级进行的制度。根据《医疗事故处理条例》的规定，设区的市级地方医学会和省、自治区、直辖市直接管辖的县(市)地方医学会负责组织首次医疗事故技术鉴定工作。省、自治区、直辖市地方医学会负责组织再次鉴定工作。必要时，中华医学会可以组织疑难、复杂及在全国有重大影响的医疗事故争议的技术鉴定工作。

当医、患双方收到医疗事故技术鉴定报告以后，其中一方或者双方对鉴定结论持有异议的，可以向上级医学会申请重新鉴定。上级鉴定机构形成的鉴定结论，其效力一般高于原鉴定结论。

4. 医疗事故技术鉴定的意义及其局限性

(1) 医疗事故技术鉴定的重要意义

① 医疗事故技术鉴定是卫生行政管理部门对医疗纠纷进行行政调解、对医疗单位实施必要的行政管理、对发生医疗事故的医疗单位及其医务人员采取必要的行政处置措施的重要依据；② 医疗事故技术鉴定采用“同行评议”的原则，实行的是真正的“专家鉴定”，

有利于保证更科学、更客观、更准确地评价医疗行为；③ 医疗事故技术鉴定由同行专家进行讨论、评价具体的医疗行为，反过来可以为他们提供借鉴与警示，促进其提高对某些专业问题的认识，并在自己所在的医疗单位审慎执业，有助于减少乃至避免医疗纠纷的发生。

（2）医疗事故技术鉴定存在的局限性

① 与人民法院审理医疗纠纷案件时关注的焦点脱节，是否构成医疗事故往往并非人民法院审理此类案件时关注的焦点问题，同时医方是否应当承担责任以及责任程度的大小也应由法庭综合各种证据并结合法庭辩论后最终裁定，不应由技术鉴定专家做出；② 医疗事故技术鉴定报告实行专家集体负责制，往往等于谁都不负责，而加盖公章的医疗事故技术鉴定委员会工作人员并非鉴定技术专家，对鉴定报告同样难以承担责任，有时可能使法庭审理陷入困难局面；③ 同行专家实施鉴定，既是医疗事故技术鉴定的优势，同样也带来了同行保护、不公正的质疑，且进入医疗事故技术鉴定专家库的临床医学专家虽具有精深的医学知识、良好的医疗技能，但对法律问题的认识并不见得高于普通人，短时间的培训也未必有很好的效果，结合“医”与“法”的医疗纠纷鉴定，有时颇勉为其难。

（3）司法实务界对医疗事故技术鉴定的认识

早在《医疗事故处理办法》施行之际、《医疗事故处理条例》发布之前，最高人民法院前副院长李国光于 2000 年 10 月 28 日《在全国民事审判工作会议上的讲话》明确指出：要正确区分医疗事故责任与医疗过失损害赔偿责任的界限。是否构成医疗事故，构成几级医疗事故，以及对医疗事故进行处理，这是卫生行政部门的职责。人民法院在审理医疗纠纷案件时，对于是否承担医疗过失损害赔偿责任，应当根据《民法通则》的规定，按照侵权损害赔偿责任构成要件，严格审查有无侵权事实、损害后果、侵权事实与损害后果是否存在因果关系以及侵权人是否存在主观过错，以此来判断侵权人是否应当承担民事损害赔偿责任。是否构成医疗事故，不是认定医疗过失损害赔偿责任的必要条件。

二、医疗损害司法鉴定

2010 年 7 月开始实施的《侵权责任法》规定医疗损害责任采用“过错责任”原则（少数情况例外）。全国人大教科文卫副主任委员任茂东在关于《侵权责任法》对医疗损害责任的分析中指出：“侵权行为要承担侵权责任，至少要具备行为过错、损害结果、侵权行为与损害结果之间的因果关系这三个基本要件”。由此可见，客观评价医疗行为、分析过错行为与损害后果之间的因果关系以及医疗过错在损害后果中的参与程度，准确认定医疗单位应当承担的责任大小，是解决医疗纠纷的关键环节。近十多年以来，由司法行政管理部门负责管理的法医学司法鉴定机构，大量介入医疗纠纷的鉴定，很多地区甚至在数量上超越医疗事故技术鉴定。与医疗事故技术鉴定相比较，其具有不同的特点。

1. *鉴定的启动*

根据第十届全国人民代表大会常务委员会第十四次会议于 2005 年 2 月 28 日通过的《关于司法鉴定管理问题的决定》以及其后发布的《司法鉴定程序通则》、《司法鉴定执业分类规定（试行）》等规定，司法鉴定机构可以受理司法机关、公民、组织的司法鉴定委托，开展鉴定活动。在医疗纠纷领域，相当一部分司法鉴定机构直接受理患方或者医方当事人提出的鉴定委托，组织鉴定并出具鉴定意见书。

当然，也有相当一部分司法鉴定机构考虑到医疗纠纷案件的特殊性，病历材料作为鉴定依据的真实性对鉴定意见往往起到关键作用等，往往只接受人民法院的委托，开展医疗纠纷的司法鉴定工作。

2. 鉴定的程序

按照全国人大常委会《关于司法鉴定管理问题的决定》，司法鉴定机构应当通过资质认定或者实验室认可，依照相关国家标准、行业标准或者技术规范、行业专家共识或指南实施鉴定。

委托人委托司法鉴定机构进行医疗纠纷的司法鉴定，由鉴定机构指定司法鉴定人具体实施，包括承担鉴定责任并主导鉴定工作。司法鉴定人均经过司法鉴定行政管理部门批准并公示其执业资格。

按照《司法鉴定程序通则》的规定，委托人有义务向司法鉴定机构提供充分、完整、真实的鉴定材料，司法鉴定人应当对鉴定材料进行必要的审核，必要时可要求委托人进行补充。司法鉴定人本身不具有调查取证的权利。

司法鉴定人接受委托后，一般会通过委托人召集医、患各方当事人，听取其陈述意见，并根据需要对被鉴定人(或相应检材)进行必要的检验，经咨询有关临床医学专家的意见后，形成合议意见，制作鉴定意见书。鉴定人在鉴定意见书上署名并承担责任，包括后续的书面解释、出庭质证以及其他相应的法律责任。

医疗纠纷司法鉴定的核心内容紧密围绕《民法通则》与《侵权责任法》的要求，通常是：医疗单位在实施诊疗过程中有无医疗过错行为；若存在医疗过错行为，其与被鉴定人的损害后果之间是否存在因果关系；若存在因果关系，其过错的参与程度如何评定等事项。

3. 鉴定意见争议的解决

按照现行的司法鉴定实践，司法鉴定机构没有地域、等级之分，在某家司法鉴定机构出具鉴定意见以后，当事人一方或双方对鉴定意见不服的，可以申请重新鉴定。目前，在中央政法委组织协调下，公布了包括司法鉴定科学技术研究所司法鉴定中心在内的10家国家级司法鉴定机构，可以从事重新鉴定的工作。

当鉴定意见争执不下时，人民法院可以依据当事人的申请或者依职权要求司法鉴定人到庭对司法鉴定意见提供解释或说明，回答或解释当事人与法官对某些专门性问题的疑问。司法鉴定人无合理理由不能到庭的，其鉴定意见不得采信。

4. 医疗损害司法鉴定的意义及其局限性

(1) 医疗损害司法鉴定的重要意义

① 打破了医疗事故技术鉴定一家独大的局面，提供了多元化的选择。虽然医疗事故技术鉴定有专家鉴定、同行评议的优势，但也难免受到“同行保护”的诟病，鉴定结论往往因此受到质疑。司法鉴定机构及其司法鉴定人相对独立于医疗单位，具有超然性，更符合“第三方鉴定”的法理要求。② 医疗损害司法鉴定与医疗事故技术鉴定的制度设计完全不同，更适合异地鉴定，可使鉴定机构远离医、患各方当事人的影响，有利于在不受干扰的情况下做出公正、客观的鉴定意见。③ 医疗损害司法鉴定的鉴定意见紧密围绕法律要求与法庭关注，能更好地贴近法官需求，甚至可以直接为法官所使用。加之鉴定人签署真实

姓名，必要时参与庭审质证，并由司法鉴定人为鉴定意见承担法律责任，故其形式与程序要件符合《民事诉讼法》与相关证据法律规范的要求。

(2) 医疗损害司法鉴定存在的局限性

① 司法鉴定人往往并非与承办案件直接相关的临床医学专家，鉴定中往往要聘请临床专家参与会鉴并提供专业意见，但由于鉴定人受自身专业知识的限制而未必能清晰把握鉴定要点，或者会鉴临床专家主观臆断，可能会出现有失偏颇的鉴定意见，给法庭的审理带来不必要的麻烦；② 鉴定意见归根结底由司法鉴定人负责主导形成并承担法律责任，且承担鉴定以后的解释、说明及法庭质证，由此带来的问题是司法鉴定人的专业背景和鉴定能力可能受到对鉴定意见不服的当事人的质疑；③ 由于司法鉴定行政管理机构至今未对重新鉴定、再次鉴定做出明确的程序性规定，往往造成部分案件反复鉴定、多头鉴定，乃至久鉴不决，影响案件处理的效率，更影响司法鉴定的权威性。

5. 由医学会组织的医疗损害司法鉴定

随着《侵权责任法》的颁布实施，卫生行政管理部门、医学会与各地人民法院积极协调，有的地区已经达成了一致意见，中华医学会也有新的规定，即由医学会组织的医疗事故技术鉴定委员会实施医疗损害司法鉴定。

(1) 医学会组织医疗损害鉴定的范围与主要内容

① 医学会负责的医疗事故技术鉴定委员会可以受理各地人民法院的委托，对医疗损害赔偿责任纠纷案件组织医疗损害司法鉴定。鉴定程序依照医疗事故技术鉴定的相关办法执行。② 在医学会组织的医疗损害司法鉴定中，鉴定结论为是否构成医疗损害；若构成医疗损害，则参照《医疗事故分级标准》评定医疗损害的等级，以及医疗单位应当承担的责任程度。同时规定，在完全责任、主要责任、次要责任、轻微责任与无责任这五种医疗责任程度以外，再增加医疗单位承担同等责任的分级。③ 人民法院在委托此类鉴定时，可以突破原来在辖地范围组织鉴定的习惯，在一定区域内委托异地鉴定，避免来自医、患各方可能的干扰，尽量保证鉴定的独立性和公正性。

(2) 医学会组织医疗损害鉴定存在的问题

① 这种鉴定形式并非完全崭新的制度设计，而是在原有医疗事故技术鉴定体制上的改良，难免令患者心生疑虑；② 医学会组织的医疗事故技术鉴定委员会及其技术鉴定专家并未在司法鉴定行政管理机关登记注册，不属于司法鉴定机构与司法鉴定人，其主体资格存在先天不足；③ 鉴定报告的形式基本照搬原来的医疗事故技术鉴定，鉴定人不署名，实行鉴定专家集体负责，由所在鉴定委员会盖公章，鉴定人一般不出庭、不直接接受法庭质询，未达到相关民事证据法律规范的要求；④ 由于鉴定专家仍来自医疗事故技术鉴定专家库，未能脱离“同行保护”之嫌，且鉴定专家的培训、考核与现行司法鉴定人相比，要求显得较为宽松，管理部门对鉴定专家的惩戒、制约机制也相对不足。

三、医疗纠纷鉴定存在的现实问题

医疗过错的鉴定以及过错与损害后果之间因果关系的分析、过错参与程度的评定迄今仍缺乏统一的理论指导与操作方法，实践中常各行其是，以至于鉴定结果五花八门，反而更易激化本已十分尖锐的矛盾。例如，根据《医疗事故处理条例》的规定，医疗事故是指

“医疗单位及其医务人员在医疗活动中，违反医疗卫生管理法律、行政法规、部门规章和诊疗护理规范、常规，过失造成患者人身损害的事故”，故医学会医疗事故技术鉴定通常按照所谓明文规定的“具体标准”判定有无过错行为，采用“循证法”逐项分析的手段，鉴定结果中不构成医疗事故（医疗损害）的比例较高；而在司法行政部门登记注册的司法鉴定机构除了关注“具体标准”以外，还会考察医疗行为有无违反注意义务、医疗水准等“抽象标准”，且除“循证法”以外，还通常采取排除法“逆向思维”是否存在过错，鉴定结果判定存在医疗过错、过错与损害后果之间存在因果关系的比例明显较高。在当前两种鉴定体制并存的情况下，有必要逐步统一鉴定的标准和方法，并最终达到并轨的目的。

“事故寄予度”由日本法医学家于20世纪80年代提出，用以分析、评价人身伤害与损害因素之间的关联程度。事故寄予度引入我国后习惯上被称为“损伤参与程度”，已被广泛接受。然而，法医学界对此理解仍不够深刻，鉴定标准与方法迄今仍未臻统一，加之医疗纠纷案件中往往涉及患者疾病因素与自身体质因素、患者（或家属）的配合因素、医疗过错因素及当时医疗水平因素等多方面，远比其他人身损害案件复杂，故不同鉴定机构、鉴定人就同一案件给出的参与程度判定结果时常大相径庭。民众及案件当事人，乃至仲裁员、调解员或审判人员，在对参与程度的认识上也存在一定误区，少数法官出于裁判风险考虑，希望鉴定机构对责任程度作出明确判定，甚或简单地将法医学鉴定意见中的参与程度等同于医疗单位应当承担的法律责任程度，存在明显不妥。

作者坚持认为，医疗过错的鉴定与医疗过错对损害后果参与程度的判定，属于医学或者法医学命题。医疗过错的责任程度，则属于侵权法上的法律概念，应由法官综合各种证据做出。专业人员的鉴定意见至多只是证据之一，不应也不能代替审判。当然，科学、客观的鉴定意见，往往是公正审判的前提和基础。

第二节　医疗纠纷的处理途径

医疗纠纷的处理，大致上依赖以下几种途径：① 调解；② 仲裁；③ 诉讼。在仲裁与诉讼过程中，也可进行调解，从而达到息诉止纷的目的。

一、调解

1. 概述

所谓调解，是指在第三方机构（或组织）的主持下，在国家法律、法规、部门规章及相关政策的框架内，医患双方以社会公德为基础，以临床诊疗护理规范、常规为依据，分别阐述各自的主张，调解机构（或组织）则对纠纷双方进行疏导、劝说，促使他们互相协商，争取获得一定程度的谅解而达到妥协的目的，以消除纠纷的活动。在医疗纠纷的各种处理方式中，调解具有方式相对灵活、过程比较平和、成本相对低廉且一般可无需公开的优势，较之其他形式更可能达成双方满意的结果。2010年1月，卫生部、司法部、保监会三部门联合发布《关于加强医疗纠纷人民调解工作的意见》，鼓励各地按照“调解优先”的原则，引入人民调解工作机制。2010年8月，《中华人民共和国人民调解法》获得通过，为依法调解医疗纠纷提供了法律保障。

总结起来，调解具有以下特点：① 调解不是诉讼的必经程序，各方当事人均有权拒绝接受调解而直接进入其他纠纷解决途径；② 进行调解的前提是双方当事人必须完全出于自愿，其他任何人不得以任何手段强迫其接受调解；③ 尊重各方当事人的权利，不得因调解而阻止当事人依法通过仲裁、行政、司法等途径维护自己的权利；④ 调解不成的，不能阻止当事人向人民法院提起诉讼；⑤ 经调解达成协议的，调解书具有法律效力；⑥ 当事人之间就调解协议的履行或者调解协议的内容发生争议的，仍可以向人民法院提起诉讼。

医疗纠纷的调解工作与其他民事纠纷的调解不同，具有专业性强、诊疗过错认定难、矛盾疏导途径单一、司法途径漫长而困难、患方情绪容易激动、矛盾容易激化等特点。因此，做好医疗纠纷的调解，必须在充分把握第一手材料的情况下，始终强调专业性的保障，在公正、客观的基础上方有可能得到成功。

2. 调解的主体

当前医疗纠纷处理实践中，各地采用形式多样的调解方式，多种机构（或组织）尝试参与或主持了医疗纠纷的调解工作，取得了一定的成果。大体上，医疗纠纷调解的主体经常包括以下几类。

(1) 医患双方当事人或者代理人

严格说来，当医患双方当事人或者代理人作为调解的主体时，已经不完全符合上述有关调解的定义，因此称其为“协商解决”可能更为妥当，也就是人们通常所说的“私了”。

多数情况下，患者（及其家属）感受到在医疗活动中受到“不公正”待遇，或者医疗结果不能满足预期，会直接向医疗单位的相关机构投诉。当前，不同医院负责接待此类投诉的机构设置与名称并不相同，处理程序也千差万别，但功能大致相仿，主要包括：医务科（处）、门诊办公室、医疗纠纷办公室（简称“医纠办”）、医疗质量监控办公室（简称“质控办”）等。此类机构在医院内形成了一种隔离带，必要时可以担任临床医务人员与患者（及其家属）之间的居间调解人。

但是，由于此类机构的工作人员同样属于医疗单位的职工，其公正性很可能受到患方与外界的质疑。而且，此类调解由于多在医院内部进行，医、患直接面对，缺乏缓冲余地，加之患者大多情绪不稳，对医院极度不满，容易引发冲突，难免影响医院临床及行政的日常工作，甚至造成恶性事件。而且协商往往是在事实不清、责任不明的情况下进行的，容易导致患方非理性维权行为的发生。故“私了”的成功率尚与人们的期望相差甚远。因此，作者主张医院内设的医疗纠纷处理机构可以在发生纠纷后及时介入，试探有无协商解决的可能性，若可能性不大的，应及时提请第三方机构（或组织）主持后续的调解工作。

(2) 卫生行政部门

作为医疗单位的行政管理机关，卫生行政部门以往承担着大量的医疗纠纷调解工作，并受到广泛的重视，社会效果也较为理想。

卫生行政部门担任居间调解人，其组织的调解往往被称为行政调解，也就是百姓经常说的“官了”，具有一定的优势：① 其自身与医疗单位存在一定的行政领导、业务指导与被领导、被指导的关系，其意见对医疗单位较具权威性；② 其从业人员多数具有一定的医学专业背景，至少长期接触医疗卫生行业，有一定的专业理解能力，通常不至于被斥为“外行”；③ 调解结果与其不存在直接利害关系，一定程度上可以说调解人初步具有应当有的中立地位。当然，正是由于卫生行政部门与医疗单位存在着千丝万缕的关系，其公正性仍难免受到质疑。

(3) 人民调解委员会

人民调解委员会（人民调解员）是主持民间纠纷调解的合适机构，具有天然的中立地位。2013 年 10 月，西安市成立了专门的医疗纠纷人民调解委员会，配备专职人民调解员，并建立了医学、药学、心理学、法学专家库，由专家提供咨询意见，协助调解工作，使调解工作初步具备了专业性。上海市在市司法局、市高级人民法院的组织与协调下，也成立了类似的调解组织，近年来，对于争议标的额较小的医疗纠纷案例，取得了良好的调解效果，一定程度上减少了诉讼案件，节约了司法资源。

人民调解委员会组织的调解工作是近年来新出现的事物，目前仍在不断完善推广中，其效果值得期待。作者认为，要做好医疗纠纷的人民调解工作，有必要做好以下几点：① 要建立一支热心公益的调解员队伍。队伍主力的要求应当不同于普通家庭邻里纠纷的民事调解员，需要有一定的专业能力，有旺盛的精力，因此不宜全部聘用退休的老法官、老医师，应当聘请一些有志于此且有一定富余时间的中青年同志，或者形成中青年同志与老同志合理搭配的调解组，保证繁重的调解工作得以顺利进行。② 要建立一支愿意仗义执言、秉公办事的专家队伍。这些专家必须既具有相当的能力，又具有一定的知名度，能起到震慑作用，在调解进程中提供咨询意见，必要时可以直接面对医、患各方当事人，直陈案件焦点，剖析利害，以理服人。③ 必须有一定的资金保障。调解工作虽然是公益事业，绝不以营利为目的，但不等于决不发生任何费用，若缺乏资金保障，许多工作将无法开展。④ 要大力宣传调解的意义与好处。近年来吵得沸沸扬扬的一些医疗纠纷案例，给人们带来了不好的示范效应，部分患者甚至倾向于认为“不吵不闹”不如“吵吵闹闹”，“吵吵闹闹”不如“大吵大闹”，甚至形成了以获利为目的的“专职医闹”。扭转这种不良风气，有必要形成正能量的宣传攻势，可以在隐去调解成功案例的医、患姓名的前提下，大力宣传通过调解解决纠纷既省时省力，结果又客观公正，引导人们自觉、自愿地选择调解之路。

二、仲裁

1. 概述

调解不成的民事争议主要采取向法院起诉和申请仲裁机构仲裁这两种方法。仲裁机构与法院不同。法院行使国家所赋予的审判权，向法院起诉不需要双方当事人在诉讼前达成协议，只要一方当事人向有审判管辖权的法院起诉，经法院受理后，另一方必须应诉。仲裁机构通常属于民间团体的性质，其受理案件的管辖权来自双方协议，没有协议就无权受理。

由上述内容可知，仲裁是指合同双方在发生纠纷之前或之后签订协议，明确将纠纷提交双方所同意的非司法机构的第三方进行裁决，是处理民事纠纷的一种方式。仲裁协议必须是纠纷当事人在自愿基础上达成的，由第三方作出的裁决对争议各方当事人均有约束力。仲裁在性质上兼具契约性、自治性、民间性和准司法性。《中华人民共和国仲裁法》已由中华人民共和国第八届全国人民代表大会常务委员会第九次会议于 1994 年 8 月 31 日通过，自 1995 年 9 月 1 日起施行。仲裁行为与结果受法律约束与保护。

《中华人民共和国仲裁法》第二条规定:“平等主体的公民、法人和其他组织之间发生的合同纠纷和其他财产权益纠纷,可以仲裁”。该法还规定了不适宜仲裁的情形。根据该法的规定,医疗纠纷只要不涉及卫生行政部门,仲裁的争议事项应当是当事人有权处分的,且争议范围仅限于合同纠纷与一般的经济权益纠纷,均可选择仲裁。依照《中华人民共和国仲裁法》第七十四条的规定,医疗纠纷仲裁的时效一般适用民事诉讼中的侵权案件的相关规定,为当事人知道或者应当知道其权益受到侵害的一年之内。

总结起来,仲裁大致包括如下几方面特点。

(1) 自愿性

是指争议各方的当事人均自愿将争议交由仲裁机构(委员会)裁定,是最能充分体现当事人意思自治原则的争议解决方式。根据《中华人民共和国仲裁法》的规定,争议各方当事人应当签署书面的仲裁协议,一致表示愿意接受仲裁的意思;没有仲裁协议,争议一方单方面申请仲裁的,仲裁机构不予受理;同时,除非属于仲裁协议无效的情形,只要当事人达成仲裁协议,其中一方当事人向人民法院起诉的,人民法院均不予受理。

(2) 专业性

医疗纠纷往往涉及特殊的知识领域,会遇到许多复杂的专门法律、专业知识与专门的技术性问题,故专家裁判更能体现专业权威性。因此,由具有一定专业水平和能力的专家担任仲裁员对当事人之间的纠纷进行裁决是仲裁公正性的重要保障。根据我国仲裁法的规定,仲裁机构都备有分专业的、由专家组成的仲裁员名册供当事人选择,专家仲裁是其重要特点之一。

(3) 灵活性

由于仲裁充分体现当事人的意思自治,仲裁中的诸多具体程序都是由当事人协商确定与选择的,因此,与诉讼相比,仲裁程序相对灵活,更具有弹性。

(4) 隐私保护性

仲裁无需公开审理,仲裁过程与结果也无需公开,仲裁员及仲裁秘书人员均须遵循相关法律、法规的要求,对仲裁争议具有保密义务。因此,当事人的争议与隐私不会因仲裁活动而泄露,体现出极强的保密性。

(5) 快捷性

仲裁实行一裁终局制,仲裁裁决一经仲裁庭作出,即发生法律效力,这使得当事人之间的纠纷能够较快获得解决。

(6) 经济性

因仲裁周期短,可以大量地节约当事人的时间成本,而且仲裁一裁终局,无需多审级收费,使得仲裁费往往低于诉讼费。

(7) 独立性

仲裁机构独立于行政机构,仲裁机构之间也无隶属关系。在仲裁过程中,仲裁庭独立进行仲裁,不受任何机关、社会团体和个人的干涉,亦不受仲裁机构的干涉,显示出其独立性。

(8) 国际性

随着医疗事业对外资的开放,未来可能会更多地发生涉及多国当事人的争议,仲裁案件在这一方面具有其优势。

2. 仲裁的程序

按照上述仲裁的原则，在医患双方对争议问题难以协商解决的情况下，若双方能自愿达成协议，可以将争议提交仲裁委员会仲裁（部分地区特别设立了医疗纠纷仲裁委员会）。实践中，医疗纠纷提请仲裁的情形并不多见，目前仅在国内部分地区有相应的实践，取得了一定的经验。据报道，仲裁按照下列程序进行。

（1）当事人申请

提出仲裁要求的医、患一方应当在纠纷发生之日起规定的时间内（即仲裁时效内）向医疗纠纷仲裁委员会提出书面申请。

（2）案件受理

医疗纠纷仲裁委员会应当在自收到申请书之日起规定的时间内作出受理或不予受理的决定。对决定受理的应通知被诉方，并组成仲裁庭。

（3）案件审理

仲裁庭处理医疗纠纷应当先行调解，在自愿合法的原则下促使医患双方达成和解协议。若调解不成功则不应久调不决，仲裁庭应当及时作出裁决。

（4）仲裁的执行

仲裁裁决书自作出之日起发生法律效力，如同法院的裁判书一样，当事人必须履行。当败诉方在不主动履行仲裁裁决的情况下，胜诉方可请求法院强制执行仲裁裁决。通过法院的强制执行可体现仲裁裁决的权威性，在保证实现当事人权利的同时，也保证了医疗纠纷仲裁制度的顺利发展。

3. 仲裁的特殊规定

与调解不同，仲裁可依法收取一定的费用。

根据《中华人民共和国仲裁法》的规定，仲裁委员会应当由当事人协议选定，仲裁不实行级别管辖和地域管辖。裁决作出后，当事人就同一纠纷再申请仲裁或者向人民法院起诉的，仲裁委员会或者人民法院不予受理。裁决被人民法院依法裁定撤销或者不予执行的，当事人就该纠纷可以根据双方重新达成的仲裁协议申请仲裁，也可向人民法院起诉。

一方当事人提出证据证明裁决存在下列情形之一的，可以向仲裁委员会所在地的中级人民法院申请撤销裁决：① 没有仲裁协议的；② 裁决的事项不属于仲裁协议的范围，或者属于仲裁委员会无权仲裁的；③ 仲裁庭的组成或者仲裁的程序违反法定程序的；④ 裁决所依据的证据是伪造或者不真实的；⑤ 对方当事人隐瞒了足以影响公正裁决的证据的；⑥ 仲裁员在仲裁过程中有索贿受贿、徇私舞弊、枉法裁决行为的。

一方当事人不履行的仲裁裁决，另一方当事人可以依照《中华人民共和国民事诉讼法》的有关规定向人民法院申请执行。受申请的人民法院应当执行。

当前，如江西省部分地区的仲裁机构开展了医疗纠纷的仲裁工作，取得了较好的社会效果。但是，迄今为止，各地开展医疗纠纷仲裁的情况并不平衡，也较少建立专门的医疗纠纷仲裁委员会，未能体现仲裁的专业性特点，尚有待进一步重视与改进。

三、诉讼

1. 概述

医疗诉讼是指发生在医疗卫生、预防保健、医学美容等有资质的医疗单位中，一方（或多方）当事人在提供医疗服务或履行法定义务和约定义务时存在过错，因此而诉至人民法院的情形。

如前所述，本书所称的医疗纠纷或者因医疗纠纷形成的医疗诉讼主要指患方认为医方在诊疗活动中对患者造成侵害的行为，而医方持有异议的情形。我国《医疗单位管理条例实施细则》第八十八条规定："诊疗活动是指通过各种检查，使用药物、器械及手术等方法，对疾病作出判断和消除疾病、缓解病情、减轻痛苦、改善功能、延长生命、帮助患者恢复健康的活动"。因此，作者理解诊疗活动大致包括如下几个方面：① 按诊疗场所分类，在门诊、急诊、观察室、急救室、住院病房及转医途中发生的行为；② 按医疗措施的性质分类，在病情观察、实施检查、用药及各类手术中发生的行为；③ 按医疗过程的不同分类，在诊断、治疗、疗效观察及随访、告知等环节发生的行为；④ 按医务人员执业性质的不同分类，由医师、医技人员、护理人员及医疗单位管理者主导的医疗行为；⑤ 按涉及医疗单位数量的不同分类，可以是单独的一家医疗单位涉及争议，也可以是多家单位同时或先后涉及争议。

2. 关于侵权之诉与违约之诉

医患关系是建立在合同的基础之上，在医疗合同履行过程中，医方违反注意义务过失导致患者人身损害的，则发生违约责任与侵权责任的竞合。我国《合同法》第一百二十二条规定："因当事人一方的违约行为，侵害对方人身、财产权益的，受损害方有权选择依照本法要求其承担违约责任或者依照其他法律要求其承担侵权责任"。由此可见，我国法律不排除责任竞合，并允许当事人进行选择。患方可以选择提起医疗侵权民事赔偿之诉（简称"侵权之诉"）或医疗技术服务合同纠纷之诉（简称"违约之诉"）。

违约责任适用严格责任原则，只要当事人不履行合同义务或履行合同义务不符合约定的，无论其有无过错，均应承担违约责任。在举证责任分配方面，鉴于医疗违约的责任承担方式为损害赔偿，因此患者的举证责任包括：证明原告与被告存在医疗合同关系、损害后果、医方存在违约行为和因果关系。在诉讼中，患者一方应当首先证明其与医疗单位之间存在医疗关系并发生了医方的违约行为，该违约行为导致患方的权益受损。医疗单位应当提交病历及相关资料说明相应的诊疗过程。交费单、挂号单等诊疗凭证及病历、出院证明等证据可以用于证明医疗关系存在。患者一方若不能提供上述证据，但有其他证据能证明医疗行为存在的，人民法院可以认定存在医疗关系。

医疗侵权责任是因为医疗过错造成损害后果而应当承担的法律责任。换句话说，医疗单位承担责任的前提是存在损害事实，该损害事实必然是因医疗过错行为造成的，而非任何其他因素。那么，什么是医疗呢？目前实际上并没有统一的、不存在任何争议的定义，但这又是任何医疗损害必须要面对和回答的问题。毫无疑问，医疗是一个过程，是一种行为，何谓医疗行为？我国台湾学者李圣隆在《医护法规概论》中曾对医疗行为作过定义，即"凡以治疗、矫正或预防人体疾病、伤害残缺或保障为直接目的所为之诊察、诊断及治疗或基于诊察、诊断结果，以治疗为目的所为之处方或用药等行为之一部或全部之总称，为医疗行为”。

《侵权责任法》是救济法，通过对受到侵害的民事权益提供救济的方法来保障私权。医疗损害责任是侵权责任法的一种特殊类型，救济的是患者受到侵权的民事权益。该法第五十四条规定：“患者在诊疗活动中受到损害，医疗机构及其医务人员有过错的，由医疗机构承担赔偿责任”。那么，何为《侵权责任法》所称的患者呢？所谓患者，即是指所有已经出生、尚未死亡，患有某种疾病的自然人。因此，当患方认为，于诊疗活动实施过程中仍然存在生命迹象的、患有某种疾病的自然人的权益受到医疗机构的不法侵害，方可形成医疗诉讼的前提。若有证据证明，在实施诊疗活动之前，该患有某种疾病的自然人业已死亡，则不会构成医疗诉讼，应由其他法律关系来调整。

3. 医疗诉讼与司法鉴定

医疗诉讼一旦形成，须由人民法院指定法官（或者合议庭）依法审判。与仲裁不同，医疗诉讼严格遵循《中华人民共和国民事诉讼法》的规定，实施地域管辖与逐级审理制度。因为法官多不具有专业医学知识和专门医疗技能，故经常需要就医疗诉讼案件中的有关专业理论或专门技能问题进行司法鉴定。

根据2005年2月28日第十届全国人民代表大会常务委员会第十四次会议通过的《关于司法鉴定管理问题的决定》之规定：司法鉴定是指在诉讼活动中鉴定人运用科学技术或者专门知识对诉讼涉及的专门性问题进行鉴别和判断并提供鉴定意见的活动。

由上述规定可以明确，司法鉴定具有如下特征：① 司法鉴定的目的是为了解决诉讼中涉及专门性问题；② 司法鉴定的主体是具有专门知识或者专门技能的鉴定人；③ 司法鉴定的结果是由鉴定人提供针对专门性问题所做出的鉴别和判断意见。司法鉴定作为一个专有名词，颇具中国特色，在国外，经常也被称为法庭科学。

有人指出，为刑事侦查进行的技术鉴定，也应属广义的司法鉴定范畴。事实上，在国外，此类鉴定通常被称为刑事技术鉴定。当然，更加广义的司法鉴定还包括所有为了解决各种争议、纠纷、仲裁所进行的鉴定活动。

根据全国人大常委会《关于司法鉴定管理问题的决定》，司法行政部门负责主管全国司法鉴定的管理工作，包括鉴定人和鉴定机构的登记、名册编制和向社会公告。

民事案件以息诉为原则。人民法院在医疗诉讼案件的审理过程中，仍可组织原、被告（医、患）各方进行调解。调解不成的，法院会作出判决。一方或多方当事人对判决不服的，可依法提起上诉，进入二审程序。二审判决为终审判决，判决结果直接生效。对二审判决仍持有异议的，可依法提起申诉，但申诉不影响生效判决的执行。

（夏文涛　许毅）

第三章　医疗过错、损害后果及其因果关系的鉴定原则

医疗纠纷的鉴定是一项专业性极强的技术工作，既需要扎实的临床医学知识，又需要丰富的鉴定实践经验，同时还需要具备相关的法学功底。每一例纠纷都各有其特点，绝无两件完全一样的案件，其内在特征很难归纳、提炼。但是，经过众多同行的不懈努力，还是总结出了一些规律和原则，值得鉴定人在实践工作中参考、借鉴。

第一节　医疗纠纷司法鉴定的基本原则

有关医疗纠纷司法鉴定中对医疗过错、损害后果及其两者之间因果关系、过错参与程度等事项的鉴定原则，业界已有多位学者与司法鉴定人提出了很多有价值的意见，其中，本书主编之一朱广友研究员撰写的 3 篇论著具有相当大的代表性意义。但在鉴定实践中，作者仍然不时听到有关医疗纠纷鉴定出现的各种各样的问题，无论对委托人、当事人，还是对鉴定人来讲，都是非常遗憾的，甚至可能对整个行业造成一定的负面评价和不利影响。作者发现，其中有些问题已经不仅限于技术层面了，可能与鉴定人对相关法律、法规规定的认识仍存在不足有关，故本节就此类鉴定总体上应当遵循的基本原则提出进一步探讨意见，与同行分享。

一、鉴定事项应始终围绕医学专业问题

根据全国人民代表大会常务委员会于 2005 年 2 月 28 日通过的《关于司法鉴定管理问题的决定》，司法鉴定是指在诉讼活动中鉴定人运用科学技术或者专门知识对诉讼涉及的专门性问题进行鉴别和判断并提供鉴定意见的活动。由上述简短但最具权威性的对司法鉴定的解释可以看出，“司法鉴定”有 4 个关键词：其一为诉讼，即司法鉴定是天然的、为诉讼服务的一种准司法活动；其二为鉴定人，即实施司法鉴定的主体是鉴定人，鉴定人的资格须经相关部门审核、批准、公示；其三为专门性问题，意指司法鉴定需要解决的是普通人运用日常生活经验和常识不能解决的问题；其四为科学技术或者专门知识，是指司法鉴定所需解决的专门性问题必须采用相关的科学技术手段或者运用专业性的理论、经验、知识加以分析、判断。

根据上述对司法鉴定的权威解释，医疗纠纷司法鉴定需要解决的专门性问题就是依

据医学原则和标准，或者采用医学技术手段，判定医疗行为是否存在过错及其是否造成损害后果，过错与损害后果之间是否存在因果关系及过错对损害后果的参与程度。司法鉴定人应坚持从事实层面作出判断，解决“专业”问题；而普通人运用一般常识或生活经验能够解决的，以及法律层面的问题，均不应纳入鉴定范畴。

作者在审稿时曾发现有1篇医疗纠纷司法鉴定的案例报道中强调，因患者提出经治医院及其手术医师并没有取得微创介入治疗颈内动脉狭窄的资格，医方擅自实施手术，违反法律规定，应承担全部责任。鉴定人在鉴定过程中专门就该问题上网查询，发现当地可以施行该手术的医疗单位及手术医师名单中并未见到涉案医院及医师，故认定医方为超范围行医，存在过错，且该过错与患者术后出现的不良后果之间存在因果关系。作者认为，本案需要司法鉴定人解决的核心问题就是医方的手术是否具有适应证，手术方式及具体操作是否符合医疗原则，有无存在医疗过错，该术后出现的不良后果是否与医疗行为之间存在因果关系，若存在因果关系，医方的医疗过错在损害后果中的参与程度如何评定。而经治医院与手术医师是否具有施行此类手术的资格，并非需要司法鉴定人解决的专门性问题，完全可以由庭审法官通过法庭调查解决。因此认为，鉴定人的鉴定活动已经“越权”，侵犯了法官对法律事实和法律因果关系作出判断的权利。

二、坚持以客观事实作为鉴定依据

病历应当是对临床诊疗过程完整、客观的记录，是医疗纠纷司法鉴定的重要依据，甚至可能是唯一依据。卫生行政部门人为对住院病历作出了客观病历与主观病历划分的规定。按照该规定，客观病历包括入院记录、家属沟通记录、术前小结、手术记录、麻醉记录、医嘱单、护理记录、各类检验报告、出院记录等，可以供患者及其家属复印；主观病历包括住院病程记录、讨论记录、会诊记录等，患者及其家属不得复印。但事实上，客观病历中的诊断意见、鉴别诊断等内容，均含医师主观意见；而主观病历中包含的对患者症状、体征及临床处置过程的描述，则又属客观记录。因此，上述主、客观病历之划分依据并不合理。司法鉴定人在鉴定活动中应尽量采用客观记录的内容，对含有医师主观意见的成分，如诊断意见、诊疗计划等内容则应依据医学标准、法医学标准进行必要的分析和认定。

从某种角度来说，医学影像资料作为客观反映患者形态学改变的检查资料，其证明力高于一般病历资料。例如本中心在鉴定中曾依据医学影像资料认定某患儿存在膈下游离气体影，高度提示其可能存在腹腔空腔器官穿孔性病变，但医方在影像学报告中并未报告有上述征象，在庭审中也申辩认为应以影像学报告作为鉴定依据。但鉴定人坚持认为，医学影像资料一旦提交作为鉴定依据，则因其所具有天然的客观性，其证明力显然高于影像学报告或其他病历材料。司法鉴定人严格依据医学标准作出判断和认定，正是反映了司法鉴定应当具有客观性和科学性。

作者在审核案件时曾发现有一例医疗纠纷的司法鉴定，系某女性患者因呼吸道感染就诊于某卫生院，院方给予先锋类抗生素静脉输液治疗，治疗前皮试结果为阴性。但输液过程中患者突发急性过敏症状，呈严重的呼吸困难表现，院方在呼叫县医院急救车到场的同时给予静脉输注相应抗过敏药物，但并未及时行气管插管或者气管切开术，患者病情持续危重。县医院急救车于8分钟后赶到，也未采取进一步措施，而是直接将患者转送县医院。待患者于约15分钟后被送至县医院时，病情已不可逆转，虽经气管切开等急救措施，仍未能避免死亡的后果。该事件发生后，曾经地区、省级两级医学会鉴定，一致认定为医疗事故，医方应承担次要责任（责任程度为30%）。人民法院在案件审理过程中认为，有必要进一步查明卫生院与县医院应分别承担的责任大小，故委托司法鉴定机构进行司法鉴定。某司法鉴定人接受委托后草拟了鉴定意见书，认为该卫生院与县医院在医疗过程中均存在过错行为；其中，卫生院的医疗过错对患者死亡后果的参与程度拟为20%，县医院的医疗过错对患者死亡后果的参与程度拟为10%。作者不同意该鉴定意见，认为在鉴定的合同评审（即委托受理）过程中鉴定人与委托人的沟通不够清晰、准确；司法鉴定人应当依据客观材料（即病史资料）提出鉴定意见，而本案委托人所提出的鉴定“依据”（两级医学会出具的医疗事故鉴定书）并非客观材料，包含了医疗事故技术鉴定专家的主观判断，是不能作为本次司法鉴定依据的。因此，作者建议本案鉴定人重新进行合同评审，最终出具的鉴定意见表述为“某卫生院、县医院在对被鉴定人的诊疗过程中均存在医疗过错，上述过错均与患者最终死亡的后果之间存在一定的因果关系；在两家医院的共同过错中，某卫生院的过错是主要的，县医院的过错是次要的”。法官在收到本案鉴定意见书后，顺利地依据司法鉴定鉴定意见并结合医疗事故技术鉴定所裁定的“次要责任”作出了判决。虽然前后两份鉴定意见看似并无大的不同，但其实正体现了鉴定须依据客观材料作出的基本原则。

三、坚持以医学标准作为判断依据

司法鉴定是依据医学、法医学标准进行分析、判断的活动，临床诊断标准、诊疗技术规范、行业专家共识等医学标准是司法鉴定人进行医疗纠纷司法鉴定、提出司法鉴定意见的根本依据。在适用标准时，应注意标准的时效性、权威性、专业性。实践中应遵循标准的适用原则，优先选择国家标准与行业标准。暂不存在明确、统一标准的，可以依据业内多数专家的观点作出判断。专家观点多见于经同行评议被广泛认可的权威学术专著与专业期刊学术论文。

标准的时效性主要指鉴定中所依据的医学标准应发布实施于有待分析、评判的医疗活动之前，而非之后。这是因为法律条文的规定一般均不具有溯及力，即不能以明天的标准判定今天的行为，也不能以今天的标准判定昨天的行为。

标准的权威性是指其所规定的原则、方法在行业内被同行普遍认可或者广泛接受，这也是美国关于科学证据的弗赖伊规则所确定的原则。当然，在科学技术日益发展的今天，如果拘泥于上述规则，则可能造成某些业已基本成熟但尚未被普遍认可和广泛接受的原则、方法不能被采用到鉴定活动中，因此只要鉴定人所依据的原则、方法的原理、理论对待判定的事实具有适用性，其技术或分析方法具有足够的有效性，据此作出的分析、判断可以被重复且误差（错误）可以被证实，得出的判定结果具有足够的可靠性，则同样可以被认定为科学证据。后者也即美国关于科学证据的多伯特规则，是对弗赖伊规则的有效补充。

标准的专业性是指以下几个方面：① 标准的制定者是该行业内被授权的学术团体或者组织，以及业内公认的学术权威，如中华医学会神经外科学分会等；② 标准的目的在于规范、指导某项临床专业诊疗活动；③ 标准的使用者是该行业内具有执业资格的医务人员。

作者曾遇见一起颈内动脉血栓形成微创介入治疗后发生脑卒中的医疗纠纷案件，在鉴定中患方强调根据现行的医学标准(某专业委员会关于微创介入治疗颈内动脉血栓形成的指南)，狭窄大于95%者一般不宜实施该手术。而医方强调该治疗方法经多年经验积累和不断进步，手术适应证已经明显放宽，即使狭窄达99%以上，也可施行该治疗，上述指南所规定的原则业已不符合临床实际情况，只是经过多年尚未被及时修订而已。作者在鉴定中认为，医方的陈述符合事实，因患方强调的技术标准已不能适应当前临床实际情况，故不宜直接作为鉴定依据。

四、坚持争议材料权益归无责方

委托人在医疗纠纷案件中所提供的鉴定材料主要是病历资料，其中经常可以发现存在此类问题，即：病历资料中不同部分的记录对同一事实的描述存在一定的出入，甚至迥然不同。如住院病历中的病程记录与护理记录对患者同一时期临床表现的描述可能出现差异，术后病程录与手术记录对手术过程的描述可能有所不同，手术记录中的手术方式与麻醉记录单上的手术方式可能并不一致。在实践中一般认为，因住院病历记录的形成、保管责任均在医方，患方对记录中出现的问题不具有任何责任，故司法鉴定人在鉴定过程中应充分听取患方的意见，在争议相持不下时，原则上采纳对患方有利的记录。当然还应注意：① 首先均应将医、患各方所提出或者鉴定人所发现的鉴定材料争议问题告知委托人(如人民法院)，与委托人沟通、协商，由法院经调查后作出材料取舍的最终决定；② 可通过其他材料印证争议内容的，应尽可能还原客观事实，避免将医方在记录中的失误误认为评定医方过错的理由；③ 当然，争议材料权益归无责方并非僵硬死板的规定，鉴定人对病历记录中明显的差错或者失误，有权、也有责任给予更正或者剔除。

作者在参加医学会医疗事故技术鉴定时曾遇到一案例，某住院患者提起诉讼，人民法院委托医学鉴定。鉴定所依据的病历材料是由医方提供的住院病历原件，在陈述时患方突然提出不能认可医方提供的病历原件，因其在住院过程中曾通过关系多次私下复制尚处于形成过程中的住院病历，经与原件核对发现，住院病程录中的第2页与第3页与其私下所复制的记录完全不一致，住院病历显然经过事后加工，涉嫌“伪造病历”。医方承认患方提供的病程录复印件确系源自医方病历，但辩解称住院病程记录的不同是由于在患者出院后的病历检查过程中发现该两页记录不符合病历书写规定，要求住院医师重写所致，然而医方并不能提供原始的两页记录。经紧急磋商并报告人民法院，根据法院的指示，该案件鉴定中止，在医方不能提供足够有力的证据支持其所称的病历修改符合法律规定的前提下，医方必须全部承担不能鉴定所造成的不利后果。

五、鉴定意见的表述应客观、清晰

医疗纠纷司法鉴定意见的表述应符合客观、清晰、无歧义的要求。医疗过错的表述应说明医疗过程中违反“标准”的具体行为；损害后果应表述为具有稳定性、终局性的结果，而一般不宜表述为中间损害过程；因果关系的表述应符合逻辑性；过错参与程度判定应具有合理性。

作者曾遇到一件医疗纠纷司法鉴定实例。某女性患者因自觉颈前区包块并隐感不适就诊于某县医院，医方予行CT等检查，未报告任何异常，给予一般对症治疗。该患者自感症状始终无缓解反有加重，遂于8个月后求治于某省级医院，经行CT、B超等检查后发现其左侧甲状腺占位性病变，直径达1.5 cm，病变性质高度疑似恶性，复阅此前在县医院所摄CT片，即可见该病灶直径1 cm余。经甲状腺癌根治术，病理检验结果证实为甲状腺乳头状癌。患者以此提起诉讼，认为医方应为其延误手术治疗、加重病情承担赔偿责任。司法鉴定人根据法院委托，出具了鉴定意见，即：县医院未能根据CT检查结果及时作出正确的影像学诊断，存在医疗过错，该过错直接导致了患者未能及时接受手术治疗，过错参与程度拟为100%。该鉴定意见出具以后，法院来函要求鉴定人明确说明，县医院的诊疗过错与患者最终接受甲状腺癌根治术的后果之间是否存在因果关系及其过错的参与程度。司法鉴定人只得再次出具鉴定意见，医方虽有过错，但甲状腺癌即使提前诊断，根据临床医学原则也难免接受甲状腺癌根治术的后果，故医方的医疗过错与患者接受甲状腺癌根治术之间并不存在因果关系。在这起鉴定中，司法鉴定人首次提出的鉴定意见，其错误在于将中间损害过程(过程性后果或者中间后果)误认为最终后果，而中间后果往往不具有可量化性的特点，法庭势必难以据此裁判，故补充鉴定也就必不可免。

因果关系的逻辑性与过错参与程度的合理性也表现在司法鉴定人应严格演绎推理的原则和方法，作出分析和判断意见。例如，作者曾遇到一份医疗纠纷司法鉴定书认为，医方在医疗过程中未能于术前将剖宫产手术可能造成切除病变输卵管的后果告知患方，侵犯了患方的知情同意权，故存在医疗过错，且该过错与患者一侧输卵管缺失的后果之间存在一定的因果关系，过错参与程度为40%。作者认为，该份鉴定的重要问题就在于司法鉴定人未能准确把握因果关系的分析原则，侵犯知情权固然可能属医方的过错行为，但该过错与输卵管切除之间实际上并不存在任何关联。司法鉴定人需要判定的是该侧输卵管是否存在病变，该病变是否符合切除术的手术适应证。至于侵犯知情权属不属于过错行为，是否应当承担一定的过错责任等问题，完全应该交给法院判断。

六、坚持同行评价的原则

越来越多的专家认为，无论从法医学本身的概念、内容和范围，法医学司法鉴定人所接受的教育背景、其所从事职业的第三方属性，还是司法鉴定人所应当具有的中立性要求，以及大部分患者和多数群众的认可程度，医疗纠纷法医学司法鉴定均应当属于法医学鉴定的重要内容。无论业内、业外怎么看，全国绝大部分地区的人民法院与法官也倾向于选择法医学司法鉴定机构进行医疗纠纷的司法鉴定。但是有必要指出，随着临床医学的不断进步，专业学科分类日益精细，鉴定中涉及的专业性问题常常超出具有普通医学知识的鉴定人的认知范围，无疑需要业内临床专家提供专业咨询意见。那种简单地通过查阅学术专著、期刊文献即“闭门造车”作出鉴定意见的方法，显然不能满足司法鉴定的要求。作者所在的司法鉴定机构多年来坚持选择具有相应资格和能力的临床医学专家录入专家库，在遇到具体案件时从专家库中抽取专家作为鉴定的助手和顾问，以保证鉴定意见的科学性、专业性、权威性，经多年的实践，业已获得了理想的效果。

当然，在选择临床咨询专家及采纳咨询意见的时候，司法鉴定人应当注意以下基本原则：① 所选择的专家应是当地在该领域公认的权威专家，具有丰富的临床经验与扎实的理论功底；② 专家的公正性与其在专业上的权威性同样重要，要敢于说真话、实话，拥有正义感；③ 专家与所咨询的案件中任何当事人、代理人均无利害关系，不会影响其作出客观判断；④ 需要专家咨询的问题应与专家所处的专业完全吻合，完全在专家的知识、能力范围之内；⑤ 专家库应建立审批和适时调整的制度，保证入选的专家具有先进性，能够满足医学不断进步的要求；⑥ 鉴定人并非简单地照抄专家咨询意见即可作出鉴定意见，而是应当具有根据案情需要提出问题、理解咨询意见并最终独立形成判断结论的能力，专家仅对其出具的咨询意见负责，但咨询意见不直接向委托人或案件当事人出具，且最终的鉴定意见完全由鉴定人自己负责，包括鉴定完成以后对鉴定意见及其依据的全部解释；⑦ 鉴定人不能理解或接受专家咨询意见时，可以扩大咨询专家的范围，以尽可能取得多数专家的意见；⑧ 鉴定人经讨论并能够确认其有别于专家咨询意见的结论是合理、正确的时候，也可以按照鉴定人的讨论结果出具鉴定意见书，但必须有充分的依据并形成完整的记录，必要时可再和咨询专家沟通、探讨；⑨ 在鉴定受理前、鉴定过程中、鉴定完成后，鉴定人均应注意保护咨询专家的合法权益不受侵犯，一般不可向案件当事人告知咨询专家的个人信息。

（夏文涛）

第二节　判定医疗过错的基本原则

根据我国《侵权责任法》第五十四条规定，患者在诊疗活动中受到损害，医疗机构及其医务人员有过错的，由医疗机构承担赔偿责任。该条款实际上明确了医疗侵权损害赔偿的基本要件，即医疗过程中存在医疗过错行为。

一、是否违反现行卫生法律、法规

《侵权责任法》第五十八条规定，患者有损害，系因医疗机构“违反法律、行政法规、规章以及其他有关诊疗规范的规定”造成的，推定医疗机构有过错。奚晓明认为，法律、行政法规、规章以及诊疗规范是医疗机构和医务人员的工作依据和指南。医疗机构和医务人员在自己的有关业务活动中应当掌握，并遵循规定以确保其合法性。从司法鉴定和司法审判的实践来看，违反法律、行政法规、规章以及诊疗规范的规定，已经成为医疗机构和医务人员存在过错的最直接标准。目前我国已经颁布的医疗卫生管理方法的法律、行政法规主要包括：《执业医师法》、《传染病防治法》及其实施办法、《母婴保健法》及其实施办法、《献血法》、《职业病防治法》、《药品管理法》、《血液制品管理条例》、《医疗机构管理条例》、《人体器官移植条例》、《艾滋病防治条例》，等等。诊疗规范主要包括：《临床输血技术规范》、《社区卫生服务中心医药服务管理基本规范》、《城市社区卫生服务中心基本标准》、《医用氧舱临床适用安全技术要求》、《综合医院康复医学科管理规范》、《药物临床试验质量管理规范》、《人类精子库基本标准和技术规范》，等等。至于规章以及诊疗规范则是卫生行政部门公开发布或者医疗机构内部形成的规范性文件。如卫生部发布的：《临床常用急救操作技术》、《麻醉记录单》、《准分子激光角膜屈光手术质量控制》、《人工髋、膝关节置换术》、《血液储存要求》、《预防接种异常反应鉴定办法》、《新生儿疾病筛查管理办法》、《放射诊疗管理办法》、《产前诊断技术管理办法》、《医疗美容服务管理办法》等。

一般来说，根据医疗机构及其医务人员在诊疗护理过程中是否具有违法性来认定其是否存在过错并不困难。关键是需要鉴定人员必须熟悉相关的法律法规，在认定医疗机构及其医务人员是否存在过错时，首先要明确指出在特定的病例及特定的条件下，相关的法律法规是如何要求的，而医疗机构及其医务人员是如何执行的。如果医疗机构或医务人员的行为明显地违反了相关的法律法规，则可以认定医疗机构及其医务人员存在过错。例如，对于危重患者推诿拒治以致造成不良后果，则应依据《中华人民共和国执业医师法》第二十四条："对急危患者，医师应当采取紧急措施进行诊治；不得拒绝急救处置。"认定医疗机构及其医务人员存在过错。又如，未经患者同意擅自使用自制的内固定器材给患者进行骨折内固定并出现不良后果的，应依据《中华人民共和国执业医师法》第二十五条："医师应当使用国家有关部门批准使用的药品、消毒药剂和医疗器械"，认定医疗机构或医务人员存在过错。

二、是否尽到应尽的诊疗义务

《侵权责任法》第五十七条规定，医务人员在诊疗活动中未尽到与当时的医疗水平相应的诊疗义务，造成患者损害的，医疗机构应当承担赔偿责任。何谓"诊疗义务"？诊疗义务实际上主要指医师的注意义务。注意义务，是法学上的一个专业术语，指一个人在从事某种活动时，应该给予高度的谨慎和注意，以避免给他人造成不应有的危险或损害。

医疗注意义务是医疗过程中的一种法定义务，是确保医疗行为合法性的重要依据之一。没有重视和履行医疗危险注意义务则易导致过错行为的发生。医疗危险注意义务包括一般注意义务和特殊注意义务。一般注意义务，也称善意注意义务或保护义务，是指医务人员在医疗服务过程中对患者的生命与健康利益的高度责任心，对患者的人格尊重，对医疗服务工作的敬业、忠诚和技能追求上的精益求精。特殊注意义务是指在具体的医疗服务过程中，医务人员对每一环节的医疗行为可能存在的危险性加以注意的具体要求。医务人员对于患者具有提供医疗服务的义务，并且对于患者所发生的疾病以及疾病、治疗所引起生命健康上的危险性，具有预见和防止的义务，也即高度危险注意的义务。

对于违反卫生法律、法规我们似乎比较容易把握。但对于是否违反注意义务，我们还比较陌生。什么是注意义务？注意义务的标准是什么？这些在西方法治发达国家已经形成了一套成熟标准和规则，这些标准和规则值得我们学习和借鉴。在英美法系国家，判断一个医师是否存在过错，其重要的依据就是看他或她在为患者提供服务的过程中是否尽到了注意义务，而相应的判断标准即为注意标准。

对于一个普通的医师来说，在为患者提供服务时应尽到下列注意义务：① 有义务具备同一地区或相似地区并在相同条件下从业的知名医师通常所具有的学识和技术；② 有义务使用同一地区或相似地区并在相同条件下从业的知名专业人员在相同的病例中通常使用的注意和技术；③ 有义务在实施技术或应用学识时使用合理的智慧和最佳判断；④ 未能尽到上述任何一种义务就是过错。

例如，内科医师有义务采集完整的病史、进行全面的体格检查、要求必要的实验室检查，并对检查结果予以准确的解释，对疾病作出诊断和鉴别诊断、告知患者可能存在的医疗风险、获得患者的知情同意，应用的治疗措施要有合适的理由，用药准确、适时随访或会诊，并予以通行的治疗和处置。

对于一位从事特殊专业领域的专科医师来说，其注意义务与普通医师略有不同，作为专科医师在为患者提供服务的过程中应该尽到“专家义务”（duty of specialist）。在内科学、外科学或其他康复医学等特殊领域的专科医师须具有从事相同领域和相同或相似地区在相同条件下的知名专家通常具有的知识和技术，并使用这些专家通常所使用的注意和技术。未能尽到上述义务就是过错。

对于医院或医疗机构来说，其应承担的义务包括：① 雇用有能力和合格的医务人员；② 对其雇用的医务人员进行必要的培训和指导；③ 为医务人员提供合适的设备和仪器；④ 建立必要的安全和保障系统。

Karen Bruce Lockhart 在谈到“注意义务”时强调，注意义务是理想的，但这并不意味着要求医师是完美的，它所强调的是“通常的注意”（ordinary care），如果一个负责任的医学团体认为，在通常情况下不会予以注意时，则不能认定医师违反了注意义务。此外，在回答注意义务时必须立足于事件发生当时的情况，而不是目前的知识或实践。支持专家证言（鉴定意见）的所有专著或文献都应当是于事件发生前业已公开发表的，所持的立场和观点应该是事件发生前被同行广泛熟知的。

在应用注意标准分析医务人员是否存在医疗过错行为时必须注意以下几个问题。

（1）合理性

指合理的注意与技术，强调的是“通常的注意”，即通常的技能、知识与经验。不能以高年资医师的知识和经验去评价低年资医师所发生的医疗事件；不能用专科医师的知识和经验去评价普通医师的医疗事件。但医师不可忘记在遇到困难时有请教更有经验的上级医师或其他医师的义务。

（2）地域性

指不同地区，由于经济、文化发展状况存在相当的差距，医疗机构的硬件设施以及医务人员的技术知识水平、医疗经验等也存在相当的差异。因此，在评价医务人员的医疗行为是否存在过错时，不能简单地以发达地区尤其是大城市、知名医疗机构医务人员的技术或知识水平、医疗经验为依据，而应以同地区或类似地区（指发展水平大致相当，环境、习俗相似的地区）的医疗机构医务人员的技术或知识水平、医疗经验为准。虽然在《侵权责任法》第五十七条并没有强调“地域性”，但考虑到我国地域辽阔，地区间社会经济发展水平和医疗卫生水平差异较大，所以在实际鉴定过程中适当考虑地域性差异是有必要的，这也是实事求是的科学态度。

（3）时间性

即必须以医疗事件发生当时的医疗水平及医务人员应具有的知识、技能和经验作为判断的依据，引用的所有专著或文献也应当是事件发生以前业已公开发表的。

从我国的司法实践来看，是否尽到注意义务已成为法庭判定医疗机构或医务人员承担过错赔偿责任的主要理由。例如，我们在某法院若干年前的判决书上看到这样的判词：医院在对患儿的病情没有做常规的、必要的检查和化验的情况下，即为患儿开具庆大霉素，医院没有尽到在提供医疗服务时应从专业角度加以谨慎注意的义务。作为氨基甙类药物的庆大霉素，其明显的副反应就是具有耳毒性，而药典及《药理学》关于庆大霉素在给药的注意事项中就有需注意耳毒性并监测血药浓度等说明。对可能产生不良后果的药物，医院应尽谨慎注意的义务。医师用专业术语书写病历，没有专业知识的患者在用药时不易辨认，不便理解和掌握。对患儿超剂量服用庆大霉素，医院存在过错。法院终审判决医院对患儿承担赔偿责任。

三、是否尽到“告知义务”并获得患者的“知情同意”

《侵权责任法》第五十五条规定，医务人员在诊疗活动中应当向患者说明病情和医疗措施。需要实施手术、特殊检查、特殊治疗的，医务人员应当及时向患者说明医疗风险、替代医疗方案等情况，并取得其书面同意；不宜向患者说明的，应当向患者的近亲属说明，并取得其书面同意。医务人员未尽到前款注意义务，造成患者损害的，医疗机构应当承担赔偿责任。

有关医师的“告知义务”以及必要时要获得患者的“知情同意”在我国相关的法律、行政法规、部门规章中都已有明确规定。《侵权责任法》的不同之处在于，明确规定“医务人员未尽到前款注意义务，造成患者损害的，医疗机构应当承担赔偿责任”。

医疗损害赔偿的诉讼过程中，原告及其律师经常以医务人员未能履行应尽的告知义务、剥夺了患者的知情权和选择权为由提起诉讼。法医学司法鉴定人也常被要求对此进行法医学鉴定。因此，如何理解告知义务，怎样才算充分履行了告知义务。换言之，告知义务的标准是什么？这是法医学司法鉴定人首先应该明确的。实际上，告知义务也是注意义务的范畴，属特殊注意义务。因知情同意在医疗过错民事侵权损害赔偿中具有特殊的意义，故在此单独加以讨论。

我国的卫生法律对医疗机构或医务人员在诊疗护理过程中应履行对患者的告知义务都有明确的规定。例如，《医疗事故处理条例》第十一条明确规定：“在医疗活动中，医疗机构及其医务人员应当将患者的病情、医疗措施、医疗风险等如实告知患者，及时解答其咨询；但是应当避免对患者产生不利后果。”《中华人民共和国执业医师法》第二十六条也明确规定：“医师应当如实向患者或者其家属介绍病情，但应注意避免对患者产生不利后果。医师进行实验性临床治疗，应当经医院批准并征得患者本人或者其家属同意。” 1994 年 2 月颁布实施的《医疗机构管理条例》第三十三条规定：“医疗机构施行手术、特殊检查或者特殊治疗时，必须征得患者同意，并应当取得其家属或者关系人同意并签字；无法取得患者意见时，应当取得家属或者关系人同意并签字；无法取得患者意见又无家属或者关系人在场，或者遇到其他特殊情况时，经治医师应当提出医疗处置方案，在取得医疗机构负责人或者被授权负责人员的批准后实施。”这些规定虽然强调了医疗机构及其医务人员在有些情况下必须履行相应的告知义务，但仍存在两方面的不足。一是这些规定比较原则，理解起来尚存在一定的困难；二是与法律所要求的“知情同意”有所不同。在美国，虽然关于知情同意的定义各州有所不同，但其主要是指医务人员必须告诉患者他所采取的医疗处置措施潜在的好处、风险、可选择的手术种类、医疗方法或者其他处置措施，并且要预先获得患者的书面同意。这种理念是基于这样的原则，即任何医师对患者负有告知义务，以便患者对自己的治疗处置作出合理的选择。虽然各国法律体系不同，但对医师应履行告知义务的规定大同小异。

在日本，法学界将告知义务分为以下几类：第一类为得到患者有效同意的说明义务，其内容如上所述。第二类为回避不良结果的说明义务，其内容是医师在诊疗的过程中，预见到或应当预见到有相当盖然性发生不良结果的危险时，应对患者或其亲属就医师的诊断、治疗状况进行说明，对具体的疗养方法与遵守事项进行指导，以回避已经预见到的不良结果。第三类为转医（或转诊）指示的说明义务，指医师对于患有自己专门领域之外疾病的患者或依其病情超出自己治疗能力之外的患者负有作出转医指示的说明义务。它包括医师有 2 项义务：① 劝说属于自己专科领域之外的患者转医；② 劝说虽属于自己专科领域之内但本医疗机构或本人无条件给予最适当治疗的患者转医。

作者认为，就一般医师而言，在为患者提供医疗服务时应该履行下列告知义务：① 告诉患者关于其疾病的诊断，包括医师所知道的和应当知道的；② 所建议使用的处置措施的目的和方法；③ 采用所建议的处置措施的好处和风险；④ 除了所建议使用的处置措施外，可以选择的其他处置方法；⑤ 可能发生的医疗费用，以及是否属医疗保险范围等；⑥ 拒绝接受所建议的处置措施所存在的好处和风险；⑦ 不属于自己专门领域内或虽属于自己专门领域内但医院或本人无条件为患者提供适当的治疗时应及时建议患者转诊或转院治疗。

我国学者认为，根据我国目前临床医学实践，下列诊疗活动应该充分告知、征得患者或患者家属的同意：① 构成对肉体侵袭性伤害的治疗方法与手段；② 需要患者承担痛苦的检查项目；③ 使用药物的毒副反应和个体素质反应差异性；④ 需要患者暴露隐私部位；⑤ 从事医学科研和教学活动的；⑥ 需要对患者实施行为限制的。

作者认为，除此之外，医师还应尽其所知对患者加以说明，使患者不至于丧失最佳治疗机会。

在我国司法实践中，医疗机构如果因未能尽到告知义务而给病员造成损害，也是要承担过错赔偿责任的。例如，某患者因患痔疮在某卫生所就诊。医师为其注射了“痔全息”针剂。几天后患者出现肛门大出血，并引起失血性休克。法院认为，“痔全息”注射液治疗内痔后可能引起出血，是治疗过程中的并发症，卫生所应在治疗前告知患者或家属，并履行术前签约手续。正是因为该卫生所术前无手术同意书且未告知患者或其家属手术可能存在的风险，致使患者对病情的发展情况无充分的思想准备，在术后并发症发生时转院治疗，从而加大了患者的经济损失。判决卫生所赔偿相应的经济损失。

Diana Brahams 撰文指出，如果患者了解了他正在接受的治疗的性质，甚至他能够证明他如果得到适当有关风险的警告，他会拒绝接受这些治疗，在这种情况下知情同意权受到损害就成为诉讼的理由。如果患者能够证明，如果没有（but for）医师未能适当告知他可能会发生并发症的过错行为，他将不会受到损害，他就能够胜诉并获得损害的赔偿。

作者主张，判断医疗机构或医务人员是否充分履行告知义务时，可以上述标准作为参考，但应强调以下几点。

（1）知情同意包含的要素

“知情同意”包含“知情”和“同意”两个要素。知情是建立在医师履行了充分告知义务基础之上，同意是建立在知情基础之上。医师有义务告诉患者所有的真实信息，以使患者在知情的基础上能够对拟采取的手术或治疗方法作出决定。所谓真实的信息是指医师所知道的或应当知道的，对于患者在决定接受或拒绝医师所建议的医疗处置措施时具有重要意义的信息。只有建立在充分知情基础上的同意才是具有法律约束力的。

(2) 知情同意的方式

同意的方式是多种多样的，除了书面同意外，还包括口头的和行为的，甚至只是特定条件下的一个姿势。例如，在给一个具有正常理解能力的患者进行静脉注射时，只要该患者卷起了衣袖，就足以表示其已经同意。因此，没有书面同意并非一定意味着不同意。应根据不同的情况，具体问题，具体分析。

(3) 知情同意的例外情形

临床上有许多情况并非一定都需获得患者的书面同意。一般说来，在患者同意接受或拒绝接受某项医疗处置时，经治医师对于可能存在的风险或应当预见的风险必须告知患者，并必须获得患者的书面同意。但医师没有义务去讨论在常用治疗方法中固有的较小的危险性，因为这些治疗方法很少引起严重的后果。

四、结果预见义务和结果回避义务

预见义务在于预见发生结果的可能性。损害结果是否发生，本质上属于概率问题，可分为绝对不会发生、很少发生、经常发生、确实会发生。发生的概率越高，应注意的程度越大。如何判断，应以科学的合理性为标准。例如，医学上的危险，即使发生的可能性极低，但仍有发生的可能，且为一般医师所知悉时，即有预见义务。医学上的危险，已被合理证实时，虽未为一般医师所明知，如实行医疗行为之医师，处于能够知悉状态时，亦应认定其具有预见义务。

例如，有关甲状腺次全切除并发甲状旁腺功能低下引发的医疗损害诉讼中，医务人员术前是否预见到甲状腺次全切除术的过程中有可能误切甲状旁腺或损害甲状旁腺的血液供应而导致临床出现甲状旁腺功能低下的风险，以及在预见到可能会发生此种风险时是否制定了相应的防范措施以防止其不良后果的发生即成为医疗过错行为认定的关键。此外，甲状腺次全切除术并发甲状旁腺功能低下的案例并不少见，这从另外一个角度对医务人员提出了更高的要求，对于这种临床常见的情形医务人员给以的注意程度相对来说就更高。因此，医务人员是否尽到应尽的注意义务以避免甲状旁腺的误切或者其血供受损就显得更为重要。当然，限于疾病本身的复杂性和医疗技术的局限性，此类并发症尚不能完全避免。对于此类并发症医务人员是否要承担相应的责任，不是看是否出现并发症，而是要看医务人员在诊疗活动中是否已经尽到了应尽的注意义务，即是否制定并实施了必要的防范措施。如果医师已经尽到应尽的注意义务，患者仍然出现了甲状旁腺功能低下的不良后果，则应当属于现代医学难以防范的，医务人员不应对此承担法律责任。

结果回避义务在于避免不良结果的发生，医师可以采用如下方式履行义务。

(1) 舍弃危险行为

如果医师预见到其行为将会给患者带来危险的结果，则应舍弃该行为，以回避损害结果的发生。如果继续该行为，而给患者造成损害时，即为过错。例如，无充分能力和经验的医师，不考虑其能力及经验是否能够胜任，对患者实施危险性较大的手术，结果手术失败而致患者死亡，虽其施行手术时已尽到最大努力，但仍不能免除其责任。当然，如果患者处于危急状态，不立即手术就会有生命危险，而周围没有更好的医师，也来不及转院，这种情形造成患者损害的，则可以紧急避险为抗辩，不认为医师有过错。

(2) 提高注意并采取安全措施

医师已预见到自己所采用的处置措施具有一定的危险性，仍继续采用，并不意味着医师就有过错。但要求医师在实施具有危险性医疗行为时，必须充分履行其应尽的注意义务，以回避损害结果的发生。如医师在手术之前，已预见到手术过程中可能会出现麻醉意外而致患者死亡。则必须对麻醉的风险及患者的耐受程度进行必要的评估，并且要制定麻醉意外发生时的处置措施。如果明知可能会发生危险并发症，但自信其不至于发生而未采取相应的对策，一旦损害结果发生，则应认定其违反回避义务而存在过错。

实际上，预见义务和回避义务也是注意义务的特殊形式。它是我们判断诸如手术并发症和药物副反应引起的医疗纠纷诉讼中医师是否存在过错行为的一个重要原则。

（朱广友）

第三节　判定医疗损害后果的基本原则

在医疗过错民事侵权损害赔偿的诉讼过程中，司法鉴定机构或司法鉴定人员如何确定医疗过错行为所造成的损害后果尚无统一的评价方法。作者根据我国医疗卫生相关法律和医疗纠纷诉讼实践的需要，结合法治发达国家相关法律和诉讼实践，对医疗损害的性质、医疗损害后果的表现形式及其判定原则进行初步探讨。

一、医疗损害的法律概念

医疗损害是指在诊疗护理过程中，医疗过错行为对患者所产生的不利事实。从一般意义上说，医疗损害直接表现为患者的死亡、残疾、组织器官的损伤及健康状况相对于诊疗前有所恶化等情形。这是对患者生命健康权及身体权的侵害。除此之外，医疗损害还可表现为对患者隐私权、名誉权的侵害，甚至给患者带来财产上和精神上的损害。但本文讨论的主要是医疗过错行为对患者身体权、健康权及生命权的侵害。

身体权是指自然人维护其身体的完全性并支配其肢体、器官和其他组织的人格权。如医师在事先未获得患者同意的情况下切除患者的器官，不论该器官是健康的还是病变的，则可以认为医师的行为直接侵害了患者的身体权。在日本，如果一个医师在事先未获得患者知情同意的情况下切除患者的器官，不论是出于何种目的，一旦形成诉讼，医师通常是要承担相应法律责任的。而在我国，从目前的司法审判实践来看，情况则有所不同。如在切除阑尾手术的过程中，手术医师发现卵巢存在明显病变，可能在未告知患者或其近亲属的前提下自行决定将病变卵巢一并切除。虽然医师违反了通常的告知义务，但医疗行为本身并未给患者带来不利后果，通常不至于被判决其需要承担赔偿责任。当然，这种情况随着近年来《侵权责任法》的实施，业已有所改变。

健康权是指自然人所具有的、维护自己生理机能正常运行和功能正常发挥的人格权。

由于健康依赖于身体而存在，所以侵害健康权往往也侵害了身体权，对健康权的侵害与对身体权的侵害存在重合性。医疗行为对患者健康权的损害表现为对自然人生理机能正常运行和功能完善发挥的损害，具体来说，主要是：① 在当时的医疗技术条件下本可以治愈的疾病未治愈；② 对患者身体正常部位的损害而导致器质性和功能性的损害。如将肺结核误诊为肺癌而行肺切除的，由于肺结核多可以通过药物治疗而痊愈，手术切除肺组织很可能并非必须，由于医师误诊而致患者肺被切除。再如阑尾手术，本应切除有炎症病变的阑尾，但由于医师对局部组织解剖结构不熟悉而误切子宫附件。这些医疗过错行为不但侵害了患者的身体权，同时也侵害了患者的健康权。

生命权是指自然人能生存于社会、正常维持生命活动、生命安全不受非法侵害和剥夺的人格权，它是自然人最基本的人身权。医疗行为对患者生命权的侵害表现为由于医师的过错行为而使患者丧失生命，即导致患者死亡。如失血性休克患者因未得到及时救治而死亡，违规使用药物致使患者因过敏性休克而死亡等，都是侵害了患者的生命权。

二、目前有关医疗损害后果认定中存在的问题

我们经常会在起诉书中看到这样的诉讼请求："由于被告的医疗过错行为造成患者死亡（或功能障碍），请求法院判决被告对原告所造成的损害进行赔偿"。我们也经常看到这样的鉴定结论："医务人员在对患者的诊疗过程中存在过错行为并造成患者死亡（或功能障碍），构成一级医疗事故"。我们也看到这样的判决书："被告在对患者的诊疗过程中存在过错行为并造成患者死亡（或功能障碍），依法应承担相应的民事赔偿责任"。这样的诉讼请求、鉴定结论或判决书给人们的直接印象是医务人员的过错行为直接导致了患者的死亡。或者说，患者的死亡完全是由医师的过错行为所造成的。对于那些疾病本身并不危及生命或不会留有功能障碍的患者，由于医务人员的过错行为而死亡或出现功能障碍，这样的诉讼请求、鉴定结论或判决书是没有问题的。但对于那些病情危重、生命濒危的患者，或组织器官本身功能严重受损的患者，这样的诉讼请求、鉴定结论或判决书就值得商榷。作者曾经历过这样一次医疗事故鉴定，当事人是一位晚期癌症患者，在其生命最后时刻，由于病房的输氧设备出现故障，医务人员在抢救的过程中未能给患者及时用氧。患者死亡之后，家属以医务人员在抢救过程中存在过错行为为由要求医院进行赔偿。医疗事故鉴定委员会的鉴定结论是：由于医务人员在抢救患者的过程中存在医疗过错行为并造成患者死亡，构成一级甲等医疗事故，负轻微责任。诚然，在抢救患者的过程中，院方确实出现了不应有的错误，但这绝非患者死亡的原因。把患者的死亡归咎于医疗过错行为显然是不客观，也是不公正的。此外，既然是一级医疗事故，又只负轻微责任，似乎也是不可理解的。

出现上述问题的原因或责任不在于原告、鉴定人，也不在于法官，而是现行的法律或法规不完善使然。依照《医疗事故处理条例》第四条："根据对患者人身造成的损害程度，医疗事故分为四级：一级医疗事故：造成患者死亡、重度残疾的；二级医疗事故：造成患者中度残疾、器官组织损伤导致严重功能障碍的；三级医疗事故：造成患者轻度残疾、器官组织损伤导致一般功能障碍的；四级医疗事故：造成患者明显人身损害的其他后果的。"医疗过错行为所造成的人身损害后果（或损害程度）由重至轻依次分为"死亡、重度残

疾”、“中度残疾、器官组织严重功能障碍”、“轻度残疾、器官组织一般功能障碍”和“其他后果”等。由此不难看出,《医疗事故处理条例》是以病员的治疗结果来评价医疗损害后果的,换句话说,《医疗事故处理条例》是将治疗结果与损害后果混为一谈了。但我们知道这两者是有根本区别的。前者不但取决于诊断和治疗,也取决于疾病的性质、严重程度,以及患者对治疗措施的依从性和药物的反应性等,是上述诸因素的综合结果。而后者主要取决于误诊和误治的性质,以及误诊和误治给患者造成的实际后果。这种后果有可能表现为直接造成患者的死亡,但更多的是表现为救治机会的丧失,或者是病情的进一步加重等。

三、医疗损害后果的表现形式及其判定的基本原则

1. 死亡

根据《医疗事故处理条例》第四条的精神,死亡作为一种损害后果是指患者的死亡是由于医务人员的过错行为所造成的,或者说患者死亡的主要原因是由于医务人员的医疗过错行为所造成的。在涉及患者死亡的医疗纠纷中,大致可以分为如下 3 种情况:① 患者的死亡完全是由于医务人员的医疗过错行为所造成的。如医务人员违反医疗常规未进行药物过敏试验,致使患者用药后因药物过敏而死亡的。② 患者的死亡主要是由于医务人员的医疗过错行为所造成的,如果没有医疗过错行为的发生,患者原本应是可以康复的,或者说是不会死亡的。如失血性休克的患者,由于医务人员检查不仔细,漏诊误诊以致延误抢救造成患者死亡的。③ 患者死亡的主要原因是疾病本身危重,医务人员虽然在个别医疗环节存在医疗过错行为,但这种医疗过错行为不是造成患者死亡的主要原因。如严重颅脑外伤的患者、大面积心肌梗死的患者,死亡的根本原因是其本身病情危重,而非医疗过错行为。

对于第一种情况和第二种情况,可以判定为“医疗过错行为造成患者死亡”。但对于第三种情况则另当别论。

在实际工作中,如何确定患者的死亡是由于医务人员的医疗过错行为所造成的,还是由于疾病本身发生、发展的自然转归,即在什么情况下才可以判定“由于医务人员的医疗过错行为造成了患者的死亡”?可以借鉴法治发达国家的一些做法。

在美国,如果患者本身疾病根本不能康复,原告就不能把未康复的可能归咎于医务人员医疗过错行为所造成的损害。原告必须证明导致患者丧失生命的唯一原因是医疗过错行为,才能以医疗过错行为致患者死亡为由提起诉讼。例如癌症患者,即便没有任何医疗过错存在的情况下,其生存的机会也小于 50%的话,那么多数情况下原告不能要求一个存在过错的医务人员为其丧失生命负全部责任,医疗过错只是加速其死亡而剥夺了他生存的机会。相反,如果这个癌症患者生存的机会大于 50%,或者有大于 50%的康复机会的话,如果由于医疗过错导致这种机会丧失,则可以提起诉讼。这些案例形成了一个法律上的规则:如果患者本身疾病根本不能康复,原告就不能把未能康复的责任归咎于被告的医疗损害。相反,必须假定唯一的医疗损害是导致了患者生命丧失的原因。如果医疗损害被定义为独立的原因的话,原告有义务证明被告过错是近似完全导致患者死亡的原因。

2. 残疾或功能障碍

依据《医疗事故处理条例》第四条之规定，残疾或功能障碍作为一种损害后果，是由于医务人员的医疗过错所造成的。这里同样可以分为如下3种情况：① 残疾或功能障碍完全是由于医务人员的医疗过错行为所造成的。如进行阑尾切除手术时，由于医务人员对解剖结构不熟悉而误切子宫造成生育能力丧失的。再如，需切除病侧器官（如肾脏、卵巢等）而误切健侧器官造成功能障碍的（如肾功能不全、生育能力丧失）。② 残疾或功能障碍主要是由于医务人员的医疗过错行为所造成的，如果没有医疗过错行为的发生，残疾或功能障碍是可以避免的。如由于误诊、误治，误将异位甲状腺作为甲状舌骨囊肿切除而造成患者甲状腺功能缺如的。再如，骨折患者因为复位或固定不当造成骨折畸形愈合、影响骨关节功能的。③ 残疾或功能障碍的主要原因是由患者本身病情所决定，而医疗过错行为只是加重了残疾或功能障碍的程度。如椎间盘突出行椎间盘切除术后，患者的症状并未得到改善甚至有所加重，即使存在医疗过错行为，但造成患者残疾或肢体功能障碍的主要原因不在于医疗过错行为，而主要是病情难以恢复或继续发展所致。再如，严重颅脑损伤的患者，虽经抢救可以挽救生命，但疾病本身预后差、致残率高，因此不能把致残或功能障碍归咎于医务人员的医疗过错行为。

对于第一种情况和第二种情况，可以判定“医疗过错行为造成患者残疾或功能障碍”，但对于第三种情况另当别论。医疗过错行为的损害后果可能表现为致使患者丧失了治愈机会或加重原来的病情。这在下文专门讨论。

3. 丧失生存机会

前面作者将涉及死亡的医疗纠纷分为3种情况，对于第一种情况和第二种情况可以判定为“由于医疗过错行为造成患者死亡”，而第三种情况则不可以。实际上第三种情况最为多见，也最为复杂。如何确定损害后果是一个迫切需要解决的问题。

在美国的许多州，允许将“丧失生存机会”作为一种损害后果，并作为一个独立的诉讼理由。在Wollen案件中，法院认为有关误诊误治引起患者死亡的诉讼，通常涉及统计学推论到理性的确信这样一个跳跃过程。不论患者发生死亡的准确概率是多少，统计学都不能证明即使死者生前得到适当的诊断或治疗是否会存活。因为统计学仅仅能够表明一个特殊个体存活或死亡的可能性，并不能表明患者一定存活或死亡。如果没有其他信息，仅提供这样的统计学结果无法使人确信患者到底是属于生存组还是死亡组。为了简化对问题的分析，法院设定了3种可能的诉讼请求。第一种诉讼请求，原告指控由于医务人员的医疗过错行为造成了患者死亡，并且辩称如果医师对患者的疾病进行了正确的诊断和治疗，则患者有30％的生存率。第二种诉讼请求，原告同样指控由于医务人员的医疗过错行为造成了患者死亡，并且辩称如果医师对患者的疾病进行了正确的诊断和治疗，则患者有70％的生存机会。第三种诉讼请求是以生存条款为诉讼理由，即原告指控由于医务人员的医疗过错行为，使患者失去了生存机会。法院认为生存条款和误人致死条款是不同的，在所指控的损害没有引起死亡时适用于生存条款，而当损害引起患者死亡时适用于误人致死条款。法院认为，第一、二种诉讼请求都是一种基于统计学资料的指控，这种指控不能使陪审团确信患者是属于生存组还是死亡组。无论其生存率大于50％或小于50％，要证明患者的死亡主要是由于误诊误治所引起的，还是疾病本身发生发展的一个必然转归，是不可能的。法院认为，根据 Missouri 法律，这两种诉讼请求均含有医疗过错行为造成患者死亡的指控，不允许根据非法死亡法案(statute of wrongful death)提出诉讼，只有第三种被允许以生存权法案(survivorship statute)提出诉讼。这样的诉讼请求并非是指控“由于医务人员的过错行为造成患者的死亡”，而是“由于医务人员的过错行为造成患者丧失了生存机会”。

在我国，虽然相关的法律规定尚不明确，但在许多法院的审判实践中已经承认“丧失生存机会”是一种医疗损害后果，并作为医疗机构或医务人员承担损害赔偿的重要依据。由此可见，作为医疗损害鉴定，必须正确理解“丧失生存机会”作为医疗损害后果的真正含义，并能够对此进行正确判断。

4. 丧失康复机会

前文谈到，在涉及残疾或功能障碍的损害后果时有 3 种情况，其中第一种情况和第二种情况可以判定为“由于医疗过错行为造成患者残疾或功能障碍”，而第三种情况则不同。

在大多数涉及患者残疾或功能障碍的医疗纠纷诉讼中，患者诉讼的理由是，在医务人员出现医疗过错行为之前，他或她如果得到适当治疗的话，则存在一个有可能好转的机会。由于医务人员的过错行为，这个机会丧失了。如 Baer 所强调的，根据机会丧失理论，即使患者获得治愈的机会非常渺茫，患者也会寻求康复。每个患者都有一定的获得康复的可能性。这种可能性有可能大于 50%，也有可能小于 50%。不管可能性是高还是低，患者确有可能获得不同程度康复的机会。医务人员的过错行为减少了这些可能康复的机会，而这个机会在医务过错行为发生之前是存在的。正是这种机会丧失成为患者要求获得赔偿的理由，但患者不能指控由于医务人员的过错行为造成其全部损害。相反，患者主张的应是医务人员的过错行为降低了消除实际损害的机会。

康复机会可能被概念化为一个时间窗口，这个时间窗口存在于医务人员的医疗过错行为发生之前。在这个时间窗口内，医务人员有一个及时实施适当医疗处置措施的机会，这些医疗处置措施可能会防止损害的发生或使损害减小到最低程度。由于医务人员的误诊、误治，或延误诊断、延误治疗，使得这个时间窗口被提前关闭或最终错过了。

在美国，对于机会丧失的医疗纠纷诉讼存在以下 3 种不同的处理方式：① 作为传统的民事侵权方式，被少数法庭所采用。根据这种方式，患者必须证明，由于医务人员的过错行为剥夺了患者至少 51%(与实际得到的康复程度相比)康复的机会。一旦原告能够完成举证责任，会获得包括疾病治疗在内的所有赔偿。相反，如果患者的疾病即使得到适当的诊疗也只有 50%的康复机会时，尽管医务人员存在过错行为并使得患者丧失了这种康复机会，原告也得不到赔偿。这种方式被批评为是一种“全或无”(all or nothing)的结果。② 是上述传统方式的改良，降低了因果关系证明标准，允许原告将其案件提交给陪审团，以证明被告的过错行为使原有病情“加重”的可能性大于不可能性，或“失去”获得康复机会的可能性。根据这种方式，患者不会因为康复的机会小于 51%就得不到赔偿。原告如果能够证明被告的过错行为在一定程度上使患者的病情加重，或危险因素增加，就能获得相应的赔偿。这种使原有病情加重的程度在不同的法庭有不同的要求。有些法庭要求这种使原有病情加重必须达到一定的显著程度，而有些法庭则并不作特别限制。③ 如第二种方式一样，尽管患者获得康复的机会小于 51%也可以获得赔偿，但他不能获得包括自身疾病在内的全部赔偿,而只是因丧失康复机会所造成的那部分损害。这种方式克服了上述"全或无"方式固有的不足,目前已经被大多数法庭采用,取得较好的效果和广泛的认同。

目前,我国的相关法律和法规还没有将"丧失康复机会"作为一个独立的损害后果,但在不少法庭的判决书中已经出现由于医务人员的医疗过错行为导致患者"丧失救治机会"或"丧失治疗时机"判词。可以认为在我们的审判实践中已经承认"丧失康复机会"也是医疗损害的一种后果。因此,作为鉴定人员有必要明确,如何确定"丧失康复机会"以及丧失康复机会给患者所造成的实际损害。

5. 错误受孕、生产和出生

错误受孕(wrongful conception)是指因医疗过错施行绝育手术或避孕药物使用不当,造成妇女受孕或再度受孕,而由小孩双亲提起的诉讼。

错误生产(wrongful birth)是指生下缺陷婴儿的双亲提起的诉讼,是孕妇担心胎儿有畸形或先天性疾病而请医师诊查,医师检查失误而告以胎儿健康,以致未堕胎终止妊娠而终于生下缺陷婴儿。

错误出生(wrongful life)是由婴儿或其代理人提起的诉讼,其主张为医师过错未告知其父母孕育中的胎儿有缺陷之可能,以致父母没有机会选择是否生下他或她,终于产下该缺陷婴儿。

6. 其他损害后果

依据《医疗事故处理条例》第四条,医疗损害后果除上述所讨论的几种形式外,还有其他形式(即其他后果),条例虽然未对其他后果进行明确定义,但在《医疗事故分级标准(试行)》中列举了所特指的一些损害后果,这些损害后果主要是由于医务人员的过错行为造成患者正常组织器官的轻微损害或功能障碍。

作者认为,除了上面讨论的几种损害后果外,还应该包括由于医务人员的医疗过错行为致使患者原有病情加重或病程延长,而这种病情加重或病程延长在患者得到适当诊疗的情况下,或在医务人员不发生医疗过错行为的情况下是不会发生的。因为这两种情况也是医疗纠纷诉讼的理由,也是医疗损害鉴定中经常碰到并需要解决的问题。

(朱广友)

第四节 判定医疗损害因果关系的基本原则

在医疗纠纷的司法鉴定中,司法鉴定机构及其鉴定人员经常被要求对医疗机构或其医务人员在诊疗护理过程中是否存在过错,这种过错与患者的损害后果之间是否存在因果关系,以及如果存在因果关系,则过错的参与程度是多少等事项进行司法鉴定。从医学角度来说,这里所说的过错应理解为医疗机构或其医务人员在医疗活动中违反了医疗常规、注意义务和告知义务等。但从法律角度来说,过错有其特定的含义,它是行为人承担法律责任的基本构成要件,意味着有过错的医疗机构或其医务人员有可能要为自己的过错承担相应的法律责任。前者是司法鉴定人员可以解决的问题,而后者则是司法审判人员的任务。同样,医学层面上的因果关系与法律层面的因果关系,在分析的方法和意义上均有所不同。前者侧重于分析过错行为在不良医疗后果中的原因力大小，而后者侧重于过错行为对患者的不良医疗后果应承担的责任程度。

从严格意义上来说，过错包括主观故意和过失。在刑法领域，故意或过失是判断行为人主观恶性程度的重要依据；在民法领域，故意和过失统称为过错，是构成一般侵权行为的基本要素。在医疗纠纷民事诉讼中，患者的损害是由于医疗机构或医务人员的过错造成的。为了准确把握医疗过错与损害后果之间因果关系及其过错参与程度的司法鉴定的内容和方法，鉴定人员必须对下列问题有一个基本的认识。

一、因果关系的基本概念

因果关系原本是一个哲学概念，它与法律上的因果关系并不完全相同。哲学上的因果关系往往强调事物的普遍联系，强调因果关系的各个环节。法律上的因果关系则强调某一联系的特定性和具体性，往往是将因果关系链条某一特定的部分孤立起来，在这样孤立的环节中讨论原因与结果之间的关系。即使是法律上的因果关系，刑法上的因果关系与民法上的因果关系也是不完全相同的。刑法上的因果关系是为了解决行为人刑事责任问题的，一般查找的范围限定于单个的因果关系锁链环节，而且完全排斥各种偶然介入因素的作用，强调因果关系的“客观性”、“特定性”、“必然性”、“形态的复杂性”和“时间的顺序性”。民法上特别是侵权行为法上的因果关系是为了确定加害人的民事责任，“盖然性因果关系”已经得到越来越多的承认，某些介入的偶然因素也可以成为损害后果发生的原因。

我国较早的民法理论认为，在确定因果关系时必须严格区分原因与条件。原因的制造者应当承担民事责任而条件的制造者不承担民事责任。但是这一将“条件”与“原因”严格区分的观点后来已不为多数学者坚持。张新宝认为，侵权行为法上的因果关系，主要是指加害人的加害行为与受害人的损害后果之间的客观联系。引起损害事实发生的各种现象包括加害人的加害行为、第三人的行为、受害人的行为、介入的自然因素等都是讨论的因果关系中的“原因”时所需要考虑的问题；受害人受到的人身和财产等方面的损失，则是所要讨论的因果关系中的“结果”。

从以上分析不难看出，目前我国法律界对于民事侵权理论的因果关系的分析方法尚存在争议。在司法实践中所采用的方法也不尽相同。但从发展方向上来看，不少学者主张采用英、美侵权行为法中因果关系分析的“两分模式”，即将因果关系分为“事实因果关系”(causation in fact)和“法律因果关系”(causation in law)。

事实因果关系是从纯粹的事实角度观察加害人的行为与受害人的损害后果之间的客观联系，是在撇开法律规定和法律政策的前提下，确认加害行为是否构成损害后果发生之客观原因。其中心思想在于确认侵权事实与损害后果之间的客观联系，从事实上认定加害行为是否为损害后果发生的原因。在医疗过程中，影响医疗结果的条件很多，医师的治疗行为、医院的设施、患者的行为、患者的病情、患者的体质、第三人行为等都可能成为损害后果发生的原因。事实因果关系可分为两种形式。

(1) 直接因果关系

指被告的过错行为直接引起原告的损害后果，在其自然和连续的顺序上不因任何新的独立原因所中断，没有这个因果关系，损害则不可能发生。

(2) 间接因果关系

出现在被告的过错行为与其他原因相结合共同引起原告损害时，或由于被告的过错行为发动一组相关联的事件，而这些事件引起原告的损害。

法律因果关系是指在确定加害人的加害行为与受害人的损害后果之间存在事实因果关系的前提下，确定加害人是否应当依法承担民事责任的问题。凡是确定加害人应当依法承担民事责任的，则认定存在法律上的因果关系。在考虑是否存在法律的因果关系时，所关注的不是事实本身，而是法律的规定、民事立法和司法政策，以及社会福利和公平正义等价值方面的要素。法律关系包括3方面的内容：① 构成事实原因的行为和事件是否与责任主体有关；② 责任主体是否应当为此负责；③ 责任主体在多大范围内承担民事责任。

二、因果关系检验方法

英美侵权行为法在检验事实因果关系方面探索出了“必要条件”理论、“实质要素”理论等，并且形成了一套相应的检验方法，熟悉这些检验方法对我们认定医疗行为与损害后果时也是很有帮助的。

1. “如果没有”检验

“如果没有”检验(but for test)适用于“必要条件”理论，是因果关系中的最低要求。在大多数情况下，如果被告的行为可以定义为原告损害的“事实原因”的话，如果被告的行为适当，原告的损害将不会发生。换句话说，“如果没有”被告的过错行为，原告的损害不会发生。这种事实因果关系的分析方法被称为“如果没有”检验方法。

在应用“如果没有”检验时需要去分析患者的损害是如何发生的？同时要分析在特定条件下“如果没有”医师的过错行为患者将会发生什么？如果我们相信没有医师的过错行为患者的损害不会发生，则患者损害的事实原因要件是充分的。医师的行为将视为患者损害的事实原因。有人认为，在应用“如果没有”检验确定事实因果关系的同时，应根据一般医学经验，证明如果没有被告的过错行为，患者的损害后果是不会发生的。但也有人认为，没有必要去考虑“如果没有”医师的过错行为患者的损害是否会发生，因为正是由于医师的过错行为，使得患者的医疗后果变得无法确定。

2. 实质性因素检验

实质性因素检验(substantial factor test)适用于“实质要素”理论。美国民事侵权修正法案第二版将所有具有法律因果关系的案例统称为实质性因素案例，根据该修正法案中的方法，大多数案例，尽管称之为实质性因素案例，但同样需要通过“如果没有”检验。

对于大多数案件来说，因果关系都可以通过“如果没有”检验方法加以检验，但在那些可能存在两个或两个以上的行为人或过错行为的案件中，每一个行为人的行为或过错都足以引起患者的损害；对于任何一个被告来说，如果没有其行为，原告的损害仍可能会发生。在此情况下，仅根据“如果没有”检验将无法认定事实原因。

所谓“实质性因素”，是用来表示这样的事实，即被告的行为在引起的损害中有这样的作用：即导致一个合理的人认为它是一个原因，在通俗意义上使用这个名词含有责任的理念。对于此类“多个充分原因”(multiple sufficient cause)案件，有些法庭应用“实质性因素”替代“如果没有”检验。如果陪审团认为被告的行为是引起原告损害的原因时，则将被告的行为视为原告损害的事实原因。

3. 盖然性学说

在英美国家，涉及中毒性民事侵权案件中法院较多采用了数理统计和社会流行病学的统计方法，即概率权衡(balance of probability)。实际上是对于发生损害的“可能性”进行证明：如果发生损害的可能性超过50%，即“可能性大于不可能性”(more likely than not)，则认为存在因果关系，反之则认为不存在因果关系。例如，WHO国际药物监测中心对可疑不良反应的因果关系按概率权衡分成以下级别：① 肯定(certain，有学者译为“确定性”)。一种临床事件，包括实验室检测结果异常，其出现在时间上与用药存在可能的关联，不能用并发的疾病和药物来解释。该事件在药理学和现象学必须是肯定的，必要时再用激发反应来予以确定。② 很可能(probability，有学者译为“盖然性”)。一种临床事件，包括实验室检测结果异常，用药后存在一个合理的时间次序，不太可能是并发的疾病或其他药物或化学药品所引起的结果，在撤药以后会出现一个合理的临床反应。无须通过激发试验来予以确定。③ 可能(possible)。一种临床事件，包括实验室检测结果异常，用药后存在一个合理的时间次序，但也可能用并发的疾病或其他药物或化学药物来解释。撤药反应可能没有或不明确。④ 不可能(unlikely)。一种临床事件，包括实验室检测异常，与用药之间存在短暂关联但不可能形成因果关系的关联，可能用其他药物、化学药品或疾病本身加以解释。⑤ 条件的/无法分类的。一种临床事件，包括实验室检测异常，报道为副反应，尚需更多的资料加以评估。⑥ 无法评估的/无法区分的。一种提示为副反应的报告，因为资料的缺乏或相互矛盾而无法对其进行判断，也无法进行补充或检验。在此，很可能(probability)意味着可能性大于50%，而可能(possible)意味着可能性小于50%。

应当指出的是，盖然性学说的因果关系理论或者说证明方式，克服了传统侵权行为法对于受害人的专业知识、资料等要求过高的缺点，对于保护受害人特别是处于弱势地位的受害人的利益，实现真正的社会公平正义具有重要的意义。因此，这一理论在产品责任案件、污染环境致人损害案件等侵权领域，已经并将进一步得到应用。在美国，大多数法庭在审理毒物侵权案件中，一般坚持要求相对风险值超过2倍的流行病学数据，尤其是当仅有的其他可利用的证据是对于人类的适用性尚有疑问的动物毒理学数据时，就更是如此。

在药物致畸或致癌的一类诉讼中，不是基于流行病学证据是不可采信的，不可用来确立因果关系。在多伯特诉梅里尔·道药品公司一案中，法庭认为，上诉人所依赖的动物细胞研究、活体动物试验和化学结构分析本身不能合理地提出一个因果关系问题。法庭同时指出，没有公开发表或经过同行复核的统计学分析结果也不能作为确立因果关系的依据。

三、因果关系与“参与程度”评定

所谓参与程度，是指多个原因导致一个特定后果时不同的原因在后果中的原因力(或作用力)大小。所谓医疗过错参与程度评定，是指当损害后果是由于医疗过错行为和患者自身原因(如自身疾病的严重性、对药物的特殊异常反应及对医嘱的依从性欠佳等)共同引起时,通常需要对医疗过错在损害后果中的原因力大小进行分析和评定。参与程度是法庭裁判医疗过错行为责任程度的重要依据之一。上海市高级人民法院在《侵权责任法》颁布实施后发布的《上海法院关于委托医疗损害司法鉴定若干问题的暂行规定》中明确要求:"医疗损害的鉴定,由受托鉴定机构对医疗行为有无过错、损害后果及因果关系、医疗过错行为在医疗损害后果中的原因力大小等进行鉴定",也即规定了参与程度与医疗过错一样,是医疗损害鉴定的重要内容。

1980年,日本法医学家渡边富雄教授与其他法医学者一起采用了定量比例的方法对交通事故和损害结果(死亡、后遗功能障碍)之间的关系进行研究,提出了"事故寄与度"的概念,并以此概念来评价事故在损害结果中所起作用的大小。1986年,"事故寄与度"的概念被引入我国法医学界,受到业内学者与司法工作者的高度重视,我国法医学界将该词改称为"损伤参与程度"。所谓损伤参与程度,是指在不法行为造成的损伤与受害人自身疾病共同存在的情况下,出现暂时性或者永久性机体结构破坏或者功能障碍、死亡等后果的人身损伤事件中,与人身损伤事件直接相关的损伤及其所导致的并发症、继发症在最终后果中的介入程度,也即原因力大小。其中,相关损伤包含了人身损伤事件所造成的损伤及其并发症、后遗症。最终后果是指可能与人身损伤事件相关的人体结构或者功能障碍以及死亡的后果。受害人自身疾病是指受害人在损伤事件发生之前已经存在的与本次损伤事件没有关系的疾病及其并发症。在提出"事故寄与度"的概念之后,渡边富雄教授又提出了具体的十一项分类标准,将"与事故相关的疾病"和"与事故无关的疾病"分别作为死亡、伤残、后遗症的原因构成因素,采用"确定性"(certainty)、"盖然性"(probability)与"可能性"(possibility)作为信赖度的等级,把事故在导致后果中的作用划分为"作为原因"、"作为主要原因"、"作为决定性原因",并制定出独创的标准。然而由于渡边富雄教授的十一项标准过于抽象,因此在日本的法医学以及保险业的实践中并没有得到广泛的采用。1994年,日本大阪大学若杉长英教授在渡边富雄教授的十一项标准的基础上提出了更富实用性的五级分类标准,即"外因的相关判断标准"。若杉教授将外因(即损伤事件)出现之前就已存在的受害人的肉体、精神障碍(即受害人自身疾病),与受到外因而产生的受害人的肉体、精神障碍作为原因构成的因素,采用"外因直接导致"(参与程度为100%)、"主要由外因导致"(75%)、"外因与原有疾病共同导致"(50%)、"外因属于诱发因素"(25%)、"与外因没有关系"作为划分标准,简洁清晰地确定了外因在损害后果中的参与程度。

损伤参与程度的概念引入我国法医学界以后,在法医临床学人体损伤程度鉴定及伤残等级评定的实践中,受到了广泛的重视和全面应用,对于正确评价外伤对损害后果的原因力大小,准确确定被告人是否应当承担刑事责任及其责任的大小,准确评估民事赔偿责任等,均起到了重要的作用。在此后的鉴定实践中,损伤参与程度也被引入了医疗纠纷的法医学司法鉴定。医疗过错与损害后果之间的关系,实际上相当于前述"损伤参与程度"的问题。

根据目前的司法鉴定实践,学界主张将外界致伤因素在损害后果中的作用力大小分为6种不同的形式,致伤因素的作用力自低到高依次为:没有作用、轻微作用、次要作用、同等作用、主要作用和完全作用。并依次赋予参与程度理论数值范围及参考均值:0、

10%、30%、50%、70%和 100%。具体评定方法如下：

(1) 医疗过错行为在患者的损害后果中没有作用，即损害后果完全由其他损害因素造成，则参与程度的理论数值范围为 0～4%，理论参考均值为 0。比如，严重急性中毒患者、严重颅脑损伤患者、晚期恶性肿瘤患者在其生命垂危的临终阶段，医务人员在抢救的过程中可能会出现一定的过错，但患者病情本来就属于难以救治的范围，其死亡是病情发展的自然转归。故医务人员虽然存在过错，但这种过错与患者的死亡后果之间并不存在因果关系。医疗过错行为对患者死亡后果的参与程度酌定为 0。

(2) 医疗过错行为在患者的损害后果中起轻微作用，即损害后果主要由其他损害因素造成，则参与程度的理论数值范围为 5%～15%，理论参考均值为 10%。比如，患有隐匿性心脏病的患者在接受经食道内窥镜检查时突发严重心律失常、心脏骤停，经紧急抢救无效死亡。医师因术前检查不仔细，未能及时发现患者患有严重心脏疾患，因而存在过错。此时，造成患者死亡的主要原因是心脏病，而内窥镜检查只是诱发因素(起轻微作用)，医师的行为与患者死亡之间的相关度可判定为 10%。

(3) 医疗过错行为在患者的损害后果中起次要作用，即损害后果主要由其他损害因素造成，则参与程度的理论数值范围为 16%～44%，理论参考均值为 30%。例如，患者经 B 超检查确诊为胆囊炎伴胆囊结石，肝内、外胆管未见扩张，行剖腹胆囊切除术，术后半个月突发急性胰腺炎，后经证实与残留胆总管结石有关。经鉴定认为医方术中探查不够仔细，遗漏胆总管结石诊断与处置，存在过错。考虑到胆总管结石探查具有一定的困难，即使探查也可遗漏，术后发生胰腺炎有一定的偶然性，故医疗过错行为对损害后果的参与程度酌定为 25%。

(4) 医疗过错行为与其他损害因素共同造成患者的损害后果，且医疗过错行为与其他损害因素在损害后果中所起作用基本相当，属同等作用，则参与程度的理论数值范围为 45%～55%，理论参考均值为 50%。比如，患者原发伤伤情严重、复杂、对治疗的反应不佳等客观因素与医疗过错行为共同导致其发生损害后果，而任何一种因素单独存在时通常都不会导致该后果，在此种情况下可以酌定医疗过错行为对患者损害后果的参与程度为 50%。

(5) 医疗过错行为在患者的损害后果中起主要作用，即损害后果主要由医疗过错行为所造成，其他损伤因素在损害后果中起次要作用，则参与程度的理论数值范围为56%～95%，理论参考均值为 75%。比如，无明显难产因素存在，主要因医务人员操作失误导致新生儿产伤，医疗过错行为对新生儿的损害后果的参与程度可酌定为 70%。

(6) 医疗过错行为在患者的损害后果中起完全作用，即损害后果完全由医疗过错行为所造成，参与程度的理论数值范围为 96%～100%，理论参考均值为 100%。比如，因术中未正确确认病变脏器，致手术误切健侧器官，造成患者机体功能障碍；未认真执行核对制度，导致错误输血引发溶血反应，其医疗过错行为对患者的不良损害后果的参与程度可酌定为 100%。

四、因果关系与参与程度判定中应注意的问题

1. 避免将“原因”或“行为”与“过错”相混淆

英美法庭，在有些情况下会把医师的过错勉强地视为原因。这种情况在以前很少见，

但现在这样的情况在民事诉讼法中比较常见，纽约市主审法官 Cardozo 和加利福尼亚首席大法官 Traynor 是这方面的开路先锋。他们认为，如果一个疏忽行为被认为是错误的，并且因为这个错误行为使一种事故可能发生的机会增加，或者因为这个错误引起一个事故的发生，则足以支持陪审团裁定，正是因为这种疏忽才导致了损害的发生。在过量使用药物造成患者损害时，他们认为美国食品药品管理局（Food and Drug Administration，FDA）不批准超剂量服用新药是因为大量的实验研究表明所有药物对患者都会产生严重的副反应。通常是服用的剂量越大，产生的副反应也越大。按照所批准的剂量，对于所获得的效果来说有一定的危险是值得的。超量服用时，不仅使副反应（已知的和未知的）发生的可能性和危险性增加，而且对患者不会带来更大的帮助。他们所追求的是，当有证据证明副反应是由于药物引起的，且药物的使用方法是未经批准的和超量的（即表示存在强烈的因果关系），则足以允许陪审团得出这样的结论：超剂量药物是导致原告损害的真实性原因。

就临床医学而言，医务人员的作为或不作为都可能成为引起损害后果的“原因”，但在法律意义上并不意味着这些“行为”就一定是“过错”。例如，药物过敏引起患者死亡，医务人员的行为可以称之为引起患者死亡的“原因”，但如果这种后果是难以预见，或虽然能够预见但是难以预防的，法庭并不一定认为其有“过错”。相反，在有些案例，鉴定人员认为医务人员的行为并无明显不妥，法庭则有可能认为医务人员存在过错。下面的例子就很能说明这个问题。

一例因交通事故致伤的患者，伤后不久出现呕吐、头晕症状，遂由他人陪同去医院进行治疗，医师经检查后初步诊断为脑出血、硬膜下血肿，伴海马沟回疝可能，遂口头要求患者住院手术，患者自认为伤势不重，坚持表示不愿意住院，更不愿意接受手术治疗。医师在未向患者作进一步说明或指示的情况下，未劝阻患者离院。患者回家后在睡眠中死亡。患者家属以经治医师不作为为由将医院告上法庭。显然，医师的不作为与患者最终死亡之间存在因果关系，但医院的行为是否存在过错，法律界和司法鉴定界人士看法并不完全相同。一种观点认为，医院的不作为是因为患者自己不愿意住院手术，因此医院没有过错。而另一种观点则认为，患者在医疗方面的知识非常有限，对自身病情严重性的认识容易表面化，很难理解不利后果的危害程度，加上患者脑部受到外伤刺激，其正常的理解能力和判断能力均会受到影响，此时患者作出的决定，不能完全作为掌握医疗专业技术的医务人员的行为依据。况且患者既然来到医院，就是为了诊治伤病，只不过在具体的医疗措施上没有达成共识。而且，医务人员并没有将患者的病情、可能出现的医疗后果向其说明，更没有要求患者家属到场。作为医务人员，明知脑疝的直接后果是死亡，在有办法和有能力阻止事态发展的情况下，放任患者自行离开医院，应判定其存在过错行为。

由此可见，司法鉴定人员可以对患者死亡的原因及医务人员的医疗行为与患者死亡的相关度作出判断，但医务人员的具体行为是否属于过错，或是否应当承担法律责任，应当由法官依法作出裁定，决不可将“原因”或“行为”与“过错”相混淆。

2. 不要将“事实因果关系”与“法律因果关系”相混淆

仍以上述颅脑损伤致死一案为例，肇事司机的行为、医务人员的不作为、患者本人拒绝治疗的行为都与患者的死亡存在因果关系，因为“如果没有”上述任何一方的行为，都有可能不会发生患者死亡的后果，这些因果关系都属于“事实因果关系”的范畴，它不涉及责任问题。而司机的肇事行为、医疗机构或医务人员的不作为是否属于过错，是否应该承担责任，以及责任程度的大小，患者本人的拒绝治疗行为是否可以作为司机和医疗机构及其医务人员的免责理由等，都只能由司法审判人员依法作出裁定。显然，这些都是属于“法律因果关系”的范畴，绝不是司法鉴定人员讨论的内容。

因此，司法鉴定人员对“事实因果关系”与“法律因果关系”应有一个基本的了解，两者不可混淆。在进行医疗行为与损害后果之间的因果关系分析时，应尽量将因果关系的分析限制在事实因果关系的范围内，尽量避免讨论法律因果关系。

3. 不要将“相关度”(或“参与程度”)与“责任程度”相混淆

医疗行为在损害后果中的“参与程度”与“责任程度”是两个完全不同的概念。前者属事实因果关系范畴，所表示的是医疗行为在所造成的损害后果中的原因力；而后者属法律因果关系范畴，所表示的是医疗机构或医务人员依法对其过错行为所造成的后果应承担的责任大小。前者属司法鉴定人应予分析、判定的内容，而后者属审判人员的职责。换句话说，医疗行为虽然在造成患者损害中可能有一定的“相关度”，但如果医务人员并不存在过错行为，依法是可以免除责任的，也就是说医务人员很可能不需要承担任何法律责任，当然也就无所谓“责任程度”之说了。因此，司法鉴定人员在鉴定意见书中应尽可能使用“相关度”(或“参与程度”)这一专用术语，而尽量避免使用“责任”或“责任程度”等法律用语。

（朱广友）

第四章 医疗纠纷中的死因分析

患者死亡的医疗纠纷案件，其鉴定往往涉及患者的死亡原因。临床医师的主要职责在于治病救人、救死扶伤，而法医学研究的重要内容就是死亡。仅限于临床资料进行的死因分析有时难免出现偏差，尸体剖验与病理学检验仍是死因分析的“金标准”。而且，应根据国际死因分类的标准进行规范的死因分析，并将死因分析结果合理、准确地运用于医疗纠纷的鉴定。

第一节 死因分析

一、死亡的分类

死亡(death)是一个过程，指个体生命功能的永久终止。通常将不同原因所引起的人体死亡分为自然死亡与非自然死亡两大类。

自然死亡又称非暴力性死亡(nonviolent death)，指符合生命和疾病自然发展的规律，没有暴力因素干预发生的死亡，理论上又可以分为生理性死亡和病理性死亡。其中，生理性死亡(physiological death) 即衰老死，而病理性死亡(pathological death)指由于各种疾病的发生、发展、恶化而引起的死亡，习惯上称为病死。

非自然死亡又称暴力性死亡(violent death)，是由某种或几种外来的作用力或有害因素导致的非病理性死亡。外因的种类繁多，可概括为 3 大类：物理性、化学性和生物性。

实践中，涉及法律纠纷的多为非自然死亡，而和医疗纠纷相关的则多为病理性死亡。

二、死亡的诊断标准

要诊断或认定人的个体死亡，并对死亡原因进行分析之前，首先要有个体死亡的诊断标准。传统上，人的个体死亡概念是呼吸和心跳的停止，并按照呼吸和心跳停止的先后顺序分为呼吸性死亡和心源性死亡。由于现代科学技术的发展、临床抢救复苏的有效应用、器官移植和人工器官技术的进展，脑死亡(brain death)的概念开始冲击上述传统观点，并日益受到人们的重视。

心源性死亡是指源于心脏疾病或损伤而致其功能严重障碍或衰竭所引起的死亡，包括心外膜、心肌、心内膜、心冠状动脉系统和传导系统的各种病变、损伤以及心律失常等，也称为心性死亡。

呼吸性死亡是指源于呼吸系统，尤其是肺的疾病或损伤导致其功能严重障碍或衰竭所引起的死亡，也有人称为肺性死亡。

脑死亡是指大脑、小脑和脑干等全脑功能不可逆转的永久性丧失，不管心跳、脑外体循环、呼吸以及脊髓等脑外器官功能是否存在，均可宣告人的个体死亡。目前，世界上已有多个国家承认了脑死亡的合法性。

在我国，有关脑死亡的立法仍在积极讨论之中，迄今尚未将脑死亡作为个体生命终止的法定判断标准。

三、临床医学的死因分析理论

世界卫生组织（WHO）颁布的国际疾病与相关健康问题统计分类（international statistical classification of diseases and related health problems，ICD）是 WHO 制定的国际统一的疾病分类方法，它根据疾病的病因、病理、临床表现和解剖位置等特性，将疾病分门别类，使其成为一个有序的组合，并用编码的方法加以表示。目前全世界通用的是第 10 次修订本《疾病和有关健康问题的国际统计分类》，仍保留了 ICD 的简称，并被统称为 ICD－10。ICD 已有 110 年的发展历史，早在 1891 年为了对死亡进行统一登记，国际统计研究所组织了一个对死亡原因分类的委员会进行工作，并于 1893 年由该委员会主席 Jacques Bertillon 提出了一个分类方法《国际死亡原因编目》，此即为第 1 版。以后基本上为每 10 年左右修订一次。1940 年第 6 次修订起由世界卫生组织承担该工作，首次引入了疾病分类的理念，并强调继续保持用病因分类的哲学思想。1994 年在日内瓦的第 10 次修改版本得到了普遍认同和广泛应用，这就是目前全球通用的 ICD－10。

死因（cause of death）即死亡的原因。2010 年 WHO 发布了最新的 ICD－10 更新版本。ICD－10 对死亡原因的定义是：所有导致或促进死亡的疾病、病态情况或损伤以及造成任何这类损伤的事故或暴力的情况。定义的目的在于保证所有相关信息得以记录，而填写人不得自行选入或摒弃相关情况。这个定义不包括症状、体征和临死方式，如心力衰竭或呼吸衰竭。当只有一个死亡原因被记录时，则选择这个原因制表。当不止一个死亡原因被记录时，则应以“根本死亡原因”的概念为基础填写信息。

根本死亡原因的定义：为直接导致死亡的一系列病态事件中最早的那个疾病或损伤，或者造成致命损伤的那个事故或暴力的情况。

按照国际死亡原因医学证明表的设计和填写要求，将死亡原因分为两部分：第Ⅰ部分中① 为死亡的直接原因，即直接导致死亡的疾病或情况；② 为引起①的疾病或情况，即中介前因；③ 为根本前因（即根本死因），是指导致死亡最初的疾病或损伤，或者造成致命伤的事故和暴力事件。如果列入①的直接导致死亡的那个疾病或情况足以完全说明死因，则②、③无需填写，而②中介前因为介于根本死因与直接死因之间的中间环节，可有可无。死亡证明书中第Ⅱ部分是指其他疾病诊断，促进死亡、但与导致死亡无关的其他重要情况，记载任何其他给予病程以不良影响从而促进致命后果的重要情况，但这里的情况却与直接导致死亡的疾病或情况无关，即指独立于根本死因、直接死因之外，但对于死亡有一定辅助作用的其他情况。

根据 ICD - 10,按照在死亡发生中的作用不同,由此将死亡原因分为直接死因、根本死因和辅助死因。

直接死因,指直接引起死亡的疾病或损伤。它常是疾病、损伤、中毒、窒息所引起的直接而致命的并发症或继发症。它们可以是一种疾病(如支气管肺炎、破伤风、冠状动脉血栓形成或脑动脉栓塞),也可以是一种病理状态(如休克、脑水肿和脑疝形成、败血症、脓毒血症)。总之,个体系由直接死因直接引发死亡。直接死因可以是一个,也可以是几个。

根本死因,指导致上述直接死因的疾病或损伤,即直接死因的始动因素。它通常不是并发症或继发症,也不是继发的生理功能的紊乱,因而不同于上述直接死因。它与直接死因之间的关系是一种因果关系。如腹部锐器刺伤后继发化脓性腹膜炎死亡,腹部刺伤是根本死因,继发的化脓性腹膜炎是直接死因。有时在根本死因与直接死因之间还可能有中间介入性原因,即中介前因。如头部被钝器打击致闭合性颅骨骨折,骨折片损伤其下的硬脑膜窦而致硬脑膜外血肿。临床行开颅手术清除血肿后继发感染形成化脓性脑膜脑炎,而长期卧床又继发支气管肺炎直至最终死亡。根本死因头部钝器损伤与直接死因支气管肺炎之间有医疗失误导致的术后化脓性脑膜脑炎介入。它们之间形成了一个因果链条的关系。根本死因本身也可导致死亡而没有直接死因和中介前因。这最常见于重要生命器官的严重损伤或疾病,如重度脑挫裂伤、脑干损伤、严重的颅内血肿、心脏或大血管的破裂、化脓性脑膜脑炎、冠心病、心肌病、心肌炎、肺炎并发肺脓肿,以及重度中毒、心或脑的电击伤等。

辅助死因,也叫促进死亡的因素。指促进根本死因或直接死因导致死亡的因素。此时导致死亡的原因多是那些条件性死因,如年龄幼小或过老、营养不良、慢性疾病(如结核病、糖尿病)、免疫机能异常等。它们与根本死因和直接死因没有直接的关系,只是在死亡上间接起到了促进作用。

四、法医学死因分析理论

ICD - 10 对死因的分类较为全面,便于统计,主要目的是为了疾病的预防和治疗,建立流行病学统计资料。在法医学死因分类中,将死因分为根本死因(也称主要死因、原初死因)、直接死因、辅助死因、诱因和联合死因。相对于 ICD - 10 对死因分类而言,是更有司法实践价值的死因分析理论体系。

法医学死因的概念是指直接或间接促进死亡的疾病或损伤,即导致死亡发生的疾病、暴力或衰老等因素。人的死因有时简单明确,有时却错综复杂,需要经过详细的法医学检查,并加以综合分析,分清原因的主次及相互关系,称为死因分析。死因分析与死因鉴定是法医病理学的核心,关系到当事人(死者或嫌疑人)的名誉及身后利益,甚至罪与非罪,必须在认真检查、掌握大量资料的基础上,全面分析论证,得出正确的死因结论,为民事案件的调解与刑事案件的侦查、审理提供科学证据。要特别注意避免把死因和死亡机制、死亡方式相互混淆。例如,不能将心、肺、肝、肾等器官的衰竭当作根本死亡原因,因为它们只是死因导致的并发症或终末机制;又如风湿性心脏病、先天性心脏病、冠心病、心脏刺伤等不同的疾病或暴力最后都可因心力衰竭致死,此时的心力衰竭应属于死亡机制而非死因。分析疾病或损伤致死的机制,对认识伤、病的危害以及挽救生命都有重要意义,但死亡机制不能混同于死因。

全面正确的死因分析，首先要了解个体死亡的情况(时间、地点、采用的方法)，继而查明致死的病变和损伤、死亡机制，然后再分析其死亡原因，即分析各种致命因素的先后、主次，相互关系，分清根本死因、主要死因、直接死因、辅助死因、诱因、联合死因等，并明确死亡的性质、死亡方式。一个具体的死亡案例中，导致死亡的疾病或损伤可能只有一种，也可能有几种，必须具体情况具体分析。

1. 根本死因

根本死因(primary cause of death) 或称为原发性死因，是指引起死亡的原发性自然性疾病或暴力性损伤。在自然性疾病致死案例中，其死因与所患疾病一致，如恶性肿瘤、冠心病致大面积心肌梗死 、脑动脉硬化突发破裂出血 、主动脉夹层动脉瘤破裂所致的急性心包填塞 、空洞型肺结核病等。在暴力性死亡中如机械性损伤、机械性窒息、电击伤、高温损伤、外源性毒物中毒等引起的死亡，根本死因是指该项暴力，它可以通过某种机制或通过损伤后继发性病症而致死，如扼颈可导致个体因窒息而立即死亡，也可当时未死亡，但因喉头水肿或继发肺水肿、肺炎而最终导致死亡，此时，其根本死因仍为扼颈这一暴力事件。

2. 直接死因

直接死因(immediate cause of death，direct cause led to death)，在许多死亡案件中，根本死因常通过其所导致的致命性并发症引起死亡的发生，如刀刺伤引起失血性休克、消化性溃疡病穿孔引起弥漫性腹膜炎、支气管肺炎引起中毒性休克、冠状动脉粥样硬化引起大面积心肌梗死等，这些致命性的并发症通常被称为直接死因。直接死因可以是一个或几个，需具体案件具体分析。

3. 辅助死因

辅助死因(contributory cause of death)是主要死因以外的自然性疾病或损伤，它们本身不会致命，但在死亡过程中起到辅助作用。例如严重脂肪肝患者因酒精中毒死亡，则酒精中毒为根本死因，而脂肪肝为辅助死因。

4. 死亡的诱因

死亡的诱因(predisposing or inducing factor of death)是指诱发身体原有潜在疾病恶化而引起死亡的因素，包括各种精神情绪因素、劳累过度、吸烟、外伤、大量饮酒、性交、过度饱食、饥饿、寒冷等。这些因素对健康人一般不至于致命，但对某些重要器官有潜在性病变的人，却可能诱发疾病恶化而引起死亡。如某冠心病患者与他人激烈争吵中突然倒地死亡，其所患冠心病为根本死因，争吵导致的情绪激动为死亡的诱因。

5. 联合死因

联合死因(combined cause of death)又称合并死因，是两种或两种以上难以区分主次的死因，在同一案例中联合在一起引起死亡，共同构成死因。通常可以分为以下几种情形：① 疾病与疾病联合致死。几种自然疾病联合致死，一般在法律上不会引起太大的争议。② 疾病与损伤联合致死。这种情况最容易发生法律争端，所以需要慎重衡量疾病与损伤各自所起的作用及其严重程度。③ 损伤与损伤联合致死。有两种或多种损伤或暴力因素的联合引发死亡。

五、死因分析的注意事项

确定死亡原因具有十分重要的意义，它对于死亡方式的鉴定，从某种意义上讲具有决定性的作用，而且直接影响着死因统计的准确性。在民事或刑事案件中，对死者死因的分析和鉴定，是法医病理学工作者义不容辞的责任。

1. 尸体的法医病理学检验

全面系统的尸体剖验对死亡案件的司法鉴定而言，往往是至关重要的前提。首先要强调应进行全面系统的尸体剖验，对任何涉及人身死亡的存疑案件，我们都应坚持尸体解剖，绝大多数尸体均可明确死因，即使少数尸体无法得到确切死因，也可提示部分指向性意见。在我国，尸体解剖率仍然很低，亟待提高。在法医学实践中，仍有一部分案例不能在尸检中找到明确死因诊断的形态学依据，这种观点近年已被许多法医病理学家所重视，有些功能性和代谢性改变以现有的条件无法检查或因尸体本身条件所限使解剖结果成为阴性。

需要强调的是，全面系统的尸体剖验在死因确定、死亡方式判断以及与死亡相关的其他问题的分析中至关重要，同时尸体剖验在许多情况下还要结合有关案情和现场情况综合分析，这样才能对死因等问题作出正确的鉴定。

强调全面系统的法医病理学尸体检查，包括病理组织学检查及某些特殊的检查。那种仅在被怀疑有伤或有病的局部作解剖或仅凭肉眼观察就对死因作出结论性意见的做法是不可取的，常常会因此而作出错误的结论。病理组织学检查是在显微镜下观察组织细胞学水平上的变化，可以大大提高我们对病变的分辨率，因而也会提高死因分析的水平。我们推荐所有法医病理组织学检查应在专业的法医病理学实验室由专门的法医病理学工作者来做。因为专业性质及经验的差异，普通医院的病理科医师及医学院校的普通病理学教师一般难以胜任这项工作，如果过分依赖他们的诊断，可能导致错误的发生。

2. 死因分析方法

正确分析死因的过程就像临床医师看病一样，有分析思考的方法。好的法医师应在尸检前尽可能多地了解有关死亡发生的信息，如死者的年龄、性别、职业、既往病史，死亡发生的时间、地点、死前的表现，死者的家庭及社会状况、夫妻关系等，就像临床医师在体检前通常会先采集病史一样，从而在头脑中形成有关死因和死亡方式的几种可能或假设，使尸体剖验能做到有的放矢、重点突出。

随着尸体剖验的进行，上述假设有的可能被否定，有的则可能进一步被肯定，或者又出现新的假设。案情和现场情况由尸体剖验所见来印证，尸体剖验所见又可以用案情和现场情况来评价，法医师的头脑中一直要有一个动态的反馈链。有时大体尸体剖验结束时可能得出一种明确的死因和死亡方式，即被解剖结构上的变化所证实。例如内脏器官破裂致急性大出血、颅内大的血肿或重度脑挫伤、急性心包填塞等不会使人怀疑的病变。但在相当多的情况下，尸检结束时仍不能形成一个明确的死因结论，只是排除了某些可能，要进一步支持某种或某几种可能时，最后的结论还需依赖进一步的检查结果，如病理组织学检查、毒物分析、物证检验，以及必要时其他的特殊检查（血液生化、细菌培养、免疫功能检测等），就像临床医师所做的实验室检查（血常规、尿常规、肝肾功能、心电图、CT 扫描、X线摄片等)一样。

有时先前在头脑中形成的假设被全部否定,此时需要进一步进行案情调查和现场勘查,重新进行尸体检查,在一个新的基础上重新开展又一次"由判断-分析-结论"构成的动态思考过程。

总之,死因分析是一个由实践到认识的辩证思维过程。当掌握的实践材料越多,实践经验越丰富,作为分析思考基础的理论知识越广博,其最后结论正确的机会就越大。实际工作中,不可能存在两个完全相同的死亡案件,因此,务必要注意具体问题具体分析。

第二节　死因分析在医疗纠纷鉴定中的应用

对涉及死亡的医疗纠纷鉴定,死因分析是判断医疗过错行为的基础。此类案件的鉴定必须建立在明确死亡原因的基础上,分析医疗过错行为与死亡的因果关系。涉及医疗纠纷的死因分析尤为复杂,必须要掌握全面的病史资料进行论证分析,而且有条件时尽量通过尸体解剖予以明确。在传统的临床医学或法医学文献中很少谈及医疗过错行为是否参与死因构成问题。但在ICD-10第十九章中,一些医疗并发症归类于T80～T88手术和医疗的并发症,这一节编码主要是分类一些早期的医疗并发症和不能归类到其他系统章节的并发症,其中相当一部分属于医疗事故或者医疗损害的范畴。ICD-10第二十章"疾病和死亡的外因"中编码Y40～Y84内科和外科医疗并发症也包括了医疗装置引起的并发症、正确用药的副反应、手术中的意外事故等与医疗行为相关的因素。因此,从客观、科学的角度分析,医疗过错因素完全可以参与死因的构成。但实践中,临床医师在出具死亡医学证明时,往往因涉及个人的切身利益和规避风险,很少会把医源性因素列入其中。

在法医学文献及著作中,也没有专门的章节讲述医疗过错造成的死亡原因,只是在相关鉴定程序的规定中,有常见的医疗纠纷、医疗事故、医疗差错类型等描述。因此,在涉及死亡的医疗纠纷司法鉴定中,除了要结合临床诊断及尸体剖验结果对死因进行分析外,还应客观分析医疗过错行为是否参与死因的构成,与患者死亡是否存在因果关系,结合法医学死因分析理论,判断医疗过错行为是否属于死亡原因或者相当于哪一种死亡原因。

医疗损害中的因果关系,有一因一果、多因一果的不同情形。有关医疗过错与死亡之间的因果关系,大致可以分为以下几种形式。

(1) 医疗过错直接导致患者死亡

医疗过错行为是导致患者死亡的根本原因(即根本死因),同时也是唯一原因。此时,因果关系较为容易认定,医疗过错行为与患者死亡之间存在直接因果关系,医疗过错行为在患者死因构成中应承担100%的责任,即参与程度范围为96%～100%,一般取值为100%。

(2) 医疗过错是患者死亡的主要原因

多因一果是大多数医疗纠纷鉴定案件的因果关系状态,导致患者死亡的因素通常是多方面的。当医疗过错行为是导致患者死亡的根本原因(即根本死因),但不是唯一原因,同时有患者自身因素参与死因,构成辅助死因。此时,医疗过错行为与患者死亡之间存在直接因果关系,但医疗过错行为在患者死因构成中不是全部责任,应承担主要责任,参与程度范围在 56%～95%之间，通常取 60%～80%。

(3) 医疗过错与患者疾病共同导致死亡

当医疗过错行为与患者死亡之间存在因果关系，同时患者自身也存在严重基础疾病，两者在患者死因构成中难于区分主次关系。此时，医疗过错行为和患者自身因素构成联合死因。医疗过错行为在患者死因构成中应承担同等责任，参与程度在 45%～55%之间。

(4) 医疗过错是患者死亡的次要原因或者轻微因素

医疗过错行为与患者死亡之间的因果关系可以是直接的，也可以是间接的，如果医疗过错行为是患者死亡的根本原因，与患者死亡之间存在直接因果关系自不必说，如果无直接因果关系，不能由此判定不构成医疗损害责任。如果医疗过错行为对患者死亡结果的发生起到了扩大、加重或者诱发作用，认为其与患者死亡之间存在间接因果关系，虽然只起了间接作用，但毕竟是造成患者死亡结果的适当条件，也应该认定医疗过错行为参与死亡原因构成。此时，如果医疗过错行为在死因构成中起扩大、加重作用，可考虑其为患者死亡的辅助因素(即辅助死因)，医疗过错行为在患者死因构成中应承担次要责任，参与程度范围在 16%～44%之间，通常取 20%～40%；如果医疗过错行为是患者死亡的诱发因素(死亡的诱因)，则在患者死因构成中则承担轻微责任，参与程度范围在 5%～15%之间。

(张建华)

第五章 医疗纠纷司法鉴定意见的特征

医疗纠纷司法鉴定意见作为证据的一种，在诉讼中的地位十分重要，一方面由于提供鉴定意见的专家与涉案各方不具有任何利害关联，具有独立的第三方地位，具备陈述公正意见的前提基础，另一方面因为鉴定意见是由具有专门知识或技能的人依据科学的原理或方法所提出的意见，笼罩着一层科学的光环。因此，司法鉴定意见在司法审判过程中具有一定的超然地位，曾被称为“证据之王”。事实上，鉴定意见迄今通常仍会对法院裁判的正确与否起到重要的决定作用。因此有必要特别关注医疗纠纷司法鉴定意见的本质特征。

第一节 医疗纠纷司法鉴定意见的证据属性

医疗纠纷司法鉴定意见作为诉讼证据的一种，不仅具有一般证据所应当具有的基本属性，包括客观性、关联性、合法性，同时还具有科学证据的属性，即正当性、科学性、主观性。

一、作为证据的一般属性

1. 客观性

鉴定意见的客观性，主要是指鉴定所依据的材料是客观真实的，是伴随着案件的发生、发展的过程而遗留下来的，不以人的主观意志为转移而存在的事实。正确认识鉴定材料的客观性和真实性，对于确保鉴定意见的客观公正具有十分重要的作用和意义。首先，鉴定材料的客观性要求鉴定人不能把个人主观的判断，或者想象、假设、推理、臆断、虚构等作为鉴定的依据。例如，在医疗纠纷司法鉴定所依据的病历材料中，既有被鉴定人（患者或伤者）损伤发生后临床症状和体征、实验室检查结果、诊疗措施（包括医嘱与实施记录、麻醉记录、手术记录）等情况的记录，即所谓的客观病史，也有医师对患（伤）者病情或伤情的分析意见、会诊意见（包括临床诊断）等记录，即所谓的主观病史。这些在医疗纠纷司法鉴定中的意义是完全不同的。只有客观病史才具有客观性，才是鉴定所必需的材料。即鉴定人应当依据客观病史，结合被鉴定人既往伤（病）史及法医学检验情况，对患（伤）者的病情（伤情），以及与疾病（损伤）有关的并发症和后遗症进行全面分析、综合判断，并提出自己的鉴定意见。为了确保鉴定材料的客观性，对一些特殊检查，如影像学检查、电生理学检查、生化检查等，还应要求委托人提供仪器检查过程中（自动）生成的图片资料(如 X 线片、CT 片、MRI 片)和图表等(如脑电图、脑电地形图、肌电图、诱发电位等机制曲线图以及生化检查报告单等),并以此作为认定事实的依据或者基础。

主观病史不能直接作为鉴定意见的依据,但可以作为鉴定人分析问题、判断问题时的参考。因为主观病史,如"临床诊断"只是临床医师根据患(伤)者的病史(伤情)、临床表现及实验室检查结果,结合自己的知识和经验作出的一种符合临床治疗需要的疾病诊断。这种疾病诊断有时只是初步的甚至是不确定的、不准确的。鉴定人如果以这样的"临床诊断"作为鉴定的依据,则可能会直接导致错误的鉴定意见。这样的意见带来的另外一个严重的问题是,如果该鉴定意见是错误的,应该由谁来为错误负责。有的鉴定人可能会以"临床诊断"错误为由推卸责任,但司法鉴定实行鉴定人负责制是法律明确规定的。由此可见,不能简单、直接地以主观病史作为鉴定依据,无论对于科学的鉴定,还是对于鉴定人本身而言,都是非常重要的。

2. 关联性

所谓鉴定意见的关联性是指由某一证据所决定的与待证事实之间具有产生某种内心倾向性联系的感知状态。鉴定意见是否具有关联性取决于鉴定意见是否能够帮助法庭理解、判断争议中的事实。一般说来,司法鉴定是围绕诉讼中争议的专门性问题而展开的,鉴定的对象都是与诉讼直接相关的,鉴定意见的关联性似乎并不存在问题,比较容易被忽略,但它却又是十分重要的。

与鉴定意见关联性有关的是鉴定人在提出鉴定意见时所依据的理论或方法是否能够帮助法官理解争议中的事实,并作出裁决。例如,在医疗纠纷司法鉴定中,鉴定人常被要求对某种药物、化学物质或环境污染物与胎儿发育缺陷、自然流产、癌症的发生之间是否存在因果关系进行鉴定(或者解释)。但是,由于胎儿发育缺陷、自然流产及癌症之类的病因迄今仍未十分清楚,鉴定人通常会依据有限的动物实验研究的结果提出自己的鉴定意见。这里就存在一个关联性的问题,因为在动物实验的过程中,动物一般都是在短时间内接触到了大剂量的药物或化学物质,而人类所接触到的药物或化学物质往往非常有限,尤其是在环境污染所引发的诉讼中,人所接触到的化学物质往往是微量的,远低于实验条件下动物所接触到的剂量,而且很可能分散于一段较长的时期。此外,动物的生理结构和对药物或化学物质的反应性与人类相比也不尽相同。所以,美国法庭规定,动物实验研究所获得的结果不能简单地应用于人类。

3. 合法性

所谓鉴定意见的合法性,主要包括鉴定主体合法、鉴定程序合法、鉴定材料合法等。

(1) 鉴定主体合法

按照现行法律法规的规定,对鉴定事项进行鉴定的人必须具有符合法律规定的身份,具有相应的资质,否则,由其出具的鉴定意见将不得作为证据在诉讼中采用。

(2) 鉴定程序合法

司法鉴定过程中,自鉴定的委托、受理到鉴定的实施、鉴定文书的制作乃至鉴定完成以后对鉴定意见的解释、说明与出庭质证等环节均要符合《司法鉴定程序通则》和《司法鉴定文书规范》的要求。例如,鉴定过程中需要对女性做妇科检查的,应按照要求,由女性司法鉴定人进行,如无女性司法鉴定人的,应当有女性工作人员在场。

(3) 鉴定材料合法

司法鉴定过程中，鉴定材料的形成、收集、出示、保存和使用等均要符合法律法规、部门规章、行业技术标准和技术规范等的要求。例如，根据《刑事诉讼法》的规定，生理上、精神上有缺陷，或者年幼不能辨别是非，或不能正确表达自己意思的人所提供的证明材料，以及鉴定人未经人民法院同意向当事人、辩护人收集的材料等都属于违法证据材料，都不能作为鉴定材料。

对于医疗纠纷司法鉴定意见合法性的要求，已有相应的法律法规作出了一些规定，特别是在《全国人大常委会关于司法鉴定管理问题的决定》出台以后，司法部又陆续发布了《司法鉴定机构登记管理办法》、《司法鉴定人登记管理办法》、《司法鉴定程序通则》以及《司法鉴定文书规范》等一系列规定与文件，使得鉴定主体、鉴定程序和鉴定意见的表现形式等要求均更加明确。鉴定人只要严格执行上述的有关规定，也就能满足诉讼证据对于鉴定主体、鉴定程序及鉴定意见表现形式的合法性要求，这在后文将进一步展开介绍。

二、作为科学证据的属性

医疗纠纷司法鉴定意见从本质上来说，是鉴定人利用专门知识和/或专门技能对专门性问题所作出的鉴别和判断，属于科学证据，其与证人证言、被害人陈述等言词证据具有不同的特征，主要表现在以下几方面。

1. 正当性

所谓鉴定意见的正当性，具有两方面含义：一是委托鉴定的事项必须是事实问题；二是该事实问题只有借助于专门知识和技能才能得到认定。

关于第一层含义，即委托鉴定的事项必须是事实问题，是指鉴定意见所要证明的必须是事实问题，而不是法律问题，这是至关重要、不容忽视的。换言之，鉴定人只能对事实问题发表意见，而不能对法律问题发表意见。否则，就构成了对裁判者固有权力的侵犯。例如，有关犯罪嫌疑人(或加害人)的主观恶性问题，无论是故意还是过失都是一种法律上的评价，是一种以一定心理过程为特征的刑法学上的概念。尽管犯罪嫌疑人(或加害人)的主观恶性在形式上表现为一定的事实，但其性质仍属法律问题，应由裁判者认定，而不是由鉴定人评论乃至提出意见。因此，鉴定人在制作鉴定文书的过程中，应该避免出现“被鉴定人因他人故意伤害”或“加害人行为恶劣、手段残忍”等有关对犯罪嫌疑人(或加害人)主观恶性程度的表述。

关于第二层含义，即鉴定意见所针对的必须是借助于专门知识和技能才能认定的事实问题。这主要是由于对于不需要专业技术就可以解决的事实问题，作为事实裁判者的法官同样可以借助控辩双方的质证和其他诉讼手段加以解决，如果鉴定人对此加以认定，将无疑会对审判权造成侵犯。当然，所谓“专门性问题”也不是一个拥有固定范围的概念，其与普通问题之间有时也难以区别，甚至引发争论。在英美法系国家，一般认为，只有在由非专业人士组成的陪审团无法作出结论或很难作出结论时，提出专家证人才被认为是有必要的。对此，我们可以加以借鉴。

2. 科学性

鉴定意见是利用专家的专门知识和/或专业技术通过科学手段对案件中的专门性问

题进行认识的一项活动。之所以近年来鉴定意见在诉讼中的地位越来越重要，其主要原因就是因为鉴定意见具有科学性的特征，使得其结果往往会有可重复性。而鉴定意见的科学性问题主要涉及鉴定过程中鉴定人所引用的理论的适用性、所采用检验方法的有效性以及所获得检验结果的可靠性等。

(1) 理论的适用性

如果鉴定专家所提供的证言不是建立在独立研究的基础上，则必须提供其他证据证明他们所得出的结果是基于有效的科学原理。即专家必须准确地解释他们是如何得出结论的，并且指出一些客观来源，诸如学术论文、专业团体的政策声明等，以此表明他们采用的科学理论或方法最起码由一部分科学家在其所在的领域里获得有效运用。

(2) 检验方法的有效性

主要指鉴定过程中所使用的检验方法是否能够保证满足鉴定的要求。在医疗纠纷司法鉴定中，经常涉及被鉴定人的病史调查、体格检查、尸体剖验、病理组织学检验以及各种实验室辅助检查等诸多方面。就临床医学而言，病史调查、体格检查及实验室检查是疾病诊断的重要方法，但这些方法对法医临床鉴定来说，有时并不一定适用，因为被鉴定人出于获得不当诉讼利益的目的，可能会隐瞒真实的病史，伪装或夸大伤(病)情，即使在实验室检查过程中也会由于被鉴定人的不配合而导致检查困难或结果失真。

(3) 技术标准的适用性

主要是指司法鉴定意见所依据的技术标准和技术规范的适用性。这主要涉及两个方面的问题：一是技术标准和技术规范的适用范围，即是否适用于解决争议中的问题；二是技术标准和技术规范本身的权威性问题，即在同类技术标准和技术规范中，什么样的技术标准和技术规范更具有权威性。

一般来说，任何技术标准和技术规范都有其特定的适用范围。例如，《道路交通事故受伤人员伤残评定》标准只适用于道路交通事故中受伤人员的伤残评定，而不适用于人身伤害致残程度评定。如应用此标准对人身伤害案件中受害人进行伤残程度评定时，则必须作出特别说明。

关于技术标准和技术规范的权威性问题，《司法鉴定程序通则》第二十二条规定了技术标准和技术规范的使用顺序，即：有本专业领域的国家标准或技术规范的，应当优先选用国家标准和技术规范；无国家标准或技术规范的，可以选择司法鉴定主管部门、司法鉴定行业组织或者相关行业主管部门制定的行业标准和技术规范。采用相关主管部门或行业主管部门制定的行业标准和技术规范，其技术能力一般应经过司法鉴定主管部门或行业组织的确认；无国家、行业标准或技术规范的，可选择该专业领域多数专家认可的技术方法。多数专家认可的技术方法包括知名技术(学术)组织或科学书籍、学术期刊公布的方法，仪器设备制造商指定的方法，以及其他机构使用的成熟方法。在不具备上述技术标准和技术规范的情况下，可以采用所属司法鉴定机构自行制定的有关技术规范。但自行制定的技术规范必须要有充分的科学依据，应当经过同行专家的审查论证，并经过主管部门的确认。

(4) 检验结果的可靠性

主要是指法医学实验室诊断的预测价值。其取决于诊断方法的灵敏度、准确性和被预测的特定疾病在普通人群中的发病率。如在输血后感染艾滋病或病毒性肝炎的诉讼，以及是否因宫内感染引起胎儿畸形或新生儿脑瘫等诉讼中，都会涉及免疫性指标的检验与诊断的问题。尽管已知的测试方法的灵敏度和准确性都非常高，但这些疾病在普通人群中的感染率是多少？测试结果的诊断价值到底有多高，即检测结果呈现为阳性的受试者感染疾病的可能性到底有多大？都是评价鉴定意见时应当关注的重点。

3. 主观性

在法学理论中，鉴定意见与证人证言、被害人陈述、犯罪嫌疑人或被告人供述一样，被划分为言词证据种类。因此，鉴定意见也当然具有言词证据一样的主观性特征，即鉴定意见是鉴定人对案件专门性事实所发表的看法、意见，并不一定是客观事实的再现。2013年实施的新《刑事诉讼法》和新《民事诉讼法》将“鉴定结论”改为“鉴定意见”就是很好的例证。但是，这里我们再次强调医疗纠纷司法鉴定意见的主观性，是因为医疗纠纷司法鉴定意见与其他种类的鉴定意见相比，其主观性显得更为突出。例如，在法医生物学鉴定中，如 DNA 鉴定，鉴定人完全可以凭借实验仪器所得出的结果出具相应的意见，甚至可以有具体的计算方法和计算数据对结果加以表述和证实，客观性成分较大。而法医临床学、法医病理学的鉴定意见，如在因果关系与参与程度的鉴定中，鉴定人往往无法借助仪器设备得出相应结果。相反，鉴定人要结合鉴定各方当事人的行为、被鉴定人体质、案件其他情况等进行综合分析、评价，在此基础之上依据个人学识与经验作出因果关系的分析与参与程度究竟是多少的判定，而不同的鉴定人往往会得出不同的判断结果。医疗纠纷司法鉴定意见的主观性特征表现得往往比其他鉴定意见更为突出，委托人及其鉴定意见相关方在对鉴定意见进行评价、采信的时候，更加需要从程序、实体等方面加以审查，确保该鉴定意见具有相应的证据资格和较强的证明力。

（朱晋峰）

第二节　医疗纠纷司法鉴定意见作为科学证据的要求

鉴定意见作为证据种类的一种，其最终目的是帮助事实裁判者对案件中的有关专门性问题进行认定，然而其具有客观性、关联性、合法性等一般证据的固有特征，同时又具有正当性、科学性、主观性等科学证据的特征，这就要求我们在司法实践中应特别加强对医疗纠纷司法鉴定意见的审查与认证，防止该鉴定意见因披上“科学的外衣”而在没有被加以充分、全面审查的情况下就直接作为认定案件事实的依据，甚至造成冤假错案的发生。鉴定意见作为科学证据的具体要求包括其应当具有证据能力和证明力。所谓证据能力，是指鉴定意见能够在法庭上作为证据的资格，即有证据资格的鉴定意见方才可能具有证据能力。所谓证明力，又称证明能力，即鉴定意见对案件事实可以达到的证明程度的大小，即证明程度越大的鉴定意见，其证明力也越强。

一、鉴定意见的证据能力

对于鉴定意见证据能力的要求，在 2010 年最高人民法院、最高人民检察院、公安部、国家安全部、司法部发布的《关于办理死刑案件审查判断证据若干问题的规定》当中，以及在最新的《最高人民法院关于适用〈中华人民共和国刑事诉讼法〉的解释》中都有相关规定，且非常具体。即双方当事人对鉴定意见的质证与法官对鉴定意见的认证内容主要包括：① 鉴定机构和鉴定人是否具有法定资质；② 鉴定人是否存在应当回避的情形；③ 检材的来源、取得、保管、送检是否符合法律、有关规定，与相关提取笔录、扣押物品清单等记载的内容是否相符，检材是否充足、可靠；④ 鉴定意见的形式要件是否完备，是否注明提起鉴定的事由、鉴定委托人、鉴定机构、鉴定要求、鉴定过程、鉴定方法、鉴定日期等相关内容，是否由鉴定机构加盖司法鉴定专用章并由鉴定人签名、盖章；⑤ 鉴定程序是否符合法律、法规的有关规定；⑥ 鉴定的过程和方法是否符合相关专业的规范要求；⑦ 鉴定意见是否明确；⑧ 鉴定意见与案件待证事实有无关联；⑨ 鉴定意见与勘验、检查笔录及相关照片等其他证据是否矛盾；⑩ 鉴定意见是否依法及时告知相关人员，当事人对鉴定意见有无异议。

如果鉴定意见存在违反上述一项或多项规定的情形，或者发现的其他情形可能对鉴定意见的客观性、关联性、合法性、正当性等产生疑问的，则法官应当依据具体情形，分别作出相应处理，或是作为非法证据予以排除，或者是进行补充鉴定、重新鉴定。其中，如果鉴定意见出现有下列任何情形之一的，则法官不得将其作为认定案件事实的根据，且没有任何自由裁量余地：① 鉴定机构不具备法定资质，或者鉴定事项超出该鉴定机构业务范围或者技术条件的；② 鉴定人不具备法定资质，不具有相关专业技术能力或者职称，或者违反回避规定的；③ 提供的鉴定材料、样本来源不明，或者因污染不具备鉴定条件的；④ 鉴定对象与送检材料、样本不一致的；⑤ 鉴定程序违反规定的；⑥ 鉴定过程和方法不符合相关专业的规范要求的；⑦ 鉴定报告缺少签名、盖章的；⑧ 鉴定意见与案件待证事实没有关联的；⑨ 违反有关规定的其他情形。

可见，上述文件业已对鉴定意见的证据资格从正反两方面都作出了规定。首先，有资格对鉴定意见进行认定的主体应当从上述条文规定的内容对鉴定意见进行审查，发现具有不能作为证据的情形时，应当将其排除在诉讼程序之外。对于没有上述不能作为定案根据的情形，则法官可以对鉴定意见的证据资格予以肯定。这里应当注意的是，即使对鉴定意见进行采信的主体没有发现上述不能作为证据情形的，但是出现其他使鉴定意见可能存在错误等情形的，也可以依据职权排除该鉴定意见的证据资格。

二、鉴定意见的证明力

现今无论是大陆法系国家还是英美法系国家，对证据的证明力都没有在具体的法律规定中加以明确地说明，而全部交由对鉴定意见进行采信的法官根据全案证据材料进行认定。因为在不同诉讼中，即使是同一证据，其对案件事实的证明程度也有可能是不同的，如果想在法律条文中事先确认鉴定意见的证明力显然是不合适，也不可能的。我们国家也不例外，对于包括鉴定意见在内的所有证据的证明力，法律事先也不加以确认，而由法官综合全案情况予以认定。但是，为实现诉讼公正和防止同案不同判等情形的出现，在有关司法解释中，我们针对不同证据的证明力提出了倾向性的规定。如《最高人民法院关于民事诉讼证据的若干规定》第七十七条指出：“人民法院就数个证据对同一事实的证明力可以依照下列原则认定……（二）物证、档案、鉴定结论、勘验笔录或者经过公证、登记的书证，其证明力一般大于其他书证、视听资料和证人证言。”《最高人民法院关于行政诉讼证据若干问题的规定》第六十三条指出：“证明同一事实的数个证据，其证明效力一般可以按照下列情形分别认定……（二）鉴定结论、现场笔录、勘验笔录、档案材料以及经过公证或者登记的书证优于其他书证、视听资料和证人证言……（四）法定鉴定部门的鉴定结论优于其他鉴定部门的鉴定结论……”这里应当注意的是，虽然这两部司法解释对鉴定意见与其他证据的证明力的大小进行了比较，但这并不意味着只要出现上述情形，某项证据的证明力就天然地比其他证据大或者小。这一规定只是指在一般情况下的参考，具体其证明力强度为何，最终还是需要法官综合全案卷宗予以综合考量。

（朱晋峰）

鉴定篇

医 疗 纠 纷 的 鉴 定 与 防 范

第六章　一般注意义务与医疗纠纷

2009 年 12 月 26 日第十一届全国人民代表大会常务委员会第十二次会议通过、自 2010 年 7 月 1 日起施行的《中华人民共和国侵权责任法》第五十七条规定："医务人员在诊疗活动中未尽到与当时的医疗水平相应的诊疗义务，造成患者损害的，医疗机构应当承担赔偿责任。"如何判定医务人员实施的诊疗活动是否达到当时的医疗水平，很重要的就是要客观评价诊疗活动是否符合当时医务人员应当达到的注意标准，尽到注意义务。注意义务可以分为一般注意义务与高度注意义务。

第一节　医疗行为中的一般注意义务

一、概述

"一般注意义务"催生于诚信原则，最早见于德国法，后来逐渐为其他大陆法系国家或地区所接受。按照侵权责任的古典构成要件，只有在被证明对他人权利已经形成"绝对"的侵害时，才会被认为需要承担损害赔偿责任。但是，随着科学技术的进步，大量新技术、新产品在为人们提供了更为方便、舒适的生活方式的同时，也不断发生许多常人难以预料、难以防范的不幸事故，若拘泥于以往那种"绝对"的判断原则，将难以使受害人得到法律有效的救助。对一般注意义务及注意标准等认识的形成及其在司法实务中的应用，则较好地解决了这个问题。

我国民法学界对于注意义务的关注起步较晚，主要源于对过错的判定。在现代侵权法中，注意义务是过错侵权责任的核心要素。一般来说，过错包括"注意义务的存在"以及"违反注意义务"两个层面。即：责任人有义务、也有能力对可能出现的损害加以注意，同时其恰恰因疏忽大意或过度自信未能加以注意的情形，这两个层面构成过错的两大要件。

法学家 Werro 认为，所谓过错就是一种客观的或合理的注意的欠缺，实际上就是一种无法认定存在免责事由的非法行为。当然，也有法学家指出："并非任何注意之缺失都会导致法律责任的承担。为了确定注意的范围，我们必须采取某些判断标准，此种标准通常被称为普通的注意，即在同样的或同种情况下，人们通常都会达到的注意程度。"在《牛津法律大辞典》中，对注意义务的解释是：为了避免造成损害而加以合理注意的法定责任。在侵权法中，行为人无须因疏忽而承担责任，除非其造成损害的行为或疏忽违反了应对原告

(受害人)承担的注意义务。如果一个人能够合理地预见到其行为可能对其他人造成人身上的伤害或财产上的损害，那么，在多数情况下他应对可能受其影响的人负有注意义务。因此，医师对其患者负有注意的义务；高速公路上的驾车人应对其他人负有注意的义务。

日本最高法院于昭和36年2月16日对东大医院输血感染梅毒一案的判决，对医方注意义务的内容进行了抽象性的概括："从事有关于人的生命及健康管理事业的人员，与其业务的性质相对应，要求负有防范危险后果发生而在实践中尽到最善的注意义务"。最善的注意义务从此即成为医务人员注意义务的一般性的抽象概括。同样是该法院，在昭和44年2月6日对国立东京第一医院足癣放射学皮肤癌案件的判决中对"最善的注意义务"作出了进一步的阐述："作为医师，对于患者的症状应予以充分注意，并在依据当时的医学知识综合考虑治疗效果及副反应的前提下，确定治疗方案，尽可能在万全的注意下实施治疗"。因此从本质上加以概括，可以认为注意义务是一种主观上的责任态度。

注意义务并非不可把握的抽象概念，而具有诸多实际内容。目前关于注意义务的内容，一般是指行为人具有结果预见义务与结果避免义务。因此有学者认为，注意义务是从客观的角度为了避免违法结果而设定的行为规范，即注意义务是指为了避免发生危害社会或者他人的结果，而在法律上认为应当必要的作为或不作为义务。

在涉及判定医务人员是否违反注意义务的认定时，应当注意以下几个方面：① 确定有无损害结果的存在，客观判断行为人采取什么样的行为才能避免损害后果的发生，是否能够确定存在某种不可抗力或纯属意外的因素；② 行为人是否有义务采取某种回避损害后果的措施，以及行为人可以选择哪种回避措施；③ 行为人是否具有注意能力，若行为人具有注意义务又具有注意能力但仍未采取回避措施，从而导致损害结果的发生，就可以认定行为人违反了注意义务，应当依法承担侵权责任。

事实上，人们可能同时被法律、法规、技术规范或者习惯、常理要求履行多种注意义务，而这几种注意义务彼此可能并不完全相同，甚至有时存在矛盾之处。此种情况下，有学者认为，应依据注意义务之间的"优先性"来进行判定，即："由法律、法令、规章制度或业务上的操作惯例所产生的注意义务，优先于习惯、常理、契约、先行行为所产生的注意义务"。也有学者认为，只要认定了导致结果的、离结果最近的过错行为就足以判定其违反了注意义务。

在医疗纠纷领域，一般主张依据以下"优先性"顺序，即：卫生法律，行政法规，部门规章，行业诊疗技术规范(指南)，(权威)专家共识(如会议纪要)，(专业)教科书，(权威)专家专著，多数专家的认识(如经"同行评议"发表于科技期刊的科研论文)。同时应注意，采用"就近原则"，即应采用最接近待定事实的标准进行判定。

在民法领域，按照过错程度的大小，可分为重大过错、一般过错和轻微过错。

在判定是否存在违反注意义务的过错时，有必要确立"注意标准"。在法学理论界，人们虚拟了一个人，即"合理的人"，是指一个有着通常谨慎且能尽到通常注意义务的人。按照一般的理解，上述"合理的人"具有通常的智力水平、通常的认知能力和记忆力并且具备一定的知识，因此，他只是一个正常的、普通的自然人。当然，在医疗纠纷领域，"合理的人"理应被"合理的医师"所取代，除上述"合理的人"定义的内容以外，"合理的医师"还应当包括其具有通常的专业技术知识和能力，能做出符合行业内多数医师所认可的判断并据此实施医疗行为。

由此可见，法律推定所有从业医务人员均能够达到“合理的医师”所能够达到的专业能力，并据此作为评定是否违反注意义务的“注意标准”。若认定“合理的医师”能够达到某注意标准，就足以推定实施行为的医师亦具有该能力，若有证据证明其在实际行为中未能达到该标准，则可推定其存在过错。

归根结底，注意义务是一种主观上的责任态度。

二、医务人员的一般注意义务

本章所称的“一般注意义务”是指医务人员的基本要求，即要求医务人员在使用医疗技术进行诊断、诊疗的过程中，始终保持善意，尊重患者的生命权、健康权、人格权。

1. 保持善意

医务人员对患者的善意，就是优先考虑患者的利益，而不是自己的利益。这不仅是对医务人员道德上的要求，更是技术层面的要求。医务人员应当考虑的患者在就医过程中的利益，主要包括以下几个方面。

(1) 治疗疾病的利益

使疾病获得尽可能合适的治疗是患者就医的首要目的。医务人员对患者病情的轻重缓急与不同治疗方法的利弊有充分的理解，在面对一群患者时首先应以疾病的治疗为第一考虑，而非其社会经济地位或其他，并为每一位患者量身定制其能够接受的合适的诊疗方案。

(2) 知情同意与知情选择的利益

医务人员应当毫无保留地将有关疾病的诊疗事项告知患者，提出自己的建议，使其获得知情并在知情的基础上进行选择。因为临床医学本身具有其专业性，医务人员有义务在与患者的沟通中运用尽可能通俗的语言，使患者容易理解，而不是自居于不对称地位，疏离患者。

(3) 经济的利益

医务人员在选择、设计诊疗方案时，应始终坚持尽可能经济的原则。这一原则既包括时间上的经济，尽可能缩短病程，也包括财务上的经济，尽可能节省费用，还包括精神上的经济，尽可能减少诊疗过程中的痛苦。当以上三者不能兼顾的时候，应以患者的选择为第一考虑。

(4) 保障安全的利益

患者本身即是身体有恙，兼之在接受诊疗时可能有过程性损害加重情形(如化学治疗、放射治疗或者手术治疗后)，且患者中老年群体往往比例较大，故行动不便、反应迟钝、缺乏自我保护能力者不在少数，更加重其对他人给予关心、照顾、看护的依赖性。因此无论从医疗单位管理层面，还是从医务人员的服务层面，都应当以保障患者安全的角度多加考虑，避免发生不必要的人身损害。

2. 尊重患者的生命权、健康权、人格权

临床医学在很大程度上是一门经验科学，需要不断地积累，才能不断进步。作为患者来讲，接受既先进有效、又成熟可靠的技术进行诊疗，是他们天经地义的权利；对于医务人员而言，没有不断地改进诊疗措施，不敢有所突破地运用新技术、新方法，就不会有医学上的进步，而新技术、新方法的运用就意味着总有一部分患者可能会承受其带来的不确定后果甚至不能预期的损害。因此，医务人员应当秉承最高度的责任意识，一切以患者的利益为重，避免打着为了“科学”的旗号使患者冒不必要的风险。当然，这里并不排斥医务人员对医学科学的钻研，但前提仍然是必须在充分尊重患者生命权、健康权的前提下，取得患者的知情同意。以科研的名义为幌子，在隐瞒患者的前提下获得的成果，不是道德的成果，更与医学的本来目的背道而驰。

由于两者在医学上明显处于不对称地位，医务人员与患者的交流有时会比较困难，此时不宜体现出高人一等或者不耐烦甚或鄙视、漠视的态度，否则便很难取得患者的充分信任，当然也不能使其充分信服与配合，严重的还会影响治疗效果。出于医学事业持续进步的需要，许多带有教学职能的医院需要培养实习医师、进修医师，有时可能会发生要求患者在众人面前暴露身体等尴尬情形，医务人员应当事先取得患者的知情同意与充分理解配合，而非以居高临下的姿态迫其就范，避免患者有人格受辱的感觉，否则很可能为今后的纠纷埋下隐患。

3. 一般注意义务的特点及其与高度注意义务的区别

“一般注意义务”与后文所述的“高度注意义务”之间是很难划分明确界线的。如果要用最简单的语言描述一般注意义务的特点，作者认为可以总结为以下几点。

(1) 一般注意义务是对医务人员的通用要求

一般注意义务是所有医务人员在诊疗过程中均应当履行的义务和责任，对所有专业的医务人员均无例外，且其要求基本一致。例如，所有临床专业科室都应保持就诊环境的整洁，避免地面湿滑，遇有地面不平整等意外情况须加强警示，防止患者因此摔倒。以上都是一般注意义务的体现。而高度注意义务是对医务人员的具体要求，在不同的临床专业科室之间会有所侧重、有所不同。

(2) 一般注意义务是对医务人员“善行”的要求

一般注意义务主要体现在道德方面（当然不仅限于道德方面，也包括技术层面）对医务人员的要求。例如，对于所有因年老体衰而行动不便的患者，所有临床专业科室的医务人员都应给予特别的关注，如即使其仅为因慢性疾病的一般症状而住院治疗的高龄患者，仍应至少给予二级或二级以上的护理，加强护理人员的巡视和看护。而高度注意义务是对医务人员“业精”的要求，主要体现在具体、特殊的医疗技术层面和各个操作环节。

(3) 一般注意义务是对医务人员的基本要求

一般注意义务是所有医务人员都应当遵守的行为规范。例如，不论该医师从事何种临床专业，在使用可能产生毒副反应的药物前都必须注意患者有无使用该药物的禁忌证，尤其是临床常用药物（如常用抗生素、激素类药物），不会对不同专业的医师提出不同的注意要求。例如，某患者若确因病情治疗需要拟使用一种可能导致肝功能损害的药物，即使该医师只是皮肤科医师，也必须询问患者有无肝脏病史，且必须作出该患者能否用药的判断，当其不具备该能力时则应邀请专科医师会诊。而高度注意义务是对临床不同专业科室医务人员具体、特殊的要求，是针对在该专业从业的医务人员提出的其必须达到的基本要求。

（夏文涛）

第二节　案例评析

一、复合性交通伤后遗植物生存状态

1. 案情摘要

倪某，女性，24岁，于2008年10月25日因交通事故受伤后就诊于某三级医院并住院治疗，后出现了昏迷症状并持续无法纠正。其家属以医疗单位存在过错直接导致上述损害后果为由诉至当地法院，法院委托司法鉴定机构就经治医院对倪某的医疗行为有无过错；如有过错，其与倪某的损害后果之间有无因果关系及其过错对损害后果的参与程度等事项进行司法鉴定。

2. 病史摘要

(1) 某三级医院2008年10月25日23:50急诊病史

车祸伤70分钟，伤后即感颈部疼痛、腹部疼痛，左下肢不能活动，被急送往当地一民营医院，给予补液、升压治疗，为进一步治疗转来我院。查体：BP 70/50 mmHg，神志清，左耳郭可见皮肤裂伤、渗血，双侧瞳孔等大等圆，对光反射灵敏，骨盆挤压试验(+)，左大腿外上方肿胀，左髋活动受限，左小腿畸形、活动受限，会阴部可见皮肤裂口，活动性出血。处理：① 床边B超，导尿；② 血常规；③ 输血前检查，备血1 000 mL；④ 心电图；⑤ 双通道输液；⑥ 聚明胶肽500 mL+平衡液500 mL/静脉点滴输注；⑦ 向患者家人交代病情；⑧ 请妇产科、普外科、骨科会诊；⑨ 收妇产科。

普外科会诊意见：伤后90分钟患者自诉无明显腹痛。查体：腹平软，腹壁轻度擦伤，全腹无明显压痛，肝、脾叩击痛(-)，移动性浊音(-)。处理：腹部B超(-)，密切观察腹痛变化，随诊。

(2) 某三级医院妇科住院病史记录

入院时间：2008年10月26日0:57。主诉：车祸外伤1小时余，阴道流血1小时余。查体：T 36.8℃，P 88 bpm，R 20 bpm，BP 95/60 mmHg；神志清，面部及双下肢见多处皮肤破损，左耳郭可见皮肤裂伤，颈部压痛，活动受限，颈无抵抗；右胸廓挤压试验(+)，双肺听诊呼吸音清，未及干湿性啰音，心脏听诊未及病理性杂音；腹平坦，全腹紧张，移动性浊音阴性；右肩关节压痛，活动受限，骨盆挤压试验(+)，左大腿外上方肿胀，左髋关节活动受限，左小腿畸形，活动受限；外阴右侧大阴唇靠近右大腿根部可见一长7~8 cm破裂口，深约4.0 cm，深达骨头，有活动性出血。血常规：RBC 2.50×10^{12}/L，血红蛋白74 g/L，WBC 23.6×10^{9}/L，N 85.9%。心电图：多个导联T波倒置，ST段改变。X线片示：右锁骨骨折，左腓骨骨折，左骶髂关节脱位，右耻骨下支骨折，右肋骨骨折，创伤性湿肺。初步诊断：外阴裂伤，多发性骨折，失血性休克，多发性皮肤软组织挫伤。

治疗经过：急诊行外阴裂伤缝合术并加压包扎，予抗炎、补液等治疗。心内科会诊：患者心电图T波及ST段改变考虑为低血压引起心肌缺血所致。转骨科治疗。

(3) 某三级医院骨科住院病史记录

转入骨科日期：2008年10月26日。查体：神志清，精神尚好，语言欠流利，神经系统体征(-)；右肩锁骨部局部畸形、压痛，可及骨擦感及异常活动，右肩关节活动明显受限；右胸部局部压痛，胸廓挤压试验(+)；骨盆分离挤压试验(+)，左髋部增宽，大粗隆上移，左骶髂关节处压痛，左髋关节被动活动尚可；左小腿下段局部肿胀、压痛，可及骨擦感及异常活动，左膝、踝关节被动活动尚可；四肢皮肤感觉无异常，足背动脉搏动存在；外阴右侧大阴唇外侧近右大腿根部见一长 7～8 cm 皮肤缝合伤口。

治疗经过：于 10 月 26 日行左腓骨粉碎性骨折、右锁骨骨折切开复位、钢板内固定+左骶髂关节脱位股骨髁上牵引术。术后抗感染治疗，左下肢予以股骨髁上牵引。11 月 1 日，一般情况尚好，低热，精神欠佳，时有胡言乱语，神志恍惚，自觉呼吸困难。予加强抗炎、雾化吸入、化痰治疗，症状改善不明显。心理门诊会诊为创伤性精神障碍，口服镇静药以改善症状。11 月 2 日，一般情况欠佳，处深昏迷状态，神志欠清，呼之不应，进食量少，仍低热。四肢肌张力高，时有抽搐，牙关紧咬，口吐白沫。颅脑 CT 检查示未见明显骨折、脑水肿、颅内出血等异常征象。会阴部予拆线。11 月 3 日，一般情况欠佳，仍处深昏迷状态，呼之不应，牙冠紧闭，四肢肌张力高，时有抽搐，呼吸尚通畅，无喘憋，血氧饱和度正常，仍低热。考虑破伤风可能，于会阴部创口穿刺，进一步明确诊断。应用破伤风抗毒素，加强抗炎、镇静等治疗。转 ICU 科。

(4) 某三级医院 ICU 住院病史记录

转入 ICU 日期：2008 年 11 月 3 日。查体：T 39℃，P 108 bpm，R 25 bpm，BP 103/30 mmHg；意识不清，口唇无发绀，牙关紧闭，舌垫压舌，颈软，左肺呼吸音粗，可闻及痰鸣音，四肢肌张力高，肌力检查不配合，左下肢牵引固定，右足角弓反张，神经系统生理反射减弱，病理反射未引出。继续破伤风抗毒素治疗，抗炎、免疫治疗，营养支持等治疗。

治疗经过：11 月 5 日，无抽搐，镇静药逐渐减量，停用。T 38.6℃，处于昏迷状态，呼之不应，双侧瞳孔等大等圆，对光反射迟钝，双肺闻及少量痰鸣音，生理反射减弱，病理反射未引出。给予调整电解质，加强排痰，抗感染，促进醒脑，改善微循环等治疗。11 月 6 日，给予腰穿抽取脑脊液。神经内科会诊，考虑颅内病变。11 月 7 日，给予降低心率，促进肠蠕动。脑脊液常规示：潘氏试验(+)，微量蛋白异常增高，为 636 g/L，考虑为渗出性脑脊液。11 月 9 日，停用鲁米那钠。11 月 9 日妇产科主任会诊意见：会阴部撕裂伤常见，且患者当时穿了裤子，伤后裤子无破损，破伤风感染概率小。11 月 11 日，眼球向上凝视，对光反射灵敏。11 月 10 日，腰穿脑脊液常规及生化未见异常。11 月 13 日，仍无意识，可间断出现下肢不自主运动，每次数分钟后可缓解，一天内反复发作。给予鲁米那钠肌注。11 月 14 日，T 38.2℃，频繁抽搐，肌注鲁米那钠及静脉推注咪达唑仑后缓解。11 月16 日，虽对破伤风抗毒素过敏，但长期小剂量脱敏后，已无过敏反应，给予破伤风抗毒素 24 000 U 静滴，并伤口局部破伤风抗毒素 3 000 U 多点注射，必要时腰穿髓鞘给药。11 月23 日，意识状态较前好转，呼之可睁眼，无抽搐。破伤风抗毒素累计用量 25 万 U，已达治疗剂量，故停用，停用奥硝唑抗厌氧菌治疗。

12 月 1 日出院小结：患者仍呈昏迷状态，考虑为破伤风、缺血缺氧性脑病多因素引起脑皮层损害。予以当日出院，建议行高压氧治疗。

(5) 2009 年 2 月 14 日至 4 月 5 日某三级医院高压氧科住院病史

入院查体：睁眼昏迷，双瞳孔等大等圆，对光反射灵敏，口唇无发绀，牙关紧闭，下唇稍肿胀，颈项抵抗感，双上肢肌张力稍高，双下肢肌张力正常，四肢肌力 0 级，腱反射(++)，双侧踝阵挛(+)，双侧巴宾斯基征(+)，霍夫曼征(-)，GCS 评分 7 分。颅脑 CT 示：未见明显异常。初步诊断：缺氧性脑病，褥疮，多发性骨折，破伤风。

治疗经过：2 月 17 日，T37.2℃，昏迷状态，自动睁眼，对声音刺激有反应，似有视觉，HR 100 bpm，双上肢肌张力高，双下肢肌张力正常。继续对症治疗及高压氧治疗。3 月 13 日，抽搐较频繁，体温在 37～38℃之间。CT 示：双侧大脑半球多发低密度阴影；脑萎缩。分析：因血象不高，考虑低烧为中枢性。3 月 31 日，患者呈去皮层状态，预后不佳。家属要求出院，于 4 月 5 日出院。

(6) 医嘱单、生命体征观察单及化验单

长期医嘱：2008 年 11 月 1 日，二级护理，百忧解、佳乐定口服，测血压、脉搏 4 次/日。11 月 2 日，二级护理，测血压、脉搏、呼吸、瞳孔 1 次/小时。11 月 3 日 16:02，转入 ICU，重症监护等。

3. 鉴定人阅片所见

2009 年 2 月 26 日头颅 CT 片示：两侧大脑半球呈萎缩性改变，左侧大脑半球白质区见低密度灶，两侧脑室系统扩大，脑沟及脑池系统也增宽，脑内未见占位性或出血性病灶，符合缺血缺氧所致脑室扩大、脑萎缩的后遗表现。

4. 鉴定意见

某三级医院在对倪某的诊治过程中存在一定的医疗过错行为，与最终的不良后果之间存在一定的关系(属次要因素)。

5. 分析讨论

(1) 关于损伤后急性期治疗

倪某因遭遇交通事故致伤，伤后即就诊于某三级医院，经查体、摄片后诊断为：左耳廓、外阴部等处多发性软组织损伤，右肋骨骨折并创伤性湿肺，右锁骨骨折，左腓骨骨折，左骶髂关节脱位，右侧耻骨骨折，并出现失血性休克的临床表现及心肌缺血的心电图改变，经治医院予行清创缝合、抗炎、补液等对症治疗后，病情较快转平稳，遂转入骨科，于伤后次日行左腓骨粉碎性骨折及右锁骨骨折切开复位、钢板内固定术及左骶髂关节脱位股骨髁上牵引术。

我们认为，倪某本次交通事故所致损伤为复合伤，伤后当时伤情严重，血压一度下降，外周血中 RBC 及血红蛋白均明显降低，存在失血性休克的病理基础，但经医方行对症支持治疗后，低血压较快得以纠正，说明其休克处于代偿期，抗休克等治疗尚属及时、有效。

破伤风系由破伤风杆菌引起的一种急性特异性感染，预后严重。破伤风杆菌以芽孢状态存在于自然界，以土壤中居多，往往通过创伤伤口污染侵入人体，在组织缺氧时引发感染。外伤当时给予皮下注射破伤风抗毒血清可有效预防破伤风的发生。本例中，倪某存在多发性皮肤软组织创伤，有创口污染的机会，应当即时给予破伤风抗毒血清 1 500～3 000 U，但现有送检急诊及妇科诊治期间病历中未见相关用药记载，存在不足。

(2) 关于意识改变

经医方手术及相应对症治疗后，倪某外伤后前 6 d 病情尚平稳。伤后第 7 d(2008 年 11 月 1 日)出现精神欠佳、时有胡言乱语、神志恍惚、发热、自觉呼吸困难等症状，临床考虑为"创伤性精神障碍"，予镇静药物治疗。我们认为，对于存在多发性外伤、肋骨骨折合并创伤性湿肺的患者，此时仅给予上述诊治措施是不够的，且本例在采取上述措施后症状改善并不明显。当时应考虑实施进一步检查，如血气分析、电解质、胸部及头颅 CT 等检查，以排除肺部或脑部病变可能。

伤后第 8 d(2008 年 11 月 2 日)，倪某转入嗜睡状态，出现四肢肌张力增高，并间歇出现抽搐、牙关禁闭等症状，说明其病情进一步加重，在行颅脑 CT 检查未见明显异常后，医院仍予二级护理，也未给予相应检查，说明其对患者病情严重性的认识不够充分。

伤后第 9 d(2008 年 11 月 3 日)，倪某无明显好转，医方予转入重症监护室治疗，加强了生命体征的监察，但意识状态未见很好的恢复。

本中心阅送检的倪某外伤后 2 年余头颅 CT 片，显示其存在颅脑缺血缺氧后脑萎缩改变。

我们认为，仅根据现有资料，尚难以明确引发其出现缺血缺氧性脑病的确切病因。原因为：① 本例倪某伤后出现不典型的类似破伤风的症状(如典型的破伤风表现为阵发性抽搐发作时一般神志尚清醒，而本例以意识障碍开始，迅即昏迷)，虽然阵发性抽搐时，可加重缺氧，但单就破伤风因素尚不能完全解释其缺血缺氧性脑病的根本病因。② 骨折(尤其长骨骨折)患者，可以导致肺血栓或脂肪栓塞；但本例未见相关检查(如胸部 CT 等)的支持，且一旦出现此类病情，往往起病急骤，造成呼吸困难，严重者常致死，故此病症诊断依据不足。

综合现有资料分析认为，右侧肋骨骨折、创伤性湿肺合并肺部感染、并因此引发肺部感染、呼吸困难、酸碱电解质平衡紊乱等可能是倪某病情突变的主要原因。这主要与其自身伤情严重密切相关。因呼吸困难导致循环血液中氧含量降低，导致脑缺血缺氧时间过久，超过脑耐受范围，致不可逆损害后果发生。

医方在本例诊治过程中存在如下不足，应属过失行为：① 入院初期血常规检验示 WBC 增高明显，直至病情突变之次日复查结果提示 WBC 异常增高，提示感染严重。由此可见，医方对其创伤性湿肺及可能继发的感染未给予高度重视。② 倪某入院后直至病情突变初期，未行血气分析及电解质检查，说明医方未能充分注意到防治倪某肺部感染、维持呼吸功能及酸碱电解质平衡等正常生理代谢的重要性。③ 会阴部开放伤，未能及时给破伤风抗毒素预防破伤风，说明医方在治疗时，未尽到预见和防止的注意义务。

综上所述，本例倪某伤情严重，经治医院在损伤后初期阶段积极治疗有所恢复的情况下，突发病情急剧变化，在诊治上存在相当的困难，故认为其自身病情是其现存不良后果的主要原因；医方在对倪某的诊治过程中也存在一定的医疗过错行为，与最终的不良后果之间存在一定的关系，为次要原因(医疗过错的参与度拟为 20%～30%)。

6. 评析

本例纠纷看似复杂，实际上是对医务人员有无尽到注意义务(特别是一般注意义务)的质疑。无论是对妇产科医师，还是普外科或骨科医师，对于严重开放性创伤的患者，防范发生破伤风均为诊疗常规所规定的基本要求，是必须尽到的起码义务，对于抗休克、维持水电解质平衡、预防继发感染，也都是诊疗常规的基本要求。本案中，各临床专业科室的医务人员过分偏重于本专业疾病(创伤)的诊治，忽略了以上基本要求，不论是疏忽大意，还是过度自信，或者出于其他任何理由，只要不按治疗原则或诊疗常规作为，都应属于过错行为。

二、抗生素应用与肾功能不全

1. 案情摘要

李某，女性，46 岁，2011 年 2 月 28 日以"咳嗽、咳痰 5 d"为主诉，赴某县中医院治疗，其后诊断为尿毒症。李某认为某县中医院在诊疗过程中存在医疗过错行为，并因过错导致了上述损害后果，遂诉至当地人民法院要求赔偿。就某县中医院在对李某的诊疗过程中是否存在医疗过错行为；若存在医疗过错，其与李某的损害后果之间是否存在因果关系及其医疗过错对损害后果的参与程度等事项进行法医学鉴定。

2. 病史摘要

(1) 2009 年 11 月 1 日李某于某县医院的体检报告

检查综述：① BP 193/110 mmHg，3 级高血压；② 甘油三酯升高，总胆固醇升高，低密度脂蛋白胆固醇升高；③ 心电图示 P－R 间期缩短，偶发房性早搏；④ B 超未见异常。

(2) 2011 年 2 月 28 日某县中医院门诊病历

气喘、夜间不能平卧，伴咳痰 4～5 d。查体：神志清，左下肺啰音。诊断：肺部感染。处理：收住内科。

(3) 2011 年 2 月 28 日至 3 月 3 日某县中医院住院病历

入院情况：患者以"咳嗽、咳痰 5 d"为主诉入院。入院前 5 d 有受凉史，痰白，量少，易咳出，无畏冷、发热，活动后稍感气喘、胸闷，无胸痛，咳嗽无随昼夜规律性改变。发病来精神疲乏，夜寐尚可。既往史：有高血压病史 3 年，最高达 210/130 mmHg，未规则服药，血压未监测。入院查体：T 36.6℃，P 96 bpm，R 23 bpm，BP 200/120 mmHg；神志清，精神可，营养中等，对答切题；全身皮肤黏膜未见黄染及出血点，浅表淋巴结未触及肿大，头颅无畸形，颜面无浮肿，胸廓无畸形，叩诊音清，双肺呼吸音粗，双下肺可闻及细湿性啰音，未闻及干性啰音。辅助检查：2 月 28 日血常规：WBC 11.1×10^9/L，N82.6%，L14.8%，Hb96 g/L。2 月 28 日胸片示：左下肺炎症性改变，双侧胸腔少量积液。入院诊断：左下肺炎，双侧胸腔积液(少量)，高血压病 3 级(高危组)。

住院诊疗经过：2011 年 2 月 28 日，ECG：窦性心率；窦性心动过速；部分导联 ST 段改变。3 月 1 日，血生化：GGT(γ－谷氨酰胺转移酶)67 U/L(↑)，UREA(尿素)33.91 mmol/L(↑)，CR(肌酐)909.1 μmol/L(↑)，UA(尿酸)586 μmol/L(↑)，GLU(葡萄糖)6.45 mmol/L(↑)，TG(甘油三酯)2.39 mmol/L(↑)，TC(胆固醇)7.87 mmol/L(↑)，CK－MB(肌酸激酶同工酶)29 U/L(↑)，LDH(乳酸脱氢酶)324 U/L(↑)，HBDH(α－羟丁酸脱氢酶)287 U/L(↑)。3 月 1 日尿常规：GLU 2＋，BLD 3＋，PRO 3＋。患者咳嗽、咳痰有所好转，但肾功能明显异常，要求转上级医院进一步治疗，予以办理。

出院诊断：左下肺炎，双侧胸腔积液(少量)；肾炎(肾病性?)，肾功能不全(尿毒症期)；高血压病 3 级(高危组，肾性?)；混合性高脂血症；高尿酸血症。

(4) 某县中医院住院费用日清单

2011 年 2 月 28 日：氢化泼尼松注射液：1(部分字迹欠清或被遮挡)：10 mg×10 支/盒，

数量 6。注射用头孢米诺钠：1.0 g×1 瓶/盒，数量 8。

2011 年 3 月 1 日：氢化泼尼松注射液：1(部分字迹欠清或被遮挡)：10 mg×10 支/盒，数量 3。注射用头孢米诺钠：1.0 g×1 瓶/盒，数量 4。坎地沙坦酯分散片：4 mg×14 片/盒，数量 14。

2011 年 3 月 2 日：氢化泼尼松注射液：1(部分字迹欠清或被遮挡)：10 mg×10 支/盒，数量 3。注射用头孢米诺钠：1.0 g×1 瓶/盒，数量 4。

(5) 2011 年 3 月 4 日至 3 月 10 日、3 月 19 日至 4 月 10 日某医科大学附属医院出院小结

入院情况：因“发现血压升高 2 年余，泡沫尿半年余，气喘 5 d”入院。既往史：发现混合性高脂血症 1 年。诊断：慢性肾功能不全(尿毒症期)；高血压病；左下肺炎，双侧胸腔积液；混合性高脂血症；高尿酸血症；高纤维蛋白原血症。2011 年 3 月 4 日血常规示：WBC 12.08×10^9/L，N 78.3%，Hb 113 g/L。尿常规：隐血 Ca50Ery/μL，WBC 正常，蛋白质≥5.0 g/L，BNP 428 pg/mL，CRP、血乳酸正常。凝血全套示：纤维蛋白原4.25 g/L，余正常。生化示：BUN 36.04 mmol/L，CR 961.5 μmol/L，UA 552.4 μmol/L，余大致正常。

住院诊疗经过：患者入院后完善各项常规检查。尿常规示：蛋白质≥3.0 g/L，RBC 104.80/μL，D-二聚体定量 752.1 μg/L，脑钠肽 552.62 pg/mL。血常规示：WBC 10.99×10^9/L，Hb 107 g/L，中性粒细胞百分比 75.6%，胱抑素 C 5.64 mg/L，肾小球滤过率 8.70 mL/min。生化全套示：白蛋白 32.2 g/L，钙 1.96 mmol/L，甘油三酯 2.63 mmol/L，肌酐 881.1 μmol/L，磷 2.64 mmol/L，尿素氮35.04 mmol/L，碳酸氢根 12.2 mmol/L。CT：双肾体积稍缩小。B 超：双肾缩小，弥漫性病变。

出院诊断：慢性肾小球肾炎，慢性肾功能不全(尿毒症期)，肾性高血压，慢性心功能不全，心功能Ⅱ级，电解质紊乱：低钠、低氯、低钙、高磷血症，继发性高尿酸血症，继发性甲状旁腺功能亢进症，左下肺炎，双侧胸腔积液，混合性高脂血症，动脉硬化症。

(6) 某医科大学附属医院门诊病历

2011 年 4 月 20 日：尿毒症，于 4 月 2 日行腹膜透析置管术，每日超滤 0.8 L 左右，尿量 500～600 mL/d。

2011 年 7 月 4 日：维持性腹膜透析，每日不规律透析(1～3 包)，仍恶心、呕吐，透析引流不畅。

2011 年 7 月 26 日：生化报告单：BUN 25.1 mmol/L，CR 1 394 μmol/L，UA 516 μmol/L。

3. 鉴定意见

某县中医院在用药等诊疗过程中存在应用肾毒性药物等医疗过错行为，目前难以排除上述医疗过错在一定程度上加重李某原已存在的肾脏疾病的病情，故医疗过错与损害后果之间存在一定的因果关系，应属轻微因素(医疗过错参与程度拟为 10%～15%)。

4. 分析讨论

李某因“气喘、夜间不能平卧，伴咳痰”等症状就诊于某县中医院，医方经摄片后诊断为“左下肺炎，双侧胸腔积液(少量)，高血压病 3 级(高危组)”，予收住入院，并行头孢米诺钠抗感染、坎地沙坦酯降血压等治疗。其后，李某经其他医院确诊为“慢性肾小球肾炎，慢性肾功能不全(尿毒症期)，肾性高血压”等病症，依赖腹膜透析维持治疗。

慢性肾功能不全是一种较常见的内科疾病，系指慢性肾小球肾炎等各种肾脏疾病导

致肾脏功能渐进性减退，其发生、发展须经历一定时期。在慢性肾功能不全的早期，临床上仅有原发疾病的症状，常仅可检见肌酐清除率下降，而不伴有其他异常。疾病进展至末期，即为人们常称的"尿毒症"期。尿毒症不是一个独立的疾病，而是各种晚期肾脏病共有的表现为一系列症状和代谢紊乱所组成的临床综合征。尿毒症患者常需依赖透析治疗，或者行同种异体肾脏移植术。

就本案而言，李某原有高血压病史，就诊当日血压高达 200/120 mmHg，外周血检验示血红蛋白降低至 96 g/L，入院次日实验室检查即见其尿素氮升高至 33.91 mmol/L，肌酐升高至 909.1 μmol/L，其后 1 个多月内在外院经 CT、B 超等影像学检查证实双肾缩小。以上提示李某的慢性肾功能不全已进展入尿毒症阶段，且因此导致肾性高血压及轻度贫血。据此可以认定，李某在入院时已经存在肾功能不全。

头孢米诺钠为头孢菌素类抗生素。在李某存在呼吸系统感染征象的情况下，医方采用该药物予以治疗，是具有用药适应证的。但应当指出，该药物具有肾毒性，肾功能不全者应慎用(调整剂量使用)。一般主张参考肾功能减退者的内生肌酐清除率指标调整给药间期或者单次给药剂量。坎地沙坦酯系降血压药物，也具有肾毒性，在严重肾功能障碍患者，主张小剂量起始用药，并慎重给药，否则可能因过度降压而导致肾功能进一步恶化。

就现有送鉴材料分析，在李某入院次日经实验室检查已初步明确存在肾功能不全等严重疾病的情况下，未见经治医院行进一步检查(如内生肌酐清除率等)以指导用药，也未见药物剂量调整记录。根据送鉴材料反映的用药情况，分析医方存在超剂量用药。据此认为，医方在上述医疗环节未尽到注意义务，存在医疗过错行为。

如前所述，李某原已存在肾功能不全等疾病，且已进入尿毒症期，上述后果应为自身疾病进展、转归的结果。医方在用药等诊疗过程中存在应用肾毒性药物等医疗过错行为，目前难以排除上述医疗过错在一定程度上加重李某的肾脏病情(如加重肾脏本身病变或诱发电解质紊乱等并发症)，医疗过错应属轻微因素(医疗过错参与程度拟为 10%～15%)。

5. 评析

对于医务人员而言，关注患者本次就诊时的主诉症状及体征与辅助检查结果，是理所当然的义务，但不等于可以忽视其既往健康状况及身体其他部位、其他系统可能存在的疾患，尤其当这些疾患可能与本次发病有关或者与本次发病后的用药等治疗措施有关。这是对医务人员的通用要求，不因医务人员所处临床专业科室的不同而有所不同。本案例中，患者既往有高血压病史，本次入院后次日实验室检查即提示其存在肾功能不全，而医务人员仍坚持使用肾毒性药物，且对患者无必须使用该药物的说明及任何警示告知，此时不论其是中医科医师，还是肾病科医师，当然均应认定存在过错。

三、交通伤后胸腔积液突发呼吸困难

1. 案情摘要

韩某，男性，64 岁，于 2012 年 10 月 14 日 10:40 骑助动车时发生交通事故致摔倒受伤，约 50 分钟后送到某中医药大学附属医院急诊，当即行胸部摄片示：右侧第 7 肋骨骨折伴右侧少量胸腔积液。因患者 5 年前曾因下肢动脉栓塞行血管旁路移植术，术后持续抗凝治疗中，为防范其可能因此造成严重内失血，遂收住入重症监护室观察治疗，但数小时后突发胸闷及呼吸困难，虽经积极抢救，终未挽回生命。患者以医方观察治疗不严密，诉至法院要求赔偿。

2. 病情摘要

(1) 2012年10月14日某中医药大学附属医院急诊病历

急诊时间：11:30。车祸受伤后近1小时，诉右侧胸痛。追问病史，5年前曾因下肢动脉栓塞行血管旁路移植术，术后至今每日服用华法林1次，剂量3.75 mg，西洛他唑每日2次，每次1片。查体：神清，右侧胸肋部压痛(+)，胸廓挤压试验(+)。行胸部CT平扫，示：右侧第7肋骨骨折，第8肋骨骨皮质毛糙，右侧少量胸腔积液。拟诊：胸外伤，右侧第7肋骨骨折，右侧胸腔积液，右肺挫伤。处理：收住院，入ICU观察。

(2) 2012年10月14日某中医药大学附属医院ICU住院病史记录

入院时间：12:25。入院情况：骑助动车时发生交通事故致胸部摔伤近2小时。诉右胸部疼痛，呼吸时尤甚，休息后无缓解。既往史：患高血压10年，糖尿病12年，平素用诺和灵30 R控制血糖，拜新同、安博维控制血压，5年前因下肢动脉栓塞行血管旁路移植术，术后抗凝治疗维持至今。因其存在出血倾向，为防止内出血加重，故收入院并入ICU观察。查体：T 37℃，P 88 bpm，R 16 bpm，BP 120/80 mmHg；神志清，体形肥胖，对答切题，查体合作；左上肢内侧有瘀斑，胸廓对称，胸部压痛，双肺呼吸音清，右肺呼吸音稍低，未闻及明显啰音，HR 88 bpm，律齐，各瓣膜区未及杂音；左下肢见陈旧性手术瘢痕，双下肢无水肿。初步诊断：胸外伤，右侧第7肋骨骨折，右侧胸腔积液，右肺挫伤；高血压病3级(极高危组)；2型糖尿病。

10月14日15:00主治医师查房记录：目前无明显不适，无胸闷、气促，无发热。查体：神志清，呼吸平稳，精神佳，双肺呼吸音清，未及干湿性啰音，HR88 bpm，BP120/80 mmHg。血常规示：RBC压积0.428，Hb 146 g/L，血小板计数237×10^{9}/L，RBC计数4.57×10^{12}/L，WBC计数21.10×10^{9}/L，中性粒细胞百分比83.0%。肝肾功能、电解质及凝血功能检查示：白蛋白37.0 g/L，谷丙转氨酶48 U/L，谷草转氨酶53 U/L，总胆红素13.0 μmol/L，肌酐170 μmol/L，尿酸466.0 μmol/L，葡萄糖11.1 mmol/L，钾4.2 mmol/L，钠139.0 mmol/L，部分凝血活酶时间50.7秒，凝血酶原活动度29.0%，INR 2.63，凝血酶原时间27.0秒，凝血酶时间18.4秒。主治医师查房后认为患者急诊胸部CT检查结果提示胸部外伤伤情并不重，但其基础疾病较多，且目前在维持抗凝治疗中，需密切观察胸腔出血情况，注意血压等生命体征变化。诊疗计划：① 外科护理二级，糖尿病饮食，监测血压；② 完善相关辅助检查，明日复查胸部CT；③ 抗感染，他唑仙4.5 g+0.9%氯化钠注射液100 mL，bid，静脉滴注；④ 化痰，开顺90 mg，tid，静脉推注；⑤ 止血，捷凝0.5 g，静脉滴注，bid；⑥ 抑制炎性反应，天普洛安20 mg，静脉滴注，bid。

10月14日22:15，晚21时许诉胸闷不适，查体血压、心率无异常，在值班医师陪同下急查胸部CT，提示右侧胸腔积液明显增多，伴右侧胸壁血肿，左侧胸腔积液。当即行右侧胸腔穿刺闭式引流术，于右侧腋中线与第7肋间交点处进针，置入深静脉引流管1根，当即抽出淡血性液体500 mL，予接闭式引流瓶，引流管通畅。于上述操作过程中患者出现胸闷不适、呼吸急促等症状，查体示血压进行降低，最低至50/40 mmHg，全身湿冷，烦躁，神志不清等冷休克表现，心率一度降低至 0，予胸外心脏按压约 5 min 后，心跳恢复，多巴胺、肾上腺素等升压药物维持血压，并予去枕平卧，行经口气管插管术，接呼吸机辅助呼吸，同时于右锁骨下静脉置深静脉导管，留置导尿。申请 RBC 悬液、白蛋白等，补充血容量。告病危，家属签字。

10 月 14 日 23:50，胸腔引流第 1 小时量 600 mL，第 2 小时量 400 mL。患者仍昏迷中，留置气管插管，呼吸机维持通气中，心电监护示 HR 130 bpm。急查血常规示：RBC 压积 0.302，血红蛋白 113.4 g/L，血小板计数 237×10^9/L，RBC 计数 3.40×10^{12}/L，WBC 计数 14.60×10^9/L，中性粒细胞百分比 79.1%。肝肾功能、电解质检查示：白蛋白 33.0 g/L，谷丙转氨酶 37 U/L，谷草转氨酶 56 U/L，总胆红素 20.0 μmol/L，肌酐 306 μmol/L，尿酸 524.0 μmol/L，葡萄糖 22.7 mmol/L，钾 3.9 mmol/L，钠140.0 mmol/L，钙 2.02 mmol/L。D-二聚体 6.01 μg/mL，3P 试验(-)。

10 月 15 日 5:00，已经输入 RBC 悬液 3 U，血浆 400 mL，人体白蛋白 20 g。心电监护示 HR 120 bpm，BP 92/74 mmHg，动脉血氧饱和度 94%。患者病情较前平稳，但抢救至目前仍无尿，胸腔引流量逐渐减少。仍继续扩容、维持内环境稳定治疗，待情况好转后，予以适当利尿。

10 月 15 日 9:00：头颅 CT 示蛛网膜下腔出血可能，请神经内科、神经外科会诊，给予对症治疗。

10 月 15 日 20:00：胸腔引流管引流出 1 500 mL 淡血性液体。

10 月 22 日死亡病程小结：患者持续昏迷、无尿，逐渐出现多脏器功能衰竭，予以对症治疗，但患者病情危重，最终死亡。死亡诊断：胸外伤(右侧第 7 肋骨骨折，胸腔积液，右肺挫伤)，肾功能不全；高血压病 3 级，极高危；2 型糖尿病；左下肢静脉搭桥术后，双抗凝状态，失血性休克；多脏器功能衰竭。

(3) 2012 年 10 月 22 日居民死亡医学证明书

(a) 直接死亡原因(导致死亡的最后疾病和情况)：多脏器功能衰竭。

(b) 引起 a 的疾病或情况：心肺复苏后肾功能衰竭，脑病。

(c) 引起 b 的疾病或情况：外伤血胸，休克。

(d) 引起 c 的疾病或情况：外伤性肋骨骨折。

促进死亡，但与死亡的疾病或情况无关的其他重要情况：左下肢静脉搭桥术后，双抗凝状态，肥胖，高血压病，糖尿病。

3. 既往鉴定情况

2014 年 4 月 2 日，某市某区医学会医疗事故技术鉴定委员会分析意见：患者系血管外科术后，双抗凝状态，有严重出血倾向，经治医院已行收入院并留置重症监护室观察，最终仍不治，系与伤情危重有关。医院病史记录不够及时、全面，存在一定不足，但与死亡无关。鉴定结论：不构成医疗损害。

4. 医患双方陈述意见

(1) 患方意见

患者自外伤后即出现胸部疼痛不适，不久即有呼吸困难，多次呼叫监护室医师，但未得到回应。自入监护室以后，除首次有人测量血压，再也没有人来看过，直到当晚病情转危时方才接上心电监护。若经治医师能加强观察,完全能够避免死亡的后果。

(2) 医方意见

患者伤情并非十分严重,当时生命体征平稳,胸腔积液量也不多,并不够入住外科重症监护室的条件,但考虑到其为双抗凝状态,为防止内出血加重,方予入室观察。考虑到上述因素,为防止未来因高收费发生纠纷,故仅予外科二级护理,未接心电监护。患者病情突变有很大的偶然性,难以预见和避免,与医疗行为无关。

5. 分析讨论与鉴定结论

2014 年 5 月 28 日,某市医学会医疗事故技术鉴定委员会分析意见:① 患者胸部外伤史明确,临床诊断正确,因患者原系双抗凝状态,有明显出血倾向,医方予以收住重症监护室具有必要性,患者最终死亡主要系在多种基础疾病的基础上,伤情转归所致;② 入住重症监护室后,未见医方有定时测量血压、心率、呼吸频率等生命体征的记录,至病情突变时方有相应记录,提示医方在病情观察上不够严密,存在过错;③ 未采用抗凝药物拮抗剂(如维生素 K1 注射剂),与患者内出血加重有一定关系。

鉴定意见:构成一级甲等医疗损害,医方承担次要责任。

6. 评析

本案系医学会组织的医疗损害司法鉴定,鉴定意见书的"分析意见"较为简略,作者拟从本案例的主要技术要点进一步展开论证、评析。

(1) 关于死因分析

依据现有病史分析,患者韩某死亡的直接原因为多器官多系统功能衰竭,死亡的根本原因为胸部外伤后胸腔积血、失血性休克,与死亡有关的自身因素为下肢血管术后、双抗凝状态。韩某原有肾功能不全及高血压病、糖尿病等多种基础疾病,组织器官储备功能明显下降,在应激状态下易引发功能障碍。

(2) 关于医疗过错

韩某交通伤致左侧肋骨骨折并少量胸腔积液,当时伤情并非危重,医方注意到其原有多重基础疾病及服用抗凝药物治疗中,予以收住外科监护室,体现了对患者的善意保护。但在监护过程中,未见生命体征(如血压、心率、呼吸频率等)监测的记录,更未根据监护室的有利条件,予行心电监护等密切观察,并未达到"重症监护"的目的,说明医方未尽到一般注意义务。此外,韩某原系双抗凝状态患者,具有明显出血倾向,医方未予使用拮抗药物,说明医方在该环节也未尽到注意义务,存在过错。

四、痔术后突发脑梗死

1. 案情摘要

刘某,男性,56 岁,2008 年 3 月 17 日因痔疮入住某市人民医院并行手术治疗,同年 4 月 3 日,因便血再次就诊,急诊 CT 示脑梗死,最终遗留严重偏瘫、癫痫等。刘某及其家属认为某市人民医院在诊疗过程中存在过错,遂诉至人民法院要求赔偿。为正确审理此案,人民法院委托某司法鉴定研究所司法鉴定中心就某市人民医院在对刘某的诊疗过程中是否存在过错;如存在过错,其与刘某的损害后果有无因果关系及其参与程度等事项进行法医学鉴定。

2. 病史摘要

(1) 2008 年 3 月 17 日至 3 月 21 日某市人民医院住院病历

入院情况：肛门肿物突出 10 年，加重 1 d。初始肛门肿物突出，尤其便秘时明显，可自行回纳，无出血、肛门疼痛等不适，病情进行性加重，后出现肛门肿物突出，不能回纳，近 1 周出血，大便带血，多与大便不相混，非手术治疗无明显疗效。查体：T36.3℃，R20 bpm，P80 bpm，BP120/80 mmHg；痛苦面容；胸膝位见环状痔，均为跨齿状线肿物，无黏膜糜烂，有皮赘性坠生物。入院诊断：混合痔。

2008 年 3 月 17 日 15:00 手术，术中见 6～8 点处有一炎性混合痔，11 点为外痔，1、4 点可见内痔痔核，黏膜糜烂，行混合痔外剥内扎、结缔组织外痔切除术、内痔硬化治疗。术毕检查创面无活动性出血，凡士林纱条压迫止血，塔形纱布覆盖，丁字带固定，安返病房。3 月 18 日术后第 1 天，无出血；目前予以换药、预防感染、止血等对症支持处理，保持大便通畅。既往有高血压史，拟加用络活喜降压治疗。3 月 21 日出院。

血压观察记录：3 月 18 日 9:00，140/100 mmHg；16:50，150/118 mmHg；21:00，140/90 mmHg。3 月 19 日 9:00，150/100 mmHg；16:00，145/95 mmHg。3 月 20 日 9:00，150/100 mmHg；16:00，140/100 mmHg。

3 月 17 日凝血酶原时间 9.7(↓)，国际标准化比值 0.82(↓)，活化部分凝血活酶时间 7.1，纤维蛋白原 2.38，凝血酶时间 23.2(↑)。

3 月 17 日血常规：WBC 9.37×10^{9}/L，RBC 5.00×10^{12}/L，血红蛋白 161 g/L，血小板 167×10^{9}/L。

3 月 18 日大便隐血(+)，镜检(-)。

3 月 17 日长期医嘱：一级护理，软食，派纾 2.5 g，bid，静滴，氨甲环酸 2 g，qd，静滴。

3 月 18 日测血压 bid。络活喜 5 mg，口服，qd。

3 月 17 日 10:31 临时医嘱：氨甲环酸 2 g 静滴。3 月 18 日 17:24 常药降压片 1 片口服。3 月 20 日 15:18 常药降压片 1 片口服；22:31 络活喜 1 mg 口服；22:51 络活喜 1 mg 口服，海超胶囊 1.0 g 口服。

出院诊断：混合痔；高血压病 3 级。

(2) 2008 年 4 月 3 日至 4 月 21 日某市人民医院住院病历

入院科别：消化科。入院时间：18:32。入院情况：半月前行混合痔外剥内扎、外痔切除、内痔硬化治疗手术，近日活动锻炼，1 d 前开始解鲜红色血样液体，自述共 6～7 次，总量约 1 500 mL，内见血块及粪便，2 h 前出现头晕，双手发麻，有恶心，急诊拟诊混合痔术后出血。既往有高血压病史 13 年，最高血压为 160/110 mmHg，否认糖尿病史。查体：T 36.4℃，R 20 bpm，P 80 bpm，BP 150/76 mmHg；神志清，口角不歪，伸舌不偏；四肢活动自如。4 月 3 日血常规：RBC 3.86×10^{12}/L，Hb 128 g/L，RBC 压积 0.365；凝血酶原时间 12.7，国际标准化比值 1.06，活化部分凝血活酶时间 30.5，纤维蛋白原 3.09，凝血酶时间 18.1。入院诊断：混合痔术后出血，高血压病 3 级。

4 月 4 日 0:38，请痔科主任会诊，建议保守对症治疗，密切观察出血等病情变化，予止血治疗后未再解血便，但 10 时左右双手发麻，口齿不清。查体：BP 150/90 mmHg，口角不歪，伸舌右偏，四肢肌力 5 级。停用氨甲环酸(已输 1/2)，急诊查头颅 CT 提示两侧基底节腔梗。4月4日8:14病程记录：患者3:00解血便1次约100 mL，今晨7:00又解鲜红色血便1次约150 mL，伴头晕、站立不稳，右侧肢体麻木，活动差，口齿不清。BP160/95 mmHg，右侧肌力4级。肛肠科急诊手术，术中见9点处齿线上3 cm可见陈旧性瘢痕撕裂伴出血，余瘢痕愈合良好；用4号丝线8字贯穿缝扎，止血确切，效果满意。术后诊断：内痔术后大出血。术后请内科会诊后转内科治疗。内科查体：BP 135/95 mmHg，运动性失语；右侧鼻唇沟浅，伸舌右偏，口角左歪；右上肢肌力0级，下肢肌力4级，肌张力减低，左上、下肢肌力及肌张力正常，病理征阴性。予适度脱水、清除自由基、脑保护、维持水电解质平衡等对症治疗。由于患者存在活动性出血，抗血小板聚集、降纤等药物暂不能使用，且可能为进展型脑梗死，偏瘫症状可能加重，予病重通知。4月8日病程记录：今大便3次，呈暗红色，无新鲜便血。4月10日病程记录：今大便1次，呈暗红色，量约50 mL。4月11日：大便1次，暗红色，无新鲜便血。BP140/80 mmHg，大便隐血4+，RBC(+)，予奥西康40 mg，bid，静滴抑制胃酸分泌。4月11日下午行肠镜检查，置入内窥镜约15 cm，见肠腔内有柏油样便，齿线上2～3 cm可见原手术结扎瘢痕，同时原9点出血处未见出血。4月13日，输浓缩RBC 1 U。输血前RBC 2.64×10^{12}/L，血红蛋白85 g/L，输血后RBC 2.84×10^{12}/L，血红蛋白91 g/L。4月21日生命体征平稳，肛门水肿明显。查体：BP 135/90 mmHg；贫血貌，混合性失语，查体欠合作，额纹对称，双瞳孔等大等圆，对光反射灵敏；右鼻唇沟浅，伸舌右偏，口角左歪；右上肢肌力1～2级，下肢肌力3级，肌张力稍高，左上、下肢肌力及肌张力正常。今出院进一步康复治疗。出院科别：神经内科。

(3) 2008年5月26日至6月19日省中医院出院记录

经中医学治疗及功能锻炼，出院时右上肢近端肌力3级，远端肌力2^+级，肌张力增高，右下肢肌力近端4级，远端3^+级，肌张力轻度增高，腱反射亢进，右侧病理征(+)。

(4) 2008年6月19日至7月11日某中医学院附属医院出院记录

经抗凝、降压、化瘀、通络等综合治疗，出院时右上肢肌力3级，右下肢肌力4级，肌张力正常，病情好转。

(5) 2008年12月8日省中医院脑电地形图报告

异常脑电地形图(δ频域功率稍增强，以左侧半球为甚)。

(6) 2009年3月18日至3月24日省人民医院出院小结

因反复发作性意识丧失伴四肢抽动1年，再发1 d入院。入院查体：BP 145/100 mmHg，右鼻唇沟浅，伸舌右偏，口角左歪；右上肢肌力4级，下肢肌力4级。入院诊断：症状性癫痫，脑梗死后遗症期；高血压病。

入院后予抗癫痫，降压，活血化瘀等治疗。出院时运动性失语，右鼻唇沟浅，伸舌右偏，口角左歪；右上肢肌力4级，下肢肌力4级。

(7) 2009年11月4日至11月18日省中医院出院记录

入院时右鼻唇沟稍浅，伸舌居中；右上肢肌力4级，下肢肌力4级。入院经中西医结合治疗，出院时右足内翻及右上、下肢肌张力较前好转，无癫痫发作。

(8) 2010年11月15日至11月24日某中医学院附属医院出院记录

经抗凝、降压等综合治疗，出院时右侧肢体肌力3级，肌张力稍增高，病情好转。

3. 鉴定人阅片所见

2009年3月19日颈椎正侧位X线片示：颈椎生理弧度存在，椎体前缘可见唇样增生，并见点状钙化影，符合颈椎退行性变。

2008年4月3日头颅CT片示：两侧大脑半球放射冠区腔隙性脑梗死。

2008年4月5日头颅CT片示：左侧颞叶、左大脑中动脉供血区出现较大范围的低密度缺血灶，提示左大脑中动脉梗死，脑干区也可见腔隙性梗死灶。

2008年9月8日及2009年3月18日头颅CT片示：左枕叶及左颞顶叶大片脑梗死，右侧放射冠区腔隙性梗死同前，幕上脑室略扩大，以左侧侧脑室较明显。

2009年6月11日颅脑MRI片示：左枕叶及左颞顶叶大片脑梗死，左侧放射冠区腔隙性梗死征象同前，幕上脑室略扩大，以左侧侧脑室较明显。

2010年6月3日头颅CT片示：左枕叶及左颞顶叶大片软化灶，并左侧侧脑室扩大。

4. 鉴定意见

某市人民医院在对刘某的诊治过程中，不存在明显的医疗过错，与其后发生的脑梗死及其后遗症不存在明确的因果关系。

5. 分析讨论

刘某因"肛门肿物突出10年"就诊于某市人民医院，根据医方当时查体情况，混合痔的临床诊断可以成立。根据其病史特点，应属第4期，具有手术治疗的适应证。医方对不同部位的痔采取了不同的手术方式，如"混合痔外剥内扎、结缔组织外痔切除术、内痔硬化治疗"等，不违反外科基本原则。

痔手术后2周左右从肛门排出红色血样便，应考虑与痔手术有关。痔术后常见的可能引起出血的因素包括：① 痔蒂缝扎线松脱；② 内痔硬化剂注射部位坏死、创面组织脱落等。就本例而言，医方于急诊手术中见刘某肛管9点处齿线上方"可见陈旧性瘢痕撕裂伴出血"，符合与上述痔手术有关。经确切缝扎止血后，便血基本停止(其后肛门仍有少量便血可能为直肠内积血)。

我们认为，如本例痔疮手术后出现肛门便血，与肛管部位解剖生理特点及手术方式等存在密切关系，临床医师难以完全避免此类并发症的发生，因此，并不能据此认定医方存在明显的过错行为。当然，医方在刘某以肛门便血并出现"头晕、双手发麻"等不适症状入院，已考虑"混合痔术后出血"的情况下，若能尽早实施肛管探查术，可能提前明确出血病因并达到止血效果。而当时医方仍考虑"保守对症治疗"，说明其措施尚不够积极，存在一定的不足。

刘某于肛门便血的同时并发右侧肢体感觉减退、活动不利及口齿不清等症状，经头颅CT扫描、摄片证实为脑梗死。

脑梗死的发生主要与自身病理基础有关，多发生于高血压、高血脂、动脉硬化等疾病患者。一般情况下，处于出血状态的人体会调节血供分配并首先保障心、脑等重要器官。就本例而言，刘某肛门便血因混有粪水及黏液等物质，出血量难以确切评估，但从出血时生命体征变化来看，并未出现明显的失血性休克的表现，故难以认为其肛门便血加重了脑血供障碍，痔术后出血与脑梗死存在因果关系的依据显然不足。同时，医方在刘某出血情况下使用了止血药物，但此类药物的剂量在规定范围内，并不存在过错，因此也难以认定其止血药物使用与脑梗死的发生有关。

脑梗死为缺血性脑卒中，往往遗留不同程度的后遗症；其后遗症的严重程度与病变范围等因素密切相关。从送鉴病历来看，本例刘某脑梗死范围广泛，病变实属严重，虽经对症治疗，但终于遗留神经系统后遗症。我们认为，刘某脑梗死后遗症主要与其自身疾病有关，与医疗行为难以直接联系。

6. 评析

一般注意义务是对医务人员的通用要求，也是基本要求，是各临床专科医师都应当履行的义务。但这并不是要求所有医务人员在针对每一种特殊的疾病及每一个具体的医疗环节均须达到与专科医师完全一致的注意水平，也不是要求所有医师均须注意患者所有的基础疾病及其发生概率很小的并发症，更不是要求所有医师为并非本科的疾病以及发生较难预料的并发症“埋单”，否则就必然是对医务人员过于苛刻的要求，是不当地把医务人员“神话”了。本案中，认为痔术后出血与脑梗死存在关联的意见就显得较为牵强，尤其是在如何要求医务人员注意与防范脑梗死发生方面，若没有适用的理论、可靠的方法，鉴定人当然就更加无法将两者联系起来了。

（夏文涛　葛志强　曹松智）

第七章　高度注意义务与医疗纠纷

在医疗纠纷案件的鉴定中，除了判定医务人员的诊疗活动是否尽到一般注意义务以外，更多的是需判定医务人员有无尽到高度注意义务。这是因为，医务人员的诊疗活动具有很强的专业性，在给患者带来利益的同时可能存在一定的风险。高度注意义务就是要求医务人员在具体的诊疗环节中应达到与当时医疗水平相应的诊疗义务。

第一节　医疗行为中的高度注意义务

一、概述

高度注意义务与一般注意义务一样，是注意义务的一种重要形式。一般注意义务是对义务主体的一般要求（或称普通要求、通常要求），是所有医务人员在诊疗过程及其相关活动中均须遵守、履行的要求与义务。高度注意义务是对义务主体的具体要求（或称特殊要求），是指医务人员在每一个诊疗环节均应遵守的具体规定与要求。一般注意义务强调普适性，高度注意义务更关注特殊性（具体性）。

医务人员与普通人群存在的最大不同在于其接受过医学教育，具备专业知识与专业技能，经过专门考核，具有一般人不具备的行医资格。因此，一般人在遇到疾病愿意将身体乃至生命放心地交给医务人员。试想一下，还有谁有机会在一个人在接受全身麻醉对外界乃至自己身体均毫无所知的情况下放任他人切开他的肌肤、打开他的体腔、切除其中的病灶，这需要基于多么大的信任。因此，对于医务人员，在其行医的每一个具体环节，均应有具体的要求，要求其提起特别的注意，防止发生不应发生的“意外”。

事实上，在医疗纠纷领域，违反高度注意义务的过错行为较违反一般注意义务者要更为常见。就医务人员而言，高度注意体现在多个环节、多个层面，是诊疗活动中时刻应当注意的法定义务。

首先，高度注意义务是指在医务人员行医的各个环节均应提起特别的注意。这些环节包括：检查、诊断、用药、手术、观察、告知及其后续随访等。每一个环节对医务人员都有特别的要求，这些要求既包括各种诊疗常规、护理规范、专家共识及约定成俗的规定，又包括对于某一种或者某一类特殊的疾病，作为医师知道或者应当知道的所有知识与信息，掌握或者应当掌握的所有技术与能力。例如，在对一例以“转移性右下腹痛”为主诉的急腹症患者的早期诊疗活动中，接诊医师必须做到详细询问病史、仔细检查腹部体征、常规进行血常规检查、鉴别其他可能引起类似表现的疾患，并及时邀请上级医师查房确诊，方可决定是否应当实施手术治疗。

其次，高度注意义务要求医务人员在每一诊疗环节的具体措施操作实施过程中均应提起特别的注意。如护理规范要求每一例静脉输液均应严格做到"三查七对"，即是实例。当然，就高度注意义务而言，它实际上更强调一些在缺少具体规定(实际上可能是难以作出具体规定)的情况下实施的诊疗行为。如在阑尾切除术中，诊疗规范明确规定了应当注意阑尾系膜血管须行可靠结扎、缝扎，但不会具体规定如何处置各种受到炎症累及的、复杂的阑尾血管处置情况，而这些情况恰恰是手术医师知道或者应当知道的(尚不具备足够知识或技能的医师是否可以成为合格的主刀医师值得探讨与怀疑，年轻医师在难以处置时应当立即提请高年资医师到场指导或上台继续手术操作)。

再次，高度注意义务要求医务人员注意了解与患者本次疾病有关的、患病后未能主动提供的信息，例如过去史、个人史、家族史、饮食史等。例如，在一例最终疑为甲醇中毒的医疗纠纷中，患者首诊以视力模糊为主诉求治于眼科，在眼科门诊询问病史期间突然昏倒，然后立即被转入急诊，急诊过程中患者家属并未主动告知其发病前 2 日曾有大量饮用散装酒精类饮品(事实上患方根本不知道该次饮酒可能与本次发病有关)，直至患者生命垂危时在某医师提示下方才想到供述该病史。撇开医方提前获悉患者曾摄入大量散装酒精类饮品可能导致甲醇中毒是否一定有助于挽回其生命，医方在诊疗过程中的病史询问始终偏向心、脑血管等常见的容易引起突发昏迷的疾病，即使在各种检查均不支持的情况下，也未考虑各种中毒等罕见情形，是值得注意改进和提高的。

二、高度注意义务之标准

1. "合理医师"的标准

就医疗纠纷而言，高度注意义务主体(主要指医务人员)的行为应当符合所从事的专业领域中一个合格的且具有普通谨慎的从业人员(合理医师)在相同或相似条件下所应采取的行为标准。这一标准不是统一的、始终不变的，而是在不同的时期、不同的专业领域有不同的内容(要求)；在一定的历史时期，对同一专业领域的专家，有时候也有必要按照不同的技术职务来确定不同的标准。

"合理医师"最初是由日本学者提出来的，他是指在接受通用的医学教育与临床技能培训后，一个具有正常智慧的医师在经过基本相仿的临床经历以后，在面对同一类患者与疾病的情况下，通常会形成基本一致的诊疗计划并付诸实施，且在实施中会考虑到基本相仿的风险，采用基本类同的注意，发生风险与不良后果的概率也大致相当。

"合理医师"是抽象的，但并非不可捉摸的。"合理医师"技术能力的衡量实际上可以通过大样本的流行病学调查结果得以实现。例如，在针对某一种具体疾病的具体治疗措施中，发生不良后果的机会有多少，各种不同后果的比例如何，其原因何在等。例如，10%克罗恩病患者的首发症状高度类似急性阑尾炎，几乎所有医师都会循正常思路考虑该诊断而不会想到克罗恩病的可能，医方若严格把握急性阑尾炎手术适应证，即使按阑尾炎进腹手术，也不能视为医疗过错。但若在术中观察到病变不局限于阑尾，而主要在盲肠乃至结肠，仍仅以切除阑尾为唯一手术操作，则可能就会被认定为存在医疗过错了。

在确定专业领域、特别是专家的行为标准时，有时要考虑到地域的因素。例如，在美国，对医师的注意义务程度的要求，最初采用的是“本地原则”，后来发展为“相似地区原则”，最后由于经过多年的发展后各地医疗水平的差距已经不太明显了，方采用“全国标准”。从我国目前地区差距比较大的实际情况来看，采取“相似地区原则”是比较合理的。

如前文所述，高度注意义务也可称为具体注意义务、特殊注意义务，从本质上来说，就是要求医务人员在实施医疗行为的过程中，在每一个可能造成不良损害的环节，均有义务采用审慎的注意，防范损害的发生，或在损害发生时采取恰当的措施避免或者减轻其后果。

2. 判定违反高度注意义务的原则

具体地说，审查医务人员有无尽到高度注意义务，应当重视以下环节：① 疾病的诊断；② 疾病诊疗计划的制定；③ 护理过程与用药及各种注射环节；④ 手术或者各种有创检查（治疗）阶段；⑤ 麻醉过程；⑥ 输血（包括其他血制品）过程；⑦ 转医（包括会诊）环节；⑧ 院内感染防范环节；⑨ 医患沟通及知情告知方面；⑩ 后续随访观察等。

判定医疗行为是否违反高度注意义务，应遵循“注意标准”。如前文所述，注意标准既包括考察医务人员所实施的医疗行为是否符合卫生法律、行政法规、部门规章、诊疗规范等具体标准的要求与规定，也包括考察医疗行为是否达到了当时的医学水平，也即“合理医师”应当达到的注意水准。而且就高度注意义务，更加关注后一评价指标，因其没有明确的、成文的原则性规定，故也被称为“抽象标准”。

3. 判定违反高度注意义务的方法

判定医务人员是否违反高度注意义务的具体方法或者路径包括：① 循证法；② 排除法；③ 反推法。

（1）循证法

指根据呈现的案情及病情材料，依据医学标准对临床诊断及其处置是否正确作出认定，并据此判断医务人员是否存在违反高度注意义务的情形。例如，一个 27 岁的男性患者，因持续右下腹钝性疼痛 3 d 就诊，外科查体：体温平稳，腹部软，右下腹压痛，未及明显肌紧张及反跳痛。实验室检查提示外周血 WBC 计数及中性粒细胞比例均在正常范围内。B 超提示右下腹有液性包块。临床拟诊急性阑尾炎，当日予行阑尾切除术。术中见盲肠水肿明显，阑尾细长扭曲，予行阑尾切除，荷包包埋阑尾残端。术后病理检验提示“阑尾粪石”。术后 40 余日，该患者出现右下腹肠瘘，经手术探查明确为盲肠瘘，后多次手术治疗，最终确诊为以盲肠部为主要病变部位的克罗恩病。该案例中，根据当时的临床表现及辅助检查结果，我们或许不能排除阑尾炎（包块形成）的临床诊断，但依据外科学通用原则，当时实不宜急诊行手术治疗，尤其在术中见到病变并非以阑尾为主时，更应及时调整方案。这就是循证法的判定方法。

（2）排除法

指损害后果在医学上存在多种（但有限）可能原因的情况下，采用逐项排除的方法，最终得出某项特定的原因为可以认定的原因。例如上述饮用散装酒精类饮料 2 d 后突发昏迷的案例，鉴于该患者系中老年男性，因未行尸体解剖，确切死因已难以通过病理学检验加以明确。据材料反映，医方在急诊期间为其进行了心血管意外、脑卒中等心、脑常见病以及肺栓塞、急性胰腺炎、胆管炎等可能在短时间内危及生命的疾病的多项相关性检查，所有检查结果均不能提示存在任何上述疾病的可能性。在此情况下，鉴定人根据病史中曾提到有上述饮酒史，利用丰富的鉴定经验，结合其首先出现视物模糊的情况，认定其符合甲醇中毒致死。当然，本案临床上虽然未能及时作出正确诊断，直至患者死亡后，临床诊断仍无法确定，但因甲醇中毒确属少见病例，即使确诊也缺少针对性诊疗措施，且本案医方虽然未能及时得出正确诊断，但业已采取相应处置，与甲醇中毒急救的一般原则基本一致，故无法认定其医疗行为与患者死亡之间存在因果关系。

(3) 反推法

指损害后果在医学上存在多种可能原因，或者限于病情资料有限难以采用排除法逐项排除的情况下，最终通过分析推理得出其中某项特定的可能原因是最具符合性的原因(可能性最大的原因)。例如，一个 33 岁的男性患者，因鞍区肿瘤行经蝶鞍区肿瘤切除术，术后诉左眼视物不清，视力下降，行 CT 示蝶鞍区肿块较术前无变化，筛窦、蝶窦积液，左眼视神经增粗，左眼视力无改善。鉴定人根据“反推法”认为，患者视力在术后急剧下降的可能原因无非是手术非但未能切除病灶反而造成局部出血，压迫、损害视神经，或者病变在短时期内急剧发生变化、增大。两相比较，无疑前者成立的可能性要大于后者。最终鉴定本案医方存在如下医疗过错：① 术前对肿瘤质地、大小及手术方法选择(所选择手术方式的适应证对肿瘤的范围、大小、质地及患者年龄、身体状况都有严格的限制性规定)的评估不充分；② 视力下降可能与术中分离肿瘤损伤视神经有关；③ 肿瘤切除有一定困难，不能切除或术中出血可能属难以避免的“意外”情形，但在术后出现视力下降主诉的情况下应当考虑有局部出血可能，应考虑及时手术清除血肿以达到减压的目的。

4. 鉴定意见中“符合性”判断与“必然性”判断的价值

法医学鉴定所提出的意见很多时候均只能达到判定其是否具有“符合性”的要求，距离法律上所谓的“必然性”仍有不小的差距。这一点无论对于提供鉴定意见的鉴定人，还是对于鉴定意见的使用人，均必须万分注意。

“符合性”与“必然性”的重要区别在于以下几个方面：① 前者不一定具有唯一性，换句话说，还可能存在其他同样具有“符合性”的情形。后者通常具有唯一性，或者可以讲，一般不存在其他具有类似“必然性”的情形。② 前者能够满足“必要条件”的检验，但一般不一定能够同时满足“充分条件”的检验。后者通常能够同时满足“必要条件”与“充分条件”的检验。

例如，某鉴定意见表述为：被鉴定人张某因胸部外伤致左侧血气胸，医疗单位未能及时明确诊断并给予正确处置，存在过错行为，其后张某发生呼吸困难、胸闷，可符合与医疗过错行为存在因果关系。该鉴定意见中的表述事实上只说明了在现有证据材料的情况下一种具有最大可能性的情形，其隐含的意思为若出现其他证据材料，也可出现其他可能性成立的情形。

又如，另一鉴定意见表述为：被鉴定人杨某除胆囊切除术以外无其他腹部手术史，故足以认定其胆囊切除术后不久发现的胆囊窝处异物(已经再次手术证实为手术止血用纱布)系上述胆囊切除术中遗留，医疗单位存在过错。该鉴定意见简洁明了地提出了确定性判断意见，排除了其他可能性。

法医学鉴定追求得出“必然性”的鉴定意见，但在不能得出该类意见的时候，得出“符合性”判断意见，不失为科学、客观的鉴定态度。正是由于医疗纠纷案件牵涉的争议焦点多，涉案因素复杂，医学科学发展至今也仍存在许多还远未探索明确的领域，所以鉴定人在鉴定中审慎判断，往往得出比较模糊的或然性判断意见、条件性判断意见以及存在一定跨度范围的参与程度结论。

在判定医疗过错行为与损害后果之间是否存在因果关系的过程中，鉴定人一般从时间上的先后关系、解剖部位上的吻合性以及医学科学与逻辑学上的符合性等角度，进行相应的分析论证。当然，鉴定人应当追求尽可能更高层次的证明。作者总结因果关系证明的层次从高到低分别为：病理学上的，病因学上的，临床学上的，流行病学上的，案（病）例报道上的，实验医学上的。

例如，对于某患者所患肺部病变是否属于结核性的，首先当然是追求从病理学上加以证明，如经组织检验证实病灶范围内存在结核病特异的病变细胞，足以证实其确为结核病灶，这种证明的效力是最大且足以排他的；其次可通过结核菌素试验观察其结果是否呈阳性，或者痰涂片是否存在嗜酸杆菌呈阳性结果判断病灶属结核性，但这种结果存在着一定的风险，当患者肺部存在其他结核病灶而所需查明病变性质的病灶事实上并非属于结核性而是恶性肿瘤时，事实上医师出现了误诊；再其次可通过患者的临床表现是否符合结核病的特点加以明确，这种判断无疑较上述第二种判断的风险更大；还可以通过患者肺部病灶的影像学形态特征及其临床表现是否与流行病学调查所显示的结核病表现相符加以判断，这种判断的证明价值与第三种大致相当，但前提是必须具有足够的大样本流行病学资料，而许多疾病并不一定具有可供借鉴的流行病学调查结果；如并未检索到足以支持判断的肺部结核病灶的流行病学资料，还可以通过待鉴案例显示的病变特点与经同行专家评议业已公开发表的文献报道所显示的经典肺部结核病案例（病例）特点的比较，分析其是否具有符合性，当然因其所依据的基础资料相对单薄，故这种判断的价值显然较为有限；若患者所患肺部病变确属罕见，流行病学资料与案例报道一概缺如，则可能最后不得不采用实验医学（如动物实验）的结果作出判定意见，由于人与动物在本质上存在差异，实验条件下与日常生活状况更不可同日而语，故鉴定意见出现较大偏差的风险较前述任何其他方法都要大得多。

（夏文涛）

第二节　案例评析

一、异位妊娠破裂致行脾切除术

1. 案情摘要

苏某，女性，32 岁，因腹痛不适于 2009 年 9 月 10 日就诊于某医学院附属医院，后因异位妊娠行脾切除术。苏某认为医方误诊，遂诉至人民法院。为正确处理此案，法院委托某市某区医学会进行医疗事故技术鉴定。

2. 病史摘要

2009年9月10日至10月13日某医学院附属医院住院病史：

入院情况：因"上腹痛1 d"于晚间入院。现病史：因自觉腹痛1 d就诊于某二级医院，医方行超声检查示：脾周不均质团块，建议进一步检查，盆腹腔积液；上腹部CT示：脾脏密度不均，腹腔积液。当晚转诊我院。查体：全腹平软，未及明显压痛，移动性浊音(±)，腹穿(-)。妇科会诊，孕产史1-0-1-1。妇科检查：左附件正常，压痛明显，宫体、右附件正常，查尿HCG(+)。后穹窿穿刺约4 mL暗红色血，不凝。B超示：子宫55×44×66 mm，宫内未见明显孕囊样结构，左卵巢无回声区20×19 mm。诊断：腹腔内出血，宫外孕可疑。

住院诊疗经过：9月11日凌晨转入妇科病房。当日1:40行急诊剖腹探查+左卵巢肿瘤剥除术+诊刮术。取下腹横切口，术中见子宫饱满，表面有紫蓝色结节，充血，双侧输卵管未见增粗、未见伞端渗血，左卵巢有一2 cm囊肿，破口0.5 cm，表面血块包裹，囊内为血块组织，未见绒毛组织，无活动性出血，右卵巢外观无异常，直肠子宫陷窝有一1 cm大小紫蓝色结节。探查膀胱腹膜反折部、直肠子宫陷窝、双侧髂窝及部分肠管表面均未见绒毛组织。剥除左卵巢内囊肿，左卵巢重建。术中请外科上台会诊，无明显上腹部脏器破裂征象。术中出血1 000 mL，输血400 mL。术后行刮宫术，刮出内膜组织约20 g，未见绒毛组织。术后病理亦未发现绒毛组织。9月1日起给予米非司酮100 mg×3 d，但血HCG持续增高。9月15日起予以甲氨蝶呤50 mg×3 d肌注，亚叶酸5 mg×3 d肌注。术后随访血HCG，9月12日HCG 11 088.34 IU/L，9月15日HCG 17 336.80 IU/L，9月17日HCG 24 450.28 IU/L。9月21日B超示：脾肾隐窝见一混合性包块，大小39×34 mm，周围积液36×15 mm。9月22日腹部CT示：左侧脾肾隐窝见类圆形肿块影，直径约2 cm，密度欠均匀，周围见包膜。当日在超声引导下行脾肾间隙包块穿刺+局部MTX注射，MTX30 mg+稀释液2 mL，穿刺后1小时患者出现上腹痛，予补液止血抗炎后逐渐缓解。9月24日HCG 21 998.14 IU/L。10月2日Hb 94 g/L。10月4日晨，患者突发左上腹痛。CT示：脾包膜下血肿，腹腔少量积液。复查Hb由106 g/L降至76 g/L。外科会诊后经左侧上腹部经腹直肌切口急诊行剖腹探查术，术中见盆腹腔积血及血块约2 000 mL，见血块内绒毛样组织约2.2×1.1 cm，脾肾隐窝处见2×3 cm左右暗红色机化组织物嵌入脾脏实质内，深约5 mm，该处脾包膜裂开，有活动性出血，术中与家属谈话告知情况后行脾切除术。术后病理示：脾包膜外出血及纤维素性渗出，脾实质内见出血、血肿形成。脾旁凝血块内见胎盘绒毛组织，结合临床符合异位妊娠。术后予以止血、抗炎等治疗，患者恢复。

出院诊断：腹腔内出血，脾脏妊娠破裂。

3. 医患双方观点

(1) 患方陈述意见

① 医方在患者有明显腹痛主诉，外院B超、CT均提示脾肾之间存在不均质包块的前提下，行辅助检查时疏忽大意，未对可疑病灶进行详细检查，终致漏诊。且入院十余天未行上腹部CT和MRI检查，延误了疾病诊断。② 医方虽然考虑有异位妊娠可能，亦行剖腹探查术，但因B超漏诊，剖腹探查时手术切口选择不当，未能对异位妊娠的可能部位进

行必要的探查，造成首次剖腹探查术及刮宫术未能达到治疗目的，延误了病情。③ 医方为疑似异位妊娠的患者使用禁忌药物米非司酮，加重出血。④ 医方在已明确患者为脾周异位妊娠时，未立即行手术治疗，而是不适当地局部使用MTX，造成局部出血加重，不排除其造成了脾脏内出血、血肿。⑤ 因医方对异位妊娠延误诊断及治疗不当，造成脾脏出血和血肿，使患者不得不再次手术，致脾脏被切除，后遗终身残疾。⑥ 医方将腹腔异位妊娠称为脾脏妊娠，其一为误诊，其二系医方为掩盖其诊疗过错，有意制造患者的病情特殊少见，不得不切除脾脏的假象。⑦ 医方盲目诊断患者有滋养细胞肿瘤可能，为患者化疗，造成患者身体不必要的伤害。⑧ 医方为掩盖其医疗过错，伪造病史。如发病时疼痛的部位、术后疼痛情况的描述等，均不符合实际情况。⑨ 医方的诊疗过错与患者的损害后果之间存在直接因果关系，医方应当承担三级甲等医疗事故的全部责任。

(2) 医方陈述意见

患者疾病属于极为罕见的病例。在诊疗过程中，医方密切监测病情变化，根据当时病情不断调整治疗措施，并及时将病情及治疗方案告知患者，征得患方同意后方实施治疗方案，诊疗行为完全符合临床诊疗规范。患者脾脏切除系胚胎种植并侵袭脾脏所致，并非医疗行为不当所致。

4. 鉴定意见

某区医学会医疗事故技术鉴定委员会组织专家听取医患双方的陈述意见，经分析讨论后鉴定结论为：本事件构成三级甲等医疗事故，医方承担主要责任。

5. 分析讨论

患者因“突发左上腹痛 1 d”就诊于某医学院附属医院急诊，经该院外科“排除”外科情况，而由妇科医师行急诊剖腹探查术，术中见腹腔内出血 1 000 mL，左卵巢有一 2 cm 囊肿，破口 0.5 cm，剥除左卵巢囊肿并重建，探查部位未见绒毛组织。但患者病情未缓解，后确诊为“腹腔内出血，脾脏妊娠破裂”，行脾切除术。医方对有左上腹痛主诉、外院辅助检查提示脾周肿块的患者，相关科室未能充分鉴别诊断，未行左上腹探查，术后对患者的主诉和外院的检查认识不充分。根据病理结果(脾肾隐窝内组织物及脾表面之病变)，医方的医疗过失行为导致未能早期发现脾周异位妊娠，使患者失去保留脾脏的机会。

鉴定专家根据临床病史以及病理检查认为：① 患者为脾肾间隙妊娠，属于罕见的异位妊娠，医方对此经验不足，易造成漏诊或误诊。② 2009 年 10 月 4 日患者腹腔出血达 2 000 mL，切除脾脏为抢救生命所需。③ MTX(甲氨蝶呤)非手术治疗异位妊娠，不违反诊疗规范。

6. 评析

对于一例术前即已考虑为相对少见的异位妊娠患者，妇科医师应当履行高度注意义务，在疑似腹腔妊娠破裂致腹腔积血，尤其外院 B 超已经提示存在“脾周不均质包块”的情况下，若本院单次 B 超探查未能提供有价值的诊断意见，应考虑扩大探查范围再行复查，必要时考虑其他检查(如 CT 等)。而本案妇科医师局限于下腹部及盆腔器官的探查，恰恰忽略了术前即已提示的脾周病灶，虽请外科医师术中会诊，但外科医师也出于其专业特点更多关注本科范围疾病(如脾脏有无破裂)，探查不够全面，终致首次手术发生漏诊，而这一漏诊本身并非不能避免。

二、冠心病误(漏)诊致死亡或残疾(1)

1. 案情摘要

黎某,女性,1952年1月20日出生,2013年5月4日死亡。2013年5月1日,黎某因“右肋缘下疼痛2 d余”至某矿职工医院就诊,诊断为“右下肺炎可能”。次日,至某内科诊所就诊,予瑞科沙、奥美拉唑及胃复安等药物治疗。2013年5月4日黎某因“胸痛3 h”就诊于某医科大学附属医院,诊断为冠心病及急性心肌梗死等,当日抢救无效死亡。因黎某家属认为某矿职工医院、某内科诊所及某医科大学附属医院在对黎某的诊疗过程中存在过错,诉至当地人民法院要求赔偿。

2. 病史摘要

(1) 2013年5月1日某矿职工医院门诊病史

主诉:右肋缘下疼痛2日余,伴有咳嗽、胸痛,无畏寒、发热、黄疸。既往有右下肺炎病史。诊断:右下肺炎可能。肝胆胰B超示:未见明显异常。胸部X线片示:两肺未见明确实质性病变。处理:呼吸内科会诊。

(2) 2013年5月2日某内科诊所处方笺

临床诊断:急性胃炎。处理:瑞科沙0.2×4瓶,5%葡萄糖注射液250 mL×2瓶,奥美拉唑40 mg×2支,胃复安10 mg×2支。

(3) 2013年5月4日13:15～14:00某医科大学附属医院门诊病史

主诉:饭后剑突下肿痛5～6日,伴乏力。既往有高血压病史。检查:神志清,痛苦貌。腹软,肝肋下未及,剑突下压痛(+),右肾区叩痛(+),肠鸣音正常。处理:急诊心电图,心肌酶谱,淀粉酶,血、尿常规,肝胆胰脾B超,消化科会诊。

(4) 2013年5月4日至5月5日某医科大学附属医院住院病史

入院时间:15:00。入院主诉:胸痛3 h。现病史:患者3 h前出现胸闷、胸痛,疼痛为胸骨后闷痛、压迫样,持续性,不能缓解,无肩背部放射痛,伴出汗,遂就诊于我院。门诊心电图提示:窦性心动过速,广泛急性前壁心肌梗死符合急性期,ST-T段改变,拟“冠心病,急性心肌梗死”收住我科。病程中4 d前曾有腹部不适,就诊于外院,予相应诊治(具体治疗措施不祥)。查体:T 36.1℃,P 123 bpm,R 22 bpm,BP 88/60 mmHg。轮椅推入,神志清。唇发绀,皮肤湿冷。颈软,颈静脉充盈。双肺呼吸音粗,未及干湿啰音。各瓣膜区未闻及明显病理性杂音。腹软,剑突下深压不适。双下肢无水肿。5月4日17:33心电图检查:心室扑动,短期随访。初步诊断:冠状动脉粥样硬化性心脏病,急性心肌梗死,心源性休克可能。诊疗计划:积极完善相关检查,予以吸氧、开放静脉通道、心电监护,电除颤、复律,升压等抢救治疗。风险评估:患者广泛急性前壁心肌梗死(符合急性期),预后极差,随时有心跳骤停可能。

5月4日19:18抢救记录:于14:40刚入病房突然出现意识丧失,立即予以吸氧、开放静脉通道,心电监护,监护示:室速,立即予以双向电除颤1次,监测示窦性心律,频发室早。急诊心肌酶谱示:CPK 870 U/L,CK-MB 10 U/L,CL-LDH 2 150 U/L,MYO 386 ng/mL,TNI >30.0 ng/mL,考虑冠心病、急性广泛前壁心肌梗死。14:45再次出现室速,立即予以电除颤1次,患者意识转清醒。急诊PCI风险极大,与患者家属沟通后家属表示暂不手术，同意溶栓治疗。17:30 患者反复出现室速、室扑，再予电复律 2 次。18:07 患者心跳、呼吸骤停，予以心肺复苏，气管插管、气囊辅助通气。18:20 心电监护示自主心律，仍无自主呼吸。神经内科会诊意见为：患者目前处于脑死亡状态，生命迹象微弱，随时有心跳骤停可能，继续予以抢救治疗。

5 月 4 日 22:11 病程记录：患者自 18:35 至 21:31 始终处于昏迷状态，瞳孔散大，对光反射消失，血压测不出，无自主呼吸，心率测不出，予以球囊辅助呼吸，多次胸外按压后，心率恢复至 60 bpm 左右。于 19:55 应用多巴胺、阿拉明，21:31 应用肾上腺素、多巴胺等，继续予以球囊辅助呼吸。

5 月 4 日 23:48 病程记录：患者 23:00 左右心电监护提示心率测不出，查体提示无自主心跳，无自主呼吸，无脉搏，血压测不出，瞳孔散大，对光反射消失，予以心肺复苏，患者呼吸心跳始终不能恢复，心电监护提示无电活动，于 23:17 宣布临床死亡。死亡原因：冠状动脉粥样硬化性心脏病，急性心肌梗死，呼吸循环衰竭，室性心动过速，心室颤动。

3. 鉴定人阅片所见

2013 年 5 月 1 日某矿职工医院胸部 X 线片 1 张示：两肺未见明显实质性病变，心影不大。

4. 鉴定意见

(1) 某矿职工医院及某内科诊所在对黎某实施的诊疗过程中均存在医疗过错，上述过错与其死亡后果之间存在一定的因果关系(两个医疗单位的过错均属次要因素)。

(2) 某医科大学附属医院在对黎某实施的诊疗过程中无明显医疗过错。

5. 分析讨论

被鉴定人黎某系老年女性，既往有高血压病史。2013 年 5 月 1 日，黎某因“右肋缘下疼痛 2 d 余”至某矿职工医院就诊，诊断为“右下肺炎可能”。次日，至某内科诊所就诊，给予瑞科沙、奥美拉唑及胃复安等药物治疗后效果不佳。2013 年 5 月 4 日下午，黎某因“胸痛 3 h”就诊于某医科大学附属医院，急诊行心电图及心肌酶谱等检查后，明确了“冠状动脉粥样硬化性心脏病，急性心肌梗死”的临床诊断，入院后数小时内黎某持续昏迷，经抢救无效，于当晚死亡。

鉴于黎某死亡后未进行法医病理学尸体检验，其确切的死亡原因尚难以准确认定。仅据现有送鉴材料分析，黎某的死亡原因以“冠状动脉粥样硬化性心脏病、急性心肌梗死并发心室颤动致呼吸、循环功能衰竭”的可能性为大。

黎某就诊于某矿职工医院时主诉为呼吸系统症状，经行胸部摄片及超声检查提示其两肺及肝、胆、胰未见明显异常。就其后病情转归来看，当时临床表现应符合急性心肌梗死。一般来说，发生急性心肌梗死后，各类心肌酶谱指标可在数小时内迅速上升并达到高峰，经过数日后迅速下降。本案黎某就诊时，医方在未检查到异常征象的情况时若能进一步询问病史，并考虑可能产生上述临床表现的其他病因，选择较有针对性的辅助检查，如心电图、CT 扫描、心肌酶谱检查或超声心动图等，有可能早期即明确冠心病及急性心肌梗死的临床诊断，并给予正确的治疗措施。事实上，黎某就诊 3 日后，在外院通过心电图及心肌酶谱检查后即明确临床诊断。据此认为，由于医方缺乏相对有效的辅助检查手段以明确诊断，亦未进行必要的鉴别诊断，使黎某丧失了尽早获得正确诊治的机会，存在过错。

据现有送鉴材料分析，未见黎某既往患胃部疾病的病历记载，本次黎某就诊于某内科诊所时，亦未见医方询问病史、进行体格检查以及完成相关辅助检查等病历记录。因此，医方在缺乏必要的鉴别诊断的情况下，作出“急性胃炎”的临床诊断并给予“瑞科沙、奥美拉唑及胃复安”等药物治疗的依据不足，存在过错。另外，医方亦未及时告知黎某转诊治疗，在一定程度上减少了患者获得诊治及获救的机会，存在过错。

某医科大学附属医院在黎某就诊早期即通过急诊心电图及心肌酶谱等检查明确了冠心病及急性心肌梗死的临床诊断。黎某入院后即出现意识丧失，医方紧急行吸氧、心电监护，电除颤、复律等抢救治疗后，其意识转清醒，但此时已失去实施直接经皮冠状动脉介入术(PCI)的机会，经与其家属沟通后，予行溶栓、电除颤、心肺复苏、气囊辅助通气以及药物等对症治疗。最终因其病情恶化，经抢救无效死亡。医方的上述诊疗行为无明显不当之处。

然而，冠心病患者发生急性心肌梗死后，尤其是广泛急性前壁心肌梗死，最严重且最早出现的并发症通常为心室纤颤，它也是发生猝死的直接原因，冠心病、急性心肌梗死的并发症状具有发病急骤、病情迅猛、不可预测、抢救成功率低等特点。一般临床上，即便得到及时救治，病死率仍极高，死亡率在内科治疗患者中约为 70%。另外，黎某就诊于某矿职工医院及某内科诊所时，主诉症状较少，且多为呼吸、消化系统症状。一般临床上，约 1/3 急性心肌梗死患者在发病初期可表现为消化道症状，因此，给急性心肌梗死的诊断带来相当难度。此外，黎某本次首诊时间距发病已有 2 日余，失去了急诊手术的时机，处于当时情况下亦只能对症处理。

综上所述，某矿职工医院及某内科诊所在对黎某实施的诊疗过程中均存在缺乏有效的辅助检查手段及必要的鉴别诊断，对疾病的复杂性认识不够充分等过错，减少了患者获得诊治及获救的机会，其与黎某死亡后果之间均存在一定的因果关系，上述医疗过错均属次要因素(过错参与程度各拟为 20%左右)。某医科大学附属医院在对黎某实施的诊疗过程中无明显医疗过错。

三、冠心病误(漏)诊致死亡或残疾(2)

1. 案情摘要

俞某，男性，1961 年 8 月 16 日出生，2009 年 3 月 14 日死亡。2009 年 3 月 12 日，俞某因“胸痛 2 h，伴大汗，服硝酸甘油仍不能缓解”至某大学附属医院就诊，诊断为“胸痛原因？急性心梗，心功能Ⅲ级，主动脉夹层不除外”，经冠状动脉造影检查示“3 支病变”，无行直接经皮冠状动脉介入术(PCI)及冠状动脉旁路移植术(CABG)指征，予药物等治疗后，于 2009 年 3 月 14 日出现心源性休克，经抢救无效死亡。俞某家属认为某大学附属医院在对俞某的诊疗过程中存在过错，诉至人民法院要求赔偿。

2. 病史摘要

(1) 2009 年 3 月 12 日某急救中心院前急救病史

出车时间：2009 年 3 月 12 日 17:40，到达时间：2009 年 3 月 12 日 17:43。代主诉病史：心前区疼痛伴全身大汗 1 小时，自服硝酸异山梨酯 1 片不缓解。既往有冠心病 10 余年。检查：病情危重。P 68 bpm，R 20 bpm。神志清，头面大汗淋漓，面色苍白，瞳孔等大等圆，心音低。初步诊断：冠心病，心肌梗死？急救处理：硝酸甘油 0.5 mg 含化，吸氧，送医院。送往医院：某大学附属医院，到达时间：17:58。

(2) 2009 年 3 月 12 日某大学附属医院急诊病史

入院时间：18:05。主诉：胸痛 2 小时，伴大汗，服硝酸甘油后不能缓解。有高血压、心脏病史，否认糖尿病史及药物过敏史。查体：HR 94 bpm，R 14 bpm，BP 145/85(mmHg)(左)，BP 155/95(mmHg)(右)。双肺呼吸音粗，未闻及干湿啰音。双下肢不肿。诊断：胸痛原因？急性心肌梗死，心功能Ⅲ级，主动脉夹层不除外。处理：留院观察，吸氧，18 导联心电图，吗啡，绝对卧床，告病危，告知有休克、死亡的可能，查心肌酶谱。

18:30，处理：低分子肝素，拜阿司匹林等药物治疗。肌酸肌酶同工酶(MASS) 1.2 ng/mL。

19:15，主诉：再次胸痛。查体：BP 140/70 mmHg。双肺呼吸音粗，未闻及干湿啰音，HR 100 bpm。处理：吗啡。

19:40，主诉：仍胸痛。心脏彩超示：心肌梗死后，左室壁节段性运动异常，二尖瓣反流(轻～中度)，三尖瓣反流(轻～中度)，左室收缩功能减低，左室、右房扩大。

20:00，肌酸激酶 108.00 U/L，肌酸激酶同工酶 13.00 U/L。

21:55，心脏彩超检查未发现主动脉夹层征象，患者自述胸痛较前明显减轻，自述与呼吸活动有关。HR 105 bpm。

22:25，患者行心电图示 V_1～V_3 导联 ST 段抬高，为急性前壁心梗。告知患者家属，有 3T 再灌注治疗的指征，但患者需 6 h 内行溶栓治疗，患者现发病已达 6 h，12 h 内可行介入治疗，家属商议后决定。

23:45，仍持续性胸痛。查体：双肺呼吸音粗，未闻及干湿啰音，HR92 bpm，律齐，无杂音。心电图示：V_1～V_4 导联 ST－T 动态变化明显，aVR 示 ST 段抬高。Ⅱ、Ⅲ、aVF、V_7～V_9 ST 段压低。肌酸激酶 238.00 U/L(↑)，肌酸激酶同工酶 31 U/L(↑)。诊断：冠心病，急性冠脉综合征，急性心肌梗死？(前间壁)，Killip Ⅰ级。处理：告病危，从心电图判定患者可能为双支或三支病变，患者随时有猝死(死亡)风险，已向家属讲明。患者有直接 PCI 指征，术中风险较大，已向家属讲明，并在协议书上签字。

(3) 2009 年 3 月 13 日至 3 月 14 日某大学附属医院住院病史

既往冠心病史 10 余年，未规律治疗，吸烟史数十年，每日 20 支左右。主诉：胸痛 11 h。现病史：患者于 11 小时前无明显诱因出现胸痛，性质剧烈，伴大汗，含服硝酸甘油不能缓解。急诊行 CAG 检查示 3 支病变，R－LAD 100%，LCX 100%，RCA 100%，钝缘支开口 60%狭窄。查体：T 36.3℃，P 107 bpm，R 20 bpm，BP 156/106 mmHg。神志清，痛苦貌。心音低钝，律齐，各瓣膜听诊区未闻及病理性杂音。辅助检查：3 月 12 日 18:33 心电图示Ⅱ、Ⅲ、aVF、V_7～V_9 导联 ST 段压低，aVR、aVL 导联 ST 段抬高，V_1～V_4 导联 T 波高尖，V_5～V_6 导联 ST 段压低；3 月 12 日 19:23 心电图示Ⅱ、Ⅲ、aVF、V_7～V_9 ST 段压低，V_2 导联出现病理性 Q 波；3 月 12 日 22:05 心电图示 V_2～V_3 导联均有病理性 Q 波；3 月 13 日 1:26 心电图示 V_1～V_4 导联均有病理性 Q 波。初步诊断：冠心病，急性心肌梗死(广泛前壁?)，心功能Ⅰ级(Killip 分级)，急诊 CAG 术后(3 支病变)。诊疗计划：急查心肌酶谱、肾功能、血糖、电解质；给予硝酸异山梨酯持续泵入，波立维、拜阿司匹林抗凝治疗，调脂、降压治疗；急请心内科、心外科会诊；对症处理，必要时给予吗啡止痛治疗，密切观察病情变化。

3月13日1:00 CAG手术记录：3月12日23:55行CAG手术。右侧股动脉穿刺成功，JR4造影示RCA根部100%闭塞，TIMI血流0级；JL4造影示：LM未见狭窄，LAD近端100%闭塞，TIMI血流0级；LCX中段100%闭塞，可见交通支远端，钝缘支开口60%狭窄。患者病情危重，无直接PCI指征，停止手术。告知患者家属病情危重，随时有猝死、心源性休克风险，请心外科急会诊能否行CABG。

3月13日3:00，患者仍有胸痛发作，请心内、外科会诊均无手术指征，目前药物保守治疗。通知家属，告知病情危急，随时有猝死、心跳呼吸骤停、血压下降、休克及心力衰竭等危及生命的情况发生，再次告知家属病情危重，签字为证。

3月13日8:40，根据患者目前病情，建议患者家属到青岛阜外心血管病医院请专家会诊，明确能否行CABG，患者家属表示协商后再行决定，签字为证。

3月13日10:30，心电图示 $V_1 \sim V_4$ 导联ST-T有动态演变，ST段抬高一直小于0.2 mV，无静脉溶栓指征，aVL导联ST段抬高小于0.1 mV，连续3次CK-MB检查未达到正常值上限的2倍以上。目前无直接PCI指征，心外科会诊认为不具备急诊冠脉搭桥条件，建议内科保守治疗。

3月13日11:00，若能稳定一个礼拜，患者可考虑行CAG+PCI治疗或CABG，但仍存在一定风险。

3月14日2:00，患者于1:00因右下肢制动，感腰痛，伴心前区痛，给予强痛定、含化硝酸甘油……(记录不全)。

3月14日2:15至3:00护理记录：患者意识丧失，血压仍测不到，血氧饱和度测不到，呼吸微弱，予胸外心脏按压，患者呼吸停止，予体外起搏1次，起搏心率为70 bpm，予气管插管，呼吸囊辅助呼吸，至3:00患者死亡，心电图示一直线。

3. 既往鉴定情况

(1) 2009年9月8日某市医学会医疗事故技术鉴定

分析意见：① 心肌梗死诊断不及时，抢救治疗措施未及时跟上；② 患者病情危重，左冠状动脉根部100%闭塞，TIMI血流0级，左前降支近端100%闭塞，TIMI血流0级，左回旋支中段100%闭塞，死亡率极高。

鉴定结论：本病例属于一级甲等医疗事故，医方承担次要责任。

(2) 2009年12月4日某省医学会医疗事故技术鉴定

分析意见：患者入院时心电图改变欠典型，诊断急性心肌梗死较为困难，无静脉溶栓治疗指征，医方给予复查心电图、保守治疗符合诊疗常规。医方在对患者的诊疗过程中存在以下不足：① 医方未能根据心电图的动态变化，及时明确急性心肌梗死诊断；② 冠脉造影结束后，医方未能明确罪犯血管，对治疗措施与患方沟通不到位；③ 患者系心脏3支血管严重病变，死亡率极高，患者死亡系其自身疾病病情严重所致。

鉴定结论：本病例不属于医疗事故。

4. 鉴定意见

某大学附属医院在对俞某实施的诊疗过程中存在医疗过错(不足)，该过错(不足)与其死亡后果之间存在一定的因果关系(系轻微因素,过错参与程度拟为5%～10%)。

5. 分析讨论

被鉴定人俞某,中年男性,既往患冠心病10余年,并有长期吸烟史。2009年3月12日18:05,因“胸痛2 h,伴大汗,服硝酸甘油后不能缓解”至某大学附属医院就诊,门诊诊断为“胸痛原因? 急性心肌梗死,心功能Ⅲ级,主动脉夹层不除外”,给予吸氧、药物、18导联心电图及心肌酶谱检查等处理,并告病危。入院后半小时心电图检查示Ⅱ、Ⅲ、aVF,V_7～V_9导联ST段压低,aVR、aVL导联ST段抬高,V_1～V_4导联T波高尖,V_5～V_6导联ST段压低;约1 h后V_2导联出现病理性Q波;入院2小时内多次心肌酶谱检查未见异常;约4 h后V_2～V_3导联均出现病理性Q波,心肌酶谱指标升高,并经心脏彩超检查排除主动脉夹层病变,从而明确“急性前壁心肌梗死”的临床诊断,于入院近6 h后行冠状动脉造影术,术中见冠状动脉3支完全阻塞,经心内、外科会诊后,医方认为俞某已无条件实施直接经皮冠状动脉介入术及冠状动脉旁路移植术,并告知家属随时有猝死、心跳呼吸骤停及休克致死的可能性,继续给予药物对症等治疗。3月14日凌晨,俞某出现心源性休克表现,经医方积极抢救无效死亡。

鉴于俞某死亡后未进行法医病理学尸体检验,其确切的死亡原因尚难以准确认定。仅据现有送鉴材料分析,俞某的死因可符合冠状动脉粥样硬化性心脏病及急性心肌梗死致急性心功能衰竭。

俞某入院时主要表现为胸痛、发汗、心率加快、血压升高,经口服硝酸甘油后症状无明显缓解等,入院2小时内多次心肌酶谱检查结果均在正常参考值范围内,入院后约4小时内多次心电图检查结果并不完全支持心肌梗死表现,后经心脏彩超检查排除主动脉夹层病变。根据本例入院时临床症状、体征,结合多次辅助检查结果的不典型性,要求医方在第一时间作出正确的临床诊断有一定难度。因此认为,医方在首诊作出“急性心梗,心功能Ⅲ级,主动脉夹层不除外”等临床诊断符合当时实际情况。另外,医方在俞某入院初期即采用抗凝治疗、动态观察心电图表现、积极完善心肌酶谱检查并采用扩张冠状动脉等治疗亦符合临床诊疗常规。

据现有送鉴材料分析,我们认为,某大学附属医院在对俞某实施的诊疗过程中存在以下过错(不足):① 急性心肌梗死的治疗原则是尽快恢复心肌的血液灌注以挽救濒死的心肌、防止梗死扩大或缩小心肌缺血范围,保护和维持心脏功能,防止猝死。因此,对于急性心肌梗死的治疗应是争分夺秒。医方明确急性心肌梗死的临床诊断已为入院后约3个半小时,此时,应立即行冠状动脉造影术以尽早明确冠状动脉及其分支病变的部位及范围,以便采取相对有效的治疗措施。本例中,医方在明确诊断一个半小时后才实施冠状动脉造影术,术中已显示冠状动脉3支完全阻塞,失去了实施PCI及CABG的机会。由此可见,医方实施的冠状动脉造影术明确冠状动脉分支病变的时间有延迟。② 在没有机会或条件实施PCI及CABG的情况下,从挽救患者生命的角度考虑,临床上还可以尝试选用一些对于严重的、难治的以及其他方法无效的急性心肌梗死的治疗方案,如主动脉内球囊反搏术等。而据现有送鉴材料分析,本例在无法实施急诊手术搭桥的情况下,未见医方向患者及其家属进一步说明可能存在其他治疗方案的病历记载,说明医方对于本病例治疗方案的选择方面存在一定的局限性。

然而，ST段抬高型心肌梗死是心源性猝死最常见的原因。冠状动脉左主干或前降支近端阻塞造成的前壁心肌梗死是心源性猝死的常见病因，约占80%，尤其对于冠状动脉多支完全阻塞的患者而言，心源性猝死的发生具有发病急骤、病情迅猛、不可预测、抢救成功率低等特点。一般来说，长期患有严重冠心病的人，当发生急性心肌梗死后，其最严重且最早出现的并发症为心室纤颤，它是发生猝死的直接原因，即便得到及时救治，病死率仍高达70%～90%。

综上所述，俞某自身所患冠状动脉粥样硬化性心脏病及急性心肌梗死等疾病应系其死亡的根本原因。某大学附属医院在对俞某实施的诊疗过程中存在临床辅助检查延迟以及治疗方案选择不够全面等不足，在一定程度上减少了患者获得生存的机会，与俞某死亡之间亦存在一定的因果关系，系轻微因素(过错参与程度拟为5%～10%)。

四、冠心病误(漏)诊致死亡或残疾(3)

1. 案情摘要

符某，女性，1954年12月25日出生，2011年1月4日死亡。2010年11月18日，符某因患“冠心病，高血压病3级，2型糖尿病，乙型肝炎”至某县中医院就诊，予行扩冠、改善微循环等治疗后症状改善，于2010年12月14日出院。2011年1月4日，符某就诊于某村卫生室(未见病历记载)，诊断为“胃炎”，予庆大霉素、西咪替丁及奥美拉唑等药物静脉滴注1 h余后死亡。符某家属认为某村卫生室在对符某的诊疗过程中存在过错，诉至当地人民法院，经一审判决某村卫生室承担60%的赔偿责任，卫生室不服提起上诉，二审法院遂委托进行法医学鉴定。

2. 病史摘要

(1) 2010年11月18日至12月14日某县中医院住院病史

入院主诉：反复胸闷、胸痛3月余，再发半小时。现病史：患者于3月余前无明显诱因出现胸闷、胸痛，呈针刺样疼痛，病后曾多次在我院拟“冠心病”住院治疗，好转出院。半小时前上述症状再发，伴有气短，冒冷汗。无头晕、头痛，无咳嗽、咳痰。既往史：因冠心病、高血压病、2型糖尿病、乙型肝炎多次在我院住院治疗，好转出院。否认药物及食物过敏史。查体：T 36.6℃，P 110 bpm，R 24 bpm，BP 200/100 mmHg。神志清，精神疲倦，自动体位，查体合作。胸廓对称，HR 110 bpm，律齐，各瓣膜听诊区未闻及病理性杂音。心电图示：窦性心动过速，aVR、V_1呈QS型，注意陈旧性心肌梗死可能性，ST改变。入院诊断：冠心病，高血压病3级，2型糖尿病，乙型肝炎。诊疗计划：扩张冠状动脉、改善微循环、降血压等对症治疗。

治疗经过：12月12日，患者未诉特殊不适，饮食、睡眠可，大小便正常。查体：BP160/100 mmHg，心肺腹查体可。复查心电图示：伴随ST变化的左室肥大。治疗上继续予降血压、改善循环、扩张冠状动脉及抗凝等处理。12月14日，一般生命体征平稳，症状改善，办理出院。

(2) 2011年1月4日某省医疗普通处方笺(自某村卫生室)

临床诊断：胃炎。药物治疗：① 5%葡萄糖注射液250 mL，庆大霉素80万IU，西咪替丁2 mg；② 5%葡萄糖注射液250 mL，奥美拉唑2 mg；③ 大黄苏打12#，西咪替丁6#口服。

(3) 2011年1月4日某急救中心出诊登记本

接电话时间：10:25，到达时间：11:00。患者基本情况：符某，女，55岁。初步诊断：猝死。详细地址：某村小学对面诊所。治疗经过：死亡。

3. 一审法院裁判情况

2012年3月26日，某县人民法院民事判决书摘录：

根据原、被告的辩诉及上述证据，本院可以确定案件的事实如下：2011年1月4日上午8点半左右，患者符某因病到被告某乡村医生经营的某村卫生室就诊，患者符某经被告诊断为"胃炎"，被告给患者开了两瓶药水为患者进行静脉输液，滴完第1瓶后，第2瓶药水滴至1/3时，患者感到不适，被告采取了一些急救措施，并叫陪同患者前来的家属通知县120急救中心前来急救，符某抢救无效，于1月4日9点50分死亡……本院认为，被告某乡村医生应承担损失的60%赔偿责任。

4. 鉴定意见

某村卫生室在对被鉴定人符某实施的诊疗过程中存在医疗过错，该过错与其死亡后果之间存在一定的因果关系(过错系损害后果的轻微因素)。

5. 分析讨论

据送鉴材料记载：被鉴定人符某于2010年11月18日因"反复胸闷、胸痛3月余，再发半小时"入住某县中医院，诊断为"冠心病，高血压病3级，2型糖尿病，乙型肝炎"，予扩张冠状动脉、改善微循环等治疗后症状改善，于2010年12月14日出院。2011年1月4日8:30左右，符某就诊于某村卫生室(未见病历记载)，诊断为"胃炎"，予庆大霉素、西咪替丁及奥美拉唑等药物静脉滴注，当第2瓶药水滴至1/3时，患者感到不适，经医师予紧急抢救后，于1月4日9:50死亡。

鉴于符某死亡后未进行法医病理学尸体检验，其确切的死亡原因尚难以准确认定。仅据现有送鉴材料分析，符某的死亡原因以"冠心病合并心源性猝死"的可能性为大。理由如下：① 符某既往患冠心病及高血压病3级，加之其合并糖尿病等疾病，在临床上属"很高危组"，存在引起心源性猝死的疾病基础；② 一般临床上常见、高发猝死病例中心源性猝死的病例约占95%，通常在急性症状出现后1 h内死亡，从符某发病至死亡所经历的时间分析，本例较符合心源性猝死；③ 据送鉴病历记载，本例否认药物及食物过敏史，即没有证据证明系由于庆大霉素、西咪替丁及奥美拉唑等药物引起的过敏性休克致死。

据现有送鉴材料分析，未见符某既往患胃部疾病的病历记载，本次符某就诊于某村卫生室时，亦未见医方询问病史、进行体格检查以及完成相关辅助检查等病历记录。因此，医方作出"胃炎"的临床诊断并给予"庆大霉素、西咪替丁，奥美拉唑"等药物治疗的依据不足，存在过错。另外，医方对符某"冠心病、陈旧性心梗可能，高血压病3级"的既往病史未予以高度重视，未及时告知患者转诊治疗，在一定程度上减少了患者获得救治及生存的机会，存在过错。

心源性猝死是各种心脏疾患引起的出乎意料的死亡，临床上以心脏泵血功能障碍致急性组织灌注量不足为主要特征，冠状动脉左主干或前降支近端阻塞造成的前壁心肌梗死是心源性猝死的常见病因，约占80%，约有1/3冠心病患者首次发作即表现为猝死。心源性猝死具有发病急骤、病情迅猛、不可预测、抢救成功率低等特点。一般来说，患有严重冠心病的人，当发生急性心肌梗死后，其最严重且最早出现的并发症常为心室纤颤，是发生猝死的直接原因，即便得到及时救治，病死率仍极高，死亡率在内科治疗患者中为70%。

综上所述，符某自身所患“冠心病及高血压病3级”等疾病应系心源性猝死的根本原因。某村卫生室在诊疗过程中存在对符某既往病史未予以高度重视、未及时告知患者转诊治疗，在一定程度上减少了符某获得救治及生存机会等过错，与符某死亡之间亦存在一定的因果关系，系轻微因素(过错参与程度拟为5%～15%)。

【案例二～四评析】

以上3例均是同一类疾病在紧急救治过程后产生的纠纷，患者最终后果不尽相同，但鉴定原则与方法基本相近。

对于冠心病急性发作，临床上业已有相应的抢救规范，大量文献及经验交流也都强调了医务人员在此紧急情况下应当提起的高度注意，这些都是衡量医务人员医疗行为有无过错的“注意标准”。总结起来，此类案件的鉴定无非关注以下要点：① 医务人员在诊断方面是否尽到了注意义务，如是否关注既往病史，是否详细询问本次发病的病情特点，是否及时采取了必要的诊断措施(如心电图、心肌酶谱检测等)；② 医务人员在治疗上是否尽到了注意义务，是否及时采取了正确、(可能)有效的治疗处置(如溶栓治疗、介入治疗等)。在判断是否存在过错时，我们关注的是医务人员有无违反“注意标准”，在判断过错与损害后果之间是否存在因果关系及其过错对损害后果的参与程度时，我们关注过错的严重程度及其不发生过错行为时损害后果避免的机会(或称“概率”)。

五、突发心跳呼吸骤停后死亡

1. 案情摘要

彭某，女性，1953年7月19日出生。2012年7月9日，彭某因“肠梗阻”入住某市第四人民医院，在插胃管行胃肠减压过程中，彭某突发心跳呼吸骤停，经心肺复苏后心跳恢复，但呼吸未恢复，予行气管插管，后出现缺血缺氧性脑病并最终死亡。彭某的家属认为某市第四人民医院、某市人民医院在诊疗过程中存在过错，遂诉至当地人民法院要求赔偿。为正确审理此案，某市人民法院委托司法鉴定中心就某市第四人民医院、某市人民医院在对彭某的诊疗过程中是否存在医疗过错；如存在过错，其与彭某的损害后果之间是否存在因果关系及其过错参与程度等事项进行法医学鉴定。

2. 病史摘要

(1) 2012年7月9日至7月10日某市第四人民医院住院病史

入院情况：胸闷、憋气、全身乏力2日，伴腹胀、未解大便。查体：T35.5℃，R18 bpm，P80 bpm，BP110/80 mmHg；神志清，腹平坦，中上腹触痛，未及反跳痛；肝、脾肋下未及，全腹压痛明显，反跳痛存在，未触及明显包块，腹部叩诊呈鼓音，腹水征阴性，肠鸣音正常；肛门外生殖器未查。辅助检查：头颅CT平扫无异常。上腹部彩超：脂肪肝。EKG示：Ⅲ、aVF导联T波低平、倒置。诊断：冠心病，心肌供血不足；慢性胃炎；幽门梗阻(可能)。

7月9日17:00会诊记录：目前患者仍腹胀，并呕吐隔夜食物1次，请外科医师会诊。胸腹透：胃泡影增大，并见较大气液平面，中下腹肠管胀气，并见小液平面，肠梗阻。外科情况：腹部膨隆，脐周压痛，上腹叩诊鼓音，肠鸣音未闻及。初步诊断：肠梗阻。

诊疗经过：2012 年 7 月 9 日 18:30 转入外科，给予抗炎、灌肠等治疗后，仍不见好转，于 7 月 10 日 8:40 行胃肠减压。插胃管时患者突然心跳、呼吸骤停，立即给予吸氧、胸外按压、气管插管，呼吸循环三联等抢救，9:00 自主心跳恢复，仍无自主呼吸，瞳孔无回缩，神志不清，急转某市人民医院。

护理记录：7 月 10 日 8:40，患者一般情况差，给予置胃管，突然喘憋加重，面色青紫，立即给予吸氧 3 L/min。8:45 患者突然心跳呼吸骤停，立即给予胸外心脏按压，静注呼吸二联、循环三联。8:47，心电图示 HR36 bpm，给予阿托品 1 mg 肌注。9:00，BP90/45 mmHg，心跳恢复，仍无自主呼吸，给予气管插管、人工呼吸，患者面色及口唇颜色转正常。9:38，BP90/50 mmHg，患者面色口唇红润，HR140 bpm，偶有自主呼吸，双侧瞳孔等大等圆，直径约 3 mm，对光反射迟钝，转上级医院治疗。

(2) 2012 年 7 月 10 日至 7 月 18 日某市人民医院住院病史

入院情况：T 36℃，R 0 bpm，P 108 bpm，BP 95/60 mmHg。神志不清，双侧瞳孔直径左∶右=5∶5 mm，对光反应消失；四肢无自主活动，刺激后无反应。

住院情况：入院后完善辅助检查，胸部摄片示心影大致正常，两肺纹理增粗。予呼吸机辅助呼吸，脱水降颅压，清除氧自由基，脑保护等对症处理，因病情重，家属放弃治疗，7 月 18 日自动出院。

出院诊断：心肺复苏术后，缺氧性脑病。

3. 鉴定意见

(1) 某市第四人民医院在对被鉴定人彭某的诊疗过程中存在过错，该过错与彭某缺氧性脑病之间存在因果关系(医疗过错为主要因素)。

(2) 未发现某市人民医院在对被鉴定人彭某的诊疗过程中存在明显过错。

4. 分析讨论

彭某因“胸闷、憋气，全身乏力 2 d，伴腹胀、未解大便”入住某市第四人民医院。入院后经胸腹透示胃泡影增大，并见较大气液平面，中下腹肠管胀气，并见小液平面，经外科会诊认为可能存在肠梗阻，转入外科治疗。入院次日早晨 8:40 拟行胃肠减压，置入鼻胃管时彭某突然喘憋加重，面色青紫，经给氧后不缓解。8:45 时突然心跳呼吸骤停，立即予行胸外心脏按压，静注呼吸二联、循环三联。8:47 时急查心电图示 HR36 bpm，给予阿托品 1 mg 肌注。9:00，测血压为 90/45 mmHg，心跳恢复，仍无自主呼吸，给予气管插管、人工辅助呼吸，后发绀表现有所好转。转入某市人民医院后维持呼吸机辅助呼吸，并行对症处理，未见根本好转，最终死亡。

由于未见提供腹部 X 线片及 CT 片等医学影像资料，仅根据某市第四人民医院的病史记录(包括胸腹透视检查记录)，医方作出的肠梗阻诊断基本可以成立。针对肠梗阻，医方考虑实施持续胃肠减压符合诊疗规范和当时实际情况。根据院方心电图检查结果，彭某存在冠心病、心肌供血不足等病症，但其存在严重心功能不全的依据尚不足，医方予行留置鼻胃管并持续胃肠减压不具有禁忌证。

分析彭某于插入鼻胃管过程中出现心跳呼吸骤停的原因可能为：① 由于患者紧张诱发心脏病变恶化(如出现急性心肌梗死、室性心律失常等)；② 鼻胃管刺激喉头部位时间过长，可导致喉痉挛，或者鼻胃管误入呼吸道导致窒息；③ 鼻胃管骤然插入可引起强烈刺激，引发迷走反射，使心跳呼吸中枢反射性抑制，导致呼吸心搏骤停。限于现有材料，我们分析在上述3种原因中，以第3种的可能性较大。

出现心跳呼吸骤停后的急救至关重要，可直接关乎预后。临床医师应遵循急救原则，首先建立呼吸通道，可选择口对口人工呼吸或者应用特制呼吸器，并行心脏按压等形式维持心泵功能，建立暂时人工循环并诱发心脏恢复自主搏动，保证重要脏器（如脑等）有效循环血供，其后则应积极采取脑复苏。心肺复苏的首要关键在于争取时间，必须避免脑组织长时间缺血缺氧（脑细胞经受4～6分钟的完全缺血缺氧，即可引起不可逆性损伤），否则必然造成难以逆转的脑损害。总结心跳呼吸骤停后初期复苏的关键步骤可归纳为“ABC原则”（A. 保持呼吸道通畅，B. 进行人工呼吸，C. 建立人工循环），是初期复苏时的主要措施。

就本案而言，彭某出现心跳呼吸骤停后，某市第四人民医院在急救过程中，未能及时建立有效的呼吸通道（持续时间超过15～20分钟），使大脑长时间缺血缺氧，违反了前述急救原则，丧失了最佳抢救时机，是造成彭某缺血缺氧性脑病乃至呼吸功能不能有效恢复的根本原因。故认为，某市第四人民医院存在过错，该过错与缺氧性脑病之间存在因果关系。当然，插鼻胃管为临床常规操作，创伤微小或无创伤，并发症发生率低下，类似本案的情况事前一般较难预见；且彭某原有心脏病变，又患有肠梗阻，均为插管时发生心跳呼吸骤停的不利因素，且增加了抢救的难度。

彭某转入某市人民医院后，院方给予完善检查及呼吸机辅助呼吸，脱水降颅压、清除氧自由基、脑保护等对症处理，符合当时实际情况。因彭某病情确实危重，加之其“家属放弃”、“自动出院”，最终未能避免死亡的后果。

综上所述，某市第四人民医院在对彭某的诊疗过程中存在医疗过错，该过错与其缺氧性脑病之间存在因果关系（过错参与程度拟为60%～80%）；某市人民医院在对彭某的诊疗过程中无明显过错，医疗行为与其最终死亡后果之间不存在关联性。

5. 法庭质证

本案鉴定意见书发出以后，被告一即某市第四人民医院对鉴定意见提出异议，要求司法鉴定人出庭质证。现将司法鉴定人出庭质证情况实录如下。

医方代表问（以下简称“问”）：鉴定意见书中分析，患者于插胃管过程中出现呼吸心搏骤停的原因可能有3种，为何排除了前两种，而认定是第3种的可能性大？

司法鉴定人答（以下简称“答”）：鉴定意见书中所分析的第1种可能性即“由于紧张诱发心脏病变恶化（如出现急性心肌梗死、室性心律失常等）”，其成立的可能性不大。理由包括：① 彭某入院早期曾行心电图检查，虽提示有心脏病变可能，但没有发现急性发作的证据；② 心肺复苏后心跳恢复，未见严重心脏病变的证据；③ 转医后曾行胸部摄片检查，提示心影大致正常。第2种可能性即“鼻胃管刺激喉头部位时间过长，导致喉痉挛，或者鼻胃管误入呼吸道导致窒息”，因从发病时间间隔来看，在插管时即刻发生，但病程录中未见鼻胃管误插的记载，故成立的可能性同样不大。第3种可能性即“鼻胃管骤然插入引起强烈刺激，引发迷走神经反射，致使呼吸心跳抑制”，较符合本案病程变化的特点。作为民事诉讼的证据，遵循优势证据原则，故鉴定人认定以第3种可能性成立的可能性较大。

问：该鉴定意见书中强调心跳呼吸骤停后初期复苏的关键步骤为“ABC”原则，而《2010国际心肺复苏及心血管急救指南与治疗建议》中，将初期复苏原则更改为“CAB”原则。因此该鉴定意见书的鉴定依据是落后的，当然结论也是错误的？

答：司法鉴定人鉴定的依据遵循国家标准、行业标准，在没有国家标准与行业标准的情况下，可参考国际标准、专家共识，甚至企业标准。本案鉴定的依据源自人民军医出版社于2011年初出版的由中华医学会主编的《临床诊疗技术规范・急救医学分册》，该书可以视为行业标准，明确规定了心跳呼吸骤停后初期复苏的急救原则为“ABC”。事实上，无论是“ABC”还是“CAB”，都要兼顾保持呼吸道有效通气、人工呼吸、胸外心脏按压。因此，本案的关键并不在于“ABC”的顺序，而是在于医方在抢救初期大约15～20 min时间内始终未能保持呼吸道的有效通气，以至于后期虽挽回心跳，但脑组织缺血缺氧时间过久而不能逆转。鉴定人认定医方存在过错，其实正缘于此。

问：2009年有统计表明，我国院内心肺复苏的成功率仅为12%～34%，这足以证明心肺复苏的难度很大，并非每一例心跳呼吸骤停均能复苏成功。因此，即使认定医方存在过错，充其量也仅能认定医疗过错的参与程度为轻微或者次要。而本案鉴定人将医方过错的参与程度评定为60%～80%，实属过高？

答：流行病学的死亡率、生存率是鉴定的重要依据，但并非唯一依据。若医方在抢救过程中能够遵循医疗原则，并不存在过错，则即使成功率再高，也不能认定医方的医疗行为与不良后果之间存在因果关系。然而本案中可以假设，如果没有上述医疗过错的发生，所有的抢救措施均能及时到位，则缺血缺氧性脑病是有可能得以避免的；又如果发生了类似的医疗过错，则通常情况下是足以导致心跳呼吸骤停患者发生类似的严重后果。因此可以认为，过错行为是损害后果的充分必要条件，因果关系明确，当然应当判定为根本因素和主要因素。

问：鉴定意见书中只分析了医方的医疗行为与彭某缺血缺氧性脑病的发生之间存在因果关系，但本例彭某最终死亡，而鉴定人并未对医疗行为与死亡之间的因果关系进行分析？

答：彭某系在转医后发生死亡，期间存在“家属放弃治疗”的情节，加之死亡后未行尸体解剖等因素，所以我们无法对医疗行为与死亡的因果关系进行分析。

6. 评析

本案的核心问题是参与抢救的医师在抢救初期未能充分注意到保持呼吸道有效通气的重要性。虽然胸外心脏按压可压陷胸廓，引起被动的胸廓扩张-收缩活动，有助于肺泡气体交换，但若未能保持呼吸道通畅及实施人工呼吸，外源性气体根本无法大量进入肺泡，必然难以达到足以维持脑组织正常生理状态的血氧浓度，对缺氧特别不能耐受的脑组织当然难以避免不可逆损害的不良后果。而这种注意恰恰是一般临床医师均应达到的，当然，急诊科医师可能更容易遇到类似情况，所以应当更为关注。

本案值得我们特别关注的还有以下几点：① 司法鉴定人应当避免将一些文献资料统计的流行病学数据（如发病率、生存率、死亡率等）直接作为鉴定依据，使鉴定过程变成简单的数据堆砌，而是应当合理地应用逻辑思维方法，对因与果进行辩证思维，分析原因力的大小；② 对发生不良后果的原因要尽可能进行全面分析，但全面分析不等于随意猜测，法医鉴定的目的是要证明存在“必然性”，在难以证明存在“必然性”的前提下，退而求其次追求证明“符合性”；③ 要合理运用标准，尤其是在医学上，经常会有不同的诊断标准、治疗标准，不同标准之间难免以后冲突，作为学术探讨或许可以视为“百花齐放”，但涉及法律诉讼，则应当严格遵循标准的等第，不得随意。

六、视网膜静脉阻塞激光光凝术后视力障碍

1. 案情摘要

裘某，男性，70 岁。自述因左眼视网膜静脉阻塞、玻璃体积血于 2007 年 5 月在某眼科医院手术治疗。术后头痛、头晕、恶心呕吐，该院医师以感冒治疗，后来才发现眼压高而降眼压，但造成了左眼瞳孔散大不回缩，视力下降，头晕目眩等症状，严重影响了正常生活，因此起诉到法院，要求某眼科医院依法赔偿其损失。

2. 病史摘要

(1) 某眼科医院 2007 年 5 月 3 日第 1 次住院病历

以“左眼突然视物不清 5 d”为主诉入院。既往史无特殊记载。查体：右眼无异常。OS 视力：指数/5 cm。OS 眼压：13 mmHg。左眼玻璃体大量积血，眼底窥不清，视盘隐约可见，色可，黄斑中心凹光反射(-)，鼻上方网膜周边部可见出血后机化闭塞血管端。初步诊断：左眼玻璃体积血。

5 月 7 日行左眼玻璃体切除＋眼内激光光凝＋C3F8 充填术。光凝激光点数 686，能量 1.4 W。图形标注了静脉分支阻塞、网膜牵拉裂孔、玻璃体积血、机化以及光凝的部位。术后诊断：左眼分支静脉阻塞，玻璃体积血。术后眼压 20 mmHg。术毕左眼结膜囊涂 3%阿托品眼膏。

长期医嘱：5 月 6 日 18:00，阿托品眼膏，点左眼 1 次/日，无停止时间。5 月 10 日 8:00，感冒通胶囊，1 片，3 次/日；噻吗心安眼水，左眼，2 次/日；乙酰唑胺片，1 片，2 次/日。临时医嘱：5 月 10 日 22:00，乙酰唑胺 250 mg 立即口服，噻吗心安眼水点左眼 1 次 1 滴。5 月 11 日 11:00，爱茂尔注射液 2 ml，肌注，即刻。

(2) 某眼科医院 2007 年 9 月 4 日第 2 次住院病历

以“左眼玻璃体切割术后视物不清 4 个月”为主诉入院。右眼未见异常。视力：OS 裸眼视力 0.08，矫正视力 0.3。左眼瞳孔直径 6.5 mm，对光反射减弱，鼻侧部分散瞳后可见虹膜后粘连，晶状体灰白色混浊，核Ⅲ级，玻璃体无混浊，眼底网膜周边可见激光斑，黄斑中心凹光反射(-)。B 超：左眼玻璃体轻度混浊，右眼玻璃体中度混浊。初步诊断：左眼屈光不正；左眼虹膜后粘连。

长期医嘱：9 月 6 日 9:00，乙酰唑胺片 0.25 g，2 次/日，口服。临时医嘱：9 月 10 日，今日治愈出院。

2007 年 9 月 10 日痊愈出院。出院时 OS 视力 0.5，小孔 0.6。左眼球结膜轻度充血，切口对位良好，角膜透明，房闪(-)，瞳孔直径 6.5 mm，对光反射消失，人工晶体位置正常，眼压 34.0 mmHg。

(3) 某眼科医院门诊病历

2008 年 1 月 4 日，以“术后因瞳孔散大，头晕目眩，视力减退”就诊。查体：左瞳孔散

大，d=8 mm，对光反射消失，IOL 位置正，但襻尖部外露。视盘边清色淡，鼻上静脉扩张，迂曲，激光斑不良。诊断：双动脉硬化眼底病变，分支静脉阻塞玻璃体切除、光凝术后，IOL 外露，视神经萎缩。

2008 年 1 月 29 日、2 月 2 日眼底造影及数字图像 3 张示：双眼网膜动脉硬化，左眼网膜光凝术后，左眼视神经萎缩，左眼底鼻上周边网膜可见大量重叠成片状激光斑，不能单个区分。数字图像无文字报告。

3. 鉴定人检验所见

视力：右 0.6；左 0.25（矫正不能）。左眼眼压 17.30 mmHg。左眼可见手术瘢痕，瞳孔散大 8 mm，对光反射消失。人工晶体位置正，前囊混浊，中央见透明区，后囊混浊。眼底视乳头边缘锐利，色淡，中央苍白，黄斑色素紊乱，中心反光弥散，鼻上区可见激光光凝后脉络膜萎缩灶。视野：左管状视野，中心区光敏度下降。

2008 年 2 月 2 日某眼科医院及 2008 年 4 月 23 日某附属医院眼科摄左眼前节数字图像示：左眼瞳孔散大，人工晶体襻尖部外露。

4. 鉴定意见

裘某鉴定时存在左眼视神经萎缩，瞳孔散大，管状视野，视力 0.25 的损害后果。但视网膜静脉阻塞治疗效果目前尚不理想，激光治疗视网膜静脉阻塞成功率低于 50%。综上所述，某眼科医院的医疗过错与损害后果之间存在因果关系，考虑医疗过错是损害后果的次要因素。

5. 分析讨论

激光光凝是视网膜分支静脉阻塞的主要治疗方法之一，在使用激光光凝时应注意切勿过量，光凝时需时刻记住两个光凝斑之间的距离，尽量避免光凝融合及重叠，否则会因过量导致视网膜缺血、内层受损，引起视神经纤维的损伤，产生视野损害等。分支静脉阻塞使用氩激光光凝时，功率周边部为 300～500 mW，光斑直径 300～500 μm。对牵拉裂孔光凝时，氩激光的参数为：光斑直径 200～300 μm，功率 200～400 mW，每两个光凝斑之间间隔一个光斑直径。本案中医方使用氩激光的功率为 1.4 W，光斑重叠、融合连成一片，脉络膜已出现萎缩灶，证明其过量光凝的存在。由于过量光凝，被鉴定人左眼视神经受到直接或间接的损伤。

眼压高也是视神经萎缩的一个常见原因。本案第 1 次住院时医院在术后未能及时检测眼压，3 d 后才给予降眼压药物，阿托品眼膏持续使用，房角一直处于缩窄状态。第 2 次住院虽然使用了降眼压药物，但未进行眼压监测，出院时眼压 34.0 mmHg，并无相应的诊断及出院医嘱，使患者不知或未得到足够的重视。所以，对于裘某眼压高的诊断及治疗，医院存在过错。

裘某在第 1 次住院手术前后散瞳，应使用活动性散瞳剂如复方托品酰胺等，这样会避免瞳孔开大肌的强直性收缩。但医院从 5 月 6 日开始持续使用阿托品眼膏这一较强的散瞳药物，造成了裘某左瞳孔的强直性散大，阿托品眼膏引起的瞳孔散大和睫状肌麻痹作用，起效时间为 30 min，持续 12～14 d，阿托品眼膏应用注意事项规定 40 岁以上的患者不应用阿托品滴眼、老年患者禁用。因此，其左瞳孔的强直性散大与医院的不当用药之间存在因果关系。

由于某眼科医院在裘某第 2 次住院行白内障摘除＋人工晶体植入术时忽略了其左眼

瞳孔散大 8 mm 这一情况，植入了直径较小的折叠晶体，也没有做左瞳孔成形术，导致了人工晶体襻尖部外露，引起眩光。

6. 评析

视网膜静脉阻塞是静脉扩张迂曲，沿静脉分布区域的视网膜有出血、水肿和渗出。随着电镜、激光和眼底照相等技术的发展，对本病的病因分类、并发症预后和治疗有进一步的认识和提高，但治疗效果尚不理想。本病治疗比较困难。

裘某头痛、头晕、恶心呕吐，因医方没有进行呼吸道感染的进一步相关检查，仅应用感冒胶囊及改善呕吐症状的爱茂尔注射液治疗，故无法明确裘某当时症状的确切病因究竟为“感冒”还是“眼压增高”。

裘某两次住院过程中均有左眼压升高的情况。第 1 次住院手术后眼压较入院时升高，术后医嘱使用了降眼压药物(乙酰唑胺、噻吗心安眼水)，充分证明了左眼压高的客观存在。第 2 次住院长期医嘱中记录使用降眼压药物乙酰唑胺片，出院时左眼压仍未改善，仍明显高于正常值。本案眼压升高的主要原因应考虑：① C3F8 充填术，由于充填气体在体内外环境差异情况下的膨胀；② 从 5 月 6 日始持续使用阿托品眼膏，瞳孔散大，房角持续缩窄，房水循环障碍。

激光光凝目的是使视网膜和脉络膜产生多数散在粘连，使由于水肿而脱离的视网膜感觉层更靠近脉络膜毛细血管，得到丰富的血液供给，并使视网膜深层毛细血管闭塞，减轻视网膜水肿。但应用时应注意用量及间距，否则会因过量导致视网膜缺血、内层受损，引起视神经纤维的损伤，产生视野损害等。

综上所述，本案医方的过错主要在于其术中操作及术后随访中未能尽到高度注意义务，也未尽到必要的告知义务。调解中，经明确医方的过错，结合患者自身所患视网膜静脉阻塞的疾病病情，双方认可在鉴定意见的基础上协商解决纠纷。

(夏文涛　孙会艳　张丽敏　李绪周)

第八章　延误诊疗致医疗纠纷

在具体的诊疗环节，医务人员应当根据患者当时的病情，及时作出正确的诊断并给予符合诊疗规范的处置或建议。若医务人员的诊断、处置或建议不够及时，不符合诊疗规范的要求，或者与当时医疗水平下多数同行的认识不相一致，则通常就会判定其存在延误诊疗的医疗过错。实际上，延误诊疗的过错就是医务人员违反注意义务的一种特殊情形。

第一节　延误诊疗过错的概述

注意义务要求医务人员具有“合理的医师”的专业知识和能力，能对疾病采取及时、有效的诊疗措施。若医务人员未能及时抓住病情变化中对治疗有利的时机，未能作出及时、正确的诊断与处置，就有可能违反上述标准，被认为存在延误诊疗的过错。其中判断有无过错的关键标准就是，大多数医师(或者称“合理的医师”)能否作出正确的诊断与处置。

在临床上，因延误诊疗导致病情加重甚至不治的情形是比较多见的。例如，迄今为止，多数学者认为癌症治疗的任何延误都会降低治疗的效果。据报道，我国目前仅有1/3左右的癌症患者能获得治愈，而其中绝大多数都是早期癌症。如早期鼻咽癌治疗后5年生存率超过90%，而晚期者不足40%。进一步研究显示，除了患者对癌症症状缺乏认识、麻痹大意或不以为然，待癌症进展至晚期出现严重症状时方才求医是癌症未能获得及时确诊的重要原因以外，医务人员的疏漏也是很重要的因素。第一次接诊癌症患者的医师往往并非肿瘤专科医师，由于经验不足或警惕性不高，容易造成漏诊或误诊。当然应该承认，有些癌症早期症状隐匿(如肝癌)，临床诊断确有困难，故造成癌症未能得到及时正确诊断的原因是复杂的、多方面的。

又如，原发性青光眼迄今仍被认为是重要的致盲性眼病，即使给予有效的治疗，也有27%的患者在20年内难免失明的结局，但这并非意味着对于该疾病患者们已然束手无策。据世界卫生组织发布的信息，对原发性青光眼的早期发现、早期治疗，尤其是严格控制眼压，将在一定期限内有助于保留患者的有效视力。据统计，平均降低1 mmHg的眼压有助于减少10%视神经节细胞的丢失，延长患者有效视力长达3.5年。但是，许多眼病患者在早期并没有出现明显的视功能损害主诉，若眼科医师未能注意并建议必要的青光眼筛查，则患者很难在其临床症状前期获得有效的治疗，不利于患者延长保持有效视力的年限。

同样有必要指出，造成临床诸多疾病诊疗延误的原因实际上是多方面的。本书因重点讨论引发纠纷的医疗案例，故相当部分案例均认定医方存在过错，但临床医疗实践中，并不能简单地认为只要医方存在“诊疗延误”就必然可以认定其存在过错行为或者必然因此造成损害后果。作者认为，能够认定诊疗延误属过错行为并认定其造成损害后果、应承担侵权责任的一般均具有以下特点。

（1）未能获得及时诊断或者治疗确属源于医疗单位的过错

临床诊断是一个循证的过程，同时也是不断修正的过程。医务人员应当根据患者的病情建议其进行必要的检查以便及时获得正确的诊断，同时有义务根据当时的临床诊断采取必要的治疗措施。判定延误诊疗的过错须确认医务人员根据当时的临床资料，可能有机会可以明确诊疗，但因疏忽大意或者过度自信而导致延误。

在鉴定实践中，鉴定人务必要清楚，临床诊断经常受到很大的局限，这种局限性可能来自患者本身体质的特殊性（如过敏体质导致用药受到局限而不能接受特殊检查），也可能来自疾病的特殊性和严重性（如恶性肿瘤患者业已进入晚期致全身状况极差不能耐受检查），或者可能来自患者的配合因素（如患者因经济原因或其他因素未能及时接受医师的检查建议），此时由于缺乏必要证据将使临床诊断陷入困境，则不能归咎于医务人员未能积极采取措施以明确诊断。

（2）延误诊断或者治疗确属未达到当时的医疗水准

在类似情况下，多数医务人员均会采取正确的措施，获得正确的诊断或者采取正确的治疗措施。如前所述，判断过错的“金标准”始终是“合理的医师”的水准和要求。不能苛求医务人员对于罕见的临床病例具有“超能力”的经验，也不能以业内“顶级专家”的认识水平要求全部医务人员。

这里就提出了一个现实的问题，即《侵权责任法》第五十七条中仅规定“医务人员在诊疗活动中未尽到与当时的医疗水平相应的诊疗义务，造成患者损害的，医疗机构应当承担赔偿责任”，并无“当地”之说，在鉴定实践中鉴定人是否可以考虑不同地区医疗水平的差异而区别对待呢？作者认为，与美国等西方发达国家不同，我国目前医疗水平仍存在显著的地区差异，且这种差异将在今后相当长时期内持续存在，若强求各地医师在同一时期内须达到在同一医疗水平下履行相应诊疗义务，对于相当多的医务人员将是不公平的。因此，“合理的医师”的水准不但应当包含不同时期的因素，还应包含不同地区的因素。

（3）延误诊断或者治疗与患者的后果存在关联性

延误诊疗是前提，因果关系是侵权责任的关键，两者缺一不可。例如，目前临床上对于恶性肿瘤常常有分度、分期方法，不同的分度或分期常有治愈率、死亡率的流行病学统计资料。对于恶性肿瘤延误诊疗是否会造成患者死亡机会的增加进行因果关系分析，可借助流行病学调查结果。虽有诊疗延误，但不影响患者分期的，一般不认为医疗过错直接导致患者治愈机会的丧失；若过错虽然延误诊疗，但并不影响患者预后，确属严重过错的，可以在鉴定意见书中说明并认定医疗过错属患者不良后果的轻微因素；存在诊疗延误且因延误导致患者实际确诊时分度、分期较前加重的，可根据流行病学资料说明因失误造成的损害加重，当然这里并非可以简单地认为过错参与程度即为疾病两种分度、分期治愈率或死亡率之间的相差值，而应根据具体情况进行综合分析、全面判定。

作者曾审阅一篇案例报道，某女性患者因体检发现其左侧乳房肿块，经手术确诊为乳癌后行乳癌根治术。经追查，该患者在近3年共三次参加单位组织的年度体检，调取前两次被报告为正常结果的体检钼靶摄片，经专家仔细辨认，均可发现左侧乳房肿块影，只不过3年间有明显增大趋势而已。该患者遂以乳房肿瘤漏诊导致延误治疗为由，将提供体检的医疗单位告上法庭。鉴定人在鉴定过程中，根据影像学资料测得的乳房肿块影的直径，巧妙地运用"肿瘤倍增时间"统计学资料，判定首次体检、二次体检时其乳房肿瘤应当属于的分期、分度，并应用文献报道的临床治愈率的流行病学资料评价了不同时期手术的治疗效果和预后，取得了较好的鉴定效果。

（夏文涛）

第二节　案例评析

一、眼外伤延误诊治后遗盲目

1. 案情摘要

胡某，男性，7岁，因被铁丝划伤右眼，于2008年1月23日下午4时到某医学院附属医院就诊，后右眼感染并完全失明。现胡某诉至法院，认为某医学院附属医院未积极治疗，存在过错，导致其残疾。

2. 病史摘要

(1) 某医学院附属医院住院病历

入院时间：2008年1月23日21:14。入院录记录时间：2008年1月23日23:00。

入院时主诉：右眼被铁丝戳伤7 h伴视物不清。现病史：患儿于下午4时在玩耍时不小心右眼被铁丝戳伤，当时痛、视物不清，急来我院门诊，拟"右眼角膜穿通伤"收住入院。查体：右眼视力光感，不能矫正，结膜充血(＋＋)，角膜瞳孔中央偏颞侧有约4 mm的伤口，前房可见渗出(1月23日23:00首次病程录"诊断依据"记载：前房渗出，少许积脓)，瞳孔欠圆，晶体前囊破裂，眼底视不清；左眼视力1.0，结膜无充血，角膜透明，前房水清，晶体透明，眼底未见异常。入院初步诊断：右眼角膜穿通伤。同日入院诊断：右眼角膜穿通伤，右眼内炎。处理：完善相关检查，择期手术。1月23日23:00入院长期医嘱：眼科护理常规，三级护理，普食；临时医嘱：血常规、(血)生化、凝血功能、胸片、心电图检查，抗生素及地塞米松5 mg加入静脉滴注。

住院诊疗情况：1月23日放射科影像检查示两肺未见明显实质性病变，心、纵膈未见明显异常，胸部横膈上肋骨未见移位性骨折。1月23日22:44检验报告单：血生化指标大部分正常范围。1月23日21:48血常规报告单：WBC 10.5×10^9/L，中性粒细胞百分比87.4%，其余指标大部分在正常范围。1月24日主任查房意见：右眼角膜可见不规则伤口，前房积脓，予以今日手术。1月24日临时医嘱：拟急诊在全麻下行右眼清创缝合＋晶体吸除术，阿托品0.2 mg，肌注，即刻，禁食水6 h。1月24日在全麻下行右眼角膜清创缝合＋晶体吸除＋前部玻璃体切割术。手术时间：11:00～12:30。手术前、后诊断：右眼角膜穿通伤，右眼内炎，右眼外伤性白内障。术中见角膜中央约4 mm长全层裂伤，大量渗出物，前房充满渗出膜……前房内虹膜表面渗出膜，晶体混浊，大量脓性物质存在于晶体位置……玻璃体腔内有混浊脓性物质；术毕万古霉素玻璃体腔注射，包扎术眼。1月23日申请、1月24日下午心电图检查结果：窦性心律。1月25日术后第1天，右眼睑红肿，结膜囊内可见黄色分泌物，角膜伤口缝线在位，前房积脓，余视不清，建议转院进一步治疗。1月28日细菌培养报告单：共有2种细菌，分别是大肠埃希菌、屎肠球菌。

(2) 2008年1月26日至2月4日某大学附属眼耳鼻喉科医院出院小结

入院情况：因"右眼被铁丝戳伤后视物不见伴红痛3 d"急诊入院，当地诊断为"右眼眼内炎、右眼角膜穿通伤、右眼外伤性白内障"，急诊行手术治疗。查体：VOD NLP，右眼睑高度水肿，眼压Tn+2，混合充血，球结膜高度水肿，角膜脓疡，高度混浊，中央穿通伤口缝线在位，见大量黄白色脓液自伤口渗出，前房消失，瞳孔区积脓覆盖，其余结构看不清，左眼无殊。

住院情况：于1月26日行右眼内注药术，术中诊断右眼角膜穿孔伤，眼内炎，术后炎性反应控制不理想，于1月28日行右眼玻璃体切割、注油、注药术，术中诊断：右眼眼内炎，右眼角膜脓疡，右眼继发性青光眼，右眼角膜穿通伤后，右眼角膜修补＋晶体切除＋前段玻璃体切割＋注药术后。其后给予对症治疗。

出院情况：VOD光感，眼压Tn，右眼混合充血，球结膜水肿好转，角膜轻度混浊，中央穿通伤口缝线在位，伤口轻度水肿浸润，前房形成良好，无渗出与积脓，瞳孔圆，直径4 mm，瞳孔区渗出吸收，玻璃体硅油填充，其余结构看不清。

诊断：右眼眼内炎，右眼角膜脓疡，右眼继发性青光眼，右眼角膜穿通伤后，右眼角膜修补＋晶体切除＋前段玻璃体切割＋注药术后。

3. 医患双方观点

据2008年10月16日民事诉状：原告胡某于2008年1月23日下午4时许，因玩耍不慎被铁丝划伤右眼，于当日下午6时许到达被告(某医学院附属医院)处就诊……经繁琐的院前检查，终于当晚9时许才被收住入院……直至次日中午11时许手术，使原告彻底丧失了最佳治疗时机。

据2008年11月25日某医学院附属医院医务处"关于胡某诉我院一案的答辩意见"：胡某于2008年1月23日23:00急诊入我院……给予急诊化验、心电图、胸片等相关术前检查，并且静脉给予抗生素、激素等抗感染治疗，由于患儿年纪小，需要全麻，给予禁食水6～8 h……2008年1月24日11:00于全麻下行急诊"右眼角膜裂伤清创缝合＋外伤性白内障吸除＋前部玻璃体切除手术"，术中即看到角膜伤口和前房内有大量渗出物，积脓，吸除晶状体和脓性物质，给予前部玻璃体切除，切除瞳孔区玻璃体和渗出膜，可见玻璃体腔内有混浊脓性物质，手术中抽取了玻璃体内容物做培养和药敏试验，并且在手术中给予万古霉素1 mg玻璃体腔注射，抗眼内炎治疗……

4. 鉴定意见

某医学院附属医院在对被鉴定人胡某的诊治过程中，存在医疗过失行为，与其目前右眼视力障碍等不良后果之间存在一定的因果关系。

5. 分析讨论

被鉴定人胡某因被铁丝致伤右眼，于2008年1月23日下午就诊于某医学院附属医院，并于当晚 21 时 40 分收治入院，次日 11 时行手术治疗，术后转至某大学附属眼耳鼻喉科医院继续治疗。据后者病历介绍，胡某右眼内炎控制不佳，经进一步手术治疗，视力仍无恢复。

就现有材料显示，胡某至某医学院附属医院就诊时间至少早于 2008 年 1 月 23 日 21:14，相对其家属提供的受伤时间（下午 4 时许）已达约 5 h。据送检的某医学院附属医院住院病历记载，当晚 23:00（伤后约 7 h）入院时查体可见“右眼视力光感……结膜充血（＋＋），角膜瞳孔中央偏颞侧有约 4 mm 的伤口，前房可见渗出，少许积脓，瞳孔欠圆，晶体前囊破裂”等，入院诊断已明确为“右眼角膜穿通伤，右眼内炎”。

感染性眼内炎是眼球穿通伤的严重并发症，系由化脓菌或其他致病菌引起，一般在伤后 1～3 d 发作，表现为剧烈头痛及眼痛、刺激征明显、视力严重下降、球结膜高度水肿、充血、角膜混浊及前房混浊或积脓等。因此，污染的异物致伤眼球造成角膜穿通伤，应尽可能及时给予清创处理，尤其当角膜伤口较大（如达到 3 mm 以上）时，更应充分重视尽早处置，有利于防止感染性眼内炎及控制炎症的发展。

本例中，胡某右眼角膜系遭污染的铁丝致伤，入院查体时已发现前房渗出、少许积脓，存在眼内炎表现，且角膜伤口较大，并血常规检验提示血中 WBC 计数增高、中性粒细胞比例增大，提示存在明确的感染征象。医方虽给予静脉抗生素、激素应用等治疗，但同时又予以眼科常规护理、普食等医嘱，说明医方并未充分认识到其右眼伤情的严重性，仍未考虑须行积极的术前准备，争取尽快实施手术（因本例胡某系患儿，需行全麻手术，术前一般需禁止进食及饮水 6 h），而是迟至次日中午 11 时（入院后超过 12 个小时）方行手术，延误了治疗时机，存在医疗过失行为。

胡某入院后，某医学院附属医院虽在“临时医嘱”中嘱患儿术前行各项检查，但心电图检查却迟至术后当日下午方才进行，失去了手术、麻醉前筛查的意义，违反了医疗规范，存在医疗过失行为。

此外，某医学院附属医院针对胡某所选择实施的手术为“右眼角膜清创缝合＋晶体吸除＋前部玻璃体切割术”。我们认为，针对当时其右眼内炎诊断明确的严重病情，仅行前段玻璃体切割术治疗一般还不足以达到有效地控制感染的目的，存在一定的不妥。

当然，胡某右眼伤情确属危重，感染性眼内炎起病异常急骤、发展非常迅猛，即使及时给予针对性的治疗措施，也未必达到满意的治疗效果，仍可能遗留不良后果，甚至存在严重后果的可能。

综上所述，某医学院附属医院在对胡某的诊治过程中，存在延误治疗时机等医疗过失行为，减少了胡某右眼救治的机会，与其目前右眼视力障碍等不良后果之间存在一定的因果关系（医疗过失的参与程度拟为 45%～55%）。

6. 评析

本案医疗过错是显而易见的，医方在患者眼球穿通伤后未能高度注意其可能发生感染性眼内炎的严重并发症，手术时机延误，以至于彻底丧失了挽救眼球及视力的机会。本案关键在于如何判定因果关系的类型及其过错对损害后果的参与程度。鉴定人大致分为两种意见：第 1 种意见认为，患儿眼外伤伤情严重，本身即有很大的致盲可能性，即使早期手术也不一定能够保证其遗留较好的视力，因此不宜认定医疗过错与损害后果之间有太大的关联性；第2种意见则认为，患儿眼外伤伤情固然严重，但医方辩称其手术前需进行足够的准备，故而手术时机较迟的理由明显不足，一是患儿急诊就诊时间距离手术已达近20 h，即使入住医院时间距离手术也达12 h余，而且部分检查结果是在手术完成以后方才完成，因此完全可以提前10余小时实施手术，若果真如此，其眼球功能获救的机会将大大增加，故主张评定较高的过错参与程度。最终，鉴定人经与会诊临床医学专家充分沟通，确定了上述鉴定意见。

二、复合伤后延误诊断腹部损伤

1. 案情摘要

苏某，女性，40岁。2009年5月14日，苏某因自高处坠落受伤入住某市第一人民医院，急诊行骨科手术，术后一直感腹胀，至5月23日因腹胀突然加重，转住某医学院附属医院，5月25日行剖腹手术见小肠破裂、横结肠挫伤等，并接受了相应治疗。现苏某认为某市第一人民医院在诊疗过程中未及时对腹部损伤作出诊断，以致伤情加重，遂诉至当地人民法院，要求赔偿。法院在审理过程中委托司法鉴定机构就某市第一人民医院在对苏某的诊疗过程中是否存在医疗过错行为；若存在医疗过错，其与苏某的损害后果有无因果关系及其医疗过错对不良后果的参与程度等事项进行法医学鉴定(因患方并不认为医方在腹部损伤以外其他损伤的诊疗方面存在过错，故本次鉴定不予涉及)。

2. 病史摘要

(1) 2009年5月14日至5月24日某市第一人民医院住院病史

入院情况：患者半小时前不慎从高处坠落致伤，当即感腰部剧痛，双下肢感觉异常、不能活动，右小腿明显畸形，右小腿有一伤口，流血不止，予临时制动和简单包扎后入院。查体：T 36℃，R 19 bpm，P 78 bpm，BP 130/90 mmHg；神志清，痛苦貌；心、肺正常；腹胀、隆起，叩诊呈鼓音，肠鸣音弱；脊柱约L_4处明显后突畸形，$L_{3、4、5}$棘突压痛及叩击痛阳性，脐下3指至双膝关节范围内感觉异常，麻木、刺痛，肛周反射消失，膝关节以下感觉消失，双下肢肌力0级，活动障碍，右小腿下端畸形，胫前有一倒"T"形伤口，横长约4 cm，纵长约6 cm，胫骨骨折端外露，流血不止，创面少量灰土，轻度污染，右足足背动脉搏动较左侧稍弱，双足末梢血供可。X线摄片示：L_4椎体爆裂性骨折伴脱位，右胫腓骨下段粉碎性骨折。上腹部CT示：未见明显异常。腰椎+三维重建CT片示：L_4椎体及附件呈爆裂、粉碎性骨折伴脱位。初步诊断：L4椎体爆裂性骨折伴脱位、脊髓损伤截瘫；右胫腓骨下段开放性粉碎性骨折。处理：急诊入手术室行右胫腓骨开放性骨折清创探查+右跟骨牵引术。

住院诊治经过：2009年5月15日超声检查示腹腔部分肠管扩张图像，肝脏、胆囊、双肾、胰腺、脾脏未见异常回声；子宫、附件、膀胱未见异常回声。于5月16日行L_4椎体爆裂性骨折伴脱位切开复位+全椎板切开减压+植骨+钉棒内固定术。5月17日术后第1天，诉感腹胀，伤口疼痛，食欲缺乏，小便正常，少许大便。查体：腹部胀，叩击呈鼓音，肠鸣音弱，脐下3指至双膝关节范围内感觉异常，麻木、刺痛，肛周反射消失，小腿中段以下感觉消失，双下肢肌力0级。5月20日术后第4天，诉感腹胀，伤口疼痛，食欲缺乏，小便正常。查体：心率较快，腹部胀，稍压痛，叩击呈鼓音，肠鸣音弱，脐下3指至双膝关节范围内感觉异常，麻木、刺痛，肛周反射消失，小腿中段以下感觉消失，双下肢肌力0级。输注白蛋白10 g纠正营养状况。5月23日术后第6天，诉感腹胀加重。查体：贫血貌，心率较快，呼吸急促，腹部胀，叩击呈鼓音，肠鸣音弱，脐下3指至双膝关节范围内感觉异常，麻木、刺痛，肛周反射消失，小腿中段以下感觉消失，双下肢肌力0级；患者诉今日早晨饮食尚可，约300 mL稀饭，饭后不久感腹胀加重，且小便减少。请外科会诊，予以胃肠减压，补液，更换抗生素。5月24日患者腹胀严重，心率较快，呼吸急促，予以药物控制，效果不明显；B超示腹、盆腔少量积液图像，建议转上级医院治疗。

住院期间体温单(每日20:00)：2009年5月14日，T 39.1℃；5月15日，T 37.7℃；5月16日，T 38.3℃；5月17日，T 38.1℃；5月18日，T 37.5℃；5月19日，T 37.4℃；5月20日，T 37.3℃；5月21日，T 37.1℃；5月22日，T 37.0℃；5月23日，T 40.6℃；5月24日(16:00出院时)，T 40.3℃。

长期医嘱单(饮食)：5月14日，普食；5月16日(术后)，6 h后软食；5月23日15:30，禁食水，16:30，胃肠减压。

出院诊断：L_4椎体爆裂性骨折伴脱位，脊髓损伤截瘫，右胫腓骨下段开放性粉碎性骨折。

(2) 2009年5月24日至6月5日某医学院附属医院住院病史

入院情况：于7 d前予L_4椎体骨折内固定术，术后至今未排便，偶有排气，2 d前手抠干结大便少许，1 d前出现腹痛，呈持续性疼痛，伴有腹胀、恶心、呕吐，呕吐物为胃内容物，当地医院给予对症治疗，症状无明显缓解，为进一步诊治，前来我院。病程中无畏寒、发热，无心慌及胸闷。查体：腹膨隆，全腹压痛阳性，无反跳痛，腹软，叩诊呈鼓音，移动性浊音阴性，肠鸣音消失。全腹CT片示大量气液腹可能。血WBC 40×10^9/L，白蛋白16.2 g/L。入院诊断：麻痹性肠梗阻，L_4椎体骨折伴下肢不全瘫术后，右胫腓骨骨折，低蛋白血症。

住院诊治经过：于5月25日行剖腹探查术，术中见腹腔内黄色混浊液体共约2 500 mL及大量气体，左、右膈下及右肝下、肠管间、双侧结肠旁沟、盆腔内散在分布脓苔，空、回肠交界处一穿孔，直径约2 cm，有肠内容物溢出，予以间断缝合修补；横结肠中段有约5 cm肠管血供欠佳呈暗紫色，但无穿孔及破裂，温盐水纱布湿敷后肠管仍为暗紫色，切除此处肠管，断端行端端吻合，吻合口处涂医用生物胶。术后予止血、补液、抗炎等对症支持治疗。6月5日出院时手术切口及敷料干燥清洁，无渗出、感染。

出院诊断：麻痹性肠梗阻，L_4椎体骨折伴下肢不全瘫术后，右胫腓骨骨折，低蛋白血症。

(3) 2009年6月5日至6月10日某市第一人民医院住院病史

住院诊治情况：脊柱后侧面伤口敷料干洁，脐下3指至双足关节范围内感觉异常，麻木、刺痛，肛周反射消失，双下肢肌力0级，活动障碍。右长腿石膏托外固定，双足末梢血供可。6月6日予以更换伤口敷料见患者骶尾部皮下空虚，可触及骶骨，有一空腔约7×7 cm大小，用碘伏棉球予以消毒清理，见脂肪组织及筋膜部分坏死，予以抗炎等对症治疗，并加强护理及营养支持，加强换药。

出院情况：腹部伤口裂开，并有肠内容物样物质流出，有异味，考虑肠瘘可能，转上级医院。

(4) 2009 年 6 月 10 日至 7 月 20 日某医学院附属医院住院病史

入院情况：肠破裂术后 15 d，伤口流脓 5 h 入院。查体：腹平坦，未见胃肠蠕动波，上腹见长 14 cm 手术瘢痕，伤口周围红肿，下段伤口有脓性液体流出，伤口有 2 根减张缝线；全腹无压痛、无反跳痛，未扪及包块，移动性浊音阴性，肠鸣音 3 bpm；骶尾部见 4×8 cm 皮肤溃烂区，深达骶骨。诊断：切口感染，L_4 腰椎骨折术后伴双下肢不全瘫，右胫腓骨骨折，褥疮。

住院诊治经过：入院后行消炎补液治疗，伤口消毒换药。7 月 3 日行骶尾部创面扩创及左臀上动脉穿支皮瓣转移修复＋取皮植皮术。术后皮瓣存活良好，植皮区情况佳。

3. 鉴定人检验所见

(1) 体格检查

神志清，他人抱入检查室，检查合作，对答切题。腹平，腹部正中见一纵行长 14.0 cm 的手术切口瘢痕，右下腹见一长 1.5 cm 的引流切口瘢痕，全腹未及明显压痛、反跳痛及肌紧张。腰背部正中见一纵行长 11.0 cm 的手术切口瘢痕，左臀部见两处范围分别为 16.0×6.5 cm、12.0×12.0 cm 皮瓣转移修复、取皮植皮区，创面愈合良好。

(2) 阅片所见

2009 年 5 月 14 日某市第一人民医院腹部 CT 片示：肝脏内未见明显异常密度影，肝缘轮廓光整；胆囊充盈尚可，其内未见明显异常密度影；胰腺轮廓尚可，其内未见明显异常密度影；脾脏较小，其内未见明显异常密度影；肾脏未完整扫描，所见肾上腺范围内未见明显异常密度影；膈下、胸骨下隐窝与腹膜及肝脏包膜之间见类似“人”字形的窄带状游离气体影，使肝脏左叶向后移位，左叶间裂增宽；腹腔内未见明显积液影，腹膜后未见明显血肿影，所见肠腔未见明显异常改变。L_1 左侧横突骨折。

4. 鉴定意见

某市第一人民医院存在一定的医疗过错行为，该过错与被鉴定人苏某病程延长的不良后果存在一定的因果关系（医疗过错的参与程度拟为 45%～55%）。

5. 分析讨论

苏某因从高处坠落致 L_4 椎体爆裂性骨折伴脱位，脊髓损伤，右胫腓骨下段开放性粉碎性骨折，合并下肢截瘫等，入住某市第一人民医院，医方予行骨科手术治疗。根据现有病史材料，苏某入院当时查体可及“腹胀、隆起，叩诊呈鼓音，肠鸣音弱”等体征；本中心阅入院当日上腹部 CT 片可见膈下、胸骨下隐窝与腹膜及肝脏包膜之间见类似“人”字形的窄带状游离气体影，使肝脏左叶向后移位，左叶间裂增宽。上述体征及影像学所见提示，本次高处坠落伤致腹部空腔器官损伤、破裂诊断成立。但是，在临床实践中要求医疗单位对类似病例均要得出准确诊断也存在相当大的困难，如：① 腹部症状与体征不典型，且腰椎、脊髓损伤亦可引起腹胀等不适症状，可能掩盖腹部外伤的临床表现，影响临床观察、判断；② 入院当日上腹部 CT 片所见腹腔内游离气体量不多，表现也并非典型，且因腰椎、脊髓损伤，难以拍摄腹部立位 X 线片以观察膈下有无游离气体影；③ 入院次日所行 B 超仅见部分肠管扩张图像，未见其他异常征象，可能引导医务人员认为上述征象系因肠麻痹引起。

在苏某接受骨科手术治疗后，其仍反复有食欲缺乏、腹胀等主诉及腹部胀、肠鸣音弱等体征，但体温单显示其体温自入院时的39.1℃逐渐转平稳至入院第9天的37.0℃；也未见恶心、呕吐等消化道症状，可能与空腔器官破裂孔小，或破裂孔被肠内容物或突出的黏膜填塞，加之自身进食少，且腰椎、脊髓损伤及卧床制动减少了胃肠蠕动，可在一定程度上延迟弥漫性腹膜炎的发生，减轻其程度。此外，本例骨科手术后需制动，医方未予行CT扫描、摄片等检查，造成临床上对腹部外伤诊断的延误。

当然，某市第一人民医院在本例诊治过程中，也存在如下医疗过错行为：① 医方经治医务人员未能正确认识到入院当日影像资料上所显示的腹腔改变；② 在苏某反复主诉腹胀并查及腹部体征的情况下，未能注意进行必要的复查（如腹部超声探查、CT扫描乃至腹腔穿刺等），错过了可能提早确诊的机会；③ 骨科手术后长期医嘱为软食，可加重病情。

在苏某入院第10天腹胀加重、体温骤然急剧增高的情况下，某市第一人民医院给予外科会诊、禁食水、胃肠减压等处置，是正确的处置，其后因超声探查发现"腹、盆腔少量积液图像"，即予转诊至某医学院附属医院的次日，实施了剖腹手术，证实其空、回肠交界处（小肠）有一直径约2 cm的穿孔，有肠内容物溢出，横结肠中段有约5 cm肠管血供欠佳呈暗紫色，分别行小肠穿孔修补术及横结肠部分切除并肠管吻合术。上述情节再次提示，苏某因从高处坠落致腹部闭合性外伤、肠道损伤确实存在；但在入住某医学院附属医院后，医方也是在摄全腹CT片示大量气液腹可能，结合血WBC计数剧增，诊断为"麻痹性肠梗阻"，至入院次日方实施手术，反过来也说明了苏某从高处坠落所致复合伤的特殊性与腹部病情的复杂性，诊断上存在一定的困难。

就本案而言，苏某因从高处坠落致腹部闭合性损伤，小肠穿孔、结肠挫伤，其伤情有手术指征。某市第一人民医院在一定程度上延误了明确诊断与及时治疗，存在医疗过错行为，该过错是造成苏某病程延长等不良后果的重要原因；苏某本身伤情的严重性和复杂性也与不良后果的发生存在密切的关系。综合分析医疗过错与病情因素对目前后果起着同等重要的作用（医疗过错的参与程度拟为45%～55%）。

6. 评析

从高处坠落是闭合性腹部损伤的重要致伤原因，尤其在损伤当日CT除显示腰椎及相应脊髓损伤改变以外，已经可以见到少量腹腔游离气体的情况下，医方遗漏腹部闭合性损伤的诊断，应当认定为医疗过错。当然，鉴定人考虑到该影像学征象并非典型，加之其为复合伤患者，临床表现往往混杂难辨，加之最后明确其肠穿孔灶小，早期一般不会有大量气体溢入腹腔及引起严重腹腔感染，故考虑医方有较大的"减轻责任"的理由。但是，医方在术后未行必要的复查，尤其是患者反复主诉腹部症状时仍未引起重视，并给予骨科手术后的常规饮食，再一次丧失获得正确诊断的机会，则明显加重了医方的过错责任。

三、急性阑尾炎术后肠瘘

1. 案情摘要

沈某，男性，20岁。2008年12月12日至2008年12月17日沈某在某市人民医院行阑尾切除术，其后又多次行手术治疗，后发生肠瘘，引起医疗纠纷。当地人民法院委托司法鉴定机构就沈某的肠瘘是某市人民医院2008年12月12日行阑尾切除术后、某省级医院2009年3月4日行回盲部切除术前形成，还是2009年3月4日行回盲部切除术后形成；沈某的肠瘘与某市人民医院2008年12月为沈某行阑尾切除术之间是否存在因果关系及其参与程度等事项进行法医学鉴定。

2. 病史摘要

(1) 2008年12月12日至12月17日某市人民医院住院病史

入院情况：患者于2 d前无明显诱因下突发右下腹痛，呈持续性钝痛，不向腰背部及会阴部放射，不伴有恶心、呕吐，无发热、黄疸，无心悸、胸闷，无腹胀、腹泻，曾于当地门诊按“阑尾炎”治疗，病情呈进行性加重，疼痛难忍。查体：右下腹麦氏点压痛、反跳痛明显，肝、脾未触及肿大，无移动性浊音，肠鸣音正常，未闻及血管杂音。腹部彩超：右下腹探及3.8×2.4 cm强回声光团，边界不清，内可见片状液性暗区，内透声差。超声提示：右下腹混合性包块。血常规：WBC 6.19×10^9/L，N 58.5%。初步诊断：急性阑尾炎。

于今日(入院当日)在腰硬联合麻醉下行阑尾切除术，探查见盲肠固定，回盲部被大网膜包裹成团，肠壁炎性水肿，质脆，阑尾长约8 cm，充血肿胀明显，头端难以提出，钳夹切断阑尾根部，结扎残端，残端消毒后包埋于盲肠内。2008年12月17日病理诊断报告：阑尾积粪。

出院诊断：急性单纯性阑尾炎。

(2) 2009年1月23日至2月27日某市人民医院住院病史

入院情况：患者于1个月前急诊行阑尾切除术，术后3 d切口换药无异常，住院5 d好转自动出院。于6 d前出现切口区疼痛，呈持续性痛，伴发热，最高达39.0℃，曾来我院就诊，B超示切口处软组织积液并腹腔积液，给予穿刺抽出黄色脓液约20 mL，症状减轻，于今日再次出现切口区疼痛伴发热，体温达38.9℃，复查B超仍提示皮下软组织积液并腹腔积液。查体：右下腹麦氏点处可见一约4 cm长切口瘢痕，局部隆起，有触痛及波动感，叩诊无移动性浊音，肠鸣音存在。血常规WBC 10.5×10^9/L，N 84.1%。B超示：于刀口皮下软组织内探及范围7.1×3.4 cm液性暗区，透声较差；腹腔内探及深度2.0 cm局限性液性暗区。初步诊断：阑尾炎术后，腹腔脓肿，腹壁脓肿。

于1月23日行脓肿清除+引流术，探查脓腔位于腹外斜肌腱膜外层，清理脓腔，探查似有一腔与腹腔相通，冲洗完毕后于脓腔内放置引流管。

1月24日，T36.8℃，切口干燥，引流管引流出血性液体约20 mL。

1月25日，引流管引出黄褐色液体约30 mL。

1月26日，引流管引出黄色夹杂少许黄绿色液体约20 mL。

1月27日，复查B超示皮下及腹腔内积液明显减少。

2月2日，切口愈合较快，残腔已很小，渗出物不多，停用抗生素。

2月4日，昨日上午出现寒战高热，体温达38.7℃，给予肌注苯海拉明、氟美松后症状缓解。复查腹部B超：于切口下方皮肤软组织内探及最大深度为0.5 cm液性暗区，内透声差，提示皮下积液。

2月17日，近日切口引流物又较多，复查B超及切口造影。造影示皮下积液，无明显与肠道相通处。

2月22日阶段小结，目前诊断：阑尾炎术后，肠瘘。

2月25日查房记录：昨日引流管内有绿色肠内容物流出，今日上午行钡餐检查证实回盲部后壁有钡剂漏出与腹壁体表相通，皮下潜在腔隙已变小，引流管通畅，腹软、无压痛。

2月27日，患者自述引流管内大便排出，伴有引流管周围处疼痛。查体：腹软，无压痛，引流管通畅，为稀水样黄便，患者去济南某省级医院会诊后认为肠瘘诊断明确，患者准备往济南某省级医院手术治疗。

(3) 2009年2月27日至4月14日某省级医院住院病史

入院情况：患者因"阑尾炎术后反复右下腹痛2月余，右下腹引流管再次置入术后10 d"入院。查体：腹部平软，麦氏点可见约4 cm手术切口，未愈合，切口内放置负压引流管1根，引流袋内可见约30 mL混浊稠厚液体，无腹壁静脉曲张，未见胃肠型及蠕动波，右下腹未触及明显包块，轻微压痛，无反跳痛，肝、脾肋下未触及，Murphy征(-)，肝、肾区无叩痛，移动性浊音阴性。

3月3日肠镜检查诊疗报告：进镜120 cm达回盲部，见局部黏膜水肿糜烂，并见肠壁有一瘘口，经腹腔引流管注入美兰，见肠腔内着色，证实回盲部肠瘘。

3月4日在全麻下行回盲部切除术，进腹探查：回盲部与腹壁瘘口处粘连，分离粘连发现回盲部有一个直径0.8 cm的瘘口与腹壁瘘口相连。病理诊断：回盲部溃疡并穿孔，周围肠黏膜广泛糜烂，呈急慢性发炎，小肠周围淋巴结呈反应性增生，大网膜内脂肪坏死，肉芽组织增生。

出院诊断：阑尾切除术后，盲肠瘘。

(4) 2012年11月11日至12月1日解放军某医院住院病史

入院诊断：阑尾切除术后盲肠瘘。

11月22日行右半结肠切除术、肠粘连松解、腹壁脓肿切开引流术，术后恢复良好。病理诊断：右半结肠黏膜慢性炎伴溃疡及穿孔，可见隐窝脓肿，炎症细胞主要位于黏膜及黏膜下层，局部侵及浆膜层，符合克罗恩病。

出院诊断：回盲部切除术后盲肠瘘，克罗恩病。

(5) 2012年12月13日至12月23日某市第二人民医院住院病史

入院情况：阑尾及回盲部切除术后3年，右半结肠切除术后20 d，发热10 d入院。查体：右下腹及下腹中部可见手术瘢痕，经腹直肌切口中段可见脓性分泌物，下腹压痛、反跳痛，腹部呈鼓音。血常规：WBC 12.83×10^9/L，N 73.34%。腹部彩超：肠间积液。诊断：急性化脓性腹膜炎，右半结肠及回盲部切除术后，腹腔积液，克罗恩病，腹壁脓肿。

入院后予抗炎补液、对症支持治疗，恢复可。

(6) 2013年3月22日至4月22日解放军某军区总医院住院病史

入院情况：右半结肠切除术后引流出肠液2月余，间断发热2 d入院。诊断：腹腔感染，肠瘘，克罗恩病，右半结肠切除术后。

腹部CT示：肠瘘治疗术后改变，右下腹肠管分界不清，并与腹壁及右侧腰大肌粘连、渗出。窦道造影示：结肠瘘、腹腔脓肿。予以肠内营养支持、双套管冲洗引流，患者间断发热，体温最高达38.2℃。

入院后积极完善相关检查，4月2日予行肠瘘切除术、肠吻合术。术中发现右上腹有一残腔，与瘘口相通，残腔清创，将回-结肠吻合口自切口拖出，证实为回-结肠吻合口瘘，距盲肠约 30 cm 内，末端回肠有 3 处破损且肠管狭窄明显。切除含瘘回肠段，行回肠横结肠侧-侧吻合术，缝闭回结肠残端。术后病理诊断：肠黏膜炎性渗出、坏死，符合肠瘘改变。术后予以肠外、肠内营养及对症治疗，经治病情痊愈。

出院诊断：腹腔感染，肠瘘，克罗恩病，右半结肠切除术后。

3. 既往鉴定情况

2009 年 12 月 30 日当地某司法鉴定所司法鉴定意见书：

鉴定意见：某市人民医院对沈某的医疗行为存在过错，其过错与患者损害后果存在因果关系，应负主要责任。

4. 本次鉴定意见

(1) 沈某系在某市人民医院于 2008 年 12 月 12 日为其行阑尾切除术之后，某省级医院于 2009 年 3 月 4 日行回盲部切除术前首次发生肠瘘。

(2) 沈某发生肠瘘的主要原因为其自身所患克罗恩病，但某市人民医院在对沈某的诊疗过程中存在过错行为，应属引发肠瘘的次要因素。

5. 分析讨论

沈某因无明显诱因下突发右下腹痛 2 日，入住某市人民医院，医方诊断为急性阑尾炎，予行阑尾切除术。术后 1 月余，沈某出现切口区疼痛积液并腹腔积液，伴全身发热表现，再次入住某市人民医院。其后在多家医院多次行手术或非手术治疗，被确诊为"盲肠瘘，克罗恩病"等。

克罗恩病又称为 Crohn's 病(简称 CD)，是一种非特异性肉芽肿炎性病变，至今病因未完全明确，表现为肉芽肿性炎症病变，合并纤维化与溃疡，可侵及从口腔至肛门的全胃肠道任何部位，病变可以是单发或多发，病变呈节段性或跳跃性分布，约有 10%的患者发病较急，症状类似急性阑尾炎，故时有以急性阑尾炎接受手术者。克罗恩病的主要临床症状包括腹泻、隐性右下腹痛呈阵发性加重或反复发作、右下腹及脐周包块、间歇性中等度发热或低热、贫血及营养不良等；主要体征有急性或慢性胃肠道梗阻、肠穿孔和消化道出血、腹腔内脓肿、术后继发肠瘘、肛门周围炎症等。其典型病理改变包括裂隙状溃疡、阿弗他溃疡及非干酪样性肉芽肿等，肉芽肿结节有较高的诊断意义，但仅有 15%的患者可取到微小肉芽肿，当有典型的临床表现并疑诊为克罗恩病时，若伴有非干酪样性肉芽肿、裂隙状溃疡和瘘管及肛门部病变特征性改变之一者，即可确诊。本病患者若伴有完全性肠梗阻、肠内瘘或外瘘、腹腔内脓肿形成、消化道急性穿孔、腹膜炎、消化道出血和癌变等并发症时可行手术治疗，病变肠管一期切除及吻合术为多数临床医师所赞同，是效果相对较好的手术方式。然而，从克罗恩病手术治疗的长期疗效来看，术后症状虽可得到一定缓解，但仍可复发，总体预后较差。

本案中，根据沈某入住某市人民医院时的症状、体征及辅助检查结果，尤其术前超声探及右下腹混合性包块，外周血 WBC 计数及分类比例尚属正常范围，加之没有发热表现，故其术前诊断应为"右下腹包块，性质待查"。因阑尾炎是常见病、多发病，故可考虑"阑尾包块"可能，一般主张先行非手术治疗，观察治疗效果，而非立即选择手术。若治疗过程中右下腹包块扩大，出现发热体征，外周血 WBC 计数及中性粒细胞比例明显增高，出现中毒症状或者包块破裂时，可再行考虑转手术治疗。根据某市人民医院记录的阑尾切除术术中所见及术后病理报告（阑尾粪石），沈某主要表现为盲肠炎症，而非急性阑尾炎，医方未能正确认识病变性质，未考虑到病情的复杂性，在鉴别诊断不够充分的情况下行阑尾切除术，存在过错。

从送鉴病史来看，沈某第 1 次出现肠瘘表现，是在某市人民医院 2008 年 12 月 12 日行阑尾切除术后形成。其出现症状距离阑尾切除术达 1 月余，术后当时切口愈合尚可，也未见出现其他不适表现的临床记载，故无法认定系手术创伤直接导致肠瘘发生，但不能排除与其在自身克罗恩病的基础上，遭受阑尾切除术手术创伤促进病变进展有关。

考虑到克罗恩病相对少见，且临床表现复杂多变，早期临床诊断较为困难，常易与急性阑尾炎等常见疾病混淆，即使行非手术治疗亦有相当病例发展为消化道穿孔、肠瘘，而手术治疗效果又欠佳。同时，若不存在克罗恩病，即使行阑尾切除术，一般也不会引起肠瘘的发生。故认为某市人民医院在对沈某的诊疗过程中所存在的医疗过错是阑尾切除术后短时期内发生肠瘘等不良后果的次要因素（医疗过错对损害后果的参与程度拟为 20%～30%）。

在某省级医院于 2009 年 3 月 4 日为沈某行回盲部切除术后，其再次出现肠瘘表现，后又有反复发作。根据其病情特点，分析沈某克罗恩病病变范围以盲肠为主，某省级医院及其他经治医院予行回盲部切除术、右半结肠切除术等手术治疗，符合当时实际情况。因克罗恩病系沈某自身疾病，故其后多次发生肠瘘的根本原因系与该自身疾病的转归直接相关。

6. 评析

本案的关键并不在于某市人民医院阑尾切除术前对患者的误诊。因为诚如鉴定意见书指出，克罗恩病的临床表现复杂多样，相当部分可出现类似急性阑尾炎的临床表现，故此时误诊完全可以被接受。但关键在于：① 是否应当实施剖腹手术；② 术中见到其阑尾与盲肠的形态特征并不符合典型的急性阑尾炎诊断时，医师是否应当简单地切除阑尾，是否应当采用其他操作明确诊断；③ 在术后病理报告仅为“阑尾粪石”时，医师是否应当重新考虑临床诊断。由此可见，未能及时作出正确的临床诊断并不一定等于存在延误诊断的过错，关键还是在于判定其临床行为是否达到了“合理医师”的水准。

四、结肠癌诊断延误

1. 案情与病史摘要

某女，20 岁，某年 10 月 25 日到某医院就诊，门诊病史记录显示：10 月 28 日：腹痛伴腹胀不适 3 d；体检（简单且字迹难以辨认）；处理：补液（具体用药不清）；门诊处方见结肠炎丸、654－2 片等口服药物。11 月 1 日 B 超检查：子宫附件未见明显异常征象。11 月 1 日至 5 日、11 月 29 日至 12 月 10 日每天均可见门诊病史记录，但极为简单，且字迹不清，处理一般为补液，具体用药看不清。12 月 11 日腹部透视示横结肠及升结肠积气扩张，未见液平面，两膈下未见游离气体。12 月 12 日：解脓血便近半月，伴腹痛，无发热、恶心、呕吐，在本院诊为“菌痢”，经抗感染治疗后，8 d 前开始大便秘结，感腹胀，4 日前开始恶心、呕吐，今中午开始指端麻木，大便检查 RBC（＋＋＋＋），腹部平片示肠梗阻。处理：化验检查，肥皂水灌肠。诊断：血便待查，结肠癌可能。12 月 12 日至 22 日留观于某医院，查体：消瘦，贫血貌，腹略隆，左下腹、右上腹均压痛。化验：血常规 Hb 78 g/L，大便常规 OB(++++)。予对症治疗，拟行肠镜等检查以进一步明确诊断，禁食。留观经过：12 月 15 日：肛检未及肿块；行胃肠减压。12 月 16 日：血钾 2.8 mmol/L。12 月 19 日经补液对症治疗后腹痛、腹胀明显好转，主任分析患者一直表现为不全性梗阻症状，考虑肠腔内占位梗阻，待梗阻解除后造影明确，注意补液、维持电解质平衡。12 月 20 日：诉肠蠕动频繁，肛门排气，未解大便。12 月 21 日：仍有恶心，腹胀不明显，肛门能排气，无腹痛、无发热，昨腹部透视未见明显异常。12 月 22 日：钡剂灌肠口头报告脾曲处降结肠占位，下午经外科会诊后转外科住院。

1998 年 12 月 22 日入住某医院外科，于 12 月 24 日全麻下行左半结肠切除、左卵巢肿瘤切除、左下腹横结肠造瘘，右侧腹壁腹腔泵埋置。术中见结肠脾曲有约 8×8 cm 大小肿块，质硬、边界不清，与周围组织粘连，活动度差，肝脏周围腹膜及膀胱子宫直肠陷窝内有多处转移灶，肿块以上肠腔明显扩张，约 10×10 cm，肠蠕动不明显，左侧卵巢增大约 5×5 cm，质硬，与周围组织无明显粘连。术后第 18 天，予丝裂霉素、5-氟脲嘧啶等腹腔泵注入化疗，次日患者诉不适，暂停化疗。病理诊断：左结肠缩窄型印戒细胞癌，伴淋巴结癌转移，左卵巢转移性印戒细胞癌。术后 2 月余出现发热、腹痛、腹胀，后腹痛、腹胀加重，伴恶心、呕吐及肛门停止排气、排便，予胃肠减压、解痉、支持及镇痛等治疗，4 月 26 日突发呼吸、心跳停止，经抢救无效死亡。诊断：结肠癌，肠梗阻。

2. 鉴定意见与分析讨论

某女因腹部不适等就诊于某医院，由于该院接诊医师的医疗文书记录过于简单，书写字迹潦草较多难以辨清，给本次鉴定带来了一定的困难。现分析，在该女反复多次门急诊就诊中，经治医师仅根据其主诉即诊断为“肠炎”，依据不够充分，只进行了一般的对症治疗，所做出的治疗方案不够全面，对疾病的严重性认识不足，一定程度上造成了诊断的延误，若当时能考虑进行血常规、大便常规、大便细菌培养、腹腔超声、肠镜或结肠钡剂造影等检查，可能有助于提早作出确切诊断。待其出现肠梗阻、便血后，经治医院给予对症处理，考虑待梗阻缓解后再进一步检查则是可以的。待某女被确诊为结肠癌后该医院即予行手术治疗，则符合诊疗原则。术中发现该女已为晚期结肠癌，最终死于并发肠梗阻、恶液病质、多脏器功能衰竭。其死亡的根本原因是其本身晚期肿瘤病变的自然转归。目前可以推断，本例结肠肿瘤至发病时已为相当晚期，且肿瘤恶性程度高，治疗效果差，术后生存率低，均是明确的。即使能于就诊后不久即准确诊断，治疗效果也未必有明显提高。

综上所述，某医院在某女门急诊期间存在病史记录欠规范、检查不全面等不足，一定程度上延误了诊断；但某女最终死亡是其本身晚期肿瘤的自然转归，与医疗因素存在直接因果关系的证据尚嫌不足。

3. 评析

延误诊治是否与不良后果存在因果关系，其关键在于延误诊治是否造成了实质性损害。对于癌症患者而言，如前文所述，任何延误诊治都可能降低治疗的效果，但关键在于这种影响是否可以被准确衡量与评估。如是否因为延误而导致癌症分期、分度的加重，而不同分期、分度的癌症患者多数情况下会有不同的治愈率与 5 年生存率，这些数据常有流行病学调查结果支持。若延误诊治对癌症病情的分期、分度并无影响，则难以认定患者的治愈机会与生存概率会有多大改变。此时，只是科学对鉴定的无奈，而非毫无影响。当然，因为科学的无奈，从证据学角度，法律也跟着无奈了。

五、左颌下鳞状细胞癌延误诊治

1. 案情摘要

据送检材料：2012 年 5 月 8 日，刘某因“发现左颌下肿物半月”至某市人民医院就诊，诊断为“颌下肿物(左)”，医院于 5 月 10 日为刘某施行颌下肿物部分切除术，病理示左颌下皮脂腺囊肿并感染。术后出现手术切口渗液等，再次入院行左颌下肿物扩大切除术，病理示左颌下鳞状细胞癌(中分化)。

2. 病史摘要

(1) 2012 年 5 月 8 日至 5 月 15 日某市人民医院住院病史

入院主诉：发现左颌下肿物半月。现病史：于半个月前无意中发现左颌下部肿物，伴疼痛，无发热，无呼吸及吞咽困难，无声音嘶哑，无情绪暴躁易怒。自发病来肿物未见明显增大，体重未见下降，饮食睡眠可。为进一步治疗收入院。查体：左侧颌下可触及直径约 3.0 cm 肿物，活动差，触痛明显。同年 4 月 27 日本院颈部 B 超示：左侧颌下部皮下低回声。初步诊断：颌下肿物(左)。

5 月 9 日术前小结：拟行颌下肿物(左)切除术。麻醉方式：局麻。

5 月 10 日术后首次病程记录：患者今日在局麻下行颌下肿物部分切除术。术中见左侧颌下直径 3 cm 实性占位，边界不清，与周围组织粘连重，且肿物脆，极易出血。肿物中心呈坏死样。术中患者疼痛不能耐受。遂取大部肿物送病理。置引流条 1 根，缝合切口，加压包扎。手术顺利，术后患者安返病房，予头孢孟多预防感染治疗。

5 月 11 日病理检查报告：左颌下皮脂腺囊肿并感染。

5 月 15 日出院情况：目前患者一般情况尚可，颈部切口愈合，无明显红肿。出院诊断：左颌下皮脂腺囊肿并感染。

(2) 门诊随访病历

5 月 23 日，近几天刀口周围红肿、疼痛。

6 月 3 日，左下颌处术后渗水半月。查体：左颌下刀口处见肉芽增生，创口内坏死肉芽。处理：细纱条引流，抗感染对症治疗。

(3) 2012 年 6 月 30 日至 7 月 11 日某市人民医院住院病史

入院主诉：左颌下肿物切除术后一个半月。现病史：2 月前因“左颌下肿物”于我院行左颌下肿物切除术，术后半月即出现术区刀口渗液，于当地医院静滴抗生素治疗(具体药名及剂量不详)，效果欠佳，来我院给予局部清创换药治疗，刀口仍不愈合，遂来我科就诊，以“左颌下肿物伴感染”收入院，拟行二次手术。查体：面部不对称，左颌下可触及约 3×3 cm肿物，质地硬，边界不清，与颌下腺分界不清。肿物表面见长约 3 cm 术后疤痕，见刀口未愈合，有渗出，轻压痛，表面皮肤肤色同周围组织，皮温不高，未及波动感；张口度约 3 横指，全口义齿修复，舌活动自如，伸舌居中，左胸锁乳突肌前缘可扪及一约 1.5×2 cm 肿大淋巴结，质韧，活动度差，触压痛，边界尚可，其余颈深部淋巴结未触及肿大。初步诊断：左颌下肿物术后复发，性质待查。

7 月 2 日术前小结：拟行左颌下肿物扩大切除术＋颈深淋巴结切除术。麻醉方式：全麻。

7 月 3 日术后首次病程记录：患者今日在全麻下行左颌下肿物扩大切除术。术中见肿物位于左颌下区，约 3×3 cm，与颌下腺关系密切，与周围组织边界不清，扩大切除部分咬肌及骨膜。切除肿物送快速冰冻病理，显示左颌下鳞状细胞癌。摘除左颈深淋巴结，冲洗术区，置引流管 1 根，分层缝合。

7 月 6 日病理检查报告：左颌下鳞状细胞癌（中分化），送检颈深淋巴结内见鳞状细胞癌浸润，另 1 淋巴结未见显著改变。

5 月 15 日出院诊断：左颌下鳞状细胞癌。

3. 法医学检验

（1）医学影像学资料阅片所见

2012 年 5 月 9 日颌面部 CT 片示：左颌下腺外侧见等密度软组织肿块影，周边部分脂肪间隙消失。7 月 9 日颌面部 CT 片示：左颌下肿物术后，左颌下区域见不规则软组织密度影。

（2）组织病理学检验所见

第 1 次手术送检 HE 切片与蜡块示：镜下为囊性病变，囊壁内衬鳞状上皮，鳞状上皮轻度增生，增生鳞状上皮极性存在，并见过度角化，囊腔内见较多角化物和较多变性中性粒细胞，增生鳞状上皮部分区域散在较多中性粒细胞浸润，软组织中可见到汗腺和脂肪组织，未见到涎腺组织。经深切该蜡块组织，深切切片中与原单位送检切片镜下病理形态相同，未见到鳞状细胞癌组织和涎腺组织。诊断：表皮囊肿破裂伴感染。

第 2 次手术送检 HE 切片与蜡块示：镜下见肿瘤组织，鳞状细胞癌，分化Ⅱ级；肿瘤组织中央区为囊性，囊内为角化物，其间散在少量中性粒细胞浸润，癌组织间质内可见到浆细胞、淋巴细胞及中性粒细胞浸润。另 1 张切片镜下为淋巴结组织，呈慢性炎症改变，未见鳞癌组织转移。

4. 鉴定意见

某市人民医院在对刘某实施诊疗的过程中存在医疗过错；其过错与刘某左颌下鳞状细胞癌延误诊治的不良后果之间存在直接因果关系。

5. 分析讨论

刘某为老年男性，于 2012 年 5 月 8 日因“发现左颌下肿物半月”至某市人民医院就诊，医方术前诊断为“颌下肿物（左）”，于 5 月 10 日为刘某施行颌下肿物部分切除术，术后病理示左颌下皮脂腺囊肿并感染。术后出现手术切口渗液等，于 6 月 30 日再次入院行左颌下肿物扩大切除术，术后病理示左颌下鳞状细胞癌（中分化）。本中心复阅刘某的病史、影像学资料，并复阅其病理组织切片，其左颌下鳞状细胞癌的临床诊断可以成立。

本例刘某首次入院治疗时，某市人民医院查体示左侧颌下可触及直径约 3 cm 肿物，活动差，触痛明显，结合 B 超和 CT 检查，故其左颌下实性肿物的术前诊断可以明确。针对该类型的肿物，局部大块切除是治疗的主要原则，术中再配合冰冻病理切片的结果，选择是否进一步扩大切除，在功能影响不大的情况下，尽可能切除肿瘤周围组织，甚至可以牺牲一些肉眼看来正常的组织。但某市人民医院对于刘某病情的复杂性和严重性认识不足，选择局部麻醉的方式不当，致术中根据实际情况调整手术方式的选择空间减少，存在过错，最终因患者术中疼痛不能耐受而终止手术。据医方的术中探查所见，该左颌下肿物呈实性，直径约 3 cm，边界不清，与周围组织粘连重，且肿物脆，极易出血，中心呈坏死样，上述特征提示该肿物较大且恶性可能。在此情况下，刘某出现疼痛不能耐受手术，医方若条件允许应改变麻醉方式，尽可能将该肿物完整切除，即使不行切除术，也应取活检送冰冻病理检验，以明确该肿物的性质。医方在首次手术所取组织病理检验结果为表皮囊肿破裂伴感染，显然未取到肿物的实质组织，存在过错。同时，医方在刘某的实质性肿块无法用表皮囊肿的病理结果解释的情况下，让其出院，而未行进一步检查或治疗，亦存在过错。综上所述，某市人民医院在对刘某首次住院诊疗过程中，术前准备、术中操作及术后处理中均有不当之处，存在医疗过错。

刘某后因前次手术切口不愈合，于 1 月余后再次入某市人民医院治疗，并行左颌下肿物扩大切除术，最终确诊为鳞状细胞癌，且有颈深部淋巴结浸润。某市人民医院该次诊疗过程基本符合医疗原则，但刘某的病情已较前明显进展。

综上所述，某市人民医院在对刘某实施的诊疗过程中，存在医疗过错；该过错与刘某左颌下鳞状细胞癌延误诊治的不良后果之间存在直接因果关系（过错参与程度拟为96%～100%）。

6. 评析

如前所述，医疗纠纷的损害后果最好具有如下特性：稳定性，终局性，可量化性，客观性。按照鉴定意见的表述，本案的损害后果为左颌下鳞状细胞癌延误诊治，但该后果本身实际上是无法量化的。作者认为，本案的损害后果应当为患者在仅相隔数月后不得不再次接受手术，并且出现颈部淋巴结转移（当然需要通过鉴定人的分析论证证明类似期间的延误可能造成相应转移）。而后者是可以量化的损害后果，这种后果既包括额外增加的手术治疗以及其后可能需要进一步接受的抗肿瘤治疗（包括放射治疗与化学治疗）。

六、鼻咽癌诊治延误引发纠纷

1. 案情摘要

2009 年 2 月 19 日，成年男性患者黄某因“鼻塞伴间断鼻腔出血”入住某大学附属医院，临床诊断慢性鼻-鼻窦炎，肥厚性鼻炎等，予行手术治疗。2009 年 6 月 16 日，黄某至某医科大学附属医院就医，经检查、手术等，最终诊断为鼻咽癌，虽经手术及放射治疗，仍因肿瘤广泛转移，于 2012 年 4 月 11 日死亡。黄某家属以上述两家经治医院在诊疗过程中均存在过错并造成黄某死亡为由诉至法院，要求医方承担赔偿责任。

2. 病史摘要

(1) 某大学附属医院 2009 年 2 月 19 日至 3 月 5 日住院病史

入院主诉：双侧持续性鼻塞 1 年余，伴间断鼻腔出血 8 个月。现病史：1 年前无明显诱因出现双侧持续性鼻塞，逐渐加重，8 个月前出现双侧鼻腔出血，未诉头痛及流涕，未作任何治疗。3 个月前因左眼复视、左眼球外展受限在当地医院就诊后，CT 示全组鼻窦炎，给予抗感染治疗未见好转。今本院门诊以“全组鼻窦炎，双下甲肥大”收治。查体：

T37.4℃,P86 bpm,R20 bpm,BP126/84 mmHg;双侧颈后三角淋巴结肿大各1枚,左3×3 cm,右2×2 cm;双侧鼓膜轻度内陷;鼻腔黏膜慢性充血,双侧中鼻道积脓,左下甲肥厚;软腭完整,悬雍垂居中,鼻咽不能配合未查,会厌形态正常,双侧梨状窝无积液;双侧声带光滑,活动良好,闭合良好。本院2月16日MRI示:双侧上颌窦、筛窦、蝶窦内异常信号,考虑为感染性病变,累及鞍上池、视交叉、双侧海绵窦及岩尖部。本院2月17日CT示:全组鼻窦炎,双下甲肥大。初步诊断:全组鼻窦炎,肥厚性鼻炎。

于2月23日行功能性鼻内窥镜手术+中隔成形术。术前诊断:慢性鼻-鼻窦炎,肥厚性鼻炎,麻痹性内斜视,双侧耳鸣。术中见中隔偏曲,双中甲息肉样变,双中道息肉,筛窦黏膜息肉样变,额窦积脓,双上颌窦窦口膜性封闭,中隔筛骨垂直板后下黏膜坏死破损,骨质破坏吸收,蝶窦左侧骨壁侵蚀破坏。处理步骤……做上述切口,切除偏曲的软骨及骨质;切除中道息肉,切除中甲、筛窦、上颌窦口病变黏膜,并吸除各窦腔内黏脓,开放蝶窦口见上述病变;中隔后端病变组织、蝶窦口区病变黏膜、中道息肉样组织送检。

2月26日病理检查报告书:送检材料:① 鼻中隔后段近鼻底处糜烂区域;② 双中道息肉;③ 左蝶窦前壁黏膜。病理诊断:(送检① 鼻中隔② 双中道③ 左蝶窦)呈慢性炎症变化的黏膜组织伴部分黏膜息肉样变。

3月4日9:00病程记录:诉鼻腔通气改善,无鼻出血,左眼球运动明显好转。查见切口愈合可,鼻腔通畅,鼻窦开放好。明天出院。

(2) 某大学附属医院2009年5月5日至5月23日住院病史

入院主诉:复视半年,伴左眼视力下降1个月。现病史:于2008年10月份无明显诱因出现左眼活动障碍并伴有复视情况,而后于2009年2月份左眼活动障碍情况好转,右侧眼球活动受限。近1月左眼视力下降明显,目前仅可见模糊物体。查体:T 36.8℃,P 86 bpm,R 20 bpm,BP 123/87 mmHg;左侧颈部单个肿大淋巴结;视力粗查正常;左侧瞳孔直径5 mm,对光反射迟钝,右侧瞳孔直径3 mm,对光反射正常;眼球位置正常,外展运动受限,有复视;余未见明显异常。初步诊断:多发颅神经炎,鼻窦炎。

5月8日颅脑MRI平扫+MRA+增强示:左侧颞叶、双侧海绵窦及双侧乳突异常信号,考虑感染性病变;颅底骨信号异常,不除外炎症累及,建议CT除外肿瘤性病变;副鼻窦炎。

入院后给予抗感染、营养神经、改善循环等治疗。

出院情况:诉左眼视力较前好转。

最后诊断:多发颅神经炎,鼻窦炎,颅内占位待排。

(3) 某医科大学附属医院2009年6月16日至7月6日住院病史

入院主诉:双侧鼻塞1年半,复视8个月,左眼视力下降2个月、失明3周。现病史:于1年半前出现双侧持续性鼻塞,伴间断性鼻出血,8个月前出现左眼外展受限,复视,约5个月前出现双侧耳鸣,左耳听力进行性下降。2009年2月于某大学附属医院诊断为慢性鼻-鼻窦炎,肥厚性鼻炎,行功能性鼻内窥镜手术及中隔成形术,术后左眼外展受限稍好转,鼻塞稍好转,但很快又复发加重,鼻腔有分泌物,并出现右眼外展受限。2个月前出现左眼进行性视力下降,再次住院给予抗生素及营养神经等治疗,症状无明显好转,3周前左眼失明,舌活动不灵,食欲下降。发病以来无明显头痛,无肢体活动障碍。查体:

T 36.9℃，P 86 bpm，R 20 bpm，BP 100/60 mmHg；神志清，自动体位；双侧耳后方软组织变硬，双侧颈部可触及多个肿大淋巴结，直径 2～3 cm，质韧，活动；嗅神经——嗅觉正常；视神经——左眼失明，右眼远、近视力粗测正常；动眼、滑车、外展神经——瞳孔左 6 mm，右 4 mm，对光反射(直接)左消失，右灵敏，(间接)左迟钝，右消失，(眼姿)右内斜视，眼球活动正常；三叉神经——左侧角膜反射减退，左侧感觉减退，运动正常；面神经——正常；听神经——左侧听力下降；舌咽、迷走神经——正常；副神经——正常；舌下神经——正常；四肢肌力、肌张力正常，双侧巴氏征(-)。5 月 6 日头颅 CT 及 6 月 1 日头颅 MRI(某大学附属医院)示：鞍区占位。6 月 16 日初步诊断：鞍区占位。6 月 17 日确定诊断：鞍区占位，鼻咽癌。

6 月 18 日 16:00 主任医师查房记录：患者因双侧持续性鼻塞 1 年半，复视 8 个月，左眼视力下降 2 个月、失明 3 周，曾行抗感染治疗，仍有神经损害症状进行性加重。来我院后行头颅 MRI 检查示颅内外异常信号影伴双侧颞叶脑水肿，鼻咽癌侵及周围结构可能。据以上考虑鼻咽部及前颅底肿瘤诊断成立，考虑鼻咽癌可能性大。排除手术禁忌证后可行手术切除肿瘤。请眼科会诊，查视力左眼无光感，右眼视力 0.25；视野右眼旁中心暗点。

6 月 23 日 9:00 主任医师查房记录：考虑患者鼻咽癌可能性大，尚需排除炎症或其他肿瘤可能，查无手术禁忌证，拟定于明日在全麻下行经鼻入路内镜辅助下肿瘤切除术。

6 月 24 日 18:30 术后记录：今在全麻下行内镜辅助下经鼻蝶窦入路鞍区及双侧海绵窦区肿瘤切除术，术中沿中鼻甲下缘和中鼻甲和鼻中隔之间进入，蝶窦壁骨质已被肿瘤侵蚀破坏，肿瘤向上侵蚀蝶骨平台，左侧视神经管骨质完全侵蚀破坏，右侧视神经管骨质未被侵蚀破坏，肿瘤向下侵蚀破坏中上斜坡骨质，双侧钩突骨质被侵蚀破坏，左侧纸样板完全被侵蚀破坏，右侧纸样板部分被侵蚀破坏，被侵蚀的骨质疏松，血供丰富。分块切除大部肿瘤及已被肿瘤侵蚀的颅底骨质，完全暴露鞍底及中上斜坡硬膜，硬膜无破损，切除颈内动脉表面的肿瘤，双侧视神经管上方颈内动脉隐窝肿瘤完全切除，视神经管减压充分。蝶窦内及双侧海绵窦区有质软血供丰富的肿瘤，边界不清，鞍底、斜坡及眶底、蝶骨平台等处骨质被侵犯变疏松。术中出血约 1 500 mL，输 RBC 悬液 6 U。术中冰冻病理诊断报告：鼻咽部纤维及骨组织内巢状分布的肿瘤组织浸润，考虑为小细胞恶性肿瘤，待石蜡。

6 月 26 日超声检查所见：右侧颈血管旁可见 0.9×0.4 cm 及 1.1×0.4 cm 低回声，边界清，中心部回声增强，右侧锁骨上可见 0.7×0.3 cm 低回声，边界清，中心部回声增强，左侧锁骨上可见 1.0×0.5 cm 的低回声，边界清，中心部回声增强，左侧颈血管旁可见直径 0.5 cm 的低回声，边界清。提示：颈部、锁骨上淋巴结。

6 月 26 日复查头颅 MRI 示：鼻咽部肿瘤术后改变，双侧海绵窦、双颞叶异常信号较前变化不大。

6 月 30 日病理诊断报告：鼻咽、颅底破碎标本，镜下见黏膜组织被覆假复层纤毛柱状上皮，间质巢状上皮细胞团浸润，考虑为非角化型低分化癌。

出院时诉视力较术后无变化。查体：神清语利；右瞳直径 3 mm，对光反射灵敏，视力尚可，左瞳直径 6 mm，对光反射消失，左眼失明，双眼外展受限，无面部感觉障碍，鼻腔无明显流血、流液。双侧颈部及锁骨下可触及肿大淋巴结。术后复查头颅 MRI 示双侧海绵窦及双颞叶肿瘤残留。

出院诊断：鞍区占位：鼻咽癌。

(4) 其后诊疗经过

2009年7月13日至9月11日，因"鼻咽癌术后半月余"住某大学附属医院，行鼻咽癌术后放疗。出院诊断：鼻咽癌术后($T_4N_2M_0$)。

2009年10月12日至10月14日，因"鼻咽癌术后3月余，放疗后1月"住某大学附属医院，拟行化疗，因经费困难出院。

2011年3月16日某大学附属医院CT报告：胸部及心脏CT平扫示左肺内可见多个小点片状结节影，$T_{6\sim10、12}$及L_1椎体可见片状、不规则密度增高影，结合病史考虑转移，建议进一步检查。

2011年3月16日某大学附属医院核医学科SPECT检查报告：全身骨结构显示清晰，颅骨、双侧多根肋骨、多根椎体(颈、胸、腰、骶椎)、双侧髋骨多处、双侧股骨上段放射性浓聚。诊断意见：全身骨γ显像：肿瘤广泛转移。

2011年3月27日至4月2日，以"鼻咽癌放化疗术后2年，突发腹痛半天"入住某市人民医院，诊断为肠梗阻，鼻咽癌放疗术后。入院后经过抗炎及对症支持等治疗后症状缓解，出院。

此后多次住某市人民医院，予抗炎、对症支持等治疗。

3. 鉴定人阅片所见

2009年2月11日头颅CT平扫片示：双侧后组筛窦、蝶窦内充满软组织病变，无明显骨质破坏；双侧中耳乳突气房透光度低，颅底骨质无明显异常改变；左颞叶局部脑组织见斑片状低密度影。

2009年2月16日头颅MRI平扫+增强片示：双侧上颌窦黏膜增厚，双侧筛窦、蝶窦黏膜增厚并积液；双侧乳突积液；鞍区病变累及视交叉，双侧海绵窦增大、增强，以左侧为著；左侧颞叶水肿；鼻咽顶后壁软组织稍厚、增强；枕骨斜坡颅内面脑膜增厚、增强。符合双侧鼻窦炎、乳突炎改变。

2009年2月17日鼻窦CT平扫片示：双侧上颌窦黏膜增厚，双侧筛窦、蝶窦充满软组织病变，鼻腔内软组织增生，无明显骨质破坏；鼻咽顶后壁软组织增厚、表面尚光整。

2009年2月21日颞骨CT平扫片示：双侧筛窦、蝶窦充满软组织病变；双侧中耳乳突气房软组织病变，无明显骨质破坏；颅底骨(包括蝶骨大翼)骨质普遍硬化，结构明显异常改变(双侧卵圆孔、破裂孔、岩尖部等结构清晰、无破坏)。

2009年5月6日头部MRI平扫+增强片及MRA片示：双侧鼻窦炎、乳突炎表现基本同前；左侧颞叶水肿较前加重；双侧海绵窦增大、增强，左侧更显著；枕骨斜坡下鼻咽部软组织异常增强，颅内面脑膜增厚、增强较前明显；颅脑动脉未见明显异常。

2009年5月8日头部CT平扫片示：左侧海绵窦区软组织密度影稍高，左颞叶水肿。

2009年6月1日头部MRI平扫+增强片示：双侧鼻窦炎、乳突炎表现基本同前；鼻咽后壁软组织、海绵窦、颅底脑膜均增厚、增强，左颞叶水肿无明显改变，并出现右颞叶水肿。

2009年6月18日头部MRI平扫+增强片示：鼻咽后壁软组织增生隆起，双侧鼻窦炎、乳突炎表现与6月1日片基本相仿，双侧海绵窦增大、增强，颅底脑膜增厚、增强，双侧颞叶水肿与前片(6月1日)相仿。

2009年6月26日头部MRI平扫＋增强片示：双侧筛窦、蝶窦开放术后，中鼻甲切除，术腔大，表面光，鼻窦炎病变较前明显减轻，鼻咽周壁及翼肌等咽旁软组织广泛增强，双侧海绵窦及中颅窝底广泛脑膜增厚、增强，双侧颞叶水肿仍存在，双侧乳突积液。

2009年8月24日及9月7日鼻咽及颈部MRI平扫＋增强片示：鼻咽部肿瘤术后表现。

4. 鉴定意见

某大学附属医院在黄某的诊疗过程中存在过错，与黄某最终死亡后果之间存在一定的因果关系(间接因素)，但医疗过错的参与程度尚无法准确评估。

某医科大学附属医院对黄某诊疗行为存在过错，不排除医疗过错与黄某最终死亡后果之间存在一定的因果关系(间接因素)，但医疗过错的参与程度尚无法准确评估。

5. 分析讨论

根据黄某的病史、临床表现、影像学检查结果以及其病情的发展和变化、手术所见及术后病理检验结果，其鼻咽癌的诊断成立；结合其放射治疗后临床病史资料综合分析，其死亡的根本原因系自身疾病的转归。

鼻咽癌是指发生于鼻咽部黏膜的恶性肿瘤。由于发病部位较隐蔽，周围解剖结构复杂，导致临床症状复杂多样，早期症状不典型，容易漏诊、误诊。一些患者因神经系统疾病症状先出现或较突出而易被误诊为神经系统疾病；而咽隐窝附近的黏膜下型、上行型肿瘤常向颅内发展，向上经颈动脉管或破裂孔到达颅中窝的岩蝶区，此处有卵圆孔，肿瘤侵及此处可引起外展神经受损，出现复视等症状，患者多就诊于眼科，易误诊。为减少误诊，临床医师应该熟悉鼻咽癌的相关症状及解剖结构知识，提高警惕，及时识别可疑患者，进行进一步检查，如鼻咽部和/或颈部淋巴结的增强CT和MRI检查，以及行鼻咽部内窥镜检查、鼻咽部活检，颈部肿大的淋巴结穿刺活检等。鼻咽癌最终确诊仍需依赖于组织病理检验。

鼻咽癌大多数为低分化鳞状细胞癌，对放射治疗具有高度敏感性。故到目前为止，放射治疗仍是鼻咽癌的首选治疗方法，亦是目前最有效的治疗手段。据临床资料，鼻咽癌放射治疗后5年生存率在32%～76%，早期病变5年生存率高达80%～90%。尽管如此，仍有约1/3的病例在放疗之后的随诊中出现局部或区域的残存或复发。由于鼻咽部解剖的特点，加量或再次放疗可能导致严重的放射损伤，在此情况下行外科手术即成为最有效的治疗手段之一。故对于较高分化的鼻咽癌，病程较晚以及放疗后复发的病例，手术切除和化学药物治疗亦属于不可缺少的手段。本例病理诊断为非角化型低分化癌。据此，若黄某鼻咽癌能够得到及时诊断，尽早行放射治疗，其仍有使病情得到有效控制并适当延长生存期的机会。

(1) 关于某大学附属医院的诊疗行为

依据黄某第1次入住某大学附属医院时的症状、体征及辅助检查结果，医院应该考虑到鼻咽癌的可能，应该对其鼻咽部的情况行进一步检查以明确病变情况，同时对其颈部肿大的淋巴结行进一步检查以明确病变的性质。若某大学附属医院当时能够妥善处理，应该能够及时做出鼻咽癌的诊断。然而,某大学附属医院对其上述提示鼻咽癌的病情没有予以警惕,至其住院结束始终未行鼻咽部检查;此外,医院对其双侧颈部淋巴结肿大的情况亦没有予以重视,没有进一步行相关检查以明确淋巴结病变的性质,延误了鼻咽癌的诊断。由于医院仅考虑其"慢性鼻-鼻窦炎,肥厚性鼻炎",予行功能性鼻内窥镜手术+中隔成形术,在治疗措施上亦存在过错。若是当时作出了鼻咽癌合并慢性鼻-鼻窦炎的诊断,则不宜实施功能性鼻内窥镜手术+中隔成形术。结合黄某术后病情发展的实际情况——左眼视力下降明显等,不能排除该手术加重其鼻咽癌的病情。

依据黄某第2次住某大学附属医院时的症状、体征及辅助检查结果,仍应该考虑到鼻咽癌的可能。但医院没有综合考虑其既往病史和病情的发展变化,没有认识到鼻咽癌病变侵及颅底的可能,体检不仔细,对其颈部淋巴结肿大的情况仍没有予以重视,没有请耳鼻喉科、眼科会诊以协同诊治,再次延误了鼻咽癌的诊治,存在医疗过错。

因此认为,某大学附属医院对黄某的诊疗行为延误了鼻咽癌的诊治,同时亦不能排除医院行功能性鼻内窥镜手术加重其鼻咽癌的病情。

(2) 关于某医科大学附属医院的诊疗行为

黄某入住某医科大学附属医院(神经外科)后,经体检及头颅MRI检查等,医方已考虑到"鼻咽癌可能性大"。但医方没有请耳鼻喉科、肿瘤科等相关科室会诊,没有针对"鼻咽癌"行进一步相关检查以明确诊断,代之以直接行经鼻入路内镜辅助下肿瘤切除术。医方实施该手术并非治疗鼻咽癌的首选方法,亦不是最有效、最适合的治疗手段,不能排除在行放射治疗前实施该手术加重其鼻咽癌的病情。

(3) 关于诊疗过错与黄某死亡后果之间的因果关系

如上所述,黄某鼻咽癌的诊断成立,其第1次入住某大学附属医院时已出现复视、左眼球外展受限等情况,当时的病变已属中晚期(临床分期属Ⅳa期);且应是鼻咽癌与慢性鼻-鼻窦炎同时存在,行功能性鼻内窥镜手术后其鼻部症状得以改善(如鼻腔通气改善,无鼻出血等),临床表现仅为颅神经损害逐渐加重,说明其病情复杂,在一定程度上增加了诊治的难度。黄某最终因鼻咽癌晚期死亡,其死亡的根本原因系自身疾病的转归。

某大学附属医院在对黄某的诊疗过程中存在误诊、误治的过错,医疗过错与黄某病情加重、生存期缩短、死亡后果提前发生的损害后果之间存在因果关系,与其最终死亡后果之间存在一定的因果关系(应属间接因素),但医疗过错对死亡后果的确切参与程度无法准确评估。

某医科大学附属医院对黄某诊疗行为存在过错,不排除医疗过错与黄某病情加重、生存期缩短、死亡后果提前发生的损害后果之间存在因果关系,与其最终死亡后果之间存在一定的因果关系(应属间接因素),医疗过错对死亡后果的确切参与程度同样无法准确评估。

6. 评析

延误诊疗的医疗过错中,相当部分涉及恶性肿瘤案件。相当部分的恶性肿瘤病例已有关于生存率及死亡率的流行病学调查资料,本案所涉疾病也不例外。这些流行病学资料对于医疗纠纷中因果关系及其参与程度的分析与判断,无疑具有极大的参考价值。本案鉴定人回避直接提出参与程度,可能与患者系中晚期癌症患者有重要的关系。因为一旦肿瘤进入中晚期，其生存率大大降低、死亡率明显增高，就医疗损害对生存机会的减少而言，其作用显然更为有限。但是，诚如法国法的原则："特别严重的过错会抵偿因果关系上的微弱联系，从而使该严重过错行为成为损害法律上的原因"。鉴定人在鉴定中自觉或不自觉地应用了这一因果关系的"额外"理论，认定了两家医疗单位的医疗过错均与患者的死亡之间存在因果关系（虽然都只是间接因素的形式）。若非如此，鉴定人如僵化地以流行病学资料作为鉴定的唯一依据，则可能得到"丧失机会不大"的结论，或者因具体分期的肿瘤患者调查资料有限而不能对因果关系及其参与程度得出任何肯定性的结论，最终使明显的医疗过错无法承担相应责任。当然，这里要强调的是：① 特别严重的过错是指显然违反医疗常规的过错，而非一般的过错；② 微弱联系是指存在因果关系，但由于参与因素太多，这种联系所起的作用相对较小；③ 抵偿是指在实践中并非要求始终严格遵循诸如流行病学资料的数据，而是可以根据过错的性质进行适当的调整，因对于整体而言，流行病学数据是具有意义的，但对于个体而言，这种意义则又变得有限。

七、再次异位妊娠延误诊治

1. 案情摘要

2013 年 8 月 12 日，32 岁的吕某以"月经量渐少 1 年余"为主诉到某中医院就诊，中医院予以疏肝理气，活瘀通络的中药治疗。9 月 2 日，吕某再次至该中医院就诊，诉行经 20 余日未净，中医院予以益气健脾，固冲调经的中药治疗。9 月 7 日，吕某至某市人民医院就诊，检查后诊断为异位妊娠，经手术证实为右输卵管妊娠，行右输卵管切除术。故吕某认为，某中医院的诊疗行为存在过错，遂诉至法院要求赔偿。为正确审理此案，法院委托某司法鉴定中心就某中医院对吕某的医疗行为是否存在过错；若存在过错，其与吕某右输卵管切除的损害后果之间是否存在因果关系以及医疗过错的参与程度；吕某右输卵管切除的伤残等级（比照 GB18667－2002《道路交通事故受伤人员伤残评定》标准）进行法医学鉴定。

2. 病历摘要

(1) 某中医院门诊病历

2013 年 8 月 12 日，月经渐少 1 年余。怀孕 3 次，其中人流 1 次，宫外孕 2 次（2008 年、2013 年 5 月）。月经周期：2—3/30 d，LMP：2013 年 8 月 10 日，色深暗。经行腰酸，带下无异。紧急避孕药及黄体酮服用史。纳可，寐浅多梦，二便调畅。舌正红，苔白薄，脉滑虚。拟：疏肝理气，活瘀通络法。处置：① 中药方剂（略）×8；② 水蛭胶囊；③ 服药期间应用非药物避孕。

2013 年 9 月 2 日，药毕，行经 20 余日未净，色呈深红血块，后鲜红，经血多，乏力、气短、口唇淡白。首方药停服，另拟：益气健脾，固冲调经。处置：① 中药方剂（略）×2；② 甲钴胺、叶酸合剂；③ 艾条 1 根。

(2) 某中医院 2013 年 9 月 5 日超声检查报告

检查部位：双肾、输尿管、膀胱、子宫、附件。

超声提示：盆腔积液，双肾、膀胱、宫体、双侧附件未见异常。建议随访复查。

(3) 2013 年 9 月 7 日至 9 月 12 日某市人民医院住院病历

入院主诉：停经 58 d，阴道流血 26 d 伴下腹疼痛 1 周。现病史：既往月经规律，14 岁月经初潮，周期 7/30 d，量中，痛经(-)，末次月经 2013 年 7 月 10 日，量中等，痛经阴性。停经后无明显恶心、呕吐等早孕反应，约于停经 32 d 时出现阴道少量流血，量少，淋漓不尽至今，无下腹疼痛，无肛门坠胀，近 1 周出现下腹坠痛明显，阵发性加剧，以右下腹疼痛明显，并于今日出现疼痛加剧，肛门坠胀明显，伴轻微恶心感，遂就诊外院检查尿 HCG 阳性(未见化验单)，BUS 提示盆腔积液约 18 mm，建议上级医院治疗，故急诊我科考虑“异位妊娠”病程中，有畏寒，无发热，痛苦面容，贫血貌，血压尚平稳，无胸闷心慌。孕产史：0-0-3-0。既往史：有宫外孕史，有手术史，于 2013 年 5 月份行腹腔镜下左侧宫外孕保守手术。查体：T 36.4℃，P 84 bpm，R 21 bpm，BP 130/80 mmHg；皮肤黏膜苍白，腹部有腹腔镜手术瘢痕，无压痛，无反跳痛；妇科检查：外阴已婚式，阴道畅、血染，宫颈光滑、举痛阳性，宫体压痛、拒按，附件压痛、拒按，宫旁压痛、拒按。外院尿 HCG 阳性(未见化验单)。B 超示：子宫体大小约 43×35×32 mm，盆腔右侧附件区可探及一约 98×85 mm 大小不均质液性暗区，盆腔可探及 35 mm 液性暗区；考虑宫外孕。初步诊断：异位妊娠。

入院后积极完善相关检查，积极术前准备，于 9 月 7 日行腹腔镜下右输卵管切除术。镜下见：腹腔暗红色积血及血凝块约 1 000 mL，大网膜和子宫、右侧附件及血块包裹成团，分离粘连后见子宫后位，略饱满，右输卵管壶腹部增粗，约 5×4×3 cm，伞端有血凝块包裹形成约 3 cm 大小的包块，并见活动性出血，双侧卵巢外观正常，左输卵管僵直扭曲，未见明显伞端。操作步骤：吸出腹腔内积血，钝性分离粘连，暴露右附件，提起右输卵管，双极电凝并切断右输卵管系膜及峡部，抓钳自左下腹穿刺孔取出右输卵管及凝血块。手术经过顺利，腹腔总出血量约 1 000 mL，术中输 RBC 悬液 2 U。术后予以抗感染、补液治疗。右输卵管标本送病检。

术后病理诊断：右侧输卵管妊娠。

出院诊断：右输卵管妊娠，贫血(中度)，稀有血型。

(4) 2008 年 11 月 23 日至 12 月 10 日某县第二人民医院住院病历

入院情况：因“停经 42 d，阴道出血 10 余 d 伴下腹坠痛 2 d”入院。查体：外阴已婚未产式，阴道畅、可见少量血性分泌物，宫颈光滑、举痛(-)，宫体前位，常大，可及明显压痛，左附件区压痛、扪及大小约 3×3 cm 包块，右附件(-)。血 HCG 651.36 mIU/mL。B 超：左附件混合型包块，盆腔少量积液。

住院期间予以 MTX 和中药保守治疗。

出院诊断：宫外孕。

3. 鉴定人查体所见

步入检查室，神清，对答切题，查体合作。腹部平软，无压痛，可见腹腔镜手术后瘢痕。四肢活动无受限。

4. 鉴定意见

某中医院对吕某的诊疗行为存在延误诊治的过错；医疗过错与吕某右侧输卵管切除的损害后果之间存在一定的因果关系，医疗过错的参与程度拟为 45%～55%。

吕某右侧输卵管切除术后相当于道路交通事故十级伤残。

5. 分析讨论

吕某于 2008 年因宫外孕(左侧附件)行 MTX 和中药等保守治疗；2013 年 5 月份再次

因左侧宫外孕行腹腔镜下保守性手术治疗。本次因右侧输卵管妊娠而行右侧输卵管切除术。故本例为1例重复异位妊娠的病例。

重复异位妊娠的主要病因是炎症，炎症常累及双侧输卵管的多个部位，故一次异位妊娠发生后，特别是经保守治疗者，再次发生异位妊娠的概率自然升高。重复异位妊娠也是首次异位妊娠的结局之一。首次异位妊娠后约有1/3的患者可获得正常宫内妊娠，包括各种流产、早产或足月妊娠；约1/3的患者可再次发生异位妊娠，另外约1/3的患者日后继发不孕不育。重复异位妊娠与首次异位妊娠的临床表现、诊断均相似，治疗原则基本相同。重复异位妊娠一般宜先作腹腔镜检查，观察盆腔病变情况后再决定是否保守治疗或手术治疗（包括即时通过腹腔镜作相应的诊治）；无腹腔镜设备时主要根据临床表现和辅助检查结果而定。

吕某于2013年8月12日以"月经渐少1年余"为主诉首次到某中医院就诊时，病历记载其末次月经为8月10日，中医院予以疏肝理气，活瘀通络的中药治疗可以符合当时病历记载的实际情况，无明显过错。当吕某服完上述中药，于9月2日以"行经20余日未净，经血多"等再次至中医院就诊时，中医院仍予中药行益气健脾，固冲调经等治疗则实属不妥。中医院对吕某不规则阴道出血没有予以高度注意，没有考虑到可能妊娠的情况，没有详细询问病史及末次月经的情况，没有及时行相关检查（如HCG、超声等）以明确诊断或及时转诊，使得吕某本次异位妊娠失去了尽早得到诊治的机会。9月5日，吕某再次至中医院时已停经56 d，结合其2 d后至某市人民医院的病历记载、检查及手术所见等综合分析，9月5日行超声检查应该能够发现右侧附件区的异常情况。中医院对本次医疗过程没有病历记载，且行下腹部超声检查没有发现异常，进一步延误了吕某本次异位妊娠的诊治。综上所述，某中医院对吕某的医疗行为存在延误诊治的医疗过错，与吕某右侧输卵管切除存在一定的因果关系。

吕某系年轻未育女性，有生育要求，曾于2008年、2013年5月有过两次已经被证实的异位妊娠，上述情况某中医院的接诊医师是知情的。虽说重复异位妊娠的临床表现、诊断及治疗原则均与异位妊娠基本相似，但对于一侧输卵管已有两次异位妊娠并有生育要求的年轻女性来说，再次发生异位妊娠时若能尽早明确诊断、及时得到妥善的处理则显得尤为重要，以尽可能争取行保守性手术治疗或非手术治疗的机会，以保留其另一侧输卵管及功能。

当然，吕某自身疾病复杂，且其2013年8月12日首次到某中医院就诊后，再次就诊已是9月2日。而依据9月7日某市人民医院的病历记载、检查及手术所见综合分析，吕某本次异位妊娠即使在9月2日能够得到及时明确的诊断，并获得及时妥善的治疗，在现有医学科学技术水平下，仍不能确保其右侧输卵管一定能够保留，更不能确保其右侧输卵管功能正常。

综上所述，某中医院对吕某右侧输卵管妊娠存在延误诊断和治疗的医疗过错；医疗过错与吕某右侧输卵管切除的损害后果之间存在一定的因果关系。吕某右侧输卵管切除的损害后果系自身疾病因素与医疗过错行为共同参与所致，两方面因素兼而有之。依据现有材料难以评估医、患两方面因素孰轻孰重，两方面因素应属临界型因果关系，医疗过错的参与程度拟为45%～55%。

比照 GB18667－2002《道路交通事故受伤人员伤残评定》标准第 4. 10. 7d 条之规定，吕某右侧输卵管切除术后（右侧输卵管缺失）相当于道路交通事故十级伤残。

6. 评析

延误诊治时常与“丧失机会”联系在一起，本例也不例外。对于异位妊娠的患者，尤其是有强烈生育要求者，及时明确诊断具有重要意义，因现在妇产科技术条件下有可能争取非手术治疗机会，避免输卵管切除甚至保留其功能。但是，这种治疗并非具有极大把握，且即使非手术治疗成功者也常因曾发生异位妊娠而影响患侧输卵管功能，甚至不能正常受孕。因此，鉴定人在评估过错参与程度时应充分权衡。流行病学资料反映的治疗有效率等数据固然是重要的鉴定依据，但过错的严重程度也是重要的考量因素。

（夏文涛　杨小萍　徐彩裙）

第九章　转医义务与医疗纠纷

随着临床医疗专业的分科越来越精细，医师向专业化方向发展的趋势越来越明显。不同专业的医师，其执业范围不同，技术专长各异，即使在同一专业领域也有技术等级之分。与此相应的是，医疗单位也向专业化方向发展，各自重点发展不同的特色专科。如何在可能的情况下，尽可能为患者提供更为专业的医疗服务，就要求医务人员注意在确保患者利益的前提下尽到转医义务。

第一节　转医义务的一般要求

一、概述

转医一般是指医务人员对于超出其所在医疗单位的诊疗专业领域或者诊疗能力的患者，以及从患者的角度而言有机会获得更佳的诊疗效果时，所采取的建议患者转往其他医疗单位或部门继续接受治疗的行为。转医的关键词在于：① 诊疗专业领域。主要是指临床专业分科，如神经内科、神经外科等，当确诊患者出血性脑卒中因出血量大已经引起颅内占位效应有继发脑疝的风险时，神经内科医师应建议患者转医至神经外科接受手术治疗。② 诊疗能力。如不同等级的医疗单位以及医务人员应严格按照卫生行政部门批准的执业范围实施手术，因此下级医疗单位遇到超出其批准范围以外的大手术，应当建议患者转医治疗，当然紧急情况下可除外。③ 更佳诊疗效果。患者总是追求获得更好的诊疗效果，不同的诊疗方法、不同的实施者、不同的医疗设施，对同一类疾病可能产生不同的诊疗效果，当医务人员认为患者虽在自己的诊疗专业领域之内，且有能力实施诊疗，但同时确认转医很可能使患者获得更好的治疗效果，可以向患者建议转医。

因转医引发的医疗纠纷并非少见。数年前曾有一 3 岁男童于深夜因全身大范围热液烫伤，急诊送往以医治烧烫伤闻名的某三级甲等医院，该院以不具备儿童烧伤科诊疗能力为由拒绝收治，嘱其转往某三级甲等儿童专科医院，该院以没有专用于烧伤治疗所需的无菌病房为由，建议其转往另一家以儿科闻名的三级甲等医院，该医院同样以没有专用病房为由拒绝收治，最终患儿转往另一家偏居城郊结合部的三级甲等综合医院，但到院时因呼吸道灼伤已发生呼吸困难，虽经紧急抢救，终于未能挽回生命。患儿家属以前 3 家医疗单位拒绝收治造成患儿死亡为由诉至法院，经法庭审理，判决前三家医疗单位均应承担一定的过错责任。作者认为，该案患儿所患烧烫伤并非仅能由小儿外科专科诊疗的疾病，前3家医疗单位中至少第1家、第3家均具有收诊能力，第2家作为儿科专科医院，虽无专用病房，但在患儿到诊时也应给予必要的检查和紧急处置，并作出其是否适宜继续转医的合理判断。因此，法院最终的判决合情、合理、合法。

无独有偶，近年又有1起辗转转医的患者将首诊医疗单位告上法庭。该案患者系成年男性，本次因"转移性右下腹痛10 h余"就诊于某三级甲等医院，医方诊断为"急性阑尾炎"，认为具有手术指征，但告知因本院床位紧张，无法安排住院，建议其转往就近的另一家二级医院。当患者赶到该院时，却发现该医院业已取消急诊业务，也不具备足够应付手术的外科值班医师，更没有安排麻醉科医师值班，故短时间内无法实施手术。患者只能重新回到首诊医院，经交涉后该院予以收治，但距首诊时已经超过6个小时，待入院手术后发现患者阑尾根部坏疽性炎症业已穿孔，并发腹膜炎，病情加重。作者认为，在该起案件中，首诊三级甲等医院建议转医并不符合上述转医要件，其床位不足通常并不能视为不具备诊疗能力，即使建议患者转医也应与接收医疗单位联系妥当，而患者因转医途中往返延误，造成病情加重，应该分析其与医疗单位的过错行为之间存在因果关系。

在上述两件比较典型的转医纠纷案件中，医疗单位的转医行为均被认为存在过错，其实质是违反了医务人员应当尽到的转医义务。转医义务又可以分为转医说明义务和转医安全义务。

二、转医说明义务

医师对于其专业领域之外的患者或超出本人治疗能力的患者负有作出转医指示的说明义务。医师的转医说明义务需要其说明的内容应当包括以下几个方面。

1. 转医的必要性

如患者所患疾病超出医师诊疗的专业领域范围，医师及其所在医疗单位（专业科室）缺乏足够的能力诊治患者的疾病，或者其他医疗单位（专业科室）有更好的诊疗条件可能使患者获得更佳的治疗效果。

2. 转医的可行性

如患者的疾病在转医途中不至于发生严重的风险，具备转医的条件，有合适的转医途径（渠道、设施）。

3. 转医的安全性

有保障转医安全的技术与措施，以及保障转医安全的诊疗专业技术人员。

三、转医安全义务

1. 转医安全义务的基本要求

医师对于超出其专业领域之外的患者或超出本人、本医疗单位诊疗能力的患者具有安全、及时转运到有条件加以治疗的医疗部门或单位的义务。医师的转医安全义务大致包括以下两个方面的要求。

（1）转医安全的判断

建议转医的医师有必要根据已经掌握或者应当能够掌握的病情资料，对患者的病情是否能够耐受转医所需经过的时间、途中的颠簸及其可以预料的困难，对患者在转医过程中可能出现何种危险变化或者并发症，作出必要的预估和判断。

(2) 转医安全的维护

若建议转医的医师估计患者病情可能出现不利的变化或者发生危险并发症，其应当提出有针对性的建议，提供必要的维护安全的措施，甚至采取必要的护送等转医安全维护义务。

2. 转医安全过错的认定

在以下情况下，即使医师作出转医说明仍将被视为医疗过错：① 医师所在医疗单位具有诊疗能力，或者经适当调整克服可以具有诊疗能力，而医师以不具有能力为由要求患者转医；② 患者所患疾病虽可属专科疾病，但分科并非绝对，就诊医疗单位已有专业科室可以治疗该疾病，但医师以超出诊疗专业领域范围为由要求转医；③ 转往其他医疗单位虽然可能获得更佳诊疗效果，但患者病情危重，转医有较大风险甚至可能危及生命，但医师以患者获取更佳治疗为由建议转医；④ 经初步检查评估患者转医很可能存在病情加重乃至生命危险的，而医师建议转医且未提供必要的说明，更未提供必要的安全措施。

（夏文涛）

第二节　案例评析

一、违反新生儿转医安全义务引发纠纷

1. 案情与病史摘要

原告之母苏某系双胎妊娠，且双胎均属臀位。1993 年 9 月 11 日 23 时 15 分，苏某因“胎膜早破”入住被告某县人民医院妇产科。被告门诊拟“G_1P_0，孕 38W，LSA，双胎，胎膜早破”收入病房。查体：一般情况好，臀先露(“臀”字有修改痕迹)；胎位 LSA，RSA(均有修改痕迹)，胎心分别为 140 bpm 和 136 bpm；未衔接；宫缩间隔 10～15 min(有修改痕迹)；宫口未开；先露高低 S^{-1}。诊断：G_1P_0，孕 38W，臀位，双胎(“臀位”两字有修改痕迹)，胎膜早破。诊疗计划：行一系列产前准备；严密观察产程进展。但被告值班医师在检查后，称自己身体不适而回值班室休息。虽经苏某家属要求行剖宫产，值班护士多次通知，但其不起床，也不同意行剖宫产。在产程观察过程中胎心曾减慢至 100 bpm，经吸氧后正常。后经使用催产素及助产术，9 月 12 日 6 时 45 分和 53 分，经阴道娩出大女和小女(小女即原告)。原告娩出后 1 分钟 Apgar 评分 5 分，经吸氧、清理呼吸道，吸管吸引后评分 10 分。

两女婴出生后约半小时，原告亲属根据被告医师建议送两婴儿去某直辖市有关医院保暖，未果，于当日晚返回。次日早晨，因原告口中有血丝，且面色苍白，轻度黄疸，被告妇产科请求儿科会诊。儿科经会诊发现，原告一般情况差，精神萎靡，尖声哭叫，呼吸尚平，前囟饱满；两肺呼吸音清，HR88 bpm，律齐，四肢稍软，甲床苍白，病情危重，要求原告亲属自行转送外地大医院诊治。当日晚，原告被送往某医科大学附属儿科医院，该医院以“新生儿颅内出血，失血性贫血，青紫窒息后，足月小样儿，双胎之小”收治入院。9 月 16

日，因原告示一般情况差，面色苍白，反应差，意识不清，双瞳孔不等大，对光反射消失，双肺无异常，心(-)，四肢肌张力低下，拥抱反射、握持反射、吸吮反射消失，原告亲属按医师建议，办理自动出院。出院诊断为：新生儿颅内出血，失血性贫血，青紫窒息后，足月小样儿，双胎之小。原告又被送入被告儿科作姑息治疗。住院病历记录：出生时有青紫窒息，Apgar 评分 5～10 分，经抢救后第 1 次呼吸于出生后 20 分钟开始，患儿生后 1 d 因呕吐伴尖叫 5 h 于 9 月 14 日凌晨 1:00 拟“颅内出血”转入某医科大学附属儿科医院，并出现呼吸抑制，予以气管插管等抢救，因病危办理自动出院而转回本院，要求姑息治疗。10 月 4 日出院。11 月 13 日至 15 日，原告又再次入住被告儿科治疗。

2. 某省某县医疗事故技术鉴定委员会鉴定结论

患者苏某的情况不是剖宫产的绝对指征，因而，采取阴道分娩的方式符合产科处理原则，不能认定为医疗事故。原告为新生儿颅内出血，系产科并发症，且不能除外先天性因素。1995 年 4 月 14 日，经所在市、县卫生局分别调解，苏某和被告达成 1 份调解协议，协议规定：被告一次性补偿苏某 20 000 元；分娩费用由苏某自理；苏某承诺不再起纠纷。在此期间及之后，原告先后分别在省内及外地多家医院诊治。1996 年 5 月，某医科大学附属第一医院经 CT 扫描后诊断意见为“右侧大脑半球后半部萎缩，脑室系统性扩大，以后角为主，脑室周围无低密度影”。

3. 某研究所司法鉴定中心鉴定意见

(1) 根据体格检查及颅脑影像学征象，被鉴定人(原告)脑性瘫痪的临床诊断可以成立。

(2) 关于脑瘫的病因

脑性瘫痪的原因很多，主要有家族史、母亲妊娠异常、围产期异常情况、出生时异常情况等。最常见的是产时因素(窒息)、颅内出血等所引起。本案被鉴定人出生时有中度窒息，新生儿颅内出血，是发生脑性瘫痪的高危因素。但不能完全排除先天性脑发育不全的可能。

(3) 关于原告出生后的情况及治疗

被鉴定人出生后有颅内出血的临床表现，出生当日由家属从某县送往某直辖市，未治疗即返回，42 h 后再次去某直辖市大医院住院，住院 2 d 在病情仍危重的情况下，自动出院，再次返回住入某县医院姑息治疗。因此，被鉴定人出生后在病情危重的情况下往返颠簸，未得到早期积极的治疗，是加重颅内出血的因素。

(4) 关于分娩方式

据产科病历，产妇苏某系双胎，病历中关于胎位的记录“臀”有多处相仿的修改，“臀位助产”在产前及产后的记录均有多处几乎一致的修改，产后 1 d 的会诊单中为“足位”。因此，依据病历，分析其胎位可能为臀位，也可能为足位。产妇苏某系初产双胎，孕周大于 34 周，胎儿体重大于 2 000 g，此时胎位是决定分娩方式的重要因素。若均为臀位，不是剖宫产的绝对指征，采取阴道分娩方式并未违反产科处理原则；若第 1 胎为足位，则以剖宫产术为宜，比阴道分娩对新生儿可能带来的损伤要小。

(5) 关于催产素使用问题

参考妇产科学文献资料，催产素可用于引产和催产，本案某县人民医院在第二产程中所用催产素剂量及时机(时间记录真实性待查)并无不妥。

4. 法院判决

根据原告的损害事实确实存在,对此被告是否有责任的问题。根据病历记载和某研究所司法鉴定中心的分析及结论,原告在出生时中度窒息、新生儿颅内出血是其目前脑瘫的原因。参考人民出版社《妇产科学》(第三版),新生儿窒息的原因主要有:① 胎儿窘迫(胎儿缺氧较久,在出生前未得到纠正);② 呼吸中枢受到抑制或损害(胎儿颅内出血及脑部长时间缺氧,产妇在分娩过程中接近娩出时应用麻醉剂、镇静剂);③ 呼吸道阻塞(胎儿分娩过程中在产道内吸入羊水、黏液等);④ 其他因素。新生儿颅内出血的原因有:① 缺氧;② 产伤;③ 缺氧和产伤的混合型。由此看出,新生儿窒息和颅内出血多与产时因素有关。原告母亲在入住被告单位时,诊断为阴道流液 4 h,双胎臀位(足先露),临产后宫缩一直较弱,宜行剖宫产,且在产程中有胎心变弱的临床表现(胎心为每分钟 100 次),此时被告单位医师仍仅对原告之母采取吸氧的措施,未及时行剖宫产的积极手段以结束产程。最后又采取了相对剖宫产对新生儿损伤较大的阴道分娩方式,致使原告在娩出时窒息和颅内出血,因此,被告值班医师对此结果应负不可推卸的责任。对值班医师造成的损害后果,被告应负民事责任。

另外,对于分娩方式问题,即使在相对两种分娩方式均可以采取的情况下,如果产妇一方坚持要求采用某一种生产方式,医方在说明两种分娩方式各自的利害关系的情况下,一般也应以产妇方坚持的分娩方式为宜,何况在本案中,产妇方坚持的分娩方式相对新生儿的损伤较小。

原告在出生后有窒息的临床表现,参考人民出版社出版的《妇产科学(第三版)》,被告医师应当疑为颅内出血而对原告须加强护理,使原告安静,并给予维生素 K1 预防颅内出血。但被告医师却在不说明原告任何病情的情况下建议原告亲属将原告送至某直辖市有关医院保暖,客观上加重了原告的病情。42 h 后,原告之颅内出血已进入抑制期,被告经会诊后,违反国家卫生部规定的转院制度,在未采取任何措施、也未与转入医院联系并派医护人员护送的情况下建议原告亲属自行转院,致使原告未得到及时救治,致原告颅内出血的后果加重,从而造成了原告右颞、顶、枕叶大片状软化、液化、继而逐步发展为脑瘫。因此,对原告之颅内出血加重,被告也有过错,也应承担民事责任。被告认为,原告之损害结果完全是由于先天性因素造成的,但没有出示有关证据,本院不予采信。

原告母亲系双胎臀位(足先露),客观导致分娩中难度加大,是对胎儿有不利影响的客观因素;同时由于技术上的原因,原告脑瘫为先天性因素引起,也不能完全排除。以上两个因素,可以适当减轻被告所应负的民事责任。如在本案处理后,随着医学科学技术的发展,对在本案中原告之损伤中先天性因素的问题能够作出更加明确的论断,则有关当事人可以据此另行在诉讼时效内提出诉讼。判决如下:被告某县人民医院共应赔偿原告医疗费、住院伙食补助费、伤残补助费、伤残赔偿金、今后护理费等合计人民币 201 903 元中的 70%,计 143 432 元。

5. 评析

单就现有材料而言,本案新生儿脑瘫的病因实难完全定论,但出生后病情变化明显,神经系统症状、体征可以由其后确诊的颅内出血解释,颅内出血范围与其后脑软化病灶吻合，故从民事诉讼证据证明原则分析，其脑瘫病因以分娩后颅内出血因素的可能性为大，当然也不能排除原有脑发育不全的可能，但后者即使存在，也不能据此排除前者。因颅内出血系于分娩过程中或者出生后发生，若给予及时治疗，必然可有效缓解出血并减轻脑功能损害。由于本例经治医院未作出及时诊断，也未予以有效的对症治疗，而是在未提供任何安全保障的前提下，让患者家属自行转医，转医路途遥远颠簸，故认为该医疗处置对病情必然带来不利影响。

二、心肺疾病家庭出诊并急救过程中死亡

1. 案情摘要

某男，53岁，于2005年6月3日下午5时许因在家中自感呼吸不畅，请某诊所医师出诊，医师到场后询问了病情，在其家中进行了诊治，后某男昏迷，经120抢救无效死亡。某男的家属认为某诊所在诊治过程中存在过失并导致某男死亡，遂诉至当地人民法院要求赔偿。为正确审理此案，法院委托某司法鉴定中心就某诊所在对某男的医疗过程中是否存在过失行为，过失行为与某男的死亡后果之间有无因果关系及其参与程度等专门性问题进行法医学鉴定。

2. 病史摘要

(1) 某市某诊所处方笺

2005年4月20日5%葡萄糖注射液250 mL＋喘定0.5 g/静滴×2 d，生理盐水250 mL＋头孢噻肟钠3 g/静滴×7 d，皮试(-)。

5月2日5%葡萄糖注射液250 mL＋喘定0.5 g/静滴×2 d，生理盐水250 mL＋头孢噻肟钠3 g/静滴×2 d。

5月15日5%葡萄糖注射液250 mL＋喘定0.5 g/静滴×3 d，生理盐水250 mL＋头孢噻肟钠3 g/静滴×3 d。

6月3日5%葡萄糖注射液250 mL＋喘定0.5 g/静滴，生理盐水250 mL＋(头孢)噻肟钠3 g/静滴。

(2) 某市急救中心院前急救病历

出车时间：2005年6月3日20:21，到达时间20:24。

主诉：意识丧失20 min。到患者家时见家属背抬患者出门，患者意识丧失，面色灰白。嘱家属立即放下，患者呈仰卧位，抢救。

检查情况：意识丧失，面色灰白，瞳孔散大、固定，对光反射消失。颈动脉搏动消失，双肺呼吸音消失，心音消失。心电图呈一直线，经药物注射、心肺复苏30 min，仍呈一直线。20:59宣告死亡。

(3) 某诊所出诊医师回忆案件经过

某男4月份住市立医院出院，回家长期卧床，家门不出，不能开窗，其家属多次找我去其家出诊。我看了市立医院的住院记录，该患者有多种疾病：① 过敏性哮喘(自备进口的异丙肾上腺素喷雾剂，犯病即喷雾1～2次以缓解症状)；② 肺气肿；③ 肺大疱；④ 肺源性心脏病；⑤ 支气管扩张伴感染。我按照住院记录的医嘱选择5%葡萄糖注射液250 mL加喘定，生理盐水250 mL加头孢噻肟钠3 g静脉缓慢滴注治疗(未做皮试)，4月20日1次

7 d,5 月 2 日 2 d,5 月 15 日 3 d。6 月 3 日傍晚,其家属急来叫我出诊,说患者又犯病,自用喷雾 2 次不能缓解,我赶去后见其喘得挺厉害、憋气,就劝其去医院救治,但家属拒绝,所以我就给予 5%葡萄糖注射液 250 mL 加喘定 0.5 g,生理盐水 250 mL 加头孢噻肟钠 3 g静脉缓慢滴注,30 min 左右患者出现呼吸困难,家属打电话让我赶快去,同时拨打 120 急救车。我赶到患者家后发现病情加重,立即拔下吊瓶,换上喘啶,每分钟 20～30 滴,120 到后送医院,约 20:30 左右患者死亡。

3. 尸体解剖病理检验结果

(1) 脏器检查

左肺表面呈气肿状,右肺表面见一大疱样隆起,挤压见大量泡沫状液体。镜下观察:肺内细支气管腔内见黏液栓,周围见淋巴细胞等浸润,肺底毛细血管扩张瘀血,肺泡腔内见淡红色液体。脑干见小灶状出血。

(2) 病理诊断

① 慢性支气管炎,慢性阻塞性肺气肿,肺心病。肺动脉高压,肺淤血,重度肺水肿。桶状胸,全小叶性肺气肿,右心室壁于肺动脉瓣下 2 cm 处厚 0.5 cm,心肌细胞肥大,肺小动脉管壁增厚。② 冠心病,右前降支管腔狭窄Ⅳ级并钙化;右冠状动脉管腔狭窄Ⅲ级,左旋支管腔狭窄Ⅱ级。③ 高血压病 3 期,高血压性心脏病,高血压性肾病。④ 主动脉粥样硬化,并钙化,粥样溃疡形成。⑤ 肾远曲小管上皮细胞退变坏死。⑥ 脑组织水肿,小胶质细胞增多,脑干小灶状出血。⑦ 肝脏、脾脏、肾脏瘀血。

4. 鉴定意见

某诊所在对某男的诊治过程中,未充分认识到疾病的严重程度,未按照相关规定记录病史,未尽到告知和转医义务,存在过错和过失行为,与某男最终死亡之间存在一定的因果关系,应属次要原因(参与程度拟为 20%～30%)。

5. 分析讨论

本例材料中仅见某诊所为某男开具的处方笺,未见相关病历记录,违反了中华人民共和国卫生部有关病历书写基本规范的要求,存在明显的过错。病历应当是对病情及处置过程的客观记录,由于缺乏病历材料,给我们的鉴定带来了较大的困难。

从现有鉴定材料反映的某男的临床表现及经过过程来看,其病情符合如下情况:① 慢性阻塞性肺病,呈桶状胸,合并支气管哮喘,病情迁延、严重,长期反复发作;② 肺源性心脏病,冠状动脉粥样硬化性心脏病,高血压并合并高血压性心脏病,本次发病时伴有心功能衰竭;③ 因心肺功能衰竭引发脑水肿,合并脑干灶性出血,并伴有内脏广泛瘀血。

因此认为,某男自身病情极为严重,因心肺功能衰竭导致的严重呼吸、循环障碍,在临床上实属较难救治。结合某市尸体解剖中心病理检验报告的病理诊断,不符合过敏性休克所致死亡的特征性改变,其自身疾病的严重性应为最终死亡的主要原因。

当然,某诊所经治医师在出诊至某男家中时,发现其病情严重(加重),应考虑行全面检查(如心肺查体、心电图、胸部摄片、血气分析等),可能因心功能衰竭需行强心、利尿等治疗,或者因呼吸道梗阻需行气管插管甚或实施呼吸机辅助呼吸,故有必要告知患者及其家属须立即送往有条件的医院进行救治,并协助确保转医途中的安全,而不是仍然在其家中给予输液治疗。本例中,当事医师在事后陈述时虽谈到当时曾有劝其去医院,但未见相关记录，尤其最终仍然选择按以往用药情况在家中为某男实施输液治疗，待其后病情突变时，家中显然不具备相应的抢救条件，势必减少其获救的机会。

此外，我们认为本例某男死亡系由头孢菌素类药物过敏所致的依据不够充分。理由如下：① 头孢菌素类抗生素临床应用广泛，过敏反应较青霉素少得多，因过敏导致死亡的报道并非常见。关于头孢菌素类药物应用前是否需要皮试，长期以来始终存在争议，国内卫生行政部门也未作出统一规定。② 本例本次发病前一个半月左右曾行头孢噻肟钠皮试，结果呈阴性，此后间断多次用药，未见出现过敏反应，本次使用同类药物，引发严重致死过敏反应依据显然不充分。

6. 评析

正如作者在本书中多次提及，病历记录对鉴定的影响往往是至关重要、不可替代的。病历记录应当完整、及时、真实、客观、清晰。如本案中医患双方就经治医师在用药前曾劝告患者应当转往条件相对完善的大医院就诊的情节展开激烈争议，殊不知，鉴定人在这种争议面前同样是无助的，实践中通常只能根据医师的病史记录所反映的临床过程作出判断。本案中因医方实际采取了输液措施并在输液过程中发生患者病情突变，故鉴定人的判断显然将不利于医方。当然，最终如何裁判医方应当承担的责任程度，将由法庭决定，但无疑医方已经陷入了诉讼的不利境地。

（夏文涛　李瑜）

第十章　用药不当与医疗纠纷

药物应用是临床医疗最主要的治疗手段。随着医药工业的迅速发展，除动植物或矿物质提取成分制成药物以外，化学合成药物越来越多见。“是药三分毒”，在起到临床治疗效果的同时，药物的毒副作用也成为人们必须面对的问题。药物的毒副作用中，有些是在其投入临床应用前业已被人们充分知晓的，有些则是在广泛应用后才显现出来的。趋利避害、两害相权取其轻是最大限度发挥药效、又尽可能避免或减少毒副作用危害的基本原则，但实际用药过程中却存在相当大的困难。

第一节　用药不当相关医疗纠纷概述

一、用药不当相关性医疗纠纷及其产生原因

用药不当是较为常见的医疗过错行为。据文献报道，全美国由于用药过错造成死亡的人数，超过了因高速公路交通事故、乳腺癌或艾滋病死亡的人数；医疗差错中属用药错误的，其发生率居各类过错情形的第 4 位。本章所称用药不当大致包括错误用药或者用药过程中引发不预期的不良反应等情形。因此引发的医疗纠纷在鉴定实践中较常见。作者分析，其与以下因素有关。

1. 来自药物本身的原因

① 大多数药物在起到治疗疾病作用的同时，或多或少存在大小不等的毒副反应。如糖皮质激素作为临床常用药物，但其是发生股骨头坏死的重要危险因素。② 药物在生产过程中存在的质量问题，如提纯生产工艺未完全过关致杂质超标。某些国产中成药注射制剂近年来屡屡被曝发生严重副反应，业已引起管理部门和社会公众的高度关注。

2. 来自患者自身的原因

① 患者的个体体质各有不同，某些患者对某些特殊药物特别敏感，甚至引发超敏反应。如一部分患者对青霉素过敏，有导致猝死的危险。② 患者未按照医嘱用药，自行改变用药剂量、用药时间，甚至药物种类。如糖皮质激素药物停药须遵循“逐量递减”的原则，少数患者因恐惧药物的副作用而骤然停药。③ 网络和资讯的高度发达，既为普通人提供了大量的医学和药学知识，但也难免有良莠不齐的信息干扰了人们的思想，加之医患关系紧张，部分患者不相信医师，四处咨询、到处问诊，反而因信息不对称耽误治疗，最终

又怪罪医师。

3. 来自医方的原因

① 因医方过错导致患者用药错误。如护理人员未严格遵循“三查七对”原则，导致输错液、发错药的情况，往往引发患者强烈抱怨。② 医师不熟悉药物的用法及其副反应，开具药物较为随意。如一些基层单位的医师往往过于相信中成药注射制剂，认为其安全、无毒副作用，在遇有发热患者时喜用鱼腥草注射剂等静脉输液，殊不知此类药物一旦发生副反应，往往非常严重，而此类副反应已屡见报道。③ 医方告知不全面导致患者不能正确理解医嘱，致未按规定用药。如某些药物有配伍禁忌，应间隔用药，一旦同时应用则可能产生一定危害。④ 因医师字迹潦草，导致处方被误认造成的用药过错情形在实践中也非少见。

4. 来自其他方面的原因

① 虽然近年来我国对于药物应用的相关规定已经越来越全面，但仍存在许多不够完善之处，且执行和监督往往成为突出问题。如卫生行政部门明文规定抗生素应用应严格遵循用药原则，但在很多情况下，医师或者出于“好心”或者出于“利益”而开出大处方，抗生素耐药问题业已令人极为忧虑。② 近年来一再被有识之士倡导的“医药分家”管理模式迄今仍未全面推广，药物的利润成为许多医疗单位追逐的目标，医师难免自觉或者不自觉地陷入其中，虽经三令五申反复叫停，但直至今天，令人咋舌的“大处方”仍并非罕见，因此造成的长期大量重复用药除了在经济上造成浪费以外，还很可能给患者的身体带来相应的危害。

有鉴于此，国家卫生计生委新闻发言人于近期在接受媒体采访时宣称：用药应遵循“能不用就不用，能少用就不多用；能口服不肌注，能肌注不输液”的原则。

二、合理用药的原则

复习相关文献，作者认为：临床医师应当遵循的“合理用药”原则是指针对患者疾病的种类、身体状况，根据药理学理论，选择最适宜的药物，确定恰当的剂型、剂量、给药方式与必要时的配伍，制定或调整个体化的药物治疗方案，达到安全、有效、经济地治疗或者预防疾病的目的。

“安全、有效、经济”是我国原卫生部和国家中医药管理局于 2002 年提出的合理用药原则。

1. 用药的安全原则

安全应该是选择用药的第一原则，也是基本前提。为此，国家卫生行政部门对新药审批都设计了非常严格的管理规定，从实验室动物实验到临床人体试验，均需严格遵循相关规范。同时还规定，对于发生药物重大副反应的，要逐级上报，并定期向行业通报。医师在选择临床用药的时候，首先应当想到的是药物的安全性问题，治疗作用相当的，应首选更为安全的药物。

2. 用药的有效原则

有效是药物应用的目的，也是用药最起码的动机。医师在选择药物时，可以根据临床规范、医学文献，结合自己的经验，但万变不离其宗的是，一定都会充分考虑药物对疾病的治疗或预防作用。在保证有效性的情况下，医师应坚持尽可能减少用药的剂量、种类，尽可能应用方便给药的方式，尽可能缩短用药的期限，尽可能应用自己熟悉的药物。

3. 用药的经济原则

经济是医学伦理的要求，也是医师考虑患者依从性的重要因素。由于经济因素最后导致患者放弃治疗的事件在日常生活中并非罕见，在媒体中也屡见报道。医师在选择药物时应考虑患者的经济情况，在疗效相差不大的情况下，能够用医保范围内药物的，尽量不选用需患者自费购买的药物；能够用价格低廉药物的，尽量不选用价格高昂的药物；考虑可能在短时期内治愈的，绝不一次性给出长期用药的大处方。

三、用药不当致医疗纠纷的鉴定原则

是否合理用药，直接关系到临床诊疗的效果。在临床用药相关性医疗纠纷的鉴定中，作者较为关注以下几方面问题。

(1) 患者所患疾病是否符合应用药物治疗的适应证。

(2) 医师在开具药物处方时是否遵循了安全原则，有无注意到可能的副反应并采取必要的告知和预防措施。

(3) 医师在用药时是否充分考虑药物的有效性，所选择药物在同类药物中是否较为合适的，对疾病具有针对性治疗效果。

(4) 医师在选择用药时是否关注用药的经济性问题，是否有在安全性与有效性相当但更为经济药物的存在。

(5) 用药种类、剂量、给药方式是否合理。

(6) 选择多种药物联合使用的，是否有必要联合用药，是否违反配伍禁忌，是否考虑药物的协同作用。

(7) 患者所出现的副反应或者后果是药物应用伴有的毒副反应所致，还是疾病病程的应有表现。

(8) 若副反应或者后果确系药物应用所致，则该反应或者后果是否可能被充分预见并避免。

在此类案件的鉴定中，其实最根本的问题就是始终应关注药物疗效与药物副反应的轻重权衡。

（夏文涛）

第二节 案例评析

一、丁胺卡那与幼儿耳聋医疗损害

1. 案情摘要

1995 年 1 月 26 日，产妇付某在某市某医院产下一男婴肖×。1 月 29 日肖×出现腹泻，经治医师给予丁胺卡那霉素肌内注射，每次 15 mg，每日 2 次。治疗 2 d 共用药 3 次，肖×大便恢复正常，大夫即停用了丁胺卡那霉素。2 月 2 日母婴健康出院，出院记录无任

何异常。14 个月后，即 1996 年 4 月 22 日肖×及其父母 3 人一同向某区人民法院提起诉讼。

原告诉称：原告肖×于 1995 年 1 月 26 日出生于被告某市某医院，生后第 3 天即 1 月 29 日被超剂量注射丁胺卡那霉素，致使原告耳聋，且违反操作规程，请求判令被告医院赔偿医疗费、交通费、住宿费、鉴定费、误工费、残疾生活补助费、残疾用具费、以后治疗费、残疾慰抚金共计人民币 1 600 048. 97 元。

原告付某诉称，其子肖×在被告医院生后 3 d，因院方诊断和治疗上的错误，导致患上终身聋哑症，使其本人精神上遭受非法侵害，请求判令被告赔偿精神损害费 50 000 元。

原告肖某诉称，其子肖×在被告医院生后 3 d，因院方诊断和治疗上的错误，导致患上终身聋哑症，使其本人精神上遭受非法侵害，请求判令被告赔偿精神损害费 50 000 元。

被告辩称：原告的起诉已超过诉讼时效，被告的医疗行为在主观上没有过失，对肖×因腹泻注射丁胺卡那霉素诊断正确，治疗正确，原告所诉之药物性神经性耳聋与丁胺卡那霉素耳毒性之发生率不具有必然性因果关系，被告不应承担侵权的民事责任，没有侵害原告付某、肖某的人格权，请求驳回原告的诉讼请求。

2. 鉴定情况

1997 年 4 月 21 日某市医疗事故技术鉴定委员会作出“关于肖×医疗纠纷医疗技术鉴定意见”，该意见认为“导致该患儿耳聋的因素可有宫内窒息、出生后感染、自身免疫、药物中毒等”。结论为该起医疗纠纷不属于医疗事故。

1998 年 11 月 30 日，某司法鉴定科学技术研究所对肖×目前的耳聋与其在报告医院被注射丁胺卡那霉素之间有无因果关系作了法医学鉴定，结论为“被鉴定人肖×目前患有聋哑症，就现有材料并检查综合分析，不能排除被鉴定人肖×目前耳聋与其被注射丁胺卡那霉素之间存在着直接因果关系，且其耳聋以药物中毒的可能性大”。

1999 年 2 月 26 日某市中级人民法院司法技术鉴定中心对肖×双耳耳聋的伤残等级进行鉴定，结论为五级伤残。

3. 一审判决

被告医院辩称原告肖×腹泻没有提供相应的证据，在病历记载为一般情况好，体检正常的情况下，违反卫生部《婴幼儿腹泻防治方案》给原告肖×注射丁胺卡那霉素，也未向本院提供证据证明该治疗行为的必要性。被告对原告肖×和付某的用药均超出规定剂量，且对联合应用丁胺卡那霉素和小诺霉素的毒副作用加强认识不足，又违反对新生儿使用丁胺卡那霉素应监测血药浓度或根据测得的肌酐清除率调整剂量的规定，未告知所使用药物的毒副作用，未征得家属的同意和签字，对该医疗纠纷负有过错责任。在某司法鉴定科学技术研究所的鉴定中，已对肖×进行了目前国内所能进行的各种检查，无证据证明肖×被注射丁胺卡那霉素之前及其母亲付某被注射小诺霉素之前已经存在耳聋，也没有发现除药物性耳聋之外的其他导致耳聋的原因，原告肖×的耳聋与其被注射丁胺卡那霉素之间存在因果关系，被告应承担民事赔偿责任。被告提出该医疗纠纷不属于医疗事故，不应承担赔偿责任所依据的某市医疗事故技术鉴定委员会的鉴定，是专门技术鉴定部门对医疗单位的医疗纠纷进行技术鉴定的认定意见，是卫生行政部门认定和处理医疗事故纠纷的依据，不应作为是否承担民事责任的依据，对被告所请不予采纳。被告称原告起诉已超过诉讼时效，因肖×耳聋未能及时发现，故本案诉讼时效应从检查确诊并能证明是由被告诊疗行为引起之日起计算，被告所辩不予采纳。原告为耳聋多方求治，所花费用被告应当赔偿，但部分治疗没有必要，被告提出原告治疗费用不尽合理的理由应予采纳。原告主张的误工损失，因不能提供充足证据，不予认定。对原告主张的安装残疾用具，应以满足目前所需为原则，今后需更换时可另行起诉。

原告肖×出生仅 3 d，即由于被告的过错造成了两耳失聪的终生缺陷，失去了作为一个普通人应当享有的正常生活，听不到笑声和欢乐，身心受到了巨大的创伤，精神上承受了巨大的痛苦。对此，被告应给予经济补偿作为对肖×精神上的慰抚。原告付某、肖某作为肖×的监护人，从得知肖×耳聋的事实后，四处奔波，求医求药，寝食难安，欢乐难再，也失去了一个普通家庭的正常生活，精神上受到了较大的伤害，对此被告应给予经济补偿作为对二原告的精神慰抚。三原告对于精神损害赔偿的要求应适当予以支持。

依照《中华人民共和国民法通则》第九十八条、第一百零六条第二款、第一百一十九条之规定，判决如下：

(1) 被告赔偿原告肖×医疗费 6 172.50 元。

(2) 被告赔偿原告交通费、住宿费 4 000 元。

(3) 被告承担原告肖×初次手术治疗及语言训练费用 232 200 元。

(4) 被告承担原告肖×残疾生活补助费 40 536 元。

(5) 被告赔偿原告肖×残疾慰抚金 150 000 元。

(6) 被告赔偿原告付某精神损害慰抚金 40 000 元。

(7) 被告赔偿原告肖某精神损害慰抚金 40 000 元。

(8) 驳回原告其他诉讼请求。

4. 二审判决

上诉人某市医院上诉称：一审法院认定事实错误。为肖×应用抗生素丁胺卡那霉素是必需的，可以的；用丁胺卡那霉素的剂量未超出药典剂量；用该药是一种常规治疗，没有必要征得家属同意并签字；肖×、付某患腹泻是事实，用丁胺卡那霉素、小诺霉素治疗后健康出院；原审法院改变某司法鉴定科学技术研究所鉴定结论，将不确定的因果关系认定为肯定的因果关系错误。原判适用法律错误。判决赔偿精神慰抚金没有法律依据。请求撤销原判，维护医疗秩序。

被申诉人肖某、付某、肖×答辩称：某医院在诊疗过程中过错明显。肖×没有细菌性腹泻，使用丁胺卡那霉素是滥用抗生素，且超过规定剂量 3.6 mg/日，造成肖×耳聋与其使用该药物有直接因果关系。其行为严重侵犯了被上诉人的健康权和人格权，依法应当承担赔偿责任。一审法院结合案件全部证据分析，认定某医院的过错与肖×耳聋有因果关系，不存在改变鉴定结论，而是正确采信鉴定结论，精神损害赔偿问题不是没有法律依据，而是被司法机关所认可，司法实践中被确认采用。因此，一审判决事实清楚，证据充分，程序合法，裁量适当，适用法律正确，某医院上诉理由不能成立。请求二审法院查明真相，依法驳回某市医院的上诉，维持原判。

二审法院判决：某医院接受孕妇付某住院生产，有权利收取必要费用，也应尽到医疗护理责任，保障母婴的生命安全和身体健康。某医院在肖×出生 3 d 时，给其注射可能导致耳聋的丁胺卡那霉素且超出药典限量，经某市医疗技术鉴定委员会鉴定和某司法鉴定科学技术研究所对肖×耳聋病因鉴定，可以认定肖×耳聋与某医院对其注射丁胺卡那霉素致药物中毒的因果关系。某医院有明显过错，应当对肖×耳聋致残承担赔偿责任，并对肖×的父母因其子耳聋造成的损失负赔偿责任。原判认定事实清楚，责任划分适当，适用法律并无不妥。某医院上诉称给肖×用丁胺卡那霉素是因其腹泻，所以是必需的、可以的，没有提供证据。在庭审中某医院亦认可确在病历中未记载肖×患有腹泻。用药至第3日，病历只记载"停丁胺卡那霉素"。根据国家卫生部《婴幼儿腹泻防治方案》规定，某医院在没有查明病原的情况下给肖×使用丁胺卡那霉素，负有过错，该项上诉理由因其证据不足，本院不予支持。某医院上诉称给肖×使用丁胺卡那霉素没有超出药典剂量，所提供的依据是1995年10月版《中华人民共和国药典〈临床用药须知〉》以及部分医院、医师的证言和书刊章节。肖×被注射丁胺卡那霉素是1995年元月29日，在此前《中华人民共和国药典》90、93年版以及该药说明书中均明确规定，小儿4～8 mg/(kg·d)，给肖×用丁胺卡那霉素时肖×出生只有3 d，属新生儿，即是按小儿4～8 mg/(kg·d)的剂量极限计算，当时肖×体重3.3 kg，该药的极限剂量是8 mg/次，用药剂量应为26 mg/d，肖×在某医院日剂量实际为30 mg。根据肖×的年龄及体重，该药的实际用剂量已超过规定剂量，某医院此项上诉理由不符合药典规定又没有事实依据，其请求本院不予支持。某医院上诉认为使用丁胺卡那霉素是常规用药，不需家长签字同意的理由没有合理的根据。丁胺卡那霉素的耳毒性在《中华人民共和国药典》以及《药理学》等专著中均已表明："超量应用可引起蛋白尿、管型尿及不可逆听力减退"、"耳毒性……耳蜗神经损害，表现为听力减退或耳聋"。"发生率"丁胺卡那霉素排列为第3位，较庆大霉素耳毒性发生率更高。《临床用药须知》给药说明指出：因该药具有耳毒性，所以：① 应测血药浓度，尤其是新生儿；② 不能测血药浓度时，应测肌酐清除率调整剂量。作为市一级的某医院，应当知道丁胺卡那霉素具有耳毒性，使用该药应当慎重，否则可能产生不良后果。依据国务院第149号《医疗机构管理条例》有关规定，某医院应征得家属签字同意并应按《临床用药须知》测血药浓度或测肌酐清除率。依据《中华人民共和国消费者权益保护法》有关规定，某医院亦应当向肖×家属"作出真实的说明"。综上所述，某医院认为使用丁胺卡那霉素属常规用药不需家属签字同意的理由缺乏事实依据而不能成立，其请求本院不予支持。某医院上诉称，某司法鉴定科学技术研究所的鉴定结论为不确定，原判认定为肯定的，是错误的。某司法鉴定科学技术研究所对肖×耳聋与被注射丁胺卡那霉素之间有无因果关系作出的鉴定结论"被鉴定人肖×目前患有聋哑症，就现有材料并检查结果综合分析，不能排除被鉴定人肖×目前的耳聋与其被注射丁胺卡那霉素之间存在着直接因果关系，且其耳聋以药物性中毒的可能性为大"，某市医疗事故技术鉴定委员会作出"关于肖×医疗纠纷医疗技术鉴定意见"也认为，"导致该患儿耳聋的因素可有宫内窒息、出生后感染、自身免疫、药物中毒等"，并未排除肖×耳聋与药物中毒之间的因果关系，某医院没有提供致肖×耳聋非药物中毒因素的其他任何证据。原审据此与其他证据相互印证，认定肖×耳聋与其被注射超量丁胺卡那霉素之间存在直接因果关系的结论是正确的。综上所述，某医院该项主张请求，因其举证不能，本院不予支持。某医院上诉称原判赔偿精神慰抚金没有法律依据。对此本院认为，肖×出生3日即因某医院的诊疗过错，致其双耳失聪，给其在精神上造成的巨大痛苦，常人是无法亲身感受的。随着肖×年龄的增长，遇到的因双耳失聪带来的困难将愈来愈多，精神上的痛苦自然会加重。根据《中华人民共和国民法通则》有关过错责任原则及民法原理以及结合近年来的司法实践，某医院应予以赔偿肖×精神慰抚金，精神损害的赔偿对象应包括直接受害人与间接受害人。本案中，受害人肖×的父母在照顾其子的过程中花费的心血、付出的精力是客观存在的。因其与受害人之间的亲情关系，精神上受到的刺激和创伤也是客观存在的，不予赔偿是不妥的，也是不符合法理的。法律的实质是公正。本案中如不对肖×的父母予以精神慰抚，将是对公平正义的损害，也不足以使过错者警觉纠正自己的过失。原审判决给予受害人父母精神上适当赔偿符合法律的原则精神，应予维持。某医院此项请求不符合法律原则，其请求本院不予支持。

综上所述，某市某医院因其上诉诸项理由缺乏证据及法律依据，其请求本院不予支持，应予驳回。原审判决认定事实清楚，程序合法，处理正确，适用法律并无不当，应予维持。依照《中华人民共和国民事诉讼法》第一百五十三条第一款第一项的规定，经本院审判委员会研究决定，判决如下：驳回上诉，维持原判。

5. 再审程序

某医院不服二审判决，向本院提出申诉称：原判认定事实错误，程序违法。

本院再审查明的事实与原审认定事实一致。

本院再审认为：某医院违反操作规程超出药典限量，为刚出生的肖×注射丁胺卡那霉素，是造成耳聋的直接原因。某医院不能提供引起肖×耳聋的其他证据。某司法鉴定科学技术研究所对肖×目前的耳聋与其在医院被注射丁胺卡那霉素之间有无因果关系的鉴定结论是我国目前司法界权威鉴定部门之鉴定，具有科学性、权威性。且该鉴定过程中不违反法律规定，程序公正。该鉴定结论，本院予以采信。原审认定事实清楚，证据充分。原判认定某市某医院对肖×的医疗损害予以赔偿，具有有关法律事实和法律依据，且合法、合情、合理，本院予以支持。但原审判决对肖×的法定监护人肖某、付某判决给予精神损害抚慰金缺乏法律依据，予以纠正。某医院申诉部分有理，予以支持。依照《中华人民共和国民事诉讼法》第一百五十三条第一款第二项之规定，经本院审判委员会讨论决定，判决如下：

(1) 撤销本院原民事终审判决和一审民事判决第⑥、⑦项(即某医院赔偿付某精神损害慰抚金 4 万元，某医院赔偿肖×精神损害慰抚金 4 万元)。

(2) 维持本院原民事终审判决和一审民事判决第①、②、③、④、⑤、⑧项及诉讼费承担部分(即某医院赔偿肖×医疗费 6 172.50 元，赔偿交通费、住宿费 4 000 元；承担肖×初次手术治疗及语言训练费用 232 200 元，承担肖×残疾生活补助费 40 536 元；赔偿肖×残疾慰抚金 15 万元；驳回肖×、付某、肖某其他诉讼请求)。

6. 评析

本案当时引起了极大的社会影响，自 1996 年患方起诉到 1999 年 4 月 30 日作出一审判决，1999 年 8 月 20 日作出二审判决，再到 2001 年 12 月 28 日作出再审判决，前后历时 5 年，期间某省多名三级人大代表多次提出对本案的监督议案，省卫生厅为此专门向省高级人民法院致函表示对案件判决的异议，某市其他 13 家医院以及部分全国知名专家学者纷纷公开表示对某医院的支持。

本案的关键在于鉴定意见中对肖×应用丁胺卡那霉素与其双耳聋之间是否存在因果关系的认定。就两次鉴定而言，事实上均未能证明两者之间因果关系客观存在。医疗事故技术鉴定认为，药物中毒是耳聋的可能原因之一，若需证明确为实质性原因，理论上需排除其他原因，但因目前科学技术发展程度因素，实际上难以做到这种排除。某司法鉴定科学技术研究所的司法鉴定意见认为药物中毒作为耳聋的原因不能被排除，且该原因在多种可能原因中成立的可能性较大。

但是，在民事诉讼的证据认定中，一般遵循优势证据原则。当证据指向显示，因果关系成立的可能性大于不成立的可能性时，即可以认定该因果关系事实上成立。就本案而言，丁胺卡那霉素用药过量及用药前未行知情说明均是客观事实，提示医疗单位确实存在过错。而氨基糖甙类药物应用是幼儿耳聋的常见病因，也是目前医学界公认的客观事实。虽然耳聋尚有其他多种可能的病因，但氨基糖甙类药物应用作为实质性因素确实不能被排除。在没有证据证明被鉴定人存在其他致聋病因时，该因素成立的可能性就愈加突显出来。因此，某司法鉴定科学技术研究所作出的鉴定结论应当认为是客观的。

法院在采信鉴定结论时，综合考虑本案有多种致病可能，即使丁胺卡那霉素应用是其中可能性较大的病因，但仍不能被完全确认，故综合裁定医疗单位承担部分责任，并不失公允。

二、中成药注射制剂副反应

1. 案情摘要

古某，女性，36岁。2006年7月26日，古某因咳嗽、发热去海某开办的个体诊所（某乡某村卫生室）就诊，诊断为“上呼吸道感染”，先后给予克林霉素、病毒唑、头孢他啶静脉滴注治疗，症状未见明显好转。7月31日晚，海某去古某的住处出诊，予鱼腥草注射液、头孢他啶静脉滴注，输液完毕后古某出现胸闷、呼吸困难。海某拟诊为药物过敏，给予琥珀酸氢化可的松滴注，肾上腺素、非那根肌内注射等紧急处理。病情稳定后，古某被海某转送至乙市人民医院住院治疗11 d，无过敏症状而出院。出院12 d后，古某再次出现胸闷、呼吸困难、腹痛等症状，后转入某大学附属医院急诊科观察，次日看专家门诊，考虑便秘，予温开水灌肠后症状消失，此后多次出现类似情况。2008年7月，古某到外地某三级甲等医院看专家门诊，诊断为“右肾囊肿，高尿酸血症”。现古某患有胃炎、右肾囊肿、左肾钙化及智力受损，其家属认为某村卫生室在诊治过程中存在过错，遂诉至甲市人民法院要求赔偿。为正确审理此案，甲市人民法院委托某司法鉴定中心根据现有送检材料，就某村卫生室在对古某的诊疗过程中是否存在医疗过错；若存在过错，其与古某的损害后果之间是否存在因果关系及其参与程度等进行法医学鉴定（书证审查）。

2. 病史摘要

(1) 2006年8月1日至8月9日乙市人民医院出院记录

入院情况：患者5 d前出现发热、咳嗽、咳黄脓痰，在当地卫生室予以头孢他啶静脉滴注，症状有所缓解，昨晚用鱼腥草注射液后出现胸闷、气促、呼吸困难，在当地医院查体，查血常规正常，听诊两肺湿性啰音，先后应用地塞米松、氨茶碱、肾上腺素抢救治疗，症状缓解，今晨开始出现上腹胀痛。

住院诊治经过：患者入院后神志欠清，精神萎，痛苦面容，行抑酸、抗病毒等对症治疗。进一步完善相关检查，待患者症状明显好转，患者要求出院。

出院情况：患者仍时有胸闷、气促、呼吸困难，咳嗽为干咳，时有上腹隐痛、反酸嗳气，无呕吐、腹泻。

出院诊断：上呼吸道感染。

(2) 乙市人民医院门诊病历

2006 年 8 月 17 日：病史同前。该患者半月前因“上感”在当地卫生室就诊，用药过程中出现过敏反应而转我院，入院后经治疗后好转出院。近几天自觉头晕、乏力、活动后?(此处字迹欠清)，结合病史，考虑感染后及药物过敏所致……

8 月 18 日：患者昨日停用先锋类药物……后未见有发热现象，但自觉症状无明显改善，目前仍考虑感染综合征。

8 月 25 日：患者于 8 月 22 日夜突然出现上腹部疼痛伴胸闷，当时查体 BP120/80 mmHg，T37.5℃，遂送省人民医院，检查胸部 X 线片正常，EKG 正常，拟诊胃炎，给予……东莨菪碱。

2008 年 6 月 18 日：中腹疼痛 2 d。1 月前即大便自解困难，当地予灌肠对症治疗。近 2 d 出现中腹疼痛，为隐痛不适。查体：神志清，精神萎，痛苦貌，心肺(-)，腹平软，脐周压痛(+)，麦氏点压痛、Murphy 征(-)，肠鸣音不亢。诊断：不全肠梗阻待排。

(3) 某省人民医院门诊病历

2008 年 7 月 1 日 B 型超声实时成像报告提示：① 右肾囊肿，左肾尿盐结晶；② 肝胰脾未见明显占位。

7 月 2 日：生化 II 正常，AFP(-)；继发性胃炎，胃黏膜脱垂。

(4) 外地某三级甲等医院门诊病历

2008 年 7 月 4 日：2006 年鱼腥草过敏。近期 B 超示：右肾小囊肿，左肾结石。彩超示：右肾小囊肿，左肾钙化。

7 月 7 日：B 超示右肾囊肿 0.5 cm，左肾有钙化，UA 483 μmol/L。查体：一般情况可。诊断：右肾囊肿；高尿酸血症。

3. 鉴定情况

(1) 2008 年 10 月 30 日甲市医学会医疗事故技术鉴定书

诊治概要：……2008 年 10 月 5 日至乙市人民医院就诊，经检验尿蛋白++。

分析意见：① 依据双方提供的患者当时就诊症状分析，医方予以诊断为：“上呼吸道感染”，先后予以抗感染、抗病毒、对症处理，处理方案无原则错误。② 医方在给患者治疗的第 4 天，使用了鱼腥草注射液，用药剂量及适应证亦无原则错误，但该药在 2006 年 6 月 1 日(即使用日前的 2 个月)已被国家药监局下文暂停使用。并且在使用此药后，患者出现“胸闷、呼吸困难”等副反应。系违规用药，与输液完出现的“胸闷、呼吸困难”症状有直接因果关系。③ 医方予以积极抗过敏，对症处理后症状及时得到控制，并护送至乙市人民医院住院 11 d，治愈出院。④ 此后，患者多次出现的“腹痛、腹胀”症状，并非鱼腥草注射液副反应的延续。⑤ 从某省人民医院、外地某三级甲等医院的诊治病历及近期 24 h 尿蛋白生化检验报告单分析，患者不存在肾病综合征及肾衰竭。

结论：本病例属于四级医疗事故。该医疗机构医疗过失行为在损害后果中负有次要责任。

(2) 2008 年 12 月 25 日某省医学会医疗事故技术鉴定书

分析意见：① 患者当时出现的咳嗽、咳痰、发热，医方诊断与用药无原则错误；② 关于使用鱼腥草注射液，患者出现的胸闷、呼吸困难，属鱼腥草注射液的药物副反应；③ 2006 年 6 月 1 日，SFDA 通知暂停使用鱼腥草注射液，医方仍在使用，给患者带来的副反应，应承担行业管理的用药责任；④ 患者自述近两年出现的头晕、乏力、不能劳动及其他后来出现的临床表现与当时使用鱼腥草注射液引起的药物过敏反应无因果关系。

结论：本病例不属于医疗事故。

(3) 2009 年 5 月 18 日当地 A 司法鉴定所司法鉴定意见书

鉴定意见：海某对古某的医疗行为存在违反规定使用药物的过错；上述过错与古某过敏反应的后果之间存在直接因果关系，参与程度拟为 100%。

(4) 2009 年 7 月 29 日当地 B 司法鉴定所司法鉴定意见书摘录

古某轻度智力缺损，评定为七级伤残。

4. 一审判决

2009 年 8 月 2 日某县人民法院民事判决书摘录：被告海某对原告古某在治疗过程中使用鱼腥草注射液，其行为是在通告(国家食品药品监督局《关于暂停使用和审批鱼腥草注射液等 7 个注射剂的通知》)下达后进行的，被告的诊疗行为存在过错。

5. 鉴定分析与意见

被鉴定人古某因“咳嗽、发热”等症状就诊于某乡某村卫生室，经治单位诊断为“上呼吸道感染”，先后给予抗生素、抗病毒药物静脉点滴治疗，症状未见明显好转。5 d 后，经治单位人员上门为古某实施鱼腥草注射液及抗生素静脉点滴治疗，输液后古某出现胸闷、呼吸困难等症状，经按药物过敏给予紧急对症处理，并转送至乙市人民医院住院治疗后，过敏症状好转。

鱼腥草注射液是从中药鱼腥草中经蒸馏提纯而成的灭菌溶液，为中药注射药物，具有清热解毒、利湿排脓的作用。鱼腥草注射液成分复杂，提取纯度有时不够高，常含有杂质或过敏原，易造成副反应，其中包括过敏反应、甚至过敏性休克。鱼腥草注射液引起过敏反应的确切机理目前尚不清楚，可能与患者存在个体差异(如高敏体质)有关，还可能与鱼腥草注射液中某一成分或输液配伍后存在的成分变化有关。近年各类医学期刊上时有关于鱼腥草注射液副反应的报道。

总结各类文献关于鱼腥草注射液副反应，多发生于用药后数分钟内，少数可发生于用药 24～48 h。常见副反应包括：① 皮肤损害；② 消化道症状，包括上腹部不适，恶心、呕吐，腹痛；③ 呼吸道症状，重者可有气促、呼吸困难；④ 过敏性反应，重者可有休克症状；⑤ 神经系统症状，如四肢肌肉震颤或抽搐、晕厥；⑥ 心血管系统症状，如胸闷、心前区不适、心悸、心跳过速等。经及时对症治疗后，上述副反应多能消失，患者远期疗效尚可。

在近年的各种医学期刊上，对鱼腥草注射液的应用有如下提示：① 应尽量减少静脉滴注用药，遵循“可口服勿注射”的基本原则；② 在确需使用时，应事先了解患者的病史和过敏史，避免有心脏病史或药物过敏史的患者使用鱼腥草注射液；③ 对初次用药者，刚开始时滴速不应超过 25 滴/分钟，观察 5～15 分钟未见副反应后，亦应将滴速控制得较慢；④ 单独输液，避免与其他药物混合滴注。

鉴于临床医学界关于使用鱼腥草注射液出现副反应的报告，国家食品药品监督管理局于 2006 年 6 月 1 日发布了《关于暂停使用和审批鱼腥草注射液等 7 个注射剂的通告》。其后，在进一步调研的基础上，该局又于同年 9 月发布了《关于鱼腥草注射液等 7 个注射剂有关处理决定的通知》，对鱼腥草等注射液的使用和审批作出了有条件部分恢复的规定。

医务人员在实施诊疗过程中，应当学习各类公开发表的医学文献，注意最新学术动态，尤其应注意卫生行政部门颁布的各类法律、法规和诊疗规范，并对患者尽到善意保护义务、高度注意义务和不良后果回避义务。

本例中，某村卫生室在古某出现上呼吸道感染症状后，给予鱼腥草注射液静脉点滴治疗，虽符合该药物用药指征，但显然违反了当时的卫生行政法规之规定。而且，目前没有证据证明经治单位医务人员在用药前详细询问了古某有无药物过敏史，在用药后 5～15 min 加强了对患者副反应的观察，在用药过程中控制了静脉点滴速度，故认为其未尽到高度注意义务和不良后果回避义务。上述情节应属医疗过失行为。

古某使用鱼腥草注射液静脉点滴后不久即出现胸闷、气促、呼吸困难及上腹部胀痛等表现，符合鱼腥草注射液常见的副反应，与药物应用之间存在直接因果关系。医疗过失对上述不良后果的参与程度拟为 96%～100%。

古某于上述用药后近 2 年，多次因各种不适而就诊，经治医院及相关机构认为其存在不全性肠梗阻、胃炎、右肾囊肿、左肾钙化、高尿酸血症及智力受损等。我们认为，根据现有医学资料，上述后果与鱼腥草注射液应用的副反应之间尚难以直接联系起来，即两者之间是否存在因果关系难以明确。

6. 评析

国家食品药品监督管理局于 2006 年 6 月 1 日发布《关于暂停使用和审批鱼腥草注射液等 7 个注射剂的通知》，称：国家药品不良反应监测中心病例报告统计表明，使用鱼腥草注射液、复方蒲公英注射液、鱼金注射液、炎毒清注射液、新鱼腥草素钠氯化钠注射液、新鱼腥草素钠注射液、注射用新鱼腥草素钠等 7 种注射剂后引起过敏性休克、全身过敏反应、胸闷、心悸、呼吸困难和重症药疹等严重副反应，已明确显示该类药品存在临床用药安全隐患。根据《药品管理法》和《药品管理法实施条例》的有关规定，决定自通告之日起，在全国范围内暂停使用鱼腥草注射液等 7 个注射剂，暂停受理和审批鱼腥草注射液等 7 个注射剂的各类注册申请。我局将组织对该类药品进行再评价。

据相关报道，鱼腥草注射液常见的副反应多为 B 型副反应，主要包括：皮肤和全身过敏反应，临床表现为皮疹、剥脱性皮炎；咳嗽、口干、气促、呼吸困难、急性肺水肿；恶心、呕吐；过敏性休克、过敏性哮喘、喉头水肿等。目前资料显示鱼腥草注射液出现的副反应多属速发型变态反应，若副反应发生后及时停药并得到有效治疗，其预后良好；如果使用时未发生副反应，一般来讲，不再使用该类药品不会对机体发生危害。

故此，鉴定人分析认为，本案某村卫生室违反“具体标准”，存在过错，该过错与古某急性反应之间存在直接因果关系，但古某其后的多种不适主诉与药物应用之间则难以联系。

三、催产素应用及分娩产伤与新生儿脑瘫

1. 案情摘要

田某系年轻女性。2011 年 12 月 21 日凌晨，田某到某市中医医院住院分娩，当日早晨娩出宋某。宋某出生后被诊断为新生儿缺氧缺血性脑病、脑瘫等。为审理此案，委托人委托某司法鉴定中心就某市中医医院对田某及宋某的医疗行为是否存在过错；若存在过错，与宋某的损害后果（新生儿缺氧缺血性脑病、脑瘫）之间是否存在因果关系以及医疗过错的参与程度进行法医学鉴定（书证审查）。

2. 病史摘要

(1) 田某 2011 年 12 月 21 日 1:50 至 12 月 23 日在某市中医医院住院病历

入院主诉：停经 $40^{3/7}$ 周，下腹阵痛 1 h。现病史：既往月经规律，G_1P_0，末次月经 2011 年 3 月 11 日，预产期 2011 年 12 月 18 日，孕 $40^{3/7}$ 周。查体：T 36.8℃，P 80 bpm，BP 105/80 mmHg；宫高 34 cm，腹围 99 cm，胎儿体重估计 3 400 g；先露头，LOA，已衔接，胎心146 bpm，宫缩 30″/3′～4′，先露 3，胎膜未破，宫颈软，宫颈容受 100%，宫颈位置中，宫颈成熟度评分 2 分。检查时间 1:50，方式：阴指。

骨盆测量：髂前上棘间径 26 cm，髂嵴间径 27 cm，骶耻外径 19 cm，出口横径 9 cm，耻骨弓角度 90°，坐骨切迹？指，坐骨棘间径 10 cm，坐骨棘形态平伏，骶骨凹面中弧，骶尾关节活动，骨盆侧壁外展。

入院诊断：G_1P_0，孕 $40^{3/7}$ 周，LOA，已临产；骨盆正常，头盆评分 7 分。

入院后待产及催产素使用情况分别见表 10－1 和表 10－2。

表 10－1 待 产 记 录

时 间	胎心率(bpm)	宫 缩	宫颈扩张	胎 膜	先露高低	备 注
4:00	140	40″/3′～4′	3 cm	未破	−3	宫颈软
4:30	138	40″/3′	5 cm	胎膜自破	+1	羊水清
5:00	151	40″～50″/3′				
5:30	164	40″～50″/3′				
6:00	138	40″～50″/3′	近全		+2	产瘤 2×1 cm
6:10	135	40″～50″/3′	全		+2	进产房，产瘤 2×1 cm

表 10－2 催产素静脉点滴记录

时 间	滴 速	胎心率 (bpm)	宫 缩 情 况			宫口扩张	先露下降	其 他
			强度	持续时间	间歇时间			
6:20	8 滴/min	130	中	40″	3′	全	+2	产瘤 2×1 cm
6:30	8 滴/min	128	中	50″～60″	2′～3′			
6:40	8 滴/min	130	中	50″～60″	2′～3′			
6:50	8 滴/min	90	中	50″～60″	2′～3′		+3	胎心慢，停催产素，给予吸氧

续　表

时间	滴速	胎心率(bpm)	宫缩情况			宫口扩张	先露下降	其他
			强度	持续时间	间歇时间			
6:55		105	中	50″～60″	2′～3′			
7:00		125	中	50″～60″	2′～3′			
7:05		110	中	50″～60″	2′～3′			
7:10		90	中	50″～60″	2′～3′		+3	胎心慢,决定胎头吸引结束分娩

注：生理盐水 500 mL+2.5 U 催产素静脉滴注

分娩开始时间：12 月 21 日 0:30。破膜时间：12 月 21 日 4:30,自破。新生儿娩出时间：12 月 21 日 7:18,吸引产。胎儿娩出方位：LOA。分娩时间：6 h 50 min。第一产程 5 h 40 min,第二产程 1 h 8 min,第三产程 2 min。

胎盘：完整,长 19 cm,宽 18 cm,厚 2.5 cm,脐带长 50 cm,重 500 g。

新生儿：男性,窒息,身长 50 cm,体重 3 750 g。

新生儿 Apgar 评分如表 10－3。

表 10－3　新生儿出生后 Apgar 评分

体征	1 分钟	5 分钟	10 分钟	15 分钟	20 分钟
呼吸	0	0	1	2	2
心跳	1	2	2	2	2
肤色	1	2	2	2	2
肌张力	0	0	1	1	1
反射	0	0	1	2	2
总分	2	4	7	9	9

产后诊断：G1P1,孕 $40^{3/7}$ 周,难产(吸引产),胎儿窘迫。

12 月 21 日 10:30 抢救记录：患儿系母孕 $40^{3/7}$ 周妊娠,胎儿窘迫,于 12 月 21 日 7:18 经阴道娩出,HR55 bpm,皮肤青紫,四肢松软,呼吸无,立即摆正体位,清理呼吸道,同时擦干保暖,面罩加压通气,患儿心率升至 80 bpm,无自主呼吸,四肢松软,立即予以气管插管,继续气囊正压通气,血氧饱和度 90%以上,7:20 仍未出现自主呼吸,皮肤红润,气囊正压通气情况下,双肺闻及中小水泡音,HR130 bpm。继续予保暖、气管插管正压通气,7:23 仍无自主呼吸,肌张力无,肤色红润,HR140 bpm,四肢松软,予静滴生理盐水 20 mL 扩容,气囊正压通气。7:25 患儿出现自主呼吸,约 15 bpm,肌张力低下……7:28 患儿呼吸不规则,30 bpm,7:33 患儿呼吸规则,40 bpm,无三凹征,无发绀,予气管插管拔管,呼吸平稳,刺激有反应,四肢肌张力低……7:40 患儿肌张力正常,四肢屈曲状,7:45 患儿肌张力增高,噘口状,考虑抽搐,予鲁米那、速尿降低颅内压,向家属说明病情,患儿病情重,建议转某儿童医院。

(2) 田某之子 2011 年 12 月 21 日至 12 月 30 日在某市妇女儿童医疗保健中心住院病历

入院情况：患儿,男,出生后 2 h,窒息复苏后 2 h。系 G1P1,胎龄 $40^{3/7}$ 周,胎儿宫内窘迫(胎心 90～130 bpm),BT 3.75 kg,Apgar 评分 1 分钟 2 分,5 分钟 4 分,10 分钟 7 分。查体:兴奋状态,手足划船及蹬车样动作,双肺呼吸音粗,心音有力,律齐,腹软,皮肤稍苍白,四肢肌张力明显增高,拥抱反射未引出。入院诊断:新生儿窒息(重度),新生儿缺氧缺血性脑病(中～重度)。

患儿入院后抽搐,予鲁米那镇静止抽、吸氧、多巴胺改善外周循环、抗感染、营养心肌、降颅压、营养神经及光疗退黄等治疗。住院期间摄胸片示:吸入性肺炎,右侧锁骨骨折。头颅 CT 示:蛛网膜下腔出血,左侧侧脑室及第三脑室积血。

出院诊断:新生儿窒息(重度),新生儿缺氧缺血性脑病(中～重度),新生儿肺炎,右侧锁骨骨折,蛛网膜下腔出血,脑室内出血。

(3) 某市通用门(急)诊病历

2012 年 8 月 9 日,会翻身,不会坐。查体:双手抓握可,双下肢肌张力高,膝反射亢进。诊断:脑瘫。

11 月 8 日,可坐,但易倒,可翻身。查体:双手抓握差,双下肢肌张力高,膝反射亢进。

2013 年 4 月 9 日,独坐仍不稳,不爬。理解简单指令,不叫妈。查体:头围 48 cm,肌张力高,反射亢进,易握拳,内收肌张力高,扶站尖足。

5 月 29 日,仍坐不稳,不爬,来训练易哭闹。不叫爸妈,理解简单指令。查体:哭闹不合作,头围 47 cm,肌张力高,内收肌明显反射活跃,坐位弓背。

6 月 13 日,独坐欠稳,不能爬,不能独站,……不会说话,不能认识五官。诊断:脑性瘫痪。

3. 鉴定人阅片所见

2011 年 12 月 21 日胸部 X 线片示:双侧胸廓对称无畸形,双肺透亮度低,心影后显示支气管充气征,提示双侧吸入性肺炎;右侧锁骨中段骨折。

12 月 22 日头颅 CT 片示:左侧额颞顶部软组织肿胀,双侧大脑半球弥漫性脑肿胀,广泛蛛网膜下腔出血,左侧侧脑室前角及第三脑室内可见少量出血,中线结构居中。提示属于新生儿缺氧缺血性脑病征象。

2012 年 8 月 9 日头颅 MRI 片示:双侧额颞顶局部脑外间隙增宽,脑脊液集聚,双侧大脑半球侧脑室前后角旁及半卵圆中心区显示弥漫性 T2 加权高信号影,第三脑室略增宽。提示属于新生儿缺氧缺血性脑病后遗改变征象。

2014 年 9 月 19 日头颅 MRI 片示:双侧半卵圆中心区对称性高 FLAIR 信号,属于新生儿缺氧缺血性脑病后遗改变征象。各脑室系统未见明显扩张,脑沟、脑裂未见明显异常改变,双侧额颞顶局部脑外间隙增宽已消失。

4. 鉴定意见

某市中医医院对田某及田某之子宋某的医疗行为存在过错,与宋某的损害后果(新生儿缺氧缺血性脑病、脑瘫)之间存在一定的因果关系。

5. 分析讨论

(1) 关于新生儿缺氧缺血性脑病及脑瘫

根据中华医学会儿科学分会新生儿学组 2004 年修订的《新生儿缺氧缺血性脑病诊断标准》,新生儿缺氧缺血性脑病(HIE)是指围产期窒息导致脑的缺氧缺血性损害,临床出现一系列中枢神经异常的表现。临床表现是诊断 HIE 的主要依据，同时具备以下 4 条者可确诊，第 4 条暂时不能确定者可作为拟诊病例：① 有明确的可导致胎儿宫内窘迫的异常产科病史，以及严重的胎儿宫内窘迫表现（胎心率<100 bpm，持续 5 min 以上；和/或羊水Ⅲ度污染），或者在分娩过程中有明显窒息史；② 出生时有重度窒息，指 Apgar 评分 1 分钟≤3 分，并延续至 5 分钟时仍≤5 分；或者出生时脐动脉血气 pH≤7.0；③ 出生后不久出现神经系统症状，并持续至 24 h 以上，如意识改变（过度兴奋、嗜睡、昏迷），肌张力改变（增高或减弱），原始反射异常（吸吮、拥抱反射减弱或消失），病重时可有惊厥、脑干症状（呼吸节律改变、瞳孔改变、对光反应迟钝或消失）和前囟张力增高；④ 排除电解质紊乱、颅内出血和产伤等原因引起的抽搐，以及宫内感染、遗传代谢性疾病和其他先天性疾病所引起的脑损伤。

根据本例田某的分娩过程以及宋某出生后的病史、临床表现及影像学资料所示，宋某系胎龄 $40^{3/7}$ 周，有明确的胎儿宫内窘迫（胎心率低达 90 bpm），出生后 1 分钟 Apgar 评分 2 分，5 分钟 4 分，出生时有重度窒息。出生后不久出现神经系统症状，如转入某市妇女儿童医疗保健中心时病历记载，入院查体示兴奋状态，手足划船及蹬车样动作，四肢肌张力明显增高，拥抱反射未引出，入院后仍有抽搐，临床予鲁米那镇静止抽治疗等。结合宋某出生当天胸片提示吸入性肺炎，右侧锁骨骨折；次日头颅 CT 片显示符合新生儿缺氧缺血性脑病的 CT 征象。故本例宋某新生儿窒息（重度）、新生儿缺氧缺血性脑病（中～重度）及右侧锁骨骨折等临床诊断可以成立。其新生儿缺氧缺血性脑病（中～重度）可以遗留严重神经系统后遗改变。

宋某出生后半年余（2012 年 8 月 9 日）头颅 MRI 片及 2 岁余（2014 年 9 月 19 日）头颅 MRI 片均显示新生儿缺氧缺血性脑病后遗改变征象。结合其出生后多次门诊病历记载，并依据中华医学会儿科学分会神经学组 2004 年全国小儿脑性瘫痪专题研讨会讨论通过的《小儿脑性瘫痪的定义、诊断条件及分型》标准，宋某脑性瘫痪（简称脑瘫）的诊断亦可成立。

（2）关于产程的处理

催产素是一种常用且强效的加强宫缩药物，临床上对于催产素的使用有严格的规定。使用催产素加强宫缩必须指征明确，使用前须排除禁忌证，使用过程中应有专人密切观察产程进展、监测胎心变化等，并记录；对使用的浓度和滴速亦有明确的规定。当产程进入活跃期后，尤其是当宫口开全进入第二产程后，如无明显宫缩乏力，则不宜使用催产素。因为不必要地、过多地使用催产素加强宫缩，可使子宫收缩过强、过频，影响子宫、胎盘血流灌注，可引起胎儿窘迫；子宫收缩过强、过频，使产程加快，胎头下降快，而软产道在短期内不能充分扩张和适应，阻力较大，可导致肩难产和颅内出血等。故催产素使用不当，会造成严重的不良后果。

本例田某以"停经 $40^{3/7}$ 周，下腹阵痛 1 h"为主诉于 2011 年 12 月 21 日 1:50 入住某市中医医院，待产记录显示产程进展顺利，未见产程延长，至 6:10 宫口开全，宫缩 40″～50″/3′，先露为＋2，6:20 进入产房，予以生理盐水 500 mL＋2.5 U 催产素静滴。依据本例当时产程进展的情况，并无使用催产素静滴的明确指征，故医院使用催产素静滴则属不当，存在过错，与使用催产素后出现的胎心率减慢、胎儿宫内窘迫存在一定的因果关系。

由于大多数胎儿宫内窘迫的病因不明，最好的处理方法是早期诊断，及时处理，使胎儿尽早离开宫内缺氧的环境。在分娩期胎儿宫内窘迫若无法去除病因，应在短时间内结束分娩，让胎儿迅速脱离宫内缺氧的环境，出生后再予以进一步治疗。本例于 6:50 出现胎心率减慢、胎儿宫内窘迫后，医院即停催产素的处理符合临床处理原则。但从本例产程记录看到，胎儿宫内窘迫并未得到及时有效改善。病历记载医院于 7:10 因胎心慢，决定行胎吸结束分娩，新生儿于 7:18 娩出。本例胎儿娩出已在宫内窘迫发生近半小时，说明医院对胎儿宫内窘迫的处理不够及时有效，存在过错；该过错与新生儿出生时重度窒息存在一定的因果关系。

(3) 关于胎头吸引术

胎头吸引术系用一种特制的吸引器置于胎头，形成负压后吸在胎头上面而协助娩出胎头的手术。使用胎头吸引器的适应证与产钳基本相同：子宫收缩乏力，第二产程延长；母体患有心脏病、妊娠期高血压疾病等合并症；轻度头盆不称，胎头内旋受阻者。禁忌证则包括：胎儿不能或不适宜经阴道分娩者，如有严重头盆不称等；胎位异常。但对下列情况则以使用产钳为宜：胎儿宫内窘迫；宫口开全，有脐带脱垂者；巨大儿；胎头水肿明显者。比较胎头吸引器及产钳，产钳损伤主要在产妇，胎头吸引器对母体损伤小，对胎儿的损伤可能较大，可有头皮血肿、头皮坏死、颅内出血、肋骨骨折等。

结合本案，胎儿宫内窘迫 20 多分钟临床决定行胎吸术结束分娩。分娩记录记载"婴儿娩出时间：12 月 21 日 7:18，吸引产"。本例胎儿当时宫内窘迫持续时间较长，为使胎儿尽早离开宫内缺氧的环境，使用娩出胎头较快的产钳助产则更为妥当。此外，本案病历中没有关于胎头吸引术的手术步骤和具体操作内容的记载。综上所述，本例医院在使用胎头吸引术的过程中存在不当，不排除在使用胎头吸引术的过程中使得胎儿宫内窘迫在一定程度上加重。

(4) 关于医疗过错与损害后果的因果关系及其过错参与程度

胎儿窘迫的病因涉及多方面，可归纳为 3 大类。① 母体因素：包括微小动脉供血不足(如妊娠期高血压疾病等)，RBC 携氧量不足(如重度贫血、心脏病心力衰竭和肺心病等)，急性失血(如产前出血性疾病和创伤等)，子宫胎盘血运受阻，急产或子宫不协调性收缩等，催产素使用不当致引起过强宫缩，产程延长、特别是第二产程延长，子宫过度膨胀(如羊水过多和多胎妊娠)，胎膜早破，脐带受压等；② 胎儿因素：包括胎儿心血管系统功能障碍(如严重的先天性心血管疾病等)，胎儿畸形；③ 脐带、胎盘因素：包括脐带血运受阻，胎盘功能低下(如过期妊娠、胎盘发育障碍)，胎盘形状异常(膜状胎盘、轮廓胎盘等)和胎盘感染等。

结合本案现有病历资料分析，胎儿宫内窘迫的原因与催产素使用不当有关。但出现胎心率减慢、胎儿宫内窘迫后，医院即停用催产素，停用后仍不能有效改善胎儿宫内窘迫状态，故本例亦不能排除脐带、胎盘异常等其他可致胎儿宫内窘迫的因素。

某市中医医院对田某及宋某的医疗行为存在以下过错：① 产程中使用催产素不当，与其后出现的胎儿宫内窘迫存在一定的因果关系；② 对胎儿宫内窘迫的处理不够及时有效，在使用胎头吸引术助产方面存在不当，与新生儿出生时重度窒息、新生儿缺氧缺血性脑病存在一定的因果关系，继而与宋某目前脑瘫之间亦存在一定的因果关系。

综上所述，某市中医医院的上述医疗过错与宋某的损害后果(新生儿缺氧缺血性脑病、脑瘫)之间存在一定的因果关系，综合评估医疗过错的参与程度拟为 45%～55%。

6. 评析

脑瘫是一种因素繁多、非常复杂的临床综合征，因此很多情况下因果关系难以确认或者过错参与程度难以准确评估。本案认定医疗单位存在过错且过错与脑瘫的损害后果之间存在"临界型"因果关系(同等因素)，很大程度上是缘于以下两方面因素：① 医方用药适应证掌握不恰当；② 用药后出现子宫过强收缩、胎心变化、胎儿宫内窘迫，两者在时间间隔上关联度密切，存在高度吻合性；③ 当然还有可能引起产伤的其他因素。孤立地看，很难排除其他所有脑瘫的致病因素，但严重的过错足以抵消对因果关系的怀疑，因此鉴定人得出上述鉴定意见，事实上是另一种形式的"自由心证"。

四、催产素及安定应用与新生儿脑瘫

1. 案情摘要

2010 年 11 月 7 日，林某因"停经 $38^{6/7}$ 周，见红 1 d"入住某市妇幼保健院，于 11 月 11 日经剖宫产术娩出新生儿(即丁某)。丁某后因"气急伴发绀半小时"转儿科住院治疗，出院诊断为新生儿肺炎、新生儿颅内出血。2011 年 10 月 26 日，经某省中医院诊断为"脑性瘫痪"。本案曾在当地经市级和省级医疗事故技术鉴定，结论均为不构成医疗事故。现原告重新申请司法鉴定。为审理此案，委托人委托某司法鉴定中心就某市妇幼保健院对丁某之母林某及丁某的医疗行为是否存在过错；若存在过错，与丁某的损害后果(脑瘫)之间是否存在因果关系以及医疗过错的参与程度进行法医学鉴定(书证审查)。

2. 病史摘要

(1) 林某 2010 年 11 月 7 日 10:12 至 11 月 22 日在某市妇幼保健院住院病史

入院主诉：停经 $38^{6/7}$ 周，见红 1 d。现病史：G_1P_0，孕周 $38^{6/7}$ 周，末次月经 2010 年 2 月 8 日，预产期 2010 年 11 月 15 日。平素月经规则，现停经 $38^{6/7}$ 周，无阴道流水，昨日 9:00 少量见红，无腹痛，胎动好，入院待产。查体：T 36.4℃，P 80 bpm，BP 107/66 mmHg，身高 158 cm，体重 61 kg；宫高 34 cm，腹围 100 cm，估计胎儿大小 3 600 g；胎方位 LOA，胎心 140 bpm，先露头，−2，已衔接，胎膜未破，宫颈软，宫颈位置中，宫颈长度 2 cm，宫颈扩张 0；骨盆测量，髂前上棘间径 23 cm，髂嵴间径 26 cm，骶耻外径 19 cm，坐骨结节间径 9 cm；无子宫收缩。初步诊断：G_1P_0，孕 $38^{6/7}$ 周，待产，左枕前。

待产与催产素应用情况分别见表 10-4 及表 10-5。

表 10-4　待产情况

日　期	时间	胎心率(bpm)	胎动(次)	宫缩	处　理
11-07	11:30	140	未数	无	见红，未破水
	14:00				孕妇外出
	16:00	144	未数	无	
	18:00	130	未数		
	22:00	140			
11-08	2:00	148			
	6:00	140			

续 表

日 期	时间	胎心率(bpm)	胎动(次)	宫缩	处 理
11-08	8:00	140	5	无	
	10:00	140	未数	无	指导正确数胎动
	14:00				孕妇外出
	16:00				孕妇外出
	18:00	145	5		
	22:00	144			
11-09	2:00	140		无	
	6:00	136		无	
	8:00	140		无	
	10:00				孕妇外出
	14:00				孕妇外出
	16:00				孕妇外出
	18:00	138		无	
	22:00	152		无	
	24:00	136		轻微	
11-10	2:00	140		轻微	
	6:00	144			
	8:00	136	5	偶有	
	10:00	160	4	无	
	14:00				孕妇外出
	16:00	148	3	无	
	18:00	152	未数		
	22:00	156		不规则	
11-11	2:00	136			
	6:00	136		不规则	阴道指检宫口开指尖
	8:00	140	未数	20″/5～6′	宫口容指尖
	10:00	150	3	20″/6′	
	10:40	136		20″/6′	
	10:50	149		不规则	缩宫素引产
	11:26	70～160		不规则	吸氧,左侧卧位,报告
	11:30	180			T36.5℃
	11:40	180			
	12:00	180			送剖宫产
	12:05	180			

表 10-5 2010 年 11 月 11 日催产素静滴引产记录

时 间	宫颈评分	宫缩	胎心率(bpm)	催产素		备 注
				剂量	滴速	
10:50	7 分	20″/6′	142	1 U	0	S-2,宫口开指尖,安定 10 mg iv
11:20		20″/6′	149		8	
11:26		不规则	70～160		8	停滴催产素,吸氧,左侧卧位
11:30		不规则	180		0	T36.5℃,汇报医师

术前小结：因“停经 $38^{6/7}$ 周，见红 1 d”入院。查体：T36.4℃，P80 bpm，BP 107/66 mmHg，心肺(-)；宫底剑突下 3 指，先露头，固定，左枕前，胎心 140 bpm，宫口未开，胎膜未破；不规则宫缩时间较长。予安定 10 mg 静推，小剂量缩宫素静滴，连续床边胎心监护提示胎心一过性减速至 70 bpm 后上升至 180 bpm，即停缩宫素静滴，予以吸氧，胎心持续加快，约 185 bpm，宫缩 25″/5′，强度一般，阴道指检宫口开指尖，胎膜未破。考虑存在胎儿窘迫，现宫口开指尖，短时无法阴道分娩，宜剖宫产终止妊娠，向孕妇及家属交代以上情况，其要求剖宫产，术中术后可能发生问题一一交代并签手术同意书。术前诊断：G_1P_0，孕 $39^{3/7}$ 周，待产，左枕前，胎儿窘迫，轻度贫血。手术指征：胎儿窘迫。

于 11 月 11 日 12:20～12:50 行子宫下段剖宫产术。术后诊断：G_1P_1，孕 $39^{3/7}$ 周，已产，左枕前，胎儿窘迫，轻度贫血。术中……先露：半入，羊水量 300 mL，Ⅲ°，性质稀，混有颗粒状物质。胎儿及其附属物娩出方法：胎头用手托出容易，清理新生儿呼吸道，常规断脐，性别女，体重 3 050 g。Apgar 评分：1 分钟 9 分，5 分钟 10 分。新生儿无畸形……术中其他异常情况及处理：羊水Ⅲ°，稀，混有颗粒状胎脂样物质，胎膜绿染，新生儿送儿科观察。

11 月 7 日，彩色多普勒超声产前常规检查报告单摘录：

超声所见：枕后径 9.6 cm，头围 34.5 cm，腹围 36.0 cm，股骨长 6.8 cm，胎先露头，羊水暗区 5.8 cm，胎盘位置前壁，分级Ⅱ。脐带：胎儿颈部未见 U 形血流。胎心率 153 bpm。超声提示：单胎，头位。

胎心监护：11 月 7 日 14:58～15:20，胎心基线率 160 bpm，胎心率基线变异狭窄型，胎动 3 次，宫缩(-)，NST？(字迹看不清)型，评分 8 分。11 月 7 日 16:30～16:50，胎心基线率 155 bpm，胎心率基线变异波浪型，胎动＞3 次，宫缩无，NST 反应型，评分 9 分。11 月 9 日 15:03～15:30，胎心基线率 150 bpm，胎心率基线变异狭窄型，胎动 3 次，宫缩(-)，NST 反应型，评分 9 分。11 月 10 日 14:19～14:40，胎心基线率 140～150 bpm，胎心率基线变异波浪型，胎动＞3 次，宫缩轻微，NST 反应型，评分 10 分。11 月 11 日 9:32～9:55，胎心基线率 155～160 bpm，胎心率基线变异狭窄型，胎动 3 次，宫缩 15″～20″/5′～6′，NST 反应型，评分 8～9 分。11 月 11 日 11:27～11:45，胎心基线率 185 bpm，胎心率基线变异波动型，胎动 2～3 次，宫缩 20″/5′～6′，OCT 阳性。

(2) 林某之女 2010 年 11 月 11 日至 11 月 22 日在某市妇幼保健院住院病史

出生日期：2010 年 11 月 11 日 12:26。新生儿初生时状况良好，羊水Ⅲ°，稀，羊水量 300 mL。分娩过程：破膜时间 11 月 11 日 12:25。Apgar 评分：1 分钟 9 分，5 分钟 10 分。初生时处理抢救方法：吸黏液，脐带已处理，眼睛滴红霉素眼膏。新生儿记录：母婴分离指征：羊水Ⅲ°。新生儿因羊水Ⅲ°拟转儿科观察。入室见新生儿面紫，呼吸急促，予气囊加压给氧后予转儿科住院治疗。

11 月 11 日 13:09 入院主诉：气急伴发绀半小时。现病史：患儿系 G_1P_1，胎龄 $39^{3/7}$ 周，胎儿宫内窘迫剖宫产娩出，羊水Ⅲ°，量正常，Apgar 评分 9～10 分，生后转儿科观察，入室时见新生儿有青紫，予气囊加压给氧后面色好转，立即收住院进一步治疗。入院时新生儿有气急，口周微绀，予吸纯氧后血氧饱和度 78%～80%，无咳嗽、发热，无尖叫、抽搐，生后未开奶，大小便未解。查体：T 36.7℃，P 142 bpm，R 65 bpm；神志清楚，反应好，哭声响，面色青紫，呼吸急促。瞳孔等大，光反应有，颈部无抵抗感，三凹征有，两肺呼吸音粗，无干湿性啰音，心音正常；腹部平坦、软，脊柱四肢无畸形，四肢肌张力偏高，吸吮、觅食、握持、拥抱反射均存在。入院诊断：新生儿肺炎，新生儿湿肺。

入院后立即予气管插管吸黏液、呼吸机机械通气、鲁米那镇静、抗生素抗感染、沐舒坦等治疗，上机后查血气分析提示轻度呼酸，胸片提示肺纹理增多。呼吸机治疗 1 d 后予撤机，呼吸渐平稳，复查血气正常。入院后未见尖叫、抽搐等表现，头颅 B 超提示颅内出血 3 级，一侧脉络膜囊肿可能，予申捷治疗。于 11 月 19 日查头颅 MRI 示：两侧脑室饱满，脑外间隙增宽。入院后第 2 天开奶，吃奶可，奶量逐渐增加。入院后查血、尿、粪常规正常，肝肾功能正常，血 CRP 正常，治疗后复查全胸片正常，血培养阴性，TORCH 检查未见明确异常。现呼吸平稳，吃奶可，予出院。

出院情况：治愈。患儿面红，呼吸平稳，吃奶可，无青紫、抽搐，神志清，反应可，四肢肌张力正常。出院诊断：新生儿肺炎，新生儿颅内出血。

(3) 2011 年 2 月 17 日某市妇幼保健院 52 项神经运动测试报告

临床印象及建议：大运动落后，颈部力量差，下肢肌张力偏低，拇指内收，建议早期干预。

(4) 2011 年 6 月 28 日某市妇幼保健院 Gesell 智能测试报告

实际年龄：32.4 周。印象及建议：中度发育落后，早期干预（Gesell 智能测试结果见表 10-6）。

表 10-6 Gesell 智能测试

测试结果	发育年龄(DA)	发育商(DQ)
适应性	13 周	40
大运动	15 周	46
精细运动	15 周	46
语言	20 周	62
个人社交	16.4 周	51

(5) 2011 年 10 月 26 日某省中医院门诊病历

主诉：1 岁不能独坐。查体：四肢软，肌张力偏低，腱反射低。诊断：脑性瘫痪。

3. 鉴定人阅片所见

2010 年 11 月 18 日头颅 MRI 片示：两侧大脑半球对称，中线结构居中无偏斜，脑实质内未见明显异常信号。脑干、小脑形态及信号未见明显异常。脑外间隙增宽，脑沟、脑池、脑裂增宽，双侧侧脑室饱满，脑室系统轻度扩大。提示脑容量不足。

2011 年 2 月 17 日头颅 MRI 片示：两侧大脑半球对称，中线结构居中无偏斜，脑实质内未见明显异常信号。脑干、小脑形态及信号未见明显异常。脑外间隙增宽，脑沟、脑池、脑裂增宽，双侧侧脑室饱满，脑室系统轻度扩大。提示脑容量不足。

4. 鉴定意见

某市妇幼保健院对林某的医疗行为存在过错，医疗过错与丁某的损害后果（脑瘫）之间是否存在因果关系目前无法明确。

5. 分析说明

丁某之母林某以“停经 $38^{6/7}$ 周，见红 1 d”为主诉，于 2010 年 11 月 7 日 10:12 入住某市妇幼保健院待产，于 11 月 11 日 12:26 经剖宫产术娩出一女婴(丁某)。新生儿出生后半小时左右因“气急伴发绀半小时”转入该院儿科，予气管插管吸黏液、机械通气、镇静、抗感染等治疗，出院诊断为新生儿肺炎(治愈)、新生儿颅内出血(好转)。后丁某经临床检查提示中度发育落后，并于 2011 年 10 月 26 日经临床诊断为脑性瘫痪。

(1) 关于脑性瘫痪

脑性瘫痪(简称脑瘫)是小儿出生前到生后 1 个月以内各种原因所致的非进行性脑损伤，主要表现为中枢性运动障碍，可伴有智力低下、癫痫、行为异常、感知觉障碍等。引起脑性瘫痪的原因很多，可发生在出生前、出生时及出生后，几乎包括了围产期及新生儿期所有的异常情况，但存在这些因素的小儿并非全部发生脑瘫，故目前临床上只能将这些因素视为可能引发脑瘫的高危因素。虽然引起脑瘫的病因很多，但并非每一个患儿都能找到病因，大约有四分之一的脑瘫患儿目前仍不能找到病因。

出生前母亲妊娠期各种异常情况均可视为脑性瘫痪的危险因素。如多胎妊娠、胎儿脑发育畸形是引起脑性瘫痪的重要危险因素。出生时的危险因素则主要包括缺氧窒息及机械性损伤等。较明确的高危因素包括围产期窒息、新生儿缺氧缺血性脑病、颅脑损伤(包括颅内出血)、颅内感染等。结合本案，根据现有资料，丁某脑性瘫痪的临床诊断可以成立，但分析其脑瘫的原因则极为困难。首先，脑瘫的原因复杂，高危因素多。其次，根据现有病史资料，丁某出生前有宫内窘迫史，但其出生时 Apgar 评分 1 分钟 9 分，5 分钟 10 分，结合出生后儿科病史记载的临床表现及治疗情况，以及出生 7 d(2010 年 11 月 18 日)和出生后 3 个月余头颅 MRI 片显示的脑容量不足等情况综合分析，其出生时新生儿窒息、缺氧缺血性脑病及新生儿颅内出血的临床诊断依据不足。综上所述，丁某脑性瘫痪的原因目前无法明确。

(2) 关于羊水过少

依据本案剖宫产手术记录……羊水量 300 mL，Ⅲ°，性质稀，混有颗粒状胎脂样物质，胎膜绿染。据此本案羊水过少的诊断成立。妊娠晚期羊水过少较常见，临产后羊水过少使得子宫与胎儿之间的缓冲减少，脐带受压机会增加，易引起胎儿窘迫，使胎儿对分娩过程耐受性差，使围产儿预后不良的发生率增加。

羊水过少的临床表现不明显，B 超检查是产前诊断羊水过少的重要方法。目前临床上以最大羊水暗区垂直深度≤2 cm 为羊水过少，或以羊水指数(AFI，即 4 个象限羊水指数法)≤5 cm 为羊水过少，5～8 cm 为羊水偏少。有学者对 AFI、最大羊水暗区垂直深度、最大羊水暗区平面的直径及横径 3 种方法对诊断羊水过少的准确性进行研究，认为 AFI 和最大羊水暗区平面的直径及横径计算法比较准确，尤其是当羊水量较少时，羊水池中最大垂直径线受堆积于此的脐带影响较大，而分别检测 4 个象限的羊水池可以减少脐带的影响。

本案中某市妇幼保健院于林某入院当天行超声检查示“羊水暗区 5.8 cm”，没有分别检测 4 个象限的羊水池深度来计算羊水指数。由于院方在检测羊水量时选择了准确性较差的方法，使得本案在产前失去了诊断羊水过少的机会。据此认为，院方的医疗行为存在过错。

(3) 关于催产素及安定(地西泮)的使用

催产素是一种常用且强效的加强宫缩药物，临床上对于催产素的使用有严格的规定。使用催产素必须指征明确；使用前必须行阴道检查以排除头盆不称或胎位异常等禁忌证；对使用的方法(浓度和滴速等)有明确的规定，如催产素2.5 U加入5%葡萄糖液500 mL，配成0.5%的液体，对有不规则宫缩者可4滴/min起滴，对无宫缩者则可8滴/min起滴。起初30 min为试探剂量，了解用药者对药物的敏感性，之后按每15分钟调速1次，每次递增4滴，直至出现有效宫缩。催产素使用过程中必须有熟悉药物特性并能处理用药并发症的工作人员在旁边专门观察产程进展，定时听胎心音。如发现宫缩过强或胎心异常，则立即调整滴速或停止滴注。如果催产素使用不当，尤其是不必要地、过多地使用催产素加强宫缩，影响子宫、胎盘血流灌注，胎儿则可因子宫收缩过强、过频而发生宫内窘迫、颅内出血等，甚至死亡。

结合本案，因不规则宫缩时间较长，院方予安定10 mg静推，同时予小剂量缩宫素静滴的处理符合当时的实际情况，且使用的浓度及滴速均未超过规定。当使用缩宫素过程中出现胎心一过性减速至70 bpm后，院方立即停止缩宫素静滴，并予以吸氧的处理是及时、正确的。当停用缩宫素后胎心仍持续在180 bpm以上，院方决定行剖宫产术结束分娩。本案院方在发现胎儿宫内窘迫、决定行剖宫产术后不到1 h实施该手术并娩出胎儿的处理亦无不当。丁某娩出前胎心率持续在180 bpm以上，有持续性宫内窘迫，但并未导致其出生时新生儿窒息，亦未发生出生后缺氧缺血性脑病及新生儿颅内出血。

地西泮能使宫颈平滑肌松弛，软化宫颈，促进宫口扩张，适用于宫口扩张缓慢。临床上当出现宫缩乏力时常常使用地西泮10 mg静脉推注，与缩宫素联合应用效果更佳，地西泮与小剂量催产素联合使用在临床应用广泛。且有临床研究表明，注射地西泮后未发现对胎心有影响，在用药4 h内出生的新生儿未见Apgar评分有影响。本案在产程中因不规则宫缩时间较长予安定10 mg静推的方法符合常规及当时的实际情况。

(4) 关于医疗过错与因果关系分析

纵观本案产前及产程过程，某市妇幼保健院于林某入院当天行超声检查没有分别检测4个象限的羊水池深度来计算羊水指数，使得本案在产前失去了诊断羊水过少的机会，存在医疗过错。院方对产程的观察及处理未见存在明显医疗过错。丁某脑性瘫痪的原因目前无法明确。

综上所述，某市妇幼保健院对林某的医疗行为存在过错；由于丁某脑性瘫痪的原因目前无法明确，故医疗过错与丁某的损害后果(脑瘫)之间是否存在因果关系目前亦无法明确。

6. 评析

与前一案例存在显著不同的是，本案中医方虽然同样存在医疗过错，且同样出现了胎儿宫内窘迫，但未出现典型的新生儿窒息表现，因此不能简单地认定分娩过程中的宫内窘迫是患儿脑瘫的必然原因。由于脑瘫的发病因素众多，更加之其后影像学检查证实患儿脑容量发育不足，进一步增加了因果关系证明的困难，而这也正是本案最终得出如上鉴定意见的理由。按照举证责任的原则，该鉴定意见将对承担举证责任的一方显著不利。

五、眼色素膜炎应用糖皮质激素后发生股骨头坏死

1. 案情摘要

詹某，女性，30岁，于2008年11月2日因“右眼全色素膜炎”在某县人民医院接受治疗，后出现双腿疼痛等症状，先后在某县人民医院、某大学附属医院诊治，后确诊为“双侧股骨头坏死”，并于2011年8月行手术治疗。现人民法院委托某司法鉴定中心就某县人民医院、某大学附属医院对詹某的医疗行为是否存在过错；如有过错，其与詹某的损害后果之间是否存在因果关系及其参与程度进行法医学鉴定。

2. 病史摘要

(1) 2008年11月2日至11月15日某县人民医院住院病历

入院主诉：右眼视物不清1月。现病史：患者于1月前无明显诱因感右眼视物不清，无眼红、眼痛，无头痛及恶心、呕吐，无发热及四肢关节疼痛，曾点眼药水(具体不详)，效果不佳，今来我院入院治疗。眼科检查：视力右4.8/J0.8，左4.2/J1；右眼结膜无明显充血，角膜无水肿，羊脂状KP++，浮游(-)，瞳孔圆，直径3 mm，对光反应迟钝，晶体无混浊，查眼底玻璃体点状混浊，乳头边界欠清，血管比例正常。后极部水肿，黄斑中心凹反光不见。眼压Tn，眼球运动到位，左眼无异常。初步诊断：右眼全色素膜炎，双眼屈光不正。诊疗计划：全身及局部应用抗生素、激素，对症处理，完善必要的辅助检查。

11月4日血常规：WBC 7.88×10^9/L，N 87.81%，L 9.32%，Hb 120 g/L，PLT 263×10^9/L。尿常规(-)。心电图、胸部摄片、肝肾功能检验结果均未见异常。

11月9日病程录：视力4.8；角膜清，KP(±)，前房浮游物(-)，瞳孔药物性散大，圆，固定。查眼底：视乳头边界较清，网膜水肿减轻，玻璃体混浊减轻。主任医师嘱停氟美松10 mg静滴，予氟美松5 mg，静商，qd(糖皮质激素使用情况见表10－7)。

表10－7　糖皮质激素使用情况

氟　美　松	开始使用时间	停　用　时　间
10 mg静滴qd	11月2日	11月9日
5 mg静滴qd	11月9日	11月15日

出院小结中记载诊疗经过：予5%葡萄糖注射液500 mL洛美沙星0.2，静滴，qd×7 d，氟美松10 mg，静滴，qd×8 d，氟美松5 mg，静滴，qd×7 d，托吡卡胺滴眼qd。

出院情况：视力4.8^-，结膜无充血，角膜清，KP(-)，瞳孔药物性散大，圆，前房浮游物(-)。查眼底：乳头边界较清，黄斑中心凹反光不清，玻璃体点状混浊。

出院医嘱：氧氟沙星滴眼qid×5 d，阿奇霉素0.25 qd×5 d，沃丽汀0.3 mg tid×5 d，5 d后复诊。

(2) 2008年11月16日某县人民医院化验结果

血电解质：钾4.06 mmol/L，钠140.4 mmol/L，氯101.4 mmol/L，钙1.99 mmol/L(↓)。

(3) 2010年11月13日某大学附属医院门诊病历

左下肢痛20 d余，以髋部为甚，可痛至小腿，不麻，休息后可好转。腰部CT示：

$L_{3/4}$，$L_{4/5}$椎间盘突出。

(4) 北京某三级甲等医院出院记录

入院情况：因“左髋疼痛伴活动受限1年余”门诊以“双侧股骨头坏死”收入。略呈跛行步态，步入病房，诉左髋部疼痛不适，活动后加重。既往史：2009年4月无明显诱因出现右眼视物昏蒙，视区常有黑点，遂前往当地县医院就诊，该院给予强的松口服治疗(每日12片，持续用药数周后逐渐减量，共使用激素两个月后停药)。专科情况：略呈跛行步态，双侧腹股沟中点压痛(±)；左侧“4”字试验(+)，左侧臀上皮神经体表投影区压痛(+)，股直肌起点压痛(±)。左髋活动度：屈曲130°，后伸5°，内收30°，外展40°，内旋25°，外旋35°；右髋活动度：屈曲130°，后伸10°，内收30°，外展40°，内旋25°，外旋35°。双下肢相对长度等长(髂前上棘至内踝下)：双侧80 cm。双下肢绝对长度等长(股骨大转子至外踝下)：双侧74 cm。左大腿周径较右侧短1 cm(髌骨上缘10 cm)：左侧37.5 cm，右侧38.5 cm。左侧小腿周径较右侧短0.5 cm(髌骨下缘10 cm)：左侧31.5 cm，右侧32 cm。左下肢肌力Ⅳ纹。2011年7月21日双髋关节正位X线片：双侧股骨头坏死(左侧Ⅲc期，右侧Ⅱc期)。2011年7月22日双髋关节MRI：双侧股骨头坏死(左侧Ⅲc期，右侧Ⅱc期)。

诊疗经过：2011年8月4日行左侧股骨头坏死髓心减压+病灶清除+人工骨及钽金属棒植入术+右髋旋股内外插管造影溶栓术。

出院情况：左髋关节活动度：屈曲120°，外展50°；右髋关节活动度：屈曲130°，外展55°。

出院诊断：双侧股骨头坏死(左侧Ⅲc期，右侧Ⅱc期)。

(5) 2012年3月19日德州市人民医院门诊病历

右眼前黑影飘动3年。查视力：右0.4，左1.0(矫正)。右眼充血++，KP++，房闪(+)，瞳孔圆，光反射(+)，晶状体表面色素沉着，晶状体后囊混浊。B超示玻璃体混浊。诊断：葡萄膜炎(右)，并发性白内障(右)，玻璃体混浊(右)。

3. 书证摘录

2012年4月24日某市医学会医疗事故技术鉴定书结论：本例不属于医疗事故。

2012年8月7日某县人民法院民事审判笔录：

原代：2008年11月15日原告出院后，16日又到某县医院做化验检查，因查疼痛原因，有10 d天未服用激素药，用些止痛药，10 d后才用的激素类药物，是否属实。

被1:不属实。2008年11月2日，应用氟美松10 mg/d，静脉点滴，每天1次，7 d后改为氟美松5 mg/d，静脉点滴，每日1次。出院后按常规服用强的松，40 mg/d，并按常规减量，最后减到每天2.5 mg，直至停止。

4. 检验过程

(1) 体格检查

神清，扶双拐步入，对答切题。左髋部外侧可见一条长4.5 cm瘢痕。

(2) 眼科检查

双眼睑裂对称，未见上睑下垂、闭合不全等异常。双眼球突出度对称，未见眼眶塌陷、眼球内陷。双眼球各方向活动无明显受限。

非接触眼压计测量双眼眼压：右 14.2 mmHg，左 13.5 mmHg。

随机视力投影仪检查远视力：右眼 0.4^{+3}，−1.00DS/−4.12DC×154°→不提高；左眼 0.15，−4.50DS→0.9^{+1}。

裂隙灯检查：双眼球结膜无充血，角膜透明，KP(-)，前房中深，虹膜纹理清，瞳孔圆，直径 3.0 mm，直、间接对光反射存在，右眼晶状体后囊中央及偏鼻侧混浊明显，前囊色素沉着，左眼晶状体透明。

直接眼底镜及眼底照相检查：双眼视盘边界清，色可，视网膜平伏，黄斑区中心凹光反射欠清。

眼底光相干断层扫描(OCT)检测：右眼黄斑中心凹见一团状中高反射伴后方遮蔽。双眼视盘 RNFL 未见变薄。

(3) 阅片所见

2010 年 11 月 13 日腰椎 CT 片示：$L_{4/5}$椎间盘膨隆，余未见异常。

2011 年 7 月 21 日双髋 MRI 片示：左髋关节积液，左股骨头变扁，密度不均(信号不均)；右股骨头信号不匀，关节面光整。

2011 年 7 月 29 日双髋关节正位 X 线片示：左股骨头变扁，密度不匀，关节面不光整，关节间隙正常；右髋关节未见异常。提示两侧股骨头缺血坏死，以左侧为甚，左髋关节继发退行性骨关节炎，髋关节积液。

5. 鉴定意见

某县人民医院在对詹某的诊疗过程中存在医疗过错，与詹某不良后果之间存在一定因果关系，参与程度拟为 5%～10%，某大学附属医院在对詹某的诊疗过程中存在医疗过错，与被鉴定人不良后果之间存在一定的因果关系，过错参与程度拟为 5%～10%。

6. 分析论证

本案中，詹某因"右眼全色素膜炎"入住某县人民医院眼科。据病史材料记载其入院时的眼部症状、体征，符合全色素膜炎的特征和表现，医方诊断正确。色素膜炎最理想的治疗方法是病因治疗，但内因性色素膜炎多原因不明，而且不能及时明确诊断。该病临床多采用非特异性治疗方法，主要包括局部治疗和全身治疗。局部治疗主要是应用散瞳剂、睫状肌麻痹剂、糖皮质激素及非甾体类抗炎剂等眼药水点眼，全身治疗主要包括糖皮质激素、非激素类消炎剂及免疫调节剂。其中，目前临床应用的免疫调节剂多是抗恶性肿瘤药物，毒性较大，可产生严重的全身副反应，因此，一般仅用于对激素治疗无效而有失明危险的严重色素膜炎患者。而糖皮质激素除有抗炎、抗过敏作用外，还能降低毛细血管通透性，减轻水肿，减少炎症渗出，抑制前列腺素、白三烯等炎症介质释放等作用，因此糖皮质激素是治疗色素膜炎首选的最有效的非特异性疗法。原则上根据炎症程度的轻重、发病的缓急以及患者的全身情况决定药量。对于严重的后、全色素膜炎，糖皮质激素要早用、足量用，以便及时控制炎症。长期用药以口服强的松为主。用药大于 2 周者，不能突然停药，以防病情反跳加重。应根据病情逐渐减量，最后用最少的维持量。由于色素膜炎常持续 4 周以上，糖皮质激素用药也需 4 周或更长时间。

如上所述，医方对詹某眼部疾病的诊断正确，选择给其糖皮质激素治疗有适应证，也是对其疾病最有效且副反应最小的治疗方法。在詹某住院期间，医方对其的激素用量、使用方法及时间符合临床诊疗原则。由于未提供詹某出院后门诊复诊病历资料，且医患双方对出院后激素应用情况存有争议，本中心无法提供相应鉴定意见。

长期应用糖皮质激素有许多副反应，比如类肾上腺素皮质功能亢进症、诱发或加剧消化性溃疡、诱发精神症状、骨质疏松和肌萎缩、股骨头坏死等。因此，在应用激素前医生应当向患者充分告知。同时要辅以补钾、保护胃黏膜等对症治疗。本案例中，根据现有送检材料，未见医方向詹某进行糖皮质激素应用风险及副反应等的告知记录，不能排除因告知不充分而使詹某对股骨头坏死的认识不足，进而延误早期诊断、治疗的可能。

股骨头坏死是一种临床常见的致残率较高的骨科疾病，多发生于有外伤史、长期大量饮酒以及长期服用激素的人群。激素所致的股骨头坏死是临床常见的医源性疾病，其发病机制尚存在争议。其发生与激素的摄入量、用药途径及摄入时间有密切的关系。但是使用多大剂量的激素才会导致股骨头坏死目前尚无统一定论，也并不是所有使用过大剂量激素的患者都会发生股骨头坏死。究其原因，可能是个体对激素的敏感性不一样所致。本案中，据现有送检材料，未见詹某有外伤史、饮酒史等记载，故无法排除其股骨头坏死为应用激素所致。

股骨头坏死的主要症状表现在：① 疼痛；② 关节僵硬与活动受限；③ 跛行。查体可发现 Allis 征（下肢短缩试验）（+）、“4”字试验（+）等体征。股骨头坏死的最佳治疗时机是在疾病的早期，即关节面塌陷之前。股骨头坏死一旦发生，若没有早期有效干预，绝大多数病变将在短期内呈进行性加重，自行恢复的可能性很小，而早期诊断则是早期治疗的前提。

本案中，詹某 2010 年 11 月 13 日就诊于某大学附属医院骨科，医方提供的门诊病历记载：“下肢疼痛以髋部为甚，可痛至小腿，不麻，休息后可好转”，这些表现虽与典型的股骨头坏死表现不尽相同，但对于有腰腿痛的患者就诊时，医师应该进行包括髋关节检查在内的全面检查以鉴别诊断。某大学附属医院对詹某的检查欠全面，仅依靠腰部 CT 即诊断为腰椎间盘突出给予药物治疗，漏诊股骨头坏死，延误了早期治疗。股骨头坏死早期理想的治疗方法是延缓或阻止疾病进展，防治其塌陷。然而尽管早诊断、早治疗对于股骨头坏死至关重要，但目前对其疗效仍有争议。

综上分析认为，某县人民医院对詹某右眼全色素膜炎的诊治中未履行充分告知义务，存在过错，使詹某在早期未意识到股骨头坏死的可能，延误了早期诊断、治疗的机会，与不良后果之间存在因果关系（过错参与程度拟为 5%～10%）。某大学附属医院对詹某左下肢痛的诊治中未履行充分注意义务，存在过错（过错参与程度拟为 5%～10%）。

7. 评析

医务人员或许会认为本案中鉴定人对医方有苛求之嫌，作者认为不然。本案医方的主要过错在于以下几点：① 由于告知不详细，可使患者对激素的副反应认识不深刻甚至毫无认识，在其出现髋关节症状时不能更好地向医师提供主诉，以至于接诊医师不能获得更有价值的信息，不利于其后尽早准确诊断；② 在患者出现髋部疼痛主诉，而其临床表现并不符合典型的腰椎间盘病变的特点，医方未考虑到应实施相关检查，检查（包括查体）不全面，是导致未能及时获得准确诊断的原因之一。

六、剖宫产术后腰骶神经根损伤

1. 案情摘要

孙某，女性，30 岁，于某年 7 月 18 日因临近分娩入住某医学院附属医院，7 月 19 日行剖宫产术，术后出现腰骶神经根损伤，经治疗无明显改善。孙某认为院方存在医疗过错行为并直接导致上述不良后果；院方认为孙某的损害后果与其医疗行为不存在直接因果关系。为正确审理此案某市人民法院委托就某医学院附属医院在对孙某的诊疗过程中是否存在过错行为，如存在医疗过错，其与孙某的损害后果之间是否存在因果关系，及过错参与程度等事项进行法医学鉴定。

2. 病史摘要

某年 7 月 18 日孙某因“停经 9 个月余”入院。查体：宫高 35 cm，腹围 104 cm，LOA 位，听诊胎心音 140 bpm。因边缘性前置胎盘、脐带绕颈 1 周，且无产兆，听诊胎心好，经医患双方协商决定行剖宫产术终止妊娠。院方向孙某及其家属说明术中术后可能存在的危险及并发症，并签署了《手术知情同意书》。应孙某的要求于次日上午 10：00 行经腹子宫下段剖宫产术，以 ROT 位娩一女婴，外观发育正常，脐带绕右下肢 1 周，于 11:10 安返病房。

《剖宫产术麻醉记录单》记载，选用药物：腰麻液 2.5 mL。麻醉方法：CSEA。穿刺部位：$L_{2/3}$。PLA：吗啡 6 mg＋布比卡因 20 mL＋0.9%NS→100 mL。

7 月 20 日 8:00 查房记录：孙某自诉右下肢麻木活动受限，考虑右下肢麻木与麻醉有关，拟请麻醉科会诊。当日 16:00 麻醉科看过后考虑为麻醉药物所致，嘱继续观察。7 月 21 日 8:00 查房记录：孙某诉右下肢仍麻木不能活动，小便无知觉不能自控，查体右下肢皮肤感觉缺失，足背部感觉减退，足趾能自主活动，嘱按摩右下肢避免受压，适量活动。当日 17:00 麻醉科看过患者，予 VitB1 针剂 0.1 g，肌注，qd，VitB12 针剂 50 μg，肌注，qd。7 月 22 日 8:00 查房记录：孙某诉右下肢仍麻木，可感小便便意能自控、能排出。查体：右下肢膝关节以上皮肤感觉减退，膝关节以下感觉仍缺失，不能自主活动，足部感觉减退，足趾能跖屈。请神经内科会诊，考虑神经受损，建议给予神经营养药物，予 VitB1 针剂 0.1 g，肌注，qd，VitB12 针剂 50 μg，肌注，qd。7 月 23 日麻醉科会诊，建议继续观察并给予神经营养药物。7 月 24 日下午全院大会诊，考虑为神经根损伤，拟行肌电图及磁共振检查明确诊断。7 月 31 日腰椎磁共振结果回报未见明显异常，仅见皮下脂肪水肿。肌电图结果为右下肢广泛周围神经源性损害 。8 月 2 日出院，嘱继续营养神经药物治疗。

同年 9 月 4 日再次入院，查体：右下肢近端伸肌肌力Ⅲ级，屈肌肌力Ⅱ级，远端伸肌肌力Ⅲ级，屈肌肌力Ⅰ级；右下肢肌张力低；右臀部、右下肢肌肉萎缩；双下肢腱反射、双侧病理征(-)；右膝关节及其以下部位浅感觉减退。给予营养神经改善循环及康复锻炼等治疗后，右下肢麻木较前减轻，右下肢无力改善，抬起较前容易，大小便无异常。

3. 法医学鉴定

(1) 法医学临床检验

体格检查：跛行，右下肢肌萎缩明显。右侧腹股沟下方远端皮肤感觉减退，右大腿中下段远端皮肤感觉缺失。右髋关节肌力Ⅴ级，右膝关节屈肌肌力Ⅳ级，伸肌肌力Ⅴ级，右足下垂，踝关节主动活动功能基本丧失，肌力Ⅱ级，趾关节肌力Ⅰ级。右下肢神经系统病理征(-)。

(2) 鉴定人阅片所见

阅某年7月28日脊柱MRI片示：腰椎节段内椎管未见异常信号，L_1～L_4水平相应腰背部软组织条状异常信号影。

(3) 医方陈述意见

麻醉穿刺间隙选择$L_{2/3}$行椎管内联合麻醉，穿刺顺利，穿刺过程中孙某无神经刺激症状等不良反应，于蛛网膜下隙注射腰麻液(0.75%布比卡因2 mL+10%葡萄糖溶液1 mL混合液合计3 mL)2.5 mL，随后硬膜外隙置入硬膜外导管3.5 cm，置管过程顺利、无异感，回抽无血液和脑脊液，调节麻醉平面在C_8～S_5水平，密切观察患者生命体征变化，手术中孙某无明显不适，血流动力学等生命体征平稳，于11:10手术结束，硬膜外连接一次性术后镇痛泵(注药速度2 mL/h，配伍为吗啡6 mg+0.75%布比卡因20 mL+生理盐水稀释至100 mL)，母婴安返病房。7月20日18:00左右，硬膜外导管脱出，撤镇痛泵。共计输注时间31 h。

4. 鉴定意见

孙某腰骶神经根损伤系局麻药与其特异性体质共同作用所致，在孙某反映其右下肢麻木伴活动受限时，院方未能引起足够的重视、未及时停止镇痛泵、未及时进行相关检查以明确诊断并给予相应治疗，存在过错。该过错与孙某目前遗留的腰骶神经根损伤存在一定的因果关系，医疗过错参与程度以50%左右为宜。

5. 分析讨论

(1) 椎管内麻醉后脊神经损伤原因分析

椎管内麻醉后脊神经损伤国内外已有相关报道，尤其多见于产科患者。剖宫产术后出现类似神经功能障碍的确切原因目前尚未完全明了，一般认为主要与以下原因有关：① 大多数情况下与产妇的本身病理生理情况有关，在第二产程，产妇腹内压增高，胎头在骨盆内可挤压并损害股神经(L_2～L_4)；② 部分患者的特殊体质导致高敏反应；③ 局部麻醉药本身的药物毒性作用；④ 麻醉过程中的机械性损伤。

(2) 关于剖宫产术与腰骶神经根损伤的关系

孙某因足月妊娠伴边缘性前置胎盘及脐带绕颈住院行剖宫产术，院方给予术前检查准备并履行知情同意手续后行剖宫产术，术程顺利，术中分娩一女婴，术后母婴安返病房。孙某剖宫产手术适应证明确，未发现手术过程中违反医疗规范及操作规程，且手术部位在前腹部，远离腰骶神经根，一般不至于造成机械性腰骶神经根损伤。

(3) 关于椎管内麻醉与腰骶神经根损伤的关系

麻醉过程中的机械损伤及局部麻醉药本身的药物毒性作用均有可能导致腰骶神经根损伤。

剖宫产术时的麻醉方式为椎管内联合麻醉，医方术前履行麻醉情况的告知及知情同意手续，穿刺间隙选择$L_{2/3}$，麻醉穿刺顺利，穿刺过程中无神经刺激症状等副反应，于蛛网膜下隙注射腰麻液，随后硬膜外隙置入硬膜外导管，置管过程顺利，无异感，回抽无血液和脑脊液，调节麻醉平面在C_8～S_5水平，术中孙某无明显不适，术后硬膜外连接一次性术后镇痛泵。院方行剖宫产术时使用的麻醉方式适当，按照手术麻醉操作常规进行，符合椎管内麻醉操作程序和要求，未发现违反医疗规范及操作规程，可以排除麻醉过程中机械性操作导致腰骶神经根损伤的可能。

局麻药如布比卡因本身具有一定毒性，因个体特异性体质的不同，致脊神经损伤的情况亦有报道，目前损伤机制尚未完全清楚。椎管内麻醉后下肢出现神经功能障碍的症状后早发现、早诊断、早处理是改善预后的关键。孙某于术后次晨查房时反映其右下肢麻木伴活动受限，院方请麻醉科会诊后考虑为麻醉药物所致，仅予继续观察处置，没有及时明确诊断，更未停用镇痛泵麻醉药物，一直到当日下午硬膜外导管脱出时才撤镇痛泵。术后第 3 日才开始给予神经营养药物治疗，术后第 5 日会诊后考虑为神经根损伤才行肌电图及 MRI 检查。院方在孙某反映其右下肢麻木伴活动受限时，未能引起足够重视，未及时终止持续镇痛用药，未及时进行相关的检查以明确诊断及给予相应治疗，即未能早发现、早诊断、早处理，故认为院方存在医疗过错。

(4) 关于因果关系及参与程度

孙某剖宫产终止妊娠，未经自然分娩的第二产程，不存在因产程中病理生理性因素导致神经损伤，排除手术麻醉过程中机械性损伤以及产程中病理生理性因素的影响，孙某骶神经根损伤符合在其个体特异体质的基础上应用局麻药物后引起的超敏反应所致，即局麻药与其特异性体质共同作用导致了不良后果的发生。孙某术后反映其右下肢感觉运动障碍到硬膜外导管脱出时院方才撤镇痛泵，即出现脊髓神经功能障碍后仍持续使用局麻药 10 余小时，且未及时明确诊断及治疗。若能早发现、早诊断、早处理，则有可能减轻神经损伤，改善预后。故认为，院方上述医疗过错与孙某腰骶神经根损伤存在一定的因果关系，院方医疗过错对目前其遗留腰骶神经根损伤的影响力同局麻药与特异性体质共同作用所致腰骶神经根损伤的影响力基本相当，难分主次。

6. 评析

医疗损害的因果关系往往属于多因一果，参与其中的原因既包括医疗过错行为，同样也包括患者自身疾病、个体体质差异以及对医疗的配合程度，还应考虑当时的医疗水平。因此，鉴定中的因果关系分析常成为难点问题。就本案而言，在未发现明显药物过量的前提下，患者出现了严重的副反应，鉴定人考虑患者存在个体体质差异具有其合理性，符合鉴定思路。当然，究竟如何判定个体体质的参与程度(也就是原因力)，则见仁见智、殊为困难了。本案鉴定人最终鉴定医疗过错对损害后果的参与程度为 50%左右，可能基于以下两个原因：① 在出现神经症状时未及时停止镇痛泵的作用，过错明显，且如果没有该过错，一般就不至于出现损害后果；② 麻醉药剂用量及用法均无明显差错，在常规剂量、正确方法下给药出现不良后果，考虑与个体体质特异性有关，如果没有其个体体质的特异性，则同样不会发生此案的损害后果。

(杨小萍 夏文涛 刘瑞珏 顾晓峰)

第十一章　手术过错与医疗纠纷

据文献报道，开展手术治疗的外科科室是临床医学专科中医疗纠纷的高发区、危险区。有统计表明，腹部外科、骨科、产科、(手术)妇科、神经外科、儿科、泌尿外科、胸外科、急诊科、神经内科，是医疗纠纷发生率最高的10个临床医学专科，其中前5个、及第7、8个均是外科手术科室。由此可见，如何认定手术环节中的医疗过错，无论对医疗纠纷的鉴定还是防范，均具有十分重要的意义。

第一节　手术环节的医疗过错

一、关于术前环节的医疗行为

1. 术前检查

手术科室于手术前一般均会开展术前讨论，形成手术预案。手术预案的内容包括术前诊断，预定手术及麻醉方案，术中情况估计及应对措施。

术前环节，在充分采集病史、详细进行体格检查及初步辅助检查结果的同时，医务人员应当合理、有效地选择有针对性的进一步检查措施，遵循依次选择无创、微创到创伤性手段的原则，明确术前诊断。在拟订手术方案时，应个体化分析，考虑患者的不同特点以及疾病的不同阶段，优先采取效果好、风险少、创伤小、费用低的治疗手段。其中，根据术前治疗、检查结果综合判定手术时机，是保证手术效果的关键。

分析术前环节的医疗行为时重点应关注以下方面。

(1) 选择的诊断技术是否合理

医务人员有义务选择在当时、当地情况下最适宜的检查方法。在同等情况下检查结果的准确比率、检查中创伤和痛苦程度、检查费用高低等因素均是评价该方法是否合适的重要指标。医务人员还应当清楚地了解各种检查方法都各有利弊，有时必须综合使用多种方法。若过于相信或依赖某一方法，可能出现不能明确诊断的情形，导致手术时机选择不当或者其他不良后果。

(2) 是否合理地采取了规避风险的措施

多种诊断操作中都可能发生不良后果，其中很多不良后果对个体来说可能是偶然的，是所谓的“并发症”，但对于群体来说，则并非完全不可预料的。因此，医务人员有义务采取必要的规避风险的措施。

(3) 是否尽到知情告知义务，取得患者选择同意

比如应用微创诊断技术时，是否告知家属可能存在的危险后果以及该技术对于患者的益处。

2. 手术时机的选择

外科手术要取得良好疗效的前提首先是选择合适的手术时机，尤其在急诊或限期手术的情况下，手术时机的把握尤为关键。

例如，某48岁男性患者，曾有多年胆囊炎、胆囊结石病史，期间多次急性发作，经抗炎、补液后均能有效缓解。本次因右上腹部阵发性疼痛10余天，伴低热5 d就诊于某医院，诊前未行正规治疗。院方行B超检查，提示胆囊轻度肿大、积液，其内可见多发性胆囊结石，胆总管扩张，未见结石影。考虑为胆总管结石伴急性胆道感染，遂急诊行剖腹探查，术中见胆囊肿大，胆囊颈部可扪及结石嵌顿，胆囊壁及Calot三角区炎症水肿明显，解剖异常困难，勉强分离时胆囊破裂、胆囊床肝脏面破裂，切除胆囊后以丝线缝合胆囊床，并覆以明胶海绵加强止血，胆总管直径正常，其内未见结石。术后患者始终高热不退，超声检验证实为肝下脓肿，经非手术对症治疗无效后再次剖腹引流，但未见明显好转，最终并发肝、肾衰竭而导致死亡。鉴定人分析认为，本例为慢性胆囊炎、胆囊结石急性发作，本次发病时间较长，又未经正规非手术治疗，在超声误导下疑为胆总管结石，在不太适宜的情况下进行了手术，以致因局部组织长时间炎症、水肿、解剖困难而酿成误损伤，最终形成肝下脓肿直至不治。医疗单位由超声诊断而开始的误诊是本案病情发展的重要转折点，手术操作上存在的不足之处是术后严重感染的直接原因。因此，医疗单位在手术时机选择上的错误是导致患者最终死亡的主要原因。

作者认为，在评价手术时机把握是否恰当时，鉴定人应当综合患者当时的病情、经治医院及其所在地区当时的实际医疗水平，结合疾病的诊疗原则，全面分析可能的多种诊疗方案，综合权衡。若鉴定人拘泥于其中任何1项而不及其余，均可能引致鉴定意见的不当。

3. 知情告知

告知义务和尊重患者的“知情同意权”在诊疗的各个环节都不应被忽视，尤其对于手术患者而言，尤为重要。

例如，某37岁女性患者，自诉患胆道结石多年，期间反复发作胆道感染，为求明确诊断而通过亲友介绍赴某医院行逆行胰胆管造影检查(未付费)，诊断为胆囊内多发性结石，胆总管内未见异常。术后，医方工作人员未做详细交代，即让患者回家静养。次日，该女出现腹部疼痛，以为又是胆囊炎作祟，只是自行口服了些抗炎利胆药物，未再予理会。3 d后，患者腹痛未能有任何缓解迹象，反而开始出现发热、黄疸，在当地卫生院补液治疗2 d无效后再次就诊于该医院，经检查证实存在急性胰腺炎、胆总管结石伴胆道感染，给予禁食、胃肠减压、解痉、抑制胰腺分泌、抗炎、补液、支持等治疗后，症状方始逐渐好转，但已花去巨额医药费。患者以医方未充分告知诊治措施的可能风险及医疗行为与其后的胰腺炎、胆道感染等并发症有关为由，起诉至法院，要求由医方全额承担巨额医药费用。鉴定人分析认为，逆行胰胆管造影检查术后可能并发胆、胰感染，因此术后应加以密切观察。

医疗单位在术后未予留观，也未告知患者及其家属可能发生的并发症，应是并发症未能得到及时、有效治疗的重要原因，医疗过错行为显而易见。但是，这些术后并发症的发生与否以及其程度轻重均与患者本身的个体特殊体质具有重要关系，且患者通过非正规渠道接受检查也是某些医疗措施未能很好实施的一大因素。据此，医疗单位在知情告知环节上的缺失与患者术后的并发症有一定的因果关系(考虑为次要因素)。

近年来，作者在多起医疗纠纷的鉴定中遇到类似上述案例中经亲友介绍诊治最终反而酿成纠纷的案件，在此提示医务人员：不论何种情况，均应严格遵循诊疗原则进行诊治，否则难免被认定为医疗过错。那种以为上述未付费的诊疗行为不构成医疗合同、不应受到责任追究的想法，恐怕很难被法庭认可。

二、关于手术环节的医疗行为

1. 手术方式的选择

在手术过程中，医务人员有义务选择安全、有效、经济的手术方式，具备熟悉、精湛的专业技术，运用细致、缜密的操作技巧，尽可能避免并发症；即使并发症发生时，也应根据医疗原则给予有效的处置。特别应当指出的是，医务人员在手术过程中，应当严格遵循手术原则，不能轻言放弃。

例如，某45岁男性患者，因反复发作胆囊炎、胆囊结石入住某中医院。入院主诉：反复发作右上腹痛4年，近1年来发作趋于频繁，且有加重趋势，2个月前发作较剧烈腹痛，伴发热，经抗炎、解痉、补液等治疗近10日后症状方有好转。本次入院时查体：全身皮肤、黏膜无黄染，全腹平软，右上腹轻度压痛，无肌卫、反跳痛，肝、脾未及肿大。血常规检验示WBC计数及分类均在正常范围；B超示胆囊轻度肿大、积液，其内见数十枚结石，均为绿豆至黄豆大小。经术前准备，医方于患者入院后第3日实施腹腔镜胆囊切除术，术中见胆囊壁粘连水肿明显，解剖困难，勉强剥离胆囊黏膜至胆囊管处时，发现胆囊颈部结石嵌顿，钝性游离后局部有胆瘘，匆忙剖腹，见胆总管近胆囊管开口处有0.8 cm撕裂，胆总管无明显增宽，术者无法修补上述裂口又确保胆总管术后无狭窄，即决定行胆总管空肠吻合术。术后患者反复发作腹痛、发热，均被诊断为胆道感染，为胆肠吻合术后常见并发症。现患者以经治医院手术方式选择失误为由诉至法院，要求院方承担赔偿责任。鉴定人分析认为：胆囊结石症可选择常规进腹手术、腹腔镜手术等外科治疗方法。一般而言，选择腹腔镜手术的患者，应当具备以下基本条件：① 胆囊炎症并非十分严重，近期(通常是近3个月内)无胆囊急性炎症发作，否则胆囊黏膜剥离将非常困难，通过腹腔镜手术将相对困难。有人认为：急性胆囊炎应在3日内行腹腔镜手术，慢性胆囊炎则应在末次发作7日后再行手术。② 胆囊无明显积液肿大，否则应考虑胆囊颈部结石嵌顿，在腹腔镜操作时易引起不必要的损伤，尤其可能损伤胆总管，导致严重后果。就本案而言，患者不符合上述条件，根据术前病史及检查所见分析，术中患者出现胆总管损伤是术者应当预见的，若选择待炎症消退后再手术，或在胆囊颈部解剖困难时即予剖腹而非继续在腹腔镜下勉强分离，或选择胆囊部分切除术等均可能避免上述并发症的发生。当然，腹腔镜手术与常规进腹手术各有其利弊优劣，上述所谓基本条件也只是经验之谈，况且本案患者主动强烈要求手术，局部炎症的确给手术带来巨大的困难，也是并发症发生的重要原因。因此，医方在该医疗事件中，术式选择及术中操作不尽妥当，存在一定的医疗过错行为，应与术后发生的反复胆道逆行感染存在一定的因果关系(考虑医疗过错为次要因素)。

2. 手术操作

仍以上述案例为例，鉴定人应当认识到，胆道外科手术中造成医源性损伤多与解剖因素、病理因素与技术因素有关。技术因素则通常主要为：术者操作不循常规、违反原则，解剖不清强行分离，探查时未采用恰当方法等。由此可见，医源性损伤中，相当部分是由于手术者过于自信，或者疏忽大意所致。预防胆道损伤，应当注意：① 手术时机及手术方法的把握；② 明确解剖关系，尤其在关键操作时更应具有相当把握；③ 术野始终显露良好。

再举 1 个胆道外科案例。某 52 岁女性患者，因患"慢性胆囊炎、胆囊结石"10 余年，频繁发作 2 年余，于某年 10 月入住某二级乙等医院，B 超检查提示为萎缩性胆囊炎、胆囊结石，入院 4 d 后即行胆囊切除术，术中见胆囊明显缩小，约 5×3 cm，表面扪之坚如石块，壁厚约 5 mm，颈部有约 3 mL 黄色胆汁，体部被结石充满，钝性加锐性解剖胆囊管、胆囊动脉，逆行切除胆囊，分离胆囊床，距胆总管 5 mm 处钳夹切断胆囊管，双重结扎胆囊管残端，温氏孔置烟卷引流一根。术后次日起即发现烟卷引流有黄绿色胆汁渗出，湿透外敷料，术后第 5 天出现下腹部疼痛、反跳痛，伴巩膜黄染，化验提示肝脏损害。术后第 10 天出现发热，结合摄片、血常规化验等提示右膈下感染合并反应性胸膜炎及肺炎，并考虑不能排除败血症。术后第 15 天 B 超提示腹中部皮下囊肿，次日切开引流并循原手术切口自腹腔膈下引流出约 2 000 mL 黄色脓性液体，并置双腔管负压引流。术后 3 周余因患者又发高热，遂转往某三级甲等医院，经检查确诊为"胆囊切除术后，胆囊窝、膈下积液伴感染，右胸腔积液伴感染，低蛋白血症"等，经多次行膈下穿刺等对症治疗，病情好转出院。此后患者反复发作腹痛，9 年后又入住另一家三级甲等医院，经手术探查证实为胆总管距十二指肠上缘 2 cm 处至分叉处环形瘢痕狭窄，长约 5 mm，瘢痕向腔内突起，上方胆总管扩张直径达 1.5 cm，与十二指肠形成细小瘘管，下方胆总管已狭窄闭死，遂行肝门部胆管切开整形、胆管空肠 R－Y 吻合术、胆管十二指肠瘘修补术。术后患者肝功能损害有明显减轻，但至今仍未全部好转，且仍时有腹部疼痛等不适。因此，患者以某二级乙等医院治疗技术应用不当为由诉至法院，要求赔偿。鉴定人分析认为，本例经治医院选择胆囊切除术是有指征的，但是术者在手术实施过程中损伤胆管，致术后胆瘘、胆肠内瘘及胆总管瘢痕性狭窄，又未能及时发现，治疗上不积极，存在明显的医疗过错。上述医疗过错与患者术后出现的膈下感染、胆汁性腹膜炎、胸腔感染、慢性肝损害及其后再次胆道手术之间存在因果关系(考虑医疗过错为主要因素)。

三、关于术后环节的医疗行为

手术结束并不意味着患者已经安全结束治疗，相反，术后环节的诊疗、护理与康复同样非常重要，鉴定中也应给予高度关注。

就前述胆道外科案例而言，若术后留置胆总管"T"管外引流的，应做好引流管护理，严格依照拔管指征，疑有胆管结石残留的，可考虑通过胆道镜取石，尽可能避免再次剖腹手术。此外，外科医师还应当告知胆道外科术后患者保持良好的饮食生活习惯，按期随诊复查。

作者遇见1例79岁老年患者行纤维肠镜检查与治疗，因肠道准备欠佳，中断检查要求其完善肠道准备，拟隔日重新实施的案例。该患者因惧怕进食影响肠道准备效果，故当日拒绝进食，但医方给予补液量严重不足，再次行肠镜结肠息肉切除术后的当晚，患者突发高热、腹泻、休克表现，后并发弥散性血管内凝血，并致四肢肢端缺血，上肢肢端最终因坏死而截肢。在这个案例中，鉴定人最终认定医方在术后环节的处置上存在明显过错，法庭也判定其应当承担损害责任。

四、医疗美容手术纠纷的鉴定

随着人们生活水平的日益提高，人们对于自己容貌的要求越来越高，希望通过传统美容方法乃至医学美容技术使自己的容貌能够更加俊美并得到更多人的认可，使自己青春常驻。因此，医疗美容行业也得到了不断发展。医疗美容技术是在人体美学理论的指导下，应用医学美容技术、仪器、用品来维护、改善人体容貌和形体的一类应用性技术。其中部分技术存在一定的风险，需要由医疗美容专科医师实施。近年来，我国医疗美容技术发展迅速，据统计，我国每年约有几十万人接受各类医疗美容手术。但我国医疗美容的理论和技术与国际先进水平相比，仍有一定差距，与此同时，医疗美容手术引发的纠纷在鉴定中也时有所见。

为规范医疗美容行业，我国原卫生部制定了《医疗美容服务管理办法》和《医疗美容机构、医疗美容科(室)基本标准(试行)》。《医疗美容服务管理办法》确定了医疗美容的范围：是指运用手术、药物、医疗器械以及其他具有创伤性或者侵入性的医学技术方法对人的容貌和人体各部位形态进行的修复和再塑。医疗美容属医疗行业的一门专科，遵循医疗行业的一般法律、法规、规章、规范。

与一般临床医学专科不同的是，医疗美容专业具有一定的特殊性。从法律上讲，其主要表现在：医疗美容专业从业医务人员必须特别尊重接受治疗人员的隐私权，且须特别尊重其知情选择与知情同意权。在鉴定实践中，鉴定人应重视医疗美容手术的并发症以及手术效果。

（夏文涛）

第二节 案例评析

一、下肢骨折内固定术后内固定螺丝脱落

1. 案情与病史摘要

1997年7月27日，高某因公路施工塌方受伤，到某市人民医院就诊，经诊断为：失血性休克，左股骨粗隆下骨折，左外踝、右内踝骨折，多发性软组织挫伤等。于8月2日接受左股骨转子下骨折开放复位鹅头钉内固定术。出院后，鹅头钉螺丝滑脱。高某于同年9月20日住入某县中医院，并于10月12日接受左股骨粗隆下陈旧骨折切开复位内固定术。术后，高某骨折处骨不连接，手术创口破溃，内固定物外露等。高某以某市人民医院

与某县中医院在诊疗过程中存在医疗过错为由，诉至当地人民法院。

2. 既往鉴定过程

（1）某市某区医疗事故技术鉴定委员会鉴定意见

某市人民医院骨科针对患者急、重、危伤情，及时予以抗休克、清创、抗感染，其抢救、处置是正确的。骨折处理适时、手术成功、切口愈合良好。患者出院后，鹅头钉滑脱，以致出现目前状况与某市人民医院骨科诊疗无直接因果关系。鉴定结论：不构成医疗事故。

（2）某县医疗事故技术鉴定委员会鉴定意见

某县中医院对申请人（高某）诊断正确、处置及时，诊疗活动按诊疗护理操作常规进行，手术成功，术后4个月复查骨折位线良好，内固定牢固，切口无感染。因此，目前申请人的状况与县中医院的诊疗活动无因果关系。鉴定结论：不构成医疗事故。

3. 司法鉴定分析意见

司法鉴定人阅读X线片示：左股骨粗隆下粉碎性骨折伴明显移位；骨折经鹅头钉固定后，断端处空隙较大；鹅头钉螺丝固定处脱落，骨折移位；脱落的鹅头钉经重新固定，骨折断端处骨质硬化，骨不连。左外踝、右内踝骨折，石膏外固定中。

分析讨论与鉴定意见：① 高某因工伤致左股骨粗隆下骨折等，在某市人民医院接受“左股骨转子下骨折开放复位鹅头钉内固定术”治疗，术后发生内固定螺丝脱落，骨折重新移位。内固定物松动、脱落与经治医师的手术操作不当之间存在着因果关系。② 高某上述内固定螺丝脱落后至某县中医院接受二次手术，术后出现骨不连接、创口破溃、内固定物外露等。其系手术中未将骨折断端的骨质硬化部分去除，也未行植骨术，而是单纯施行了骨折复位、内固定重固定术，且术后亦未进行及时、正确、足量、有效的抗感染治疗。此与经治医院的实际医疗条件及经治医师的技术水平有关。

4. 评析

本案对医者的警示：① 对股骨粗隆下粉碎性骨折（不稳定骨折），视情况可采取骨牵引法或内固定法治疗。一旦施行鹅头钉内固定，若术后再辅以适当的石膏外固定或骨牵引加以保护，则可有效防止鹅头钉固定螺丝脱落。② 对陈旧性骨折的切开复位手术，断端硬化骨创新并植骨应属陈旧性骨折的常规治疗。总之，如存在不规范、不全面或违规的诊疗行为，医方将难免其咎。

二、下肢骨折后内固定钢板断裂

1. 案情与病史摘要

1996年10月5日，马某因左小腿外伤致胫腓骨骨折，住某县人民医院治疗。患者因行走时不慎摔倒在地，感左下肢肿胀、疼痛、畸形、活动受限6 h入院。门诊摄片后以“左胫腓骨下段骨折”为诊断收住。查体：左下肢肿胀、疼痛，可触及骨擦音，活动受限；左踝关节肿胀、疼痛。X线片示：左胫骨中下段1/3交界及腓骨远端均显示短斜形骨折。医院于10月9日对马某采取手术内固定治疗，后用于内固定的钢板发生断裂，骨折未愈。1998年4月7日马某到某市人民医院住院治疗。4月10日行左胫腓骨骨折切开复位、钢板内固定、取髂骨植骨术，术中见原固定的钢板已断裂，向前外成角畸形。

马某向法院提起民事诉讼，要求某县人民医院赔偿。一审法院进行了判决，医院方对一审判决不服，提起上诉。为正确审理此案，某市中级人民法院特委托司法部司法鉴定科学技术研究所就某县人民医院在马某住院期间对其所实施的内固定术固定物的位置安置是否妥当，医院在诊疗过程中有无过错等事项进行法医学鉴定。

2. 司法鉴定意见

马某因胫腓骨中下段骨折在某县人民医院接受内固定治疗，医院对其使用了链条钢板进行固定，1年后钢板发生断裂。下肢长骨骨折一般不宜使用链条钢板内固定，即使迫不得已使用了链条钢板也应同时加用外固定。某县人民医院在治疗马某胫腓骨骨折时单独使用链条钢板进行内固定，可能受医院条件及水平等所限，在治疗上存有欠缺，显属不当。

3. 评析

接骨钢板断裂，临床上时有发生。虽然钢板断裂的原因众多，但固定材料选择不当，却是其中原因之一。遇到类似的情况，如医院技术条件受限，则不应勉强实施手术。正如前人所谓“没有金刚钻，不揽瓷器活”的警言那样，同样值得医者借鉴。

三、下肢骨折合并血管损伤后截肢

1. 案情摘要

杨某于1998年3月20日15:00左右因遭遇交通事故致右下肢伤，当时不能站立，后紧急送入某县某民营医院住院治疗，经X线摄片诊断为右下肢胫、腓骨粉碎性骨折，主治医师与家属谈话后，急行右下肢手术内固定术，术后右下肢逐渐出现高度水肿，血液回流障碍，右足、右下肢感觉功能障碍，于同年3月22日晚急转某职工医院，并急行右下肢切开减压术，术中肉眼观右下肢肌群大部分坏死，切除坏死组织并保肢治疗，术后因治疗效果不佳，于同年3月30日行右下肢截肢术。

2. 病史摘要

(1) 某县某民营医院住院病史

入院情况：2 h前乘坐摩托车途中与迎面驶来的车相撞，致右下肢损伤，当时流血不止，疼痛难忍，右下肢不能活动，以“右下肢外伤”急诊收住入院。专科检查：右髌骨下6 cm处有一约2.5×1 cm的挫裂创口，边缘不整齐，与骨折端相通，创面出血；右腘窝下1 cm处有一约1 cm长的不规则边缘不齐的创口，见有血液溢出，患肢肿胀、畸形，触之疼痛加重，有活动异常，局部伴骨擦音，足、胫后动脉触诊扪不清，末稍血运差，左下肢膝关节处有一约3×4 cm皮肤擦伤，局部肿胀疼痛。X线摄片示：右胫、腓骨粉碎性骨折。初步诊断：① 右腘动脉挫伤；② 右胫、腓骨开放性粉碎性骨折；③ 骨肌间膜综合征。治疗原则：① 急诊清创，行骨折内固定术；② 抗炎及对症治疗；③ 建议转上级医院治疗；④ 完善必要检查；⑤ 具体处理见医嘱。

1998年3月20日17:00手术记录：取右胫前挫裂口向上下延长切口各约6 cm逐层切开皮肤皮下组织见无鲜血流出，骨折端肌肉挫伤，切除失活组织，清除瘀血块，暴露骨折端见右胫骨骨折近端向前、远端向后上移位，直视下骨折端复位。用6孔加压钢板固定于胫骨内侧。检查骨折端复位满意，固定牢固，清点器械敷料，伤口放引流条1根，逐层缝合伤口，石膏托外固定。

1998年3月20日19:50术后病程录：术后检查患肢足背、胫后动脉触及不到，足部发凉，于19:30返回病房。立即向家属讲明，腘动脉挫伤，末稍血运差，足背、胫后动脉搏动未恢复。通知家属转上级医院治疗。

1998年3月20日22:00病程录：患者神志清，精神欠佳，表情痛苦，切口敷料有少量渗出，外固定良好，末稍血运差，足背、胫后动脉触及不到，足部发凉，皮肤发白，继续观察治疗，注意病情变化。

1998年3月21日0:00病程录：患者神志清、精神欠佳，表情痛苦，切口敷料有渗出，外固定良好，末稍血运差，足背、胫后动脉触及不到，足部发凉，皮肤发白，肢体肿胀。为减张剪断部分绷带，再次通知家属转上级医院治疗，家属以没钱为理由不同意转院。

1998年3月21日8:00病程录：术后第1天，患者自诉伤口疼痛，生命体征平稳，敷料有渗血，外固定良好。末稍血运差，足背、胫后动脉触及不到，皮肤发白，足部发凉。主任指示向家属讲明到上级医院治疗。余按原方案治疗。

1998年3月22日8:00病程录：术后第2天，患者自诉伤口疼痛，查体：生命体征平稳，敷料有渗血，末稍血运差，足背、胫后动脉触及不到，皮肤苍白，足部发凉。主任指示建议到上级医院治疗，家属不同意，余按原方案治疗。

1998年3月22日16:00转上级医院治疗。

(2) 某职工医院住院病史

病史采集时间：1998年3月23日1:00。入院主诉：车祸致伤，右小腿术后肿胀疼痛2 d。查体：右小腿高度肿胀，小腿上段前侧有一长14 cm手术切口，小腿皮肤发暗、压痛，足背动脉摸不到，胫后动脉摸不到，足部末稍血运差，毛细血管充盈时间＞35秒，小腿外侧及足背麻木，感觉迟钝，足趾屈曲、背伸、内外翻不能，踝关节活动不能。X线片示：右胫腓骨上段粉碎性骨折，胫骨钢板内固定术后改变。初步诊断：① 右小腿筋膜室综合征；② 右胫腓骨上段粉碎性骨折，血管神经损伤。处置措施：① 急诊手术右小腿切开减压，血管神经探查，必要时截肢；② 抗炎脱水对症治疗。

1998年3月23日1:00首次病程记录：(某民营医院)术后出现右小腿肿胀，起水疱，疼痛加重，患肢出现紫斑，于昨晚急转我院。查体：神志清，心肺正常。右小腿高度肿胀，皮肤张力高，压痛，皮肤有散在张力性水疱，小腿上段胫前区见一不规则手术瘢痕，伤口对合不佳，皮肤有紫斑，足趾不能活动，小腿及足部感觉迟钝，足背动脉搏动消失，小腿及足部皮温低。

1998年3月23日2:00术前小结：患者因右胫腓骨骨折术后，骨筋膜室综合征形成，而急诊手术切开减压、坏死组织清创，必要时截肢手术。手术可能出现：① 麻醉意外；② 可能损伤重要神经；③ 术中可能因小腿广泛肌肉坏死血管栓塞，而为保全生命需右下肢截肢；④ 术后仍可能出现多脏器功能衰竭危及生命，以及其他意想不到的不良情况。医师已与家属讲明，家属同意手术。

1998年3月23日手术记录：先自腓骨上段与外踝连线切开皮下和筋膜，见右小腿皮肤张力高，小腿外侧肌肉外翻，切开肌筋膜见肌肉颜色呈灰白色，切开无出血说明小腿前外侧肌肉已坏死，胫后动脉、大隐静脉、胫前动脉已栓塞，腓总神经已变性坏死，给予清创。有明确截肢指征。术中让家属观看小腿肌肉坏死情况，家属不同意截肢，与家属反复讲明不截肢可能出现的危险情况后，给予清创后伤口内填塞棉垫包扎，安返病房。麻醉满意，施术顺利，术中出血不多，止血充分。

1998年3月30日术前小结：患者因右胫腓骨骨折并发筋膜室综合征，现手术切开减压，坏死组织部分清除。术后组织坏死仍继续，毒素吸收，体温上升达39℃，精神差。今日主任医师查看患肢和患者情况指出，有中毒症状，患肢无保留价值，需急诊手术截肢，并向家属谈话。家属同意手术。

1998年3月30日19:00病程录：患者因右小腿筋膜室综合征致广泛肌肉坏死，于今日17:00在连硬外麻醉下行右大腿中下1/3截肢术，施术顺利。术中仔细分离出股动脉、股静脉、坐骨神经，并分别给予结扎和切断，残端修整后肌肉包埋骨线端，分层缝合。术后安返病房。

3. 鉴定意见

某民营医院在对杨某行右下肢胫腓骨骨折内固定术中未能对动脉损伤进行必要探查和处理，对初步诊断的骨筋膜室综合征未进行必要的减压措施，从医疗技术角度来说，存在医疗处置不当。患者最终出现截肢的严重后果与院方医疗处理不当有关。

4. 分析讨论

杨某于1998年3月20日15:00因车祸伤及右下肢致胫、腓骨上段粉碎性骨折，伤后2h在某县某民营医院救治。经检查见右髌骨下有挫裂伤口，边缘不整齐与骨折端相通，伤口出血；右腘窝下有一不规则伤口，并有血液溢出。患肢肿胀，疼痛，活动异常，有骨擦音。足背、胫后动脉搏动触及不清，末稍血运差等。初步诊断为：右腘动脉挫伤，右胫腓骨开放性粉碎性骨折，骨筋膜室综合征。于当日17:10进行急诊清创骨折内固定术。术后检查患肢足背、胫后动脉触及不到，足部发凉。当晚患肢足部发凉，皮肤发白，肢体肿胀。直到23日上述症状仍无改善，而转院到平顶山矿务局总医院，转至该院时患者右小腿高度肿胀，皮肤张力高，压痛，皮肤有散在张力性水疱，小腿上段胫前有一不规则手术瘢痕，伤口对合不佳，皮肤有紫斑，足趾不能活动，小腿及足部感觉迟钝，足背动脉搏动消失，小腿及足部皮温低。初步诊断为：右小腿骨筋膜室综合征，右胫腓骨上段粉碎性骨折。虽经保肢治疗，但未获成功，最终行右下肢截肢术。

根据上述病史材料，结合本所阅片结果及专家会诊意见分析认为，某民营医院在对杨某的诊治过程中，已经发现其右下肢远端足背动脉搏动不清，且初步诊断为右腘动脉挫伤和骨筋膜室综合征。在术前虽经外科医师会诊，确定先行右胫、腓骨开放性粉碎性骨折清创、骨折复位内固定，解除畸形，解除腘动脉受压等手术方案，但在手术记录中，只有进行骨折内固定，而未见进行必要的腘动脉血管探查及处置的记录，也未见对初步诊断的骨筋膜室综合征进行必要的减压处理的记录。若经调查查证核实，某民营医院在手术的过程中未对腘动脉进行必要探查和处理，也未对骨筋膜室综合征采取适当处置，则患者最终出现截肢的严重后果与上述医疗处理不当存在因果关系。

5. 评析

① 对骨筋膜室综合征，最有效的治疗措施就是尽早行筋膜室切开减压。根据病史及临床表现，当高度怀疑时，即使临床表现不典型，也应“宁左勿右”，果断切开减压。② 对胫、腓骨上段开放性骨折，尤其是合并腘部伤口，加之肢端血供不良，存在血管损伤的可能

性很大。在清创时一定要果断行血管探查。如技术条件受限，宁肯台上请上级医师或者上级医院会诊，也不可轻言放弃血管探查。此类骨折合并的血管损伤，虽然存在着即使探查或行血管吻合后，也可形成血管栓塞，以至于达不到预期治疗效果的可能性，但只要不作为，医院就与不良后果脱不了干系；反之，只要有作为（包括早期行筋膜室切开），医院就可减免相应责任。

四、足矫形手术后引发纠纷

1. 案情摘要

王某，女性，5 岁，因患右足“先天性马蹄内翻”于 1995 年 9 月 15 日到某医学院附属医院住院，并于同年 9 月 18 日接受矫形手术治疗。术后行屈膝和足背屈位石膏外固定。术后第 2 天查体示趾端血运正常，感觉良好。第 3 天发现右足趾发绀，以踇趾为明显，血循环差，趾端温度较健侧低，拆除外固定石膏，见足背皮肤呈花斑状，足内侧呈紫红色。第 5 日查体见右足背呈花斑状，内侧呈紫红色，足背及足趾出现多个小水疱；右足趾仅踇趾发绀，伤口周围有水疱；16:00 体温 39℃，予降温。第 7 日，踇趾发绀有好转。第 8 日，伤口及足背周围有多个张力性水疱，踇趾色泽及感觉正常。9 月 27 日查体，足背及足底部分皮肤发黑，伤口无分泌物，主任查看患者见足趾循环好。30 日主任出差回来看患者，见右踝关节内侧有一 3×4 cm 大小皮肤包块发黑，可能有坏死倾向。10 月 2 日经盐水浸泡、外敷后，足趾肿胀较两天前减退，踝关节内侧痂壳已裂开。10 月 4 日右足底皮肤逐渐呈黄白色花斑状，足底及足跟有小片状皮肤发黑又出现，踇趾血循环、颜色较差，踝关节内侧及足内侧皮肤坏死、发黑。请烧伤科主任看过患者后切除足内侧坏死的皮肤及少许皮下组织。10 月 5 日，血细胞检查示血小板增高。10 月 18 日始用药抗凝。10 月 21 日切除坏死的踇趾尖端后无活动性出血。10 月 27 日行右足植皮术。

1996 年 3 月 15 日家属与某医学院附属医院签订《协议书》1 份，医院承认手术未能成功，愿意对王某采取再次手术，并承担手术治疗费用等。1997 年 5 月，王某向法院起诉，要求医院承担医疗事故赔偿责任（后变更为医疗损害赔偿）。

2. 某市医疗事故技术鉴定委员会鉴定结论

右足先天性马蹄内翻畸形诊断明确；手术时机正确，选择手术适当，术后发生渐进性足末端血循环不好、部分皮肤组织坏死，系个体因手术激惹产生血小板应激性增高，血液黏稠度增高与流速变慢，实属病员体质特殊而发生难以预料和防范的不良后果，造成难以避免的并发症。结论：本例不属医疗事故。

3. 鉴定意见与分析讨论

手术方案选择欠佳，在行软组织松解术前，没有考虑到矫正畸形后，局部皮肤及血管因过度牵拉，张力过高，会致使远端血供受到影响。术后肢体反应性水肿，并在 72 h 左右达到高峰，石膏固定过紧，没有及时观察、发现并处理，两者共同作用，终致出现局部供血危象，手术没有获得成功。王某发生不良后果与手术失败之间存在着直接因果关系。

术后血小板增多的原因为手术创伤、炎症等因素引起的反应性增多。在本案实际情况中，血小板增多与踇趾坏死等症状的发生之间无直接因果关系。但目前尚不能完全排除血小板增多起了一定的辅助因素的可能。辅助因素为间接因果关系的一种，辅助因素的参与程度拟为12.5%。

患儿右足踇趾末端缺失，右足皮肤部分坏死，局部瘢痕形成等相当于交通事故十级伤残或职工工伤九级伤残。

4. 评析

矫形手术的目的与普通手术存在着明显不同，患者追求的是外形的美观和功能的改善。对患者来说，选择什么样的医院或哪一位医师，患者享有充分的选择权，而手术能否成功往往是患者决定是否接受手术的唯一条件。因此，对于医师来说，必须根据所在医院的条件、自己的经验和技术水平，决定是否实施此类手术。一旦进行此类手术，一般要有充分的把握保证手术取得满意效果。根据前人经验，该手术若能分期进行，则可避免不良后果的发生。石膏固定后，疏于观察为医者大忌，一旦肢端血供不良，果断松脱石膏为上策。

五、小儿腹股沟疝伴隐睾术后阴囊血肿并睾丸回缩

1. 案情摘要

戴某，男性，1岁。2009年5月4日，戴某因患左侧腹股沟疝伴隐睾到某市人民医院就诊，行手术治疗，术后发生阴囊血肿并睾丸回缩。戴某家属认为医方在诊疗过程中存在过错，诉至当地人民法院要求赔偿。为正确处理此案，法院委托某研究所司法鉴定中心就医疗过错、损害后果、因果关系等事项进行法医学鉴定。

2. 病史摘要

(1) 2009年5月4日至5月25日某市人民医院住院病史

入院主诉：左腹股沟区可复性包块半月余。查体：左腹股沟区可及约5×4 cm小包块，可还纳，外环口松弛。诊断：左腹股沟斜疝。拟择期手术。

5月6日术前小结：诊断明确，具有手术指征，非手术治疗无效。手术方式：左侧疝囊高位结扎术。注意事项：术前禁食，有关手术必要性，术中、术后可能出现情况已向患儿家长交待，其同意手术并签字。

5月6日《手术知情同意书》：术中或术后可能出现的并发症、手术风险：麻醉意外，呼吸抑制，心跳骤停；刀口出血、感染、愈合不良；阴囊水肿、血肿，复发，睾丸提升；对侧疝可能；瘢痕形成。同意手术治疗签字：李其磊(父亲)。

5月7日手术记录：取左下腹横切口，长约2 cm，依次切开皮肤、皮下，找出外环口，打开腹外斜肌腱膜，于精索前内侧找出疝囊并打开，见疝囊大小约8×4×4 cm，完整剥离至疝囊颈部，7号线缝合两道，远端切除，彻底止血，检查无输精管血管损伤，缝合提睾肌，加强前壁3针，皮肤皮内缝合。手术名称：左侧疝囊高位结扎+修补术。术后诊断：左侧腹股沟斜疝。

5月7日11:30护理记录：患儿切口无渗血，阴囊肿胀，输液顺利。

5月7日14:30护理记录：患儿切口无渗血，阴囊肿胀明显，给予冷敷。

5月7日15:20护理记录：患儿切口无渗血，阴囊肿胀明显，冰块托敷，通知医师看过患者，遵医嘱给予10%GS100 mL+VitK1 10 mg静脉滴注。

5月7日16:00病程录：患儿术后阴囊肿胀明显，拟诊“阴囊血肿”，拟行切开引流术。

5月7日16:45手术记录：于左侧阴囊与皮肤交界处作纵形切口，长约1.5 cm，切开皮肤，见有水样物渗出，分开至精索筋膜，见有血凝块，予清理后见精索血管无破损，输精管无异常，睾丸血运良好，无肿胀，未见明显出血部位，无菌生理盐水冲洗切口，纱布蘸干后观察见无渗血，将睾丸与阴囊底部肉膜固定1针后，置橡皮引流条1根于精索处，皮肤缝合2针，与原切口分别包扎。手术名称：左侧阴囊切开引流术。术后诊断：左腹股沟斜疝术后、阴囊血肿。

5月10日病程录：术后第3天，病情平稳，切口轻微疼痛，昨日已拔除引流条，敷料仍有少许血性渗出，继续抗感染及营养药物治疗。

5月15日病程录：患儿病情平稳，皮肤斑丘疹明显减轻，切口愈合可，阴囊无肿胀，今拆线，并服抗过敏药物。

5月25日8:00病程录摘录：患儿以"左腹股沟斜疝"入院，行手术治疗，术后出现阴囊血肿，及时切开引流并抗感染治疗。今日出院，出院医嘱：卧床1周，2周后复查。

(2) 2010年4月26日外地某三级甲等儿科医院超声诊断报告

影像表现：左侧腹股沟区可见左侧睾丸，大小约1.6×0.6×0.8 cm，实质回声均匀，周围少量积液。右侧睾丸位于阴囊内，1.9×0.9×0.9 cm，实质回声均匀，血流信号可。

(3) 2010年8月18日至8月26日某大学附属医院住院病史

入院情况：患儿于1年前在外院行左侧疝囊高位结扎术，术后因阴囊血肿，即行阴囊切开引流术，水肿消退后，发现左侧睾丸未在阴囊内。查体：左侧腹股沟区及阴囊均见陈旧性手术瘢痕，左侧睾丸位于左外环口下方，不能下降。入院诊断：隐睾(左)。

住院诊疗经过：入院后完善相关检查，于2010年8月20日行睾丸松解下降肉膜囊固定术，术中见精索与腹股沟管壁广泛粘连，有多个丝线结节，松解粘连，提出睾丸，约1×0.5×0.5 cm大小，质地血运可，附睾及输精管发育可，做皮下隧道至近阴囊中缝、阴囊底，切开皮肤，分离肉膜囊，将睾丸下降，固定于肉膜囊。

出院诊断：隐睾(左)。

(4) 2012年7月1日某大学附属医院超声检查报告

超声所见：右侧睾丸大小1.8×0.8 cm，左侧睾丸大小1.5×0.8 cm，形态规则，实质回声均匀，CDFI血流未见明显异常。双侧附睾未见异常。双侧睾丸鞘膜腔未见积液征象。

超声提示：双侧睾丸及附件未见异常回声。

3. 鉴定意见与分析

小儿腹股沟斜疝是小儿外科的常见病、多发病，通常是由先天性发育异常所导致。其发病的主要原因是腹膜鞘状突未闭或闭锁不全，致腹腔内脏器进入鞘突而形成疝。6个月以上婴幼儿腹股沟斜疝自愈机会较少，因此多需手术治疗。

根据戴某发病时的临床表现及年龄特点，其"左腹股沟斜疝"的诊断成立，第1次入院时具有手术指征，某市人民医院对其施行"左侧疝囊高位结扎＋修补术"，并无不妥。

但本案中医方存在如下医疗过错：① 第1次手术时术中止血不彻底。操作者应熟悉腹股沟区局部解剖、手术操作细心、仔细止血。戴某术后2 h余即出现阴囊肿胀，术后5 h余阴囊肿胀加重，临床诊断为"左腹股沟斜疝术后、阴囊血肿"，并予行左侧阴囊切开引流术，术中证实“分开至精索筋膜，见有血凝块，精索血管无破损”。腹股沟疝术后形成阴囊血肿的常见原因包括：分离较大的疝囊时创面出现渗血，或横断的疝囊断端出血、渗血，或精索血管损伤等。本案患儿戴某形成阴囊血肿与术中止血不彻底有关。② 第 2 次手术时血肿清除术后睾丸固定方法存在不足。本案行阴囊血肿术后将睾丸与阴囊底部肉膜固定 1 针，用这种方法固定睾丸是不够可靠的，应该在阴囊皮肤与肉膜之间分离出一个能放置睾丸的囊腔，将肉膜与精索筋膜间断缝合数针，并将睾丸放入囊腔，和/或作牵引固定，避免回缩。本案患儿戴某血肿清除术后出现睾丸回缩，与血肿清除术后睾丸固定方法不当有关。

本案患儿戴某阴囊血肿形成及睾丸回缩均与医方手术操作及处理不当有关。由于医方在诊疗过程中，没有尽到高度的注意义务，术中止血不彻底，术后睾丸固定方法存在不足，与其术后发生阴囊血肿形成及睾丸回缩以致再次手术之间存在直接因果关系，参与程度拟为 96%～100%。其后经行“左侧阴囊切开引流术”和“睾丸松解下降肉膜囊固定术”两次手术。医方过错增加了患儿痛苦及医疗费用，延长了病程。对于今后是否影响其生育及性功能，目前尚无法作出准确评估，但近期 B 超提示左侧睾丸实质回声均匀，CDFI 血流未见明显异常，表明目前其睾丸无明显异常。

4. 调解结果

上述鉴定意见送达后，在当地人民法院的主持下，原、被告双方当事人自愿达成调解协议：

(1) 原告戴某因本次医疗纠纷产生的医疗费、后续治疗费、护理费、残疾赔偿金、交通费、住院伙食补助费、精神损害抚慰金、鉴定费等各项费用，由被告某市人民医院承担 40 000 元。

(2) 原告戴某与被告某市人民医院医疗损害责任纠纷一次性处理完毕，别无其他争执。

(3) 诉讼费 800 元，减半收取 400 元，由被告某市人民医院承担 350 元，原告戴某承担 50 元。

5. 评析

正确的手术方法、精细准确的术中操作，是保证手术效果良好的前提与基础。外科手术中常见的手术并发症为出血，并非难以预见、不可防范，通常不能作为减免医疗单位责任的理由。本案所涉手术乃是儿外科较为常见的手术——斜疝修补术、隐睾复位术，手术解剖部位较浅表，操作相对简单，发生不良后果无疑主要与医师手术操作过错有关。

六、妇科手术后纱布遗留于阴道深部引发纠纷

1. 案情摘要

某女，74 岁，于 2006 年 3 月 20 日因右卵巢肿瘤、慢性宫颈炎入住某医学院附属医院，接受全子宫＋双附件切除术。术后 3 年左右，某女就诊于某市人民医院，经妇科检查后发现阴道内存有纱布异物，次日到某医学院附属医院妇科门诊取出纱布 1 块，后入院行抗炎及对症治疗。某女及其家属认为某医学院附属医院在 2006 年 3 月 25 日手术时将纱布遗留在阴道内，导致阴道反复流液，出现异味，并引起高血压及冠心病，某医学院附属医院在

医疗过程存在过错(或过失行为),遂诉至人民法院,要求赔偿。为明确某医学院附属医院是否存在医疗过错行为,该医疗过错行为是否导致不良后果以及过失行为的参与程度等事项,人民法院特委托某研究所司法鉴定中心进行法医学鉴定。

2. 病史摘要

(1) 2006年3月20日至4月6日某医学院附属医院住院病史

入院情况：患者已绝经27年,1月前出现阴道排液,量多、色白,呈淘米水样,持续20余天,后阴道分泌物转为黄色,较黏稠,无异味。追问病史期间有两次阴道少量流血史,遂于外院行B超探查示"子宫内膜稍增厚,右附件区囊性占位",给予PP粉外洗、阴道栓剂等治疗,症状无明显缓解。今为求进一步诊治收住我科。既往史：有高血压、胆结石病史,无手术外伤史。查体：T 36℃,P 80 bpm,R 20 bpm,BP 140/90 mmHg;神志清,心律齐,HR 80 bpm,两肺未闻及干、湿啰音;肝、脾肋下未及,全腹无压痛及反跳痛。妇科检查：外阴已产式;阴道畅,见较多分泌物;宫颈重(度)糜(烂);宫体平位,萎缩,压痛阴性;右附件区扪及一直径约6 cm似囊性包块,边界不清,压痛阴性,左侧阴性。入院诊断：右卵巢肿瘤,慢性宫颈炎。

2006年3月21日心电图报告：HR 83 bpm;窦性心律;ST段变化。于3月21日行诊刮术及宫颈活检术,术中于宫颈3、6、9、12点各取组织1块,术中出血不多,术毕阴道填塞纱布1块,嘱其6 h后取出,观察阴道出血情况。3月23日活检病理诊断报告:"子宫颈3、6、9、12点"慢性炎。3月23日医嘱：复方降压片1片tid口服。3月25日行全子宫+双附件切除术。术中见右卵巢囊肿6×5×5 cm,与周围无粘连,子宫及双侧附件均已萎缩……半块纱布绕宫颈1圈,于宫颈后穹窿处做一横形小切口,向阴道内塞入纱布半块,环形切除子宫,碘伏棉球消毒阴道残端,0号线"8"字+连续扣锁缝合阴道残端,4号线关闭腹腔腹膜,清点纱布器械无误后遂层关腹,手术顺利,术中出血不多,术后患者安返病房。导尿管通畅,尿色清。手术器械清点单：纱布术前10块,关前10块,关后10块。3月25日11:20术后记录：患者因右附件囊肿于上午在连硬外麻醉下行全子宫+双附件切除术;手术经过顺利,出血少,麻醉满意;术后安返病房;术后BP 170/90 mmHg,尿色清。3月25日18:00,追问病史有高血压病史,嘱按时定量服用降压药物。3月26日10:00,患者仍诉有切口部位疼痛;查体：神志清,T37.2℃,BP 175/90 mmHg,腹部切口处敷料外观干燥,余无明显阳性体征;继续抗炎补液,嘱停止镇痛泵应用,考虑患者血压不稳定,嘱其按时服用降压药物,注意监测血压。3月26日医嘱：复方降压片1片tid口服。3月29日术后病理诊断报告：左卵巢滤泡囊肿,子宫颈慢性炎。3月30日10:00,术后第6天,诉心慌、咳嗽,左下肢放射性疼痛;查体：神志清,呼吸平稳,口唇稍紫,左下肺可闻及湿性啰音,心律不齐,急查床边胸片以避免术后久卧床形成的坠积性肺炎,同时请心内科、骨科会诊,以明确诊断治疗。4月1日急诊摄胸部X线片示"支气管炎",治疗同前。4月4日：神志清,呼吸平稳,心、肺阴性;腹部切口敷料干燥,无渗出。4月2日心电图示：窦性心律,ST变化。4月6日出院记录：今术后第12天,腹部愈合佳,今已全部拆线,Ⅱ/甲,予以出院。

血压监察记录：3月20日BP 142/90 mmHg,3月26日BP 175/90 mmHg,3月31日BP 150/95 mmHg。实验室检查：3月21日血常规WBC 5.39×10^9/L,N56.3%。

3月27日血常规 WBC $15.64\times10^9/L\uparrow$,N88.1%↑。

出院诊断：右卵巢肿瘤，慢性宫颈炎。

(2) 某医学院附属医院门诊病历

2006年8月7日：子宫切除术后4月余，阴道流水1月余。查体：外阴(-)，阴道充血，盆腔未见异常。诊断：老年性阴道炎。处理：施比灵1瓶外用，奥博林等药口服。

2009年2月19日：面部水肿5 d。体检：眼睑水肿，心肺(-)，下肢无水肿。处理：① 尿常规；② 住院(拒)；③ 补液消炎。诊断：尿路感染。

(3) 2009年3月17日某市人民医院门诊病历

子宫肌瘤全子宫切除3年。白带多，无气味，阴道流咖啡样分泌物，时多时少，曾在社会医院求治(详细诊疗经过不明)。查体：阴道内可见纱布，争求家属意见。

(4) 2009年3月18日某医学院附属医院门诊病历

全子宫＋双附件切除手术后3年，反复阴道排液。外院检查发现阴道内有异物，伴有流液异味。查体：外阴(-)，阴道上1/3有一团异物伴恶臭及流液，盆腔未查。处理：取出团块状异物，展开见1块纱布；住院。诊断：阴道内纱布。

(5) 2009年3月19日至4月21日某医学院附属医院住院病史

入院情况：患者因卵巢肿瘤于2006年3月25日在本院行全子宫＋双附件切除术，治愈出院，出院后出现不规则阴道流血，量少，色暗，无异味，无发热，伴腹痛，在当地医院就诊(具体不祥)，效果不佳，术后4月在本院门诊复查，未发现异常，近半月出现肛门坠胀，近10 d出现阴道液有异味。2009年3月17日在外院就诊，发现阴道异物未取，遂来我院门诊，妇检时发现阴道异物，取出纱布1块。患者要求住院。既往有高血压、冠心病史。查体：BP160/90 mmHg；专科检查：外阴(-)，阴道畅，残端无肉芽组织增生，盆腔未及包块。4月2日心电图报告：窦性心律；ST段变化。入院诊断：老年性阴道炎，慢性高血压，冠心病。

住院经过：予抗炎、营养支持及对症治疗。2009年3月21日心电图示：HR88 bpm，窦性心律，ST段改变。3月22日血常规：WBC $5.91\times10^9/L$，N 52.7%。3月24日、4月4日B超(-)。

出院诊断：老年性阴道炎，慢性高血压，冠心病。

3. 鉴定意见

某医学院附属医院在对某女的诊疗过程中存在疏忽大意的医疗过错行为，导致术后阴道内长期纱布遗留，并因此并发慢性阴道炎迁延不愈等不良后果。该医疗过错行为与不良后果之间存在直接因果关系。

4. 分析讨论

某女系老年女性，因阴道分泌物增多并性状改变等异常，就诊于某医学院附属医院。经妇科检查，扪及右侧附件区有一囊性包块，结合外院B超探查所见“子宫内膜稍增厚，右附件区囊性占位”等，诊断为“右卵巢肿瘤、慢性宫颈炎”收治入院，并行全子宫及双侧附件切除术。术后病理诊断为：右卵巢滤泡囊肿，子宫颈慢性炎。我们认为，经治医院上述诊疗行为基本符合医疗原则，无明显不妥。

术后约3年，某女因“反复阴道排液”，于外院行妇科检查时发现阴道上1/3处有一团块状异物，经某医学院附属医院取出，证实为纱布。我们认为，该纱布应系某医学院附属医院在行子宫及双侧附件切除术时所遗留，理由如下：① 手术记录中可见“于宫颈后穹窿处做一横形小切口，向阴道内塞入纱布半块”的记载，但其后未见取出该“半块”纱布的记录。② “手术器械清点单” 中虽见术前、术后纱布数目相符，但未明确记载术后是否清点到两个“半块”纱布。③ 术后至该次出院前未见再次行妇科检查的记录，不能排除当时确有纱布遗留于阴道内。④ 发现时可见该纱布位于阴道深部，若未行仔细检查，较容易被忽略；术后 4 个月余某女曾因“阴道流水”到经治医院复诊，但门诊病历中未见详细的妇科检查记录（可能未行仔细、全面的妇科检查），亦未见行其他辅助检查（如超声探查等），失去发现纱布的机会。⑤ 术后反复阴道流液症状符合长期异物存留所致慢性炎症，药物难以治愈。⑥ 纱布为棉纤维物，不易彻底崩解或腐烂而脱落，临床上纱布遗留体内多年而被取出的报道并不少见。⑦ 已有文献显示，体内纱布多系手术遗留，少数为深部换药时遗留，本例某女除该次全子宫及双侧附件切除术以外，未见其他手术史，也未见其他医院于阴道内放置纱布的记载（也无换药放置纱布的必要）。⑧ 经模拟试验，如本例所见大小的纱布，可以被折叠成纱布团，应能置于阴道深部。

据此认为，某医学院附属医院在对某女的诊疗过程中存在着疏忽大意的医疗过错行为，导致术后阴道内长期纱布遗留，并因此并发慢性阴道炎迁延不愈等不良后果。该医疗过错行为与不良后果之间存在直接因果关系（过错参与程度拟为 96%～100%）。

据病历材料反映，某女于本次子宫及双侧附件切除术前，即已存在血压增高（可见降压药物应用史）及心电图改变的记载；至 3 年后再次入院时，复查结果大致相仿。临床诊断为“高血压，冠心病”等。上述疾病均系自身慢性疾病，与年龄及自身体质等多种因素有关，而难以与阴道异物或阴道感染等联系起来。故认为，上述高血压病、冠心病等与某医学院附属医院的医疗行为之间不存在明确的因果关系。

5. 评析

本案中的医疗过错行为是毋庸置疑的，关键在于可能对过错与损害后果的参与程度有不同看法。部分鉴定人及临床医师认为，患者本身为老年人，罹患老年性阴道炎的机会与风险较大，即使纱布存留为医方过错，也应考虑为在自身个体因素的基础上遭受医疗过错的影响所导致，不宜认定医疗过错为慢性阴道炎迁延不愈等损害后果的完全因素。作者认为，在该问题的认识上应当把握以下几点：① 患者虽为老年女性，原有慢性宫颈炎，但术前并无严重阴道炎的临床证据，两种病变虽然有一定的相似性，但毕竟仍然有明显的区别，至少在解剖部位上是不相一致的；② 患者术后不久即诉阴道“流水”，从事后的病程情况来看，医方显然未能仔细检查，失去了早期确诊的机会，进一步扩大了患者的损害；③ 患者自取出异物后，局部症状有明显改善，进一步证明了异物是导致慢性炎症反复迁延的关键因素；④ 同样是慢性炎症，其程度不同直接决定治疗方案的不同。就本案而言，患者严重的阴道炎迁延不愈，影响日常生活，无疑是医方的错误行为直接导致。

七、多联医疗美容手术引发纠纷

1. 案情摘要

肖某，女性，28 岁。在获悉某美容医院的广告宣传后，到该院求诊，点名某国外整形外科医师为其主刀进行“隆胸、下颚角截骨术、隆鼻、割双眼皮”等手术，术中发生失血性休克，经转外院抢救获治。现肖某以某美容医院欺诈，未委派该国外整形外科医师实施手术，且该院不具备相应的手术资质，医疗程序不规范，手术技术差，延误转医，严重侵害了其健康权，遂诉至当地法院要求赔偿。

某美容医院认为，术前《知情同意书》采用医疗美容质量控制中心推荐的版本，告知充分，取得其知情同意，且肖某签名经司法鉴定确为其本人笔迹；手术者为国外整形外科医师本人，其手术当晚确需外出，但离院时已经完成大部分手术；参与手术者均具有执业资格；术中出血时救治符合临床原则，转医及时；因肖某术后仅可见鼻、下颌骨轻度畸形，属美学范畴稍有缺陷，尚可进一步整修矫正，故原某区医学会医疗事故技术鉴定结论为本例“构成三级甲等医疗事故，医方负全部责任”，明显依据不够充分；肖某术后从未来本院复诊，可能未遵循医嘱，加重损害，故原医疗事故技术鉴定结论认定医方应“承担全部责任”，同样没有依据。因医方不服区级医疗事故技术鉴定结论，故当地法院委托进行重新鉴定。

2. 病史摘要

于 2012 年 11 月 4 日入住某美容医院。查体：P 65 bpm，BP 116/80 mmHg，其余无明显异常。血常规、凝血 4 项(凝血酶原时间结果报告时间为 17:50，且报告结果为 15 s，而正常参考值为 11～14 s)、肝肾功能、电解质检验结果正常，心电图正常，胸部正侧位、头颅正侧位及下颌角 X 线摄片均正常。入院诊断：单睑，低鼻，小乳症，下颌角肥大。

11 月 4 日 14:45 开始手术，在局麻下行切开法重睑术、假体隆鼻术，手术顺利，在气管插管全麻下行假体隆胸术、(口内切口)下颌角截骨术，手术顺利，术中总计出血量约 300 mL，麻醉满意。据麻醉记录：19:40 起，血压、脉搏开始不稳，自手术开始阶段的 BP 120/60 mmHg、HR 80 bpm，逐渐变化为 BP 90/50 mmHg、HR 120 bpm，最终变化为 BP 75/45 mmHg、HR 130 bpm。21:30 术后记录：苏醒期间(肖某称自麻醉开始后始终未苏醒，直到转入三级甲等医院经抗休克治疗后方逐渐苏醒)发现右侧胸部肿胀明显，右腋下瘀血，右侧乳房引流管引流量大，经加压包扎等处理后仍引流出约 500 mL 鲜红色液体。国外整形外科医师查看后诊断为活动性出血，行原手术入路进入止血，见胸大肌缘有活动性出血，给予电凝及缝扎止血，手术顺利。计算失血量为 1 500 mL，为补充丢失血液，拟转某三级甲等医院继续治疗。

11 月 5 日 23:00 转入某三级甲等医院。23:51 入院录示：因“整容术后突发神志不清 30 h”转入；陪护者代诉 30 h 前在外院行下颌骨整形＋隆胸术，术后 1 h 发现其右胸引流管引流出较多血性液体伴神志淡漠，共引流 1 500 mL 血性液体，故今日凌晨来我院急诊，当时查体：HR 153 bpm，R 23 bpm，BP 70/50 mmHg；神志谵妄，烦躁，无应答；下颌区加压包扎中，口腔引流中，引流液为红色血性液体 20 mL；胸部区弹性绷带加压包扎，外置引流，引流液为红色血性液体 300 mL。急诊血常规检验示 Hb 54 g/L。紧急予抗休克、抗感染、止血治疗，并输全血 1 600 mL。11 月 6 日晨，患者神志转清，口述有胸闷、气促，为进一步治疗，拟“整容术后，失血性休克，低蛋白血症”收住院。入院查体：HR 98 bpm，BP 112/65 mmHg，SpO_2 98%；神志清，下颌区加压包扎中，口腔引流中，对答困难，胸部区弹性绷带加压包扎，腹平软，四肢活动可，下肢无水肿，神经系统生理反射存在，病理征未引出。

11 月 5 日血常规：WBC 22.0×10^9/L，Hb 105 g/L。肝肾功能：总蛋白 52 g/L，白蛋白 28 g/L，碱性磷酸酶 37 U/L，乳酸脱氢酶 912 U/L，总胆红素 40 μmol/L，BUN 5.7 mmol/L，UA 53 μmol/L，WBC 133 μmol/L。D-二聚体 4.01 mg/L，纤维蛋白降解产物 55.2 mg/L。11 月 6 日血常规：WBC 14.6×10^9/L，N 85.9%，Hb 94 g/L。血气分析：pH 7.29，CO_2分压 46.6 mmHg，O_2分压 57.4 mmHg。11 月 7 日尿常规：WBC 14/μL，RBC 73/μL，蛋白+，隐血+。肝肾功能：BUN 7.3 mmol/L，Cr 57 μmol/L。D-二聚体 4.22 mg/L，纤维蛋白降解产物 29.4 mg/L。血气分析：pH 7.36，CO_2分压 46.2 mmHg，O_2分压 59.7 mmHg。11 月 10 日血气分析：pH 7.40，CO_2分压 35.1 mmHg，O_2分压 90.2 mmHg。11 月 20 日血常规：WBC 6.4×10^9/L，N 54.9%，Hb 124 g/L。肝肾功能：谷丙转氨酶 243 U/L，谷草转氨酶 92 U/L，乳酸脱氢酶 704 U/L。11 月 27 日肝肾功能：白蛋白 39 g/L，谷丙转氨酶 159 U/L，谷草转氨酶 59 U/L。

11 月 6 日胸部 CT 扫描报告：两肺多发炎症，两侧胸腔积液，两下肺膨胀不全；两侧乳房隆胸术后，引流中，两侧胸壁皮下气肿。11 月 12 日胸部 CT 扫描报告：两侧胸腔积液伴两肺膨胀不全；两侧隆胸术后改变。11 月 14 日腹部 CT 扫描报告：右侧肾周筋膜增厚，右侧结肠旁沟少许渗出积液；盆腔少量积液；膀胱插管引流中。11 月 19 日胸部 CT 扫描报告：两下肺纤维条索及少许实变影，较前有所吸收。

入院后予以完善相关辅助检查，监测生命体征，监测肺功能，呼吸机辅助通气，改善肺功能，继续输全血纠正贫血，白蛋白纠正低蛋白血症，止血、抗感染、消肿、保护肝肾功能等支持对症治疗后，病情稳定，予出院。出院时无特殊不适，查体：HR85 bpm，BP 124/70 mmHg，神志清，胸部区弹性绷带加压包扎。出院诊断：整容术后，失血性休克，低蛋白血症。

3. 鉴定情况

(1) 某区医学会医疗损害鉴定结果

医方存在如下过错：① 术前告知不够周详；② 术中发生失血性休克后治疗不及时，主刀医师擅离职守，治疗医师资质不足；③ 术后鼻、下颌轻度畸形，双乳明显不对称，病历中未见植入假体标识。

结论：构成三级甲等医疗损害，医方应负全部责任。患者情况相当于六级伤残。

(2) 某市医学会医疗损害鉴定结果

医方存在如下过错：① 为同一患者一次性实施 4 个部位的整形手术，手术指征掌握过宽。术前检查结果报告不全的情况下(凝血酶原时间结果报告时间迟于麻醉、手术开始时间)，即开始全麻、手术，不符合医疗规范。② 术中操作失当是造成出血的主要原因。在患者出现低血容量性休克表现时，医方处置不够有效，延误转医时间长达 2 h 余，存在过错。③ 医疗过错与失血性休克的不良后果之间存在直接因果关系。④ 患者整形部位存在美学形态上的缺陷或不足(右侧重睑术后稍欠整齐，鼻尖略有偏斜，两侧乳头位置不够对称，相差 1 cm 左右)，但未遗留组织器官功能障碍，未达毁容程度。

结论：构成四级医疗损害，医方应负全部责任。患者情况尚未达到伤残程度。

4. 评析

本案中，某美容医院存在过错，该过错与损害后果之间存在因果关系是无疑的，但关键是过错何在,损害后果为何,前后两次鉴定相差太大。

(1) 关于损害后果

本案系参照《医疗事故分级标准(试行)》确定医疗损害等级及伤残等级。该标准规定:三级医疗事故系指造成患者轻度残疾、器官组织损伤导致一般功能障碍。具体到可能涉及本案的面部条款有:面部轻度毁容;鼻缺损 1/3 以上;一侧上颌骨缺损 1/4 或下颌骨缺损长 4 cm 以上区段,伴口腔、颜面软组织缺损大于 10 cm^2。

损害后果之一在于是否构成毁容(又称容貌毁损)。容貌毁损具有相关分级标准。

重度毁容:面部瘢痕畸形,并有以下 6 项中 4 项者:① 眉毛缺失;② 双睑外翻或者缺失;③ 外耳缺失;④ 鼻缺失;⑤ 上、下唇外翻或者小口畸形;⑥ 颈颏粘连。

中度毁容:具有以下 6 项中 3 项者:① 眉毛部分缺失;② 眼睑外翻或者部分缺失;③ 耳廓部分缺失;④ 鼻翼部分缺失;⑤ 唇外翻或者小口畸形;⑥ 颈部瘢痕畸形。

轻度毁容:含中度畸形 6 项中 2 项者。

按照上述标准,本案患者肖某显然达不到轻度毁容程度,加之其面部器官未见遗留睑裂高度不等、眼睑闭合不全或上睑下垂等功能障碍,且虽然遗留上述缺陷或不足,但整形外科专家认为,仍可通过手术进行一定程度的修正和改善,故重新鉴定时专家组认为难以据此鉴定为三级甲等医疗损害(六级伤残)。

损害后果之二是失血性休克。失血是类似本案整形外科手术的常见并发症,引发休克的也不少见。肖某术中发生失血性休克的依据是充分的。理由如下:① 术中麻醉记录单清楚显示,其自 19:40 起血压下降、心率增快,呈现休克表现,并渐至失代偿程度;② 病历记载术中胸部引流管引流出大量血性液体,提示术野出血,具有大量出血的损伤基础,美容医院病历记录引流液量为 1 500 mL,转入三级甲等医院后血常规检验示 Hb54 g/L,提示出血量大于上述数值;③ 经积极救治、大量输血后,生命体征方始稳定,提示其病情危重,非经积极救治可危及生命。

(2) 关于医疗过错

本案中,某美容医院在诊疗过程中存在多方面的医疗过错。

术前告知与准备是否充分。对于一位独自前来求诊需要在全麻下行 4 个部位的整形手术的患者,当日求诊,当日手术,一旦发生意外情况,如何处理,均可能成为难以解决的问题。事实上,本案确实发生了严重意外,以致在肖某休克状态下无法通知任何人(肖某系用化名求医)。

手术方案是否恰当。虽然现有法律、法规或者诊疗规范并没有对此类问题作出专门性规定,但大多数临床专家认为,重睑、隆鼻手术可在局麻下完成,而下颌角截骨术、隆胸术可实施全麻,分次进行可能更为安全。因此,本案 4 项整形 1 次完成,并非恰当。

术前检查是否完善。术前医嘱进行凝血酶原时间等凝血机制检测,而这种检测对于可能引起出血的下颌角截骨术、隆胸术等手术完全是必要的。但经治医师居然在检验报告尚未发出的情况下即已经开始麻醉与手术,而事实上恰恰出现了凝血酶原时间轻度延长的结果(该结果可能并不一定提示为手术禁忌证,但仍应提起高度注意)。医方辩解术前曾就检验结果电询检验科,被告知无异常,该辩解因无任何证据支持未被专家组接受。

失血性休克是否可以避免。隆胸术中引发大出血虽为手术并发症,但并非不可或者难以避免的。尤其关键的在于肖某出现失血性休克表现后长达 2 个多小时，医方仅给予晶体补液，未及时输入胶体液（该美容医院无输血资质），不能有效维持血液渗透压，又未能及时转入具有抢救能力和资质的医院，造成出血情况一度持续加重，休克陷入失代偿期。据某美容医院称，手术主刀医师在完成了手术的主要关键步骤后方才离院。但由此造成的后果是在发现肖某出血并发症的情况下，抢救一度呈无序状态。患方怀疑抢救医师无资质、无能力，并非毫无理由。

（3）其他过错

作者认为，初次鉴定时鉴定机构认定某美容医院存在“主刀医师擅离职守，治疗医师资质不足”等情节，属于医疗过错，有“越位”之嫌。医疗损害司法鉴定，说到底，只是就专门性问题所作出的技术鉴定，不应、也不必对程序性问题作出回答。无论是何人主持抢救，鉴定机构均应视为医疗单位的行为，因为一般情况下，医疗单位是作为此类诉讼案件的被告，而非具体的某个或某些医务人员。同样道理，手术主刀医师是否肖某点名的某国外整形外科医师，也不是鉴定人需要特别关注的。

（夏文涛　葛志强　王亚辉　杨小萍）

第十二章　预见与防范义务相关的医疗纠纷

作为临床医务人员，其相较于患者处于专业知识和技能上的优势地位，应当以临床诊疗规范为行为准则，实施与当时医疗水平相称的处置，在患者疾病的诊疗过程中尽可能预见到各种危险因素，尽量避免不利后果的发生，或者尽量减少其发生机会、降低其严重程度。

第一节　预见与防范义务概述

一、预见义务与回避义务的概念与客观评价标准

预见义务也称结果预见义务，是注意义务的一种特殊形式，是指行为当事人应当预见而且能够预见一些事实或者行为，那么当事人就应当承担预见义务，如果没有预见的话就应承担相应责任。医师的预见义务是专家义务，是指作为医学专业人员的医师在其专业知识和技能领域范围内对患者在诊疗过程中可能发生的情况、事实与结果应该具有预见的义务。

回避义务也称结果回避义务，与预见义务一样，也属于注意义务的一种特殊形式，是指行为当事人在预见到行为过程中可能发生危险或者不利事实、结果时，采取适当的方式，防范该事实或者结果的发生。医师的回避义务同样是专家义务，是指当作为医学专业人员的医师在对患者的诊疗过程中预见到患者可能发生危险情况或者不利结果时，应该在其专业知识和技能领域范围内尽力防范这种情况或结果的发生。

对医师是否违反预见义务和回避义务应当采用客观标准进行判定。多数国家是将医师的行为与虚拟的"标准人"（也即前文所说的"合理的医师"）进行比较，若判定"合理的医师"置身于行为医师所处的环境，可以达到相应的预见和回避要求，不会发生行为医师所实施的行为，则该行为医师将被认定为存在过错。

如前文所述，在评价医师是否履行预见义务时，建议采用医学标准；在评价医师是否履行回避义务时，则可以采用医疗标准。上述两种标准都是客观的标准，区别在于前者对所有医师的要求是相同或相近的，后者则视行为医师所处的具体环境而定。

二、预见义务及其履行要素

医师的预见义务是要求医师在诊疗过程中保持高度注意和足够的谨慎，从安全性、有

效性、经济性的角度全面、充分地认识到自己所实施的医疗行为可能产生的治疗效果、可能的并发症及后遗症以及可能会产生的大致医疗费用。关于预见义务的内在表现到底是具体的、还是抽象的，学术界大致有两种不同的学说。其一为“具体说”，它认为医师的预见义务应当是具体的，并且认为只需预见在具体情形下、在现实中所发生的因果中的主要部分就可以，至于细微部分则并无预见的必要(或可能)。其二为“抽象说”，又称“畏惧感说”，认为在具体的医疗过程中医疗损害常发生在某些特定的场合和时间，多情况紧急，医师的认识能力有限，往往来不及仔细观察、认真分析，损害就已发生且不可逆转。况且医疗损害的发生并非必然，而多带有偶然性，要求医师随时预见具体的损害显然是不现实的。医疗科学技术的发展和广泛应用，未知风险越来越多，因此医师在注意义务的内容上应有新的认识，医师虽然无具体结果认识的可能性，但对危险结果的发生应保持总体上的、一般的畏惧感，即可判定为有结果预见的可能性，否则将以此追究其承担过错责任。

以上两种学说，各有其合理性。相比较而言，抽象说过分夸大了人的认识能力的局限性、结果发生的偶然性，而具体说则比较客观地反映了人的认识论。但有必要指出的是，虽然现代医疗技术的发展早已今非昔比，对医疗行业的外部监管和内部自律也日趋严格，但医疗结果的不确定性始终存在，使医疗行为存在很大的风险，这些不确定风险已超出了医师的注意能力，是医师在医疗行为中不能完全预见的。如果过多地就此提出要求，无疑将会阻碍医学技术的发展，反过来最终必然损害患者的利益。例如在外科医师对手术并发症的预见方面，我们一般仅要求医师预见到手术可能造成大量失血，大量失血可能引发失血性休克，因此应当采取必要的安全措施防止大失血的发生，同时准备足量的血液以备紧急情况下输血以纠正休克。我们不能要求医师预见到具体在何种情况下、哪个时间段、发生何种严重程度的失血，否则显然是医师无法达到的要求。

由此可见，无论是何种学说，法律对医师预见义务的要求都是相对的、客观的，而不是绝对的、无限制的。作为医师，拥有足够的医学知识，始终持有谨慎的注意，是履行预见义务的保证。作为患者，客观认识医疗风险，保持平常心态，是对医学的尊重，也是对科学的敬畏。

医师的预见义务从本质上讲是一个概率问题，按照后果发生机会的大小，可分为绝对不会发生、几乎不会发生、很少会发生、经常发生、必然发生等几种情形。对医师而言，结果发生的概率越高，对其预见义务的要求也越高，其应当提起的注意程度当然越大。流行病学统计数据是判定医师违反预见义务责任程度的重要依据。

三、回避义务及其履行要素

如果已经预见到不良结果可能发生，行为人当然有义务采取必要的措施，防止该结果的发生或者减轻该结果发生的严重程度。医疗纠纷往往是围绕结果而展开的，因此，回避义务时常被视为过错行为的核心话题，同时也很可能成为违反预见义务的后果和结局。

如前所述，医师在医疗领域的诊疗行为通常带有一定的风险，其始终应当保持谨慎的注意，在其专业知识与技能范围内预见到可能的不良后果。预见的目的在于防范，也就是预见只是基础和前提，回避才是动机和目的。如何回避不良结果的发生，通常而言，医师应当采取两种行为：① 舍弃危险行为。对于已经预见到某种诊疗措施极度容易产生危险结果，医师应当坚决舍弃这种措施。② 提高注意程度，减少危害发生的机会。当预见到某种诊疗措施容易产生危险结果，但同时又认为该诊疗措施具有更大的益处，则医师应当采取适当的措施，尽可能防范发生危险。其中重要的关键在于，风险与利益究竟何者为大，这也相当于法律上的"紧急避险"。

例如，对于血友病患者发生急性阑尾炎，外科医师应当预见到一旦实施手术，术中有极大的风险将发生难以控制的大出血，因此，急性阑尾炎症状并非严重的情况下，医师可以考虑舍弃手术操作的危险，尽可能避免贸然选择手术；但当确诊为具有并发穿孔乃至急性腹膜炎等致命危险并发症的急性阑尾炎时，外科医师则应当在咨询内科医师、邀请专科医师会诊协同处理的前提下，甚至在作好输注凝血因子的准备下，再实施手术，以降低大出血发生的风险或者降低其严重程度。

医师应当通过如下途径履行回避义务：① 遵循行业标准、技术规范的要求。行业标准、技术规范是前人经验的总结，通常情况下是不能逾越的规矩。② 遵循常理和习惯。相对于行业标准、技术规范而言，常理与习惯可能是不成文的、约定俗成的规则，甚至往往是更为基础的要求，同样不得违反。③ 遵守合同或者委托的约定。医师与患者之间达成的意思一致，体现了他们业已确立具体的权利义务关系，只要不违反法律的要求，其一致意思将受到充分尊重，同样不容违反，当然遵守合同或者委托约定的前提同样须遵循"利益不小于风险"的原则。

（夏文涛）

第二节 案例评析

一、下肢外伤后行截肢术

1. 案情与病史摘要

贾某，男性，35岁。1997年8月30日2:00在煤矿井下被砸伤右大腿，于早晨8:00被送往某骨科医院治疗。入院查：右大腿中段局部压痛明显，有明显骨擦音及骨的异常活动，右大腿中段外侧有一10×10 cm的皮肤撕脱伤，肌肉外露，渗血不止，右膝部内侧有一3×3 cm的伤口，出血不止，右足趾末稍血循环好。经纠正休克等处理后，于当日上午11:12在手术室行清创缝合及右股骨骨折复位髓内钉内固定手术。术后(伤后22 h左右)发现右足循环差，皮温低，考虑股动脉损伤，又急诊行右膝内侧股动脉探查术。术中见膝关节后内上方软组织挫伤严重，股薄肌、缝匠肌止点大部分挫断，股动脉在向腘动脉移行段挫断，静脉正常，膝后方显露至胫神经，明确其属中度挫伤。游离股动脉远近两断端，上血管夹，修剪股动脉至正常段，屈曲膝关节30°位，血管两断端无张力接触。遂于此位用7-0显微外科缝线吻合。松血管夹，通血良好。足部血循环略有改善，静脉充盈试验基本正常，远端有血渗出。沿小腿内侧作20 cm长筋膜切开减张切口。术后于手术台上观察，胫后动脉、足背动脉搏动可触及，较健侧稍弱。术后给予抗凝、抗感染治疗。

8月31日病程录：右足血循环基本正常，皮温仍较低。足背动脉搏动可触及，但搏动较弱，胫后动脉搏动未触及，右足肿胀明显。

9 月 2 日病程录：主任医师查看此患者，指出：患者从受伤到血管吻合恢复通畅超过 24 h，受伤缺血时间太长，故术后易发生再次栓塞而致肢体坏死。

9 月 5 日病程录：现术后 6 d，右下肢小腿及足部皮温凉，减张切口见肌肉广泛坏死，血管栓塞。右大腿伤口处感染，内后侧皮肤、肌肉挫伤严重。经会诊讨论，定于今下午行“右股骨髁上截肢术”。

1998 年 4 月 16 日病程录：患者经 7 个多月治疗，右股骨已形成慢性骨髓炎窦道，长期不愈，经多种方法治疗，仍未见好转。

4 月 24 日病程录：上午在硬膜外麻醉下行“右股骨上段截肢术”。

6 月 23 日出院。

2. 某市医疗事故技术鉴定委员会意见

诊断明确，手术正确和及时。

患者右股动脉损伤问题，医院记录不够明确，仅有“足部血循环活动好”，未提及足背动脉搏动可扪及，下肢感觉及皮温均未作记录。

3. 司法鉴定意见与分析讨论

(1) 关于原发性损伤

贾某被砸伤，致右大腿软组织严重挫裂伤、右股骨中段粉碎性骨折等。其伤后 5 h 门诊检查记录“右足趾末稍血循环活动好”。术前病程记录(伤后 6 h)其 P112 bpm，BP19/15 kPa，“足部血循环活动可”，但由于缺乏其皮肤颜色及温度等观察记录，故是否伴有股动脉原发性损伤尚难以认定。

(2) 关于治疗

贾某因右大腿严重挤压伤，当时经治医院作急诊清创术是完全必要的，但在清创后不宜立即缝合皮肤创口，以免术后由于渗出、肿胀而压迫血管、神经等，并影响患肢血液循环。同时在清创的过程中应该仔细探查，以便及时发现可能伴随的血管和神经损伤并采取积极有效的处理措施。

(3) 关于截肢术

贾某伤后 22 h 左右，经治医院经紧急会诊，确定其存在股动脉损伤，经手术探查(伤后 24 h)证实股动脉挫断，虽给予血管吻合及相关保养措施，但终因患肢缺血时间太长，术后血管栓塞而致肢体坏死，直接导致“右股骨髁上截肢”。而最终导致“右股骨上段截肢术”则是因为残端组织损伤严重、血运不良及创面污染和感染等综合因素共同作用的结果。

综上所述，经治医院在对贾某行清创术的过程中未能仔细探查股动脉，以便及时发现股动脉损伤并采取积极有效的救治措施，清创术后立即进行创口缝合显属不妥；其高位截肢系组织损伤严重、缺血时间过长、创面污染和感染等综合因素共同作用所致。

4. 评析

腘动脉损伤漏诊及误诊的案例较多，造成漏诊及误诊的原因有：① 经治医师未重视血管、神经等并发症的发生；② 存在其他严重复合伤时，经治医师可能更注重原发伤(如骨折)的救治，而容易忽略对血管、神经的仔细检查；③ 腘动脉损伤的体征与其他征状(如骨筋膜室综合征等)交叉难辨；④ 腘动脉损伤早期侧支循环存在(据文献报道，22.2%四肢主要动脉血管损伤患者的远端动脉搏动仍存在)；⑤ 对腘动脉的解剖不够熟悉，清创术中探查有困难；⑥ 术前、术后可能受条件的限制或未行血管多普勒探查或血管造影检查等。上述漏诊及误诊原因中，虽然客观因素与主观因素并存，但只要尽到主观努力，如遇到膝关节附近骨折时，应警惕腘动脉损伤的可能性；当高度怀疑腘动脉损伤时，应果断行腘动脉探查；术前、术后辅以血管多普勒或造影检查等就可在很大程度上有效地防止漏诊或误诊，也即只要严格按照诊疗常规行事，就可避免不必要的纠纷。

二、糖尿病手术治疗引发纠纷

1. 案情摘要

韩某，男性，30岁。2012年3月，韩某因为“反复多饮、多尿6年余，加重半年”入住某中医医院，诊断为糖尿病，医方予行胃迷走神经阻断术＋胃肠吻合术＋肠-肠吻合术，术后出现肠梗阻症状且反复发作难以缓解，于同年11月在某大学附属医院再次行手术治疗。韩某认为某中医医院在诊疗过程中存在过错，造成其身体及精神伤害，遂引发诉讼。

2. 病史摘要

(1) 2012年3月14日至4月1日某中医医院住院病历

入院情况：反复多饮、多尿6年余。6年来无明显诱因下出现多饮、多尿症状，偶感心慌、胸闷，于当地医院诊断为糖尿病，血糖最高达18.5 mmol/L，一直予诺和锐皮下注射治疗，血糖控制不稳定，近半年来症状仍反复，血糖控制不稳定，要求手术治疗。查体：T36.6℃，P66 bpm，R20 bpm，BP100/60 mmHg；神志清，营养中等；腹平坦，无腹壁静脉曲张，未见胃肠型及蠕动波，腹软，全腹无压痛、反跳痛及肌紧张，未及包块，肝、脾未触及，肠鸣音正常，未闻及气过水声及血管杂音。诊断：免疫性糖尿病。

入院后辅助检查：空腹血糖11.1 mmol/L；糖化血红蛋白8.4%。糖耐量试验：空腹血糖15.3 mmol/L；餐后半小时血糖16.3 mmol/L；餐后1 h血糖18.4 mmol/L；餐后2 h血糖22.5 mmol/L；餐后3 h血糖20.7 mmol/L。C肽释放试验：空腹C肽0.635 ng/mL；0.5 hC肽0.836 ng/mL；1 hC肽0.824 ng/mL；2 hC肽0.798 ng/mL；3 h，0.723 ng/mL。胰岛素：空腹胰岛素1.627 μIU/mL；餐后0.5 h胰岛素1.813 μIU/mL；餐后1 h胰岛素2.341 μIU/mL；餐后2 h胰岛素2.315 μIU/mL；C肽3 h胰岛素1.709 μIU/mL。微球蛋白2.131 mg/L。ICA(-)，IAA(-)；GAD-Ab(+)。

经完善相关检查，3月16日疑难及术前病例讨论记录诊断为：2型糖尿病。术前小结中术前诊断为：2型糖尿病。3月17日手术记录：在全麻下行“胃转流术(胃迷走神经阻断术＋胃肠吻合术＋肠肠吻合术)”。术前诊断：免疫性糖尿病。术后诊断：免疫性糖尿病。术中找到胃大弯无血管区向上游离胃大弯，游离出2支胃网膜左血管分支并结扎，沿胃后壁向胃小弯游离至贲门下5 cm处，上提胃管至食管内，直线闭合器以胃小弯贲门下预关闭线关闭胃腔，大弯侧在胃网膜血管第2支近端至胃小弯侧再次以直线闭合器将胃腔完全关闭，残胃容量约为150 mL，于闭合线以上2 cm处胃腔前壁大弯侧做1荷包，将荷包内胃壁打开直至胃腔，碘伏消毒开口，放置25 mm吻合器头，收紧荷包线，距十二指肠悬韧带远端小肠80 cm处肠管作长约3 cm纵切口切开肠管。吻合器从切开肠管向远端进入，约穿行5 cm穿出后与胃壁上吻合头行胃肠侧-侧吻合，放置吻合器头，收紧荷包，吻合器自用生理盐水纱布包裹肠管向近十二指肠进入，约穿行 5 cm 穿出后与肠上吻合头行肠-肠侧侧吻合，用闭合器将切开肠管横行闭合，分别给予各吻合及残端口以 1 号丝线加强缝合，查吻合口通过良好，无张力，胃管无新鲜血液引出，查腹腔无活动性出血，在各吻合口表面注射瑞舒康防止粘连，于胃肠吻合处放置腹腔引流管 1 根，自右侧腹壁引出后固定。

术后予降糖、降压、抗炎补液对症治疗，手术切口愈合良好。

出院诊断：免疫性糖尿病。

(2) 2012 年 10 月 22 日至 11 月 5 日某中医医院住院病历

入院情况：腹部疼痛伴呕吐、肛门停止排气排便 8 h。早晨进食后出现腹部疼痛，开始为左下腹阵发性疼痛，呕吐数次，为胃内容物，疼痛稍缓解，肛门停止排气、排便，即在当地医院行立位腹部平片示肠梗阻，予留置胃管持续胃肠减压。查体：T 37℃，P 80 bpm，R 20 bpm，BP 120/70 mmHg；痛苦面容，全身皮肤黏膜无黄染、出血点；腹平坦，腹壁静脉无曲张，未见胃肠型及蠕动波，腹肌软，脐周轻压痛，左侧腹部轻反跳痛，麦氏点无压痛，莫氏征阴性，未及明显腹部包块，肝脾肋下未及，腹部叩诊呈鼓音，移动性浊音阴性，肠鸣音低弱，可闻及气过水音；肛门未见异常。外院摄立位腹部平片示：肠梗阻。入院诊断：肠梗阻。修正诊断：肠梗阻，糖尿病 GBP 术后。

入院后辅助检查：10 月 22 日，血糖 15.9 mmol/L。超声检查：肝、胆、脾、双肾、膀胱、前列腺未见明显占位病变；双侧输尿管上、下段未见扩张。10 月 23 日，KUB 立位片：肠梗阻。10 月 25 日，血糖 6.8 mmol/L。10 月 26 日，血糖 10.5 mmol/L。腹部 CT：胆囊结石；盆腔少量积液；腹部未见明显肿块，肠管无明显扩张、梗阻影像。10 月 27 日，立位腹部平片：腹部未见胃肠穿孔及肠梗阻相应征象。11 月 1 日，腹部平片：腹部未见胃肠穿孔及肠梗阻相应征象。11 月 4 日，KUB 片：肠梗阻。

诊疗经过：患者入院后即予胃肠减压，予禁食、营养支持、监测血糖等对症治疗，完善相关检查后拟于 11 月 4 日行腹腔镜下腹部探查术，患者诉腹部无明显不适，暂拒手术治疗。诉 4 日晚感腹部胀痛，呕吐 1 次，为清水样物，要求转院治疗。

出院情况：生命体征平稳，精神一般，留置胃管接负压吸引器，腹部平软，无胃肠型，脐部右侧可触及 1 质中包块，无压痛，肠鸣音 3～4 bpm，可闻及气过水音。出院诊断：肠梗阻，糖尿病 GBP 术后。

(3) 2012 年 11 月 5 日至 11 月 12 日某市人民医院出院记录

入院情况：因腹痛、腹胀并停止肛门排气排便 10 余天入院。查体：T37.0℃，P 76 bpm，R 20 bpm，BP 88/56 mmHg；急性痛苦面容，神清合作，心肺未见明显异常，腹膨隆，未见胃肠型及蠕动波，未见腹壁静脉曲张，腹肌紧，全腹有压痛，无反跳痛，肝脾肋下触及不满意，墨菲氏征阴性，麦氏点无压痛，肝区及双肾区无叩击痛，移动性浊音阴性，未闻及胃区振水音，肠鸣音弱，0～1 bpm，叩诊呈鼓音。入院诊断：不全性肠梗阻，免疫性糖尿病，胃转流术后。

诊疗经过：入院后完善相关检查，行消化道造影示：胃呈中间型，无空腹潴留液，胃大弯可见固定切迹征象，肠壁未见明显增粗、紊乱、中断现象，蠕动、舒缩功能未见异常。CT 示：回盲部肠壁不规则增厚。给予抗炎、补液、灌肠等保守治疗，患者通气、通便。请内分泌科会诊后建议行相关检查，患者及家属暂不考虑。

出院诊断：不全性肠梗阻，免疫性糖尿病，胃转流术后。出院医嘱：建议转上一级医院继续治疗。

(4) 2013 年 11 月 12 日至 12 月 5 日某大学附属医院住院病历

入院情况：腹痛、腹胀、停止肛门排气、排便半月。半月前无明显诱因出现腹痛腹胀，无恶心呕吐，停止肛门排气排便。某市人民医院行全腹 CT 示回盲部管壁不规则增厚，急诊拟“肠梗阻”。查体：T 36℃，P 59 bpm，R 17 bpm，BP 85/60 mmHg；精神状态正常，神志清楚，检查合作，腹部视诊外形膨隆，腹式呼吸存在，未见胃肠蠕动波，未见腹壁静脉曲张。触诊腹壁无压痛，无反跳痛，无液波震颤，无包块；肝脏、胆囊未触及，胆囊点无压痛，莫菲氏征阴性，腹部叩诊鼓音，肝曲无叩击痛，移动性浊音阴性；肠鸣音减弱，无振水音，无血管杂音。入院诊断：肠梗阻，1 型糖尿病。修正诊断：腹内疝，肠梗阻，1 型糖尿病。

诊疗经过：入院后完善相关检查。消化道造影示：胃蠕动弱、浅、少；小肠不全性梗阻。于 11 月 27 日在全麻下行剖腹探查＋开腹内疝复位＋小肠吻合口切除＋小肠吻合术。术中探查距屈氏韧带约 90 cm 处与距回盲部 70 cm 处有一侧侧吻合口，吻合口处肠管扭转并内疝形成，较多量小肠疝入其中，其他未见明显异常。取脐部正中切口，长约 11 cm，逐层进腹，切口保护，逐次将内疝复位，再切开小肠之吻合口，两端均行楔形吻合，吻合满意，逐步缝合并依次关腹。术后恢复情况可。

出院诊断：腹内疝，肠梗阻，1 型糖尿病。

(5) 某大学附属医院门诊病历(包括处方)及辅助检查结果摘录

2014 年 7 月 12 日，糖化血红蛋白 9.00%(↑)；血红蛋白 F1.10%。肝、肾功能与血脂生化检验：葡萄糖 8.85 mmol/L(↑)，糖化血清蛋白 3.53 mmol/L(↑)，余在正常范围。尿常规：基本在正常范围。

10 月 18 日，糖化血红蛋白 9.10%(↑)；血红蛋白 F1.00%。肝、肾功能与血脂生化检验：糖化血清蛋白 3.12 mmol/L(↑)，余在正常范围。尿常规：基本在正常范围。

12 月 12 日处方：门冬胰岛素注射液(诺和锐笔芯)，甘精胰岛素注射液(来得时)。

12 月 13 日，餐后 2 小时血糖：18.64 mmol/L。血清电解质：正常范围。糖化血红蛋白 8.80%(↑)；血红蛋白 F1.00%。肝、肾功能生化检验：葡萄糖 7.75 mmol/L(↑)，糖化血清蛋白 3.30 mmol/L(↑)，余在正常范围。尿常规：正常范围。

3. 鉴定检验所见

(1) 体格检查

神志清，步入检查室，步态正常，检查合作，对答切题。体重 75.5 kg，身高 173 cm。营养状况佳，未见贫血貌。锁骨上浅表淋巴结未及肿大。腹部见纵行剖腹手术瘢痕及点状腹腔镜手术瘢痕与引流口瘢痕。全腹软，未及压痛、肌紧张及反跳痛，肝、脾触诊未及肿大，肝区叩击痛阴性。双下肢未及肿胀。

(2) 阅片所见

2012 年 10 月 22 日、10 月 23 日腹部立位 X 线片示：双侧膈下未见游离气体影，中腹部节段性空肠扩张，见数个阶梯状液平面，结肠内见散在积气影。上述所见符合小肠机械性不完全性梗阻影像学征象。

10月26日腹部及盆腔CT片、10月27日腹部X线片示：胃肠减压管留置中，小肠机械性不完全性梗阻有缓解。

10月29日腹部立位X线片示：小肠机械性不完全性梗阻。

11月1日腹部立位X线片示：小肠机械性不完全性梗阻较前片有所缓解。

11月4日腹部立位X线片示：小肠机械性不完全性梗阻。

11月5日胸部X线片示：两肺未见明显异常改变。

11月5日上消化道造影X线片示：食管、胃及十二指肠均未见明显异常，左中腹部空肠内显示对比剂抵达。

11月5日腹部、盆腔CT片示：左中腹部节段性肠曲扩张，显示数个液平面，远段小肠及升结肠内可显示对比剂抵达。

11月12日、11月17日腹部立位X线片示：小肠机械性不完全性梗阻。

11月20日上消化道造影X线片示：左中腹部节段性小肠扩张，上消化道碘水造影，显示对比剂抵达升结肠内。

2013年10月15日腹部X线片示：结肠内充气及粪块影。

4. 鉴定意见

某中医医院在对韩某的诊疗过程中存在过错，该过错与韩某的不良后果之间存在因果关系（医疗过错属损害后果的主要因素）。

5. 分析说明

韩某因“反复多饮、多尿6年余，加重半年”入住某中医医院，入院诊断为“免疫性糖尿病”，于2012年3月17日行“胃迷走神经阻断术＋胃-肠吻合术＋肠-肠吻合术”。同年10月22日，韩某因“腹部疼痛伴呕吐、肛门停止排气排便8 h”再次入住某中医医院，入院诊断为“肠梗阻，糖尿病GBP术后”，予行对症治疗，因其拒绝手术，且症状无缓解，于11月5日转入某市人民医院，拟诊“不完全肠梗阻，免疫性糖尿病，胃转流术后”，予行非手术治疗后恢复通气、通便。同年11月12日又转入某大学附属医院，入院诊断为“肠梗阻，1型糖尿病”，于11月27日行“剖腹探查＋开腹内疝复位＋小肠吻合口切除＋小肠吻合术”，术后恢复可，出院诊断：“腹内疝，肠梗阻，1型糖尿病”。

糖尿病有1型和2型之分。1型糖尿病也称胰岛素依赖性糖尿病。其发病机制为感染（尤其病毒感染）、毒物等因素诱发机体产生异常自身体液和细胞免疫应答，导致胰岛β细胞损伤，胰岛素分泌减少，多数患者体内可检出抗胰岛β细胞抗体。大多数在40岁以下发病，20岁以下发病者多为1型糖尿病。本病有明显的临床症状，如多饮、多尿、多食等（即“三多”）。1型糖尿病患者在起病前体重多属正常或偏低。胰岛细胞抗体（ICA），胰岛素自身抗体（IAA）和谷氨酸脱羧酶（GAD）抗体是1型糖尿病体液免疫异常的3项重要指标，其中以GAD抗体阳性率高，持续时间长，对1型糖尿病的诊断价值大。因1型糖尿病与异常免疫反应密切相关，故又被称为免疫型糖尿病。2型糖尿病也称非胰岛素依赖性糖尿病。多因致病因子的存在致正常血液结构平衡被破坏，血中胰岛素效力相对减弱，经体内反馈作用，首先累及胰岛，使其长期超负荷工作失去代偿能力。该病常无典型的“三多”症状，不少2型糖尿病患者因临床症状不明显，常难以确定起病时间。患者多体重超标。糖尿病的分型对临床治疗有重要意义。现有临床诊疗常规中，对糖尿病的治疗主张以药物(非手术)治疗为主。近年来在西方国家,已将胃转流手术(GBP)列入常规疗法,中国临床医学权威机构也逐渐将胃转流手术作为重点推广项目,但多数专家认为糖尿病患者行手术治疗宜审慎选择。

胃转流手术最早用于减肥治疗,经多年临床实践发现该术式对糖尿病的治疗有一定疗效。一般认为,肥胖并患有2型糖尿病是胃转流手术的适应证,不肥胖的2型糖尿病患者也可考虑该治疗。术前检查显示血清胰岛素和C肽值升高或正常者,可考虑行胃转流术。如上述指标降低,常提示胰岛功能不全或衰竭,应考虑诊断为1型糖尿病或为2型糖尿病晚期转变为1型糖尿病,不宜实施该手术。

根据韩某首次入住某中医医院外科时的辅助检查结果,其诊断基本可以明确,应属1型糖尿病(即免疫性糖尿病)。医方在住院病历中对诊断前后有不一致之处,违反了病历书写的有关规定,存在过错。

依据上述临床诊疗原则,在明确韩某属免疫性糖尿病的前提下,其不具有实施胃转流手术治疗的适应证,某中医医院选择该治疗方案,存在过错。

此外,审阅某中医医院对韩某实施手术的相关记录,我们认为:对于肥胖和糖尿病的手术治疗,目前多数临床专科医师推荐选择腹腔镜手术,而非剖腹手术;术中无需切断胃迷走神经;残胃容量一般要求小于50 mL。本案医方选择剖腹手术,手术名称中包含胃迷走神经阻断术,残胃容量达150 mL,均与临床多数专科医师意见不一致。

本次送鉴材料中未见韩某胃转流术后的复诊随访病历,因肠梗阻发生再次入住某中医医院时处于急性期治疗阶段,且送鉴病历中也未见糖尿病辅助检查结果报告,故术后疗效无从评价。仅依据近期并不全面的复查结果,其主要疾病指标与胃转流前大致接近,血糖水平控制尚在较可接受的范围。

据相关文献,胃转流手术的常见并发症包括内疝。术中关闭系膜裂孔可防范内疝的形成,但由于腹部手术操作使腹腔内环境在一定程度上有所改变,仍有发生内疝形成乃至引发肠梗阻的可能。据本案送鉴的某大学附属医院手术记录,未见发现系膜裂孔的记载,目前难以确定其形成内疝的病因,难以排除其发生为腹部手术难以避免的并发症。经治疗,其临床症状已得到有效治疗,本次鉴定时未检见异常体征。

综上所述,某中医医院在对韩某的诊疗过程中存在过错行为,该过错与韩某接受不必要的手术并发生术后不良并发症等损害后果之间存在因果关系,评估医疗过错应属不良后果的主要因素(参与程度为70%～90%)。

6. 评析

在本案例中,据患者提供的医方发布的宣传彩页中明文宣示,2型糖尿病可以选择行手术治疗。但实际诊疗过程中,患者韩某入院时被诊断为“免疫性糖尿病”(即1型糖尿病),而术前病例讨论记录及术前小结、术前家属谈话中均记录诊断为“2型糖尿病”,至手术记录中又将诊断变更为“免疫性糖尿病”。从以上记录来看,医方对患者的病情诊断应当是基本清楚的,且“免疫性糖尿病”诊断符合患者的实际病情。术前小结等病历中的诊断变更可能原因为医方的疏忽甚或其他因素,鉴定时已经难以确切了解。至于鉴定时医方提出1型糖尿病也可以行手术治疗的学术观点,并出具文献作为支持依据的说法,鉴定人依据现有技术规范,对此并未予以认可。鉴定人最终判定,医方在明知患者所患疾病并非适合手术治疗的前提下，实施手术治疗，虽然术后当时的治疗效果因资料欠缺未能获悉，但根据最终检验结果，其病情较术前并无好转，故手术应属无效，存在过度治疗之嫌。而这一情况从术前病历及诊断情况分析，医方应已了解并应可预见，但其未能避免，故认定其存在过错。

三、新生儿脑瘫死亡引发纠纷

1. 案情摘要

2009 年 11 月 17 日，李某到某大学医学院附属医院进行产前检查时发现胎心监护异常，遂办理了住院手续，19 日上午遵医嘱办理出院手续，当日 24:00 李某再次入住该院产科待产，20 日 11:00 左右经剖宫产娩出一活婴王某，王某出生后被诊断为新生儿缺氧缺血性脑病、脑瘫等，于 2011 年 3 月 14 日死亡。因患儿王某的家属认为医方在其出生过程中存在诊疗过错，遂引发诉讼，并因此提起鉴定。

2. 病史摘要

(1) 某大学医学院附属医院住院病历

入院日期：2009 年 11 月 17 日 18:00

末次月经 2009 年 2 月 17 日，预产期 2009 年 11 月 24 日，基础血压 110/70 mmHg。

主诉：停经 39 周，胎心监护异常 1 d。

现病史：今日行胎心监护示：Ⅱ型，有反应，监护过程中有胎心下降至 70～80 bpm，但无腹痛及阴道流血，入院治疗。

体格检查：T 36.8℃，P 80 bpm，BP 100/80 mmHg。产科检查：宫底高度 25 cm，弧径 34 cm；宫宽 20 cm，弧径 35 cm，腹围 99 cm，胎儿体重估计 3 100 g。先露头，LOA，未衔接，胎心 142 bpm，未及宫缩，S－4，胎膜未破，宫颈硬度中，宫颈容受 30%，未开，宫颈后位，宫颈成熟度评分 1 分。检查时间 17:30，经肛。骨盆测量：髂前上棘间径 24 cm，髂嵴间径 27 cm，骶耻外径 19 cm，出口横径 9 cm，耻骨弓角度 90°，坐骨切迹 3 指，坐骨棘间径 10 cm，坐骨棘形态平伏，骶骨凹面浅弧，骶尾关节活动，骨盆侧壁平直。

入院诊断：G_1P_0，孕 39 周，LOA，未临产；骨盆正常；胎儿窘迫？

住院待产检查记录见表 12－1。

表 12－1 待产期胎心、胎动观察记录

日期	时间	胎心(bpm)	胎动
11.17	17:00	142	
11.17	18:15	148	
11.17	22:00	150	孕妇未数胎动，自述胎动好
11.18	6:30	145	
11.18	18:00	孕妇不在	
11.18	21:30	148	
11.19	7:00	156	胎动好

胎儿监护报告显示：2009 年 11 月 17 日，观察 20 min，胎动 3 次，胎心率 143～

155 bpm,胎动后胎心增快 15 bpm,增快持续时间 15 秒,NSTⅡ型,有反应,监护过程中有胎心率下降至 70～80 bpm,持续近 3 min。11 月 18 日,观察 20 min,胎动 6 次,胎心率 148～160 bpm,胎动后胎心增快 15 bpm,增快持续时间 15 秒,NSTⅡ型,有反应。

11 月 18 日妇产科二维超声/彩色多普勒报告：单胎,胎方位 LOP,双顶径 9.46 cm,头围 33.3 cm,股骨长 6.69 cm,符合孕 $38^{5/7}$ 周,腹围 32.1 cm。胎盘位于子宫前壁,成熟度Ⅱ级,羊水指数 8.0 cm。胎心率 168 bpm,脐带绕颈 1 周。

入院后完善检查,监测胎心胎动,予长二联改善胎盘循环治疗。连续两次复查胎心监护示Ⅱ型,有反应。无腹痛,无阴道流血、流液,自觉胎动好。

出院诊断：孕 $39^{2/7}$ 周,G_1P_0,脐带绕颈。

(2) 某大学医学院附属医院住院病历

入院日期：2009 年 11 月 20 日 0:20

末次月经 2009 年 2 月 17 日,预产期 2009 年 11 月 24 日,基础血压 110/70 mmHg。

主诉：停经 $39^{3/7}$ 周,阴道流水 1 h。

现病史：产妇于 3 d 前胎心监护异常入院,给予长二联治疗后好转,于 2009 年 11 月 19 日要求出院。1 h 前出现阴道流水,无腹痛、腹胀,遂收入院。

既往史：13 年前因脑胶质瘤行开颅术。

孕产史：0-0-0-0。

体格检查：T 36.8℃,P 80 bpm,BP 110/70 mmHg。

产科检查：宫底高度 25 cm,弧径 34 cm;宫宽 20 cm,弧径 35 cm,腹围 99 cm,胎儿体重估计 3 100 g。先露头,LOA,未衔接,胎心率 162 bpm,无宫缩,S-3,胎膜已破,宫颈硬度中,宫颈容受 30%,扩张容指尖,宫颈后位,宫颈成熟度评分 2 分。检查时间 0:40,经肛。

骨盆测量：髂前上棘间径 24 cm,髂嵴间径 27 cm,骶耻外径 19 cm,出口横径 9 cm,耻骨弓角度 90°,坐骨切迹 3 指,坐骨棘间径 10 cm,坐骨棘形态平伏,骶骨凹面浅弧,骶尾关节活动,骨盆侧壁平直。

入院诊断：G_1P_0,孕 $39^{3/7}$ 周,LOA,未临产;骨盆正常;胎膜早破。

住院待产检查记录见表 12-2。

表 12-2 待产期胎心、胎动观察记录

时间	胎膜	胎位	胎心(bpm)	胎 动	附 注
0:40	已破	LOA	162		阴道少量流液,色清,无异味,量约 10 mL
1:00			146	胎动好	
2:50			158	宫缩不规律	羊水色清
4:00			142	胎动好	
6:00			156		
8:00			132	胎动好,偶有宫缩	羊水清

于 11 月 20 日行子宫下段横切口剖宫产术＋子宫肌瘤挖除术。术前诊断：孕 $39^{3/7}$ 周,G_1P_0,胎膜早破,脑瘤术后。术后诊断：孕 $39^{3/7}$ 周,G1P1,胎膜早破,胎儿窘迫(羊水

Ⅲ°污染)，子宫肌瘤，脑瘤术后。手术经过：下段横切口术式：于子宫下段做一小横切口达宫腔，刺破羊膜，吸取羊水(后羊水，量 300 mL，Ⅲ°污染，黏稠)。钝性弧形延长切口达 10 cm。新生儿娩出时间：11 月 20 日 10:28，性别男，Apgar 评分：1 分钟 9 分，5 分钟 9 分，10 分钟 9 分，体重 2 970 g。胎盘娩出时间 11 月 20 日 10:30，大小 20×18×2 cm，重量 550 g，脐带长度 50 cm，绕颈(身、肢体)0 周，血管有扭曲，脐带过细并过度扭曲。手术备注：缝合子宫后常规探查见子宫前、后壁共 3 个肌瘤，大者直径约 2 cm，予以挖除送病理。

产科分娩记录显示，2009 年 11 月 20 日 10:28 胎儿娩出，剖宫产，胎方位 LOA。脐带无绕颈、绕体，脐带过度扭曲、无打结。11 月 20 日 00:00 自然破膜，羊水量 300 mL(后羊水)，Ⅲ°污染(后羊水)。胎盘娩出时间：11 月 20 日 10:30，胎盘完整，长 20 cm，宽 18 cm，厚 2 cm，重量 550 g，脐带 50 cm。新生儿性别男，体重 2 970 g，身长 50 cm。胎儿出生后 Apgar 评分如表 12 - 3。

表 12 - 3　新生儿出生后 Apgar 评分

	呼　吸	心　跳	皮肤颜色	反　射	肌张力	总　分
1 min	2 分	2 分	2 分	1 分	2 分	9 分
5 min	2 分	2 分	2 分	1 分	2 分	9 分
10 min	2 分	2 分	2 分	1 分	2 分	9 分

产后诊断：孕 $39^{3/7}$ 周，G_1P_1，胎膜早破，胎儿窘迫(羊水Ⅲ°污染)，子宫肌瘤，脑瘤术后。

新生儿出生记录：早期破膜时间：2009 年 11 月 19 日 23:20。婴儿情况：自然呼吸，吸分泌物，氧气吸入。

11 月 20 日 10:30 儿科急会诊：新生儿系“孕 $39^{3/7}$ 周，胎膜早破”于 2009 年 11 月 20 日 10:28 行剖宫产娩出，羊水Ⅲ°污染，无脐带绕颈，生后 1 分钟 Apgar 评分 9 分，刺激反应减 1 分，新生儿生后不哭、呻吟。查体：双肺可闻及湿啰音，心脏可闻及Ⅰ级杂音。会诊意见：病史敬悉。接产科通知速至手术室，患儿已完成复苏，吸氧下皮肤红润，肌张力可，反应较差，刺激不哭。查体：足月儿貌，神志清，反应较差，皮肤红润，前囟平软，无头皮血肿，心、肺听诊(-)，腹平软，无压痛，脐无渗血，四肢肌力、肌张力正常。印象：反应低下原因待查。处理：建议转新生儿科治疗。

(3) 2009 年 11 月 20 日 10:45 至 2011 年 3 月 14 日某大学医学院附属医院住院病历

入院主诉：生后反应差，呻吟 15 min。现病史：患儿系 G1P1，胎龄 $39^{3/7}$ 周，胎膜早破 12 h，于 2009 年 11 月 20 日 10:28 剖宫产娩出，羊水Ⅲ°污染，脐带扭曲，胎盘娩出完整。出生 Apgar 评分 9 分，反应减 1 分。因出生后反应差、不哭，经刺激、吸痰等处理后仍不哭，并出现呻吟。为求进一步诊疗收入 NICU。体格检查：体温不升，P 142 bpm，R 48 bpm，WT 2 970 g。患儿男性，足月新生儿貌，精神反应差，刺激不哭，面色、四肢苍白。头颅无畸形，前囟约 2×1.5 cm 大小，张力不高，双瞳孔等大，口周无发绀。颈软，胸廓对称，三凹征(-)，双肺呼吸音粗，可闻及干湿啰音，HR 145 bpm，律齐，心音尚有力，未及明显杂音。腹软，肝脾未及明显肿大，脐部包扎，未见渗出。脊柱四肢无明显畸形，四肢肌张力高，上肢略抖动，拥抱反射亢进。辅助检查：2009 年 11 月 20 日，血气分析：pH 7.29，PCO_2 47 mmHg，PO_2 45 mmHg，碱剩余−4.2 mmol/L。初步诊断：胎粪吸入综合征；反应差原因待查，败血症可疑。

NICU 护理记录：2009 年 11 月 20 日 10:45，体温不升，HR 142 bpm，R 48 bpm，四肢肌张力高，上肢偶有抖动。11 月 20 日 21:00，T 38.2℃，HR 180 bpm，R 50 bpm，神志清，反应差，过度觉醒，双上肢肌张力偏高。11 月 21 日 0:30，患儿肌张力偏高，间断性双上肢抖动。11 月 21 日 3:00，T 36.9℃，HR 168 bpm，R 87 bpm，双手震颤明显，觉醒状态。11 月 21 日 8:40，患儿出现双上肢划船样抖动，双下肢肌张力增高。11 月 21 日 13:16，患儿出现右侧上肢划船样抖动，四肢肌张力增高。

病程记录：2009 年 11 月 20 日 15:00，患儿精神反应仍差，不哭，易激惹，不睡，四肢抖动。考虑胎粪吸入、宫内窘迫，不排除颅内出血可能。11 月 21 日 6:00，患儿体温最高 38.2℃，呼吸稍促。查体：神志清，反应差，四肢肌张力高，双上肢持续抖动。

11 月 21 日 9:00，主任医师查房记录：双上肢呈划船样抖动，双下肢肌张力明显升高，呼吸略促。查体：过度觉醒……四肢肌张力高，原始反射不能引出。主任医师查房分析：患儿出生前有一过性胎心减慢，达 70 bpm，羊水Ⅲ°污染，存在宫内窘迫病史。出生后反应差，原始反射不能引出，伴惊厥发作。考虑存在中～重度新生儿缺氧缺血性脑病。患儿入院后出现呻吟样呼吸，肺内可闻及明显湿啰音，伴有发热症状，最高体温达38.2℃，胸片显示双肺内透亮度减低。考虑存在胎粪吸入性肺炎。建议行肺部与颅脑 CT 扫描。

11 月 21 日 10:50，患儿目前病情危重，入院后有发热，最高体温达 38.2℃，肺 CT 显示肺内炎症，血 CRP 21.18 mg/L，考虑存在宫内感染。患儿反应低下，原始反射不能引出，有惊厥发作，存在新生儿缺氧缺血性脑病(中重度)。患儿病情危重，不排除生命危险，有遗留神经系统后遗症的可能。

11 月 22 日 9:00，患儿 8:30 又出现明显双上肢划船样抖动，双下肢稍屈，四肢肌张力高。

11 月 23 日 9 主任医师查房记录：患儿仍有间断惊厥发作，表现为双上肢划船样动作，双下肢肌张力明显升高。主任医师查房分析：患儿入院后由过度觉醒至嗜睡、昏迷、间断有惊厥发作，病程已近 72 h，结合患儿出生史、个人史，考虑存在重度新生儿缺氧缺血性脑病，遗留后遗症的可能性大……患儿有发热，CRP 明显升高，血培养 G^- 菌生长，宫内感染仍不能排除。

11 月 24 日 14:00，今日组织全科病例讨论，总结如下：① 新生儿败血症：胎膜早破史≥12 h，生后反应低下，多脏器损害，CRP 升高，血培养阳性，诊断明确，考虑宫内感染；② 化脓性脑膜炎；③ 胎粪吸入性肺炎；④ 缺氧缺血性脑病(重度)：有宫内窘迫史，生后过度觉醒，肌张力高，反复惊厥，头颅 CT 提示明显脑水肿，目前生后 4 d，仍处于昏迷状态，预后不良；⑤ 多脏器功能损害：肝功能、心肌、肾功能受累，考虑与感染及缺氧有关；⑥ DIC。综合上述分析，患儿病情危重，后遗症可能性大，包括智力、运动及视听损害等。

11 月 25 日 10:00 主任医师查房记录：深昏迷状态……四肢肌张力低，原始反射不能引出。

12 月 5 日 9:00 主任医师查房记录：反应差，弹足 2 次有睁眼及四肢动作，无哭声，双上肢肌张力低，下肢肌张力仍高。

2010年1月16日17:00阶段小结：2009年12月6日患儿出现高温39℃之后体温反复波动，高热频繁，先后予以多种抗生素抗感染及查血培养助诊，12月19日患儿病情加重……1月10日患儿体温仍有明显波动。目前诊断：新生儿缺氧缺血性脑病（重度），胎粪吸入综合征，新生儿败血症，化脓性脑膜炎不除外，硬膜下积液及室管膜炎不除外，宫内感染，多器官功能损害，凝血机制障碍：DIC不除外，中枢性发热，遗传代谢病不除外。

2月21日14:00阶段小结：现患儿仍发热，体温38.0～40.0℃，抽搐次数较前减少。查体：反应欠佳，四肢肌张力高，面色红润，呼吸平稳。目前诊断：新生儿缺氧缺血性脑病（重度），胎粪吸入综合征，新生儿败血症，化脓性脑膜炎不除外，硬膜下积液，脑积水，多器官功能损害，凝血机制障碍：DIC不除外，宫内感染，中枢性发热，继发性癫痫，遗传代谢病不除外。

3月21日12:00阶段小结：患儿体温仍有波动，36.0～40.0℃，有阵发性双上肢划船样动作及抖动。查体：精神反应差，四肢肌张力偏高。诊断同前。

5月26日14:00阶段小结：患儿体温仍有波动，36.5～39.5℃，仍有阵发性双上肢划船样动作。查体：精神反应差……四肢肌张力高。

2011年3月14日15:40抢救记录：患儿于14:30病情加重，口唇、面色发绀，皮肤发花，四肢凉，呼吸急促，HR 200 bpm，急给予生理盐水扩容（BP 75/45 mmHg），5%碳酸氢钠纠酸，于14:45心率降至90 bpm，呈室性心律，急给予气管插管、气囊辅助通气，胸外按压，予强心、纠正心律失常。患儿无改善、无自主呼吸，四肢松软，刺激无反应，考虑重度感染，循环、呼吸衰竭，向家属告知。家属要求放弃治疗及抢救。于15:30患儿呼吸、心跳停止，临床死亡。

死亡记录：入院后给予吸氧、吸痰、抗感染、对症支持治疗，病情无改善，于生后第2天出现频繁惊厥、呈昏迷，生化示肝肾、心肌损害，血培养阳性，给予正规抗感染。患儿持续惊厥昏迷10 d，入院2周觉醒，脑核磁示生后脑缺氧损伤，基底节软化灶形成。考虑诊断：新生儿败血症，胎粪吸入性肺炎，多脏器损害，缺氧缺血性脑病，化脑可能。患儿出现中枢性高热、继发性癫痫，给予对症、抗癫痫治疗。生后1年余发育落后，不会坐、站、走，语言、智力、运动发育落后。于2011年3月14日出现呕吐、高热、腹泻，给予抗感染、吸氧，无缓解，迅速恶化，循环不良，给予呼吸机辅助通气，心率降至40 bpm，室性心律，经抢救无效，于15:30放弃治疗，死亡。死亡原因：重度感染并循环、呼吸衰竭，重度脑损伤，多脏器功能损害，脑瘫，新生儿败血症，胎粪吸入性肺炎。死亡诊断：重度脑损伤，多脏器功能损害，脑性瘫痪，重度感染并循环、呼吸衰竭，新生儿败血症，胎粪吸入性肺炎，化脓性脑膜炎可能性大。

3. 鉴定人阅片所见

2009年11月21日头颅及胸部CT片示：双侧大脑半球脑实质呈弥漫性低密度改变，部分脑沟内及前纵裂内显示线条样高密度影，左侧前额部软组织较对侧略肿胀，提示弥漫性脑肿胀、蛛网膜下腔出血，符合新生儿缺氧缺血性脑病CT征象。两肺野内弥漫分布斑片状致密影，部分斑片影融合，属于重度吸入性肺炎CT表现。

12月14日头颅MRI片及胸部X线片示：双侧基底节区外侧部可见对称性长T1长

T2 异常信号影,FLAIR 像上呈低信号改变。双侧丘脑、基底节区及双侧中央沟周围脑皮质可见对称斑片状、条状短 T1 信号影,T2WI 信号改变不明显。双侧大脑半球脑白质广泛长 T1 长 T2 信号影。幕上脑室扩张,中线结构居中。小脑脑干未见明显异常信号影。符合重度新生儿缺氧缺血性脑病之 MRI 表现。两肺重度吸入性肺炎较前有吸收。

2010 年 1 月 22 日头颅 MRI 片及胸部 CT 片示:双侧基底节区外侧部可见对称性长 T1 长 T2 异常信号影,FLAIR 像上呈低信号改变,较 2009 年 12 月 14 日片略小。双侧丘脑、基底节区及双侧中央沟周围脑皮质可见对称斑片状、条状短 T1 信号影,较 2009 年 12 月 14 日片略减低。幕上脑室轻度扩张,小脑脑干未见明显异常信号影。右侧额顶部颅板下见新月形长 T1 长 T2 信号影,FLAIR 像上呈略低信号,中线结构向左移。符合重度新生儿缺氧缺血性脑病恢复期之 MRI 表现,右侧额顶部硬脑膜下积液。两肺重度吸入性肺炎完全吸收。

4. 鉴定意见

某大学医学院附属医院对李某及王某的诊疗行为存在过错,该过错与王某的损害后果(新生儿缺氧缺血性脑病、脑瘫以及最终死亡)之间存在一定的因果关系(医疗过错属同等因素)。

5. 分析论证

(1) 关于新生儿缺氧缺血性脑病

根据中华医学会儿科学分会新生儿学组 2004 年修订的《新生儿缺氧缺血性脑病诊断标准》,新生儿缺氧缺血性脑病(HIE)是指围产期窒息导致脑的缺氧缺血性损害,临床出现一系列中枢神经异常的表现。临床表现是诊断 HIE 的主要依据,同时具备以下 4 条者可确诊,第 4 条暂时不能确定者可作为拟诊病例:① 有明确的可导致胎儿宫内窘迫的异常产科病史,以及严重的胎儿宫内窘迫表现(胎心<100 bpm,持续 5 min 以上;和/或羊水Ⅲ°污染),或者在分娩过程中有明显窒息史。② 出生时有重度窒息,指 Apgar 评分 1 分钟≤3 分,并延续至 5 分钟时仍≤5 分;或者出生时脐动脉血气 pH≤7.0。③ 出生后不久出现神经系统症状并持续至 24 h 以上,如意识改变(过度兴奋、嗜睡、昏迷),肌张力改变(增高或减弱),原始反射异常(吸吮、拥抱反射减弱或消失),病重时可有惊厥、脑干症状(呼吸节律改变、瞳孔改变、对光反应迟钝或消失)和前囟张力增高。④ 排除电解质紊乱、颅内出血和产伤等原因引起的抽搐,以及宫内感染、遗传代谢性疾病和其他先天性疾病所引起的脑损伤。

根据本例李某的病史、分娩史,以及王某出生后的病史、临床表现及影像学资料所示,王某系 $39^{3/7}$ 周足月儿,出生体重 2 970 g,胎膜早破 10 h 余,在某大学医学院附属医院经剖宫产娩出。王某出生时羊水Ⅲ°污染,出生前约 50 h 许其母李某曾经有过胎心减慢至70~80 bpm,故分析认为王某存在宫内窘迫病史。王某出生后不久即出现神经系统症状和体征并持续至 24 h 以上,如转入 NICU 时四肢肌张力高,上肢有抖动,拥抱反射亢进,出生后 24 h 内(21 日 8:40)出现双上肢划船样抖动,双下肢肌张力增高,并顽固性惊厥持续长达 2 周之久,意识由过度觉醒至嗜睡、昏迷。其出生后第 2 天(2009 年 11 月 21 日)头颅 CT 片及出生后第 24 天(2009 年 12 月 14 日)头颅 MRI 片均显示符合典型的重度新生儿缺氧缺血性脑病的 CT 及 MRI 征象,尤其是双侧基底节区及丘脑明显异常的损伤信号影，符合围产期急性缺氧所致的严重 HIE 改变，并可解释其后来的癫痫样发作、脑瘫及中枢性发热等临床表现。

依据现有病历资料，虽然王某出生后 1 分钟 Apgar 评分为 9 分，5 分钟为 9 分，但从产科及儿科病历中均可看到“新生儿生后不哭、呻吟，反应较差，刺激不哭”等记录；且从产科病历中的急会诊记录可以看到，新生儿娩出时间为 2009 年 11 月 20 日 10:28，申请会诊时间及会诊时间均为 10:30；会诊意见为“接产科通知速至手术室，患儿已完成复苏，吸氧下皮肤红润，肌张力可，反应较差，刺激不哭……印象：反应低下待查。处理：建议转新生儿科治疗。”上述会诊记录提示新生儿出生后确存在异常情况，并经院方“复苏”后急请儿科会诊，但有关“复苏”的详细情况在病历中未见记录。据此分析推断，王某出生后 1 分钟 Apgar 评分为 9 分，5 分钟为 9 分可能与实际情况不符。

即使王某出生时 Apgar 评分确为 1 分钟 9 分，5 分钟 9 分，其出生后病情渐恶化，并于出生 15 min 时转儿科诊治；且出生后第 2 天胸部 CT 显示存在重度吸入性肺炎的表现。上述情况提示该患儿在出生时医院予以清理呼吸道的处理存在不当，以致羊水、胎粪吸入而窒息。

本例有胎膜早破 10 h 余的病史，王某出生后 11 h 左右即有发热（20 日 9:00 体温达 38.2℃），并有 CRP 增高、血培养 G^- 菌生长、胸部 CT 显示两肺炎症表现，故新生儿败血症的诊断明确。因未行腰穿，是否存在化脓性脑膜炎尚无确切证据；但头颅 MRI 片未显示化脓性脑膜炎所致的梗阻性脑积水的表现。故本例诊断化脓性脑膜炎的依据不足。

依据现有鉴定材料，本例目前尚无电解质紊乱、颅内出血和产伤等原因引起抽搐的证据，亦无宫内感染、遗传代谢性疾病和其他先天性疾病所引起脑损伤的证据。

综上所述，王某新生儿缺氧缺血性脑病的诊断成立，临床分度为重度。其新生儿缺氧缺血性脑病（重度）可以导致其意识改变、持续惊厥等表现，并可致后来的中枢性发热、癫痫、脑瘫等病症，最终因重度感染并循环、呼吸衰竭而死亡。此外，王某胎粪吸入性肺炎，新生儿败血症的诊断亦明确。

（2）关于医院的医疗过错

李某于孕 39 周（2009 年 11 月 17 日）产前检查，行胎心监护（NST）时见胎心率下降至 70～80 bpm，持续近 3 min，临床考虑“胎儿窘迫？”于当日 17:00 收入院。入院后当日 17:20 临时医嘱予“备皮”、长期医嘱予“暂禁饮食”等处理，说明当时医院已做了行剖宫产术的准备工作。入院后当日及次日复查 NST 各 1 次，住院期间共记录听胎心 6 次，均在正常范围，于 2009 年 11 月 19 日 9:00 予出院。

本例本次行胎心监护时发现的胎心率异常系在无宫缩的情况下发生的持续近 3 min 的胎心率下降至 70～80 bpm，临床上称之为变异减速。

有临床研究资料显示，变异减速主要由脐带因素及羊水过少所致，分别占 41.6%及 25%。无明显诱因反复发生的变异减速多为脐带血运障碍、胎盘功能减低等所致，其中 30%～50%的孕妇可发生胎儿窘迫。变异减速的持续时间是影响围产儿预后的主要因素。持续时间 2～5 min 者胎儿窘迫发生率为 50%，新生儿窒息发生率为 53.6%，围产儿死亡率为 6.25%；持续时间 5～10 min 者，胎儿窘迫及新生儿窒息发生率均为 100%，围产儿死亡率为 25%。此临床研究提示，胎心监护中出现变异减速者，其胎儿窘迫、新生儿窒息、剖宫产率及围产儿死亡率均明显增高；且变异减速的时间越长，胎儿窘迫、新生儿窒息及围产儿死亡率越高。变异减速是判断胎儿宫内安危的重要指标之一，往往提示胎儿宫内危险。亦有临床资料显示，对胎心率变异减速者及时分娩仍不能完全防范新生儿脑瘫。故产科临床上，胎心监护一旦出现变异减速，特别是伴有羊水过少时，应尽早适时终止妊娠。

就本例而言，剖宫产手术记录及产科分娩记录分别记载"脐带长度 50 cm，绕颈(身、肢体)0 周，血管有扭曲，脐带过细并过度扭曲"；"脐带无绕颈、绕体，脐带过度扭曲、无打结"。上述脐带异常的情况可以解释本例在无宫缩的情况下发生变异减速。即本例变异减速的发生应系患方自身病理因素所致。李某在孕 39 周产前检查行 NST 时发现变异减速，医院即拟诊"胎儿窘迫?"予收入院并行剖宫产手术的准备等处理符合当时的实际情况。入院后当日及次日院方予以复查 NST 各 1 次，住院期间(约 40 h)听胎心 6 次，均在正常范围。但入院次日的超声检查显示胎心率 168 bpm，同时脐带绕颈 1 周。结合本例王某的不良后果综合分析，李某本次住院期间，医院对其变异减速未尽到高度注意，对胎儿监护不够密切，如应该做连续的胎心监护比较恰当。由于当时没有做连续的胎心监护，目前无法得知其后是否再发生变异减速或其他类型的胎心率异常。李某本次入院后，医院对危险后果未尽到预见与回避的义务，没有及时行剖宫产术使胎儿尽早脱离宫内窘迫的状态，存在过错。若医院及时予行剖宫产术终止妊娠，则有可能避免或减轻王某的不良后果。当然，本次变异减速胎心率降低明显，持续时间长，已存在可能导致胎儿脑部损害的宫内窘迫的状态；也可能是这一次变异减速而发生胎粪排出，致羊水污染，进而发生胎粪吸入。

2009 年 11 月 20 日 0:20，李某因"停经 $39^{3/7}$ 周，阴道流水 1 h"再次入院，入院时胎膜已破，胎心 162 bpm，无宫缩。入院后未行胎心监护；入院后至手术前共记录胎心率 6 次，均在正常范围。入院后 10 h 左右因社会因素行剖宫产术娩出王某。王某娩出后经产科复苏(具体不详)，并儿科急会诊后因"生后反应差，呻吟 15 min"转该院 NICU。

王某转入该院 NICU 后，经予吸氧、吸痰、抗感染、对症支持治疗，病情无改善，于生后第 2 天出现频繁惊厥、呈昏迷，生化检查示肝、肾、心肌损害，血培养阳性。患儿持续惊厥昏迷 10 d，入院 2 周觉醒，脑 MRI 示生后脑缺氧损伤，基底节软化灶形成。临床考虑诊断：新生儿败血症，胎粪吸入性肺炎，多脏器损害，缺氧缺血性脑病，化脓性脑膜炎可能。患儿后出现中枢性高热、继发性癫痫，给予对症、抗癫痫治疗。生后 1 年余发育落后，不会坐、站、走，语言、智力、运动发育落后，于 2011 年 3 月 14 日死亡。

依据上述王某娩出时及出生后的医疗过程，结合其不良后果综合分析，医院对王某出生后 Apgar 评分可能不够准确，或可能与实际情况不符；对王某进行"复苏"的详细情况在病历中没有予以记录；对其出生时清理呼吸道的处理存在不当，以致胎粪吸入而窒息。综上所述，医院对王某的出生时医疗行为存在过错，转 NICU 后的诊治过程无明显医疗过错。

综上所述，某大学医学院附属医院对李某的变异减速未尽到高度注意，对胎儿监护不够密切；对危险后果未尽到预见与回避义务，没有及时行剖宫产术终止妊娠，没有尽早使胎儿脱离宫内窘迫的状态，存在过错。医院在王某出生时的医疗过程中存在过错，转

NICU后的诊治过程无明显医疗过错。

(3) 关于医疗过错与损害后果的因果关系以及参与程度

本例存在脐带过细并过度扭曲的病理因素，应系发生变异减速的患方自身因素；且本次发生变异减速胎心率降低明显，持续时间长，已存在可能导致胎儿脑部损害的宫内窘迫的状态；也可能是这一次变异减速而发生胎粪排出，致羊水污染，进而发生胎粪吸入。上述情况说明本例发生宫内窘迫系自身因素，并且可能已存在胎儿脑部损害。

医院对本例变异减速未尽到高度注意义务，对胎儿监护不够密切；对危险后果未尽到预见与回避义务，没有及时行剖宫产术使胎儿尽早脱离宫内窘迫的状态，存在过错；医院在王某出生时的医疗过程中亦存在过错。即医院的上述医疗过错可致本例可能已经存在的宫内窘迫持续存在、胎儿脑损害进一步加重，与王某出生后新生儿缺氧缺血性脑病存在一定的因果关系，进而与其脑瘫以及最终死亡后果存在一定的因果关系。

本例王某的损害后果(新生儿缺氧缺血性脑病、脑瘫以及最终死亡)为多因一果，系自身病理因素与医疗过错因素共同参与所致。医、患两方面因素兼而有之。依据现有鉴定材料分析，患方自身病理因素导致本例胎儿脑损害已经存在的可能性很大，但对自身病理因素所致胎儿脑损害的严重程度则无法准确评估。医院的医疗过错对本例患儿所造成的脑损害程度或在其自身病理基础上所致脑损害进一步加重的严重程度无法准确评估。故依据现有材料目前无法准确评估医、患两方面因素孰轻孰重，综合分析判断医、患两方面因素应属临界型因果关系(医疗过错因素的参与程度建议为45%～55%)。

6. 评析

本案中医方在业已发现胎儿存在严重宫内窘迫风险的情况下，未及时履行回避危险后果的义务，是鉴定人判定医方存在医疗过错的根本原因。妇产科是临床医疗纠纷的高危科室，尤其在当前人们对生育质量要求日益提高的情况下，医师往往需要承担极大的风险。作为妇产科医师，保持谨慎的高度注意，在预见到可能发生不利于产妇或者胎儿的情形时，及时采取适当的措施终止妊娠，已经成为行业的共识。即使产妇及其家属强烈要求避免剖宫产终止妊娠，也不能因此有所懈怠，必要时甚至可以依据相关法律规定，通过行政审批的方式，采取紧急措施。其中关键在于一定要保留全面而详尽的证据，作为其医疗行为的有力支撑。

(夏文涛　杨小萍　李瑜)

第十三章　并发症与医疗纠纷

无论是药物治疗还是手术治疗，对患者而言都是“双刃剑”，在取得治疗效果的同时，也可能带来“副损伤”。发生并发症并非意味着一定存在医疗过错，但同样的是，认定为并发症也不意味着医务人员就可以免除责任。其中关键之处还是在于医务人员在诊疗活动中是否尽到注意义务，并发症的发生在当时医疗水平下是否有可能避免。

第一节　并发症与医疗意外及其免责理由

一、并发症概述及其分类

1. 并发症概述

并发症在临床医学上是一个较为复杂的概念，具有多种不同的定义。通常，始发疾病一般称为原发性疾病，当原发性疾病在发生、发展与转归过程中引发另一种、另一组或者另几种与原发性疾病具有关联性的疾病（临床过程、症候群或者综合征），后者即可称为前者的并发症。例如，硬脑膜外血肿可引起脑疝，结肠癌可引起肠梗阻等。另外，当原发性疾病在诊疗过程中，患者可能因特殊的医疗手段引发与原发性疾病及特定诊疗手段均具有关联性的另一种疾病，而被引发的疾病也可称为原发性疾病的并发症。例如，胃溃疡行胃大部切除并残胃-空肠吻合术可引起吻合口狭窄等。

总结并发症的特点，大致上有如下两点：① 并发症不是始发疾病，而是伴随其他疾病而发生的，原发性疾病（及其特定诊疗手段）在前，并发症在后；② 即使原发性疾病业已存在，也并非必然发生并发症，并发症的发生往往带有一定的偶然性（或称机会性）。

2. 并发症分类

随着临床医学高度发展，对大多数疾病的并发症已经有了比较深入的了解，但同时随着新的诊疗手段层出不穷，甚至致病因素也在发生着变异（如环境因素、致病微生物等），并发症也会出现新的变化，尚不为人们完全认识。例如，某种新的药物在投入市场大范围使用后出现了前期临床试验未曾发现的药物副反应等。因此，作者从医疗纠纷鉴定的角度把并发症分为以下 3 类：① 可以预见、可以避免的并发症；② 可以预见、但难以避免的并发症；③ 难以预见、且难以避免的并发症。

在医疗纠纷鉴定与司法实践中一般认为，第 1 类并发症不是医师的免责理由，而后两类并发症可以作为医师减免责任的合法理由。

考察医务人员是否尽到并发症的预见义务，应当遵循“医学标准”。医学概念来自西方，其研究内容主要针对疾病的治疗和机体有效功能的恢复，广义的医学还包括疾病的预防、控制以及相关的基础研究。随着信息化时代的到来，各地、各级医务人员所接受的教育、培训与资讯大致相当，因此，多数医务人员的临床医学思维以及认识疾病的能力可以而且应当达到基本一致的水平。因此，在判定医务人员是否应当尽到并发症的预见义务时，对所有医务人员的要求理应基本是一致的。

考察医务人员是否尽到并发症的防范义务，应当遵循“医疗标准”。医疗标准是指临床实践可以达到的水平和能力，受限于当时当地的实际医疗水平。限制因素既包括医务人员能力方面的，也包括医疗单位设备技术条件方面的，还包括当时当地医务人员对具体疾病的了解熟悉程度与普遍认识方面的。医学标准需要理性分析，医疗标准需要客观判断，两者应达到辩证的统一。

二、并发症与医疗意外

并发症的发生可能是医方应当能够预见到的，也可能纯属难以预见的意外。在医疗过错、损害后果及其因果关系的法医学司法鉴定中，如何鉴别与认定医疗过错与医疗意外，往往是鉴定的关键环节，也比较容易引起争议。作者总结近年来的鉴定经验，复习相关法律、法规，在此与同行做一探讨。

1.《侵权责任法》有关过错与过错责任的规定

自2010年7月1日起开始实施的中华人民共和国《侵权责任法》第七章“医疗损害责任”规定了可以认定或者推定医疗单位存在医疗过错的情形：① 违反法律、行政法规、规章以及其他有关诊疗规范的规定；② 未尽到与当时医疗水平相应的诊疗义务；③ 医疗机构隐匿、拒绝提供与纠纷有关的病历资料，或者伪造、篡改、销毁病历资料。同时规定了医疗机构在以下情形下可以免责：① 患者或者其近亲属不配合医疗机构进行符合规范的诊疗措施；② 医务人员在抢救生命垂危的患者等紧急情况下已经尽到合理诊疗义务；③ 限于当时的医疗水平难以诊疗。

总结《侵权责任法》有关医疗过错责任的规定，包括了过错认定、过错推定；此外，对于因药品、医疗器械缺陷或者输入不合格血液造成患者损害时，可以认定医疗机构存在无过错责任，但医疗机构可以向生产商或者提供机构追偿，应属例外情形。作者认为，是否存在违反“具体标准”(包括法律、行政法规、规章以及其他有关诊疗规范的规定)以及“抽象标准”(有无尽到与当时医疗水平相应的诊疗义务)，经常是医疗过错、损害后果及其因果关系的法医学司法鉴定中最为关键的内容。如何对照上述“标准”判定某种医疗行为究竟属过错还是纯属医疗意外，值得法医学鉴定人重点关注。

2. 医疗意外及其认定原则

根据《侵权责任法》的规定，结合作者对医疗意外的理解，将其定义为：在当时医疗水平下，医疗机构已经尽到合理的诊疗义务，不存在违反法律、法规、规章及其他诊疗规范的规定，但由于患者自身疾病的特殊性、身体特殊状况或者其他难以抗拒、不能预料的原因，仍然发生难以预见或者难以避免的不良后果。

因此,医疗过程中发生不预期后果是否属于医疗意外的判定原则和方法应包括:① 严格依据当时的医疗水准加以分析;② 重点考察医疗单位有无违反“具体标准”和“抽象标准”;③ 所发生的不预期后果是否确为难以预见或者难以避免的,是否可以用疾病本身的特殊性或患者身体状况的特殊性加以合理的解释。

例如,当前医疗水平下,普遍认为青霉素类药物注射会导致具有过敏体质的患者发生严重的过敏反应,危及生命。因此卫生行业明确规定,青霉素类药物注射前须询问药物过敏史(有过敏史者禁用),无过敏史者须行药物试验(皮试),药物试验阴性者方可用药,注射后须在医疗机构观察一定时间(通常须达 20 min)。现有一患者因诊断为肺部感染,医方予以青霉素药物注射,所有处置均符合上述规定,无违规之处;患者在离开医院返家途中(用药后 30 min 余),突发严重过敏反应,虽被紧急送返医院,仍未获救;患者死亡后,经尸体病理学检验证实为严重过敏反应致死。在这一案例中,患者所发生的青霉素过敏反应在当前医疗水平下确属难以预见的情形,当然也难以完全避免,因此应认定为医疗意外,不属医疗过错。

3. 医疗过错及其认定原则

过错从本质上来说,就是行为实施人原本应当认识到不良后果的发生,却由于疏忽大意而没有认识到,或者过于自信能够避免,最终实施了某种行为的主观心理状态。在实际司法裁判中,以上“主观心理状态”的判定一定存在极大的困难。近年来逐渐形成了“过错客观概念说”,有助于司法裁判者作出自由心证与准确判断。过错客观概念说认为:过错构成的前提要件就是结果预见的可能性是否存在。目前一般认为,关于预见的对象,可以是具体的、特定的损害,也可以是某些抽象的危险。此外,过错构成的核心要件还应当包括行为人是否有结果回避义务,只有当行为人违反了结果回避义务时,才能认定为过错。

就医疗过错而言,与民法中的一般过错存在共同之处。作者总结朱广友等学者有关医疗过错判定原则的论述如下:① 是否违反法律、法规、诊疗规范等“具体标准”,包括成文的和约定成俗的;② 是否违反“注意标准”,包括一般(通常)注意与特殊(高度、具体)注意;③ 是否违反“预见义务”,危险发生的可能性越大,预见的义务也越大;④ 是否违反“回避义务”,包括舍弃危险行为与提高注意并采取安全措施;⑤ 是否违反“告知义务”,包括告知、知情、选择;⑥ 是否违反“转医义务”,包括超出诊疗范围与自身能力不充分,有更优选择等情况。

4. 医疗意外与医疗过错的鉴别与认定

虽然有上述理论可供参考,但医疗意外与医疗过错在很多情况下仍然容易混淆,也时常成为医方与患方争议的焦点。作者总结两者的鉴别要点应当包括:

(1) 在当时的医疗水平下,大多数医务人员是如何认识和操作的。其本质即为《侵权责任法》中所规定的是否达到当时医疗水准,包括了“注意义务”、“预见义务”、“结果回避义务”、“告知义务”与“转医义务”等判断标准。因上述义务的判断标准多数并无成文的规定,因此也称为“抽象标准”。对于医疗机构的医疗行为是否违反“抽象标准”的判断,通常需要依赖具有专门知识的专业人员进行,有时往往包含较多的经验成分,也是法医学鉴定中最容易引起争议、导致鉴定意见差异的难点问题。

(2) 医疗单位的具体医疗行为是否符合当时通行的“具体标准”。在鉴定中,鉴定人应当对照案发当时现行有效的卫生法律、行政法规、部门规章、诊疗规范，逐项判断医疗机构的医疗行为是否存在“违法”之处。存在“违法”医疗行为的，当然不能属于医疗意外。

(3) 在难以用医疗过错解释不预期后果时，应考察不预期后果是否确为难以预见或者难以避免的，是否可以用疾病本身的特殊性或患者身体状况的特殊性加以合理的解释。经全面分析，判定两者因果关系足以成立的，方能判定为医疗意外。

（夏文涛）

第二节　典型案例评析

一、肾功能不全抗生素应用引发纠纷

1. 案情摘要

李某，女性，1965 年 10 月 21 日出生。2011 年 2 月 28 日，李某以“咳嗽、咳痰 5 d”为主诉，赴某县中医院治疗，其后诊断为尿毒症。李某认为某县中医院在诊疗过程中存在医疗过错行为，并因过错导致了上述损害后果，遂诉至当地人民法院要求赔偿。就某县中医院在对李某的诊疗过程中是否存在医疗过错行为；若存在医疗过错，其与李某的损害后果之间是否存在因果关系及其医疗过错对损害后果的参与程度等事项进行法医学鉴定。

2. 病史摘要

(1) 2009 年 11 月 1 日某县医院的体检报告

一般情况：血压 193/110 mmHg，3 级高血压。生化检验：甘油三酯(↑)，总胆固醇(↑)，低密度脂蛋白胆固醇(↑)。心电图：P－R 间期短缩，偶发房性早搏。B 超：未见异常。

(2) 2011 年 2 月 28 日某县中医院门诊病历

气喘、夜间不能平卧，伴咳痰 4～5 d。查体：神清，左下肺啰音。诊断：肺部感染。处理：收住内科。

(3) 2011 年 2 月 28 日至 3 月 3 日某县中医院住院病历

入院情况：患者以“咳嗽、咳痰 5 d”为主诉入院。入院前 5 d 有受凉史，痰白，量少，易咳出，无畏冷、发热，活动后稍感气喘、胸闷，无胸痛，咳嗽无随昼夜规律性改变。发病来精神疲乏，夜寐尚可。既往史：有高血压病史 3 年，最高达 210/130 mmHg，未规则服药，血压未监测。查体：T36.6℃，P96 bpm，R23 bpm，BP200/120 mmHg；神志清，精神可，营养中等，对答切题；全身皮肤黏膜未见黄染及出血点，浅表淋巴结未触及肿大，头颅无畸形，颜面无浮肿……胸廓无畸形，叩诊音清，双肺呼吸音粗，双下肺可闻及细湿性啰音，未闻及干性啰音。辅助检查：2 月 28 日血常规：WBC 11.1×10^9/L，N 82.6%，L 14.8%，Hb 96 g/L。2 月 28 日胸片示：① 左下肺炎症性改变；② 双侧胸腔少量积液。入院(西医)诊断：左下肺炎，双侧胸腔积液(少量)，高血压病 3 级(高危组)。

住院诊疗经过：2011 年 2 月 28 日 ECG：① 窦性心率；② 窦性心动过速；③ 部分导联 ST 段改变。3 月 1 日血生化：GGT 67 U/L(↑)，UREA 33.91 mmol/L(↑)，Cr 909.1 μmol/L(↑)，UA 586 μmol/L(↑)，GLU 6.45 mmol/L(↑)，TG 2.39 mmol/L

(↑),TC 7.87 mmol/L(↑),CK－MB 29 U/L(↑),LDH 324 U/L(↑),HBDH 287 U/L(↑)。3月1日尿常规：GLU 2+,BLD3+,Pro3+。现患者咳嗽、咳痰有所好转,但肾功能明显异常,要求转上级医院进一步治疗,予以办理出院。

出院(西医)诊断：左下肺炎,双侧胸腔积液(少量);肾炎(肾病性?),肾功能不全(尿毒症期);高血压病3级(高危组,肾性?);混合性高脂血症;高尿酸血症。

(4) 某县中医院住院费用日清单

2月28日：氢化泼尼松注射液1(部分字迹欠清或被遮挡)：10 mg×10支/盒,数量6。注射用头孢米诺钠,1.0 g×1瓶/盒,数量8。

3月1日：氢化泼尼松注射液1(部分字迹欠清或被遮挡)：10 mg×10支/盒,数量3。注射用头孢米诺钠,1.0 g×1瓶/盒,数量4。坎地沙坦酯分散片,4 mg×14片/盒,数量14。

3月2日：氢化泼尼松注射液1(部分字迹欠清或被遮挡)：10 mg×10支/盒,数量3。注射用头孢米诺钠,1.0 g×1瓶/盒,数量4。

(5) 2011年3月4日至3月10日、3月19日至4月10日某医科大学附属医院出院小结

入院情况：因"发现血压高2年余,泡沫尿半年余,气喘5 d"入院。既往史：发现混合性高脂血症1年。3月4日血常规示：WBC 12.08×10^9/L,N 78.3%,Hb 113 g/L。尿常规：隐血(+),WBC正常,蛋白质≥5.0 g/L,BNP 428 pg/mL,CRP、血乳酸正常。凝血全套：纤维蛋白原4.25 g/L,余正常。生化：BUN 36.04 mmol/L,Cr 961.5 μmol/L,UA 552.4 μmol/L,余大致正常。诊断：① 慢性肾功能不全(尿毒症期);② 高血压病;③ 左下肺炎,双侧胸腔积液;④ 混合性高脂血症;⑤ 高尿酸血症;⑥ 高纤维蛋白原血症。

住院诊疗经过：患者入院后完善各项常规检查。尿常规示：蛋白质≥3.0 g/L,RBC 104.80个/μL,隐血(++),D-二聚体定量752.1 μg/L,BNP 552.62 pg/mL。血常规示：WBC 10.99×10^9/L,Hb 107 g/L,N 75.6%,胱抑素C 5.64 mg/L,肾小球滤过率8.70 mL/min。生化全套示：白蛋白32.2 g/L,钙1.96 mmol/L,甘油三酯2.63 mmol/L,肌酐881.1μmol/L,磷2.64 mmol/L,尿素氮35.04 mmol/L,碳酸氢根12.2 mmol/L。CT：双肾体积稍缩小。B超：双肾缩小,弥漫性病变。

出院诊断：① 慢性肾小球肾炎,慢性肾功能不全(尿毒症期),肾性高血压,慢性心功能不全,心功能II级,电解质紊乱：低钠低氯低钙高磷血症,继发性高尿酸血症,继发性甲状旁腺功能亢进;② 左下肺炎,双侧胸腔积液;③ 混合性高脂血症;④ 动脉硬化症。

(6) 某医科大学附属医院门诊病历

2011年4月20日：尿毒症,于4月2日行腹膜透析置管术,每日超滤0.8L左右,尿量500～600 mL/d。

7月4日：维持性腹膜透析,每日不规律透析(1～3包),仍恶心、呕吐,透析引流不畅。

7月26日生化报告单：BUN 25.1 mmol/L,Cr 1 394 μmol/L,UA 516 μmol/L。

3. 鉴定意见

某县中医院在对李某的诊疗过程中存在过错行为,目前难以排除该过错在一定程度

上加重李某的肾脏病情，医疗过错应属损害后果的轻微因素。

4. 分析讨论

李某因“气喘、夜间不能平卧，伴咳痰”等症状就诊于某县中医院，院方经摄片后诊断为“左下肺炎，双侧胸腔积液（少量），高血压病3级（高危组）”，予收住入院，并行头孢米诺钠抗感染、坎地沙坦酯降血压等治疗。其后，李某经其他医院确诊为“慢性肾小球肾炎，慢性肾功能不全（尿毒症期），肾性高血压”等病症，依赖腹膜透析维持治疗。

慢性肾功能不全是一种较常见的内科疾病，系指慢性肾小球肾炎等各种肾脏疾病导致肾脏功能渐进性减退，其发生、发展须经历一定时期。在慢性肾功能不全的早期，临床上仅有原发疾病的症状，常仅可检见肌酐清除率下降，而不伴有其他异常。当疾病进展至终末期，即为人们常称的尿毒症期。尿毒症不是一个独立的疾病，而是各种晚期肾脏病共有的表现，为一系列症状和代谢紊乱所组成的临床综合征。尿毒症患者常需依赖透析治疗，或者行同种异体肾脏移植术。

就本案而言，李某原有高血压病史，就诊当日血压高达200/120 mmHg，外周血检验示血红蛋白降低至96 g/L，入院次日实验室检验即检见其尿素氮升高至33.91 mmol/L，肌酐升高至909.1 μmol/L；其后1个多月内在外院经CT、B超等影像学检查证实双肾缩小。以上提示李某的慢性肾功能不全已进展入尿毒症阶段，且因此导致肾性高血压及轻度贫血。据此可以认定，李某在入院时已经存在肾功能不全。

头孢米诺钠为头孢菌素类抗生素。在李某存在呼吸系统感染征象的情况下，某县中医院采用该药物予以治疗，是具有用药适应证的。但应当指出，该药物具有肾毒性，肾功能不全者应慎用（调整剂量使用）。一般主张参考肾功能减退者的内生肌酐清除率指标调整给药间期或者单次给药剂量。坎地沙坦酯系降血压药物，也具有肾毒性，在严重肾功能障碍患者，主张小剂量起始用药，并慎重给药，否则可能因过度降压而导致肾功能进一步恶化。

就现有送鉴材料分析，在李某入院次日经实验室检验已初步明确存在肾功能不全等严重疾病的情况下，未见经治医院行进一步检查（如内生肌酐清除率等）以指导用药，也未见药物剂量调整记录。根据送鉴材料反映的用药情况，分析院方存在超剂量用药。据此认为，某县中医院在上述医疗环节未尽到注意义务，存在医疗过错行为。

如前所述，李某原已存在肾功能不全等疾病，且已进入尿毒症期，上述后果应为自身疾病进展、转归的结果。某县中医院在用药等诊疗过程中存在应用肾毒性药物等医疗过错行为，目前难以排除上述医疗过错在一定程度上加重李某的肾脏病情（如加重肾脏本身病变或诱发电解质紊乱等并发症），医疗过错应属轻微因素（医疗过错参与程度拟为10%～15%）。

5. 评析

本案系患者李某以经治医院对其使用具有肾毒性的药物引发并发症为由提起诉讼。按照药物使用说明，经治医院应当了解所用药物具有肾毒性，应当采用必要的安全防范措施，避免并发症的发生，但因疏忽大意而未能避免，是其过错所在。但是，经审查材料显示，李某在用药前即已存在终末期肾病，可以作为经治医院适当减免责任的理由。因此，本案鉴定人确定医方的医疗过错仅为李某损害后果的轻微因素，这就是根本原因所在。

二、妇科手术后并发肺栓塞

1. 案情摘要

龚某，女性，1963年3月5日出生。2012年1月31日，龚某因“阴道不规则流血”入住某市人民医院，于2月6日行全子宫切除术，后突发意识不清、呼吸心跳骤停，现为植物生存状态。龚某及其家属认为经治医院在对龚某的治疗过程中存在过错并造成损害后果，遂诉至人民法院要求赔偿。

2. 病史摘要

2012年1月31日至5月3日某市人民医院住院病历

主诉：阴道不规则流血3 h。现病史：患者3个多月前出现阴道不规则流血，量时多时少，多时是既往经量的2～3倍，含大血块，无下腹痛，无头晕、晕厥。11 d前出现头晕、乏力、无晕厥，就诊于外院，查Hb43 g/L，遂就诊于我院，住院后给予输血治疗后建议手术，患者拒绝，出院后在当地诊所给予止血后阴道流血量少。今日为手术治疗，以“黏膜下子宫肌瘤”收入院。既往史：既往糖尿病10余年，以前口服药物控制血糖(具体不详)，近半月来，应用胰岛素治疗。发现糖尿病视网膜病变2～3年，2年前曾行右眼手术。查体发现糖尿病肾病、肾功能不全2年，既往高血压病1年，11 d前发现乙肝表面抗原阳性。查体：T 36℃，P 84 bpm，R 21 bpm，BP 160/80 mmHg；贫血貌，结膜苍白。妇科检查：阴道通畅，阴道壁光滑，少量积血，宫颈外口可见4×3 cm大小肌瘤，血迹，子宫前位，宫体正常大小，质韧，形态规则，活动好，无明显压痛。1月20日血常规：Hb43 g/L。B超：子宫小肌瘤，宫颈管内低回声，黏膜下肌瘤？请结合临床。1月21日血常规：Hb 60 g/L。凝血功能：PT 12.9秒，APTT 30.4秒，TT 16.9秒，FIB 4.31 g/L(↓)。乙肝两对半：HBsAg(+)，余(-)。肝肾功能：总蛋白59.4 g/L，白蛋白30.8 g/L，白球比值1.08，尿素氮8.70 mmol/L，尿酸512.2 μmol/L，β_2-微球蛋白3.6 mg/L，余在正常范围。1月31日胸部X线：双肺未见病变，心影未见明显异常。初步诊断：黏膜下子宫肌瘤，继发中度贫血，糖尿病(糖尿病肾病、糖尿病视网膜病变)，高血压病。

2月2日，患者入手术室后血压过高，暂停手术，回病房后测血压190/100 mmHg，现测血压为150/90 mmHg，考虑患者为精神紧张所致，嘱继续口服降压药(自备)。

2月5日，患者近3 d一般情况良好，口服缬沙坦、波依定后血压控制基本满意，130～150/80～90 mmHg，现血压、血糖控制良好，无明显手术禁忌，嘱明日8:00行全子宫切除术。

2月6日9:05～10:00手术及麻醉记录单：9:00血糖7.8 mmol/L。麻醉方式：腰硬联合。手术名称：全子宫切除术。手术经过：探查见子宫大如孕50 d妊娠子宫，表面炎性充血，提出子宫，湿纱布排垫肠管，钳切左侧圆韧带，缝扎近端，自阔韧带后叶无血管区打洞，钳切左侧输卵管峡部及固有韧带，缝扎近端并加固之，同法处理对侧。打开膀胱子宫反折腹膜，下推膀胱达宫颈外口，打开子宫后壁浆膜，自子宫峡部钳切左侧宫旁动静脉上行支，缝扎近端并加固，同法处理对侧。紧贴宫颈钳切左侧宫旁主骶韧带达宫颈外口并缝扎，同法处理对侧。纱布环绕宫颈，自阴道穹窿部环形切除子宫。术中出血80 mL，呼吸、血压稳定，回病房血压 140/80 mmHg。

2 月 6 日 15:15 抢救记录：患者于今日 14:10 突然出现深度昏迷，口唇发绀，呼吸暂停，心率减慢，脉搏减弱。马上给予胸外按压，吸氧，心电监护，急请麻醉科、ICU、心内科会诊。心电监护监测心率波动于 30～130 bpm，律不齐，血氧饱和度为 70%～80%，血压测不清，于 14:15 给予副肾素 1 mg 静推。14:15 给予气管插管，气囊辅助呼吸，心率逐渐恢复正常，停胸外按压。14:20 分别给予 2 mg 阿托品、1 mg 阿托品静推。14:25 给予 2 mg副肾素静推，应用副肾素时血压最高达 268/154 mmHg，阿拉明 0. 375 g 静推。14:30患者复苏成功，自主呼吸恢复，心率稳定于 70～120 bpm，血氧饱和度 90%～99%，血压稳定在正常范围内。14:30 测血糖 9. 4 mmol/L，查体见患者深昏迷状态，左瞳孔直径 6 mm，右瞳孔直径 5 mm，生理反射消失，考虑患者脑卒中可能性大。14:25 临时医嘱抽血行 D－二聚体试验，16:23 报告 1. 35 μg/mL(↑)。

2 月 6 日 15:27 ICU 转入记录：头颅 CT 排除脑出血，胸部 CT 示双肺部分不张，坠积性肺炎。诊疗计划：ICU 护理常规，重症监护，呼吸机辅助呼吸，多巴胺升压，主要给予脱水降颅压、健脑、抑酸等对症支持治疗，监测血糖、血压，完善相关检查。

2 月 10 日，患者深昏迷，阵发性面肌及四肢抽搐。血糖 6. 7～8. 3 mmol/L。今主任医师查房，患者突发意识丧失，呼吸心跳骤停。考虑原因：① 低血糖可导致昏迷，查患者血糖 10. 9 mmol/L，低血糖致昏迷可排除；② 脑干病变，患者复苏后行头颅 CT 检查排除脑出血性病变；③ 患者有肥胖体型，糖尿病，糖尿病视网膜病变，因糖尿病引起的小血管病变，脑干梗塞可迅速导致昏迷，出现呼吸、心跳骤停，该病不能排除。

3 月 18 日 CT 报告：右侧基底节区梗死灶可能性大，建议 MRI 扫描；左侧上颌窦炎；双肺下叶部分不张；双肺炎症……

4 月 24 日，患者睁眼昏迷，阵发抽搐，双瞳孔不规则，左侧对光反射存在，右侧无，气管切开，自主呼吸尚平稳，双肺呼吸音粗，四肢及身体下垂部位凹陷性水肿，双侧巴氏征未引出。BP 133/79 mmHg，血氧饱和度 97%。今日邀请上级医院神经内科主任看过患者并查体，认为脑干梗死可能性大，肺栓塞不排除。

血糖及血常规、凝血功能检查结果见表 13－1。

表 13－1　血糖及血常规、凝血功能

日　期	血糖(参考值 4. 1～5. 9 mmol/L)	日　期	Hb(参考值 110～160 g/L)	纤维蛋白原(参考值 2. 0～4. 0 g/L)
2012－2－6 16:00	9. 4	2012－1－21	60	4. 31
18:00	10. 2	2012－1－31	68	
20:00	11. 4	2012－2－1	77	
22:00	10. 5	2012－2－4	82	
2012－2－7 00:00	8. 6	2012－2－6	74	
2:00	9. 5	2012－2－7	67	
6:00	8. 7	2012－2－10	83	13. 8

长期医嘱主要记录见表 13－2。

表 13-2 长期医嘱

时 间	长期医嘱			终 止 时 间
2012-2-5 9:27	糖尿病饮食			2-6 08:02
2012-2-6 10:21	禁饮食			
2012-2-5 10:26	5%GS-3袋	250 mL		
	注射用克林霉素磷酸酯	1.2 g	静滴 bid	
	中性胰岛素注射液	6 U		
2012-2-5 10:26	5%GS-3袋	250 mL		
	奥硝唑注射液	0.5 g	静滴 bid	
	中性胰岛素注射液	6 U		"(?)
2012-2-5 10:27	钠钾钙镁葡萄糖注射液	500 mL		2-6 15:36
	维生素C注射液	2 g	静滴 bid	
	中性胰岛素注射液	6 U		

临时医嘱主要记录见表 13-3。

表 13-3 临时医嘱

时 间	临时医嘱			执 行 时 间
2012-2-5 9:15	今晚8点灌肠		20:00	
2012-2-5 9:15	明晨6点灌肠		2-6 6:00	
2012-2-6 10:23	5%GNS	500 mL	静滴 st	11:00
	中性胰岛素注射液	6 U		
2012-2-6 10:28	5%GNS	500 mL	静滴 st	11:00
	中性胰岛素注射液	6 U		

3. 医患各方陈述意见

(1) 患方意见

子宫肌瘤行手术治疗后发生脑梗死，植物生存状态，昏迷至今。经治医院存在过错：① 院方术前未告知有如此严重后果，若有告知，患方可以不选择手术治疗；② 患者高血压史5年，医方记载为10年；③ 手术当天术前未行血糖监测，2012年2月7日8:00测血糖3.3 mmol/L，说明随时可以低血糖；④ 术前禁食引起低血糖，进而引起休克；⑤ 2012年2月6日医嘱注射中性胰岛素，一直执行，没有终止；⑥ 抢救过程中血糖不低，与使用肾上腺素、去甲肾上腺素等药物有关。

(2) 医方意见

① 糖尿病10余年，行胰岛素治疗，伴有糖尿病并发症；② 2012年2月2日曾拟行手术治疗，因紧张致血压升高，故终止手术，回病房后积极控制血压；③ 术前病例讨论，无手术禁忌证，讨论中涉及脑梗死等不良后果；④ 手术经过顺利，血压稳定，常规治疗，6日14:00(术后4 h)突发意识障碍，发绀，脉弱，予抢救，气管插管，肾上腺素、阿托品等治疗，血氧饱和度70%～80%，心律不齐，心脏按压后，略规则，14:30时心率恢复，有自主呼吸，抢救过程中有测血糖、血压；⑤ 手术当天9:00曾行血糖监测；⑥ 病因仍不明确，神经内科考虑脑卒中，但CT未见异常，双侧胸腔积液，考虑肺栓塞；⑦ 术后当日14:00患者平卧清

醒，能与护士对答，并在护士协助下自行穿上衣，护士转身……患者家属即呼喊患者，突然发现其呼吸停止，唇发绀。

4. 鉴定人检验所见

心电、血压监护中。监护仪观察：BP 140/85 mmHg，窦性心率 67 bpm，呼吸 14～16 bpm，SpO_2 100%。

气管切开中。鼻饲管留置。留置导尿。四肢见束缚带。皮下脂肪少，极度消瘦。

睁眼昏迷，呼之不应，无随意动作。双侧瞳孔等大等圆，对光反射(+)，双手呈握拳状，大、小鱼际肌、骨间肌萎缩，虎口区萎缩明显。双足下垂，踝关节僵硬、活动不能。双上肢肌张力增高明显，双下肢肌张力稍增高，四肢肌力无法测量。双侧肱二、三头肌腱反射、桡骨骨膜反射亢进，双侧膝腱反射、踝反射减弱。双侧腹壁反射未满意引出。双侧髌阵挛阴性，双侧 Hoffmann 征阳性，双侧 Babinski 征阴性。

5. 鉴定意见

某市人民医院在对龚某的诊疗过程中存在医疗过错行为；该过错行为与龚某的损害后果之间存在一定的因果关系(医疗过错系损害后果的次要原因)。

龚某目前后果符合植物生存状态，相当于道路交通事故一级伤残。自本次医疗事件发生之日起需完全护理依赖。

6. 分析讨论

(1) 关于医疗过错

龚某原有糖尿病史 10 余年，伴糖尿病并发症(如糖尿病视网膜病变、肾功能不全等)，同时患高血压病至少 5 年。本次其因阴道多量出血在某市人民医院就诊为黏膜下子宫肌瘤，遂于 2012 年 1 月 31 日收住入院。入院后原拟 2012 年 2 月 2 日行手术治疗，但因血压过高未实施手术。经控制血压后，于 2012 年 2 月 6 日上午在腰硬联合麻醉下行全子宫切除术，术程顺利。术后当日下午龚某突然出现意识不清、呼吸暂停、口唇发绀、心率明显减慢、脉搏微弱等表现，虽经抢救挽回生命，但至今意识仍未恢复。

根据本例术前检查及术中所见，龚某子宫肌瘤的临床诊断成立。因其子宫黏膜下肌瘤已降至子宫颈管，直径在 3 cm 以上，并暴露于子宫颈外口，且长期阴道流血过多致贫血，并有可能导致继发性感染，故具有行经腹全子宫切除术的手术适应证。根据本例龚某术前检查结果，其并不具有手术(绝对)禁忌证。因此认为，某市人民医院对龚某实施全子宫切除术不违反临床医疗原则。审查送鉴手术记录并结合手术结果，未发现经治医院在手术过程中存在明显过错行为。

根据现有送鉴材料，我们认为龚某手术当日病情突变的确切病因尚难以完全明确，但肺栓塞不能除外。理由为：① 龚某所患全身疾病具有引起血管病变的危险因素，可能导致下肢深静脉或腹腔、盆腔静脉血栓形成，肺栓塞是此类疾病的严重后果；② 妇科手术后出现肺栓塞并非罕见，手术后床上翻身、屏气、下床活动等均可能诱发血栓脱落引起肺栓塞；③ 本例病情突变时龚某立即出现"口唇发绀、呼吸暂停"等呼吸系统严重症状；④ 当日胸部 CT 示"双肺部分肺不张"等，颅脑 CT 排除颅内出血，也未报告存在大面积脑梗死征象(近一个半月后 CT 扫描显示"右侧基底节区梗死灶可能性大"很可能为继发性改变)；⑤ 手术当日下午 D-二聚体检验结果明显偏高。

同时，我们分析龚某目前呈现植物生存状态很可能系在其自身病变的基础上，因肺栓塞致急性呼吸、循环功能不全，引发脑功能障碍所致。

我们认为，考虑到龚某术前血红蛋白含量明显降低，且系具有并发症的糖尿病患者，加之首次安排手术后出现血压偏高而暂停手术等情形，经治医院应当认识到其具有高危手术风险，在术前尤其是再次安排手术前须行必要的检查（如下肢血管超声探查等）并邀请相关科室进行会诊，全面（重新）评估手术风险，并充分告知患者和/或其家属，尊重患者的知情选择权。然而本例中，某市人民医院仅嘱龚某自行服用降压药物即于 4 日后再次安排手术，说明经治医院未充分认识到其病情的严重性与复杂性，未尽到预见义务与不良结果回避义务，也未能尽到知情告知义务，存在医疗过错行为。

当然，肺栓塞的发生与龚某患有多种慢性疾病等自身因素密切相关，有时也较难以完全避免或彻底防范，且一旦发生，往往病情凶险，常致命或致残。

综上所述，某市人民医院在对龚某的诊疗过程中存在医疗过错行为；该过错行为与龚某的损害后果之间存在一定的因果关系，医疗过错系损害后果的次要原因（过错参与程度拟为 20%～30%）。

(2) 关于伤残等级、护理期

根据本次本中心检验所见，龚某目前意识丧失，依赖鼻饲进食，留置导尿，四肢肌肉萎缩，肢体肌张力增高，无随意动作。其临床症状与体征相对趋于稳定或固定，符合植物生存状态，且难以恢复，达到评残时机要求。比照 GB18667－2002《道路交通事故受伤人员伤残评定》第 4.1.1a 条之规定，其相当于道路交通事故一级伤残。

参照 GA/T800－2008《人身损害护理依赖程度评定》相关条款之规定，龚某自医疗事件发生之日起日常生活自理能力丧失，需完全护理依赖。

7. 评析

肺栓塞的发生既与自身病理基础有关，也与术后应激有关，是下肢、盆腔术后并不少见的并发症。在司法鉴定人看来，并发症的发生率与经治医院应当提起的注意程度有一定关系。并发症的发生率越高，经治医院越是应当高度关注，若因医方疏忽的过错造成并发症未能避免，则应认定医方有过错，且其过错程度显然高于发生率极低的并发症。但是，考虑参与程度时还应关注患者自身情形以及病情的特殊性。本案患者病情变化突然，具有一定的特殊性，是为医方减轻责任的理由。

三、食道癌术后吻合口瘘导致死亡引发纠纷

1. 案情与病史摘要

某女，60 岁。因确诊食道中段癌入住某市某区中心医院行“食道癌根治术并食管残端-胃主动脉弓上吻合术”，术中采取了吻合器吻合并浆肌层加强缝合，术后第 9 天出现胸腔引流管引出食糜样液体，经床旁摄胸部 X 线片后疑诊“吻合口漏并气胸”，请上级医院专家会诊，指示应置空肠营养管加强营养支持并加强局部引流，严密观察。区中心医院未完全采纳会诊意见，在加强局部冲洗引流并予禁食及胃肠外营养支持（未采取肠内营养）后，胸腔引流量逐步减少，病情有好转趋势。术后第 15 日复查 X 线摄片，气胸吸收，局部感染灶消退明显，引流管引出液明显减少，遂拔除引流管。术后第 16 日即发现胸腔引流管置管处

又有混浊液体流出，创口不愈，同时化验发现该女呈低蛋白血症、水电解质紊乱等，第 20 日起出现发热，经摄片示严重肺部感染，最终于术后第 30 日，某女因呼吸衰竭而死亡。

2. 鉴定意见

经治医院存在医疗过错，与患者死亡之间存在一定的因果关系(过错参与程度拟为 50%左右)。

3. 分析讨论

食道癌根治、食管-胃主动脉弓上吻合术后的一个危险并发症就是吻合口漏。一旦发生吻合口漏，关键的治疗要点是促进吻合口愈合，其一为加强局部引流，其二为加强全身营养支持。就本例而言，送鉴手术记录证明某区中心医院在术中按常规操作并已采取了适当的防范措施(如吻合器吻合后浆肌层加强缝合以防范吻合口漏的发生)，不存在明显的操作不当，因此吻合口漏的发生应属医疗意外。但是，涉案某区中心医院未能及时按上级医院专家会诊意见采取“置空肠营养管加强营养支持”等措施，而是采取“胃肠外营养”等手段，但事实证明所采取的措施未能取得良好的效果，某女其后发生的低蛋白血症等营养不良状况与医方措施不力有一定的关系。此外，在吻合口漏的表现有所好转的情况下，某区中心医院仅通过放射影像学检查即认定吻合口漏已经“愈合”，而未通过引流管引出液的实验室检验进一步明确诊断，此后又仓促决定拔除引流管，不利于漏出液的清除。据此认为，某区中心医院过于自信吻合口漏经治疗已经愈合，存在主观上的过错，违反了预见义务与结果回避义务，未能尽到当时医疗水平应能达到的水准，也即违反了“抽象标准”，故认定其存在医疗过错。

4. 评析

在鉴定实践中，并发症的发生并不一定意味着医疗过错，不一定须由医方承担过错责任，至少不一定需要承担全部责任。但是，若并发症发生后医方处置不力，造成并发症的损害扩大、后果加重，则医方的过错参与程度就势必会加重了。本案就是这种情形，食管癌术后弓上吻合具有一定的风险，鉴定人并未发现医方在手术过程中存在具体的过错行为，因此并不能判定医方应承担明显过错责任。但是，医方在并发症发生后的处置不力，才是本案死亡后果未能避免的重要原因。最终，鉴定人综合食管吻合口漏发生后的死亡率以及医方过错的严重程度，判定医方的医疗过错系损害后果的同等因素。

四、庆大霉素致双侧前庭功能障碍

1. 案情摘要

摘自委托书等鉴定材料：2012 年 5 月 25 日，王某因患阑尾炎到某中医诊所就医治疗，后感觉不适，经上级医院诊断为“双侧前庭病”，6 月 20 日以“双侧前庭病”入住某大学附属医院耳鼻喉科治疗，28 日出院。2012 年 8 月 27 日，经当地市级医学会行医疗事故技术鉴定，本病例属于四级医疗事故，医方承担主要责任。后再经当地某司法鉴定中心鉴定，王某损伤情况无法客观认定是否构成伤残；鉴定申请人的医疗行为与被申请人患有“双侧前庭病”存在因果关系，参与程度大小为次要责任。王某对上述鉴定结论不予认可，申请重新鉴定，经当地中级人民法院司法技术辅助办公室审核建议启动重新鉴定。故委托人委托某研究所司法鉴定中心就某中医诊所对王某的医疗行为是否存在过错；若存在过错，与王某的损害后果（双侧前庭病）之间是否存在因果关系以及医疗过错的参与程度，以及王某的伤残等级（比照《道路交通事故受伤人员伤残评定》标准）进行法医学鉴定。

2. 病史摘要

(1) 某中医诊所处方签（表 13-4）

表 13-4 中医诊所处方

					2012 年 5 月 25 日
姓　名	王某	年龄	44	性别	男
临床诊断	慢性阑尾炎				
Rp：生理盐水 250 mL＋头孢哌酮舒巴坦 3 g 甲硝唑 250 mL＋硫酸庆大霉素 24 万 U					

(2) 2012 年 6 月 5 日某门诊医疗病志

主诉：头晕 3 d，无恶心及呕吐。查体：BP 130/80 mmHg，神清语明，颅 N(-)，NS 反射(-)。拟诊：位置性眩晕。

(3) 2012 年 6 月 8 日某大学附属医院门诊病史

头昏 5 d。查体：BP 130/80 mmHg，神清语明……处理：头部 CT。

(4) 2012 年 6 月 8 日某大学附属医院耳鼻咽喉科眼震电图检测报告

无自发性眼震，扫视、跟踪试验未见异常，视动试验双侧对称，温度试验（冰水）未引出眼震。结论：前庭神经功能低下。

(5) 2012 年 6 月 10 日某大学第一医院门诊手册

（神经内科）主诉：1 周前自觉头晕，无恶心、无呕吐，自觉走路不稳，睡眠尚可。查体：BP133/90 mmHg，神志清，语言流利，颅 N(-)，无眼震，双手指鼻稳准，走路尚可，走直线不稳。诊断：头晕。处理：请耳鼻喉科再诊。

（耳鼻喉科）主诉：走路不稳，曾在神经内科就诊，曾有神经性耳聋病史，无高血压病史。查体：指鼻无异常，鼓膜内陷。处理：内听道核磁检查。

(6) 2012 年 6 月 15 日北京地区医疗机构门急诊病历

走路不稳 10 d，向左转头自觉物体向左转动，无恶心、无耳鸣。2 年前患“左侧神经性耳聋”，无高血压病、糖尿病史，5 月 25 日在当地因“阑尾炎”静脉输入庆大霉素史。查体：左鼓膜光锥消失，右鼓膜(-)。处理：测听力、阻抗、前庭功能、高刺激 ABR。

(7) 2012 年 6 月 15 日北京某医院眩晕诊疗中心前庭功能评价报告

眼动功能评价：① 扫视（定标），正常；② 视跟踪，Ⅱ型；③ 视动眼震，对称性正常，方向正常；④ 凝视检查，30°水平(-)、垂直(-)，20°水平(-)、垂直(-)。

位置性眼震评价：① 自发性眼震，无；② 摇头眼震，无；③ 位置性眼震，平卧(-)，右侧卧(-)，左侧卧(-)。

前庭双温评价：R44＋R33＝0°/秒，L44＋L33＝0°/秒。

最后印象：双侧水平半规管功能减低。

(8) 北京地区医疗机构门急诊病历

2012 年 6 月 16 日查体：双侧外耳道通畅，鼓膜完整，无自发性眼震。测听力示左耳高频听力下降。

6 月 18 日，诉慢性阑尾炎后输庆大霉素 5 d，停药第 4 天出现眩晕。纯音测听：双耳高频听力下降；内听道 MRI：未见异常；颅脑 CT：未见异常；前庭功能检查：双侧半规管功能低下。诊断：前庭周围性眩晕，庆大霉素耳毒性可能性大。处理：请主任会诊。

6 月 26 日，诉应用庆大霉素(5 月 25 日～29 日，24 万 U/d)后出现平衡障碍及振动幻视，听力无明显下降。查体：左侧高频听力下降，前庭功能双侧低下。诊断：双侧前庭病(可能与庆大霉素相关)。处理：前庭康复训练。

10 月 29 日，诉在当地经过 4 月余治疗，症状仍有。复查 VNG，双侧无反应；VEMP 正常。诊断：双侧前庭病(前庭功能低下)。处理：前庭康复训练，药物治疗。

(9) 2012 年 10 月 29 日北京某医院眩晕诊疗中心前庭功能评价报告

眼动功能评价：① 扫视(定标)，正常；② 视跟踪，Ⅱ型；③ 视动眼震，对称性正常，方向正常；④ 凝视检查，30°水平(-)、垂直(-)，20°水平(-)、垂直(-)。

位置性眼震评价：① 自发性眼震，无；② 摇头眼震，无；③ 位置性眼震，平卧(-)，右侧卧(-)，左侧卧(-)。

变位性眼震评价：① Dix-Hallpike，未见眼震；② Roll，未见眼震。

最后印象：5 mL 冰水试验，右＝0°/秒，左＝0°/秒。考虑双侧水平半规管功能减低。

3. 鉴定检验所见

(1) 体格检查

步入检查室，神志清，查体合作。诉头晕，头动时有视物旋转感，抖动时会引起眩晕；走路不稳，走路时脚下没有高低的感觉，不能走夜路，晚间上下楼梯须手电照明；左耳有高频耳鸣。头颅外观无畸形，双耳廓无畸形，双外耳道通畅、干燥。双耳鼓膜完整，标志可。四肢肌力、肌张力正常。

(2) 听力检查

2013 年 5 月 9 日纯音测听。右耳气导言语频率(500 Hz、1 000 Hz、2 000 Hz)听阈：25 dB、20 dB、20 dB；均值 22 dB。左耳气导言语频率(500 Hz、1 000 Hz、2 000 Hz)听阈：20 dB、20 dB、20 dB；均值 20 dB。

5 月 10 日纯音测听：右耳气导言语频率(500 Hz、1 000 Hz、2 000 Hz)听阈：20 dB、20 dB、30 dB；均值 23 dB。左耳气导言语频率(500 Hz、1 000 Hz、2 000 Hz)听阈：20 dB、30 dB、30 dB；均值 27 dB。

耳声发射：右耳 DPOAE 基本引出，左耳 DPOAE 均引出。

听性脑干反应 click V 波反应阈：右耳 40 dB nHL；左耳 40 dB nHL。

40 Hz 听觉相关电位言语频率(500 Hz、1 000 Hz、2 000 Hz)反应阈：右耳分别为 20 dB nHL、20 dB nHL、30 dB nHL；左耳分别为 20 dB nHL、20 dB nHL、30 dB nHL。

听性稳态反应：右耳言语频率(500 Hz、1 000 Hz、2 000 Hz)反应阈校准后听阈：19 dB nHL、19 dB nHL、28 dB nHL，均值 22 dB nHL；左耳言语频率(500 Hz、1 000 Hz、2 000 Hz)反应阈校准后听阈：19 dB nHL、19 dB nHL、23 dB nHL，均值 20 dB nHL。

(3) 前庭平衡实验室检查

眼震图检查未见自发性眼震，扫视、平稳跟踪试验未见明显异常，视动试验双侧对称，双侧变温试验未引出眼震。

动态姿势图检查：感觉整合试验提示睁眼、闭眼均能平稳站立，动态环境下(视觉变换、足底支撑面不稳等)平衡分降低，前庭分降低，视觉分降低。运动控制实验提示运动控制能力降低，特殊步态检查(脚跟紧贴另一脚尖)提示在步速减慢，步距变宽的情况下能完成行走，但停止时的稳定性下降。

(4) 阅片所见

2012 年 6 月 10 日内听道 MRI 片示：双侧内听道大小、形态未见异常，双侧听神经未见异常信号影，双侧耳蜗及半规管未见异常信号影。

2013 年 5 月 10 日颞骨薄层 CT 片示：双侧乳突气房透亮度好，中耳、内耳形态未见明显异常。

4. 鉴定意见

某中医诊所对王某的医疗行为存在过错，与王某双侧前庭功能低下存在因果关系，综合考虑医疗过错的参与程度拟为 45%～55%。

王某前庭神经功能障碍的后遗症相当于道路交通事故十级伤残。

5. 分析说明

(1) 关于慢性阑尾炎

慢性阑尾炎是指阑尾急性炎症消退后而遗留的阑尾慢性炎症病变，分为原发性和继发性两种。原发性慢性阑尾炎起病隐匿，症状发展缓慢，间断发作，病程持续较长，从几个月到几年。病初无典型的急性发作史，病程中也无反复急性发作的现象。继发性慢性阑尾炎是首次急性阑尾炎发病后，经非手术治疗而愈或自行缓解，其后遗留有临床症状，久治不愈，病程中可再次或多次急性发作。慢性阑尾炎的确诊必须首先排除一切可以引起右下腹疼痛和压痛的疾病。对曾有急性阑尾炎发作史，以后症状体征比较明显的反复(间歇)发作性阑尾炎患者，诊断并不困难；对于无急性阑尾炎发作史的慢性(梗阻性)阑尾炎，钡剂灌肠检查帮助较大。慢性阑尾炎的诊断主要靠 X 线全消化道钡餐造影检查或 X 线钡剂灌肠检查确立：① 阑尾未充盈；② 阑尾虽部分充盈，但形态不规则；③ 72 h 后透视复查阑尾腔内钡剂仍不能排空。符合其中 1 条者便可确诊为慢性阑尾炎。慢性阑尾炎一经确诊应予手术切除阑尾。

本例中，缺少某中医诊所的病史资料，仅有 1 张类似于处方的材料，故对于王某当时是否确实存在阑尾炎或阑尾炎急性发作，目前并不能判断，同时亦无法明确该诊所对王某使用抗生素是否确有用药指征。据此认为，某中医诊所对于王某慢性阑尾炎的诊治存在过错。

(2) 关于庆大霉素的使用

庆大霉素属氨基糖甙类抗生素，它的毒性副反应主要表现在对第 8 对脑神经的损害，尤其是表现为前庭功能障碍。氨基糖甙类药物中毒性眩晕并非在用药后立即出现，而是在体内累积量达到一定程度后出现症状。据临床研究，庆大霉素的前庭毒性在用药后 3 个月症状达到高峰。症状的轻重与持续时间，因用药剂量、疗程、用法以及个体敏感性不同而有所不同。故临床上使用庆大霉素时要严格掌握用药适应证，药物量不宜过大，疗程不宜过长，并注意肾功能的变化；同时要注意个体敏感性差异。

本例中，某中医诊所对王某使用庆大霉素的用药适应证不明确，尤其是当王某诉其2年前曾有左耳神经性耳聋病史时，该诊所并未对其之前有耳聋的病史予以重视，仍给予庆大霉素静滴，说明该诊所对王某可能存在对庆大霉素毒性反应较为敏感的个体差异没有予以高度注意。同时，在使用庆大霉素过程中，没有注意其肾功能的变化。故某中医诊所对于王某使用庆大霉素的医疗行为存在过错。

（3）关于医疗过错与不良后果的因果关系

根据庆大霉素的毒性副反应主要表现在对第8对脑神经的损害尤其是表现为前庭功能障碍的特点，以及王某在使用庆大霉素后所发生的副反应的临床表现，并临床多次行前庭功能检查及影像学检查的结果，以及鉴定时行前庭平衡功能检查及影像学检查的结果，综合分析认为，临床诊断王某的双侧前庭病（前庭功能低下）与庆大霉素的使用可以存在因果关系。

综上所述，某中医诊所对王某慢性阑尾炎的诊治及使用庆大霉素存在医疗过错，与王某双侧前庭功能低下存在因果关系。同时，目前尚不能除外王某自身存在对庆大霉素毒性反应较为敏感的个体差异，该不利因素与其使用庆大霉素后出现双侧前庭功能低下之不良后果之间亦存在因果关系。综合考虑，医疗过错的参与程度拟为45%～55%。

（4）关于不良后果的伤残等级

王某使用庆大霉素后出现毒性不良反应的临床表现，经治疗后临床多次行前庭功能检查已经证实其双侧前庭功能低下，本次鉴定时予以复查前庭功能检查仍显示为双侧前庭功能低下，并行计算机姿势图检查提示其睁、闭眼、行走均能维持平衡，但在动态环境下维持平衡的能力下降。上述结果符合前庭神经功能障碍，日常活动能力轻度受限，可比照GB18667-2002《道路交通事故受伤人员伤残评定》标准第4.10.1a条之规定，其前庭神经功能障碍的后遗症相当于道路交通事故十级伤残。

6. 评析

庆大霉素属氨基糖甙类抗生素，具有内耳及听神经的毒性，长时间大剂量应用庆大霉素可能引起听觉或内耳系统的并发症。本案中，并无足够证据显示某中医诊所对王某实施了长时间大剂量庆大霉素治疗，其并发症的发生很可能与王某个体对药物的高度敏感性有关，而后者是应当考虑减免医方责任的适当理由。但是，由于医方未能提供完整的病历记录，不能证明其用药的合理理由，显然又应加重医疗过错的程度，故鉴定人综合裁定过错参与程拟为50%左右。

（夏文涛　杨小萍）

第十四章　知情告知与医疗纠纷

2009年12月26日第十一届全国人民代表大会常务委员会第十二次会议通过、自2010年7月1日起施行的《中华人民共和国侵权责任法》第五十五条规定"医务人员在诊疗活动中应当向患者说明病情和医疗措施。需要实施手术、特殊检查、特殊治疗的，医务人员应当及时向患者说明医疗风险、替代医疗方案等情况，并取得其书面同意；不宜向患者说明的，应当向患者的近亲属说明，并取得其书面同意。医务人员未尽到前款义务，造成患者损害的，医疗机构应当承担赔偿责任"。由此可见，医务人员对患者病情及治疗的告知是其法定的义务，在医疗纠纷的鉴定中应予高度关注，但临床医疗实际情况复杂多变，鉴定人也要具体问题具体分析。

第一节　知情告知及其与医疗纠纷的关系

一、知情告知及其相关法律问题

1. 知情告知的法律意义

从本质上讲，患者的病情是一种客观存在。无论医疗机构是否告知、告知是否充分，都不会对患者的病情有实质性影响。但这并不是说患者或者其近亲属的知情权是可以不受到尊重的。相反，《侵权责任法》强调患者具有知情权在诊疗活动中确实具有非常重要的意义。患者或者其近亲属需要对病情及医疗措施充分知情，实际上是由其在可能的多种医疗措施中选择某一种特定的措施，或者决定是否同意接受将要实施的医疗措施，以及对各种可能预后达到一定程度的理解、配合与完成必要的思想准备，体现了对患者健康权、生命权、身体权或者隐私权的尊重。

《侵权责任法》第五十五条规定：医务人员在诊疗活动中应当向患者说明病情和医疗措施。需要实施手术、特殊检查、特殊治疗的，医务人员应当及时向患者说明医疗风险、替代医疗方案等情况，并取得其书面同意；不宜向患者说明的，应当向患者的近亲属说明，并取得其书面同意。第五十六条规定：因抢救生命垂危的患者等紧急情况，不能取得患者或者其近亲属意见的，经医疗机构负责人或者授权的负责人批准，可以立即实施相应的医疗措施。上述法律规定，宣示了患者或者其近亲属在诊疗过程中具有知情权；除非特殊情况，医疗机构违反知情权的，可能需要承担赔偿责任。

但在司法实践及司法鉴定领域中，仍然存在诸多问题需要进一步深入探讨：①《侵权责任法》并没有就是否侵犯知情权的举证责任及其归责原则作出明示性规定，给人们留下了遐想和争辩的空间；② 对于病情和医疗措施的说明在较多情况下因其包含医学科学知识，具有一定的医学理论深度，常人有时难以清晰理解，实践中如何判定说明的充分性和有效性，有时是难以判断的问题；③ 对病情和医疗措施的说明于患者或者其近亲属而言实际上并非最为重要的环节，基于知情基础上的同意或者选择可能才是决定患者最终后果更加关键的部分；④ 由侵犯知情权引发的医疗损害赔偿责任纠纷究竟如何进行因果关系的分析和参与程度的判定，与通常的医疗过错纠纷究竟存在何种区别。

通常而言，患者或者其近亲属多为仅具有日常生活经验和一般知识的普通人，对于专门性的医学问题多不能理解。只有医疗机构的医务人员加以充分的解说，方能取得一定程度的理解与知情，但其理解和知情往往也仅限于在医务人员解说范围的内容，带有较大的相对性和局限性。基于这种所谓的"知情"，患者或者其近亲属却不得不进行是否"同意"的表示，乃至不得不做出"选择"，必然受到上述相对性和局限性的影响。因此作者认为，对于侵犯知情权的医疗损害赔偿责任纠纷案例的分析，不能过度泛化知情权的要求，否则对于医疗机构与患者，都可能是不够公平的。

2. 知情告知的过错责任

与大多数医疗损害赔偿责任纠纷一样，侵犯知情权的案例也适用"过错责任原则"。所谓过错责任原则是指，只有当有证据证明医疗机构存在过错，并且这种过错造成了损害后果的情形，医疗机构方才需要承担赔偿责任。

因此，在侵犯知情权的医疗损害赔偿责任案例，原告（患者一方）将承担以下举证责任：① 医疗机构故意或过失实施了侵犯知情权的行为，而这种侵犯本来是应该可以避免的；② 因未获得（足够的）知情权，原告失去了表示是否同意或者作出特定选择的机会；③ 侵犯知情权与所发生的损害后果之间存在着因果关系，这种因果关系在逻辑上是必然的，在法律上是可以归责的。

根据上述举证责任和归责原则，原告（患者一方）可能存在的风险是：① 不能举证医疗机构未行必要的告知，或者证据的证明力不足以判定事实；② 不能举证因医方未履行必要的告知事实上已经对患者造成了损害后果；③ 不能举证告知与损害后果之间是否存在必然的、可归责的因果关系。与此同时，被告（医疗机构）存在的风险是：① 作为诉讼证据而提交的病历材料或其他相关材料，不能反映已经实施的告知情节，或者不能证明告知的充分性和有效性；② 无法证明未行告知与患者病情的发展、恶化不存在内在的逻辑联系。

当出现一种有时难以完全避免的"证据模糊地带"，即既不能证明存在也不能证明不存在知情权侵犯和/或因果关系时，根据举证责任的规定，原告（患者一方）将不得不吞下举证不力的苦果。

3. 知情告知的特殊情形

在实践中，知情告知会遇到许多特殊情形。例如，我国目前多数情况下均实行"保护性医疗制度"，姑且不论其是否合理，但在实践中医务人员应如何决定选择向患者本人、抑或患者的近亲属进行知情告知？又或者，患者本人拒绝或同意某项医疗措施，但其与近亲属的意见相反时应当怎么办？作者认为：① 无论从我国近年来在立法上的改变趋势，还是国外法律中的相关规定，无疑都突显患者的主体资格，显示了患者对自身生命健康权、身体权的充分主体地位，因此在患者意识清醒、具有独立判断能力的时候，首先要充分尊重患者本人的知情同意权；② 在患者自主决定、近亲属代为决定与医师的决定权之间，其实涉及了多种伦理的冲突，并不能一概而论，至关重要的还是在于患者的利益优先，当然何谓"患者的利益"，有时也存在判断上的困难；③ 此种情形下判断医疗单位有无过错责任，鉴定人所需关注的关键环节还是在于所实施或者放弃医疗措施的结果，与患者最终的损害后果之间有无因果关系。

二、医疗纠纷鉴定中关于知情告知的注意事项

1. 应当作出知情告知的内容

根据现行法律、法规与医疗常规的规定，一般医师在医疗活动中对患者或其亲属应当告知如下事项。

(1) 疾病的诊断

疾病的诊断，包括医师知道的和应当知道的。此处所谓的"知道"是指按照医学标准的要求作出的判定。

(2) 建议采取医疗措施的目的、方法及其好处和风险

医师在医疗活动中居于主导地位，其通常具有实施医疗措施的建议权，在建议的同时应当让患者或其亲属在充分知情的前提下作出同意的表示。

(3) 除建议采取的医疗措施以外，可供选择的其他措施

大多数情况下，现代医学已经给人们提供了更多的选择，医师应当提供患者选择的机会，同样应当从正、反两方面告知患者或其亲属，由其在充分知情的前提下作出选择。

(4) 可能发生的医疗费用

经济是医疗措施除安全、有效以外的另一项重要原则，医师应当告知可能预见的医疗费用，诸如医疗措施(药物、器械、治疗方法等)是否属医疗保险范围等，还应包括建议采取的医疗措施以及除此以外其他医疗措施的比较。

(5) 拒绝拟采取措施的风险和好处

患者或其亲属具有决定是否接受诊疗措施的权利，此时医师不能因此而擅自终止与其沟通，停止医疗服务。

(6) 转诊或转医治疗

医师因为专业限制或者从患者疾病治疗利益考虑建议患者转诊或者转医时，同样应当告知其可能产生的利弊，取得其谅解或同意。

2. 医疗纠纷鉴定中与知情告知有关的情形

作者总结在医疗纠纷的鉴定中，知情同意相关情形大致可能归纳为以下几种类型。

(1) 仅限于对病情说明的告知

是否作出知情告知其实并不影响医师的选择，鉴定人不应纠结于医务人员有无完成知情告知，鉴定中可不予关注，医方未完成知情告知是否须承担侵权责任可由法庭经调查后直接作出裁判。如某市1例著名的孕妇与胎儿双亡的"一尸两命"案件中，孕妇当时病

情极其危重，除非急诊行剖宫产手术，否则必然危及生命，但医方仅因为孕妇丈夫拒绝手术签字，产科医师未能及时实施手术，最终导致上述恶果（该案最终以医患双方调解结案）。但事实上，《侵权责任法》第五十六条"因抢救生命垂危的患者等紧急情况，不能取得患者或者其近亲属意见的，经医疗机构或者授权的负责人批准，可以立即实施相应的医疗措施"，以及第六十条第（一）款规定的医疗机构免责情形包括"患者或者其近亲属不配合医疗机构进行符合诊疗规范的诊疗"，上述法律条款均规定了医疗单位可以具有紧急情况下的决定权和处置权。从法理上讲，这是"紧急避险"原理的应用，因为患者的生命权总是大于知情权。

(2) 决定知情同意和选择的告知

患者或者其近亲属的知情选择和知情同意直接决定了医务人员对医疗措施的实施。如颈内动脉狭窄的治疗方式可包括传统的内膜剥脱术，也可包括微创的血管内介入支架植入术。上述两种方式各有利弊，患者在充分知情的前提下作出选择，直接关乎其采用何种治疗方式、需要承担何种风险以及预后效果。又如，孕妇产前检查、产前筛查、产前诊断的实施，可能得出其孕育胎儿有一定的风险罹患先天性致残疾病，孕妇对该可能性的获知将直接决定其对胎儿的处置（是接受这种风险继续妊娠，还是避免风险终止妊娠）。此时，其知情告知对鉴定结果具有重要的意义，鉴定人应高度关注。但在鉴定实践中要避免两种倾向：① 将可能发生的事实认定为必然发生的事实，如认定被告知孕有一定致畸风险胎儿的孕妇必然会终止妊娠，而将畸形胎儿的出生直接作为损害后果；② 脱离临床诊疗规范及相应原则，夸大知情告知缺陷的危害后果，如某患者患巨大胃溃疡内科治疗无效理应实施胃大部切除术，但医方错误估计患者胃部病灶业已癌变，术前告知及术中操作均选择了全胃切除术，术后患方认为若未获癌变告知则必然不会同意手术，但鉴定人认为按照当时病情，其胃大部切除术是理应实施的手术，该案医疗过错是手术范围的扩大而非错误实施手术。

(3) 决定未来诊治的告知

患者或者其近亲属的知情权直接关乎患者疾病的预后。如对于甲状腺手术误伤甲状旁腺的患者，医方应当告知其须长期服用补钙药物；又如需要术后实施放射治疗的乳腺癌患者，应当告知其在间隔一定的时期后即应开始放疗科就诊。如缺乏此种告知，患者可能失去进一步诊疗的机会，直接造成严重的损害后果。因此，鉴定人同样应高度关注此类知情告知的情形，并在鉴定中对其加以必要的说明。

3. 关于医疗过错的分析

根据法律规定，医务人员若违反卫生法律、行政法规、部门规章、诊疗规范，未尽到与当时医疗水平相应的诊疗义务，或者未尽到知情告知义务的，应当承担赔偿责任。

患者的知情、同意与选择均需建立在医师充分告知与说明的基础之上。知情是同意的前提，同意是知情的结果。临床实践中，医师有必要告知或说明的内容包括：有关疾病的诊断、可供选择的治疗措施及其推荐意见、不同治疗措施之间可能存在的差异、对疾病预后的判断、是否存在更佳的治疗选择等情况。需要告知的内容当然包括医师已经知道的，也应包括按照现有医学条件及当时情况，医师确实"应当知道"的。前者可以根据医师的陈述、病历资料的记载以及《知情同意书》的具体内容加以判定，后者则需根据病历资料、相关检查结果，结合医学文献进行综合判定。不能因医师拒绝承认当时“已经知道”，而简单地排除其有违知情告知义务。

（夏文涛）

第二节 案例评析

一、早产儿视网膜病变筛查告知不充分引发纠纷

1. 案情摘要

余某，男性幼童。2011 年 8 月 29 日，余某因出生后窒息入住某市人民医院诊治，经治医院给予相应治疗，其后被发现患有早产儿视网膜病变，遂引发纠纷。某市人民法院委托某研究所司法鉴定中心就某市人民医院在对余某的诊疗过程中是否存在过错；若存在过错，其与余某的不良后果之间是否存在因果关系以及过错的参与程度等事项进行法医学鉴定。

2. 病史摘要

(1) 2011 年 8 月 29 日至 11 月 7 日某市人民医院住院病历

入院主诉：早产出生后窒息复苏后 10 min 入院。现病史：患儿系 G_1P_1，孕 $29^{1/7}$ 周，因“妊高征，子痫前期”行剖宫产娩出，出生时体重 1.01 kg，生后 1 分钟 Apgar 评分为 1 分，未开奶，未排胎便，乙肝疫苗、卡介苗未接种，维生素 K1 未用。患儿出生后无自主呼吸，心率慢，在手术室给予气管插管、复苏气囊加压通气、胸外心脏按压等抢救治疗，仍无自主呼吸，为求进一步治疗，急转入我科。体格检查：T36℃，P110 bpm，体重 1.01 kg；早产儿貌，反应差，无脑性尖叫；气管插管复苏气囊加压通气；全身皮肤黏膜无明显出血点，头颅小，前囟平，张力不高；眼睑无浮肿，耳廓软，口周青紫；颈软，双肺呼吸音低，可闻及湿啰音，心前区无隆起，心尖搏动无弥散，心音低钝，律尚齐，心脏各瓣膜听诊区未闻及明显杂音；腹平坦，肝肋下约 1 cm，肛门外观未见明显异常，睾丸未降入阴囊，脊柱外观无畸形，四肢肌张力低，无肢体抽搐，指（趾）甲未达末端，原始反射未引出。初步诊断：早产儿，极低出生体重儿，新生儿肺炎，新生儿呼吸窘迫综合征可能，新生儿窒息，新生儿缺氧缺血性脑病。诊疗计划：住 NICU、保暖，完善相关检查；抗感染，呼吸机辅助通气，以及相应对症支持治疗。

9 月 2 日，SpO_2 偶有波动，持续禁食。查体：精神反应、营养发育极差；双肺呼吸音低，可及湿啰音，心音低钝，律齐，未及明显杂音；四肢肌张力低，全身皮肤水肿，局部硬肿。今日继续禁食，补充静脉营养，加用丙球加强支持治疗。目前状况差，极易并发多脏器损伤，远期预后可能不良，已反复告知家长，家长表示理解，目前要求积极治疗。

9 月 3 日，今日鼻饲奶量 0.5 mL，q3 h。

9 月 7 日，双下肢轻度水肿，奶量增至 3 mL，q3 h，补充静脉营养支持治疗，血小板升至正常水平，继续加强抗感染治疗，头颅 B 超示左侧脑室增宽，可进一步加重甚至出现脑积水等严重并发症，远期预后差，再次将病情告知家长，家长表示理解，愿意积极治疗，密切观察患儿病情变化，及时对症处理。

9 月 27 日，仍给予 CPAP 辅助通气，参数已下调，SpO_2能维持稳定。

9 月 29 日阶段小结：入院后给予保暖、机械通气辅助呼吸，气管内注入肺表面活性物质、抗感染等处理，病情逐渐好转，撤离呼吸机改为面罩吸氧，期间适时开奶，逐渐加量，对症处理黄疸等。目前情况：患儿体重 1.38 kg，体温正常，自行吮奶能力差，仍给予面罩吸氧、鼻饲，奶量已足，SpO_2基本稳定。

10 月 4 日，患儿病情危重，持续面罩吸氧，SpO_2基本稳定，鼻饲奶量 15 mL，q2 h。查体：反应差，前囟平；颈软；双肺呼吸音粗，未闻及明显湿啰音，心音低钝，律齐，未闻及明显杂音；腹软，肠鸣音可及，四肢肌张力可。今加奶至 16 mL，q2 h，继续训练患儿自行吃奶能力。患儿为极低出生体重儿，有窒息及呼吸机通气吸氧史，已达眼筛时间，但病情不允许行该检查，已告知家长，家长表示理解。

11 月 7 日，患儿反应一般，自行吃奶 25 mL，q2 h，无吐奶及呛咳，大便正常，尿量可，体温不高。查体：反应一般，皮肤颜色暗，前囟平，张力不高，口唇黏膜光滑，颈软，双肺呼吸音粗，未闻及明显湿啰音，心音可，律齐，腹软，肠鸣音正常，四肢肌张力可。患儿已达早产儿出院标准，今日准予出院，嘱尽早完善各项筛查，1 月后复查肝功能。

8 月 29 日危重儿和早产儿病情告知书、氧疗应用告知书、医患沟通记录等，有家属签字。

医院长期医嘱见表 14－1。

表 14－1　住院期间长期医嘱

起始时间		长期医嘱	停止时间	
8.29	17:00	持续呼吸机辅助呼吸(NICU)	9.12	16:40
9.12	16:40	持续正压通气(CPAP)	9.30	9:00
9.30	9:00	氧气面罩吸氧	10. 26	9:00
10.26	9:00	鼻导管吸氧	10. 28	9:00

护理记录单记载：2011 年 8 月 29 日至 11 月 7 日，SpO_2多在 90%～93%之间，偶 95%。

(2) 外地某三级甲等医院病历

2011 年 11 月 11 日：初诊，要求早产儿查眼底。出生孕周为孕 $29^{1/7}$，出生体重 1 010 g，矫正胎龄为 $39^{5/7}$周，吸氧(＋)。查体：双眼玻璃体积血。

11 月 14 日 B 超：右眼玻璃体混浊(出血可能)，左眼颞上方疑似视网膜脱离。

11 月 21 日：双眼视网膜脱于晶体后。

2012 年 3 月 8 日复诊查体：右眼角膜透明，前房消失，瞳孔后粘连，全视网膜脱位于晶体后；左眼球小，深陷眶内，角膜小，余窥不清。诊断：右 ROP 5 期，左眼球萎缩。

3. 鉴定检验所见

神志清，哭闹，检查不合作。无明显追光反应，右眼角膜透明，左眼球凹陷明显。

B 超示：右眼网膜全脱，左眼球结构不清。

4. 鉴定意见

某市人民医院在对被鉴定人余某的诊疗过程中存在过错，与余某不良后果之间存在一定的因果关系(医疗过错属次要因素,参与程度拟为20%~30%)。

5. 分析讨论

新生早产儿在氧疗过程中,医疗单位应密切监测吸入氧气浓度、氧分压或经皮血氧饱和度。氧浓度以30%~40%为宜,在不同的呼吸支持水平,都应以最低的氧浓度维持氧分压在50~80 mmHg、经皮血氧饱和度90%~95%。调整氧浓度应逐步进行,以免波动过大。不宜长期持续高浓度给氧,有停氧指征时应及时梯度减少直至停止供氧。

本案中被鉴定人余某系G_1P_1,孕$29^{1/7}$周,因“妊高征,子痫前期”行剖宫产娩出,出生体重1.01 kg,生后Apgar评分1分钟评1分,患儿生后无自主呼吸,心率慢,在手术室给予气管插管、复苏气囊加压通气、胸外心脏按压等抢救治疗,患儿仍无自主呼吸,遂入新生儿科。余某有氧疗适应证,入院后予气管插管复苏气囊加压通气,经治医院给予上述吸氧治疗符合诊疗原则。

余某持续呼吸机辅助呼吸时间达15 d,后改为持续正压通气时间达27 d;后改为氧气面罩吸氧26 d;改为鼻导管吸氧3 d,后停吸氧。在用氧过程中行氧饱和度的监测,多在90%~93%左右,偶95%,符合诊疗原则。

早产儿视网膜病变(ROP)好发于出生时低体重的早产儿,尤其合并有呼吸障碍症候群者,患者常有大量的吸氧史。胎龄越小,出生体重越轻的早产儿发病率越高。早产儿易患本病与视网膜血管发育有关。早产儿的视网膜血管尚未达到锯齿缘,该区为无血管区,正在向前发育的血管前端组织对氧特别敏感,当吸入高浓度的氧时,视网膜血管收缩和闭塞,停止吸氧时,视网膜出现缺血,刺激新生血管形成,即形成ROP。出生时有呼吸窘迫综合征、窒息、反复呼吸暂停、气胸、先天性动脉导管未闭和心脏病等均是本病的高危因素,这些疾病常常使视网膜组织缺氧,即使未使用氧气吸入也可产生本病,而这些疾病又往往需要吸氧治疗,更易诱发ROP。

本案中余某系早产儿,生后无自主呼吸,双肺呼吸音粗,可闻及湿啰音。临床诊断为早产极低出生体重儿,新生儿肺炎,新生儿呼吸窘迫综合征,新生儿窒息,新生儿缺氧缺血性脑病。上述病变属ROP发生的高危因素,即使不用氧疗,其自身因素所致的视网膜组织缺氧也可能诱发早产儿视网膜病变。因此,其自身因素是ROP发生的内在原因。

对早产儿用氧时,经治医院要告知家长早产儿眼底血管不成熟的特点以及用氧的必要性和可能的危害性。该疾病的治疗效果取决于病变的位置、ROP的程度及进展的阶段。早期诊断ROP最好的办法就是及时筛查。本案经治医院对于ROP发病的危险因素认识尚不够充分,未及时对余某进行早期筛查,现有证据也不足以证明其已经充分告知家长ROP的危害(出院医嘱虽有“嘱尽早完善各项筛查”的记录,但显然不够具体、详细),提示医方存在未尽到告知义务的过错。该过错可使余某在一定程度上减少早期诊断及早期治疗的机会。

6. 调解结果

鉴定意见送达后,原、被告双方在法院的主持下自愿达成调解协议:

原告余某因本次医疗纠纷产生的医疗费、后续治疗费、护理费、残疾赔偿金、交通费、住院伙食补助费、精神损害抚慰金、鉴定费等各项费用由被告某市人民医院承担350 000元。

原告余某与被告某市人民医院医疗损害赔偿纠纷一案一次性处理完毕，别无其他争执。

诉讼费 6 550 元，减半收取 3 275 元，由被告某市人民医院承担。

7. 评析

(1) ROP 的发病机制与病理学

胚胎 4 个月开始，视盘周围开始出现血管，随之向鼻、颞侧伸延，至胚胎 8 个月时，已到达颞侧锯齿缘，因此眼球发育正常的新生儿眼底血管基本接近成人。而当未成熟儿出生后，由于其眼球发育尚未臻完善，中央存在过大的无血管区，正常情况下该血管仍需继续生长，并分化为毛细血管。这些血管对高浓度氧气和缺氧都高度敏感，可引起血管闭塞和收缩，并形成(病理性的)新生血管，即可导致早产儿视网膜病变(retinopathy of prematurity，ROP)的发生。

ROP 几乎全部发生于发育不完全的眼球。在本病的早期(也称急性活动期)表现为视网膜血管迂曲扩张，从眼底周边部向中央无血管区融合，出现新生细小血管、动静脉短路和微血管瘤，细小血管可向玻璃体内蔓延，引起眼底出血，同时可导致纤维条索增生。本病的第 2 阶段为退行期，大多数婴儿随年龄增长病程自然停止而进入此期，周边网膜由混浊变透明，常不留后遗症，另有 20%～25%继续发展至晚期。晚期也称瘢痕期，又可按程度分为 5 期，第 1、2 期对视力无影响或影响不大，但常发生高度近视性屈光不正，第 3、4、5 期可出现黄斑变性、眼底玻璃体混浊、视网膜色调苍白、血管细窄、视网膜牵引性或/和渗出性脱离、广泛机化、眼球萎缩等，对视力有严重损害直至完全失明。由于严重者于晶状体后可见部分机化膜及部分视网膜结缔组织增生，因此刚开始认识本病时也称其为晶状体后纤维增生症，由 Terry 于 1942 年首次报道，1984 年始正式改称为 ROP。本病按其严重程度可分为 I 至 V 度，病变严重者可并发角膜混浊、白内障、青光眼、斜视等，最终眼球萎缩，视力完全丧失。

(2) ROP 的病因和流行病学

目前对 ROP 的病因尚未完全清楚。有人研究后指出，围产期的 42 个影响因素中的 19 个与 ROP 密切相关。目前一般认为，与 ROP 有关的发病原因众多，包括新生儿本身的因素，诸如早产和低体重，母亲产前使用 β 受体阻滞剂，新生儿产后给氧治疗，环境光照等。王颖等研究后提出，ROP 发病主要与孕周、出生时胎儿体重、氧疗和缺氧等因素有关。我国有人进行流行病学统计的资料显示，胎龄低于 37 周、体重轻于 2 500 g 的新生儿中，ROP 发病率为 20.3%。汪建涛等人的专项统计表明，孕周越短，ROP 发病率越高，小于 28 周的早产儿发生率超过 70%，28～32 周者发生率在 50%左右，33～37 周者发病率仅 10%。同时，出生时婴儿的体重越轻，ROP 发病率也越高，在小于 1 000 g、1 000～1 500 g、1 500～2 000 g、2 000～2 500 g 的新生儿，其发病率分别约为 100%、35%、20%、8%。一般至 9 个月胎龄时，其眼球发育已接近成人，此时即使早产，患 ROP 的机会也明显降低。

对于氧气在 ROP 发病过程中作用的意见尚不十分统一。20 世纪 50 年代，人们发现 ROP 几乎均发生于出生后 10 d 内曾给予高浓度吸氧治疗的早产低体重儿，经儿科医师注意本病的预防、减少高浓度给氧以后，本病的发病率曾一度有所下降。后来的动物实验证实，出生后 1 周内的小鼠在 75%高氧环境下生活 5 d，可成功制备出类似人类 ROP 的模型。氧疗时间越长(>15 d),吸入氧浓度越高(FiO_2>0.6),动脉血氧分压越高,病情越重。但随着产科技术的迅速发展,早产、低体重儿出生的存活概率越来越高,本病的发病率也随之重新上升。因此,目前有较多的学者认为,"单就氧气而言,既不是充分的,也不是必要的致病因素",而"相对缺氧"才是诱发 ROP 的主要原因。王文吉等也指出,ROP 的产生与"相对缺氧"有关,即高浓度给氧后迅速停止,从而造成组织的相对缺氧,而与吸氧时间无关。但也有报告,吸氧的时间与 ROP 的发生存在明确的联系,吸氧时间越长,发病率越高。

关于吸氧治疗(简称"氧疗")在发病中的因素尚存在如此的争论,因此我们认为目前在鉴定时应当以此为原则,即为:患儿的血氧浓度过高或者缺氧均可能对本病的发展有明显的不利影响或促进作用,两者均需要注意防范。

(3) ROP 的治疗和预后

美国 ROP 的发生率为 36.4%,其中 9.5%的患儿遗留终生视力障碍。我国尚缺乏全面、权威的统计,从零星的报道来看,其发病率和致盲率也不低于美国,因此应引起相当重视。

ROP 的防治关键在于预防早产和低体重儿的出生,一旦发生该疾病后,则应尽可能早期发现和及时治疗。近年来,在 ROP 的手术治疗方面也取得一定的进展,包括冷凝、激光治疗、巩膜扣带术和玻璃体切割术,可以为早期或晚期 ROP 患者提供一定的治疗,改善其预后。早期患者预后较好,晚期患者经适当治疗也常能保持一定视力,或不致发生眼球萎缩而影响容貌。

(4) 吸氧与 ROP 的关系

ROP 的发病率仍达到相当高的程度,因此引起的涉讼纠纷也日益增多,如何进行此类案件的鉴定,其要害往往是抓住吸氧与 ROP 因果关系的分析。我们认为,在此类案件中,吸氧的必要性和吸氧治疗中的医疗行为是必须考虑的因素。鉴定时,可以从以下几个关键方面进行分析。

1) 新生儿本身的因素:是否为早产儿?出生时的胎龄多大?出生时的体重多少?出生时发育程度如何?这些问题是在鉴定时首先要考察的。在面对具有 ROP 高危因素的患儿时,经治医院应对本病有一定的预见性,给予高度的注意并适时采取恰当的防护措施。这种预见和注意应当包括充分的医患交流,在病史上体现出医务人员对可能的致病因素和防范措施贯穿始终的全面记录。有学者指出反复检查眼底有可能对本病的预防有一定帮助。但是,在何时开始进行眼底检查才有可能发现眼底病变仍存在一定的争议。有人认为,出生后数周至 1 个月内仅通过简单的眼底检查难以发现 ROP 早期病变。但无论如何,对新生儿进行反复的、系统的眼科检查对本病的早期诊断总是有帮助的,并可能使得眼科的医疗因素尽早介入而改善疾病的最终后果。

事实上,ROP 高危的患儿并不仅仅为早产儿。由于宫内感染等因素,可能影响胎儿在宫内的发育,至足月分娩时其发育状况仍明显为差,同样可能是 ROP 的易患人群。

2) 氧疗的因素:i) 氧疗的必要性:发育较差的早产儿中,全身较多脏器的发育均未臻完善,容易并发呼吸功能障碍,直接导致患儿缺氧,需要人工供氧,否则可有生命危险。同时,其发育不佳的眼球在高浓度氧的作用下可能导致 ROP 发病率的增高。这将成为一对尖锐的矛盾，或者可称为“两难”选择。但正如尼尔逊儿科学所述：每一个新生儿必须接受任何对于维持其生命和神经机能所必需的方法进行治疗。所谓两害相权取其轻，与法律上的“紧急避险”相似，只要是维持生命必需的供氧，即应视为必要的医疗措施，从法律的角度来讲应该是无过错的。ii）氧疗的原则：观察新生儿的缺氧表现，主要应重视意识状态、肌紧张、姿势、腱反射和阵挛、呼吸暂停、瞳孔反应、抽搐、脑电图。在氧疗时，一方面应给予维持生命所必需的氧气，一方面应控制供氧的浓度，这样才有利于维持一定程度的缺氧以兴奋呼吸中枢，争取早日建立良好的自身呼吸功能。同时医师应当了解，除非呼吸暂停反复严重发作或顽固性难治外，未成熟儿的呼吸暂停并不影响婴儿预后。因此，新生儿（包括早产儿）在进行氧疗时的一个重要原则为供氧浓度不宜过高，只要能维持基本生命活动和神经机能需要即可。这就要求在为新生儿供氧时，能以低浓度供氧的则不应用中、高浓度供氧，能缩短供氧时间的则不延长时间。一般来说，低浓度的氧疗是指氧成分（FiO_2）略高于空气中的浓度以下，一般在 30%以下，当该指标达到 50%以上时即为高浓度氧疗。给氧的方式可以有多种选择，其中鼻导管给氧的效率较高，面罩给氧虽可能较不舒适，但能较好地控制 FiO_2。一般情况下，氧流量为 5～6 L/min，FiO_2 达 30%～45%。有文献报道，头罩给氧时 ROP 发生率较机械供氧时为低。临床停止氧疗的指征是：发绀基本消失，神志、精神好转，血气检验结果满意，无呼吸困难，循环稳定。停氧疗前，应间断吸氧一段时间，逐渐停止。iii）氧疗期间的监测和随访：新生儿在进行氧疗期间必须进行必要的监测。有条件的医疗单位可以采用血氧饱和度监护，也可以采取抽动脉血进行血气分析的方法，其缺点是需反复抽血，给患儿造成一定的痛苦。可接受的血气浓度包括 $PaCO_2$ 50～70 mmHg（血 pH>7.3），PaO_2 55～60 mmHg，血氧饱和度 90%～95%。此外，体格检查也是有效的监测手段，可以从患儿的肤色、唇色、呼吸频率、肢体有无抽搐等观察其缺氧程度；也可监测视网膜血管反应，若其直径变细时，应考虑血氧浓度可能过高，应适当降低 FiO_2。但这些方法存在一定的主观性，需检查者有相当的经验，应尽可能结合客观检查。无论选择何种监测方法，都能为经治医师在进行氧疗时提供决定氧气浓度和供氧时间选择的重要参考依据，因此总是必要的。

（5）吸氧与 ROP 因果关系的鉴定思路与原则

作者总结吸氧与 ROP 因果关系鉴定的思路：① 被鉴定者 ROP 的诊断是否能够成立，是否存在 ROP 的高危因素；② 被鉴定者有无接受吸氧治疗的指征，即有无缺氧，有无必要供氧，不予供氧或减少供氧是否存在威胁生命的结果或者可能导致其他严重情况的发生，在此可以应用前述的“如果没有”法进行检验；③ 病史记载中有无关于患儿缺氧症状和体征（即临床给氧指征）的记录，院方于供氧治疗时有无注意所给氧气的浓度，是否已将该浓度控制在允许的范围以内，有无过长时间给氧情况的存在，氧疗期间有无进行必要的血氧浓度监测和眼科检测；④ 经治医院有无对患者家属进行必要的医患交流，有无告知家属在婴儿出院后应定期随访（包括眼科检查），争取早期治疗可能发生的眼病。

存在 ROP 高危因素的患儿发生疾病以后，可以大致地分为以下几种情况作出鉴定意见：① 若经治医院在完全不需供氧的情况下为患儿供氧，或存在过高浓度、过长时间给氧的情节，又没有进行必要的监测和随访，应认为根据目前的医学科学理论，不能排除系在患儿本身存在疾病高危因素的基础上，由于经治医院的医疗过失行为造成了损害后果。

此时，可根据案情的实际情况，判定医疗过失行为与损害后果之间存在着因果关系，一般可鉴定为间接因果关系（次要因素）或“临界型”因果关系（同等因素）。② 若虽然需要对患儿行供氧治疗，目前证据也显示经治医院的供氧未违反医疗原则（即氧浓度不过大，时间不过长），但在整个医疗过程中，除病史记载体检见有缺氧症状需吸氧治疗的文字以外，缺乏客观的监测指标，且院方未重视医患交流和随访，则应认为虽然患儿本身的个体体质因素是其致病的决定性因素，但经治医院仍有一定程度的不足，不排除医疗过失行为与损害后果之间存在着间接因果关系（轻微因素或者次要因素）。③ 若经治医院供氧等医疗行为不违反医疗原则，且注意了监测、医患交流和随访，则患儿即使发生 ROP，也应认为其与医疗因素无关。

综上所述，在涉及 ROP 的鉴定中，医务人员是否履行充分的告知义务是特别需要重视的问题，此类告知直接与患儿能否尽早进行 ROP 筛选及接受预防性治疗有关，故鉴定人不能也无法回避。

二、肠穿孔术后死亡引发纠纷

1. 案情摘要

付某，男性，1942 年 6 月 30 日出生。2010 年 1 月 15 日 4:30，付某因腹痛 5 h 就诊于某镇中心卫生院，诊断为“腹膜炎，消化道穿孔待排，消化道出血待排”，于同日 8:10 由 120 送达某市第一人民医院，9:00 到达病房，入院诊断为“消化性溃疡急性穿孔，急性弥漫性腹膜炎”，18:40 入手术室行剖腹探查术，术中见盲肠穿孔、结肠癌、急性弥漫性腹膜炎、感染性休克，行右半结肠切除并腹腔引流术，其后付某于 1 月 18 日凌晨在家中死亡。付某的家属认为某市第一人民医院在诊疗过程中存在过错，遂诉至当地人民法院。在审理过程中，法院委托司法鉴定机构就某市第一人民医院在对付某的医疗过程中是否存在过错；若存在过错，其与付某的死亡后果之间有无因果关系及其参与程度等事项进行法医学鉴定。

2. 病史摘要

(1) 2010 年 1 月 15 日 4:30 某镇中心卫生院外科急诊病历

主诉：腹痛 5 h。5 h 前无明显诱因出现上腹疼痛，呈持续性刀割样痛，无恶心、呕吐，无畏寒、发热。查体：一般情况好，心、肺(-)，全腹压痛、反跳痛。诊断：① 腹膜炎；② 消化道穿孔待排；③ 消化道出血待排。处置建议：转上级医院。

(2) 2010 年 1 月 15 日 120 急救中心急诊病历

患者到达时间：8:10。生命体征：BP 160/90 mmHg，HR 96 bpm，R 20 bpm，T 36℃。现病史：患者于昨晚 22:00 左右无明显诱因出现腹部疼痛，呈持续性隐痛，进行性加重，无恶心、呕吐、腹泻及畏寒、发热等情况，病后即于当地卫生院补液处理，后呼“120”接诊。查体：神志清，痛苦面容，腹部平坦，未见肠型、蠕动波，腹肌紧张，呈板状腹，下腹部压痛、反跳痛(+)，余查体未见特殊。诊断：① 急性弥漫性腹膜炎；② 急性阑尾炎待排；③ 消化道穿孔待排。收住外科。

(3) 2010 年 1 月 15 日至 1 月 18 日某市第一人民医院住院病历

9:00 入院情况：患者于昨晚 22:00 左右突发上腹部持续性烧灼样疼痛，并逐渐扩散至右下腹及全腹，自觉疲乏无力。无发热、呕吐、腹胀及四肢湿冷情况。在外院行腹部X线摄片示：双膈下气腹征。查体：T36℃，R20 bpm，P96 bpm，BP160/90 mmHg；神志清，急性痛苦面容，腹部平坦，未见有肠型和蠕动波，腹肌较紧张，上腹部及右下腹部压痛、反跳痛均存在，未扪及包块，肝、脾肋下未触及肿大，肝浊音界消失，腹部叩诊无移动性浊音，肠鸣音减弱。腹部X线平片示：双膈下气腹征，双肺上叶陈旧性肺结核。1月15日10:54血常规：WBC 1.9×10^9/L，RBC 3.99×10^{12}/L，HG 89.2%，PLT 293×10^9/L，N 60.1%，L 33.8%，BG B型。腹部B超：膈下少量游离气体存留，腹腔少量积液，注意消化道穿孔；肝、胆、脾、胰、双肾未见异常声像；麦氏点处未探及明显包块，未探及明显典型肿大阑尾。入院诊断：消化性溃疡急性穿孔，急性弥漫性腹膜炎。

1月15日9:30主任医师查房：指示完善相关检查排除内科严重疾患，排除手术禁忌征，做好术前准备，急诊行剖腹探查，拟行溃疡穿孔修补或胃大部切除，结肠、小肠穿孔修补或部分切除术；并向患者及其家属告知病情及治疗措施。15:40某副主任医师查房：患者今15:00左右坐起排尿时突然出现头晕、眼花，面色苍白，软弱无力，BP 74/50 mmHg，R 32 bpm，P 118 bpm，SpO_2 92%；考虑因溃疡穿孔灶或结肠肠管穿孔漏出液污染腹腔、毒素吸收引起中毒性感染性休克，予以多巴胺、地塞米松注射，加用面罩吸氧。考虑患者今上午查血常规见WBC 1.9×10^9/L，有否血液方面病变，予以复查血常规及相关检查排除手术禁忌证，并建议在生命体征稳定情况下尽快施行手术治疗防止病情加重危及生命。16:07血常规：WBC 5.2×10^9/L。17:00:BP 96/58 mmHg，R 42 bpm，P 98 bpm，SpO_2 96%；患者头晕、眼花症状明显好转；建议患者家属手术治疗以防止病情加重危及生命，术中患者有可能因病情重出现意外，不能抢救过来；患者家属认为手术没有80%希望，不敢同意手术；因此建议患者家属转上级医院治疗，患者家属拿不定主意（未见患者或家属签字）。18:00:患者家属经商量后于18:00才决定同意手术。1月15日手术知情同意书：术前诊断：消化性溃疡急性穿孔，急性弥漫性腹膜炎，感染、中毒性休克；手术名称：剖腹探查术。2010年1月15日18:40入手术室行剖腹探查，右半结肠切除术，腹腔引流术。术中见盲肠有一穿孔灶，大小约6×4 cm，食物残渣及多量粪渣流出，结肠肝曲处有一癌肿5×4 cm，质硬，癌肿未浸润出浆膜层（术后病程录记载"癌肿已浸润到浆膜层"），与周围组织无粘连，沿着回-结肠动、静脉行径有多枚淋巴结肿大，直径0.3～2 cm不等；腹腔内有黄色积液约2 000 mL，混有食物残渣及多量粪渣，小肠轻度水肿；肝胆、脾胃、膀胱、前列腺未见异常。术毕剖开癌肿病变肠管见管壁增厚，癌肿长约5 cm，基底面凹凸不平，质硬，占据1/3肠周。决定行右半结肠切除，家属20:37同意右半结肠切除（见1月15日手术知情同意书补充记录），遂行右半结肠切除手术，腹腔引流术。术后诊断：盲肠急性穿孔，结肠肝曲癌可能，急性弥漫性腹膜炎，感染性休克。麻醉记录单显示术中血压持续降低，其中麻醉开始时为75/45 mmHg，最低时为35/20 mmHg，术中多次使用多巴胺静脉注射并维持滴注。术后将患者转入ICU病房监护，给予抗感染、抗休克、输血、对症、支持治疗，但患者出现血"三系"（RBC、WBC、血小板）降低、肾功能减退、呼吸功能障碍、感染、酸中毒等病症，经向患者家属反复说明病情后，家属决定放弃治疗，并签字为据（见1月18日住院患者自动出院记录）。

住院护理记录：2010年1月15日10:30，患者于9:00平车入院，入科即予单侧鼻塞吸氧 2 L/min，心电监护，遵医嘱一级护理、禁食、留置胃管，测 BP、P、R q4 h(等)。15:00，患者主诉头晕眼花，心电图监护显示 BP 74/50 mmHg，P 118 bpm，R32 bpm，SpO_2 92%，报告医师，即建立三条静脉快速补液，遵医嘱予 5%GNS 250 mL＋多巴胺 80 mg 静脉滴注，面罩吸氧 6 L/min。15:45，患者病情危重，转危重患者护理记录。

出院情况：患者有气促、血氧低下、血压不稳定，家属因病情危重，要求放弃治疗，给予办理自动出院。

出院诊断：感染性休克，急性弥漫性腹膜炎，盲肠急性穿孔，结肠癌，肺炎，败血症。

3. 鉴定人阅片所见

2010 年 1 月 15 日 10:38、10:40、10:43 卧位胸部及立、卧位腹部 X 线片(HaiNan 2ND Workers Hosp，片号 10054584)2 张，示：两上肺陈旧性结核灶；两肺纹理增多，右侧肋膈角较左侧变钝。双侧膈下见游离气体影，右侧呈分房改变，并见短小液平面，左下腹小肠节段状扩张，分布呈"腊肠征"，盲肠、升结肠内见粪便影，肝区以远结肠内少量积气；上述征象提示小肠梗阻(机械性)，伴空腔器官穿孔。

4. 鉴定意见

某市第一人民医院在对被鉴定人付某的诊治过程中存在医疗过失行为(过错)，与其最终死亡之间存在一定的因果关系(医疗过失为主要原因，参与程度拟为 60%～70%)。

5. 分析讨论

(1) 关于诊断方面的医疗过失

付某突发上腹部刀割样持续性疼痛 10 h 左右，经卫生院急诊后由"120"救护车急送至某市第一人民医院。入院后查体示其生命体征平稳，腹部平坦，腹肌较紧张，上腹部及右下腹部压痛、反跳痛阳性，肝浊音界消失，肠鸣音减弱。入院后 1 h 余转至外院行胸、腹部 X 线摄片示两上肺陈旧性结核灶，机械性不完全性小肠梗阻，伴腹腔内游离气体影。入院诊断为消化性溃疡急性穿孔，急性弥漫性腹膜炎。

我们认为，根据当时的临床资料，付某急性弥漫性腹膜炎、消化道穿孔诊断明确，结合其年龄特点及 X 线影像学特点，除考虑其病因为消化性溃疡穿孔外，亦应考虑肠道恶性肿瘤引发穿孔的可能性。经其后手术探查并病理检验证实，其为结肠肝曲癌，梗阻近端盲肠处穿孔。

一般来说，对于消化道穿孔的病例，具有一定经验的临床外科(专科)医师根据腹部症状与体征，即能作出初步诊断。腹腔穿刺有助于明确诊断。本例中，某市第一人民医院在付某腹部临床表现典型，该院又不具备放射检查条件的情况下，未选择简单有效的腹腔穿刺术，而是将付某转送外院摄片，延误了诊断时机，并对其病情造成不利影响。因此，院方未尽到危险后果回避义务。此外，在送检病历的病程录、护理记录中均未见转送外院摄片的记载(包括离开及返回医院的时间，往返途中的监护等)，表明医务人员未尽到高度注意义务。还应指出，在送检影像资料显示的摄片时间前，经治医院的入院录及病程记录上即已可见摄片结果报告，提示院方未如实进行病史记录，违反了病历书写的有关规定。上述情节应属医疗过失行为。

(2) 关于治疗方面的医疗过失

急性弥漫性腹膜炎、消化道穿孔系外科急腹症，发病急，演变进展快，病情往往危重，可引起严重的全身中毒症状而危及生命。对于此类病例，一旦确诊，应尽快实施剖腹手术。

某市第一人民医院在付某入院后，即给予禁食、胃肠减压、监测生命体征、补液等处置，且早期即考虑行剖腹探查术，符合上述医疗原则。但是，院方在付某入院约 6 个小时内，未见实施手术，也未见病程记录；直至病情转危，出现血压下降、感染性休克的症状时，方见再次病程记录记载拟行手术，最终至入院约 12 h(距发病时间已超过 18 h)方实施手术。至本例付某手术时，其病情已相当危重，生命体征不稳定，血压在升压药物维持下仍持续偏低，提示其全身中毒现象严重，与病情迟迟未能得到手术治疗的纠正存在密切的关系。上述情况反映了经治医院未充分认识到付某病情的严重性，存在医疗过失行为。

(3) 关于死亡原因及医疗过失与死亡后果的因果关系

根据现有材料分析付某的死亡原因应为：结肠肝曲癌并发急性结肠梗阻，导致盲肠过度扩张(闭襻性梗阻)而破裂，急性弥漫性腹膜炎，中毒性休克，继发全身多系统多器官功能衰竭，最终导致死亡。

某市第一人民医院在本例诊治过程中存在着延误诊治等医疗过失行为(即过错)，减少了付某获救的机会，与其最终死亡之间存在因果关系。当然，类似本例本身为结肠恶性肿瘤患者，肿瘤近端盲肠穿孔(盲肠管腔宽，其肠内容物尚未经重吸收，水份较多，呈糊状粪汁，混杂食物残渣)，小肠亦有梗阻存在，说明其本次疾病发作时间长，腹腔污染重，病情凶险，即使在入院早期即行手术治疗，仍有可能在术后出现严重的并发症并危及生命，或因肿瘤无法根治而致病情进展。故认为：某市第一人民医院在对付某的诊治过程中存在医疗过失行为，与其最终死亡之间存在一定的因果关系，医疗过失为主要原因，参与程度拟为 60%～70%。

但还应当指出，送检病程录记载某市第一人民医院在付某术前未能及时得到患者或其家属同意手术的意见(在相关记录处未见患者或家属签字确认)，若该情节确实存在，对医院治疗措施的选择、实施势必带来影响。委托人应进一步查证该情节是否属实，在此基础上作出责任程度的判定。

6. 评析

从法律效果来讲，本案的鉴定并不能从根本上解决侵权赔偿的问题。因为本案的病历记录中在患方是否存在延误同意接受手术治疗的情节存在较大的争议，双方各执一词，委托鉴定时法庭也未给出明确说法。本案鉴定是基于排除该情节存在的前提下而作出的，但鉴定人在鉴定意见书的分析部分给予了必要的说明，即：建议法庭进一步调查后再作出裁决。这是鉴定人在遇到类似情况下能够作出的比较明智的选择。事实上，只有法庭才能在综合所有证据的情况下作出最终的裁决。

三、腹股沟疝修补术后睾丸萎缩引发纠纷

1. 案情摘要

韩某，男性，53 岁。2011 年 7 月 8 日，韩某因“右腹股沟区可复性肿物 1 个月”至某市中心医院就诊，诊断为“腹股沟斜疝(右侧)”，经治医院于 2011 年 7 月 12 日为韩某施行无张力疝修补术，后出现右侧睾丸萎缩。因韩某认为其右侧睾丸萎缩系由该次手术造成，遂

诉至当地人民法院。人民法院于审理过程中委托司法鉴定机构就某市中心医院在对韩某的诊疗过程中是否存在医疗过错；如有过错，其与韩某的损害后果之间是否存在因果关系及参与程度进行法医学鉴定。

2. 病史摘要

(1) 2011 年 7 月 8 日至 7 月 16 日某市中心医院住院病史

入院主诉：右腹股沟区可复性肿物 1 个月，加重 3 d。现病史：患者于 1 个月前无明显诱因出现右侧腹股沟区可复性肿物，大小约 1×1 cm，腹压增大时出现，可还纳。无剧烈腹痛，无发热，无恶心、呕吐。近 3 d 来，肿物体积明显增大，大小约 5×5 cm，包块出现时局部疼痛，可手法还纳，无恶心、呕吐，无发热、寒战，在当地医院未行治疗。为明确诊断及进一步治疗，来我院，急诊以“斜疝(右侧)”收住入院。自发病来，患者食欲、睡眠尚可，大小便正常，体重未见明显减轻。既往史：既往有过敏性哮喘病史 3 年。体格检查：肛门、直肠、外生殖器未见明显异常。右腹股沟区见一包块，大小约 5×5 cm，未坠入阴囊，可手法还纳，压住内环肿块不再突出。初步诊断：腹股沟斜疝(右侧)，过敏性哮喘。

7 月 12 日手术记录：取右侧腹股沟中点横行切口，约 5 cm，逐层切开皮肤、皮下组织，止血护皮。沿腱纤维方向剪开，显露精索，避开腹壁下神经和髂腹股沟神经，切开提睾肌，于精索内侧找到疝囊，打开，探查见疝囊约 8×6 cm 大小，疝颈部位于腹壁下动脉外侧，诊断为斜疝成立，决定行无张力疝修补术。钝锐性分离疝囊至腹壁外脂肪处，高位缝扎疝颈部，剪除多余疝囊组织。提起精索，见内环扩大约 2 cm，1 号线间断缝合 3 针，修补内环仅容示指尖。游离精索后组织，置疝片于精索后，平展后，边缘分别固定在腹股沟韧带、耻骨结节骨膜、联合腱。置精索于原位，分别缝合腹外斜肌腱膜、皮下组织和皮肤。

7 月 16 日病程记录：术后患者有发热，治疗后好转。今日患者出院。出院诊断：腹股沟斜疝(右侧)，过敏性哮喘。

(2) 2012 年 12 月 25 日门诊病历(未标识医院名称)

主诉：右侧睾丸逐渐缩小 6 月余，伴性功能下降。既往史：17 个月前曾行右斜疝修补术。查体：右侧下腹部横行切口，未扪及包块。右侧睾丸约 1.5×1.5 cm 大小，质韧，无压痛。处理：普外科目前暂无特殊处理。

(3) 2012 年 12 月 25 日某大学附属医院超声检查报告

右侧睾丸大小约 2.2×0.9×1.4 cm，内回声减低，分布不均匀，CDFI 示内未见明显血流信号。左侧睾丸大小形态正常，包膜完整，内部回声尚均匀，CDFI 示实质血流分布未见异常。右侧附睾轮廓缩小，内回声减低，分布不均匀，CDFI 示内未见明显血流信号。左侧附睾大小形态正常，内未见异常回声。

超声提示：右侧睾丸及附睾回声不均、轮廓缩小，坏死或萎缩可能。左侧精索静脉曲张。

3. 法医学检验

神志清，步入检查室，对答切题，查体合作。右侧腹股沟区见手术瘢痕。右侧睾丸较左侧明显缩小。左侧睾丸大小、质地可。

4. 鉴定意见

某市中心医院在对被鉴定人韩某实施的诊疗过程中存在医疗过错；其过错与韩某右

侧睾丸萎缩的不良后果之间存在因果关系(过错系不良后果的主要因素)。

5. 分析讨论

韩某为中年男性，于 2011 年 7 月 8 日因“右腹股沟区可复性肿物 1 个月”至某市中心医院就诊，医方术前诊断为腹股沟斜疝(右侧)等，于 2011 年 7 月 12 日为韩某施行无张力疝修补术。据病史记载，医方术前体检检查示外生殖器未见明显异常。术后韩某出现右侧睾丸逐渐缩小，至某大学附属医院行超声检查提示右侧睾丸、附睾缩小，其内未见明显血流信号。复阅韩某的病史，某市中心医院作出的术前临床诊断可以成立，其术后出现右侧睾丸萎缩亦可以明确。

腹股沟斜疝是男性最常见的腹外疝，其从腹壁下动脉外侧的腹股沟管内环突出，随着病程的发展逐渐向内、下、前方斜行穿越腹股沟管，出腹股沟管外环而达体表，男性疝块还可继续向阴囊方向发展。易复性腹股沟疝最早的临床表现是腹股沟区坠胀感，以及该区时隐时现的肿块。斜疝肿块通常在行走、咳嗽等腹内压增高时出现，于休息、平卧或推送后回纳入腹腔而消失。手术是治疗斜疝最有效的方法，随着修补材料的问世，无张力疝修补术得以发展，并可最大限度减少手术后复发。精索损伤是行无张力疝修补术时发生的副损伤之一，剥离疝囊和为加强腹股沟管后壁而游离精索都可能导致精索损伤。如果精索中所含的精索内动脉(睾丸动脉)受到损伤，将导致缺血性睾丸炎或睾丸萎缩，因与它吻合的输精管动脉细小而不足以单独维持睾丸的血供需要。此外，疝修补术中重建的内环和外环如过于狭小而压迫精索血管以及游离精索被扭曲均可导致精索血流不畅。

本例中，韩某术前诊断明确，故某市中心医院选择无张力疝修补术的治疗方式符合患者实际情况与医疗原则。韩某自诉无张力疝修补术后 11 月开始发现右侧睾丸逐渐缩小，超声检查提示右侧睾丸、附睾缩小，其内未见明显血流信号。就现有材料分析认为，腹股沟斜疝与精索在解剖上位置毗邻，以及无张力疝修补术式本身的特点，在手术时可能伤及精索。就本例而言，医方术前查体未见韩某的右侧睾丸存在异常，术后出现右侧睾丸逐渐缩小，结合 B 超检查结果，其符合右侧精索血管损伤或压迫等原因致右侧睾丸缺血并萎缩的发生、发展。据此分析，某市中心医院在行无张力疝修补术时存在操作不当，致右侧精索血管损伤或压迫，存在医疗过错。

当然，韩某自身患有右侧腹股沟斜疝，且疝囊较大，故在一定程度上增加了手术的难度，给手术过程中避免周围组织的损伤带来了一定的困难。

综上所述，某市中心医院在对韩某实施的诊疗过程中，存在医疗过错；该过错与韩某右侧睾丸萎缩的不良后果之间存在因果关系，过错系不良后果的主要因素(过错参与程度拟为 60%～80%)。

6. 评析

本案鉴定意见的得出明显是采用了逆向推理法的结果。所谓逆向推理法，是医疗纠纷司法鉴定中进行因果关系分析时经常采用的方法之一。医疗纠纷司法鉴定因果关系分析的常用方法有以下 3 种：① 循证推理法。即依据临床表现、实验室检验结果、辅助检查资料以及临床诊疗过程中病情的转归情况，依据相关医学标准作出分析、评定。这是医疗纠纷鉴定中最常用的方法。② 排除推理法。当某一种损害后果的可能原因是有限的，可以采用排除法逐步排除其他原因，所有其他原因被确切排除后，剩余的就是可以确定的原因。③ 逆向推理法。当某一种损害后果的可能原因是无限的，可以根据损害后果进行逆向思维，罗列出最可能的原因，证明其符合性。与循证推理法、排除推理法相比，逆向推理法对因果关系的证明效能相对更差。就本案而言，患者韩某手术部位与睾丸萎缩的患病部位存在解剖学上的相关性，两者的出现在时间上存在前后延续性，且时间间隔符合病理生理演变的规律性，故因果关系的证明符合逻辑性。

事实上，本案认定医疗过错及其过错与损害后果之间的因果关系、参与程度很大程度上是基于医方对患者的知情告知不足。腹股沟疝手术因邻近精索血管，导致血管受累影响睾丸血供在临床上很难完全避免，属手术并发症，但经治医师对此应有足够的警惕，告知患者进行必要的注意和随访。但本案经治医师对自己的手术操作过度自信，未行必要的告知，使韩某未能加以必要的注意，最终导致其发现损害后果为时已晚。因此，本案医疗过错的实质是医方在手术环节存在疏忽大意的过错，在术后告知环节又存在盲目自信的过错，终于未能避免一侧睾丸血供受损并最终萎缩的不良后果发生。因此，司法鉴定人将医方医疗过错的参与程度确定为主要因素也就不在意料之外了。

（夏文涛　王萌　俞晓英）

第十五章　产前检查与医疗纠纷

错误出生(wrongful life)，被部分学者认为是一个很容易让人引起误解的称呼。事实上，在这类案件中，错误的是医疗行为上的过失，而不是新生儿的出生或者生命。但由于这个词太常见且已被习惯而至今仍在广泛使用。错误出生之诉自20世纪60年代开始在美国频繁出现，其经历了饱受争议到被普遍承认的过程。据估计，美国国内自1973年以来已有数千例类似诉讼被提起，而且对于可以起诉的出生缺陷几乎没有任何限制。大陆法系国家如德国和法国，也在此后逐渐认可了错误出生损害赔偿的合法性。随着我国妇幼保健医疗水平的进一步提高，以1995年6月1日《母婴保健法》的实施为分水岭，与新生儿畸形相关的纠纷和诉讼有呈明显上升的趋势。

我国对以错误出生为由提起的诉讼，出现了迥然有异的判例，大致包括如下情形：① 多数法院以医疗事故赔偿为由作出判决；② 有的法院以违反医疗合同为由进行判决；③ 有的法院以侵权责任作为判决依据；④ 有的法院不承认此类诉讼。判决患方胜诉的案件，其赔偿计算依据也有明显差异，有的主要支持患方的精神损害，有的除支持患方的精神损害以外，还部分支持患儿的残疾补偿金乃至残疾辅助用具。在司法实践中，类似案件的审判一直广受关注，且出现了迥异的判决结果，其中的很多问题更多地与法律适用相关。作者作为专业技术人员，现仅从医疗技术角度，探讨此类案件的鉴定原则与鉴定方法。

第一节　产前超声检查中的医疗纠纷及防范

一、关于孕产期保健与产前检查

1. “出生缺陷”及“错误出生”

出生缺陷也称先天异常，是指胎儿在母体内器官形成过程中，由于遗传因素和/或环境因素的作用所导致的胚胎发育紊乱，大致包括形态结构异常、生理和代谢功能障碍、先天智力低下和宫内发育迟缓等4大类。出生缺陷已成为世界婴儿死亡、儿童和成人残疾的主要原因之一，是一个全球面临的重要公共卫生问题。全世界每年大约有500万出生缺陷婴儿诞生，85%以上发生在发展中国家。我国是人口大国，也是出生缺陷的高发国家，我国每年有20万～30万肉眼可见的先天性畸形儿出生，加上出生后数月至数年才显现出来的缺陷，先天残疾儿童总数高达80万～120万，占我国每年出生人口总数的4%～6%。上述问题不仅使出生缺陷和残疾日益成为影响出生人口素质的重要问题，同时也给家庭和社会造成沉重的经济负担和精神痛苦。

缺陷新生儿的出生无论对于家庭、还是对于整个社会都是不期望发生的，因而国家努力建立比较完善的综合防治制度。我国政府历来高度重视母婴保护和出生缺陷的防治工作。中华人民共和国全国人民代表大会于1994年10月27日通过《中华人民共和国母婴保健法》，为保障母亲和婴儿健康，提高出生人口素质，进而为预防出生缺陷提供了法律保障。国务院于2001年6月20日颁布了《〈中华人民共和国母婴保健法〉实施办法》；原国家卫生部联合有关部门为降低我国出生缺陷的发生率，制定了一系列政策、措施，实施以婚前保健、产前诊断、新生儿疾病筛查为主的三级综合性防治策略，并于2002年9月24日颁布了《产前诊断技术管理办法》。产前诊断作为二级预防措施，在出生缺陷防治工作中起着重要作用。然而，现代医学发展至今尚不可能完全杜绝此类现象的发生，与其他临床医疗专业领域情况大致相仿，随着近年来我国产前诊断工作的逐步展开，在孕期保健产前超声检查中发生的因“错误出生”引发的医疗纠纷诉讼案件亦呈逐渐增多趋势。

错误出生是指由于医师的失误（过错）未能发现胎儿存在严重畸形或其他严重残疾，致使有缺陷的先天畸形或残疾婴儿出生，并由此产生诉讼，孩子的父母可主张因医疗失误（过错）使得他们丧失了终止妊娠的机会。有学者认为，错误出生诉讼应当在侵权法理论中得到肯认，将其作为医疗损害赔偿责任的一个类型。但是，如果以现有的“医疗事故损害”或《侵权责任法》统一的“医疗损害赔偿责任”命名该类诉讼，将无法体现错误出生诉讼与一般医疗损害赔偿责任诉讼的区别。因为出生缺陷是先天异常，在医师因失误（过错）未能诊断出胎儿的状况之前，该胎儿的先天畸形或残疾已然存在，该先天畸形或残疾并非基于医师的医疗行为而发生，而是由于遗传因素和/或环境因素的作用导致胚胎发育紊乱所形成的畸形或残疾，医师的失误（过错）仅仅在于违反注意义务而未能发现胎儿的严重先天性疾病，得出胎儿发育正常或者未发现异常情况的错误报告而已。正是这一点使此类诉讼与普通的医疗侵权损害赔偿责任诉讼有显著的区别。

2. 法律法规和临床技术规范的相关规定

（1）《中华人民共和国母婴保健法》的相关规定

《中华人民共和国母婴保健法》第三章“孕产期保健”中第十四条规定，医疗保健机构应当为育龄妇女和孕产妇提供孕产期保健服务。孕产期保健服务包括下列内容：① 母婴保健指导。对孕育健康后代以及严重遗传性疾病和碘缺乏病等地方性疾病的发病原因、治疗和预防方法提供医学意见。② 孕妇、产妇保健。为孕妇、产妇提供卫生、营养、心理等方面的咨询和指导以及产前定期检查等医疗保健服务。③ 胎儿保健。为胎儿生长发育提供必要的监护，为孕产妇提供咨询和医学指导。④ 新生儿保健。为新生儿生长发育、哺乳和护理提供医疗保健服务。第十五条规定，对患严重疾病或者接触致畸物质，妊娠可能危及孕妇生命安全或者可能严重影响孕妇健康和胎儿正常发育的，医疗保健机构应当予以医学指导。第十六条规定，医师发现或者怀疑患严重遗传性疾病的育龄夫妻，应当提出医学意见。育龄夫妻应当根据医师的医学意见采取相应的措施。第十七条规定，经产前检查，医师发现或者怀疑胎儿异常的，应当对孕妇进行产前诊断。第十八条规定，经产前诊断，有下列情形之一的，医师应当向夫妻双方说明情况，并提出终止妊娠的医学意见：① 胎儿患严重遗传性疾病的；② 胎儿有严重缺陷的；③ 因患严重疾病，继续妊娠可能危及孕妇生命安全或者严重危害孕妇健康的。

(2)《〈中华人民共和国母婴保健法〉实施办法》的相关规定

《〈中华人民共和国母婴保健法〉实施办法》第三章"孕产期保健"中第十七条规定，医疗、保健机构应当为育龄妇女提供有关避孕、节育、生育、不育和生殖健康的咨询和医疗保健服务。医师发现或者怀疑育龄夫妻患有严重遗传性疾病的，应当提出医学意见；限于现有医疗技术水平难以确诊的，应当向当事人说明情况。育龄夫妻可以选择避孕、节育、不孕等相应的医学措施。第十八条规定，医疗、保健机构应当为孕产妇提供下列医疗保健服务：① 为孕产妇建立保健手册(卡)，定期进行产前检查；② 为孕产妇提供卫生、营养、心理等方面的医学指导与咨询；③ 对高危孕妇进行重点监护、随访和医疗保健服务；④ 为孕产妇提供安全分娩技术服务；⑤ 定期进行产后访视，指导产妇科学喂养婴儿；⑥ 提供避孕咨询指导和技术服务；⑦ 对产妇及其家属进行生殖健康教育和科学育儿知识教育；⑧ 其他孕产期保健服务。第十九条规定，医疗、保健机构发现孕妇患有下列严重疾病或者接触物理、化学、生物等有毒、有害因素，可能危及孕妇生命安全或者可能严重影响孕妇健康和胎儿正常发育的，应当对孕妇进行医学指导和必要的医学检查：① 严重的妊娠合并症或者并发症；② 严重的精神性疾病；③ 国务院卫生行政部门规定的严重影响生育的其他疾病。第二十条规定，孕妇有下列情形之一的，医师应当对其进行产前诊断：① 羊水过多或者过少的；② 胎儿发育异常或者胎儿有可疑畸形的；③ 孕早期接触过可能导致胎儿先天缺陷的物质的；④ 有遗传病家族史或者曾经分娩过先天性严重缺陷婴儿的；⑤ 初产妇年龄超过 35 周岁的。第二十一条规定，《中华人民共和国母婴保健法》第十八条规定的胎儿的严重遗传性疾病、胎儿的严重缺陷、孕妇患继续妊娠可能危及其生命健康和安全的严重疾病目录，由国务院卫生行政部门规定。第二十二条规定，生育过严重遗传性疾病或者严重缺陷患儿的，再次妊娠前，夫妻双方应当按照国家有关规定到医疗、保健机构进行医学检查。医疗、保健机构应当向当事人介绍有关遗传性疾病的知识，给予咨询、指导。对诊断患有医学上认为不宜生育的严重遗传性疾病的，医师应当向当事人说明情况，并提出医学意见。

(3)《产前诊断技术管理办法》的相关规定

原国家卫生部颁布的《产前诊断技术管理办法》第一章第二条规定，本管理办法中所称的产前诊断，是指对胎儿进行先天性缺陷和遗传性疾病的诊断，包括相应筛查。产前诊断技术项目包括遗传咨询、医学影像、生化免疫、细胞遗传和分子遗传等。第三章第十六条规定，对一般孕妇实施产前筛查以及应用产前诊断技术坚持知情选择。开展产前筛查的医疗保健机构要与经许可开展产前诊断技术的医疗保健机构建立工作联系，保证筛查病例能落实后续诊断。第十七条规定，孕妇有下列情形之一的，经治医师应当建议其进行产前诊断：① 羊水过多或者过少的；② 胎儿发育异常或者胎儿有可疑畸形的；③ 孕早期时接触过可能导致胎儿先天缺陷的物质的；④ 有遗传病家族史或者曾经分娩过先天性严重缺陷婴儿的；⑤ 年龄超过 35 周岁的。第二十条规定，开展产前检查、助产技术的医疗保健机构在为孕妇进行早孕检查或产前检查时，遇到本办法第十七条所列情形的孕妇，应当进行有关知识的普及，提供咨询服务，并以书面形式如实告知孕妇或其家属，建议孕妇进行产前诊断。

超声产前诊断是产前检查的重要内容之一，它包括对胎儿生长发育的评估、对高危胎儿在超声引导下的标本采集和对某些先天性缺陷的诊断。《产前诊断技术管理办法》相关配套文件之附件6——《超声产前诊断技术规范》对超声产前诊断机构的设置、超声产前诊断人员的要求以及设备要求均作出了规定，并特别强调了管理程序和技术程序的要求。该技术规范要求：根据目前超声技术水平，在16～24周，超声产前诊断应当可以作出诊断的严重畸形包括无脑儿、脑膨出、开放性脊柱裂、胸腹壁缺损内脏外翻、单腔心、致命性软骨发育不全等。

超声产前诊断的具体技术程序包括：① 对孕妇进行产前检查的医院应在孕妇妊娠16～24周进行常规超声检查，主要内容应包括胎儿生长评估和胎儿体表及内脏结构发育的检查。具体操作步骤应按医院超声检查的诊疗常规进行。如疑有胎儿生长发育异常，应立即转诊到经许可开展产前诊断技术的医疗保健机构进行进一步检查诊断。② 对《产前诊断技术管理办法》第十七条规定的高危孕妇，应进行早期妊娠超声检查，对发现的异常病例应转诊到经许可开展产前诊断技术的医疗保健机构进行进一步检查诊断。③ 开展产前诊断技术的医疗保健机构对转诊来的可疑病例以及产前筛查出的高危孕妇，应在妊娠24周前对胎儿进行全面的超声检查并作好详细的记录。④ 对无结构异常的腔室容积改变，需随访后再作诊断；⑤ 胎儿标本采集应严格按照介入性超声操作常规进行。

(4)《产前超声检查指南(2012)》的相关规定

2012年6月1日，中国医师协会超声医师分会正式公布了《产前超声检查指南》，该指南内容涵盖了产前超声筛查和产前超声诊断机构的设置、从事产前超声检查医师的资质、仪器设备等基本要求，并对产前超声检查的管理、产前超声检查的分类及时机(早孕、中晚孕、有限超声检查)、各类产前超声检查的适应证、检查内容及要求存留图像和胎儿安全性5大部分进行了规范。该指南还对产前超声检查各个方面都提出了详尽和较明确的说明和指导意见，是目前我国产前超声检查的指导性文件。

产前超声筛查能检查出大部分胎儿畸形，但会受到一些不确定因素的影响，因此具有一定的局限性。例如，超声筛查中常会受到胎儿孕周、体位、羊水量、孕妇腹壁厚度、超声仪器设备、孕晚期骨骼声影等影响因素的限制，有些结构不能被完全清楚地显示，同时胎儿本身解剖学结构及胎儿期血流动力学与出生后有很大不同、超声检查过程中可能出现各种伪像和假象，都可能影响超声诊断的准确性，即使最高级的超声仪器也不能完全满足检测出所有胎儿先天缺陷的要求。因此，《产前超声检查指南》特别阐明产前超声技术具有一定的局限性，产前超声检查不能发现所有的畸形，也不能对胎儿以后的发育做出预测，所以超声诊断不能等同于临床诊断。还列出部分疾病和胎儿畸形的超声诊断率，有利于医患双方能够客观认识产前超声诊断技术并不能达到100%检出率。

《产前超声检查指南》要求做好服务告知，将本机构开展的产科超声检查服务内容告知孕妇，Ⅲ级和Ⅳ级产前超声检查应与服务对象签署知情同意书。

毫无疑问，超声产前诊断是当前有关错误出生的医疗纠纷司法鉴定中最常见的问题，我们在上文中已经将有关法律法规和诊疗规定的规定尽可能全面地罗列出来，本节以后内容以及本章第二节中的案例评析也将主要围绕这一问题展开。当然，产前检查和产前诊断技术远不限于超声检查，还包括其他检查技术甚至基因筛查和基因诊断，但限于本书篇幅和作者认知水平，将不再进一步阐述。

二、产前超声检查中医疗过错的认定及医疗纠纷的风险防范

通过超声检查可以发现胎儿结构异常，是产前检查发现胎儿畸形的重要方法。近年来，随着医学科学的发展和仪器的不断更新，我国产前超声检查技术已经取得了长足的进步。然而，目前产前超声检查的现状仍然是不能检出所有的胎儿畸形，但孕妇及家属的要求或者期望却往往是产前超声诊断的准确率应该达到100%。随着人们对产前超声检查特别是Ⅲ级产前超声检查的依赖性增强，以及孕妇和家属对产前超声过高的或过分的期望，这成为从事产前诊断及孕期保健的所有医师不容回避的问题。随着近年来我国产前诊断工作的逐步展开，因对产前超声检查结果认知的差异引发的医疗纠纷案件亦逐渐增多。那么鉴定人应当如何认识这类纠纷中到底有无医疗过错，如何分析、判定因果关系？医师应该如何规避产前超声检查的风险？在此，作者从医疗纠纷案件司法鉴定的角度对产前超声检查的风险防范对策以及鉴定要点提出自己的浅见。

根据《司法鉴定程序通则》第二十二条规定，司法鉴定人进行鉴定，应当依下列顺序遵守和采用该专业领域的技术标准和技术规范：① 国家标准和技术规范；② 司法鉴定主管部门、司法鉴定行业组织或者相关行业主管部门制定的行业标准和技术规范；③ 该专业领域多数专家认可的技术标准和技术规范。不具备前款规定的技术标准和技术规范的，可以采用所属司法鉴定机构自行制定的有关技术规范。

随着《中华人民共和国母婴保健法》《中华人民共和国母婴保健法实施办法》及卫生部颁发的《产前诊断技术管理办法》等相继出台并实施后，我国部分省级卫生行政部门纷纷出台了当地统一的技术规范，对产前诊断技术的应用加强统一质量管理，但还有许多地区尚未达成共识。中国医师协会超声医师分会于2012年正式发布了《产前超声检查指南》作为行业的临床技术规范。

据此，在进行产前超声检查医疗纠纷案例的鉴定时，应依据上述临床技术规范来衡量和判断医方的医疗行为是否符合诊疗规范，是否存在医疗过错。这就要求医方在进行医疗活动时必须依据规范做事。若医疗行为符合规范，则不存在医疗过错；反之，若医疗行为不符合规范，则存在医疗过错。是为我们进行医疗纠纷案件司法鉴定的第1个层次。其次，我们需对患者主诉的损害后果即胎儿畸形的情况进行具体分析，着重关注技术层面，即胎儿畸形是否是现有产前超声检查技术所能检出的，胎儿畸形在产前经超声检查明确诊断在技术上的难度大小，或可能性大小。再次，我们应进一步分析医疗过错与患方主诉的损害后果（即胎儿畸形）之间的因果关系，以及医疗过错参与程度的大小。

依据上述鉴定思路，医方如何尽最大可能检出胎儿畸形？如何规避产前超声诊断的风险？归纳总结而言，就是医务人员要不断学习，加强法律意识，在进行医疗活动时必须做到符合规范；不断提高医疗技术水平，规范操作，当产前超声检查发现异常时能够给予充分注意和重视；对超声检查的局限性、医院实际的技术水平或能力以及影响超声检查结果的各种因素如实履行告知义务；对超声检查报告的表述要规范，尤其应注意在检查前或

者宣教中务必避免一些不实的、夸大的宣传。

（杨小萍）

第二节 案例评析

一、手指畸形产前超声检查

1. 案情摘要

据原告孙某的民事诉状等材料摘录：章某在怀孕期间在被告某市中医院进行产前保健，在该院做了3次产前超声检查，其中1次为四维彩超检查，医方每次均告知腹中胎儿发育正常。2011年10月11日，原告章某产下男婴，被诊断为左手手指短缺。原告认为，被告医院的医疗行为侵犯了原告夫妇的健康生育选择权，故诉至法院。为审理此案，委托人委托某研究所司法鉴定中心就某市中医院对章某的诊疗行为是否存在过错；若存在过错，与章某之子畸形出生的后果之间是否存在因果关系进行法医学鉴定（书证审查）。

2. 病史摘要

(1) 孕产妇保健手册

末次月经2011年1月16日，预产期2011年10月23日。

本次妊娠有恶心、呕吐，无头晕、头痛、眼花、胸闷、浮肿；无病毒感染、无发热、无流感、无风疹；无接触X线，无农药及有毒物品接触史；无猫、狗接触史，无传染病。无阴道出血。孕期无用药史。

体格检查：身高168 cm，体重58 kg，BP 106/70 mmHg，P 92 bpm，心脏正常，肺正常，肝脏未及，脾未及，乳头正常，脊柱正常，四肢正常，无浮肿，无甲亢，无龋齿。

孕产史：G_1P_0。

既往史：无高血压，无肾炎，无心脏病，无贫血，无糖尿病，无血液病，无药物过敏，无传染病史。

双方家族史：无高血压，无精神病，无近亲婚配，无畸形，无遗传病，无传染病。

骨盆测量：髂棘间径25 cm，髂嵴间径28 cm，骶耻外径20 cm，坐骨结节间径9 cm。

不良嗜好：无。

危险因素分级及评分：0。

诊断：G_1P_0，宫内孕14^+周，胎心149 bpm。

(2) 2011年7月1日某市中医院彩色多普勒超声检查报告

声像图所见：胎儿个数1，胎方位LSP，双顶径55 mm，头围204 mm，小脑横径23 mm，颅后窝池4.0 mm，侧脑室宽度4.0 mm，外眦距离38 mm，内眦距离13.1 mm，鼻骨长7.1 mm，腹围180 mm，股骨长40 mm，足底长39 mm，肱骨长38 mm，羊水最大深度45 mm，胎盘位置后壁，胎盘厚度28 mm，胎盘成熟度Ⅰ级，胎儿心率150 bpm，脐带S/D 3.4。胎儿颅骨光环可见，脑中线居中，两侧丘脑对称，胎儿上唇连续未见明显中断，眼、鼻对称，颈部未见明显压迹。脊柱：脊柱双光带平行排列，未见明显中断。心脏位置正常，四腔心结构比例正常。双上肢可见，双下肢及双足可见。肝、胆、胃、双肾、膀胱可见，双肾盂无分离。脐带可见脐动脉 2 条、脐静脉 1 条。检查提示：中孕单活胎，胎儿发育相当于 22 周 6 天。

孕期超声检查知情同意书：超声对胎儿无创伤，安全性高，诊断准确，是目前产科首选的影像学检查，是产前诊断与筛查胎儿畸形的重要工具。但超声是影像学检查，胎儿体位、胎动、胎儿骨骼声影、羊水的多少都会影响检查效果；胎儿畸形是一个动态发展的过程，超声检查不能检出所有的胎儿畸形，故请受检者知情理解。建议：孕 28～30 周作晚孕胎儿常规超声检查(130 元)。受检者签字：章某。

(3) 2011 年 8 月 12 日，某市中医院妇科彩色多普勒超声检查报告

声像图所见：胎头双顶径 7.4 cm，股骨长径 5.2 cm，胎儿腹径 7.8 cm，羊水暗区 4.8 cm，胎盘位于右侧壁，胎心搏动规则，145 bpm，脊柱完整。CDFI：胎儿颈周可见两周脐带血流，S/D2.6。超声提示：胎位 RSA，胎盘Ⅱ$^{+}$级，胎儿脐带绕颈 2 周。

(4) 2011 年 8 月 18 日，某市中医院彩色多普勒超声检查报告

声像图所见：胎儿个数 1，胎方位正枕后，双顶径 74 mm，头围 274 mm，腹围 254 mm，股骨长 57 mm，肱骨长 49 mm，心率 157 bpm，羊水深度 59 mm，胎盘位置后壁，胎盘厚度 28 mm，成熟度Ⅱ$^{+}$级。胎儿颅骨光环可见，脑中线居中，侧脑室宽 5.7 mm，两侧丘脑对称，颅后窝池 7.5 mm，小脑横径 35 mm，胎儿上唇连续未见明显中断，眼鼻对称，颈部未见明显压迹。脊柱双光带平行排列，未见明显中断。心脏位置正常，四腔心结构比例正常。双上肢可见，双下肢及双足可见。肝、胆、胃、双肾、膀胱可见，双肾盂无分离。脐带可见脐动脉 2 条，S/D 2.8。检查提示：晚孕单活胎，胎儿发育相当于 30 周 0 天。

(5) 2011 年 10 月 16 日某市中心医院诊断证明

姓名：章某。诊断意见：G_1P_1，孕 $38^{2/7}$ 周，顺产一活男婴，新生儿左手指短小。

(6) 2012 年 4 月 12 日某省人民医院诊断证明

诊断意见：左手畸形(食指、中指、环指、小指部分缺如)。

3. 鉴定意见与分析讨论

章某在怀孕期间在某市中医院进行产前保健，先后在该院做了 3 次产前超声检查，结果均未提示异常。章某后娩出一男婴，临床诊断为左手手指短缺畸形。章某之子左手手指短缺畸形属于出生缺陷。

(1) 关于产前超声检查规范

根据产前超声检查规范，产科超声检查可分为 3 类：① 常规产前检查。包括早期妊娠和中、晚期妊娠一般超声检查。② 系统产前检查。包括孕 11～14 周及孕 18～24 周进行的胎儿系统超声检查。③ 针对性检查。规定妊娠 18～24 周时超声应当检查出的 6 大致命胎儿畸形包括无脑儿、严重脑膨出、严重开放性脊柱裂、严重腹壁缺损及内脏外翻、致命性软骨发育不良。

胎儿系统超声检查的内容包括常规产前超声检查的内容，还应增加对胎儿主要脏器进行形态学的观察，以及对胎儿严重致死性畸形进行观察。孕 11～14 周检查项目包括：胎儿头颅和颅内结构、面部(眼眶、鼻骨)、颈部(颈项部皱褶厚度)、四腔心、胃、膀胱、腹壁和脐带附着处、脊柱、四肢。孕 18～24 周检查项目包括头部：颅骨、大脑、脑中线、侧脑室、延髓池；颜面部：唇；心脏：四腔心切面；脊柱：脊椎骨的走向与排列；腹部：腹壁的完

整性、肝、胃、双肾、膀胱；四肢：长骨（不包括手、足及指、趾数目）；胎儿脐带结构及其附着部位。

《产前超声检查指南》中特别提出相关注意事项：虽然系统产前超声检查（Ⅲ级）对胎儿解剖结构进行系统筛查，胎儿主要解剖结构通过上述各切面得以观察与显示，但期望所有胎儿畸形都能通过系统产前超声检查检出是不现实也是不可能的。

中国医师协会超声医师分会于2012年正式发布的《产前超声检查指南》亦规定，系统产前超声检查（Ⅲ级）中对胎儿四肢的观察范围为双侧肱骨，双侧尺骨、桡骨，双侧股骨，双侧胫骨、腓骨。

针对性超声检查宜在系统胎儿超声检查的基础上，针对胎儿、孕妇特殊问题进行特定目的的检查。如心血管系统有疑问应行胎儿超声心动图检查；如果孕妇曾分娩过肢体或颜面部畸形的患儿或有此类家族史，那就可以选择胎儿肢体及颜面部的针对性高危超声检查。

（2）关于手畸形的产前超声检查

先天性手、足畸形的类型多种多样，畸形可局限于一个手指或足趾，也可累及全手（足）或仅是全身畸形综合征的局部表现，如染色体异常、神经肌肉疾病、羊膜束带综合征、骨发育不良性疾病等。畸形可以是单侧，也可以是双侧，可以对称，也可以不对称出现。主要有多指（趾）、并指（趾）、裂手（足）、缺指（趾）、巨指（趾）、短指（趾）、指（趾）弯斜及手足姿势异常等。产前超声检查对这些畸形的检出较为困难。

根据产科超声医学技术的发展现状，无论是国内、还是国外，目前对于中孕期大畸形超声筛查的检查项目规定只包括四肢长骨及手足，而不包括手指及足趾。国际妇产科超声学会最新公布的《孕中期胎儿畸形筛查指南》中也特别强调不包括手指及足趾畸形的检查。原因是产前超声对于手畸形的辨认与检出较困难，影响超声对手畸形的观察与辨认的主要原因有胎儿体位、胎儿手的姿势及运动状态、羊水过少等。

胎儿在宫腔内双手常呈握拳状态，这是胎儿的一种正常姿势，是胎儿肌张力正常的表现。然而，握拳状态手指是不易被清楚观察的。同时，胎儿在宫腔内的姿势变化多端，双手的位置也各式各样，可位于头的上方、枕部、面部、颌下、胸前、背后，甚至在两腿之间。清晰显示手指的条件是手指完全张开，每段指节伸直，而且该手完全位于羊水中央，周围无其他结构遮挡。符合上述可清晰显示手指条件的概率在实践中是很低的。

经查阅国内外资料，据大样本统计资料显示，手指畸形总的产前诊断率为5%，这其中包括超声医师刻意观察手指的病例，说明产前超声检查对手指畸形的检出有相当的局限性。

（3）关于医疗过错及因果关系

本案章某于怀孕期间在某市中医院进行产前保健，先后在该院做了3次产前超声检查。

2011年7月1日行第1次产前超声检查，应为孕18～24周的系统超声检查，报告中关于四肢的记录为：股骨长40 mm，足底长39 mm，肱骨长38 mm，胎儿超声描述四肢为双上肢可见，双下肢及双足可见。该报告单背面有孕期超声检查的相关书面告知，并有受检者章某的签字。据此分析，上述系统超声检查及书面告知内容符合规范，不存在明显过错。

8月12日行第2次产前超声检查，应为常规产前超声检查，即中期妊娠一般超声检查，不存在明显过错。

8月18日行第3次产前超声检查，内容亦应为系统超声检查，不存在明显过错。

此外，如果孕妇曾分娩过手指畸形的患儿或有此类家族史，可以选择针对性高危超声检查，特别针对手指进行检查。这需要孕妇提供这类病史。本案产前检查资料中没有发现章某有曾分娩过手指畸形的患儿或有此类家族史，亦没有发现母体或胎儿异常的其他高危因素，故本案没有特别针对手指进行检查的指征。

综上所述，某市中医院对章某的诊疗行为不存在过错，与章某之子畸形出生的后果之间不存在因果关系。

4. 评析

本案件的关键问题在于：首先，根据《产前超声检查指南》规定，系统产前超声检查（Ⅲ级）中对胎儿四肢的观察范围为双侧肱骨，双侧尺骨、桡骨，双侧股骨，双侧胫骨、腓骨，并不包括手指及足趾畸形的检查；其次，被告医院在行系统超声检查时有孕期超声检查的相关书面告知，并有受检者章某的签字，医疗行为符合规范，不存在明显过错。故鉴定意见为：某市中医院对章某的诊疗行为不存在过错，与章某之子畸形出生的后果之间不存在因果关系。

二、下肢畸形产前超声检查

1. 案情摘要

据原告赵某的民事诉状等材料摘录：2012年1月1日，原告赵某出生于某市某区妇幼保健所，出生后被发现双下肢不等长，左下肢畸形。赵某母亲陈某曾在该院行产前超声检查3次，结果均未提示异常。故赵某及其监护人认为，某市某区妇幼保健所的医疗行为存在过错，诉至法院，要求赔偿。为审理此案，某市某区人民法院委托某研究所司法鉴定中心就某市某区妇幼保健所对赵某及其母亲的医疗行为是否存在过错，若有过错，则与赵某的损害后果（左下肢畸形）之间是否存在因果关系及参与程度进行法医学鉴定。

2. 病史摘要

(1) 陈某（赵某母亲）孕产妇保健册

末次月经2011年4月21日，预产期2012年1月28日。孕产史：G_3P_1，2006年7月人流1次，2005年11月25日顺产一女婴，健康。

某市某区妇幼保健所复检记录见表15-1。

表15-1　孕产妇产前检查情况

日期	孕周	体重 kg	血压 mmHg	宫高 cm	腹围 cm	胎位	胎心 bpm	先露	浮肿	尿蛋白	血色素 g/L	预约日期
9-13	$20^{2/7}$	51	100/60	19	75	/	/	/	/	/	115 g	4周
11-25	$31^{2/7}$	60	100/60	28	88	ROA	142	浮	—	±	/	4周
12-26	$35^{3/7}$	63.5	120/80	34	95	LOR	147	浮	+	+	110 g	1周

2011 年 9 月 13 日 B 型超声所见：子宫增大，宫腔内探及 1 胎儿图像，胎头双顶径 48 mm，头颅光环完整，脑中线居中，见胎心搏动及胎动，脊柱四肢主干显示。胎盘附着于子宫前壁，成熟度 0 级，羊水平均液性暗区 38 mm。超声提示：单胎，胎儿存活，相当于孕 19^{+}，定期复查。

10 月 31 日彩色超声检查报告：子宫增大，宫腔内探及 1 胎儿回声，双顶径 71 mm，胎头位于耻骨上方，左枕前位。胎心搏动好，148 bpm，胎动好。上唇连续，双肾显示，脊柱连续好，四肢主干显示，股骨长径约 45 mm，胎盘位于子宫前壁，成熟度Ⅱ级。羊水平均液性暗区约 54 mm。CDFI：目前未见特殊。超声提示：单胎，头位。胎儿存活，定期复查。

11 月 25 日，尿蛋白，B 超（拒绝），TORCH，自数胎动并记录，异常随诊。

12 月 26 日，尿蛋白，Hb，B 超，胎心监护（评分 9 分），脐带绕颈告知书（已告知），自数胎动并记录，异常随诊。腹痛、阴道流水、流血随诊。B 超诊断报告：宫腔内探见 1 胎儿，胎头位于耻骨上方，双顶径 88 mm，头颅光环完整，脑中线居中，见胎心搏动及胎动，胎心 147 bpm，胎儿颈部见脐带回声；上唇、脊椎、四肢主干显示；胎盘附着于子宫前壁，成熟度Ⅱ～Ⅲ级。羊水平均液性暗区 46 mm。提示：单胎，头位，胎儿存活，目前胎儿脐带绕颈 1 周，定期复查。

（2）2012 年 1 月 1 日至 1 月 5 日某区妇幼保健所出院小结

因“G_3P_1 孕 $36^{1/7}$ 周，下腹坠痛伴见红 5 h”入院待产，入院后产程进展顺利，于 2011 年 1 月 1 日 8:30 在会阴侧切下助娩一女婴，Apgar 评分 9～10 分，重 3 200 g，胎盘自娩，产时出血约 200 mL。新生儿左腿较右腿短 2～4 cm，拟畸形，建议儿科就诊。出院诊断：G_2P_2，孕 $36^{1/7}$ 周，LOA，平产，早产，新生儿畸形可能。

（3）2012 年 1 月 4 日某市中心医院影像科检查报告

左侧股骨较右侧外形缩小，余未见明显异常。诊断结果：左侧股骨较右侧外形缩小。建议临床进一步检查。

（4）2012 年 1 月 6 日某市人民医院 X 线诊断报告

左股骨明显短小，股骨形态不规整，相应左髋关节较右髋间隙增宽，余诸骨未见明显骨质异常改变，周围软组织内未见明显异常密度影。X 线意见：左股骨明显短小，左髋关节间隙增宽，请结合临床。

（5）2012 年 2 月 28 日某医院门诊病史

出生后发现左下肢短。查体：左下肢明显外展，不能伸直，大腿缩短。X 线片见：左侧股骨干缺如，仅剩残余短骨。诊断：左股骨干先天性发育不全伴髋关节发育不良。

（6）2012 年 3 月 2 日某大学医学院附属医院门诊病史

出生后即发现双下肢不等长。查体：左侧股骨短。X 线片：左股骨近端局灶性缺损。诊断：先天性左股骨缺损。处理：1 年内无任何治疗，1 年后随访。

3. 医方陈述意见

某市某区妇幼保健所：我所不是产前诊断技术的医疗机构，故不承担产前诊断。我所是区级妇幼保健所，只具备一级及一级以下医院的服务能力，故仅承担孕期Ⅰ级产科超声检查。孕妇于 2011 年 10 月 31 日曾在熟人带领下，未经门诊就诊即直接在本所行 B 超检查，该次 B 超检查未收费。

4. 鉴定人检验所见

(1) 体格检查

赵某被抱入检查室，神清，查体合作。左下肢呈外旋屈曲位，大腿较右侧明显短缩。

(2) 阅片所见

2012年1月4日、1月6日X线片示：左侧股骨干较右侧明显短小，根据1月6日X线片所附比例尺测得左、右侧股骨干长度之比约为1.8∶6.7。

5. 鉴定意见与分析讨论

赵某于2012年1月1日出生于某市某区妇幼保健所，出生后被发现双下肢不等长，临床多次就诊。目前本中心对赵某进行检验并阅其出生后的X线片，证实其左侧股骨干较右侧明显短小，属于先天畸形。陈某产前曾于某市某区妇幼保健所进行3次产前超声检查，结果均未提示异常。

产科超声检查是检测胎儿发育、了解胎盘功能以及发现胎儿畸形的重要手段。我国产科超声检查分为以下4个层次或级别：第1层次为一般产科超声检查。主要对胎儿进行大致的生长发育评估。检查内容要求进行双顶径、股骨长及腹围的测量，判断胎儿是否存活，胎盘位置、胎位及羊水情况等。第2层次为常规产科超声检查，对胎儿主要脏器进行形态学的观察，对胎儿严重致死性畸形进行粗略的筛查。第3个层次为系统胎儿超声检查，此种检查要求较高，对超声医师、仪器设备、检查所需的时间、检查内容、检查时孕周大小均应严格要求，需要在具有产前诊断资格的医院、由取得产前超声诊断资格的超声医师进行此项检查。第4个层次为针对性超声检查，此种检查通常要在前3种检查的基础上开展，针对某一特殊要求或目的(如肢体畸形)进行详细检查。作为超声医师，有必要在检查前让患者对本次检查的目的和内容、超声的局限性以及一些注意事项有一个起码的了解，明确告诉孕妇能做到哪种类型的检查，使其在理解并接受的情况下，再按规定的内容进行认真细致检查和观察。此外在书写报告时应实事求是，详细记录看到什么，没有看到什么，若有某一部位显示不清也应明确告诉孕妇，是技术条件所限抑或胎儿体位的原因等。

就本案而言，从某市某区妇幼保健所的陈述意见看出，该院的产前超声检查为"Ⅰ级"，即只进行第1层次的超声检查，仅对胎儿的生长发育进行检查，不是以检测胎儿畸形为目的的超声检查，即该院不具备产检诊断与筛查的资质。事实上也证实该院的技术条件确实未达到相应的资质，如该院在$30^{4/7}$周彩超测量的股骨长径约45 mm，与赵某出生后的左侧股骨长度(1月6日18 mm)明显不符。但根据现有材料，没有证据表明，某市某区妇幼保健所在对陈某产前检查过程中尽到充分告知义务，即未明确告知陈某该院超声检查的层次是不能进行产检诊断与筛查的，不具备诊断胎儿畸形的能力，也就使患者丧失了到能进行产前诊断与筛查机构就诊的选择权。

当然，赵某所患左侧股骨畸形系其自身疾患，且产前超声检查具有一定的局限性，即使赵某到具备产前诊断及筛查的医疗机构进行产前超声检查，上述股骨畸形亦未必能100%的检出。此外，该肢体畸形并非我国现行相关法律法规所规定的6种致死性畸形，即非必须进行引产的畸形类型。故在我国现有的特殊医疗环境和国策下，即使赵某的肢体畸形被准确筛查出来，其最终是否会出生亦有较多的不确定因素。

综上所述，某市某区妇幼保健所在对陈某产前检查的过程中，未尽到充分告知义务，使其丧失了发现胎儿股骨畸形的机会，存在过错，上述过错与赵某最终畸形出生的后果之间存在一定因果关系，综合考虑医疗过错为次要因素(参与程度拟为 20%～30%)。

6. 评析

本案件关键问题是：首先，根据《产前超声检查指南》规定，系统产前超声检查(Ⅲ级)中对胎儿四肢的观察范围为双侧肱骨，双侧尺骨、桡骨，双侧股骨，双侧胫骨、腓骨；其次，被告医院行产前超声检查并未达系统产前超声检查(Ⅲ级)范围，但医院在行产前超声检查时没有向患者充分告知，没有明确告知该院超声检查的层次是不能进行产检诊断与筛查的，不具备诊断胎儿畸形的能力，也就使患者丧失了到具备进行产前诊断与筛查资格的医疗机构就诊的选择权。故此认为医院存在过错。当然，鉴定意见中给出的参与程度仅限于“错误出生”这一损害后果，是指孕妇丧失妊娠及分娩选择机会而言。在司法实践中应如何计算赔偿数额，那又是另一个问题了。

三、隐性脊柱裂产前超声检查

1. 案情摘要

据原告孙某诉称：孙某于 2011 年 11 月 2 日～2012 年 1 月 5 日期间先后到被告某妇产医院做过 3 次产前彩超检查，被告出具的影像检查报告单都显示胎儿各项指标正常，尤其是对脊柱描述为“脊柱双光带平行排列，整齐连续”，“脊柱排列规整，呈自然弯曲”。2012 年 1 月 30 日，原告孙某在另一家医院做了产前最后 1 次检查，报告提示胎儿存在畸形，考虑脊柱裂并脊膜膨出。原告之子出生后右侧腰骶部存在包块，后经某省立儿童医院诊断为脂肪瘤型脊髓脊膜膨出，脊髓栓系，脊柱裂，脊柱侧弯。孙某遂将某妇产医院起诉至人民法院，要求赔偿。为顺利审理此案，法院委托某司法鉴定中心就某妇产医院在对孙某所实施的医疗活动中是否存在医疗过错；若存在过错，与孙某之子畸形出生(脊柱裂)的损害后果之间是否存在因果关系以及医疗过错的参与程度进行法医学鉴定(书证审查)。

2. 病史摘要

(1) 2011 年 11 月 2 日某妇产医院超声医学影像报告

四维彩超所见：宫内可见胎头回声，见胎心搏动及胎动。胎儿超声测值：双顶径 6.2 cm，头围 22.7 cm，腹围 20.1 cm，侧脑室后角宽度 0.6 cm，小脑横径 2.5 cm，后颅窝池宽 0.6 cm，股骨长 4.5 cm，肱骨长 4.2 cm，胎儿体重约 555 g(±81 g)，羊水最大深度约 5.3 cm。胎盘附着于子宫底及子宫后壁，成熟度 0 级，厚度约 2.3 cm，胎盘下缘距离宫颈内口测值正常范围。脐带连于胎盘胎儿面。双脐动脉可见，脐动脉收缩期血流峰值流速约 34.1 cm/秒，S/D2.6，RI0.6。胎心率 160 bpm。胎儿颈部可见 U 形压迹，可见脐带血流信号。胎儿颅骨光环未见明显中断，脑中线居中，双侧丘脑可见，侧脑室未见增宽，小脑系统未见明显异常，小脑蚓部可见，后颅窝池无明显增宽。胎儿上唇皮肤连线未见明显中断。胎儿脊柱：脊柱双光带平行排列，整齐连续。肺脏可见；心脏位置未见异常，心胸比例正常，心律齐。四腔心切面可见。腹壁连线未见明显中断，肝、胃泡及膀胱能显示。胎儿双肾可见，双肾盂无分离。胎儿四肢：双侧股骨、尺桡骨、胫腓骨可见。超声提示：中孕单胎，符合孕 25 周左右大小，胎盘 0 级，胎儿脐带绕颈 1 周。

温馨提示：本次检查内容为"超声所见"中所述，未描述的胎儿结构不在检查范围内。目前技术条件，胎儿耳、手、足等众多结构暂不作为常规项目检查，与生殖器有关的问题不在检查范围内。以上检查不能排除胎儿室间隔小缺损，胎儿畸形或异常是动态发展的，本次检查仅说明目前胎儿的状况。

胎儿四维彩超知情同意书：由于超声检查无痛、无创，简便易行，已经是产前检查的首选方法，随着超声医学的迅猛发展、技术人员水平的不断提高，超声在产前检查方面的作用也越来越大。尽管如此，超声检查毕竟仍然是一种物理影像诊断工具，不可避免地存在一些伪像和误区，加之多种因素的影响(如母体腹壁过厚、羊水过少，以及胎儿的孕周的大小、胎方位等)均会造成检查困难。对胎儿检查要充分利用超声的优势，同时也须了解超声的局限性，毕竟超声不是万能的，不可能诊断出所有的胎儿畸形，诊断率也无法达到100%。例如：① 目前经产前系统超声检查可能发现的严重畸形是：严重脑膨出、严重开放性脊柱裂、严重胸腹壁缺损并内脏外翻、单腔心、致死性软骨发育不良。② 对一些小的隐性脊柱裂，唇、腭裂，耳朵、眼内容物，肢体关节曲度的异常，手足的并指(趾)、多指(趾)及软组织异常等不易检出。③ 四腔心只能排除明显心内结构异常，如有极其小的缺损，有的要出生后1周岁才能确诊。胎儿先天性心脏病需要到心脏专科去进行胎儿超声心动图检查。④ 对胎儿的智商、听力、视力及黑色素病及胎记、代谢性疾病等无法检出。⑤ 胎儿的畸形或病变，随着孕周的增加，发展到一定程度才可能被显示并被检出，而在孕晚期(28周以后)有些畸形检出很困难。由于胎儿的生理特点，有些先天性疾病在出生后才逐渐显露出来。⑥ 本检查结果仅反映受检者当时情况，报告单中未描述的内容，不属于本次超声检查范围。以上内容希望孕妇及家属知晓。孙某签字，2011年11月2日。

(2) 2011年12月12日某妇产医院彩超检查报告

超声描述：宫内见一胎儿回声，胎头位于耻上，胎头光环完整，脑中线居中，双顶径约7.9 cm，头围约28.1 cm，颈部未见脐血流信号，脊柱排列规整，呈自然弯曲，胎心搏动规律，心率约145 bpm，腹围约27.6 cm，股骨长约6.0 cm。胎盘位于子宫前壁，厚约3.6 cm，其下缘距宫颈内口距离正常，内回声分布欠均匀，部分光点增强。羊水最大深度约4.0 cm，透声尚可。胎儿脐动脉血流指数PS 45.4 cm/秒，PI 0.57，RI 0.47，S/D 2.05。超声诊断：晚孕单胎头位(符合约31周)，胎盘成熟度Ⅱ$^-$级。

(3) 2012年1月15日某妇产医院超声医学影像报告

超声所见：宫内可见胎头影像，胎头位于下方，颅骨呈环状强回声，双顶径9.2 cm，头围32.9 cm，脑中线居中，双侧侧脑室对称，透明隔腔可见，小脑形态呈蝶形，小脑蚓部可见，后颅窝深径未增宽。双眼、鼻、唇可见。胎儿脊柱排列规整，脊柱横切面呈品字形回声。胎儿四腔心切面显示，心率151 bpm，律整。腹围32.8 cm，胃泡、双肾、膀胱可见，结肠内径宽约0.9 cm。肱骨长径5.9 cm，股骨长径6.9 cm。胎盘附着于宫右侧壁，厚度约3.9 cm，内回声欠均，可见点片状强回声，其下缘距宫颈内口距离正常。羊水深径6.9 cm，羊水指数12 cm，内透声欠佳，胎盘成熟度Ⅰ$^+$级。脐带呈品字形回声，PS43.0 cm/秒，S/D1.7，RI0.4。脐带绕颈有。胎儿体重2 991±437 g。CDFI：可见胎心频谱，可见两根脐动脉。因孕周较大及肋骨遮挡，胎儿心脏结构及胎儿颜面部、部分肢体显示不清。超声提示：符合宫内孕36$^+$周，单活胎，头位，目前胎儿脐带绕颈两周。

温馨提示：超声显示胎儿四肢，不能排除胎儿手指、脚趾的异常；胎儿四腔心结构正常，只能排除50%～70%胎儿先心病；胎儿颜面部不包括耳朵。

胎儿四维彩超知情同意书：同前。孙某签字。2012年1月15日。

(4) 2012年1月30日另一家医院超声医学影像报告

超声所见：胎数1，胎头位于耻上，BPD9.6 cm，FL7.5 cm，胎儿脊柱排列不连续，椎体间隙增宽，骶尾部可见3.3×31.7 cm低回声，向外突出，胃泡可见，膀胱可见，胎儿部分肢体及颜面部因体位关系显示欠清。胎心率约161 bpm。胎盘位于宫体右前壁，Ⅱ级。羊水指数：左上3.6 cm，左下4.7 cm，右上3.2 cm，右下5.6 cm，透声差。胎儿颈部见两周脐带血流信号。超声提示：宫内单活胎(头位)，胎儿畸形(考虑脊柱裂并脊膜膨出)，脐带绕颈两周，建议上级医院进一步检查。

温馨提示：任何人在任何机器上都不能保证看清所有畸形，四肢活动，不能排除手指、脚趾畸形，胎心、羊水量、脐带绕颈只反映当时探查时的情况，我们将耐心、竭诚为孕妇服务，为明确诊断尽力而为，请孕妇及家属理解。

(5) 2012年4月26日至5月7日某省立儿童医院住院病史

入院主诉：发现右侧腰骶部包块2月20 d。现病史：入院前2月20 d、即生后不久家长发现患儿右侧腰骶部有一包块高出皮面，无触痛及哭闹不安，无发热，无外伤，发现右侧下肢较左侧下肢主动活动少，大小便未见异常。急到当地医院就诊，行腰骶部B超检查未见明显异常。患儿回家观察期间包块进行性增大，下肢活动同前，未见明显改变。患儿40 d时再次行腰骶部CT检查，提示腰椎脊柱裂。现来我院就诊，行腰骶部B超检查提示骶尾部脊膜膨出，院外行腰骶部MRI检查，提示脊柱侧弯畸形，脊髓栓系，脊柱裂并脊膜膨出，脊髓空洞(颈胸段脊髓)。门诊以“脊膜膨出，脊髓栓系，脊柱裂，脂肪瘤(腰骶部)，脊柱侧弯”收住院进一步治疗。

外科检查：脊柱弯曲畸形，腰骶部偏右侧可见一肿物，约6×6×3 cm大小，不红、不肿、不痛，表面皮肤大部正常，中央有约6×2 cm淡青色皮肤区，脊柱正中可见约2 cm大小发青区，局部皮肤菲薄，未扪及明显包块及局部骨性缺损，包块质软，边界不清，右侧边缘达腋前线，透光试验阴性。左侧下肢自主活动好，右侧下肢自主活动较左侧少，左侧下肢肌力Ⅴ级，右侧下肢肌力$Ⅳ^{+}$级，双足活动好，左足外观正常，右足足弓略平，双侧腹壁反射正常引出，双侧膝腱反射引出满意，布氏征、克氏征阴性，双侧巴氏征阳性。

2012年4月25日腰骶部B超于骶尾部隆起处扫查：骶尾部深部脊柱周围探及范围约1.7×1.0 cm的液性暗区，暗区通过宽约0.5 cm的开口与脊髓相通。骶尾部脊髓膨大，宽约1.7 cm。

4月26日腰骶部MRI示：全脊柱呈S形侧弯，序列欠佳，轴位片见L_2～S_2水平右侧椎板及棘突缺如，相应高度可见突向椎体外的长T1长T2异常信号及脂肪信号影，脊髓位置较低，低于L_1水平，余颈胸段脊髓内可见线形长T2异常信号。

诊疗经过：入院后积极完善必要检查，于2012年4月27日行脊髓脊膜膨出切除修补术，脊髓栓系松解术。术后修正诊断：脂肪瘤型脊髓脊膜膨出，脊髓栓系，脊柱裂。术后常规予以预防感染、止血、营养脑神经治疗。病理：(腰骶部包块)脊膜膨出，脂肪组织瘤样增生。另送3小块组织为脂肪组织，其中查见数条神经纤维结构。

出院诊断：脂肪瘤型脊髓脊膜膨出，脊髓栓系，脊柱裂，脊柱侧弯畸形。

出院情况：左侧下肢活动好，右侧下肢主动活动少。

3. 鉴定意见

孙某之子属于闭合性脊柱裂(有包块型)，不属于严重开放性脊柱裂，经产前超声检查诊断确存在一定的技术难度。孙某于 2011 年 11 月 2 日至 2012 年 1 月 5 日之间，先后到某妇产医院做过 3 次产前彩超检查，医院的影像检查报告均未显示胎儿各项指标存在异常。某妇产医院对孙某进行产前超声检查的过程中，没有明确告知该院产前超声检查的资质和级别，且对 2011 年 11 月 2 日超声检查不能提供存图，存在医疗过错。该院的上述医疗过错使孙某在一定程度上失去了在产前诊断出胎儿闭合性脊柱裂的机会。但医院的医疗过错与孙某之子畸形出生的损害后果之间的因果关系及参与程度无法准确评估。

4. 分析论证

(1) 关于脊柱裂

胎儿脊柱裂是胎儿神经系统常见先天畸形之一，是胎儿后神经孔闭合失败所致，其主要特征是背侧的两个椎弓未能融合在一起而引起的脊柱畸形，脊膜和(或)脊髓通过未完全闭合的脊柱疝出或向外露出。主要分为两大类：开放性脊柱裂和闭合性脊柱裂。

开放性脊柱裂是指病变部位皮肤连续性中断，椎管内成分部分或全部经过脊柱缺损处向后膨出，常伴有背部肿块，好发于腰段或骶尾段水平，脑脊液通过缺损处漏出。常见类型有：① 脊膜膨出。病变部位背部皮肤缺损，皮肤缺损处有囊性包块，囊壁为脊膜，囊内容物为脑脊液。② 脊髓脊膜膨出。病变部位背部皮肤缺损，皮肤缺损处有囊性包块，囊壁为脊膜，囊内容物为马尾神经或脊髓组织。③ 脊髓外露。病变部位背部皮肤缺损，一段脊髓呈平板式自缺损处暴露于外界。

闭合性脊柱裂是指病变部位皮肤连续性完整，椎管内成分部分或全部经过脊柱缺损处向后膨出或不膨出，可伴或不伴背部包块，脑脊液不能通过缺损处漏出。闭合性脊柱裂根据背部有无包块分为有包块型和无包块型。有包块型闭合性脊柱裂典型特征是脊柱缺损处背部皮下出现包块，多位于腰段和腰骶段，包括以下 4 种类型：① 脊膜膨出。病变部位无皮肤缺损，脊膜从脊柱裂口部位膨出，形成囊性包块，囊内容物为脑脊液。② 脂肪脊髓脊膜膨出。病变部位无皮肤缺损，脂肪组织和脊髓组织通过脊柱裂口膨出，形成皮下包块，神经-脂肪界面在椎管外。③ 脂肪脊髓裂。病变部位无皮肤缺损，脂肪组织通过脊柱裂口膨出，形成皮下包块，神经-脂肪界面在椎管内。④ 末端脊髓囊状膨出。也称为空洞性脊髓突出，病变部位无皮肤缺损，积水的脊髓和蛛网膜经脊柱裂口处疝出，囊内容物为脑脊液，囊性包块位于皮下。无包块型闭合性脊柱裂典型特征是背部皮肤完整，无皮下包块，脊柱裂口一般较小，影像学表现不典型。主要临床表现包括：① 脊髓纵裂；② 终丝脂肪瘤；③ 终丝紧张；④ 皮毛窦；⑤ 尾端退化综合征。本例属于闭合性脊柱裂有包块型之中脂肪脊髓脊膜膨出类型。

(2) 关于脊柱裂的产前诊断

对于低危人群，胎儿脊柱裂的筛查有两种方法，一是母体血清学筛查，二是二维超声筛查。前者主要对开放性脊柱裂进行实验室筛查，后者则能对开放性脊柱裂以及部分闭合性脊柱裂进行影像学筛查，但两者都对开放性脊柱裂的检出有较大意义。据文献报道，开放性脊柱裂的产前诊断率高，当母体血清学 AFP、羊水 AFP 和羊水乙酰胆碱酯酶升高怀疑有开放性脊柱裂时，超声检查检出率几乎达 100%。闭合性脊柱裂虽然发生率较高，但产前诊断报道的病例数量较少，与此类疾病产前诊断困难有关。因为闭合性脊柱裂种类繁多且隐蔽，背部皮肤连续完整，没有脑脊液外渗，颅内压无明显改变，颅脑解剖结构正常，故产前极易漏诊。此外，胎儿脊柱的产前超声检查受孕周、胎位、羊水、母体等多种因素影响，也与检查者的经验密不可分。有包块型闭合性脊柱裂胎儿包块较大，胎位适当时有可能在产前经超声检查检出，但当有包块型脊柱裂包块较小不明显，或胎儿脊柱贴近子宫壁时，以及无包块型闭合性脊柱裂，在产前几乎全部不能检出。

本例属于有包块型闭合性脊柱裂中脂肪脊髓脊膜膨出类型，不属于严重开放性脊柱裂，经产前超声检查诊断确存在一定的技术难度。此外，某妇产医院 2012 年 1 月 15 日超声存图之图 13 及图 20 显示，胎儿脊柱排列整齐，腰骶椎未见明显异常征象，未见明显脊柱裂征象，未见明显椎管增粗膨隆等。这可能与当时胎儿的位置有关。

(3) 关于产前超声检查规范

《产前诊断技术管理办法(2002)》规定，根据目前超声产前诊断技术水平，妊娠 16～24 周应该诊断的致命畸形包括无脑儿、脑膨出、开放性脊柱裂、胸腹壁缺损内脏外翻、单腔心、致命性软骨发育不全等。

根据 2007 年某省《产前超声检查技术规范(试行)》(以下简称《规范》)，产前超声检查分为 3 级。Ⅰ级产前超声检查指一般产科超声检查，包括早期妊娠超声检查和中、晚期妊娠一般超声检查，主要是针对胎儿的生长发育进行大致评估，为产科临床提供一些有意义的诊断依据，不是以检测胎儿畸形为目的。Ⅱ级产前超声检查(即超声产前筛查)指在中、晚期妊娠时对胎儿进行系统的超声检查，主要观察胎儿重要器官的形态结构，以便发现胎儿是否有致死或严重致残性畸形。有条件的孕妇均应进行 1 次以上的系统超声产前筛查。Ⅲ级产前超声检查(即超声产前诊断)指在中、晚期妊娠时对胎儿系统的超声检查和针对性(特定目的)的超声检查。主要对Ⅰ、Ⅱ级产前超声检查发现的问题进一步检查和分析，对胎儿是否存在严重发育缺陷作出最终结论或合理解释。

《规范》还要求：从事Ⅱ、Ⅲ级产前超声检查的单位，应具有 1 台以上高分辨率、带有胎儿心脏软件和连续多普勒功能的彩色多普勒超声诊断仪，并配有比较完整的图像记录系统及图文管理系统。此外，接诊医师应明确胎儿 3 级检查的内容和胎儿畸形筛查的最佳时间，并及时告知孕妇。

(4) 关于医疗过错及因果关系

孙某孕期于 2011 年 11 月 2 日(孕 25 周)、2011 年 12 月 12 日(孕 31 周)、2012 年 1 月 15 日(孕 36^{+}周)3 次在某妇产医院行超声检查。依据上述超声检查报告单的内容分析，2011 年 12 月 12 日应为Ⅰ级产前超声检查(即一般产科超声检查)，2011 年 11 月 2 日和 2012 年 1 月 15 日符合Ⅱ级产前超声检查(即超声产前筛查)。医院在 2011 年 11 月 2 日和 2012 年 1 月 15 日出具超声检查报告时予书面告知这一范围的相关内容(详见“胎儿四维彩超知情同意书”)的医疗行为不存在过错，但没有明确告知该院产前超声检查的资质和级别，医疗行为存在一定过错。此外，医院对 2011 年 11 月 2 日超声检查不能提供存图，亦属医疗过错。

综上所述，孙某之子属于闭合性脊柱裂（有包块型），不属于严重开放性脊柱裂，经产前超声检查诊断确存在一定的技术难度。某妇产医院对孙某进行产前超声检查的过程中，没有明确告知该院产前超声检查的资质和级别，且对 2011 年 11 月 2 日超声检查不能提供存图，存在医疗过错。上述医疗过错使孙某在一定程度上失去了在产前诊断出胎儿闭合性脊柱裂的机会。但若换一家医院是否能够在产前经超声检查诊断出胎儿闭合性脊柱裂亦无法确定，故医院的医疗过错与孙某之子畸形出生的损害后果之间的因果关系及参与程度无法准确评估。

5. 评析

本案的关键问题在于：孙某之子先天畸形属于闭合性脊柱裂，不属于严重开放性脊柱裂，经产前超声检查诊断确存在一定的技术难度。被告医院行产前超声检查时没有明确告知该院产前超声检查的资质和级别，且不能提供存图，故认定其存在医疗过错。考虑到医方虽然存在上述过错，但本病在产前超声检查方面确实存在相当的困难，且考虑到难以用当前医疗水平准确衡量涉案医疗行为，故最终鉴定人作出既不排除也不认定因果关系的鉴定意见。

四、耳道闭锁产前超声检查

1. 案情摘要

据原告汪某的民事诉状等材料摘录：汪某之母李某于怀孕 5 个月时以及临产前十几天两次到某县中医院进行身体检查和胎儿的专项检查，两次检查的结果都是母子正常健康。2010 年 3 月 29 日，李某入住某县中医院，次日经剖宫产术娩出一女婴（汪某），后临床诊断为先天性双耳严重畸形、双耳道闭锁。原告及其监护人认为，某县中医院的医疗行为存在过错，诉至法院，要求赔偿。为审理此案，人民法院委托司法鉴定中心就某县中医院对汪某之母李某的诊疗行为是否存在过错；若存在过错，与汪某畸形出生之间是否存在因果关系进行法医学鉴定（书证审查）。

2. 病史摘要

（1）2009 年 11 月 10 日某县中医院 B 型超声检查报告

超声描述：宫内可见成形胎儿，双顶径约 4.7 cm，股骨长约 3.2 cm，胎心率 147 bpm；后壁胎盘，下缘距宫颈内口约 1.2 cm；羊水深约 4.4 cm。胎儿颅骨光环完整，脑中线居中，脊柱排列整齐，无明显中断。超声提示：中孕，随访。

（2）2010 年 3 月 11 日某县中医院彩超检查报告

超声描述：宫内可见成形胎儿，头位，双顶径约 8.8 cm，股骨长约 6.8 cm，胎心率 136 bpm；后壁及宫底胎盘，Ⅱ级。羊水池约 6.6 cm。胎儿颅骨光环完整，脑中线居中，上下唇连续性完好，未见明显中断，脊柱排列整齐，无明显中断，心脏为四腔心，呈十字型结构，胃泡可显示，双肾集合系统未见明显分离，膀胱充盈良好，肠管未见明显增宽，各肢体部分切面可显示。CDFI 及 PW：胎儿脐动脉血流 S/D 属正常范围。超声提示：晚孕。

3. 鉴定意见与分析讨论

汪某之母李某于怀孕 5 个月时以及临产前十几天两次到某县中医院进行产前检查，两次超声检查结果均未发现异常。2010 年 3 月 30 日，李某在某县中医院经剖宫产术娩出一女婴(汪某),后诊断为先天性双耳严重畸形、双耳道闭锁。

出生缺陷也称先天异常,是指胎儿在母体内器官形成过程中,由于遗传因素和环境因素的作用所导致的胚胎发育紊乱,包括形态结构异常、生理和代谢功能障碍、先天智力低下和宫内发育迟缓等。先天性双耳严重畸形、双耳道闭锁属于出生缺陷。

在胚胎3个月内受遗传因素、病毒感染或药物损害,均可影响耳廓发育致出现畸形,畸形可表现为位置、形态及大小异常,可发生在单侧或双侧。先天性双耳道闭锁是第一鳃沟发育障碍所致,单独出现者少,常与先天性耳廓畸形及中耳畸形相伴,发病率约为0.05%~1.0%。可因家族性显性遗传而发病,亦可因母体妊娠3~7个月期间病毒感染或药物损害,致耳道发育停顿而发生。

根据产科超声医学技术的发展现状,目前无论是国内、还是国外,也无论是大畸形超声筛查或是针对性高危超声检查,外耳畸形均不是要求检查的项目。原因是产前超声检查对胎儿耳的观察在大多数胎儿检查中较困难,因为超声成像是通过切面图像来显示的,超声获取胎耳的矢状平面需要胎头处于正枕前位或正枕后位。多数情况下胎头在母体内是侧位的,近母体腹壁侧的胎耳与子宫前壁紧贴,超声显示该侧耳困难,而对侧耳由于受颅骨声影的影响更难显示。只有当胎儿头转为正枕前位或正枕后位,而且双耳附近要有足够的羊水,耳朵不能贴住子宫壁或胎盘,也不能被手或脐带遮挡时,才可较容易显示胎耳。符合上述可清晰显示胎耳条件的概率是很低的,所以,目前的超声技术尚难以在所有人群中检查到每个胎儿的耳朵,而超声对于耳道畸形则是无法清晰显现的。

经查阅文献资料,据国外发达国家近期大样本统计资料显示,胎儿大畸形的产前诊断率为68%,而耳部畸形则几乎无一例在产前作出诊断,漏诊率为100%。国内近期大样本统计资料显示,外耳畸形产前超声的检出率在4.05%左右。另有研究资料显示,小耳畸形均与小下颌畸形等其他畸形合并存在,单独存在的外耳畸形经产前超声检出的报道则鲜见。

本例中,汪某之母李某于怀孕5个月时以及临产前十几天两次到某县中医院进行产前检查,两次超声检查结果均未发现异常。本例送鉴的病史资料中仅见两次超声检查报告单,没有产前检查的其他记录资料及分娩时的相关病史资料,故目前我们对于李某的末次月经、两次超声检查时的孕周无法准确判断。

2009年11月10日行第1次超声检查,大约在孕5个月左右,时间应符合孕18~24周。据B型超声检查报告单内容分析,本次超声检查实际上为常规产前超声检查,并非胎儿系统超声检查。据某县中医院答辩词,医方只能行常规超声检查。但是,医方在行本次超声检查时没有将产前超声检查的范围、目的、超声检查的相关内容、局限性,以及一些注意事项予以书面告知,没有取得孕妇的知情同意。据此,医方的医疗行为存在过错。

2010年3月11日行第2次超声检查,大约在分娩前19天,此时已为晚孕期,已不是行产前超声畸形筛查的最佳时间。从超声描述的内容分析本次检查符合系统超声检查。此时即使发现胎儿存在畸形,亦没有机会进行相应的处理。

综上所述,汪某先天性双耳严重畸形、双耳道闭锁系自身发育异常所致。到目前为止,外耳畸形仍不是产前超声检查要求的检出项目;在超声检查技术上,产前对胎儿耳的观察仍存在较大困难;而超声对于耳道畸形则是无法清晰显示的。某县中医院对汪某之母李某行产前超声检查的医疗行为不规范，存在过错；但医院的过错与汪某畸形出生之间不存在因果关系。

4. 评析

本案件关键问题是：外耳畸形仍不是产前超声检查要求的检出项目；在超声检查技术上要求产前对胎儿耳的观察仍存在较大困难；而超声对于耳道畸形则是无法清晰显示的。正因如此，虽然认定被告医院虽然行产前超声检查的医疗行为不规范，存在过错；但同时认定医方的过错行为与汪某畸形出生之间不存在因果关系。

五、先天性心脏畸形产前超声检查(1)

1. 案情摘要

据原告常某诉称，原告之母刘某怀孕后到被告某大学附属医院定期进行孕期产前检查，并按照医院的要求进行产前 B 超检查，均被告知胎儿发育正常。2011 年 12 月 28 日超声检查显示胎儿左心室长轴过度左偏，但主治医师告知没有问题。2012 年 4 月 6 日，常某出生，出生后第 6 天查出先天性心脏病、法洛四联症。故原告常某及其监护人认为，某大学附属医院的医疗行为存在过错，诉至法院，要求赔偿。为审理此案，法院委托某司法鉴定中心就某大学附属医院对常某之母刘某行孕期检查(B 超)的诊疗行为是否存在医疗过错；若存在过错，与常某畸形出生(先心病，法洛四联症)的损害后果之间是否存在因果关系以及医疗过错的参与程度进行法医学鉴定(书证审查)。

2. 病史摘要

(1) 某市孕产妇保健手册

病史记录：月经史：初潮 18 岁，周期 30 d，经期 5～6 d。无手术史，无药物过敏史。夫妻间无血缘关系，家族无近亲婚配。建册日期：2011 年 10 月 8 日。

首次产前检查：2011 年 10 月 8 日。G_1P_0。末次月经：2011 年 7 月 8 日。预产期：2012 年 4 月 15 日。停经 12 周内：孕 1 月后服过板蓝根。无异常孕产史。现病史：平素体健，现孕 13 周。

一般检查：BP 90/60 mmHg，身高 162 cm，体重 60 kg。

产前检查记录见表 15-2。

表 15-2　产前检查情况

日期	孕周	血压	体重	宫高	腹围	先露	胎心	胎位	浮肿	辅助检查方法
2011-11-6	$17^{1/7}$	90/60	62	18	82	不清	147	/	—	/
12-28	24	100/60	70	26	95	/	150	/	—	彩超
2012-1-30		100/60	75	30	102	/	/	/	/	/
3-1	33^{+}	110/60	78	30	103	/	149	/	—	彩超
3-14	35	120/70	80	34	107	头	142	LOA	—	/
3-23	36^{+}	100/65	80	35	107	头	132	LOA	+	NST9 分
3-30	$37^{5/7}$	100/70	80	35	112	头	139	ROA	+	/

分娩记录：2012 年 4 月 6 日分娩。分娩孕周：$38^{5/7}$ 周。分娩方式：顺产。新生儿情

况：男，体重 3 kg，身长 49 cm，无畸形。

(2) 2011 年 12 月 28 日(24 周)某大学附属医院超声检查报告

超声所见：胎儿常规超声检查。胎头位于盆侧，轮廓完整，双顶径 6.15 cm，头围 22.69 cm，腹围 18.41 cm，股骨长 4.11 cm，脊柱显示连续，胎心搏动良好，144 bpm，羊水深度 5.1 cm。胎儿颈部未见凹陷。胎盘：位于子宫前壁，回声均匀。胎儿孕周 24 周 1 天，胎重约 599 g(±88 g)。彩色多普勒显示：胎儿颈部未见脐带血流绕行。颅骨光环完整，LV/HW 正常，胎儿颜面部及嘴唇因体位显示不清，四腔心可显示，胎儿左心室长轴过度左偏，胸腔可显示，腹壁完整，胃泡可显示，双肾可显示，膀胱可显示，脊柱可显示、连续，四肢可显示。超声提示：中期妊娠，单胎。

(3) 2012 年 3 月 1 日(33^+周)某大学附属医院超声检查报告

超声所见：胎头位于耻上，胎头光环完整，双顶径 8.45 cm，头围 30.42 cm。脊柱可显示、连续性好。胎儿颈部未见凹陷。胸腔(-)，胎心搏动良好，四腔心切面可见，胎心率 145 bpm。胎儿腹围 28.91 cm，腹腔(-)，胃泡可显示，膀胱可显示。所示切面四肢(-)，股骨径 6.17 cm。羊水指数 14.9 cm。胎盘位置：前壁，胎盘回声不均匀，Ⅱ级。胎儿大小：32 周 2 天，胎重约 2 061 g(±301 g)。彩色多普勒显示：胎儿颈部未见脐带血流绕行。超声提示：晚期妊娠，单胎，头位，胎盘Ⅱ级。

(4) 2012 年 4 月 11 日某大学附属医院超声检查报告

超声提示：先天性心脏病，法洛四联症。

(5) 2012 年 5 月 9 日某市中心人民医院超声检查报告

超声提示：先天性心脏病，法洛四联症：① 主动脉骑跨 50%；② 大室缺(双向分流)；③ 肺动脉狭窄；④ 右室壁增厚。

3. 鉴定意见与分析讨论

常某之母刘某怀孕后到被告某大学附属医院定期进行孕期产前检查，并按照医院的要求进行产前 B 超检查，均被告知胎儿发育正常。其中 2011 年 12 月 28 日超声检查显示胎儿左心室长轴过度左偏，但主治医师仍告知没有问题。常某于 2012 年 4 月 6 日出生，在出生后第 6 日查出先天性心脏病、法洛四联症，属出生缺陷。根据 2002 年发布实施的《产前诊断技术管理办法》之规定，结合超声产前诊断技术水平，妊娠 18～24 周应该诊断的致命畸形包括无脑儿、脑膨出、开放性脊柱裂、胸腹壁缺损内脏外翻、单腔心、致命性软骨发育不全等。

法洛四联症简称“法四”，是常见的先天性心脏病之一，约占心脏畸形的 7%，占活产先天性心脏病患儿的 5%～10%。采取超声检查是孕期筛查先天性心脏病的重要手段。严重复杂的先天性心脏病如单心房单心室，建议终止妊娠，一般先天性心脏病可在宫内或出生后进行治疗。目前，临床上对法四手术方法的改进使法四的预后大为乐观，法四术后存活率可高达 85%，大部分存活者无症状且活动正常。

法洛四联症涉及 4 种异常的病理改变：室间隔缺损、肺动脉漏斗部狭窄、主动脉骑跨、右心室肥厚。在胎儿期，由于脐动脉及胎盘的存在，大大降低了右心的后负荷，故右心室肥厚仅发生在出生后。由于相当一部分患儿的室间隔缺损并不是很大，且室间隔缺损在产前经超声诊断的敏感性和特异性都很低，故产前经超声检查诊断法洛四联症主要依据是检查左右心室流出道。

据国外发达国家大样本(2.55万人群)研究资料显示，常规产前超声检查胎儿心脏四腔心平面及左右心室流出道，先天性心脏病的产前诊断率为40.4%，其中法洛四联症的产前诊断率为55.6%。另一国外发达国家大样本(3万人群)研究资料显示，中孕中期常规大畸形筛查中检查胎儿四腔心及左右心室流出道，法洛四联症产前诊断率为14%，晚期超声检查法洛四联症产前诊断率为29%。另一国外发达国家更大样本(63.1万人群)研究资料显示，检查胎儿四腔心及左右心室流出道，法洛四联症的产前诊断率为43.1%。上述数据说明先天性心脏病尤其是法洛四联症的产前诊断率并不是很高，法洛四联症产前超声诊断具有一定的技术难度。除了上述技术难度外，尚存在超声仪器、母体腹壁厚度、胎儿宫内方位、羊水多少以及检测者经验等因素的影响。就本例而言，常某所患疾病——法洛四联症经产前超声检查诊断确存在一定的难度。

此外，上述资料中的法洛四联症产前诊断率都是在产前大畸形筛查的基础上检出的，也就是在检查四腔心及左右心室流出道时检出的。本例刘某整个孕期行两次超声检查。该两次超声检查的内容均为常规产前超声检查，并非胎儿系统产前超声检查(大畸形筛查)。常规产前超声检查胎儿心脏时要求显示并观察四腔心切面，并不检查左右心室流出道，故本例两次产前超声检查是无法对法洛四联症作出诊断的。

常规产前超声检查胎儿心脏时要求显示并观察四腔心切面，怀疑胎儿心脏畸形时应建议进行系统产前超声检查(大畸形筛查)或针对性产前超声检查——胎儿超声心动图检查。本例第1次超声检查时描述胎儿心脏为“四腔心可显示，胎儿左心室长轴过度左偏”。虽然心轴左偏并非一定存在心脏畸形，但还是在一定程度上提示了先天性心脏病概率的增加，提示了心脏存在畸形的可能性。当临床医师看到该超声报告中“左心室长轴过度左偏”时应该予以高度重视，建议孕妇去有资质、有条件的医疗机构做进一步检查，如进行系统产前超声检查(大畸形筛查)或针对性产前超声检查——胎儿超声心动图检查，则有可能在产前检查时发现胎儿法洛四联症。但本例某大学附属医院对超声报告中“左心室长轴过度左偏”没有予以高度重视，没有建议患者去有资质、有条件的医疗机构做进一步检查，且在产前检查的过程中没有明确告知患者医院产前超声检查的资质和范围，故认为其存在医疗过错，使得刘某失去了在产前诊断出胎儿心脏存在先天畸形的机会。

综上所述，常某法洛四联症属先天性心脏畸形，经产前超声检查诊断存在一定的技术难度。某大学附属医院对刘某进行产前检查的过程中，没有明确告知患者医院产前超声检查的资质和范围，对超声报告中“左心室长轴过度左偏”没有予以高度重视，没有建议患者去有资质、有条件的医疗机构做进一步检查，存在医疗过错，使得刘某失去了在产前诊断出胎儿心脏存在先天畸形的机会，与常某畸形出生之间存在一定的因果关系。但难以就医院的医疗过错对常某畸形出生之间的参与程度作出准确评估。

六、先天性心脏畸形产前超声检查(2)

1. 案情摘要

据原告王某的民事诉状等材料摘录：原告王某之母顾某怀孕期间一直在某区医院进行产前检查，各项检查结果未提示异常。王某于2012年6月27日在该院出生，次日行彩超检查诊断为先天性心脏病。故原告王某及其监护人认为，某区医院的医疗行为存在过错，诉至法院，要求赔偿。为审理此案，委托人委托某研究所司法鉴定中心就某区医院对王某之母顾某行孕期检查（超声）是否存在医疗过错；若存在过错，与王某畸形出生（先天性心脏病）的损害后果之间是否存在因果关系以及医疗过错的参与程度进行法医学鉴定（书证审查）。

2. 病史摘要

（1）产前检查记录

首诊日期：2012 年 1 月 15 日，孕 $17^{5/7}$ 周。末次月经：2011 年 9 月 16 日，预产期：2012 年 6 月 23 日。家族史：无特殊。孕产史：G_2P_1，无畸形儿。既往史：无特殊。孕期情况：无特殊。

产前检查记录见表 15－3。

表 15－3 产前检查记录

日 期	孕 周	宫高 cm	腹围 cm	胎位	胎心	处理意见
2012－2－17	22	23	98	/	148	……下次做彩超
3－25	$27^{3/7}$	25	99	LOA	142	彩超……
5－4	$33^{2/7}$	29	107	LOA	148	……
5－23	$35^{5/7}$	34	113	LOA	146	B超
6－5	$37^{5/7}$	34	114	LOA	148	……
6－11	$38^{2/7}$	35	115	LOA	148	……
6－25	$40^{2/7}$	40	113	ROA	144	彩超……

（2）2012 年 1 月 15 日某区医院超声医学影像报告

超声所见：单胎，臀位，头颅光环完整，脊柱排列整齐，颈部未见压迹，四肢长骨显示清晰。胎儿生长检测指标：BPD39 mm，HC137 mm，AC121 mm，FL22 mm，FEW（估测）184 g，FHR140 bpm。胎盘位于后壁，0 级。羊水深度 4.3 cm。诊断意见：符合孕 17 周。

（3）2012 年 3 月 25 日某区医院胎儿畸形超声筛查知情同意书

① 目前经产前系统超声检查可能发现的严重畸形是：无脑儿、严重脑膨出、严重开放性脊柱裂、严重胸腹壁缺损并内脏外翻、单腔心、致死性软骨发育不良；② 在超声检查中常会受到超声伪像、超声分辨率、胎儿孕周、体位、羊水量、孕妇腹壁厚度的限制，有些结构不能被完全清楚地显示；③ 产前系统超声检查不能检出所有的胎儿畸形，因此通过系统超声检查不能保证出生的胎儿全部是正常；④ 胎儿的畸形或病变，随着孕周的增加，发展到一定程度才可能被显示检出，而在晚孕期超声检查因受胎儿体位、羊水量、孕妇腹壁厚度等因素的限制，给有些畸形的检出造成很大困难。由于胎儿的生理特点，有些先天性疾病在出生后才逐渐显露出来。我们了解了产前系统超声检查的情况，表示完全明白和理解，并且同意做此项检查。孕妇：顾某（签名）。

（4）2012 年 3 月 25 日某区医院超声医学影像报告

超声所见：单胎，枕右前位，头颅光环完整，脊柱排列整齐，颈部未见压迹，心脏呈四腔结构，四肢长骨显示清晰。胎儿生长检测指标：BPD71 mm，HC251 mm，AC246 mm，

FL49 mm，FEW（估测）1 136 g，FHR135 次/min。胎盘位于后壁，Ⅰ级。羊水深度 5.9 cm。诊断意见：单胎，符合妊娠 28 周。

（5）2012 年 5 月 23 日某区医院彩超检查报告

超声所见：单胎，枕左前位，头颅光环完整，脊柱排列整齐，颈部未见压迹，心脏呈四腔结构，胎儿肢体远端显示不清。胎儿生长检测指标：BPD 91 mm，HC 320 mm，AC 328 mm，FL 68 mm，FEW（估测）2 870 g，FHR 124 bpm。S/D 2.1。胎盘位于左后壁，Ⅰ级。羊水指数 13.9 cm。诊断意见：单胎，符合妊娠 36^+ 周。

（6）2012 年 6 月 25 日某区医院超声医学影像报告

超声所见：单胎，枕右后位，头颅光环完整，脊柱排列整齐，颈部未见压迹，心脏呈四腔结构。胎儿生长检测指标：BPD 95 mm，HC 337 mm，AC 347 mm，FL 73 mm，FEW（估测）3 408 g，FHR 143 bpm。S/D 2.1。胎盘位于右后壁，Ⅱ级。羊水指数 13.1 cm。诊断意见：单胎，符合妊娠 38^+ 周。

（7）2012 年 6 月 28 日某区医院彩超检查报告

超声提示：肺动脉瓣及肺动脉狭窄，室间隔、右心室壁增厚，心包积液，卵圆孔未闭。

（8）2013 年 3 月 26 日某三级甲等专科医院诊断证明

临床诊断：先天性心脏病：右心室流出道狭窄（肺动脉瓣漏斗部狭窄），肺动脉瓣狭窄（重度），卵圆孔未闭，冠状动脉起源异常。

（9）2013 年 5 月 13 日至 7 月 4 日某市妇女儿童医院住院病历

入院诊断：先天性心脏病：肺动脉瓣狭窄，肺动脉发育不良，卵圆孔未闭。

诊疗经过：入院后于 2013 年 6 月 14 日在全麻低温体外循环下行右心室流出道疏通＋肺动脉疏通＋左冠状动脉右心室瘘结扎术。

出院诊断：先天性心脏病：右心发育不良，三尖瓣狭窄，右心室流出道狭窄，肺动脉狭窄，左冠状动脉右心室瘘，卵圆孔未闭。

3. 鉴定意见与分析讨论

王某之母顾某妊娠期间一直在某区医院进行产前检查，各项检查结果未提示异常。王某于 2012 年 6 月 27 日在该院出生，次日行彩超检查诊断为先天性心脏病（肺动脉瓣及肺动脉狭窄，室间隔、右心室壁增厚，卵圆孔未闭），后于 2013 年 6 月 14 日行右心室流出道疏通＋肺动脉疏通＋左冠状动脉右心室瘘结扎术。

（1）关于先天性心脏病的产前筛查

先天性心脏病是所有胎儿先天性畸形中最常见的一种先天异常，发生率约为 8‰，其中严重先天性心脏病发生率约为 4‰，主要包括：法洛四联症、大血管错位、单心房单心室等。故胎儿心脏超声是胎儿超声检查中最重要也是最复杂的一项工作。超声检查是孕期筛查先天性心脏病的重要手段，心脏畸形的筛查已被列为常规，随着产前超声检查胎儿心脏技术的提高和规范化，先天性心脏病经产前超声检出的敏感性也有了很大提高。在以往无常规心脏畸形筛查时，严重先天性心脏病的产前发现率仅为 5%；使用单一四腔心观察时，严重先心病的发现率为 40%～50%；结合左右心室流出道及大血管的检查，可以发现 70%～80%的严重先心病。若筛查发现严重复杂的先心病如单心房单心室，建议终止妊娠，一般先心病在宫内或出生后进行治疗。

结合本例，王某出生次日超声检查提示心脏多发性畸形，诊断为先天性心脏病(肺动脉瓣及肺动脉狭窄，室间隔、右心室壁增厚，卵圆孔未闭等)，其实最初的心脏畸形只有一种，即肺动脉瓣狭窄，其他畸形均为继发性改变，系因肺动脉瓣狭窄导致血流难以通过狭窄的肺动脉瓣，右心室流出阻力增加，右心室肌收缩过度，引起右心室壁及室间隔增厚，右心室狭小、压力增高，继发三尖瓣狭窄、冠状动脉右心室瘘乃至出生后卵圆孔不闭。

胎儿期从肺动脉瓣狭窄发展到引起继发性改变是有一个过程的。通常孕中期(即畸形筛查时)往往还未表现出右心室壁及室间隔增厚，右心室狭小，心脏超声检查往往基本正常，到了晚孕期才出现右心室肥厚、右心血流异常等。由于胎儿肺动脉瓣狭窄在孕中期多无异常表现，而晚孕期由于胎儿体位、羊水、胎儿活动、胎儿骨骼声影及孕妇体位等多种因素影响，超声往往难以清晰显示心脏，故在产前诊断肺动脉瓣狭窄并不容易。有临床文献报道，肺动脉瓣狭窄的产前诊断率在 25%，且多为晚孕期诊断。据此分析，本例王某先天性心脏病在产前经超声检查明确诊断在技术上是有难度的。

(2) 关于产前超声检查技术规范

依据某省卫生厅 2007 年制定的《某省产前超声检查技术规范(试行)》指出，接诊医师应明确胎儿 3 级检查的内容和胎儿畸形筛查的最佳时间，并及时告知孕妇。Ⅱ、Ⅲ级检查前建议孕妇签定"胎儿畸形超声筛查知情同意书"。其中Ⅱ级产前超声检查(超声产前筛查)提倡在妊娠 18～24 周进行，某些部位如果显示欠佳，可在其后 2～4 周内再复查 1 次。具体内容除包括Ⅰ级产前超声检查在中、晚期检查的内容外，主要是对胎儿体表及内脏的大体结构进行系统的观察，目的是发现以下严重致死性畸形：无脑儿、严重脑膨出、严重开放性脊柱裂、严重胸腹壁缺损并内脏外翻、单腔心、致死性软骨发育不良。检查项目除包括Ⅰ级产前超声检查的项目外，至少还应包括以下项目：头部：颅骨、脑中线、侧脑室、丘脑。颜面部：上唇。心脏：四腔心切面、左心室流出道及主动脉长轴切面、右心室流出道及肺动脉长轴切面。脊柱：颈、胸、腰、骶尾段。腹部：肝、胃、双肾、膀胱。四肢：观察肱骨、尺桡骨、股骨、胫腓骨，测量股骨长。胎儿辅助结构：脐带、胎盘、羊水。在胎儿体位允许时，还可以检查其他解剖结构。

(3) 关于医疗过错及因果关系

王某之母顾某怀孕期间一直在某区医院进行产前检查，期间行超声检查共 4 次。从 4 次超声检查的内容上看，均基本符合Ⅰ级产前超声检查；虽其后 3 次描述内容有"头颅光环完整，脊柱排列整齐，心脏呈四腔结构"，但均不符合Ⅱ级产前超声检查(超声产前筛查)。顾某于 2012 年 3 月 25 日行第 2 次超声检查的同一天签了"胎儿畸形超声筛查知情同意书"，但此次的超声检查的具体内容属胎儿常规超声检查，并非对胎儿畸形做超声产前筛查。

依据现有送鉴材料，顾某怀孕期间一直在某区医院进行产前检查，包括首诊、产前检查共 8 次。在适宜行超声产前筛查的 18～24 周期间，顾某于 2012 年 2 月 17 日(孕 22 周)行产前检查，医院的处理意见为"……下次做彩超"，并于 2012 年 3 月 25 日(孕 $27^{3/7}$ 周)行超声检查。

综合上述分析，王某先天性心脏病系出生缺陷。先天性心脏病在产前经超声检查明确诊断在技术上是有难度的。某区医院对顾某行孕期产前检查(包括超声检查)的医疗行为存在以下过错：在适宜行超声产前筛查的 18～24 周期间没有建议顾某行超声产前筛查；行超声检查的具体内容不符合Ⅱ级产前超声检查（超声产前筛查）。上述医疗行为不符合产前超声检查技术规范的要求，存在医疗过错。医院的医疗过错使得顾某失去了在产前诊断出胎儿先天性心脏畸形的机会。医院的医疗过错与王某畸形出生的损害后果之间的参与程度无法准确评估。

七、先天性心脏畸形产前超声检查(3)

1. 案情摘要

据原告何某的民事诉状等材料摘录：何某之母王某从怀孕 2 个月左右到分娩、一直在某市第三人民医院进行产前检查和治疗，孕期按照医院的要求进行产前检查。2012 年 6 月 9 日，何某在某市第三人民医院出生后即出现浑身发紫，呼吸、面部颜色与其他小孩不同，后经外院检查发现何某存在先天性心脏病（系复杂先心病）。原告何某及其监护人认为，某市第三人民医院的医疗行为存在过错，故诉至法院，要求赔偿。为审理此案，法院委托某研究所司法鉴定中心就某市第三人民医院对何某之母王某行孕期检查（B 超检查）是否存在医疗过错；若存在过错，与何某畸形出生（复杂先心病）的损害后果之间是否存在因果关系以及医疗过错的参与程度进行法医学鉴定（书证审查）。

2. 病史摘要

(1) 某市医疗机构门急诊病历手册

产前检查情况见表 15－4。

表 15－4 产前检查记录

2012 年 1 月 20 日				
孕周	$16^{6/7}$	末次月经		骨盆测量
宫底		预产期		髂前上棘
胎位		血压	110/60	髂嵴
胎心	142	体重	53	骶耻外径
先露				坐骨结节间径
2012 年 2 月 2 日				
孕周	$18^{4/7}$	末次月经		骨盆测量
宫底		预产期		髂前上棘
胎位		血压		髂嵴
胎心	137	体重		骶耻外径
先露				坐骨结节间径
2012 年 3 月 3 日				
孕周	$23^{1/7}$	末次月经		骨盆测量
宫底		预产期		髂前上棘
胎位		血压		髂嵴
胎心	144	体重		骶耻外径
先露				坐骨结节间径

续 表

2012 年 4 月 1 日					
孕周	30	末次月经		骨盆测量	
宫底		预产期		髂前上棘	
胎位		血压		髂嵴	
胎心		体重		骶耻外径	
先露				坐骨结节间径	
2012 年 5 月 13 日					
孕周	$33^{2/7}$	末次月经		骨盆测量	
宫底	31	预产期		髂前上棘	25
胎位		血压	110/70	髂嵴	27
胎心	144	体重	65	骶耻外径	20
先露				坐骨结节间径	8.5
2012 年 5 月 27 日					
孕周	$35^{3/7}$	末次月经		骨盆测量	
宫底	35	预产期		髂前上棘	
胎位	LOA	血压	100/60	髂嵴	
胎心	144	体重	64	骶耻外径	
先露	头			坐骨结节间径	

(2) 2012 年 2 月 2 日($18^{4/7}$周)某市第三人民医院 B 超检查报告

超声所见：妊娠宫内耻骨联合上见胎头，双顶径 47 mm，胎心规律，137 bpm；股骨长 28 mm，胎盘位于前壁，厚 21 mm，0 级，羊水最大深度 40 mm。超声提示：宫内中孕，单活胎。

温馨提示：此次检查属胎儿常规超声检查，并非胎儿畸形筛查。由于胎儿体位、羊水、胎儿活动、胎儿骨骼声影及孕妇体位等多因素影响，不能排除胎儿所有畸形及功能性异常。

(3) 2012 年 3 月 3 日($23^{1/7}$周)某市第三人民医院 B 超检查报告

超声所见：妊娠宫内耻骨联合上见胎头，双顶径 58 mm，胎心规律，144 bpm；股骨长 35 mm，胎盘位于前壁，厚 20 mm，Ⅰ级，羊水最大深度 55 mm。超声提示：宫内中孕，单活胎。

温馨提示：(同上)。

(4) 2012 年 6 月 9 日某市第三人民医院彩超检查报告

超声所见描述：① 心腔各房室内径正常大小，内未见明显异常回声；② 室间隔及左心室后壁不厚，搏幅可，二者呈逆向运动，未见节段性异常运动；③ 房室间隔延续完整，未见连续中断，心包脏壁层间无分离液性暗区；④ 各瓣膜形态结构未见异常，开关可。CDFI：房室水平及各瓣膜口未探及异常血流信号。超声提示：静息状态心内结构未见异常。

(5) 2012 年 7 月 27 日某医学院附属医院心脏超声诊断报告

描述：① 右心扩大，左房室大小正常；② 各瓣膜回声正常，活动自如；③ 房室间隔连续性完整，右心室壁增厚；④ 多普勒超声：三尖瓣中量反流，估测肺动脉压约 80 mmHg。提示：① 右心扩大，右心室壁增厚；② 肺动脉高压；③ 三尖瓣中量反流。建议进一步检查。

(6) 2012 年 7 月 30 日某市儿童医院心脏彩超报告

提示：右肺动脉起源于升主动脉；房间隔缺损（Ⅱ）；右心室心肌肌小梁粗大；肺动脉高压；动脉导管未闭待排。

(7) 2012 年 8 月 6 日某大学附属儿童医学中心超声心动图报告

提示：右肺动脉起源于升主动脉，房间隔缺损（Ⅱ），动脉导管未闭，右肺动脉流速稍增快，轻-中度三尖瓣反流，肺动脉高压。

(8) 2012 年 8 月 8 日某大学附属儿童医学中心小儿心胸外科手术记录

术中见：左肺动脉发自 MPA，直径 4 mm，右肺动脉发自升主动脉后壁，直径 6 mm，横断升主动脉前方与 MPA 端侧吻合。ASD 为Ⅱ型，直径 5 mm，直接缝合关闭。心内排气，开放主动脉阻断钳。

3. 鉴定意见与分析讨论

何某之母王某于怀孕 2 个月左右到分娩一直在某市第三人民医院进行产前检查和治疗，孕期按照医院的要求进行产前检查。2012 年 6 月 9 日，何某在某市第三人民医院出生，后发现其浑身发紫，呼吸、面部颜色与其他小孩不同，在某市第三人民医院行彩超检查提示静息状态心内结构未见异常。至某医学院附属医院行心脏超声检查提示右心扩大、右心室壁增厚、肺动脉高压、三尖瓣中量反流等，建议进一步检查。后至某大学附属儿童医学中心行超声心动图检查提示并经手术证实：右肺动脉起源于升主动脉，房间隔缺损（Ⅱ型）等。

(1) 关于肺动脉异常起源于升主动脉

肺动脉异常起源于升主动脉指右肺动脉或左肺动脉中的一支异常起源于升主动脉，而另一支仍与主肺动脉延续，是一种罕见的先天性心脏病，属于大血管分支的畸形，多合并其他心血管疾病。该疾病的产前诊断在技术上仍是主要依靠超声检查，但据国内外文献，有关该疾病产前诊断的报道则仍鲜见。因其临床表现缺乏特异性，在出生后仍是容易漏诊或误诊的疾病。总体来说，肺动脉异常起源于升主动脉（不合并其他畸形）如果能早期正确诊断，手术治疗效果良好；但如果未能及时行外科手术治疗，约 70%于出生后 6 个月内死亡，80%于 1 年内死亡。如果肺动脉异常起源于升主动脉合并其他结构畸形时，其预后取决于合并畸形的严重程度。

房间隔缺损（ASD）为临床上常见的先天性心脏畸形，是原始房间隔在胚胎发育过程中出现异常，致左、右心房之间遗留孔隙。房间隔缺损可单独发生，也可与其他类型的心血管畸形并存。房间隔缺损产前超声检出率为 0～5%。

就本例而言，何某右肺动脉起源于升主动脉伴Ⅱ型房间隔缺损等属于罕见的先天性心脏病，自身疾病复杂，产前经超声检查明确诊断在技术上的难度极大，检出的可能性极小。

(2) 关于产前超声检查规范

中国医师协会超声医师分会于 2012 年正式发布的《产前超声检查指南》中常规产前

超声检查(Ⅱ级)指出,按卫生部《产前诊断技术管理办法》(卫基妇发[2002]307号)规定,初步筛查6大类:无脑儿、严重脑膨出、严重开放性脊柱裂、严重胸腹壁缺损伴内脏外翻、单腔心、致死性软骨发育不良。系统产前超声检查(Ⅲ级)中对胎儿心脏检查的要求是显示并观察胎儿心脏四腔心切面、左心室流出道切面、右心室流出道切面。怀疑胎儿心脏大血管畸形者,建议进行针对性产前超声检查(胎儿超声心动图检查)。针对性超声检查(Ⅳ级)宜在系统胎儿超声检查的基础上,针对胎儿、孕妇特殊问题进行特定目的的检查。

(3) 关于医疗过错及因果关系

何某之母王某于怀孕2个月左右到分娩一直在某市第三人民医院进行产前检查和治疗,孕期按照医院的要求进行产前检查。其中分别于2012年2月2日($18^{4/7}$周)及3月3日($23^{1/7}$周)行两次B超检查,内容均为常规产前超声检查,并非胎儿系统超声检查。医方在出具超声检查报告时予书面提示"此次检查属胎儿常规超声检查,并非胎儿畸形筛查。由于胎儿体位、羊水、胎儿活动、胎儿骨骼声影及孕妇体位等多因素影响,不能排除胎儿所有畸形及功能性异常"。医院在常规产前超声检查(Ⅱ级)这一范围的检查与告知等医疗行为不存在过错。

当然,某市第三人民医院对王某进行产前检查的过程中,没有告知患者医院产前超声检查的资质和范围,医疗行为存在不足,不排除该医疗不足使得王某在一定程度上失去了在产前诊断出胎儿先天性心脏畸形的机会。

综上所述,何某先天性心脏畸形属于罕见、复杂的先天性心脏病,产前经超声检查明确诊断在技术上的难度极大,检出的可能性极小。某市第三人民医院对王某进行产前检查的过程中,没有告知患者医院产前超声检查的资质和范围,医疗行为存在不足,不排除该医疗不足使得王某在一定程度上失去了在产前诊断出胎儿先天性心脏畸形的机会。某市第三人民医院的医疗不足与何某畸形出生的损害后果之间的参与程度无法确定。

4. 评析

上述3件案例的关键问题均在于先天性心脏畸形经产前超声检查诊断存在一定的技术难度。被告医院在行产前检查的过程中或者存在告知方面的缺陷或不足,或者对超声结果中的异常所见没有予以高度重视,或者在确有必要时没有建议孕妇去有资质、有条件的医疗机构做进一步检查,存在一定的医疗过错,使得孕妇失去了在产前诊断出胎儿心脏存在先天畸形的机会,与新生儿错误出生的后果之间存在一定的因果关系。但考虑到临床产前超声的实际情况,结合相关临床诊疗常规的要求,鉴定人未就医疗过错对错误出生的参与程度作出评估意见。

(杨小萍)

第十六章　护理相关医疗纠纷

近年来，人们从不同角度对医疗纠纷的成因、防范和处理等问题撰写了大量的文章，表述了各自的观点。但作者也发现，在已经公开发表的有关文章中，人们往往将主要的注意力集中于医师在诊疗过程中产生的医（师）患（者及其家属）纠纷上，而对护理过程中产生的护（理人员）患（者及其家属）纠纷却显得相对重视不足。实际上，在临床诊疗过程中，护理对于疾病的康复与预后的改善往往起到了重要的作用，有时甚至是关键且不可替代的。在我们的鉴定实践中，也已发现越来越多的因护理问题引发的医疗纠纷案件，颇为值得总结。

第一节　护患纠纷概述

一、护患纠纷概念及其特点

本章所谓“护患纠纷”是指在临床诊疗过程中主要由护理人员（主要是护士，也包括由经治医院指定的各类护理辅助人员）与患者及其家属发生的与医疗行为有关的各类矛盾，是医疗纠纷中的一个重要形式和特殊类型。在临床实践中，单独发生的护患纠纷较为少见，它有时可以是一个完整的医患事件的有机组成部分，甚至可以是医患事件中的主要矛盾，有时也可以是医患事件的导火线或表现形式。如何防范护患纠纷的发生，其关键在于提高护理工作人员的职业道德水平、培养工作责任心和完善业务技能。

俗话说“三分治疗，七分护理”，在医疗（尤其是住院治疗）过程中，护理人员与患者及其家属的接触是非常密切、深入的，因此护、患双方矛盾的发生比例一般也高于医院其他部门的工作人员，甚至高于医师。护理工作常较为琐碎，引起矛盾、纠纷的事件本身可能较为细小，有时可能不至于引起严重后果，但很多护理工作也与患者的生命、健康息息相关，相当一部分护理工作中的过失或不足仍会对患者的生命权、健康权产生严重的危害。在多数未引起严重后果的护患纠纷中，矛盾经过双方自我控制、调解和周围人员的疏导，早期常能得到有效的解决，真正酿成比较严重的纠纷甚至需要通过行政调解或民事诉讼解决的情况尚较为少见。此点与医师与患者发生的纠纷有较大的不同。后者大多因发生严重的损害后果，最终酿成尖锐的矛盾和纠纷，不得不通过行政或法律途径解决。但是并非就可以说，护患纠纷是微不足道、无讨论价值的。随着目前护理学的不断深入和发展，越来越多的诊疗操作需由护理人员介入，而目前从业的护理人员在很多方面仍需不断完善、提高其自身素质。最终被确定为护理医疗事故的事件一旦发生，往往会造成严重后果，因此，指导护理人员如何避免不足或过失的课题也显得至关重要。

二、护患纠纷的发生原因

既然是矛盾，当然要从双方面寻找其根源。但是考虑到本章作者工作的性质，以及本章的读者将主要是医护人员或相关从业人员，因此，现仅从护理工作人员这一方面挖掘护患纠纷的原因，并结合一些具体个案进行分析。

1. 工作责任心不足

由于护理人员工作责任心不足导致的护患纠纷是引发此类事件的重要原因。护理工作常比较具体、琐细，有时甚至可谓繁琐，难免导致从业者心不在焉与不耐烦情绪，此时往往就可能导致护患纠纷的发生。比如：某患者因术后抗炎需要，医嘱给予抗生素补液，因当时天气寒冷，病房取暖条件差，患者家属将废弃盐水瓶装入热水后作取暖用，待该瓶冷却后，家属随手将之置于病房的床头柜上，正好与护士放着的冲配好的补液瓶相邻，在1名护士前来更换补液瓶时，居然被弄错而挂了上去，幸亏旋即医师查房发现补液瓶有异，仅10余分钟即给撤换下来，尚未造成严重后果，但患者及其家属已非常不满，与院方发生矛盾。此事最后在调解阶段，双方终于取得一致，院方承认其工作人员未能尽到充分注意的义务，承担一定的赔偿责任。这一事件的发生，即是护理人员工作责任心不足的最好体现。

2. 业务技能欠缺

护理人员的业务技能欠佳是酿成护患纠纷的另一个重要原因。随着医学科学的迅猛发展，护理技术的要求再也不只是打针、发药这么简单。各种医疗新设备、新技术被不断引入临床应用，这要求护理人员不但需要在学校学习阶段业已掌握的理论功底和操作技能，也需要她们在工作以后千方百计抓紧业务提高的机会，而再也不能得过且过、吃一辈子老本。例如，在一重度颅脑外伤患者经过成功的抢救手术以后，被平安地送入了ICU病房，身体上插满了各种关乎生命的管子，而且还在气管切开呼吸机辅助呼吸中；夜深人静时，医师们按规定可以休息了，夜班护士成为整个病房中清醒着的唯一的专业人员，这名护士也完全按照规定每隔15 min巡视患者，但由于呼吸机的报警装置突然失灵，虽然记录显示的各项生命体征指标已出现严重问题，该名护士却根本没有发现问题，长时间、严重的通气障碍最终导致患者死亡。家属不能接受这一后果而诉至法院，法院最后判决认定医院未能尽到充分注意的义务，患者的死亡与医疗失误有因果关系，医院承担败诉的责任。细究这一事件发生的根本原因，应为该名护理人员对新设备、新技术的不求甚解，而又疏忽大意，完全未能尽到一位专业人员的责任。

3. 服务态度不佳

由于护理人员在服务态度上存在不足甚至过于蛮横，使得原本完全可能避免的纠纷仍然爆发。诚然，护理工作的琐碎、繁忙常常令终日劳碌其间的护士们不胜辛苦，但在面对患者健康和生命的时候，仍应保证以良好的服务态度，不厌其烦地解释病情及相关的治疗方案和治疗措施，尽可能使患者及其家属获得充分的知情权，理解病情的严重程度，并配合医师做好各种治疗，以求取得最好的治疗效果。某地医院收治了1名车祸后下肢血管断裂经吻合手术治疗的患者，术后血管功能始终不是很好，下肢血供未能得到有效的恢复，尚在一级护理之中，医、患双方都比较焦急，但由于护理工作中的基础护理尚不够到位，病员家属在请求护理人员没有结果、又吃了好一顿白眼后，气冲冲地自行给患者搬动术侧下肢做清洗，恰在此时，患肢伤口大量渗血，检查证实发生了急性的血管吻合口破裂出血，后予急诊手术截肢处理。此后，患者及其家属将矛头直指护理人员，认为是护士根本未能达到一级护理的要求，服务态度不好，工作作风懒散，以致家属不得不承担本应由专业人士进行的护理工作，导致了截肢的后果。诚然，该事件中护理人员在如何按标准要求做好等级护理等方面确实存在过失，但当时患肢的血供恢复差，保存患肢的机会已经渺茫，即使没有该次搬动行为也极可能发生不良后果。然而，矛盾发生以后，所有的其他解释都显得苍白无力了。

三、护患纠纷的防范

通过分析护患纠纷的成因，同时也预示如何进行防范纠纷。归纳起来，防范护患纠纷关键在于提高护理工作人员的职业道德水平、培养工作责任心和完善业务技能。也就是说，要以更好的服务态度、更高的服务水平、更强的工作责任心去为病员服务。本章还想从医学与法律结合的视角，对护理人员作为专业人员在日常护理工作中的应尽到的责任和义务作一番阐述，供同行思考。

1. 充分注意

根据我国民法及其相关法规的规定，护理人员作为专业人员，对病员的病情应尽到充分的注意义务。这种注意义务包括以下几个方面：① 对自己负责的病员，尤其是重点病员的病情应有相当的了解，充分注意病情可能发生的变化；而不是根本不了解病情，或者漠视病情的变化，只是机械地执行医嘱，完全没有主观能动性。② 对自己负责的治疗措施以及医疗器械使用过程中可能存在的风险以及意外情况有相当的把握，并掌握一旦发生这些情况时，应当采取的应急处理的办法；而不是对新的东西只知按部就班，稍加变化或稍有新情况发生即茫然无措，甚至不懂装懂，必然酿成大患。③ 有足够的知识应付必须由自己单独应付的局面，在没有足够的把握时，应尽快与自己的上级联系，避免不良后果的发生；而不是毫无责任心，根本不愿承担风险，事事请示，不求上进；也不是过于自以为是，盲目自信，疏忽大意，事事自己扛起来，那么，一旦发生不测，其责任谁也扛不住。

2. 知情告知

在医疗过程中，病员及其直系亲属有知情同意权。因此，护理人员在工作中，务必尽到告知义务。比如，在进行创伤性检查和侵袭性治疗时，应告诉病员本人或其家属：① 进行该项检查时可能存在何种风险，发生的机会有多大，一旦发生，有何种处理方法，可能的后果有哪些等。② 假如不进行该项检查或治疗措施，则疾病可能发生何种变化或危险，变化和危险是否比实施医疗措施的出现不良后果的概率更大、情况更差。③ 有无可能选择其他医疗手段，若有，则应分析不同措施各自的利弊，阐明目前作出这种选择的原因，比如更安全、更经济、护理人员操作起来更熟练等等。必要时还应当以书面方式告知，并请患者或其家属签字为证。另外，护理人员对于治疗操作中需要患方在治疗前、治疗中、治疗后的配合进行说明，尤其是有特殊反应的治疗，应当就反应表现的症状、体征告诉患者，以便出现特殊情况，患方能够及时通知医师或者护士。

3. 完善记录

护理记录包括体温单、首次护理记录、一般护理记录、护理巡回记录、手术器械清点记录、危重患者护理记录、静脉输液记录、交接班记录以及长期与临时医嘱单上的护理人员记录，均是病历的重要组成部分，在鉴定中往往受到高度重视，尤其是在对医师记录的入院录、病程录等内容产生争议的时候，护理记录会成为有助于分辨争议是非的重要材料。护理人员应当从以下几个方面加以注意：① 记录的及时性。在鉴定实践中经常发现有护理人员代签名现象，要知道目前的鉴定技术对于鉴定是否本人的签名实在是再简单不过的问题，一旦经鉴定被确认为代签名，该处记录甚至该份记录的真实性都将会受到质疑，给鉴定带来困难。② 记录的完整性。护理人员往往工作繁忙，有时会认为干好实际护理工作才是最重要的事，记录与否无关大局，但一旦疏忽，将无以证明其是否真的完成了应当完成的护理措施，导致人们对整个医疗工作的怀疑。③ 记录的真实性。记录应当真实，切勿发生原始记录与实际记录不符合的情况，更不能因自以为患者病情稳定而在未按医嘱观察的情况下随心所欲地编造数据，这样一旦发生病情突变，将使疑点立即突显出来，直接引发纠纷甚至导致败诉。④ 记录的清晰性。记录是为了给别人看的，医师、其他护理人员都是护理记录的读者，患者及其家属、鉴定人乃至法官也可能成为未来的读者，故必须保证字迹清晰、可辨认，切忌随意潦草、用不规范的符号或缩写、以涂改挖补的方式进行修改，否则都将被视为违反《病史书写规范》的要求，被认定为过错行为。

总之，护理人员应尽可能从自身角度寻找护患纠纷的原因，并争取克服，以更好地为病员服务，无愧于白衣天使的光荣称号。

（夏文涛）

第二节 案例评析

一、腹腔镜胆囊切除术后出现下肢深静脉血栓形成

1. 案情摘要

范某，女性，49 岁。2010 年 3 月 1 日，范某因“右上腹痛 1 个月”入住某市中心医院，于同年 3 月 4 日行腹腔镜手术治疗，术后出现左小腿疼痛，经血管 B 超探查示左侧腓肠肌肌肉间静脉血栓形成，给予溶栓抗凝治疗好转。范某认为其左下肢静脉血栓系医方医疗过错所致，遂提起诉讼。为明确某市中心医院在对范某的诊疗过程中是否存在医疗过错；若存在医疗过错，是否造成损害后果及其过错对损害后果的参与程度等事项，某市人民法院委托某研究所司法鉴定中心进行法医学鉴定。

2. 病情摘要

2010 年 3 月 1 日至 3 月 18 日某市中心医院住院病史

入院主诉：右上腹痛 1 个月。现病史：患者于 1 个月前无明显诱因出现右上腹部疼痛，恶心，无呕吐，无右背部放射痛，无牵涉痛，呈绞疼性，反复发作无季节性规律；曾在当

地自服药物治疗，症状时轻时重，无明显好转；2010 年 2 月 24 日门诊 B 超示：胆囊结石，胆囊炎。既往病史：既往身体健康，否认重大外伤、手术史，否认传染病史，无糖尿病、高血压、冠心病史。查体：神志清，精神良好，全身皮肤黏膜无黄染，浅表淋巴结未扪及肿大；腹平坦，无胃肠型，全腹软，无腹肌紧张，右上腹轻压痛，无反跳痛，肝区无叩痛，移动性浊音(-)，Murphy 征(-)，肠鸣音 3～5 bpm；四肢无畸形。入院初步诊断：胆囊结石。

3 月 2 日主任查房记录：CT 示：胆囊结石，左肝占位。结合病史、体征及辅助检查，分析胆囊结石诊断明确，有手术指征。

2010 年 3 月 2 日检验报告：凝血酶原时间 11.0 秒，国际标准化比值 0.79(↓)，凝血酶原活动度 157.0%(↑)，活化部分凝血酶时间 37.4 秒，凝血酶时间 15.9 秒。

3 月 4 日手术知情同意书：术前诊断为胆囊结石、肝占位，建议实施腹腔镜胆囊切除、肝部分切除术，将术中、术后可能出现的并发症、手术风险向患者或亲属说明：……6、深静脉血栓形成……患者及家属签字同意手术治疗。

3 月 4 日术后首次病程记录：患者今日在全麻下行腹腔镜探查术，术中见胆囊约12×6×6 cm，壁厚水肿，与周围粘连，胆总管直径约 0.6 cm，予以胆囊切除，内见多发胆囊结石，胆囊底部见约 0.4 cm 息肉。肝左内叶见约 2 cm 肿块，界清，质软，予以切除，剖面蜂窝状。术后标本向家属展示后送检。手术名称：腹腔镜胆囊切除术、肝占位切除术。

术后医嘱：平卧位(3 月 4 日 10:23 至 3 月 5 日 8:48)。

3 月 4 日 10:40 护理记录：患者手术结束，安返病房，禁饮食，嘱按摩双下肢，翻身，说明目的，家属理解。

3 月 4 日 22:40 护理记录：协助床上翻身，现已入睡。

3 月 5 日 6:40 护理记录：患者神志清，夜间睡眠好……已床上活动，嘱禁饮食。

3 月 6 日病理检查报告：肝脏海绵状血管瘤，慢性胆囊炎并胆固醇性息肉形成。

3 月 9 日 10:32 病程记录：患者自诉左小腿疼痛，无胸闷、心慌。查体：手术切口愈合可，无红肿、感染，左侧腓肠肌压痛，双侧下肢皮肤温度一致。今日查房嘱：为预防下肢深静脉血栓给予血栓通、低分子肝素钙，行下肢动静脉 B 超以明确诊断，嘱患者暂避免下床，继续以威奇达、普司立抗炎。继观。3 月 9 日超声诊断报告：左侧腓肠肌肌肉间静脉血栓形成。

3 月 9 日～3 月 16 日病程记录：左下肢彩超示左侧腓肠肌肌肉间静脉血栓形成。请血管外科会诊，给予尿激酶、拜阿司匹林、低分子肝素抗凝，抬高患肢、绝对卧床、禁按摩患肢防止栓子脱落。

3 月 10 日 15:00 护理记录：遵医嘱给予生理盐水 500 mL、尿激酶 50 万 U 左下肢足背静脉持续 12 h 滴注……抬高患肢 30°，绝对卧床休息。

3 月 13 日超声诊断报告：左侧胫后静脉及其分支血栓形成(左侧胫后静脉血栓周围有少许再通)。

3 月 14 日检验报告单：凝血酶原时间 12.5 秒，国际标准化比值 0.94，凝血酶原活动度 112.0%，活化部分凝血酶时间 40.9 秒，凝血酶时间 17.4 秒。

3 月 18 日病程记录：左腓肠肌间静脉血栓形成，予溶栓抗凝治疗后好转，今日要求自动出院，出院后可能发生血栓脱落肺栓塞等并发症已向家属讲明，表示理解。出院情况：

腹部无不适，左下肢小腿疼痛消失。

出院诊断：胆囊结石，左肝血管瘤。

3. 鉴定人检验所见

被鉴定人自诉术后至今仍时感左下肢麻木不适。

(1) 体格检查

神志清楚，步入检查室，对答切题，检查合作。腹部可见腹腔镜手术遗留瘢痕。全腹平软，未及明显压痛、肌紧张及反跳痛，未及腹部包块。除左小腿中段胫前区见皮下静脉较右侧迂曲、显露外，双下肢未见明显静脉曲张改变。双大腿周径（髌骨上缘上方15.0 cm）：左侧55.0 cm；右侧55.0 cm。双小腿周径（髌骨下缘下方12.0 cm）：左侧40.0 cm；右侧39.0 cm。双足背动脉及胫后动脉搏动存在，足部皮肤温度对称，末梢皮肤感觉无明显异常。双下肢诸关节活动对称，均无明显受限。

(2) 阅片所见

2010年3月1日胸部正位X线片示：两肺未见明显异常阴影，支气管纹理稍增粗，两侧肋膈角锐利，心影未见明显扩大。

3月2日腹部平扫并增强CT片示：肝脏形态可，其内可见多个散在的斑点状稍低密度灶，肝左叶及右叶均可见类圆形稍低密度影，其内密度均匀，除右叶低密度灶有强化外，其余低密度灶增强不明显；胆囊内近颈部见小片状高密度影，边界清，胆囊大小、形态尚可；腹腔内未见异常肿大的淋巴结影。

4. 鉴定意见

某市中心医院在对被鉴定人范某的诊治过程中不存在明显的医疗过错。范某术后发生下肢深静脉血栓形成系现代医学条件下难以完全避免的不良后果。

5. 分析讨论

被鉴定人范某因“右上腹痛1个月”入住某市中心医院，经查体并CT扫描后诊断为胆囊结石，肝左叶占位等，予行腹腔镜胆囊切除术、肝左叶占位切除术。术后病理学检查示：肝脏海绵状血管瘤，慢性胆囊炎并胆固醇性息肉形成。术后第5日，范某诉左小腿疼痛，查体示左侧腓肠肌压痛，当日超声探查示左侧腓肠肌肌肉间静脉血栓形成。院方予行溶栓并制动等治疗。至术后14日出院时，范某“腹部无不适，左下肢小腿疼痛消失”。本次鉴定时，检见其除左小腿胫前区局部浅静脉迂曲、显露外，未见明显静脉曲张改变，双下肢周径基本对称。

根据本例术前病史特点、体格检查及辅助检查所见，范某胆囊结石、胆囊炎的临床诊断成立，具有手术适应证。术前各项检查大致在正常范围，不存在明确的手术禁忌证。某市中心医院予行腹腔镜下手术符合医疗原则。术后病理检验结果支持上述临床诊断。

据有关文献报道，下肢深静脉血栓形成是常见的手术并发症，主要与下肢血流部分依赖肌肉舒缩作用向心回流有关。有临床资料显示，在腰椎、髋关节骨折或外伤患者中，出现下肢深静脉血栓形成的比例高达30%左右，类似病例的尸体解剖资料中，几乎100%被发现存在下肢深静脉血栓形成。又有资料显示，下肢深静脉血栓形成在胆囊切除术后的发病率达7%～10%。根据年龄、既往健康状况和外伤（或手术）的创伤程度，可按下肢深静脉血栓形成的可能性将不同患者分为高、中、低度风险组。

静脉血栓者栓子脱落，可能造成肺栓塞等严重并发症，死亡率高，应争取在发病初期积极行溶栓、抗凝治疗。严重并发症发生的可能性及治疗效果与用药是否及时有密切关系。

目前认为，静脉血栓形成可发生于全身各处，但下肢因其生理特点，发病率高，尤其是左下肢更易发生。发生本病的高危因素包括：① 静脉血流滞缓，术中麻醉可以导致周围静脉扩张，静脉流速减慢，也可导致下肢肌肉麻痹失去或减弱收缩功能，术后又因切口疼痛和其他原因，需卧床休息，下肢肌肉处于松弛状态，致使血流滞缓诱发下肢静脉血栓形成；② 血液高凝状态，手术或创伤后应激可引起高凝状态，是血小板黏聚能力增强的因素之一；③ 静脉壁损伤，易导致血小板黏附。通常来讲，单一因素多不足以致病，常是 2 个或 3 个因素综合作用形成。

预防下肢深静脉血栓形成的根本方法是尽可能早地恢复下肢活动，包括主动活动和被动活动。有效的活动可促进肌肉收缩，帮助下肢静脉回流，防止血流滞缓，防止血流由轴流变为边流及由此造成的血小板聚集、血液高凝。

就本例而言，范某为中年女性，术前体健，凝血机制检查未见明显异常(仅凝血酶原活动度略高于正常范围，提示有血液黏滞度增高的趋势)。本次为腹腔镜手术(创伤较传统剖腹手术为小)，术中采用全身麻醉，术后需较长时间卧床，双下肢固定制动或活动减少，血流减慢，加之手术的创伤和应激可诱发血液高凝状态。因此，其存在一定的下肢深静脉血栓形成的风险。

某市中心医院于本例术前手术知情同意书上已明确告知患者家属其存在下肢深静脉血栓形成的风险。术后当日及次日护理记录均记载院方“嘱按摩双下肢，翻身”，“协助翻身”及范某有“床上活动”等，说明医务人员对患者术后下肢深静脉血栓形成的发生已有预见，并采取了相应的预防措施，尽到了预见义务和注意义务。

本例中，范某于术后第 5 日自诉左小腿疼痛，经治医院即行查体发现其左侧腓肠肌压痛，并 B 超探查提示左侧腓肠肌肌肉间静脉血栓形成，经血管外科会诊明确诊断，即给予溶栓、抗凝等治疗措施，未发生其他严重并发症，数日后 B 超复查示左侧胫后静脉血栓周围有少许再通，出院时“左下肢小腿疼痛消失”。根据其发病时间、病史特点、血栓形成部位均高度支持手术创伤、麻醉及术后平卧、下肢活动减少是其下肢深静脉血栓形成的重要的发病因素。经院方明确诊断，并采取对症治疗措施，起到了一定的效果。根据本次本中心检验所见，认为范某目前未遗留严重的后遗症。

综上所述，范某系腹部手术患者，具有发生下肢深静脉血栓形成的风险。某市中心医院对范某的诊治过程符合医疗原则，无明显过错。虽然院方的诊疗行为无明显过错，但范某术后仍发生了下肢深静脉血栓形成的不良后果，应系现代医学条件下难以完全避免的不良后果。

6. 评析

对于既往身体健康的患者，行腹腔镜胆囊切除术，术后发生下肢深静脉血栓形成的概率明显是比较小的。对于类似术后并发症，经治医师给予适当的关注就可以了，而不必强求在术前进行下肢静脉及其瓣膜功能的专项检查，更无须采取血管造影等特殊辅助检查，否则倒可能陷入过度检查的境地。本案中，医方术前告知中谈及“深静脉血栓形成”，术后医嘱加强下肢活动及护理，且腹腔镜手术后数小时即可下床活动，故认为经治医师与护理人员均尽到了相应的注意义务，故不必给予其他特殊的抗凝治疗及预防措施。同时，术后患者若贸然采用抗凝治疗，有增加出血倾向的风险。

因此，医务人员对于患者始终保持适当的注意，即使发生了不良后果，也难以形成事实上的因果关系，无需承担法律责任。应当强调，这种“注意”必须是“适当”的，否则就有“过度要求”之嫌。

二、急性胆囊炎合并胆囊结石术前突发死亡致纠纷

1. 案情摘要

邵某，男性，73岁。2011年2月28日因“突发右上腹痛”入住某市人民医院，诊断为急性胆囊炎、胆囊结石，拟行手术治疗。3月2日下午感腹痛，予消旋山莨菪碱10 mg肌注，夜间病情加重，23:09改一级护理，再予消旋山莨菪碱10 mg肌注，疼痛仍无缓解，50 min后又给予杜冷丁50 mg肌注，次晨6:00邵某被发现已无生命迹象。邵某的家属认为系因经治医院的过错行为导致邵某死亡，遂诉至人民法院。为正确审理此案，法院委托某研究所司法鉴定中心就某市人民医院在对邵某的诊疗过程中是否存在过错；如存在过错，其与邵某的死亡后果之间是否存在因果关系及其过错的参与程度进行法医学鉴定。

2. 病史摘要

(1) 2011年2月26日某市人民医院门(急)诊病历

主诉：剑突下不适3 d，有DM史。近3 d来，剑突下不适，夜间为著，伴嗳气。查体：神志清，双肺阴性，HR 75 bpm，律齐，无杂音，双下肢不肿。血常规WBC 9.3×10^9/L，N73.6%。B超示：胆囊大小11.4×4.4 cm，后壁回声尚可，壁毛厚，其内见强回声，最大直径约3.1 cm，伴声影，内充满密集高回声，胆总管内径0.5 cm，肝、胰、脾未见明显异常；超声提示：胆囊炎，胆囊结石。予补液、抗炎、解痉治疗。

(2) 某市人民医院住院病历

住院日期：2011年2月28日至3月3日。

入院情况：7 d前进食油腻食物后出现右上腹痛，腹痛呈阵发性胀痛，不向他处放射，后腹痛逐渐加重，呈持续性胀痛，伴恶心，未呕吐，予抗炎、解痉等对症处理后腹痛无明显缓解，病程中无畏寒、发热，无目黄、尿黄，无呕血、黑便。既往有糖尿病史，胰岛素治疗，血糖控制可。查体：T 36.7℃，R 18 bpm，P 80 bpm，BP 140/80 mmHg；神志清，表情痛苦，皮肤黏膜无黄染；两肺呼吸音清，未闻及干湿啰音，HR 80 bpm，律齐，无杂音；腹平，未及胃肠型、蠕动波，腹软，右上腹压痛，轻度反跳痛，未及肌紧张，Murphy征(+)，移动性浊音(-)，肠鸣音3～5 bpm，无气过水声。2月26日B超：胆囊肿大，胆囊炎，胆囊结石。诊断：急性胆囊炎，胆囊结石。

2011年3月1日，入院第1天，仍诉右上腹疼痛，无恶心、呕吐，无目黄；注意监测血糖，完善相关辅助检查，完善各项术前准备，排除禁忌，择期手术。3月2日，诉右上腹痛较前稍有缓解。查体：右上腹压痛，反跳痛，无明显肌紧张，Murphy征(+)。查血常规：WBC 9.8×10^9/L，N 76.8%，空腹血糖10.52 mmol/L，入院后测血糖10 mmol/L，HbA_1c 6.1%，提示患者血糖控制可。心电图示：窦性心动过速。本拟明日行腹腔镜下

胆囊切除术，但麻醉医师术前访视，查看患者后嘱患者行屏气试验仅能维持15秒，复查血气分析基本正常，心超示左心室舒张功能减退，综合考虑尽管患者有关心肺检查情况尚可，但全身情况较差，恐难耐受麻醉，建议暂缓手术。3月3日0:00，有明显腹痛，有低热，无恶心、呕吐，无胸闷、胸痛。查体：神志清，皮肤巩膜无黄染，两肺呼吸音清，未闻及干湿啰音，HR 90 bpm，律齐，未闻及杂音，腹平，未及胃肠型、蠕动波，右上腹压痛、反跳痛、肌紧张(+)，Murphy征(+)，移动性浊音(-)，肠鸣音2 bpm，无气过水声。患者病情较重，改为一级护理。3月3日4:30，腹痛较前稍好转，无恶心、呕吐，无胸闷、胸痛。查体：神志清，皮肤、巩膜无黄染，两肺呼吸音清，未闻及干湿啰音，HR 95 bpm，律齐，未闻及杂音，腹平，未及胃肠型、蠕动波，右上腹有压痛、反跳痛，有肌紧张，Murphy征(+)，移动性浊音(-)，肠鸣音2 bpm，继续观察病情变化。3月3日6:00，突发心跳、呼吸骤停，检查发现患者呼之不应，大动脉搏动消失，无自主呼吸，经心肺复苏后心跳及呼吸未恢复，瞳孔散大，直径7 mm，对光反射消失，继续心肺复苏至7:00宣布死亡。死亡原因首先考虑心源性，胆囊炎急性发作期，炎症重，胆囊大，张力高，有可能引起胆心反射，导致患者猝死；此外患者既往有脑梗死病史，血黏滞度较高，不能完全排除脑梗死等可能。

2月28日晚餐后2 h血糖测定：10.1 mmol/L。3月1日早餐前血糖测定：0.2 mmol/L。3月2日早餐前血糖测定：5.7 mmol/L。

长期医嘱单摘录：2月28日，二级护理；半流汁；低脂饮食；毛细血管血糖qid。3月3日0:00，一级护理。

临时医嘱单摘录：3月2日17:52，消旋山莨菪碱10 mg肌注。23:09，消旋山莨菪碱10 mg肌注。急查血常规。3月3日0:02，哌替啶(杜冷丁)50 mg肌注。

3月2日15:45血气分析：pH 7.46(↑)，PCO_2 4.1(↓)，PO_2 10.40(↓)，SpO_2 96%。

3月2日23:41血常规：WBC 14.59×10^9/L，N 78%，Hb 134 g/L，PLT 242×10^9/L。

护理记录：3月2日17:55，患者诉腹痛，遵医嘱用药，654－2针剂10 mg肌注。18:25，患者腹痛较前缓解。20:30，患者毛细血管血糖为7.3 mmol/L。3月3日6:00，患者昏迷，立即通知医师，予吸氧6 L/min，心电监护，瞳孔7 mm，建立静脉通路。6:20，患者呼之不应，瞳孔7 mm。7:00，患者死亡。

出院诊断：心跳呼吸骤停；急性胆囊炎，胆囊结石。

3. 既往鉴定情况

当地医疗事故技术鉴定委员会分析认为：

(1) 某市人民医院在对患者邵某的诊疗过程中无违反医疗卫生管理法律、行政法规、部门规章的行为；急性胆囊炎、胆囊结石诊断明确，治疗符合规范。

(2) 根据现有资料，专家组分析考虑患者死亡原因为猝死，猝死原因因未进行尸体解剖无法判定。根据入院后患者的血糖检测结果及临床表现，低血糖症诊断依据不足。

(3) 医方在患者3月3日00:00病情出现变化后，未及时与患者家属进行沟通告知；改一级护理后生命体征监测、记录不到位，未进一步进行辅助检查。

鉴定结论：本病例不属于医疗事故。

4. 某司法鉴定中心鉴定意见

某市人民医院在诊疗过程中存在的医疗过错，该过错与邵某死亡后果之间存在一定的因果关系，医疗过错为死亡的次要因素。

5. 分析讨论

邵某因进食油腻食物后出现阵发性右上腹胀痛并逐渐加重，伴恶心等不适，就诊于某市人民医院，查体示“右上腹压痛，轻度反跳痛，未及肌紧张，Murphy 征(＋)”，结合超声检查结果，临床作出的“急性胆囊炎，胆囊结石”等诊断成立。综合入院时各项辅助检查结果，其体温平，血常规 WBC 计数在正常范围，病情尚属稳定，院方予以抗感染、解痉等处置后拟择期行经腹腔镜胆囊切除术，符合外科原则。因术前麻醉科访视发现邵某身体状况较差而拟改期手术。当日下午近 18:00，医嘱单及护理单见使用“消旋山莨菪碱 10 mg肌注”，提示邵某曾有右上腹痛加重发作，护理记录单记录用药后腹痛较前缓解。当日晚 23:00 左右临时医嘱单记录再次使用上述药物，血常规示 WBC 计数明显增高。次日凌晨 0:00 病程录记录，邵某出现“明显腹痛”，查体示“有低热”，右上腹并出现“肌紧张”，经治医师考虑其病情加重，嘱改二级护理为一级护理，同时临时医嘱单见“哌替啶(杜冷丁)50 mg 肌注”的医嘱。次晨 6:00 左右，邵某被发现心跳、呼吸停止，经心肺复苏等抢救治疗，未能挽回生命。

因未行尸体病理学检验，加之现有病历中未见邵某死亡前临床表现的病历记载，故目前对其确切的死亡原因难以作出准确认定。某市人民医院提出的“心源性”固然可能，但对于类似患有糖尿病等慢性疾病的老年患者，诸如肺梗死、脑卒中、感染性毒血症抑制心肌功能乃至胆源性胰腺炎等其他疾病致死的可能性也不能排除。而院方在死亡病例讨论中提出的因胆囊炎、胆囊肿大导致“胆心反射”致死则显然依据不足。

就现有病历分析，某市人民医院在本例诊治过程中存在如下过错：① 死亡前 1 d 下午起出现发热及外周血 WBC 计数增高，并腹部体征加重，提示病情出现变化，院方经治医务人员作出加强护理(由二级护理改为一级)的处置，但在病程录中未见对病情变化原因的分析，甚至未见血压测量记录，对病情严重性和复杂性的认识明显不足。② 因院方当时未行如超声探查、心电图等进一步检查以明确病因，且在邵某出现上述病情变化后 6～7 个小时内给予两次解痉药(莨菪碱)及 1 次镇痛剂哌替啶(杜冷丁)，可能掩盖症状，对病情观察和诊断很可能带来一定的不利影响。③ 对于危重患者，在护理等级更改为一级后，直至发现呼吸、心跳停止、瞳孔散大、对光反射消失时，竟未见任何护理观察记录，违反了医疗护理规范。

综上所述，因邵某的死因难以确定，给鉴定人对医疗过错与因果关系的判断带来了极大的困难。从现有资料分析，邵某病情变化实属急骤、迅猛，病情危重，其自身疾病的转归应为其最终死亡的主要原因。当然，某市人民医院在邵某病情急剧变化的过程中若能加强观察并采取积极的对症治疗，也有可能在一定程度上减少其死亡发生的机会。据此，某市人民医院在诊疗过程中存在的医疗过错与邵某死亡后果之间存在一定的因果关系，医疗过错为死亡的次要因素。

6. 评析

本案的焦点问题并不在于护理问题，但在患者病情转危后，医方在护理方面确实存在过错，过错主要反映在医方的医嘱与实际记录不相称，提示护理人员在病情观察方面不符合护理等级的相应要求。实际上，作者遇到类似案例并非首次，尤其在晚间，由于值班护理人员人数少、缺乏互相监督与提醒，且特别易于疲倦，往往发生未能按照医嘱要求观察并记录患者生命体征的情形，甚至发生最终无法明确患者死亡时间的尴尬。有鉴于此，作者认为医疗单位管理者应当注意：① 加强对护理人员的职业教育，切实提高责任心；② 对于重点专业科室，加强值班力量，必要时建立适当的警示、提醒机制或设施；③ 医嘱与患者病情要相称，既要避免护理人员的无谓疲劳，又要保证护理措施尽可能到位。

（夏文涛　李瑜）

第十七章　机会丧失医疗纠纷

由于医疗过错的原因，导致患者失去疾病的治疗机会，酿成纠纷乃至诉讼的案例在实践中并非少见。鉴定人若不能掌握正确的思维方式，容易过度关注疾病本身的严重性及预后的不良性，忽略医疗过错的潜在影响，或者过度强调医疗过错，忽略在当时医疗水准下对疾病的诊疗仍受到一定的限制等客观因素，进而得出不客观、不公正的鉴定意见。事实上，此类案例有一定的共同特点，可以总结其内在规律。

第一节　诊疗过程中的机会丧失

一、关于“机会丧失”学说

20世纪美国发生的Gregg v. Scott医疗纠纷案中，患者因左前臂肿块就诊，医师认为该肿块属于良性，无须特殊处理。数月后患者在其他医院检查证实该肿块属恶性肿瘤。患者以此起诉首诊医师诊断错误，并要求获得赔偿。法院经审理后查明：若患者在首次就诊时即能正确诊断并获得及时治疗，类似其当时情况的肿瘤患者10年生存率可达到42%，但由于被告的医疗过错，致手术时机延误，使生存率降低到25%。然而，法院最终判决认为，即使患者首诊时即能得到及时治疗，其10年生存率也未高于50%，总体生存率偏低，所以难以证明医疗过错导致患者发生了实际损害。最终判决驳回了原告的起诉。因此在该案中，虽然医疗过错是显而易见的，且从理论上讲，患者的生存率下降了17%，但是其没有得到任何补偿。

对于当时出现的类似上述的多个案例，许多司法界人士认为患者的诊疗机会已实际减少或丧失，显然应属于实际损害，若无法获得赔偿，实际上是对患者的不公。有学者就此提出了一些新的建议和主张，但尚未形成系统的理论。此后在国外司法实践中，以“机会丧失”作为判决依据的判例却开始零星出现。至20世纪80年代以后，以美国田纳西大学法学院的Joseph H. King教授为代表的学者提出了较为系统、完整的“机会丧失”学说，终于大致解决了此类案例的理论问题。

“机会丧失”学说的核心观点认为，如果医方在医疗过程中存在过错，并且该过错导致患者的治愈机会或生存机会减少，医疗机构就应当为这种机会的减少承担责任。患者有权利因为医方过失导致的机会丧失寻求赔偿。作者认为，该学说对医疗纠纷的审判体现公平价值是有益的，但迄今为止，“机会丧失”学说不论在理论界，还是在司法实务界，均仍饱受争议。

"机会丧失"学说的主要观点如下：① 机会丧失本质上是一种独立的损害，不宜作为因果关系证明困难时的替代机制。② 机会丧失是一种确定的损害。尽管机会是否实现具有或然性，但该机会的丧失却一定具有终局性与确定性。③ 机会丧失场合下，丧失的是一种机会或者一种可能性。因此在机会未丧失的情况下，可能出现预期利益则必然是确定的，否则就不能构成真正意义上的机会丧失。④ 机会丧失中的机会，即"有利之或然性"，既包括预期利益取得的机会，也包括预期损害避免的机会。⑤ 机会丧失是一种中间损害，与最终损害相对。最终损害和中间损害之间的差额，就是丧失的机会。

在医疗纠纷的鉴定中，鉴定人追寻的是事实层面的因果关系，利用"机会丧失"学说有助于对因果关系的分析和把握。特别需要指出的是，"机会丧失"是指损害的中间过程，而非损害后果本身，这是目前较为普遍被认可的观点，需特别强调。

二、"机会丧失"学说在医疗纠纷鉴定中的应用

根据我国医疗纠纷司法审判与鉴定的实践，上述原则并非完全可以被全盘接受。作者认为，现阶段在机会丧失医疗损害责任纠纷案件的司法鉴定时应当注意：① 患者所丧失的机会是一种客观存在的可能性，可以通过现行卫生法律、行政法规、部门规章、诊疗规范的规定或者大样本流行病学调查结果加以证明；② 丧失的机会具有现实性，不能以仍处于实验室阶段或者临床试验中的治疗措施作为追诉理由；③ 当最终损害后果实际上并未发生时，一般不能以理论上的损害后果作为丧失机会的追诉理由；④ 除非损害事实的可能原因是限定的，司法鉴定人一般不应同意排除所有其他可能性的要求，也不应对发生概率很小的事件加以证明。

在遇到"机会丧失"案例的鉴定时，应重视事实层面因果关系分析，过程中须遵循上述原则。应当根据医学文献资料及流行病学统计结果，对丧失机会的多少进行分析，为因果关系分析与参与程度判定提供参考。当然，实践中由于统计学资料的缺失，在一定程度上制约了"机会丧失"学说在医疗纠纷鉴定实践中的应用，建议根据不同案例的具体情况，逐步寻求解决这一类医疗纠纷鉴定的思路。

三、医疗过错行为与损害后果因果关系及其参与程度的判定

参考 WHO *International Classification of Disability and Health*（《国际功能、残疾和健康分类》）的有关理论，结合《法医临床司法鉴定实务》对因果关系类型及参与程度的划分原则，结合作者的实践经验，对此做如下进一步表述（表 17－1）。

表 17－1　医疗过错对损害后果参与程度的判定

因果关系类型	参与程度参考值	含义的文字表述
医疗行为与损害后果之间无因果关系	0	医疗行为（过错）与损害后果不存在明确的因果关系，损害后果完全是由于患者体质的特殊性、疾病病情本身特点或者限于当时医疗水平等因素造成。
医疗过错与损害后果之间存在因果关系，医疗过错是损害后果的轻微因素	10%	损害后果主要是由于患者体质的特殊性、疾病病情本身特点或者限于当时医疗水平等因素造成，医疗过错只在损害后果的发生或进展过程中起到了一定的诱发、促进或加重作用，即使没有医疗过错，损害后果仍必然会发生。

续 表

因果关系类型	参与程度参考值	含义的文字表述
医疗过错与损害后果之间存在因果关系,医疗过错是损害后果的次要因素	30%	损害后果主要是由于患者体质的特殊性、疾病病情本身特点或者限于当时医疗水平等因素造成,医疗过错只在损害后果的发生或进展过程中起到了诱发、促进或加重作用,即使没有医疗过错,损害后果仍然很可能会发生。
医疗过错与损害后果之间存在因果关系,医疗过错是损害后果的同等因素	50%	损害后果与医疗过错以及患者体质的特殊性、疾病病情本身特点或者当时医疗水平等因素均密切相关,如没有医疗过错,或者没有自身因素(包括当前医疗水平的因素),损害后果一般不会发生。
医疗过错与损害后果之间存在因果关系,医疗过错是损害后果的主要因素	75%	医疗过错是导致患者损害后果的主要原因,患者体质的特殊性、疾病病情本身特点或者当时医疗水平等因素只是次要因素,如果没有医疗过错,损害后果很可能不会发生。
医疗过错与损害后果之间存在因果关系,医疗过错是损害后果的直接(完全)因素	100%	医疗过错是导致患者损害后果的直接原因和根本原因,没有医疗过错,损害后果必然不会发生。

如前所述,医疗过错可能使患者减少甚至失去对疾病防范或者治疗的选择机会,应当根据大样本流行病学资料调查结果,结合以往对类似"机会丧失"案例因果关系及过错参与程度鉴定案例的判定原则,分析是否适时采取这种选择对疾病可能造成的影响程度。理论上讲,丧失机会的医疗纠纷中,因并非医疗过错直接导致损害后果的发生,当时医疗水平以及患者自身和/或其疾病的因素往往是损害后果发生的重要或关键原因,故导致机会丧失的医疗过错通常被认定为发生损害后果的次要原因或者轻微因素。

(夏文涛)

第二节 案例评析

一、胆囊癌延误治疗

1. 案情摘要

某患者,男性,1949 年 2 月 21 日出生。2011 年 12 月 21 日在某省医院行剖腹探查并胆囊切除术。术中快速冰冻切片病理检验报告为慢性胆囊炎。患者顺利恢复,出院后常规石蜡切片病理检验报告考虑(胆囊)腺癌可能性大,但主管医师因故未看到此病理报告。2012 年 2 月 27 日某男因"梗阻性黄疸、胆总管下段占位可能"再次入住上述省医院,医师未调取前次住院病历材料,仍未获知石蜡病理检验结果,行经皮肝穿刺胆管引流术(PTCD)后,病情未有明显好转。2012 年 3 月 5 日,某男转入其他医院,最终确诊为"胆囊癌行胆囊切除术后、肝外胆管受侵犯及肝十二指肠韧带内淋巴结转移,梗阻性黄疸"。2012 年 8 月 23 日,某男因胆囊癌术后腹腔广泛转移而死亡。

2. 病史摘要

(1) 2011 年 12 月 19 日至 12 月 25 日某省医院住院病史

入院情况：20 年前体检发现胆囊充满型结石，由于无症状未予处理，本次发作上腹部隐痛不适 1 个月，彩超及 MRI 示胆囊充满型结石，萎缩性胆囊炎，为求手术治疗入院。查体：全身皮肤、黏膜无黄染及出血点，无肝掌及蜘蛛痣，全身浅表淋巴结未触及肿大。腹部未见胃肠型及蠕动波，全腹未及压痛、反跳痛，肝、脾肋下未扪及，肝、脾区叩击痛(-)，Murphy 征(-)，移动性浊音(-)。超声诊断报告：脂肪肝；肝右前叶片状低回声；胆囊内充满结石，胆囊体积小，胆囊壁增厚。初步诊断：慢性萎缩性胆囊炎，胆囊充满型结石，胆囊占位可能。

2011 年 12 月 21 日血清肿瘤标志物检验报告：AFP 3.05，CEA 1.82，CA125 12.48，CA199 2.62，CA153 7.66，CA242 2.24，均在正常值范围内。

12 月 22 日手术记录：术中见肝脏大小形态质地尚可，大网膜及十二指肠紧密粘连包裹胆囊及第一肝门处，胆囊萎缩变硬，大小约 5×4×3 cm，壁厚约 5 mm，胆囊内充满 4 枚直径 0.8～1.5 cm 不等的混合性结石及白色脓性胆汁，肝外胆管直径约 0.9 cm。术中快速冰冻切片病理检验报告：慢性胆囊炎，细胞印片未发现异型细胞。

出院记录：患者病情恢复良好，予出院。出院诊断：慢性胆囊炎，胆囊结石。

12 月 26 日常规石蜡切片病理检验报告：胆囊重度炎症，局部黏膜下层及肌层可见异型腺样结构浸润性生长，未见明确侵及神经组织现象，考虑腺癌可能性大，建议会诊。

(2) 2012 年 2 月 27 日至 3 月 5 日某省医院再次住院病史

再次入院情况：1 个月余前无明显诱因出现右上腹部隐痛不适，间断发作，伴腹胀、食欲缺乏等，4 d 前无明显诱因出现巩膜黄染。查体：全身皮肤黏膜轻度黄染，巩膜中度黄染，右上腹部压痛(±)，肝、脾肋下未扪及，肝、脾区叩击痛(-)，Murphy 征(-)，移动性浊音(-)。CT 示：胆总管壁厚伴梗阻性胆管扩张，肝左内叶低密度灶，胃底部胃壁局限性增厚，肝右前叶病灶，胆囊切除术后改变。初步诊断：梗阻性黄疸，胆总管下段占位可能，肝占位，胆囊切除术后。

入院后经完善相关检查，明确诊断，于 2 月 29 日行 PTCD 引流术，治疗过程顺利。

(3) 2012 年 3 月 5 日至 3 月 22 日某医科大学附属医院住院病史

入院情况：经会诊借阅的切除胆囊病理组织学切片并行增强 CT 及 PET-CT 等检查，确诊为：胆囊癌行胆囊切除术后、肝外胆管受侵犯及肝十二指肠韧带内淋巴结转移，梗阻性黄疸，PTCD 术后。

入院后行胃肠减压+TPN(全胃肠外营养支持)，因无外科根治手术指征，遂行十二指肠金属支架植入操作，术后患者一般状况可，可进半流质饮食，体温有间歇性升高。PTCD 管每日引流 200～1 500 mL 不等。

出院医嘱：继续保肝、利胆、抗肿瘤等治疗。必要时 TPN 支持。

(4) 2012 年 8 月 23 日死亡医学诊断

死亡原因：多器官功能衰竭。致死之疾病名称及原因：胆囊癌多发转移。

3. 医患双方陈述意见

(1) 患者家属意见

患者在入住某省医院行胆囊切除术时即已患有胆囊癌，当时尚属早期，有根治机会。

因医师未及时告知真实病情，致患者最终病情恶化。医师的错误是导致患者最终死亡的根本原因，应承担全部责任。

(2) 医方意见

患者胆囊癌病情与病理表现均不典型，且在入院时已属中晚期，根治机会不大，病情最终结局必然导致短时间内死亡。医方未及时发现病理诊断结果，虽有过错，但与死亡后果之间并无关联。

4. 鉴定人阅片所见

2012 年 2 月 25 日腹部 CT 片、2 月 27 日腹部增强 CT 片示：胆囊切除术后，肝内胆管及胆总管扩张，肝右叶内侧段见丛状低密度影，增强扫描未见强化，肝门区及腹壁后未见肿胀淋巴结影。

切除胆囊石蜡病理组织切片示：胆囊壁见大量慢性炎症细胞，局部黏膜下层及肌层见异型腺样结构浸润性生长，提示胆囊腺癌。

5. 分析讨论与鉴定意见

根据某男首次住院时的相关病历资料，可以明确诊断为胆囊癌，临床分期属Ⅰ～Ⅱ期，应行根治性手术治疗(包括胆囊床周围肝脏楔形切除并周围淋巴清扫术等)，单纯胆囊切除是不够的。其后病情复发、进展并死亡与未行根治性手术有一定的关系。但据文献报道，Ⅰ～Ⅱ期胆囊癌根治术后的 5 年生存率较低，故某省医院未及时告知患者正确诊断虽然造成患者失去了选择根治的机会，但医疗过错显然并非患者最终死亡的主要原因。经全面分析、综合评价，认为某省医院的医疗过错与某男死亡后果之间存在一定的因果关系(医疗过错参与程度拟为 30%左右)。

6. 评析

经治医院病理科于术后石蜡切片检验已经明确提示患者很可能为胆囊癌，并发出正式病理报告，但外科经治医师未据此采取进一步处置。分析某省医院存在如下过错：① 患者术前即已有胆囊占位，但医方未行进一步检查加以明确，对病情的复杂性估计不够充分；② 仅根据术中快速冰冻病理诊断结果，即确认排除胆囊癌诊断，对冰冻切片病理诊断的准确率尚不及常规石蜡切片未给予足够重视；③ 未按临床医疗规范注意核实术后病理检验结果，病案整理、归档不规范，以致"疏忽"关键的诊断信息。医疗过错最为关键的后果是因医方未能及时采取正确处置，使患者失去了选择加行根治术的机会。

根据患者的病历资料分析，其胆囊切除当时胆囊癌病症尚属较早期，但因该疾病本身恶性程度高，即使给予根治性手术，临床一般报道的 3～5 年生存率仅为 5%～30%，少数超过 30%。由此可见，从流行病学角度而言，患者胆囊癌治愈的机会并不大。故鉴定人按照医疗过错对损害后果参与程度的划分原则，最终鉴定医疗过错是患者死亡的次要因素，建议过错参与程度约为 30%。

二、胰腺癌延误诊治

1. 案情摘要

某患者，男性，1955 年 8 月 26 日出生。2010 年 1 月 25 日因腹部不适到某县医院行腹部 CT 检查，结果报告"未见异常"，后症状未见缓解，遂赴其他医院就诊，复阅当时 CT

片，认为胰腺存在占位病变可能，进一步检查确诊为胰腺癌并肝转移，经一般对症治疗后，10 个月余死亡。

2. 病史摘要

(1) 2010 年 1 月 25 日某县医院 CT 检查报告

检查所见：中上腹部各脏器未见异常改变，中上腹腔内未见异常密度影。下腹部可见前列腺增大，其内可见点状高密度影。膀胱外形良好。盆腔内未见异常影。

诊断意见：中上腹部未见异常，前列腺肥大，前列腺结石。

(2) 2010 年 6 月 15 日某大学附属医院 MRI 检查报告

胰体尾部少血供肿块伴肝内小结节，考虑恶性肿瘤，以胰腺癌肝转移可能性最大。

(3) 2010 年 6 月 18 日某大学附属医院病理标本检查报告

(胰体尾部低回声实性占位)纤维组织中见少许中分化腺癌浸润。

(4) 2010 年 7 月 1 日至 7 月 26 日解放军某医院住院病历

入院情况：半年前无明显诱因下出现腹胀不适，食后尤甚，当地医院行腹部 CT 示报告无异常。半年来腹胀反复发作，一个半月前因多饮、多尿、消瘦于当地医院查血糖升高，诊断为糖尿病，药物控制血糖、效果一般。近 1 个月来腹胀较前加重，伴有腰痛、食欲缺乏、倦怠、小便不利等，2010 年 6 月 5 日外院查腹部 B 超示“胰体、尾部增厚，外形不规则，肝脏内多发低密度病灶”，增强 MRI 检查示“胰腺内低密度病变”，结合病理检查，考虑胰腺癌伴肝转移。

治疗经过：无手术条件，予一般抗肿瘤及相应对症治疗。

出院诊断：胰腺恶性肿瘤，糖尿病，高血压病 2 级，前列腺增生。

(5) 某市人民医院住院病史

2010 年 8 月 31 日至 11 月 28 日。

因“间断上腹部胀痛不适 6 月余，加重 2 月”，拟诊“胰腺癌伴肝转移”入院。于 2010 年 9 月 29 日行胰腺癌肝转移介入治疗，后行 CIK 细胞治疗。

3. 医患双方陈述意见

(1) 患者家属意见

2010 年 1 月 25 日因腹部不适到某县医院行腹部 CT 扫描，医方告知患者无异常，但患者始终感症状无缓解，反而有加重趋势，后到其他医院就诊，被告知当时腹部 CT 片即可发现胰腺病变，此后经多家医院确诊为胰腺癌，已无法治疗，最终因该病死亡。

(2) 医方意见

患者在我院做 CT 的主要目的是为了查明下腹部不适、腹部胀气的原因。我院 CT 检查报告时间是在患者确诊前 6 个月。CT 检查仅是辅助检查，并且只是做了平扫，CT 报告单也注明“本报告仅作参考”，这是医学常识。虽然该 CT 上胰腺体部确实存在一定的异常，但并不足以确诊。事实上，患者最终经 MRI 检查和穿刺病理化验才确诊为胰腺癌。据报道，目前全球胰腺癌发病率和死亡率是 1:0.99，即使早期诊断也不会改变死亡结果。我院不应承担患者死亡的责任。

4. 鉴定人阅片所见

2010 年 1 月 25 日腹部平扫 CT 片示：胰腺体部饱满，见斑片状稍低密度影(最大径大于 2 cm)，胰腺周围脂肪间隙尚可见。因未行增强扫描，无法提供上述胰腺体部稍低密度影在胰腺动脉期、静脉期及平衡期(毛细血管期)的影像学征象。

5. 鉴定意见与分析讨论

根据 2010 年 1 月 25 日腹部平扫 CT 片，虽不能明确胰腺病变的性质，但医方应可考虑到存在胰腺肿瘤等病变的可能性，并提出进一步检查(如增强 CT 扫描、MRI 检查及相关肿瘤标志物检验)的建议。某县医院仅根据 CT 平扫所见即报告“中上腹部未见异常”，未达到应有的医疗水准，存在医疗过错。当然，某男行 CT 扫描时胰腺体部稍低密度灶最大径已超过 2 cm，已不属于早期病变。综合当时仅有的病历材料与影像学资料，我们认为，某男当时病变尚有一定的手术机会，若能行手术切除，可能有助于延长生存期。但在目前医学条件下，多数文献报道类似胰腺癌 5 年生存率低下。因此认为，某县医院存在医疗过错，该过错与某男发病后较短时期内死亡的不良后果之间存在一定的因果关系(医疗过错参与程度拟为 10%左右)。

6. 评析

本案中，虽然经治医院辩称当时 CT 报告业已注明“仅作参考”，不能作为确切诊断，但其本身在陈述意见中也未否认根据该 CT 所见即应高度怀疑胰腺病变，理应提示行进一步检查(如增强 CT 扫描等)。结合鉴定人阅片所见，本案当时 CT 片中胰腺体部改变明显，作为放射科医师“疏忽”了该影像学征象，实在有违当时医疗水准，存在漏诊。因医师的漏诊行为，使患者失去了及时行进一步检查(如增强 CT 扫描等)明确诊断及获得相应治疗的机会，故认为医方存在过错行为。

根据流行病学资料，胰腺癌本身恶性程度极高，类似病例即使确诊并行手术治疗，3～5 年生存率也仅为 1%～10%，少数报道超过 10%，治愈率与生存率仍极低(治愈机会存疑)。据此，鉴定人最终鉴定医疗过错是患者死亡的轻微因素，建议过错参与程度约为 10%。

三、急性播散性脑脊髓膜炎

1. 案情摘要

相某，女性，30 岁。2005 年 4 月，相某因腿麻、双下肢麻木无力等症状，多次到某大学医学院附属医院门诊就诊，医院均未给予确诊。2005 年 4 月 29 日，相某入住北京某医院，诊断为急性播散性脑脊髓炎。患方认为医院在诊疗过程中存在延误诊断及错失治疗最佳时机等医疗过失，以致造成相某严重的健康损害，遂诉至法院要求赔偿。为明确某大学医学院附属医院在对相某的诊疗过程中是否存在医疗过错，是否因过错导致损害后果以及过错对损害后果的参与程度等事项，法院委托某研究所司法鉴定中心进行法医学鉴定。

2. 病史摘要

(1) 某大学医学院附属医院门诊病历

2005 年 4 月 12 日：腿麻 1 周。查体：神志清，面肌对称，四肢可。诊断：腿麻。处理：药物治疗，随诊。

4 月 16 日：四肢乏力 11 d。11 d 以来病情进行加重，行走乏力，双下肢及右上肢麻木不适。既往健康。查体：四肢活动自如，双下肢腱反射正常，双上肢腱反射消失，有手套、袜子样感觉障碍，颅神经征未见异常。诊断：周围神经炎。处置：药物治疗。

4 月 22 日：双下肢麻木不适半月，经治疗病情仍感渐行加重。查体：BP 110/70 mmHg；四肢腱反射可，未引出神经系统病理征，右侧肢体肌力弱，约为Ⅳ级，左下肢痛觉下降。诊断：双下肢麻木原因待查。处置：EMG（报告未见异常），心肌酶谱检验，贞芪五味子口服。

(2) 2005 年 4 月 29 日至 5 月 31 日北京某医院住院病历

入院情况：进行性右上肢、双下肢麻木、无力半月，大、小便困难 1 周。查体：神志清，语利；近期记忆障碍，远期记忆正常，时间定向力障碍，人物、地点定向力正常，计算力下降；右上肢肌力Ⅳ级，左上肢肌力Ⅴ级，肌张力正常，双下肢肌力 0 级，肌张力降低；双上肢肌腱反射正常，双下肢肌腱反射降低，右侧肢体病理征未引出，左侧病理征阴性；右上肢针刺觉、振动觉下降，双下肢针刺觉、振动觉消失；感觉平面检查、共济运动检查合作不佳。

主要化验及检查结果：脑电图示中度异常。诱发电位：SEP，右顶正常，左顶分化差，N20 潜伏期较对侧延长；BAEP，右侧脑干上段传导障碍，左侧脑桥到中脑下段传导障碍；VEP，双侧对称、正常。肌电图：右下肢胫后神经、腓总神经受损，右上肢神经源性损害（颈 6、7 水平）。MMSE：26 分，正常范围，但注意力、计算力、回忆力轻微障碍。5 月 19 日磁共振摄片示 C_6 节段髓内小片状长 T2 信号影；胸段脊髓内多发片状长 T2 信号影；T_{11-12}胸段脊髓背侧异常信号影；双侧大脑半球多发大小不等长 T1、长 T2 信号影。

住院诊疗经过：入院后完善各项常规检查及诱发电位、肌电图、视频脑电图等进一步明确诊断。经予激素、营养神经、调节免疫、改善情绪等治疗。病情平稳后予出院。

出院查体：神志清，语利；定向力、记忆力和计算力基本正常；右上肢肌力Ⅴ$^-$级，双下肢肌力 0 级，肌张力降低；腱反射弱，右侧肢体病理征可疑阳性，左侧病理征阴性；右下肢肌萎缩较左下肢明显；双上肢针刺觉、振动觉对称正常，双下肢针刺觉、振动觉、关节位置觉消失；T_9～T_{10}水平针刺觉下降。

出院诊断：急性播散性脑脊髓炎。

(3) 2005 年 6 月 1 日至 6 月 9 日某大学医学院附属医院住院病历

入院情况：进行性右上肢、双下肢麻木无力 2 月。查体：心、肺(－)，肝、脾肋下未及；双上肢肌力、肌张力正常，双上肢腱反射正常；双下肢肌力 0 级，双下肢肌张力降低，双下肢腱反射降低，双下肢病理征阴性；右下肢肌萎缩较左下肢明显。

诊疗经过：入院后中药予以健脾化湿、温肾通络为主治疗，西药激素对症营养、高压氧治疗，推拿、针灸治疗。

出院情况：仍有右上肢、双下肢麻木、活动受限。

出院诊断：急性播散性脑脊髓炎。

(4) 2005 年 6 月 9 日至 6 月 24 日某大学医学院附属住院病历

入院情况：因“进行性双下肢麻木无力 2 个月”入院。查体：神志清，言语流利，高级智能正常，双上肢肌力Ⅴ$^-$级，双下肢 0(字迹欠清)级，双侧肌张力低。

诊疗经过：予免疫抑制，营养神经，康复等治疗，病情缓解不明显。

出院情况：未愈。

出院诊断：急性播散性脑脊髓炎。

3. 鉴定人检验所见

(1) 体格检查

自诉并家属代诉大、小便不能自理且排便困难，解大便时需开塞露纳肛，小便、大便时均需他人按压腹部协助。

神志清，卧床位，检查尚合作，对答切题。头颅外观未见畸形，双眼睑睁、闭可。两侧额纹、鼻唇沟对称无变浅，张口度正常，伸舌居中，露齿可。颈软。腰骶部褥疮愈合瘢痕。双下肢不能在床上平移，肌力Ⅱ级以下。双足下垂，双足跗趾跖屈强直。躯干感觉平面右侧平肋弓，左侧平脐。右上肢皮肤感觉较左侧略减退。直肠指检可及肛门括约肌松弛。双侧肱二头肌、肱三头肌腱反射、桡骨膜反射正常存在，无亢进。双侧膝、跟腱反射可疑。双侧上腹壁反射可疑存在，中、下腹壁反射不存在。双侧巴彬斯基征及霍夫曼征均未引出。臀下衬垫一次性尿垫。

(2) 阅片所见

2005 年 5 月 19 日颈、胸段脊柱 MRI 片示：颈 5/6 椎间盘平面颈段脊髓内可见针尾状 T2WI 高信号影，C_{4-12}平面脊髓内见长条状等 T1WI、长 T2WI 信号影，且 C_{11-12}平面脊髓背侧见斑点状等 T1WI、稍长 T2WI 信号影。

5 月 20 日头颅 MRI 平扫、增强及 MRA 片示：双侧大脑半球内见散在多发性斑片状类圆形等、稍长 T1WI、长 T2WI 信号影，FLAIR 序列呈高信号改变；增强扫描未见强化；MRA 未见明显异常改变。

8 月 4 日头颅及颈、胸段脊柱 MRI 片示：颈段脊髓内（T1WI 序列）未见异常信号影，胸段脊髓于 $C_{11/12}$平面见细条状短 T1WI 信号影；头颅 MRI（T1WI 序列）未见明显异常信号改变。

4. 鉴定意见

某大学医学院附属医院在对相某的诊疗过程中存在一定的医疗过错，该过错行为与其目前存在的损害后果之间存在一定的因果关系（过错应属损害后果的次要因素）。

5. 分析讨论

相某因肢体麻木、肌力下降等不适并渐行加重，3 次于某大学医学院附属医院门诊就诊，未能获得明确诊断。其后转入北京某医院，被确诊为急性播散性脑脊髓炎，虽经多方治疗，目前仍遗留躯干及肢体（下肢为主）运动、感觉障碍。

急性播散性脑脊髓炎是一种广泛累及脑和脊髓白质的急性炎症性脱髓鞘性疾病，多急性起病，发病前 1 个月内多有疫苗接种史、发疹、上呼吸道感染、腹泻、受凉、淋雨或手术史等。本病发病率较低，好发于儿童及青少年，成人病例报道少见。其临床表现多样，病情进展比较迅速，但目前缺乏特异的诊断方法，为早期诊断及治疗带来困难。

急性播散性脑脊髓炎因病变累及部位不同可出现多种多样的临床表现，包括：意识改变、精神异常、癫痫抽搐、语言障碍、视觉障碍、感觉障碍、脑膜刺激征、肌张力增高或降低、偏瘫、四肢腱反射亢进、双侧病理征阳性、四肢瘫痪或截瘫、共济失调、二便障碍、颅神经受损等。临床上大致可分为两型：① 以大脑半球症状为主的脑炎型；② 以脊髓受累为主的脊髓型，可出现突发的迟缓性四肢瘫或截瘫，可伴有感觉平面和膀胱直肠功能障碍。

本病早期周围血象可出现一过性异常；脑脊液检验多为淋巴细胞增生反应及蛋白含量增多，但变化差异大；脑电图可出现弥漫性慢波异常或棘波、棘慢波综合；影像学检查中MRI较CT更为敏感，多为大脑白质多发、散在长T1、长T2异常信号区，颈、胸、腰髓长T2异常信号，急性期病灶强化。

目前一般认为，高效类固醇激素是首选的治疗方法，血浆置换和静脉注射免疫球蛋白对一些暴发性患者有效。据文献报道，给予及时、恰当的治疗，本病死亡率大大降低，部分患者疗效较好，但相当部分患者会遗留不同程度的后遗症。

就本例而言，相某急性播散性脑脊髓炎的诊断可以成立。其依据为：① 肢体感觉障碍、肌力下降及两便困难等临床表现；② 脑、脊髓MRI异常表现等辅助检查结果。

但是，本例相某发病初期的病变发展较为缓慢，临床表现不够典型，在诊断上确有相当的困难，是某大学医学院附属医院未能及时确诊的重要原因。当然，某大学医学院附属医院在相某3次门诊诊疗中，未高度重视其主诉症状，未进行全面的针对性检查，存在一定的医疗过错：① 2005年4月12日首诊时，查体过于简单，未对肢体肌力、肌张力及肌腱反射、病理征等进行全面检查(或记录)；② 2005年4月16日复诊时，患者诉病情加重且出现无力等症状，在查体时仍未对肢体肌力、肌张力及病理征进行全面检查(或记录)；③ 2005年4月22日再次复诊时，患者诉病情持续加重，有“右肢体力弱，可达Ⅳ级，左下肢痛觉下降”，仍仅诊断为“双下肢麻木(待诊)”，且所建议的辅助检查缺乏对本病的针对性，未行颅脑、脊髓MRI摄片、脑脊液穿刺、脑电图等检查，减少了早期确诊和早期治疗的机会。

根据现有资料，相某经多方治疗后，病情基本稳定，但目前仍遗留躯干、肢体感觉减退及运动不利以及两便障碍的后遗症。该不良后果主要与相某自身疾病因素密切相关，自身疾病是目前后果的主要原因；同时，某大学医学院附属医院上述医疗过错与其目前存在的不良后果之间也存在一定的因果关系，应属次要原因(参与程度拟为20%～30%)。

6. 评析

本案患者所患急性播散性脑脊髓炎是一种成人中较少见的凶险的神经系统疾病，临床表现复杂多变，缺乏有效的早期诊断方法，治疗上有一定的难度，常遗留一定的后遗症。同时，本案经治医院在对患者的诊疗过程中注意不足，疏忽了患者已经出现的症状，因未能实施相关检查，丧失了早期明确诊断的机会(当然，并非当时实施相关检查就一定可以明确诊断)，存在一定的过错。由此可见，本案既存在患者自身疾病病情凶险等自身因素，也存在当前医疗水准面对此类疾病的治疗手段仍较有限的客观因素，还存在延误诊断和(或)治疗的医疗过错因素，法医学司法鉴定人应当全面分析各种因素，辩证思维，运用科学的方法，尽可能得出客观、公平的鉴定意见。

(夏文涛　万雷　应充亮)

第十八章　病历规范性与医疗纠纷

临床医疗病历是诊疗活动的历时记录，是医疗纠纷鉴定的前提和基础，离开病历，鉴定很可能就会成为“无源之水、无本之木”。但鉴定实践中，病历规范性的问题成为争议焦点，甚至导致鉴定难以为继的案件并不在少数。虽然病历不规范应属医疗过错，但并非就可据此判定医疗单位应当承担赔偿责任。其中的关键在于是否影响鉴定的实施，以及是否与患者的损害后果之间存在因果关系。

第一节　病历规范性的基本要求

一、病历概述

病历是患者就诊过程的记录，可以反映患者的症状、体征，医务人员实施的各项检查以及做出的临床诊断与鉴别诊断，给予的临床诊疗处置和护理经过及其相应结果，并且反映医务人员与患者(或其家属)的沟通情况。病历是处理医疗纠纷的关键依据，没有病历或者病历的完整性、真实性、充分性不能得到认可，可能使纠纷的技术鉴定难以进行，给处理带来一定的困难。

原国家卫生部发布的《病历书写基本规范》自2010年3月1日开始实施。《病历书写基本规范》对医疗单位的病历书写行为提出了全面、具体的要求，按照《病历书写基本规范》的要求进行病历记录，有助于客观再现医疗过程，特别是对于医患双方较易发生误解、争执的环节，有助于事后查明真相、辨明是非。

《病历书写基本规范》第一条指出其所称的病历是指医务人员在医疗活动过程中形成的文字、符号、图表、影像、切片等资料的总和，包括门(急)诊病历和住院病历。由此可见，《病历书写基本规范》是针对医务人员以文字、符号、图表等形式形成的病历的规定。同时，以文字为主要载体的病历恰恰也是医疗纠纷技术鉴定、司法鉴定或者法庭审判中最为关注的主要内容，当然也最容易引起争议。

当然，除以文字作为主要载体的病历以外，医学影像资料、病理组织切片及各种医疗检查仪器设备自动生成的图表报告，都是技术鉴定与司法鉴定中需要重点关注且不能被忽略的部分，因其更具有客观性，在鉴定中也往往更具价值。

二、病历书写的原则性要求

《病历书写基本规范》对病历书写的原则性要求包括如下方面。

1. 病历制作的总体要求

病历应当客观、真实、准确、及时、完整、规范，能够完整再现诊疗过程，成为诊疗活动的历史记录。

2. 病历制作的人员要求

应由各级医务人员按其职责分工完成病历书写，书写人员应当签名，上级医务人员对病历有修改的，以修改后内容为准。无行医资格的实习医务人员等可参与病历书写，但应经过本医疗单位医务人员的审阅、修改、签名。

3. 病历书写的文字要求

病历应当使用规范的文字，一般原则上使用中文，使用外文的应能够被其他专业人员普遍理解与接受。一律使用阿拉伯数字书写日期和时间，采用 24 小时制记录时间。要求文字清晰、易辨认，不得使用潦草而难以辨认的字体或自创文字、符号、缩写。

4. 病历书写的语言要求

病历应当使用规范的专业术语，语言表述准确、无歧义，语句通顺、无语病，标点符合使用正确。

5. 病历书写的修正要求

病历形成过程中需纠正错字的，应当采用杠改法，且使原记录内容仍可辨认，应注明修改时间、修改人。

三、病历书写体现知情同意的要求

与患者进行充分的沟通，取得患者的知情同意在医疗活动中需给予高度重视。《病历书写基本规范》对此有详细的规定，既可保障患者的知情同意权，又可保护医务人员在发生纠纷时能够提供有利的证据。

《病历书写基本规范》对知情同意的要求体现在如下方面。

1. 知情同意所针对的对象

对需取得患者同意的医疗活动，一般应征得患者本人的同意。患者不具备完全民事行为能力时，应当由其法定代理人代为同意；患者因病情原因无法表示同意的，应当由其代理人代为同意。

2. 知情同意表示的方式

要求患者（或其代理人）书面签署“知情同意书”，并签字表示同意或者不同意。

3. 有必要取得知情同意的情形

患者病情有必要实施手术治疗的，应签署《手术同意书》。因检查或治疗需实施麻醉的，应签署《麻醉同意书》。因病情需要实施输血治疗的，应签署《输血治疗知情同意书》。因病情需要实施某些特定的有创、有风险的检查或治疗的，应签署《特殊检查同意书》与《特殊治疗同意书》。经治医师须向患者告知拟实施医疗措施的相关情况、可能出现的风险及并发症等，由患者签署意见并签名、经治医师签名并填写日期。

4. 采取保护性医疗措施的情形

因实施保护性医疗措施不宜向患者说明情况的，应当将有关情况告知患者近亲属，由患者近亲属签署知情同意书，并及时记录。患者无近亲属的或者患者近亲属无法签署同意书的，由患者的法定代理人或者关系人签署同意书。

5. 紧急情况下的处置

为抢救患者，在法定代理人或被授权人无法及时签字的情况下，可由医疗机构负责人或者授权的负责人签字。

四、对各种病历的具体规定

1. 有关门(急)诊病历的规定

《病历书写基本规范》要求，门(急)诊病历需做好留观记录，由接诊医师及时完成。

初诊病历记录书写内容应当包含如下要素内容：① 一般情况。包括就诊时间、临床专业科别。急诊患者必要时应注明就医时的体温，就诊时间应精确到分钟；② 主诉。对患者陈述的主要症状进行概括性描述性记录，包括主要症状发生的部位、起始(或持续)的时间，主要症状发生前有无特殊的诱因或前驱症状，主要症状的性状特点及其严重程度，主要的伴随症状及其起始(或持续)时间等；③ 现病史。对患者陈述的发病及本次就诊前诊疗经过相关内容进行描述性记录，除对主诉内容进行必要的展开以外，重点须对诊疗情况(如诊断、处置措施、处置结果等)加以说明；④ 既往史。需对与本次发病有关的既往病史进行简明扼要的记录；⑤ 查体情况。既要包含患者的阳性体征，也要包含必要的阴性体征；⑥ 辅助检查结果。主要指本次就诊前已经实施的以及本次就诊过程中实施的辅助检查及其结果；⑦ 诊断意见。包括主要疾病的诊断及主要伴随疾病的诊断。一时不能明确诊断的，可采用疑似诊断意见或待排除诊断意见。三次门诊不能确诊的，应提交门诊负责人讨论，并形成相应记录；⑧ 治疗(处置)意见。包括主要的治疗(处置)建议，如具体的用药(处方总量、单次剂量、使用方法等)、后续辅助检查措施(实验室检验、特殊辅助检查)，也包括必要时需要取得知情同意方面的内容(如告知与签字)；⑨ 医师签名。当无医师资格的人员参与病历书写时，应由医师认真审核、修改，并签字确认。

复诊病历可酌情简化。一般要求包含如下内容即可：① 一般情况。就诊时间、科别；② 主诉；③ 现病史。如相对简单的，可与主诉合并；④ 必要的体格检查；⑤ 必要的辅助检查结果；⑥ 诊断意见；⑦ 治疗(处置)意见；⑧ 医师签名。

2. 有关住院病历的规定

根据原国家卫生部的有关规定，住院病历包括主观病历与客观病历两大部分。客观病历包括：住院病案首页、入院记录、手术同意书、麻醉同意书、输血治疗知情同意书、特殊检查和特殊治疗知情同意书、病危(重)通知书、医嘱单、辅助检查报告单、体温单、护理记录等。主观病历包括：病程记录、会诊记录、讨论记录等。在患方因各种需要(包括患方认为医方存在医疗过错的情形)提出复制病历的要求时，医方应当配合并提供客观病历复印件。除非进入诉讼程序或者因技术鉴定、司法鉴定之需要，医方可不向患方提供主观病历复印件。

患者住院后医方对其病情和诊疗过程的经常性、连续性记录，由经治医师书写，为病程记录。病程记录应当充分反映三级查房制度的实施情况，既包含患者病情变化的客观描述，也包含医师对患者病情变化的分析意见与处置依据。《病历书写基本规范》要求，对病危患者应当根据病情变化随时书写病程记录，每天至少 1 次，记录时间应当具体到分钟；对病重患者，至少 2 天记录一次病程记录；对病情稳定的患者，至少 3 天记录一次病程记录。

护理记录是护士根据医嘱，针对患者病情的实际需要及其身体特点，对病重(病危)患者住院期间护理过程的客观记录，主要内容包括：患者姓名、科别、住院病历号(或病案号)、床位号、页码、记录日期和时间、出入液量、体温、脉搏、呼吸、血压等病情观察、护理措施和效果、护士签名等。记录时间应当具体到分钟。病重(病危)患者护理记录应当根据相应专科的护理特点书写。

打印病历也即指电脑记录病历，应当按照《病历书写基本规范》的一般要求制作并及时打印为纸质文件，由相应医务人员手写签名。打印病历编辑过程中应当按照权限要求进行修改，已完成录入打印并签名的病历不得修改。

五、医疗纠纷鉴定中对病历资料认定的注意事项

医疗纠纷技术鉴定或者司法鉴定中，对于病历资料是否具有真实性，是否能够完整地反映诊疗过程，能否充分满足鉴定的技术要求，一直是直接关乎鉴定意见的关键核心内容，往往也是医患双方激烈争论的焦点问题。鉴定人在鉴定过程中就病历材料应当关注及把握的原则主要体现在以下几个方面。

1. 病历材料的重要性

有必要向医、患双方说明病历资料对于鉴定的重要性，特别要强调若缺乏病历资料，往往直接导致鉴定难以继续进行。

2. 病历材料的印证

因医疗纠纷鉴定本身固有的专业性特点，病历资料往往难以被其他证据材料所取代。在鉴定过程中，由一方当事人(通常是患方)提出的证人证言、录音录像、调查笔录或者其他书证，往往由于其缺乏专业性，难以直接作为鉴定依据，其证据价值可能需由法官综合裁量时参考使用。

3. 病历记录内容的采信原则

① 重点关注客观病历内容，如病历中对临床症状、体征的描述，各种实验室检验与特殊辅助检查结果，医疗单位的实际用药及治疗记录，病例中的临床诊断、鉴别诊断、会诊意见、讨论记录及病情分析意见等均包含医师经验性判断，带有较大的主观性，鉴定时一般仅供参考，不宜直接作为鉴定依据；② 医学影像资料、病理组织切片及各种医疗检查仪器设备自动生成的图表报告属于客观病历，鉴定人在鉴定中应尽可能自行观察、审阅，并提出自己的审阅意见，形诸于鉴定意见书，确有必要的，也可以邀请技术专家辅助审阅；③ 对于鉴定意见具有重要影响的患者身体情况(或者死亡患者的尸体情况)，鉴定人在条件具备的情况下均应组织必要的(法)医学检查，而不是简单地直接援用临床检查结果。

4. 针对病历材料异议的处理

因病历资料是由医方负责制作的，住院病历更是直接由医方负责保管，其真实性受到

患方质疑时，鉴定人可以在告知委托人与当事人的前提下，针对争议焦点，对病历进行必要的审核。当鉴定人审核发现，病历资料所记录的内容确实存在前后不一致的情形时，应向委托人说明，并根据以下原则进行相应处置：① 当事人所提异议不至于影响鉴定实施的，鉴定人在会商委托人后，可继续鉴定；② 当事人所提异议可通过鉴定材料中其他内容得以解决的，鉴定人在会商委托人后，可继续鉴定；③ 鉴定人根据当事人所提异议，结合其他相关材料进行综合评价，提出该异议是否会对鉴定实施产生实质影响的意见，由委托人决定是否继续鉴定。另外，若鉴定人审核发现病历材料记录中对同一内容确有不一致的表述时，原则上应采信对患方较为有利的记录作为鉴定依据。

（夏文涛）

第二节 案例评析

一、胆囊切除术后突发死亡引发纠纷

1. 案情及病史摘要

某老年女性，66 岁。因间断性右上腹疼痛 5 日余入住某县人民医院外科，查体示右上腹轻度深压痛，未及明显弥漫性或者局限性腹膜炎体征，其余未见明显异常。外周血 WBC 计数、中性粒细胞比例均在正常范围。B 超示：胆囊壁毛糙增厚，胆囊略积液增大，胆囊内见多枚结石影；超声诊断意见为“胆囊结石伴炎症”。入院诊断：急性胆囊炎伴胆囊结石。入院当日经行心电图、胸部 X 线摄片等常规检查，均未见异常，拟次日行腹腔镜下胆囊切除术。次日早晨，在该患者入手术室前，其儿子告诉主刀医师，患者患有高血压病多年，并长期服用降压药物，手术医师发现入院记录“既往史”并无此记录，遂感吃惊，当即决定根据患者平时用药习惯，嘱咐其紧急服用降压药一枚后才开始麻醉、手术。手术经过顺利，术中生命体征平稳，术毕未置腹腔引流，安返病房。

术后当日及第 1 日，医方根据常规医嘱一级护理，同时因考虑到患者原有高血压病，故医嘱每 2 小时一次测量心率、血压。因生命体征始终平稳，故第 2 日早查房时，医师停止上述每 2 小时一次测量心率、血压，改为每日 2 次。第 4 日晚餐时，患者突然诉胸闷不适，随后很快进入昏迷，紧急测量血压低于正常，心率增快，其后很快减慢减弱，并出现呼吸抑制，经紧急心肺复苏等抢救后，病情仍无好转，2 小时后宣布死亡。死亡诊断：心源性猝死。

据病历材料，患者在胆囊切除术后直至术后第 5 日傍晚病情突变期间，病情始终稳定。但患方坚持认为，病历材料未反应患者当时的真实情况，事实上患者术后一直处于精神非常痛苦、躯体非常难受（时有出虚汗、胃食欲缺乏、头晕）的状态，但多次要求医生检查均未能获准，直至酿成如此惨祸。

患者死亡后，医方曾向患者家属说明可以通过尸体解剖及病理组织学检验以明确死因，遭患方拒绝。

当地医疗事故技术鉴定，分析意见认为：手术有适应证，术后病情平稳，死亡突然，故本案不构成医疗事故。经当地司法鉴定机构鉴定认为：医方术后输液量不足，在病情变

化时处置不当，抢救不力，与患者死亡有一定的因果关系，医疗过错参与程度为60%～80%。

2. 鉴定过程

鉴定过程中，鉴定机构根据有关程序，组织了有委托法院承办人员以及医患双方代表到场，以听证会的形式听取了医患双方的意见。

(1) 患方意见

医方存在如下过错：① 患者原有多年高血压病史，长期服用药物，但医方竟然在决定手术时仍未获悉重要病情，直至家属告知方才“恍然大悟”于术前补服降压药物；② 根据入院当时情况，患者并不符合急性胆囊炎诊断，不存在急诊手术的适应证，应待病情稳定、炎症消退后再考虑手术治疗，可大幅度提高手术的安全性；③ 术前血常规检验示“血红蛋白 98 g/L”，术后第 2 日“血红蛋白 89 g/L”，提示术中有大量失血，极有可能影响循环系统并加重原有病情，引发死亡；④ 术后患者身体状况差，多次要求医师到场检查患者或者要求会诊，但始终未得到医方同意，延误了诊疗时机；⑤ 患者系因手术出血、手术创伤导致术后病情加重，直接致死。

患方特别强调：患者死亡当日，医患双方形成争议，当即封存病历；在本次诉讼形成以后，医方提出 4 页《危重患者护理记录单》，系事后补记、编造，不能作为鉴定依据。

(2) 医方意见

① 入院病史采集时，患者本人并未如实陈述其长期患有高血压病及相关治疗史，故医方在入院记录中未能准确描述其既往病史，手术当日在获知高血压病情况后，医师及时给予处置，考虑到患者当时血压尚属平稳，故未暂停手术；② 患者胆囊炎胆囊结石症诊断明确，结合腹痛及消化道症状，其应属急性发作，具有手术切除的指征，事实上，手术过程顺利，出血仅 70 mL(见《手术记录》)，故当时手术不存在过错；③ 术前血常规检验时患者已有多日未正常饮食，血液浓缩，术后血常规检验时患者补液中，血液稀释，两者血红蛋白量有一定差异，根本不能说明患者有大量失血；④ 患者术后身体状况总体尚属平稳，虽然有出汗、虚弱等表现，应属老年患者术后正常反应，其血压、心率等生命体征在医护人员监测下均属正常；⑤ 患者系因心源性猝死，死亡发生突然，系现代医学尚难以避免的意外情况，医方不应承担责任。医方还强调：4 页《危重患者护理记录单》系当时的真实记录，只是根据该院规定，此类记录单当时由护理人员保管，与全病房的所有类似单据置于统一的文件夹中，待患者出院或者死亡后再归入病案。故在发生纠纷封存病历时，尚未及将该 4 页材料一并封存。

(3) 现场询问

委托人会同鉴定人就上述病历争议问题进行了现场询问。鉴定人问：“根据医院规定，在何种情况下应填写《危重患者护理记录单》?”到会的医方护理人员答：“在一级护理或者告病重、病危的情况下，以及医嘱测量血压达到或者超过每日 3 次者”。鉴定人问：“本案中，患者术后当日、第 1 日为一级护理，测血压、心率 3 小时 1 次，符合填写《危重患者护理记录单》的条件，但是术后第 2 日至第 4 日病情突然变化前，医嘱已经修改为二级护理，测血压、心率也已修改为每日 2 次，为何还在填写上述记录单?”护理人员答：“因为原来已经填写，故延续下去，或者后来病情危重并最终死亡，为了延续性，又补记了当时的数据”。经核对,《危重患者护理记录单》术后第 2 日至第 4 日病情突然变化前血压、心率记录频次与医嘱一致,确为每日 2 次记录。

因医患双方对 4 页《危重患者护理记录单》争议较大,法庭表示可能需进一步调查,故未作出决定,鉴定中止。

3. 评析

卫生部对病历书写、保管均有比较明确的规定,但规定再细致、再明确,也不可能详细到足以解决实践中的任何细节问题。比如本案中争议的 4 页《危重患者护理记录单》在记录当时由护理人员另行保管还是归入患者病案统一保管,均未违反相关规范的要求,也就是不违反医疗纠纷鉴定中的“具体标准”,不能据此定性为医疗过错。但是,在实际发生纠纷后,如何保管病历对其后争议的解决还是非常重要的。若本案实际情况确如医方所言,则若当时将记录中的《危重患者护理记录单》归入病案并与其他材料一并封存,应可以避免使其陷入如今的尴尬境地。

二、小儿输液过程中突发死亡引发纠纷

1. 案情摘要

黎某,男性,案发时近 1 周岁。2008 年 9 月 25 日,黎某因发热、咳嗽、流涕等症状到某镇中心卫生院求诊,院方诊断为“上感”(上呼吸道感染),给予病毒唑、先锋霉素Ⅴ号及生理盐水静脉推注治疗。在静注病毒唑时,黎某出现呼吸、心跳骤停,某镇中心卫生院医务人员给予急救的同时,呼叫 120 转入某县人民医院,最终诊断为:缺血缺氧性脑病,脑性瘫痪等。黎某的家属认为某镇中心卫生院在诊疗过程中存在过错行为,该过错行为与黎某的不良后果之间存在因果关系,故诉至法院要求赔偿。某镇中心卫生院则认为,该卫生院诊治无过错,而某县人民医院存在出诊不及时,救治不力等过错。为正确审理此案,人民法院委托某研究所司法鉴定中心就某镇中心卫生院、某县人民医院在对黎某的诊疗过程中是否存在医疗过错行为,该过错与黎某的损害后果之间有无因果关系及其参与度等事项进行法医学鉴定(书证审查)。

2. 病史摘要

(1) 2008 年 9 月 25 日 16:00 某镇中心卫生院急诊病历

上述病历记载于“会议记录”用纸。

患儿黎某,男性,11 月。因流涕、咳嗽 2 天伴发热 1 天来诊。查体:T37.9℃,R30 bpm,P100 bpm;神清,呼吸顺畅,五官端正,双侧瞳孔对光反射存在,口唇红润,咽充血,颈软,双肺呼吸音粗,余未查及异常。诊断:急性上呼吸道感染。给予先锋(霉素)Ⅴ(号),病毒唑治疗,静注病毒唑时出现休克,当时无呼吸、心率,经给予肾上腺素(等药物治疗),律尚齐,为了进一步治疗患者,建议转往某县人民医院诊治。

(2) 某省医疗儿科处方笺(某镇中心卫生院)及某镇中心卫生院注射证

2008 年 9 月 25 日:0.9%NS10 mL+先锋(霉素)Ⅴ(号)1.0 g+DXM(地塞米松)2 mg/iv. qd×1 d;0.9%NS10 mL+病毒唑 0.5 mL/iv. qd×1d。

(3) 某县人民医院出诊登记本

(2008 年)9 月 25 日:接电话时间 16:20;出返时间 17:20;患者姓名 黎某。

(4) 2008 年 9 月 25 日 17:20 某县人民医院急诊病历

主诉：面色苍白、呼吸困难 1 小时。现病史：患儿于 1 小时前因发热、咳嗽在当地卫生院给予病毒唑静推后，立即出现面色苍白、口唇发绀、双眼上翻、四肢发凉、呼吸困难呈叹气样，即给予地(塞)米(松)、肾上腺素及洛贝林抗休克治疗后，患儿呼吸稍好转，但双侧瞳孔不等大，遂呼我院"120"接诊。查体：神志模糊，叹气样呼吸，面色苍白、口唇发绀、双瞳孔等大等圆，直径 2.5 mm，颈稍抵抗，双肺呼吸音弱，可闻及少许哮鸣音，心率 120 bpm，律齐；腹软，肝、脾肋下未触及，四肢肌张力稍增高。初步诊断：过敏性休克。处置：给予肾上腺素、葡萄糖酸钙、速尿、地塞米松、纳络酮、鲁米那、多巴胺、多巴酚丁胺、甘露醇等药物治疗。

(5) 2008 年 9 月 25 日至 10 月 3 日某县人民医院住院病历

入院时间：2008 年 9 月 25 日 19:05。入院时情况：患者于 2 天前无明显诱因出现发热，为不规则型，测体温最高 38℃，咳嗽，以晚上咳为主，流鼻涕，无气促，无腹泻，于今(日)在当地卫生院予病毒唑静推后，立即出现面色苍白、口唇及四肢端发绀为主、双眼上翻、四肢发凉、呼吸困难，即给予地米，肾上腺素等抗休克治疗后，呼吸困难好转，但双侧瞳孔不等大，遂呼我院 120 接诊。在急诊给予肾上腺素、速尿、地塞米松、纳络酮等(抗)休克及对症处理后，患儿发绀、呼吸困难好转，为进一步系统诊疗而收入我科住院治疗。查体：T36.0℃，P152 bpm，R30 bpm，体重 8 kg；患儿发育正常，营养良好，神志模糊，被动体位，查体欠合作；头颅无畸形，前囟轻度凹陷，面色苍白，双侧瞳孔等大等圆，对光反射存在，鼻黏膜稍充血，口唇发绀，咽不充血，扁桃体无肿大；颈稍抵抗；双肺呼吸音粗，末闻及干、湿性罗音，心率 152 bpm，律齐，未闻及病理性杂音；腹部正常；四肢张力稍增高，生理反射存在，病理反射未引出。尿常规：葡萄糖+3，白血球 0—1 个。诊断：过敏性休克；急性支气管炎。

9 月 26 日 12:50 抢救记录：患儿神志模糊，叹气样呼吸，面色苍白，心率 120 bpm，血压降至 80/50 mmHg，T38.6℃，偶时(有)抽搐，眼睛上翻，无二便失禁，给予小儿退热栓纳肛，给予多巴胺 20 mg，多巴酚丁胺 10 mg 静滴，血压升至 112/84 mmHg，抽搐好转。8:30 科主任查房：治疗上给予抗感染、抗病毒、抗休克及对症处理，甘露醇降颅内压。9 月 27 日 12:50，患者呈嗜睡状态，持续吸氧及心电监护，代诉偶有抽搐，眼球上翻，发热。9 月 28 日行腰穿，脑脊液压力 44 滴/分钟，抽出脑脊液透明、无混浊、无血液。9 月 29 日 10:00Am，浅昏迷状态，偶时(有)抽搐，无恶心、呕吐；查体：P 128 bpm，R28 bpm，血氧饱和度 96%；血常规示：WBC 16.3×10^9/L，N 57.9%，PLT 437×10^9/L，HGB 94 g/L；CSF 液：无色，清，潘氏试验(-)。糖 4.22 mmol/L，氯 111 mmol/L，未见 WBC，RBC 3～5 个(形态完整)；尿常规：WBC 1～2 个，颗粒管型(+)，草酸钙结晶(++)；给予氯霉素抗感染，余治疗同前。10 月 1 日 8:30Am，浅昏迷状态，血 WBC 7.5×10^9/L，HGB90 g/L，PLT402×10^9/L，肾功能 CR49.0 mmol/L；停告病危，告病重。10 月 3 日 15:00，仍处浅昏迷状态，持续吸氧及心电监护；血常规：WBC 12.8×10^9/L，PLT 517×10^9/L；患儿(家属)要求转上级医院，予出院。

(6) 2008 年 10 月 3 日某县人民医院疾病证明书

疾病诊断：过敏性休克；缺氧性脑病；肺部感染；颅内感染可能；电解质紊乱。

(7) 2008年10月3日至10月22日某省人民医院住院病历

入院时情况：患儿8天前因发热伴咳嗽、流涕在当地诊所静推"病毒唑"后出现神志不清，面色苍白，双眼凝视，口唇发绀，四肢强直，立即予"肾上腺素、地塞米松"治疗，3～4分钟抽搐缓解，以"过敏性休克，缺血缺氧性脑病"在昌江人民医院住院治疗；住院期间仍反复抽搐，性质同前，最多达6～7次/d，每次持续2～4 min，可自行缓解，抽后昏睡；近2天体温正常，抽搐减少，2～3次/d，但昏睡明显。查体：浅昏迷，反应差，前囟膨隆，张力高，咽充血，口腔黏膜见鹅口疮，颈稍抵抗，双肺呼吸音粗，未闻及干湿罗音，四肢肌力、肌张力正常，肌力Ⅳ级。入院查脑脊液：WBC $1\times10^6/L$，RBC $70\times10^6/L$，糖氯化物在正常范围内，Pro(-)。血常规：WBC $9.8\times10^9/L$，HGB 82 g/L，PLT $544\times10^9/L$；肝、肾功能正常，肌钙蛋白(-)，电解质正常。颅脑CT、MRI示：双侧大脑半球脑实质水肿。脑电图异常。胸片未见异常。

住院经过：入院后予抗感染(及)甘露醇脱水、激素抗炎、止痉等对症处理，病情好转，建议转脑瘫中心康复治疗。

出院诊断：缺血缺氧性脑病；脑瘫；鹅口疮；支气管炎；心肺复苏后。

3. 鉴定过程

(1) 2008年11月28日某市医学会医疗事故技术鉴定工作办公室医疗事故争议技术鉴定委托受理通知书(致黎某家属)

我会拟受理你与某镇中心卫生院关于黎某医疗事故争议技术鉴定的委托申请。

(2) 2009年1月12日某市医学会医疗事故技术鉴定中止通知书(致黎某家属)

由于医方(某镇中心卫生院)不能提供门诊病历及抢救记录，致使医疗事故技术鉴定无法进行。决定自即日始中止鉴定。

(3) 2009年4月17日某县卫生监督所证明(致某省医学会)

本所认为……有一份记录中有提到当时抢救的情况，虽然记录不完整，但也应认为是抢救记录。

(4) 2009年11月25日当地某法医鉴定所司法鉴定意见书

黎某符合癫痫中度，相当于(职工工伤)六级伤残。

(5) 2010年7月15日某镇中心卫生院代理律师《黎某医疗纠纷案司法鉴定代理意见》

(病毒唑静脉推注)医嘱执行时间为下午4:20左右，静推速度为10 mL/10～15 min，当静推约3 min后，患儿突然出现面色苍白、口唇发绀、双眼上翻、四肢发凉、呼吸心跳骤停等过敏性休克症状，护士当即停止用药，保持静脉通道，给予吸氧，急呼医生抢救，并于4:24左右呼叫昌江县"120"。

(在对黎某的)心肺复苏过程中，我院(某镇中心卫生院)按常规和自身条件对患儿采取了皮下注射肾上腺素、异丙嗪(肾上腺素)肌注、地塞米松静(脉)推(注)、心脏按压、口对口人工呼吸等抢救措施；4:27左右、4:29左右，(分别)再次皮下注射肾上腺素，患儿出现啼哭，恢复自主呼吸和心跳……

4. 鉴定意见与分析

(1) 关于某镇中心卫生院的诊疗行为

被鉴定人黎某因流涕、咳嗽伴发热等症状就诊于某镇中心卫生院。根据上述(代)主诉症状，结合经治卫生院查体所见“咽充血”等体征，其诊断为“急性上呼吸道感染”（简称“上感”）有一定依据。

根据上述临床诊断，某镇中心卫生院给予了先锋霉素Ⅴ号注射液 1.0 g、地塞米松注射液 2 mg 及病毒唑注射液 0.5 mL 等药物加入注射用生理盐水静脉推注的治疗。于推注含病毒唑的药液时，黎某出现了呼吸、心跳骤停的现象。经治卫生院给予急救后，黎某呼吸、心跳得以恢复。

(2) 关于病历书写问题

根据卫生部《病历书写基本规范（试行）》的要求，病历书写应当客观、真实、准确、及时、完整、规范。病历原则上应当是就诊当时情况的实时记录。

本例中，某镇中心卫生院在黎某就诊之初理应及时记录急（门）诊病历，包括（代）主诉、现病史、查体所见、初步诊断及处置意见，并有经治医务人员签名。在出现呼吸、心跳骤停的情况下，医务人员在及时给予检查和处置的同时，应当实时、详细记录所出现的症状和体征（或变化）、所给予的具体处置措施及生命体征恢复的情况等；在确因抢救所需无法即时完成记录的情况下，也应根据当时情况尽可能及时补充、完善。

据此，某镇中心卫生院目前提供的急（门）诊记录除形式上（记录于“会议记录”用纸）不符合病历的要求以外，尚存在如下缺陷：① 急（门）诊记录系在病情转危、转医前的补记；② 所记录的抢救过程过于简单，不能反映黎某出现异常情况后生命体征变化的发生及持续时间、具体用药情况及给药时间等。

(3) 关于病毒唑用药问题

病毒唑对多种病毒均有抑制作用，临床应用广泛；病毒唑注射液为儿科及内科常用药物。静脉应用病毒唑注射液致急性过敏反应不常见，也未见有用药前需行药物过敏试验的相关规定，但近年来各类医学期刊仍可散见该药物致过敏反应的报道。且有文献指出，病毒唑一旦引发急性过敏反应，其来势凶猛、变化迅速，可危及患者生命，应该引起医务人员的高度重视；同时应注意在给有过敏史的患者（尤其儿童）用药时，需密切观察，做好抢救准备，以免发生意外。

就本例而言，某镇中心卫生院在诊断黎某为“上感”后，应用病毒唑等药物，具有用药适应证，用药剂量也属正常范围。其后，在静脉推注病毒唑药液时黎某出现呼吸、心跳骤停，符合由该药物引发急性过敏反应的临床表现，属于药物不良反应。但是，根据现有的病历，经治医院在为黎某应用先锋霉素及病毒唑等可能引发过敏反应的药物前，未见相关药物过敏史的询问记录，提示经治医务人员对此认识不够充分，未完全尽到高度注意义务，存在医疗过错。

(4) 关于抢救问题

如前所述，因送检病历材料中未见黎某出现呼吸、心跳骤停后，某镇中心卫生院所实施的具体抢救过程的记载，事后提供的律师事务所代理意见关于抢救过程的回顾内容又缺乏充分、有力的佐证材料，故难以对经治卫生院的抢救过程做出全面、客观的评价。

脑组织对缺氧的耐受较差，持续数分钟的低血流灌注（缺血缺氧）即会引起严重的损害，可危及生命；即使抢救存活，也容易引起缺血缺氧性脑病。因此，本病的早期诊治对最终预后至关重要。就本例而言，某镇中心卫生院的抢救措施挽回了黎某的生命，取得了一定的效果。但从黎某转诊至某县人民医院后的急诊病历来看,患儿当时出现“双侧瞳孔不等大”,该院急诊查体可及“神志模糊、叹气样呼吸”及“颈稍抵抗”等,提示存在脑水肿。脑水肿是脑组织急性缺氧的并发症,会加重脑组织不可逆的损害。因此认为,根据现有材料(包括律师事务所代理意见)所反映的某镇中心卫生院在黎某病情危重期间的用药,院方仅应用肾上腺素、异丙嗪肾上腺素、地塞米松、洛贝林等是不够的,尚需应用改善呼吸循环、增强心肌收缩力、升血压的药物,尤其应注意降低颅内压(如甘露醇脱水等),并及时采取脑复苏等治疗措施。因此认为,经治卫生院在抢救过程中未充分尽到危险后果回避义务,存在医疗过错行为。

(5) 关于某县人民医院的诊疗行为

根据黎某转入某县人民医院后院方的急诊及住院病历记载,院方在做出“过敏性休克”的初步诊断后,给予强心、抗过敏、利尿、镇静、升压、脱水等处置,符合医疗规范,无明显不妥。黎某所出现的肢体抽搐等表现,应属脑组织损害(缺血缺氧性脑病)的并发症,与该医院的诊疗行为存在因果关系的依据不足。

(6) 关于医疗过错与参与度

如前所述,病毒唑急性过敏反应在临床较为少见,一旦发生,往往病情凶险、后果严重,在抢救上有相当大的困难。综合分析认为,某镇中心卫生院在本例诊疗过程中存在一定的医疗过错行为,该过错与黎某目前的不良后果之间存在因果关系,医疗过错的参与度拟为 45%～55%。

某县人民医院在对黎某的诊疗过程中不存在明显的医疗过错行为。

5. 评析

本例未行尸体解剖及病理学检验,其确切死亡原因已难以明确,上述死因及鉴定意见系根据病历资料作出的分析。

按照卫生部关于病历书写的规定,医疗单位应及时记录相关病历,遇有抢救等紧急情况可以补记。本案患儿系因“上感”症状就诊,仅就其症状而言,并非危重急症,故医方事后补记病历,显然不妥。且就其记录载体形式来看,显然不符合通常情况下应当有的原始记录,患儿家属所说的转医以后应某县人民医院了解病情的要求,由某镇中心卫生院补写的可能性更大,可信度也更高。

当地医学会医疗事故技术鉴定委员会以病历存在争议为由拒绝鉴定,而当地卫生监督所出具证明,建议认可为“补记病历”。由于司法鉴定中心系接受人民法院的委托,根据《司法鉴定程序通则》有关规定,鉴定材料的真实性、完整性、充分性由委托人(本案委托人系人民法院)保证,故在委托人确认“补记病历”应作为鉴定材料的情况下,做出了如上鉴定意见。

三、外耳道吸引与鼓膜穿孔之纠纷

1. 案情摘要

古某,女性,52 岁。2011 年 11 月 21 日因主诉左耳疼痛就诊于某市第二人民医院,门诊医师徐某检查时发现其左耳外耳道有分泌物,鼓膜暴露不良,遂用吸引器吸除,发现其左耳鼓膜穿孔,予以药物治疗。古某诉称外耳道吸引时其有剧烈疼痛感,左耳鼓膜穿孔系由医师吸引不当所致，直接导致其左耳听力下降并持续疼痛，至鉴定时仍不能好转。因双方就是否存在医疗过错形成争议，古某遂诉至当地人民法院，要求第二人民医院给予赔偿。

2. 病史摘要

(1) 本次争议事件前病历

2011年9月12日某区中心医院门诊病历：二耳不适、重听、耳漏史。查体：二耳膜钙化，活动差。诊断：传(导性)聋。

10月10日某区中心医院门诊病历：二耳鸣复查。查体：鼻腔、耳道(-)。诊断：传(导性)聋。

10月11日某市第一人民医院门诊病历：双耳隐痛。查体：双外耳道皮损。诊断：双外耳道炎。

(2) 本次争议事件的病历

某市第二人民医院2011年10月21日门诊病历：左耳耳痛。查体：左耳道见脓，鼓膜穿孔。诊断：左中耳炎。

(3) 本次争议事件后的病历

某市第二人民医院2011年10月28日门诊病历：左中耳炎复诊。查体：左耳道畅，DM(鼓膜)红，见穿孔。诊断：左中耳炎。

某市第二人民医院2011年11月3日门诊病历：左耳不适、耳闷。查体：左外耳道干、洁，鼓膜(-)，鼻咽部光滑。声导抗检查结果属A型曲线，存在波峰，提示结果在正常范围。电测听示传导性耳聋。

某市第一人民医院2011年11月11日门诊病历：复诊。查体：左耳鼓膜紧张部薄膜愈合，外耳道较前好转。耳窥镜下见左鼓膜局部钙化，前下方较薄。

某市第二人民医院2011年11月14日门诊病历：左中耳炎复诊。查体：左耳道畅，鼓膜见钙化斑与愈合瘢痕。诊断：左中耳炎。

某市第二人民医院2012年1月19日门诊病历：左耳闷、痛感数月。查体：左侧外耳道(-)，左耳鼓膜紧张部穿孔愈合后瘢痕，鼻咽部光滑，未见肿物，颞颌关节无压痛。诊断：左耳鼓膜紧张部穿孔复合痕迹。

某市第一人民医院2012月1月31日耳窥镜下见左耳鼓膜紧张部穿孔。建议：随访。

3. 鉴定意见

2014年9月26日，某市医学会医疗事故技术鉴定委员会接受当地人民法院的委托，对古某与某市第二人民医院的医疗纠纷是否构成医疗损害及其医方应当承担的责任程度进行鉴定。

古某在现场陈述时坚持认为：其以往虽有耳病就诊史，但从未检见鼓膜穿孔。2011年10月21日就诊时门诊医师用吸引器吸引耳部时，即感剧痛难忍，以致一度曾用手推掉吸引器，此后这种疼痛始终没有彻底缓解，持续至今。

医方代表在现场陈述时认为：以吸引器吸除外耳道内的脓液是耳鼻喉科的常用手段，吸引器不会形成外耳道气压增高，不可能造成鼓膜穿孔。吸引器使用过程中患者感觉疼痛可能只是吸引管碰触外耳道。鼓膜穿孔后早期会有一过性疼痛不适等症状，但不会遗留严重后遗症，更不会遗留持续数年的疼痛。患者原有耳病史，目前所遗疼痛与耳病直接相关，与医疗行为无任何关系。

鉴定专家分析认为：① 古某本次医疗纠纷前后多次耳鼻喉科就诊病史显示，其既往有耳病；② 考虑到本次纠纷事件后近 2 周许行声导抗检查属"A 型曲线"，提示鼓膜基本完整，新鲜鼓膜穿孔后在如此短时间内愈合的可能性不大；③ 因古某原有耳病，本次纠纷发生当日病历记载外耳道有脓液，存在感染，在反复发生感染的情况下，鼓膜的观察会有所偏差，有时形成"薄膜愈合"，类似穿孔；④ 吸引器造成鼓膜穿孔的可能性不大，且即使新鲜鼓膜穿孔形成，也不会遗留持久的疼痛症状。

鉴定意见：本事件不属于医疗损害。

4. 评析

撇开本案中其他技术上的争议问题，我们首先应当关注到纠纷发生当日的医方病历记载。虽然古某曾多次就诊耳病，但其本次在市第二人民医院就诊仍应属首次门诊，医方病历非常简单，缺乏前述要素中的诸多关键内容，尤其是对于鼓膜穿孔的部位、性状、穿孔缘形态及其有无血迹均无描述。该经治医师在鉴定会现场陈述时强调当时看到的穿孔是陈旧性穿孔，但因既无文字记录，更无鼓膜照相证据，难以得到强有力的支持。虽然医疗损害鉴定最终并未认定医方的医疗行为构成医疗损害，但从病历书写规范性的角度出发，某市第二人民医院的门诊病历是不完善、不规范的。若当时有完善、规范的记录，本案纠纷或许可以避免。

有临床专家提出，鉴于门诊医师工作负荷极大，难以完全按照《病历书写基本规范》的要求进行病历记录；事实上，本案除涉案当日门诊病历较为简单以外，其他病历也均非常简单，不能因此认定医疗单位存在不足。作者认为，在医疗纠纷的鉴定中，鉴定人对涉及争议的医疗行为进行评价，无非是按照行业规范或者医学标准的要求，不存在以其他指标作为参照，违规的行为当然应被视为过错（或不足），在鉴定中应当指出，至于其是否与损害后果存在因果关系，则又是另当别论的事。

四、脑动脉瘤术后遗留后遗症引发

1. 案情摘要

代某，男性，27 岁。2008 年 10 月 29 日，代某因"突发晕倒伴呕吐 2 小时"至某市第一人民医院就诊，诊断为"自发性蛛网膜下腔出血，动脉瘤破裂出血"，于 2008 年 10 月 30 日为其施行"左侧大脑前动脉瘤夹闭术＋载瘤动脉成形术＋双侧脑室造瘘术"。术后代某仍遗留癫痫、轻度智力低下等后遗症。因不满医疗效果，认为经治医院存在医疗过错，代某诉至当地人民法院。庭审过程中，代某及其家属出具了由其自行委托的当地某司法鉴定中心出具的司法鉴定意见书，该鉴定认为：某市第一人民医院在为代某的疾病诊病治疗过程中存在病历书写不规范、护理有缺陷的过失行为，其过失行为与代某目前后遗症状有一定因果关系，但过错参与度无法评定。人民法院在审理过程中认为原鉴定意见不够清晰，故依职权委托司法鉴定机构就某市第一人民医院在对代某的诊疗过程中是否存在医疗过错；如有过错，其与代某的损害后果之间是否存在因果关系及其过错对损害后果的参与程度进行法医学重新鉴定。

2. 病史摘要

(1) 2008 年 10 月 29 日 0:30 至 2008 年 12 月 22 日某市第一人民医院住院病史

入院时主诉：突然晕倒伴呕吐 2 小时。现病史：患者于 2 小时前吃饭时喝少量酒后突发意识不清、呼之不应，俯卧在地上，并有呕吐胃内容物多量，家人将其送至某区医院，经行头颅 CT 检查见自发性蛛网膜下腔出血，另有脑室内铸形，即转送至我院，自发病后未有抽搐，无二便失禁。体格检查：神志昏迷，GCS5 分，Hunt-Hess 分级Ⅳ级，查体不配合，双侧瞳孔直径 2.5 mm，光反射稍迟钝，双眼上视，颈稍硬，痛刺激左侧肢体稍屈曲，右侧伸直，各肢体肌张力增高。辅助检查：2008 年 10 月 28 日我院头颅 CT 复查见其基底池及三脑室、四脑室内片状高密度影，双侧脑室有扩大。初步诊断：自发性蛛网膜下腔出血，动脉瘤破裂。

10 月 29 日 0:50，患者意识昏迷，其目前肢体呈强直状态。患者自发性蛛网膜下腔出血诊断明确，估计为动脉瘤可能性大，Hunt-Hess 分级达 4～5 级，病情危重，暂时无血管造影的时机，现其脑室内铸形，先行双侧脑室外引流术，待病情稳定后联系 DSA 行检查，向其家属说明目前病情危重。

10 月 29 日 1:30，行“双侧额部脑室额角穿刺置管术”，术程顺利。

10 月 29 日 9:00，患者行脑室外引流后其意识恢复至浅昏迷状态，刺痛已存在发音，其双侧肢体刺痛屈曲，双侧瞳孔直径 2.5 mm，光反射灵敏，其脑室外引流管通畅，共引出约 200 mL 淡红色液体。其为自发性蛛网膜下腔出血，目前病情稳定，向家属说明病情，今早上行 DSA 检查，结果回报后再进一步处理。

10 月 29 日 18:00，患者今日行全脑血管造影术后，各项生命体征平稳，脑室外引流通畅，共引出约 400 mL 淡血性液体，目前其意识状态呈浅昏迷状态，偶刺痛能言语，其双侧肢体均能刺痛屈曲，现考虑其病情较前有好转，现 DSA 检查已明确为左侧大脑前动脉 A3 段动脉瘤存在，可做好各项术前准备，待明日病情择稳定后行动脉瘤夹闭术。

10 月 30 日 9:00，患者意识恢复至朦胧状态，偶有言语，但大部分欠切题，吩咐动作亦不能完成，双侧瞳孔直径 2.5 mm，光反射灵敏，另外肢体痛觉刺激能定位，脑室外引流管引流不多。今其病情稍平稳，须行手术方能阻止再次破裂出血，向其家属交代手术必要性和风险性，其家属表示理解，已告知家属患者有术中大出血、术后再发出血及动脉瘤难以夹闭改肌肉包裹，其家属已签字确认，完成各项准备后今早上急诊行全麻下经纵裂入路动脉瘤夹闭术。

10 月 30 日，患者刚才在手术室全麻下行左侧大脑前动脉瘤夹闭术＋载瘤动脉成形＋双侧脑室造瘘术。分离双侧额叶后达胼胝体，找到左侧大脑前动脉后沿主干探查见其 A2－A3 交界处存在球形动脉瘤，其基底为动脉瘤载瘤动脉，先临时夹闭主干后，夹闭动脉瘤基底，并使用两枚动脉瘤夹使载瘤动脉重建成形，其瘤夹周围肌肉包裹，考虑其脑压稍高，予将胼胝体打开及脑室造瘘，清除脑室内血肿 20 mL，仔细止血后置脑室引流管 1 根。

11 月 3 日，患者浅昏迷状态，肢体存在自主活动，双瞳孔等大等圆，直径 3 mm，光反射灵敏，脑室外引流管引流通畅，引流液为陈旧性血性液体。局麻下行气管切开，术程顺利，术后注意呼吸情况。

年 11 月 4 日，患者浅昏迷状态，颅内引流管引流通畅，引流液为陈旧性血性液体，24 小时引流量为 250 mL，疼痛刺激敏感。体温仍波动于 38.5℃左右，治疗上调整为美洛培南加强抗感染治疗，并做痰培养。

11 月 5 日，局麻下行腰穿术，拔出针芯后见有红色脑脊液流出，测压为 230 mmH_2O，缓慢放出脑脊液约 36 mL，拔出腰穿针，术程顺利。

11 月 6 日，今日拔出脑室内引流管及中心静脉置管，并行腰穿脑脊液检查。

11 月 6 日，局麻下行腰穿术，拔出针芯后见有红色脑脊液流出，测压为 195 mmH_2O，缓慢放出脑脊液约 28 mL，拔出腰穿针，术程顺利。

11 月 7 日，局麻下行腰穿术，拔出针芯后见有橙黄色脑脊液流出，测压为 56 mmH_2O，缓慢放出脑脊液约 7 mL，拔出腰穿针，术程顺利。

11 月 8 日，局麻下行腰穿术，拔出针芯后见有淡黄色脑脊液流出，测压为 95 mmH_2O，缓慢放出脑脊液约 9 mL，拔出腰穿针，术程顺利。

11 月 15 日，患者自动睁眼，已能明确配合动作，肢体活动情况较前无明显变化。

11 月 23 日，患者神清，生命体征平稳，体温正常，肢体活动情况同前。拔除气管套管，继续抗感染、护脑、营养支持治疗。

12 月 3 日，DSA 检查见动脉瘤夹闭完全，左侧大脑前动脉经重建后血流通畅。

12 月 6 日，患者神清，智能较差，右侧肢体肌力较前恢复达 3～4 级，可搀扶行走，言语少。继续护脑、功能锻炼等治疗。

12 月 22 日，患者家属仍未到医院，办理出院。

2008 年 12 月 22 日，出院诊断：左大脑前动脉瘤，蛛网膜下腔出血。

10 月 29 日 7:00 护理记录，双侧脑室引流管固定、通畅，左侧引流量 50 mL，右侧引流量 90 mL。

10 月 30 日 1:00 护理记录，双侧脑室引流管通畅，引出血性液，左侧引流量 10 mL，右侧引流量 20 mL。

10 月 30 日 8:00，双侧脑室引流管通畅，左侧引流量 0 mL，右侧引流量 10 mL。

(2) 2011 年 11 月 2 日某市第二人民医院门诊记录

主诉：术后脑子迷糊、记忆差 3 年，右侧肢体抽搐 1 年余。

现病史：患者在 2008 年 10 月份脑出血，术后脑子迷糊、记忆差，行走不便，2009 年 4 月份出现阵发性意识模糊、右侧肢体抽搐，大概 10 分钟左右缓解，多在夜里发作，曾在多家医院治疗，不过仍有发作。

辅助检查：心理测试：智商 67 分，脑电图：中毒异常。

精神检查：意识清，接触合作，无幻觉及妄想，情感迟钝，发呆，智力低下，记忆力下降。

初步诊断：轻度智力低下，继发性癫痫。

3. 鉴定过程

(1) 体格检查

神清，步入检查室，步态基本正常，查体合作。额顶部见手术瘢痕。右足略下垂、内翻，右踝关节主动活动受限。四肢其余关节活动无明显受限，肌力 5 级，肌张力可，末梢血运可。

(2) 阅片所见

2008 年 10 月 29 日头颅 CT 片示：蛛网膜下腔出血，脑室系统积血，胼胝体部脑出血，上述影像征象属于大脑前动脉动脉瘤破裂出血影像表现范围。

2008 年 10 月 29 日脑血管 DSA 光盘图像示：左侧大脑前动脉 A3 段动脉瘤。

2008 年 10 月 30 日头颅 CT 片示：额骨去骨瓣术后，脑室引流术后，左侧大脑前动脉 A3 段见金属影。

2008 年 11 月 5 日头颅 CT 片示：额骨去骨瓣术后，脑室引流中，脑室内积血已吸收，左侧大脑前动脉 A3 段见金属影；左侧额顶叶局部见片状低密度影。

2008 年 11 月 10 日头颅 CT 片示：脑室引流管拔除，余同前。

2008 年 12 月 2 日脑血管 DSA 光盘图像示：左侧大脑前动脉 A3 段动脉瘤已夹闭，载瘤动脉通畅。

2008 年 12 月 24 日头颅 CT 片示：额骨去骨瓣术后，左侧大脑前动脉 A3 段见金属影，左侧额顶叶局部见片状低密度影。

4. 鉴定意见

某市第一人民医院在对被鉴定人代某的诊疗过程中存在病历书写不够完善的过错，但其医疗行为与代某的目前后果之间不存在因果关系。

5. 分析讨论

代某为青年男性，于 2008 年 10 月 29 日 0:30 因“突发晕倒伴呕吐 2 小时”至某市第一人民医院门诊就诊，医方诊断为“自发性蛛网膜下腔出血，动脉瘤破裂出血”，入院当晚行“双侧脑室外引流术”，后行 DSA 脑血管造影证实为“左侧大脑前动脉 A3 段动脉瘤”，并于 2008 年 10 月 30 日为其施行“左侧大脑前动脉瘤夹闭术＋载瘤动脉成形术＋双侧脑室造瘘术”。本中心复阅代某的病史及影像学资料，某市第一人民医院做出的术前临床诊断可以成立。据病史记载，代某目前遗留癫痫、轻度智力低下等后果。

颅内动脉瘤是由于脑部血管异常改变产生的脑血管瘤样突起，其主要症状多由出血引起，部分因瘤体压迫、动脉痉挛及栓塞造成。动脉瘤破裂出血常致患者残疾或死亡，幸存者仍可再次出血。Hunt 及 Hess 将颅内动脉瘤患者按照手术的危险性分成五级，其中Ⅳ级为木僵，中度至重度偏侧不全麻痹，可能有早期的去脑强直及植物神经系统功能障碍。动脉瘤的最后确诊有赖于脑血管造影，凡是患者有蛛网膜下腔出血、自发的Ⅲ-Ⅳ颅神经麻痹或后组颅神经障碍等，均应行脑血管造影检查，造影能显示动脉瘤的部位、大小、形态、数目、囊内有无血栓、动脉硬化及动脉痉挛的范围、程度，有无颅内血肿或脑积水，瘤蒂大小及是否适于夹闭等。经过长期、大量的临床实践，目前多数学者认为颅内动脉瘤除个别情况外，均应积极地给予外科治疗。有蛛网膜下腔出血的Ⅰ、Ⅱ级患者越早手术越好，以防再出血；有意识障碍及神经系统体征、严重脑膜刺激征者一旦临床情况稳定并有好转，应即刻手术。动脉瘤的手术治疗方法很多，但目前动脉瘤夹闭或结扎仍是首选方法。

本案中，代某入院查体见“神志昏迷，GCS5 分，Hunt - Hess 分级Ⅳ级”等，鉴定人复阅其头颅 CT 片，其临床症状、体征及影像学表现符合“动脉瘤破裂出血”的临床诊断。代某入院时病情危重，某市第一人民医院选择立即为其施行“双侧脑室外引流术”的治疗方式符合患者实际情况与医疗原则。据病史记载，代某双侧脑室外引流术后其意识状态恢复至浅昏迷状态，病情较前有所好转，并趋于稳定，为早期行DSA脑血管造影确诊并行开颅动脉瘤夹闭术创造了条件。

经行DSA脑血管造影后，代某的病情确诊为“左侧大脑前动脉A3段动脉瘤”。医方于2008年10月30日为代某施行“左侧大脑前动脉瘤夹闭术＋载瘤动脉成形＋双侧脑室造瘘术”。就现有材料，鉴定人分析认为，医方选择手术治疗符合医疗原则，相应手术记录等病历材料也未见明显违反医疗原则之处，代某的临床症状和体征亦较术前逐渐好转，结合术后DSA脑血管造影检查结果，医方的手术取得了阻断动脉瘤的血液供应、保持载瘤及供血动脉继续通畅的治疗目的。医方术后多次行腰椎穿刺术释放血性脑脊液、以及护脑、功能锻炼等诊疗措施亦未违反医疗原则。

代某至某市第一人民医院就诊时因动脉瘤破裂致颅内出血而处于深昏迷状态，Hunt-Hess分级为Ⅳ级，病情危重并有生命危险，经医方积极抢救治疗后，生命得以挽救，但因其自身疾病致一定程度脑损害的后果难以完全避免。以代某当时的实际情况及当时的医疗水准，医方的治疗已取得较好的疗效，目前遗留的癫痫、轻度智力低下等后果为其自身疾病所致。

另外，纵观某市第一人民医院的病历资料，医方的部分病史记录存在不够完善之处（如病程记录中脑室外引流量与护理记录不一致，手术记录与术后病程记录内容部分不一致等），存在一定的医疗过错，但其与代某目前遗留的神经功能障碍的后果之间无因果关系。

综上所述，某市第一人民医院在对被鉴定人代某的诊疗过程中存在病历书写不够完善的过错，但其医疗行为与代某的目前后果之间不存在因果关系。

6. 评析

通过本案再一次清晰地说明了作者在前文中反复强调的几个基本问题。

医疗纠纷司法鉴定所需要解决的是医学专业问题，而非一般人依据生活经验或者常识能够解决的普通问题。本案中所需要解决的医学专业问题就是患者的诊断有无依据，医方所采取的治疗是否符合医疗原则，患者最终所诉称的后遗症究竟属于自身疾病的转归结局还是医疗过错行为所造成的。初次鉴定意见中所指出的医方存在的“病历书写不规范”的过错，并不必然造成患者的人身损害后果，而认定护理记录中关于脑室外引流量的记录与病程记录不一致即认定“护理有缺陷”，且据此认定与损害后果之间存在因果关系同样缺乏逻辑上的关联性。

对于患方坚持强调的病历中针对同一事实的不同部分内容在描述上存在差异，足以证明医方伪造病历的问题，鉴定人在征询法官意见的情况下，采纳对患方有利的记录，并将此告知患方。最终出具的鉴定意见书中也明确指出病历记录不规范应属医疗过错。但无论引流量究竟有多大，其均难以与患者所诉称的损害后果直接联系起来，故鉴定人最终做出如上鉴定意见。

司法鉴定人在遇到类似对病历材料存有异议的案件时，应基于医学、法医学原则做出基本判断，即：在排除该存有争议的内容后是否仍然能够得出鉴定意见，并将此判断结果与委托人(法庭)进行充分的交流。同时,司法鉴定人对所发现的病历书写不规范也不应姑息,应在鉴定意见书中明确指出,至于法庭最终如何使用该鉴定意见,当然是法庭的职权。有必要强调,在实际鉴定中,委托人(法庭)若能够通过庭审调查对提供的鉴定材料加以明确认定,对司法鉴定而言应更为理想。

(夏文涛)

第十九章　死因分析与医疗纠纷

对于患者死亡的医疗纠纷案件，常需要明确其死因。分析死因对于医疗过错及其因果关系的分析、判断具有重要的意义。基于尸体剖验与病理学检验的死因分析固然重要，但在因故未能实施尸体剖验的案件中，鉴定人也应尽可能依据临床病历资料，严格遵循医学标准、法医学标准进行死亡原因的分析和推断，避免就此陷入“不可知论”。

第一节　死因分析在医疗纠纷鉴定中的意义

如前文第四章所述，根据WHO有关疾病与死因的分类，在法医学鉴定中通常把死因分为以下几类。

1. 主要死因

主要死因是指引起死亡的原发性疾病、外伤、化学中毒、窒息等。在疾病致死的案例中，其主要死因应该和主要疾病是一致的。

2. 直接死因

直接死因是主要死因的致命性并发症，通常不是一种独立的疾病，主要包括感染、出血、栓塞、中毒、休克、脑水肿、继发性窒息等。

3. 辅助死因

辅助死因是指在主要死因以外的疾病、病变、中毒、窒息或外伤，在死亡过程中仅起到辅助作用。

4. 死亡的诱因

死亡的诱因通常是指身体原有的潜在性疾病，因某种诱发因素导致潜在性疾病恶化而死亡，最常见的诱发因素如情绪激动；诱发因素一般不直接参与死因构成；

5. 合并死因

两种原因同在一案例中起到死因的作用，可称为合并死因。主要死因与辅助死因在某种意义上来说也可称为合并死因。在多种死因同时存在时，究竟孰为主要死因，孰为辅助死因，甚至与死因无关，有时不易确定，称为“死因竞争”，不属于死因分类范畴。

法医学鉴定人强调死因分析应在系统而全面尸体剖验的基础上进行，可以说，尸体的病理学检验是死因分析的“金标准”。由于众所周知的原因，目前我国公民死亡后尸体剖验率极低，在许多患者死亡的医疗纠纷中因未见尸体的病理学检验报告，导致医患双方对患者的死因各有各的解释，争议不断，鉴定人难以裁决。

近年来，司法部司法鉴定科学技术研究所应用医学影像学检查及图像重组技术，结合死后血管造影技术，对部分尸体进行了“虚拟解剖”，在不动解剖刀的情况下了解尸体的内在改变，给死因分析带来了新的方法，可以成为传统尸体剖验的有力补充或者与之相互印证。但应注意，即使在国外某些已开展多年“虚拟解剖”工作的国度，也从未放弃传统尸体剖验工作，这反过来也充分说明了传统尸体剖验工作在死因分析中具有其不可替代性。

当然，因各种因素未行尸体剖验，并不一定意味着鉴定人不能对其死亡原因进行分析。案情材料、病历资料、生前的医学影像资料，同样可以成为鉴定人分析患者死因的重要依据。由此得出的死因分析意见，其准确程度与经系统尸体剖验所得出的结果，当然不可同日而语，就像临床诊断与病理诊断的比较一样，但这毕竟是在无法实施尸体剖验的情况下不得已而采取的措施，具有其可行性。在实际鉴定中，若鉴定人系通过病历分析而得出死因分析结论，可在鉴定意见书中对此加以必要的说明，引起事实裁判者的重视。

不论是否进行尸体剖验，进行死因分析时，首先一定要占有充分、全面的案情与病历材料；其次要有正确的思路和方法；再次要善于用病理生理学及相关的临床医学知识将病情变化过程与死亡机制用各种死因合理地串联起来，形成完整的因果链条；最后要将死因分析结果与医疗纠纷鉴定中的过错和因果关系理论联系起来，形成对具体案件及其委托鉴定事项具有针对性的医疗纠纷鉴定意见。

根据现行法律、法规的规定，临床医师在患者死亡后，若患者家属对死因存有异议或者对医疗行为持有争议的，应当告知其可以通过尸体解剖及病理学检验来确定死因。告知一般应采用书面的方式，取得家属签字表示其同意或者拒绝尸体解剖的意思。患者家属同意尸体解剖的，医方应积极配合，包括协助寻求能够进行尸体解剖的机构，在尸体解剖前协助妥善保管尸体或者配合将尸体运送至有条件妥善保管的部门。医方未尽到上述责任的，视为医疗过错。当然，若遇有医方告知可以行尸体解剖，但患者家属拒绝在书面告知单上签字表示同意或者拒绝的，医方应当及时向医疗行政管理部门报告，并在病历中记录。鉴定人在鉴定过程中对遇到仅通过临床病历难以明确死因，而又未能进行尸体解剖与病理学检验的案件，应当适当关注其未行尸体检验的原因。

（夏文涛）

第二节　案例分析

一、分娩过程中催产素使用及助产方式不当致产妇子宫破裂死亡

1. 案情摘要

某女，41 岁。2012 年 1 月 10 日在某市立医院分娩时死亡。

2. 病史摘要

2012 年 1 月 10 日 1:00 首次病程记录：中年女性，停经 9＋月，下腹痛 1＋小时。停经 9 个月。LMP：2011 年 3 月 5 日(阴历)，孕 40 余天出现轻度恶心、呕吐等妊娠反应，孕 4 个多月自觉胎动渐活跃，孕期无阴道流血流液，无头痛、头晕，无心慌、胸闷，无黄疸，无腹痛，双下

肢水肿。饮食、睡眠好。查体：T 36.5℃，P 70 bpm，BP 126/76 mmHg；神志清，精神可，营养中等。产科专科检查：外阴发育正常，腹围 108 cm，宫高 32 cm，未触及宫缩，先露头，LOA，胎心率 150 bpm；骨盆外测量未见异常。1 月 10 日彩色超声示：子宫内见一胎儿，胎头位于耻上，双顶径 9.4 cm；胎心搏动规律，胎心率 136 bpm；头先露；右上腹羊水厚度 2.1 cm，右下腹 2.1 cm，左上腹 0 cm，左下腹 2.0 cm；胎儿股骨长径7.2 cm，胎盘位于右前壁，内见线形钙化。超声诊断：单胎头位妊娠，胎盘成熟I°，羊水混浊，羊水较少。胎心监护：NST 呈反应型。1 月 10 日 10:00，产妇现有不规律宫缩，胎心正常，自述无不适。

产程记录：该产妇于 2012 年 1 月 10 日 13:30 出现规律宫缩，12:50 胎膜自破，羊水清，有胎脂，流出少量羊水，13:40 上产床，胎心 136 bpm，14:10 接班后阴道检查宫口开大 6 cm，14:30 宫口近开全，常规消毒铺巾，14:50 胎心 116 bpm，给予吸氧，10 min 后胎心 106 bpm，给予静脉二联，查宫口开全，骨质部＋2，已形成产瘤，于 15:00 由于继发性宫缩乏力，行胎头吸引术，术中产妇出现两次呕吐，紧接着自诉胸闷，面色发黄，遵医嘱给予氟美松 10 mg 静推，西地兰 0.2 mg 静推，同时积极准备去手术室剖宫产。ICU 转入及抢救记录：心电监护显示 HR 120 bpm，SPO_2 不显示，自主呼吸消失，血压测不出，气管插管，昏迷状态，睑面水肿，双侧瞳孔散大，对光反射消失，急给予机械通气辅助呼吸，多巴胺升压，羟乙基淀粉氯化钠、复方氯化钠改善血容量，于 19:25 突然出现心率下降至约 40 次/min，立即予以胸外心脏按压等抢救措施。经抢救 3 小时 47 分钟无效，于 22:47 宣布临床死亡。另据临时医嘱单记载：1 月 10 日 8:27，5%葡萄糖注射液 500 mL＋缩宫素注射液 2.5 U 静脉输液。

3. 尸体剖验

(1) 尸体剖验大体所见

成年女性尸体，身长 160 cm。尸斑呈淡红色，量少，分布于体表背侧未受压处。双侧睑结膜、球结膜苍白。头面部未见皮肤损伤痕迹，口唇黏膜苍白。上腹部在 15 cm×11 cm范围内见散在小片状皮肤青紫色变，切开见皮下及脂肪组织内出血。会阴部高度水肿，子宫颈口见胎头。尸体解剖：头皮未见损伤，颅骨未见骨折；脑内未见出血。颈部未见损伤。胸壁软组织未见出血，胸骨、肋骨未见骨折，左侧胸腔积 300 mL 暗红色血性液体，右侧胸腔积 300 mL 暗红色血性液体。腹腔内见妊娠子宫，大网膜右移，腹腔积血 2 500 mL。子宫及附件：子宫体、颈交界处右侧见一长 7 cm 破裂口，破口周围肌肉撕裂伴明显出血，右侧阔韧带内出血，胎儿右上肢及部分脐带自该破口处进入腹腔，破口处可见胎盘组织。沿子宫左侧打开子宫，宫腔内见一男性死胎，胎头已入盆。胎盘附着于子宫体、颈右侧，下端已达宫颈口(未完全遮盖宫口)，下端见压迹。脐带长 50 cm，未见脐带绕颈。子宫内面破口长 10 cm，达宫颈口。宫腔内死胎：男性，体质量 3 600 g，身长 53 cm，头围 33 cm，胸围 38 cm，腹围 31.5 cm，肩宽 15 cm，座高 32 cm。睾丸已降入阴囊，指(趾)甲已超出指(趾)端。孕妇脑、心、肺、肝、脾、肾等器官苍白、贫血状，均未见损伤、疾病改变。

(2) 法医病理学诊断

1) 子宫破裂，并致失血性休克：① 子宫体、颈交界处右侧破裂伴周围出血；② 腹腔积血 2 500 mL；③ 睑结膜、球结膜苍白，口唇黏膜苍白；④ 尸斑浅淡；⑤ 多器官(脑、心、肺、肝、脾、肾等)贫血改变。

2）宫内死胎。

3）前置胎盘(边缘型),胎盘破裂。

4）上腹部小片状皮下出血。

4. 鉴定意见

死者系分娩过程中子宫破裂致失血性休克死亡。其子宫破裂与某市立医院不规范的引产和助产方式存在直接因果关系,某市立医院的医疗行为存在明显过错,与患者死亡之间存在直接因果关系,医疗过错为患者死亡的根本原因,也是直接原因。

5. 分析论证

本例综合尸体检验所见、医院病史记录发现,院方的医疗行为存在明显不足。主要表现为：① 缩宫素是一种有效的缩宫剂,临床上可用于引产和催产,凡对适用于缩宫素引产或催产者在药物使用之前,必须进行全面健康评估,并做好宫颈评分。静脉滴注缩宫素时应严格控制滴速,并记录宫缩、胎心率及宫口扩张情况。本例审查病史材料发现,院方于2012年1月10日8:27为患者使用缩宫素引产,使用缩宫素前没有对宫缩情况及宫颈扩张情况进行认真检查,使用过程中也未见滴速、宫缩、胎心率及宫口扩张记载,也未说明何时停用,明显违反该药物的使用规定;② 分娩过程中可根据产妇及胎儿情况选取适当的助产方式,本例院方曾两次使用胎头吸引器助产,并未违反诊疗常规。但本中心尸体解剖发现在死者上腹部散在小片状皮下出血,分析应为在分娩过程中加压腹部所致。分娩过程中按压腹部为非常规助产手段,可导致胎儿、产妇多种并发症,尤其是子宫破裂。本例院方采取加压腹部的助产措施明显不当;③ 据病史材料记载：本例产妇分娩过程中于1月10日15:15出现呕吐,精神差,胸闷,面色发黄等情况,15:30转入手术室时已呈休克状态,应为分娩过程中子宫下段右侧破裂,造成大量出血所致。审查病历材料发现,院方针对患者的抢救措施,没有考虑到产妇可能出现子宫破裂情况,抢救过程近7小时,未见院方对产妇采取输血,也未行腹腔穿刺等诊断子宫破裂的措施,丧失了对产妇的抢救时机。综合分析：死者符合分娩过程中子宫破裂致失血性休克死亡。其子宫破裂与某市立医院不规范的引产和助产方式存在直接因果关系,院方的医疗行为存在明显过错,与死者死亡之间存在直接因果关系(过错参与程度100%)。

6. 评析

本案死者系因子宫破裂导致大出血致失血性休克死亡,其直接死因为失血性休克,根本死因为子宫破裂,子宫破裂直接与不当使用缩宫素及非常规应用按压腹部助产等医疗过错行为有关,上述三个环节形成完整的证据链条,具有排他性,因此认定医疗过错与死亡之间存在直接因果关系(过错属完全因素)。本案鉴定中,鉴定人仅通过尸体解剖大体所见即可明确其死亡原因,故未列出组织病理学检验结果。

二、肝癌患者肝右叶切除术中操作不当致下腔静脉破裂出血死亡

1. 案情摘要

患者王某于2014年1月23日行CT检查提示:“急性水肿性胰腺炎治疗后;胆囊腔内小结石;肝右叶占位(S8);脂肪肝;右肺炎症”。而后,为进一步治疗到被告(某医院)处

就诊，行上腹部磁共振(平扫+增强)检查提示:“肝右后叶 S7 段一类圆形异常信号结节影。”王某于 2014 年 3 月 4 日入院，同月 12 日在全麻下行“肝脏右后叶切除术”。术后诊断为“肝脏肿瘤切除术后；失血性休克；代谢性酸中毒；2 型糖尿病；肝右后叶 S6 段小囊肿；胆囊息肉”。术后王某病情危重，于重症监护病房治疗。2014 年 3 月 14 日凌晨王某突然出现心率、血压同时下降，后经抢救无效于当日 1:50 分被宣布死亡。

2. 病史摘要

入院日期：2014 年 3 月 4 日 08 时 58 分。

主诉：发现肝占位病变 2 月余。现病史：患者 2 月余前因“急性水肿性胰腺炎治疗后”前往外院复诊时(2014.1.23)行 CT 检查提示:“急性水肿性胰腺炎治疗后；胆囊腔内小结石；肝右叶占位(S8)；脂肪肝；右肺炎症”。CA199 达 70。乙肝表面抗原阳性。患者现无腹胀、腹痛，无头晕、心慌，无反酸，无昏迷、意识障碍，无发热、寒战，无胸闷、胸痛，无腹泻、便秘等不适症状，为进一步治疗就诊本院，门诊行上腹部磁共振(平扫+增强)检查示:“肝右后叶 S7 段一类圆形异常信号结节影”。后患者拟行进一步诊治再次前来我院门诊就诊，考虑手术治疗，门诊遂以“肝右后叶占位，性质待查；2 型糖尿病”收治入院。发病以来，精神、食欲及睡眠如常，小便无特殊，每日可排成形软便 1～2 次，近来体重增加 2 公斤。既往史：因“急性胰腺炎”住院时发现“2 型糖尿病”，住院期间胰岛素治疗，具体用量不详，出院后自行停药，1 周前来我院门诊就诊查空腹血糖 16.06 mmol/L，遂开始规律服用“格列美脲 2 mg qd，阿卡波糖片 50 mg TID”调控血糖，具体血糖控制情况不详；4 年前曾因“肺炎”入外院治疗，经相应治疗后好转(具体诊断及诊疗经过不详)；否认食物、药物过敏史；否认手术外伤及输血病史，预防接种史不详。体格检查：T 36.3℃，P 80 bpm，R 18 bpm，BP 128/88 mmHg；发育正常，营养良好，面容正常，表情自如，自主体位，步态正常，神志清晰，言语流利，查体配合，皮肤色泽正常，无皮疹及皮下出血，毛发分布正常，皮肤温度、湿度正常，弹性良好，皮肤无水肿，无肝掌、蜘蛛痣及皮下结节，全身浅表淋巴结无肿大。专科情况：神志清楚，贫血貌，营养中等，查体合作，全身皮肤黏膜无黄染、出血点，巩膜无黄染，睑结膜稍苍白，全身浅表淋巴结未触及肿大，口唇无明显发绀，颈软，颈静脉无怒张，气管居中，甲状腺无肿大；胸廓对称，双肺呼吸音清，未闻及干、湿性啰音，心律齐，未闻及杂音及额外心音；腹平软，未见胃肠型及蠕动波，上腹部无压痛，无反跳痛，麦氏点压痛阴性，肝、脾肋下未触及，胆囊无触痛，肝肾无叩痛，移动性浊音(-)，肠鸣音活跃；脊柱、四肢未见异常。2 月 24 日癌抗原 CA-199 检验值为 43.14 U/mL。2 月 26 日尿常规检验：比重 1.035，尿糖≥56 mmol/L。2 月 26 日上腹部磁共振(平扫+增强)检查考虑：肝右后叶 S7 段一类圆形异常信号结节影，考虑原发性肝细胞性肝癌(HCC)可能性大，请结合临床；肝右后叶 S6 段小囊肿；Gd-DTPA 增强扫描动脉期肝右前后叶及左内叶散在数枚斑片状明显强化影，考虑为肝动脉-门静脉分流；胆囊壁一小乳头异常信号影突向胆囊腔内，考虑胆囊息肉；脾稍大；胰腺、双肾未见明显异常。3 月 4 日生化检验：饭前葡萄糖 16.06 mmol/L，肌酐(血液)48.53 μmol/L，直接胆红素 6.84 μmol/L。甲胎蛋白(AFP)检验值为 4.98 ng/mL，乙型肝炎病毒表面抗原-化学发光(HBsAg)阳性(+)，检验值为 1 602.00/1.0。初步诊断：肝右后叶占位，性质待查；2 型糖尿病；肝右后叶 S6 段小囊肿；胆囊息肉。

3月5日11:35查房：患者未诉特殊不适，饮食可，二便如常。今早各项血液检查示：RBC平均血红蛋白浓度356 g/L，淋巴细胞52.1%，肌酐(血液)48.53 μmol/L，直接胆红素6.84 μmol/L。查体：T 36℃，P 73 bpm，R 19 bpm，BP 106/74 mmHg。查体同入院。今早空腹血糖12.7 mmol/L。主任医师查房后指示：① 同意入院诊断；② 现积极控制血糖(检查时间：三餐前＋三餐后2小时＋睡前)，以降低术后并发症可能；③ 请营养科及内分泌会诊协助指导患者如何控制血糖。嘱患者注意保暖及营养支持，予以"生物合成人胰岛素(诺和灵R笔芯)10单位TID(三餐前15分钟用)，甘精胰岛素注射液(来得时预充)8单位HS"控制血糖，"硫普罗宁肠溶片0.1 g TID"护肝，"维生素K注射液20 mg qd；维生素B6片10 mg qd"强化凝血功能及营养。注意观察患者生命体征及病情变化，遵嘱执行。

3月8日12:45查房：患者未诉特殊不适，饮食可，二便如常。今早各项血液检查示：RBC平均血红蛋白浓度355 g/L，血小板计数118×10⁹/L，分叶核粒细胞32%，淋巴细胞62%，凝血酶时间20.6秒，活化部分凝血酶时间23.2秒，高密度脂蛋白胆固醇0.8 mmol/L，肌酐42.6 mmol/L……

3月9日10:12查房：患者未诉特殊不适，饮食可，二便如常。今日尿常规检验提示：尿糖阴性。今早空腹血糖7.0 mmol/L。查体：T 36℃，P 76 bpm，R 17 bpm，BP 104/79 mmHg；神清，呼吸平顺，贫血貌，营养中等，心肺腹查体同前。原拟下周一(3月10日)在全身麻醉下行"肝部分切除术"，并开始进行肠道准备，但考虑患者昨日餐前血糖11.1 mmol/L，餐后血糖最高达17.1 mmol/L，提示患者血糖控制情况仍欠稳定，告知患者及家属血糖控制情况不稳定，如进行手术持续欠佳会导致术后并发症发生概率明显提高，取得患者及其家属同意后暂缓手术，并于今日将胰岛素用量改为"生物合成人胰岛素(医)(诺和灵R)10 mL：400 IU 33单位QD SC(三餐前15分钟用。早餐前12单位，午餐前11单位，晚餐前各10单位)；甘精胰岛素注射液(来得时预充)3 mL：300IU 8单位HS SC(睡前用药)"。嘱患者注意保暖及营养支持，再次向患者及其家属进行糖尿病慢性并发症健康教育，请患者及家属一同协助监督患者饮食情况，遵嘱执行。

3月13日1:46术后首次病程记录：患者王某，男性，53岁，因"发现肝占位病变2月余"入院。于3月12日在全麻下行"肝脏右后叶切除术(6、7段)"。右上腹部L型切口，按层进腹，见肝脏表面平滑，质地较硬，考虑患者有轻微肝硬化，分离镰状韧带、右三角韧带及右冠状韧带，然后逐步分离结扎肾上腺韧带以及肝短静脉，充分游离右肝叶，发现肿瘤骑跨于肝右静脉根部、下腔静脉及肝右后下静脉根部之间，肿瘤所在位置手术难度极大，遂决定行肝右后叶切除术，并切除胆囊，术中B超定位，确定肝右静脉于肝表面投影，于肝表面标示切除线，阻断肝十二指肠韧带，每次阻断时间15分钟，期间开放5分钟，沿该切除线逐步断离肝组织，由于肝硬化致肝断面组织出血较多，达4 000 mL，请示院长，并请某主任医师上台协助，切除肝右后叶标本，由于肝断面渗血不止，术中共输注少WBC 18单位及新鲜冰冻血浆1 500 mL，用荷包线缝合肝断面，由于肝断面渗血多，用5块大纱布垫填塞腹腔，未见活动性出血，留置盆腔引流管后，逐层关腹。如患者病情许可拟于术后3天再次开腹取出纱布。患者术后送ICU并告知患者家属，术中发现肿物位置导致手术难度大，术中出血较多(4 000 mL)，且血压不稳定，术中予以大量输注少WBC、RBC、新鲜冰冻血浆及液体后，血压纠正情况欠佳，遂留置气管插管至ICU行重症监护。术后注意观察患者生命体征及腹部情况，术后予以重症护理，使用“多巴胺；去甲肾上腺素”升压，依检验数据继续安排输注血液制品、禁食水、护胃、抗感染、维持电解质平衡及补液等对症处理。遵嘱执行。

3月13日4:42查房：患者卧床休息中，呼之不应，小便量少色黄。查体：P123 bpm，R 22 bpm，BP 37/31 mmHg，GCS评分E1V1M1；深昏迷，气管插管在位，双侧瞳孔等圆等大，直径为4 mm，对光反应迟钝，颈软，无抵抗，鼻腔无流血，未见异常分泌物，无颈静脉怒张，活动度尚可，胸廓挤压试验阴性，气管居中，双肺呼吸音较粗糙，未闻及干湿性啰音，心律齐，各瓣膜区未闻及病理性杂音，腹膨隆，伤口敷料可见有少量淡红色渗液，压痛、反跳痛无法查及，未及移动性浊音，肠鸣音弱；上肢肌力2级，下肢肌力2级，生理反射弱，病理反射未引出；气管内管、鼻胃管、盆腔引流管及导尿管通畅在位，鼻胃管引流出少量淡绿色液体，腹部持续引流出大量鲜红色血性液体。今晨抽血提示：血常规：WBC计数6.8×10^9/L，RBC计数1.67×10^{12}/L，血红蛋白检查49 g/L，血细胞比容值测定14.4%，RBC体积分布宽度15.4%，血小板计数41×10^9/L。患者病情危重，且出手术室至今尿量约20 mL，腹部持续引流出大量鲜红色血性液体，考虑腹腔仍有出血，但考虑患者血压低，无法再次耐受手术，现阶段优先确保机体灌注量及保护凝血功能，建议大量补充胶体液，考虑使用“新鲜冰冻血浆”或先予以“人血白蛋白20 g IVF”，同时申请输注“血小板”，使用“去甲肾上腺素”及“多巴胺”以维持血压，另适时予以“碳酸氢钠”纠酸、抗炎、大量补液、止血等对症治疗，必要时请相关科室会诊，协助诊疗。

3月13日17:45特殊治疗记录：患者因复查胸片提示右侧胸腔积液，右侧积液较多，B超检查所见“右侧胸腔内可见片状游离无回声，范围约17.3 cm×11.6 cm(平卧位，上下径×前后径)，内透声佳，右侧中下肺部肺不张，右侧膈肌抬高”，于右膈肌上缘穿刺点定位(平卧位)。左侧胸腔内未探及明显的片状游离无回声(平卧位)。为避免患者胸腔积液进一步压迫肺叶进一步导致呼吸衰竭及影响心脏跳动，拟行右侧胸腔穿刺引流术。与患者家属(配偶)说明病情留置胸腔引流意义及相关出血、感染、气胸等并发症可能后，家属同意并签署胸腔穿刺引流术同意书。患者取卧位，以B超定位点为穿刺点，常规消毒铺巾后，以2%利多卡因局麻穿刺点皮肤至胸膜层，左手固定穿刺点皮肤，右手执10 mL空针，沿局麻径线入针，获突破感后，抽出10 mL血色液体，留置CVP管胸腔引流，术毕，局部消毒，覆盖无菌纱布。术后留置胸腔CVP管并计量，第一次放液不超过800 mL，以后每次放液500 mL q6h。

3月14日2:30抢救记录：患者王某，男性，53岁，因“发现肝占位病变2月余”入院。于3月12日在全麻下行“肝脏右后叶切除术(6、7段)”。术后诊断为“肝脏肿瘤切除术后；失血性休克；代谢性酸中毒：2型糖尿病；肝右后叶S6段小囊肿；胆囊息肉”。术后患者病情危重，于重症监护病房给予对症支持治疗。患者于今晨1:12分突然出现心率由70 bpm1分钟之内降至27 bpm，血压同时下降至33/27 mmHg，给予紧急胸外按压，立即嘱护士静脉注射肾上腺素1PC，后嘱护士每隔3分钟静脉注射1PC肾上腺素，同时联系主治医师及外科值班医师，5分钟后主任医师及全体外科值班医师到达，主任医师向家属解释病情并询问是否放弃抢救，患者家属表示拒绝，持续按抢救流程抢救，抢救48分钟后患者仍无心率，血压无上升趋势，于1:50心电图呈一直线，主任医师于1:50宣布患者临床死亡。

3. 尸体检验

成年男性尸体，尸长 170 cm，发育正常，营养一般。尸体现象：尸斑浅淡。冰冻缓解尸体，四肢见腐败水泡形成，表皮触之易脱落。头(面)部：头顶发长 7.5 cm，发色黑；双眼睑、球结膜苍白、高度水肿，角膜高度混浊，口、鼻腔见淡红色分泌物，双侧外耳道未见异常分泌物。面部见散在褐色霉斑，表皮触之脱落，^{1}十^{12}见金属牙套，口唇黏膜未见损伤。颈(项)部：右侧颈根部见一针眼(缝合一针)。余未见异常。躯干部：胸部见除颤器印痕，右胸部外侧见引流手术切口(缝合 2 针)，右髂前上棘内侧见长 2 cm 已缝合手术切口(缝合 3 针)，右上腹部见长 28 cm“L”形已缝合手术切口。四肢：四肢见腐败水泡形成，四肢高度水肿。右肘窝外侧见一针眼伴 3.5 cm×3 cm 皮肤青紫，右前臂见一针眼伴皮肤青紫；右内踝上方见一针眼。左前臂下段桡、伸侧见一针眼伴左前臂屈侧皮肤青紫(边界不清)；左内踝上方见一针眼，左足弓内侧见一针眼。肛门及外生殖器：阴囊高度水肿伴白色霉斑。

尸体解剖记录：① 头部：头皮及帽状腱膜下未见出血，双侧颞肌未见出血。常规开颅，颅骨未见骨折；硬脑膜外及硬脑膜下未见出血。脑：全脑重 1 477 g。脑组织表面高度水肿、苍白色，脑回增宽，脑沟变浅，蛛网膜下腔未见出血。大脑、小脑及脑干表面、切面未见挫伤、出血，脑底动脉未见异常。② 颈部：颈部针眼处见皮下组织及肌肉出血，舌骨、甲状软骨和环状软骨未见骨折。会厌部见淡黄色黏液样物，喉头充血，高度水肿，气管腔内见暗红色液体。③ 胸腹部：取直线术式暴露此二腔。右侧第 4、5、6 肋骨腋前线处骨折，右侧锁骨中线处第 3、5 肋间肌肉轻度出血，左侧第 5、6 肋骨于腋前线处骨折伴肋间肌轻度出血。左侧胸腔积 700 mL 淡红色液体，右侧胸腔积 700 mL 淡红色液体。腹壁皮下脂肪厚 2 cm，左侧横膈顶位于第 4 肋骨，右侧横膈顶位于第 4 肋骨。腹壁手术切口周围皮下组织、肌肉轻度出血，腹腔积暗红血性液体 500 mL，大网膜向上腹部游离，各器官位置正常。膈肌右侧浆膜下广泛性出血，可见多处缝线，右侧膈下见少量凝血块。升结肠肝曲见黑色缝线，肠浆膜下见 4 cm×3 cm 出血区，肠壁高度水肿。肝膈面后侧见止血纱条填塞，第一肝门区见缝线，未见血管破裂，周围软组织轻度出血。主要器官检验如下：心：重 240 g。心外膜光滑，外膜苍白、水肿，未见出血点，心内膜呈苍白色，左、右心室腔未见明显扩张，心肌呈苍白色，质地软。左心室壁厚 1.0 cm，右心室壁厚 0.3 cm，室间隔厚 1.2 cm。心脏各瓣膜未见异常，各瓣膜周径测量如下：二尖瓣 10.3 cm，三尖瓣 12.5 cm，主动脉瓣 7.5 cm，肺动脉瓣 8 cm。冠状动脉开口畅，各分支未见异常。肺：两肺表面光滑，呈苍白色、水肿状，两肺边缘钝圆，切面呈苍白色，未见明显异常。肝：肝表面呈细颗粒状，灰红色，切面色泽偏黄。肝右后叶已大部分切除，切面见缝线缝扎，剪开缝线，断面未见明显出血及凝血块。下腔静脉(距心脏 6.5 cm 处)近肝右后叶切除手术区域见长 1.5 cm缝线结扎区，剪开缝线见副肝右静脉根部及部分下腔静脉管壁撕裂，破口大小 1.5 cm×1 cm。脾：大小 13 cm×10 cm×3.5 cm。包膜光滑，表面呈淡红色，色苍白，切面呈灰红色。肾：左肾大小 11 cm×7 cm×3 cm；右肾大小 11.5 cm×7 cm×3 cm。两肾包膜易剥离，表面光滑，呈淡红色，切面呈淡红色，皮、髓质境界清，肾盂未见异常，黏膜苍白。胰腺：大小 24 cm×3 cm×1.5 cm。包膜光滑，表面呈淡红色，色苍白，未见出血、坏死。胃：胃内容物约 50 mL，为暗红色液体，黏膜皱襞灰红色，未见溃疡、出血。肾上腺：

右肾上腺组织碎裂，其上见多处缝线结扎。左侧肾上腺未见异常。

法医病理学诊断：① 肝右后叶切除术后；② 副肝右静脉根部及部分下腔静脉管壁撕裂；③ 多器官(包括脑、心、肺、肝、脾、肾等)贫血状；④ 小结节性肝硬化；⑤ 胸腹腔积液。

4. 鉴定意见

王某系肝右后叶切除术中损伤副肝右静脉及部分下腔静脉致大出血，引起失血性休克死亡。某医院对王某的医疗行为存在明显过错，与王某最终死亡之间存在直接因果关系，某医院的医疗过错行为在患者死因构成中的参与程度为80%左右。

5. 分析论证

本例患者王某因“发现肝占位病变2月余”至某医院就诊，门诊上腹部核磁共振扫描(平扫＋增强)结果提示：“肝右后叶S7段一类圆形异常信号结节影。”初步诊断：肝右后叶占位，性质待查。于2014年3月12日行肝右后叶切除术。重新审阅送检影像学片并阅送检病理切片，符合肝细胞肝癌临床及病理学特点。据此，院方根据患者的临床表现及影像学检查结果为患者实施肝右后叶切除术符合临床诊疗常规。但根据尸体检验结果，审查院方的手术过程，存在明显过错，主要表现为：① 经尸体解剖证实患者系因肝右后叶切除术中损伤副肝右静脉及部分下腔静脉致大出血，引起失血性休克死亡，尸体解剖描述血管破口达1.5 cm×1 cm，破口较大。肝右叶切除手术最危险的不良事件是大出血，尤其以下腔静脉、肝右静脉、副肝右静脉出血更加凶险，术中应该尽可能避免上述血管的损伤。本例从术前影像学检查结果及尸体解剖证实，肝脏肿瘤尚未侵犯大血管，上述部位血管损伤应为院方手术操作不当所致。说明院方对上述手术区域的解剖结构不熟悉，对术中可能出现的严重情况认识不足，手术风险意识存在明显欠缺。② 从尸体解剖结果来看，最终院方将手术所致破损血管进行了缝扎，表明院方在术中已经发现出血部位，但此时患者已经失血4 000 mL，亦说明院方手术经验不足，止血措施不力，延误了治疗时机。③ 院方病史中记载患者术中大出血系肝断面组织渗血所致，与实际情况明显不符。综上分析，某医院对王某的医疗行为存在明显过错，与王某最终死亡之间存在直接因果关系(属于死因构成中的主要作用因素)。考虑到患者确实存在手术的指征，且其所患肿瘤位置对手术在客观上存在一定难度等不利因素，建议某医院的医疗过错行为在患者死因构成中的参与程度为80%左右。

6. 评析

肝脏手术中误伤下腔静脉者在临床上并非个案，作者以往也曾遇到数例。因下腔静脉位置深在，术中出血量大乃至汹涌，探查困难，故术者常不能正确识别，而误认为其他原因引起失血，贻误抢救时机。本案即是此种情形，经术后尸体解剖得以明确。因患者自身原为肝癌患者，加之病灶手术上有一定难度，故分析手术过错导致的大出血系引起失血性休克这一直接死因的根本原因，自身病变等情况属辅助死因，据此确定其过错为死亡后果的主要原因，过错参与度评定为80%。

三、脾肿大脾切除术中大出血死亡

1. 案情摘要

张某因“乏力10年余，加重4年”于2013年10月21日到某三甲医院住院治疗，于10

月24日在全麻下行脾切除术，2013年10月25日出院后于当日死亡。

2. 病史摘要

入院时间：2013年10月21日。

10月21日13:45首次病程记录：患者因“乏力10年余，加重4年”入院，外院诊断为门脉高压症、脾大、脾亢，现为求手术治疗来我院，收住我科。体检：T 36.9℃，P 77 bpm，R 17 bpm，BP 102/70 mmHg；腹部稍膨隆，未见肠型及蠕动波，未见腹壁曲张静脉，全腹触软，腹部无压痛及反跳痛，无肌紧张，肝脏肋下未及，脾脏肿大，下缘可达脐，内侧缘可达腹正中线，质韧，听诊肠鸣音可，约4 bpm。初步诊断：门脉高压症；脾大、脾机能亢进。诊疗计划：完善相关辅助检查，如血常规、血生化、心电图、胸部X线片、腹部彩超等，进一步明确诊断的同时排除手术禁忌。给予择期手术治疗。2013-10-22血常规：WBC计数0.75×10^9/L，RBC 3.29×10^{12}/L，血红蛋白99 g/L，血小板26×10^9/L。

10月23日10:38某主任查房记录：患者病情稳定，无发热。根据患者病史、临床特点及辅助检查结果，考虑患者目前诊断为“门脉高压症：脾大、脾功能亢进”明确，有手术指征，术前检查已完善，未见绝对手术禁忌证，可通知明日全麻下手术治疗，手术方式首选脾切除术＋贲门周围血管离断术，术中根据具体探查情况决定手术方式，遵嘱执行，积极术前准备。

10月24日19:49术后首次病程记录：术前诊断“门脉高压症、脾大、脾功能亢进”，术后诊断同术前。于14:00在气管内插管全麻静脉复合麻醉下行脾切除术。取上腹正中绕脐切口入腹，探查见腹腔内少量淡黄色腹水，肝脏及脾脏与膈肌广泛粘连，脾淤血肿大，约30 cm×20 cm×15 cm，肝脏呈硬化样改变，脾静脉及胃短静脉迂曲扩张，胃、小肠、结肠及盆腔未见异常。分离腹腔粘连，自胃网膜右静脉插管，测门静脉压力38 cm H_2O。于胰尾上缘分离出脾动脉，予以双重结扎。分离膈肌及肝左外叶与膈肌的粘连，离断脾胃韧带等脾周韧带，结扎并缝扎脾动静脉，切除脾脏。创面渗血较多，考虑患者凝血功能障碍，有DIC可能，予以输注血浆及冷沉淀等，创面行电凝及缝扎止血。清点纱布、器械如数，放置腹腔引流管一根，逐层关腹。术中约出血5 600 mL，输悬浮RBC 24 U，异体血浆1 400 mL，异体冷沉淀10 U，输液10 400 mL。考虑术后需要维持血液动力学稳定、镇静及监护，与家属沟通后转ICU进一步治疗。转ICU后首次血压79/42 mmHg。心率115次/min，呼吸机辅助呼吸25次/min，血氧饱和度99%。术后继续补液，补充凝血因子等，注意观察患者生命体征及腹腔引流管引流情况。已将手术情况告知患者家属。

10月24日20:00转出记录：患者麻醉尚未苏醒，进一步术后复苏，补充凝血因子，请注意患者生命体征变化及腹腔引流管引流情况变化。

10月24日22:44转入记录：双侧瞳孔等大等圆，直约4.0 mm，对光反射迟钝。全身皮肤发冷。腹部见腹带加压包扎，腹隆，腹部张力较高。目前诊断：失血性休克；弥散性血管内凝血；门脉高压症，脾机能亢进，脾切除术后。

10月25日0:08病程录：患者病情危重，自入科以来予积极纠正贫血，改善凝血机制治疗，共输注去WBC悬浮RBC 10U，冷沉淀10U，机采血小板2 U，过程顺利，无输血反应发生；止血、补充胶晶体及升压等药物纠正失血性休克综合治疗，现生命体征仍不平稳，血压偏低，周身发冷，有时烦躁。查血常规：WBC计数6.04×10^9/L，RBC 2.08×10^{12}/L，血红蛋白 66 g/L，RBC 压积 18.3%，血小板 83×10^9/L，中性粒细胞百分比 82.5%；血凝报告凝血酶原时间 20.9 秒，国际标准化比值 1.68，凝血酶原活动度 35.8%，凝血酶时间 34.4 秒，纤维蛋白原含量 0.67 g/L，患者血液检查相关指标明显异常，凝血机制极差，不排除 DIC 可能，进一步加强支持治疗，并及时复查血常规、血凝常规，患者病情危重，密切注意患者生命体征变化，进一步向患者家属交代病情及预后，预后极差，随时有死亡可能。

10 月 25 日 1:30 病程录：患者腹腔严重出血，失血性休克，为纠正贫血，补充凝血因子及血小板。

10 月 25 日 4:36 会诊记录：患者因脾功能亢进行脾切除手术治疗，手术后出血较多，凝血机制异常，予积极纠正贫血、止血及补充血容量等积极治疗，效果不佳，请肝胆外科进行会诊，处理意见为：继续腹带加压包扎，快速输血补液、纠正酸碱电解质紊乱，建议请血液科及麻醉科会诊；请血液科会诊后建议继续止血治疗，必要时输注血浆、冷沉淀补充凝血因子等治疗。

10 月 25 日 9:29 病程录：患者腹腔严重出血，为纠正贫血，补充凝血因子。

10 月 25 日 10:25 某主任查房记录：患者病情危重，APACHEⅡ评分 38 分，呈昏迷状态，呼吸机辅助呼吸，心电监护示窦律，HR 128 次/min，血压在 65～90/45～55 mmHg。慢性肝病病容，双肺呼吸音粗，可闻及散在湿啰音。HR 128 bpm，心音低钝，未闻及杂音。腹部腹带包扎，腹部膨隆。昨晚入科 11 小时液体总入量 14 060 mL，总出量 700 mL，其中尿量 350 mL，腹腔引流 300 mL 血性积液。今晨血常规示：WBC 7.91×10^9/L，血红蛋白 59 g/L，RBC 压积 16.7%，血小板 27×10^9/L；凝血酶原活动度 30%，纤维蛋白原含量 0.9 g/L，凝血酶时间 32.0 s。

10 月 25 日 16:21 病程录：患者腹腔严重出血，为纠正贫血，补充凝血因子。

10 月 25 日 16:22 病程录：患者病情危重，呈昏迷状态，呼吸机辅助呼吸，持续泵入去甲肾上腺素及多巴胺下血压在 49/27 mmHg，家属要求出院，反复向家属说明病情，告知院外易出现呼吸及心跳骤停，家属签署拒绝治疗及自动出院申请术(书)后自动出院。出院诊断：失血性休克；弥散性血管内凝血；门脉高压症，脾功能亢进，脾切除术后。

3. 鉴定意见

综合患者张某的临床诊疗过程分析，其死亡原因符合门脉高压症、脾肿大及重度血小板减少基础上，脾切除术后大出血，致失血性休克。某三甲医院对患者张某的诊疗行为存在一定过错(医疗过错)，与其死亡之间存在一定因果关系。建议某三甲医院的医疗过错行为在患者死因构成中的参与程度为 45%～55%。

4. 分析论证

本案例院方根据患者张某临床表现及各项实验室检查结果，门脉高压症：脾大、脾机能亢进诊断成立，患者具有脾切术手术治疗指征。但审查医院对患者的诊疗行为，发现存在一定不足(医疗行为过错)，主要表现为：

(1) 术前准备不充分

具有脾切除手术指征的患者，手术最好选择在病情稳定期进行。术前宜作适当的准备以改善患者的全身状况，确保手术的安全和减少术后并发症。通常要求患者的 WBC>1×10^9/L，血小板>50×10^9/L，而本例患者术前查血常规示 WBC 0.75×10^9/L，血小板

26×10^9/L，反映患者全身状况并非十分适合手术，应采取输注 RBC 悬液、血小板悬液或 WBC 等预防处理措施，但医方术前准备不充分，并未采取相应措施。说明院方对于患者的病情严重程度认识不足，未尽到必要的注意义务。

(2) 手术风险估计不足，术中止血处理经验不足

本例患者脾肿大，脾功能亢进诊断明确，具备手术指征，但患者术前血小板仅 26×10^9/L，手术存在一定风险，且从最终结果来看，患者系因术中大出血继发 DIC 死亡，应主要与其重度血小板减少有关，说明院方对于患者术中可能出现的严重并发症估计不足。此外，审查院方的病程记录及手术记录，术中患者创面渗血较多，院方采取的止血措施是创面行电凝及缝扎止血。而根据患者当时的情况，如能暂加纱布压迫再进一步处理，止血效果可能会更好。

据此，某三甲医院对患者张某的诊疗行为存在一定不足(医疗过错)，与其死亡之间存在一定因果关系，考虑到本例患者本身为巨脾(大小 30 cm×20 cm×15 cm)、病程较长、病情较重、手术操作难度较大等客观不利因素，建议某三甲医院的医疗过错行为在患者死因构成中的参与程度为 45%～55%。

5. 评析

本案例未经系统尸体解剖检验，对死因分析带来一定困难。本例鉴定意见是基于临床病历资料做出的，其准确性可能有所降低，但考虑到案件的实际情况，鉴定人据此进行鉴定也是可行的。对于有手术适应证、应当实施手术治疗的患者，若为择期或限期手术，医方同样有必要加强注意，包括尽量完善术前检查，尽可能纠正患者身体状况，如此可有效减少术后并发症的发生。就本案现有病历材料分析而言，患者死亡的直接原因为失血性休克及弥散性血管内凝血，引发上述直接死因的根本原因为术中、术后大量失血，与两种因素均有密切关联，其一为自身脾脏疾病可影响凝血机制给手术带来的客观困难，当然也包括术前准备欠佳、术中处置瑕疵等医疗过错因素，上述患者自身身体原因及医疗过错因素对患者的死亡均起到重要的作用，单独存在均不一定导致最终死亡后果，经权衡后评定医方的医疗过错为患者死亡的同等因素。

四、冠脉造影介入术后并发肝素诱导血小板减少症伴血栓形成死亡

1. 案情摘要

2014 年 3 月 7 日，马某突发左胸前区疼痛至某县人民医院就诊，经心电图检查诊断：急性心肌梗死。当日即转至某市人民医院治疗，即行冠脉造影＋支架植入术＋IABP(主动脉球囊反搏术)导管置入，术后马某出现右侧趾端发绀，右下肢苍白，左小腿及足背片状瘀青，B 超示左侧股动脉、股浅动脉血栓形成，考虑左下肢缺血坏死。3 月 14 日，马某转入某医大附属医院，予以对症、透析及抗凝治疗，但双下肢坏死情况逐渐加重，并出现肾功能衰竭，肺部感染，3 月 21 日家属放弃抢救出院，3 月 22 日马某在家中死亡。

2. 病史摘要

(1) 某县人民医院门急诊病历

2014 年 3 月 7 日 19:15 内科急诊：左胸前区疼痛 20 分钟。现病史：患者 20 分钟前无明显诱因下开始出现左胸前区疼痛，呈持续性，较剧，伴大汗淋漓，无喘息，气促，无恶

心、呕吐，无意识障碍。体检：BP 128/75 mmHg，神志清，精神软，面色苍白，HR 78 bpm，律齐。初步诊断：胸闷待查，急性心肌梗死。

2014 年 3 月 7 日 20:25 心内科会诊：患者突发胸痛，剧烈，伴肢体乏力，无明显呼吸困难。查体：BP 53/32 mmHg，两肺底可闻及湿啰音，心律尚齐，HR 54 bpm，未闻及明显杂音。ECG：I、aVL、V1－6 ST 段抬高，急性广泛前壁心肌梗死。

(2) 2014 年 3 月 7 日 23:25 至 3 月 14 日某市人民医院住院病历

于 6 小时前无明显诱因下出现持续性胸骨后压榨样疼痛，于外院就诊，查心电图提示“V2－4 导联 ST 段抬高”，诊断为“急性心肌梗死”，予“拜耳阿司匹林片 0.3，氯吡格雷片 525 mg，立普妥 40 mg”等治疗，病情无明显好转，遂转我院急诊，予查心肌损伤＋BNP：肌钙蛋白 I：0.014 ng/mL，N 端 B 型钠尿肽：229 ng/L。复查心电图示：I、aVL、V1－6 导联 ST 段抬高，伴室早。考虑“急性冠脉综合征，急性心肌梗死，频发室早”，遂立即行“冠脉造影＋支架植入术＋IABP 导管置入”，术后拟“急性冠脉综合征，急性心肌梗死，频发室早＋心源性休克”收住入院。体格检查：T 36℃，P 141 bpm，R 16 bpm，BP 135/89 mmHg；双肺可闻及湿性啰音，心律欠齐，可闻及早搏，未闻及病理性杂音，未闻及心包摩擦音，左下肢腹股沟区 IABP 导管置入。初步诊断：急性冠脉综合征，急性心肌梗死，频发室早，心功能不全，心源性休克，冠脉支架植入术及 IABP 置入术后。诊治计划：入院后予完善三大常规、肝肾功能、血糖、血脂、凝血功能、入院五项等相关辅助检查；重症监护；洛赛克护胃，磷酸肌酸改善心肌代谢，丹参改善循环，予肝素抗凝，去甲肾上腺素针维持血压，维持水电解质酸碱平衡对症支持等治疗；密切观察病情变化。必要时请心内科会诊。

3 月 8 日 1:10，患者入院后出现呼吸费力，伴饱和度明显下降，予吸痰、面罩吸氧等呼吸无明显改善，存在插管指征，遂予简易呼吸器按压通气后，予气管插管，过程顺利，后接呼吸机辅助通气，呼吸频率及饱和度渐恢复正常。补充诊断：急性呼吸衰竭。

3 月 8 日 10:00，患者神志镇静状态，气管插管，两瞳孔直径约 2 mm，对光反射存在，血压 119/79 mmHg，P 100 次/min，体温 35.5℃，两肺呼吸音粗，两肺可闻及湿啰音。心律欠齐，可闻及早搏，未闻及病理性杂音，未闻及心包摩擦音，腹平软，肝脾肋下未及，左下肢腹股沟区 IABP 导管置入，双下肢腹股沟区敷料加压覆盖，局部未见渗血。足背动脉可及，足背皮肤色苍白，稍凉。3 月 8 日血常规检验：WBC 19.55×10^9/L，C 反应蛋白 4.0 mg/L，血小板 142×10^9/L。肝功能：谷丙转氨酶 278U/L，谷草转氨酶 1 281 U/L。心肌损伤＋BNP：N 端 B 型钠尿肽 1 280 ng/L，肌钙蛋白 I＞25 ng/mL。大便隐血阳性。提示肝功能损害伴消化道出血，现治疗上继续洛赛克护胃，磷酸激酶改善心肌代谢，予肝素抗凝，去甲肾上腺素针维持血压，维持水电解质酸碱平衡对症支持等治疗。

3 月 9 日 10:30，3 月 8 日急诊血常规：WBC 14.33×10^9/L，血小板：123×10^9/L。3 月 8 日 13:50 急诊 DIC 全套检验：凝血酶时间 37 秒，D－二聚体 1.92 mg/L，活化部分凝血活酶时间 48.1 秒。3 月 8 日 17:21 急诊 DIC 全套检验：凝血酶时间＞240 秒，D－二聚体 3.98 mg/L，活化部分凝血活酶时间＞180 秒。患者昨夜间突发阵发性室速，故临时予以可达龙针改善心律，现患者心电监护示窦性心律，故已停用可达龙针，因患者有动脉球囊反搏，故继续予以肝素针抗凝，予护肝，减少消化道出血，护胃，改善心肌代谢，维持血压，维持水电解质酸碱平衡对症支持等治疗，密切关注患者生命体征及病情变化，根据病情调整治疗方案。

3 月 9 日 11:27 抢救记录，患者 10 时 45 分突发室速，室颤，血压测不出，氧饱和度下降，立即予抢救治疗，患者恢复窦性心律，心室率 100 bpm，血压回升至 164/90 mmHg，氧饱和度回升至 95%。

3 月 10 日 10:00，患者神志为镇静状态，气管插管，血压 147/84 mmHg。双下肢未及浮肿。足背动脉可及，双足皮温稍冰冷。今血常规：血小板：38×10^9/L。急诊 DIC 全套检验：活化部分凝血活酶时间 65.2 秒，凝血酶时间 52.3 秒，凝血酶原时间 15.7 秒，D-二聚体>20 mg/L。3 月 9 日肝胆脾胰 USMF 回报：右肝囊肿，两肾未见异常。胸水检查及定位，腹水检查及定位 USMF：右侧胸腔少量积液，腹腔未见积液。心超：左室壁节段性活动异常，二尖瓣、三尖瓣少量反流，左室舒展功能减退，心包积液。据此补充诊断：右肝囊肿，右侧胸腔积液，心包积液。患者目前尿量可，今予停速尿针，继续注意患者病情变化。患者足背皮温冰冷，双足指甲发绀。考虑系因去甲肾上腺素微泵泵入维持血压引起小血管收缩，末端循环不佳所致，嘱维持血压。

3 月 11 日 10:00，今急诊 DIC 检验：凝血酶原活动度：68%，凝血酶时间>240 秒，活化部分凝血活酶时间 108.3 秒，D-二聚体>20 mg/L，凝血酶原时间 16.1 秒。血小板 16×10^9/L。患者昨有发热，今予痰培养排除肺部感染，继续予检查心肌酶谱等，今晨血小板明显降低，考虑肝素诱导血小板减少所致，建议停肝素针，并建议输血小板防止内脏出血可能。患者饱和度出现反复下降，予增加吸入氧浓度，考虑肺部感染或左心衰并发肺水肿可能，予床边胸片、心超排除。余治疗同前，续观患者病情变化。

3 月 11 日 15:30，患者现血压较前稳定，血管活性药物较前用量明显减少，予拔除 IABP 导管及动脉鞘。并予局部按压，拔除导管后予可及双侧足背动脉搏动可。

3 月 11 日 22:30 输血记录，今 16:06 检验示血小板 9×10^9/L。有输血小板指征，予输血小板 10 U，过程顺利；予输注血浆补充血容量、抗休克治疗，过程顺利。

3 月 12 日 10:00，患者体温 37℃，两肺呼吸音粗，两肺可闻及湿啰音。今检验示血小板 44×10^9/L。急诊 DIC 全套检验：凝血酶原活动度 69%，D-二聚体>20 mg/L，凝血酶原时间 16 秒。心脏超声检查：二尖瓣见少量反流，心包积液。今予低分子肝素针抗凝治疗，氯吡格雷片抗血小板聚集治疗，立普妥片调脂治疗。

3 月 12 日 16:30，患者右侧趾端发绀，右下肢苍白，左下肢小腿及足背可见斑片状瘀青，压之不褪色，皮肤冰冷，双侧足背动脉未及。下肢血管 B 超提示：左侧股总动脉、股浅动脉血栓形成。考虑左下肢缺血坏死。

3 月 13 日 4:00 会诊记录，左下肢动脉闭塞，血栓形成，左下肢缺血性坏死；右下肢小腿血管血栓形成可能；心肌梗死；肝素诱导血小板减少症。处理意见：① 左下肢适时截肢；② 更换非肝素类抗凝药；③ 应用前列腺素 E，复方丹参针扩张血管；④ 继续心脏病治疗，防止代谢性肾衰竭。

3 月 13 日 10:52，患者神志为镇静状态，两瞳孔直径约 2 mm，对光反射迟钝，血压 135/76 mmHg(去甲肾上腺素维持下)，脉搏 75 bpm，两肺呼吸音粗，两肺可闻及湿罗音，右足、左下肢小腿及足背可见斑片状淤青，压之不褪色，皮肤冰冷，双侧足背动脉未及。现考虑感染控制欠佳，予停哌拉西林他唑巴坦针，改头孢哌酮舒巴坦针 3.0ivgttq8h、万古霉素针 0.5ivgttq8h 加强抗感染治疗，前列地尔针扩血管治疗，停肝素针，改比伐芦定针抗凝治疗，余治疗同前。

3 月 14 日 16:47，急诊心肌酶谱：肌酸激酶同工酶 88U/L，肌酸激酶 1900U/L。急诊 DIC 全套检验：凝血酶原活动度 38%，凝血酶原时间 23.2 秒，活化部分凝血活酶时间>180 秒，国际标准化比值 2.05R，D-二聚体>20 mg/L，凝血酶时间>240 秒。目前心肌酶谱异常升高，与下肢坏疽有关，注意谨防肾衰。注意密切监测血常规、电解质、肾功能等，今予心超及血管 B 超监测下肢血运情况。

3 月 14 日 21:30，患者神志呈镇静状态，气管插管接呼吸机通气给氧，多巴胺针维持下血压 105/65 mmHg，HR 78 bpm。现患者家属经商议后要求自动出院转上级医院诊治。

(3) 某医大附属医院 2014 年 3 月 14 日至 3 月 22 日出院记录

入院/出院诊断：双下肢动脉血栓形成，双下肢局部缺血性坏死；急性心肌梗死，冠脉造影介入术后；高血压病，肺部感染，心肺复苏后。

发现双下肢瘀斑 2 天。镇静状态，气管插管接呼吸机辅助通气。双侧瞳孔等圆等大，d=2 mm，对光反射灵敏。两肺呼吸音清晰，未闻及干、湿啰音。心率 84 bpm，心律齐，各瓣膜区未闻及杂音，未闻及心包摩擦音。腹平坦，全腹压痛、反跳痛不配合，未触及肿块，肝脾肋下未触及。双下肢皮温低，左下肢变温带位于膝上 10 cm，右下肢位于踝部。左小腿及右足可及大片压之不褪色色斑。肌力 5 级，肌张力正常，Babinski 征阴性。患者入院后完善相关检查，予呼吸机辅助通气支持；抗感染；抗血小板，抗凝，保胃，改善循环等对症支持；CRRT 等对症治疗。患者目前存在多脏器功能衰竭，行截肢手术风险大，预后不佳。家属知晓病情商议后，要求放弃治疗，自动出院。

3. 鉴定意见

综合分析马某符合在急性心肌梗死病变基础上，冠脉造影介入术后并发肝素诱导血小板减少症伴血栓形成，引起双下肢缺血性坏死，终致全身多器官功能衰竭死亡。某市人民医院对患者马某的诊疗行为存在一定过错(医疗过错)，与其死亡之间存在一定因果关系(属死因构成中的次要因素)。建议某市人民医院的医疗过错行为在患者死因构成中的参与程度为 30%～40%左右。

4. 分析论证

患者马某因“突发胸痛、胸闷 6 小时”入院治疗，入院后医方予以常规体检及实验室检查后诊断为“急性冠脉综合征，急性心肌梗死，频发室早”遂立即行“冠脉造影+支架植入术+IABP 导管置入”手术治疗并予重症监护，护胃、改善心肌代谢、抗凝等对症支持治疗，符合临床诊疗规范。术后患者出现血氧饱和度下降、消化道出血等情况，符合患者自身疾病并发症及手术后机体的应激反应，医院亦予以积极对症处理，并无明显过错。但审阅院方对患者入院后的诊疗行为，发现存在一定不足(医疗行为过错)，主要表现为：① 本例患者的死亡原因为急性心肌梗死病变基础上，冠脉造影介入术后并发肝素诱导血小板减少症伴血栓形成，引起双下肢缺血性坏死，终致全身多器官功能衰竭死亡。审查院方病史材料发现，患者在冠状动脉介入治疗并入院后，院方予以肝素抗凝，自 2014 年 3 月 8 日起患者血小板呈进行性下降趋势，但院方对于患者血小板下降情况并未予以足够重视，直至

2014 年 3 月 11 日才停用肝素，说明院方对于肝素诱导的血小板减少症认识存在一定不足，未尽到必要的注意义务，一定程度上延误了对患者的诊断和治疗。② 据院方病程记录反映，患者自 2014 年 3 月 10 日即有足背皮温冰冷，双足指甲发绀等表现，结合其之后的检查结果分析，此时应该已经出现下肢动脉血栓形成，但院方仅仅考虑系因去甲肾上腺素微泵泵入维持血压引起小血管收缩末端循环不佳所致，未考虑到肝素诱导血小板减少并血栓形成的可能，直至 2014 年 3 月 12 日 B 超诊断左侧股总动脉、股浅动脉血栓形成。而此时患者已经出现左下肢缺血坏死表现。上述情况亦说明院方对患者病情未予以足够重视，一定程度上延误了对患者的诊断和治疗。此外，本例院方于 2014 年 3 月 11 日考虑患者血小板减少为肝素诱导所致，予以停用肝素，拔除 IABP 导管及动脉鞘。但患者血小板严重减少（9×10^9/L），予输血小板。原则上，对于肝素诱导的严重血小板减少，输注血小板无效，存在加重血栓风险。但考虑到本例患者血小板严重低下，存在严重出血并发症风险，予以输注血小板属对症治疗。综上所述，某市人民医院对患者马某的诊疗行为存在一定不足（医疗过错），与其最终死亡之间存在一定的因果关系（属死因构成中的次要因素）。考虑到本例患者马某所患基础疾病严重，死亡率高，且双下肢血栓形成系药物不良反应所致，病情进展较快，建议某市人民医院的医疗过错行为在患者死因构成中的参与程度为 30%～40%左右。

5. 评析

本案评价医方的医疗过错行为与患者马某死亡后果之间存在因果关系，过错属次要因素的根本原因在于鉴定人经死因分析认为肝素使用过程中存在的过错及其引发的一系列病情变化为死亡的辅助因素。与前面三个案例一样，这四个案例充分反映了死因分析在鉴定意见的形成过程中具有至关重要的作用。

五、上呼吸道异物梗阻继发肺部感染死亡

1. 案情与病史摘要

某女，77 岁，自 6 年前起因血管性痴呆并中风后遗症长期住于某区医院（二级乙等医院）康复病房。院方给予一般对症治疗及护理。护理人员为家属委托医方派遣。因该患者四肢自主活动不利，长期卧床，且不能正常饮食，其日常生活完全由护理人员照料，包括用注射器向口内注射流质饮食，护工叙述在喂食时经常用餐巾纸围住患者口周，以防止喂食液体流出、污染衣服或床单。患者 6 年来生命体征基本平稳，无特殊病症发作，且未见褥疮或其他并发症发生。2010 年 1 月 30 日中午，护理人员发现喂食时困难，患者似拒绝饮食。同日傍晚，患者突发呼吸急促。查体发现：唇发绀明显，体温为 37.8℃；两肺布满哮鸣音及罗音。院方给予鼻导管吸氧及抗炎补液，至次日晨仍无好转。摄片示：双侧肺野纹理增粗，两下肺均有斑片状阴影，提示肺部感染。院方紧急通知家属，考虑患者为肺部感染引发呼吸困难，本院无救治条件，建议转往三级医院救治。

2010 年 1 月 31 日，患者由救护车转往某医学院附属医院（三级甲等医院），院方认为呼吸困难症状明确，经鼻导管给氧不能缓解症状，患者神志欠清晰，病情危重，予告病危，并行经口气管插管。插管时经治医生发现咽喉部有一浓稠的“痰块”（具体部位及“痰块”的形状均未见详细描述），医生未予任何处置，留置气管插管并给氧，嘱护士每日吸痰。

2010 年 2 月 2 日，体温为 38.7℃患者肺部感染无好转，呼吸困难症状未见减轻，且病情有加重趋势，医方考虑需行气管切开，但经评估后认为患者身体状况并不适合手术，故只能放弃，遂再次告病危，同时嘱家属准备后事。2 月 3 日，护士在吸痰时无意中发现患者“口腔深部”（发现异物的部位由护士描述）有一异物，以镊子取出后发现该异物为一餐巾纸团块，如 2 cm 直径大小，其上沾满黄稠的痰液，遂汇报医生，记录于病史。

2010 年 2 月 4 日凌晨，患者呼吸困难持续加重，并出现点头样呼吸，经抢救无效而死亡。未行尸体解剖。

2. 评析

(1) 关于死因

本例老年女性死亡的直接死因是肺部感染所致呼吸功能衰竭，但并非根本（主要）死因，而是由根本（主要）死因引起的致命性并发症。关于其根本（主要）死因：首先，该老年女性患者长期卧床，存在肺部感染的潜在风险，是为自身病理基础。其次，患者 6 年来病情稳定，本次病情骤变前并未出现严重感染的迹象；本次病情骤变时，患者先有“似拒食”现象，可能喂食时发生异物（可能为少量食物）误吸入气道。有报道提示只需 15 mL 左右的食物或胃液进入气道即可发生严重的吸入性肺炎，其预后极差，死亡率极高。但是，其肺部听诊提示存在肺部感染及主要气管梗阻，呼吸困难与肺部感染病症几乎同时发现，不完全符合肺部感染加重至呼吸困难的一般规律。结合其后某医学院附属医院护士在吸痰时从“口腔深部”检出的餐巾纸团块，提示其本次感染的发生或加重很可能与吸入性肺炎及呼吸道梗阻（窒息）有关。与民事案件的证据规则相似，在民事案件的法医学鉴定中，通常只需要从医学科学的角度证明因果关系成立的“可能性”较大即可。事实上，目前已难以明确餐巾纸团块进入呼吸道的确切时间和方式，但从某医学院附属医院行气管插管时所发现的咽喉部有一浓稠的“痰块”（当时未予处理），分析该“痰块”很可能就是餐巾纸。这样的解释与其病程进展高度吻合，其成立的可能性很大，可以认为是能够成立的。

如上所述，在本例中，就存在着死因竞争的问题。其自身病理基础以及异物（如餐巾纸团块）误吸入气道引起的吸入性肺炎与呼吸道不全性梗阻（窒息）对死亡都具有重要的“贡献”。假设没有自身病理基础，其不存在神志欠清、脑卒中后遗症等自身问题，异物进入呼吸道会引起患者剧烈的呛咳等保护性生理反应，一般不至于因窒息致死；而若没有吸入性肺炎及窒息，其肺部感染也不至于在短时间内急骤发生并加重，引发呼吸功能衰竭致死。同时，吸入性肺炎及窒息所导致的呼吸道不全性梗阻，也会加剧患者排痰的困难，加重感染的程度。因此，两种因素在本例的死亡中都起着重要的作用，其属合并死因。

(2) 关于医疗过错

某区医院存在如下医疗过错：① 未尽到善意的保护义务（也称为“一般注意义务”）。对于日常生活完全需要他人护理的瘫痪患者，医方派遣的护理人员使异物（如餐巾纸团块）进入其呼吸道，显属过错。② 未尽到高度注意义务（也称为“具体注意义务”）。在患者中午出现喂食困难时，在患者下午突发呼吸困难并显现肺部感染时，医方应当给予高度注意，进行相关检查（如摄片、专科会诊、喉镜检查等），寻找病症原因，或者确因自身能力不足必须转医时说明病情，给予接诊医院必要的提示。因此，某区医院的过错既在于其工作态度方面，也在于技术能力。

某医学院附属医院的医疗过错则在于：医师在气管插管时发现咽喉部存在浓稠的团块，疑似为“痰块”时，就应给予必要的处理(如稀释后吸净)，否则即使插管成功，也会引起呼吸道不通畅，分泌物难以排出，肺部感染乃至呼吸困难都难以解除。在插管直视的条件下未行如此操作，而寄希望于护士的吸痰，提示经治医生未正确认识“痰块”存在对患者生命健康的危害程度，应属违反了危险后果回避义务(也称为“结果回避义务”)。护士在吸痰时将餐巾纸团块吸出有一定的偶然性，还可能与患者存活期间的生活反应(如排痰等)将餐巾纸团块转运至稍浅表部位，致护士易于取出有关，但护士未能正确描述取到餐巾纸团块的部位。

在两家医院的过错中，某区医院的过错在前，其过错至少是后面一系列问题的始动因素之一，另一始动因素则是自身病理基础。而在转诊后，该女性患者的病情已然危重，对于如此一位长期卧床、具有肺部感染风险的老年患者，一旦发生感染，治疗颇为棘手，即使当时医疗处置得当，未必能够避免死亡后果的发生，故某医学院附属医院的过错是加重或促进因素。两家医院的过错综合在一起，与患者自身因素同时对本例死亡起到了不可忽视的重要作用，与死亡后果的关系程度几乎相当，缺一不可，难分主次，故符合“同等作用”(或“临界型”因果关系)。综合分析，某区医院的过错与最终死亡的参与程度拟为30%～40%，某医学院附属医院的医疗过错与最终死亡的参与程度拟为10%～20%。

六、医院管理问题与死亡的关系

1. 案情与病史摘要

徐某，男性，57岁。电视监控显示：徐某于住院期间2002年11月4日夜23:25许，因无关人员在三楼病房门口大声喧哗，与之发生争执，继而相互推搡，迅即被病房医护人员(医生、护士、护工)劝阻，该无关人员离开病房。23:33，经医护人员劝说无效，徐某突然独自向病房外追去，护士及护工在后追赶，至病房门口时，护士交代护工后返回，护工及另一名病友离开病房。23:35，徐某出现在病房大楼旁的花园小径上，在向两旁张望后突然向后倒地。半分钟后，追出病房的护工及病友赶到，呼唤徐某后见其毫无反应，立即呼叫医生赶到现场。23:37，医生、护士到场后迅速将徐某抬到最邻近的底楼病房，展开抢救。转移时间约1分钟。

因“胸闷半年，伴晕厥二次”于2012年11月2日入住某医科大学心内科病房。入院前半年多次出现胸骨后胸痛不适，活动后症状明显，持续约数分钟，休息后可稍有缓解，有时需含服“麝香保心丸”。2012年7月即入院前3周曾发生两次晕厥，均在活动后出现，意识完全丧失，伴憋气、两便失禁，醒来后可正常活动。发病时均无旁人在场，故具体晕厥时间不详。发病后口服阿司匹林、倍他乐克、地高辛、依那普利等药物，症状仍无明显改善。2012年7月4日于外院行心电监护示房颤，ST-T改变，最长R-R间期1.9秒。2012年7月10日本院门诊行心电图示房颤，左室高电压。2012年7月19日本院行心超示双房增大伴轻度二尖瓣返流，升主动脉及主动脉根部增宽，EF65%。2012年9月18日在本院查冠脉CTA示右冠近段软斑块形成，管腔狭窄大于50%，左前降支中段心肌、心影增大，左上肺舌段少许慢性炎症。为求进一步诊治，以“冠心病”收住入院。既往有高血压病4年，最高血压150/90 mmHg，平时口服“依那普利10 mg，qd”，血压控制尚可；有房颤史 2 年，口服“倍他乐克 25 mg，qd，地高辛 0.125 mg，qd”。入院诊断：冠心病（不稳定性心绞痛），晕厥原因待查（不稳定性心绞痛）；高血压病Ⅱ级（极高危组）；持续性房颤。

入院后给予二级护理，完善各项检查，行遥测心电监护，并维持上述治疗。11 月 4 日夜 23:38，医生及护士在花园小径上检查徐某，见其仰面倒地，心跳、呼吸停止，脉搏不能扪及。转移至邻近病房后，迅速进行胸外心脏按压，连接心电监护及电击除颤，静脉推注肾上腺素、阿托品，静脉滴注生理盐水、多巴胺升压，碳酸氢钠纠正酸中毒等治疗，并呼叫麻醉科行气管插管、呼吸机辅助呼吸。期间徐某始终神志不清呼之不应，无自主心跳及呼吸，停止按压时心电监护及心电图均示一直线，血压测不出。11 月 5 日凌晨 0:02，麻醉科医师赶到并气管插管成功，继续胸外心脏按压，静脉推注强心药物。0:30，仍未恢复自主呼吸、心跳，双侧瞳孔散大，对光反射消失，血压测不出，宣告临床死亡。死因诊断：冠心病，心源性猝死。

2. 医患双方陈述意见

（1）患方意见

医方存在如下过错：① 医生赶到徐某倒地现场时，未在第一时间展开抢救，如实施胸外心脏按压，未用担架或推车转移患者，而是采用直接抬起徐某手脚的方式，不符合规范；② 开始抢救时间，尤其气管插管时间过迟，不利于挽回生命；③ 医护人员未能成功劝阻徐某独自离开病房，未尽到应尽的责任；④ 医方未能提供患者的心电图遥测监护记录。

（2）医方意见

患者系自身疾病因素导致死亡，与医疗行为无涉：① 患者属二级护理，具有完全生活自理能力，监控录像显示，在其独自离开病房前，护士、护工均有反复劝阻，但未能奏效。即使如此，护士因病房尚有其他六十余名患者不敢擅离，还是嘱护工追去，业已尽到善良保护义务；② 医生赶到现场时，发现徐某心跳、呼吸业已停止，因现场过于昏暗，故决定紧急转移至最邻近的底楼病房开展抢救，整个过程仅花费了 1 分钟左右，不会对抢救结果产生任何影响。至于未找寻推车或担架，正是为了争抢时间；③ 医生在抢救过程中业已采取了当时能够采取的所有措施，包括胸外心脏按压、强心、纠正酸中毒、电击除颤、气管插管并呼吸机辅助呼吸等。麻醉科医师在 20 余分钟赶到并一次插管成功，完全属正常状况，并无延误；④ 遥测心电监护基本原理同床旁心电监护，只是心电信号通过无线方式传输至在护士台的监护仪，属实时监控，平时心电信号无储存，仅在医护人员认为需要时可按键打印心电监护记录，若未按键打印则无法回顾分析。且遥测信号范围仅限于在病房内，离开病房即无法记录信号。

3. 鉴定意见

某市医学会医疗事故技术鉴定委员会行医疗损害鉴定，鉴定意见为：本例不属于医疗损害；但医疗单位存在病房管理不善的过错。

4. 评析

虽然本例未行尸体病理解剖，但双方对徐某死因并无争议。经回顾病史分析认为，医方所做出的冠心病、心源性猝死诊断可以成立。

（1）徐某原有严重的心血管疾病，具有引起猝死的危险因素。本次徐某突发心血管事件，引发猝死，其根本原因为自身病变。本次心血管事件发生前数分钟所经历的争执过程，对徐某的心血管疾病会产生不利影响，可能诱发情绪改变、神经内分泌异常波动、血压升高、严重心律失常或者冠脉痉挛缺血等，故该争执过程为徐某死亡的诱发因素。但是，根据上述死因分类理论，诱发因素一般不参与死因构成，其与死亡后果之间多数仅存在一种偶然的联系，不符合两者之间存在必然的因果关系。而侵权责任上所讲的因果关系应当是必然的因果关系（并非一定为直接的因果关系），即是指该原因对损害后果发生所起的作用是确实存在的，具有确然性，而非偶然性。

（2）在本例突发争执事件之前，医方对患者的诊疗均符合诊疗常规，也未引起任何争议。对于一位具有完全民事行为能力与生活自理能力的心血管疾病患者，采用二级护理符合当时实际情况，在其欲独自离开病房时，护士、护工也反复劝阻，在其离开病房后，护工追赶并及时发现其倒地，也尽到了善良保护义务。

（3）比较夜间昏暗且无任何医疗设备的花园小径与仅相隔1分钟路程的病房，两者对于抢救的优势与劣势不言而喻，医方在发现徐某心跳、呼吸停止的第一时间转移其至病房开展抢救，符合当时实际情况。当然，若当时值班医师能由更加丰富的临床经验，在现场转移徐某前，先对其采取拳击胸前区的方法，或许会对其恢复心跳起到一定的作用（当然，根据其后病情，这种可能性也非常小）。

（4）开展抢救以后，医方医疗措施符合诊疗常规，无明显过错。麻醉科医师到场时间系在患者发病倒地后20余分钟，相对于该医院的实际规模与夜间实际情况，不能认为属于过迟，且根据现有病史，其倒地后即心跳、呼吸停止，很快陷入不可逆的死亡过程，即使插管提前数分钟也未必能起到根本作用。

七、妊娠合并急性阑尾炎死亡引发纠纷分析

1. 案情摘要

许某，女性，20岁。2010年2月24日因孕20周合并急性化脓性阑尾炎入住某市人民医院，经非手术治疗，效果欠佳，于当晚10时行阑尾切除术，术后出现呼吸困难，其后出现昏迷，肢体抽搐，3月3日转省人民医院，经抢救无效，于3月9日死亡。许某的家属认为某市人民医院在诊疗过程中存在过错，遂诉至法院要求赔偿。为正确审理此案，法院委托某研究所司法鉴定中心就某市人民医院在对许某的诊疗过程中是否存在过错；如存在过错，其与许某的死亡后果之间有无因果关系及其过错对后果的参与程度等事项进行法医学鉴定。

2. 病史摘要

（1）某市人民医院住院病史

住院日期：2010年2月24日14:45至3月3日。

入院时情况：因“转移性右下腹痛1天余”入院。查体：T39.3℃，P112 bpm，R20 bpm，BP90/40 mmHg；神清，心肺听诊未见异常，中下腹部隆起，腹肌稍紧张，右中下腹有压痛、反跳痛，中下腹部可触及胎动。外院2010年2月23日腹部B超示：右下腹部阑尾区异常回声改变，考虑阑尾炎，中孕约20周。血常规：WBC 20.0×10^9/L，中性粒细胞百分比91%，RBC 2.76×10^{12}/L，血红蛋白8.9 g/dL。诊断：急性阑尾炎；感染性休克；中孕。

2月24日15:30，因反复发高热，考虑腹腔感染较重，给予完善各项检查，因有感染性

休克存在，宜先予抗感染、抗休克治疗。患者出现高热，家属坚决要求保胎，予物理降温，待休克调整好后，患者无手术禁忌证，拟安排急诊行阑尾切除术。19:30 心电图示：心肌缺血，心功能三项＋肌钙蛋白无异常。血钾偏低(2.54 mmol/L)，已予补钾 20 mL 及复合磷酸氢钾，血钾已补足。拟安排急诊行阑尾切除术，术后加强抗感染治疗。家属坚决要求保胎，拒绝手术治疗。21:30，9 时又出现高热，腹痛有所加重，考虑非手术治疗效果欠佳，决定手术治疗，患者及家属同意手术。2 月 24 日 22:55 开始手术，23:55 结束手术；术中打开腹膜见约 150 mL 淡黄色脓渗液，阑尾位于盲肠后侧位，长约 6.0 cm，粗约 1.0 cm，表面充血水肿、呈红紫色，与周围组织粘连，阑尾腔内压力很大；术后切开阑尾，阑尾黏膜糜烂化脓。术中输液 900 mL(其中林格氏液 500 mL，聚明胶肽液 500 mL)。2 月 25 日凌晨 1 点许，出现高热、心率快、血氧饱和度降低，考虑有感染中毒存在，予地塞米松及物理降温，血气分析示代谢性酸中毒，使用 SB 纠酸后效果欠佳，予西地兰、速尿后再用 SB，效果不理想，转内科 ICU 治疗。ICU 查体：T 36.8℃，P 145 bpm，R 40 bpm，SpO_2 47%，BP 150/90 mmHg，神清，颈静脉无怒张，口唇、四肢末梢发绀，心脏听诊未闻及病理性杂音。诊断：化脓性阑尾炎，感染性休克，代谢性酸中毒，急性呼吸功能衰竭，ARDS 可能，急性左心衰可能。立即给予呼吸机辅助通气，抗感染。2 月 25 日 8:30，神清，呼吸稍促，仍持续予无创正压通气，BP 82/48 mmHg，SpO_2 82%，双肺啰音有所减少，有中等量中小水泡音，呼吸困难，顽固低氧血症，建议给予气管插管呼吸机辅助通气，气管插管过程中及纤支镜下均吸出大量乳白色样分泌物，考虑肺水肿，肺泡渗出，可加大甲强龙予冲击量治疗，故不排除 ARDS。10:10 重症监护记录，娩出一死婴，行羊水常规化验及培养，胎盘、胎膜送病理检验。12:50 省人民医院会诊。2 月 26 日 7:30，经抗感染、抗休克及纠正水电解质紊乱等治疗后，仍有发热，感染控制不佳，心电监护示多巴胺使用下 BP 120 - 128/80 - 88 mmHg，SpO_2 97%，HR 76 次/min，R 20 次/min。2 月 27 日 0:05 血常规：WBC 21.0×10^9/L，N88.4%。2 月 28 日复查：WBC 16.0×10^9/L，N76.3%，血氧饱和度 97%。3 月 1 日病程录：昨最高体温达 39℃，复查血 WBC 21.3×10^9/L，N90.2%，血氧饱和度 98%；今体温有所下降，复查血常规 WBC 及中性粒细胞较前下降，复摄胸片示肺部渗出有所吸收，血氧好转。3 月 1 日 23:30 抢救记录：于 22:40 出现痰鸣，给予吸痰后缓解，血氧均在 98%以上，于 22:50 突然出现呼吸机气道高压报警，患者出现发绀，血氧饱和度逐渐下降至测不出，心率减慢至 45 bpm，立即予简易呼吸器辅助通气，静注阿托品、肾上腺素等，病情无改善，于 22:55 给予更换气管插管，拔除的气管插管靠气囊端见约 3 cm 黄脓性痰痂完全堵塞管腔，简易呼吸器辅助通气，约 30 秒钟后血氧饱和度上升至 99%，心率恢复至 150 bpm，BP 110/70 mmHg，神志呈深昏迷状态，双瞳等大等圆，直径约 5 mm，对光反射消失，改用呼吸机辅助通气。于 23:30 呈深昏迷状态，心率 120 bpm，自主呼吸 25 bpm，BP 130/80 mmHg，血氧饱和度 99%(FiO_2 40%)，双侧瞳孔等大等圆，直径 3 mm，对光反射迟钝，双肺呼吸音粗，可闻及少许湿性啰音。

危重患者护理记录：2 月 25 日 0:05，BP 100/45 mmHg，P 138 bpm，R 36 bpm。0:50，BP 101/45 mmHg，P 140 bpm，R 40 bpm。13:30，BP 99/43 mmHg，P 145 bpm，R 39 bpm，氧饱和度 88%。2:05，BP 110/48 mmHg，P 156 bpm，R 45 bpm，氧饱和度 83%。2:30，BP 110/59 mmHg，P 141 bpm，R 36 bpm，氧饱和度 72%。3:30，BP 109/61 mmHg，

P 137 bpm，R46 bpm，氧饱和度 65%。

(2) 省人民医院住院病史及死亡记录

住院日期：2010 年 3 月 3 日 0:15 至 3 月 9 日。

入院时情况：1 天前出现发绀，血氧饱和度测不到，心率下降，考虑痰堵气道，经抢救后出现昏迷，持续性肢体抽搐，考虑出现脑水肿。查体：T 38.8℃，BP 136/80 mmHg；昏迷状态，双瞳孔等大等圆，直径 3 mm，对光反射消失，经口气管插管，双肺呼吸音稍粗，可闻及散在湿性啰音，心率 130 bpm，律齐，未闻及病理性杂音；腹平软，右下腹术后改变，双下肢轻度水肿。血常规：WBC 25.56×10^9/L，N74.74%。pH 7.50，PO_2 208 mmHg，PCO_2 28 mmHg，碱剩余-0.2，血钾 4.40 mmol/L，血钠 132 mmol/L，血氯：109 mmol/L。心电图示：窦性心动过速。床边胸片示：心肺未见病变。诊断：缺血缺氧性脑病。

住院诊疗情况：经抗感染、祛痰、脱水等对症治疗，3 月 4 日出现瞳孔散大、固定，并出现多器官功能衰竭，经抢救无效于 3 月 9 日死亡。死亡原因：(1) 缺血缺氧性脑病；(2) 多器官功能衰竭。

3. 某医学院法医病理学检验意见书

检验日期：2010 年 5 月 10 日。

病理学检验：……肺脏：肺间质明显淤血水肿，部分肺泡腔内见有水肿液，部分肺泡代偿性扩张，病灶处细支气管腔内及其周围肺泡内见中性粒细胞为主的炎性细胞浸润，细支气管壁亦见炎性细胞浸润，左、右肺淤血、水肿，肺间质个别小血管见有血栓，左、右肺肺泡腔内均见有较多透明膜形成，以右肺中叶明显，部分细、小支气管旁见较多嗜酸性粒细胞浸润，肺间质毛细血管内未见羊水成分。喉头：黏膜下淋巴细胞、单核细胞增多，见个别嗜酸性粒细胞……肠：黏膜轻度自溶，间质充血水肿；阑尾旁肠壁黏膜下淋巴细胞增多，浆膜层灶性淋巴细胞浸润。大网膜：轻度水肿，未见明显炎性细胞浸润……子宫内膜：内膜有少量炎症细胞浸润，肌层血管充血，未见羊水成分，个别血管内见血栓，子宫肌层未见炎症细胞浸润。

病理诊断：妊娠期阑尾炎术后改变；阑尾炎术后胎儿娩出(流产)；呼吸机脑，延脑、脊髓继发小灶性出血；支气管肺炎，肺透明膜形成，肺内个别小血管血栓形成，喉头少许嗜酸性粒细胞浸润，肺较多嗜酸性粒细胞浸润；心肌间质轻度淤血水肿；肝淤血水肿，肝窦内少许嗜酸性粒细胞浸润；胰腺自溶；脾轻度淤血；肾淤血水肿；肾上腺灶性出血，皮质轻度脂质脱失；肠壁黏膜下淋巴细胞增多；浆膜层灶性淋巴细胞浸润；子宫内膜少量炎症细胞浸润，个别血管内见血栓。

分析说明：经全面系统尸体解剖及法医病理学检查，主要发现死者许某呼吸机脑及支气管肺炎病理改变。结合临床病历材料分析，许某系呼吸机脑形成合并支气管肺炎，最终导致呼吸循环功能衰竭而死亡。

尸检取心血行免疫球蛋白 E 检验结果为 261.54 IU/mL，镜下喉头、肺、肝等脏器组织见嗜酸性粒细胞浸润……不排除当时药物过敏性休克发生的可能。尸检时取心血及脑脊液行药物分析结果，血样中检出甲磺酸罗呱卡因 0.39 ug/L，脑脊液中检出甲磺酸罗哌卡因微量……是否有麻醉意外，建议咨询有关专家或到医学会鉴定。结合尸检腹腔大网膜及各脏器肉眼及镜下无明显炎症，故不支持当时感染性休克的可能。

4. 鉴定意见

许某自身所患妊娠合并急性阑尾炎等病情严重是其发生流产、娩出死胎乃至最终死亡的重要原因；某市人民医院在诊疗过程中存在一定的医疗过错，未能有效地保持呼吸道的通畅，使许某丧失了获救的机会，与死亡后果之间存在着“临界型”因果关系(同等作用，医疗过错的参与程度拟为45%至55%)。

5. 分析论证

许某系中期妊娠年轻女性，因“转移性右下腹痛1天余”就诊于某市人民医院，院方根据查体所见，结合外院B型超声检查结果，诊断为“急性阑尾炎，感染性休克，中孕”，经药物治疗7～8个小时后，因病情未见缓解，行阑尾切除术。术后1小时许，许某出现呼吸急促、血氧饱和度急剧下降、口唇及肢体发绀等表现，经治医院考虑为急性呼吸衰竭、成人呼吸窘迫综合征(ARDS)、代谢性酸中毒等，予转入重症监护病房，并行气管插管呼吸机辅助通气及抗感染、抗休克、纠正水电解质紊乱等治疗，病情未见根本缓解。阑尾切除术后次晨，许某娩出死婴；第5日，曾出现痰液堵塞气管插管管腔；术后1周许，病情持续加重，转入省人民医院继续抢救治疗，未能见效，于阑尾切除术后第13日死亡。死亡后已行尸体病理学检验。

(1) 关于妊娠合并急性阑尾炎的诊治

急性阑尾炎是妊娠期常见的外科急腹症。在妊娠期，因盆腔器官充血，炎症更易扩散，加之中、晚期妊娠子宫底逐渐抬高致腹腔、盆腔器官移位，并发急性阑尾炎者，临床表现可与急性阑尾炎常见的病理生理学改变存在差异，发生阑尾坏疽、穿孔的比例较高，且一旦穿孔，不易被大网膜包裹，容易发生泛发性腹膜炎，刺激子宫而引起早产或流产，甚至危及生命。因此，本病一旦确诊即应积极手术治疗。

就本例而言，许某起病已一天余，具有比较典型的急性阑尾炎的症状和体征，伴有腹膜刺激体征及血压下降、脉率增快等表现，实验室检查提示外周血WBC计数与中性粒细胞比例显著增高，高度支持急性阑尾炎合并感染性腹膜炎的临床诊断，并提示很可能存在败血症或脓毒血症、感染性休克等病症。根据其当时的病情，符合急诊剖腹行阑尾切除术的手术指征。据送检病历记载，某市人民医院经治医师曾拟行阑尾切除术，但因许某的家属“坚决要求保胎”、“拒绝手术治疗”，未能于入院后及时行手术治疗。我们认为，对于类似本例急需手术的患者，经治医生应明确、充分告知患者和(或)家属拒绝手术的风险和后果，使其完全知情理解手术的意义和拒绝及时手术的危险后果。因此，本案尚需请委托人查证，某市人民医院是否尽到了充分告知义务，许某的家属是否在完全知情理解的前提下仍拒绝及时手术。仅就现有病史记载，我们尚无法认定经治医院在这一环节上存在明显的医疗过错。

随着许某病情的进展，其于入院当晚又出现高热及腹痛加重，某市人民医院在取得患者家属的同意下，实施了阑尾切除术。手术经过顺利，术中所见与术后病理学检验均支持术前临床诊断。未发现在上述诊疗过程中存在明显的医疗过错。

(2) 关于呼吸窘迫的诊治

许某于阑尾切除术后出现的持续高热、心率增快、血压下降、呼吸急促、抽搐、血氧饱和度降低是其术前病情的延续和进展。因急性化脓性阑尾炎病症持续时间长、致病菌毒力强，致病菌或其毒素大量吸收，导致感染扩散、加重。根据送检病历显示的临床表现，经治医院当时考虑其存在急性呼吸衰竭、成人呼吸窘迫综合征符合当时的实际情况。成人急性呼吸窘迫综合征的发病机理尚未完全清晰，但严重感染（如脓毒血症等）是公认的发病原因之一。临床流行病学资料显示，严重感染发生脓毒血症的患者中有 25%～50%并发急性肺损伤及呼吸窘迫，后者的病死率可达 50%～60%。

因许某存在严重呼吸困难可危及生命，院方给予转入重症监护室并行气管插管、呼吸机辅助呼吸等处置，符合临床医疗原则。经抢救治疗，许某于阑尾切除术后第 5 日时体温有所下降，血常规 WBC 计数及中性粒细胞比例均有所下降，血氧饱和度升高，说明病情有所缓解，治疗取得一定的效果。

对于类似本例的重症患者，医护人员应当高度注意维持其呼吸道的通畅，防止因呼吸道分泌物过多而堵塞呼吸道或气管插管。但本例中，许某于阑尾切除术后第 5 日突发因气管插管内"黄脓性痰痂完全堵塞管腔"导致其一度发绀、血氧饱和度骤降至测不出、心率减慢至 45 bpm 等，应系呼吸道通气困难导致的窒息表现。经改善通气后，许某血氧饱和度回升至 99%，心率恢复至 150 bpm，血压恢复至 110/70 mmHg，但神志呈深昏迷状态，说明此时很可能已经发生缺氧缺血性脑病。我们认为，许某呼吸道病变严重、分泌物多等因素固然是导致上述气管插管堵塞的重要原因，但某市人民医院在呼吸道管理环节未尽到高度注意义务的过错，未有效避免呼吸窘迫病情的突然加重，并进而导致脑、心功能衰竭，应属医疗过错。同时，经治医院未能及时行血细菌培养及摄取胸部 X 线片等，不利于明确诊断，也应属诊疗缺陷。

(3) 关于死亡原因及医疗过错与死亡后果的因果关系

许某于上述病情突变后，持续昏迷并高热，合并肺部感染、电解质紊乱等，经转院治疗无效而死亡。临床做出的死亡诊断（死亡原因）为：缺氧缺血性脑病，多器官功能衰竭。结合尸体解剖及病理学检验结果，许某肺部细支气管及其周围肺泡内见中性粒细胞为主的炎症细胞浸润，细支气管壁亦见炎性细胞浸润，喉头黏膜下淋巴、单核细胞增多，肠壁黏膜下淋巴细胞增多，浆膜层灶性淋巴细胞浸润（系在阑尾切除并长时间应用抗生素治疗后所见），说明急性阑尾炎合并多器官组织感染的情况存在；肺间质明显淤血水肿，部分肺泡腔内见有水肿液及个别小血管内见有血栓，左、右肺泡腔内均见有较多透明膜形成，以上符合成人急性呼吸窘迫综合征肺透明膜形成的表现，与急性阑尾炎引起的腹腔感染密切相关，并存在全身多器官感染征象。据此，本例许某的直接死亡原因为缺氧缺血性脑病、多系统多器官功能衰竭等。急性化脓性阑尾炎合并腹腔感染所引发的成人急性呼吸窘迫综合征、代谢性酸中毒等严重病症，以及阑尾切除术后 5 d 突发的急性通气障碍，均与死亡存在密切的关联，两者属合并死因。

就现有材料，许某于手术过程中生命体征平稳，未见明显麻醉意外的证据。此外，仅根据许某死亡后尸体心血中 IgE 高于正常及嗜酸性粒细胞浸润等资料认为其系因过敏反应致死的依据不足，其理由如下：① 药物过敏反应属Ⅰ型速发型变态反应，其发生快，消退也快，血液中 IgE 半衰期一般仅为 3 d，嗜酸性粒细胞浸润同样存在发生快、消退亦快的特点，而许某阑尾切除术后病情突变距离死亡达十余日；② 病历中未发现其存在明显药物过敏性反应（如应用某种致敏药物后突发脉搏细数、血压下降、面色苍白、大量流汗等症状和体征)的证据。

八、贲门癌术后吻合口漏并死亡医患纠纷

1. 案情与病史摘要

某男于9月10日因进食后哽噎感一月余,且渐感食欲缺乏、消瘦,外院胃镜示贲门癌入住某医院,查体:一般情况可,无黄染,浅表淋巴结(-),腹平软,肝脾肋下未及,全腹无压痛、包块,移动性浊音(-),肛检(-)。入院诊断:贲门部占位,胆囊结石。9月12日再次胃镜检查示:胃癌(贲门、胃体上部);病理诊断:低分化腺癌。9月15日B超:胆囊结石。于9月17日在全麻下行根治性全胃切除+胆囊切除术,术中见肿瘤位于贲门小弯侧,约4 cm×3 cm大小,溃疡型,胆囊萎缩性改变,内充满结石,肝十二指肠韧带、胃左动脉旁、脾动脉旁、脾门及腹主动脉旁淋巴结不大,手术过程顺利,出血约300 mL,输血500 mL(含自体血300 mL)。术后给予抗炎、补液、血浆支持等治疗,出现心室率波动于110～180 bpm左右,疑为“房颤”,给予西地兰处置;因术后持续发热,给予地塞米松。9月20日出现呼吸略促,SPO_2 95%,两肺呼吸音粗,有少量湿啰音,HR 110 bpm,考虑肺部感染,潜在心肺功能不全,转ICU。入ICU后仍时有发热、心率增快,伴血压下降,给予西地兰及多巴胺,同时还有血糖增高,予对症处理;复查血气分析后考虑低氧引起过度通气。9月22日18:00口服美蓝,23日7:00记录引流管未见美蓝(以后还曾口服美蓝,均无阳性发现);鼻饲管内鼻饲500 mL,无腹胀、腹泻。9月23日全胸片示存在胸腔积液。9月26日化验显示存在严重低蛋白血症,嘱喂食能全素。9月27日B超提示双侧胸腔积液(以右侧为主)。10月2日行碘水造影,证实食道-空肠吻合口左旁有一小渗漏口,约0.5 cm。10月3日左上腹双套管引流出乳白色液体约300 mL,10月24日约150 mL,考虑为所食“能全力”。10月7日在B超定位下行右胸腔穿刺,抽出约360 mL淡黄色较稠厚脓性臭味液体。10月8日左胸腔闭式引流,引出脓性臭味液体约400 mL。患者仍持续发热、呼吸急促,病情持续加重,于10月16日晨死亡,时年68岁。

同年12月12日某医科大学病理教研室尸体解剖病理检验报告:空肠-食道吻合口瘘,瘘口与右胸腔相通。肺化脓性炎症;部分病灶内见曲菌菌丝(肺曲菌病);左心室肥大;肝细胞弥漫性脂肪变性伴灶性坏死。

2. 分析论证

某男因进食后哽噎感伴消瘦入住某医院,经胃镜及活检病理检查,诊断为贲门及胃体上部低分化腺癌,B超显示存在胆囊结石。上述情况已在手术中得到证实。某医院根据上述检查结果,实施了“根治性全胃切除+胆囊切除术”等手术,符合医疗原则。某男于术后出现了严重的全身反应,诸如高热、心跳加快及高血糖等,院方给予支持、抗炎及对症治疗,但效果不明显。期间曾给予口服美蓝,说明院方已经注意到存在吻合口漏的可能,但始终未能确切诊断,直至以后行碘水造影,才发现存在食道-空肠吻合口漏。同时院方为了减轻炎症反应而使用了激素治疗,但效果同样不佳。综合现有资料分析,某男最终死亡的原因为贲门部恶性肿瘤,术后并发吻合口漏,右侧胸腔消化道漏,严重胸腔感染持续未能控制,全身衰竭等。

食道-空肠消化道吻合口漏入右胸腔确属少见并发症,目前尚无法准确判断其发生的

原因。由病史可知，患者术后感染严重，胸片及B超均已显示胸腔积液，且以右侧为主，加之抗感染治疗效果不佳；院方当时根据上述病史及检查结果即应争取尽早明确病因，如适时（尽早而不是迟至10月7日）行胸腔穿刺，可能对患者的预后有一定帮助。但经治医院在医疗措施的选择方面缺乏针对性，说明其对本例的严重程度认识不足。虽然使用激素对吻合口生长有一定的不利影响，但考虑到当时存在严重的感染情况，为了减轻炎症而使用激素是允许的；但院方在使用中更应从多方面注意激素可能的不良影响。

综上分析，某男本身属老年癌症患者，病情较重，且病史发展有其特殊性，死亡的主要原因与其本身疾病有关；但是，某医院在医疗过程中，存在着对疾病的认识不足、治疗措施不力等技术缺陷（医疗不足），与死亡也有一定的因果关系（属次要因素）。

3. 评析

本案所涉的与死亡有关的因素包括如下诸多方面：① 患者自身系癌症患者，且病变已非早期，所经受的手术创伤较大，必然影响手术吻合口的愈合；② 手术操作可能对吻合口的愈合带来一定的影响，虽然目前术中多采用吻合器操作，增加了安全系数，但仍有一定的吻合口漏的风险；③ 发现吻合口漏后医方的处置是否及时、得当，众所周知，消化道高位吻合口漏一经发生，首先应立即加强营养支持，保证局部引流通畅。从死因分析角度而言，本案患者死亡的直接原因是多器官功能衰竭，引发直接死因的根本原因是在自身癌症并多种疾病的基础上，遭手术创伤后发生高位消化道吻合口漏，引发严重的胸腔感染。其中，自身因素是基础，吻合口漏是关键，感染是结果。本案的医疗过错主要表现在发生吻合口漏的环节及其后的治疗环节。但在前一环节，由于发生的右侧胸腔感染病因难以确定必然与医疗因素有关，以及其吻合口漏早期病变隐匿，造成诊断困难等因素，最终确定医方的医疗过错属患者死亡的次要因素。

九、老年人癌胚抗原增高后死亡致医患纠纷分析

1. 案情与病史摘要

某男，78岁。3月22日因咳嗽、咳痰二周，发现癌胚抗原增高一周至某医院住院治疗，入院时查体：T 36.5℃，R 20 bpm，P 70 bpm，BP 130/80 mmHg；神清，口唇无发绀，胸廓无畸形，双肺未闻及罗音，心律齐，未闻及病理性杂音，腹平软，无压痛，四肢不肿。辅助检查：CEA 18.5 ug/L。初步诊断：肺部感染；癌胚抗原增高原因待查，① 肿瘤待排；② 肺部感染可能；高血压病Ⅱ期；糖尿病Ⅱ型。入院后患者仍咳大量白痰，3月27日体温为38.5℃。4月2日复查CEA 0.5 ug/L。4月3日痰培养报告为白色念珠菌生成，予大扶康抗霉菌治疗。4月8日起予胸腺肽提高机体免疫力，改用氟康唑抗霉菌治疗。4月12日拟行肠镜检查，因肠道准备不佳，肠镜进入距肛门10～20 cm处时即中止检查，患者诉腹胀明显，心率120～130 bpm，气短，口唇发绀，腹膨隆，肠鸣音减弱，予吸氧、胃肠减压，引出少量咖啡样物后为淡红色液体，总量210 mL，急查腹平片示肠梗阻，予禁食、补液抗炎，经多次温盐水灌肠后仅排出少量粪水及少量矢气，腹部膨隆未好转，导尿排出尿液30 mL；10:30患者血压80/30 mmHg，予升压药维持。4月12日23:45请外科会诊后认为有手术指征，且患者有左侧腹股沟疝（无嵌顿），可考虑转外科准备手术。4月13日凌晨行肠管减压＋腹腔引流术；术中见腹腔内肠管广泛扩张，上至空肠，下至乙状结肠，前壁

变薄，苍白，弹性差，蠕动几乎消失，腹腔少量淡血性渗液，各肠段未见肿块、系膜扭转、粘连带等异常，行回肠末端肠管减压，肝素 5 000 U 静脉使用 15 分钟，观察肠管壁色泽似有好转，予盆腔置引流管后关腹。术后血压降至测不出，心率渐慢，予血浆 800 mL 及升压药；后患者渐转深昏迷，依赖呼吸机维持，人工心脏胸外按摩无效，8:48 抢救无效死亡。出院诊断：肺部感染，麻痹性肠梗阻，肠系膜动脉栓塞，原发性高血压Ⅱ期，糖尿病Ⅱ型。追溯患者于 8 年前曾因上消化道出血，十二指肠球部溃疡住某医院，经保守治疗好转。4 年前曾因右侧自发性气胸再次住某医院，经胸腔穿刺抽气好转。

2. 鉴定人阅片所见

本次入院后 4 月 2 日胸部 CT 片 3 张示：肺部未见明显活动性病灶，唯两上肺有少许纤维条索阴影，考虑为陈旧性结核灶。

3. 分析论证

某男系老年男性，因癌胚抗原增高及咳嗽等症状入住某医院，虽复查癌胚抗原回复至正常水平，但痰培养显示有霉菌生长。为进一步明确诊断，经治医院予行纤维肠镜检查，但因肠道准备不佳，未能完成该检查，反而出现诸多临床表现，在摄片提示系肠梗阻后，予剖腹探查手术，术中证实存在广泛性肠麻痹，术后患者血压降至测不出，经抢救无效后死亡。据此分析推断，某男最终诊断为肺部感染，麻痹性肠梗阻，水电解质平衡紊乱，多脏器功能衰竭。但由于本例未行尸体病理解剖，因此对其直接死因的判断尚有困难。

某男于住院期间，某医院给予抗炎等治疗符合医疗原则。癌胚抗原增高首先提示消化道恶性肿瘤，予以肠镜等进一步检查也是允许的。但该指标并非恶性肿瘤所特有的，且在复查已经回复至正常水平，患者情况又较差（存在呼吸道霉菌感染）的情况下，仍坚持行肠镜检查，似非十分必要。纤维肠镜检查需充分的肠道准备，检查需患者配合并有一定耐受力，也有一定痛苦。而本例由于肠道准备不佳，肠镜检查未能成功完成。在肠镜检查后，患者情况进一步转差，出现肠梗阻表现，手术探查是当时迫不得已的选择，但病情仍未能得到扭转。因此认为，本例患者病情恶化的原因是多方面的，患者本身体质因素与疾病的进展包括难以纠正的水电解质平衡紊乱应当是其最终死亡的决定性因素，经治医院在诊治过程的某些环节也存在一定的不足，但由于缺乏尸解资料，目前尚难以将上述医疗不足因素与其死亡后果联系起来。

4. 评析

死因分析对于涉及患者死亡的医疗纠纷鉴定无疑是至关重要的环节。就本案而言，患者的死亡无疑与医疗行为有密切的关联性，但问题在于确定医疗过错行为才是鉴定的前提，只有在确定了医疗过错以后，才能准确分析过错行为与死亡的关系。本案因未行尸体解剖，造成死因分析的困难，故无法确定究竟是在何环节存在致命的过错，当然也就无法得出明确的鉴定意见了。不过，从法律的角度而言是否应当由医方为死亡“负责”，则是另外一个话题了。

（张建华　夏文涛）

第二十章　医疗纠纷中有关的伤残程度评定

医疗侵权损害民事赔偿案件的审理过程中，经常需要对后遗功能障碍的患者进行伤残程度的鉴定，以确定损害后果。我国目前虽已制定了多种伤残程度鉴定的技术标准，而医疗损害对应的伤残评定技术标准却还不够明确，以至于在此类案件的鉴定中常造成适用标准的混乱，甚至形成争议意见，不利于案件的顺利审结和医患矛盾的有效化解。

第一节　医疗纠纷伤残程度评定标准及其相关问题

一、医疗事故分级标准及其对应的伤残等级

根据中华人民共和国卫生部2002年7月31日第32号令，医疗事故分级及其对应的伤残等级依据自2002年9月1日起实施的《医疗事故分级标准(试行)》执行。

根据对患者人身造成的损害程度，医疗事故分为四级：

一级医疗事故：造成患者死亡、重度残疾的；

二级医疗事故：造成患者中度残疾、器官组织损伤导致严重功能障碍的；

三级医疗事故：造成患者轻度残疾、器官组织损伤导致一般功能障碍的；

四级医疗事故：造成患者明显人身损害的其他后果的。

一级乙等至三级戊等分别对应一至十级伤残，四级医疗事故不构成伤残。具体如表20-1。

表20-1　医疗事故分级与伤残等级对应表

事故等级	残级	定　义	损　害　后　果
一级乙等	一级	重要器官缺失或功能完全丧失，其他器官不能代偿，存在特殊医疗依赖，生活完全不能自理	植物人状态 极重度智能障碍 临床判定不能恢复的昏迷 临床判定自主呼吸功能完全丧失，不能恢复，靠呼吸机维持 四肢瘫，肌力0级，临床判定不能恢复

续 表

事故等级	残级	定义	损害后果
二级甲等	二级	器官缺失或功能完全丧失,其他器官不能代偿,可能存在特殊医疗依赖,或生活大部分不能自理	双眼球摘除或双眼经客观检查证实无光感 小肠缺失 90%以上,功能完全丧失 双侧有功能肾脏缺失或孤立有功能肾缺失,用透析替代治疗 四肢肌力Ⅱ级以下,临床判定不能恢复 上肢一侧腕上缺失或一侧手功能完全丧失,不能装配假肢,伴下肢双膝以上缺失
二级乙等	三级	存在器官缺失、严重缺损、严重畸形情形之一,有严重功能障碍,可能存在特殊医疗依赖,或生活大部分不能自理	重度智能障碍 单眼球摘除或经客观检查证实无光感,另眼球结构损伤,闪光视觉诱发电位 P100 波潜时延长＞160 ms,矫正视力＜0.02,视野半径＜50° 双侧上颌骨或双侧下颌骨完全缺失 一侧上颌骨及对侧下颌骨完全缺失,并伴有颜面软组织缺损大于 30 cm^2 一侧全肺缺失并需胸改术 肺功能持续重度损害 持续性心功能不全,心功能四级 持续性心功能不全,心功能三级伴有不能控制的严重心律失常 食管闭锁,依赖造瘘 肝缺损 3/4,并有肝功能重度损害 胆道损伤致肝功能重度损害 全胰缺失 小肠缺损大于 3/4,普通膳食不能维持营养 肾功能部分损害不全失代偿 两侧睾丸、副睾缺损 阴茎缺损或性功能严重障碍 双侧卵巢缺失 未育妇女子宫全部缺失或大部分缺损 四肢瘫,肌力Ⅲ级或截瘫、偏瘫,肌力Ⅲ级以下,临床判定不能恢复 双上肢腕关节以上缺失、双侧前臂缺失或双手功能完全丧失,不能装配假肢 肩、肘、髋、膝关节中有四个以上关节功能完全丧失 重型再生障碍性贫血(Ⅰ型)
二级丙等	四级	存在器官缺失、严重缺损、明显畸形情形之一,有严重功能障碍,可能存在特殊医疗依赖,或生活部分不能自理	面部重度毁容 单眼球摘除或客观检查无光感,另眼球结构损伤,闪光视觉诱发电位＞155 ms,矫正视力＜0.05,视野半径＜10° 一侧上颌骨或下颌骨完全缺失,伴颜面部软组织缺损大于 30 cm^2 同侧上下颌骨完全性缺失 双侧甲状腺或孤立甲状腺全缺失 双侧甲状旁腺全缺失 持续性心功能不全,心功能三级 持续性心功能不全,心功能二级伴有不能控制的严重心律失常

续　表

事故等级	残级	定　义	损　害　后　果
二级丙等	四级	存在器官缺失、严重缺损、明显畸形情形之一，有严重功能障碍，可能存在特殊医疗依赖，或生活部分不能自理	全胃缺失 肝缺损 2/3，并肝功能重度损害 一侧有功能肾缺失或肾功能完全丧失，对侧肾功能不全代偿 永久性输尿管腹壁造瘘 膀胱全缺失 两侧输精管缺损不能修复 双上肢肌力Ⅳ级，双下肢肌力 0 级，临床判定不能恢复 单肢两个大关节功能完全丧失，不能行关节置换 一侧上肢肘上缺失或肘、腕、手功能完全丧失，不能手术重建功能或装配假肢 一手缺失或功能完全丧失，另一手功能丧失 50%以上，不能手术重建功能或装配假肢 一手腕上缺失，另一手拇指缺失，不能手术重建功能或装配假肢 双手拇、食指均缺失或功能完全丧失无法矫正 双侧膝关节或者髋关节功能完全丧失，不能行关节置换 一下肢膝上缺失，无法装配假肢 重型再生障碍性贫血（Ⅱ型）
二级丁等	五级	存在器官缺失、大部分缺损、畸形情形之一，有严重功能障碍，可能存在一般医疗依赖，生活能自理	中度智能障碍 难治性癫痫 完全性失语，伴有神经系统客观检查阳性所见 双侧重度周围性面瘫 面部中度毁容，或全身瘢痕面积大于 70% 双眼球结构损伤，较好眼闪光视觉诱发电位>155 ms，矫正视力<0.05，视野半径<10° 双耳经客观检查证实听力在原有基础上损失大于 91 dbHL 舌缺损大于全舌 2/3 一侧上颌骨缺损 1/2，颜面部软组织缺损大于 20 cm^2 下颌骨缺损长 6 cm 以上的区段，口腔、颜面软组织缺损大于 20 cm^2 甲状旁腺功能重度损害 食管狭窄，只能进流食 吞咽功能严重损伤，依赖鼻饲管进食 肝缺损 2/3，功能中度损害 肝缺损 1/2 伴有胆道损伤致严重肝功能损害 胰缺损，胰岛素依赖 小肠缺损 2/3，包括回盲部缺损 全结肠、直肠、肛门缺失，回肠造瘘 肾上腺功能明显减退 大、小便失禁，临床判定不能恢复 女性双侧乳腺缺失 单肢肌力Ⅱ级，临床判定不能恢复 双前臂缺失 双下肢瘫

续 表

事故等级	残级	定　义	损　害　后　果
二级丁等	五级	存在器官缺失、大部分缺损、畸形情形之一，有严重功能障碍，可能存在一般医疗依赖，生活能自理	一手缺失或功能完全丧失，另一手功能正常，不能手术重建功能或装配假肢 双拇指完全缺失或无功能 双膝以下缺失或无功能，不能手术重建功能或装配假肢 一侧下肢膝上缺失，不能手术重建功能或装配假肢 一侧膝以下缺失，另一侧前足缺失，不能手术重建功能或装配假肢 双足全肌瘫，肌力Ⅱ级，临床判定不能恢复
三级甲等	六级	存在器官缺失、大部分缺损、畸形情形之一，有较重功能障碍，可能存在一般医疗依赖，生活能自理	不完全失语并伴有失用、失写、失读、失认之一者，同时有神经系统客观检查阳性所见 不能修补的脑脊液瘘 尿崩，有严重离子紊乱，需要长期依赖药物治疗 面部轻度毁容 面颊部洞穿性缺损大于 20 cm^2 单侧眼球摘除或客观检查无光感，另眼球结构损伤，闪光视觉诱发电位>150 ms，矫正视力 0.05～0.1，视野半径<15° 双耳经客观检查证实听力在原有基础上损失大于 81 dbHL 鼻缺损 1/3 以上 上唇或下唇缺损大于 1/2 一侧上颌骨缺损 1/4 或下颌骨缺损长 4 cm 以上区段，伴口腔、颜面软组织缺损大于 10 cm^2 肺功能中度持续损伤 胃缺损 3/4 肝缺损 1/2 伴较重功能障碍 慢性中毒性肝病伴较重功能障碍 脾缺失 胰缺损 2/3 造成内、外分泌腺功能障碍 小肠缺损 2/3，保留回盲部 尿道狭窄，需定期行尿道扩张术 直肠、肛门、结肠部分缺损，结肠造瘘 肛门损伤致排便障碍 一侧肾缺失或输尿管狭窄，肾功能不全代偿 不能修复的尿道瘘 膀胱大部分缺损 双侧输卵管缺失 阴道闭锁丧失性功能 不能修复的Ⅲ度会阴裂伤 四肢瘫，肌力Ⅳ级，临床判定不能恢复 单肢瘫，肌力Ⅲ级，临床判定不能恢复 肩、肘、腕关节之一功能完全丧失 利手全肌瘫，肌力Ⅲ级，临床判定不能恢复 一手拇指缺失，另一手拇指功能丧失 50%以上 一手拇指缺失或无功能，另一手除拇指外三指缺失或无功能，不能手术重建功能 双下肢肌力Ⅲ级以下，临床判定不能恢复。大、小便失禁

续　表

事故等级	残级	定　义	损　害　后　果
三级甲等	六级	存在器官缺失、大部分缺损、畸形情形之一，有较重功能障碍，可能存在一般医疗依赖，生活能自理	下肢双膝以上缺失伴一侧腕上缺失或手功能部分丧失，能装配假肢 一髋或一膝关节功能完全丧失，不能手术重建功能； 双足全肌瘫，肌力Ⅲ级，临床判定不能恢复； 双前足缺失 慢性再生障碍性贫血
三级乙等	七级	器官大部分缺损或畸形，有中度功能障碍，可能存在一般医疗依赖，生活能自理	轻度智能减退 癫痫中度 不完全性失语，伴有神经系统客观检查阳性所见 头皮、眉毛完全缺损 一侧完全性面瘫，对侧不完全性面瘫 面部重度异常色素沉着或全身瘢痕面积达60%～69% 面部软组织缺损大于20 cm^2 双眼球结构损伤，较好眼闪光视觉诱发电位＞150 ms，矫正视力0.05～0.1，视野半径＜15° 双耳经客观检查证实听力损失大于71 dbHL 双侧前庭功能丧失，睁眼行走困难，不能并足站立 甲状腺功能严重损害，依赖药物治疗 不能控制的严重器质性心律失常 胃缺损2/3伴轻度功能障碍 肝缺损1/3伴轻度功能障碍 胆道损伤伴轻度肝功能障碍 胰缺损1/2 小肠缺损1/2(包括回盲部) 腹壁缺损大于腹壁1/4 肾上腺皮质功能轻度减退 双侧睾丸萎缩，血清睾丸酮水平低于正常范围 非利手全肌瘫，肌力Ⅳ级，临床判定不能恢复，不能手术重建功能 一拇指完全缺失 双下肢肌力Ⅳ级，临床判定不能恢复。大、小便失禁 一髋或一膝关节功能不全 一侧踝以下缺失或一侧踝关节畸形，功能完全丧失，不能手术重建功能 双足部分肌瘫，肌力Ⅳ级，临床判定不能恢复，不能手术重建功能 单足全肌瘫，肌力Ⅳ级，临床判定不能恢复，不能手术重建功能
三级丙等	八级	器官大部分缺损或畸形，有轻度功能障碍，可能存在一般医疗依赖，生活能自理	不完全性失用、失写、失读、失认之一者，伴有神经系统客观检查阳性所见 全身瘢痕面积50%～59% 双侧中度周围性面瘫，临床判定不能恢复 双眼球结构损伤，较好眼闪光视觉诱发电位＞140 ms，矫正视力0.1～0.3，视野半径＜20° 双耳经客观检查证实听力损失大于56 dbHL

续 表

事故等级	残级	定　义	损　害　后　果
三级丙等	八级	器官大部分缺损或畸形，有轻度功能障碍，可能存在一般医疗依赖，生活能自理	喉保护功能丧失，饮食时呛咳并易发生误吸，临床判定不能恢复 颈颏粘连，影响部分活动 肺叶缺失伴轻度功能障碍 持续性心功能不全，心功能二级 胃缺损 1/2 伴轻度功能障碍 肝缺损 1/4 伴轻度功能障碍 慢性轻度中毒性肝病伴轻度功能障碍 胆道损伤，需行胆肠吻合术 胰缺损 1/3 伴轻度功能障碍 小肠缺损 1/2 伴轻度功能障碍 结肠大部分缺损 永久性膀胱造瘘 未育妇女单侧乳腺缺失 未育妇女单侧卵巢缺失 育龄已育妇女双侧输卵管缺失 育龄已育妇女子宫缺失或部分缺损 阴道狭窄不能通过二横指 颈部或腰部活动度丧失 50%以上 腕、肘、肩、踝、膝、髋关节之一丧失功能 50%以上 截瘫或偏瘫，肌力Ⅳ级，临床判定不能恢复 单肢两个大关节功能部分丧失，能行关节置换 一侧肘上缺失或肘、腕、手功能部分丧失，可以手术重建功能或装配假肢 一手缺失或功能部分丧失，另一手功能丧失 50%以上，可以手术重建功能或装配假肢 一手腕上缺失，另一手拇指缺失，可以手术重建功能或装配假肢 利手全肌瘫，肌力Ⅳ级，临床判定不能恢复 单手部分肌瘫，肌力Ⅲ级，临床判定不能恢复 除拇指外 3 指缺失或功能完全丧失 双下肢长度相差 4 cm 以上； 双侧膝关节或者髋关节功能部分丧失，可以行关节置换 单侧下肢膝上缺失，可以装配假肢 双足部分肌瘫，肌力Ⅲ级，临床判定不能恢复 单足全肌瘫，肌力Ⅲ级，临床判定不能恢复
三级丁等	九级	器官部分缺损或畸形，有轻度功能障碍，无医疗依赖，生活能自理	边缘智能 发声及言语困难 双眼结构损伤，较好眼闪光视觉诱发电位＞130 ms，矫正视力 0.3～0.5，视野半径＜30° 双耳经客观检查证实听力损失大于 41 dbHL 或单耳大于 91 dbHL 耳郭缺损 2/3 以上 器械或异物误入呼吸道需行肺段切除术 甲状旁腺功能轻度损害

续 表

事故等级	残级	定 义	损 害 后 果
三级丁等	九级	器官部分缺损或畸形，有轻度功能障碍，无医疗依赖，生活能自理	肺段缺损，轻度持续肺功能障碍 腹壁缺损小于 1/4 一侧肾上腺缺失伴轻度功能障碍 一侧睾丸、附睾缺失伴轻度功能障碍 一侧输精管缺损，不能修复 一侧卵巢缺失，一侧输卵管缺失 一手缺失或功能完全丧失，另一手功能正常，可以手术重建功能及装配假肢 双大腿肌力近Ⅴ级，双小腿肌力Ⅲ级以下，临床判定不能恢复。大、小便轻度失禁 双膝以下缺失或无功能，可以手术重建功能或装配假肢 单侧下肢膝上缺失，可以手术重建功能或装配假肢 一侧膝以下缺失，另一侧前足缺失，可以手术重建功能或装配假肢
三级戊等		器官部分缺损或畸形，有轻微功能障碍，无医疗依赖，生活能自理	脑叶缺失后轻度智力障碍 发声或言语不畅 双眼结构损伤，较好眼闪光视觉诱发电位>120 ms，矫正视力<0.6，视野半径<50° 泪器损伤，手术无法改进溢泪 双耳经客观检查证实听力在原有基础上损失大于 31 dbHL或一耳听力在原有基础上损失大于 71 dbHL 耳郭缺损大于 1/3 而小于 2/3 甲状腺功能低下 支气管损伤需行手术治疗 器械或异物误入消化道，需开腹取出 一拇指指关节功能不全 双小腿肌力Ⅳ级，临床判定不能恢复。大、小便轻度失禁 手术后当时引起脊柱侧弯 30°以上 手术后当时引起脊柱后凸成角(胸段大于 60°，胸腰段大于 30°，腰段大于 20°以上) 原有脊柱、躯干或肢体畸形又严重加重 损伤重要脏器，修补后功能有轻微障碍
四级	未够残	指造成患者明显人身损害的其他后果的医疗事故	双侧轻度不完全性面瘫，无功能障碍 面部轻度色素沉着或脱失 一侧眼睑有明显缺损或外翻 拔除健康恒牙 器械或异物误入呼吸道或消化道，需全麻后内窥镜下取出 口周及颜面软组织轻度损伤 非解剖变异等因素，拔除上颌后牙时牙根或异物进入上颌窦需手术取出 组织、器官轻度损伤，行修补术后无功能障碍 一拇指末节 1/2 缺损 一手除拇指、食指外，有两指近侧指间关节无功能 一足拇趾末节缺失 软组织内异物滞留

续 表

事故等级	残级	定义	损害后果
四级	未够残	指造成患者明显人身损害的其他后果的医疗事故	体腔遗留异物已包裹,无需手术取出,无功能障碍 局部注射造成组织坏死。成人大于体表面积2%,儿童大于体表面积5% 剖腹产引起胎儿损伤 产后胎盘残留引起大出血,无其他并发症

显而易见,《医疗事故分级标准(试行)》采用的是列举式表述方法,其优点是内容具体,表述清楚,在适用时容易操作,但缺点同样明显,列举不可能全面、周到,相当部分损害后果都难以找到对应条款,导致鉴定中需经常使用比照原则,容易造成不同鉴定人在对同类案件的评定中产生结论差异。例如,临床手术中经常发生大出血的情形,在上述标准中仅见"产后胎盘残留引起大出血,无其他并发症"这一条款,若为其他外科手术引发大出血经抢救未遗留明显并发症、后遗症,很可能不得不比照该条款确定事故等级,评定为不构成伤残,难免引起不解和争议。

二、医疗纠纷案件中伤残程度评定标准的选择

1.《医疗事故分级标准(试行)》在医疗纠纷残疾程度鉴定中的不适用性

最高人民法院关于参照《医疗事故处理条例》审理医疗纠纷民事案件的通知明确规定:条例施行后发生的医疗事故引起的医疗赔偿纠纷,诉到法院的,参照条例的有关规定办理;因医疗事故以外的原因引起的其他医疗赔偿纠纷,适用民法通则的规定。人民法院在民事审判中,根据当事人的申请或者依职权决定进行医疗事故司法鉴定的,交由条例所规定的医学会组织鉴定。因医疗事故以外的原因引起的其他医疗赔偿纠纷需要进行司法鉴定的,按照《人民法院对外委托司法鉴定管理规定》组织鉴定。人民法院对司法鉴定申请和司法鉴定结论的审查按照《最高人民法院关于民事诉讼证据的若干规定》的有关规定处理。条例实施后,人民法院审理因医疗事故引起的医疗赔偿纠纷民事案件,在确定医疗事故赔偿责任时,参照《医疗事故处理条例》第四十九条、第五十条、第五十一条和第五十二条的规定办理。

由上述通知的内容可以明确:如参照《医疗事故分级标准(试行)》对患者进行残疾程度评定,其前提必须是某一医疗损害赔偿纠纷经鉴定确属"医疗事故"。而医疗事故技术鉴定由《医疗事故处理条例》所规定的由医学会组织的医疗事故技术鉴定委员会进行,司法鉴定机构不具备进行医疗事故技术鉴定的主体资格。同时,《医疗事故分级标准(试行)》只是明确了《医疗事故处理条例》中一级甲等至四级医疗事故的具体情况,虽然也明确规定"本标准中医疗事故一级乙等至三级戊等对应残疾程度一至十级"。但残疾程度的对应是以医疗事故等级为前提的。同时,此处的"残疾程度"的本质含义只是与《医疗事故处理条列》中所规定的相应赔偿年限相对应。即《医疗事故处理条例》第四十九条(五)残疾生活补助费:根据伤残等级,按照医疗事故发生地居民年平均生活费计算,自定残之月起最长赔偿30年;但是,60周岁以上的,不超过15年;70周岁以上的,不超过5年。也就

是说，只能以经鉴定确认医疗事故等级所对应的残疾程度，并确定赔偿年限，而不能本末倒置，先确定残疾程度，然后去对应医疗事故的等级。对医疗事故以外的原因引起的医疗损害赔偿纠纷，若进行司法鉴定，必须由法院委托司法鉴定机构进行，而司法鉴定机构不能进行医疗事故技术鉴定。

综上，在医疗事故以外的原因引起的医疗侵权损害赔偿案件中，《医疗事故分级标准（试行）》原则上不宜作为对损害后果进行残疾程度评定的参照标准。此标准只能是法律规定的医学会进行医疗事故技术鉴定时确定医疗事故等级后对应评残的参照标准。

2. 医疗侵权损害司法鉴定中传统伤残评定技术标准的不适用性

在医疗侵权损害民事赔偿纠纷案件中，很多情况下当事方不以是否构成医疗事故为诉讼请求，而是以医疗侵权损害赔偿为诉求。依据《最高人民法院关于参照〈医疗事故处理条例〉审理医疗纠纷民事案件的通知》规定，此种情况属于医疗事故以外的原因引起的医疗损害赔偿纠纷，如需要对此类案件涉及的技术问题进行司法鉴定，则应按照《人民法院对外委托司法鉴定管理规定》组织鉴定，此时面向社会服务的司法鉴定机构即成为受委托的鉴定机构，鉴定人运用科学技术或者专门知识对诉讼涉及的医学专门性问题进行鉴别和判断并提供鉴定意见的活动也就成为实质意义上的司法鉴定活动。

对此类案件涉及鉴定的技术性问题，司法鉴定首先要解决的问题包括：医疗行为是否存在过错，医疗过错与损害后果有无因果关系，以及医疗过错在损害后果中的参与度等。鉴定涉及的技术原理仅限于具体案件中判定过错的依据、原因分析理论与因果关系判定的原则，一般并不涉及具体鉴定标准。对于损害后果为死亡的，针对此鉴定内容出具鉴定意见后，审结案件相对简单。但针对后遗功能障碍可能构成残疾者，还需对其进行残疾程度的鉴定，从而为委托机关提供明确判案依据。但是，目前还存在委托机关指定参照标准混乱、鉴定机构自主决定参照标准不统一的情况，以致同一损害后果参照不同技术标准进行残疾程度评定时，出具不同鉴定意见的情况多有发生，给案件审理带来严重困扰。

综观我国相关法律规定，还没有针对医疗损害赔偿责任纠纷残疾程度评定应该采用什么标准的具体规定。不同鉴定人往往观点也不一致。作为高等院校教科书的《法医临床学》第 4 版中关于“医疗过失残疾程度评定注意事项”明确说明：由于我国目前缺乏全国性统一的人体损伤致残鉴定标准，因此，在医疗损害的民事诉讼案件中，因医疗过失造成残疾的，多比照 GB/T 16180《劳动能力鉴定 职工工伤与职业病致残等级分级》或者 GB18667《道路交通事故受伤人员伤残评定》。此外，根据上海市高级人民法院民事法律适用问答（2003 年第 1 期）中提到的“目前人身损害伤残鉴定中只有工伤伤残鉴定和道路交通事故伤残鉴定两个标准，而没有统一的人身损害伤残鉴定标准，在遇到既非工伤、又非道路变通事故损害的人身损害赔偿案件，应该适用哪个标准进行鉴定”的问题，其认为：“工伤的伤残鉴定标准是建立在用人单位对劳动者所负有的特殊保障义务基础上的，因此，这一标准只能适用于劳动者因在工作中导致的伤残事故进行的鉴定，而不能适用于其他类型的人身损害伤残鉴定。其他的人身损害伤残事故，在目前无其他标准的情况下，可以参照适用道路交通事故伤残鉴定标准作出鉴定”。

但作者认为，《劳动能力鉴定 职工工伤与职业病致残等级分级》在“适用范围”部分明确规定：“本标准适用于职工在职业活动中因工负伤和因职业病致残程度的鉴定”；《道路交通事故受伤人员伤残评定》在“适用范围”部分亦明确规定“本标准适用于道路交通事故受伤人员的伤残程度评定”。上述两个标准的适用范围均不包含医疗侵权损害的情况。由此可以明确，在医疗侵权损害的残疾程度鉴定中，比照上述两个标准不符合相关标准适用范围的规定。而其他法律法规中，也没有明确医疗侵权损害残疾程度鉴定可以比照上述两个标准。因此，上述司法实践与鉴定实践中的操作办法虽是在技术标准滞后情况下的权宜之计，但实在值得商榷，医疗侵权损害残疾程度鉴定应该参照的标准尚需进一步明确。

3. 依据法律逻辑关系应该采用的鉴定标准

依据《民法通则》的相关规定，结合《最高人民法院关于审理人身损害赔偿案件适用法律若干问题的解释》的规定：因生命、健康、身体遭受侵害，赔偿权利人起诉请求赔偿义务人赔偿财产损失和精神损害的，人民法院应予受理。第八条，属于《国家赔偿法》赔偿事由的，依照《国家赔偿法》的规定处理。属于《工伤保险条例》调整的劳动关系和工伤保险范围的，不适用本条规定。医疗事故以外的原因引起的医疗侵权损害民事赔偿纠纷，属于生命、健康、身体遭受侵害的情况，其赔偿也应按照《最高人民法院关于审理人身损害赔偿案件适用法律若干问题的解释》的相关规定进行。而上述“解释”是由最高人民法院发布实施的，同时最高院在 2005 年制定并发布了《人体损伤残疾程度鉴定标准（试行）》，该标准制定的依据明确为：为解决人民法院审理案件中涉及人体损伤残疾程度鉴定的专门性问题，特制定本标准。根据《中华人民共和国刑法》、《中华人民共和国民法通则》和其他相关法律的规定，结合人民法院审理人身损害案件的实际，以医学和法医学的理论为基础，科学划分残疾等级。同时明确了该标准的适用范围：人民法院审理刑事、民事和行政案件中涉及的人体损伤残疾程度的鉴定，属于工作与职业病和道路交通事故所致残疾程度的鉴定，不适用本标准。由此可以明确，医疗事故以外的原因引起的医疗侵权损害民事赔偿案件中，涉及残疾程度评定的，应参照最高人民法院发布的《人体损伤残疾程度鉴定标准（试行）》，该标准以明确具体的内容规定了不同损害后果应该评定的残疾程度，依据损害后果的残疾程度，结合《最高人民法院关于审理人身损害赔偿案件适用法律若干问题的解释》中有关赔偿的具体规定，则可对任一医疗侵权损害后果进行赔偿数额量化，有利于案件的审理和医患矛盾的解决。但是，由于种种原因，该标准一直未能在全国范围内正式实施，对审理人身损害案件带来不利影响。因此，应尽快实施该标准，为审理医疗侵权损害民事赔偿纠纷案件涉及的残疾程度鉴定提供明确依据，也为客观公正审理案件提供基础。

综上所述，医疗侵权损害民事赔偿纠纷案件涉及的残疾程度鉴定，对委托机关要求进行医疗事故技术鉴定的，可参照《医疗事故分级标准（试行）》的具体规定进行残疾程度评定；对于医疗事故以外的原因引起的医疗侵权损害民事赔偿纠纷，如委托机关委托面向社会服务的司法鉴定机构进行鉴定，应在分析是否存在过错、过错与损害后果之间的因果关系以及过错参与度的基础上，参照最高人民法院制定的《人体损伤残疾程度鉴定标准（试行）》对损害后果进行残疾程度评定，而不宜参照其他残疾程度评定标准进行评定。虽然参照此标准完全符合法律逻辑关系，也有利于医疗侵权损害赔偿纠纷案件的解决，并可及时化解矛盾、平息纠纷。但是，该标准却未能在实践中如期正式实施，故在此呼吁相关机关促进该技术标准的完善与实施，在医疗损害赔偿责任纠纷案件涉及的残疾程度鉴定时，尽快改变适用技术标准混乱的局面，促进参照标准的统一，科学、公正处理医疗侵权损害民事赔偿纠纷案件。近日，最高人民法院与司法部正在积极推进该标准的正式发布前准备工作，该标准有望在近期公布实施。

最后有必要指出，在当前可适用的技术标准仍不够明确的情况下，司法鉴定人应当充分尊重委托人的意见，与委托人取得协商一致。

（夏文涛）

第二节　案例评析

一、推拿正骨治疗后膝关节疼痛

1. 案情摘要

高某，女性，28岁。2012年3月16日至4月18日，高某因“腰背酸痛”在某推拿诊所接受推拿正骨治疗，最后一次正骨后即诉“双腿无法自主活动”。2013年10月9日，某市医学会医疗损害鉴定分析认为：由于个体对正骨反应不一，故不排除患者在接受手法治疗后出现局部软组织的异常反应。患者半月板损伤与正骨治疗的关系尚不能确定，但现膝关节腔仅有少量积液，不至于影响膝关节活动功能。鉴定意见：本例构成四级医疗事故。高某为索求赔偿，诉至当地人民法院。审理过程中，应高某申请，人民法院委托本所司法鉴定中心对高某的伤残程度（比照《道路交通事故受伤人员伤残评定》标准）进行法医学鉴定。

2. 病史摘要

某大学附属医院2012年4月29日门诊病历：双膝痛6周（有“正骨”治疗史）。6周前在外院共接受4次“双膝正骨（按、扳）”，当时即感双膝痛，但仍可忍痛行走，屈伸活动受限不著，不伴有交锁症状。休息2周后，双膝疼痛无法缓解，至外院行双膝关节MRI检查，示：左膝半月板损伤，前交叉韧带损伤待排。今转来我院门诊。既往无药物过敏史，有腰背痛史。查体：双膝ROM（关节活动度）可，浮髌（-），右膝内外侧间隙无压痛，麦氏征（-），左膝内外侧间隙压痛（+），髌周压痛（+），麦氏征（-），双膝ADT（-），Lachman's sign（-），双膝内、外翻应力试验（-）。诊断：双膝损伤，左膝半月板损伤，左膝前交叉韧带损伤待排。处理：制动，休息。

2012年7月7日复诊：双膝病史同前。查体：ROM正常。处理：功能锻炼。

2012年8月4日复诊：情况好转，无固定压痛点。

某市人民医院2012年9月21日门诊病历：双膝关节肿痛5月余，双膝关节“正骨”治疗史，治疗后即感膝部疼痛伴肿胀。现跛行，双膝稍肿胀，左膝为甚。查体：双膝稍肿胀，左侧明显，皮温可；左膝关节浮髌（-），髌骨研磨（+），抽屉（-），侧方（-），右膝关节浮髌（±），髌骨研磨（+），抽屉、侧方（-）。诊断：双膝关节疼痛伴滑膜炎。处理：药物外敷。休2周，制动，扶拐。

某骨科医院2012年12月23日门诊病历：左膝疼痛，有外来损伤史。查体：左膝关节活动尚可，浮髌试验（+），内、外侧半月板间隙压痛，前交叉韧带抽屉试验（+）。诊断：左膝关节内侧半月板损伤，左膝前交叉韧带损伤，膝关节积液。处理：必要时关节镜手术。

3. 鉴定检验所见

(1) 体格检查

自诉在家能拄拐步行,双膝疼痛剧烈。

神清,轮椅推入检查室。双膝关节前内侧略肿胀,双侧股四头肌略萎缩。双侧浮髌试验(-),抽屉试验(-),内侧应力试验(+),Lachman 征(-)。左膝关节主动屈曲 95°,伸直-5°。右膝关节主动屈曲 90°,伸直 0°。双膝关节被动活动检查因其主诉“疼痛剧烈”不能合作,但可触及肌抵抗。

(2) 阅片所见

2008 年 12 月 8 日双膝关节正侧位 X 线片 1 张示:双膝关节诸组成骨未见骨折征象。

2012 年 4 月 27 日左膝关节 MRI 片 2 张、8 月 2 日左膝关节 MRI 片 1 张示:左膝关节腔少量积液,左膝关节诸组成骨未见明显骨挫伤表现(脂肪抑制序列未见异常信号改变),左侧前交叉韧带境界清楚,未见增粗、信号改变;左膝内、外侧半月板条状异常信号影,符合轻度损伤表现。

2012 年 5 月 7 日右膝关节 MRI 片 1 张示:右膝关节囊少量积液,右侧前交叉韧带与左侧相似,未见增粗、信号改变,右膝内侧半月板完整,未见异常信号。

4. 鉴定意见与分析讨论

被鉴定人高某因“腰背酸痛”就诊于某推拿诊所,接受 4 次“正骨”推拿治疗。高某自诉每次正骨治疗后均有疼痛,并于第 4 次后行 MRI 检查,临床诊断左膝半月板损伤,左膝前交叉韧带损伤可疑,并多次就诊,予以制动、中药外敷等治疗。本中心审阅其损伤后影像学资料,见其左膝关节少量积液,左膝半月板轻度损伤,前交叉韧带及左膝关节诸组成骨未见损伤征象;右膝关节未见损伤征象。目前本中心检见其双膝关节主动活动均受限,被动活动检查不能合作。

根据某市医学会鉴定书所述,个体对正骨手法的反应不一,故不能排除高某出现局部软组织的反应;但根据现有材料,高某左膝半月板损伤与正骨治疗的因果关系尚不能确定,但现膝关节积液仅为少量,不至于影响膝关节活动功能。结合 2012 年 4 月 29 日门诊查体“双膝 ROM 可”及 2012 年 7 月 7 日复查“ROM 正常”等病历记载,综合分析认为,不宜就其膝关节活动度进行伤残程度评定。

5. 评析

根据《医疗事故分级标准(试行)》(2002 年 7 月 31 日卫生部令 32 号,自 2002 年 9 月 1 日起施行),四级医疗事故的患者尚未达到伤残程度。本案已行医疗损害鉴定,参照上述标准确定为四级医疗损害,对应的伤残程度即为尚不构成伤残。但因高某坚持认为其膝关节疼痛且功能障碍,可达到伤残程度,故人民法院委托本所司法鉴定中心进行鉴定。在委托受理过程中,鉴定人与法院承办法官进行了充分的协商,一致认为本案相当于伤残程度的重新鉴定,受理鉴定不违反有关鉴定程序规定;司法鉴定机构并非医疗事故技术鉴定的法定机构,不宜参照上述《医疗事故分级标准(试行)》进行鉴定,对比目前国内常用伤残程度鉴定的技术标准,以《道路交通事故受伤人员伤残评定》作为本案的伤残评定标准较为适宜。当然,以《道路交通事故受伤人员伤残评定》作为本案的评残标准,另一个理由是本案并非以医疗事故为由提起诉讼的民事案件,而是人身伤害侵权责任纠纷诉讼案件,可以参照一般人身伤害的民事赔偿。

在伤残程度评定中，被鉴定人因出于“索赔心理”而夸大残情的情况并非罕见，鉴定人应当高度关注。在检验过程中，鉴定人应通过各种手段加以鉴别，避免误评残级，扩大另一方当事人的损失。

二、下肢交通伤合并医疗损害

1. 案情摘要

路某，女性，50岁。2007年3月21日，因交通事故受伤。2007年3月23日于某医院行“骨折闭合复位内固定术”，2007年4月17日于某市人民医院行“左股骨颈内固定取出术＋切复内固定术”。术后发生左股骨头坏死，于2008年12月19日在某市人民医院行“左侧股骨颈内固定取出术＋全髋关节置换术”。2010年9月17日某市医学会鉴定认为：① 某医院对路某左股骨颈骨折诊断明确，有手术指征，医方所选择的手术方式符合骨科诊疗常规；② 医方实施的手术未能达到骨折复位内固定的要求，有过错，造成患方第二次手术；③ 股骨头缺血坏死是股骨颈骨折常见的不良后果，其发生与骨折部位、骨折程度、骨折移位有关，与第一次手术无必然联系。鉴定意见：该病例构成医疗事故。

路某为请求赔偿诉至人民法院，法院委托本中心：① 对路某的伤残程度以及交通事故与医疗事故对上述后果的参与程度进行法医学鉴定；② 对路某行全髋关节置换术是否具有必要性进行法医学鉴定。

2. 病史摘要

(1) 2007年3月21日至4月10日某医院出院小结

入院时查体：左下肢外旋短缩畸形，左髋部叩击痛，活动受限，左足背动脉及足趾活动感觉正常。治疗经过：入院后予行左下肢皮肤牵引，于3月23日行左股骨颈骨折闭合复位内固定术，术后予以抗炎、对症治疗。出院诊断：左股骨颈骨折(头下经颈型，Garden Ⅲ型)。

(2) 2007年4月10日至4月23日某市人民医院出院小结

入院诊断：左股骨颈骨折术后内固定失败。治疗经过：于2007年4月17日行“左股骨颈内固定取出＋切复内固定术”，术后抗炎对症治疗。

(3) 2008年12月15日至12月24日某市人民医院出院小结

入院诊断：左股骨颈坏死。治疗经过：于2008年12月19日行左侧股骨颈内固定取出＋全髋关节置换术。术后予抗感染、对症、支持治疗。

3. 鉴定检验所见

(1) 体格检查

诉行走时左下肢偶有乏力。神清，精神可，对答切题，查体合作，跛行步入检查室。左大腿外侧有一纵行手术瘢痕。左髋关节活动受限。双下肢长度(髂前上棘经膝前面中点至内踝尖间距离)：左侧88.5 cm；右侧88.0 cm。双下肢肌力5级，肌张力正常，皮肤触痛觉存在。

(2) 阅片所见

2007年3月21日双髋关节正位X线片示：左股骨颈头下型骨折，断端移位，股骨颈短缩。

2007年3月23日双髋关节正位X线片及4月5日左髋关节正侧位X线片示：左股骨颈骨折内固定术后改变，股骨颈短缩。

2007年4月19日双髋关节正位X线片示：左股骨颈骨折内固定翻修术后改变，股骨颈短缩较前有所恢复。

2008年2月27日双髋关节正位X线片及3月10日左髋关节CT片示：左股骨颈骨折内固定中，骨折线消失，股骨颈短缩，股骨头扁平，可见小囊性透亮影。

2008年8月20日及12月3日双髋关节正位X线片示：左股骨颈骨折内固定中，股骨颈短缩，股骨头变形较前片明显，符合左股骨头缺血性坏死的影像学征象。

2008年12月22日双髋关节正位X线片示：左人工全髋关节置换术后改变。

4. 分析论证与鉴定意见

(1) 关于股骨颈骨折与股骨头缺血坏死

成人股骨头的血液供应有多种来源，包括股骨头圆韧带内的小凹动脉，提供股骨头凹部的血液循环；股骨干滋养动脉分支，沿股骨颈进入股骨头；旋股内、外侧动脉的分支，是股骨头、颈的重要营养动脉。其中旋股内动脉的分支在股骨颈基底部关节囊滑膜反折处分为骺外侧动脉、干骺端上侧动脉和干骺端下侧动脉进入股骨头。骺外侧动脉供应股骨头2/3～4/5区域的血液循环，是股骨头最主要的供血来源。

股骨头缺血坏死是股骨颈骨折的常见并发症，其发生的原因主要为骨折后血液供应受到损害，骨折是血管损害最根本的原因。此外年龄、骨折类型、骨折的移位程度等也是股骨颈骨折后股骨头发生缺血坏死的重要影响因素。

按照骨折线的部位，股骨颈骨折可以分为头下型骨折、经股骨颈骨折及股骨颈基底部骨折等。其中头下型骨折的骨折线位于股骨头与股骨颈的交界处。骨折后由于股骨头完全游离，可以在髋臼及关节囊中自由旋转移动，同时股骨头的血液循环大部中断，即使圆韧带内的小凹动脉存在，也只能供应圆韧带凹周围的股骨头的血运。因此头下型骨折的愈合困难，股骨头易发生坏死。据动物实验所见，头下型骨折后股骨头血流可减少83%。

股骨颈骨折后发生股骨头坏死的时间尚不明确，最早可为伤后1.5个月，最晚伤后17年，其中大多数发生在伤后3～5年。因此股骨颈骨折后应在伤后2～3年内严密观察，随诊至伤后5年较为合适。对于已行内固定术治疗并发生股骨头缺血坏死(塌陷)，是人工髋关节置换术的绝对适应证。

本例路某左侧股骨颈骨折为头下型，且股骨头移位明显；伤后首次行内固定复位治疗失败，术后20余天再次行内固定复位术，二次手术后近10个月发现左侧股骨头缺血坏死的影像学征象(股骨头扁平，股骨头内见囊性透亮影等)，再经10个月后行人工髋关节置换术。即路某左侧股骨颈骨折的类型、移位程度是其左侧股骨头缺血坏死的根本原因，其左侧股骨头坏死的时间亦符合外伤后股骨头缺血坏死的规律，且具有行人工髋关节置换术的手术指征。

(2) 关于伤残等级评定

被鉴定人路某因交通事故致左侧股骨颈骨折，临床行内固定手术治疗，伤后近1年发现左侧股骨头缺血坏死，并已行人工髋关节置换术。其目前的后遗症相当于左下肢功能丧失 50%以上，比照 GB18667－2002《道路交通事故受伤人员伤残评定》第 4.8.10f 条之规定，其目前左侧人工髋关节置换术后相当于道路交通事故八级伤残。

如前所述，股骨头缺血坏死是股骨颈骨折常见的不良后果，其发生与骨折部位、骨折程度、骨折移位有关。故本例路某目前的伤残等级系本次交通事故外伤所致，与首次手术失败并不存在明确的因果关系。

5. 评析

本案适用《道路交通事故受伤人员伤残评定》标准评残的具体理由与前述案例相同，不再赘述。

类似本案股骨颈骨折后股骨头坏死的发生，其根本原因为股骨颈骨折，而非再次手术创伤。因为根据相关骨科学理论、流行病调查结果及动物实验，类似股骨颈骨折后发生股骨头坏死的可能性大于不可能性，故在评定参与度时认定股骨头坏死与原内固定手术失误行再次手术之间存在因果关系的依据不足。

在适用 GB18667－2002《道路交通事故受伤人员伤残评定》对髋关节假体置换术后进行伤残程度评定时，司法鉴定机构迄今仍有一定争议。相当部分鉴定机构认为，假体置换术后的情况下，原人体自然的肢体关节结构事实上已经不复存在，此时测得的关节功能与术者操作、假体产品质量等诸多案外因素有关，故应视为该关节功能完全丧失；而另一些鉴定机构认为，无论是否假体置换，在实际评残时均应检验关节功能。由此可见，在未来标准修订时应对此类情况做出特别规定，尽可能避免形成类似争议。

三、颅脑损伤术后遗留残疾

1. 案情摘要

叶某，男性，14 岁。2008 年 2 月 24 日，叶某因车祸摔倒致颅脑损伤，被送入某县中心医院救治，接受了手术治疗，最终遗留残疾后果。叶某认为某县中心医院在诊疗过程中存在过失行为，遂诉讼至法院要求赔偿。人民法院为正确处理此案，委托本所就如下专门性问题进行法医学鉴定：① 某县中心医院在对叶某的诊疗过程中是否存在过失行为，该过失行为与叶某的损害后果之间是否存在因果关系及其参与度；② 叶某的损害后果，即伤残等级(比照 GB18667－2002《道路交通事故受伤人员伤残评定》)。

2. 病史摘要

(1) 某县中心医院急诊病历

2008 年 2 月 24 日 12:00 到诊。主诉：患儿因车祸头部致伤，当即昏迷等。查体：神志不清，大、小便失禁，双上肢肌张力增高伴强直，左下肢病理反射阳性；GCS 3 分，生命体征平稳；T 36.7℃，P 105 次/min，R 21 次/min，BP 110/70 mmHg，头部右侧骨窗张力增高且有明显肿胀，切口无渗血；双侧瞳孔等大等圆，直径为 2.5 mm，对光反射灵敏，颈部有抵抗，心、肺(－)，四肢时有不自主活动。急诊颅脑 CT 示：右侧颞枕部硬膜下血肿，右侧枕骨骨折伴颅内积气，右侧枕部头皮血肿。诊断：右侧颞枕部硬膜下血肿，右侧枕骨骨折伴颅内积气，右侧枕部头皮血肿。处置：收住院抢救。

2008 年 2 月 24 日 12 时 0 分病危通知书：诊断为急性重型颅脑损伤伴脑疝(时间有涂改痕迹)。

(2) 某县中心医院门(急)诊医药费收据

收费日期：2008 年 2 月 24 日。使用药物：复方甘露醇 2 瓶，地塞米松磷酸钠 2 支，塑瓶 GNS1 瓶，菌必治针 1 支，塑瓶 5%GS 2 瓶，白眉蛇毒凝血酶 2 支，奥拉西坦 2 支，平衡液针 1 瓶，VC 针 2 支，VB_6 针 2 支，脑蛋白水解物 1 支。

(3) 某县中心医院住院病历

住院时间：2008 年 2 月 24 日 15:30 至 2 月 27 日。入院时代主诉：头部外伤，伴神志不清、呕吐，已 3 小时。现病史：患儿于今上午 11:20 左右，自己驾驶的电瓶车不慎翻倒，头部致伤，当即昏迷等，即送本院急诊，经颅脑 CT 扫描后收住院治疗抢救。在途中及来院后，呕吐 3 次，为胃内物，含有血迹，呈喷射状。于今下午 15:20 左右，病情突然加重，昏迷加深，小便失禁，右侧瞳孔散大，复查颅脑 CT 示右侧颞枕顶部硬膜外血肿伴脑疝形成，蛛网膜下腔出血，右侧枕骨骨折伴颅内积气，右侧枕部头皮血肿。急诊予积极对症治疗的同时，拟行手术治疗。查体：T 37.3℃，P 78 次/min，R 21 次/min，BP 160/90 mmHg；神志不清，深昏迷状，表情淡漠，呈鼾声呼吸，小便失禁，查体不合作，各种深反射均存在；右枕部头皮血肿，两侧瞳孔散大，右 5.5 mm>左 5.0 mm，对光反射消失，眼球固定，五官无出血，颈部有抵抗，心律齐而规则，两肺有少量痰鸣音，呈鼾声呼吸，未闻及干、湿啰音；四肢诸关节被动活动可，肌力 2 级，肌张力增高，以左侧明显；双下肢病理反射阳性；GCS3 分。入院诊断：急性重型颅脑损伤，广泛性脑挫裂伤伴二侧脑疝，右侧颞枕顶部硬膜外血肿，外伤性蛛网膜下腔出血，右侧枕骨骨折伴颅内积气，右侧枕部头皮血肿。

于 2008 年 2 月 24 日 16:40 至 18:20 行颞部清除血肿并去骨瓣减压术。术中取右颞顶部切口，长 18 cm，全层切开头皮至颅骨，止血、分离颅骨、皮肤，翻开皮瓣，露出右颞骨，钻颅，并扩大骨窗，约 7 mm×6 mm 大小，可见右颞枕部血肿约有 80 mL，清除后见大脑后动脉有活动性出血，用电凝止血后，打开硬脑膜，有血性脑脊液流出约 30 mL，脑组织有水肿，沟回轻度消失，搏动不佳，经用甘露醇脱水后有好转。术后又常规行气管切开手术。术后诊断：广泛性脑挫裂伤伴双侧脑疝，右侧颞枕部硬膜下血肿，右枕部骨折等。2 月 26 日 9:30，目前生命体征似平稳，仍在昏迷中，但各种反应仍存在，能自动睁眼及四肢不自主活动等，右侧头部减压窗压力仍高，切口无渗血，今拔除头部引流管 1 根，瞳孔直径右3 mm> 2 mm，对光反射迟钝，眼球有不自主活动，颈部抵抗，气管套管在位，GCS9 分。2 月 27 日 8:30，仍有上述症状及体征，今上午家属要求转外院治疗，根据病情，同意转出。

出院时情况：生命体征平稳，T 36.2℃，P 105 次/min，R 21 次/min，BP 110/70 mmHg；右头部骨窗张力增高且有明显肿胀，切口无渗血。双侧瞳孔等大等圆，直径 2.5 mm，对光反射可，颈部有抵抗，气管套管在位、畅，四肢时有不自主活动，两下肢病理反射阳性，GCS9 分。目前因伤情较重，亲属要求转上级医院进一步治疗。出院诊断：急性重型颅脑损伤，广泛性脑挫裂伤伴双侧脑疝，右侧颞枕部硬膜外血肿，右侧枕骨骨折，外伤性蛛网膜下腔出血。

(4) 某医学院附属医院住院病历

住院日期：2008 年 2 月 27 日至 4 月 24 日。患者系“右侧硬膜外血肿术后 3 天昏迷”入院。查体：呈昏迷状态，嗜睡，右侧颞枕部一手术切口，对合可，切口干燥，无渗出、肿胀，双侧瞳孔等大等圆，对光反射存在；颈尚软，气管切口按套管在位，通畅；四肢时有不自主活动，肌张力不高，腱反射无亢进，左侧巴氏征阳性，右侧巴氏征阴性，GCS 评分为 7 分。

入院后予营养脑细胞、降颅压、抗炎、补液及对症处理。于 2008 年 2 月 29 日 9 时在高压氧治疗时突发面颈部广泛皮下气肿，纵隔气肿，经予抢救，转 ICU 继续治疗，予气管插管，先后左、右侧胸腔闭式引流，以及脑保护，防治肺水肿，抗感染、营养支持等治疗。

出院时情况：神清，双侧瞳孔等大等圆，左侧眼睑正常，右侧眼睑略下垂，对光反射存在。右下肢肌力正常，左下肢肌力 4 级。出院诊断：右侧硬膜外血肿术后，右侧枕骨骨折。

(5) 当地伤残等级鉴定结果

2010 年 1 月 28 日当地某司法鉴定所鉴定书鉴定意见：被鉴定人叶某因车祸致“重型颅脑损伤术后伴左上下肢功能障碍，右顶叶脑软化灶等”损伤致残的程度评定为六级伤残。

3. 鉴定人检验所见

(1) 体格检查

神志清，略跛行步入检查室，步态蹒跚，检查合作，对答切题。于右侧颞枕部见一处长 24 cm 的马蹄形手术瘢痕，其下方可及 10.5 cm×10.0 cm 的颅骨修补区。右眼第一位位呈外斜 20°，双眼球各方向活动无明显受限。双眼睑裂对称，眼睑睁、闭可，未见上睑下垂及闭合不全等异常。两侧鼻唇沟对称，鼓腮无漏气，露齿可。颈前区可及 2.0 cm×3.0 cm气管切开术后愈合瘢痕。胸廓对称，未见明显畸形，胸式呼吸存在，胸壁局限压痛阴性，胸廓挤压试验阴性。四肢诸关节活动未见明显受限。左手略呈爪形，左中、环指不能完全伸直。双大腿周径(髌骨上缘上 12 cm)：右 49.5 cm；左 49.0 cm。双小腿周径(髌骨下缘下 15 cm)：右 30 cm；左 29.5 cm。左上肢肌力 4 级，肌张力略增高；左下肢体肌力 5^- 级，肌张力尚可；右上、下肢肌力均为 5 级，肌张力适度。肢体皮肤感觉(针刺痛觉)未见明显减退。双侧肱二头肌、肱三头肌腱反射、桡骨膜反射及双侧膝、跟腱反射均可引出，左侧稍活跃。双侧腹壁反射及提睾反射均对称引出。双侧巴彬斯基征、戈登征、夏达克征、奥本海姆征及霍夫曼征均未引出。指鼻试验阴性，快速轮替试验阴性，跟-膝-胫试验阴性。

(2) 阅片所见

2008 年 2 月 24 日 11:50 头颅 CT 片示：右侧颞枕部硬膜下出血，颅内积气，伴右侧颞枕部骨折(颞枕缝颅缝分离)。

2008 年 2 月 24 日 15:31 头颅 CT 片示：右侧颞枕部硬膜外及硬膜下血肿，出血量明显增加(超过 30 mL)，右侧颞枕叶脑组织已显示有不规则的低密度影，中线结构移位，右侧脑室受压，环池、四迭体池闭塞，脑组织肿胀明显，出现脑疝。

2008 年 2 月 24 日 11:50 胸、腹部 CT 片示：胸、腹部 CT 扫描未见明显损伤性改变。

2008 年 2 月 27 日、2008 年 3 月 3 日头颅 CT 片示：右侧颞顶部去骨瓣减压术后改变，右侧颞枕叶见脑组织水肿，右颞底部硬膜外仍可见出血灶。

2008 年 3 月 16 日、2008 年 4 月 4 日、2008 年 5 月 12 日头颅 CT 片示：右侧颞顶部去骨瓣减压术后改变，右侧颞枕叶出现范围较广的脑软化灶，右颞底部硬膜外血肿呈逐渐吸收、消失改变，右侧额颞部硬膜下积液。

2009 年 7 月 3 日头颅 X 线片示：右侧颅骨局限缺损。

2009 年 7 月 18 日头颅 CT 片示：右侧颅骨缺损修补术后改变，右颞枕叶脑软化灶形成。

4. 鉴定意见

某县中心医院在对叶某的诊疗过程中存在一定的医疗过失行为，该过失行为与叶某目前的不良后果之间存在“临界型”因果关系（参与度拟为 45%～55%）。

叶某目前的后遗症可相当于道路交通事故七级伤残。

5. 分析讨论

叶某因车祸受伤，伤后半小时余急送至某县中心医院，经头颅 CT 扫描，经治医院考虑为急性颅脑外伤，予留院观察并对症治疗。留院 3 小时余，叶某病情加重，遂急诊收住入院，予行右颞部颅内血肿清除并去骨瓣减压术，术后因持续存在神经系统症状及体征，转入某医学院附属医院继续治疗，目前仍遗留左侧肢体活动不利的后遗症。

(1) 关于某县中心医院的病历问题

本案提供的某县中心医院有关叶某的急诊病历中，院方查体可见其“头部右侧骨窗张力增高且有明显肿胀，切口无渗血”等记录，此应为去骨瓣术后的情况。由此显然可见，其急诊病历显然系为事后补记。

根据国家卫生和计划生育委员会（原国家卫生部）《病历书写基本规范（试行）》的要求，病历书写应当客观、真实、准确、及时、完整、规范。故病历应为就诊当时情况的实时记录，在确因抢救等所需无法及时完成的情况下，也应根据当时情况尽可能及时补充、完善。本例急诊病历不符合病历书写的要求，故认为某县中心医院存在医疗过失行为。

据送检的某县中心医院手术记录单记载，叶某“右颞枕部血肿约有 80 mL，清除后见大脑后 A(动脉)有活动性出血”；另据同一手术记录，于上述操作后术者方才“打开硬脑膜”。而根据解剖学的常识，在未打开硬脑膜的情况下，术者是不可能在直视下发现大脑后动脉出血的。综合现有各种资料分析，术者于术中所见到的破裂、出血的血管实际上应为脑膜动脉的分支，因该血管破裂、出血引起了 CT 片所示的硬膜外血肿形成。因此认为，某县中心医院经治医务人员的病历（手术）记录显然不符合事实情况，违反了上述病历书写的基本要求，存在医疗过失行为。

(2) 关于某县中心医院急诊期间的诊疗行为

据送检的某县中心医院于叶某急诊后首次行头颅 CT 扫描（2008 年 2 月 24 日 11:50）的影像资料，叶某当时颅脑损伤诊断明确，但右侧颞枕部仅表现为少量硬膜下出血，未出现严重占位性改变，未见中线结构移位，故暂无明确的开颅手术的适应证。经治医院根据当时情况，给予观察、随访及对症治疗未违反医疗原则。

据送检的某县中心医院 2008 年 2 月 24 日门诊医药费收据反映，院方在叶某急诊留院观察期间给予了脱水、消炎、预防感染、止血、对症、支持等处置，基本符合医疗规范。

但是，据本例送检的某县中心医院住院病历显示，叶某外伤后即出现神志不清，在送往医院途中即出现喷射样呕吐等症状，提示其可能存在颅内高压；结合送检的首次影像资料分析认为，叶某因车祸所致颅脑损伤伤情较重。院方也已认识到病情的严重性，并发出了病危通知。至叶某留院观察 3 小时余，其突然出现昏迷加深、鼾式呼吸、双侧瞳孔散大并直径不等及对光反射消失、小便失禁等严重表现，结合复查的 CT 片所见，可以明确为：其右侧颞枕部硬膜外及硬膜下血肿，中线结构移位，脑组织肿胀并脑疝出现。

一般说来，颅脑损伤分为原发性与继发性。继发性颅脑损伤指经过一段时间后出现的脑受损病变，主要是脑水肿、颅内血肿以及由此引起的脑疝。区别原发性与继发性颅脑损伤对临床治疗意义重大。后者较前者而言，预后与处理是否及时、正确有密切关系。对于颅脑损伤（例如原发性颅脑损伤并不严重者），若考虑到病情可能发生变化，其病情加重必然经历一定的过程，故医院应密切观察并准确记录病情变化（如意识状态、GCS 评分、呼吸及循环等生命体征、瞳孔变化等），必要时随时注意行头颅 CT 扫描复查等，以作为综合评估伤情并确定下一步处置的基础。

本例送检病历材料中未见某县中心医院在叶某急诊期间即告知其病情危重，说明经治医院认识到其伤情的严重性，但是，未见留院观察期间院方对叶振明病情变化的观察、随访以及处置记录。由此认为，经治医院对叶某伤情严重程度的认识仍不够充分，观察病情变化不严密，未尽到高度注意义务，很可能延误了及时诊断并尽早做出相应处置的时机，存在医疗过失行为。

（3）关于某县中心医院住院阶段的诊疗行为

叶某病情突然加重后，某县中心医院即予以收治入院并采取手术治疗措施，符合医疗规范。根据当时伤情，其颅内血肿存在占位效应，脑组织水肿明显，病情危重，可能危及生命，具有明确的颅内血肿清除术及去骨瓣减压术的手术指征。

严重的颅脑损伤往往影响呼吸中枢，可以出现呼吸障碍，加之手术本身所需，为保持患者的呼吸功能，医院给予气管插管或气管切开并予以人工辅助呼吸，是治疗的需要。本例叶某存在严重的颅脑外伤，具有手术指征，故某县中心医院实施气管切开不存在明显的医疗过失行为。

叶某经上述手术治疗后，神志逐渐清醒，病情逐渐转轻，说明了上述治疗取得了一定的效果，挽回了生命。

（4）关于因果关系及其医疗过失行为的参与度

叶某目前遗留左侧肢体偏瘫的后遗症，与右侧颞枕叶脑组织损伤遗留大片软化灶存在密切的关系。从所提供的术前影像资料来看，叶某右侧颞枕部颅内血肿与中线结构移位的程度并不完全相当（中线结构移位程度偏重），且右侧颞枕叶脑组织已显示有不规则的低密度影，术后局部脑肿胀加重，均提示其当时很可能已经存在右侧颞枕叶脑挫伤或外伤性脑梗死，加之其后继发颅内血肿、脑水肿压迫并脑疝形成等，均是造成脑组织损伤并遗留对侧（左侧）肢体后遗症的病理基础。而该病理基础在相当程度上与自身外伤存在密切的关系（若及时诊断并获得合适的治疗，有可能减少后遗症发生的机会或减轻后遗症的严重程度）。

综上，某县中心医院在对叶某的诊疗过程中，对病情观察不够严密，存在医疗过失行为。上述医疗过失行为及其自身严重的颅脑损伤均与叶某的不良后果之间存在密切的因果关系，两种因素作用基本相当，医疗过失行为与目前后果之间存在“临界型”因果关系，参与度拟为 45％～55％。

(5) 关于损害后果

根据本例鉴定时检见的叶某左侧肢体活动不利等后遗症，其中左上肢肌力降低至4级，左下肢为5^-级，符合“偏瘫，其中一肢体肌力4级以下”。比照GB18667－2002《道路交通事故受伤人员伤残评定》第4.7.1e条之规定，其目前的损害后果相当于道路交通事故七级伤残。

6. 评析

如前所述，按照现行《医疗事故处理条例》与相应的“事故分级办法”，若鉴定为医疗事故的，其残疾等级即与医疗事故的等级相对应。但在医疗纠纷司法鉴定中，显然不能参照医疗事故技术鉴定的处理办法。现行国内人体残疾鉴(评)定标准中，GB18667－2002《道路交通事故受伤人员伤残评定》与GB/T16180－2006《劳动能力鉴定 职工工伤与职业病致残等级》等是经常被引用的标准。相比较而言，作者认为前者更适用于一次性赔偿，故更为适合医疗纠纷案件。当然，鉴定机构对于标准的选择仍应充分尊重委托人的意见。

(夏文涛)

第二十一章　医疗纠纷中有关的休息期、营养期、护理期鉴定

医疗损害案件的依法调解和审理常涉及法医赔偿学的问题，除伤残等级鉴定以外，患者医疗损害后因治疗、康复需要应当获得的误工费、陪护费及营养费等赔偿费用，也常需要鉴定人员对其休息、护理、营养期限给出可参考意见。虽然司法部司法鉴定科学技术研究所与部分省市相关部门就鉴定的操作原则、技术规范与技术标准做了一些有益的工作，但迄今为止尚缺乏全面、系统的规定，这一现象与司法鉴定工作的日益规范化和标准化极不相称。由公安部发布的GA/T521－2004《人身损害受伤人员误工损失日评定准则》作为误工损失日评定的技术标准，对于医疗损害案件而言其内容显得明显不够具有针对性，尤其没有涉及护理和营养期限。加之医疗损害案件本身又有其特殊性，如何更好地进行此类案件的"三期"鉴定，有必要给予深入探讨和高度重视。

第一节　"三期"与护理依赖程度鉴定的基本原则

一、"三期"鉴定

1. "三期"鉴定的适用范围

为确定人身伤害案件的赔偿费用，应对损伤后所需的休息、营养、护理期限（也可简称为"三期"）做出认定。当事双方存在意见分歧时，或为判决、调解需要，可由司法机关或其他机构委托有鉴定资格的鉴定机构进行"三期"鉴定。

（1）"三期"的定义

各种文献中对"三期"的解释并不完全统一，有必要进行适当的规范。以下是作者总结实践经验、参考各类文献提出的见解。

1）休息期限：有时也可称为"误工"期限。由公安部发布的GA/T521－2004《人身损害受伤人员误工损失日评定准则》（中华人民共和国公共安全行业标准）中对人身损害受伤人员误工损失日定义为："指人身损伤经过诊断、治疗达到临床医学一般原则所承认的治愈（即临床症状和体征消失）或体征固定所需要的时间"。作者认为，"人身损害受伤人员误工损失日"这一概念不但过于冗长，而且有所偏颇。而"休息期限"这一概念，可以适用于不同年龄、不同身份的所有受伤人员。在损伤后一般临床医

疗及必要的功能康复终结以前，不能从事工作、学习等正常社会活动的期限，都应属于休息期限范畴。

在上述定义中，“临床医疗终结”与“功能康复”时间是重要的研究对象。

2）护理期限：因人身伤害后临床医疗及功能康复需要，和/或机体解剖结构异常与器官功能障碍，致日常生活活动能力或日常生活自理能力下降，需他人从旁协助料理的期限。护理期限有时也可称为“陪护”期限。

在上述定义中，“日常生活自理能力”、“日常生活活动能力”是重要的研究对象。

3）营养期限：人身伤害后，日常普通饮食尚不能完全满足其机体恢复之要求，需特殊饮食或适当加以补充营养物质的期限。

营养期限所称的“特殊饮食”与需补充的“营养物质”不同于人身伤害法定赔偿项目中的“住院伙食补助”。

（2）“三期”鉴定的相关概念

1）临床医疗终结：人身损害后，经实施符合临床一般医疗原则的医疗行为，达到临床治愈或好转标准，使症状缓解或基本稳定，体征消失或相对固定。

2）功能康复：现代医学中的功能康复有时可以是一个终身的概念。本章中所涉及的主要是指损伤后早、中期治疗阶段，与临床医疗相配合的，为促使生理功能得以恢复或改善的康复措施，不包括后期的（尤其定残以后）的康复治疗。如骨折外固定去除后，为恢复关节僵硬而进行的功能锻炼，一般需时数周，应视为必要的功能康复。

3）日常生活自理能力：人体在正常思维支配下，为满足基本生理、生活需要，必须反复进行的一系列身体动作或活动的能力。包括：进食、更衣、修饰、整理个人卫生、使用日常生活用具、自主外出行走等。

“日常生活自理能力”概念主要适用于精神障碍者。如精神障碍者因感知、思维、情感、行为、意志、智力等出现异常，部分或全部丧失料理自己日常生活能力的，称为日常生活自理能力受限或丧失。

4）日常生活活动能力：个人日常生活必须反复进行的、基本的、具有共同性特征的身体动作的能力。包括：进食，床上活动，穿衣，修饰，洗澡，大便、小便及行走等。

“日常生活活动能力”概念主要适用于躯体功能障碍者。躯体功能障碍者因各种损害因素导致日常生活能力部分或全部永久性丧失，称为日常生活活动能力受限或丧失。

日常生活活动能力评价方法参见下文。

5）正常社会活动能力：健康成年人员无需他人协助，能在日常生活中独自完成以下活动：料理简单的家务，一般的室外活动，乘车，购物，社交，学习，从事一般的工作劳动，以及其他日常社会活动。

6）工具性日常生活活动能力：人类的重要特征是具有使用工具的能力以及能够参与社会经济文化活动。因人身损害致精神障碍或躯体功能障碍，可以导致上述能力的削弱，需要他人暂时或永久性给予帮助，甚至完全依赖他人。

在评价工具性日常生活活动能力或评估有无正常社会活动能力时可以参考表 21 - 1。

表 21－1　工具性日常生活活动能力量表(IADL)

上街购物	独立完成所有的购物需求	3分	0至1分为失能
	独立购买日常生活用品	2分	
	每一次上街购物都需要有人陪	1分	
	完全不会上街购物	0分	
外出活动	能够自己开车、骑车	4分	0至1分为失能
	能够自己搭乘大众交通运输工具	3分	
	能够自己搭乘计程车,但不会搭乘大众交通运输工具	2分	
	当有人陪同时,可搭乘计程车或者大众交通运输工具	1分	
	完全不能出门	0分	
食物烹调	能独立计划、烹煮和摆设一顿适当的饭菜	3分	0分为失能
	如果准备好一切佐料,会做一顿适当的饭菜	2分	
	会将已做好的饭菜加热	1分	
	需要别人把饭菜煮好、摆好	0分	
家务维持	能做好较繁重的家务或者偶尔需他人协助料理家务(如搬动沙发、擦地板、擦洗窗户等)	4分	0至1分为失能
	能做较简单的家务(如洗碗、铺床、叠被等)	3分	
	能做家务,但不能达到可被接受的整洁程度	2分	
	所有家务都需要别人协助	1分	
	完全不会做家务	0分	
洗衣服	自己清洗所有衣物	2分	0分为失能
	只清洗小件衣物	1分	
	完全依赖他人	0分	
使用电话的能力	独立使用电话,含查电话簿、拨号等	3分	0至1分为失能
	仅可拨打熟悉的电话号码	2分	
	仅会接听电话,不会拨打电话	1分	
	完全不会使用电话	0分	
服用药物	能自己负责在正确的时间服用正确的药物	3分	0至1分为失能
	需要他人提醒或少许协助	2分	
	如果事先准备好需要服用的药物分量,可自行服用	1分	
	不能自己服用药物	0分	
处理财务能力	可以独立处理财务	2分	0分为失能
	可以处理日常的购买,但需要别人协助与银行往来或者买卖	1分	
	不能处理钱财	0分	

注:① 以最近一个月的表现为准;② 上街购物、外出活动、食物烹调、家务维持、洗衣服等五项中有三项以上需要协助者即为轻度失能。

2. “三期”鉴定的基本原则

“三期”鉴定应统一在一定的原则范围内进行。

(1)“三期”鉴定的一般原则

1) 休息期限鉴定：应根据受伤人员日常生活自理能力、日常生活活动能力及正常社会活动的受限程度，对休息期限作出时间上的认定。若损伤经临床医疗及必要的功能康复，达到临床治愈或好转标准，受伤人员正常社会活动能力基本恢复，应视为休息期限终止。

通常，因伤残鉴定通常意味着临床一般医疗活动的终结，伤残鉴定以后，受伤人员将获得残疾补助金的赔偿，因此原则上休息期限均应终止于伤残鉴定结论给出之前。

GA/T521－2004《人身损害受伤人员误工损失日评定准则》规范性附录中规定，对损伤后经治疗未达人身损害受伤人员误工损失日即已治愈的，应按实际治疗天数计算。这一规定，实际涉及的是休息期限鉴定的个体化问题。但是，该标准未提及治愈时间确实超过受伤人员误工损失日的情形，作者认为，此时也完全可以按实际治疗天数处理。

2) 护理期限鉴定：应根据受伤人员日常生活自理能力、日常生活活动能力受限情况对护理期限做出时间上的认定。

3) 营养期限鉴定：受伤后因人体不能接受正常饮食或仅依赖普通饮食不利于损伤康复，需以特殊饮食或补充某些营养物质维持生命或促进痊愈的，均应当视为需要补充营养。

营养期限的确定目前相对仍无统一的标准可供遵循。在实际鉴定中，一般将受伤后确因治疗需要而实际发生的住院日计算在营养期限之内。

(2)“三期”鉴定的操作原则

1)“三期”鉴定的基本方法：在鉴定过程中，鉴定人应当依据能够反映受伤人员伤情演变、转归过程的病史资料(如文字病案材料、医学影像学材料等)，并参考有关技术标准的规定，视其损伤的实际情况及其严重程度在一定范围内做出综合性判断。同时，鉴定人应与被鉴定人和(或)家属有充分的交流，应当询问并记录其自述的损伤治疗、康复过程，以及诊疗、痊愈过程中的有关事项，了解其诉求的“三期”期限及其理由，把握“三期”鉴定的个体化原则。

现有鉴定技术标准中未罗列的损伤类型，可比照类似损伤进行鉴定。对于复合损伤，可以按其中最严重的损伤类型作为评定基础，适当考虑其他损伤，做出综合判断。

2)“三期”鉴定时机的把握：原则上应在损伤的临床医疗及必要的功能康复终结后，症状消失或基本稳定、体征相对固定时，方可进行“三期鉴定”。对于尚需进行后期治疗(如拆除骨折内固定物，颅骨修补术等)的，可根据一般临床常规情况，对后期治疗做出预估性判断；但同时应向鉴定委托人和被鉴定人说明，上述结论只针对通常情况，与未来实际发生的情况可能出现一定的偏差。

3)“三期”鉴定的个体化问题：一般鉴定技术标准所针对的都是损伤后按期正常愈合的成年受伤人员。在以下情况，可适当延长“三期”期限：① 老年人或少年儿童；② 损伤前即有伤病情况，影响外伤愈合的；③ 治疗阶段合并出现难以预见及避免的并发症；④ 接受正常治疗后效果不佳，又不存在明显医疗过错的；⑤ 其他难以避免的影响损伤愈合的情况。

鉴定技术标准所列举的对称性器官(或肢体)的损伤，一般均仅指一侧器官损伤。对称性器官同时受到损伤的，应视其实际情况延长“三期”期限；对称器官（或肢体）原有一侧于外伤前即已存在伤病情况，本次外伤造成另一侧损伤的，可适当延长“三期”期限。

因损伤致严重伤残，需长期护理、营养依赖的，应依据实际情况如实鉴定。

因医疗过失行为（并非鉴定中需要解决的问题）所造成的损伤延迟愈合或遗留功能障碍，在进行“三期”鉴定时应排除该医疗过失因素的影响，根据类似损伤的一般痊愈规律给出鉴定结论。

（3）医疗纠纷“三期”鉴定的特殊问题

医疗纠纷案件中，可能存在伤病共存（“病”指自身原有疾病或者所遭受的各种非医源性伤害，“伤”指涉案的医源性伤害或称医疗侵权、医疗过错），患者原有疾病需实施临床治疗，因医疗过错导致“三期”延长。在实际鉴定过程中，应考虑其自身原有疾病的影响，必要时可以分别列出类似患者自身原有疾病的情形，临床治愈或好转通常所需的“三期”，以及本案实际所需的“三期”，供调解或者审判时参考。

二、护理依赖的鉴定

1. 护理依赖概述

相对于“护理期限”而言，还另有一个重要的概念，即“护理依赖”。后者是指躯体残疾者和精神障碍者需他人护理、帮助以维系日常生活（据 GA/T800－2008《人身损害护理依赖程度评定》）。

上述两个概念的主要区别为：① 护理期限多指损伤之日起直至定残以前的临床治疗及早期功能康复阶段，因日常生活自理能力、日常生活活动能力受限所需的陪护时间；护理依赖系指因日常生活自理能力、日常生活活动能力永久受限乃至丧失，而需他人协助或者完全依赖他人照料，多指定残以后需终身护理依赖的情形；② 在评定护理期限时，主要考虑原发性损伤及其损伤并发症的严重程度，综合后遗症的影响；在评定护理依赖时，须进行日常生活自理能力、日常生活活动能力的评价，虽然也要考虑原发性损伤及其损伤并发症的严重程度，但主要关注后遗症的情况；③ 评定护理期限时一般不考虑残疾辅助器具或人体代偿能力，评定护理依赖时，则应考虑残疾辅助器具或人体代偿能力。

根据护理依赖程度的不同，可将护理等级大致分为完全护理、大部分护理和部分护理。

《人身损害护理依赖程度评定》附录 B（资料性附录）规定，护理依赖程度赔付比例是指各护理依赖程度所需护理费用的比例，分为三等（表 21－2）。

表 21－2　护理依赖程度与赔付比例

护理依赖程度	赔付比例
完全护理依赖	100%
大部分护理依赖	80%
部分护理依赖	50%

2. 护理依赖程度的评定

躯体残疾者的护理依赖程度评定可参照日常生活活动能力评分（表 21－3）。

表 21－3 日常生活活动能力项目评分分值(100 分)

项目	评定分值			
床上活动	10 分 能自主完成： a) 翻身；b) 平移；c) 起坐	5 分 需他人看护或扶助才能完成，或只能完成 1 项或 2 项，其余需他人接触身体的帮助才能完成	0 分 完全依靠他人接触身体的帮助才能完成	
穿衣	10 分 能自主完成： a) 穿脱上身衣服； b) 穿脱下身衣服	5 分 只能完成 1 项	0 分 完全依靠他人接触身体的帮助才能完成	
修饰	5 分 能自主完成：a) 洗(擦)脸；b) 刷牙；c) 梳头；d) 剃须(均指使用放在身边的洗漱用具)	0 分 主要或完全依靠他人接触身体的帮助才能完成		
洗澡	5 分 能自主完成：进入浴室，完成洗澡	0 分 主要或完全依靠他人接触身体的帮助才能完成		
床椅转移	15 分 能自主完成：从床上移动到椅子上或从椅子移动到床上	10 分 借助残疾辅助器具或其他用具才能完成	5 分 长期需依靠他人看护或扶助才能完成	0 分 完全依靠他人接触身体的帮助才能完成
行走	15 人 能自主完成：a) 平地行走；b) 上楼梯；c) 下楼梯	10 分 借助残疾辅助器具或其他用具才能完成	5 分 借助残疾辅助器具只能完成 a)，其余需依靠他人看护或扶助才能完成	0 分 完全依靠他人接触身体的帮助才能完成
小便始末	10 分 能自主完成：到规定地方，解系裤带，完成排尿	5 分 长期需他人看护或扶助才能去规定的地方完成小便过程	0 分 长期在床上小便或长期依靠他人接触身体的帮助才能完成，并依靠他人帮助清理小便	
大便始末	10 分 能自主完成：到规定地方，解系裤带，完成排便	5 分 长期需他人看护或扶助才能去规定的地方完成大便过程	0 分 长期在床上大便或长期依靠他人接触身体的帮助才能完成，并依靠他人帮助清理大便	
用厕	10 分 能自主完成：a) 蹲(坐)起；b) 拭净；c) 冲洗(倒掉)；d) 整理衣裤	5 分 只能完成上述 3 项以下，其余需依靠他人接触身体的帮助或借助其他设施、辅助用具才能完成	0 分 完全依靠他人接触身体的帮助才能完成	

注：① 看护，是指为了防止躯体残疾者在进行床椅转移，行走，上、下楼梯，大、小便等日常生活活动时出现摔倒、跌下等危险，而需他人经常照看；② 扶助，是指躯体残疾者在进行日常生活活动时，需他人在旁边实施搀扶、护持等帮助，以防止躯体残疾者出现行走不稳、摔倒、跌下等危险。

上述两种情况，躯体残疾者日常生活活动主要是靠自身的能力完成。

进行日常生活活动能力评分后，可参照表 21－4，评估护理依赖程度。

表 21－4　日常生活活动能力评分与护理依赖程度的关系

护理依赖程度	日常生活活动能力评分分值
日常生活活动能够或者基本能够自理，不需护理依赖	61～100 分
部分护理依赖	41～60 分
大部分护理依赖	21～40 分
完全护理依赖	≤20 分

日常生活自理能力评分及其与护理依赖程度的评定，主要用于精神障碍者，在此不多做进一步介绍，可参照 GA/T800－2008《人身损害护理依赖程度评定》相关规定。

3. 应用劳动能力鉴定标准评定护理依赖

除了上述《人身损害护理依赖程度评定》以外，鉴定人也可应用 GB/T16180－2014《劳动能力鉴定 职工工伤与职业病致残等级》中 4.1.5 有关生活自理障碍的规定进行评定。生活自理范围主要包括下列五项：① 进食：完全不能自主进食，需依赖他人帮助；② 翻身：不能自主翻身；③ 大、小便：不能自主行动，大、小便需他人帮助；④ 穿衣、洗漱：不能自己完成，完全依赖他人帮助；⑤ 自主行动：不能自主走动。

参考《劳动能力鉴定 职工工伤与职业病致残等级》上述条款的规定，生活自理障碍程度分为三级：① 完全生活自理障碍：生活完全不能自理，上述五项均需护理；② 大部分生活自理障碍：生活大部分不能自理，上述五项中三项或四项需要护理；③ 部分生活自理障碍：生活部分不能自理，上述五项中一项或两项需要护理。按照《劳动能力鉴定 职工工伤与职业病致残等级》有关残疾分级的规定，评定为三级以上伤残的一般均需（部分、大部分或者完全）护理依赖；五级以下伤残一般无需护理依赖；四级伤残是否需护理依赖应视具体情况区别对待。

据作者在实践中体会，应用《劳动能力鉴定 职工工伤与职业病致残等级》评定护理依赖程度的结果与依照《人身损害护理依赖程度评定》的结果差异不大。

三、医疗依赖的鉴定

医疗依赖通常指伤残评定以后仍不能脱离治疗的情形。参考 GB/T16180－2014《劳动能力鉴定 职工工伤与职业病致残等级》4.1.4 之规定，医疗依赖可分为两类，即：① 特殊医疗依赖：致残后必须终身接受特殊药物、特殊医疗设备或装置进行治疗，该治疗通常系指维系生命之必需，需接受特殊药物（如免疫抑制剂）、特殊医疗设备或者装置（如血液透析、人工呼吸机），或者特殊方法（如深静脉注射、定期有创手术）给予的医疗处置；② 一般医疗依赖：致残后仍需接受长期或终身药物治疗，该治疗通常系指保持健康之需（如降压药、降糖药、抗凝剂及抗癫痫治疗），可依靠一般方法给予（如口服、肌肉注射、静脉注射等）。

确因医疗损害所导致的或者与医疗损害存在一定关联性的医疗依赖，可依据上述原则给予评定意见。

（夏文涛　夏晴）

第二节　案例评析

一、人流术后感染

1. 案情摘要

时某，女性，43岁。2011年3月2日，时某于某市某区医院行人流手术＋放节育环等治疗，后就诊于某大学附属医院，诊断为“人流不全伴感染，胎盘植入可能”。

2012年7月6日，某市医学会进行了医疗损害鉴定，鉴定意见为：某市某区医院在医疗活动中存在对患者宫内感染发现不够及时、处理欠妥的医疗过错，与患者时某的人身损害结果存在一定的因果关系；人身医疗损害等级为四级，不构成伤残；责任程度为次要责任。

因时某请求某市某区医院赔偿，诉至当地人民法院，人民法院委托本所司法鉴定中心对时某因医疗伤害所需的休息、护理、营养期进行法医学鉴定。

2. 病史摘要

(1) 某市某区医院门诊病史

2011年3月14日，人流＋放环术12 d，目前流血少，下腹胀痛。查体：子宫不增大，无痛，左附件轻压痛。超声描述：子宫内膜欠均匀。诊断：左附件炎，给予抗菌素治疗。

2011年3月23日，近2天小腹隐痛伴腰痛就诊。查体：子宫及附件轻触痛。经阴道超声：子宫内膜回声欠均匀，盆腔积液26 mm。诊断：盆腔炎。

(2) 某大学附属医院门诊病史

2011年4月6日，人流术后1^{+}月，少量流血，尿HCG弱阳性。诊断：人流后残留。2011年4月11日，予以补佳乐＋安宫黄体酮周期疗法治疗。

(3) 2011年6月1日至2011年6月13日某大学附属医院出院记录

入院后于2011年6月7日行B超监护下宫腔镜检查＋宫内残留病灶切除＋诊刮＋取环术。术中见宫腔内一直径1 cm不规则组织，色暗红，表面脓痂，基底附着于前壁近宫底且粘连致密。病理：出血坏死组织中见退变绒毛、蜕膜组织；子宫内膜呈分泌性改变。出院诊断：人流不全伴感染，胎盘植入可能。

3. 鉴定意见

被鉴定人时某由于人流不全伴感染的休息期为120～150 d，护理期为60 d，营养期为60 d。

4. 评析

本案“三期”鉴定的关键在于患者时某原系人流术后患者，因人流本来即应适当休息、护理、营养，而因医疗损害的发生，导致其自然病程（恢复过程）的中断，且须经进一步治疗，故休息、护理、营养期限必然有所延长。根据沪司鉴办[2008]1号《人身损害受伤人员休息期、营养期、护理期评定标准（试行）》有关条款规定，“难免流产”后应当休息60 d，营养60 d，护理30～60 d。本案中，时某在人流术后12 d再次就诊确诊异常，其后因阴道反复流血间断多次就诊，直至3个月余后方结束再次手术及相应治疗。其第二次在某大学附属医院所实施手术创伤的实际情况，与人流术接近或基本相当。故需综合多次治疗情况给予“三期”评定。

本案时某自诉自首次“人流+放环”术后连续休息6个月余，由家人及保姆照顾日常生活时间长达3～4个月。虽然技术标准(如沪司鉴办[2008]1号《人身损害受伤人员休息期、营养期、护理期评定标准(试行)》)是鉴定“三期”的重要依据，但如前文所述，“个体化原则”同样非常重要。本案鉴定时，鉴定人正是依据技术标准和“个体化原则”所做出的综合判断。

二、病毒性肝炎治疗不规范

1. 案情摘要

严某，女性，35岁。2012年9月15日，严某因“发热伴中上腹不适5天”就诊于某市中心医院，诊断为克罗恩病，并予对症治疗，后出现肝功能受损等。

2013年12月13日，某市医学会医疗损害鉴定分析认为：某市中心医院在医疗活动中存在随访及抗病毒治疗不规范的医疗过错，与患者严某轻度肝功能障碍的人身损害结果存在因果关系，医方的责任程度为主要责任。

患方为请求赔偿，诉至当地人民法院，法院委托本所司法鉴定中心对严某因医疗损害所需的休息、营养、护理期进行法医学鉴定。

2. 病史摘要

(1) 2012年9月15日至10月11日某市中心医院住院病史

因“发热伴中上腹不适5天”入院。外院尿常规示WBC 20～25/HP、RBC 8～12/HP、尿蛋白25 mg/dL。初步诊断：发热待查，尿路感染可能。既往有“乙肝小三阳”史10余年。

入院后先后予青霉素+阿米卡星、阿奇霉素+悉复欢抗感染治疗。16日肝功能检验：谷丙转氨酶6U/L(参考值0～60)，谷草转氨酶11 U/L(参考值0～31)；乙肝表面抗原(+)，核心抗体及e抗体阳性。9月17日电子胃镜：胃及十二指肠多发溃疡，性质待定。9月19日乙肝病毒DNA<500 IU/mL(参考值<1. OE+3)。9月20日肠镜：结肠多发溃疡性质待定(克罗恩病待排)。予“类克”3支静滴后联合甲强龙静推，辅助以3升袋、诺和灵R、莎尔福1.0 g每日四次口服：贺普丁(拉米夫定)100 mg、硫唑嘌呤5 0 mg每日一次口服治疗。10月1日查肝功能：谷丙转氨酶23 U/L，谷草转氨酶24 U/L。10月9胃镜：胃多发溃疡性质待定(克罗恩病可能)。结肠镜：未见异常。

出院诊断：克罗恩病。继续予莎尔福、利血生、贺普丁等治疗。

(2) 2012年10月15日至11月8日某市中心医院再次住院病史

因“中上腹不适1月，加重伴进食后饱胀感2天”再次入住某市中心医院。继续给予莎尔福4.0 g每日一次口服并于11月1日予类克3支静滴。10月31日查肝功能：谷丙转氨酸酶14 U/L，谷草转氨酶23 U/L，患者症状好转后出院。继续予莎尔福、耐信、为力苏口服。

(3) 某市中心医院门诊随访病史

2012年11月14日复查肝功能：谷丙转氨酶12 U/L，谷草转氨酶18 U/L。其后患者继续口服硫唑嘌呤。12 月 26 日及 2013 年 2 月 20 日分别静滴“类克”3 支，期间患者于 1 月 16 日及 1 月 30 日至某市中心医院胃肠科门诊复诊，复查血常规无明显异常。

（4）2013 年 3 月 22 日某市中心医院第三次住院病史

因“中上腹不适 2 天”入住某市中心医院。肝功能检验：谷丙转氨酶 888 U/L，谷草转氨酶 969 U/L，直接胆红素 3.5 μmol/L，总胆红素 23.6 μmol/L。入院诊断：药物性肝损害，克罗恩病。入院后予保肝治疗。

（5）2013 年 4 月 17 日某大学附属医院住院及门诊病史

入院后经恩替卡韦抗病毒辅以保肝降酶治疗后症状好转出院。出院诊断：① 慢加急性肝衰竭；② 慢性乙型肝炎，重型；③ 克罗恩病。

7 月 13 日门诊复查肝功能：谷丙转氨酶 27 U/L，谷草转氨酶 47 U/L，直接胆红素 40.9 μmol/L，总胆红素 53.3 μmol/L。7 月 14 日 B 超提示：慢肝、脾大、少量腹水（右侧卧位 0.8 cm 液性暗区）。

3. 鉴定意见

被鉴定人严某因乙肝病毒再激活并后遗肝功能轻度损害可休息 450 d，护理 180 d，营养 180 d。

4. 评析

本案的关键在于患者系因“克罗恩病”入院治疗，因医方未能全面检查，对乙型肝炎病情未加以足够重视，使用免疫抑制剂后造成肝炎病情加重，发生肝功能损害。鉴定人在实际鉴定时并未按照肝炎病情加重开始计算“三期”，而是自使用免疫抑制剂开始计算，系考虑到该药物应用对全身免疫功能的实际影响，而这种损害本来应当避免，肝功能检验指标异常升高只是疾病表象的凸显。

三、宫颈癌手术损伤输尿管

1. 案情摘要

谢某，女性，40 岁。2011 年 12 月 20 日，谢某因“性生活后少量出血半年”就诊于某区人民医院，诊断为宫颈鳞状细胞癌，予行“双侧子宫动脉灌注化疗＋栓塞术及广泛全子宫＋双附件切除术＋盆腔淋巴结清扫术”等治疗，后谢某与某区人民医院发生医疗纠纷。

2013 年 9 月 30 日，某市医学会医疗损害鉴定分析认为：所行双附件切除术不符合诊疗规范，不可避免地使患者过早地进入更年期状况。患者目前右肾输尿管积水可能与手术有关，但术后影像学资料无依据证明手术直接伤及输尿管。鉴定意见：某区人民医院在医疗活动中切除双侧附件的医疗过错，与患者更年期提前的状况存在因果关系；医疗损害等级为二级乙等，对应三级伤残，医方的责任程度为对等责任。

谢某为要求医方赔偿，诉至当地人民法院。法院委托本所司法鉴定中心对谢某本次医疗损害后所需的休息、营养、护理期进行法医学鉴定。

2. 病史摘要

患者因“性生活阴道少量出血半年”，2011 年 12 月 20 日收治于某区人民医院。专科查体：阴道通畅；宫颈重度糜烂，见菜花状赘生物，伴接触性出血，前穹窿处增厚，质硬；子宫中位，略小，质中，无压痛；附件未见明显异常。宫颈活检病理诊断：宫颈鳞状细胞癌二级。诊断：宫颈癌Ⅱa期。12月27日局麻下行双侧子宫动脉灌注化疗＋栓塞术。穿刺导管径路由右侧股动脉送入，固定导管将多西他塞80 mg＋DDP60 mg分2份双侧子宫动脉内灌注，并以明胶海绵颗粒栓塞治疗，主干分别以弹簧圈栓塞。2012年1月13日全麻下行广泛全子宫＋双附件切除术＋盆腔淋巴结清扫术。术中见：右输卵管增粗明显。切除标本，残端用碘酊消毒后用1号可吸收线连续锁扣式缝合，阴道内T型管引流，术毕标本送病检，病理诊断报告：①（输卵管周围组织）纤维脂肪组织，未见肿瘤；② 子宫颈大细胞非角化鳞癌，部分为角化鳞癌，肿瘤浸润深肌层，脉管浸润(-)，神经浸润(-)；③ 增生期子宫内膜，子宫肌层无异常；④ 双侧输卵管、卵巢阴性；⑤ 左、右腹股沟淋巴结阴性，左、右闭孔淋巴结阴性，右髂内、外淋巴结阴性，右髂总淋巴结阴性。1月27日B超示：排尿后膀胱内残余尿约200 mL。1月31日诉右腰部疼痛，小便不畅。予以654-2解痉处理及左氧氟沙星抗感染治疗。2月4日B超示：右肾积水，右输尿管上段扩张。请泌尿科会诊，予以CT检查处理。2月6日腹部＋盆腔CT示：宫颈癌术后变，盆腔内少量积液，右侧输尿管及肾盂扩张积水改变，左肾肾小盏结石，余肝胆胰脾双肾及盆腔CT平扫未见明显异常。2月8日腰痛好转，仍有尿频。2月9日行右侧输尿管镜检查术＋双J管置入术。检查见右侧输尿管下段黏膜正常，距输尿管口约10 cm处见管腔扭曲，黏膜苍白，未见结石、肿物。多次向上插入困难，故留置斑马丝，退出输尿管镜，导丝引导下插入4.8F双“J”管有阻力，可通过。术毕，留置F18尿管。保持尿管引流通畅。当日腹部卧位片：腹部平片未见异常；右侧输尿置管术后改变。2月16日B超示：右肾肾窦分离积液；右输尿管扩张；排尿后膀胱内残余尿约100 mL。2月19日出院诊断：宫颈恶性肿瘤(宫颈鳞状细胞癌Ⅱa期)，肾积水(右)，泌尿道感染。医嘱：每3个月至泌尿科调整(更换)双J管。

3. 鉴定意见

被鉴定人谢某因医疗损伤致双侧附件切除术后的休息期为90日，护理期为30日，营养期为60日；其目前右肾输尿管积水需定期更换双J管，更换频次建议以临床专科医师医嘱为准，每次更换需酌情休息3～7日，无需特殊护理及营养。

4. 评析

本案鉴定的关键在于谢某原系行宫颈癌手术，术中切除双侧卵巢存在医疗过错。按照沪司鉴办[2008]1号《人身损害受伤人员休息期、营养期、护理期评定标准(试行)》有关条款之规定，一侧附件(卵巢)损伤行手术治疗的休息期为30～90日，营养期为30～60日，护理期为30～60日，双侧损伤应适当延长，加之其系恶性肿瘤术后患者，结合“个体化原则”，故鉴定人做出如上鉴定意见。

因谢某术后出现右肾积水很可能与手术有关，其本次医疗损害后在相当长的一段时期内仍需继续治疗(存在医疗依赖)，故鉴定人提出今后行双J管更换治疗所需的休息期，供人民法院审判时参考。

四、下肢骨折术后创面迁延不愈

1. 案情摘要

何某，男性，44岁。2012年3月14日，何某因外伤致左小腿骨折急诊入住某医院治疗，后发生医疗纠纷。

2013年9月18日，某市医学会医疗损害鉴定分析认为：某医院在医疗活动中存在伤口后期处理欠积极，清创记录不全的医疗过错，与患者何某伤口愈合不佳的状况存在一定的因果关系。患者何某的人身医疗损害等级为四级；医疗过错医方的责任程度为轻微责任。

何某为索求医方赔偿，诉至当地人民法院，法院遂委托人委托本所司法鉴定中心对何某本次医疗损害后所需的休息、营养、护理期进行法医学鉴定。

2. 病史摘要

(1) 2012年3月14日至3月22日某医院住院病史

外伤致左小腿肿痛、活动受限2小时余。查体：左小腿下段肿胀，压痛，拒动。左胫腓骨摄正侧位X线片：左胫腓骨骨折。入院后急诊行骨折切开复位内固定术，术后予抗炎消肿，止痛并对症支持治疗。出院时情况：左小腿外包敷料无渗出，手术切口对合良好，左小腿及左足稍肿胀，石膏固定中，足背动脉可及，足趾末梢血运可。

(2) 2012年10月11日某医院门诊病史

骨折术后7月。左小腿无明显肿胀，内踝上缘有一绿豆大伤口，少量渗出。处理：伤口换药等。

3. 鉴定检验所见

(1) 体格检查

神清，步入检查室，查体合作，对答切题。左小腿胫前区可见纵行手术瘢痕。左内踝上方见两处创面未愈(皮肤软组织缺损)，敷料覆盖、填塞中。去除敷料后可见创面尚干燥，未见明显渗出，肉芽欠新鲜，深部可见内固定钢板。

(2) 阅片所见

2012年3月15日左胫腓骨X线片示：左胫骨下段粉碎性骨折，左腓骨上段骨折。

2012年11月14日、2012年12月26日左胫腓骨X线片示：左胫骨骨折内固定中，左胫腓骨骨折逐渐愈合中表现。

2013年4月2日左胫腓骨X线片示：左胫骨骨折内固定在位，左胫腓骨骨折愈合，未见确切骨髓炎征象。

4. 鉴定意见

被鉴定人何某原发骨折(胫腓骨骨折)应休息180 d，护理90 d，营养60 d。何某术后伤口愈合不佳，至医疗损害鉴定时仍处于不愈合状态，考虑两处不愈合创面紧邻内固定物及骨质，有导致骨髓炎的风险，故不宜剧烈运动及从事重体力活动，可延长休息至医疗事故技术鉴定前一日(视为医疗终结)。因鉴定时上述创面基本稳定，故无需特殊护理及补充特殊营养。

5. 评析

左胫腓骨骨折系何某自身疾病(损伤)，参照沪司鉴办[2008]1号《人身损害受伤人员休息期、营养期、护理期评定标准(试行)》，其治疗所需的“三期”已如上述鉴定意见所述，不宜计算在医疗损害的赔偿范围内。但本案关键在于何某术后创面持续不愈，在相当长的一段时期内行创面换药治疗。依照2004年5月1日起实施的《最高人民法院关于审理人身损害赔偿案件适用法律若干问题》第二十条之规定，受害人因伤致残持续误工的，最多计算至定残前一天。医疗损害鉴定包含了伤残等级评定的含义，故本案何某休息(误工)期可评定至医疗损害鉴定(定残)前一日。

因损伤致持续误工，其休息期最多可计算至定残前一日，并不意味着只要不定残，伤者的休息(误工)期即可无限延长。按照沪司鉴办[2008]1号《人身损害受伤人员休息期、营养期、护理期评定标准(试行)》附则之规定，对于一些损伤后恢复期较长的受伤人员，休息期评定原则上不超过24个月(720日)。事实上，绝大多数损伤的临床医疗及必要的康复在上述期限内可以结束，受伤人员坚持以治疗尚未终结为由而拒绝伤残评定的，按照GB18667－2002《道路交通事故受伤人员伤残评定》有关规定，可由办案机关组织专门人员进行是否达到医疗终结的鉴定。

五、输卵管疏通术后肠瘘

1. 案情摘要

患者，杨某，女，38岁。因"盆腔包块"入住某市计生所医院，予行手术治疗，术后出现肠瘘，经多家医院诊疗，目前肠瘘愈合，诉仍遗留间歇性腹痛。杨某认为医方存在医疗过错并对自身造成了人身损害，遂诉至人民法院，要求赔偿。

经医疗损害鉴定，医方术前对手术难度(盆腔巨大包块)估计不足，术前准备不充分(未行肠道准备)。医方手术记录描述不清，无法证明手术操作是否规范。患者术后出现肠瘘，与医方手术操作存在相关性，与患者目前肠功能轻度障碍有主要因果关系。本例属于对患者人身的医疗损害(三级丁等)，对应九级伤残，医方承担主要责任。

现为进一步确定赔偿额度，法院进一步委托进行"三期"鉴定。

2. 病史摘要

2012年5月17日某医科大学附属医院行子宫输卵管造影(HSG)提示：双侧输卵管不通。6月13日，某市计生所医院B超示：子宫肌层回声欠均，盆腔巨大囊性包块(128 mm×108 mm×57 mm)，活动度小，右卵巢生长卵泡。6月15日，因"发现盆腔包块半年，要求手术"入住该院。6月16日行腹腔镜下探查术，因盆腔粘连转剖腹术＋盆腔粘连分解术。术中探查见：下腹部粘连致密，分离粘连暴露子宫及双附件，见子宫及双附件与肠管粘连致密，子宫后方一肿块，由肠管、网膜包裹成假性囊肿(12 cm×11 cm×7 cm)，囊壁透亮，囊内液为透亮液体，吸出囊液400 mL，探查子宫及双附件暴露不清。6月22日出院。

7月3日，腹部切口哆开，有液体流出，伴发热。7月7日入住解放军某军区总医院。7月9日行X线造影检查示"小肠瘘"。7月12日腹部CT示"小肠瘘术后改变；左侧附件囊性占位，考虑囊肿可能大；直肠右侧囊性占位，考虑淋巴管囊肿可能，包裹性积液不能除外"。7月16日行X线造影检查示"末端回肠瘘"。给予反复尝试自体纤维蛋白胶堵及高渗盐水敷料覆盖，后腹部瘘口闭合。8月22日出院。

9月4日至12月12日因"小肠不全性肠梗阻"至某三级甲等中医医院门诊行中医中药非手术治疗。

2012年12月16日至2013年1月4日因"小肠不全性肠梗阻"入住某区中心医院，行DSA下鼻肠管植入术引流。

1月4日因“急性不全性小肠梗阻”入住某区医院外科，1月8日行剖腹探查＋复杂性粘连松解＋节段性小肠切除＋右侧卵巢囊肿剥除术。术中切除空肠20 cm。4月7日出院。

4月25日因“剖腹探查术后3月余，切口下端反复渗血”再次入住某区医院外科，6月20日下腹部CT示“双侧附件区类圆形低密度灶，生理性囊肿可能；前腹壁切口疝形成”。6月27日行腹部切口疝修补术。

3. 鉴定意见

因医疗损害需酌情休息360日，护理120日，营养240日。

4. 评析

医疗损害三期鉴定的最大难点在于自身疾病与体质因素与医疗因素、医疗过错因素的相互混杂，鉴定人应能准确把握，剔除不应当由医方承担的各种因素，仅就医疗过错造成的“三期”延长做出评定。

就本案而言，患者原拟行输卵管疏通术，正常情况下术后所需“三期”与损害后果“肠瘘”在病情的复杂性与严重程度上存在重大差异。故在实际“三期”鉴定时可着重讨论肠瘘治疗情况。

在“三期”鉴定时，我们可尝试按表21－5所反映的诊疗情况考虑“三期”鉴定。

表21－5 杨某肠瘘诊疗情况

起止日期	诊疗情况
2012年6月15日～6月22日	输卵管疏通术(腹腔镜转剖腹)
2012年7月3日～8月22日	出现肠瘘，行封堵术，瘘口闭合
2012年9月4日～12月12日	不全性肠梗阻，行非手术治疗
2012年12月16日～2013年1月4日	粘连性肠梗阻，慢性盆腔炎，予介入治疗
2013年1月4日～4月7日	行肠梗阻手术
2013年4月25日～6月30日	腹部切口疝修补术

六、胸椎术后下肢截瘫

1. 案情摘要

魏某，男性，57岁。2011年10月10日因“双下肢麻木不适近2个月，加重并行走不稳2周”入住某大学附属医院。医方予行手术治疗，术后谢某出现双下肢截瘫，引发纠纷。魏某为要求赔偿，诉至当地人民法院。

2013年5月7日，某市医学会医疗损害鉴定分析认为：患者术后发生截瘫的主要原因与患者原发疾病的严重性和中胸椎手术难度大、风险高、胸髓血供差、易发生脊髓缺血及缺血再灌注损伤等因素，但与手术的损害也有一定的因果关系，而且后果严重，至今不能恢复。当患者术后即出现截瘫损害时，医方的后续处理不够积极，存在不足。医方在医疗活动中存在医疗过错，与患者的人身损害后果之间存在一定的因果关系，医方的责任程度为次要责任。

一审法院据此作出判决，但魏某不服法院认定的后续护理人数，遂上诉至中级人民法院。中级人民法院为正确审理，委托本所司法鉴定中心对魏某后续(定残以后)的护理依赖程度进行法医学鉴定。

2. 病史摘要

因“双下肢麻木不适近 2 个月，加重并行走不稳 2 周”于 2011 年 10 月 10 日入住某大学附属医院骨科病房。自述入院时下肢麻木症状已逐渐向上蔓延至脐、腰之间，腰部有束缚感，并出现走路发飘感，当地医院就诊摄 MRI 片示“胸 8/9 腰椎退行性改变，相应平面椎管狭窄”，建议手术。查体：步入病房，胸椎及腰椎生理弯曲存在，棘突无压痛及叩击痛，椎旁无压痛；直腿抬高试验(-)；身体脐水平以下痛觉及轻触觉减退，双下肢深感觉正常；双下肢肌张力增高，双侧膝腱反射减弱。入院诊断：胸椎管狭窄；胸 9 后纵韧带骨化；胸 8/9 黄韧带骨化；高血压病；糖尿病。

2011 年 10 月 13 日在全麻下行胸椎后路黄韧带切除减压融合内固定术。10 月 14 日 9:48，出现双下肢不能活动，肋弓水平以下无感觉。查体：双上肢感觉、运动未见明显异常；身体脐水平以下痛觉及轻触觉减退，双下肢深感觉消失；双下肢肌力 0 级，肌张力不高；双下肢膝腱反射减弱，巴彬斯基征(-)。

2011 年 10 月 19 日出院，转某市区中心医院。入院诊断：胸椎管狭窄症伴截瘫术后；胸椎术后切口感染；胸椎术后脑脊液漏；高血压病；糖尿病。查体：卧床位，无法站立；背部可见一纵行手术切口，缝线在位，伤口略红肿，有分泌物；双下肢肌肉稍萎缩，肌力减退，双下肢肌力 0 级，脐水平线以下及双下肢皮肤感觉消失；双侧膝、踝、跖反射消失，会阴部触痛觉消失，肛门反射消失，肛门括约肌收缩消失，双侧提睾反射消失，病理反射未引出，双下肢各关节主动活动消失，被动活动正常，双下肢末梢血运正常。经抗感染、伤口换药、神经营养等对症治疗，于 2011 年 11 月 1 日出院。

其后多次在多家医院治疗，病情无明显好转。

3. 鉴定意见

本案采用《日常生活活动能力评分量表》，结果如下：床上活动 5 分；穿衣 5 分；修饰 5 分；洗澡 0 分；床椅转移 0 分；行走 5 分；小便始末 0 分；大便始末 0 分；用厕 0 分。共计 20 分。符合完全护理依赖。

鉴定人于鉴定意见发出后，回复中级人民法院咨询：依照有关法医学理论及相关规定，完全护理依赖系指每日需 2 人(或者 2 人以上)护理。

4. 评析

本案中，原、被告对护理费用争议较大，一审法院认定护理费按照按 1 620 元/月计算 20 年(护理人数 1 人)。原告对护理人数不服，上诉至中级人民法院。在涉及损害后果较为严重(伤残级别高)的案件时，护理依赖程度是法医学鉴定的常见内容，本案关键在于一审法院判决时所依据的医学会医疗损害鉴定中，未对护理依赖程度加以分析和鉴定。经二审法院委托司法鉴定，按照相关技术标准明确鉴定魏某属完全护理依赖，即生活自理能力完全丧失。护理依赖赔付比例、护理人数与护理依赖程度直接相关：① 完全护理依赖，赔付比例为 100%，一般需 2 人或 2 人以上护理(通常仅计算 2 人)；② 大部分护理依赖，赔付比例为 80%，一般需 1 至 2 人护理(可视具体情况计算 1 人或 2 人)；③ 部分护理依赖，赔付比例为 50%，一般需 1 人护理。

(夏晴　夏文涛)

司法实务篇

医 疗 纠 纷 的 鉴 定 与 防 范

第二十二章　国内医疗纠纷案件典型判例

20 世纪 80 年代中期以来，我国有关医疗纠纷的法律、法规不断健全、完善，期间大致经历了三个阶段，即以《民法通则》为主要法律依据的时代，以《民法通则》结合《最高人民法院关于民事诉讼证据的若干规定》为主要处理依据的时代，以及以《侵权责任法》为主要法律依据的时代。三个时代虽各有不同的特点，但其中颇有关联之处，以往许多典型案例即使对于今天而言同样具有借鉴意义。

第一节　《民法通则》与医疗纠纷有关的条款及其释义

一、《民法通则》与医疗纠纷有关的条款

《中华人民共和国民法通则》(简称《民法通则》)于 1986 年 4 月 12 日第六届全国人民代表大会第四次会议通过，1987 年 1 月 1 日起施行。《民法通则》与医疗纠纷民事诉讼有关的主要条款如下所列。

第二条　【调整范围】中华人民共和国民法调整平等主体的公民之间、法人之间、公民和法人之间的财产关系和人身关系。

第三条　【平等原则】当事人在民事活动中的地位平等。

第四条　【自愿、公平、等价有偿、诚实信用原则】民事活动应当遵循自愿、公平、等价有偿、诚实信用的原则。

第五条　【民事权益受法律保护原则】公民、法人的合法的民事权益受法律保护，任何组织和个人不得侵犯。

第六条　【遵守法律和政策原则】民事活动必须遵守法律，法律没有规定的，应当遵守国家政策。

第九条　【公民民事权利能力的开始与终止】公民从出生时起到死亡时止，具有民事权利能力，依法享有民事权利，承担民事义务。

第十条　【公民民事权利能力平等】公民的民事权利能力一律平等。

第十一条　【完全民事行为能力人】十八周岁以上的公民是成年人，具有完全民事行为能力，可以独立进行民事活动，是完全民事行为能力人。

十六周岁以上不满十八周岁的公民，以自己的劳动收入为主要生活来源的，视为完全民事行为能力人。

第十二条 【未成年人的民事行为能力】十周岁以上的未成年人是限制民事行为能力人，可以进行与他的年龄、智力相适应的民事活动；其他民事活动由他的法定代理人代理，或者征得他的法定代理人的同意。

不满十周岁的未成年人是无民事行为能力人，由他的法定代理人代理民事活动。

第十三条 【精神患者的民事行为能力】不能辨认自己行为的精神患者是无民事行为能力人，由他的法定代理人代理民事活动。

不能完全辨认自己行为的精神患者是限制民事行为能力人，可以进行与他的精神健康状况相适应的民事活动；其他民事活动由他的法定代理人代理，或者征得他的法定代理人的同意。

第十四条 【法定代理人】无民事行为能力人、限制民事行为能力人的监护人是他的法定代理人。

第十六条 【未成年人的监护人】未成年人的父母是未成年人的监护人。

未成年人的父母已经死亡或者没有监护能力的，由下列人员中有监护能力的人担任监护人：

（一）祖父母、外祖父母；

（二）兄、姐；

（三）关系密切的其他亲属、朋友愿意承担监护责任，经未成年人的父、母的所在单位或者未成年人住所地的居民委员会、村民委员会同意的。

对担任监护人有争议的，由未成年人的父、母的所在单位或者未成年人住所地的居民委员会、村民委员会在近亲属中指定。对指定不服提起诉讼的，由人民法院裁决。

没有第一款、第二款规定的监护人的，由未成年人的父、母的所在单位或者未成年人住所地的居民委员会、村民委员会或者民政部门担任监护人。

第十七条 【精神患者的监护人】无民事行为能力或者限制民事行为能力的精神患者，由下列人员担任监护人：

（一）配偶；

（二）父母；

（三）成年子女；

（四）其他近亲属；

（五）关系密切的其他亲属、朋友愿意承担监护责任，经精神患者的所在单位或者住所地的居民委员会、村民委员会同意的。

对担任监护人有争议的，由精神患者的所在单位或者住所地的居民委员会、村民委员会在近亲属中指定。对指定不服提起诉讼的，由人民法院裁决。

没有第一款规定的监护人的，由精神患者的所在单位或者住所地的居民委员会、村民委员会或者民政部门担任监护人。

第三十六条 【法人的定义及其权利能力和行为能力】法人是具有民事权利能力和民事行为能力，依法独立享有民事权利和承担民事义务的组织。

法人的民事权利能力和民事行为能力，从法人成立时产生，到法人终止时消灭。

第三十七条　【法人的条件】法人应当具备下列条件：

（一）依法成立；

（二）有必要的财产或者经费；

（三）有自己的名称、组织机构和场所；

（四）能够独立承担民事责任。

第三十八条　【法定代表人】依照法律或者法人组织章程规定，代表法人行使职权的负责人，是法人的法定代表人。

第五十四条　【民事法律行为】民事法律行为是公民或者法人设立、变更、终止民事权利和民事义务的合法行为。

第五十五条　【民事法律行为的实质要件】民事法律行为应当具备下列条件：

（一）行为人具有相应的民事行为能力；

（二）意思表示真实；

（三）不违反法律或者社会公共利益。

第五十六条　【民事法律行为的形式要件】民事法律行为可以采取书面形式、口头形式或者其他形式。法律规定是特定形式的，应当依照法律规定。

第五十七条　【民事法律行为的法律效力】民事法律行为从成立时起具有法律约束力。行为人非依法律规定或者取得对方同意，不得擅自变更或者解除。

第五十八条　【无效民事行为】下列民事行为无效：

（一）无民事行为能力人实施的；

（二）限制民事行为能力人依法不能独立实施的；

（三）一方以欺诈、胁迫的手段或者乘人之危，使对方在违背真实意思的情况下所为的；

（四）恶意串通，损害国家、集体或者第三人利益的；

（五）违反法律或者社会公共利益的；

（六）经济合同违反国家指令性计划的；

（七）以合法形式掩盖非法目的的。

无效的民事行为，从行为开始起就没有法律约束力。

第五十九条　【可变更、可撤销的民事行为】下列民事行为，一方有权请求人民法院或者仲裁机关予以变更或者撤销：

（一）行为人对行为内容有重大误解的；

（二）显失公平的。

被撤销的民事行为从行为开始起无效。

第六十条　【部分无效的民事行为】民事行为部分无效，不影响其他部分的效力的，其他部分仍然有效。

第六十一条　【民事行为无效、撤销的法律后果】民事行为被确认为无效或者被撤销后，当事人因该行为取得的财产，应当返还给受损失的一方。有过错的一方应当赔偿对方因此所受的损失，双方都有过错的，应当各自承担相应的责任。

双方恶意串通，实施民事行为损害国家的、集体的或者第三人的利益的，应当追缴双方取得的财产，收归国家、集体所有或者返还第三人。

第六十二条 【附条件的民事行为】民事法律行为可以附条件，附条件的民事法律行为在符合所附条件时生效。

第六十三条 【代理及其适用范围】公民、法人可以通过代理人实施民事法律行为。

代理人在代理权限内，以被代理人的名义实施民事法律行为。被代理人对代理人的代理行为，承担民事责任。

依照法律规定或者按照双方当事人约定，应当由本人实施的民事法律行为，不得代理。

第六十四条 【代理的种类】代理包括委托代理、法定代理和指定代理。

委托代理人按照被代理人的委托行使代理权，法定代理人依照法律的规定行使代理权，指定代理人按照人民法院或者指定单位的指定行使代理权。

第六十五条 【委托代理的形式】民事法律行为的委托代理，可以用书面形式，也可以用口头形式。法律规定用书面形式的，应当用书面形式。

书面委托代理的授权委托书应当载明代理人的姓名或者名称、代理事项、权限和期间，并由委托人签名或者盖章。

委托书授权不明的，被代理人应当向第三人承担民事责任，代理人负连带责任。

第八十五条 【合同的定义】合同是当事人之间设立、变更、终止民事关系的协议。依法成立的合同，受法律保护。

第八十八条 【合同的履行】合同的当事人应当按照合同的约定，全部履行自己的义务。

合同中有关质量、期限、地点或者价款约定不明确，按照合同有关条款内容不能确定，当事人又不能通过协商达成协议的，适用下列规定：

（一）质量要求不明确的，按照国家质量标准履行，没有国家质量标准的，按照通常标准履行。

……

（三）履行地点不明确，给付货币的，在接受给付一方的所在地履行，其他标的在履行义务一方的所在地履行。

（四）价款约定不明确的，按照国家规定的价格履行；没有国家规定价格的，参照市场价格或者同类物品的价格或者同类劳务的报酬标准履行。

第九十八条 【生命健康权】公民享有生命健康权。

第一百条 【肖像权】公民享有肖像权，未经本人同意，不得以营利为目的使用公民的肖像。

第一百零一条 【名誉权】公民、法人享有名誉权，公民的人格尊严受法律保护，禁止用侮辱、诽谤等方式损害公民、法人的名誉。

第一百零六条 【归责原则】公民、法人违反合同或者不履行其他义务的，应当承担民事责任。

公民、法人由于过错侵害国家的、集体的财产，侵害他人财产、人身的，应当承担民事责任。

没有过错，但法律规定应当承担民事责任的，应当承担民事责任。

第一百零七条　【民事责任的免除】因不可抗力不能履行合同或者造成他人损害的，不承担民事责任，法律另有规定的除外。

第一百一十一条　【违约责任的一般条款】当事人一方不履行合同义务或者履行合同义务不符合约定条件的，另一方有权要求履行或者采取补救措施，并有权要求赔偿损失。

第一百一十二条　【赔偿责任与违约金】当事人一方违反合同的赔偿责任，应当相当于另一方因此所受到的损失。

当事人可以在合同中约定，一方违反合同时，向另一方支付一定数额的违约金；也可以在合同中约定对于违反合同而产生的损失赔偿额的计算方法。

第一百一十三条　【双方违约】当事人双方都违反合同的，应当分别承担各自应负的民事责任。

第一百一十四条　【防止损失扩大】当事人一方因另一方违反合同受到损失的，应当及时采取措施防止损失的扩大；没有及时采取措施致使损失扩大的，无权就扩大的损失要求赔偿。

第一百一十五条　【合同变更或解除时的违约责任】合同的变更或者解除，不影响当事人要求赔偿损失的权利。

第一百一十七条　【侵害财产权的民事责任】侵占国家的、集体的财产或者他人财产的，应当返还财产，不能返还财产的，应当折价赔偿。

损坏国家的、集体的财产或者他人财产的，应当恢复原状或者折价赔偿。

受害人因此遭受其他重大损失的，侵害人并应当赔偿损失。

第一百一十九条　【侵害生命健康权的民事责任】侵害公民身体造成伤害的，应当赔偿医疗费、因误工减少的收入、残废者生活补助费等费用；造成死亡的，并应当支付丧葬费、死者生前扶养的人必要的生活费等费用。

第一百二十条　【侵害人格权责任】公民的姓名权、肖像权、名誉权、荣誉权受到侵害的，有权要求停止侵害，恢复名誉，消除影响，赔礼道歉，并可以要求赔偿损失。

法人的名称权、名誉权、荣誉权受到侵害的，适用前款规定。

第一百二十二条　【产品责任】因产品质量不合格造成他人财产、人身损害的，产品制造者、销售者应当依法承担民事责任。运输者、仓储者对此负有责任的，产品制造者、销售者有权要求赔偿损失。

第一百二十九条　【紧急避险】因紧急避险造成损害的，由引起险情发生的人承担民事责任。如果危险是由自然原因引起的，紧急避险人不承担民事责任或者承担适当的民事责任。因紧急避险采取措施不当或者超过必要的限度，造成不应有的损害的，紧急避险人应当承担适当的民事责任。

第一百三十条　【共同侵权】二人以上共同侵权造成他人损害的，应当承担连带责任。

第一百三十一条　【混合过错】受害人对于损害的发生也有过错的，可以减轻侵害人的民事责任。

第一百三十二条　【公平责任】当事人对造成损害都没有过错的，可以根据实际情况，由当事人分担民事责任。

第一百三十四条 【承担民事责任的方式】承担民事责任的方式主要有：

（一）停止侵害；

（二）排除妨碍；

（三）消除危险；

（四）返还财产；

（五）恢复原状；

（六）修理、重作、更换；

（七）赔偿损失；

（八）支付违约金；

（九）消除影响、恢复名誉；

（十）赔礼道歉。

以上承担民事责任的方式，可以单独适用，也可以合并适用。

人民法院审理民事案件，除适用上述规定外，还可以予以训诫、责令具结悔过、收缴进行非法活动的财物和非法所得，并可以依照法律规定处以罚款、拘留。

第一百三十五条 【普通诉讼时效】向人民法院请求保护民事权利的诉讼时效期间为二年，法律另有规定的除外。

第一百三十六条 【特别诉讼时效】下列的诉讼时效期间为一年：

（一）身体受到伤害要求赔偿的；

（二）出售质量不合格的商品未声明的；

（三）延付或者拒付租金的；

（四）寄存财物被丢失或者损毁的。

第一百三十七条 【诉讼时效的开始与终止】诉讼时效期间从知道或者应当知道权利被侵害时起计算。但是，从权利被侵害之日起超过二十年的，人民法院不予保护。有特殊情况的，人民法院可以延长诉讼时效期间。

第一百三十八条 【当事人自愿履行】超过诉讼时效期间，当事人自愿履行的，不受诉讼时效限制。

第一百三十九条 【诉讼时效的中止】在诉讼时效期间的最后六个月内，因不可抗力或者其他障碍不能行使请求权的，诉讼时效中止。从中止时效的原因消除之日起，诉讼时效期间继续计算。

第一百四十条 【诉讼时效的中断】诉讼时效因提起诉讼、当事人一方提出要求或者同意履行义务而中断。从中断时起，诉讼时效期间重新计算。

第一百四十一条 【诉讼时效的特殊规定】法律对诉讼时效另有规定的，依照法律规定。

第一百五十三条 【不可抗力】本法所称的“不可抗力”，是指不能预见、不能避免并不能克服的客观情况。

二、《民法通则》与医疗纠纷有关的条款的释义

1. 平等原则

当事人在民事活动中的法律地位平等，各自独立，互不隶属。

民事主体之间在享受权利、履行义务方面是对等的，除法律规定和当事人约定可以无偿的以外，民事主体从其他民事主体处得到的利益均应支付一定的对价。

民事主体的合法权益受法律的平等保护。任何一方不法损害他人的利益，都应依法承担相应的民事责任。

2. 自愿、公平、等价有偿、诚实信用原则

自愿原则又称意思自治原则，是指民事主体依照自己的理性判断，自主参与民事活动，管理自己的私人事务，不受国家权力和其他民事主体的非法干预。

民事主体的权利、义务与责任的承担上，体现公平原则，民事行为的结果不能显失公平，否则就应公平为尺度，协调当事人间的利益关系；法院在处理民事案件时，法律有明确规定的，按照规定处理；法律规定不具体或无规定，当事人也无法约定时，法官应依公平原则作出裁决。

民事主体在进行民事活动时应善意、诚实、信用。

3. 自然人民事权利能力

民事权利能力，是指民事主体依法享有民事权利和承担民事义务的资格。

公民的民事权利能力自出生时开始。出生的时间以户籍证明为准；没有户籍证明的，以医院出具的出生证明为准。没有医院证明的，参照其他有关证明认定。

4. 被宣告死亡人的民事权利能力和行为能力

被宣告死亡的人，判决宣告之日为其死亡的日期。

被宣告死亡的人没有死亡的，其民事权利能力和行为能力不消失，其实施的民事行为依然有效。

5. 未成年人民事行为能力

十六周岁以上不满十八周岁的公民，能够以自己的劳动取得收入，并能维持当地群众一般生活水平的，可以认定为以自己的劳动收入为主要生活来源的完全民事行为能力人。

十周岁以上的未成年人进行的民事活动是否与其年龄、智力状况相适应，可以从行为与本人生活相关联的程度、本人的智力能否理解其行为，并预见相应的行为后果，以及行为标的数额等方面认定。

6. 无民事行为能力、限制民事行为能力人的合同效力

无民事行为能力人、限制民事行为能力人接受奖励、赠与、报酬，他人不得以行为人无民事行为能力、限制民事行为能力为由，主张以上行为无效。

限制民事行为能力人订立的合同，经法定代理人追认后，该合同有效，但纯获利益的合同或者与其年龄、智力、精神健康状况相适应而订立的合同，不必经法定代理人追认。相对人可以催告法定代理人在1个月内予以追认。法定代理人未作表示的，视为拒绝追认。合同被追认之前，善意相对人有撤销的权利。撤销应当以通知的方式作出。

无行为能力人或者限制行为能力人所立的遗嘱无效。

7. 精神患者民事行为能力

不能完全辨认自己行为的精神患者进行的民事活动，是否与其精神健康状态相适应，可以从行为与本人生活相关联的程度，本人的精神状态能否理解其行为，并预见相应的行为后果，以及行为标的数额等方面认定。

精神患者(包括痴呆症人)如果没有判断能力和自我保护能力,不知其行为后果的,可以认定为不能辨认自己行为的人;对于比较复杂的事物或者比较重大的行为缺乏判断能力和自我保护能力,并且不能预见其行为后果的,可以认定为不能完全辨认自己行为的人。

当事人是否患有精神病,人民法院应当根据司法精神病学鉴定或者参照医院的诊断、鉴定确认。在不具备诊断、鉴定条件的情况下,也可以参照群众公认的当事人的精神状态认定,但应以利害关系人没有异议为限。

8. 监护人

认定监护人监护能力,应当根据监护人的身体健康状况、经济条件,以及与被监护人在生活上的联系状况等因素确定。

民法通则中规定的近亲属,包括配偶、父母、子女、兄弟姐妹、祖父母、外祖父母、孙子女、外孙子女。

为患有精神病的未成年人设定监护人,适用民法通则第十六条的规定。

人民法院指定监护人时,可以将民法通则第十六条第二款中(一)、(二)、(三)项或第十七条第一款中的(一)、(二)、(三)、(四)、(五)项规定视为指定监护人的顺序。前一顺序有监护资格的人无监护能力或者对被监护人明显不利的,人民法院可以根据对被监护人有利的原则,从后一顺序有监护资格的人中择优确定。被监护人有识别能力的,应视情况征求被监护人的意见。

监护人可以是一人,也可以是同一顺序中的数人。

有监护资格的人之间协议确定监护人的,应当由协议确定的监护人对被监护人承担监护责任。

对于担任监护人有争议的,应当按照民法通则第十六条第三款或者第十七条第二款的规定,由有关组织予以指定。未经指定而向人民法院起诉的,人民法院不予受理。

夫妻离婚后,与子女共同生活的一方无权取消对方对该子女的监护权;但是,未与该子女共同生活的一方,对该子女有犯罪行为、虐待行为或者对该子女明显不利的,人民法院认为可以取消的除外。

夫妻一方死亡后,另一方将子女送给他人收养,如收养对子女的健康成长并无不利,又办了合法收养手续的,认定收养关系成立;其他有监护资格的人不得以收养未经其同意而主张收养关系无效。

9. 法人权利能力的产生

法人的民事权利能力和民事行为能力,从法人成立时产生,到法人终止时消灭。

全民所有制企业、集体所有制企业有符合国家规定的资金数额,有组织章程、组织机构和场所,能够独立承担民事责任,经主管机关核准登记,取得法人资格。

在中华人民共和国领域内设立的中外合资经营企业、中外合作经营企业和外资企业,具备法人条件的,依法经工商行政管理机关核准登记,取得中国法人资格。

有独立经费的机关从成立之日起,具有法人资格。

具备法人条件的事业单位、社会团体,依法不需要办理法人登记的,从成立之日起,具有法人资格;依法需要办理法人登记的,经核准登记,取得法人资格。

企业之间或者企业、事业单位之间联营，组成新的经济实体，独立承担民事责任、具备法人条件的，经主管机关核准登记，取得法人资格。

10．法人责任

全民所有制企业法人以国家授予它经营管理的财产承担民事责任。集体所有制企业法人以企业所有的财产承担民事责任。中外合资经营企业法人、中外合作经营企业法人和外资企业法人以企业所有的财产承担民事责任，法律另有规定的除外。

企业之间或者企业、事业单位之间联营，共同经营、不具备法人条件的，由联营各方按照出资比例或者协议的约定，以各自所有的或者经营管理的财产承担民事责任。依照法律的规定或者协议的约定负连带责任的，承担连带责任。

企业之间或者企业、事业单位之间联营，按照合同的约定各自独立经营的，它的权利和义务由合同约定，各自承担民事责任。

公司是企业法人，有独立的法人财产，享有法人财产权。公司以其全部财产对公司的债务承担责任。有限责任公司的股东以其认缴的出资额为限对公司承担责任；股份有限公司的股东以其认购的股份为限对公司承担责任。

11．特殊情形下民事行为的成立条件

书面形式是指合同书、信件和数据电文（包括电报、电传、传真、电子数据交换和电子邮件）等可以有形地表现所载内容的形式。

当事人以录音、录像等视听资料形式实施的民事行为，如有两个以上无利害关系人作为证人或者有其他证据证明该民事行为符合民法通则第五十五条的规定，可以认定有效。

一方当事人向对方当事人提出民事权利的要求，对方未用语言或者文字明确表示意见，但其行为表明已接受的，可以认定为默示。不作为的默示只有在法律有规定或者当事人双方有约定的情况下，才可以视为意思表示。

间歇性精神患者的民事行为，确能证明是在发病期间实施的，应当认定无效。

行为人在神志不清的状态下所实施的民事行为，应当认定无效。

12．民事行为中的欺诈、胁迫、乘人之危、重大误解、显失公平

一方当事人故意告知对方虚假情况，或者故意隐瞒真实情况，诱使对方当事人作出错误意思表示的，可以认定为欺诈行为。

以给公民及其亲友的生命健康、荣誉、名誉、财产等造成损失或者以给法人的荣誉、名誉、财产等造成损害为要挟，迫使对方作出违背真实的意思表示的，可以认定为胁迫行为。

一方当事人乘对方处于危难之机，为牟取不正当利益，迫使对方作出不真实的意思表示，严重损害对方利益的，可以认定为乘人之危。

行为人因对行为的性质、对方当事人、标的物的品种、质量、规格和数量等的错误认识，使行为的后果与自己的意思相悖，并造成较大损失的，可以认定为重大误解。

一方当事人利用优势或者利用对方没有经验，致使双方的权利义务明显违反公平、等价有偿原则的，可以认定为显失公平。

对于重大误解或者显失公平的民事行为，当事人请求变更的，人民法院应当予以变更；当事人请求撤销的，人民法院可以酌情予以变更或者撤销。

可变更或者可撤销的民事行为，自行为成立时起超过一年当事人才请求变更或撤销

的，人民法院不予保护。

13. 合同无效的法定情形

有下列情形之一的，合同无效：

(1) 一方以欺诈、胁迫的手段订立合同，损害国家利益；

(2) 恶意串通，损害国家、集体或者第三人利益；

(3) 以合法形式掩盖非法目的；

(4) 损害社会公共利益；

(5) 违反法律、行政法规的强制性规定。

14. 可变更、可撤销合同

除民法通则规定的可变更、可撤销范围，对于一方以欺诈、胁迫的手段或者乘人之危，使对方在违背真实意思的情况下订立的合同，受损害方有权请求人民法院或者仲裁机构变更或者撤销。

15. 附条件、附期限的民事法律行为

附条件的民事行为，如果所附的条件是违背法律规定或者不可能发生的，应当认定该民事行为无效。

附期限的民事法律行为，在所附期限到来时生效或者解除。

意思表示由第三人义务转达，而第三人由于过失转达错误或者没有转达，使他人造成损失的，一般可由意思表示人负赔偿责任。但法律另有规定或者双方另有约定的除外。

凡是依法或者依双方的约定必须由本人亲自实施的民事行为，本人未亲自实施的，应当认定行为无效。

当事人对合同的效力可以约定附条件。附生效条件的合同，自条件成就时生效。附解除条件的合同，自条件成就时失效。当事人为自己的利益不正当地阻止条件成熟的，视为条件已成就；不正当地促成条件成就的，视为条件不成就。

16. 委托代理

数个委托代理人共同行使代理权的，如果其中一人或者数人未与其他委托代理人协商，所实施的行为侵害被代理人权益的，由实施行为的委托代理人承担民事责任。

被代理人为数人时，其中一人或者数人未经其他被代理人同意而提出解除代理关系，因此，造成损害的，由提出解除代理关系的被代理人承担。

由于急病、通讯联络中断等特殊原因，委托代理人自己不能办理代理事项，又不能与被代理人及时取得联系，如不及时转托他人代理，会给被代理人的利益造成损失或者扩大损失的，属于民法通则第六十八条中的“紧急情况”。

委托代理人转托他人代理的，比照民法通则第六十五条规定的条件办理转托手续。因委托代理人转托不明，给第三人造成损失的，第三人可以直接要求被代理人赔偿损失；被代理人承担民事责任后，可以要求委托代理人赔偿损失，转托代理人有过错的，应当负连带责任。

被代理人死亡后有下列情况之一的，委托代理人实施的代理行为有效：(1) 代理人不知道被代理人死亡的；(2) 被代理人的继承人均予承认的；(3) 被代理人与代理人约定到代理事项完成时代理权终止的；(4) 在被代理人死亡前已经进行、而在被代理人死亡后为了被代理人的继承人的利益继续完成的。

代理人和被代理人对已实施的民事行为负连带责任的，在民事诉讼中，可以列为共同诉讼人。

17. 表见代理

行为人没有代理权、超越代理权或者代理权终止后以被代理人名义订立合同，相对人有理由相信行为人有代理权的，该代理行为有效。

18. 合同的履行

债权人无正当理由拒绝债务人履行义务，债务人将履行的标的物向有关部门提存的，应当认定债务已经履行。因提存所支出的费用，应当由债权人承担。提存期间，财产收益归债权人所有，风险责任由债权人承担。

依据民法通则第八十八条第二款第（一）项规定，合同对产品质量 要求不明确，当事人未能达成协议，又没有国家质量标准的，按部颁标准或者专业标准处理；没有部颁标准或者专业标准的，按经过批准的企业标准处理；没有经过批准的企业标准的，按标的物产地同行业其他企业经过批准的同类产品质量标准处理。

19. 误工费的计算

受害人的误工日期，应当按其实际损害程度、恢复状况并参照治疗医院出具的证明或者法医鉴定等认定。赔偿费用的标准，可以按照受害人的工资标准或者实际收入的数额计算。

受害人是承包经营户或者个体工商户的，其误工费的计算标准，可以参照受害人一定期限内的平均收入酌定。如果受害人承包经营的种植、养殖业季节性很强，不及时经营会造成更大损失的，除受害人应当采取措施防止损失扩大外，还可以裁定侵害人采取措施防止扩大损失。

20. 医疗费的计算

医药治疗费的赔偿，一般应以所在地治疗医院的诊断证明和医药费、住院费的单据为凭。应经医务部门批准而未获批准擅自另找医院治疗的费用，一般不予赔偿；擅自购买与损害无关的药品或者治疗其他疾病的，其费用则不予赔偿。

21. 护理费的计算

经医院批准专事护理的人，其误工补助费可以按收入的实际损失计算。应得奖金一般可以计算在应赔偿的数额内。本人没有工资收入的，其补偿标准应以当地的一般临时工的工资标准为限。

22. 残疾赔偿金的计算

侵害他人身体致使其丧失全部或者部分劳动能力的，赔偿生活补助费一般应补足到不低于当地居民基本生活费的标准。

23. 扶养费的计算

侵害他人身体致人死亡或者丧失劳动能力的，依靠受害人实际扶养而又没有其他生活来源的人要求侵害人支付必要生活费的，应当予以支持，其数额根据实际情况确定。

24. 不合格产品的赔偿

消费者、用户因为使用质量不合格的产品造成本人或者第三人人身伤害、财产损失的,受害人可以向产品制造者或者销售者要求赔偿。因此提起的诉讼,由被告所在地或侵权行为地人民法院管辖。

运输者和仓储者对产品质量负有责任,制造者或者销售者请求赔偿损失的,可以另案处理,也可以将运输者和仓储者列为第三人,一并处理。

25. 损失赔偿额与违约金

当事人一方不履行合同义务或者履行合同义务不符合约定,给对方造成损失的,损失赔偿额应当相当于因违约所造成的损失,包括合同履行后可以获得的利益,但不得超过违反合同一方订立合同时预见到或者应当预见到的因违反合同可能造成的损失。

经营者对消费者提供商品或者服务有欺诈行为的,依照《中华人民共和国消费者权益保护法》的规定承担损害赔偿责任。

当事人可以约定一方违约时应当根据违约情况向对方支付一定数额的违约金,也可以约定因违约产生的损失赔偿额的计算方法。

约定的违约金低于造成的损失的,当事人可以请求人民法院或者仲裁机构予以增加;约定的违约金过分高于造成的损失的,当事人可以请求人民法院或者仲裁机构予以适当减少。

当事人就迟延履行约定违约金的,违约方支付违约金后,还应当履行债务。

26. 共同侵权

二人以上共同故意或者共同过失致人损害,或者虽无共同故意、过失,但其侵害行为直接结合发生同一损害后果的,构成共同侵权,应当依照民法通则第一百三十条固定承担连带责任。

二人以上没有共同故意或者共同过失,但其分别实施的数个行为间接结合发生同一损害后果的,应当根据过失大小或者原因力比例各自承担相应的赔偿责任。

共同侵权责任的承担按以下规则进行:① 对外承担连带责任。实施了共同侵权的行为人向受害人承担连带责任,受害人可以向加害人中的一人或数人提出损害赔偿的权利主张。② 对内分担按份责任。共同侵权的行为人在对外承担了赔偿责任之后,应根据各个行为人的过错和责任的大小,各自分担相应的赔偿责任。对外承担的赔偿责任超过自己应当承担的份额的侵权行为人,可以就超出部分向共同侵权行为的其他加害人予以追偿。③ 当两人或两人以上的数人都共同实施或可能实施某一侵权行为,但却仅有其中一人或数人实施而又无法从事实上认定属于其中某一人或数人所为时,则依法推定其为全体共同实施的侵权行为,其损害赔偿责任,由全体平均分担,并承担连带责任。

27. 混合过错

受害人对同一损害的发生或者扩大有故意、过失的,依照民法通则第一百三十一条的规定,可以减轻或者免除赔偿义务人的赔偿责任。但侵权人因故意或者重大过失致人损害,受害人只有一般过失的,不减轻赔偿义务人的赔偿责任。适用民法通则第一百零六条第三款规定确定赔偿义务人的赔偿责任时,受害人有重大过失的,可以减轻赔偿义务人的赔偿责任。

受害人对损害事实和损害后果的发生有过错的,可以根据其过错程度减轻或者免除侵权人的精神损害赔偿责任。

28. 公平责任

为维护国家、集体或者他人的合法权益而使自己受到人身损害，因没有侵权人、不能确定侵权人或者侵权人没有赔偿能力，赔偿权利人请求受益人在受益范围内予以适当补偿的，人民法院应予支持。

29. 承担民事责任的方式

在诉讼中遇有需要停止侵害、排除妨碍、消除危险的情况时，人民法院可以根据当事人的申请或者依职权先行作出裁定。

当事人在诉讼中用赔礼道歉方式承担了民事责任的，应当在判决中叙明。

在诉讼中发现与本案有关的违法行为需要给予制裁的，可适用民法通则第一百三十四条第三款规定，予以训诫、责令具结悔过、收缴进行非法活动的财物和非法所得，或者依照法律规定处以罚款、拘留。

采用收缴、罚款、拘留制裁措施，必须经院长批准，另行制作民事制裁决定书。被制裁人对决定不服的，在收到决定书的次日起十日内可以向上一级人民法院申请复议一次。复议期间，决定暂不执行。

适用民法通则第一百三十四条第三款对公民处以罚款的数额为五百元以下，拘留为下十五日以下。依法对法定代表人处以拘留制裁措施，为十五日以下。法律另有规定的除外。

30. 产品责任

产品责任是指有缺陷的产品造成他人人身伤害或该产品以外的财产损害，该产品的生产者、销售者应当承担的侵权责任。其构成要件包括：① 产品存在缺陷；② 存在人身、财产遭受损害的事实；③ 损害与产品缺陷有因果关系。

对于以下情形为抗辩事由：① 未将产品投入流通；② 产品投入流通时引起损害的缺陷尚不存在；③ 产品投入流通时的科学技术水平尚不能发现缺陷存在；④ 因产品存在缺陷致人损害的诉讼时效期间为二年，自当事人知道或应当知道其权益受到损害之时起计算，但自缺陷产品交付最初用户和消费者起满十年，请求权消灭，尚未超过名师的安全试用期的除外；⑤ 如果损害的发生是由于使用者的过错引起的，则生产者、销售者不承担赔偿责任。

31. 紧急避险

因紧急避险造成他人损失的，如果险情是由自然原因引起，行为人采取的措施又无不当，则行为人不承担民事责任。受害人要求补偿的，可以责令受益人适当补偿。

32. 诉讼时效

人身损害赔偿的诉讼时效为一年，伤害明显的，从受伤害之日起算；伤害当时未曾发现，后经检查确诊并能证明是由侵害引起的，从伤势确诊之日起算。

在诉讼时效期间的最后六个月内，权利被侵害的无民事行为能力人、限制民事行为能力人没有法定代理人，或者法定代理人死亡、丧失代理权，或者法定代理人本人丧失行为能力的，可以认定为因其他障碍不能行使请求权，适用诉讼时效中止。中止时效的原因消除之日起，诉讼时效期间继续计算。

从权利被侵害之日起超过二十年的，即使权利人不知道权利被侵害的，人民也不予保护。

因产品存在缺陷造成损害要求赔偿的请求权，在造成损害的缺陷产品交付最初消费者满十年丧失；但是，尚未超过明示的安全使用期的除外。

诉讼时效因权利人主张权利或者义务人同意履行义务而中断后，权利人在新的诉讼时效期间内，再次主张权利或者义务人再次同意履行义务的，可以认定为诉讼时效再次中断。从诉讼时效中断时起，诉讼时效期间重新计算。

权利人在一年诉讼时效过去后提出赔偿要求，如果义务人自愿履行的，依然有效。义务人不得在履行义务后以超过诉讼时效为由反悔，所付赔偿不得再追回。

33. 诉讼时效起算

当事人约定同一债务分期履行的，诉讼时效期间从最后一期履行期限届满之日起计算。

未约定履行期限的合同，依照合同法第六十一条、第六十二条的规定，可以确定履行期限的，诉讼时效期间从履行期限届满之日起计算；不能确定履行期限的，诉讼时效期间从债权人要求债务人履行义务的宽限期届满之日起计算，但债务人在债权人第一次向其主张权利之时明确表示不履行义务的，诉讼时效期间从债务人明确表示不履行义务之日起计算。

管理人因无因管理行为产生的给付必要管理费用、赔偿损失请求权的诉讼时效期间，从无因管理行为结束并且管理人知道或者应当知道本人之日起计算。

本人因不当无因管理行为产生的赔偿损失请求权的诉讼时效期间，从其知道或者应当知道管理人及损害事实之日起计算。

34. 诉讼时效中断

具有下列情形之一的，应当认定为民法通则第一百四十条规定的"当事人一方提出要求"，产生诉讼时效中断的效力。

(1) 当事人一方直接向对方当事人送交主张权利文书，对方当事人在文书上签字、盖章或者虽未签字、盖章但能够以其他方式证明该文书到达对方当事人的；

(2) 当事人一方以发送信件或者数据电文方式主张权利，信件或者数据电文到达或者应当到达对方当事人的；

(3) 当事人一方为金融机构，依照法律规定或者当事人约定从对方当事人账户中扣收欠款本息的；

(4) 当事人一方下落不明，对方当事人在国家级或者下落不明的当事人一方住所地的省级有影响的媒体上刊登具有主张权利内容的公告的，但法律和司法解释另有特别规定的，适用其规定。

前款第(1)项情形中，对方当事人为法人或者其他组织的，签收人可以是其法定代表人、主要负责人、负责收发信件的部门或者被授权主体；对方当事人为自然人的，签收人可以是自然人本人、同住的具有完全行为能力的亲属或者被授权主体。

权利人对同一债权中的部分债权主张权利，诉讼时效中断的效力及于剩余债权，但权利人明确表示放弃剩余债权的情形除外。

当事人一方向人民法院提交起诉状或者口头起诉的，诉讼时效从提交起诉状或者口头起诉之日起中断。

下列事项之一，人民法院应当认定与提起诉讼具有同等诉讼时效中断的效力。

(1) 申请仲裁；

(2) 申请支付令；

(3) 申请破产、申报破产债权；

(4) 为主张权利而申请宣告义务人失踪或死亡；

(5) 申请诉前财产保全、诉前临时禁令等诉前措施；

(6) 申请强制执行；

(7) 申请追加当事人或者被通知参加诉讼；

(8) 在诉讼中主张抵销；

(9) 其他与提起诉讼具有同等诉讼时效中断效力的事项。

对于连带债权人中的一人发生诉讼时效中断效力的事由，应当认定对其他连带债权人也发生诉讼时效中断的效力。

对于连带债务人中的一人发生诉讼时效中断效力的事由，应当认定对其他连带债务人也发生诉讼时效中断的效力。

35. 诉讼时效中止

有下列情形之一的，应当认定为民法通则第一百三十九条规定的“其他障碍”，诉讼时效中止。

(1) 权利被侵害的无民事行为能力人、限制民事行为能力人没有法定代理人，或者法定代理人死亡、丧失代理权、丧失行为能力；

(2) 继承开始后未确定继承人或者遗产管理人；

(3) 权利人被义务人或者其他人控制无法主张权利；

(4) 其他导致权利人不能主张权利的客观情形。

(夏文涛)

第二节　典型判例

一、肠梗阻术后短肠综合征

1. 案情与病史摘要

1988年9月8日王某因不明原因间断发作腹痛5个月，自觉腹部脐周肿块2个月入住当地县医院，诉腹痛呈持续性，有阵发性加重，无呕吐及腹胀。数月来上述症状每月发作一次。发病以来无腹胀或便秘及脓血便。查体：中下腹部正中可触及圆形肿块，直径约12 cm，质韧，基底部固定，但多方位均有一定活动度，轻度压痛。肠鸣音活跃，无高调肠鸣音及气过水声。腹部平片未发现异常。B超示子宫左侧可见10 cm×6 cm块状强回声，边缘不规则，内呈点状回声，提示腹腔内实质性肿块。诊断：腹部肿块，性质待查。① 卵巢肿瘤；② 肠系膜肿瘤；③ 小肠肿瘤。

入院次日行剖腹探查术。术中见回肠末端肠管扭曲粘连，肠壁水肿肥厚，近回盲部肠管膨大，直径约15 cm，张力高。松解多处粘连带，尽量提出肠管，经商议，决定将上至距回盲部 1 m 处，下至回盲部(连同阑尾)之间变形膨大、变性之肠管切除，也有利于解除梗阻。将盲肠残端封闭包埋。将回盲末端断端与横结肠做端侧吻合(术后未做病理检查)。术后诊断：粘连性肠梗阻，回肠末端畸形。

术后第 9 日即开始腹泻，每日解稀便数次。并逐渐加重，并出现渐进性消瘦。有时出现恶心、呕吐。至术后 3 年腹泻加剧，粪便为消化食物。体重由原来的 50 kg 下降至 25 kg。故到外地某医院求治。体检见极度消瘦，呈恶病质样。胃肠道钡餐及钡剂灌肠造影示：小肠明显短缺，右半结肠未显影，小肠-横结肠侧端吻合术后，小肠输入襻盲襻形成并粘连。入院后经支持疗法体重增加至 41 kg，于 1992 年 4 月 4 日经原切口行剖腹探查，术中见腹腔内广泛膜性粘连，部分肠曲粘连于原腹壁切口处，逐渐分离腹腔内粘连，查明原手术作的是空肠-横结肠中段端侧吻合术，整个右半结肠为盲襻，盲肠回盲部处为盲端，并查明所剩小肠已较短，仅 60～70 cm。小肠已增粗约 4 cm 直径，且肠壁增厚，右半结肠也增粗 5～6 cm。拆除原吻合口，行空肠-盲肠吻合术。术后诊断：小肠大部分切除术后，短肠综合征，右半结肠盲襻。术后恢复顺利，于 5 月 9 日出院。

王某认为其第一次手术后出现的一系列症状系治疗有误所致，以医疗事故为由诉至当地人民法院，要求赔偿。经治医院辩称手术完全正确，所选术式为当时最佳的方案。

2. 鉴定情况

(1) 某市法医技术鉴定中心鉴定书结论

经治医院为患者王某所施术式有据可查，不视为错误。但就该病而论不是最佳术式。

经治医院对术后出现的并发症认识不足，处理并发症的态度不够积极。并发症纠正前因营养不良对患者的身心健康造成了一定的影响，但最终结局是好的。

(2) 某省高级人民法院法医鉴定结论

① 经治医院所施手术是依据当时病情决定的，其术式有据可查，不视为错误。该手术挽救了患者生命，为二次手术打下基础；② 外院所施二期手术是适当的；③ 经治医院对术后并发症(短肠综合征)在认识上经验不足，该并发症对患者当时的健康有一定程度的影响，但最终结局是好的。

(3) 某司法鉴定研究所鉴定结论

消化道造影示：小肠切除术后，残存小肠(连同十二指肠)长约 1 m(1 m 以内)，回肠部有 2 处圆块状结节，性质不明，估计为手术瘢痕或肠内翻吻合。

鉴定结论：① 根据临床表现与术中发现，其第一次手术前所患的疾病为粘连性不全性肠梗阻。② 经治医院对王某施行的手术为小肠切除并空肠-横结肠吻合术。③ 王某在第 1 次手术后所出现的一系列症状系短肠综合征和盲襻综合征的临床表现，其与经治医院所施行的空肠-横结肠吻合术式之间存在着直接因果关系。④ 就王某术前所患疾病的临床表现、术中所见及术后诊断而言，无明确的肠广泛切除的手术指征。对术后出现的短肠综合征没有进行高营养、高能量的支持疗法，对空肠-横结肠吻合术出现的盲襻综合征在术后三年时间内没有计划择期作二期手术。

3. 法院判决结果

原审法院认为，县医院第一次手术有据可查，不视为错误。但对并发症认识不足，给原告造成一定的损失，应承担一定的责任。原告的术后并发症为第一次手术必然要发生的，本身也应承担一定的医疗费用。故判被告支付原告医疗费、护理费、营养费、交通费等计 6 508 元。

二审法院认为，根据某司法鉴定科学技术研究所的鉴定结论，王某第一次手术后出现的一系列短肠综合征和盲襻综合征的临床表现，与县医院第一次手术有直接因果关系。由于县医院的责任，给王某的人身带来一定损害。因此，县医院应当承担赔偿责任。判决结果：撤销原判；县医院应赔偿王某医疗费、误工费、营养费、交通费、护理住宿等费合计19 099元。

4. 评析

本例术前诊断不明确，患者病情并非危急，应作胃肠道造影等检查以尽可能明确诊断，因此医方当时予行剖腹探查带有一定的盲目性。

医方于剖腹探查后也未对患者进行必要的病理检查，以明确病变的性质，即行肠切除，术后仍未进行病理学检查，事后缺乏必要的证据说明此手术方式是正确的。

在医方决定切除肠管时，未告知患者或其家属并征得其知情同意，侵犯了患者的知情权和决定权。

本例行广泛肠切除的手术指征并不明确。

医方术后记录对肠管长度未加以必要的描述，虽然病史记录有“切除小肠 1 m”的记录，但与其后再次手术探查所见的小肠长度不相吻合，无法排除第一次手术切除过多小肠的可能。医方辩称患者患有先天性短肠畸形缺乏依据。

第一次手术记录所实施的是末端回肠-横结肠吻合，而第二次手术证实是空肠-横结肠吻合，说明第一次手术中医方对解剖结构的辨认及术中操作均存在明显失误。

医方对患者第一次术后出现短肠综合征的临床表现应积极应对，尽可能避免矛盾激化。

公民享有生命健康权，对于侵害公民身体并造成伤害的，应当根据行为人责任大小赔偿医疗费、误工费、残疾者生活补助费等费用。

患者在医院接受治疗过程中如果遭受损害，既可以是按照违反合同规定追究医院的违约责任，也可以根据侵犯自己的生命健康权追究医院的侵权责任，具体按照哪种责任进行追究，获得相应的赔偿，患者可以根据案件具体情况的不同，依照获得利益最大化的原则，选择适当的追究方式。

二、异位甲状腺术后甲状腺功能减退

1. 案情摘要

李某，女性，45 岁。1984 年 8 月李某因咽部异物感一年，声音嘶哑，吞咽困难等到某医学院附属医院就诊，被收住入院。经检查发现舌根左侧有一 2 cm×2 cm×2 cm 肿瘤，经某中心医院活检病理检查“考虑副节瘤”，后送某肿瘤医院病检为“(舌根部)血管内皮肉瘤”。行“舌根肿物切除术”。术后，李某自觉乏力、手足冷，步态不稳等，经检查示甲状腺机能低下，口服甲状腺素片后，症状缓解。病理检验结果报告为“异位甲状腺腺瘤，部分细胞异形变”等，甲状腺扫描颈部未见放射性分布等。其后李某又出现月经紊乱，子宫出血等症状。

2. 鉴定情况

(1) 某市医疗事故技术鉴定委员会鉴定结论

初次鉴定结论：不属医疗事故。应法院要求复议结论：此例定为医疗技术事故，原鉴定意见即行废止。

(2) 某司法鉴定研究所鉴定结论

经某三级甲等医院彩超检查：双侧颈部均未见甲状腺和甲状旁腺组织结构。组织病理切片经疑难病理会诊中心会诊，报告：① 少量甲状腺组织血管丰富；② 甲状腺组织主要为小滤泡结构，有的区细胞较为丰富，核略呈毛玻璃样结构；③ 甲状腺组织以小滤泡结构为主，有的区核较大，形态略不规则，核仁明显，少数呈粗大乳头结构，大部甲状腺组织呈浸润性生长穿入周围横纹肌组织内，但核分裂相很难找到，此种变化符合异位（舌根）甲状腺肿，有变化部分区滤泡上皮中度不典型增生。

鉴定结论：① 李某术前可诊断为“舌部（异位）甲状腺伴中度不典型增生”。舌部异位甲状腺属先天性发育畸形，虽属少见，但在许多专著中均有述及。本例术前诊断由于仅注意局部，未考虑其全身情况，以及活检病理误诊的误导，予以完全切除肿块，过多地切除了甲状腺组织，使患者术后甲状腺功能减退。然而鉴定过程中病理会诊认为该异位肿块的甲状腺有中度不典型增生，这种情况癌变的可能相当大，且在舌根部有梗阻症状，将肿块予以手术全切亦不失为可行的治疗方法之一。故从预后而言，原始手术的医院在一定程度上也缓解了患者的症状，但术后应给予积极的替代疗法。② 临床检测及彩超检查均提示李某目前体内未见甲状腺及甲状腺组织结构。李某目前正用大剂量的药物治疗。至于今后治疗则应以临床医嘱为准。原则上甲状腺及甲状旁腺缺如需终身服用药物治疗；

(3) 李某甲状腺切除术与其功能性子宫出血之间无直接因果关系。

3. 某市第一中级人民法院终审判决

某医学院附属医院赔偿李某自 1984 年 10 月至 1996 年 7 月的医药费、陪伴费、营养费、误工费，以及今后 20 年的医药费、陪伴费、营养费、误工收入损失费共计 54 余万元。

4. 关联案件

(1) 甲状腺被误切被判赔高额精神损失费

据《人民日报・华东新闻》报道，四年前因异位甲状腺误切引发的一起医疗纠纷，经华东地区某市中级法院先后 3 次公开开庭审理，2001 年 12 月 20 日当庭作出宣判，受害人王某除获得医疗费等赔偿外，还得到了 8 万元精神抚慰金。据悉，这是迄今华东某省法院判决出的最高一笔精神损失费。

原告王某是一名年满 14 岁的少女，1997 年 8 月 12 日，王因颈前肿块到被告某大学附属儿童医院检查，被告门诊医生诊断为“甲状舌骨囊肿”，并告知要住院手术。8 月 18 日，被告为王作了颈部肿块切除手术。8 月 23 日，王出院，其出院记录中载明：异位甲状腺伴桥本病。此后，王多次到浙江、上海等地大医院检查，并据此认为其甲状腺已被被告错误切除。在与被告交涉无果后，王于 1999 年 4 月 23 日向某市中级人民法院起诉，要求判令被告赔偿医疗费、残疾者生活补助费、营养费等 285 529.50 元及精神损失费 20 万元、继续治疗费 56.70 万元，共计 105 万余元。

某市中级法院受理此案后，先后委托浙江省医疗事故鉴定委员会、司法部司法鉴定中心(即司法部司法鉴定科学技术研究所),就此案进行医疗事故鉴定与法医学鉴定,经办法官还专程赴京就相关问题及原告的伤残等级走访了有关专家。有关鉴定报告认为,王某医疗事件不属医疗事故,但被告在原告术前及术中未能明确诊断,存在一定的不足,被告颈前肿块切除术与原告目前的"甲状腺功能减退"存在因果关系;而原告目前的"甲状腺功能减退"经过临床治疗已得到有效纠正,可能会随其生长发育进一步改善,故目前不宜对其进行伤残等级鉴定。

法院审理后认为,公民享有生命健康权。原告因自身甲状腺异位,其病情的特殊性虽给被告的正确诊断造成一定影响,但被告作为专业的医疗机构,负有利用其所掌握的医疗技术为患者的病情提供正确诊断和治疗的义务。由于被告在对原告进行颈前肿块切除手术前,未能正确诊断出原告系患有异位甲状腺伴桥本病,手术中也未能及时采取其他措施争取明确诊断,而导致将原告的异位甲状腺误切的事实发生,故其虽在原告出院时确诊原告的异位甲状腺伴桥本病无原则性错误,但该颈前肿块切除术造成了原告的甲状腺功能减退,被告应对原告由此所造成的损失承担赔偿责任。法院还认为,由于被告的手术给原告的身体健康状况造成了损害,给其精神上带来一定痛苦,故对原告提出的精神抚慰金的诉讼请求,法院酌情予以支持。因原告主张的后续治疗费用数额尚无依据证实,但根据其身体状况及目前医疗水平,原告的后续治疗是必需的,故对该费用应按其实际发生的数额来确定。原告自身患有桥本病,也是其目前甲状腺功能减退的原因之一,故对其今后治疗费用,除由被告承担主要部分外,原告也应承担次要部分。

据此,某市中级法院作出判决:被告赔偿原告王某医疗费等共计 15 059.28 元及精神抚慰金 8 万元,原告王某继续治疗及交通、住宿等费用的 60%由被告承担。

此案承办法官称,迄今在对受害者进行精神赔偿的数额等级上,无论最高人民法院还是当地省高级人民法院都没有具体规定,法院所以判决出 8 万元的精神抚慰金,其依据主要是被告在本案中的过错情节和给受害人身体、精神造成的伤害程度,以及经济承受能力。而对继续治疗费的确定,更多地考虑了如何有利于维护原告王某作为一个未成年人今后成长的需要。

(2) 甲状腺手术致死案

上诉人陈某因医疗事故赔偿纠纷一案,不服某县人民法院 1998 年民事判决,向中级人民法院提起上诉。法院依法组成合议庭审理了本案,现已审理终结。

原审认定:该次事故由于某县计划生育局的下属服务中心超出其服务范围给病者朱某行甲亢切除手术,没有进行常规的护理,导致朱某死亡的医疗事故,经市医疗事故鉴定小组鉴定属一级医疗事故,某县计划生育服务中心是某县计划生育局的下属单位,不具备法人资格,应由县计划生育局负该事故的赔偿责任。原告起诉要求赔偿 30 万元依据不足,不予认定。据此作出如下判决:由被告县计划生育局赔偿原告陈某 66 535.6(已包括 4 000 元丧葬费),精神补偿费 5 000 元,两项合计 71 535.6 元,扣除被告已支付 35 000 元及丧葬费的实际支出 7 956 元外,被告仍应赔偿原告 28 579.6 元,此款限判决书生效后一个月内付清,款交某县人民法院转原告收。案件受理费 8 420 元,由原告陈某负担 5 810元,被告某县计划生育局负担 2 610 元。

上诉人陈某上诉认为,某县计划生育服务中心在未取得《医疗机构执业许可证》,完全不具备施行"甲亢"外科手术的情况下，即草率对上诉人的女儿朱某施行手术，致使朱某在术后第二天死亡，应依照《中华人民共和国民法通则》的有关原则规定对上诉人进行赔偿。另外，被上诉人非法行医致使朱某死亡，不仅给上诉人造成巨大的经济损失，而且还给上诉人带来巨大的精神痛苦，因此，被上诉人理应给予足额赔偿和抚慰金共35万元。被上诉人某县计划生育局及县计划生育服务中心答辩认为，上诉人的女儿朱某和黄某(朱某的舅母，是县计划生育服务中心职工)曾多次到计划生育服务中心要求为朱某做甲亢切除手术。计划生育服务中心劝说朱某到大城市做手术，而朱某执意要求外科主治医师李某为其做手术，上诉人陈某也知道此事，并交了2 000元押金。手术前，计生服务中心要求家属签名，陈某不在场，黄某则说其在此就行，不用签名了。手术过程顺利，但术后24 h没有进行常规的护理导致朱某术后并发症气管塌陷阻塞死亡，属一级医疗责任事故。原审判决正确，请求维持原判。

经本院审理查明：上诉人陈某的女儿朱某原是某师范大学94级计算机系学生，1996年暑假期间，朱某到某县计划生育服务中心看病，被诊断为甲亢，并予药物治疗。1997年寒假，朱某到某县计划生育服务中心要求做切除手术，计生服务中心检查后，认为朱某的病情基本控制，便同意为其做切除手术。2月15日，上诉人缴交了2 000元押金，16日，计生服务中心在未经朱某家属签名的情况下做了手术，手术过程较为顺利。17日早上，朱某出现呼吸困难，经抢救无效死亡。后经当地市医疗事故技术鉴定委员会鉴定认为，病者朱某术后并发气管阻塞、急性呼吸衰竭致死，属一级医疗责任事故。事故发生后，计生服务中心将一个存有35 000元的存折交给了上诉人陈某。另经查明，某县计划生育服务中心隶属于某县计划生育局，其不具备法人资格。

本院认为：被上诉人某县计划生育服务中心不具备做甲亢手术的条件而给朱某做了甲状腺切除手术，且术后又没有进行必要的常规护理，导致朱某死亡，其应承担完全的责任。原判判令某县计划生育局赔偿66 535.6元(包括4 000元丧葬费)正确。至于精神损害赔偿问题，事故发生后，被上诉人不积极进行善后处理，不作鉴定，态度极不负责，其行为给死者的家属带来了巨大的精神痛苦。另外，死者是品学兼优的师范大学三年级学生，陈某早年丧夫，含辛茹苦将死者抚养成人，理应得到精神赔偿。考虑到被上诉人有实际支付能力，原判仅判令5 000元偏低，据此，依照《中华人民共和国民事诉讼法》第一百五十三条第一款第(二)项之规定，判决如下：

一、撤销某县人民法院民事判决。

二、由被上诉人某县计划生育局赔偿给上诉人陈某86 535.6正(已付42 956元)。余款限于本判决书送达之日起10天内付清。

三、二审案件受理费各8 420元，医疗事故鉴定费1 200元均由被上诉人负担。陈某已预交的诉讼费、鉴定费不予退回，本案执行时，由某县计划生育局一并支付给陈某。

本判决为终审判决。

5. 评析

医疗事故，是指医疗机构及其医务人员在医疗活动中，违反医疗卫生管理法律、行政法规、部门规章和诊疗护理规范、常规，过失造成患者人身损害的事故。因医疗活动具有高度专业性、相当复杂性及一定风险性，故认定一起诊疗活动是否构成医疗事故，尚有赖于法定的医疗专业技术鉴定机构作出专项分析及鉴定。在上述案例中，法院均委托了相应的鉴定机构对医疗机构行为是否属于医疗事故进行鉴定。

经确认为医疗事故后，法院应根据双方责任的大小判定医疗机构应当赔偿的项目和标准，赔偿项目包括：医疗费、误工费、住院伙食补助费、陪护费、残疾生活补助费、残疾用具费、丧葬费、被扶养人生活费、交通费、住宿费，同时可以依据医疗事故发生地居民年平均生活费计算相应的精神损害抚慰金。在上述案例中，法院均没有判决被告负担所有的费用，而是根据原被告双方在此次事故中的责任比例，判定被告应当赔偿的数额。同时，根据发生地的生活水平、造成他人精神损害的严重情况、原被告双方的具体情况，判定医疗机构应当负担的精神赔偿数额。

在民事诉讼中，能够承担民事损害责任的应当是具备民事权利能力和民事行为能力的主体，该主体可能是侵害行为的实施人，也可能不是侵害行为的实施人。在上述关联案例 2 中，计划生育服务中心是某县计划生育局下属部门，不具有独立的法人资格，其对外实施的行为视为计划生育局的行为，其责任也应由计划生育局承担，因此在该案中的赔偿义务主体应当是计划生育局。原告也应当以计划生育局作为被告起诉，否则法院将因主体不适格而不立案。

县计划生育服务中心在未取得《医疗机构执业许可证》的情形下擅自从事医疗活动，且造成受害人死亡的后果，诊疗医生可能据此构成《刑法》第 336 条规定的非法行医罪。因为该罪的主体只能是自然人，所以在实践中还应当查清医生是否也不具有《医师执业资格》，如果没有，其则可能构成犯罪，受害人可以向法院提起刑事附带民事诉讼的方式获得赔偿。

上述关联案件 1 中，原告是特殊体质，法院根据原告的特殊体质认定，在该损害中原告也负有一定的责任，从而减轻被告的赔偿责任。实则，在医疗纠纷中，特殊体质受害人的损害赔偿是一重要问题。在理论上主要有原因力理论和公平责任理论。在法律层面，我们将原因分为事实原因与法律原因，加害人要承担损害赔偿责任不仅其实施的加害行为与结果之间要有事实原因，而且还要有法律原因。受害人就自身特殊体质并无任何过错，不存在可归责性，故没有承担责任的基础，因而特殊体质不应当成为法律上的原因，而仅仅为加害人行为因果历程运作中的环境条件。故原因力理论在该问题中存在一定缺陷。同时，因公平责任不将因果关系作为其适用条件，故根据公平责任在加害方与受害方中分摊损失存在随意的可能性，其结果也可能与公平背道而驰。据此认为，在受害人具有特殊体质的医疗纠纷中，侵权责任的划分应当充分考虑以下几个因素：① 是否具有可归责性，可结合行为人的过错和可预见性、受害人遭受风险的性质和所受损害的形态以及法律政策等因素综合分析；② 过错，在行为人有过错的情形下，应当认定因果关系的存在；③ 可预见性，如果加害人能够预见受害人的特殊体质，则应当认定存在完全的因果关系；④ 风险的性质，区分是日常生活风险还是异常风险，如果特殊体质受害人因日常生活风险诱发原有疾病时，所产生的损害只能由其自己承担；⑤ 法律政策，受害人的特殊体质原则上不影响因果关系的认定，亦不应成为减轻被告赔偿责任的法律理由。但在某些案件中，可以给予法律政策考虑，在肯定责任成立因果关系的前提下，否定责任范围因果关系，以限制加害人的赔偿责任。

在以上各项因素中，最为主要的是有没有过错。如果行为人存在故意或重大过失时，原则上应当肯定因果关系，在过失难以认定时，应借助可预见性与风险性两个因素进行判断。若损害不可预见或风险是正常生活风险，应趋向于否定因果关系，反之应肯定因果关系。若加害人的行为与特殊体质受害人所受损害之间存在因果关系，则加害人应当承担全部赔偿责任。若受害人明知自己具有特殊体质，却不采取适当保护措施的，可以认定受害人有过失，应减轻加害人的赔偿责任。同样，给予特定的法律政策，在特定情形下可以限制加害人赔偿责任的范围。

三、阑尾切除术中误切除子宫

1. 案情摘要

上诉人黄某(法定代理人为其父母亲)，与被上诉人某市第一医院因医疗事故损害赔偿纠纷一案，不服某市中级人民法院 1997 年民事判决，向当地省高级人民法院提起上诉。省高院依法组成合议庭，公开开庭审理了该案。

原审认定，1996 年 3 月 2 日 16 时，上诉人黄某因腹痛到某市第一医院急诊，被确诊为急性化脓性阑尾炎，当日 17 时医院为黄某施行阑尾切除手术，手术医师施行手术时怀疑取下的组织与阑尾有异，即请二班上级医师检查，二班上级医师找到了炎症阑尾并予切除。经探查，确认被手术医师摘除的组织为黄某的子宫，黄某双侧卵巢完好。1996 年 5 月 3 日某市医疗事故鉴定委员会做出“关于某市第一医院患者黄某医疗事件的技术鉴定”，认定本事件为二级医疗事故。事故发生后，除黄某已交纳的住院押金和医疗费 1 048 元外，第一医院免除了黄某住院期间的医疗费，并决定一次性给予 5 万元的补偿。黄某及其父母不同意，向法院起诉，要求判令第一医院赔偿黄某住院押金和治疗费 1 048 元、将来医疗费 25 万元，赔偿黄某之父母误工损失 8 000 元，赔偿黄某及其父母精神损害赔偿费 50 万元、律师诉讼代理费 7 800 元。

2. 鉴定情况

诉讼中，原审法院委托某司法鉴定科学技术研究所对黄某日后的生长发育是否会受子宫切除影响进行鉴定，鉴定结论为“被鉴定人黄某因急性阑尾炎手术时误将子宫切除，卵巢没有被误切，日后若无中枢下丘脑、垂体疾患，则其性发育包括性生活无明显影响，但已完全丧失生育功能，其正常心理发育将会受到一定程度的影响”。

原审法院还参照《职工工伤与职业病致残程度鉴定标准》之规定，对黄某子宫缺失进行伤残等级鉴定，认定黄某属五级伤残。

3. 原审法院判决

原审法院认为，保证病员的人身安全是医院的基本责任和义务，医院对医务人员工作中的过错造成的损害应当赔偿。本案的人身损害，黄某的损失除物质方面外，还包括精神损失，即实际存在的无形的精神压力与痛苦，必须给予抚慰与补偿。同时，对黄某的父母亲也造成了精神痛苦，亦应给予一定的精神补偿。但确定赔偿额要考虑当前本地区的生活水准及属于福利性质单位的被告的偿付能力等因素。补偿精神损失终究是法律意义上的，只能是相对的，黄某及其父母要求精神损害赔偿 50 万元，不予全额支持。黄某属于五级伤残，第一医院应给付其残疾生活补助费。其住院押金及部分医疗费 1 048 元，第一医院表示愿意承担，予以准许。黄某父亲的职业是汽车驾驶员，因该医疗事故造成其精神恍惚，未能正常上班，由此造成的误工损失，第一医院应给予适当的赔偿。黄某要求第一医院赔偿其将来的治疗费25万元，现缺乏事实和法律依据，不予支持，对此可待将来发生时再另行诉讼。据此判决：(一)第一医院应赔偿黄某住院押金及医疗费1 048元；(二)第一医院应赔偿黄某残疾生活补助费82 770元；(三)第一医院应赔偿黄某精神损害赔偿金5万元；(四)第一医院应赔偿黄父误工损失5 004元；(五)第一医院应赔偿黄某之父母精神损害赔偿金各1万元；(六)第一医院应赔偿黄某及其父母支付的律师代理费7 800元；(七)驳回黄某要求赔偿将来医疗费25万元的诉讼请求。以上第一至第六项判决均应于本判决生效后30日内履行完毕。案件受理费人民币14 010元、鉴定费人民币600元由第一医院负担。

4. 二审法院判决

一审判决后，双方当事人均提起上诉。

黄某及其父母上诉认为，一审判决的精神损害赔偿数额偏低；判决驳回黄某要求被告赔偿后续治疗费和将来恢复生育能力费用的请求是错误的。要求二审撤销一审判决第三项，改判第一医院赔偿精神损害赔偿金50万元；撤销一审判决第七项，改判第一医院承担黄某的后续治疗费和康复费用，具体数额以将来实际发生额为准。

第一医院上诉认为，黄某之父母不能作为本案的原告，黄某之父要求赔偿误工损失及与其母亲要求赔偿精神损失的诉讼请求无事实和法律依据；一审判决赔偿黄某精神损害赔偿金没有法律依据；黄某虽丧失生育能力，但其劳动能力并未受到影响，判决赔偿残疾生活补助费也没有法律依据。要求撤销一审判决，按国务院《医疗事故处理办法》和本省实施细则的规定处理本案。

经再审法院审理查明，一审判决认定事实清楚。另查明：某市1996年度职工年平均工资为5 518元。黄某之父系某市商业公司汽车驾驶员，其于1996年3月停薪留职期限届满，应回原工作单位上班，发生医疗事故后，至今未去上班。公司自1996年3月起停发其工资每月417元。

以上事实均经双方当事人庭审一致确认，足以认定。本院认为，本案双方当事人之间的医疗事故损害赔偿纠纷，属平等主体之间发生的民事纠纷，应依照《中华人民共和国民法通则》的有关规定处理。第一医院违反手术规程，在为黄某施行阑尾切除手术时误将其子宫摘除，造成黄某终生丧失生育能力、部分丧失劳动能力的残疾，其行为严重侵犯了黄某的健康权，依照民法通则第一百一十九条的规定，第一医院应承担人身损害赔偿责任。一审据此判决第一医院赔偿黄某残疾生活补助费和实际支出的医疗费是正确的，按某市1996年度职工年平均工资十五倍的标准确定残疾生活补助的数额也是适当的。第一医院上诉认为本案应按国务院《医疗事故处理办法》及本省实施细则处理，与法不合，其提出黄某子宫缺失并未影响劳动能力，不符合事实，对其提出不赔偿残疾生活补助费的请求不予采纳。本起医疗事故给受害人黄某造成的损失，除了物质损失外，也包括精神损失。作为一名未成年的幼女，子宫被摘除，丧失生育能力，除了肉体上的痛苦外，必然也会随着她的成长，给其造成伴随终生的精神压力和痛苦，影响其作为一名女性的正常生活。这起医疗事故将给黄某带来的精神损害是显而易见的，损害的后果是严重而久远的，必须给予一定物质上的抚慰和赔偿。上诉人第一医院提出对黄某的精神损害不应予以赔偿的理由不能成立。赔偿的额度应综合本案中受害人黄某的受害程度、加害人第一医院的过错程度、赔偿能力等因素,参照当地社会平均生活水平合理确定。一审判决确定的精神损害赔偿额偏低,不足以对黄某的精神损害进行抚慰,应予变更,但黄某上诉提出的精神损害赔偿额明显过高,只能部分予以支持。另据现有的医学理论和实践证明,子宫的缺失不影响正常的生理发育,但生育能力不能恢复,因此,黄某上诉请求第一医院赔偿其子宫缺失引起的将来继续治疗和恢复生育能力的费用,没有事实依据,对其请求本院不予支持。

黄某的父母亲因本起医疗事故也受到了物质损失和精神方面的打击,根据《中华人民共和国民事诉讼法》第一百零八条的规定,有权以原告的身份向人民法院提起赔偿诉讼。黄某之父因精神受到打击、护理黄某、处理与第一医院的赔偿纠纷而造成误工损失,及其与黄某之母、黄某共同委托律师参加诉讼而支付律师代理费,均与第一医院造成的医疗事故有法律上的因果关系,对此,一审判决第一医院给予赔偿符合法律规定。上诉人第一医院认为黄某父母亲不能作为本案的原告提出赔偿请求,没有法律依据。但上诉人黄某父母亲不是医疗事故的直接受害人,其要求第一医院给予精神损害赔偿,不符合我国民法确立的人身损害赔偿原则,对其请求应予驳回。

依照《中华人民共和国民事诉讼法》第一百五十三条第一款第(一)、(二)项的规定,判决如下:

一、维持某市中级人民法院 1997 年民事判决第一、二、四 、六、七项;

二、撤销某市中级人民法院 1997 年民事判决第五项;

三、变更某市中级人民法院 1997 年民事判决第三项为:某市第一医院应赔偿黄某精神损害赔偿金人民币 150 000 元;

四、驳回某市第一医院的上诉,驳回黄某要求某市第一医院赔偿后续治疗费的上诉。以上各项判决确定的上诉人某市第一医院的赔偿义务,某市第一医院应在本判决生效之日起 30 日内履行完毕。

二审案件受理费人民币 14 010 元,由上诉人某市第一医院负担 12 000 元,上诉人黄某及其父母亲共同负担 2 010 元。变更一审案件受理费为某市第一医院负担人民币 12 000元,黄某及其父母亲共同负担人民币 2 010 元。一审期间的鉴定费人民币 600 元由某市第一医院负担。

本判决为终审判决。

5. 关联案件

(1) 阑尾切除术误切右侧卵巢

王某 1996 年 8 月 30 日因急性阑尾炎到某职工医院就诊并手术,被某职工医院在手术过程中误将其右侧卵巢组织切除。起诉后,一审法院判决医院赔偿王某残疾生活补助费 91 072.8 元及精神损失费 18 万元等,后某职工医院不服上诉,二审法院审理后认为,由于某职工医院的医疗事故给王某的器官造成不可逆转的损害,并且这种损害必将给王某带来的是终生不可消弭的心理上、精神上的痛苦,一审法院判决并无不当。

(2) 误诊致膀胱误切

1999 年 5 月 24 日,某市中级人民法院对备受社会各界关注的小女孩唐某膀胱误切赔偿案进行公开宣判：唐某在医疗事故中遭受严重损害，一审判决被告某县人民医院应负全部责任。被告某县人民医院向原告唐某支付医疗费、护理费、残疾生活补助费、精神损害赔偿等共计二十一万余元。

1998年10月27日，年仅两岁多的小女孩唐某因腹部胀痛住进某县人民医院治疗，该院初步诊断其腹腔内囊肿性质待查。10月29日，医院对患者施行剖腹探查手术。术后，患者不能自行排尿，病情恶化，异常痛苦。十一月三日，唐某被转入省儿童医院治疗，当日又被转入某医科大学附属第二医院治疗，该院经手术诊断为：唐某不能自行排尿系膀胱被切除所致。12月26日，唐某被转回某县人民医院治疗，至今仍在医院观察治疗不能出院。

1999年1月20日，某市医疗事故技术鉴定委员会鉴定认为，唐某膀胱被误作"肿块"切除，是某县人民医院当事医务人员技术水平差，临床经验不足，违反操作规程造成的。认定县人民医院发生的唐某医疗事故为"二级甲等技术责任事故"。据此，原告唐某及监护人向法院提起诉讼，将某县人民医院推上被告席。某市中级人民法院司法技术鉴定中心鉴定认定唐某属三级伤残，其继续治疗费和残疾用具等费用，需要在施行膀胱替代术后根据愈合情况及生活质量情况予以评估，手术费用可以实报实销。原告方不同意施行膀胱替代手术。

为保护未成年人合法权益，保证原告唐某今后的治疗和成长，法院在判决被告偿付原告69 000元残疾生活补助费、10万元精神损害赔偿和4万多元其他费用外，同时判决唐某的后续医疗费、残疾用具等费用所需具体数额可据实另行处理。

6. 评析

医院与患者之间的医患关系是平等主体之间的民事法律关系，医院对患者进行治疗并获取相应的治疗费用，患者有权得到治疗并为此支付相应的费用。如果在治疗过程中，双方发生纠纷的，应当依据调整平等主体之间法律关系的《民法通则》进行诉讼。《医疗事故处理条例》是国务院发布的行政法规，是医院行政主管部门对医院进行监督、管理的依据，并处理医院与患者之间的纠纷。据此，在上述案例中，被告提出应当依据《医疗事故处理条例》的规定处理的主张不成立。

从事民事诉讼活动的双方当事人应当具有完全民事行为能力，无民事行为能力和从事其不能单独实施的行为的限制民事行为能力人，应当由法定代理人代理进行诉讼活动，未成年人的监护人是其法定代理人。根据法律规定，未成年人的父母是未成年人的监护人。据此，上述案例中，受害人的父母有权提起诉讼，被告提出的黄某父母不能作为原告的理由，不成立。

在医疗纠纷中，在认定医院应赔偿的情形下，其赔偿范围包括：医疗费、误工费、住院伙食补助费、陪护费、残疾生活补助费、残疾用具费、丧葬费、被扶养人生活费、交通费、住宿费、精神损害抚慰金。在上述案例中，受害人黄某的父母由于该起医疗事故也产生了相应的损失，如误工费等，虽然他们不是医疗事故的直接受害人，但该损失却是因为医疗事故所造成的，对此，医院应当予以赔偿。对于受害人因医疗事故所造成的精神损害，医院也应当予以赔偿，其数额应当考虑医疗事故发生地居民平均生活费、损害后果的严重程度、行为人的过错程度以赔偿能力等因素综合考虑。

医院与医生属于合同聘用关系，医生在医疗事故中造成患者损害的，应当由医院作为赔偿人对其进行赔偿，但是医院在赔偿受害人相应的损失后，医院可以根据责任医生责任大小向其进行追偿。

四、下肢骨折后截肢

1. 案情摘要

朱某，女性，50岁。1998年12月14日下午不慎被人撞倒，感右小腿疼痛、不能站立，于16时左右被人送至某市某中医院诊治。经治医师展某对其进行了检查，确诊为右胫腓骨下1/3处粉碎性骨折，随即对朱某的伤肢实施了手法复位并给予石膏外固定。处理完毕后开具了破瘀合剂、田七粉、诺松等药物，朱某未取药。病历记载有“交待注意事项”。朱某于下午18时30分左右结束诊治回家。朱某在家中感伤肢疼痛难忍，自行吃了一片止痛药。同年12月17日上午11时许，朱某通过亲戚关系请了某市医院骨科医师俞某检查，此时原告患肢足趾为紫灰色，不温，无感觉，遂打开石膏后发现小腿发紫，大面积水泡，足背动脉无搏动，同日下午5时许对其患肢再次检查时，已坏死，并于次日在某部队医院行右大腿下1/3处截肢术，并住院26天。

2. 鉴定情况

(1) 某市医疗事故鉴定委员鉴定结论

医院诊断是正确的，给予石膏托外固定的处理符合治疗原则，接诊医生依据病情要求患者住院治疗是负责的。

患者对病情的变化认识不足，而耽误了治疗时机，导致截肢后果。

患者后期出现筋膜间室综合征。因创伤造成软组织肿胀，影响患肢血运而出现筋膜间室综合征。

接诊医生已将注意事项作了口头交代。医生交代事项中的“发紫”不是引起患者必然截肢的原因，“发紫”只表明患肢血液循环存在障碍，并不表明患肢已缺血坏死，如及时采取有效措施，亦有可能保住患肢。

结论：不属医疗事故。

(2) 某司法鉴定科学技术研究所鉴定结论

朱某右侧胫腓骨中下段粉碎性骨折，经临床石膏固定等治疗，出现了小腿骨筋膜室综合征，并导致肢体缺血坏死，最终被行截肢手术。产生这种结果的原因是：石膏固定后未考虑到伤后48小时至72小时内局部组织水肿达到最高峰，使得石膏固定相对过紧，又没有及时观察足趾的血运，并行相应处理。

朱某上述损伤经石膏托固定后，如需回家观察，则临床医生应明确告之（明示）患者：如有肢体疼痛、麻木、足趾颜色改变等随时到医院就诊，及时松解石膏并重新固定等，可完全避免上述不良后果的发生。从委托人提供的病史中未见相应内容的医嘱。

朱某伤后四天至某部队医院就诊时，据临床病史记载，肢体坏死已成不可逆性改变，有截肢的手术指征。

某市某中医院的不当行为与朱某右侧下肢被截之间存在因果关系。

3. 法院判决

被告医师展某在给原告朱某治疗过程中，医嘱书写不规范，未能表述石膏外固定后的注意事项,特别是未注明患肢有疼痛、麻木、足趾颜色改变等应随时来院复诊,在治疗时未考虑到伤后会出现局部软组织肿胀,使得石膏固定相对过紧以致右下肢血运受阻引起肢体坏死,造成截肢的后果,有某司法鉴定科学技术研究所的鉴定结论为证。据此被告某市某中医院应负主要责任,承担(损害后果为Ⅴ级伤残)80%赔偿责任。原告伤后第2日右下肢疼痛加剧,自行服用止痛片,以及未能及时去某市某中医院检查就诊,应承担相应的次要责任。

判决如下:经治医院赔偿原告护理费、营养费、交通费、住宿费、鉴定费、伤残生活补助费计206 392.01元,精神损失费5 000元。

4. 评析

在医疗纠纷案件中,法院要判定医院是否存在责任应当就加害人是否实施了治疗行为,是否具有过错,是否对受害人产生了损害后果以及治疗行为与损害后果之间是否存在因果关系等四方面进行综合判定。对于医院确实存在责任、需要进行赔偿的,法院还应当就加害人与受害人之间对于损害后果发生的责任大小,在双方之间进行责任划分。如果双方对于损害后果的发生均没有过错,则法院可以根据案件具体情况,依据《民法通则》的公平原则,由加害方对受害方进行适当补偿。在本案例中,医院对于受害人右侧下肢被截显然具有过错,当然受害人在出现相应症状后自行服用止痛片以及未及时去医院就诊,这对造成其被截肢的后果也具有一定的责任。故法院根据双方责任的大小,判定加害人医院承担80%的赔偿责任。

五、下肢多发性损伤伴失血性休克术后截肢

1. 案情摘要

1998年9月6日上午8点,某县国道近某水库路段,发生一起严重车祸,当场溺死3人,重伤2人,目击者忙电告县中医院"120"急救中心。经现场急救处理后,8点30分患者于某送入县中医院。于某当时面色苍白,脉搏测不到,属急性失血性休克。按急诊处理原则,在休克合并左腿骨折的情况下,首先应全力抢救生命。在县中医院实地带教的某医科大学外科主任医师秦教授亲自指导下,将于某收进医院普外科,抗休克成功后于次日上午转入骨科治疗,在治疗中发现患者左足皮温显著降低,左小腿轻至中度肿胀,皮肤呈紫色并皱缩,肌张力不高,用针头刺跗趾处皮肤,挤压无血液渗出,小腿处针刺仅有少许暗黑色血液渗出,无鲜血。检查考虑有左下肢动脉系统循环障碍,左小腿足部有坏死。给予左下肢血管彩超检查,提示"左下肢血循极差"。医院组织会诊。会诊意见:尽早行左下肢血管探查术,若损伤血管无法修补再行左下肢截肢术。当日下午3点30分患者丈夫薛某签字"同意"后,行左下肢血管探查术证实血管损伤严重难以修复,再次征求患者家属意见后(未签字),行左大腿下段截肢。手术顺利,麻醉满意,于7点30分平安返回病房。术后经抗炎对症治疗,伤口愈合,骨折部位临床愈合,于同年12月1日出院。

但医院怎么也没有想到,于某不幸遇车祸,在当时一无亲人二无医疗经费的情况下,医生尽职尽力救了她的命,却被她一张状纸,以治疗不及时,措施不当,导致左下肢坏死而高位截肢为由,要求赔偿各项损失费25万元,将医院推上被告席。

2. 鉴定情况

为了证实医院有无责任,本案共经历三次医疗事故技术鉴定与两次法医学司法鉴定。

1999年1月12日，经于某及其丈夫薛某申请，某县医疗事故技术鉴定委员会鉴定该医疗事件不属医疗事故。

于某向某市医疗事故技术鉴定委员会申请重新鉴定。1999年3月25日，市鉴定委员会认为，县中医院在于某入院时开展了积极有效的抢救，治疗是正确的。在病情稳定后的诊治中存在一些失误：一是从病情稳定后到开展物理检查时间过久，又未及时请骨科会诊，延误了确诊时间；二是进行左下肢血管彩超检查时未上延到血循改变部位；三是血管探查未追索到血管阻塞部位；四是由于技术条件有限截肢前对损伤血管未进行修复和重建工作，致截肢手术指征掌握不严。鉴定结论为：本医疗事件为二级乙等医疗技术事故。

某县中医院又向省医疗事故技术鉴定委员会申请复议。1999年5月11日，省鉴定委员会认为，县中医院的诊治原则与程序是正确的，左下肢缺血性坏死系广泛性血管内膜损伤所致，不属医源性问题。彩超探查和手术探查未及时到位与后果没有直接关系，故不存在有延误病情而导致左下肢缺血性坏死的问题。手术中征得家属同意后截肢，但未履行补签字手续，在程序和处理方式上欠慎重。结论：该医疗事件不属医疗技术事故，也不构成医疗责任事故。

本案审理过程中，某县人民法院委托某市中级人民法院司法技术室再进行鉴定，该部门出具了文证审查意见书，认为“休克完善后有关物理检查稍嫌迟缓（但不影响对左下肢血循环障碍原因的诊察及病变的进展，即与左下肢缺血坏死及截肢后果无因果关系）”。

2001年4月16日，某市中级人民法院委托某司法鉴定科学技术研究所进行法医学书证审查，该中心出具了鉴定意见：于某左小肢受到严重外伤，经治疗，最终被行截肢术。肢体损伤是导致被截肢的主要原因，两者之间为直接因果关系；经治医院在对其实施的诊疗过程中，存在着一定的不足之处，但并不存在直接因果关系。

3. 法院判决

2001年5月31日，某县人民法院开庭审理，一审判决认为：认为于某左下肢缺血坏死，是因为医院普外科医生对外伤肢体处理不当，又未及时观察病情发展、及时采取有效措施，探查血管损伤情况，并给予适当处理所致。根据《实用外科学》、《外科学》、《骨科手术学》等有效证据，于某左小腿的病理改变完全符合骨筋膜室综合征的病理特点，原告左小腿缺血坏死与被告的医疗过错行为有直接因果关系理应赔偿，按有关法规，被告单位赔偿原告各项损失费156 102.36元。

一审判决作出后，某县中医院不服该，提起上诉。2001年9月26日，某市中级人民法院作出二审判决：根据《医疗事故处理办法》第十三条一款的规定，省医鉴会的鉴定是最终鉴定。且最终鉴定是处理医疗事故和医疗事件的依据。根据该鉴定结论，本起医疗事件不属医疗技术事故，也不构成医疗责任事故，某县中医院在整个抢救过程中不仅无主观过错，更无违法行为，而且将于某从死亡线上抢救过来。作为一个县级医院已经是尽到了救死扶伤之责任。原审法院对最终鉴定结论不予采信，却将《外科学》等医学学术书籍作为定案的有效证据，并以此证据在既没有鉴定结论，也没有临床实践，又无医生诊断的情况下，做出“符合骨筋膜室综合征特点的结论”，是运用证据和适用法律不当，并以医学书籍有关观点推定的结论来证实中医院的治疗中有错，以此判由中医院赔偿全部损失是错误的。于某诉称，由于该中医院管理不严，科室之间争抢病源，错误地将骨伤科患者收入普外科，与本院查明的事实不相符，本院不予采信。于某诉称该中医院治疗不及时、措施不当，导致小腿坏死而高位截肢的理由，因无相应的证据证实，也无事实和法律依据，其理由不能成立。原审法院判决，认定事实有误，运用证据和适用法律不当，本院应予撤销。据此，依据《中华人民共和国民事诉讼法》第一百五十三条第一款（二）、（三）项和《中华人民共和国民法通则》第一百一十九条、第一百三十四条第一款（四）项之规定，判决如下：一、撤销某县人民法院民事判决。二、于某因截肢造成的损失费 154 793 元，由中医院赔偿 46 438 元。二审诉讼费 11 340 元，鉴定费 3 000 元，共计 14 340 元，由于某负担 11 472 元，中医院负担2 868元。

某市中级人民法院下达了某县中医院与于某医疗纠纷案终审判决书，结束了这起长达 4 年之久的争议较大的医疗纠纷案。

4. 关联案件

1995 年 10 月，当时是小学四年级学生的王某，在做游戏时摔在一棵树干上，被送到学校所在地的镇卫生院治疗。该院医生黎某在检查后发现，王某右股骨中下段横断型骨折，先后两次为王某作了手法复位。但到了第四天，王某的腿肿胀严重，且患肢出现张力性水疱。又过了两天，王某病情更加恶化，便转到市医院治疗。在该院治疗 10 天，病情仍不见好转，便又转到某医科大学附属一院进行手术，但术后仍未能控制肌肉坏死，医院只得为王某进行右膝上截肢。

某省高级人民法院司法技术处经讨论认为，王某右腿坏死的原因是外固定物过紧，造成动静脉受压，其性质属于医疗事故。1995 年 11 月，王某家长向某市人民法院提起诉讼，状告某镇卫生院，要求赔偿各种损失费用 48 万元。一审判决判决镇卫生院承担 28 万元赔偿。王某家长不服继续上诉。经上级法院发回重审，某市人民法院重新审理，认定市医院对该起医疗事故也负有次要责任，因此判决镇卫生院和市医院共同赔偿王某 32.84 万元。

5. 评析

医疗事故技术鉴定委员会是负责医疗事故技术鉴定的专门组织。医疗事故技术鉴定委员会分为：县级医疗事故技术鉴定委员会、设区的市级医疗事故技术鉴定委员会、省级医疗事故技术鉴定委员会。对于下级鉴定委员会出具的鉴定意见不服的，当事人可以申请向上一级的委员会申请重新鉴定。在上述案件中，双方对先前鉴定意见均表示不服，最终由省级医疗事故技术鉴定委员会出具了意见。同时，还委托了某司法鉴定科学技术研究所进行书证审查。这是双方进行抗辩以及法院进行准确判定案件的权利和基础。

二人以上没有共同故意或者过失致人损害，或者虽无共同故意、过失，但其侵害行为直接结合发生同一损害后果的，构成共同侵权，应当承担连带责任。二人以上没有共同故意或者共同过失，但其分别实施的数个行为间接结合发生同一损害后果的，应当根据过失大小或者原因力比例各自承担相应的赔偿责任。对于经过多家医院进行治疗，并最终造成受害人损害的，在审判中，法官应当严格综合案件情况，认真分析多家医院对受害人的损害的责任大小，并准确界定加害人之间是连带责任还是按份责任。如果是前者，则对于法院判决确定的赔偿数额，任何一家医院负有完全的赔偿责任；如果是后者，则医院仅对自身应当赔偿的比例进行赔偿。在上述关联案件中,法院最终认定市医院和镇卫生院对于损害后果的发生虽然没有共同故意或者过失,但是其行为相结合作用于同一损害后果,故两家医院承担连带责任,共同对受害人进行赔偿。

六、小儿重症感染后手指足趾坏疽

1. 案情摘要

黄某,男性,6岁。1996年10月16日下午到某省人民医院就诊,门诊检查时发现其手足肿胀、发热,遂收住入院。当晚七时左右,遵医嘱对黄某行手足冷敷降温,时间约3小时,解除冷敷时发现其手足呈紫黑硬状。此后,医院诊断黄某患急性早幼粒细胞性白血病、败血症、感染性休克合并DIC等,住院治疗14天后出院。出院医嘱:门诊随访,定期化疗。黄某出院后病情日渐好转,但手指和脚趾陆续坏死脱落。黄某的家属认为医院在治疗过程中有过错,申请医疗事故鉴定。

2. 鉴定情况

(1) 某市医学会医疗事故技术鉴定意见

如果能证实病史记载四肢局部是以冰块实施冷敷,则病儿四肢远端坏死是在严重疾病的基础上实施长时间局部冷敷的结果,应属二级甲等医疗技术事故。

(2) 某省医学会医疗事故技术鉴定意见

患儿系金葡菌败血症合并DIC,治疗符合医疗原则,四肢末梢干性坏死是重度感染、DIC伴发血管栓塞所致。在大约3个小时内用冰袋或冰水间接、间断干性冷敷不足以导致指、趾干性坏死,不能认定为患儿致残的直接原因。鉴定结论为:不属医疗事故。

(3) 某医科大学法医学司法鉴定中心鉴定意见

① 黄某在某省人民医院就诊时所患疾病为"败血症,感染性休克,DIC";② 黄某1996年10月16日患病后"急早幼粒细胞性白血病"之诊断证据不足;③ 黄某当时仅2岁7个月,又患"败血症,感染性休克,DIC",无疑末梢循环不良,微循环障碍明显,应属冷疗禁忌患者,某省人民医院不但使用手足冷敷治疗,且冷敷时间显然超过20 min,因此其使用冷敷治疗措施显然不当,结果是加重了末梢微循环障碍,最终导致局部组织坏死并脱落;④ 黄某伤残等级为四级。

(4) 某司法鉴定科学技术研究所鉴定结论

一审法院据上述法医学鉴定结论做出判决,某省人民医院不服判决提起上诉。为正确审理此案,某省高级人民法院委托司法部司法鉴定科学技术研究所进行法医学鉴定。鉴定分析认为:

依据患者入院后的临床表现,以及血培养为"金黄色葡萄球菌"等,"金葡菌败血症、感染性休克、DIC"的临床诊断可以成立。经治医院针对上述疾病的治疗是积极、有效的。患者入院时血液化验发现有贫血、血小板减少,周围血涂片示早幼粒细胞49%、NAP积分降低等,怀疑为"急性早幼粒细胞白血病"符合临床诊断思路,但关键是缺乏骨髓象的检查资料,难以区别是"急性早幼粒细胞白血病",还是"类白血病反应"。其出院后在其他多家医院治疗的3年中,血象、骨髓象均无白血病细胞形态体征,且未进行正规抗白血病治疗,因此,"急性早幼粒细胞白血病"的诊断依据不足。

“金葡菌败血症”、“感染性休克”、“DIC”等均可引起末梢循环障碍，并导致指、趾端干性坏死而致残。患者入院时已检见其“两侧腕关节、手指、踝关节、足趾肿胀明显”等，说明其末梢循环已经出现严重障碍，并且具有相应的病理基础。此末梢循环障碍是其指、趾坏死脱落的主要原因。冷敷是物理降温的一种方法，主要采用在头、颈、腋窝、腹股沟等大动脉处冰袋安置法，而不宜放在四肢末梢处。四肢冷敷一般采用冰水酒精擦浴法，不宜用冰块包扎在四肢上，尤其是在低血压时。某省人民医院对黄某进行四肢末端（手足）较长时间的冷敷，违反医疗护理常操作规程，加重了其末梢循环障碍，显属不当。

黄某手指、足趾坏死脱落相当于交通事故四级伤残。

3. 法院终审判决

某省高级终审判决，某省人民医院赔偿黄某人民币 15 万元。

4. 评析

对于同一问题的认定，在诉讼中往往会出现多份鉴定意见，而多份鉴定意见的最终结果很可能不尽相同，甚至完全相互矛盾。对此，法院应当全面综合案件证据和情况，进行认真审查，最终认定案件中的鉴定意见是否能够作为证据，以及哪份鉴定意见能够作为最终的定案根据，而不能不经审查直接采信某个鉴定中心的鉴定意见，甚至径直根据鉴定意见作出判决，造成司法审判权的旁落，使得双方原本希望通过诉讼解决纠纷，最终变成了通过鉴定解决纠纷。

（夏文涛　李瑜）

第三节　《最高人民法院关于民事诉讼证据的若干规定》与医疗纠纷有关的条款及其释义

一、《最高人民法院关于民事诉讼证据的若干规定》与医疗纠纷有关的条款

《最高人民法院关于民事诉讼证据的若干规定》由最高人民法院审判委员会第 1201 次会议通过，自 2002 年 4 月 1 日起施行。

第一条　原告向人民法院起诉或者被告提出反诉，应当附有符合起诉条件的相应的证据材料。

第二条　当事人对自己提出的诉讼请求所依据的事实或者反驳对方诉讼请求所依据的事实有责任提供证据加以证明。

没有证据或者证据不足以证明当事人的事实主张的，由负有举证责任的当事人承担不利后果。

第三条　人民法院应当向当事人说明举证的要求及法律后果，促使当事人在合理期限内积极、全面、正确、诚实地完成举证。

当事人因客观原因不能自行收集的证据，可申请人民法院调查收集。

第四条　下列侵权诉讼，按照以下规定承担举证责任：

……（八）因医疗行为引起的侵权诉讼，由医疗机构就医疗行为与损害结果之间不存在因果关系及不存在医疗过错承担举证责任。

有关法律对侵权诉讼的举证责任有特殊规定的，从其规定。

第八条　诉讼过程中，一方当事人对另一方当事人陈述的案件事实明确表示承认的，另一方当事人无需举证。但涉及身份关系的案件除外。

对一方当事人陈述的事实，另一方当事人既未表示承认也未否认，经审判人员充分说明并询问后，其仍不明确表示肯定或者否定的，视为对该项事实的承认。

当事人委托代理人参加诉讼的，代理人的承认视为当事人的承认。但未经特别授权的代理人对事实的承认直接导致承认对方诉讼请求的除外；当事人在场但对其代理人的承认不作否认表示的，视为当事人的承认。

当事人在法庭辩论终结前撤回承认并经对方当事人同意，或者有充分证据证明其承认行为是在受胁迫或者重大误解情况下作出且与事实不符的，不能免除对方当事人的举证责任。

第九条　下列事实，当事人无需举证证明：

（一）众所周知的事实；

（二）自然规律及定理；

（三）根据法律规定或者已知事实和日常生活经验法则能推定出的另一事实；

（四）已为人民法院发生法律效力的裁判所确认的事实；

（五）已为仲裁机构的生效裁决所确认的事实；

（六）已为有效公证文书所证明的事实。

前款（一）、（三）、（四）、（五）、（六）项，当事人有相反证据足以推翻的除外。

第十条　当事人向人民法院提供证据，应当提供原件或者原物。如需自己保存证据原件、原物或者提供原件、原物确有困难的，可以提供经人民法院核对无异的复制件或者复制品。

第十二条　当事人向人民法院提供外文书证或者外文说明资料，应当附有中文译本。

第十四条　当事人应当对其提交的证据材料逐一分类编号，对证据材料的来源、证明对象和内容作简要说明，签名盖章，注明提交日期，并依照对方当事人人数提出副本。

人民法院收到当事人提交的证据材料，应当出具收据，注明证据的名称、份数和页数以及收到的时间，由经办人员签名或者盖章。

第十八条　当事人及其诉讼代理人申请人民法院调查收集证据，应当提交书面申请。申请书应当载明被调查人的姓名或者单位名称、住所地等基本情况、所要调查收集的证据的内容、需要由人民法院调查收集证据的原因及其要证明的事实。

第二十三条　当事人依据《民事诉讼法》第七十四条的规定向人民法院申请保全证据，不得迟于举证期限届满前七日。

当事人申请保全证据的，人民法院可以要求其提供相应的担保。

法律、司法解释规定诉前保全证据的，依照其规定办理。

第二十五条　当事人申请鉴定，应当在举证期限内提出。符合本规定第二十七条规定的情形，当事人申请重新鉴定的除外。

对需要鉴定的事项负有举证责任的当事人，在人民法院指定的期限内无正当理由不提出鉴定申请或者不预交鉴定费用或者拒不提供相关材料，致使对案件争议的事实无法通过鉴定结论予以认定的，应当对该事实承担举证不能的法律后果。

第二十六条　当事人申请鉴定经人民法院同意后，由双方当事人协商确定有鉴定资格的鉴定机构、鉴定人员，协商不成的，由人民法院指定。

第二十七条　当事人对人民法院委托的鉴定部门作出的鉴定结论有异议申请重新鉴定，提出证据证明存在下列情形之一的，人民法院应予准许：

（一）鉴定机构或者鉴定人员不具备相关的鉴定资格的；

（二）鉴定程序严重违法的；

（三）鉴定结论明显依据不足的；

（四）经过质证认定不能作为证据使用的其他情形。

对有缺陷的鉴定结论，可以通过补充鉴定、重新质证或者补充质证等方法解决的，不予重新鉴定。

第二十八条　一方当事人自行委托有关部门作出的鉴定结论，另一方当事人有证据足以反驳并申请重新鉴定的，人民法院应予准许。

第二十九条　审判人员对鉴定人出具的鉴定书，应当审查是否具有下列内容：

（一）委托人姓名或者名称、委托鉴定的内容；

（二）委托鉴定的材料；

（三）鉴定的依据及使用的科学技术手段；

（四）对鉴定过程的说明；

（五）明确的鉴定结论；

（六）对鉴定人鉴定资格的说明；

（七）鉴定人员及鉴定机构签名盖章。

第三十一条　摘录有关单位制作的与案件事实相关的文件、材料，应当注明出处，并加盖制作单位或者保管单位的印章，摘录人和其他调查人员应当在摘录件上签名或者盖章。

摘录文件、材料应当保持内容相应的完整性，不得断章取义。

第三十二条　被告应当在答辩期届满前提出书面答辩，阐明其对原告诉讼请求及所依据的事实和理由的意见。

第三十三条　人民法院应当在送达案件受理通知书和应诉通知书的同时向当事人送达举证通知书。举证通知书应当载明举证责任的分配原则与要求、可以向人民法院申请调查取证的情形、人民法院根据案件情况指定的举证期限以及逾期提供证据的法律后果。

举证期限可以由当事人协商一致，并经人民法院认可。

由人民法院指定举证期限的，指定的期限不得少于三十日，自当事人收到案件受理通知书和应诉通知书的次日起计算。

第三十四条　当事人应当在举证期限内向人民法院提交证据材料，当事人在举证期限内不提交的，视为放弃举证权利。

对于当事人逾期提交的证据材料，人民法院审理时不组织质证。但对方当事人同意质证的除外。

当事人增加、变更诉讼请求或者提起反诉的，应当在举证期限届满前提出。

第三十五条　诉讼过程中，当事人主张的法律关系的性质或者民事行为的效力与人民法院根据案件事实作出的认定不一致的，不受本规定第三十四条规定的限制，人民法院应当告知当事人可以变更诉讼请求。

当事人变更诉讼请求的，人民法院应当重新指定举证期限。

第三十六条　当事人在举证期限内提交证据材料确有困难的，应当在举证期限内向人民法院申请延期举证，经人民法院准许，可以适当延长举证期限。当事人在延长的举证期限内提交证据材料仍有困难的，可以再次提出延期申请，是否准许由人民法院决定。

第三十七条　经当事人申请，人民法院可以组织当事人在开庭审理前交换证据。

人民法院对于证据较多或者复杂疑难的案件，应当组织当事人在答辩期届满后、开庭审理前交换证据。

第三十八条　交换证据的时间可以由当事人协商一致并经人民法院认可，也可以由人民法院指定。

人民法院组织当事人交换证据的，交换证据之日举证期限届满。当事人申请延期举证经人民法院准许的，证据交换日相应顺延。

第三十九条　证据交换应当在审判人员的主持下进行。

在证据交换的过程中，审判人员对当事人无异议的事实、证据应当记录在卷；对有异议的证据，按照需要证明的事实分类记录在卷，并记载异议的理由。通过证据交换，确定双方当事人争议的主要问题。

第四十条　当事人收到对方交换的证据后提出反驳并提出新证据的，人民法院应当通知当事人在指定的时间进行交换。

证据交换一般不超过两次。但重大、疑难和案情特别复杂的案件，人民法院认为确有必要再次进行证据交换的除外。

第四十一条　《民事诉讼法》第一百二十五条第一款规定的“新的证据”，是指以下情形：

（一）一审程序中的新的证据包括：当事人在一审举证期限届满后新发现的证据；当事人确因客观原因无法在举证期限内提供，经人民法院准许，在延长的期限内仍无法提供的证据。

（二）二审程序中的新的证据包括：一审庭审结束后新发现的证据；当事人在一审举证期限届满前申请人民法院调查取证未获准许，二审法院经审查认为应当准许并依当事人申请调取的证据。

第四十二条　当事人在一审程序中提供新的证据的，应当在一审开庭前或者开庭审理时提出。

当事人在二审程序中提供新的证据的，应当在二审开庭前或者开庭审理时提出；二审不需要开庭审理的，应当在人民法院指定的期限内提出。

第四十三条　当事人举证期限届满后提供的证据不是新的证据的，人民法院不予采纳。

当事人经人民法院准许延期举证，但因客观原因未能在准许的期限内提供，且不审理该证据可能导致裁判明显不公的，其提供的证据可视为新的证据。

第四十四条　《民事诉讼法》第一百七十九条第一款第（一）项规定的"新的证据"，是指原审庭审结束后新发现的证据。

当事人在再审程序中提供新的证据的，应当在申请再审时提出。

第四十五条　一方当事人提出新的证据的，人民法院应当通知对方当事人在合理期限内提出意见或者举证。

第四十六条　由于当事人的原因未能在指定期限内举证，致使案件在二审或者再审期间因提出新的证据被人民法院发回重审或者改判的，原审裁判不属于错误裁判案件。一方当事人请求提出新的证据的另一方当事人负担由此增加的差旅、误工、证人出庭作证、诉讼等合理费用以及由此扩大的直接损失，人民法院应予支持。

第四十七条　证据应当在法庭上出示，由当事人质证。未经质证的证据，不能作为认定案件事实的依据。

当事人在证据交换过程中认可并记录在卷的证据，经审判人员在庭审中说明后，可以作为认定案件事实的依据。

第四十九条　对书证、物证、视听资料进行质证时，当事人有权要求出示证据的原件或者原物。但有下列情况之一的除外：

（一）出示原件或者原物确有困难并经人民法院准许出示复制件或者复制品的；

（二）原件或者原物已不存在，但有证据证明复制件、复制品与原件或原物一致的。

第五十条　质证时，当事人应当围绕证据的真实性、关联性、合法性，针对证据证明力有无以及证明力大小，进行质疑、说明与辩驳。

第五十一条　质证按下列顺序进行：

（一）原告出示证据，被告、第三人与原告进行质证；

（二）被告出示证据，原告、第三人与被告进行质证；

（三）第三人出示证据，原告、被告与第三人进行质证。

人民法院依照当事人申请调查收集的证据，作为提出申请的一方当事人提供的证据。

人民法院依照职权调查收集的证据应当在庭审时出示，听取当事人意见，并可就调查收集该证据的情况予以说明。

第五十四条　当事人申请证人出庭作证，应当在举证期限届满十日前提出，并经人民法院许可。

人民法院对当事人的申请予以准许的，应当在开庭审理前通知证人出庭作证，并告知其应当如实作证及作伪证的法律后果。

证人因出庭作证而支出的合理费用，由提供证人的一方当事人先行支付，由败诉一方当事人承担。

第五十五条　证人应当出庭作证，接受当事人的质询。

证人在人民法院组织双方当事人交换证据时出席陈述证言的，可视为出庭作证。

第五十六条　《民事诉讼法》第七十条规定的"证人确有困难不能出庭"，是指有下列情形：

（一）年迈体弱或者行动不便无法出庭的；

（二）特殊岗位确实无法离开的；

（三）路途特别遥远，交通不便难以出庭的；

（四）因自然灾害等不可抗力的原因无法出庭的；

（五）其他无法出庭的特殊情况。

前款情形，经人民法院许可，证人可以提交书面证言或者视听资料或者通过双向视听传输技术手段作证。

第五十七条　出庭作证的证人应当客观陈述其亲身感知的事实。证人为聋哑人的，可以其他表达方式作证。

证人作证时，不得使用猜测、推断或者评论性的语言。

第五十八条　审判人员和当事人可以对证人进行询问。证人不得旁听法庭审理；询问证人时，其他证人不得在场。人民法院认为有必要的，可以让证人进行对质。

第五十九条　鉴定人应当出庭接受当事人质询。

鉴定人确因特殊原因无法出庭的，经人民法院准许，可以书面答复当事人的质询。

第六十条　经法庭许可，当事人可以向证人、鉴定人、勘验人发问。

询问证人、鉴定人、勘验人不得使用威胁、侮辱及不适当引导证人的言语和方式。

第六十一条　当事人可以向人民法院申请由一至二名具有专门知识的人员出庭就案件的专门性问题进行说明。人民法院准许其申请的，有关费用由提出申请的当事人负担。

审判人员和当事人可以对出庭的具有专门知识的人员进行询问。

经人民法院准许，可以由当事人各自申请的具有专门知识的人员就有案件中的问题进行对质。

具有专门知识的人员可以对鉴定人进行询问。

第六十九条　下列证据不能单独作为认定案件事实的依据：

（一）未成年人所作的与其年龄和智力状况不相当的证言；

（二）与一方当事人或者其代理人有利害关系的证人出具的证言；

（三）存有疑点的视听资料；

（四）无法与原件、原物核对的复印件、复制品；

（五）无正当理由未出庭作证的证人证言。

第七十条　一方当事人提出的下列证据，对方当事人提出异议但没有足以反驳的相反证据的，人民法院应当确认其证明力：

（一）书证原件或者与书证原件核对无误的复印件、照片、副本、节录本；

（二）物证原物或者与物证原物核对无误的复制件、照片、录像资料等；

（三）有其他证据佐证并以合法手段取得的、无疑点的视听资料或者与视听资料核对无误的复制件；

（四）一方当事人申请人民法院依照法定程序制作的对物证或者现场的勘验笔录。

第七十一条　人民法院委托鉴定部门作出的鉴定结论，当事人没有足以反驳的相反证据和理由的，可以认定其证明力。

第七十二条　一方当事人提出的证据，另一方当事人认可或者提出的相反证据不足以反驳的，人民法院可以确认其证明力。

一方当事人提出的证据，另一方当事人有异议并提出反驳证据，对方当事人对反驳证据认可的，可以确认反驳证据的证明力。

第七十三条 双方当事人对同一事实分别举出相反的证据，但都没有足够的依据否定对方证据的，人民法院应当结合案件情况，判断一方提供证据的证明力是否明显大于另一方提供证据的证明力，并对证明力较大的证据予以确认。

因证据的证明力无法判断导致争议事实难以认定的，人民法院应当依据举证责任分配的规则作出裁判。

第七十四条 诉讼过程中，当事人在起诉状、答辩状、陈述及其委托代理人的代理词中承认的对己方不利的事实和认可的证据，人民法院应当予以确认。但当事人反悔并有相反证据足以推翻的除外。

第七十五条 有证据证明一方当事人持有证据无正当理由拒不提供，如果对方当事人主张该证据的内容不利于证据持有人，可以推定该主张成立。

第七十六条 当事人对自己的主张，只有本人陈述而不能提出其他相关证据的，其主张不予支持。但对方当事人认可的除外。

第七十七条 人民法院就数个证据对同一事实的证明力，可以依照下列原则认定：

（一）国家机关、社会团体依职权制作的公文书证的证明力一般大于其他书证；

（二）物证、档案、鉴定结论、勘验笔录或者经过公证、登记的书证，其证明力一般大于其他书证、视听资料和证人证言；

（三）原始证据的证明力一般大于传来证据；

（四）直接证据的证明力一般大于间接证据；

（五）证人提供的对与其有亲属或者其他密切关系的当事人有利的证言，其证明力一般小于其他证人证言。

第八十条 对证人、鉴定人、勘验人的合法权益依法予以保护。

当事人或者其他诉讼参与人伪造、毁灭证据，提供假证据，阻止证人作证，指使、贿买、胁迫他人作伪证，或者对证人、鉴定人、勘验人打击报复的，依照《民事诉讼法》第一百零二条的规定处理。

二、《最高人民法院关于民事诉讼证据的若干规定》与医疗纠纷有关的条款的释义

1. 医疗事故处理途径

根据《医疗事故处理条例》，发生医疗事故的赔偿等民事责任争议，医患双方可以协商解决；不愿意协商或者协商不成的，当事人可以向卫生行政部门提出调解申请，也可以直接向人民法院提起民事诉讼。

当事人对医疗事故鉴定意见虽有异议，但不申请重新鉴定，而以要求医疗单位赔偿经济损失为由向人民法院起诉的，如符合起诉条件，人民法院应作为民事案件受理。

2. 起诉条件

起诉必须符合下列条件：① 原告是与本案有直接利害关系的公民、法人和其他组织；② 有明确的被告；③ 有具体的诉讼请求和事实、理由；④ 属于人民法院受理民事诉讼的范围和受诉人民法院管辖。

原告可以放弃或者变更诉讼请求。被告可以承认或者反驳诉讼请求,有权提起反诉。

委托他人代为诉讼,必须向人民法院提交由委托人签名或者盖章的授权委托书。授权委托书必须记明委托事项和权限。诉讼代理人代为承认、放弃、变更诉讼请求,进行和解,提起反诉或者上诉,必须有委托人的特别授权。

原告增加诉讼请求,被告提出反诉,第三人提出与本案有关的诉讼请求,可以合并审理。

原告经传票传唤,无正当理由拒不到庭的,或者未经法庭许可中途退庭的,可以按撤诉处理;被告反诉的,可以缺席判决。

3. 反诉

反诉是指在民事诉讼中,先前诉讼中的被告以先前诉讼的原告为被告,向受诉法院提出与先前诉讼标的同一的诉讼请求。被告提出的反诉请求必须在法庭辩论终结前提出,且其诉讼标的须与本诉相同。否则,即使是发生在原、被告双方的争议,只要诉讼标与本诉不同,也不是反诉。

4. 法院管辖

因合同纠纷提起的诉讼,由被告住所地或者合同履行地人民法院管辖。如果合同没有实际履行,当事人双方住所地又都不在合同约定的履行地的,应由被告住所地人民法院管辖。

因侵权行为提起的诉讼,由侵权行为地或者被告住所地人民法院管辖。侵权行为地包括侵权行为发生地和侵权结果发生地,即医院所在地,即医疗机构的主要办事机构所在地或主要营业地。被告如果为没有主要办事机构的合伙企业、合伙型联营体,则由注册地法院管辖。如果没有注册地,几个被告又不在同一辖区的,被告住所地的法院都有管辖权。如果两个有管辖权的法院对同一案件都进行了受理,那么由最先立案的人民法院审理。

5. 管辖争议

案件受理后,受诉人民法院的管辖权不受当事人住所地、经常居住地变更的影响。有管辖权的人民法院受理案件后,不得以行政区域变更为由,将案件移送给变更后有管辖权的人民法院。判决后的上诉案件和依审判监督程序提审的案件,由原审人民法院的上级人民法院进行审判;第二审人民法院发回重审或者上级人民法院指令再审的案件,由原审人民法院重审或者再审。

发生管辖权争议的两个人民法院因协商不成报请它们共同的上级人民法院指定管辖时,如双方为同属一个地、市辖区的基层人民法院,由该地、市的中级人民法院及时指定管辖;同属一个省、自治区、直辖市的两个人民法院,由该省、自治区、直辖市的高级人民法院及时指定管辖;如双方为跨省、自治区、直辖市的人民法院,高级人民法院协商不成的,由最高人民法院及时指定管辖。依前款规定报请上级人民法院指定管辖时,应当逐级进行。

6. 起诉主体

医疗民事诉讼中的当事人,以自己的名义参加诉讼,并受人民法院制裁约束的利害关系人,即患者、患者家属和医疗机构及其医务人员。从患者角度,即患者本人,患者死亡的、其配偶、父母、子女可为当事人；从医院角度讲，应以医疗机构为当事人。

7. 第三人

第三人分为有独立请求权第三人和无独立请求权第三人。对当事人双方的诉讼标的，有独立请求权的，有权提起诉讼。对当事人双方的诉讼标的，第三人虽然没有独立请求权，但案件处理结果同他有法律上的利害关系的，可以申请参加诉讼，或者由人民法院通知其参加诉讼。

人民法院判决承担民事责任的第三人，有当事人的诉讼权利义务。有独立请求权和无独立请求权的第三人，因不能归责于本人的事由未参加诉讼，但有证据证明发生法律效力的判决、裁定、调解书的部分或者全部内容错误，损害其民事权益的，可以自知道或者应当知道其民事权益受到损害之日起六个月内，向作出该判决、裁定、调解书的人民法院提起诉讼。

8. 被告答辩

人民法院应当在立案之日起五日内将起诉状副本发送被告，被告应当在收到之日起十五日内提出答辩状。答辩状应当记明被告的姓名、性别、年龄、民族、职业、工作单位、住所、联系方式；法人或者其他组织的名称、住所和法定代表人或者主要负责人的姓名、职务、联系方式。人民法院应当在收到答辩状之日起五日内将答辩状副本发送原告。被告不提出答辩状的，不影响人民法院审理。

被告答辩状应当从三个方面提出看法：① 对原告诉讼请求的看法；② 对原告起诉所依据的事实的看法，事实是存在还是不存在，或者部分存在等；③ 对原告的起诉理由的看法，是同意还是不同意，还是部分不同意等等。但根据本司法解释第八条和第七十四条的规定，涉及被告自认的问题，如果构成自认，不管是否虚假答辩，都要免除原告的相应的举证责任，被告提出答辩状应当慎重。

被告在答辩届满期间不提出答辩状不会产生不答辩(即答辩失权的效果)，也不可视为承认了原告的诉讼请求。

9. 举证责任与一般分配原则

《最高人民法院关于民事诉讼证据的若干规定》第二条包括两个内容：一是对民事诉讼中举证责任含义的全面概括；二是明确了举证责任分配的一般规则。

举证责任又称证明责任，是指当事人对自己提出的主张有提供证据进行证明的责任。具体包含两层基本含义：一是当事人对自己提出的主张有提供证据的责任，即行为意义上的举证责任；二是指当待证事实真伪不明时，由依法负有证明责任的人承担不利后果的责任，即结果意义上的举证责任。

举证责任分配的一般规则是：当事人有责任对自己提出诉讼请求所依据的事实或反驳对方诉讼请求所依据的事实加以证明。

10. 举证责任倒置

举证责任倒置是指根据举证责任分配的一般原则，应当由诉讼请求主张人加以证明，但是基于法律政策、诉讼公平等因素考虑，将该举证责任转由对方当事人承担。

在医疗纠纷诉讼中，由医疗方承担“医疗行为与损害结果之间不存在因果关系及不存在医疗过错”的举证责任。

11. 法院调查收集证据

当事人对自己提出的主张，有责任提供证据。当事人及其诉讼代理人因客观原因不能自行收集的证据，或者人民法院认为审理案件需要的证据，人民法院应当调查收集。

由人民法院负责调查收集的证据包括：① 当事人及其诉讼代理人因客观原因不能自行收集的；② 人民法院认为需要鉴定、勘验的；③ 当事人提供的证据互相有矛盾、无法认定的；④ 人民法院认为应当由自己收集的其他证据。人民法院应当按照法定程序，全面地、客观地审查核实证据。

当事人申请人民法院调查收集证据的，应当提供相应的线索，如被调查人的姓名、单位名称、住所地等基本情况，所要调查收集的证据的内容、需要由人民法院调查收集证据的原因及其要证明的事实。

12. 当事人自认

当事人自认可以免除对方当事人的举证责任，自认也可以撤回，但仅限于两种情形：① 在法庭辩论结束前提出，并且对方当事人同意；② 当事人作出自认是在受胁迫或者重大误解的情况下作出的，且该自认确实与事实不相符合。

13. 免证事项

对于法律规定的免证事项，当事人无需举证说明，这即是法律上的推定。其只要在法庭上提出，即可作为认定案件事实的依据，但这也不是绝对的。如果有证据证明该事项存在错误，则该推定不成立，主张该事项的当事人应当重新举证证明。

14. 证据提交

书证应当提交原件。物证应当提交原物。提交原件或者原物确有困难的，可以提交复制品、照片、副本、节录本。该复制品、照片、副本、节录本必须与原件核对无误，且对当事人提供的证据，人民法院应当出具收据，注明证据的名称、收到的时间、份数和页数，由审判员或书记员签名或盖章。

15. 证据保全

在证据可能灭失或者以后难以取得的情况下，当事人可以在诉讼过程中向人民法院申请保全证据，人民法院也可以主动采取保全措施。因情况紧急，在证据可能灭失或者以后难以取得的情况下，利害关系人可以在提起诉讼或者申请仲裁前向证据所在地、被申请人住所地或者对案件有管辖权的人民法院申请保全证据。

人民法院根据民事诉讼法的规定，在采取诉前财产保全和诉讼财产保全时责令申请人提供担保的，提供担保的数额应相当于请求保全的数额。人民法院在财产保全中采取查封、扣押财产措施时，应当妥善保管被查封、扣押的财产。当事人、负责保管的有关单位或个人以及人民法院都不得使用该项财产。人民法院对不动产和特定的动产(如车辆、船舶等)进行财产保全，可以采用扣押有关财产权证照并通知有关产权登记部门不予办理该项财产的转移手续的财产保全措施；必要时，也可以查封或扣押该项财产。

16. 举证期限

举证期限有两种情形：一是举证期限可以由当事人协商一致，可长可短，但需要人民法院认可；二是由法院指定举证期限，指定的期限不得少于 30 日，自当事人收到案件受理通知书和应诉通知书的次日起计算。但是适用简易程序审理的案件不受上述规定限制。

17. 委托鉴定

双方当事人对于案件中无法解决的专门性问题，可以向人民法院提出鉴定申请，是否准许由法院决定。对于人民法院决定进行鉴定的，可以由双方当事人协商确定具有相应资质的鉴定机构进行鉴定。当事人协商不成的，可以由人民法院指定具有相应资质的鉴定机构进行鉴定。

当事人未申请鉴定，人民法院对专门性问题认为需要鉴定的，应当委托具有相应资质的鉴定机构、鉴定人进行鉴定。

18. 重新鉴定

有下列情形之一的，司法鉴定机构可以接受委托进行重新鉴定：① 原司法鉴定人不具有从事原委托事项鉴定执业资格的；② 原司法鉴定机构超出登记的业务范围组织鉴定的；③ 原司法鉴定人按规定应当回避没有回避的；④ 委托人或者其他诉讼当事人对原鉴定意见有异议，并能提出合法依据和合理理由的；⑤ 法律规定或者人民法院认为需要重新鉴定的其他情形。接受重新鉴定委托的司法鉴定机构的资质条件，一般应当高于原委托的司法鉴定机构。

19. 鉴定意见的审查

对鉴定意见应当着重审查以下内容：① 鉴定人是否存在应当回避而未回避的情形；② 鉴定机构和鉴定人是否具有合法的资质；③ 鉴定程序是否符合法律及有关规定；④ 检材的来源、取得、保管、送检是否符合法律及有关规定，与相关提取笔录、扣押物品清单等记载的内容是否相符，检材是否充足、可靠；⑤ 鉴定的程序、方法、分析过程是否符合本专业的检验鉴定规程和技术方法要求；⑥ 鉴定意见的形式要件是否完备，是否注明提起鉴定的事由、鉴定委托人、鉴定机构、鉴定要求、鉴定过程、检验方法、鉴定文书的日期等相关内容，是否由鉴定机构加盖鉴定专用章并由鉴定人签名盖章；⑦ 鉴定意见是否明确；⑧ 鉴定意见与案件待证事实有无关联；⑨ 鉴定意见与其他证据之间是否有矛盾，鉴定意见与检验笔录及相关照片是否有矛盾；⑩ 鉴定意见是否依法及时告知相关人员，当事人对鉴定意见是否持有异议。

20. 当事人举证与诉讼请求的变更

民事诉讼实行不告不理原则，对于原告已经起诉的，当事人可以增加、变更诉讼请求，被告也可以提出反诉。但应当在法庭规定的举证期限届满前提出，以防止诉讼不必要的拖延。如果在举证期限届满后提出的，当事人可以另行起诉。

21. 法院与当事人认定事实不一致

由于当事人并不是法律专家，其起诉的事实所涉及的法律关系，可能与人民法院最终认定的法律关系不一致，法院可以告知当事人对相应的诉讼请求进行变更，当事人不变更的，法院应当严格执行不告不理的原则，根据当事人主张的法律关系和诉讼请求进行裁判。

22. 证据交换

交换证据的方式可以是由双方当事人到庭交换证据，对于书证交换，外地当事人也可以采取邮寄的方式进行。但对于实物证据、需要与原件核对的证据、不能复制的证据等证据的交换，要求双方当事人必须到庭交换。在证据交换过程中，对于双方当事人无异议的证据，法官可以直接认定；双方当事人有异议的，应在庭审中进行质证。

23. 新的证据

“新的证据”的出现可能直接影响最终裁判结果，如果在诉讼进程中出现了“新的证据”则法官应当组织双方进行质证，重新进行审查。

24. 质证

质证是指控辩双方在法官的主持之下，对提交的证据的证据能力和证明力进行审查的过程，是庭审必经程序。证据应当在法庭上出示，并由当事人根据法定程序进行质证。对涉及国家秘密、商业秘密和个人隐私的证据应当保密，需要在法庭出示的，不得在公开开庭时出示。

25. 法庭调取证据的质证

人民法院为了查清案件事实真相，依职权调取的证据，也要听取当事人的意见，这其实也是由双方当事人进行质证的一种情形，否则不得作为定案根据。

26. 证据能力和证明力

证据要作为认定案件事实的依据，必须同时具备证据能力和证明力，这也是质证的核心内容。所谓证据能力，是指相关材料能够作为证据的资格。证据是否具备证据能力，法庭应当从证据的客观性、关联性以及合法性三方面进行审查，对于不具备上述三项条件中任何一个的，均不得作为证据使用。

所谓证据证明力，是指具有证据能力的证据对案件事实的证明程度，这主要通过对证据与案件事实的关联度进行判断。与案件关联越紧密的，其证明力就越高。

27. 公正文书的证据效力

经过法定程序公证证明的法律事实和文书，人民法院应当作为认定事实的根据，但有相反证据足以推翻公证证明的除外。

28. 证人资格

证人证言是民事诉讼中的重要证据形式，在法庭上作为证人出庭的人必须具备以下条件：是自然人；知道案件情况；能够正确表达；明辨是非。未成年人如果满足上述条件，也可以作为证人出庭。

29. 证人出庭费用

证人因履行出庭作证义务而支出的交通、住宿、就餐等必要费用以及误工损失，由败诉一方当事人负担。当事人申请证人作证的，由该当事人先行垫付；当事人没有申请，人民法院通知证人作证的，由人民法院先行垫付。

30. 证人不出庭情形

对于法律规定“确有困难不能出庭”的，应当得到法院许可，方可向法庭提交书面证言、视听资料或者通过双向视听传输技术手段作证。

31. 意见证据

证人只能就其所知道的案件具体情况向法庭进行客观陈述，对于证人通过具体情况进行的猜测、推断或者评论不得作为证人证言。这是因为，一方面对于专业性问题，一般证人无能力发表意见；另一方面对于普通问题，法官可以独自进行判断。

32. 鉴定人出庭

当事人对鉴定意见有异议或者人民法院认为鉴定人有必要出庭的，鉴定人应当出庭作证。经人民法院通知，鉴定人拒不出庭作证的，鉴定意见不得作为认定事实的依据；支付鉴定费用的当事人可以要求返还鉴定费用。

33. 专家辅助人

当事人可以申请人民法院通知有专门知识的人出庭，就鉴定人作出的鉴定意见或者专业问题提出意见。这里需要明确的是，此处的“有专门知识的人”即是指学界的“专家辅助人”。至于该“有专门知识的人”是否必须有鉴定人资格，对此，我们认为并不一定。只要该“有专门知识的人”能够拥有专门知识解决案件中的专门问题，且能对鉴定意见进行质证即可。

34. 鉴定意见的排除

鉴定意见具有下列情形之一的，不能作为定案的根据：① 鉴定机构不具备法定的资格和条件，或者鉴定事项超出本鉴定机构项目范围或者鉴定能力的；② 鉴定人不具备法定的资格和条件、鉴定人不具有相关专业技术或者职称、鉴定人违反回避规定的；③ 鉴定程序、方法有错误的；④ 鉴定意见与证明对象没有关联的；⑤ 鉴定对象与送检材料、样本不一致的；⑥ 送检材料、样本来源不明或者确实被污染且不具备鉴定条件的；⑦ 违反有关鉴定特定标准的；⑧ 鉴定文书缺少签名、盖章的；⑨ 其他违反有关规定的情形。

35. 证明标准

证明标准是指，证据对案件事实的证明需要达到的程度。刑事诉讼和民事诉讼的证明标准不一样，刑事诉讼必须达到案件事实清楚、证据确实充分的“排除合理怀疑”的程度；民事诉讼仅需达到“优势证明”程度即可，即负有证明责任的当事人仅需要使得法官相信其提供的证据的证明力强于其对方证据的证明力即可。如果双方提供的证据无法达到要求、使得事实依然真伪不明的，法官则需要根据举证责任分配的原则裁判案件。

36. 自认

当事人对不利于己的事实可以予以承认，对于当事人出于自愿的自认，人民法院应当确认。但是如果当事人在庭审辩论前反悔，并能够提供证据证明原承认有错误的，法院应当准许其撤回承认。

37. 证明力的判定

对证明力的判定存在法定证明主义和自由心证主义。前者是指法律事先对证据的证明力进行判定，法官无自由裁量权；后者是指法律不事先对证据的证明力进行判定，而改由法官根据具体案件情况自由判定。目前，我们主要采用自由心证主义。民事证据规定中的证据证明力大小的判定，看似事先对证明力的规定，但是法官不是必须遵守的，最终证明力大小还应当由法官依据案件总体情况进行综合判定。

38. 证人、鉴定人、勘验人权益保障

当事人或者其他诉讼参与人伪造、毁灭证据，提供假证据，阻止证人作证，指使、贿买、胁迫他人作伪证，或者对证人、鉴定人、勘验人打击报复，情节严重的，可能构成刑法分则所规定的妨碍司法罪。

（夏文涛）

第四节 典型判例

一、阑尾炎术后腹腔伴全身多处感染

1. 案件摘要

苏某,男性,1997 年 1 月 28 日出生。2008 年 12 月 14 日,苏某因腹痛,入住某三级甲等部队医院,诊断为急性阑尾炎,次日行阑尾切除术,术后发生高热、腹腔感染及肺炎等,后转某大学医学院附属医院行引流术后治愈。苏某及其家属认为某三级甲等部队医院诊疗过程中存在过错(或过失行为),并因此造成损害后果,故诉至人民法院要求赔偿。

2. 病史摘要

(1) 2008 年 12 月 9 日至 12 月 13 日某三级甲等部队医院住院病史

入院时主诉:转移性右下腹痛 8 天,伴有恶心,无呕吐,无发热。查体:腹软,右下腹麦氏点压痛,伴轻度反跳痛,无肌紧张,肝、脾肋下未触及,移动性浊音阴性,肠鸣音适中。诊断:急性阑尾炎。

(2) 2008 年 12 月 14 日至 12 月 28 日某三级甲等部队医院住院病史

入院时主诉:1 天前无明显诱因出现脐周疼痛,无恶心、呕吐,无发热,后腹痛加重并逐渐转移至右下腹,伴稀便两次。急诊查血常规:WBC 16.4×10^9/L,中性 59.4%。12 月 15 日行阑尾切除术,腹腔无渗液,沿结肠带找到阑尾,阑尾位置深,长约 7 cm,直径约 0.5 cm,阑尾轻度充血、水肿,与周围组织粘连固定,分离、结扎阑尾根部,将阑尾根部切断,残端以“三棒”处理后,在距根部约 0.7 cm 盲肠壁上做一荷包缝合,将阑尾残端包埋,分次分离、切断、结扎阑尾系膜,分离至阑尾头部逆行切除阑尾。

12 月 16 日病程录:发热,夜间最高体温达 39.8℃。

12 月 17 日病程录:昨夜间发热,最高体温达 39.7℃。

12 月 18 日病程录:仍有发热,最高体温 38.2℃,排稀便多次。

12 月 19 日病程录:体温最高 37.7℃。

12 月 20 日病程录:左下腹疼痛加重,并腹胀,体温最高 38.2℃,经灌肠有少量肛门排气排便,大便黑褐色稀便。床边摄片示:肠管内可见大量积气,肠管扩张,可见多个高低不等的气液平,符合肠梗阻改变。

12 月 21 日病程录:体温最高 38℃。

12 月 22 日病程录:体温最高 38.7℃。

12 月 22 日病程录:下午高热,体温 39.5℃,大便为黑褐色稀便,肠鸣音弱。腹部超声示:腹腔、盆腔中至大量积液,左侧腹肠管扩张。左下腹麦氏点穿刺抽出约 20 mL 淡绿色液体,略混浊。血 WBC 12.58×10^9/L,中性 68.5%,血小板 411×10^9/L。

12 月 23 日病程录:发热(达)38℃~39℃。腹部 CT 片示:肝脏下缘类圆形低密度影,考虑感染性病变,腹水,双侧后壁胸膜增厚,肠管扩张并可见阶梯状气液平。拔除胃管,嘱少量进流食。

12 月 24 日病程录:发热,体温最高 38.2℃,腹泻 10 余次,为黄色稀水样便。

12 月 25 日病程录：体温最高 38.6℃。腹水细菌培养结果有粪肠球菌生长；血 WBC 12.6×10^9/L，中性 79%；白蛋白 25.6 g/L。下午超声复查示腹腔中至大量积液（以右下腹至盆腔为主），于左下腹穿刺抽出约 10 mL 黄色混浊液体，有絮状沉淀，送常规检查、细菌培养。大便细菌培养：大肠埃希菌 ESBL(＋)40%，粪肠球菌 40%。

12 月 25 日院内疑难病例讨论、总结：患者腹水培养结果显示肠粪球菌生长，立即应用针对性抗生素（万古霉素）；患者目前处于全身炎症反应综合征阶段，病情危重，一旦形成瀑布反应，将有生命危险。予加强营养支持，应用血液制品改善低蛋白血症，增强机体机能，鼓励肠外营养，注意保护肠道屏障功能；加强监护。

12 月 26 日病程录：体温最高 38.8℃，腹泻 10 次，仍为黄色稀水样便，仍感右下腹胀痛，阵发性加重。查体：腹部饱满，右下腹及左下腹压痛、反跳痛，叩鼓音，移动性浊音阳性，肠鸣音弱。白蛋白 23.3 g/L，钠 123 mmol/L。输血浆 500 mL，输入血白蛋白 30 g。

12 月 28 日病程录：持续高热，体温最高 40.5℃，感心慌、烦躁不安，右下腹胀痛加重，大便多次，为黄色糊状便。血 WBC 8.73×10^9/L，中性 80.6%。查体：呼吸急促，心率 140 次/min，腹部膨隆，右下腹部饱满，压痛、反跳痛明显，肠鸣音弱。

（3）2008 年 12 月 29 日某三级甲等部队医院摄下腹部、盆腔 CT 片报告

膀胱直肠窝内少量积液；腹部大量包裹性积液。请某大学医学院附属医院会诊，建议给予手术引流。

（4）2008 年 12 月 29 日至 2009 年 1 月 20 日某大学医学院附属医院住院病历

入院时查体：腹部膨隆，右下腹可见一长约 4 cm 的斜形切口，瘢痕形成，肝、脾触诊不满意，左下腹及右髂窝压痛明显，反跳痛（＋），局部腹肌紧张（以手术切口为中心，直径约 15 cm），听诊肠鸣音减弱。于 12 月 29 日行（阑尾术后周围）脓肿引流术；术中沿原切口进入，见皮下组织内即有脓液，将脓液吸净。（腹腔内）阑尾周围及盆腔有一巨大脓肿腔，打开脓肿腔，见内有大量黄白色稠厚脓液共约 1 800 mL，将其吸净，将碘伏水反复冲洗腹腔，直至肉眼观察无脓液流出，于脓腔深处放置冲洗管 1 根，于脓腔口处放置引流管 1 根，术中出血不多。

3. 鉴定人检验所见

（1）体格检查

自诉（包括家属代诉）术后至今仍时感脐周疼痛，有时较剧，排便有时较稀。

神志清，步入检查室，检查合作，对答切题。体型肥胖，一般情况可。右下腹脐至髂前上棘连线中点处见一斜行长 7.5 cm 扁平瘢痕。腹平软，未及明显压痛、反跳痛及肌紧张。

（2）阅片所见

2008 年 12 月 19 日腹部立位 X 线片示：中上腹部分小肠呈节段性扩张及阶梯状多发液平面，双侧腰大肌影及腹脂线显示不清；片内所示左侧肋膈角闭塞。提示机械性小肠梗阻，可能合并胸腔渗出。

2008 年 12 月 23 日下胸部、腹部、盆腔平扫 CT 片示：扫描范围内两下肺实变；右下腹麦氏切口附近腹壁软组织层次模糊，结肠扩张（升、横结肠为主），升结肠内见多量粪便影，横结肠积气，中腹部小肠扩张、积液、积气，腹腔、盆腔积液，双侧肾周筋膜增厚（肝、肾隐窝腹腔积液趋于包裹局限化）。

2008年12月27日胸部、腹部、盆腔平扫CT片示：两下肺感染性病灶；肠腔扩张较前略有改善，腹、盆腔积液，肝、肾隐窝腹腔积液呈包裹性。

2009年1月5日胸部立位X线片示：左侧肋膈角闭塞。

2009年1月19日下腹部平扫CT片示：腹、盆腔积液已消失。

4. 鉴定意见与分析论证

(1) 关于阑尾切除术

苏某因"转移性右下腹痛"先后两次入住某三级甲等部队医院，经治医院查体示：体温平，腹软，右下腹麦氏点压痛，伴轻度反跳痛，无肌紧张。第二次入院时血常规示WBC总数升高。据此，"急性阑尾炎"诊断成立。术后病理检验结果符合"急性单纯性阑尾炎"，支持上述临床诊断。

一般情况下，急性阑尾炎一旦确诊，原则上均主张手术治疗。若急性阑尾炎发病时间超过48小时，且病情改善、病灶局限的，可以考虑非手术治疗，以后再择期手术；但若病情加重，则仍应考虑积极采用手术切除阑尾。本例中，苏某发病时间虽已较长，但再次入院时除腹痛外，尚出现解稀便，并外周血WBC增高，提示其病情较前一次住院有加重，故具有手术指征，经治医院予行阑尾切除术符合医疗原则。

一般情况下，阑尾切除术常首选阑尾顺行切除术，即首先处理阑尾系膜，最后切断阑尾根部并妥善处理残端；在盲肠后位阑尾炎、阑尾系膜过短及阑尾因炎症粘连或不易提出切口时，可改用阑尾逆行切除术，即先切断阑尾根部，再逐渐分离阑尾切除之。某三级甲等部队医院于本例术中见"阑尾位置深……与周围组织粘连固定"，难以常规顺行切除，遂选择逆行切除术式，亦无不妥。

从本例手术某三级甲等部队医院手术记录来看，手术操作步骤清楚，阑尾残端处理恰当，未见明显不妥之处。

(2) 关于术后情况

阑尾切除术属可能污染手术。相比较而言，阑尾逆行切除术比顺行切除术更易引起污染，术后并发局部感染导致包裹性脓肿及腹腔感染、盆腔感染乃至肺部感染等疾病的机会明显增加。就本例而言，苏某术后出现阑尾周围脓肿、肺炎等感染病变，其原因在相当程度上与污染手术难以绝对避免感染并发症有关。

但是，某三级甲等部队医院在苏某术后当晚即出现高热达39.8℃且此后持续不退，手术切口周围有压痛、反跳痛等体征；术后第3天开始出现解多次稀便；术后第4天起诉腹胀，后又出现解黑褐色稀便，且压痛、反跳痛等体征波及至左下腹，同时床边摄片提示机械性小肠梗阻，且可能合并胸腔渗出，存在感染扩散的趋势；术后第7天腹部超声示"腹腔、盆腔中至大量积液，左侧腹肠管扩张"，腹腔穿刺抽出淡绿色混浊液体的情况下，理应考虑腹腔内存在多处感染性积液呈弥漫性腹膜炎，尤其在腹腔穿刺证实后即应选择剖腹探查感染的病因，清除脓液，清洗腹腔，保证良好引流，妥善处理病因。但本例中，经治医院于术后第10日院内疑难病例讨论时仍认定其为肠菌群失调、腹水感染，坚持采用内科抗感染及支持治疗。至此后病情持续加重，体温进一步升高，各种检查均提示腹腔感染严重，方由外院专家会诊确定为阑尾术后阑尾周围感染及并发肺炎等，转院行阑尾术后阑尾周围脓肿引流术，方使病情得以有效控制。以上事实说明某三级甲等部队医院在苏某术后出现严重并发症时，未能及时、充分认识到病情的复杂性和严重性，一再错失及时正确诊断和处置的机会，存在医疗过失行为。

(3) 关于医疗过失行为与损害后果

若苏某阑尾周围脓肿、腹腔感染等能及时获得正确的诊断和有效的处理，可以明显地缩短病程，减少患者的痛苦及经济损失。因此认为，某三级甲等部队医院上述医疗过失行为与苏某病情迁延等不良后果之间存在密切的因果关系。综合分析，经治医院的医疗过失行为是不良后果的主要原因，医疗过失的参与度为70%～80%。

5. 法院判决

本院认为，被告医院对原告“急性阑尾炎”的病情诊断明确，行阑尾切除术具有手术指征，符合医疗原则。但阑尾切除术属可能污染手术，相比较而言，本案中被告为原告所行阑尾逆行切除术比顺行切除术更易引起污染。故被告应当对此给予更加审慎的注意与周密的考虑。本案被告在术后原告出现一系列高热、腹胀、腹泻等术后并发症，且至病情危重时，一直未予正确诊断，没有及时、充分地认识到病情的复杂性和严重性，未能尽到与自己的医疗技术水平相应的诊疗义务，一再错失及时正确诊断的处置机会，最终导致原告阑尾周围感染并发肺炎。使原告不得不再行剖腹探查术、阑尾周围脓肿引流术控制病情。被告的医疗过失行为使原告未能获得正确的诊断和有效的处理，延长了病程时间，加重了原告的身体痛苦与经济损失，故应当向原告承担赔偿责任，本院酌情判令被告按80%的比例承担赔偿责任。

综上，依照最高人民法院《关于审理人身损害赔偿案件适用法律若干问题的解释》第十七条第一款、第二款、第二十五条第一款判决如下：

一、被告某三级甲等部队医院赔偿原告医疗费8 358.91元，陪护费2 180元，交通费234元，残疾赔偿金89 472元，精神损害抚慰金8 000元。共计108 244.91元。

二、驳回原告的其他诉讼请求。

上述判决第一至五项于本判决生效之日其十日内给付。

6. 评析

(1) 关于赔偿主体及责任

在本案中对于原告造成人身损害的结果，某三级甲等部队医院负有过失责任，应当承担受害人由此产生的相应的损失。但是，根据医院的治疗情况等因素综合考虑，某三级甲等部队医院对受害人的损失仅根据其原因力的比例，需承担80%的赔偿责任。因此，本案的赔偿权利人是受害人苏某，鉴于其未成年，其父母可以作为法定代理人请求医院进行赔偿。虽然造成受害人损伤的是主治医生，但是其是某三级甲等部队医院的工作人员，且对本案原告进行治疗的行为是其职务行为，应当由某三级甲等部队医院作为本案的赔偿义务人。当然，医院在对赔偿权利人进行赔偿之后，可以根据医生的责任大小向其进行追偿。

(2) 关于赔偿范围

根据法律有关规定，本案中，原告因遭受人身损害可以获得医疗费、陪护费、交通费、残疾赔偿金、精神损害抚慰金等赔偿，因本案原告为11周岁的未成年人，因此不存在误工费的问题。

关于医疗费，根据医疗机构出具的医药费、住院费等收款凭证，结合病历和诊断证明等相关证据确定。医疗费的赔偿数额，按照一审法庭辩论终结前实际发生的数额确定。器官功能恢复训练所必要的康复费、适当的整容费以及其他后续治疗费，赔偿权利人可以待实际发生后另行起诉。但根据医疗证明或者鉴定意见确定必然发生的费用，可以与已经发生的医疗费一并予以赔偿。

关于陪护费，应当根据护理人员的收入状况和护理人数、护理期限确定。护理人员有收入的，参照误工费的规定计算；护理人员没有收入或者雇佣护工的，参照当地护工从事同等级别护理的劳务报酬标准计算。护理人员原则上为一人，但医疗机构或者鉴定机构有明确意见的，可以参照确定护理人员人数。护理期限应计算至受害人恢复生活自理能力时止。受害人因残疾不能恢复生活自理能力的，可以根据其年龄、健康状况等因素确定合理的护理期限，但最长不超过 20 年。

关于交通费，根据受害人及其必要的陪护人员因就医或者转院治疗实际发生的费用计算。交通费应当以正式票据为凭；有关凭据应当与就医地点、时间、人数、次数相符合。

关于残疾赔偿金，在本案中，根据受害人丧失劳动能力程度或者伤残等级，按照受诉法院所在地上一年度城镇居民人均可支配收入或者农村居民人均纯收入标准，自定残之日起至多按 20 年计算（一般十级伤残计算 10%，九级伤残计算 20%，余以此类推）。

关于精神损害抚慰金，在充分考虑侵权人的过错程度，侵害的手段、场合、行为方式等具体情节，侵权行为所造成的后果，侵权人承担责任的经济能力，受诉法院所在地平均生活水平等因素的情况下，判定侵权人所应当承担的具体数额。

二、子宫切除术后植物生存状态

1. 案情摘要

王某，女性，1965 年 1 月出生。王某因“不规则阴道流血 3 个月”于 2008 年 6 月 1 日到某大学医学院附属医院妇科住院，同年 6 月 5 日在硬膜外麻醉下行经腹子宫全切术，术后出现心率下降、呼吸停止、意识不清，经抢救后生命体征平稳，但意识及自主运动未能有效恢复。王某的家属认为某大学医学院附属医院在诊疗过程中存在医疗过错（或过失行为），诉至法院要求赔偿。

2. 病史摘要

某大学医学院附属医院住院病史（入院日期：2008 年 6 月 1 日）

入院时情况：患者 3 个月来无明显原因始出现月经不规律，周期由 28～29 天缩短至 4 天（原文如此），经期由 5～6 天延长至半（个）月余，经量较前明显增多，为既往经量的 3 倍左右，伴头晕、乏力。4 天前于我院行 B 超示：两个宫内膜，右侧厚 1.4 cm，回声不均；左侧厚 0.9 cm，回声均，予诊刮术，术后患者阴道流血仍较多，感头晕乏力。月经、婚育史：末次月经记不清，经量多，痛经（+），结婚 24 年，$G_5P_3A_2$，三个女儿和丈夫均健康。妇科检查：外阴正常，阴道见血迹，宫颈光滑，子宫前位，如孕 2 个月大小，无压痛，双附件未扪及异常。B 超示：部分纵隔子宫（?），左卵巢囊肿。血常规：WBC 3.5×10^9/L，HGB68 g/L。初步诊断：（1）阴道流血原因（待查）：功能失调性子宫出血可能；（2）贫血（中度）；（3）纵隔子宫可能。

住院情况：2008年6月1日，经治疗处理后阴道流血减少。6月2日，阴道流血量较入院时减。6月3日，阴道流血较昨日增多，考虑药物治疗效果不佳，向患者及家属说明病情，患者要求手术治疗，根据患者年龄及病情，决定行子宫全切。6月4日，入院后治疗丙酸睾丸酮100 mg，im. qd，阴道流血仍多，功血诊断成立，家属及患者要求手术治疗，今提交全科讨论；功血已造成患者严重贫血，且不能排除器质性病变，根据患者年龄，且无生育要求，有手术指征，全科讨论决定行子宫全切术。6月5日9:15在硬膜外(阻滞)麻醉下行子宫全切＋左卵巢囊肿剥除术，术中出血80 mL，尿量150 mL。术中麻醉及护理记录单摘录：入(手术)室时间：8:30；麻醉时间：8:30；手术时间：9:10～10:40；麻醉前血压100/65 mmHg；穿刺部位：$L_{1\sim2}$(第1～2腰椎间隙)；局麻(硬膜外)药：2%利多卡因8 mL，0.75%罗哌卡因7 mL；辅助药：氟(哌利多)芬(太尼)，8:30、9:00各2 mL；9:12～10:17丙泊酚20 mg/h(静脉滴注)；10:15吗啡2 mg硬膜外(用药)；10:30，托烷司琼5 mg。具体麻醉用药见下表。

表22-1 麻醉用药情况

用药途径及时间	用药名称	用药剂量
麻醉前	鲁米那	0.1 g
	东莨菪碱	0.3 mg
硬膜外，8:30	2%利多卡因	8 mL
	0.75%罗哌卡因	7 mL
	氟哌利多、芬太尼	2 mL
9:00	氟哌利多、芬太尼	2 mL
9:12～10:17	丙泊酚	20 mg/h
硬膜外，10:15	吗啡	2 mg
10:30	托烷司琼	5 mg
术后，静脉镇痛泵	芬太尼	0.2 mg
	舒芬太尼	0.1 mg

术后病程录摘录：2008年6月5日10:40:术后BP 96/60 mmHg，P 64次/min，R 16次/min，SpO_2 98%，安返病房。冰冻(病理组织学检查)：左卵巢单纯性囊肿，良性内膜。2008年6月5日12:30，患者王某于11:10由手术室安返病房，神志清，持续心电监护示HR 76次/min，BP 106/60 mmHg，R19次/min，SpO_2 100%。患者于11:20突然出现心率下降至54次/min，心率呈进行性下降，于11:22呼吸停止，神志不清。立即给予高流量吸氧，开放静脉通路，冰帽头部降温，同时行胸外心脏按压和口对口人工呼吸。于11:25心率下降至19次/min，给予阿托品、肾上腺素、多巴胺药物静推，11:30实施气管插管成功。11:35心电恢复。11:50测BP 146/79 mmHg，P 129次/min，自主呼吸仍未恢复。于12:30转ICU，转出时仍呈昏迷状态，BP 111/71 mmHg，P 108次/min，无自主呼吸。转科记录摘录：11:20出现心率逐渐下降，最低至19次/min，血氧饱和度最低至5%，给予心肺复苏。目前情况：患者已气管插管，BP 111/71 mmHg，P 108次/min，SpO_2 100%，双肺听诊无异常。6月5日18:30，患者出现右侧气胸，压缩约30%，现需行机械通气，行右胸腔闭式引流术。2008年8月13日全院会诊记录摘录：患者从现在至发病初已

有2月多,目前为植物状态,其主要由心跳呼吸骤停引起。

2008年5月31日术后病理诊断:(子宫)内膜单纯性增生;慢性子宫颈炎;(左卵巢)符合单纯性囊肿。

3. 鉴定情况

(1) 鉴定人阅片所见

2008年6月11日某大学医学院附属医院头颅CT片示:两侧大脑半球及后隐窝区均未见异常密度改变,脑沟、脑室系统未见扩大或闭塞,脑内无弥漫性肿胀、出血、梗死、软化等征象。

2008年6月11日某大学医学院附属医院胸部CT片示:两肺内未见异常病灶,纵隔内未见肿大淋巴结,未见胸腔积液;但在上腔静脉内见导管影,食道及胃内见导(胃)管影。

2008年7月14日某大学医学院附属医院头颅MRI片示:两侧脑实质内无病灶,两侧脑室系统及脑沟系统有进一步增宽、扩大,提示有脑萎缩的表现。

2008年7月14日某大学医学院附属医院胸部CT片示:右上肺尖后段少许炎性改变,纵隔内未见肿大淋巴结,未见胸腔积液,上腔静脉内导管影已消失,胃管影仍存在。

(2) 鉴定意见

某大学医学院附属医院在对被鉴定人王某的诊治过程中存在医疗过失行为,该医疗过失行为是现存不良后果的主要原因(医疗过失的参与度拟为80%)。

4. 分析讨论

(1) 关于手术

被鉴定人王某因月经规律改变,伴头晕、乏力等症状,就诊于某大学医学院附属医院。经临床查体、妇科检查、诊断性刮宫及血常规检验、B型超声探查等检查,临床初步诊断为阴道流血原因待查(考虑功能失调性子宫出血可能性大),中度贫血,纵隔子宫可能等。因药物及诊断性刮宫后阴道流血未见改善,决定行手术治疗。

我们认为,对于43岁的已育、无生育要求的女性,确诊为功能失调性子宫出血,并因长期失血导致明显贫血,加之疑诊子宫畸形并不排除其他器质性疾病可能,经非手术治疗效果不佳,可考虑行手术治疗。

根据现有病史材料,未发现某大学医学院附属医院在妇科手术方式的选择及手术操作环节存在明显的医疗过失行为。

(2) 关于麻醉

王某全子宫切除术前,除失血性贫血外,一般情况良好,ASA Ⅱ级,心肺功能正常,具有麻醉适应证,无明确禁忌证,可以耐受硬膜外阻滞麻醉及妇科手术。

根据病史记载,某大学医学院附属医院于本例术前给予了鲁米那0.1 g及东莨菪碱0.3 mg,有一定的中枢抑制作用。于实施硬膜外阻滞麻醉的术前阶段,麻醉置管操作顺利,分次硬膜外应用2%利多卡因及0.75%罗哌卡因,辅以适量的催眠镇痛药(如氟哌利多及芬太尼),穿刺、阻滞平面尚属恰当,硬膜外阻滞完善,王某已处于轻度镇静状态,足以符合手术要求。但是,本例在手术开始前又追加了催眠镇痛药物(氟哌利多与芬太尼),应注意与术前及麻醉开始阶段用药相互作用,防止过度抑制。此后在未说明必要性的情况下,又给予静脉持续输注静脉麻醉药丙泊酚,没有明确的用药指征。

通常情况下，类似本例的妇科手术，术后疼痛并非如胸部及上腹部手术剧烈，加之手术时间短，术中麻醉用药药效尚未消失甚至仍处于高峰期，采取硬膜外0.75%罗哌卡因加吗啡2 mg即可维持术后镇痛，一般不需加以其他镇痛方法，确有必要时可再按需补充。但院方在上述基础上又加用一次性静脉镇痛泵，且使用了芬太尼0.2 mg及舒芬太尼(效果较芬太尼强大5～10倍)0.1 mg，亦没有明确的用药指征；结合前期用药，显属用量偏大。

妇科手术后较少发生呕吐等上消化道症状，加之氟哌利多等药物本身即有止吐作用，本例再增加托烷司琼预防呕吐显得略有多余。

王某于术后约半小时、进入病房约10 min突然出现心跳减慢、呼吸停止、神志不清等病情骤变时，应当立即停止静脉镇痛泵用药并记录用药量；因一次性静脉镇痛泵的可控性较差，还应观察有无泵控失误。但审阅本例病史，未见相关记载，提示院方对病情变化观察不严密，未及时发现病情变化，难以及时抢救，未尽到高度注意义务。

据此认为，某大学医学院附属医院在本例王某麻醉过程中，麻醉用药指征掌握不当，存在重复用药及用药剂量过大等医疗过失行为，且麻醉用药后观察不够严密、记录不完善，未尽到高度注意义务，应属医疗过失行为。

(3) 关于医疗行为及其与不良后果的因果关系

根据现有送检资料，王某术后出现呼吸停止及神志改变，应属麻醉用药不当导致中枢抑制。其后虽经抢救挽回生命，但因中枢缺血、缺氧时间较长，使脑部发生不可逆的损害。根据本次送检的影像学资料，其脑部改变符合缺血缺氧性脑病，导致术后长期昏迷、意识不清、无自主动作等状态。

进一步分析认为，多种麻醉药物综合作用是本例出现中枢抑制的根本原因。其中，吗啡有良好的镇痛作用，但同时也有呼吸中枢选择性抑制作用，小剂量即可降低呼吸中枢的兴奋性；大多数报道认为，硬膜外吗啡镇痛的安全剂量为2 mg，但该剂量亦有致呼吸抑制并死亡的报道，提示该药物的个体差异较大。因此，目前也难以排除王某因个体差异导致对吗啡过度敏感，加重中枢抑制的可能。

综上，某大学医学院附属医院在对王某的诊治过程中存在医疗过失行为，该医疗过失行为是其目前不良后果的主要原因，医疗过失的参与度拟为80%。

5. 法院判决

本院认为，被告作为医疗机构，应当以对患者的生命健康高度负责的态度，尽到与自己的医疗技术水平相应的注意义务，尽最大努力维护患者的生命健康权利。本案中，被告医院在为原告麻醉过程中，麻醉用药指征掌握不当，存在重复用药和用药剂量过大等医疗过失行为，且麻醉用药后观察不够严密，记录不完善，未尽到高度注意义务，致使产生严重的损害后果。虽然鉴定机构在鉴定结论中也提出，不排除因原告本人的个体差异导致对吗啡过度敏感，加重中枢抑制的可能。但被告医院的过失行为仍然是导致目前原告严重不良后果的主要原因，故被告在本例的诊疗过程中存在过错，应当向原告承担赔偿责任，该赔偿责任比例本院酌定80%为宜。

综上所述，依照《中华人民共和国民法通则》第一百一十九条、最高人民法院《关于审理人身损害赔偿案件适用法律若干问题的解释》第十七条第一款、第二款、第十八条、第二十六条、第二十八条之规定，判决如下：

一、被告某大学医学院附属医院赔偿原告王某医疗费 25 331.72 元(31 664.65 元×80%)、误工费 44 530 元(55 662.5×80%)、护理费 113 045.4 元(141 306.7×80%)、住院伙食补助费 7 680 元(9 600×80%)、交通费 11 610 元(14 512.5×80%)、住宿费 11 296 元(14 120×80%)、营养费 16 000 元(20 000×80%)、日用品损失 32 719.4 元(40 899.21×80%)、残疾赔偿金 357 888 元(447 360×80%)、被抚养人生活费元 60 652.8 元(75 816×80%)、后期护理费 406 336 元(507 920×80%)、残疾器具费 32 248 元(40 310×80%)、精神损害抚慰金 80 000 元(100 000×80%)。共计 1 199 337.32 元。

二、驳回原告王某的其他诉讼请求。

上述判决于本判决生效之日起 10 日内给付。

6. 评析

侵权行为的构成必须同时满足违法行为、损害事实、因果关系、主观过错等四个条件。在本案中,附属医院的行为包括积极和消极两方面,积极层面其存在重复用药、用药剂量过大等行为,在消极层面其存在用药观察不够严密、记录不完善等行为。在实际上也造成了受害人王某身体损害的后果,行为与后果存在一定的因果联系,且附属医院的过失行为不是造成该损害结果的全部原因。故,行为人仅需在其应承担的责任范围内按相应比例承担赔偿责任。

根据受害人王某的具体情况,附属医院的该侵害行为必然造成王某工作时间的耽误,致使其减少因工作遭受的损失,对此,医院应当赔偿相应的误工费。误工费的具体计算应当根据受害人的误工时间和收入状况确定。误工时间根据受害人接受治疗的医疗机构出具的证明确定。受害人因伤致残持续误工的,误工时间可以计算至定残日前一天。受害人有固定收入的,误工费按照实际减少的收入计算。受害人无固定收入的,按照其最近三年的平均收入计算;受害人不能举证证明其最近三年的平均收入状况的,可以参照受诉法院所在地相同或者相近行业上一年度职工的平均工资计算。

护理费根据护理人员的收入状况和护理人数、护理期限确定。护理人员有收入的,参照误工费的规定计算;护理人员没有收入或者雇佣护工的,参照当地护工从事同等级别护理的劳务报酬标准计算。护理人员原则上为一人,但医疗机构或者鉴定机构有明确意见的,可以参照确定护理人员人数。护理期限应计算至受害人恢复生活自理能力时止。受害人因残疾不能恢复生活自理能力的,可以根据其年龄、健康状况等因素确定合理的护理期限,但最长不超过 20 年。

住院伙食补助费可以参照当地国家机关一般工作人员的出差伙食补助标准予以确定。受害人确有必要到外地治疗,因客观原因不能住院,受害人本人及其陪护人员实际发生的住宿费和伙食费,其合理部分应予赔偿。

残疾辅助器具费按照普通适用器具的合理费用标准计算。伤情有特殊需要的,可以参照辅助器具配制机构的意见确定相应的合理费用标准。

三、农药中毒未及时转移后死亡

1. 案情与病史摘要

2009 年 7 月 25 日 10:00 左右,徐某口服“百草枯”中毒,被送至某市某区中心医院抢救，花去医疗费 1 390.12 元，2009 年 7 月 26 日 12 时转入某市人民医院，27 日 10:10 死亡，花去医疗费 13 527.74 元。徐某的直系亲属以某区中心医院存在医疗过错为由，诉至当地人民法院，要求获得赔偿。

原告徐某诉称：2009 年 7 月 25 日上午 10:00 左右，徐某因口服“百草枯”农药中毒，10 分钟后被送到被告某区中心医院抢救，根据当时的症状，是完全能够救治的。但由于被告医生对百草枯中毒病情的治疗认识不足，对疾病的预后发展判断不准，自认为症状轻微，为贪图诊疗收益，没有治疗经验仍盲目揽留患者，最终因其处置不力，致使徐某丧失最佳抢救治疗时机，不治身亡。因此，被告有严重诊疗过错，理应承担赔偿责任。请求判令被告赔偿医疗费 14 917.86 元，住院伙食补助费 60 元，营养费 20 元，陪护费 150 元，误工费 75 元，交通及其他费用 200 元，死亡赔偿金 363 896 元，被抚养人生活费 220 000 元，共计 614 742.86 元(实为 599 318.86 元)的 30%即 184 422.9 元(实为 179 795.66 元)，赔偿精神抚慰金 50 000 元，鉴定费 6 300 元，丧葬费 15 151 元，以上共计 240 722.9 元(实为 236 095.66 元)。后变更为医疗费 14 917.86 元，住院伙食补助费 60 元，营养费 20 元，误工费 166 元，陪护费 332 元，交通费 200 元，死亡赔偿金 363 896 元，被抚养人生活费 220 000元，共计 614 742.86 元的 30%，赔偿精神抚慰金 50 000 元，鉴定费 6 300 元。

被告某区中心医院辩称：被告无过错，在某区中心医院抢救时，徐某生命特征平稳；徐某是在转入人民医院后死亡的，其死亡与人民医院可能也有关系。

2. 鉴定情况

2009 年 9 月 14 日，某市医学会做出医疗事故技术鉴定书，分析意见为：①“百草枯中毒”诊断明确；② 诊疗及时，护理基本符合操作常规；③ 医患沟通欠及时、准确；④ 对疾病的预后判断不准确；⑤ 短时间吸氧(小于 1 小时)，在抢救过程中对疾病的发展无影响；⑥ 医方医疗行为与徐某死亡无因果关系。鉴定结论为：本病例不属于医疗事故。

2012 年 4 月 20 日，某市某法医临床司法鉴定所出具司法鉴定意见书。该鉴定意见书分析说明认为：① 被鉴定人被送到医院后，医院对疾病的诊断正确，治疗及时，基本治疗原则无误，救治医生缺少抢救百草枯中毒的临床经验，尽管对其家属进行了告知义务，并书写了沟通记录并签字，但上面没有日期，记录时间无法认定，并且内容对本患者疾病的诊断、治疗以及预后、病情的严重程度均无表述，视为无做到告知义务，医院存在过错；② 医院在对本病没有经验的情况下，既没有请上级医院会诊，又没有及时转院，在对百草枯中毒基本抢救措施中，缺少必要设备(血液净化设备)的情况下实施抢救，既无告知家属(缺少)此项治疗的情况记录，又无家属同意不用此项治疗的记录，医院存在过错；③ 患者入院时测肌酐已升高，其病程记录未有任何记录和分析，也没有和家属对病情的严重性进行沟通，没有及时发现病情变化，调整治疗方案，根据 7 月 26 日的病情记录，在病情严重的情况下，仍没有建议患者转院治疗，继续在本医院治疗，医院存在过错。鉴定意见为：某区中心医院在抢救徐某的过程中存在过错，其过错与徐某的死亡有一定因果关系，拟参与度 30%。

3. 法院判决

徐某服“百草枯”中毒系致其死亡的直接原因，但从医疗事故技术鉴定结论与司法鉴定结论对某区中心医院整个诊疗过程的分析来看，某区中心医院确实存在着在诊疗中对徐某疾病的预后判断不准确，在无相应的诊疗设备（如血液净化设备）和对此疾病的诊疗经验不足的情况下，未让患者及时转院，延误了患者到上级医院治疗等行为，故本院认为某区中心医院在诊疗过程中存在过错，本院参照本案的实际情况及鉴定意见，某区中心医院承担30%的赔偿责任。

依据最高人民法院《关于审理人身损害赔偿案件适用法律若干问题的解释》第十七条第一、三款之规定，判决如下：

一、被告某市某区中心医院于本判决生效之日起10日内赔偿原告因徐某死亡所产生的医疗费14 917.86元、住院伙食补助费60元、营养费20元、误工费166元、护理费149.55元、死亡赔偿金583 896元（363 896元+220 000元）、丧葬费15 151元、鉴定费6 300元、交通费200元，共计620 860.41元的30%，计186 258.12元；

二、驳回原告的其他诉讼请求。

如果未按本判决指定的期间履行给付金钱义务，应当依照《中华人民共和国民事诉讼法》第二百二十九条之规定，加倍支付迟延履行期间的债务利息。

本案件受理费4 910元，由被告某市某区中心医院负担（暂由原告垫付，待执行时一并执行）。

4. 评析

诉讼是解决纠纷的最后途径，其遵循不告不理的原则，即诉讼程序的运行必须要有当事人的告诉方可以进行，并且其审理的范围仅限于当事人所提出的范围，对于当事人没有提出的，法院不得审理和裁判。在民事诉讼中，由于发生纠纷的双方是平等的私人，并不涉及国家利益，故尤为注重对当事人"自治权利"的尊重。提起诉讼的原告可以撤销、变更、追加诉讼请求，被告可以就该诉讼标的提出反诉。法院在当事人请求范围内进行裁判。在本案中，原告在举证期限届满前变更诉讼请求的，法院应当支持。但是，最终其变更是否会获得法院的认可，还需法官根据庭审调查核实的证据进行综合判定。

四、鼻息肉术后发生脑梗死

1. 案情与病史摘要

原告荣某诉称，其于2009年10月27日因"右侧鼻窦炎鼻息肉"入住某县第二人民医院治疗。10月28日，该院为荣某在局部麻醉下进行"右侧上颌窦根治术，右侧筛窦开放术，右侧鼻息肉摘除术"。由于经治医院在术前对荣某脑血管病的高发因素估计不足，不仅未告知荣某及其家人手术风险，说明荣某系脑血管病的高危人群，且在手术时也未采取必要的预防措施，直接为荣某施术，致使荣某手术结束时出现"左侧脑梗死"。经某县第二人民医院组织神经内科会诊后，转入神经内科治疗。2010年3月23日，荣某结束在该院的治疗，出院回家，累计住院147天，住院期间医药费共计54 876.62元。

2. 鉴定情况

2010年2月2日，当地某法医临床司法鉴定所鉴定意见认定，荣某的损伤已达三级伤残。

2010年3月8日，某市医学会医疗事故技术鉴定结论：某县第二人民医院在为荣某手术时有医疗过失行为，且荣某目前的损害结果与某县第二人民医院的医疗过失有因果关系。

2010 年 3 月 19 日，上述司法鉴定所又出具司法鉴定意见书，确定荣某致残后需 1 人终身护理依赖。

荣某另称，其支付本案鉴定费计 2 000 元，出院后购买轮椅费用计 1 680 元。

3. 一审判决

原审法院认为，荣某因“右侧鼻窦炎鼻息肉”入住某县第二人民医院，双方即形成医疗服务合同关系，某县第二人民医院应依合同为荣某提供安全可靠的服务。某县第二人民医院在为荣某确诊后，动手术前应全面告知荣某手术的风险，让荣某在得知风险后有对手术的必要性进行选择的权利，及对进行手术的医疗机构、医务人员进行选择的权利。某县第二人民医院的医务人员由于工作疏忽大意，术前对荣某没有进行风险告知，且手术中对荣某脑血管病的高发因素估计不足，没有采取必要的预防措施，导致荣某手术结束时形成脑梗死，造成荣某目前偏瘫，其生命健康权受到侵犯。经医疗事故技术鉴定认定，某县第二人民医院在为荣某手术时有医疗过失行为，且荣某目前的损害结果与某县第二人民医院的医疗过失有因果关系。依据《最高人民法院关于民事诉讼证据的若干规定》第四条第一款第(八)项“因医疗行为引起的侵权诉讼，由医疗机构就医疗行为与损害结果之间不存在因果关系及不存在医疗过错承担举证责任”，本案中某县第二人民医院明显举证不能，故其应对荣某负赔偿责任。某县第二人民医院辩称其应承担次要责任，缺少事实依据和法律依据，且其也未提供证据证明荣某应承担主要责任的事实依据和法律依据。

依照《中华人民共和国民事诉讼法》第十三条、第六十四条，《中华人民共和国民法通则》第一百一十九条，《最高人民法院关于审理人身损害赔偿案件适用法律若干问题的解释》第十七条、第十八条、第十九条、第二十一条、第二十三条、第二十四条、第二十五条、第二十六条，《最高人民法院关于确定民事侵权精神损害赔偿责任若干问题的解释》第九条、第十条，《最高人民法院关于参照审理医疗纠纷民事案件的通知》之规定，并参照《医疗事故处理条例》、《医疗事故分级标准(试行)》之规定，判决：一、某县第二人民医院于判决生效后三日内赔偿荣某医疗费 53 841.68 元、营养费 1 450 元、住院伙食补助费 2 175 元、住院期间的护理费 5 709.25 元、定残后的护理费 197 100 元、伤残赔偿金 206 950 元、精神抚慰金 20 000 元、鉴定费 2 000 元、辅助器具费 1 680 元，合计 490 905.93 元；二、驳回荣某的其他诉讼请求。案件受理费 9 200 元，由荣某负担 300 元，某县县第二人民医院负担 8 900元。

4. 二审判决

某县第二人民医院不服一审原判，上诉称：① 原审判决认定被上诉人的脑梗死与上诉人的医疗过失行为有因果关系没有依据；② 原审法院依据法医临床司法鉴定所的鉴定认定被上诉人的损伤已达三级伤残错误，对该鉴定结论不应采信；③ 原审适用法律错误，应适用《医疗事故处理条例》的有关项目、标准进行赔偿，而不应适用《最高人民法院关于审理人身损害赔偿案件适用法律若干问题的解释》，对被上诉人精神损害抚慰金的诉讼请求也不应支持。请求撤销原判，依法改判。

被上诉人荣某未提交书面答辩意见，在二审庭审中以原审认定事实清楚、证据充分、适用法律正确为由予以答辩，请求驳回上诉，维持原判。

根据双方当事人的诉辩意见，二审法院确认案件的争议焦点是：被上诉人荣某的损害后果与上诉人某县第二人民医院的诊疗行为有无因果关系，原审判决上诉人某县第二人民医院赔偿被上诉人荣某各项损失共计 490 905.93 元有无事实及法律依据。

双方当事人对本院归纳的争议焦点没有异议，在二审中均未提交新的证据。

二审判决认为：患者在诊疗活动中受到损害，医疗机构及其医务人员有过错的，由医疗机构承担赔偿责任。本案中，上诉人某县第二人民医院在为被上诉人荣某施行“右侧上颌窦根治术，右侧筛窦开放术，右侧鼻息肉摘除术”前没有全面告知荣某及其家属手术中可能存在的风险，并且在手术过程中由于对荣某脑血管病的高发因素估计不足，没有采取必要的预防措施，致使荣某手术结束时出现“左侧脑梗死”症状，造成“右侧肢体偏瘫”的损害后果，该损害后果与上诉人的医疗过失行为具有一定的因果关系，上诉人应承担相应的赔偿责任。

关于本案应适用医疗事故处理程序确定的赔偿项目和标准还是一般民事侵权人身损害确定的项目和标准进行赔偿的问题。在医疗服务过程中因为院方的过失行为致患者人身损害引起的赔偿纠纷，在本质上属于民事侵权损害赔偿纠纷，可以适用民事侵权损害赔偿的相关法律及最高人民法院的相关司法解释，且本案中被上诉人选择了医疗损害赔偿进行诉讼，原审法院根据当事人的起诉选择案由，按一般侵权纠纷处理，并适用《民法通则》及最高人民法院相关司法解释确定赔偿标准和赔偿项目并无不当。

由于被上诉人的损害后果与上诉人的医疗过失行为具有一定的因果关系，符合侵权损害赔偿责任的构成要件，在上诉人未举证证明其医疗行为与被上诉人的损害后果没有因果关系的情况下，其应承担相应的医疗损害赔偿责任。但被上诉人系脑血管病的高危人群，血栓的形成与其自身疾病因素也具有一定关系，对于其“右侧肢体偏瘫”的损害后果也应承担一定的责任，应相应减轻上诉人的赔偿责任，结合被上诉人的损害后果以及上诉人的医疗过失与被上诉人损害后果因果关系的大小，以上诉人和被上诉人双方各自承担50%的责任为宜，原审判决上诉人承担全部赔偿责任不当，应予纠正。上诉人因为医疗过失行为致被上诉人“右侧肢体偏瘫”的损害后果，给被上诉人的身心健康造成了重大伤害，原审判决 20 000 元精神损害抚慰金并无不当。

综上，原审判决上诉人某县第二人民医院承担赔偿责任正确，但未对双方的责任进行划分不当，应予纠正。依照《中华人民共和国民法通则》第一百三十一条、《中华人民共和国民事诉讼法》第一百五十三条第一款第(一)、(三)项之规定，判决如下：

一、维持某县人民法院民事判决第二项，即：“二、驳回荣某的其他诉讼请求。”

二、撤销某县人民法院民事判决第一项，即：“一、某县第二人民医院于判决生效后三日内赔偿荣某医疗费 53 841.68 元、营养费 1 450 元、住院伙食补助费 2 175 元、住院期间的护理费 5 709.25 元、定残后的护理费 197 100 元、伤残赔偿金206 950元、精神抚慰金 20 000 元、鉴定费 2 000 元、辅助器具费 1 680 元，合计 490 905.93 元。”

三、某县第二人民医院于判决生效后三日内赔偿荣某 255 452.96 元。

一审案件受理费 9 200 元，二审案件受理费 8 600 元，共计 17 800 元，根据本案实际情况，均由上诉人某县第二人民医院负担。

本判决为终审判决。

5. 评析

(1) 解决纠纷途径和法律依据

医院对患者进行医治,实际上是同患者之间订立了一个合同,医院有义务采取适当的方式对患者进行治疗,有权利要求患者支付一定的费用;患者有权利要求医院对其进行治疗,当然也有义务按照规定支付相应的费用。因此,医院同患者之间完全符合一般民事合同行为的要件。因医疗事故引起的纠纷可以按照医疗事故或者根据侵权纠纷进行处理,至于受害人选择何种方式,完全可以根据利益最大化的原则进行综合考虑,法院应当予以受理。由于在我国对于同一诉讼标的,在同一诉讼中,原告不得以不同的理由进行起诉,故在医疗纠纷案件中,原告在诉状中仅能以请求医疗损害或者以医疗事故进行处理,而不得同时以这两项内容进行起诉。

(2) 赔偿金额

在本案中,某县第二人民医院的行为并不是受害人遭受损害的唯一因素,也不应对此负全部责任,对此,初审法院要求某县第二人民医院赔偿受害人因此遭受的全部损失的裁判是不正确的。在案件事实清楚、证据确实充分,双方均没有争议的情况下,二审人民法院应当对此进行改判。

五、产前检查漏诊脊柱裂

1. 案情与病史摘要

杨某于2005年初怀孕,其后一直在某医院做孕期常规检查,每次检查后医院都告知检查结果一切正常。2005年11月16日杨某在医院顺产,新生儿出生后被发现患有严重的开放性脊柱裂畸形,下肢瘫痪,大小便失禁,脑积水,足内翻。产前检查、分娩期间及新生儿出生以后,杨某共计支付医疗费35 595.52元、交通费191元、残疾辅助器具费28 098元。

原告杨某诉称:杨某在2005年8月至9月间,一直在某医院做孕期检查。2005年8月10日做产前筛查,同年9月12日、9月21日、10月10日、10月16日、11月6日、11月15日做了六次检查。2005年12月16日新生儿出生,有先天性开放性脊柱裂畸形,下肢瘫痪大小便失禁,脑积水,足内翻。经过两次手术还不能行走。产前检查应该查出开放性脊柱裂,正是由于医院过失导致损害后果。原告的诉讼请求是医疗费35 595.52元、残疾辅助器具费63 614.9元、陪护费91 699.4元、护理费536 580元、交通费191元、住院伙食补助费2 800元、营养费2 800元、生活费275 940元,残疾赔偿金395 640元、康复费12 300元、精神损害抚慰金200 000元,共计1 617 160.82元。

被告某医院辩称,我院在为杨某产前保健过程中,没有违反医疗常规,不存在医疗过错,新生儿的损害结果不是由医疗行为导致,产前检查没有发现新生儿存在先天性脊柱裂,是由于目前医疗水平和诊疗技术的局限性所致,而非诊疗行为导致。我们认为损害后果是使其父母失去了生育选择权。不同意原告的诉讼请求。

2. 鉴定情况

诉讼中,经双方当事人协商,共同选择某物证鉴定中心进行鉴定。2010年1月15日,鉴定中心作出鉴定意见认为:某医院在为被鉴定人杨某多次进行产前检查行为过程中存在一定的过错;被鉴定人新生儿双下肢瘫构成五级伤残。2010年2月26日,该鉴定中心出具补充意见，认为某医院虽然在对被鉴定人杨某进行产前检查过程中存在一定的过错，导致杨某丧失了对畸形胎儿是否继续妊娠的选择决定权，但被鉴定人新生儿的畸形是其自身生长发育所造成，并非由医院的过错所造成，某医院的过错参与度以 30%左右为宜。后应原告方申请，2010 年 5 月 19 日，鉴定中心又出具一份补充意见，就某医院的过错参与度进行了回复，认定参与度以 25%左右为宜，其参与度的系数值在 20%～40%，原告提出的赔偿项目，即护理费、康复治疗费、尿不湿等费用，以及精神损失费等相关损害后果可以照此参与度考虑。

3. 法庭判决

本院认为：国家为了提高出生人口素质，预防和减少出生缺陷，制定了《中华人民共和国母婴保健法》、《中华人民共和国母婴保健法实施办法》、《产前诊断技术管理办法》等法律、法规和部门规章。医疗保健机构应当为育龄妇女和产妇提供产期保健服务。公民享有母婴保健的知情选择权。杨某自怀孕后定期多次到某医院进行产前检查，其目的主要是了解胎儿发育健康情况，某医院在对于杨某的产前检查中缺乏应有的谨慎注意义务，没有对检查记录单中的异常结果进行综合考虑分析，其产前检查行为过程中存在一定过错，其过错行为是导致漏诊了胎儿所患先天性脊柱裂，致使马某、杨某丧失了知悉胎儿健康状况的真实信息并丧失了生育选择的机会，某医院的过错行为与新生儿的出生存在因果关系，对此，某医院应承担相应的民事责任，某医院抗辩新生儿患先天性脊柱裂不是医疗行为所致，不同意赔偿的理由不成立，本院不予采信。其关于第二次补充意见超出司法范畴，应属无效意见，缺乏事实和法律依据，本院亦不予采信。原告不认可鉴定结论，要求重新鉴定的理由依据不足，本院不予采信。

原告要求某医院赔偿的各项损失。本院依照相关法律规定，结合在案证据分别予以确认：医疗费：医疗费根据医疗机构出具的医药费、诊断证明、病历等证据确定。杨某的孕检费、新生儿因患有开放性脊柱裂而就医治疗的费用，属于合理支出，应当予以赔偿，对此项诉讼请求，本院予以支持，具体赔偿数额。本院将根据责任比例确定，陪护费、护理费：护理费根据护理人员的收入状况和护理人数、护理期限确定。本案中，原告为证明其关于陪护费的主张，仅提交了一份误工证明，本院认为该项证据不足，不予采信。

综上，本院认定原告应获赔医疗费、交通费、住院伙食补助费、营养费、护理费、残疾赔偿金、残疾辅助器具费、谨慎损害抚慰金。依据我国相关法律，未成年人享有生存权、发展权、受保护权、受教育权等权利，国家根据未成年人的发展特点给予特殊、优先保护。综合全案，本院认为某医院赔偿系数以 40%为宜。据此，依照《中华人民共和国民法通则》第一百一十九条《中华人民共和国未成年人保护法》第三条第一款，第五十一条《中华人民共和国母婴保健法》第十七条、第十八条、《最高人民法院关于审理人身损害赔偿案件适用法律若干问题的解释》第十七条、第二十五条、第二十八条、《最高人民法院关于确定民事侵权精神损害赔偿责任若干问题的解释》第一条、第八条、第十条的规定，判决如下：

一、某医院赔偿原告医疗费 14 238.2 元，于本判决生效后 7 日内给付。

二、某医院赔偿原告交通费 76.4 元，于本判决生效后 7 日内给付。

三、某医院赔偿原告住院伙食补助费 1 120 元，于本判决生效后 7 日内给付。

四、某医院赔偿马某、杨某、新生儿营养费 1 120 元，于本判决生效后 7 日内给付。

五、某医院一次性赔偿原告护理费 115 200 元,于本判决生效后 7 日内给付。

六、某医院赔偿原告的残疾赔偿金 85 561.6 元,于本判决生效后 7 日内给付。

七、某医院赔偿原告的残疾辅助器具费 19 039.2 元(其中含已发生的费用 11 239.2 元),于本判决生效后 7 日内给付。

八、某医院赔偿原告已发生的精神损害抚慰金 8 万元,于本判决生效后 7 日内给付。

九、驳回原告的其他诉讼请求。

如果未按本判决制定的期间履行给付金钱义务,应当依照《中华人民共和国民事诉讼法》第二百二十九条之规定,加倍之父迟延履行期间的债务利息。

案件受理费 19 353 元,由某医院负担 6 353 元,于本判决生效后 7 日内交纳。司法鉴定费八千元,由某医院负担(已交纳)。案件受理费 13 000 元,由马某、杨某、新生儿负担 6 500元(马某申请司法救助,因其符合《诉讼费用交纳办法》相关规定,本院准许其减交),于本判决生效后 7 日内交纳。

4. 评析

本案是一例典型的"错误出生"案件,因医方在产前检查的疏忽过错,导致产妇丧失了选择继续妊娠还是及时终止妊娠的机会,医方应当承担过错责任。但案件的损害后果到底是什么,这又是另外一个法律问题。显然,在这个案件中,其损害后果不应是残缺新生儿出生及其维持终身所需的生活费,因为新生儿的残疾实际上与医方的过错行为之间毫无关联,那是其自身先天胚胎发育上的异常。在对"错误出生"案件损害后果的处理上,全国不同地区不同法院出现了不同的判决结果,作者倾向于支持孕妇丧失选择权是其实际损害后果,在计算赔偿时重点考虑孕妇分娩畸形胎儿的精神损害,而非其他赔偿。

六、产前检查漏诊足发育不全

1. 案情与病史摘要

原告苏某怀孕后于 2009 年 10 月 9 日在被告某区妇幼保健院进行检查,彩色多普勒成像报告单显示:"宫内早孕,约 11^{+} 周左右"。2010 年 1 月 11 日,原告苏某在被告医院进行三维超声检查,报告单的超声所见显示:"双侧上臂、前臂及双侧大腿、小腿长骨可显示,远端显示欠理想",超声提示有:"建议追踪复查"。2010 年 2 月 26 日,原告苏某妊娠 31 周在被告医院进行常规产科中晚孕黑白超声检查,报告单显示:"胎儿一侧肢体因胎位因素显示不清"。2010 年 4 月 12 日,原告苏某妊娠 37 周到被告门诊就诊,并进行彩色多普勒成像检查,报告单显示:"双侧上臂、前臂及双侧大腿长骨可显示,一侧下肢小腿长骨似仅显示一根,另一侧显示不理想,足底部显示不清",超声提示:"胎儿畸形,单侧下肢小腿长骨发育不良不能排除,足底部缺失可能"。原告苏某于当日 12:22 入住被告医院,入院诊断为:"孕 1 产 0 孕 37+3 周 LOA 宫内单活胎;羊水过多;胎儿单侧下肢长骨发育不良待排"。当日12:44,被告与原告苏某及其丈夫云某谈话,将上述诊断情况及相关的治疗方案及效果告知原告。原告苏某、云某在谈话笔录上签名,并注明"明白情况、阴道试产、人工破膜、必要时催产素引产"。后,原告苏某于当日 19:25 顺娩一活男婴即原告云×,原告云×左侧足部缺如。其后,原告以被告的医疗行为存在过错为由提起本案诉讼。

2. 鉴定情况

在本案审理过程中，一审法院根据原告的申请依法委托某法医临床司法鉴定所对原告云×的伤残程度和后续治疗费及假肢安装费用进行鉴定，该司法鉴定所于2010年10月29日作出鉴定及评估意见为：① 云×因左下肢先天性部分缺失评定为六级伤残。② 后续治疗(假肢安装费)为云×左踝关节以远缺失后需配置假肢以助行走，但目前尚处婴儿生长发育期，不宜安装。建议满2岁后根据其残疾情况选择安装脚板和脚筒。根据目前残疾用具市场安装脚板、脚筒费用约需人民币5 000元，并需1～2年更换一次，直至人体长骨生长发育年龄24岁；24岁成年后再考虑安装义肢，每只义肢约需13 000元，使用期为4～6年(以上假肢配置均以目前残疾用具国产普及型价格评估)。

根据被告的申请，一审法院依法委托某医科大学司法鉴定中心对本案的医疗行为进行医疗过错鉴定，该鉴定中心于2011年1月27日作出鉴定意见认为：被告对原告苏某进行超声检查时未能及时诊断出胎儿左足缺如未违反医疗卫生部门规章。但被告存在对胎儿可能存在的肢体远端缺如的情况未切实履行注意义务和告知义务的医疗过错行为。原告云×左足缺如是患儿自身发育异常所致，足缺如也不是医学上终止妊娠的绝对指征，足缺如患儿的出生与被告的医疗行为无因果关系。鉴于被告存在上述的医疗过错行为，建议责任参与度为10%～20%。

3. 一审判决

本案的争议焦点是云×是否是本案适格原告以及被告是否应承担损害赔偿责任的问题。

关于云×是否是本案适格原告的问题。虽然原告苏某与被告发生法律关系时，云×尚未出生，但考虑到云×是损失的实际承受者，故其仍应作为本案的原告。

关于被告是否应承担损害赔偿责任的问题，具体分析如下：第一，原告苏某在被告处进行孕期检查的目的是为了了解胎儿的生长发育情况，以便采取合理的孕期保健措施或者决定终止妊娠；第二，根据某医科大学司法鉴定中心作出的医疗过错鉴定意见书的鉴定意见，被告存在对胎儿可能存在的肢体远端缺如的情况未切实履行注意义务和告知义务的医疗过错行为，客观上侵犯了原告苏某、云某在胎儿出生前的知情权和生育选择权，且云×的出生客观上增加了三原告今后治疗、护理的财产和精神负担；第三，云×的左足缺如是自身发育异常所致，并非被告的过错直接造成的。综上所述，根据本案的实际情况及参照鉴定意见的建议责任度，酌定被告应承担20%的赔偿责任。原告认为被告应承担全部责任，依据不足，不予采纳。

综上，依照《中华人民共和国民法通则》第一百零六条，《最高人民法院关于审理人身损害赔偿案件适用法律若干问题的解释》第十七条、第十八条、第二十五条、第二十六条的规定，判决：

一、被告某市某区妇幼保健院应于本判决发生法律效力之日起10日内赔偿118 549.4元予原告云×、云某、苏某；

二、驳回原告云×、云某、苏某的其他诉讼请求。

如果未按本判决指定的期间履行给付金钱义务，应当依照《中华人民共和国民事诉讼法》第二百二十九条之规定，加倍支付迟延履行期间的债务利息。

本案受理费1 150元，由被告负担。本案伤残鉴定费3 620元，由原告负担，医疗过错鉴定费7 500元，由被告负担。

4. 二审情况

上诉人向本院提起上诉称：原审判决认定某区妇幼保健院承担20%的责任不当。

(1) 某区妇幼保健院存在严重的违约行为，并侵犯了患者的知情同意权和优生优育的权利

① 苏某自第一次到某区妇幼保健院处建立完整的产前检查病历起，双方就建立医疗服务合同关系。某区妇幼保健院应当将患者在产前检查过程中已经发现的所有医学风险如实告知患者。否则，视为违约，视为侵犯患者的知情权，剥夺患者的选择权；② 某区妇幼保健院具备检查出胎儿存在足缺如的能力。根据某区妇幼保健院专家介绍可以明确，某区妇幼保健院妇产科不仅具备产前诊断的能力，同时也具备产前诊断的资质，也具备诊断出该类胎儿畸形的能力。某区妇幼保健院的设备具备检查出胎儿脚缺如的条件。某区妇幼保健院的《产科超声检查知情同意书》第5项规定，手足畸形、耳畸形，以及大体形态变化较小的畸形等，需进行针对性的检查才有可能被发现。可见，某区妇幼保健院明确以告知书的形式即合同的形式，明确告知患者家属，如果进行针对性的检查，可能检查出手足畸形。根据2010年4月12日超声记录单，某区妇幼保健院具备该技术条件。首先，客观上，某区妇幼保健院于2010年4月12日检查出胎儿存在的畸形。其次，该超声单的告知栏显示，超声波不能检查胎儿染色体及胎儿耳、指、趾、甲状腺、生殖器等小器官。可见，对于整个足缺如，是完全可以检查出来的。根据《胎儿畸形产前超声诊断学》的记载，为避免对胎儿肢体缺陷的漏诊，应当对胎儿四个肢体逐一采用连续顺序追踪扫描法检查胎儿四肢。某区妇幼保健院如果按照该工具书的方法，应当检查出胎儿脚缺如的情况。中华医学会《临床技术操作规范[超声医学分册]》中明确了产前B超系统检查胎儿形体结构的流程；中华医学会超声医学分会《超声诊断基础与临床检查规范》规定：中晚期妊娠常规超声检查范围包含有对四肢检查的内容；《医疗机构医务人员三基训练指南》(妇产分册)明确要求从事产前检查的医务人员在操作中必须观察胎儿四肢情况，注意有无肢体或手足的畸形或缺失。③ 某区妇幼保健院的违约行为已经得到了鉴定机构的确认。某医科大学司法鉴定中心的鉴定报告认为：医方存在对胎儿可能存在的肢体远端缺如的情况未切实履行注意义务和告知义务的医疗过错行为。综上所述，某区妇幼保健院均应当检查出胎儿脚缺如的情况，并如实告知患者。

(2) 某区妇幼保健院应当承担完全的赔偿责任

① 根据《母婴保健法》第十七条、第十八条、《母婴保健法实施办法》第二十条、《产前诊断技术管理办法》第二条、第十七条、第二十条等规定，某区妇幼保健院应当如实告知家属患者的实际健康状况。由于某区妇幼保健院违背了应尽的法律义务，因此应承担完全的责任；② 某区妇幼保健院没有如实告知家属，没有如实履行告知义务是其单方面的严重过错所致。患者在2010年1月11日第二次进行B超检查时，作为以“胎儿畸形超声诊断”为业务专长的超声诊断副主任医师，在发现“双侧上臂、前臂及双侧大腿、小腿长骨可显示，远端显示欠理想”，应当对此情况与妇产科医生进行及时的沟通，并书面通知家属进行产前诊断。患者于2010年2月26日第三次B超检查时，检查医师在“胎儿一侧肢体显

示不清”的情况下，不仅没有建议患者进行产前诊断，没有建议患者再次使用准确度更高的三维超声进行检查，并且武断地得出“胎儿一侧肢体因胎位因素显示不清”的结论，误导了患者，也误导了产科医生。患者在2月26日就诊后，分别于3月15日、3月25日、4月2日就诊于某区妇幼保健院，但院方医生在这三次检查中均没有告知患者需要进行B超的检查。根据《超声产前诊断技术规范》第二条规定：对胎儿有可疑发育异常者，必须进行全面的超声检查，并作必要的记录。某区妇幼保健院的医生在患者进行产前检查的过程中，没有任何一名妇产科医生对患者的B超结果进行过认真详细的研究，门诊病历的B超一栏中也没有任何记录。

(3) 云×、云某、苏某没有任何过错，不应当承担任何责任

云某、苏某到某区妇幼保健院进行产前检查的目的是希望借助于某区妇幼保健院的专业知识，通过一系列检查筛查出所孕育的胎儿是否存在或者可能存在缺陷。至于胎儿存在的缺陷是否需要实施终止妊娠的治疗，完全取决于云某、苏某的意愿。只要某区妇幼保健院的将该医学风险告知云某、苏某，某区妇幼保健院的义务就视为履行完毕。综上，由于某区妇幼保健院的严重过错及不负责任，侵犯了云某、苏某的知情权和优生优育的权利，给云某、苏某家庭造成巨大伤害。请求二审法院撤销原审判决，改判由某区妇幼保健院承担完全的赔偿责任。

被上诉人某区妇幼保健院在二审期间答辩称：① 某区妇幼保健院对于司法鉴定确定院方承担10%～20%的责任是不认可的，院方在本案中不应承担责任。按照现在的医疗诊断规范，B超检查胎儿肢体远端缺如不属于必须诊断的范围，这受限于现有的设备，也不属于必须引产的情况。院方已经履行了足够的注意及告知义务。24周的报告单上显示肢体远端显示欠清楚，已经尽到了注意义务，是由于客观原因看不清楚，而不是由于医生的责任或者医疗水平看不清，报告单上也建议追踪复查。在临产时已经做出了怀疑性的诊断，在这种情况下胎儿的父母如果不想要胎儿完全可以引产。但云某、苏某一方要求进行生产，责任应该由其自己承担，院方不应承担任何的法律责任。院方之所以没有申请重新鉴定且没有提起上诉，是基于化解矛盾的角度考虑。患者对医院的工作有很大的误会，为化解矛盾，院方接受了20%的责任。② 患者如果真的对一审判决20%的责任不服的话，应该在接到司法鉴定意见书时要求重新鉴定，但云某、苏某一方不作为，也就是说其认可了院方承担20%的责任。综上，请求驳回云×、云某、苏某的上诉请求，维持原判。

5. 二审判决

本院认为：本案属于医疗损害赔偿纠纷，二审争议的焦点是某区妇幼保健院对苏某进行产前超声检查是否存在医疗过错行为，以及某区妇幼保健院所应承担的民事赔偿责任。

(1) 关于某区妇幼保健院上述医疗行为是否存在过错的问题

首先，医院为患者所进行的产前超声检查应达到当时的医疗技术水平要求。现行的《某省卫生厅产前诊断技术管理实施细则》相关配套文件附件2《产科超声检查技术指南(试行)》(以下简称《检查技术指南》)是我省产科超声检查应遵循的技术指南和专科性标准，是确定本案所涉的医疗行为是否符合医学诊疗要求的直接依据。该《检查技术指南》规定：中、晚期妊娠系统胎儿超声检查(Ⅲ级产前超声检查)对四肢检查的要求为测量股

骨，应观察并报告四肢肱骨、尺桡骨、股骨、胫腓骨，并未规定对胎儿肢体末端（如手、足）的诊断要求。该《检查技术指南》亦列明了超声应当检查出的胎儿畸形的多种情形，而本案中的足部缺如不属于应当检查出的畸形范围。某区妇幼保健院在2010年1月11日对苏某的三维超声检查中，检查到胎儿四肢的肱骨、尺桡骨、股骨、胫腓骨，并注意到“四肢远端显示欠理想”，在超声报告单中注明并提示“建议追踪复查”，符合《检查技术指南》的要求。而某区妇幼保健院在2010年2月26日对苏某的常规产科中晚孕黑白超声检查中，检查四肢认为“胎儿一侧肢体因胎位因素显示不清”，与《检查技术指南》中“有时因为胎位、羊水少、母体因素的影响，超声检查并不能很好地显示这些结构”的说明相符。依上所述，虽然某区妇幼保健院对苏某进行的以上两次超声检查未诊查出胎儿左足缺如，但并未违反相关医疗卫生部门规章及医学诊疗常规要求。

苏某一方上诉时提出某区妇幼保健院应当按照《胎儿畸形产前超声诊断学》、中华医学会《临床技术操作规范〈超声医学分册〉》等工具书籍的要求检查出胎儿足缺如的情况。因上述工具书籍并非卫生管理部门发布的操作规程，不具有约束力，不能作为确定某区妇幼保健院有无过错的依据。

其次，《中华人民共和国母婴保健法》第十四条规定，医疗保健机构应该为育龄妇女和孕产妇提供孕产期保健服务，包括提供胎儿保健服务，即为胎儿生长发育进行监护，提供咨询和医学指导。因此，某区妇幼保健院作为从事母婴保健服务的专业医疗机构，除应当查出法律法规所列举的胎儿畸形以外，对存在胎儿发育异常怀疑的情形，仍应谨慎注意。本案中，某区妇幼保健院于2010年1月11日、2月26日对苏某进行超声检查时，分别检查提示“双侧上臂、前臂及双侧大腿、小腿长骨可显示，远端显示欠理想”和“胎儿一侧肢体因胎位因素显示不清”。在此种情况下，某区妇幼保健院未对胎儿可能存在肢体远端缺如的风险引起足够的关注，未将胎儿可能存在的医学风险及时告知苏某，致使苏某错过了及时“追踪复查”胎儿生长发育情况的时机。可见，某区妇幼保健院在对苏某进行的超声检查中未尽到应有的谨慎和关心，存在未切实履行注意义务和告知义务的过错。

（2）关于某区妇幼保健院应承担的民事赔偿责任问题

本案中云×左侧足部缺如构成六级伤残，客观上增加了苏某一方额外的抚养、治疗的经济负担和精神负担。但如前所述，医院诊查义务的标准应与当时的医疗技术水平相适应。超声检查是产前胎儿状况的一种重要检查手段，但它具有一定的局限性，在现有的医疗技术水平下，不能检查出所有的胎儿畸形。某区妇幼保健院实施的医疗行为未违反法律法规的规定，只能在其未切实履行注意义务和告知义务的范围内对损害后果承担相应的过错责任。因此，原审法院结合本案的实际情况，参照某医科大学司法鉴定中心出具的医疗过错鉴定意见书认定“上诉人云×左足缺如是患儿自身发育异常所致，足缺如患儿的出生与被上诉人的医疗行为无因果关系，鉴于被上诉人上述的医疗过错行为，建议责任参与度为10%～20%”的意见，酌定某区妇幼保健院承担20%的赔偿责任并无不当。苏某一方上诉主张某区妇幼保健院存在严重的违约行为应当承担完全的赔偿责任，缺乏充足的理据，也混淆了本案的性质，本院不予支持。至于损害赔偿的范围，因双方当事人在一审庭审中一致确认苏某一方的损失范围包括云×的残疾赔偿金、残疾辅助器具费、精神损害赔偿金，故原审法院依据双方当事人的一致意见确定某区妇幼保健院承担相应赔偿数额并无不当。

综上，原审认定事实清楚，适用法律正确，应予维持。依照《中华人民共和国民事诉讼法》第一百五十三条第一款第(一)项的规定，判决如下：

驳回上诉，维持原判。

本案二审受理费650元，由上诉人云×、云某、苏某负担。

本判决为终审判决。

6. 评析

“错误生产”与“错误出生”的主要指向均是孕产期医疗保健与产前检查、产前诊断等过错。前者是指父母而言，畸形或病变新生儿的父母有资格以原告的身份起诉医疗保健单位在诊疗、保健检查过程中存在过错，以至于未能使其及时获悉胎儿很可能存在畸形缺陷，丧失终止妊娠的机会；后者是指新生儿而言，畸形或病变新生儿出生后有资格以原告的身份起诉医疗保健单位在其母亲孕育过程中未能获得良好的服务，导致其出生后伴有畸形或先天病变。两者在法律上或许有所差异，在医疗纠纷鉴定中的处置却并无实质性不同。本案关键并不在于医方未能正确诊断胎儿下肢畸形是否违反医疗法律法规或诊疗规范的规定，而在于医方多次超声均有几乎相同或者高度相近的发现，即胎儿可能存在下肢畸形，提示医方有能力发现或诊断此种畸形，但其未能充分告知家属使其知情选择。

（夏文涛）

第五节 《侵权责任法》与医疗纠纷有关的条款及其释义

杨立新认为，《侵权责任法》是民事权利的保护法，该法律主要规定了当事人在其民事权利受到侵害以后，如何去保护，如何实现救济。

一、《侵权责任法》与医疗纠纷有关的条款

《中华人民共和国侵权责任法》(以下简称《侵权责任法》)于2009年12月26日由第十一届全国人民代表大会常务委员会第十二次会议通过，并于2010年7月1日起施行。

第二条　侵害民事权益，应当依照本法承担侵权责任。

本法所称民事权益，包括生命权、健康权、姓名权、名誉权、荣誉权、肖像权、隐私权、婚姻自主权、监护权、所有权、用益物权、担保物权、著作权、专利权、商标专用权、发现权、股权、继承权等人身、财产权益。

第三条　被侵权人有权请求侵权人承担侵权责任。

第四条　侵权人因同一行为应当承担行政责任或者刑事责任的，不影响依法承担侵权责任。

因同一行为应当承担侵权责任和行政责任、刑事责任，侵权人的财产不足以支付的，先承担侵权责任。

第六条　行为人因过错侵害他人民事权益，应当承担侵权责任。

根据法律规定推定行为人有过错，行为人不能证明自己没有过错的，应当承担侵权

责任。

第七条　行为人损害他人民事权益，不论行为人有无过错，法律规定应当承担侵权责任的，依照其规定。

第八条　二人以上共同实施侵权行为，造成他人损害的，应当承担连带责任。

第十条　二人以上实施危及他人人身、财产安全的行为，其中一人或者数人的行为造成他人损害，能够确定具体侵权人的，由侵权人承担责任；不能确定具体侵权人的，行为人承担连带责任。

第十一条　二人以上分别实施侵权行为造成同一损害，每个人的侵权行为都足以造成全部损害的，行为人承担连带责任。

第十二条　二人以上分别实施侵权行为造成同一损害，能够确定责任大小的，各自承担相应的责任；难以确定责任大小的，平均承担赔偿责任。

第十三条　法律规定承担连带责任的，被侵权人有权请求部分或者全部连带责任人承担责任。

第十四条　连带责任人根据各自责任大小确定相应的赔偿数额；难以确定责任大小的，平均承担赔偿责任。

支付超出自己赔偿数额的连带责任人，有权向其他连带责任人追偿。

第十五条　承担侵权责任的方式主要有：

（一）停止侵害；

（二）排除妨碍；

（三）消除危险；

（四）返还财产；

（五）恢复原状；

（六）赔偿损失；

（七）赔礼道歉；

（八）消除影响、恢复名誉。

以上承担侵权责任的方式，可以单独适用，也可以合并适用。

第十六条　侵害他人造成人身损害的，应当赔偿医疗费、护理费、交通费等为治疗和康复支出的合理费用，以及因误工减少的收入。造成残疾的，还应当赔偿残疾生活辅助具费和残疾赔偿金。造成死亡的，还应当赔偿丧葬费和死亡赔偿金。

第二十条　侵害他人人身权益造成财产损失的，按照被侵权人因此受到的损失赔偿；被侵权人的损失难以确定，侵权人因此获得利益的，按照其获得的利益赔偿；侵权人因此获得的利益难以确定，被侵权人和侵权人就赔偿数额协商不一致，向人民法院提起诉讼的，由人民法院根据实际情况确定赔偿数额。

第二十二条　侵害他人人身权益，造成他人严重精神损害的，被侵权人可以请求精神损害赔偿。

第二十四条　受害人和行为人对损害的发生都没有过错的，可以根据实际情况，由双方分担损失。

第二十五条　损害发生后，当事人可以协商赔偿费用的支付方式。协商不一致的，赔偿费用应当一次性支付；一次性支付确有困难的，可以分期支付，但应当提供相应的担保。

第二十六条 被侵权人对损害的发生也有过错的，可以减轻侵权人的责任。

第二十七条 损害是因受害人故意造成的，行为人不承担责任。

第二十八条 损害是因第三人造成的，第三人应当承担侵权责任。

第二十九条 因不可抗力造成他人损害的，不承担责任。法律另有规定的，依照其规定。

第三十一条 因紧急避险造成损害的，由引起险情发生的人承担责任。如果危险是由自然原因引起的，紧急避险人不承担责任或者给予适当补偿。紧急避险采取措施不当或者超过必要的限度，造成不应有的损害的，紧急避险人应当承担适当的责任。

第三十四条 用人单位的工作人员因执行工作任务造成他人损害的，由用人单位承担侵权责任。

第四十一条 因产品存在缺陷造成他人损害的，生产者应当承担侵权责任。

第四十二条 因销售者的过错使产品存在缺陷，造成他人损害的，销售者应当承担侵权责任。

销售者不能指明缺陷产品的生产者也不能指明缺陷产品的供货者的，销售者应当承担侵权责任。

第四十三条 因产品存在缺陷造成损害的，被侵权人可以向产品的生产者请求赔偿，也可以向产品的销售者请求赔偿。

产品缺陷由生产者造成的，销售者赔偿后，有权向生产者追偿。

因销售者的过错使产品存在缺陷的，生产者赔偿后，有权向销售者追偿。

第四十四条 因运输者、仓储者等第三人的过错使产品存在缺陷，造成他人损害的，产品的生产者、销售者赔偿后，有权向第三人追偿。

第四十七条 明知产品存在缺陷仍然生产、销售，造成他人死亡或者健康严重损害的，被侵权人有权请求相应的惩罚性赔偿。

第五十四条 患者在诊疗活动中受到损害，医疗机构及其医务人员有过错的，由医疗机构承担赔偿责任。

第五十五条 医务人员在诊疗活动中应当向患者说明病情和医疗措施。需要实施手术、特殊检查、特殊治疗的，医务人员应当及时向患者说明医疗风险、替代医疗方案等情况，并取得其书面同意；不宜向患者说明的，应当向患者的近亲属说明，并取得其书面同意。

医务人员未尽到前款义务，造成患者损害的，医疗机构应当承担赔偿责任。

第五十六条 因抢救生命垂危的患者等紧急情况，不能取得患者或者其近亲属意见的，经医疗机构负责人或者授权的负责人批准，可以立即实施相应的医疗措施。

第五十七条 医务人员在诊疗活动中未尽到与当时的医疗水平相应的诊疗义务，造成患者损害的，医疗机构应当承担赔偿责任。

第五十八条 患者有损害，因下列情形之一的，推定医疗机构有过错：

（一）违反法律、行政法规、规章以及其他有关诊疗规范的规定；

（二）隐匿或者拒绝提供与纠纷有关的病历资料；

（三）伪造、篡改或者销毁病历资料。

第五十九条 因药品、消毒药剂、医疗器械的缺陷，或者输入不合格的血液造成患者损害的，患者可以向生产者或者血液提供机构请求赔偿，也可以向医疗机构请求赔偿。患者向医疗机构请求赔偿的，医疗机构赔偿后，有权向负有责任的生产者或者血液提供机构追偿。

第六十条 患者有损害，因下列情形之一的，医疗机构不承担赔偿责任：

（一）患者或者其近亲属不配合医疗机构进行符合诊疗规范的诊疗；

（二）医务人员在抢救生命垂危的患者等紧急情况下已经尽到合理诊疗义务；

（三）限于当时的医疗水平难以诊疗。

前款第一项情形中，医疗机构及其医务人员也有过错的，应当承担相应的赔偿责任。

第六十一条 医疗机构及其医务人员应当按照规定填写并妥善保管住院志、医嘱单、检验报告、手术及麻醉记录、病理资料、护理记录、医疗费用等病历资料。

患者要求查阅、复制前款规定的病历资料的，医疗机构应当提供。

第六十二条 医疗机构及其医务人员应当对患者的隐私保密。泄露患者隐私或者未经患者同意公开其病历资料，造成患者损害的，应当承担侵权责任。

第六十三条 医疗机构及其医务人员不得违反诊疗规范实施不必要的检查。

第六十四条 医疗机构及其医务人员的合法权益受法律保护。干扰医疗秩序，妨害医务人员工作、生活的，应当依法承担法律责任。

二、《侵权责任法》与医疗纠纷有关的条款的释义

1. 过错责任原则的适用范围

行为人因过错侵害他人民事权益，造成他人人身或财产损害的，应当承担侵权损害赔偿责任。

《侵权责任法》第十五条第（一）项至第（五）项、第（七）项和第（八）项所列责任方式的适用，不以行为人具有过错为要件。

《侵权责任法》第三十三条第一款、第三十六条、第三十七条、第三十九条、第四十条和第五十四条规定的侵权责任类型，参照《侵权责任法》第六条第一款规定适用法律，不适用第六条第二款和第七条规定。

2. 一般侵权责任的构成要件

依据《侵权责任法》第六条第一款规定主张侵权责任，应当具备下列条件：

(1) 行为人的行为违反法定义务、违反保护他人的法律或者故意违背善良风俗，具有违法性；

(2) 受害人的人身或财产受到实际损害；

(3) 行为人的侵权行为与损害之间具有因果关系；

(4) 行为人具有故意或过失。

前款第四项规定的故意，是指行为人有意致人损害，或者明知其行为会造成损害仍实施加害行为；前款第四项规定的过失，是指行为人由于疏忽或者懈怠而未尽合理注意义务。

3. 过错推定原则的适用范围

《侵权责任法》第六条第二款规定的"法律规定",是指《侵权责任法》第四章至第十一章规定应当适用过错推定原则的侵权责任类型,包括第三十三条第二款、第三十四条、第三十五条、第三十八条、第八十一条、第八十五条、第八十六条、第八十八条、第八十九条、第九十条、第九十一条。

4. 无过错责任原则的适用范围

下列侵权责任依照《侵权责任法》第七条规定的无过错责任原则确定侵权责任:

(1) 第五章规定的产品责任;

(2) 第八章规定的环境污染责任;

(3) 第九章规定的高度危险责任;

(4) 第十章规定的饲养动物损害责任,但第八十一条规定除外;

(5) 其他法律规定的工伤事故责任。

5. 无过错责任情况下加害人有过错

依照《侵权责任法》第七条规定应当承担侵权责任,被侵权人能够证明侵权人对于造成损害具有过错的,不适用《侵权责任法》以及其他法律关于赔偿责任限额的规定。

6. 共同侵权责任的本质特征

《侵权责任法》第八条规定共同侵权行为,包括主观的共同侵权行为和客观的共同侵权行为。

二人以上基于共同故意而实施侵权行为造成他人损害的,为主观的共同侵权行为,应当承担连带责任。

二人以上虽无共同故意,但每一个人的行为都针对同一个侵害目标,造成同一损害结果,每一个人的行为都是损害发生的共同原因,且其损害结果无法分割的,为客观的共同侵权行为,应当承担连带责任。

7. 共同危险行为的免责

二人以上实施危及他人人身、财产安全的行为并造成损害后果,不能确定具体侵害行为人,共同危险行为人能够证明损害后果不是由其行为造成的,不承担赔偿责任。

8. 叠加的共同侵权行为

依照《侵权责任法》第十一条规定确定的共同侵权行为,行为人承担连带责任的,原则上平均分担责任。能够确定责任大小的,按照责任大小确定赔偿责任。

9. 按份责任

不符合本司法解释第十三条第三款规定的侵权行为,应当适用《侵权责任法》第十二条规定确定按份责任。

10. 连带责任中被侵权人只起诉部分连带责任人的处理方法

被侵权人起诉部分连带责任人的,人民法院可以追加其他责任人作为共同被告。被侵权人不同意追加的,依照被侵权人起诉的连带责任人承担全部赔偿责任。

因人民法院判决确定的部分连带责任人丧失赔偿能力,不能赔偿全部责任,被侵权人又起诉其他连带责任人的,应当判决新起诉的连带责任人承担人民法院判决已经确定的连带赔偿责任。

被侵权人另行起诉其他连带责任人，请求重新判决承担连带责任的，人民法院不予支持。

11. 连带责任人责任份额的确定方法

确定《侵权责任法》第十四条规定“各自责任大小”，应当根据各连带责任人的过错程度和行为的原因力大小综合判断；无法判断过错程度或原因力不可分的，平均分担责任。但法律另有规定或当事人另有约定的除外。

12. 人身损害赔偿的计算

被侵权人可以请求赔偿的为治疗和康复支出的合理费用包括护理费、住院伙食补助费、营养费等。

医疗费、护理费、交通费、误工费、残疾生活辅助具费、丧葬费及前款所列各项为治疗和康复支出的合理费用的计算，依照最高人民法院《关于审理人身损害赔偿案件适用法律若干问题的解释》第十九条至第二十六条和第二十七条规定确定。

残疾赔偿金、死亡赔偿金按照国家上年度城镇职工年平均工资标准，按十五年计算，并根据受害人的年龄、收入等因素，适当增加或者减少。

侵权人承担了残疾赔偿金或者死亡赔偿金的，不再承担被扶养人生活费的赔偿。

13. 侵权请求权人的范围

侵权请求权人包括人身或财产受到直接损害的受害人，以及生命权受到侵害的死者近亲属和支付受害人医疗费、丧葬费等合理费用的人。

侵权请求权人还包括生命权受侵害的死者生前依法承担扶养义务的被扶养人，但请求须在死亡赔偿金范围之内。

死者的人格利益受到侵害的，死者的配偶、父母和子女为侵权请求权人。没有配偶、父母和子女的，其他近亲属为侵权请求权人。

胎儿受到伤害的，在其出生后得为侵权请求权人。

14. 间接受害人

间接受害人，是指侵权行为造成了直接受害人的人身损害，因而使人身权益受到间接损害的受害人。

间接受害人的侵权请求权是独立的请求权，可以和其他直接受害人一并提起诉讼，也可以独立提起侵权诉讼。

15. 被侵权人死亡时没有近亲属的损害赔偿责任

被侵权人死亡时没有近亲属的，侵权人的损害赔偿责任消灭。但支付被侵权人医疗费、丧葬费等合理费用的人，有权请求侵权人赔偿相关费用。

民政部门作为社会福利机构，有权对侵害没有近亲属的人实施侵权行为的人追究侵权责任，但所得赔偿金应当纳入社会福利基金。

16. 侵权人死亡时损害赔偿责任的承担

侵权人实施侵权行为死亡的，应以其遗产为限，承担侵权损害赔偿责任。其遗产已经被继承人继承的，应当在已经继承的遗产范围内承担侵权损害赔偿责任。

17. 精神损害赔偿

受害人因生命权、健康权、身体权、姓名权、名称权、名誉权、肖像权、隐私权、人身自由权、性自主权、婚姻自主权等人格权以及监护权等身份权受到侵害的，受害人可以请求被侵权人承担精神损害赔偿责任。

被侵权人因其他人格利益、死者人格利益、胎儿人格利益、身份利益受到侵害的，可以请求被侵权人承担精神损害赔偿责任。

具有人格象征意义的特定纪念物品，因永久灭失或者毁损，受害人除了可以请求财产损害赔偿外，还可以请求人格利益受到损害的精神损害赔偿责任。

18. 严重精神损害

具有下列情况之一的，可以认定为严重精神损害：

(1) 受害人因侵权行为造成死亡、残疾或者伤害的；

(2) 侵害其他人格、身份权益，造成社会不良影响，或者给受害人的生活造成较大影响的；

(3) 因为侵权人的行为使受害人遭受医学上可证明的生理或精神损伤的。

19. 公平分担损失的地位

《侵权责任法》第二十四条规定的公平分担损失规则，应当在法律、法规或者司法解释有特别规定的情况下予以适用。

确定公平分担损失的实际情况，主要是双方当事人的经济状况。

20. 一次性赔偿和定期金赔偿

《侵权责任法》第二十五条规定的一次性支付和分期支付，包括以下情形：

(1) 人民法院判决确定已经发生的损害的赔偿，应当一次性赔偿；一次性支付确有困难的，可以分期支付；

(2) 人民法院判决确定将来发生的损害的赔偿，可以一次性赔偿，也可以以定期金方式赔偿。

前款规定的定期金赔偿，其范围包括：残疾赔偿金、残疾辅助具费以及其他在判决确定时确定的今后应当赔偿的项目。

21. 损益相抵规则

基于同一原因事实受有损害并受有利益者，其请求的赔偿金额，应扣除所受的利益。

损益相抵的适用，可以不待当事人主张，依人民法院调查事实的结果直接适用。

22. 受害人过错作为免责事由

在适用过错责任原则或者适用过错推定责任原则的侵权责任纠纷案件中，受害人过错是全部损害原因的，可以依照《侵权责任法》第二十七条规定免除行为人的责任。

23. 第三人原因的不同类型

《侵权责任法》第四章至第十一章对第三人原因或者第三人过错另有规定的，不适用该法第二十八条规定。

《侵权责任法》第八十五条、第八十六条第一款规定的“其他责任人”，相当于第三人的概念。

24. 不可抗力

依照《侵权责任法》第二十九条规定，以不可抗力作为免责事由的，其不可抗力对于损害的发生，应当对损害的发生具有全部的原因力。不具有全部原因力的，应当减轻行为人的责任。

25. 紧急避险

自然原因引起的紧急避险，避险人不承担民事责任或者依据公平分担损失规则在其受益范围内承担补偿责任。由他人行为引起的紧急避险，由避险造成的损害由引起险情发生的人承担赔偿责任。

避险人能够证明行为人明知对方是紧急避险而进行防卫的，防卫人不能免除责任。

26. 受害人同意

加害人在受害人同意的范围内免除责任，但合同法第五十三条规定的同意除外。

受害人同意可以通过受害人的明示表达，也可以依照社会一般标准从受害人的先行为中推断。

受害人同意的范围可以通过受害人的明示确定，也可以依照社会一般标准或者习惯以受害人先行为所可能遭受的通常危险为限。

27. 意外事件

依照《侵权责任法》第六条第一款规定的适用过错责任的侵权责任纠纷案件，加害人可以主张意外事件而减轻或者免除责任。

28. 自甘风险

受害人明知活动存在危险而自愿参加，对于损害的发生，不得请求他人承担赔偿责任。但活动的组织者有过错的，不在此限。

危险的范围，以受害人先行为所可能遭受的通常危险为限。

29. 同时起诉生产者或者销售者的责任承担

被侵权人依照《侵权责任法》第四十三条起诉，但同时起诉生产者和销售者为共同被告的，人民法院可以在调查清楚事实之后，直接确定应当负有最终责任的生产者或者销售者承担赔偿责任；也可以判决生产者和销售者承担不真正连带责任，在判决执行过程中，按照《侵权责任法》第四十三条规定主张中间责任和最终责任。

30. 产品缺陷的界定及类型

产品缺陷是指由于制造、设计中的原因或者警示说明不充分、未尽召回警示义务而导致产品存在的危及人身、财产安全的不合理危险。

警示说明充分的标准，是产品存在合理性危险，但按照产品的警示说明使用，该危险就不会发生。

未尽召回警示义务的跟踪观察缺陷，应当依照《侵权责任法》第四十六条规定认定。

31. 产品责任的免责事由

产品生产者或者销售者以及其他第三人能够证明有下列情形之一的，不承担赔偿责任：

(1) 未将产品投入流通的；

(2) 产品投入流通时，引起损害的缺陷尚不存在的；

(3) 将产品投入流通时科学技术水平尚不能发现缺陷存在的。

32. 医疗损害责任中的故意损害的性质

依照《侵权责任法》第五十四条规定确定医疗损害责任，医疗机构及其医务人员的过错，主要是医疗过失。

医务人员在诊疗活动中，故意实施违法行为造成患者损害的，应当适用《侵权责任法》第四条规定，在承担刑事责任的同时，由医疗机构依据《侵权责任法》第五十四条规定，承担侵权责任。

33. 医务人员未尽告知义务造成损害

医务人员在诊疗活动对患者未尽告知义务造成患者的损害，包括未尽告知义务造成患者的人身损害和未尽告知义务未造成人身损害但造成患者知情同意权损害两种情形。

未尽告知义务，造成患者人身损害的，应当依照《侵权责任法》第十六条规定的人身损害赔偿标准进行赔偿。

未尽告知义务，造成患者知情同意权损害的，应当依照《侵权责任法》第二十二条关于精神损害赔偿的规定，承担赔偿责任。

34. 紧急情况下医务人员未尽告知义务的责任

医疗机构按照《侵权责任法》第五十六条规定，抢救生命垂危的患者未尽相应的告知批准义务，造成患者损害的，医疗机构应当承担赔偿责任。

35. 医疗水平的确定

依照《侵权责任法》第五十七条规定确定医务人员的诊疗行为具有医疗过失，判断当时的医疗水平，必要时可以适当考虑地区、医疗机构资质、医务人员资质等因素。

36. 推定医疗过失的性质

依照《侵权责任法》第五十八条规定推定医疗机构有过错的，法院即可认定医疗机构有过错；医疗机构不得主张推翻该过错推定。

37. 因果关系举证责任缓和规则

患者的损害有可能是由医务人员的诊疗行为造成的，除医务人员提供相反证据外，推定该诊疗行为与患者人身损害之间存在因果关系。

38. 医疗产品的界定

《侵权责任法》第五十九条规定的缺陷医疗产品之外的医疗产品造成患者损害，应当适用《侵权责任法》第五十九条规定确定侵权责任。

39. 医疗产品的销售者的责任追究

因药品、消毒药剂、医疗器械存在缺陷，或者输入不合格的血液造成患者损害的，患者向医疗机构请求赔偿，医疗机构赔偿后，有权向缺陷产品的生产者、销售者或者血液提供机构追偿。

40. 医疗机构自己生产的医疗产品致人损害

医疗机构自己生产的药品、消毒药剂、医疗器械等医疗产品存在缺陷，造成患者损害的，无论医疗机构是否有过失，都应当承担赔偿责任。

41. 医院提供病历资料的主观性资料和客观性资料

《侵权责任法》第六十七条规定的患者查阅、复制的病历资料，不仅包括住院志、医嘱单、检验报告、手术及麻醉记录、病理资料、护理记录、医疗费用等，还包括死亡病例讨论记录、疑难病例讨论记录、上级医师查房记录、会诊意见、病程记录等病历资料。

医疗机构未尽《侵权责任法》第六十七条第二款规定的提供义务，应当适用第五十五条第二款规定确定侵权责任。

42. 患者隐私权的全面保护

未经患者同意，医疗机构或医务人员不得窥视、接触患者的身体，也不得将患者作为教学工具；未经患者同意，与诊疗无关的人员不得进入门诊就诊室、检查室、手术室、住院病房；医疗机构及医务人员不得窥视、干涉患者的私人活动，患者为无民事行为能力人或限制行为能力人的除外。

医疗机构及其医务人员泄露患者隐私或者未经患者同意公开其病历资料，造成患者损害的，应当依照《侵权责任法》第二十二条规定确定赔偿责任。

43. 不必要检查的后果

医疗机构及其医务人员对患者进行不必要的检查，导致患者支出不必要的医疗费用，或者因此造成患者人身损害，或者导致患者丧失最佳治疗时机或最佳治疗方案的，医疗机构应当承担赔偿责任。

44.《侵权责任法》的适用效力

《侵权责任法》实施以后起诉到人民法院的一审侵权责任纠纷案件，应当适用《侵权责任法》的规定。

《侵权责任法》实施以前起诉的一审侵权责任纠纷案件，除司法解释另有规定的以外，应当适用当时的法律即民法通则的相关规定；民法通则没有规定的，可以适用《侵权责任法》的有关规定确定责任。

《侵权责任法》实施之前起诉，已经经过一审裁决进入二审的侵权责任纠纷案件，二审审理时《侵权责任法》已经实施的，应当适用民法通则的有关规定确定侵权责任，不能适用《侵权责任法》的规定。

人民法院在《侵权责任法》实施以前已经作出终审裁决的侵权责任纠纷案件，即使进行再审，也不得适用《侵权责任法》的规定，仍然适用民法通则裁判。

（夏文涛）

第六节　典 型 判 例

一、肺癌术后植物生存状态

1. 案情摘要

付某，男性，54岁。2010年4月30日，付某因咳嗽伴痰中带血1月，当地医院考虑“左下肺叶高分化鳞癌”可能，入住某大学附属医院，于2010年5月5日行左侧全肺切除，术后肺动脉残端出血，经止血、抢救，心肺复苏成功，但意识未能恢复，目前呈植物人状态。付某的家属认为某大学附属医院在诊疗过程中存在医疗过错，诉至法院要求赔偿。为正确审理此案，法院委托某司法鉴定科学技术研究所就某大学附属医院在对付某的诊疗过程中是否存在过错；如存在过错，其与付某的损害后果之间有无因果关系及其参与度等事项进行法医学鉴定。

2. 病史概要

(1) 2010年4月27日某区人民医院病理图像分析报告

1) 左支气管活检：镜下见鳞状细胞增生并角化不全，细胞轻度异型，灶性区域见有坏死，考虑为高级别上皮内瘤变，高分化鳞状细胞癌待排，具体请结合临床。

2) 送检支气管刷片未见明显异型细胞。

(2) 2010 年 4 月 30 日至 5 月 10 日某大学附属医院住院病史

入院时情况：因咳嗽伴痰中带血 1 月，无发热，无胸闷，无盗汗，先于当地医院行胸部 CT 检查发现左下肺肿块，考虑中心型肺癌并阻塞性肺炎，抗感染治疗 1 周后复查胸部 CT 以及纤维支气管镜检查，活检考虑左下肺叶高分化鳞癌可能。查体：T36.3℃，R18 次/min，P76 次/min，BP140/90 mmHg；神清，口唇略发绀；双侧呼吸动度均等，语颤对称，双肺叩清音，双肺呼吸音清晰，未闻及罗音及哮鸣音，双锁骨上淋巴结未及肿大。2010 年 4 月 23 日外院胸部 CT 示：左肺下叶占位，考虑中心型肺癌。2010 年 4 月 27 日外院纤维支气管镜活检：考虑左下肺叶高分化鳞癌可能。入院诊断：肺癌（中央型，左肺下叶）。

2010 年 5 月 4 日头颅 MRI 平扫报告：符合脑内多发缺血灶（双侧半卵圆中心及放射冠区），不除外脑内转移灶，请结合临床其他检查评价；符合右放射冠区脑软化灶改变，请结合临床。5 月 4 日上腹部 CT 平扫报告：上腹部螺旋 CT 平扫未见明显异常；左肺炎症可能性大，请结合临床；左肺下叶实变影，请结合临床或进一步检查。5 月 4 日术前诊断：肺癌（左肺下叶）；拟行手术名称及方式：肺叶切除术（左肺下叶）。于 2010 年 5 月 5 日 10:00—13:10 在全麻下行左全肺切除并纵隔淋巴结清扫术。探查见：肺与胸壁无粘连，少量淡黄色胸水，肿瘤位于下叶支气管起始部，约 5 cm×4 cm×3 cm，支气管周围淋巴管肿大；游离叶间裂，显露基底干动脉，4 号线近端双重结扎，远端结扎，游离后半叶间裂，见背段动脉及肺动脉干被肿瘤侵犯，仔细游离无法分开；决定行左全肺切除，以 7 号线结扎肺动脉主干，近端置侧壁钳后再以 7 号线结扎，近上叶第 1 支肺动脉分支处上血管钳，切断并结扎远端，切断左主支管，移除左全肺；支气管残端送快速冰冻病理检查，示支气管切缘无癌细胞累及；清扫 4、5、6、7、9、10、11 各组淋巴结，彻底止血，左侧腋中线第 7 肋间放置引流管一根；术中出血约 200 mL，未输血。术后安返病房 ICU 监护治疗。2010 年 5 月 5 日抢救记录：患者于 14:00 由麻醉恢复室返回胸外科 ICU，术后清醒，气管插管已拔管，胸引管夹管；14:20 突发意识淡漠，面色苍白，呼之不应，血压测不出，胸引管充满暗红色血液，立即加压输液，建立两条输液通道，取血，多巴胺静滴，同时面罩加压机械通气，床旁由原手术切口开胸，心脏按摩，吸出胸腔内积血约 3 000 mL，见肺动脉结扎线处有血溢出，重新以 7 号线结扎肺动脉残端两道，控制住胸腔内出血，重新气管插管，连接呼吸机机械通气，经抢救后于 15:50 患者生命体征平稳，再入手术室进一步探查、清创。15:00 麻醉访视记录：患者行左肺全切术后 1 小时，诊断胸腔大出血，拟行开胸止血术，患者已行气管插管，中心静脉穿刺，无意识，血压 130/80 mmHg，HR110 次/min。

危重护重记录：2010 年 5 月 5 日 14:00 BP122/76 mmHg，P86 次/min。胸腔引流管夹闭状态，开放无液体引出，水柱波动 8～10 cmH_2O，给予夹闭。14:20:P52 bpm，血压测不出，患者突然面色苍白，张口呼吸，胸腔引流管引出暗红色血性液，通知医师抢救，面罩加压。14:30，瞳孔对光反射消失，患者末梢凉，开胸心内（脏）按摩。手术记录：术中以 4 号线连续缝合肺动脉残端，再游离纵膈胸膜复盖支气管残端，检查胸腔内无出血。

2010 年 5 月 5 日 22:00 病程录：患者有抽搐发作，发作时双眼上视，发作短暂，但反复发作。2010 年 5 月 9 日：患者昏迷状态。

2010 年 5 月 5 日病理多媒体图文诊断报告：(左肺下叶)中分化鳞状细胞癌(中央型，大小 2.5 cm×2 cm)，侵透支气管壁达周围肺组织，未累及支气管断端；送检背段肺动脉外膜内见癌侵润；肺门、送检 4 组、5 组、6 组、7 组、9 组、10 组、11 组淋巴结内均未见癌转移，11 组淋巴结周围纤维组织内癌侵润。(左肺下叶)支气管及肺组织内见少量炎细胞浸润。

3. 鉴定情况

(1) 鉴定人阅片所见

2010 年 4 月 16 日某区人民医院摄胸部 CT 片示：左侧中央型肺癌伴左下肺阻塞性病变。

2010 年 4 月 23 日某区人民医院摄胸腹部及头颅 CT 片示：左侧中央型肺癌伴左下肺阻塞性病变，肿块影与左侧肺门部血管影紧贴，双侧肾上腺及脑内未见转移性病灶影。

2010 年 5 月 4 日某大学附属医院摄头颅 MRI 片及上腹部 CT 片示：颅内及双侧肾上腺未见明显转移性病灶。

2010 年 5 月 5 日某大学附属医院摄床边胸片示：左肺切除术后，左侧颈根部、腋部皮下积气，心电监护，气管插管，左侧胸腔留置引流管中；左侧胸腔被气体充填，心影、纵隔无明显移位。

2010 年 5 月 14 日某大学附属医院摄床边胸片示：心影及纵隔左移。

2010 年 5 月 19 日某大学附属医院摄头颅、胸部 CT 片示：幕上脑室较前扩大，双侧侧脑室前后角旁及半卵圆中心区见对称性晕状稍低密度影，提示脑白质损害改变。左肺切除术后，左侧胸腔积气。

(2) 鉴定意见

某医学院附属医院在对被鉴定人付中起实施的诊疗过程中存在过错行为，该过错与付中起的不良后果之间存在直接因果关系(过错参与度拟为 80%～90%)。

(3) 分析讨论

付某因咳嗽、痰血 1 个月，经外院行 CT 扫描、纤维支气管镜并活组织病理学检验等检查后，入住某大学附属医院，院方诊断为“肺癌(中央型、左肺下叶)”，拟行左肺下叶切除术。术中探查发现支气管周围淋巴管(结)肿大、肺动脉等重要血管受累及，遂改行左侧全肺切除术。切除左肺后，双道结扎肺动脉残端，术中出血不多(约 200 mL)，术后生命体征平稳，安返监护病房。手术结束 1 小时余，付某突发意识淡漠、面色苍白、呼之不应、血压骤降，并见胸腔引流管充满暗红色血液，即予加压输液、建立两路静脉通道、升压药物应用、面罩加压机械通气等处置，约 10 min 后于床旁沿原手术切口进胸，见胸腔内积血 3 000 mL，肺动脉结扎线处有血溢出，重新结扎肺动脉残端，并行胸内心脏按压等抢救，呼吸、心跳得以恢复，但意识未能恢复，目前仍处于植物生存状态。

根据付某的临床表现及各种辅助检查结果，某大学附属医院诊断其为“肺癌(中央型、左肺下叶)”有依据，据此实施手术治疗符合临床医疗原则。术中，院方根据病灶侵犯周围血管、淋巴管(结)的具体情况，更改原定“左肺下叶切除”术式为“左侧全肺切除术”也符合当时的实际情况。结合院方术后冰冻病理组织学检查结果及鉴定人阅送鉴影像学资料所见，进一步提示院方诊断及所采取的手术治疗方案正确。

根据送鉴病历，某大学附属医院实施本例手术尚属顺利，付某术中出血不多，术后生命体征平稳，安返病房。术后1小时余，付某病情突然转危，短时间内胸腔引流血性液体达3 000 mL，经探查证实为左肺动脉残端结扎线处出血。结合其当时生命体征观察记录，结合术后出血量，分析付某当时符合左肺动脉残端出血致失血性休克失代偿期的临床表现。

因肺动脉主干粗且富有弹性，随心脏跳动时单纯结扎线较易脱落，且一旦脱落，出血量大，可危及生命。因此通常应采用结扎后再行缝扎的方法使残端处理更为安全、可靠。就本例而言，付某左肺动脉残端出血的根本原因与院方术中仅采取双道结扎肺动脉残端的处置方式有关。

付某发生左肺动脉残端出血并休克后，某大学附属医院实施的急救措施应属积极，但终因短时间内失血量过大，全身血容量严重不足，危及微循环与心、脑血供，一度引起心跳骤停（实施了胸腔内心脏按压），脑缺血缺氧时间过长，脑功能至今仍未能得以有效恢复。根据术后半个月左右的头颅CT扫描所见，其颅脑影像学所见符合缺血缺氧后改变，可以用术后缺血缺氧性病变过程加以解释。

综上，某大学附属医院在手术操作环节上未确保肺动脉残端处理安全、可靠，违反了高度注意义务与危险后果回避义务，存在医疗过错行为，该过错与付某术后出血并致失血性休克及颅脑损害等不良后果之间存在直接因果关系，医疗过错系不良后果的主要原因（过错参与度拟为80%～90%）。

4. 法院判决

本院认为，患者付某某因病到被告某大学附属医院诊治，某大学附属医院为该患者做出的诊断正确，手术指征明确。但在手术过程中，未尽到高度注意义务与危险后果回避义务，使本可避免的过错行为未能避免，致使患者术后因脑缺血缺氧呈植物生存状态，后死亡。被告某大学附属医院的医疗行为存在过错，与患者的死亡后果之间存在直接因果关系，故应当向本案原告承担相应的赔偿责任。综合各项因素，酌情认定被告承担85%的赔偿责任。

依照《中华人民共和国民法通则》第一百一十九条、《中华人民共和国侵权责任法》第五十四条、第五十七条、最高人民法院《关于审理人身损害赔偿案件适用法律若干问题的解释》第十七条之规定，判决如下：

一、被告某大学附属医院于本判决生效之日起10日内赔偿原告医疗费682 677.2元、丧葬费15 894.6元、住院伙食补助费10 132元、死亡赔偿金546 465元、误工费51 907.6元、住院卫生用品费5 635.5元、营养费17 000元、交通费3 039.6元、护理费5 066元、精神损害抚慰金40 000元。共计1 377 817.5元。

二、驳回原告的其他诉讼请求。

如被告未按本判决指定的期间履行给付金钱义务，应当依照《中华人民共和国民事诉讼法》第二百五十三条之规定，加倍支付迟延履行期间的债务利息。

如不服本判决，可在判决书送达之日起15日内向本院提出上诉，并按对方当事人人数提出副本，上诉于某省某市中级人民法院。

5. 评析

某大学附属医院在对受害人付某进行治疗过程中，因未尽相应的高度注意义务，致使受害人付某在术后因脑缺血缺氧呈植物生存状态，显然该治疗行为与受害人遭受的损害后果之间存在因果联系。并且，对于由此造成的相应损失，并不存在不可抗力等免责原因，故根据《侵权责任法》的规定，应当由医务人员所在医疗机构，即某大学附属医院承担相应的赔偿责任（法院认定为85%）。某大学附属医院应当赔偿的损失范围包括医疗费、丧葬费、住院伙食补助费、死亡赔偿金、误工费、住院卫生用品费、营养费、交通费、护理费等，同时还包括受害人家属因此受到的精神损失。上述项目的赔偿数额可以由双方协商确定；双方协商不成的，或者向人民法院起诉的，由法院根据《关于审理人身损害赔偿案件适用法律若干问题的解释》的规定进行确定。

二、ERCP、EST术治疗不当

1. 案情摘要

李某，男性，1979年2月19日出生。2008年10月21日，因腹胀伴皮肤、黏膜黄染入住某大学医学院第二附属医院，医院诊断为胆石症并感染，淤胆性肝炎等，于10月29日行ERCP、EST取石术，术后因弥漫性腹膜炎、腹腔脓肿、胆漏(?)、胆源性胰腺炎、败血症、低蛋白血症等于11月19日转入普外科，行急诊腹膜坏死组织清除并脓肿引流术及综合治疗，病情仍重，且并发ARDS，于11月26日转入某大学医学院附属医院，经治疗后，于3月4日治愈出院。患方认为某大学医学院第二附属医院在诊疗过程中存在过错并因此造成严重后果，遂诉至法院要求赔偿。

2. 病史概要

(1) 2008年10月21日至11月19日某大学医学院第二附属医院病史

查体：腹部散在压痛，无反跳痛，肝、脾触诊不满意，墨菲症(＋)，肝区叩痛(＋)，双肾区叩痛(-)，移动性浊音(-)，肠鸣音4 bpm。肝功能化验：ALT326iu/L，AST150iu/L，TB272.2 μmol/L，DB206.2 μmol/L，γ-GT617iu/L，ALP142iu/L，泌尿系B超：右肾内强光点，结石(?)，左肾、前列腺未见明显异常声像图；双侧输尿管上段未见明显扩张，腹部B超示：胆总管上段扩张伴肝内胆管轻度扩张，考虑肝外胆道梗阻；轻度脂肪肝；胆囊结石。初步诊断：黄疸原因待诊，胆石症，肾结石(右)，慢性胃炎。

10月23日生化示：谷丙转氨酶187 iu/L，谷草转氨酶116 iu/L。上腹部强化MRI片示：胆总管下段结石并胆总管、肝总管、肝内胆管扩张，胆囊结石。10月29日在DSA下行ERCP、EST取石术，进镜达十二指肠降部后拉直镜身，见十二指肠乳头肠壁内段明显隆起，开口呈小裂隙状，以拉式切开刀插管几次不成功，以蓝斑马导丝导引亦不成功，改用针式切开刀，沿11～12点间切开0.6 cm，再改用拉式切开刀，沿同一方向切刀约(至)0.7 cm，见有大量黑色带脓液的液体流出，随后有较多泥沙样结石流出，再插管造影示：胆总管扩张，直径1.2 cm，下端及中段分别有0.6 cm×0.8 cm结石，胆总管及肝内胆管有大量碎石块及泥沙样结石，分别以碎石网篮取出两次较大结石，并以生理盐水反复冲洗数次，再造影未见明显结石影。10月30日，患者腹痛，上腹部为著；血淀粉酶1 176 U/L；考虑ERCP术后急性胰腺炎；血常规示WBC 12.17×10^9/L。11月3日，夜间最高体温

38.5℃，腹软，无明显压痛及反跳痛；血淀粉酶 168iu/L，血 WBC 12.06×10^9/L，N83.04%，总蛋白及白蛋白均降低，肝功示 ALT、AST 均升高，总胆红素、直接、间接胆红素均升；补充诊断：败血症。11 月 7 日，血培养结果见大肠埃希菌感染，证实败血症诊断成立，系胆石症感染严重所致。11 月 8 日，感稍（有）呼吸困难，体温升至 39.5℃，右腹肌稍紧张，血 WBC 18.40×10^9/L，N90.24%；肝功能检验示胆红素较前明显下降，ALT 正常，AST51 U/L，血白蛋白 18.4 g/L；CT 片示右下肺感染灶，双侧（胸腔）少量胸水，胰腺增大明显，胰周模糊，有积液，腹腔内有少量积液，肝较大（未超过肋缘下）。11 月 14 日，行上腹部 B 超及腹块探查示：肝脏明显增大，形态饱满，表面光滑，肝内回声增强，肝内胆管无扩张，胆囊大小正常，囊壁明显增厚，内见 0.7 cm×0.6 cm 结石，胆总管上段内径 0.7 cm，中下段显示不清，胰头被气体遮盖，胰尾部略饱满，回声不均，内主胰管不扩张，腹腔内可见团块状液性暗区，最深约 5.0 cm，内可见强光点及纤细光条；胃镜及十二指肠镜检示：浅表性胃炎，十二指肠乳头为 EST 切开后乳头，切口外观良好，无水肿，胆汁流出通畅，乳头开口以下 4～5 cm 处降段内侧壁分别见 4 cm×5 cm 及 4 cm×4 cm 几乎相连的隆起、糜烂，表面大量黑色、黄色及棕色脓液及分泌物，成脓膜状，并有纤维渗出，有拉丝样感觉，反复以生理盐水冲洗，不能冲掉，分别以圈套器、取石网篮、异物篮、活检钳、造影管，取剥脓膜样物，多次尝试后，绝大部贴附较松的脓液被取掉，紧贴部分不易除掉，以活检钳轻乱（刮）时，组织极脆，易出血，反复以生理盐水及 8% 去甲肾上腺素液冲洗后，血止。下午穿刺下腹部膀胱窝附近，共抽出 35 mL 稍带暗棕色的清亮液体，脐右侧包裹性积液，共抽出咖啡色脓液 300 mL。11 月 17 日，在 B 超引导下行腹腔脓肿穿刺置管，抽取巧克力色脓液 80 mL，回病房后以腹腔针共再抽出脓液 70 mL。11 月 19 日病情稳定，仍有发热，最高可达 38.6℃。

(2) 2008 年 11 月 19 日至 11 月 26 日某大学医学院第二附属医院住院病史

ERCP、EST 取石术后腹痛伴发热 21 天。查体：腹隆，全腹腹肌紧，以右上腹最著，全腹压痛，反跳痛，以右上腹明显，肝、脾肋下未及肿大，移动性浊音（+），肠鸣音弱。11 月 18 日血常规：WBC 14.20×10^9/L，N78.04%。腹部 CT 片示：腹腔积液，积气泡，胰腺周围渗液。初步诊断：急性继发性弥漫性腹膜炎，腹腔脓肿，胆漏（?），ERCP、EST 取石术后，胆源性胰腺炎，肾结石（右），慢性胃炎，败血症。

入院当日急诊行腹膜脓肿引流术；术中见腹腔内无脓液，大网膜及小肠广泛粘连且致密，以右上腹为著，胃小弯少许渗出液，无坏死组织，胃大弯处未见坏死组织，中腹部及下腹部广泛小肠粘连，无法分清空肠近、远端，升结肠旁沟内有一巨大脓肿，吸出大量黏稠脓性液，并放置引流管一枚引出腹壁，升结肠内侧腹膜后有大量坏死组织，清除约 400 g，内有胆汁样液引出，于坏死组织上、下端各放置引流管一枚，经右侧腹壁戳孔引出并固定，术中分离右上腹粘连，由于致密且出血（而）未能成功。术后入 ICU 治疗。11 月 22 日，腹腔引流暗红含胆汁液约 300 mL，8Pm 腹腔引流管引流暗红含胆汁液约 250 mL。11 月 23 日，胃肠减压引出浅褐色胃液 350 mL，上脓腔引流管引出褐色液约 120 mL，下腹腔引出褐色液 600 mL，腹腔引流暗红色液 450 mL。11 月 24 日，上脓腔引流管引出约 700 mL，下腹腔引流管引出 560 mL，均为胆汁样物，腹腔引流 100 mL 血性液，，仍发热，血 WBC 25.74×10^9/L，N87.34%，HB78 g/L。11 月 26 日，寒战一次，发热达 38.5℃，腹腔引流管引流褐色含胆汁及陈旧血(性)液体,24 小时引流量约 1 500 mL。

(3) 2008 年 11 月 26 日至 3 月 4 日某大学医学院附属医院住院病史

11 月 26 日,胸腔穿刺抽见淡黄色液体置管引流。12 月 1 日,出现腹腔冲洗引液为鲜血性,量较多,血压进行下降至 80/50 mmHg,心率高达 190 次/min,考虑十二指肠破裂处附近出血,给予积极输液、输血至趋于稳定,引流液变为混浊陈旧血性夹杂些许坏死组织。12 月 2 日,行 DSA 检查治疗。12 月 9 日,在内镜下行胆囊置管引流术+鼻肠管置入术,内镜下见十二指肠降段乳头远侧黏膜充血、肿胀、糜烂,可见脓性坏死物,于内侧壁见引流 1 条入肠腔内约 2.5 cm,胆总管、肝总管内径约 9 mm,未见狭窄及缺损,沿导丝于左肝下留置 7.5F 鼻管,胆汁引流通畅;同时请介入科医师在 X 线下行鼻肠管置入术。12 月 12 日血 WBC 22.76×10^9/L,CT 摄片示腹膜后包裹性积液,双肺有胸腔积液,12 月 13 日,在 CT 引导下穿刺吸出黄色黏稠脓液,将胰头后、十二指肠后腹膜后脓肿切开、扩创,引流出大量坏死组织及脓液,内有胆汁,放置滴水双套管一条。2009 年 1 月 1 日,患者腹腔引流管突然出现鲜红色血性液体,约半小时引流出 300 mL,给予止血等。2009 年 3 月 4 日腹部切口愈合良好,无渗血渗液,腹腔引流管口已闭合,愈合良好,余无明显异常;(予)出院。

3. 鉴定情况

(1) 体格检查

诉迄今仍遗留餐后腹胀不适感,以右上腹部为甚;并感肛门排气增多。皮肤、巩膜未见明显黄染,未见明显肝掌、蜘蛛痣等异常。颈前区见气管切开瘢痕。胸廓外观对称,未见明显畸形,胸式呼吸平稳存在,胸壁局限压痛阴性,胸廓挤压试验阴性。腹部见多处手术瘢痕,腹部多脂、略隆,触诊腹软,未及明显压痛、肌紧张及反跳痛。

(2) 阅片所见

2008 年 10 月 22 日腹部 MRI 片示:双房胆囊并胆汁信号不均匀呈分层状改变,胆囊腔内见单发颗粒状低信号影,胆总管近壶腹部见单发颗粒状低信号影,胆总管上段直径约 1.7 cm,提示胆总管扩张;胆总管下段周围见条索状等、低信号影,提示胆道系统结石症。肝内胆管未见明显扩张。胰腺形态大小、信号未见异常,主胰管未见扩张。

2008 年 11 月 8 日胸、腹部 CT 平扫示:ERCP、EST 取石术后:两肺实质内见大片状高密度影,提示肺部炎症,双侧胸腔积液。双房胆囊,胆囊腔内见单发类圆形高密度结石影,十二指肠上段肿胀明显,肠壁毛糙,胰腺增大、肿胀,边缘轮廓模糊,胰周渗出(小斑片条索状等、低密度影),胰头下方及十二指肠间不规则软组织团块影,边缘毛糙,密度不均匀。肾前筋膜增厚,腹腔积液。提示 ERCP、EST 取石术后胰头及十二指肠间炎性团块合并胰腺炎。

2008 年 11 月 13 日胸、腹部 CT 片示:胰下方及十二指肠间不规则软组织团块内出现斑片状低密度液化区,其他征象基本同 2008 年 11 月 8 日 CT 片。

2008 年 11 月 18 日上、中腹部 CT 片示:胰腺增大、肿胀,胰周渗出,胰头下方及十二指肠间不规则软组织团块影内液化,炎性渗出累及右半结肠与邻近回肠粘连并形成团块。肾前筋膜增厚,腹腔积液较前增多,胆囊结石、肺部炎症及胸腔积液基本同前。

(3) 鉴定意见

某大学医学院第二附属医院在对被鉴定人李某的诊治过程中,存在医疗过错行为,医疗过错行为系李某不良后果的主要原因(参与度拟为80%至90%)。

(4) 分析讨论

1) 关于ERCP及EST术:李某因腹胀、腹痛、恶心伴皮肤、黏膜黄染、瘙痒等不适,就诊于某大学医学院第二附属医院,根据入院前在其他医院的检查结果及该院检查情况,其符合阻塞性黄疸,胆道结石合并感染等疾病。某大学医学院第二附属医院所做出的入院诊断为"黄疸原因待诊,胆石症"有一定依据。入院次日进一步行MRI检查明确,其属双房胆囊变异合并胆囊结石,伴胆总管明显扩张等。我们认为,对于此类病情复杂的患者,实施胆囊切除并胆总管切开取石、"T"管引流等剖腹手术,是较为安全、可靠、彻底的治疗方法,可同时治疗胆囊结石、胆总管结石及胆道系统感染。且李某入院当时生命体征基本平稳,无明显的手术禁忌证,应可耐受该手术。本例中,某大学医学院第二附属医院未选择剖腹手术,而是采取了ERCP并EST术(逆行十二指肠镜检并胰胆管造影术、十二指肠乳头切开取石术),在治疗方案确定上存在欠缺。因为即使该措施取得预期效果,也仅能解决胆总管结石、解除或减轻黄疸,但并不能解决胆囊结石,必然为今后留下隐患;而且因术中刺激胆道系统,还可能激惹胆囊致胆囊结石排出进入胆总管,再次引发阻塞型黄疸,甚或引发严重的胆道感染。据此,某大学医学院第二附属医院在李某首次入院初期,对其疾病的复杂性认识不够全面,对治疗方案的确定不够周全,存在一定的过错。

送检病历反映,某大学医学院第二附属医院在对李某实施ERCP并EST术的过程中,术程不顺利,先后经历了拉式切开刀插管、导丝导引、针式切开刀切开后再以拉式切开刀切开的过程,方见黑色脓性胆汁流出。加之碎石网篮套取胆总管内结石、冲洗、造影等操作,术程长达3小时许,手术操作复杂,创伤较大。因手术操作处为胆、胰、十二指肠交界部位,在狭小区域反复行上述操作,可能引发急性胰腺炎、十二指肠漏等严重并发症。我们认为,当时若在拉式切开刀、导丝导引插管不成功时,及时中转剖腹手术,则可有效地降低不良后果发生的可能性。据此,某大学医学院第二附属医院在手术实施过程中未尽到高度注意义务及危险后果回避义务,存在过错。

2) 关于ERCP及EST术后的治疗:ERCP及EST取石术后,李某出现发热、腹痛等症状,查体及腹部肌紧张等体征,化验示血淀粉酶及胆红素增高、白蛋白及总蛋白降低、肝功能异常加重,并血培养示细菌阳性,均提示病情转重存在败血症及全身感染征象,不能简单地以ERCP术后并发胰腺炎来解释(因ERCP术后并发胰腺炎多属轻型水肿型胰腺炎,病情相对较轻,病程相对较短,多在数日内好转),而是存在其他严重的不良后果的可能。

某大学医学院第二附属医院在ERCP及EST取石术后第16日行腹部B超探查发现李某腹腔内可见团块状液性暗区,行胃镜及十二指肠镜检发现十二指肠乳头开口以下有几乎相连的隆起、糜烂灶,行下腹部及脐右侧腹腔穿刺,抽出脓性积液。此时,院方理应考虑到李某存在十二指肠漏、腹腔脓肿形成的可能性,应及时转外科治疗。但院方却于十二指肠镜下采取了冲洗、剥除(或刮除)脓膜等处置,存在加重肠漏、扩散感染等风险,实属不妥。

3) 关于外科治疗:因李某病情始终未得到有效控制,某大学医学院第二附属医院于ERCP及EST术后第21日始将其转入外科,入科时病情较重,临床考虑其"急性继发性弥漫性腹膜炎,腹腔脓肿,胆漏(?)”及“胆源性胰腺炎”、“败血症”等,有一定依据。院方据此实施急诊剖腹手术,术中见“大网膜及小肠广泛粘连且致密,以右上腹为著”,“胃大弯处未见坏死组织,中腹部及下腹部广泛小肠粘连,无法分清空肠近、远端,升结肠旁沟内有一巨大脓肿……升结肠内侧腹膜后有大量坏死组织……内有胆汁样液引出”,遂予行置管引流术。但“术中分离右上腹粘连,由于致密且出血(而)未能成功”,未能明确十二指肠降部疑似肠漏部位的情况,澄清病灶,失去了及时去除病因的机会,存在一定的欠缺。

实施上述剖腹引流术后,李某病情仍危重,出现发热伴寒战等表现,为进一步诊治,转入某大学医学院附属医院,经内镜下证实十二指肠降部乳头远侧肠漏存在。从肠漏部位分析,与 ERCP 及 EST 术后第 16 日行胃镜及十二指肠镜检所见十二指肠乳头开口以下的隆起、糜烂灶基本吻合,符合 EST 术所致肠漏并形成局部脓肿。经某大学医学院附属医院进一步行 CT 引导下穿刺、局部小切口彻底排出十二指肠后方大量脓液及坏死组织后,病情终获好转。

综上,某大学医学院第二附属医院在对李某的诊治过程中,存在一系列医疗过错行为,导致了李某出现十二指肠漏、腹腔脓肿乃至全身感染、病情加重、病程迁延等不良后果,医疗过错行为系其不良后果的主要原因(参与度拟为 80%~90%)。当然,李某本身病情有一定的特殊性,肠漏部位解剖较复杂、治疗上有一定困难,也与不良后果的发生有一定的关系。

4. 法院判决

被告某大学医学院第二附属医院对疾病的诊断虽基本正确,但在治疗过程中未严格把握手术适应指征,行微创手术中未充分考虑到患者疾病的复杂性,对治疗方案确定不够周全;治疗中没有及时转剖腹手术,未能有效降低不良后果发生的可能性,存在医疗过错。未尽到高度注意义务及危险后果回避义务,应当向原告承担赔偿责任,本院综合酌定,被告某大学医学院第二附属医院向原告承担 90%的赔偿责任。

依照《中华人民共和国侵权责任法》第五十四条、第五十七条、最高人民法院《关于审理人身损害赔偿案件适用法律若干问题的解释》第十七条之规定,判决如下:

一、被告某大学医学院第二附属医院赔偿原告李某医疗费 216 885.44 元,交通费 3 121.2元(3 468×90%),护理费 13 791.6 元(15 324×90%),误工费 20 600.3 元(22 889.2×90%),其他经济损失 486 元(540×90%),住院伙食补助费 2 430 元(2 700×90%),精神损害抚慰金 10 000 元。共计 267 314.54 元。

二、驳回原告李某的其他诉讼请求。

如被告未按本判决指定的期间履行给付金钱义务,应当依照《中华人民共和国民事诉讼法》第二百二十九条之规定,加倍支付迟延履行期间的债务利息。

如不服本判决,可在判决书送达之日起十五日内向本院提出上诉,并按对方当事人人数提出副本,上诉于某市中级人民法院。

5. 评析

侵权行为的构成包括四个方面:行为人的行为违反法定义务、违反保护他人的法律或者故意违背善良风俗,具有违法性;受害人的人身或财产受到实际损害;行为人的侵权行为与损害之间具有因果关系;行为人具有故意或过失。只有在同时具备上述四个方面要件时，侵权行为人方需承担相应的赔偿责任。在本案中，某大学医学院第二附属医院对治疗方案确定不够周全、没有及时转剖腹手术的消极行为是否能够构成本案的侵权行为是本案的关键。在一般侵权案件中，侵权行为人的行为通常是指行为人采取了积极的作为形式对受害人进行侵犯。但是，在医疗纠纷案件中，法律赋予了医院特殊的义务，即，其必须采取积极作为的行为对患者进行医治。在医院没有采取相应的治疗措施，或者采取的治疗措施不当的情况下，势必会影响患者的康复，对患者人身和财产权利造成侵犯。故，在医疗纠纷案件中，医院的消极不作为或者没有尽到合理注意义务的情况下，也符合侵权行为构成的行为要件，应当承担相应的赔偿责任。在本案中，某大学医学院第二附属医院未尽到高度注意义务及危险后果回避义务，对治疗方案确定不够周全，治疗中没有及时转剖腹手术，已经是违反法定义务对受害人的权利造成侵犯的行为，应当承担相应的赔偿责任。

三、胸椎管狭窄术后截瘫

1. 案情摘要

韦某，男性，58 岁。因双下肢麻木不适入住某三级甲等医院(以下简称“某医院”)，诊断为“胸椎管狭窄”，予行手术治疗，术后出现截瘫及大、小便失禁。韦某认为某医院在诊疗过程中存在过错，遂诉至某区人民法院，要求赔偿：残疾赔偿金人民币 643 008 元，营养费 14 600 元，护理费 1 440 000 元，误工费 88 000 元，精神损害抚慰金 40 000 元，交通费 10 000 元，住院伙食补助费 4 520 元，医疗辅助器具费 22 638.10 元，律师费 8 000 元，鉴定费 3 500 元。以上费用，律师费和鉴定费要求被告全额承担，其余费用要求被告赔偿 50%。

2. 病史概要

2011 年 10 月 10 日入院时主诉：双下肢麻木 1 个半月，加重伴走路不稳 1 个月。现病史：于 1 个半月前无明显诱因下出现双脚麻木，走路时向腰部放射，无腰痛不适，无下肢无力，无明显跛行，当时未在意。上述症状逐渐加重，身体自脐水平以下发木，腰部束缚感，并出现走路发飘感，步态不稳，遂于 2011 年 11 月 9 月 16 日至当时医院就诊，行 MRI 检查示“T8/9 平面椎管狭窄”，建议手术治疗。查体：步入病房；胸椎及腰椎生理弯曲存在，棘突无压痛及叩击痛，椎旁无压痛；直腿抬高试验(-)；身体自脐水平以下痛觉及轻触觉减退，双下肢深感觉尚可；双下肢肌张力增高，双侧腱反射减弱。2011 年 9 月 29 日胸椎 MRI 检查示：T8/9 平面椎管狭窄。初步诊断：胸椎管狭窄；T9 后纵韧带骨化；T8/9 黄韧带骨化；高血压病；糖尿病。

2011 年 10 月 13 日在全麻下行胸椎后路黄韧带切除减压融合内固定术。

2011 年 10 月 14 日 9:48 病程录：术后第 1 日，双下肢不能活动，肋弓水平以下无感觉。查体：双上肢感觉、运动未见明显异常；身体脐水平以下痛觉及轻触觉减退，双下肢深感觉消失；双下肢肌力 0 级，肌张力不高；双侧膝腱反射减弱，巴氏症(-)。

2011 年 10 月 19 日，患者要求出院。出院时情况：一般情况可，病情平稳。

2011 年 10 月 21 日入住某区中心医院。查体：患者卧床，无法站立，背部可见一约 25 cm长的纵行手术切口，尚未拆线，伤口略红肿，有分泌物。双下肢肌肉稍萎缩，肌力减退至0级；脐水平以下及双下肢皮肤感觉消失；双侧膝、踝、跖反射均消失，会阴部触痛觉消失，肛门反射消失，肛门括约肌收缩消失，双侧提睾反射消失，病理反射未引出；双下肢各关节主动活动消失，被动活动可；双下肢末梢血运正常。2011年11月1日出院。出院诊断：胸椎管狭窄症伴截瘫术后；胸椎术后切口感染；胸椎术后脑脊液漏；高血压病；糖尿病。

3. 区医学会医疗事故技术鉴定委员会鉴定意见

分析说明：① 医方对患者“T8、T9椎管狭窄，黄韧带、后纵韧带骨化”诊断明确，手术指征存在；② 术前已经履行了告知程序，但不够详尽；③ 患者术后发生截瘫的主要原因与其原发疾病的严重性和中胸椎手术难度高、风险大，胸髓血供差，易发生脊髓缺血以及缺血再灌注损伤等因素有关，但与手术的损害也有一定的因果关系，而且后果严重，至今不能恢复。④ 当患者手术后随即出现截瘫损害时，医方的后续处理不够积极，存在不足。

结论：本例属于对患者的人身损害(二级乙等)，医方责任程度为次要责任。

4. 法院判决

2013年8月22日，某区人民法院经审理认为：患者在诊疗活动中受到损害，医疗机构及其医务人员有过错的，由医疗机构承担赔偿责任。参照区医学会鉴定意见，被告已构成侵权，理应承担与其责任程度相符的民事赔偿责任。

对原告的损失，确定如下：① 原、被告对残疾赔偿金、误工费、精神损害抚慰金、交通费、住院伙食补助费、医疗辅助器具费、律师费、鉴定费意见一致，本院予以确认；② 对营养费，根据原告的伤情，按40元/日计算365天；③ 对护理费，根据原告的伤情，按1 620元/月计算20年。

依照《中华人民共和国侵权责任法》第十六条、第五十四条之规定，判决如下：

一、被告某医院应于判决生效之日起10日内赔偿原告韦某残疾赔偿金人民币192 902.40元；

二、被告某医院应于判决生效之日起10日内赔偿原告韦某营养费人民币4 380元；

三、被告某医院应于判决生效之日起10日内赔偿原告韦某护理费人民币116 640元；

四、被告某医院应于判决生效之日起10日内赔偿原告韦某误工费人民币26 400元；

五、被告某医院应于判决生效之日起10日内赔偿原告韦某精神损害抚慰金人民币12 000元；

六、被告某医院应于判决生效之日起10日内赔偿原告韦某交通费人民币3 000元；

七、被告某医院应于判决生效之日起10日内赔偿原告韦某住院伙食补助费人民币1 356元；

八、被告某医院应于判决生效之日起10日内赔偿原告韦某医疗辅助器具费人民币6 791.43元；

九、被告某医院应于判决生效之日起10日内赔偿原告韦某律师费人民币8 000元。

本案受理费人民币15 054元，减半收取人民币7 527元，由原告韦某负担人民币4 091元，被告某医院负担人民币3 436元；本案鉴定费人民币3 500元，由被告某医院负担。

5. 评析

在本案中，由于医务人员的过错致使受害人遭受了人身和财产损失，根据《侵权责任法》规定，该责任理应由医疗机构承担。基于民事诉讼的“处分权”原则，双方可以就各自的民事权利自由处分，决定是否行使以及如何行使。双方当事人也可以就权利的一部分或者全部选择如何处分。据此，对于在侵权案件中，受害人遭受的损失赔偿，其范围和数额可以由双方进行和解，或者由法院组织调解，对于和解或者调解不成的，法院应当根据法律规定进行裁判。在本案中，双方就残疾赔偿金、误工费、精神损害抚慰金、交通费、住院伙食补助费、医疗辅助器具费、律师费、鉴定费意见一致，对此只要法院认定双方是自愿作出该协商的，就应当予以确认。然而对于双方没有协商一致的营养费、护理费应当由法院根据《关于审理人身损害赔偿案件适用法律若干问题的解释》进行裁判。

四、意外病死与违约之诉

1. 案情摘要

包某，男性，56岁。2010年11月22日凌晨近4:00，包某因胸痛不适自行到某乡卫生院就诊。挂号后，值班医师在初步询问基本情况后，要求包某行胸部X线透视及心电图检查，包某称感觉症状有所好转，要求开一些止痛药即可，无需检查。值班医师遂进行了胸部听诊，未发现有明显的心律不齐与肺部啰音，就开了一些止痛药物与抗生素胶囊。包某交费取药后离开卫生院。约30 min后，包某返回卫生院找到值班医师，称回家路上感觉胸痛又有加重。值班医师开出住院通知单，要求包某预缴500元后住院观察。包某到收费处后发现身边没有足够的钱款，告知收费员，因钱不够不住院了，然后即离开。值班医师从收费员处获知包某未交住院费且已经离开，也就没有再追问。

同日上午7时许，有人报警称发现一男子躺在卫生院大厅地面，经确认系包某且已经死亡。法医行尸表检查，排除非正常死亡，未行尸体解剖及病理学检验。包某家属到场后，认可其系因突发疾病死亡，但认为卫生院存在医疗过错，且有见死不救之嫌，故要求赔偿，酿成纠纷。

2. 一审判决

一审法院认为，在患者因医疗机构或医护人员的过错而产生损害时，存在违约责任与侵权责任竞合的现象。根据《中华人民共和国合同法》第一百二十二条之规定，在违约责任与侵权责任发生竞合时，当事人可选择违约责任请求权或侵权责任请求权。本案原告以医疗服务合同纠纷提起诉讼，其选择的是违约责任请求权。本案已故包某因突发急病而就诊于被告某乡卫生院，就诊医生在先是建议包某行胸部X线透视及心电图检查，后要求其住院观察治疗的情况下，包某未按医嘱要求配合治疗，也未办理住院手续。因此，包某与某乡卫生院之间未形成医疗服务合同关系。包某突发疾病死亡，被告不存在违约行为，不应承担违约责任。对于原告要求被告赔偿因包某死亡而造成的各项经济损失的诉讼请求，本院不予支持。据此根据《中华人民共和国合同法》第十三条、第一百二十二条以及《中华人民共和国民事诉讼法》第六十四条之规定，判决如下：

驳回原告(包某家属)的诉讼请求。

案件受理费 5 897 元，由原告负担。

3. 评析

（1）违约之诉与侵权之诉

医疗纠纷当事人可以选择违约之诉或者侵权之诉。两种诉讼选择，面临着不同的法律适用，与不同的处理途径，甚至可能是不同的判决结果（表 22-1）。

表 22-1　医疗纠纷违约之诉与侵权之诉比较

	违约之诉	侵权之诉
适用法律	合同法 消费者权益保护法 民法通则	侵权责任法 民法通则
管辖法院	被告住所地 合同履行地	被告住所地 侵权行为地（包括侵权行为发生地、侵权结果发生地等）
诉讼时效	2 年	1 年
举证责任	原告举证：被告违约	一般需由原告举证：被告侵权；在法律明确规定情况下，应由被告承担其不存在侵权的举证责任
构成要件	按照“通常标准或者符合合同目的的特定标准”进行认定	侵权责任的构成通常要证明侵权事实、损害后果、侵权事实与损害后果之间的因果关系以及行为人的主观过错

（2）关于本案

医疗服务合同是指医疗机构与患者之间就明确相互权利义务关系定力的合同。本案中，包某因“胸痛不适”到医院就诊，履行了挂号，值班医师接诊，完成了要约与承诺，门诊医疗服务合同成立。就诊过程中，有证据证明医方根据当时病情，提出需行胸部 X 线透视与心电图检查，具有必要性。包某拒绝上述检查，可以理解为未遵从医嘱，门诊医疗服务合同到此终止。当然，在此种情况下，医方有没有进行必要的风险说明，有没有要求其签字确认，也值得关注。

当包某再次来到卫生院，诉称病情加重，卫生院值班医师要求其住院观察治疗，但包某因钱款不够而自行离开，可以理解为进一步的医疗服务合同并未成立。故此，一审法院据此判决本案原告方败诉，符合《合同法》原则精神。

若本案以侵权责任起诉，则须明确鉴定卫生院的医疗行为有无过错，其过错与包某死亡后果之间是否存在因果关系。需要分析的事实包括：① 包某的死亡原因；② 门诊当时医方的初步处理是否正确，其医学检查医嘱是否具有必要性，药物处方是否符合医学原则；③ 若当时处置正确、及时，患者的死亡是否可以避免，或者避免死亡的机会是否存在。

至于包某家属诉称某乡卫生院对包某“见死不救”，则属于另一个法律问题，甚至是刑法问题，在此不作赘述。但是，这里值得一提的是，对于受害人没有受到适当治疗，而遭受死亡的后果，鉴于医院具有“救死扶伤”的特殊法律义务，加之受害人就在卫生院门口死亡，法院是否可以根据民法通则的“公平原则”判令医院相应的“补偿”责任，也是值得可以考虑的问题。

五、脑卒中后输血感染丙型肝炎致肝功能损害后遗植物状态

1. 案情摘要

康某，男性，60岁。1996年10月15日，康某因左基底节区脑出血入住北方市人民医院，于10月15日、10月18日两次施行脑血肿清除手术，术后感染丙型肝炎，并继续发展到肝硬化、肝功能衰竭，并发生上消化道大出血，最终呈植物生存状态。

2. 一审情况

2001年10月9日，原告康某以被告北方市人民医院医疗过错致其人身损害诉至北方市北市区人民法院。原告诉称，原告于1996年10月15日因左基底节区脑出血入住北方市人民医院，期间两次行脑内血肿清除术，术后感染丙型肝炎，渐行加重至肝硬化、肝功能衰竭，引发上消化道大出血，一度生命垂危，后病情稍平稳于1998年7月8日出院，共花费医疗费328 173.05元。原告认为，其虽因突发脑出血入院治疗，然既往并无其他疾病，本次由于肝脏严重受损而导致低蛋白血症、免疫系统遭到严重破坏引发一系列其他疾患，如心、肺、肾功能损害，故要求被告提供原告住院期间所花费全部医疗费用的证据，并照此赔偿；如发现其中有延误治疗丙型肝炎致病情恶化严重，原告请求法院追加被告隐瞒病情延误治疗的责任；如不能提供，原告则要求按200 000元赔偿。原告丙型肝炎病情严重，花费巨大，按常规治疗，每月需花费万元以上，如能住院科学系统地治疗，虽不能根治，但可以在很大程度上减轻病情。原告家庭目前经济陷入绝境，后续医疗费无从谈起，即使连最低的维持治疗都难以达到，故原告不可能得到积极有效的治疗。原告妻子身有残疾兼有多种慢性疾病，不能胜任原告的护理，因原告患有传染性丙型肝炎及经济所限，请不到护理人员。加之为防止感染家人，时刻需要隔离，家庭失去了正常的生活，让原告及家人时刻煎熬在精神和经济的双重痛苦中。为维护原告的合法权益，特具状人民法院，请求法院查明事实，依法判如所请。原告的诉讼请求为：① 依法判令被告赔偿原告医疗费人民币253 811.55元，今后继续治疗费人民币300 000元，护理费自2001年10月10日起计算至75岁共计108 000元，住院补贴人民币3 810元；② 判令被告赔偿原告精神损失费人民币70 000元；③ 本案诉讼费及产生的其他相关费用由被告承担。

经审理查明，1996年10月15日，原告因基底节区脑出血入住被告医院，于10月15日、10月18日两次施行脑血肿清除手术后感染丙型肝炎，并继续发展到肝硬化，后发生上消化道大出血，最终呈植物生存状态。原告长期在被告处住院治疗，1996年11月1日，被告给原告输全血200 mL。1996年12月9日检验提示原告肝功能差，并出现相应临床表现。1996年12月25日，经被告人民医院检查原告患丙型肝炎。原告的医疗费及营养费和继续治疗费均未能提供确实的证据及计算依据。另查明，原告所输全血的无偿献血者，所献200 mL全血经多次检验未发现丙型肝炎病毒，并且该献血者至今身体健康、无肝疾。

一审判决认为，根据医疗纠纷举证责任倒置的原则，被告应举证证明原告所患丙型肝炎与被告的输血及手术无关，否则被告应承担举证不能的责任。被告中心血站所提供的证据已充分排除了献血者血源具有丙型肝炎病毒的情况。被告虽然提供了病房及手术室消毒制度等材料，但对于丙型肝炎这种可经手术器械传播的传染病来说，被告的证据仍显

苍白,被告应当承担对原告的民事赔偿责任。原告本身呈因脑出血导致的植物状态,并且原告的疾病多样复杂,被告应当赔偿的医疗费应是与原告治疗丙型肝炎有关的部分。原告所提供的证据,尚不能使法庭准确判断应当赔偿的原告因丙型肝炎而额外产生的医疗费,鉴于对医疗费的认定存在相当的难度,并且原告经济困难,酌情对可认定的护理费等请求先行判决。同样,原告的营养费和今后治疗费也因无确切的证据与计算依据,本案不能予以认定和支持。原告所呈植物人状态,本身就需要护理,但是因患有丙型肝炎给原告的护理增加了难度,被告应当给予原告一定的护理费赔偿。护理费计算期间为原告自被告处出院之日即 1998 年 7 月 7 日至原告起诉之日即 2001 年 10 月 9 日。原告的精神损害赔偿予以一定的支持。判决被告赔偿原告护理费人民币 11 700 元、精神损害抚慰金人民币 30 000 元。

3. 二审情况

被告不服上述一审判决,提起上诉。

二审法院认为,本案系因输血感染引发的医疗侵权纠纷,被上诉人康某曾在上诉人北方市人民医院处就医,手术中输血 200 mL,后被查出患有丙型肝炎。根据民事诉讼证据规则的有关规定,上诉人如果主张免除责任,应当对其医疗措施是否存在过错以及医疗措施与损害后果之间是否存在因果联系举证,否则应当承担举证不能的法律后果。上诉人所提供的证据不足以排除康某经手术器械感染丙型肝炎的可能,对其主张免责的诉讼请求,法庭不予支持。被上诉人北方市红十字会中心血站已举证排除了康某血源性感染丙型肝炎的可能,上诉人要求北方市红十字会中心血站承担赔偿责任,理由不成立,亦不予支持。

二审法院维持一审判决。

4. 启动重审

因上诉人不服二审判决,提起申诉,经裁定,发回原审法院重审。北方市北市区人民法院依法另行组成合议庭,启动重审程序。重审期间,法庭为查明康某因脑出血在被告医院住院期间有关治疗丙型肝炎药物的名称、单位、用量等事项,依法委托司法鉴定科学技术研究所司法鉴定中心进行鉴定,就原告因治疗丙型肝炎所用药品的价值委托北方市价格认证中心进行鉴定。

5. 用药相关性鉴定情况

(1) 病史摘要

1996 年 10 月 15 日至 12 月 24 日北方市人民医院住院病史、医嘱、化验单:1996 年 10 月 16 日肝功能化验正常。10 月 31 日输血 200 mL,12 月 6 日肝功能化验 ALT444u。12 月 10 日肝功能,12 月 18 日乙肝五项检查。12 月 23 日肝功能检查。

1996 年 12 月 24 日至 1997 年 5 月 7 日北方市人民医院住院病史、医嘱、化验单:1996 年 12 月 24 日肝功能+HBsAg、抗 HVC、HAV－IgM 检查。1997 年 1 月 2 日肝功能检查。1 月 13 日肝功能+血氨检查。1 月 21 日血氨检查。1 月 23 日肝功能检查。2 月 3 日肝功能检查。2 月 13 日肝功能检查。3 月 3 日肝功能检查。3 月 15 日肝功能检查。3 月 19 日肝功能+抗 HCV、HBsAg+HAV－IgM 检查。4 月 4 日肝功能检查。4 月 14 日大便 OB 检查。4 月 22 日肝功能检查。4 月 25 日大便常规+OB 检查。4 月 27

日大便常规+OB检查。5月1日大便常规+OB检查。5月4日大便常规+OB检查。5月6日输血400 mL+肝功能检查。

1997年5月7日至1997年7月31日北方市人民医院住院病史、医嘱、化验单：5月7日肝功能检查+HAV－IgM、抗HCV、HBsAg检查。5月9日乙肝五项检查。5月7日大便常规+OB检查。5月14日大便常规+OB检查。5月16日大便常规+OB检查。5月19日大便常规+OB检查。5月26日肝功能检查；大便常规+OB检查。6月13日肝功能检查。7月14日肝功能检查。7月23日肝功能检查。5月21日B超肝脾示：慢性肝病声像图、脾大。5月21日X线GI检查示胃窦炎。

1997年7月31日至1998年7月9日北方市人民医院住院病史、医嘱、化验单：8月21日肝功能检查。8月30日肝功能检查。9月25日肝功能检查。10月29日肝功能检查。12月4日肝功能检查。1998年1月6日肝功能检查。2月18日肝功能检查+HAV－IgM、HBsAg、抗HCV检查。3月9日肝功能+HBsAg检查。4月20日肝功能检查。5月28日肝功能检查。

1996年10月15日至1998年7月9日北方市人民医院住院病史、医嘱：1996年12月10日至1997年1月17日5%GS 500 mL+肝得健0.5/每日一次静滴。1997年3月3日至3月5日肝得健片1#/每日三次口服。1997年6月30日至1997年7月31日肝得健10 mL/每日二次静注。1996年11月7日至11月21日白蛋白10 g/每日一次静滴。1997年4月28日至5月7日凡命250 mL/每日一次静滴。1997年5月7日至7月31日18氨基酸500 mL/每日一次静滴。1996年12月24日至1997年1月29日5%GS 500 mL + 乙酰谷酰胺0.6 g+门冬酸钾镁10 mL+维生素C 2.0 g+维生素B6 0.2 g/每日一次静滴。1997年1月6日至1月20日5%GS 500 mL+ATP 40 mg+CO－A 100 u+肌苷0.4 g/每日一次静滴。1997年1月17日至1月25日5%GS 500 mL+谷氨酸钾40 mL+谷氨酸钠20 mL/每日一次静滴。1997年1月17日至1月21日5%GS 300 mL+精氨酸6.0 g/每日一次静滴。1997年2月17日至3月6日5%GS 500 mL+乙酰谷酰胺0.2 g/每日一次静滴。1997年8月4日至9月6日5%GS 500 mL+乙酰谷酰胺0.6 g/每日一次静滴。1997年8月6日至9月6日5%GS 250 mL+谷胱甘肽0.6 mg/每日一次静滴。1997年9月29日至10月29日5%GS 250 mL+乙酰谷酰胺0.6 g/每日一次静滴。1997年9月29日至10月29日5%GS 250 mL+谷胱甘肽0.6 mg/每日一次静滴。1998年3月11日至4月9日5%GS 500 mL+谷胱甘肽0.6 mg/每日一次静滴。

（2）分析论证与审查意见

康某因左基底节区脑出血住北方市人民医院，两次接受脑血肿清除手术。1996年10月16日入院时常规行肝功能检验结果显示正常。同年10月31日曾予输血治疗，12月6日肝功能检验明显异常，12月24日检验示抗HCV阳性，说明其因输血感染了急性丙型病毒性肝炎。我们认为，1996年10月16日之肝功能检验因系入院常规检查，不宜列入丙型肝炎感染后的治疗费用。针对康某感染丙型病毒性肝炎后的诊治处置应包括诊断、随访所需的检验、检查以及相应的对症治疗。

1996年10月15日至1998年7月9日康某住院期间与肝病有关的各类辅助检查包括：① 肝功能检验共30次；② HbsAg检验共5次；③ 抗HVC、HAV－IgM检验共4次；

④ 乙肝五项检验计 2 次；⑤ 血氨检验 2 次；⑥ 肝、脾 B 型超声 1 次。

肝病治疗方面用药名称、剂量、用量：① 肝得健针剂共 200 支(每支 5 mL)，肝得健胶囊共 6 片；② 18 氨基酸 168 瓶(每瓶 250 mL)；③ 白蛋白 10 g 注射液 14 瓶；④ 凡命注射液 8 瓶(每瓶 250 mL)；⑤ 5%葡萄糖注射液 132 瓶(每瓶 500 mL)；⑥ 5%葡萄糖注射液 60 瓶(每瓶 250 mL)；⑦ 乙酰谷酰胺针剂 622 支(每支 0.1 g)；⑧ 门冬酸钾镁针剂 35 支(每支 10 mL)；⑨ 维生素 C 针剂 140 支(每支 0.5 g)；⑩ 维生素 B6 针剂 140 支(每支 50 mg)；⑪ ATP 针剂 28 支(每支 20 mg)；⑫ Co－A(辅酶 A)针剂 14 支(每支 100 u)；⑬ 肌苷针剂 28 支(每支 0.2 g)；⑭ 谷氨酸钠 8 支(每支 20 mg)；⑮ 谷氨酸钾 16 支(每支 20 mg)；⑯ 精氨酸 10 支(每支 5 g)；⑰ (还原型)谷胱甘肽 58 支(每支 0.6 g)。

康某感染丙型病毒性肝炎后曾行粪便隐血试验多次呈阳性结果，提示消化道出血，1997 年 5 月 21 日 B 超探查显示：慢性肝病、脾肿大；并鉴别诊断之需，行上消化道钡餐 X 线摄片检查，故其钡餐检查费用应予计算在内。

6. 医药费鉴定情况

在上述意见书的基础上，北方市价格认证中心做出的《涉案物品价格鉴定(认证)结论书》，结论为：鉴定标的于鉴定基准日价值为人民币壹万柒仟壹佰玖拾捌元贰角捌分(¥17 198.28)。

7. 重审情况

原告诉称，患严重肝病且呈植物生存状态至今已 18 年有余，原告妻子为了照顾原告已付出了整个人生中最宝贵的中年时光，其整个人生都将耗费在原告这个恢复无望的人身上，体力上的付出可以承受，但精神上的摧残是无法用金钱衡量的。综上所述，请求判令被告赔偿原告：① 因被告的医疗过错行为导致原告肝炎的损害后果，赔偿原告医疗费、误工费、陪护费、残疾赔偿金、住院伙食补助费、残疾辅助器具费、交通费、被抚养人生活费合计 2 136 376.55 元；② 被告在治疗原告脑出血过程中的过错医疗行为赔偿原告医疗费、护理费、误工费、住院伙食补助费、交通费合计 413 105.79 元；③ 赔偿原告精神损害抚慰金 200 000 元。

被告辩称，原告康某诉被告北方市人民医院医疗损害赔偿纠纷一案，已作出民事判决，且已发生法律效力。原告在本案中提出的精神抚慰金，在原判决书已经处理过，在本案中属重复主张，不应支持。虽然对原告的遭遇表示同情，但原告的诉讼请求缺乏事实依据，不应由被告承担责任。原告原发疾病颅内出血已经导致自身植物生存状态，植物生存状态已经丧失劳动能力，且全部需要他人护理依赖。故原告主张护理费不是本案争议的事实，丙型肝炎不需要护理，患者需要护理是脑出血疾病后遗植物生存状态所导致的。同样，由此导致的误工、残疾、护理等相关赔偿不应由被告负担。原告术后出现感染丙型肝炎，在原审审理中已经确认被告为原告输血不存在这种病毒，其他医疗活动也没有证据证明因此而导致感染丙型肝炎。被告一直申请对被告的医疗活动是否存在过错，与原告所患肝炎及相关肝损害的过错及过错参与程度进行司法鉴定。请求法院对于哪些损害是由原告自身疾病造成的、哪些是由感染丙型肝炎增加的一一查明，依法裁判。

为查明被告北方市人民医院在对原告康某的医疗过程中是否存在过错，该过错是否与康某罹患丙型肝炎等疾病存在因果关系，北方市北市区人民法院特委托某司法鉴定研究所司法鉴定中心就上述事项进行法医学鉴定。

8. 医疗过错及因果关系鉴定

(1) 病史摘要

1) 1996年10月15日北方市人民医院入院病史及1996年10月15日至12月25日病程录：因右侧肢体活动不灵伴言语不能半小时入院。现病史：患者半小时前吃饭时突然出现口角向左歪斜，口齿不清，随即出现右侧肢体麻木、无力，逐渐不能活动，并出现言语不能，未头痛，恶心、呕吐二次，喷射性，无肢体抽搐，急送铁路医院，给予脱水降颅压及抗感染治疗，效果不明显，患者呈浅昏迷状态，又送至我院行颅脑CT示左侧基底节出血，急诊拟手术收入院。自发病以来，一直昏迷，大、小便失禁。既往史：既往有"甲亢"病史10余年，"心脏病"病史7年。体格检查：T37℃，P110次/min，R23次/min，Bp20/14 kPa；昏迷状态，球结膜水肿，双侧瞳孔不等大，左侧2.0 mm，右侧2.5 mm，双眼向左侧凝视，光反应迟钝，口角左偏，颅神经征不能查，颈无抵抗，右侧肢体肌张力低下，左侧肢体肌力可，呈不自主运动，右侧Hoffmann征(+)，右侧Babinski征(+)，左侧病理征(-)，双侧腱反射活跃。两肺呼吸音粗糙，未闻及干、湿性罗音。入院诊断：高血压脑出血(左侧基底节)；高血压病(Ⅲ)级；甲状腺功能亢进；冠心病。

诊疗经过：于1996年10月15日行左颞顶开颅血肿清除术，术中用脑室针穿刺血肿腔抽出血凝块及血水约10 mL，从颞中回穿刺、抽吸出血凝块约6 mL，切口脑回止血后，吸除血肿、逐渐血管止血，共吸除约45 mL，血管全部电凝止血，放置凝血海绵两块，放置橡皮管引流一根，冲洗无活动性出血后再次悬吊硬膜止血，剪开硬膜移至顶部，部分缝合，复位骨瓣，四周缝合颞下回部硬膜缺损处用明胶海绵覆盖，常规放置橡皮管引流一根。术前患者出血脑疝晚期表现，左侧瞳孔4 mm>右侧2.5 mm。术后恢复正常，但仍差，深昏迷状态，待继续观察。术中出血300 mL，未输血。

10月16日9Am：术后第1日，昨夜手术后心率一直在130～150次/min，血肿腔引流管及硬膜外引流管均通畅，引流量分别为50及70 mL，血压在昨日21:00时20/17kPa，给予利血平1 mg血压降至正常。于11:30行气管切开术。

10月17日：术后第二天，仍呈浅昏迷，血压20～18/13～11kPa，血肿引流管及硬膜下引流管引流液已停止，拔出硬膜外引流管，考虑血肿腔内引流不畅，给予暂夹闭6小时后，行腰穿治疗，测定脑内压力及脑脊液情况尽力放出血性脑脊液，拔出针芯有血性脑脊液流出，即测脑压为155 mmH_2O，分次放出血性脑脊液约22 mL。

10月18日11:00:术后第三天，今复查CT示原出血灶再出血，且较厚，血肿有增大，考虑患者凝血机制差导致再出血，止血药物一组静滴，另外用尿激酶10万U血肿腔内冲洗，以期溶解血肿，减轻压迫，防止脑疝，并查血常规及出、凝血时间。17:10Pm，行左颞顶原切口进入清除血肿，右侧脑室引流。术中见基底节区有约30 mL紫红色血液，逐渐吸除，血管逐渐止血，到脑室额角处，再次放置橡胶引流一根，硬膜外放置橡皮管引流一根。取额角处行右侧脑室穿刺术，穿刺脑室三次后成功，引流出血性脑脊液约5 mL，患者无血压及心率改变。

10月19日：术后第1日，血肿腔引流管通畅，引流出血性液体约100 mL，硬膜外引流管通畅，引流出血性液体约120 mL，右侧脑室引流管不通，未引流出液体。患者术后体温及血压稳定，双侧瞳孔无明显差异，无脑疝迹象。

10月20日：术后第2日，血压平稳16/12kPa，心率80次/min，体温38.5℃，仍呈深昏迷，双瞳孔等圆，光反应存在，双侧Babinski征阴性，硬膜外及血肿腔引流已无液体流出，脑室引流管通畅，间断流出血性液体约60 mL，拔出硬膜外引流管。

1996年10月21日：术后第3日，血压平稳18/10kPa，心率84次/min，光反应灵敏，眼球转动，脑室引流管不通畅，血肿腔引流管无血性液体流出，给予调整脑室引流管，再次行脑室穿刺三次仍不成功，每次均有少量脑脊液流出仍不通畅，目前固定脑室引流管。血生化：K^+ 3.96，Na^+ 132.1，CL^- 96，仍高热体温达39℃，给予继续物理降温，脱水治疗，静脉应用地塞米松10 mg静推，静滴5%碳酸氢钠150 mL。

10月22日：术后第4日，血压16/11kPa，右巴氏征(+)，颅脑CT检查示血肿基本清除，尚残余额角处少量，拔除脑室引流管，调整血肿腔引流管位置至引流通畅，若引流管不通畅，可行腰穿放脑脊液。血生化：K^+ 3.98，Na^+ 134.7，CL^- 100。体温降至37.8℃，给予补白蛋白10 g。

10月25日：术后第7日，体温38.5℃，血压19/11kPa，四肢肌张力高，腱反射活跃，右侧Babinski征阳性。行腰穿放脑脊液，压力为220 mmH_2O，脑脊液呈黄色，稍混，放出约25 mL。

10月26日：血压20/13kPa～18/10kPa，体温37～38℃，仍呈浅昏迷状态，左侧生理反射亢进，右侧减弱。行腰穿，测压力220 mmH_2O，脑脊液仍呈淡黄色、清，放出约300 mL，膈肌痉挛消失。

10月28日：复查头颅CT示右基底节部水肿明显，中线偏移明显，右基底节额角处拟有液化灶约3 cm×4 cm×3 cm。给予骨窗部位向液化灶定位穿刺，抽出液体约18 mL，给予病检、化验及药敏试验。穿刺后骨窗明显陷，20 min后出现骨瓣膨出，怀疑为再出血情况。

10月29日：今晨6时突然出现高热，体温达39℃，心率130次/min，四肢肌张力增高，呼吸急促，复查CT可能存在有颅内感染情况，上午9时行右侧脑室穿刺引流，脑室内压很高，流出血性液体约20 mL，固定引流后情况尚好，并用生理盐水500 mL，庆大霉素24万U静脉冲洗脑室，但引流欠通畅。下午2时给行腰穿测压力260 mmH_2O，放出黄色脑脊液约20 mL。患者呈危重状态，并有严重颅内感染，多次向家属交代病情，家属表示理解。

10月31日：体温降至36.4℃，血压稳定在16/10kPa，四肢肌张力增高情况缓解，左侧骨窗部位稍有膨出。每天行腰穿2次，脑脊液检查逐渐好转，WBC降至4.5×10^6个/L。

11月13日：仍呈昏迷状态，体温高达38℃，目前患者存在四肢及躯干抖动，考虑为脑水肿造成脑缺氧，诱发癫痫所致。

11月21日：仍呈昏迷状态，体温下降至基本正常。

12月7日：呈昏迷状态，体温不高，偶尔达37.7℃，多汗，日汗量在1 000 mL以上。肝功能示ALT444，Y-GT134，总蛋白量54 g/L，A34 g/L。

12月25日出院小结：浅昏迷状态，一周前查肝功示ALT332，V-GT123。

2) 1996年12月24日至1997年5月7日北方市人民医院住院病史：1997年1月10

日，气管切开插管已拔出。

1月14日：自下午6Pm发现两侧瞳孔散大，直径约5 mm，对光反射迟钝，面色潮红，呼吸较急，BP20/13kPa，心率90 bpm。急查血 Na^+ 130 mmol/L，K^+ 3.0 mmol/L，CL^- 94 mmol/L。查血 $NH4^+$ 法庭检验科机器故障不能查，联系外院不查，请内科会诊，考虑双侧瞳孔均较大，为晚上灯光较暗引起，但不能排除其他原因。

1月16日：ALT589，Y-GT84，肝功能仍很差，是否存在肝性脑病尚难确定，查血氨。

1月18日：血氨146 μg/dL，给予精氨酸防止肝性脑病，应用2～3 d。

1月22日：仍浅昏迷状态，呼吸平稳，今查血氨在正常范围。精氨酸已停用。

3月21日：肝功能示ALT154，Y-GT72，TP6，A37，G23，抗-HCV为阳性。

5月4日：患者无发热，黑便，查大便潜血(＋)。

5月6日：患者无明显诱因突然出现呕血，色暗红，随后又连续吐血2次，量约300 mL，测血压80/40 mmHg。患者丙型肝炎抗体为阳性，复查肝功能转氨酶持续升高，此次突发大量呕血考虑为肝硬化导致食管胃底静脉曲张破裂出血。

3) 1997年7月31日至1998年7月9日北方市人民医院住院病史：脑出血术后无思维、意识1年。查体：植物状态，双侧瞳孔等大等圆，光反应灵敏，颈软，无抵抗感，四肢肌张力低，腱反射存在，病理反射未引出。出院时情况：植物状态，四肢肌张力高，腱反射存在，病理征(-)。

(2) 患方陈述意见

被告医院医疗行为过程中的过错主要表现在以下几个方面：① 感染丙型肝炎损害后果。因被告违反消毒隔离制度导致原告发生严重的院内感染，感染丙型肝炎及严重的颅内感染。患者感染丙型肝炎的损害后果以及因丙型肝炎感染导致的肝硬化等一系列并发症系被告完全的过错责任；② 植物状态的损害后果。基底节区出血得到有效治疗的后遗症是偏瘫、失语、肢体功能障碍，患者目前的植物状态系被告一系列过错导致。严重颅内感染是导致患者呈植物状态因素之一。胃底食管静脉破裂出血导致低血压，低血压是导致患者植物状态原因之一；③ 肝炎导致肝功能损害，无法有效清除各种代谢毒物，导致肝性脑病发生，是本案患者最终植物状态的直接因素之一；④ 第一次手术止血不彻底、术后血压控制不稳定导致患者再次脑出血是导致患者呈植物状态的原因之一；⑤ 血肿腔内引流管不畅导致再次出血未能及时发现，是加重患者病情的原因之一。

(3) 鉴定人阅片所见

1996年10月15日13:19头颅CT片示：左侧基底节及内囊区片状高密度影，周围见带状低密度影，左侧大脑沟回结构大部消失，左侧侧脑室明显受压，中线结构略向右偏移。提示左侧基底节及内囊区血肿，轻度脑疝。

1996年10月18日10:06头颅CT片示：左侧颅骨部分骨质不连续，左侧基底节及内囊区、左颞底叶脑内血肿并破入两侧侧脑室，脑内血肿周围见带状低密度影，左侧大脑沟回结构大部消失，中线结构略向右偏移。提示左侧开颅术后、颅骨瓣复位，左侧基底节及内囊区、左颞底叶出血破溃入脑室系统，并左侧大脑肿胀，脑疝形成。

1996年10月22日9:54头颅CT片示：左侧侧脑室闭塞。提示左侧开颅术后、颅骨瓣复位，左颞中底部及左侧基底节、内囊区出血较前吸收，双侧侧脑室后角积血，脑疝未恢复，余征象同前。

1996 年 10 月 28 日 9:07、16:52 头颅 CT 片 2 张，示：左侧开颅术后、颅骨瓣复位，左颞底部、左侧基底节区及内囊区脑内血肿较前吸收，脑室内积血已吸收，中线结构移位，脑疝未恢复。

1998 年 4 月 24 日头颅 CT 片，2006 年 3 月 11 日头颅 CT 片，示：两侧侧脑室明显扩大；左侧颞叶脑组织（包括基底节及内囊区、左侧颞叶）密度降低。提示脑积水，左侧脑软化灶形成，右侧基底节区脑软化灶形成。

（4）鉴定意见

北方市人民医院在对被鉴定人康某的诊疗过程中存在一定的医疗过错，该过错与康某的损害后果之间存在一定的因果关系。

（5）分析讨论

康某原有高血压病史，于 1996 年 10 月 15 日因左基底节区脑出血入住北方市人民医院，两次接受脑血肿清除手术。1996 年 10 月 16 日入院常规行肝功能检验结果显示正常。12 月 6 日肝功能检验结果显示明显异常，12 月 24 日检验示抗 HCV 阳性，说明其感染了急性丙型病毒性肝炎。1997 年 5 月因肝炎后肝硬化致食管胃底静脉曲张、破裂，发生上消化道出血，一度呈失血性休克状态。自发病后，康某神志未有恢复，目前仍处于植物生存状态。

基底节区脑出血属自发性出血性脑卒中，多发生于高血压患者。本病的预后与出血量及出血范围密切相关，重症患者死亡率及致残率均相当高，若伴有脑室内出血，则预后更差。临床上，对于血肿范围较大的患者，主张积极手术治疗。手术方式包括：① 持续脑室引流，降低颅压；② 开颅血肿清除术，脑水肿明显者应在血肿清除后行减压术，血肿残腔可放置引流 24 小时；③ 钻孔或定向血肿碎吸术。

根据送鉴的病历材料及医学影像学资料，康某原有高血压病史，1996 年 10 月 15 日发病时症状进展迅速，很快进入昏迷状态，摄片显示左侧基底节及内囊区出血并血肿形成，伴有脑水肿与轻度脑疝。北方市人民医院予行血肿清除术并于术后放置引流等处置符合临床医疗原则。当然，根据当时康某的病情特点，若经治医院能加行去骨瓣减压术，可能对病情恢复会有一定帮助。因未见提供术后早期的影像学资料，无法准确评估首次血肿清除术的手术效果。

1996 年 10 月 18 日，复查 CT 摄片显示康某原出血部位发生再次出血，且出血破溃入脑室系统，脑疝症状也有所加重。根据影像学所见分析，其再次出血的部位较前次为广，程度也更为严重，应为在前次出血基础上的再次出血，是疾病的进展和延续。北方市人民医院再次行血肿清除、脑室引流术等处置，其后复片示出血逐渐吸收。上述情节反映了本例康某病情凶险，并高度提示其预后极差。

1996 年 10 月 28 日再次复查头颅 CT 片时，见康某左侧基底节区脑组织密度降低，北方市人民医院认为局部存在“液化灶”，遂通过骨窗部位行定向穿刺抽吸。我们认为，根据当时 CT 片，其应属脑水肿的影像学表现，并不存在所谓的“囊腔”，无需行定向穿刺。经治医院上述操作缺乏足够的手术适应证，存在不妥。

1996年10月29日起，康某发生颅内感染。北方市人民医院即予侧脑室穿刺引流及抗生素冲洗术等处置。颅内感染的发生一方面与康某本身病情严重、反复发生脑出血等自身因素有关，一方面也与多次颅脑手术治疗有一定关系。颅内感染可在一定程度上进一步加重脑损害，对脑功能的恢复也存在一定的不利影响。

康某发病早期检验显示肝功能无异常，其后确诊感染丙型肝炎，并因此发生肝炎后肝硬化、食管胃底静脉曲张并破裂致上消化道出血、合并失血性休克等病症。我们认为，丙型肝炎多为血源途径感染，从丙型肝炎潜伏期与症状发生的"时间窗"等医学规律分析，康某住院期间感染丙型肝炎与经治医院的医疗行为存在直接因果关系，目前不能排除经治医院在治疗过程中存在消毒隔离或药物（包括血制品）用药安全控制不当，存在过错。因上消化道出血、失血性休克导致大脑低灌注，使脑组织一度呈现缺血缺氧状态，也可进一步加重脑损害。

综上，康某自身出血性脑卒中病情极为严重，预后极差，是其目前呈现植物状态的根本原因和主要原因。北方市人民医院在诊治过程中存在如下过错（或不妥）：① 首次血肿清除术时未行减压术，对脑水肿有一定的不利影响；② 在影像学资料显示为脑水肿时，行定向穿刺抽吸，对病情没有治疗作用，反而增加不必要的创伤，增加感染发生机会；③ 住院期间发生丙型肝炎感染，属医源性感染。上述医疗过错在一定程度上加重了脑损害，减少了脑功能恢复的机会。医疗过错与康某最终损害后果之间存在一定的因果关系（属轻微因素）。

9. 重审结果

再审查明，原告于1996年12月6日肝功能检验结果显示明显异常，12月24日检验示抗HCV阳性，12月25日确诊感染急性丙型病毒性肝炎。1997年5月6日，原告因肝炎后肝硬化致食管胃底静脉曲张、破裂，发生上消化道出血，一度呈失血性休克状态。自发病后，原告康某神智未有恢复，目前仍处于植物生存状态。迄今，原告先后多次在多家医疗机构住院治疗，发生医药费用若干，均有相应票据为证。

法庭认为，根据司法鉴定科学技术研究所司法鉴定中心的鉴定意见，原告住院期间感染丙型肝炎与被告的医疗行为存在直接因果关系，不能排除被告医院在治疗过程中存在消毒隔离或药物（包括血制品）用药安全控制不当，存在过错。也就是在原告目前的肝炎损害后果中，被告的过错参与程度为100%。被告在治疗脑出血过程中存在医疗过错，该医疗过错在一定程度上加重了脑损害，减少了脑功能恢复的机会，与原告最终的损害后果之间存在一定的因果关系，即被告的医疗过错行为也参与了原告植物人损害后果的形成。

经原告申请，法院委托北方市某医学司法鉴定所对原告的伤残等级、护理依赖程度、残疾辅助器具费用、肝炎消毒隔离费用进行了司法鉴定。鉴定机构认为：原告康某呈植物生存状态，评定为一级伤残、完全护理依赖。残疾器具费：① 小护士床1台（2 500元），使用期限5年；② 尿不湿6个/d（3元/个），一次性手套6付/d（1元/付），防褥疮电子床垫3 000/台，使用年限5年。肝炎隔离消毒费用：① 消毒高压锅300元/台；② 八四消毒液5元/瓶，每日1瓶。

经原告申请，法院委托北方市某医学司法鉴定所对原告的肝功能重度损害的伤残等级进行了司法鉴定。鉴定机构认为：原告康某丙型肝炎肝硬化伴食道静脉破裂出血，肝功能重度损害，参照 GB/T16180－2006《劳动能力鉴定 职工工伤与职业病致残等级》B.1分级系列 a)一级 23)［肝硬化伴食道静脉破裂出血，肝功能重度损害］之规定，评定为一级伤残。

法庭认为：原告康某 1996 年 10 月 15 日因病入住被告医院，并先后两次手术治疗，住院期间感染丙型肝炎。上述事实已经生效法律文书查明，故被告北方市人民医院的诊疗过程存在过错的事实显而易见。本案自 2004 年至今，双方争议的主要焦点是：① 被告在对原告脑出血原发病的治疗过程中是否存在过错；② 导致原告目前呈植物生存状态的损害后果的原因是什么；③ 被告的医疗过错行为与原告的损害后果之间是否存在因果关系。

参照司法鉴定科学技术研究所司法鉴定中心出具的鉴定结论，被告北方市人民医院在为原告治疗脑出血过程中存在如下错误：① 首次血肿清除术时未行减压术，对脑水肿有一定的不利影响；② 在影像学资料显示为脑水肿时，行定向穿刺抽吸，对病情没有治疗作用，反而增加不必要的创伤，增加感染发生机会；③ 住院期间发生丙型肝炎感染，属医源性感染。上述医疗过错在一定程度上加重了脑损害，减少了脑功能恢复的机会，与原告目前呈植物生存状态的损害后果之间均存在因果关系，故原告目前的损害后果属“多因一果”的损害后果。但同时，鉴定机构也指出，原告康某自身出血性脑卒中病情极为严重，预后极差，是其目前呈植物生存状态的根本原因和主要原因。法庭认为，本案中被告在诊疗过程中的过错可以分为两部分，其一为对原告原发病的治疗过程中的过错；其次为致使原告感染丙型肝炎的医疗过错。法庭认为，被告在对原告原发病的治疗过程中虽有过错，但对责任度的划分，除应考虑原告原发病严重、急促外，还应考虑到当时的医疗技术水平，故酌情认定被告对此承担 30%的赔偿责任；而因被告的过错医疗行为导致原告感染丙型肝炎的损害后果，目前尚无其他证据可以减轻或免除被告的责任，故其应当承担 100%的过错责任。

参照伤残等级司法鉴定意见，原告目前存在肝功能重度损害、植物生存状态两个一级伤残。根据相关法律规定，其赔偿项目中，残疾赔偿金应当以一个一级伤残的数额为限，误工费、陪护费也不应重复计算，其中陪护费原则上为一人计算。其他残疾辅助器具、后续消毒隔离等费用的计算，以鉴定结论作为参考。

原告主张的各项诉讼请求中，其中关于丙型肝炎导致重度肝功能损害的损害后果：医疗费 168 564.22 元、误工费 73 494.33 元(计算至 2014 年原告达法定退休年龄)、住院伙食补助费 12 640 元、残疾辅助器具费 233 360 元(自 1998 年 7 月 13 日至 2018 年 4 月 25 日，标准参照鉴定结论)、交通费 7 480 元符合法律规定，法庭予以支持；原告主张的残疾赔偿金的诉讼请求符合法律规定，但计算错误，应为 353 595 元(32 145×11 年)；原告主张的护理费过高，法庭酌情按每一年度的社平工资支持其自 1997 年至 2013 年的护理费损失，并按 2013 年的社平工资支持其后续 5 年的护理费损失，以一人计，合计 535 476 元；原告主张的被抚养人生活费的诉讼请求缺乏法律依据，法庭不予支持。上述损失合计 1 384 609.55 元。

关于被告治疗原告原发病的医疗过错行为导致的损害后果：医疗费 393 482.75 元、住院伙食补助费 2 620 元、交通费 1 310 元符合法律规定，上述损失合计 397 412.75 元，被告应承担 119 223.83 元(397 412.75×30%)法庭予以支持。护理费、误工费损失因在肝功能重度损害的损害后果中已全部支持，故不再重复支持。

原告主张的精神损害抚慰金的诉讼请求，法庭综合考虑原告自发病以来所遭受的种种痛苦，给个人和家庭生活带来的严重影响，被告的医疗过错行为及本地区的实际生活水平，酌情支持其200 000元的诉讼请求。

综上所述，依照《中华人民共和国民事诉讼法》第二百零七条第一款、《中华人民共和国侵权责任法》第五十四条、最高人民法院《关于审理人身损害赔偿案件适用法律若干问题的解释》第十七条之规定，判决如下：

一、被告北方市人民医院于本判决生效之日起十日内赔偿原告康某医疗费、误工费、陪护费、残疾赔偿金、住院伙食补助费、交通费合计1 503 833.38元。

二、被告北方市人民医院于本判决生效之日起十日内赔偿原告康某精神损害抚慰金200 000元。

如果被告未按本判决指定的期间履行给付金钱义务，应当依照《中华人民共和国民事诉讼法》第二百五十三条之规定，加倍支付迟延履行期间的债务利息。

案件受理费20 134.5元，由被告北方市人民医院负担。被告可于判决生效之日起10日内直接交付我院。

如不服本判决，可在判决书送达之日起15日内向本院提出上诉，并按对方当事人人数提出副本，上诉于北方某省北方市中级人民法院。

10. 评析

除非法律另有规定或说明，“谁主张，谁举证”是民事案件当事人分担证明责任的基本规则。在同一事实有多重可能性存在时，法庭会根据“优势证据”做出裁判。在这一案件中，司法鉴定机构实际上并未就患者康某罹患丙型肝炎的确切原因做出明确的鉴定意见，仅是根据“丙型肝炎”感染至发病的“时间窗”规律，提出不能排除系其在医疗机构住院期间所获得的“医源性感染”。原审法院及再审法院均据此认为，被告医院未能就排除其医疗过程中存在疏漏导致患者丙型肝炎感染提出有力的证据，医院应当对此承担全部责任。

在有关责任程度方面，司法鉴定机构遵循医疗纠纷案件损害后果应具有“终局性、唯一性、稳定性、确定性”等原则提出“医疗过错与康某最终损害后果之间存在一定的因果关系（属轻微因素）”的鉴定意见，但法庭作出对原发病所致损害后果医方应承担30%赔偿责任的裁判结果，是基于其根据案件事实情况所作出的自由裁量。本案判决的亮点在于法庭能够清晰地分清两类不同性质的医疗过错及损害后果，并予以剥离，达到了民事审判应有的效果。

六、产前超声检查未报告胎儿右手掌、手指缺失畸形

1. 案情摘要

原审法院经审理查明，李某、郑某系夫妻关系。李某因怀孕，于2010年5月14日在某教学医院进行产前B超检查，检查之前，李某曾在被告出具的《胎儿超声检查知情同意书》上签字。该《胎儿超声检查知情同意书》的主要内容为“随着电子技术和超声诊断仪器分辨力的迅速发展，目前的胎儿超声检查已能发现和检出大部分胎儿畸形，但由于以下主

要原因，胎儿超声检出也存在较大的局限性：① 超声是一种无创的高科技检查技术，但超声仪器具有一定的局限性，和其他检查一样，不是一种万能的检查；② 超声是一种影像学检查方法，不同于病理学检查，超声诊断意见不等于病理学诊断；③ 胎儿超声检查是一种间接检查技术，不是直接对胎儿进行检查，胎儿位于母体宫腔内，超声检查时隔着母体腹壁、子宫壁、检查胎儿心脏时还隔着胎儿胸壁，加之胎儿心脏较小，胎儿在宫腔内不断活动，胎儿心脏血流动力学与小儿和成人有很大不同，因此其检查的准确性不如小儿和成人那样可靠；④ 超声受被检者各种因素包括孕妇、孕周以及胎儿体位、羊水、胎儿活动、胎儿骨骼声影等多因素影响，许多器官或部位可能无法显示或显示不清，超声显象也不可能将胎儿的所有结构显示出来；⑤ 胎儿畸形是一个动态形成的过程，没有发展到一定程度时，有可能不为超声所显示，胎儿畸形和胚胎正常生长发育一样，随着孕周的增大，胎儿长大，胎儿畸形也随之增大；⑥ 发现胎儿畸形的最佳时间是孕 18～24 周，胎龄过小和过大都影响胎儿检查的准确性，不是每次产前超声检查的目的都为检查胎儿畸形，而很多时候是检查胎儿生长发育；⑦ 产科超声检查的三个重点时间段是孕 10～14 周、18～24 周、32～36 周，我们建议您（整个妊娠期的 3 个重要时间段内）进行 3 次检查，请您不要错过；⑧ 胎儿超声检查是靠超声诊断仪器进行检查，目前超声诊断仪尚不能完全满足对胎儿心脏细微病变进行准确诊断的要求；⑨ 尽管超声检查能发现被检者胎儿畸形，但不能检出所有的胎儿畸形，即诊断符合率不可能达 100%；⑩ 超声检查意见仅供临床参考。由于以上影响因素，胎儿超声检查的准确性仍然十分有限，并且其诊断也存在不确定性，存在假阳性和假阴性，因此胎儿超声检查属于一种选择性检查，如果孕妇及其家属不能理解上述影响因素，可以放弃检查，如果在理解上述影响因素的基础上仍要求进行胎儿超声检查，请签字表示认可同意”。当日，某教学医院出具了彩色超声检查报告单，主要内容为“因胎位、羊水等因素影响，胎儿部分肢体及颜面部显示不清。宫内中孕，单活胎，建议复查”。

2010 年 7 月 1 日，李某又在某教学医院进行产前 B 超检查，检查之前，李某再次在《胎儿超声检查知情同意书》上签字。当日，某教学医院出具了超声检查报告单，主要内容为“肢体部分可见，宫内晚孕，单活胎，头位，随诊”。

2010 年 8 月 21 日，李某第三次到某教学医院进行产前 B 超检查，检查之前，李某又一次在《胎儿超声检查知情同意书》上签字。当日，某教学医院出具了超声检查报告单，主要内容为“肢体部分可见，颜面部因体位原因显示不清，宫内晚孕，单活胎，头位”。因已到预产期，李某随即在某教学医院产科住院，2010 年 8 月 22 日凌晨生下一右手掌、右手指缺如的女婴。2010 年 8 月 23 日，李某办理了出院手续，李某在某教学医院共用去检查和住院医疗费用 1 564.32 元。

李某认为，其在某教学医院进行产前超声检查，超声提示均没有告知其胎儿畸形，医生也未在病历上给予诊断或提示，告知李某可能出生畸形胎儿，更未建议李某到上级医院确诊。经治医院没有履行告知义务，侵犯了李某的知情权及优生优育权，导致胎儿错误出生，故医院对此损害结果有严重过错，给李某在经济和精神上均造成严重损害，应当承担赔偿责任。

2. 法庭调查

经法庭调查后查明，《临床技术操作规范＜超声医学分册＞》对中晚期妊娠常规超声检查的内容为：① 胎位；② 胎儿径线测量双顶径(BPD)，股骨长度(FL)；③ 是否为多胎；④ 检查胎儿有无显性脊柱裂、无脑儿、腹裂、心脏外翻；⑤ 测量胎心率及观察胎动；⑥ 确定胎盘位置；⑦ 测量羊水深度。胎儿手掌并非产前常规超声检查的内容。

另查明，《产前诊断技术管理办法》附件 6《超声产前诊断技术规范》中第三条超声产前诊断应诊断的严重畸形作出以下规定：根据目前超声技术水平，妊娠 16 周至 24 周应诊断的致命畸形包括无脑儿、脑膨出、开放性脊柱裂、胸腹壁缺损内脏外翻、单腔心、致命性软骨发育不全等。对手掌、手指缺失畸形的诊断并未包括在上述《超声产前诊断技术规范》之中。

3. 一审判决

原审法院认为，本案是一起医疗损害赔偿纠纷。本案争议的焦点是：① 李某、郑某是否为本案的适格原告；② 某教学医院在为李某进行胎儿超声检查过程中是否存在过错；③ 某教学医院对李某产下畸形婴儿是否应该承担赔偿责任。

医疗损害责任所调整的法律关系之主体为医患双方，即医疗机构和患者。在过去的医疗关系中，所谓医疗，单指治病，所以，接受医疗服务和参与到医疗关系的另一方当事人理所当然是身患疾病而前往医疗机构接受医疗救治的患者。随着现代医学技术的迅速发展，很多人并非因治疗疾病而前往医疗机构就医，接受医疗服务的主体不仅包括病员，还包括为预防疾病、美容、保健、体检及孕妇进行产前检查等前往医疗机构就诊的人员。对于孕妇，其体内的胎儿是母体的一部分，胎儿(婴儿)的缺陷即是母亲的缺陷，也是父母的缺陷，作为胎儿(婴儿)的父母，与医疗机构发生纠纷，自然可以成为案件的当事人，李某、郑某作为原告以与被告发生医疗损害赔偿纠纷向本院起诉，其主体适格；某教学医院辩称两原告不是适格主体，理由不能成立。

目前很多医学问题尚处于探索之中，超声检查方法和技术仍存在一定的局限性。在产前检查中，由于医疗技术水平本身的局限性和受胎儿体位、胎儿活动、胎儿骨骼声影及羊水等多因素影响，超声显像尚不能将胎儿的所有结构显示出来，胎儿畸形未检出的概率客观存在。《中华人民共和国侵权责任法》第五十五条规定“医务人员在诊疗活动中应当向患者说明病情和医疗措施。需要实施手术、特殊检查、特殊治疗的，医务人员应当及时向患者说明医疗风险、替代医疗方案等情况，并取得其书面同意；不宜向患者说明的，应当向患者的近亲属说明，并取得其书面同意。医务人员未尽到前款义务，造成患者损害的，医疗机构应当承担赔偿责任”。本案中的李某先后三次在某教学医院处进行胎儿超声检查，每次检查前，李某都在该院出具的《胎儿超声检查知情同意书》上予以签字，该《胎儿超声检查知情同意书》中对胎儿超声检查存在的风险，条款具体、清楚、全面，应视为其已对胎儿超声检查存在的风险完全知晓，并认定某教学医院已充分履行了对李某的告知义务；某教学医院出具的超声检查报告单，也完全符合《临床技术操作规范-超声医学分册》及《产前诊断技术管理办法》附件 6-《超声产前诊断技术规范》所规定的内容、要求和范围，某教学医院在对李某的诊疗活动中也不存在《中华人民共和国侵权责任法》第五十八条规定“患者有损害，因下列情形之一的，推定医疗机构有过错：(一)违反法律、行政法规、规章以及其他有关诊疗规范的规定；(二)隐匿或者拒绝提供与纠纷有关的病历资料；(三)伪造、篡改或者销毁病历资料”中的任何一种情形。所以，某教学医院为李某进行胎儿超声检查,按照医疗规范和常规尽到了注意和告知义务,主观上没有过错,客观上没有违反医疗卫生管理法律法规和规章及诊疗护理规范,其医疗行为不具有过错。某教学医院辩称其诊疗活动符合诊疗规范,没有过错,理由成立。

李某产下的女婴右手掌、右手指缺失,系其在胎儿妊娠过程中形成的畸形,是一种先天性畸形,该缺陷不是由于某教学医院医生的过失造成,即使没有医生的行为介入,其也注定是存在的。因此,该损害结果并非某教学医院的产前检查行为所致,与某教学医院的产前检查行为之间没有因果关系,某教学医院的医疗行为不构成侵权责任,不应当承担赔偿责任。

综上所述,本案中,某教学医院的医疗行为未违反医疗卫生管理、行政法规、部门规章和诊疗护理规范、常规,不存在医疗过失行为,李某的婴儿出现先天畸形与某教学医院的医疗行为之间不存在因果关系,某教学医院主观上也不存在过错。李某的诉讼请求缺乏事实和法律依据,不能得到支持。

依照《中华人民共和国侵权责任法》第五十五条、第五十七条、第五十八条、第六十条第(一)款(三)项之规定,判决:驳回李某、郑某的诉讼请求。

4. 二审判决

上诉人郑某、李某上诉称:被上诉人某教学医院在为李某做三次孕期胎儿超声检查结果均为"肢体部分可见",未对胎儿发育异常或胎儿有可疑畸形进行确诊,违反卫生部《产前诊断技术管理办法》第十七条的规定,主观上有过错,应承担医疗损害赔偿责任。请求二审法院撤销原判,依法改判。

被上诉人某教学医院辩称:其给上诉人李某做的孕期胎儿超声检查,符合医疗规范,并三次书面告知其做超声检查的风险性,主观上没有任何过错,客观上也没有违反医疗卫生管理法律法规和规章,不应承担侵权赔偿责任。原判认定事实清楚,适用法律正确,程序合法,实体处理恰当。请求二审法院驳回上诉,维持原判。

二审法院查明的事实与一审认定的事实一致。以上事实有当事人陈述、女婴照片、医专彩色超声检查报告单复印件三份、病历记录复印件、住院病案首页、产科入院记录、出院及产后检查记录复印件、诊断书复印件、医药费收据、超声检查知情同意书等证据在卷佐证,并经庭审质证,可以认定。

二审法院认为,本案系医疗损害赔偿纠纷。被上诉人某教学医院在给上诉人李某做产前胎儿彩色超声检查中,由于检查设备本身的局限性和胎儿体位、孕周、胎儿活动、胎儿骨骼声影及羊水等多因素影响,超声显像未将胎儿的手掌显示清晰,导致检查者无法作出准确判断。某教学医院出具的超声检查报告单注明"肢体部分可见",并不代表胎儿肢体超声显像清晰可见,且超声检查报告单出具了建议复查的意见,上诉人取得报告后可以选择其他医院或更精准的检查方式进行复查,但其没有到其他医院复查,甚至没有选择更精准的检查方式进行复查,而是选择了普通黑白B超进行第二次复查,某教学医院在现有设备的前提下未能做出准确判断,属于正常检查风险,这种风险某教学医院在李某每一次检查之前做了书面告知并由李某签字,某教学医院对李某的产前超声检查行为符合医疗常规和现行法律法规规定,主客观均没有过错。且李某所生女婴右手掌、手指缺失,系其在妊娠过程中形成的畸形,并非某教学医院的检查行为所致,故某教学医院不应承担侵权赔偿责任。综上,原判认定事实清楚,适用法律正确,程序合法,实体处理并无不当。上诉人关于某教学医院有过错,应承担侵权赔偿责任的上诉理由不能成立,本院对其诉讼请求不予支持。依照《中华人民共和国民事诉讼法》第一百五十三条第一款(一)项的规定,判决如下:

驳回上诉,维持原判。

5. 评析

本案发人深省之处在于医方在产前超声检查前要求孕妇签署的《胎儿超声检查知情同意书》,该"知情同意书"显然经"高人"指点,内容详尽、全面,值得借鉴。开展产前检查和产前诊断的医疗保健单位应高度注意加强对孕妇的知情告知,尤其要明示产前检查和产前诊断技术仍具有相当的局限性,在检查报告中也要注意客观表述检查结果,避免引起过度解读。当然,在医疗纠纷的鉴定与司法审判实践中,除了审查告知内容是否充分以外,更为关键的还是分析医疗行为是否已经达到当时医疗水准应当达到的水平。本案中胎儿的畸形类型并未列入当前法律、法规、诊疗规范要求做出产前诊断的严重畸形的范围,故最终法庭不支持原告所诉也就可以理解了。

(夏文涛)

第二十三章　美国医疗纠纷典型案例及专家意见的采信

美国最高法院关于多伯特诉梅里尔·道药品公司案的判决引发了人们对如何评价科学证据价值的广泛议论，并逐渐形成了一个总体上的指导原则。该指导原则旨在使法官和律师可以熟悉从遗传学和DNA指纹，到毒理学、统计学等诸多专业科学领域的基本理论与技术方法，用以解决涉讼的法律问题。令人奇怪的是在众多的分析和讨论中，大多数医学证词并未受到应有的关注，而医学却是许多专家证词经常涉及的内容。医学证词无疑是重要且是常见的证词，它不仅涉及医疗过错的案件，还会涉及许多其他人身损害的案件。对于前者，医学证词常涉及诊疗护理常规和标准；对于后者，医学证词要解决的是损伤的原因及其严重程度。在美国，法庭对专家证词是否科学证据，是否可以被采信已经形成了较为完善的评价标准和方法，但对于医学证词是否符合并适用于科学证据的评价要求，仍存在一些不同的观点。

本章旨在介绍美国法庭有关评价医学证词的标准，以及医学证词在什么时候需要经过"科学标准"的检验、什么时候则不需要经过这样的检验，并通过典型案例加以说明。

第一节　美国法庭评价医学专家意见性证据的指导原则

一、证据结构

在美国，法庭面对专家证词时需要完成的主要任务是如何确定专家所采用的科学理论、技术手段与推理方法在科学上是否有效。在1975年前，大多数联邦法庭依据1923年巡回法院裁定弗赖伊诉美国联邦政府一案时奠定的所谓"弗赖伊规则"，即：专家证据可以采信的唯一标准是，推论所依据的原理和方法，其出发点已经充分确立，在所属的特定领域获得广泛接受。但在20世纪60至70年代，弗赖伊规则受到猛烈抨击。一些批评人士认为，该规则把法律裁判权交给了科学家。多数人士认为，费赖伊规则让原告承担了不公平的举证责任；其他批评人士则认为，"普遍接受"替代了对所举证据的可靠性和有效性的实际分析。

1975年制定的《联邦证据规则》是联邦法官们今天仍在实际运用的证据规则。很多州的法庭，尽管并不是全部，根据相似的方针修订了本州的证据规则。有三条《联邦证据规则》对法庭的证据采信有直接影响：① 在证据排除方面，《联邦证据规则》第403条允许排除其他相关证据，前提是这些证据的积极价值已经远远不如困扰、误导陪审团，使陪审团产生偏见或浪费时间所带来的风险；② 关于科学证据，《联邦证据规则》第702条规定，审判中的证据可以采信的条件是，这些证据来自任何合格的科学家，他们拥有科学的、技术的或其他方面的专门知识，能够帮助事实的判断者（陪审团）理解证据或者判断事实；③ 关于证据的来源，《联邦证据规则》第703条规定，科学家可以依据作为证据不足采信的数据提出自己的观点，前提是这些数据被某一领域的专家合理利用，形成对某一问题的观点或进行推理。这一规则实际上允许科学家依赖传闻证据，而一般证人提供的传闻证据则通常不能被采信。

多伯特案中的大多数法官声明，对事实进行法律判断的可靠性依赖于各方提供的证据在科学上的可靠性。案件中专家的推理与事实之间必须存在符合逻辑的相关联系，推理必须有坚实的基础，科学方法必须是可靠的，所提出的证据必须有适当的效力，即有良好的基础，依据已知事实。总之，在一个涉及科学证据的案件中，证据的可靠性要以科学效力为基础。

多伯特案的判决书指导法官们判断某项理论或技术能否检验或者是否业已经过检验，错误是否可以证实，同行评议（peer review）虽然不是决定性的因素，但通常被认为是非常重要的因素。庭审法官应当考虑某项科学技术已知的或潜在的错误率，以及存在并维持技术运作的有效控制标准。在某一科学范围之内普遍接受是与证据可采信性有关系的另一重要因素。因此有人认为，弗赖伊规则对“普遍接受”的强调现在被多伯特案中对“可靠的”、“有效的”“科学知识”，即对《联邦证据规则》第702条所强调的内容所取代。

在多伯特诉梅里尔·道药品公司案中，美国最高法院列出了有关确定科学证据可采信的原则。在多伯特案中，最高法院声称，审判法庭应行使“守门人”的职责，确定专家证词是否基于“科学知识”，与争议中的问题是否具有关联性。为了确定专家证词或意见是否基于科学的理论和方法，法庭应有能力去分析专家证词或意见所依据的理论或方法是否是可以被检验的，抑或已经通过了检验；这些理论或方法是否符合现行有效的标准，是否经过同行评议，是否公开出版发行以及被同行专家接受的普遍程度；已知的或预期的错误率。在美国，许多法官已经将这些“守门人”职能牢记在心，为了解决评价专家证词中所存在的分歧，采用诉前听证的形式已经变得相当普遍。

二、中毒性损害民事侵权案件中因果关系的作用

在美国多数司法审判中，民事侵权行为法需要原告通过“优势证据”证明他们的损害与被告的错误行为之间存在因果关系。且这些证据标准已经被表达为数量上的术语，例如要求原告提供的证据证明因果关系成立的“可能性大于不可能性”（more probable than not）。

在美国，中毒致人身损害的诉讼由于毒物接触与受害人所患疾病之间的联系时常难以证明而时常备受争议，只有少数几种疾病被认为与毒物接触存在高度但并不唯一的关联性。在这几种情况下，人们一般认为，疾病存在的本身就是因果关系成立的一个有力证据，尽管原告提供的可能只是其存在毒物接触史这样简单的粗略证据。

大多数中毒性损害案件涉及潜在性疾病，如肿瘤或新生儿缺陷，这些疾病存在于普通

人群中，并常伴有其他已知的或者还未完全确定的原因和危险因素。这些疾病通常并不具有典型的临床症状和体征，可以方便地使人们能够准确鉴别这些疾病是由于接触毒物引起的，还是由于其他已知的或未知的原因引起的。因此，在许多中毒性损害的诉讼中，医学上的因果关系分析，有时称之为特殊的或个案评述，经常只能根据其他类型的证据经过推论而得出。这些证据包括对原告与毒物的接触史及其疾病的临床诊断，所接触的毒特引起争议中疾病的医学文献等证据(这些证据被称为一般证据)。

在此种情形下，“可能性大于不可能性”证据标准的应用需要陪审员或法庭去发现原告所接触的毒物导致其疾病至少有大于50%的可能性。因此，专家证人的任务是确认原告是否有过毒物接触史，已知的致病因素及其他可能的危险因素引起原告疾病的相对可能性。在此过程中，医学专家的作用视法庭愿意接受的满足最低证据标准的要求而定。

三、因果关系证据的范例

在美国，中毒致人身损害案件中有两种截然不同的有关因果关系的证据范例，这些范例代表了法院对作为因果关系证据的最低和最高要求。

1. 具有统计学支持的证据

美国的许多法院认为如果根据流行病学研究表明由于接触毒物而导致发病机会显著增加，同时有证据表明原告正患有流行病学上认为与所接触毒物有关联的疾病，以及接触的毒物量与流行病学调查结果相一致的话，则原告的诉讼理由是充分的。例如吸烟者患肺癌的问题，据认为长期大量吸烟可以导致肺癌的发病率增加10倍。因此，专家(以及陪审员)被允许给出这样的推论，即一个长期大量吸烟的原告若罹患肺癌，则其肺癌的发生很可能是与吸烟是存在关联的，或者说原告的肺癌是由吸烟引起的可能性要较其他非吸烟因素引起的可能性要大得多。

在这类例子中，医学证据很明确地要求与吸烟史及肺癌的临床诊断直接相关，至于肺癌的预后，则更多地与损害有关。

2. 临床医学证据

在某些案件中，则因种种原因可能缺乏疾病与毒物之间有联系的流行病学证据。在这些案件中，一般因果关系的专家证词常停留在不同种类的毒理学证据上，证据的特征表现出很高的不确定性。因此，医学专家证人往往声称，他通过排除其他原因将这些证据与原告的疾病联系起来，并声称他所依据的是准确的实验室检验、患者的体格检查与病史分析方法。有时这种推理又被称为“鉴别诊断”。在多伯特案件中，正是这类医学证词或专家意见引起了广泛的关注和讨论。

Susan R. Poulter对这些证据的争议，以及检验证据可靠性的标准进行了如下分析和总结。

(1) 关于“鉴别诊断”

许多专家认为，有关病因的医学意见或专家证词，首要的问题是要确立一个“标准的医学技术”。医学诊断是整个医学实践活动的中心，其本质上是一种技术，这种技术是在长期的医学教育中慢慢传输给学生或实习医生的。因此，一般意义上的诊断和特殊意义上的“鉴别诊断”极有可能引起法官或陪审员的兴趣。实际上，一般意义上的接受和“标准的存在与维持”是多伯特一案中作为证据可靠性检验标准而被特别列出的。

Susan R. Poulter 认为，在许多声称应用“鉴别诊断”的中毒案件中，术语的使用并不十分恰当。医学词典把鉴别诊断定义为通过比较症状鉴别患者的疾病的过程。因果关系的鉴别诊断与之相比区别不大，但的确是非常重要的。因果关系鉴别诊断的关键是鉴别疾病的原因，而不是疾病的过程。中毒性损害案件的鉴别诊断要点不是集中在症状或任何可测量的临床指标上，例如大多数肿瘤或发育缺陷，但在需要鉴别不同的原因时却没有相应的临床指标。此外，在许多病例中，明确患者肿瘤或发育缺陷的原因不是出于临床治疗目的，而只是出于法律的目的，这实质上也给此项工作带来了更多的困难。

(2) 鉴别诊断的经典应用

一个患者由于喉痛而去看医生，医师可能认为是细菌或病毒感染，或是过敏性反应，并作为初步的或可能的诊断。医师通常会全面、仔细地检查患者的喉部，因为喉部的表现可以用以确定疾病的性质，还可能进行喉部细菌培养。通过了解病史、体格检查、喉部检验，医师会确定最可能的病因，并出具相应的处方。

在其他病例，病因可能并非如此局限。如背部疼痛，其病因可能包括肌肉牵拉伤、椎间盘破裂、神经根受压或者其他情况。最初的诊断可能会是十分不确定的。虽然如此，医生仍然会选择似乎是最可能的诊断，并开始试验性的甚至是错误的治疗程序，如果最初的诊断和治疗效果不佳时会考虑采取其他新的诊治方法。一般没有人会反对医生的这种暂时诊断和治疗，甚至最后被彻底推翻。专家认为，对这样的诊治过程不加批评是有益的。相应的假设是宁可有所作为，而不能不作为。至少，当治疗没有特别危害、不使患者病情恶化或价格不昂贵时尤应如此。此外，治疗效果除了取决于对疾病的正确诊断外，还与患者对治疗的反应性有关。

(3) 中毒性损害的鉴别诊断

中毒性损害案件看起来似乎有所不同，患者可能因疾病而去看医生，不幸的是最后被确诊为脑部肿瘤。病理报告证明其属于一种特殊的肿瘤，但引起这种恶性肿瘤的原因可能是医学上迄今仍不十分明确的。也许有一些已知的危险因素与这种疾病的发病率增加有关，但许多因素及其致病机理仍然无法清楚解释。在这些病例中有关原因的“鉴别诊断”，其目的是通过排除已知的引起肿瘤的危险因素，即假定这些原因在原告并不具备，最后确定引起肿瘤的原因。虽然这些病因在临床上尚无法确定，但这样做并不影响治疗的过程。

Susan R. Poulter 认为，鉴别诊断不是一个简单的、模棱两可的术语，如果相应的逻辑是合理的，则医学术语同样适用于司法实践。法院有时依赖医师对他们的证词的描述，如“鉴别诊断的标准技术”。通过对专家证词进行粗略的评价，法庭会将采信鉴别诊断表述为“一般性接受”。因此，常根据使用的证据标准决定最终采信与否。鉴别诊断的逻辑学基础应该是清楚的，它们的合法性接受科学标准的检测。

(4) 被误用的技术

进行鉴别诊断的专家证人常常声称，他所依据的体格检查、实验室检测，以及病史调查等方法是标准的方法，但这些方法并非是检验因果关系问题所必须的。很明显，对专家证词提出质疑的律师在适当的时候会质询这些技术的目的与实际意义，并要求提供相应的医学文献给予肯定或者否定的支持。对于那些为确立病因而采用的方法，如果这些方法的有效性尚未被相应领域的专家普遍认可或接受，而专家证词恰恰是依据这些方法做出的，则很可能会遭到法庭的拒绝而不予采信。

（5）逻辑学错误

中毒性损害鉴别诊断的有效性取决于两个未明确说明的，且通常未经检验的假设。其一，这样的推理适用于中毒性接触及其他危险因素，换言之，它假设这种疾病是由中毒性接触或其他原因所引起的，如其他已知的某种危险因素；其二，它假设这种疾病的大多数原因是已知的，而排除其他危险因素并不能显著增加中毒性接触引起原告疾病的可能性。有关原因的医学证据的主要评价要求推论必须清楚，且须符合逻辑。然后才有可能确定鉴别不同原因的事实基础是否存在，或证据的关键成分是否有遗漏。最后，作为个案的因果关系证据要求必须对疾病的不同原因，如中毒性接触、其他已知原因以及尚未确定的基础原因进行定性分析并大致定量。

（6）中毒原因的认定

在典型的中毒性损害案件中，缺乏流行病学证据通常存在这样的问题。在大多数案件中可获得的毒理学证据必须被认为是高度不确定的。危险性评估，作为目前获得毒理学证据的常用方法，通常使用了许多辅助假设，其中一些对危险性的估计过高。因此，被量化的危险性评估被理解为代表着危险的上限，而并非最可能、最接近真实情况的危险水平。当考虑到这些不确定性时，预测的准确性差异很大。由中毒性接触所引起的疾病中的一部分对危险因素量化评估非常敏感，如危险性评估毒理学，包括动物的生化测定，很少能够得到确切的结果，即很难确定中毒性接触所代表的真实的可能性，这种可能性可通过排除其他原因的方法来给以确定。在 Nat 商业银行诉 Dow 化学品公司一案中，法庭拒绝了原告根据鉴别诊断所得出的因果关系意见，认为在确定原因之前必须能够通过鉴别诊断排除其他的原因。

（7）排除其他原因

当医学证词忽略了基础原因的强度乃至存在时，特别是在它们与许多疾病实际上存在内在关联性时，严重的问题也就随之凸显。在毒理学证据不确定时，往往需要通过流行病学证据来评估与基础原因有关的疾病。没有这些证据，认为原告的疾病可能是由于中毒性接触所引起，而不是尚未明确的基础原因所引起的意见或证词显然就缺乏充分的依据。“鉴别诊断”不能排除那些未确定的原因，因为没有办法知道原告是否易受到这些原因的损害。向证人提出有多少比例的患者归因于其他危险因素和未被确定的基础性危险因素将有助于确定在进行因果关系鉴别诊断时所存在的实际差距。

通用电器公司诉 Joiner 案是由联邦最高法院于 1997 年末判决的。该案的原告在 37 岁时被诊断为肺癌，此前从事将 PCBs 污染的变压器中的残留矿物油焙出的工作。尽管他也已经有 8 年的吸烟史，且有两个近亲属死于肺癌，原告聘请的专家证人仍认为接触 PCBs 及其产物 TCDD 和 PCDFs 促进了 Joiner 肺癌的进展，他的主要依据是动物实验研究结果。Joiner 的职业性接触的程度是非常不确定的，他的家族史和个人史提示了他具有罹患肺癌的危险性。他的专家证人并未声明已排除了其他原因，而直接认定接触 PCBs 和 PCDFs 促进或激活了一种由其他原因引起的癌症。这里的证据似乎不足于认定接触

PCB和PCDF是其肺癌的致病因素，同时也难以寻找到可供进一步分析的标准的医学鉴别诊断技术。

另外一个无法解释基础原因作用的案例见于Paoli铁路货运场PCB诉讼案。在那个案子中，原告将许多常见疾病归因于接触PCB，原告聘请的医学专家声称已进行了充分的鉴别诊断，排除了其他的原因。然而很明显，那些尚不明确的基础原因对于大多数疾病是有意义的，但是仍然无法据此排除尚不可知的原因。

(8) 协同性因果关系

还有一个问题是部分涉及多种原因协同作用的案例，鉴别诊断假定已知的原因或危险因素相互交织，而并非相互结合共同作用。这种假定，即包括中毒性接触在内的危险因素预示着相互交织的原因，只有在不同的危险因素相互累加时才可能成为真实的原因。当然，这种相互累加只是几种方式之一，在这些方式中，各种危险因素可能与同一种疾病有关，综合作用的结果可能是相加的，也有可能是相减的。协同的危险因素，如吸烟和石棉在肺癌发病中的综合作用，不应看作是简单的相互交织，而应是相互协同的，疾病很可能的病因与这两种危险因素综合作用有关，这些因素对疾病的影响难以准确分开。

在大部分病例中，假定那些原因不是协同作用是有理由的，但缺乏相反的证据，如果排除其他原因的逻辑学是可靠的，则这种意见或证词可以被采信。但在像石棉与吸烟，这些因素的作用已知是协同的，则试图去区别这两个因素的鉴别诊断就难以寻找到一种可靠的技术。

四、不可靠的医学证词产生的原因

根据Susan R. Poulter的分析，不可靠医学证词的产生有以下多方面的原因。

1. 貌似依据充分的证词

为什么专家证人会提供、法院也可能会接受一些貌似依据充分而实质上并不可靠的有关因果关系的证词，Susan R. Poulter认为有这样的一些原因。首先，如前面所提到的，关于因果关系的主要内容要尽量接近这样的程度，即让人们把所谓的因果关系普遍地理解为医学实践，以致医学专家和法官都可能没有认识到它们在法学和医学方面所存在的微妙而又非常重要的差别，因为科学或医学尚没有产生广泛适用于鉴别潜在性疾病或发育缺陷等疾病发病原因的方法。其次，法院和诉讼双方习惯于接受最接近的东西，如内科医师所提供的证词，即与疾病有关的危险因素，如吸烟、饮食习惯或化学性、放射性接触，都是医学专家证词的内容。

2. 关于专家证词的法律标准模糊不清

适用于因果关系证据的法律标准的模糊性可能造成所寻求的专家证词的性质难免混淆，虽然证据的一般标准已经被公认为是“可能性大于不可能性”，但有些法院更倾向于使用“合理的医学确定性”或“合理的医学可能性”。由于医师在通常情况下早已习惯于在许多不确定的因素中工作，“合理的医学确定性”似乎更适合于大多数不确定性案件，并可以用来表示医师应当在引起原告发病的所有原因中鉴别出最可能的原因，而不是中毒性接触是否是“可能性大于不可能性”的原因。“可能性大于不可能性”和“最可能的原因”的区别甚微，但当不明原因的基础性疾病的发病率达到显著水平时，则这种甚微的差别显然也是有意义的。

3. 对原、被告双方都有利的专家证词

不可靠的医学证词本应经过详细检查但有时却未被详细检查，这是因为它对于原、被告双方来说都是有利的。因为在有些情况下，原、被告双方都会认为关于因果关系的医学证词是适当的或者是需要的。例如，在前面提到的 Paoli 一案的判决中，只有被告才声称原告的医学专家应该进行鉴别诊断而专家却并没有这样做，尽管这样做对于认定因果关系的价值并不大。

一般来说，在没有进行鉴别诊断时被告多声称应该进行鉴别诊断，特别是原告的专家证词依赖于流行病学或毒理学推论时，以及存在原告尚未排除的似是而非的原因时更是如此。而当原告易受到其他危险因素影响，且这些危险因素尚未受到广泛关注时，则被告很少会要求去进行鉴别诊断。

另一方面，在其他已知致病因素并不存在时，原告总是倾向于依赖鉴别诊断。在 Landrigan 诉 Celotex 公司案件中，原告将其结肠癌归因为接触石棉，原告聘请的专家认为原告既不过量饮酒，也不进食高脂饮食，这是两个已知的结肠癌危险因素。所以原告的结肠癌是由接触石棉引起的可能性大于不可能性，虽然流行病学研究认为接触石棉结肠癌的发病率最多增加 50%。

试图应用鉴别诊断所带来的更突出的问题表现在多伯特诉梅里尔·道药品公司一案中，该案的原告将发育缺陷归因于本涂汀，原告聘请的医学专家证人试图排除其他原因，并声称本涂汀引起原告的肢体畸形。但第九巡回法庭认为该证词未能排除大量的可能引起此病的未确定的基础性原因，因而专家证言不可采信。

4. 临床医学不是“硬科学”，而是一种艺术

在美国，那些似乎是医学规范而制定的法律标准引起人们对另外一个问题的更热烈的争论，即医学专家证词的价值取向应该表面化，临床医学并不是严格意义上的科学，至少不属于“硬科学”，因此它不应受到严格的科学的检验标准所限制。在 Moore 诉 Ashland 化学品公司一案中，法庭认为，关于原告所患呼吸道反应性疾病原因的临床医学证词应该依据“临床医学知识、原理和方法”进行详细审查，而不是多伯特诉梅里尔·道药品公司一案中所要求的按“硬科学”或“牛顿”科学标准进行审查。总之，这类证据是否符合科学标准，目前的看法尚不一致。

在中毒性民事侵权案件中，因果关系的判定涉及科学原则的应用。医学专家试图回答这样的问题，即某一种物质是否足以引起某种疾病或是否足以引起某种特殊的疾病。他的努力是建立在这样的假设上，即某种特定的毒物是通过物理的、化学的和生物的过程而引起疾病发生的。因为这些过程的作用无法直接观察，因此不可能以高度的确定性来加以阐述，但关于这些过程的性质和作用的观点是科学的观点，根据科学的标准，他们能够而且应当受到严格的审查。

有许多事实说明医学诊断涉及大量的基于经验的医学方法。在医学上，通常是宁可有所为，而不能不作为，即使那些选择是在不确定的情况下所作出的。但这并不意味着这个选择是不科学的，即使临床上一个粗略的检查也可以说明其具有科学性，因为它涉及观察、假设的产生和假设的检验。当涉及选择的目的时，这种不确定性的大小是重要的，正

是这个目的上的差别成为评价医学证据是否具有科学性的一个重要依据。不幸的是，可能性大于不可能性证据标准所需要的严格行经常超出科学所能提供的。

综上，关于中毒性损害的医学证词是一个由毒理学、流行病学和诊断学所引导的一种推论。法庭常由对推理的严格检查转向更容易被了解和熟悉的医学实践，因为法庭认为专家证词是标准的医学技术，而医学科学本身尚不属"硬科学"范畴。那些没有经过严格审查的证人证词不能很好地服务于法律实践，因为专家意见的有效性依赖于所获得的信息，这些信息对于通过排除方法来确定原因是必需的。涉及科学原则的证词应当根据科学标准加以评价。正是这些标准，而不是所谓的标准医学技术，才能允许法庭将可靠的推理和推测区分开来。

（朱广友）

第二节 美国医疗纠纷典型判例

一、脊髓灰质炎疫苗与肛周感染

1993 年 10 月 26 日，Missouri 高等法院，来自 St. Louis 市巡回法庭的上诉。

1. 案情简介

Danny 出生于 1978 年 8 月 7 日，出生后 3 个半月时健康状况良好，未见任何异常。1978 年 11 月 4 日接种脊髓灰质炎疫苗，到 11 月底，Danny 的健康状况仍基本良好。但 11 月 30 日其母亲发现 Danny 的会阴区肛门及阴囊周围发红。同年 12 月 2 日，Danny 出现发热，肛周及阴囊周围的红色区域发展为硬币大小的"疖子"，中心呈白色。其父母先始给他服用了一些 Tylenol（泰诺），但发热持续不退，遂带他去 Cardina Glennon 医院。到医院后，由护士 Williams 先对其进行初步检查，包括测量体重和体温。病史记录其有脊髓灰质炎疫苗接种史。后儿科护士 Schwarz 对其进行了检查，并作出肛周脓肿的初步诊断。Schwarz 认为 Danny 的发热是由于肛周脓肿引起的，为其开出了医嘱单，其中有抗生素 Oxycillin。Danny 的父母遵嘱用温水给 Danny 清洗脓肿，同时服用 Tylenol 退热。12 月 4 日，Danny 的父母带他去看儿科医师，儿科医师 Fetick 为其进行了检查，但并未建议行细菌培养检验，以确定致病菌究竟是否包含革兰阳性菌或革兰阴性菌。一般认为，Oxycillin 对革兰阳性菌是有效的，但对革兰阴性菌无效。经 Fetick 医师检查后，其嘱继续应用 Oxycillin，并用清水清洗脓肿，继续服用 Oxylenol。

医院病史记录表明，Schwarz 检查了 Danny，Venglarcik 医师是主管医师。Danny 的母亲指证，她当时认为 Schwarz 不是护士而是医师，除了护士 William 和 Schwarz 外，没有其他任何医务人员对 Danny 进行过检查。Venglarcik 医师也承认他没有给 Danny 做过检查，但在检查记录上签了字。Venglarcik 受聘于 St. Louis 大学（SLU）。SLU 与 Cardinal Glennon 医院签署了一项协议，即受聘于 SLU 的医师可以在 Gardinal Glennon 医院急诊部执业。Danny 的父母开始按医嘱给药，第 2 日晚上起 Danny 开始出现呕吐症状，其他情况无明显改变。12 月 4 日，Fetick 医师对 Danny 进行了检查，他嘱咐 Danny 的母亲继续用温水清洗脓肿并继续服用 Oxylenol。12 月 5 日，Danny 父母发现 Danny 的双腿发软，其父亲打电话到医院，得到的回答是小孩子发热时活动会减少，若无特殊情况可不必带孩子来医院。次日，Danny 的双腿仍然发软，双眼上翻。当日上午，其母亲带他去医院。医师检查时发现他的双腿和左上肢瘫痪。在急诊室，医师为其切开脓肿并抽出脓液。脓液培养发现有 4 种革兰阴性菌。此时，Danny 开始接受另外一种对革兰阴性菌有效的抗生素治疗。但 Danny 的病情未见明显改善，住院 18 天后出院。

Danny 作为原告并由其父母 Callahans 夫妇作为法定代理人向法院提起诉讼，状告 SLU、Cardinal Glennon 医院以及 Fetick 医师和脊髓灰质炎疫苗制造商。经过 3 个月的审理，陪审团作出对 SLU 和 Cardinal Glennon 医院的不利的裁决，认为 Danny 是不法医疗行为的受害者，并因此导致其后遗三肢瘫痪，法庭判定 Danny 应当获得 $16 000 000 的损害赔偿。获悉上述裁决后，Cardinal Glennon 医院和 Callahans 夫妇对裁决未持异议，但 SLU 提起上诉。

2. 专家证人意见

原告方面聘请了两位专家证人，他们认为：Danny 的肢体瘫痪是由于 Cardina Glennon 医院对脓肿进行了不恰当治疗所引起的。其理论依据是：因为脓肿含有 4 种革兰阴性菌，它们释放内毒素。这些内毒素通过降低 T 细胞的数量而抑制免疫系统。T 细胞是免疫系统的重要组成部分，帮助识别微生物并产生抗体。由于 T 细胞数量下降而影响免疫功能。因为 Danny 在 11 月初接种疫苗，当其肛周及阴囊周围出现脓肿时减毒疫苗病毒仍在其胃肠道繁殖。原告方专家证人认为，如果在 11 月 2 日能严格按照注意标准，当即切开脓肿并充分引流，并及时给予适当的抗生素治疗，应可抑制病菌过度繁殖、避免过量内毒素释放，当然也可以避免免疫功能受到抑制所带来的不良后果。正是由于 Danny 的免疫系统受抑制，减毒病毒才得以在体内快速大量繁殖，最终引发脊髓灰质炎。因此，两位专家的结论是，如果 Danny 得到适当治疗，应不至于发生瘫痪。

3. 法庭辩论要点

SLU 在上诉中认为初审法庭存在八个方面的问题：① 来自巡回法庭陪审团的裁定是错误的；② 原告并没有提出支持因果关系足以成立的相关证据；③ 国家儿童接种疫苗损害法（National Childhood Vaccine Injury Act）对此类问题中有免责条款的规定；④ 巡回法庭在初审期间对陪审团提问的处置有误；⑤ 初审法官没有维护公正；⑥ 原告律师存在错误行为，应该同意进行新的判决；⑦ 初审的巡回法庭不适当地同意了一个有关保险问题的提问；⑧ 判决被告赔偿 $ 160 000 000 缺乏足够的事实和法律依据。

4. 最终裁决结果

高等法院对此案进行复审后，维持了初审法庭的裁决。以下是高等法院对本案进行审理与裁决的主要内容。

被告 SLU 认为初审法庭下达给陪审团的第 8 号命令对被告不利。第 8 号命令的内容是：如果你们（陪审员）确认或者相信，第一，Danny 在 1978 年 12 月 2 日就诊时患有脓肿，第二，1978 年 12 月 2 日当天，SLU 既没有医师对原告进行检查，也未能对原告进行脓肿切开和引流，第三，SLU 存在不法医疗行为，第四，这些不法医疗行为直接引起原告的损害或者与原告的损害存在直接关联，则你们必须做出对原告有利并且对被告（SLU）不利的裁决。

SLU 在提出的第一项关于初审法院错误下达给陪审团的命令的指证中声称，法庭命令并同意陪审团作出裁决是错误的，因为这些裁决相互矛盾，且实际上与事实不相符合。SLU 认为，要求被告 Cardinal Glennon 医院赔偿是有证据支持的，即 Schwarz 护士没有将 Danny 的临床表现告诉医师。而在第 8 号命令中法庭要求陪审团对 SLU 作出不利的裁决是错误的。因为 Schwarz 护士已经将 Danny 的情况向 Venglarcik 医师做出了报告，医师知道其当时的情况。但原告辩称，Venglarcik 医师可能已经看到了原告的病历，但他并没有特别注意这些信息并给出有价值的指令。然而法庭经调查后认为，SLU 的反驳意见在陪审团的讨论记录中均未见提及，在 SLU 的上诉状中也没有提到。因此法庭认为没有必要考虑这一问题。

SLU 认为初审法院存在错误的第二项主张是第 8 号命令是在同一个推理链上提出了一个最终论点(即"没有切开和引流")和中间论点(即 Venglarcik 医师未对 Danny 进行必要的检查)。SLU 认为，这种主张的形式构成一个"自由旅行权"(roving commission)。法庭认为，事实上，这两个主张在一系列可能发生的事件中属于两个不同的阶段，这些事件导致脓肿没有被及时切开和引流。当有证据支持时，原告有权选择其中任何一种行为作为其提起医疗过失诉讼的理由。

最后，关于审判长称之为"脓肿"而非"肛周脓肿"所提出的反对意见。SLU 认为这一名词假定了一种争议中的事实，而回避了有争议的最终事实，对此，法庭不予认同。因为事实上的最终问题是，未能及时切开或引流脓肿构成了医疗过失。这个问题在第 8 号命令中被提出，这个问题的关键是，脓肿是否得到了适当的治疗。原告方专家证人的证言是，不管这些脓肿是否被称作肛周脓肿还是直肠周围脓肿，良好的医疗实践均认为需要将其切开并充分引流，第 8 号命令适当地提出了未能切开和引流脓肿是否构成医疗过失的问题。高等法院最终认为，SLU 试图将这个问题引向如何描述该脓肿的争论不存在任何实际意义，因而 SLU 对初审法庭给陪审团的第 8 号命令提出反对意见是无效的，不会改变本案的最终性质。

二、Bendectin 与生育缺陷

1993 年 6 月 28 日最终判决，美国联邦最高法院。

1. 案情简介

原告(两个年幼的小孩及其父母)指控被告，他们认为孩子出生时即已发现的严重缺陷是由于其母亲在怀孕早期服用了一种名为 Bendectin(中文音译名：本涤汀)的处方药所引起的。据该药的生产厂商介绍，当孕妇存在剧烈晨吐等早孕反应时，该药有一定的抑制作用。地区法院根据一名权威专家的证词做出对被告有利的判决，专家的证词中引用了大量已经公开发表的相关科学文献，证明当时并没有发现此药存在引起人类生育缺陷的危险。原告向法庭提供了 8 位著名专家证人的证词，这些专家认为根据药物化学结构分析、活体动物实验、对未公开发表的医疗记录以及已发表的人类统计学研究报道的"再分析"结果，Bendectin 具有引起人类生育缺陷的危险因素。但地区法院的判决认为，这些专家证人的证词作为可采信的证据尚未能满足当时对科学证据普遍采用的"普遍接受"的标准。上诉法庭维持了地区法院的初审判决，并引用 1923 年 Frye v. United States 案件中

所采用的规则(即Frye规则,译为“弗赖依规则”),即:基于科学技术的专家证言是不可采信的,除非这种科学技术的理论或手段在相关的科学领域内已被“普遍接受”,并被公认为是可靠的。

2. 最高法院审理后Blackmun法官发布的法庭意见

本案中,法庭被要求对审判中如何采信专家科学证言的标准做出裁决。

原告Jason Daubert和Eric Schuller是具有严重发育缺陷的未成年人,他们及他们的父母在加利福尼亚法院起诉被告,指控其发育缺陷是由于母亲在孕期服用被告销售的用于孕期止吐的处方药Bendectin所引起的。

在提供大量科学文献作为支持证据后,被告要求法庭进行简易判决。他们认为,Bendectin不会引起人类胎儿发育缺陷,原告未能提出任何可信的证据证明所提出的主张。为了支持其动议,被告向法庭提交了医师兼流行病学家Steven H. Lamm的证言,他是关于接触不同化学物质可能给人类健康带来风险研究方面被业界普遍公认的权威专家。Lamm博士声称,他已经审查了所有关于Bendectin与人类胎儿发育缺育方面的文献,这些文献涉及130 000多患者的30多份已经公开发表的研究结果。基于对这些文献的复习,他得出结论认为,尚无证据表明怀孕母亲在孕初3个月内服用Bendectin足以导致胎儿发育缺陷。

原告过去和现在都没有对这些已发表的有关Bendectin的研究结果提出不同意见,但面对被告的动议,他们提出了8位深得公众信赖的专家证人的证言。这些专家认为,Bendectin可能引起胎儿发育缺陷。其依据包括三方面的研究:一是“体外”(试管内)和“体内”(活体)动物研究,这些研究发现Bendetin与胎儿发育畸形之间存在关联性;二是药物化学研究表明Bendetin的化学结构与一些已知的能够引起胎儿发育缺陷的化学物质结构高度相似;三是基于对业已发表的流行病学(人类统计学)研究以及尚未公开发表的临床病历资料的重新分析,认为曾经应用Bendetin的孕妇所分娩的胎儿致畸率较未用药组有明显的增高趋势。

地区法院同意了被告要求进行简易判决的动议。法庭认为,科学证据可采信的唯一条件是,其依据的原则是“已充分证明在其所属领域内被普遍接受”(引自United States v. Kilgus,1978)。法庭的结论是,原告方专家证人提出的科学证据尚不能满足该要求。法庭认为,不是基于大样本流行病学统计的证据所提出的专家意见是不足以被采信的,也不足以用来证明必然存在因果关系。原告方所依据的动物细胞研究、活体动物研究、化学结构分析本身不能证明存在一个合理的、陪审团所关心的因果关系成立的适当理由。原告方提出的流行病学分析结果同样被认为是不足以被采信的,因为它们并没有全部公开发表或者还没有经必要的同行复核(peer review),这些统计学分析主要是对以前发表的研究数据进行重新计算,且未发现药物和胎儿发育缺陷之间存在必然的内在联系。

第九巡回审判法庭在审理过程中引用了Frye规则。法庭强调,以某种科学方法为基础的专家意见,如果这种方法“极大地偏离了该领域公认的权威专家所普遍接受的程序”,不能被证明为“已经被普遍接受的可靠技术”(United States v. Solomon,1985),则不足以成为可信的科学证据。

联邦最高法院经审理后认为,初审法院与上诉法院在判定Bendetin是否对人类胚胎发育存在致畸风险的时候已经拒绝采信既未公开发表、也未经过同行专家复核的流行病学研究的重新分析结果。这些法院发现这些未发表的重新分析结果“在阐明原来已经发表过的文章的重要性时是存在问题的，那些原来发表过的文章对被告是有利的，且所有这些文章都已经通过了科学家充分而全面的审查。”上诉法院认为，只有经过本领域内其他专家的审查后，重新研究结果才可以被认为是可以“被普遍接受”的，上诉法院拒绝采信原告专家的重新分析结果，并认为这些重新分析结果是“未发表的，未经通常的同行复核程序，这些重新分析结果仅仅是为了赢得诉讼的目的”。上诉法院最终裁定，原告的证据不足于允许采信 Bendetin 具有引起损害的风险的专家证言，因此，原告在诉讼中并没有完成因果关系的举证责任。鉴于对专家证言标准问题在不同的法院之间存在着分歧（如在 United States v. Shorter 案中应用“普遍接受原则”标准，在 DeLuca v. Merrell Dow Pharmaceuticals Inc. 案中，则拒绝“普遍接受原则”标准），最高法院同意重新审理此案。

自 Frye 规则形成以来的 70 年中，有关专家证言的“普遍接受”检验标准一直是判断审判中新奇的科学证据是否可以采信的主要依据。尽管后来 Fyre 规则受到的攻击日益增多，但该规则仍被大多数法庭所接受和遵循。

Frye 规则起源于 1923 年一个简短且无人引证的判决，该判决是关于根据收缩压进行测谎检验的结果作为证据是否可以采信的问题。收缩压测谎检验实际上是现代测谎仪的雏形。在其成为一个著名的判例之后，哥伦比亚地区上诉法庭对此测试装置及其使用方法进行了描述，并宣布：“一个科学原则或发现什么时候正好跨越了实验与展示阶段之间的界线，这是难以确定的。在这片光线朦胧的区域的某个地方，依据这种原则所提出证据的效力必须得到承认，而在采信由公认的科学原则或发现推论出来的专家证言时，法庭将要走很长的一段路程，这些推论所依据的科学原则或发现必须被充分证明在它所属的特定专业领域内是受到普遍接受的。”因为测谎检验“还没有在生理学或心理学权威中获得这样的地位和科学上的承认，还没有向法庭证明采信由这些发现、发展和实验推导出来的专家证言是有充分理由的”，所以由此而获得的证据最终被裁定是不可采信的。

Frye 规则的优点一直存在许多争议，关于其适用范围及其应用的著述很多，但原告主要攻击的不是其内容，而是该规则的现实权威。他们辩称，Frye 规则已经被联邦证据规则所取代。最高法院对此表示同意。

最高法院对《联邦证据规则》的阐述如对其他法律一样。《联邦证据规则》第 402 条确立了这样的基本原则：“除了美国宪法、国会法案或最高法院依法制定的其他法规另有规定的情形以外，所有与待证事实相关的证据都是可采信的，而无关的证据则是不能被采信的”。“相关的证据”被定义为：任何倾向于确立对诉讼的判决有重要意义的事实存在，与无证据相比可能性较大或可能性较小的一类证据（见：《联邦证据规则》第 401 条）。该规则中对“相关”的基本要求是较为宽泛的。

最高法院认为，《联邦证据规则》第 702 条是专门针对专家证言的，其具体规定如下：“如果科学的、技术的，或者其他专业知识能够帮助事实裁判者去理解证据或判断一个有争议的事实，那么凭其知识、技能、经验、所受的训练或教育有资格作为专家的证人可以因此而以意见的形式或其他形式作证。”《联邦证据规则》中从未将“普遍接受”确立为专家证言采信的唯一前提。《联邦证据规则》在起草过程中并未提及 Frye 规则，僵化的“普遍接受”标准与《联邦证据规则》的“自由推力”及其“缓和对‘意见’证言的传统阻力的一般方法”会产生冲突。考虑到《联邦证据规则》制定的背景，以及该规则中未提及专家证言须达到“普遍接受”的具体规定，因此认为，断言联邦证据规则在某种程度上吸收了 Frye 规则是不具有说服力的。

Frye 规则被《联邦证据规则》所取代，但并不意味着《联邦证据规则》对科学证据的可采信性不再有任何限制，也不意味着审判法官没有资格对这些证据是否适格进行必要的审查。相反，根据《联邦证据规则》，审判法官必须保证任何被采信的科学证言或证据不仅具有相关性，而且还应具有可靠性。该要求主要体现在《联邦证据规则》第 702 条，它明确考虑的是对专家们可能用以作证的证言的主题和理论的可控程度。“如果科学的、技术的，或者其他专业知识将有助于事实裁判者理解证据或判定有争议的事实”，则专家“可以据此作证”。专家证言的主题必须是“科学的知识”。形容词“科学的”暗示科学的方法和科学的程序，同样，“知识”一词表示的也并非主观信念或未获支持的臆测。这一术语“适用于任何已知事实或由这种事实推断出来的观点或由于具有良好的基础被接受为真理的观点”（见 Webster’s Third New International Dictionary 1252，1986）。当然，就此得出结论认为科学证言主题的确定性和可论证性必须是“已知的”也是不合理的，科学没有确定性（见 Brief for Nicolaas Bloembergen et al. as Amici Curiae 9，科学家不会断言他们知道什么是永恒不变的“真理”——他们承诺去寻求新的、暂时的理论，并尽最大的努力去解释现实世界存在的各种现象）；美国科学进步协会和国家科学院摘要 Amici Curiae 7－8 也指出“科学不是有关宇宙知识百科全书式的总体，相反，它代表的是一个过程，这个过程就是提出解释世界现象的理论并不断加以检验和修正”。但是，为了证明其是“科学知识”，推论或断言必须是通过科学方法而获得的。所提出的证言必须是有适当的有效性支持的——即具有“良好基础”，应该以已知或公认的事实作为推论的依据。简言之，专家证言属于“科学知识”的要求确立了证据可靠性的标准。

《联邦证据规则》第 702 条进一步要求证据或证言“帮助事实裁判者去理解证据或去判定争议中的事实”，这个条件主要是针对相关性。“与本案中任何问题均无关的专家证言是不相关的，因此也是没有帮助的”。这一考虑被 Becker 法官称之为“适用性”之一。“适用性”并非总是明显的，对于某种目的来说，科学具有有效性，但并不意味着对另一种无关的目的也具有有效性。例如，对月亮周期的研究可以提供判断某个夜晚是否是“漆黑的夜晚”的可靠的科学“知识”，如果当晚确实很黑暗，则这种知识对于事实裁决者是有帮助的。但是，在缺少有关这一关联具有可靠基础的情况下，依据某个夜晚是满月的证据对于事实裁决者在判断某个人在那个晚上是否出乎寻常地做出了不理智的行为则是没有帮助的。

最高法院认为，面对专家的科学证言，审判法官在一开始就必须根据《联邦证据规则》第 104 条(a)之规定，确定专家是否打算对以下问题作证：① 科学证言是否属于科学知识或者基于科学知识而提出的；② 这些科学知识是否有助于事实裁判者去理解或判断争议中的事实。通常，在决定一个理论或技术是否属于对事实裁判者有助的科学知识时，需要回答的一个关键问题应当是，这种理论能否被检验或者已经被检验。今天，“科学的方法论是形成假设，并予以检验，以发现它们是否是错误的；其实，这个方法论就是将科学从人类的其他探索领域中区别开来”。

另一个需要考虑的问题是这些科学理论或者技术方法是否经过同行专家的复核或者已经公开发表。公开发表并非可采信的必要条件，它与可靠性并不一定具有必然的内在联系。

最高法院强调《联邦证据规则》第 702 条所设计的法庭调查具有极强的灵活性，它的主要目的在于调查所提交的证言中所遵循的原则在科学上具有有效性，即证据的相关性和可靠性。当然，其焦点必须是仅限于针对科学的原理和方法，而并非依据原理和方法所得出的结论。

最高法院认为，要把注意力放到本案中的当事人双方和专家证人顾问团所关心的两个有关联的问题上。被告的理解是，放弃“普遍接受”作为科学证据可采信的唯一要求会导致一场法庭上的无谓“混战”，在这场混战中困惑的陪审员难免被不合理的伪科学主张所迷惑。在这方面，被告似乎对陪审团的能力和整个诉讼的对抗制产生过分消极和悲观的看法。有力的质询、相反观点的提出、对举证责任认真的指导是攻击和动摇那些可采信证据的传统的和适当的方法。此外，在审判法庭认为所提出的支持一方主张的证据不足以允许一个理智的陪审员得出这种主张的真实性大于不真实性时，法庭仍可自由地指导裁决，同样也可以同意终结判决。正是这些常用的方法，而不是以毫不妥协的“普遍接受”为基本规定的全部排除方法，为那些符合《联邦证据规则》第 702 条要求的科学证据提供了适当的保障措施。

原告方及其专家证人顾问团认为，承认法官排除“无效”证据初步审查作用将无疑决定了法庭上对科学证据的追求陷入一个沉闷而压抑的所谓“正统性”的境地，而事实上这对于寻求真理必然是有害的。其实公开争论是法律和科学分析中的一个基本的组成部分。然而在法庭上寻求真理和在实验室中寻求真理有很大的不同。科学结论总是要经过不断修正，而法律必须尽快并最终地解决争端。但最高法院认为，在为了迅速达到最终的有约束力的法律判决的过程中，那些有可能是错误的假设其实毫无用处。法官在实践中的“守门人”作用，在有些情况下将不可避免地阻碍陪审团去获得所有“可靠的洞察力”及其对“创新知识”的认识。

总之，根据《联邦证据规则》，“普遍接受”不是科学证据可采信的必要的前提条件，但《联邦证据规则》第 702 条指定了审判法官承担一项任务，就是确保专家的证言一方面要具有可靠的基础，另一方面要与案件存在关联性。Blackmun 法官强调，一个理论的科学地位取决于它的“错误的可证明性”，其所指的究竟是什么，我不怀疑《联邦证据规则》第 702 条给予法官的“守门人”责任，即在决定是否采信所提出的专家证言时有对证据进行初步审查及把关的职能。但我并不认为，为了履行其应尽的职能就要求法官有权力或义务成为业余科学家。我认为，在这个案件中，法院在判断所提出的问题时最好能够得到咨询和建议，而将法律上有关这一领域的进一步发展留待将来解决。

三、肺癌与肺部感染

1. 案情介绍

JR. Guzon 向 St. Louis 市巡回法庭陪审团提出其对因过错致人死亡案件赔偿损失

$829 500 的判决不服的上诉。在上诉状中,Guzon 辩称初审法院存在如下错误:① 拒绝了他有关直接裁决(directed verdict)以及无须在意陪审团意见而作出判决的请求,因为原告 Curtis Baker 未能提供有关被告 Guzon 的违法行为与原告妻子死亡之间存在因果关系的充分证据,因而该判决的依据是不成立的;② 允许 Baker 根据第七号命令将案件提交到陪审团,因为在命令中所含的每个互不关联的诉讼理由均无足够的证据证明,即"如果没有"(but for)(a)Guzon 未能及时诊断的错误,(b)Guzon 未能及时检查,(c)Guzon 未能及时医嘱静脉内注射抗菌素的错误或者(d)Guzon 未能及时征求外科医师的意见的错误,则其妻不会死亡;③ 不适当地判决其赔偿原告未来损失的金额达 $527 100。

2. 病史摘要

1992 年 4 月 20 日,原告 Baker 之妻(W)微感不适,其症状如上呼吸道感染,包括高热、偶有呕吐、关节痛。W 请其丈夫 Baker 电话联系其妇科医师并告知上述症状。该妇科医师为其开了止吐药,并建议服用 Tylenol。W 用药后体温有所下降,并感觉症状稍有好转。但在 4 月 24 日凌晨 3 时左右,W 向 Baker 诉说其右侧腋窝疼痛,右手看起来很糟糕。Baker 遂送 W 去 St. Anthony 医学中心检查。上午近 7 时,护士为其测量生命体征并采集病史,其丈夫告知护士,W 在本周前出现上呼吸道感染样症状并曾服用 Tylenol。护士请急诊科 R 医师为 W 诊治。R 询问了 W 有关病情,并做了一系列检查,包括胸片、血细胞计数、血气及电介质等生化检查。检查结果显示,W 的血红蛋白、血细胞计数正常,体温为 96.8 华氏度(36℃),胸部 X 线片显示气管周围有团块状阴影,血液中未成熟 WBC 增多(WBC 分裂象左移),伴有低氧血症。此外,生化检验表明其有一些非特异性物质增加。9 点后,R 医师电话请示 Guzon 医师,并将 W 收住入院。此时 Guzon 医师正在另一家医院。R 告诉 Guzon,W 患有气管周围肿瘤,Guzon 解释其为胸部癌症的表现。此外,R 与 Guzon 查阅了有关的检查结果。Guzon 询问 R,他是否发现 W 有感染症状。R 回答:W"手指上有小的擦痕",但"看起来似乎无关紧要"。Guzon 遂决定将 W 收住入院以实施进一步检查,并要求 W 尽快实施 CT 扫描。大约在中午 12 时,Guzon 打电话到 Anthony 医院并获悉 W 已接受 CT 扫描,但因为胸部严重疼痛,还没有完成其他检查。约在下午 17 时半,护士电话告知 Guzon,W 主诉疼痛且止痛药物无效。Guzon 嘱护士为其测量血压,若血压超过 90 mmHg 的话,可以给其注射一针吗啡。护士很快又打电话给 Guzon,告诉他 W 的血压为 60 mmHg,并正在出汗,吗啡还未注射。Guzon 告诉护士去请急诊科医师,并建立静脉输液通道,同时表示他会立即赶回医院。当晚近 20 时,当 Guzon 到达医院时,W 已进入 ICU 病房。Guzon 与 ICU 医师 J 见面,J 告诉 Guzon,W 的血压很低。Guzon 对 W 进行了检查并发现 W"面色可怕"、右手"轻度发红",病情"非常危险"。Guzon 和 J 会同感染科医师会诊后,开始使用抗生素。W 第一次接受抗生素治疗时为当晚 20:30 左右。由于 W 病情迅速恶化,于次日晨 6 时许死亡。尸体解剖显示其死于严重的细菌性感染。

死者丈夫及其亲属提起赔偿诉讼,他们指控 W 是在 Guzon 的关照下收住入院的,由于 Guzon 过失和未能对患者进行观察、检查、诊断,且直到 4 月 24 日下午其入院后约 10 小时才开始对其开始实施治疗,W 的死亡是由于 Guzon 的过失和漠不关心所直接导致的。Guzon 承认 W 是在他的关照下入院的,并且最终发生了死亡,但是他完全否认关于他存在过失和所谓的“漠不关心”，以及由此造成W死亡的指控。

3. 专家证人意见与法庭质证

审理中，Baker的证据包括三个医学专家的证言。每个专家都认真分析了W的病史记录，所进行的检查及其结果，每个专家都根据现有的资料做出了自己的判断，并对Guzon的处置提出批评。

原告聘请的专家证人Coleman作证，Guzon违反了“注意标准”(standard of care)，未能及时检查患者、未能作出感染性疾病的诊断、未能及时吩咐开始静脉应用抗生素以及未能尽早邀请外科医师进行必要的会诊。同时证明，象W这样的患者理论上应该存在70%的生存机会，当然即使及时治疗也有30%的死亡可能。如果Guzon给予充分注意，W属于生存组的“可能性大于不可能性”(more likely than not)。

原告聘请的专家证人Crane作证，Guzon违反了“注意义务”。当R医生第一次打电话给他时，应及时对W进行检查并做出诊断和治疗。同时，还应该进行鉴别诊断，根据患者当时的临床表现，首先应该考虑感染性疾病，并及时采取静脉内应用抗生素。他认为Guzon应当详细了解W的病情，并可以通过电话要求通过静脉用药，或请其他医师对W进行检查。此外，对于原告指控Guzon医师未能及时请外科医师会诊，他认为应取决于Guzon医师自己的经验，医学实践中对此并没有提出严格的注意标准。他认为，如果W得到及时有效的治疗的话，其生存的可能性大约在80%左右。

原告聘请的专家证人Jacoby作证，Guzon违反了医师的注意义务。其主要表现在，Guzon未能及时对W进行检查，未能要求进行适当的检查并及时对病情做出正确诊断，未能及时使用抗生素，没能及时邀请外科医师会诊。但他未提出有关W死亡或生存的可能性究竟是多少。当原告问及对W的继续生存是否存在非常不利的影响因素时，他的回答则是否定的。当被问及在合理的医学确定性的范围内，Guzon是否违反注意标准，上述所谓的过失行为导致W死亡的可能性是否大于不可能性、或者是否确实因为上述过失行为导致W死亡时，Jacoby回答道：“由于未能对患者进行必要的处置，任凭患者的病情发展到没有救治的机会，所以我认为答案应当是肯定的”。当被告方问道，即使W得到及时的治疗，“是否仍有20%的机会死亡”时，其回答也是肯定的。

Guzon提出的证据包括他自己的证言和Aquino和Kennedy的专家证言。

Guzon认为，在他和R医师通话后，他认为W“是健康女性，她去急诊室的时候表现为右臂肿胀，明显疼痛，可能继发于肺部肿瘤”。他认为根据R医师的陈述，W当时的病情基本上是稳定的，R医师并未说明存在任何感染的征象，也从未告诉他有必要立即去对W进行诊视。

Aquino医师证明，他对W症状的分析表明她的病情危重。根据他对W病史的复习，他认为，“在一个合理的医学确定性范围内”，W仅有20%的生存机会。他甚至提出从她到急诊室时，已经不再属于“严格意义上的生存”之列。

Kennedy医师也审查了患者的病历并认为，在一个合理的医学确定性的范围内，W到达医院时的预期死亡率大约可以达到80%。

举证结束后，Guzon再次要求陪审团直接裁决，但该要求同样遭到法庭拒绝。

被告的法律顾问认为：根据原告所请求的误致他人死亡的理论提出这样的案件是错

误的，因为他不认为原告 Baker 已经完成了举证责任，也不认为 W 的死亡是由于 Guzon 的过失所造成的。他认为原告的专家已经证明其诉讼的理由是患者丧失生存机会，但原告不是以丧失生机会起诉，而是以误致他人死亡为由进行起诉的。

法庭驳回了 Guzon 的请求并将有关命令提交给陪审团。陪审团最后裁定被告赔偿原告经济损失＄829 500。

该裁定下达后，Guzone 不服裁定，并提起新的诉讼。他辩称原告的证据并没有证明他的行为导致了 W 的死亡，最多只能证明若无(but for)他的行为，W 有一个比较明确的生存或康复机会，而实际上这种机会丧失了，并以 Wollen 案为例，说明根据误致他人死亡法案，Baker 的证据不能成为误致他人死亡的诉讼，最多只能称为丧失生存或康复机会。

法庭在组织双方质证后驳回了被告新的诉讼请求。

Guzon 不服初审法院的判决并提起上诉，他认为 Baker 没有能够提供足够的证据，以证明他的行为与 W 的死亡之间存在必然的因果关系。

最高法院审理后认，根据 Dr. Jacoby 的证言，Backer 辩称，原告的"请求有一个合理的医学的或科学的确定性，即 Guzon 的过失导致了患者的损害"。具体地说，他们注意到 Dr. Jacoby 所提出的在一个合理的医学确定性范围内，判定 Guzon 的作为或不作为引起或导致患者死亡"可能性大于不可能性"。法庭同意该证言的主张。

四、颈椎脱位与截瘫

华盛顿州上诉法院。

1. 案情简介

Fitzgerald 从马上摔下致颈 5/6 水平截瘫，后进展至颈 1/2 水平截瘫，他认为这是由于 Vincent 医师未尽到注意义务而引起的，故提起赔偿诉讼。陪审团裁定原告获赔偿＄5 215 935. 72。Vincent 医师对此不服，提出上诉。其上诉的理由是他认为初审法院有下列错误：① 采信了 Fitzgerald 三个专家证人的证言；② 拒绝对他所提出的"两种学术思想"(two schools of thought)加以说明；③ 根据陪审团的裁决做出判决，否定他关于解散陪审团并重新审理的动议，因为缺乏强有力的专家证言以使陪审团能够做出是他的过失行为导致 Fitzgerald 的截瘫程度加重的判断。

法庭确认如下事实：1990 年 6 月 9 日，37 岁的 Fitzgerald 从马上摔下，当他摔倒在地面时头部向下，以致引起颈 5 关节突错位至颈 6 关节突的前面而使颈部无法活动。正常位置时这些关节突形成的小关节有助于颈部在做旋转、屈伸运动时保持正常的颈椎序列。这种脱位或半脱位被称为"双侧关节突交锁"。因半脱位使得正常脊髓所占有的空间减小了 50%左右。Fitzgerald 的损伤发生在 3:25Pm 左右，伤后被直升机紧急运送到 Sacred 心脏医学中心，到达该中心的时间大约是 16:11。Vincent 是神经外科医师，在接到电话后来到 Sacred 心脏医学中心。他接到电话的时间是 16:30，并在 10 分钟内赶到医院。4:40Pm左右，Vincent 医师对伤者进行神经科检查并发现她的肱二头肌有 40%的功能，腕部有轻度旋转功能，腕以下其他部分则无运动功能。他还发现伤者的感觉平面在乳头水平，但基本的神经反射消失了。Vincent 医师当时意识到很可能还存在"机会窗口"，即在颈部外伤后可能有 2～3 小时的时间，在此期间如果半脱位能够很快得到纠正的话，脊髓功能可以获得部分恢复。有三种方法可以用来纠正颈椎半脱位，即：手法、牵引和外科手术。手法和牵引属“闭合性复位”，而外科手术是“开放性复位”。所有的专家证人均认为，如果其他方法复位不成功时应采用手术复位。但有一位专家认为除手术以外不能采用其他任何复位方法。Vincent 医师试图使用牵引方法对 Fitzgerald 双侧交锁关节突进行复位，但没有成功。该牵引方法于 18:40 结束。

当 Vincent 医师在急诊室里对患者进行检查以后，他做出了 Fitzgerald 的颈髓在颈 5/6 水平生理功能已接近完全性中断的判断，在解剖上属于接近完全的损伤。一般说来，脊髓损伤包括部分的或“不完全的”损伤，通常仍保留一部分功能，还包括“完全性的”损伤，在损伤平面以下已无任何神经功能。Vincent 医师及其他专家均认为，当患者在急诊期间采取什么样的治疗方法取决于当时的诊断，即患者的损伤是完全性的还是不完全性的。

在牵引复位失败之后，Vincent 医师计划于 6 月 12 日进行外科手术。根据他当时的诊断，Fitzgerald 的损伤属完全性损伤。在审判过程中 Vincent 医师和其他专家证人均认为，如果 Fitzgerald 的脊髓损伤是不完全性的且出现功能逐渐恶化的体征，则根据医师的注意义务应立即对患者进行手术复位。因此，Fitzgerald 的脊髓功能情况，以及损伤范围成为整个诉讼中争论的焦点。

Fitzgerald 从急诊室转至医院的神经外科急诊病房后，Vincent 医师请来肺科专家专门处理患者的呼吸科问题。因为在神经外科急诊病房每个患者都会得到全天候一对一护理，所以 Vincent 医师没有特别嘱咐护士，要特别注意 Fitzgerald 病情变化，他认为病房工作人员会注意观察患者的病情变化，并在患者的病情发生变化时及时地告诉他。Vincent 声明，如果他发现患者脊髓损伤平面以下发生什么变化时他会予以注意的。

Fitzgerald 在夜班护士上班后不久便被转到神经外科急诊病房。夜班护士注意到患者在 6 月 9 日夜间所表现出来的情况，说明其神经功能有改善的可能。因为护士夜间每一小时都对 Fitzgerald 的上肢运动功能进行一次检查，并且发现从午夜至晨 6:00 患者双侧上肢肱二头肌仍有功能，整个夜间 Fitzgerald 能够自主呼吸。护士对此进行了记录，但未告诉 Vincent 医师，也未交代日间接班护士。Vincent 医师在 6 月 10 日 10:00Am 对 Fitzgerald 进行检查，并未发现其神经系统有什么变化。他和日班护士谈到了这些情况，但没有阅读夜班护士的值班记录。

7 月 10 日 4:30，护士电话呼叫 Vincent 医师，告诉他 Fitzgerald 的肱二头肌瘫痪，感觉平面已经上升至双肩水平。Vincent 医师立即回到医院，当他检查了 Fitzgerald 之后，他开始意识到 Fitzgerald 已经失去肱二头肌神经支配功能，但他不认为患者脊髓功能丧失已经上升到上一个节段，也不认为需要改变其原来拟定的手术时间。他后来回忆，当时的判断很大程度上是基于 Fitzgerald 呼吸功能并无变化。护士没有告诉他有关患者的呼吸功能恶化等情况，他也没有留意护士和肺科专家有关患者呼吸功能恶化的病史记录。约在 7 月 11 日 21:00，急诊科通知 Vincent 医师，肺科专家已下医嘱，对 Fitzgerald 施以人工呼吸机辅助呼吸。

Vincent 医师作证，Fitzgerald 呼吸问题的出现，表明脊髓损伤向上发展，脊髓功能丧失上升至 C3/4 水平。这种功能丧失最终上升至颈 1—2 水平并使得 Fitzgerald 出现下颌水平以下截瘫。6月12日，由一名整形外科医师和Vincent医师对骨折进行了复位和固定。手术时Fitzgerald无法自主呼吸，颏以下肌肉不能活动，除了面部之外其他地方均已丧失感觉。

Fitzgerald认为，由于Vincent医师未能及时纠正其脊柱脱位，以致她的脊髓受压并引起脊髓肿胀和坏死。她在损伤初期，脊髓损伤是不完全性的，因此其脊髓功能最终完全丧失并非必然难以避免。她认为如果她能得到正确的诊断并在牵引失败后，或最迟在她的情况开始恶化之前立即得到手术治疗，她的病情应当不至于进一步恶化且会达到一定程度的改善。

Vincent的专家证人认为，Fitzgerald的损伤是完全性的，并同意其颈5/6水平功能丧失是由于神经根严重损伤所致。Vincent也提供了有关脊髓损伤病例手术时间的专家意见，其中有一个专家作证认为，建议的手术时间应在伤后4～5天，因为伤后手术时间过早对患者存在一定的危险。同时认为，颈5/6水平以上功能的丧失是脊髓损伤平面上升的结果，一种脊髓损伤时发生率仅为2%的罕见疾病。上行性脊髓病发生在骨折复位后的患者以及损伤后尚未进行复位的患者。支持Vincent的专家认为，严重外伤本身引起某些化学物质的释放，后者可以引起损伤位置以上的组织死亡。

2. *法庭辩论*

Fitzgerald一案中有关因果关系的专家证言是否成立?

Smith医师是神经外科学委员会1963年认证的神经外科医师，直到1991年退休时一直在该领域执业。他有解剖学硕士学位，并专攻神经解剖学。在大多数执业时间内，从事脊柱创伤外科，但自1985年始不再做此类手术。Smith作证，他对此类脊柱损伤一直是通过手术复位以避免脊髓损伤的进展。在他的职业生涯中从未遇到过一例上行性脊髓病。他不认为Fitzgerald的损伤是完全性的。按照Smith医师的观点，Vincent医师试图通过牵引对半脱位的脊柱进行复位是不够的，当牵引失败时应及时对Fitzgerald进行手术复位。

主审法官最初拒绝Smith医师就因果关系作证。理由是，Smith医师声明："我认为，如果这个患者的脊柱已经复位，脊髓受压已经解除，脊髓的损伤在48～72小时内应该稳定或水肿消退。我不认为可能会发生上行性脊髓病，我的神经外科学经验表明这种复位是减少与脊髓慢性压迫有关的并发症的最好方法"。此外，他还认为，上行性脊髓病通过早期适当的处置"可能"会得到预防。他进一步声称，他从未见到过一例这样的上行性脊髓病，但在他35年的神经外科经验中，也"从未允许患者得不到及时合理的治疗"。

Urman医师是一名放射科专家，他的专业是神经放射学，并持有放射诊断学专家委员会证书，他还是神经解剖学副博士。他曾从事神经解剖学研究。Urman医师现在作为一名放射学家服务于两家医院。Urman医师阅读了患者的X线、MRI和CT片后提出了如下证言：1990年7月26日所摄的MRI片显示患者有进行性肿胀，这引起颈5/6脱位部位组织血液供应的逐步受阻。脊柱小关节面与逐渐肿胀的组织结合在一起，使肿胀加重，进一步引起血液供应减少，最终导致脊髓以上邻近部位的损伤。他的结论是，这种水肿和出血与脊髓的持续受压有关。根据他的经验，他认为一个离脱位部位较远的损伤的发生不是原发性创伤本身所引起的。他曾见过两例类似的患者，在最初的损伤复位后，至少在脱位处一个节段水平以上发生了类似的肿胀性损伤。

Rand 医师是一名医学博士和神经解剖学副博士。他曾在某大学工作了 35 年，并成为神经外科教授，从事脊椎创伤外科和教学工作。他作证，他从未见过或治疗过这种上升性脊髓损伤的病例。在他的外科职业中，他治疗过因脊髓受压而致脊髓进行性损害，并见到过牵引失败后脊髓不稳定性或进行性损害。他认为，对于这种病例，医师的注意标准是立即解除脊髓压迫，因为神经损伤会进一步发展。根据他在猫身上所做的实验研究，可以推测人脊髓受压可能带来同样的后果。他相信除了脊髓直接损伤所引起的水肿外，脊髓压迫也会引起水肿。他认为，正是由于这种原因才引起了脊髓病变上升的"多米诺"效应。关于医疗过失问题，他认为如果脊髓压迫被解除，脊髓的上行性损伤会停止。

Vincent 医师辩称，Smith 医师和 Rand 医师没有就因果关系作证的资格和能力，因为他们承认他们从未治疗甚至见到过一例上行性脊髓病。Rand 医师认为椎板切除术是防止 Fitzgerald 上行性脊髓病的唯一方法。同时承认，根据注意标准并不强烈要求医师选择椎板切除术。Vincent 医师还认为，Urman 医师的证言是不适用的，因为他从未将脊髓肿胀归因于 Vincent 医师的处置不当。Vincent 医师认为，这些专家证言是建立在推测和臆想的基础上，对于因果关系的分析是不可靠的，因此法庭把这些专家意见提交陪审团是不合适的。

法庭认为，证据是否可以被采信取决于主审法官的合理裁量权。专家证言的采信受《联邦证据规则》第 702 条约束，该条款包括两个步骤的调查：① 证人是否有作为一名专家的资格；② 专家的证言是否有助于事实裁判者做出判断。专家意见可接受的基础见《联邦证据规则》第 703 条，具体内容如下：在特定的案件中专家意见或推论所依据的事实或资料可以是在审理前或审理时所认识到的东西。如果它是一类专家所依据的用来形成特定专业领域的有关议题的意见或推论的事实，则这种事实是必须作为证据使用。

法庭认为，有关因果关系的专家证言对于医疗过失案件是需要的。对于一个特定医疗情形来说，关于因果关系的专家意见的可采信性是由一般可靠性标准来衡量的，这个可靠性标准是由《联邦证据规则》第 702 条和第 703 条所确定的。根据《联邦证据规则》第 702 条，"如果有助于陪审团理解普通外行人能力之外的事件时，专家证言通常是可以被接受的"。根据联邦证据规则第 703 条，如果是基于专家的第一手经验或专门知识时，其意见是可以被采信的。医学专家的证言必须是基于一个"合理的医学确定性程度"和决不能基于想象、推断或仅仅是可能性的分析意见。特殊或新奇的科学证据的可采信性问题不是这里要讨论的问题，这里既不是应用 Frye 规则，也不应用 Daubert 规则（见本节案例二），因为关于脊髓损伤治疗方面并无什么新的东西，而是对于特定的医疗情形应用公认的医疗原则。关于需要通过一些方法对 Fitzgerald 的半脱位进行复位是没有争议的。本案的问题是当其他技术不成功时何时应当采用手术复位，以及手术复位延误会造成的后果。法庭认为，Fitzgerald 一方所聘请的专家有资格作证，根据《联邦证据规则》第 702 条，他们的证言对陪审团的判断是有帮助的，每一个专家都有数年有关脊髓损伤诊断和治疗的经验，符合《联邦证据规则》第 703 条所要求的专业领域内所获得的直接知识或信息。

Vincent 医师力图阻止 Rand 医师和 Smith 医师的专家意见被采信是基于《联邦证据规则》第 703 条狭义解释的专家证言。依据 Vincent 的观点，没有专家是有能力对本案中的因果关系进行作证的，除非他们处理过此类罕见的所谓的上行性脊髓病。法庭认为这种观点是错误的。本案的陪审团需要专家证言去帮助他们确定的问题是，Vincent 医师在诊断和治疗 Fitzgerald 的脊髓损伤时是否遵守了注意标准。Vincent 医师的观点与证据规则的精神是不相符的。如审判过程所显示的，所有外科医师均作证，当不完全性脊髓损伤有恶化表现时需要立即手术。几乎所有的医师都担心如果不立即手术会出现不良结果。这个不良结果有些医师见到过，有些医师可能没有见到过，但这并不会使这些医师失去发表自己意见的资格。

Vincent 医师承认，Urman 医师已经碰到过上行性脊髓病的病例。但 Urman 医师并没有将患者发生的脊髓肿胀归因于 Vincent 医师未能遵守注意标准。法庭认为，Urman 的证言是可以采信的，他是通过阅读 X 线片、CT 扫描及 MRI 成像而作证的。当然，Urman 医师未能就本案的所有问题提供意见，但这并不重要。作为提供给陪审团有关问题的一部分，他的证言是适当的。

Smith 医师关于因果关系的证言是有限的。Vincent 医师的律师认为，初审法庭法官不顾被告律师的反对，允许 Smith 医师就因果关系问题作证是错误的。法庭要求 Vincent 的律师向法庭提供相关证据，但其未能提出有说服力的证据。

综上，法庭认为，Rand 医师、Smith 医师和 Urman 医师的证言是可采信的，Vincent 医师未能证明法庭在采信这些证言时存在滥用酌情权。他的律师可以对这些证言的可采信性进行驳斥，但这些证言本身对陪审团是有帮助的，是基于依据这个专业领域的直接知识或信息。陪审员能够判断这些证言的作用到底有多大。

3. 法庭拒绝指令陪审团有“两种学术思想”有错误吗？

根据法律规定，法庭给陪审团的指令必须是不会产生误导的，且必须允许当事人发表他们的看法。作为全面理解，这种指令必须告知陪审团有关可应用的法律。上诉法庭复审案件的过程中调查的主要目的应该是，了解初审法庭在给陪审团发出指令的过程中是否滥用了酌情权。

Vincent 认为，法庭在拒绝发出他所建议的指令时存在错误，他所建议的指令是“什么是合适的治疗方法”。关于合适的治疗方法，存在“两种学术思想”。Vincent 辩称，初审过程中关于医师的注意义务，是否需要在牵引复位被证明不成功时，立即对 Fitzgerald 采用手术复位在学术上是存在争议的。他认为，关于其损伤的治疗存在两种学术思想，一种思想支持立即手术，一种思想支持延迟手术。

Vincent 建议的指令实际含义是：如果你发现他所选择的治疗方针是两种医学“学术思想”之一的，则医师对医疗过失不应承担责任。一种医学“学术思想”是一种治疗方针，这种治疗方针是相当数量的公认的和受尊敬的医学专家在其相应领域内所极力提倡的。他坚持认为，只有这样的指令才是合适的。下面的文字表述可能更精确和更安全地向陪审团转达法律命题或主张：一个医师是在两种以上可选择的治疗方法中选择其中的一种，即使医疗结果不好也是没有责任的；当作出判断采用某种特定的治疗方案时，医师应遵循合理的注意和技术，医师有义务遵循注意标准。

法庭认为，初审法庭在拒绝发出 Vincent 所建议的有关“两种学术思想”的指令时没有滥用酌情权。初审法庭所发出的指令告知陪审团可应用的法律，并给了 Vincent 医师发表其对本案看法的机会。考虑到医师在治疗脊髓损伤时所面临的抉择，Vincent 医师建议的指令的文字表述是不恰当的，他所建议的指令不符合本案所提出的事实，并会引起陪审团的误解，因为在他建议的指令中并未明确，专家们所提倡的治疗措施是可以选择的多种方法之一，还是仅有两种方法可供选择。

对于陪审团的裁决是否有充分的证据这一问题，Vincent 认为，本案根本没有充分证据，而只是根据推测提出的证言，证明了 Fitzgerald 损伤的加重是由于不适当的治疗所引起的。法庭认为，在因果关系问题上有充分的证据支持陪审团的裁决。如果一个理性的人能够根据事实和所提供的医学证言推断存在因果联系，则证据就是充分的。

法庭承认，关于 Fitzgerald 颈 1/2 水平损伤的因果关系的专家证言是复杂的和相互矛盾的。Fitzgerald 认为，她的病情恶化是由于 Vincent 医师的过失和手术不及时引起的。Vincent 医师则认为并不需要早期手术，患者颈 1/2 截瘫是由于其实际伤情极其严重的必然后果，与什么时候手术并无关联。

法庭认为，陪审团是在认真考虑了所有的证据之后做出裁决的，且这种裁决是有充分证据支持的。故上诉法院维持了初审法院的判决。

五、骨癌骨折与多孔钢板断裂

堪萨斯地区法院的上诉案。

1. 案情简介

Ralston 于 1986 年被诊断为左下肢股骨癌，同年接受了一系列手术及其他治疗，包括术前 6 周的强化放射疗法、手术切除病变骨组织、术后放射治疗等。

1996 年 4 月，Ralston 不幸跌倒并造成累及膝关节面的左股骨下段骨折，由 Bohn 医师对其实施了手术。Bohn 医师在其骨折部位植入多孔钢板以固定骨折断端。根据 Bohn 医师的证词，多孔钢板的优点之一是它能够将数个骨折碎片固定在适当的位置以治疗多发性骨折。

1996 年 10 月，多孔钢板植入术后 6 个半月，Ralston 在工作时扭伤左下肢，当时即感剧烈疼痛伴肢体无力，经就医检查发现多孔钢板断裂，并且发生股骨再骨折，此次骨折部位与上次骨折部位并不相同。Bohn 医师对其进行骨移植术并去除多孔钢板，代之以延伸到髋部的髓内钉。

术后 Ralston 左下肢症状始终未能有效好转，1998 年 3 月，Bohn 医师为了解除其疼痛对其再次进行了骨移植手术，同时嘱其转诊于肿瘤整形外科 Rosenthal 医师。Rosenthal 医师在检查后认为其 1996 年 4 月所发生的原发性骨折仍然没能愈合，但多孔钢板使用不当并不影响骨折的愈合。1999 年 7 月，Kansas 大学医学院的整形外科医师 Templeton 将其髓内钉去除，并实施了人工膝关节置换术。

1998 年 4 月，Ralston 对多孔钢板的制造商 Smith & Nephew 公司提起诉讼，并指控：① 产品设计存在缺陷；② 产品制造也有缺陷；③ 该产品违反了 FDA 的相关规定；④ 存在过失没能给患者提供必要的警示。同时，她认为 Bohn 医师作为她的主治医师没能适当地告知她 Smith & Nephew 公司制造的另一种五孔钢板较多孔钢板更适合其使用，未让其有知情选择的机会。

1999 年 6 月和 7 月，Smith & Nephew 公司提出简易审判请求，并提供新的专家证人 Ramsay 医师。在 2000 年 9 月 27 日地区法院的听证会上，Ralston 的法律顾问同意 Smith & Nephew 公司的请求以 Ramsay 医师替代 Templeton 医师作为他们新的专家证人。此外，顾问团还建议 Ralston 放弃产品缺陷及违反 FDA 有关规定的主张，仅仅以没能警示(即告知)作为诉讼的请求。

2000 年 11 月 7 日地区法院判决原告败诉。法庭认为没有证据表明 Smith & Nephew 公司对所提供产品没有给予适当的警示。

原告不服，提出上诉。

2. 专家意见及法庭质证

上诉中，Ralston 首先对地区法院拒绝采信 Templeton 医师的专家证言以及 Bohn 医师的证词提出质疑。

(1) 法庭关于专家证言的可采信问题的阐述

《联邦证据规则》第 702 条赋予主审法官一个关于专家意见是否可接受的重要的“守门人”职责。为了确定 Templeton 医师的意见是否可以采信，地区法院必须经过以下分析。首先，法院必须确定，Templeton 医师作为一个专家是否具有相应的“知识、技术、经验、训练、教育”而成为适格的专家证人提供意见。如果 Templeton 医师是具有这个资格的，法院还应确定她的意见是否具有可信性。法庭认为，上诉法庭在审理中发现 Templeton 医师的证言之所以未被地区法庭采信，原因是她不具备作为专家证人的相应资格，根据 Duabert 规则，法庭没有必要去考虑她的意见是否可以接受。

Templeton 医师本人承认，她在髓内钉方面不是一个专家，她在证言中数次承认她在这方面所知甚少。她承认她没有从事过有关髓内钉的研究，她受聘在 Ralston 诉讼中作证，仅是对患者骨折的治疗情况发表意见，而不是对是否有必要给予适当的警示发表意见。她声称，她根本没做过髓内钉的研究，她的专业是肿瘤学，她所提出的只能是放射治疗以及经放射治疗的骨折在愈合过程中所存在的问题。

在 Templeton 医师的证言记录中，她从未发表过相关文章，有两篇拟发表的文章与髓内钉也无任何关系。她还表明，她从未见过类似该案中所使用的固定器材，她在产品目录所见到的“警示和注意事项”，仅是有关髓内钉会脱落的警示。

Ralston 强调，Templeton 医师有资格作为证人提供证词，因为她是一个整形外科学会注册医师，有权依据一般整形科和外科原则作证，并且引用 Compton 案以支持其主张。法庭认为，Ralston 引用 Compton 案的判决是不适当的，那个案件仅仅要求专家“在其专业领域的合理范围内作证”，而本案要证明的是“缺乏专业性不影响专家意见的可接受性，但会影响其可接受程度”。因此，要解决的问题变成了对 Smith & Nephew 公司的髓内钉做出适当的警示是否是“在 Templeton 医师的专业领域之内”。根据 Templeton 医师所提供的证词，地区法院在做出髓内钉不在她的合理的专业范围内的裁定时，并没有滥用它的酌情权。

(2) 法庭关于 Bohn 医师证词的阐述

Ralston 指控地区法院滥用它的酌情权，拒绝采信 Bohn 医师于 2000 年 10 月 3 日和 10 月 11 日提供的证词。对此，法庭对 Bohn 医师 1999 提供的证言进行重新审查。之后，发现其与后来的证词有不少矛盾之处。

首先，Bohn 医师在他的证词中清楚地表示他已经阅读过外科技术手册(该手册含有一些关于多孔钢板的警告)，且对于手册中所提供的信息表示充分理解。根据其证言，对他来说仅有的问题是，术中是否需要固定所有的钉孔。其次，在其 10 月 11 日的证词中，Bohn 医师声称他实际上接受了 Smith & Nephew 公司建议的外科技术，并在 1996 年 4 月对 Ralston 进行手术之前曾详细地阅读了有关技术要求，但他记不清是否审阅了有关警示内容。再次，Bohn 医师在他的证词中证实，即使他知道多孔钢板不耐用，他也不会使用五孔钢板替代多孔钢板。在问及："在 1996 年 4 月选择 12 cm 长的 Smith & Nephew 公司产多孔钢板时，如果你已经知道有五孔钢板更耐用，你是否会选择五孔钢板？"时，他回答："可能不会，因为患者有两处骨折"。Bohn 的证词表明，其在选用多孔钢板时考虑的并不是其耐用性。然而，在他的 10 月 3 日的声明中，Bohn 医师的证词显然是不同的，他当时声称，"在进行外科手术时，如果我能够得到五孔钢板，如果我知道五孔钢板较耐用这一显著优点，我会使用它"。最后，Bohn 医师强调，Ralston 的情况使得多孔钢板承受的应力较大，这使得多孔钢板最终发生断裂，这种情况的发生对于 Ralston 的骨折来说是不可避免的。他认为，在患者的骨折还没有愈合时，螺钉或固定棒随时都有断裂的可能。他也不能肯定多孔钢板是否有损伤以及是否会发生断裂。在 10 月 3 日的证词中，Bohn 医师声称"我预期这种钉子的固定作用会超过 7 个月，并且在 12 个月至 18 个月之后不会有什么问题"，"我的职业观点是这种主要是用于支持断裂的骨骼以促进骨折愈合的钉子的寿命应该明显地长于 7 个月，特别是当它使用在像 Ralston 这样的患者身上，因为她的体重仅仅 110 磅，且是一个非常遵守医嘱的人"。在 10 月 11 日的证词中，Bohn 医师再次改变其证词，声称"在骨和钉子的接触点上发生了应力过大的情况，从而使钉子发生了断裂。钉子的断裂与先前骨折部位的新骨折有关。如果选择的钉子承受了高强度的疲劳负荷，我认为由于患者骨折愈合的不利情况，最终会发生固定装置的疲劳性断裂"。

3. 庭审意见

法庭认为，根据 Kansas 州法律，制造商对其产品可能存在的危险对消费者具有以下告知义务：制造商通常有义务告知消费者其产品在正常使用时所具有的可能的危险性。这种告知义务是具有连续性的，要求制造商保持与其产品相适应的知识水平，这些知识包括科学研究、副反应报告、科学论文及其他可获得的方法。依据严格的责任原则，一个制造商如果没有适当地告知其产品可预见的危险，这本身就是一个缺陷。

Kansas 州已经施行"学术性媒介的规则"。根据这个规则，只有在使处方医师充分意识到其产品的危险性时产品制造商才算对他的消费者尽到了警告义务，因为患者只有通过医师才能获得其产品。该规定如下："对那些只有通过医师才能获得的产品，医师作为一个介于制造商或销售商与患者之间的学术性媒介，他的义务是使自己熟知这些用于患者的产品的质量和特点。如果产品有适当的标识和带有必要的说明和警示，将使用方法和所具有的危险充分告知医师，产品制造商可以合理地推定医师会根据自己的学识，从对患者最有利的角度作出相应的判断"。该规则的建立是基于这样的事实，即"产品制造商与消费者直接沟通一般说来是困难的"。因此，一旦确定制造商已经对治疗医师发布了有关产品的警示，则问题的关键就是，这种警示在法律上是否是充分的。

法庭认为，Bohn 医师的证词表明，他在获得多孔钢板的同时也获得了相关警示。

Bohn 医师证实他已阅读过外科技术手册，该手册含有多孔钢板的警示内容。如前所述，他承认他在那个技术手册中获得了足够的信息，他所存在的唯一问题是他是否应该固定所有的钉孔。Smith & Nephew 公司规则事务部主任证实，每一本外科手册都含有“重要的医学信息警示和注意事项”的内容，以及每个多孔钢板包装上都有这样的说明。因此，所存在的唯一问题是技术手册中所含的警示是否恰当。

根据 Kansas 州法律，警示是否充分的判断标准是“在特定条件下是否合理”。法庭认为，在仔细审阅外科技术手册之后，很明显这些警示是符合这些标准的。首先，警示和注意事项页特别警告，在给患者使用多孔钢板时所存在的并发症和病理性骨折等危险。这些警示以黑体字写出：髓内钉既不是用来承受患者的全部体重，也不是用来长时间承受大部分体重，所有患者都应该注意在良好的骨痂形成之前不要承受较大的重量。否则，须有辅助装置。其次，关于“禁忌证”，外科技术手册清楚地警示，反对在像 Ralston 这样的患者使用多孔钢板，因为这些患者的骨折情况不好。最后，外科技术手册描述了一种可用于手术固定的多孔钢板，并附有详细示意两种不同产品之间结构差别草图。且明确指出“应根据骨折的形态来决定是否使用五孔钢板。标准的多孔钢板在固定螺丝方面提供多种选择，而五孔钢板在钉的中央部位提供较大的强度。”

Ralston 认为，Smith & Nephew 公司的警示是不充分的，因为：① 关于多孔钢板的强度较五孔钢板小应当有更详细的说明；② 没有警示指出多孔钢板会在小于 8 个月的时间内发生断裂，而这在治疗像 Ralston 这样的损伤时则是需要的；③ Smith & Nephew 公司没能指出这种多孔钢板不能使用在像 Ralston 这样的骨折上。但法庭认为，根据 Kansas 州法律，Smith & Nephew 公司所提供的警示已经合理地对 Ralston 所称的危险性进行了警告。

法庭认为，Bohn 医师在他的陈述中承认他将不会使用五孔钢板，同时在陈述中强调，Ralston 于 1996 年 4 月发生了股骨骨折，到同年 10 月仍未完全愈合。健康骨组织没有生长到附近的死骨中去。这是其再次骨折的根本原因。由于多孔钢板承受的应力较大，引起它最终发生断裂，这种结果对于 Ralston 的骨折是不可避免的。

Rosenthal 医师（自 1998 年起担任 Ralston 的主治医师之一）认为，Bohn 医师的意见是正确的。在被问及“多孔钢板内固定失败是否会导致 Ralston 骨折不能愈合”这一问题时，他的回答是否定的。他认为在对 Ralston 的股骨进行检查时，他注意到最初的骨折还没有完全愈合。他认为，如果一个患者的骨折没有愈合（如 Ralston 的情形），则这种植入体是注定要失败的。

综上，即使 Smith & Pephew 公司没有充分警示，也不会导致 Ralston1996 年 10 月及其后发生的损伤。

上诉法庭最终维持了地区法院的判决。

六、催产素与脑瘫

2002 年 2 月 1 日，Wayne 巡回法庭。

1. 案情简介

原告出生于 1980 年 7 月 16 日，患有脑瘫和严重的智力发育迟滞。原告以医疗过失为由对被告助理医师 Gennaoui 以及 Oakwood 医院提起诉讼。被告 Oakwood 医院认为，初审法庭在采信 Gabriel 的证词时滥用了自主酎情权。他们认为原告聘请的专家证人 Gabriel(神经科专家)的证词并未被证明是科学的或者可靠的。

2. 关于初审法庭是否滥用自主酌情权

针对 Oakwood 医院的上诉请求，巡回法庭对初审法庭是否滥用自主酎情权，在采信或排除证据方面是否存在不妥之处进行了审查。根据证据规则，如果法庭判定那些被认可的科学的、技术的、或其他特别领域的知识能够帮助事实裁判者去理解证据或判定争议中的问题，则一个证人由于其具有知识、技能、经验、培训和教育背景而有资格作为专家以意见的形式或其他形式作证。依照《联邦证据规则》第 702 条，Frye 标准由于要求当事人提供证据，证明其所采用的原理或方法在相应的科学领域被普遍接受，从而限制了新兴科学证据的采信，因而是严格的证据标准。但被告 Oakwood 医院未能提供任何关于 Gabriel 的证词是基于新兴科学的证据。并非新兴科学的证据，不需要初审法庭再次进行专门的听证。因此，初审法庭在拒绝采信被告 Oakwood 医院的请求时并没有滥用它的自主酎情权。

被告 Oakwood 医院则辩称，初审法庭拒绝被告要求听证并裁决 Gabriel 的证词能否作为科学证据的动议是错误的，尽管后来陪审团已经做出了裁决，但所依据的揭示原告的母亲在分娩过程中接受过量催产素或患有与在分娩时子宫收缩不良有关的严重疾病的依据并不充分。

本案中，目击证人没有能够回忆事件经过。原告聘请的专家证人，他们的证词是基于他们对医疗记录的解释以及原告母亲随身携带的记录仪。原告母亲分娩时在场的护士和医师证明，当时所执行的医疗常规在 1980 年即已存在。

我们发现这些证据是相互矛盾的。原告的专家认为，这些记录表明原告接受了超过医嘱所规定量的催产素(Pitocin)。而被告的专家认为这是不可能发生的。对于证据的可信程度陪审团是唯一的裁判。关于这些证据，如果适格的陪审员能够公正地得出结论，则不论是初审法庭还是本巡回法庭都不会改变陪审团的裁决。由于在初审时对病史记录的解释存在矛盾，对陪审团来说，证词的可信性就是一个问题。此外，被告专家 Gennaoui 医师认为，即使每分钟几个毫单位的催产素都会引起子宫强烈收缩，并可导致胎儿死亡。他还证实，1980 年的注意标准要求在用药的过程中要对患者子宫收缩情况进行连续监测，但医院的病史记录表明，至少有 50 分钟时间没有监测记录。因此，陪审团可以裁决被告承认所使用的剂量的催产素会损害胎儿。

在分析了病史记录之后，我们发现关于 Craig 子宫的收缩强度和持续时程的证据也存在相互矛盾。因为有证词证明监视器录音带显示子宫产生了强烈的收缩，且胎儿受到损伤。考虑到这些监视器录音带是客观、可靠的，所以这些证词的可靠性和重要性就是陪审团要重新考虑的问题。据此认为，初审法庭拒绝被告的动议并没有错误。

被告助理医师 Gennaoui 及 Oakwood 医院认为，原告方专家证人的因果关系理论是相互矛盾的，两种理论都不足以支持对责任问题作出裁决。Gatewood 医师认为，由于超剂量催产素引起的子宫收缩延长，结果可以引起胎儿缺氧。Gabriel 医师则认为，由于子宫收缩延长，胎儿在母体骨盆处受到挤压而导致头部外伤。

法庭认为，为了证明医疗过失诉讼请求，原告必须证明下面的问题："① 医疗实践中正在应用的注意标准；② 本案中存在违反这种义务标准的医疗行为；③ 本案确实存在具体的损害后果；④ 所声称的违反义务和损害之间存在着因果关系。"原告必须通过特别的，并与其理论相一致的证据证明他所主张的医疗过失。被告辩称，原告未能提供证据证明催产素使用与患儿脑瘫之间存在因果关系。为了证明因果关系，原告必须证明，没有被告的过失，原告的损伤不会发生。间接证据必须有助于合理推导出的可被接受的因果关系，而不仅仅是推测。

法庭强调，作为一种因果关系的理论，推测是与已知事实或情况相一致的简单解释，但作为一种合理的推论它不是根据已知事实或情况推论出来的。至于一个事件是如何发生的，可能存在两种以上的解释；然而，如果这种证据是非选择性地集中于其中任何一种，他们仅保留一种推测。另一方面，如果有证据表明任何一种因果关系理论，表明一种原因和结果的逻辑顺序，则这样的判决是有基础的，尽管有其他因果关系的理论存在，也不管这种理论在证据上有没有支持。允许一个有关因果关系合理推论的间接证据，需要原告证明"实质证据"，陪审团可以根据这种证据得出可能性大于不可能性的结论，裁决如果没有被告的行为，原告的损伤不会发生。

法庭强调，证据是一种与概率相似的东西，而不是可能性。证据不需要否定所有其他可能的原因，但这样的证据必须以一个公平的确定性排除其他可能的假定。在间接证明过失时，绝对的肯定是达不到的；但这样的证据应当满足这样的要求，即有关的情况导致一个结论，这个结论的可能性较证据所反映出来的其他假设要大。但是，如果这样的证据同等支持不一致的结论，或同等地与相反的假设相一致，过失则不能成立。

原告的专家 Gatewood 医师（产科）作证，在产妇分娩的过程中有两个因素可以导致原告缺氧：脐带脱垂和子宫收缩过强。且这两种情况同时发生会引起缺氧时间的延长，缺氧则可以影响婴儿的神经系统。此外，由于胎儿情况不好，使用催产素是不妥当的。但他不能证明原告因为缺氧而受到损害，因为这是在神经科医师的范围之内。

原告的专家 Gabriel 医师（神经科）作证，根据 Craig 的分娩情况，胎儿监护仪上胎心显著减慢，以及胎儿头部所达的位置，使用催产素引起子宫内压增加，从而导致原告的不良后果。这种后果在 MRI 片上也已经显现。对原告所进行的遗传的、代谢的、和生物的检查结果都是正常的，没有证据证明原告的病变是自身病变。他认为，原告的病变是由胎儿经过骨产道时头部受压所引起的。这种挤压导致了胎儿脑表面的损伤。同时，由于挤压引起脑内静脉压的增加，后者阻碍了脑的血流供应，脑内血流减少引起了脑内边缘区多处小片状坏死。引起原告脑损伤机制有两种。一种是脑表面的挫伤，一种是脑边缘区血流的减少。因此认为，其损伤既有外伤的因素，也有血管的因素。

被告的专家 Nigro 医师（神经科）作证，他不能确定原告损伤的原因，当他在 1981 年 7 月第一次见到原告时，他给原告所下的诊断是"非进行性脑病"。他在会诊单上指出原告的病因是"不明的"。但他怀疑是代谢性、外伤性或感染性原因，而排除了遗传性因素。他认为这种异常是在母亲怀孕的头三个月内形成的。他不认为原告的病变必然是由于外伤引起的，因为他认为原告在出生时没有缺氧的表现。当他在 1993 见到原告时，他仍认为原告的病因是不明确的。在诉讼过程中他作证，原告的疾病不是由于外伤或缺氧引起的，原告有一个遗传性障碍，这是在怀孕的最初三个月形成的。显然，这些证词与 1981 年 7 月以后给原告进行会诊时的意见并不完全一致。

被告的另一位专家 Donn 医师(新生儿科)作证，原告的损伤发生在宫内，发生在分娩之前。他不认为原告的脑瘫是在分娩过程中的产伤所引起的。因为他认为根据原告的体征、进食能力、大小便情况，以及神经系统活动情况，他在出生时是一个正常的新生儿。

法庭认为，所有这些证据和所有的合理推论都对原告有利。原告的两位专家指出，由于在分娩的过程中不适当地使用了催产素，从而引起了原告的损伤。虽然 Gatewood 医师提到缺氧，而 Gabriel 医师提到脑血流减少，但两位专家都认为原告的病变是由于在分娩过程中脑内缺氧所引起的。此外，Gabriel 医师认为，造成原告脑瘫也有外伤的因素。总之，这个观点与 Gatewood 医师的证言并不矛盾，后者认为，原告在分娩过程中脑组织出现了间断性缺氧。Nigro 医师的证言与原告专家的证言并不矛盾，但与 Donn 医师的看法不一致。从有利于原告的证据来看，大多数一致的理论是，在其母亲分娩过程中，原告遭受间断性缺氧并引起神经系统损害。这个证据等于“一个合理的概率”和超出了一个仅仅是可能性的证据。

Oakwood 医院也声称，记录的分析结果、Craig 分娩时现场证人证言与原告的观点是相矛盾的。原告观点是基于这样的假设，即产妇分娩时子宫处于一个持续的强烈的收缩状态。当一个专家的意见是依赖假设而不是依据已经证明的事实，则专家的意见是不可取的。法庭认为，“这是真实的，在一个专家证词与现场目击证人的证词不一致时，则这个专家的证词不可信，否则是对证人观察力的蔑视。”但在本案中，现场证人只是对有关医学记录和监测磁带记录的解释作证。原告专家的证词与这些现场证人作证的事实并不矛盾。关于是否需要采用子宫内压监测的问题，Oakwood 医院认为，Gennaoui 医师没有也不应当使用子宫内压监测，因为他认为这样的监测是不必要的。原告也未能证明 Oakwood 医院违反了任何注意标准而存在过失，且这种过失是造成原告损害的原因。法庭同意这个观点。Gatewood 医师作证，1980 年的医疗实践标准要求类似 Oakwood 医院这样的医疗单位，在不采用适当的监测情况下使用催产素是违反注意义务的。Gennaoui 医师承认，Oakwood 医院在 1980 年没有这个能力。Bernal 医师作证，Oakwood 医院在 1980 年规定在分娩时仅仅使用宫外压力监测。Gennaoui 医师的证词不能否认 Oakwood 医院在实践中应遵循的义务，即采用宫外压力监测的方法。因此，法庭认为，初审法庭拒绝被告的动议是正确的。

3. 关于病史被修改问题

Oakwood 医院辩称，由于原告的辩护律师提出了医学记录被修改而致使他们没能得到公正的审判。Oakwood 医院引用了 Belt 诉 Ritter 案，认为不存在修改病史记录的证据，原告也未能证明所指控的修改是发生在诉讼形成之时。被告所提及的第一个例子包括陪审团在预审时所遇到的一个问题，即原告的辩护律师所问及的是否所有的预审员都会相信医院或医师从来都不会为了避免承担责任而去修改病史记录。预审的目的是从预审员中得到足够的信息以使审判法庭和辩护律师确定哪些人是缺乏公正裁决能力而不适宜担任陪审员的。原告在预审时仅仅提出一个可能修改病史记录的问题。这个问题相当勉强且意在考验陪审团是否偏向医院。此外，这是一个一般性的问题，并非说明被告已修改病史。

被告引用的另外两个例子是发生在对 Gatewood 医院质询期间。原告的辩护律师认为病史记录已经被复印多次，难以辨认。被告的讯问应该使陪审团明白原告出生时 Gatewood 医师不在现场，他只能根据病史记录作证。原告要求解释，如果一个护士在原告出生后对原告进行了 Apgar 评分，为什么在病史记录中有两个不同的评分结果。法庭认为，原告辩护律师所提出的这个问题是公正的。被告的两位医师回答他们没有注意到病史被修改，也不认为两个不同的评分结果就是一种过错。被告未能表明原告在陪审团面前所提出的问题是不恰当的，由于有效的调查使陪审团可能相信这些记录已经被修改。原告出生时的病情是争议中的关键问题。而为什么在病史记录中会出现两个评分结果，这个问题与案件是有关联的。

法庭裁定，初审法庭在辩论结束时驳回被告对原告陈述所发表的反对意见时没有滥用它的酌情权。

4. 关于引用医学文献作为证据问题

被告认为，由于原告不适当地使用医学论文和医学著作作为具体的证据，因而他们有资格要求重新审理。法庭认为，证据的确认是在审判法庭酌情权的范围之内，在没有滥用酌情权的情况下一般不能弃之不用。《联邦证据规则》第 707 条规定：专家证人对询问应予以足够的重视，所有包含在论文、杂志、小册子中有关医学问题的论述通过证人的证词或陈述或其他专家证词确立有可靠的权威性只能用于控告目的。法庭认为，这条规则虽然严格禁止在直接质询专家证人时使用学术论文，但它并非绝对禁止在审判的其他阶段或其他情形下使用学术论文。在反问时，可以引用学术论文对专家进行质询。

在被告引用的 Bivens 诉 Detroit Osteopathic 医院的案例中，审判法庭允许原告的律师在辩论结束时读一段 3 页长的医学著作，这段著作在质证的过程中不是被用来提出异议的目的，但被采信为实体证据。法庭裁定，初审法庭超越权限将这些材料作为证据使用是错误的。高等法院对此进行了纠正，并且提出：如果辩护律师在结束辩论时将他的参考文献延伸到教科书，我们不能同意上诉法院有关证据影响“可能是很小的”观点。

对原告辩护律师在审判过程中所使用的一些论文和杂志，被告提出了几点不同的观点。法庭在复查卷宗记录时注意到，诉讼双方所使用的权威性文章在整个审判过程中是非常普遍的。被告首先认为，审判法庭允许原告错误地使用教科书和其他出版物作为实体证据，特别是有几种情况下教科书被错误地用来证明注意标准。法庭也注意到，Oakwood 抱怨原告的辩护律师在质询 Kittur 医师、Gennaoui 医师和 Bernal 医师时错误地使用美国妇产科大学(ACOG)出版的一本小册子，在反问 Kittur 医师时错误地使用了 AMA 药物评价著作。根据《联邦证据规则》第 707 条，所有的文章都被适当地用来提出异议。Kittur 和 Gennaoui 两位医师都指出，ACOG 的小册子是处理分娩的权威性的指南和注意标准。Kittur 也同意 AMA 药物评价应被认为是有关药物的权威性文献。三位医师在质证时均认为，在这个案例中应该遵守有关分娩的注意标准。法庭强调，虽然原告的专家没能对所读的那篇文章中的每个主张作证，但被告证人都以一种相反的方式对教科书中的材料进行作证，这些材料是具有可靠的权威性的。

Gennaoui 医师认为，不允许被告去使用原告在质证时所使用过的同样的文章去更改被告证词是不公正的。在 Oakwood 医院再次质询 Gennaoui 时，律师试图使用 ACOG1989 年版的小册子去证明，在 1975 年小册子中用于监测宫内压的注意标准在后来已经被摒弃了。法庭裁定，1989 年的小册子不能用来确立 1980 年的注意标准。被告辩护律师辩称，原告的辩护律师在质证时已经使用 1975 年的小册子，他也应当被允许使用后来的版本去证明早先的观点已经不用了。总之，法庭认为，对初审记录的详细审查表明原告没有使用 1989 年 ACOG 的小册子去质疑 Gennaoui 的证词。因此，裁定被告不能使用 1989 年版本证明 1980 年的注意标准并没有超出初审法庭自酌权的范畴。

法庭同样注意到被告有关原告的辩护律师使用来自 ACOG 的证据的争辩，以及用 Williams 的文章作为“直接证据”，最后“向 Bernal 宣读文章”，对 Dombrowski 医师有“长达数小时的文章质讯”。法庭在对所有初审记录进行详细审查后明确表示不支持这些论点。实际上，被告 Gennaoui 医师所声称的原告“文章质讯”事件是由被告 Oakwood 医院所引起的。此外，被告在质证时所遭受指责的论点与案卷记录也是相矛盾的。实际上，Nigro 已经将斯氏儿科神经病学确定为一个有用的参考资料介绍给大众。这本教科书中的一段陈述被用于反驳 Nigro 在质证时的证言，该证言认为原告的病情是由其母亲怀孕早期几周内出现的某种问题所引起的。假定在它的有限的使用范围内，出于反驳目的，Nigro 的论点足于证明它是一个可靠的来源。

最后，所有被告都指向原告的辩护律师结束性辩论。尽管被告现在所主张的意见集中于原告不适当地使用了参考材料，但在结束辩论前限制使用这些材料是没有问题的。被告的两位律师对下达给陪审团的指令也并未提出反对意见。

（朱广友）

防范篇

第二十四章　医疗纠纷的防范

对于医务人员来说，防范发生医疗纠纷，既可以避免陷入复杂缠绕的争议与诉讼，又可以提升职业的愉悦感和自信心，无疑具有重要的意义。医疗行政管理者、医疗单位管理者与医务人员应共同努力，从制度设计层面，到具体操作层面，以及教育培训层面，加以必要的关注，逐渐扭转目前医疗纠纷增多甚至泛滥的局面。当然，彻底的改变可能更需要完美的顶层设计以及整个经济社会的持续发展。

第一节　加强制度建设，促进公平处理

自20世纪90年代起，由国务院颁布的《医疗事故处理办法》及后续的《医疗事故处理条例》，最高人民法院关于在医疗纠纷案件中实行“举证责任倒置”和《关于人身损害赔偿的司法解释》，直至全国人大颁布《侵权责任法》对医疗纠纷的司法审判作出专门的法律规定，近年来在各地纷纷开始试行启动的医疗纠纷第三方调解机制等一系列行政、司法举措，似乎都没有能够扭转医患关系紧张的局面，在某些领域、某些地区反而呈现矛盾益显尖锐、纠纷越来越难以妥善处置、医院赔偿持续增多、而患者并不满意的不利局面。当然，这些问题的出现，其影响因素是多方面、综合性的，可能与所处时代背景及多元化思想相关，作者并非法学家、社会学家，更非专业医疗行政管理专家，无力也不想做全面深入的探讨，但从专业技术人员的角度，结合近年来的从业经验，做一些浅层次的探讨，可能也会对今后医疗行政管理部门以及医疗单位对医疗纠纷的防范提供稍有裨益的建议。毕竟，医疗纠纷的高发，无论对社会和谐稳定，还是对保障和促进人们的健康事业，都是有百害而无一利的。

要正确应对当前较为紧张的医患关系，妥善处置医疗纠纷，有必要借鉴国外相对较为成熟的处置医患纠纷的制度和模式。事实上，世界上各国也都面临医疗纠纷这一棘手的问题，各国处置方式也存在很大的差异。例如，美国通过兼顾医患双方合法权益，努力寻找双方利益的平衡点，通过协商与诉讼模式处置纠纷；德国、新加坡等国通过积极寻求庭外调解的途径，有效地化解了医患矛盾；相应的，俄罗斯则多倾向于通过法律手段来解决医疗纠纷。

作者认为，当前最为关键的还是加强制度与法律建设，在一旦产生纠纷以后能够有合理、合法，且公平、有效的救济途径，避免矛盾激化、影响扩大。具体提出如下建议，供决策

者与关注医疗卫生事业健康发展的人们思考。

一、进一步完善立法，统一医疗纠纷的处置制度

事实已经证明，虽然《侵权责任法》对医疗纠纷的司法审判作出权威的规定，但寥寥数条法律条款，仍远不能涵盖日益复杂的医疗纠纷情形，大多数时候还必须依据相对低位阶的司法解释、法规性文件、行政规定进行处理。而由于制订、颁布部门各不相同，往往造成规定之间相互冲突，给处理者带来一定的困难。因此，目前极有必要清理已有的法律、法规及行政规定，通过立法的形式，尽快建立完善、统一的医疗纠纷审判制度、医疗纠纷调解制度、医疗纠纷鉴定制度，通过制度、人员、经费的有力保障，大力促进医疗纠纷人民调解，尽可能使得纠纷双方能够通过庭外调解化解矛盾，既有助于节约宝贵的司法资源，也可使当事人避免陷入冗长而耗费大量精力的诉讼。

二、建立第三方鉴定制度，促进医疗纠纷公正鉴定

作者认为，无论是医疗纠纷的调解还是诉讼，客观、公正的鉴定是其中最为关键的一环。无论是过去由医疗卫生行政部门主导的、还是现在由医学会主导的医疗事故技术鉴定，都难以胜任适格的裁判者这一角色。因此建议，在坚持同行评价为主体的制度得以保证的前提下，建立第三方鉴定制度。该制度可以借鉴司法鉴定的模式，由司法行政部门统一监管，建成由临床医学专家、基础医学专家、司法鉴定人以及有一定专业背景的律师等法律工作者组成的专家库，实行鉴定人负责制，从形式上满足司法鉴定的基本要求，并且实行地区、省级及国家级三级鉴定制度，彻底改变当前鉴定制度与模式“二元化”的痼疾。

三、建成医疗责任保险制度，确保医患合法权益

与现行的机动车交通事故责任保险制度相比，医疗损害责任保险无疑是不够成功、不够深入人心的。若能模仿机动车交通事故责任险的成功经验，一举建立医疗损害责任强制保险制度，再逐步推广医疗损害责任商业保险制度，可以使医务人员获得坚强的后盾，即使在发生争议时也不用担心自己成为天价赔偿的直接受害者，而可以安心执业。俗话说，专业的事情还应当有专业的人去做，就应对医疗纠纷而言，广大医务人员毫无疑问并非行家里手，而保险公司的“理赔人”将更为专业。同时，患者在就医时无论到什么医院，即使发生纠纷，将起码有最基本的医疗损害责任赔偿作为保障；若能选择投入医疗损害责任商业性保险的医疗单位，甚至可更为方便地获得相对有利的赔偿数额。而医疗损害责任保险投入的不同，也将与医疗单位的人才队伍建设、医疗设备资源投入一样，成为评价医疗单位受欢迎程度的又一项重要指标。总之，该制度普遍建成以后，应能有效帮助医疗机构分散医疗风险、减少压力，甚至可有望减少医方实施“防御性医疗”，逐渐杜绝隐性损害患者权益事件的发生。

四、加强从业人员风险教育，提高技术能力，避免发生医疗过错

毋庸讳言，虽然有这样、那样的主、客观问题存在，医疗纠纷的频发与医务人员本身在执业风险意识不足、业务能力不能持续满足日益进步的医学水平与患者日提高的对健康

的需求存在相当的关系。从医疗卫生行政管理部门与教育部门来看，应当将从业风险教育与医疗执业技术能力教育等同看待，有必要在医学生教育阶段，普遍设置医事法律专业课程并将其作为必修课，在执业医师考试时，加入相关试题以体现其重要性，对于执业风险特别大的一些临床专业科室，可以引入从业人员理论知识及技术能力、心理能力测试制度，逐步完善人员淘汰机制，避免将一部分经常容易发生差错的专业人员留在纠纷的高发学科。

五、加强医患沟通，减少防御性医疗行为

保持畅通的医患沟通机制，是切实减少医疗纠纷的重要措施。患者及其家属对医疗理论与技术基本处于懵懂的状态，医务人员在诊疗过程中无疑处于主导地位。医务人员的选择和决策一定要转化为患者的内在需求，才能更好地发挥双方在对抗疾病过程中的合力，反之，治疗效果很可能难以达到预期效果。但是，当前医患关系较为紧张的前提下，部分医务人员采取防御性医疗措施，以求自我保护、减少纠纷发生。事实上，一味采取防御性医疗行为常常并不能获得医务人员所期望的良好效果，反而有可能适得其反。作者建议，医务人员应坦诚地将有关疾病的信息以及治疗的选择和可能的预后如实告知患者或其家属，共同协商应对措施、确定治疗方案，最大限度地取得一致。若患者对此不能理解的，则应考虑其可能存在投诉或抱怨的风险，提前制定适当的预案，有条件的也可建议其到其他医疗单位咨询有无更佳的治疗方案，或者索性建议转往条件更好的医疗单位，这样会在相当大的程度上有助于减少纠纷的发生。

六、提高沟通技巧，普及医学常识，增加医患相互理解

在医患沟通方面，医方是相对主动的，而患者及其家属是相对被动的。作为医务人员，不应简单地将填妥的《知情同意书》交给患者或其家属要求签字了事，而应给予适当的口头解释与说明，取得其充分了解和知情。只有在充分知情基础上的同意，才是真正的同意，也才有可能最大限度地取得患者及其家属对医疗过程中难免发生的各种并发症的理解与谅解。为了提高患方的理解能力，医方可以通过在院内设置各种宣传栏、开办健康讲座，介绍常见疾病及其常用诊疗方法的利弊，卫生行政部门、医学会、医师协会以及社会公众媒体也可利用各种载体、通过各种形式向全社会做一些医学知识的普及工作，提高人们对医学知识及医疗行业的理解。只有医方能够真正表示对患者疾病的同情和关心，患者及其家属能够真正理解疾病诊疗方面带有不确定性，双方才能够达到真正的相互理解，也才能真正达到减少乃至避免医疗纠纷的最终目的。

（夏文涛）

第二节　提高病史书写与管理的规范性

限于作者的经历与所从事专业的背景，就法律和制度层面建设以防范医疗纠纷的探讨颇有纸上谈兵之嫌，但从事鉴定多年，对于技术层面的问题，还是具有一定的发言权。病历是临床诊疗过程的历史记录，应该能够完整、客观再现诊疗中的各个环节，多数情况

下是医疗纠纷鉴定的唯一依据。但是，由于医务人员漫不经心、疏忽大意，或者自以为是的行为，导致发生医疗纠纷的情形在鉴定与司法实践中并非罕见。所有参与病历形成的医务人员，包括医生、护士、辅助检查科室从业人员乃至门（急）诊办公室、病案室、出入院登记处等管理人员，都有必要高度重视患者的诊疗病历，具体可以从以下几个方面加以注意。

一、完善病历保管制度

根据目前全国多数医疗单位的实际情况，患者的门（急）诊病历多由其自行保管，而住院病历统一由医疗单位保管。对于自行保管的病历，医疗单位应尽可能多地在各种场合加以宣传，告知患者医疗单位对自管病历的丢失免责。当然，随着门（急）诊电脑应用的普及，医疗单位应在规定期限内保存门（急）诊记录的数据，以备与患者提供的纸质记录进行核对。对于由医疗单位负保管责任的住院病历，应建立严格的定期检查制度和及时归档和借阅制度。当然，有条件的医院可以逐步探索运用电子数据形式保管病历，缓解纸质病历保管压力，但同样必须建立可靠、严格的授权制度，防止数据的丢失、误删除乃至有意修改。

卫生行政部门现行对于住院病历人为做出的主观、客观病历的划分，并非十分合理。而且患者始终质疑，为什么其作为病历的最直接相关方，在转医或后续医疗时不能获得完整的病历资料。因此，作者建议有关部门彻底放弃现有的客观病历可以复制而主观病历不得复制等不合时宜的规定，在患者提出要求并愿意支付必要的费用时可以获取全部病历资料的复印件。

对于患者的医学影像资料，目前仍有许多医疗单位坚持统一代为保管的制度，而这也是在不能被广大支付了足够检查费却不能获得全部检查结果的患者所满意，同时，代为保管大量资料，业已成为影像专业科室沉重的负担。作者建议，在数字化摄影及保存技术日益完善的今天，医疗单位完全没有必要保存大量影响学胶片，而是应当建立统一的电子数据定期保存、归档制度，同时将患者需要的医学影像图片采用胶片、光盘或其他储存形式提交给患者，而非仅仅提供影像学报告，以便于患者转诊、续医。作者在工作实践中曾经遇到一件医疗纠纷案例，医方坚持患者已经通过院内熟人将影像学胶片借出且未归还，故诉讼中不能提供影像学胶片，但又不能提供借阅记录，直接导致举证责任不能完成，陷入极其不利的境地。

病历保管制度的改变，有助于医疗信息的公开。透明、公开的医疗信息，减少了患者对于医疗服务中地位不对称的顾虑，是化解医患不信任的有效方法。试图以“统一保管病历”为名，试图遮掩医疗瑕疵乃至过错的行为，只能是掩耳盗铃之举，不会有任何实质性意义。

二、加强病历形成的监管制度

病历的形成是多方面、多专业、多级别医务人员合作的结果。现行的病历，并无强制性的监管制度，形成各负其责、最终都不负责的局面。作者建议，对于门（急）诊病历，可以建立有门诊办公室工作人员为主、由各专业科室专门兼职监管员为辅的病历监管制度，通过对纸质病历的抽查、对电子病历的定期必查，严格督促各级医务人员按照病历书写规范要求制作病历，杜绝违规行为。对于住院病历，建立以住院医师为监管责任人的病历监管制度，在发现不合格记录时直接向所在专业科室负责人报告，由专业科室负责人协调相关病历记录人或其上级人员及时改正。

对于病历记录中的错误，除应按照规定及时纠正以外，还应建立纠正的统一记录和报告制度，原则性的错误记录，应及时反馈患者，取得谅解，避免未来一旦发生纠纷时反而陷入被动。超过病历修改时限规定的错误，更应建立备注说明、及时报告及严重性评估制度，而绝对应当避免采用私下修改记录的方式，因现在电子数据鉴定一般能够鉴别数据的所有修改痕迹，一旦陷入纠纷，私下修改将带来极大的隐患。

为了使医务人员既能按照规范要求完成病历记录，又尽可能减少病历记录带来的繁琐、额外的工作量，作者建议适当简化病历书写的规定，推广格式化病历、表格式病历、标准化病历，简化各种名目繁多而并无多大实际意义的记录表格，通过医院电脑管理系统建立患者数据的自动捕捉与技术表格的自动生成，提高病历书写的效率，又能避免病历书写差错。

作者近期遇到一例医疗纠纷，就是因为患者对患 1 型糖尿病接受糖尿病外科治疗效果不佳产生疑问引发纠纷，鉴定过程中居然发现医疗单位在所提供的病历中，入院录、首次病程录中均明确诊断为 1 型糖尿病，而在术前记录、手术记录中则更改为 2 型糖尿病，医患对此争议极大，不得不提起鉴定。若能采用上述模式，可望减少这类低级错误。

三、提高病历制作水平

病历情况其实颇能反映经治医生与医疗单位的技术水平，但有些医务人员乃至医疗单位相关领导对此却总是重视不足。具体表现在：① 手书病历字迹龙飞凤舞，他人甚至自己也难以识别；② 电子记录采用复制加粘贴方式而不加以仔细校对与修改，看似内容很多，但错误频频；③ 仪器设备自动生成的病历形成或者检验、检查日期、时间以及患者姓名、性别、年龄、疾病名称或其他医疗信息，因操作人员疏于输入、校对或设备故障而发生错误，却不加以修改、标注；④ 采用非公认的缩略语、简写等表示疾病、体征或药物名称，不能被他人清晰理解或者容易产生歧义；⑤ 病历记录疏懒，信息严重不全，使后续诊疗措施在病历上缺乏合理的解释和依据；⑥ 不同人员在病历记录中各行其是，对相同事实的描述不尽一致甚至完全不同，埋下争议隐患。以上种种，充分反映了当前临床病历制作水平确实亟待提高。

卫生行政管理部门颁布实施的现行病历书写规范，其要求是全面的，也基本符合法律、法规的规定，但未免太过繁琐，难免引发临床医师的怨言，以致在执行中打折扣，在发生纠纷时被人诟病。作者建议，病历书写规范的制定，一定要适合临床实际情况，否则就有变成“恶法”的可能。非必要的、能够精简的内容，完全可以从现行规定中删除。对于稳定期随诊患者的病历记录，可以选择采用相对简单的记录方式，如采用表格式记录；对于急诊患者，则应当提倡综合记录，对于各种检验数据、检查结果报告、临床会诊记录等内容，没有必要全文转抄，否则反而容易造成人为差错，只要有必要的索引备查即可，如此既可提高记录效率，又使患者及其他医师容易辨识。

当前信息网络已经高度普及，医疗管理者可以借助计算机技术设置各临床专业、各大类疾病的模块式病历表格，由医务人员从中勾选、填写，并可与相应的辅助检查与实验室检验结果链接，然后按相应格式自动生成电子病历，待满页后再按打印键形成纸质病历。当然，作者并非电脑行家，具体如何操作应由专业人士设计。但只要设计合理，一定大受临床医师的欢迎，并势必大大缩短病历制作时间，同时又有助于提高病历的规范化。

四、保证病历及时完成并按时归档

在鉴定实践中，因病历制作、完成或者归档不够及时引发的纠纷也并非少见，许多纠纷虽不以此为主要争议要点，但在患方提出的医方过错中这些因素也是主要理由。作者认为，医疗单位应加强病历制作及归档的两级管理，即以科室日常管理为主，加强院级监督检查。如对住院患者，应强调按规定完成病程记录等日常记录。在目前多已实行电子病历的情况下，若写满一页就应及时打印形成纸质病历并要求各级医务人员及时签字存档，不可为图省事待患者出院时才统一打印，因为住院过程中随时可能发生纠纷，一旦发生纠纷时患方即可能要求封存病历，未及时打印纸质病历的将在日后鉴定过程中给医方带来很大的隐患。作者日前在鉴定中就遇到一例由此引起争议的纠纷案件，患者因脑梗症状入住某中西医结合医院针灸科，医方予行对症治疗的过程中，进行了心脏彩超等检查，发现患者存在风湿性心脏病，经西医会诊，其具有行心瓣膜置换术的适应证，遂转入心胸外科实施手术治疗，但术中患者发生了意外死亡。当患者垂危时，医方紧急与患方沟通，但患方对此不能理解并引发纠纷，要求立即封存病历。然医方发现该患者自入住针灸科起的入院录及所有住院病程录均还没有打印成纸质病历，仍还在电脑中作为电子病历存在着，紧急打印下来后根本来不及完成各级经治医师的签字即被封存，因此，在鉴定过程中引起了极大的争议。

近年来，要求对病历形成时间进行鉴定的案件也不少见，如病程记录均为事后一次完成的，无论是纸质病历还是电子病历，均能被发现，将使医方难免陷入困境。因此，及时完成病历制作并按时归档，对医方在未来可能面临的医疗纠纷鉴定中无疑具有至关重要的意义。

（夏文涛）

第三节　避免误诊误治，提高诊疗水平

临床医学是经验科学，对疾病的诊断是建筑在不断的观察、检查和对试验性治疗的基础上，根据医师的经验所做出的逐步接近正确的过程。即使如此，临床医师仍难免有误诊、误治。误诊、误治几乎是临床医学与生俱来的伴随品，即使到医学高度发展的今天，仍难彻底避免。但是，医学的不断发展已经并正在逐渐降低误诊、误治的发生率。提高诊疗水平，是防范医疗纠纷的一大关键，其中尽可能减少误诊、误治，就显得格外重要。医师的职责就是在于尽可能早地获得正确的诊断并采用正确的治疗，若一旦发生多数医师在相同或者相近条件下都可以避免的误诊、误治，则将被认定为医疗过错。

一、误诊

所谓误诊，是指医生由于主观或客观因素的影响，造成对疾病所下的诊断结论不符合实际病情。即使医学科学发展至当今水平，人类仍应当承认对疾病的认识能力和治愈能力还非常有限。据世界卫生组织统计，发达国家当前的误诊率仍高达30%左右。不但罕见病、疑难复杂疾病常发生误诊，而且常见病、多发病也时有误诊发生；不但临床经验相对较少的低年资医师易发生误诊，而且经验丰富的高年资医师也难免误诊；不但设备简陋、技术薄弱的基层医疗单位易有误诊，而且设备先进、技术力量雄厚的大医院也难以杜绝误诊。应该承认，误诊在临床医疗实践中是一种客观存在。同时也有必要指出，相当部分的医疗纠纷与误诊有关，故认识临床误诊发生的规律，对临床医师的总结提高、防范医疗纠纷有其必要性。

1. 漏误诊断

不同疾病可能有相仿甚至基本相同的临床表现，临床诊断上需要高度重视鉴别诊断。一时不能确诊的，应注意邀请会诊，请示上级医师，或者采用必要的辅助检查手段，并注意随访观察，而不应随手写上一个常见疾病的诊断，或者以诸如“发热待查”、“腹痛待查”等所谓诊断应付了事。

门诊患者一般依从性较差，更应注意多关照一点，多写上一句，多建议一下，切勿因时间匆忙而草草应付病历记录，更不应留下潦草的“天书”病历，到时有理说不清。连续三次不能确诊的(首诊以后连续两次复诊仍不能确诊)，应根据相关制度请上级医师诊视。

2. 延误诊断

初诊与最后诊断不符合，其中确定诊断所耗费的时间即为延误时间。疾病在不同的阶段，其表现均有特殊性，故延误诊断并不一定为过错。但临床上确有相当部分延误诊断与医务人员的诊疗措施不够到位有密切关系，且有些疾病如恶性肿瘤，一旦延误诊断，往往酿成严重后果。有学者统计，恶性肿瘤因误诊而被误治并拖延3个月以上的患者几乎占全部患者的15.4%，延误时间短的为数天，长的可达数年。临床上较为常见的恶性肿瘤延误诊断病例是慢性肝炎癌变早期，超声等理化检查尚难以与肝硬化鉴别，常发展至晚期，合并症出现后方才得以确诊。

3. 谬误诊断

如前所述，由于不同的疾病可以有相仿的临床表现，同样，同一种疾病又可以有不尽相同甚至迥异的临床表现，给临床诊断带来相当大的困难。如同一部位的良、恶性肿瘤，在疾病初期其症状几乎完全一致，容易误诊。而诸如急性心肌梗死，因患者自身感受及耐受性的差异，可以导致其主诉相差很大，甚至造成导医人员错误指引其就诊口腔科、伤骨科等临床专业科室，贻误诊断时机。病理学上，取材、制片等客观原因以及医师的观察能力、学识经验等主观原因，均是影响诊断结果的重要因素，也非常容易导致误诊。而良、恶性病变的处理方法可能相差甚远，一旦误诊，则危害巨大。

4. 误判疾病的分型、分期、分度

不同的疾病有不同的分型、分期与分度。权威的分型、分期、分度方法见于临床诊疗规范、指南或者教科书、权威专著，并不时有更新。分型是对同一种疾病各种不同类型(亚型)的区分,如急性髓细胞白血病,可以分为多个类型与亚型。分期是对疾病所处阶段的区分,如失血性休克可以分为休克前期,休克代偿期、休克失代偿期。分度是对疾病严重程度的区分,如特重型颅脑损伤、重型颅脑损伤、中型颅脑损伤、轻型颅脑损伤。不同分型、分期、分度的疾病,常需要采取不同的处置手段,当然也应做不同的知情说明。

临床医疗实践中,确有少数医务人员知识更新不够及时,理论陈旧,观念落后,疾病诊断欠准确,容易为人诟病,甚至影响治疗方案的确定。故提请注意,应随时关注国内外权威医学文献,注意更新知识,使疾病的诊断及其分期、分度更加规范。

5. 忽视多发疾病的可能性

临床上确有"一元论"之说,即尽可能将同一患者在某一时期所表现出来的多种症状、体征及各种辅助检查结果,用一种疾病来加以解释。但不可否认的是,同一患者同时患有多种疾病的可能性也非常大,并非总是能用同一种疾病完全解释的,牵强附会的"一元论"解释实在要不得。经验不足的医师在针对复杂的临床表现时可能抓住了主要矛盾,但忽视了次要矛盾,甚至挂一漏万,使同时患有多种疾病的患者只能获得部分疾病的诊断和治疗,而其他疾病因遗漏诊断而被直接忽视,甚至延误、加重病情。

二、误治

疾病诊断一旦明确,即应严格按照诊疗规范进行操作,不应具有太大的随意性,否则一旦酿成不良后果,医师难辞其咎。但临床实践中,确实有相当多的病例存在疾病诊断明确,但由于种种原因,导致疾病被误治。

1. 姑息或妥协于患者的意见,未能采取最为准确的治疗措施

疾病的诊疗是医患双方互动的过程,医师虽然起着主导作用,但患者的配合同样至关重要。多数情况下,医务人员可以提供患者不同的诊疗方案由其选择,但某些特定情况下,医务人员则应毫不犹豫地将最佳诊疗方案明示患者,甚至乾纲独断,丝毫不妥协。如一急性青光眼患者持续眼压增高,应静脉输入脱水剂降低眼压,必要时实施急诊手术,否则很快将会造成视神经受损和难以恢复的视功能障碍。但由于患者因某些特殊原因"求情",医师开了一些眼药水后即让患者回家,数日后当患者再次就诊时患眼已经盲目。此时若产生投诉和纠纷,经治医师将很难完全解脱责任。

2. 因主、客观原因受限,未能及时采取最为适宜的治疗措施

疾病的治疗既受患者自身经济因素、理解配合因素、身体健康状况因素的影响,也受医疗单位人员、技术设备和收治条件等因素的影响,难以一概而论。如一拟诊急性阑尾炎的患者,因病房缺少床位,加之夜间值班医师少,未能及时收治入院采取手术治疗,留观至天明时患者腹痛加重并出现弥漫性腹膜炎表现,经手术探查证实系阑尾穿孔。医师在上述过程中若未及时向患者说明医方所面临的实际情况,并建议其转医治疗,则可能很难避免患者的不满和投诉。

3. 因利益驱动,错误采取并非最佳的治疗措施

临床实践中,确有少数医务人员受各种利益驱动,在治疗措施的选择上倾向于不从医疗原则和患者的利益考虑,而是更多地考虑经济、学术等因素,最终给患者带来不必要的健康或者经济损失。我们认为,这种行为已经完全背离了医务人员从医之初的誓言,是绝

不能被接受和允许的错误行为。如作者在数年前曾遇到一件案例，某 48 岁女性因交通事故致伤左膝关节致局部疼痛，县医院摄片漏诊胫骨平台骨折而误诊为“膝关节软组织损伤”，经 28 天石膏外固定治疗后伤处仍疼痛不适伴活动受限，4 个月后复诊时县医院做出正确诊断，但该女性拒绝在该医院接受内固定手术治疗，转赴某医学院附属医院就诊，医方为其实施左膝关节单髁置换术，术后因疼痛及活动受限未见好转反有加重而酿成诉讼。事后反思，该附属医院在治疗方案的选择上存在因临床学术研究需要而怂恿患者选择并非必要的手术之嫌疑。

三、对误诊、误治的认识

1. 误诊、误治的相关因素

在医疗纠纷的分析和鉴定中，我们需要充分考虑引起误诊的各种可能因素。有学者指出，影响诊断的因素包括以下几个方面。

（1）医疗水准因素

医学水准不完全等同于医疗水准。医学水准是指人们经过长期的科学探索和临床实践，业已达到的对某一类或某一种特定疾病的认识能力、诊断能力与治疗能力；医疗水准是指对于某一特定的患者所患特定的疾病，当时、当地的多数临床医师通常会采取的实际诊疗措施，以及该诊疗措施一般能够达到的治疗效果。我们应该用医学水准理性分析导致误诊、误治发生的诸种可能因素，用是否符合医疗水准理性判断具体的医疗事件、医疗过程。

（2）医疗专业性因素

临床医学发展至今，分科越来越精细，专业化越来越明显。长时间专注于所从事的专业，可能带来惯性思维，有时会有一定的局限性和危险性。所谓“良医在精，大医在杂”，这就要求，医务人员既应认真钻研所在专科的理论技术，做到“精深”，又应注意学习相关专业的知识，不忘“驳杂”。同时，我们在判定误诊、误治是否属于过错时，应当对临床上医疗专业分科的实际情况有所宽容，避免对医疗行为过于求全责备。当然，这并不意味着可以纵容医务人员以此为遁词轻易逃避责任。

（3）医疗地域性因素

当今世界信息化高度发展，人们易于获得各种信息，地域化限制已在很大程度上被克服。但不得不承认，在诸如人才、设备等医疗资源的分布上，医疗地域性因素仍大量存在。我们在衡量误诊、误治是否属于医疗过错时，既要用医学水准去理性分析，又要用当地的实际医疗水准去客观判断。

（4）医疗紧急性因素

疾病有缓急不同，救治当然不能一概而论。对于危及生命的病情，应当允许医务人员有正常的思维、辨别过程，不能提出不切实际的要求，否则就会使医务人员无所适从。医务人员在执业过程中，尤其在急诊等特定医疗场合应当秉持“病情第一”的理念，不以“权贵”、不以“亲疏”、不以“贫富”、不以“衣着外貌”取人，否则很可能导致难以令人接受的恶果。

（5）医疗特殊性因素

医疗有时是一把双刃剑，在治疗某一种疾病的同时可能带来新的疾病，多数疾病迄今仍不可完全治愈，有些疾病至今仍不为人认识或者全然没有治疗方法，几乎每一个人最终都将在医生的无奈下走向死亡。所有人都应当认识到，正确的诊断、正确的治疗，并不意味着一定可以获得所期望的效果。作为经验科学的临床医学，经验至关重要但又不能完全复制，在某些人身上有效的诊疗措施在另一些人可能全然无效。这就是临床医学的特殊性与局限性。

2. 误诊、误治过错责任的分析

由于存在不同疾病可能采取相同或相近的治疗，故存在误诊的，并不等于一定存在误治。临床上，若仅有误诊但没有误治的，医务人员不应当承担赔偿责任。

既有误诊同时又存在误治的，要考虑疾病的疑难程度和复杂程度。即：根据医学水准理性分析误诊、误治的各种因素；根据医疗水准客观判断，在当时、当地的情况下，涉案的医疗行为是否违反多数医师公认的医疗原则，或者未达到多数医师可以达到的医疗水平。

这里特别需要指出关于体检漏诊的问题。最近有报道认为国人目前热衷于接受各种体检，以期望保持健康、远离疾病。但应当注意，体检并不等于就诊看病。根据卫生行政管理部门所颁布的《健康体检管理暂行规定》第二条规定："健康体检是指通过医学手段和方法对受检者进行身体检查，了解受检者健康状况、早期发现疾病线索和健康隐患的诊疗行为"。体检往往都是受检者与检查者之间的民事约定，约定什么就查什么项目，没有约定的部位无论存在什么疾患，也不存在误诊之说。且约定的检查项目只限于发现疾病线索，提示受检者进一步检查治疗，也不存在治疗的问题。而就诊看病则一般不受约定的限制。

（夏文涛）

第四节　遵循外科临床原则，避免手术失误

因手术医师直接对人体组织或者器官实施操作，往往容易造成损伤，故临床外科是风险相对较高的职业，也是医疗纠纷的高发区、危险区。作为外科医师，应当具有娴熟的手术技巧并不断追求丰富经验、提高技能，追求每一例手术都能达到"完美"的效果。作为曾经的外科医师，参考有关文献，提出如下意见，与外科医师分享。

一、外科手术不得违背医学伦理

医学从本质上说是科学，但其目的是维护人的健康和生命，因此遵从人道的原则是其存在的前提和基础。临床医学是手段而非目的，患者不是为了治疗而治疗，其接受治疗的目的只能是去除疾病、恢复健康，或者以较小的代价换取较大的收益。凡是不顾术后生存质量一意孤行地肆意扩大手术范围以追求根治效果，或者为达到所谓"科研"目的而实施效果尚不确切的手术，都是不能被接受的。因此，现代医学正在追求治疗效果与维护生存质量之间痛苦地寻找平衡。

二、尽可能在有充分把握的情况下实施手术

任何医师都有成长的过程，谁也不是天生的专家。但并不是说可以随意以患者的生

命或者健康为代价，作为手术医师进步的阶梯。在生命和健康面前，任何人都是等价的。除非迫不得已的紧急情况，外科医师应当“知不足”，术前合理评估自己的能力以及手术的主、客观条件，通常情况下不应在没有上级医师的指导或者没有足够后勤保障的情况下擅自实施没有任何把握的手术。当然，紧急情况下为抢救患者生命则当例外，否则同样将因不作为而被视为医疗过错。

三、重视患者整体情况，不能为手术而手术

手术的目的在于挽救生命、恢复健康，若仅仅为了追求手术的“漂亮”、“完美”，罔顾患者整体情况已经不适合大手术，置麻醉师或其他医师的劝告于不顾，则很可能造成“鸡飞蛋打”的结局。因此，无论在手术前的方案设计，还是在手术中的具体实施，都应当有整体观念，一切以患者生命和健康为重。

四、尊重术前预案，术中不随意变更操作

医院一般都有术前讨论制度，临床医师根据术前检查结果经集体讨论确定的手术预案，通常集中了三级医师集体的智慧，并通常设想了不同情况下的应对措施。手术医师若遇到意外情况，当然可以实施紧急处置，但若在没有紧急意外发生的情况下，术者随意变更手术方案实施操作，既可能因个人考虑不周发生难以预料的不预期后果，更可能直接侵犯患者及其家属的知情同意权，酿成纠纷乃至诉讼。建议在术中确需变更手术方案时，应当向上级医师报告，并与患者家属取得有效的沟通。

五、手术中不轻言放弃

手术过程中难免会遇到各种意料之外的困难情况，手术医师若轻言放弃，可能就意味着患者疾病治疗机会的彻底丧失甚至直接失去生命。医疗单位应有预案，规定本单位外科医师在紧急情况下可以采取的处置。当然，手术医师也应须知患者的健康和生命远高于自己的“面子”，可以考虑是否有必要邀请上级医师或者相关专业科室医师协助手术、变更手术方案、紧急求助其他医疗单位有经验的外科医师到场或远程指导，或者及时报告卫生行政管理人员采取应急措施。

六、手术中绝不过度自信或者疏忽大意

有些外科医师、特别是青年医师容易犯的错误是因希望获得周围人的承认而追求尽量缩短手术时间，结果造成该做的操作被莫名的简化，该做的动作未完全到位。这种行为的发生往往见于常见且已“熟悉”的外科手术，其初始动机或者出于过度相信自己的简化或不到位的操作同样能够达到手术要求所规定动作的效果，或者是在追求快速手术的过程中疏忽了细节上的偏差，最终造成本来完全可以避免的过错，到时则悔之晚矣。

七、不断学习手术技术，切实提高手术技能

外科手术是一门永无止境的“技术”，更是一门充满遗憾的“艺术”，没有绝对完美的手术，应当始终相信下一台手术会做得更好。可以通过不断观摩其他外科医师的手术、观看

手术录像反思自己的手术、反复学习手术图谱、反复在台下训练手术操作，以积累自己的手术经验，提高手术技能。但应注意，手术技能并非简单地等同于手术技巧，花里胡哨的手术动作并非重要，手术操作动作应追求简单，须知"大拙实巧"的道理。

八、时刻不忘最基本的外科原则和职业操守

时刻牢记手术中应坚持无菌原则；注意爱护患者的组织与器官，不实施可能造成误伤的手术操作，更不随意处置；止血时切记须可靠，结束手术时须仔细检查可疑之处，避免遗漏；在体腔内尽可能不遗留不必要的异物，结扎线在保持安全的前提下不能过长；不过度依赖辅助器械；不忘记"无瘤原则"；牢记外科"充分引流"的必要性，不贪图方便将引流口从切口引出体外。以上这些，都是外科医师应当坚持的基本原则，时刻不能或忘。

总而言之，外科医师是一门职业要求特别高，培养周期相对较长的临床职业，他们的社会责任重，工作强度大，技术难度与执业风险高，但一个好的外科医师会受到社会的普遍尊重，具有很高的荣誉感。牢记以上原则，对一名外科医师的成长至关重要，更可以有效地帮助他在执业生涯中避免发生医疗纠纷。

（夏文涛）

第二十五章　医疗纠纷司法鉴定意见的审查与应对

医疗纠纷作为一种专业性极强的民事争议，普通人常难以理解其关键核心内容，难以明断其中是非曲直，需要鉴定意见作为处理依据。但是，鉴定意见作为科学证据，并非天然具有客观性和公正性，因为它披着科学的外衣，有时甚至可能带有一定的“欺骗性”。而且，医疗纠纷的鉴定意见从本质上来说，只是专家经分析所得出的推论，往往带有相当大的经验性与主观意见成分，需要经过充分的质证，才能决定其最终是否能够被采信。无论是医方，还是患方，在收到医疗纠纷的鉴定意见以后，均有必要进行全面、仔细的审查，才能妥善应对。

第一节　鉴定程序合法性的审查

一、委托主体是否适格，委托程序是否合法

根据全国人大常委会《关于司法鉴定管理问题的决定》，公民个人、组织均可委托进行司法鉴定。但是，若当事人一方或者其代理人自行委托进行医疗纠纷的司法鉴定，将有可能侵犯另一方当事人的知情权和申辩权，其鉴定意见往往不容易直接被司法审判机关或仲裁机构所采纳。其原因包括如下诸多方面。

1. 委托人的问题

来自当事人一方委托的鉴定，由于其既是与鉴定结果利益直接相关的案件当事人，又是鉴定的申请人，还是委托人，要求其单方面提供鉴定材料并保证材料的真实、完整、充分，显然勉为其难。鉴定意见一旦为对方所不接受，经常会受到“花钱买鉴定”的质疑，并不得不面临重新鉴定，造成时间上和经济上的双重浪费。

2. 全面收集鉴定材料的问题

医疗纠纷的鉴定较其他法医学司法鉴定更为复杂，除了病历材料、影像资料以外，鉴定人应当了解鉴定材料以外更多的信息，如患者的求诊及就医经过、涉案地区及被告医疗机构的专业水平、医务人员对疾病诊疗方面的认知情况、书面告知以外的医患沟通情况、在涉案医疗机构以外的其他医疗机构就诊经过等情况，这些材料或信息往往需要医患双方共同配合才能有效获取。

3. 有效收集鉴定材料的问题

在鉴定过程中，随时会遇到各种程序或技术问题，经常需要征询委托人及鉴定申请人和当事各方的意见。如需鉴定的具体医疗行为是否存在过错、是否与损害后果有关，由于早已时过境迁，有时仅从病历材料是难以清楚分辨的，需要从其他角度切入或者收集更多的材料、了解相关信息，而一方当事人提供的材料和信息往往带有较大的局限性，不能满足鉴定的需求，甚至可能导致鉴定意见的偏差。

4. 医疗过错属性的问题

医务人员是医疗过错的行为主体，而医疗过错说到底往往是医务人员主观上疏忽大意或者过度自信所致，是一种主观心态的客观表现，在鉴定过程中，有必要通过与医务人员的沟通，了解其当时所处的客观环境与内心心境，对鉴定意见书的制作将有很大的裨益。同样的，作为患者一方，在医疗过程中也并非完全处于被动的服从地位，诊疗措施需其知情同意与选择，了解该过程对鉴定意见也具有相当重要的意义。一方当事人的委托难以使鉴定人掌握这些信息，不利于得出公正的鉴定意见。

5. 鉴定人回避的问题

司法鉴定作为一种准司法活动，需要按照法律、法规的规定进行实施。现行《司法鉴定程序通则》明确规定，司法鉴定人本人或者其近亲属与委托人、委托的鉴定事项或者鉴定事项涉及的案件有利害关系，可能影响其独立、客观、公正进行鉴定的，应当回避。此外，参加过同一鉴定事项的初次鉴定或者在该鉴定事项的初次鉴定过程中作为专家提供过咨询意见的，也应当回避。而一方当事人委托的鉴定，无法征询另一方当事人是否要求司法鉴定人应当回避的意见，不能有效保证鉴定程序符合上述规定。

由此可见，虽然当事人一方委托医疗纠纷司法鉴定并不能视为违反现有法律规定，但因其存在上述弊端，故鉴定机构应当慎重对待、谨慎受理。人民法院作为医疗纠纷诉讼的审判机关，除了被动地收集由医患双方提供的鉴定材料、根据当事人的申请委托鉴定以外，还可以依职权主动调查案情，甄别材料真伪，提出自己认为需要解决的专门性问题作为鉴定事项，无疑是适格的鉴定委托主体。迄今，作者所在的司法鉴定机构仍仅受理来自法院委托的医疗纠纷鉴定案件，正是为了避免陷入尴尬境地。

二、鉴定事项是否专门性问题，符合司法鉴定的前提条件

根据全国人大常委会《关于司法鉴定管理问题的决定》，司法鉴定应当是指须要由具有专门知识和技能的人去解决某些在诉讼中需要解决的专门性问题。这些专门性问题一般是普通人不能解决的，属于在某个专业领域内的科学问题。不是科学问题，通常是不需要鉴定的。如作者在实践中曾遇到某些鉴定机构出具如下一些具有代表性的鉴定意见，都存在鉴定人的"越权"鉴定：① 某医疗单位并非三级甲等医院，也没有取得卫生行政管理机构的批准授权，不宜开展肝、肾等器官移植；② 某医生是心血管内科医师，从事心血管介入治疗，但其在涉案事件中为患者实施了颈内动脉的介入治疗，属超范围行医，存在过错；③ 某医院的送病历材料不完整、不规范，术前签字被证明非患者本人及其亲属的签名，存在过错，该过错与患者的损害后果之间存在因果关系；④ 经查询当地卫生行政管理部门的官方网站，某医院某医生尚不在该地区行此项诊疗的医师范围内，故该医生的医疗

行为属非法行医；⑤ 医疗单位对干细胞治疗存在过度宣传，不符合当前医疗实际情况，存在过错，该过错可能误导患者的就医选择，对患者最终延误了接受正规化疗、放疗的时机造成影响；⑥ 某医疗单位在对患者的诊疗过程中存在过错，应当对患者的死亡承担法律责任，责任程度为主要，建议70%为宜。以上种种鉴定结果，不一而足，实际上都是违反了司法鉴定的本质要求。

1. 与实体医疗行为不存在本质关联的非医疗技术问题

医疗纠纷的司法鉴定中，医疗单位、医务人员的行医资格，不属于鉴定范畴，司法审判机关或者仲裁机构完全可以通过调查或咨询相关医疗行政管理部门获得满意答案。司法鉴定人更不能直接得出所谓“非法行医”的鉴定结论。

2. 与实体医疗行为存在一定关联的非医疗技术问题

即时真的存在“超范围行医”、“病历书写不规范”、“术前签字系伪造”等过错，也并不一定意味着医疗单位的过错与患者的损害后果之间存在必然的因果关系，而后者(是否存在因果关系)正是需要鉴定机构解决的专门性问题，除非该专门性问题由于过错已经无法解决(如病历被证明系造假，而真实病历已被毁去)，才可以由司法审判机关、仲裁机构裁定医疗单位承担责任，鉴定机构也无权做出这样的鉴定。

3. 其他非医疗技术问题

有关服务态度、虚假宣传等问题，不属于鉴定范畴。司法审判机关、仲裁机构可以根据鉴定意见与其他证据，做出综合裁定。例如，前述“干细胞技术”案件，鉴定机构完全可以做出以下鉴定意见：被鉴定人所接受的“干细胞治疗”未能达到治疗效果，在治疗后肿瘤仍有明显复发、加重趋势；而其后接受放疗、化疗的时机距离根治性手术的间隔较长，不符合临床诊疗规范的要求；未按时接收正规放疗、化疗与被鉴定人最终病情加重直至死亡之间存在一定的关系，分析其自身疾病为根本原因，而延误治疗的医疗过错为次要因素(参与程度拟为20%～30%)。

总之，医疗纠纷司法鉴定需要解决的是医疗过程中是否存在过错及其与损害后果之间是否存在因果关系等实质性问题，属于鉴定人依据客观材料从事实层面作出的分析和判断，应聚焦于实质性医疗行为(包括临床诊断、用药或手术适应证、具体的诊疗措施操作过程等问题)，一般不涉及“虚拟”医疗行为(如行医资格及医师执业范围、知情告知与知情选择、服务态度等)。当然上述区分并非绝对，比如当知情同意与知情选择可能直接影响患者接受错误的信息导致损害后果或者后果扩大时，鉴定人也应当明确指出。

三、鉴定材料真实性的审查

司法鉴定人并没有参与对被鉴定人的诊疗过程，甚至当时根本不在场，其了解案件事实的最直接依据就是所提交的鉴定材料，主要包括病史材料、影像学资料。只有全面了解待鉴定案件的真实情况，才有可能对医疗行为的合法性、正确性、有效性做出准确的分析、判定，因此，鉴定材料是否真实、完整、充分，是否能够满足鉴定所需，是鉴定的前提和基础，对鉴定至关重要，鉴定材料缺乏或不足，必然使鉴定成为无源之水、无本之木。

鉴定材料的真实性，是指能够客观反映案件当时的真实情况。医方提供的病历是最主要、最常见的鉴定材料，其中既包括主观内容，也包括客观内容。病历中所记录的临床症状与体征，手术记录中的所见描述与操作经过，实验室检验数据，辅助检查收集到的图像与所见结果的数据或者描述，医嘱与起止时间的记录，护理记录中关于患者生命体征、医嘱执行情况的表述，是病历的客观内容；而医务人员根据临床症状与体征、实验室检验与辅助检查结果进行的病情分析与讨论、鉴别诊断乃至临床诊断，各种会诊意见及病情告知均是病历的主观内容。卫生行政管理部门特别规定，入院记录、护理记录、各种实验室检验单与辅助检查报告单、医嘱单、体温单均属客观病历，当患者提出复制要求时，医方应当给予配合；但是，包括病程记录、会诊记录、讨论记录在内的主观病历，则不属患者可以复制的范畴。

司法鉴定应依据病历中的客观内容进行鉴定，这就是司法鉴定对鉴定材料真实性的要求，具体体现在以下几个方面。

1. 主、客观病历问题

当病历中的主观内容与客观内容相冲突时，应当以客观内容为准。司法鉴定人应当严格按照医学、法医学标准对病历材料中的主观内容进行必要的审查，一般不宜直接依据主观病历进行鉴定。例如，在一方当事人对术后病理诊断报告存有争议的情况下，司法鉴定人不应直接援引送鉴病历中的病理诊断结果，而应组织对病理切片、蜡块甚至标本进行复核检验，严格按照病理诊断步骤与标准得出意见。

2. 病历中内容冲突的问题

当病历中关于同一事实的记述有冲突时，应当采信对患方有利的内容。例如作者在某一鉴定案件中，发现术后病程记录、手术记录与麻醉记录对于患者术中生命体征的记录不一致，术后病程记录与手术记录显示术中患者心率、血压始终平稳，而麻醉记录单有明显的血压降低、心率增快的生命体征波动。而患方在意见陈述中强调医师术中曾告知家属患者肿瘤病灶粘连严重，分离困难，出血较多，导致血压不稳定，有休克危险，急需输血。经与委托人协商，最终采信对患方有利的证据（即麻醉记录）。

3. 病历违规的问题

发现病历中有不符合有关规范要求的，如上级医师未按要求对病历进行修改并签字，病历记录不够及时，内容中有明显差错等情形，应当在鉴定意见书中指出。当这些情形并不直接影响鉴定人对实质性医疗行为与损害后果之间的因果关系进行分析、判断时，不宜以此加重过错参与程度。当这些情形已经直接影响因果关系分析、判断时，可直接在鉴定意见书中说明并明示难以得出因果关系分析意见及参与程度评价结果，或者适当加重过错参与程度。

4. 病历记录显然不真实的问题

发现重大不真实的内容，有证据显示医方存在隐匿、篡改、编造病历的，应当通知委托人，必要时中止鉴定。作者在一次鉴定前审查送鉴病历材料的过程中意外发现医方所提供的原始病历有相当部分病程记录显示患者姓名与被鉴定人不符合，经委托人调查显示，系患者出院当时即发生医疗纠纷，病历未及时整理即遭封存，医方误将其他床位患者的病历与涉案病历发生混淆，但又难以找到被误换的病程记录，最终只得中止鉴定。

四、鉴定材料完整性的审查

鉴定材料的完整性，是指能够全面反映案件事实的全部过程。一般而言，医方提供的住院病历是关于患者疾病及其就诊经过完整的纪录，既具有专业性，更具有全面性。而患方提供的住院病历通常是所谓“客观病历”的复制件，不够完整，存在重大缺漏。司法鉴定人在鉴定中应当要求委托人提供完整的病历材料，包括纸质病历材料，也包括医学影像学资料，必要时还应包括住院费用结算清单、医药费发票等看似与医疗过程并不直接相关的材料，因这些材料可能是诊疗过程中某些细节的有力佐证。

司法鉴定人应当依据完整的鉴定材料进行鉴定活动，具体体现在以下方面。

1. 鉴定材料能否完整反应涉案病程

鉴定人应当收集尽可能全部的关于涉争疾病的病史材料，必要时包括纠纷发生前后患者在涉案医疗单位或者其他医疗单位有关本病的就诊病历。疾病及其诊疗过程往往并非孤立的，对疾病的认识通常需要一定的过程，司法鉴定人借助完整的病历材料，有助于运用循证医学的思维方式进行分析、判断。

2. 鉴定材料能否完整再现诊疗过程

鉴定人应当收集尽可能全面的能够反映病变与诊疗经过的其他材料，如医学影像资料、各种检验报告的原始图像、病理组织切片、蜡块乃至组织块、大体标本、尸体与活体等。司法鉴定本身就是对临床诊疗过程的复核，应当尽量使鉴定人回到诊疗实境中进行医学思维，而这种思维的基础是基于与当时情况相当的足够资料。

3. 鉴定人依据医学标准独立分析、客观判断

鉴定人应当对所收集的材料加以必要的核对，并进行观察、检验和描述，得出自己的意见，而非简单地照搬照抄临床医师的意见。事实上，对上述鉴定材料进行检验，更具有客观性。过度依赖病历的鉴定活动，因难免受到经治临床医师思维的影响，可能得出片面的意见。

4. 鉴定材料的补充

当鉴定材料不完整时，应当通知委托人，要求其进行补充和完善，必要时中止鉴定。根据《司法鉴定程序通则》的规定，司法鉴定人有权要求补充鉴定材料，如补充提供已经实施的医疗活动的相关记录，补充实施新的医学检验；在无法获得补充鉴定材料时，如判定将直接影响鉴定意见的，司法鉴定人有权中止或终止鉴定。

五、鉴定材料充分性的审查

鉴定材料的充分性，是指所提供的鉴定材料足以进行检验、鉴别，可以据此得出鉴定意见。医疗纠纷案件的法医学检验的客体包括病历资料、医学影像资料、病理组织切片、蜡块、组织块、大体标本、尸体与活体等，通常只有这些材料在鉴定需要时均能够提供检验，鉴定活动才能进行。

司法鉴定人应当依据充分的鉴定材料进行鉴定活动，具体体现在以下方面。

1. 鉴定材料的内容和数量

送检的材料在内容和数量上应充分足够，一般不能存在缺漏。如某患者坚持认为医方提供的住院病历中入院录现病史部分对其发病过程的描述不准确，尤其对门（急）诊诊疗过程的回顾偏离事实，但其又不能提供门（急）诊病历，经委托人核实，门（急）诊病历始终由患方自行保管，但因患方找不到该病历导致在诉讼过程中未能作为证据提交法庭，司

法鉴定人获悉上述事实后明确告知患者其坚持上述主张的风险，患者经考虑后不同意变更主张，鉴定人当即中止鉴定。

2. 鉴定材料的质量

送鉴的材料在质量上能够充分满足检验要求，可以清晰辨识、观察。作者最多遇到的就是患者对由其自行保管的医学影像资料（胶片）保管不当，在太阳下暴晒或受潮导致图像破坏。如在某一鉴定中，患者提供了在涉案医疗单位及此前在其他医疗单位所摄 CT 片及其报告作为鉴定依据，并坚持认为根据其他医疗单位的摄片及报告与涉案医疗单位的摄片，涉案医疗单位作出的影像学诊断是错误的，但因胶片严重损毁，且因时隔久远，医疗单位均不能提供数字档案，直接造成鉴定人无法判断，只得中止鉴定。

3. 鉴定中的检验

当需要进行活体或者尸体检验时，能够得到被鉴定方的配合。在法医临床活体检验时，由于被鉴定人（也即患者）出于“求偿心理”驱动或者其他因素，对检验的依从性差，可直接导致检验不能继续，难以得出明确鉴定意见。例如，在脑瘫患儿的医疗纠纷鉴定中有时需对患儿进行伤残等级鉴定，但因患儿不能合作，鉴定人难以准确评估其肢体肌力及智力发育情况，常需等待至患儿长至 5、6 周岁以后才能实施检验。又如，在死因鉴定中常需行尸体病理学检验，但患方拒绝检验的情形时有发生，有时将直接导致死因分析难以进行，使鉴定人难以得出明确鉴定意见甚至不得不中止（终止）鉴定。

4. 鉴定材料的损耗

当需要消耗送检材料进行检验时（如需对蜡块、组织块或者大体标本进行重新制片），能够得到委托人与利益相关方的同意和配合。近年来作者已经多次遇到患者一方对病理资料的真实性长生质疑。随着法医生物学（原称法医物证学）的发展，对病理切片、蜡块乃至组织块、大体标本进行身源鉴定（即采用 DNA 技术分析病理材料中的组织是否来源于患者本人身体）业已成为可能，但该检验需要消耗检材，若不能得到同意，鉴定将无法进行。

5. 鉴定材料不足时的处置

当送检材料不能充分满足鉴定所需时，应当通知委托人，必要时中止鉴定。司法鉴定是一个动态的过程，在鉴定过程中，司法鉴定人随时可能对鉴定材料是否能够满足鉴定事项的充分性要求做出重新判断，委托人及各方当事人对此应能正确理解并积极配合。当然，鉴定人最好在鉴定受理过程中对此有充分、全面的判断，避免委托人或各方当事人对此不解并酿成投诉。

（夏文涛　朱晋峰）

第二节　鉴定实体科学性的审查

一、鉴定所依据的标准与鉴定事项是否相关、合适

医疗纠纷鉴定的关键在于判定有无医疗过错、有无造成损害后果以及两者之间是否存在因果关系，这种分析和判断带有很大的主观成分，但还是应当遵循一定的标准。各种

卫生法律、行政法规、部门规章、临床诊疗规范以及行业指南、专家会议纪要或者专家共识，权威的教科书（如卫生行政部门、教育行政部门组织编写的教材），业界权威专家的专著等，可以作为判定的标准和依据；公开发行的医学专著、科技文献以及同行专家对涉案医疗事件的评价意见，在前述标准和依据不够充分时可以作为参考性依据，实验室试验与动物实验结果，一般不能直接作为鉴定的依据，但在相关性得以准确论证的前提下，可以提供参考。

司法鉴定人在鉴定意见书中对据以得出鉴定意见的医学、法医学标准或者相关依据应当加以必要的说明，以便于同行评议、结果追溯和复核检验、鉴定。若审查发现，存在下列情形之一的，可认定其所依据的标准不适格，鉴定意见很可能存疑。

1. 按照位阶原则采用更高阶的标准

鉴定过程中可根据与委托人协商一致的原则确定鉴定标准，也可依据标准的位阶采用较高阶的标准。例如，当教科书载明的对某疾病的手术适应证与医疗纠纷事件发生前最近的专家共识的相关规定之间有所不同，鉴定人因未及时检索到后者规定，采用了教科书的说法，则应当被认为其违反了位阶原则的要求，属鉴定依据采用不当，鉴定意见很可能不被采信。

2. 采用最接近的标准

鉴定所采用的标准与待鉴定事项相关性不足，事实上存在更加相关的技术标准。例如对某种创伤性疾病同时存在中医伤骨科诊疗指南与西医骨科专家共识，司法鉴定人对一起中医伤骨科医疗纠纷采用了西医骨科专家共识进行鉴定，直接导致鉴定意见不利于医方，遭到医方严重质疑。

3. 动物实验或实验室检验结果的采用

直接采用动物试验或实验室实验结果，缺乏必要的相关性论证。例如一例在对假酒（甲醇）中毒抢救的医疗纠纷鉴定中，鉴定人引用了大鼠甲醇中毒后的免疫学指标变化实验结果，并以此论证患者病理生理演变过程与甲醇中毒具有高度符合性，但若未对大鼠与人体因叶酸代谢的不同对甲醇中毒的耐受性有明显差异这一事实加以必要的说明，必然可能导致其他专家对鉴定意见的科学性提出质疑。

4. 理论与标准的时效性

作为鉴定依据的理论或标准不符合时效性、地域性的要求。鉴定人在选择鉴定所依据的理论或标准时，除遵循位阶原则以外，还应高度关注理论和标准的时效性和地域性要求。法律一般不具有追溯性，因此也不能以医疗纠纷事件发生以后的医学标准分析医疗过程，当然也不应依据显然过时的知识、理论或者方法进行检验、分析、判断。随着信息技术的爆炸式发展，人们获得信息的渠道大致接近，因此对标准的地域性要求目前已经不再过于强调，但也应注意有些地方性法律、法规对某些特殊医疗活动有具体的指导意义。例如，某省卫生行政部门明文规定，在该省医疗单位使用头孢类抗生素前须行药物过敏皮试，那么在对该省医疗单位类似医疗活动的鉴定中必然需要考虑该规定的要求。

二、鉴定所采取的原理和方法是否具有科学性、客观性

检验是司法鉴定的重要和关键的组成部分。如前所述，医疗纠纷的检验包括对病历

材料的审阅，对医学影像资料及其他实验室检验数据、辅助检查结果的图像、描述与数据的观察与鉴别，对病理组织切片的观察乃至对蜡块、组织块、大体标本的制片与观察，对活体进行必要的体格检查与实验室检验和辅助检查，对尸体的病理学检验，对疾病（包括损伤）的鉴别与认定，鉴定人之间的沟通、讨论与必要时咨询相关专家等过程。在整个鉴定过程中，司法鉴定人应当在与委托人达成一致的前提下，尽可能采用科学、客观的方法，并据此得出分析推论与鉴定意见。在所采用的方法缺乏足够的科学性与客观性时，鉴定人应加以说明，必要时通知委托人，中止鉴定。

鉴定方法的科学性要求司法鉴定人所采用的是国家标准、行业标准、部门技术规范或者教科书、权威专著推荐的方法、业内通行方法等，当没有上述方法时，可以采用实验室自编方法，但应当能够提供对该方法的专家论证。当自编方法也缺如时，应当对该鉴定所采用的具体方法有所说明，并明示委托人，征得委托人的同意。

鉴定方法的客观性要求司法鉴定人应尽量采用能够获得数据、图像结果以及可以准确分度、分型、分级的检验方法，供同行评议或者复核，尽可能避免使用定性、模糊的表述。当没有上述方法或者鉴定机构、鉴定人不具备相应设备、技术条件时，应当向委托人说明，必要时中止鉴定。

例如司法鉴定人经常遇见在死亡案件的医疗纠纷鉴定中，未行尸体病理学检验，但因鉴定需要又必须进行死因分析。作者建议，司法鉴定人首先应评估在缺乏尸检资料的前提下是否仍有条件得出死因分析意见。其次在鉴定中应说明，病理学检验是死因分析的“金标准”，由于本案例未行尸体病理学检验，给死因分析带来一定的困难，但因鉴定需要，鉴定人依据现有送鉴病历材料进行分析，其死因分析结果仅对送鉴病历负责。

三、鉴定意见书对鉴定过程的说明是否完整、可追溯

鉴定意见书是司法鉴定人对委托事项做出鉴定意见的具体体现，应当客观反映鉴定人得出鉴定意见的过程。医疗纠纷的法医学鉴定，主要且关键的鉴定过程包括：① 对所提供的案情材料进行必要的总结，厘清提起鉴定的案情背景，案件的争议焦点，与所提出的委托事项；② 对所提供的病历材料进行必要的总结，厘清诊疗过程中患者临床表现的变化过程与病情重要转变节点的具体情况，经治医生的总体诊疗计划（方案）与在病情重要环节的具体诊疗措施；③ 对检验过程的说明，诸如对检验方法的说明，活体体格检查或者尸体解剖与法医病理学检验，阅读医学影像资料的所见描述与影像学认定意见，其他必要的辅助检查与实验室检验结果等。

在需要通过尸体检验明确死亡原因，需要进行活体检验明确生理状态、功能障碍程度或者了解其他后遗情况，需要对病理组织学检材进行检验以明确病理诊断，需要对送鉴医学影像学资料进行复核阅片以明确影像学诊断，需要对其他送鉴医学图像或实验室结果进行复核以鉴别检验结果的真实性、可靠性的案例中，应依据一定的检验方法进行检验、鉴定，鉴定过程应当包含对检验方法和判断标准的说明以及依据该方法、标准进行检验、做出判断的具体步骤，通过具体的检验方法所获取的客观数据、图像或者所见，以及对检验、判断结果的必要说明。全面、完整、充分地描述鉴定过程，是鉴定意见书展开分析论证、获得鉴定意见的前提和基础，是鉴定意见的根本依据，也是今后对鉴定意见进行同行

评价、复核鉴定以及法庭质证的重要保证。

医疗纠纷司法鉴定中的检验活动应当是可以重现的过程，它既体现在可以通过鉴定意见书所描述的检验过程对本次鉴定过程的重现，也反映在其他鉴定人依据相同或者相仿的方法、标准重新进行检验、判断可以得出与本次鉴定基本一致的检验结果和鉴定意见。

不包含鉴定过程说明的鉴定意见书是不完整的，难以说服事实裁判者与各方当事人，因而难以直接被法庭采信。

四、鉴定意见书分析论证充分性的审查

人们经常说“分析论证”或者“分析说明”部分是鉴定意见书的“眼”，最能体现司法鉴定人的能力。分析论证部分应当包含对司法鉴定人获得的检验结果的分析，对鉴定所依据的理论和方法的说明，得出鉴定意见的演绎推理过程。鉴定意见书的分析论证部分首先应依据所提供的鉴定材料，结合检验所见，对待证实施（委托事项）展开充分、全面的论证，做到以事实说服人。在审查医疗纠纷司法鉴定意见书时，我们可以紧密围绕以下核心内容判断鉴定意见书对具体医疗行为的分析论证是否充分：① 医疗行为是否为患者带来利益；② 医疗活动是否为患者带来风险；③ 是否还有其他可供选择的医疗措施；④ 其他医疗措施可能带来的利益和风险；⑤ 所实施的医疗措施是否当时（当地）的最佳（或较佳）选择；⑥ 是否充分告知，是否有效同意；⑦ 经济原则，即所选择的医疗措施是否是较为经济的；⑧ 医疗行为实施过程中是否按照现有医疗法规、诊疗规范或已经公开发行的经同行评议的学术刊物、著作的要求；⑨ 具体医疗行为的实施者是否具备了与其年资相当的知识、技术和经验，是否有能力胜任此患者疾病的诊治；⑩ 具体医疗行为实施时是否注意防范可以预见的风险。当然，这并不是要求每一例医疗纠纷鉴定意见书的分析论证都必须覆盖上述全部要素，但起码对据以得出鉴定意见有关的要素必须在分析说明中有所涉及并有清晰阐述。

当然，这并不意味着要求每一份医疗纠纷鉴定意见书的分析说明部分必须包含上述所有内容，而且事实上大部分情况下司法鉴定人并不关注知情告知等“虚拟”的医疗行为，但以上十项内容对鉴定意见书的审查却有一定的帮助，可以提示审查人从更为全面、深入的审查鉴定意见书分析论证的充分性。

五、鉴定意见书分析论证逻辑性的审查

说到底，司法鉴定过程就是一种演绎推理的过程。在这一过程中，原理和标准是推理的大前提，案件中的事实和检验结果是推理的小前提，司法鉴定意见就是推理的结果。在每一个具体问题上，这种演绎推理的影子同样处处可见。虽然并不一定要求所有的推理过程都要列明大前提、小前提和结论，但必须遵守这种规则却是毫无疑问的。这就是鉴定意见书对逻辑有效性的要求。

除了推理过程必须符合逻辑有效性以外，鉴定意见的表述应当尽可能明确，指向应当唯一。在司法鉴定实践中，由于客观条件和人们主观认识能力的限制，可能有些案件尚不具备得出清晰的鉴定结果，所得出的鉴定意见是一种或然性或者条件性判断，或者鉴定意

见尚不完全具有排他性，鉴定意见书对这些情况均应加以说明，避免事实裁判者对鉴定意见产生错误认识，影响裁判结果。

对鉴定意见书分析论证部分的逻辑性审查还应当包括从医学科学的角度检验推理过程和/或结果的客观性、可靠性。作者曾遇到一例混杂有交通事故损害以及医疗侵权责任的民事案件：原告为某女性34岁伤者，于2011年7月16日因交通事故致头部外伤，伤后经颅脑CT扫描即被诊断为左颞部硬脑膜外血肿，右颞叶脑挫裂伤，蛛网膜下腔出血等，临床予行左颞部去骨瓣减压并血肿清除术及其他对症治疗，术后恢复可。同月22日，行颅脑MRI扫描，示左侧颅骨缺损，右颞叶脑挫裂伤及蛛网膜下腔出血吸收中改变，部分空蝶鞍。出院后该女诉月经不规则，伴时有头痛、头晕、记忆力下降、睡眠欠佳、易出汗并乏力等主诉，复查头颅MRI示部分空蝶鞍，垂体较前变薄。多次垂体激素、性激素及其他内分泌激素检验，均提示部分指标异常。某法医学司法鉴定机构据此鉴定认为：某女头颅外伤史及手术史明确，术后多次复查头颅MRI检查显示脑垂体逐渐变薄，符合外伤后的病理改变，故分析其与交通事故所致颅脑外伤或者外伤后手术治疗史存在因果关系。法庭经庭审质证、法庭辩论后分析认为：本案的焦点在于空蝶鞍症与交通事故损伤及医疗行为之间的因果关系。司法鉴定意见书中的"分析说明"不能作为本案认定因果关系的依据。其理由为：① 直接而冒然地提出鉴定意见，表述过于简单，缺乏充分的论证过程，不具备充分的说服力；② 以术后多次检查提示存在所谓"动态变化"为由，即认定其符合外伤性因素所致，缺乏足够的科学性；③ 从形式要件上分析，鉴定意见书中除分析说明部分对因果关系有所涉及以外，在鉴定意见部分却未见说明，且即使是分析说明部分也未对究竟是交通伤与医疗行为中何种因素或者两者兼而有之造成了何种程度的具体损害做出必要的说明。

由此可见，对于因果关系分析论证是否具有逻辑性的审查，必须先证明因与果之间在时间上存在先后，在解剖部位上高度吻合，最后再从医学科学的层面具有符合性与可解释的特点。

（夏文涛　朱晋峰）

第三节　鉴定意见审查与应对中的其他问题

正确审查、妥善应对医疗纠纷司法鉴定意见，除了从形式上与实体上对鉴定意见书进行审查以外，还有必要注意鉴定意见书以外的几个问题。

一、有关鉴定主体

根据全国人大常委会《关于司法鉴定管理问题的决定》以及《司法鉴定程序通则》的规定，司法鉴定制度目前实行"鉴定人负责制"。但是，应当由鉴定机构统一受理案件并指定鉴定人。因此，法官在审查判断鉴定主体是否合法的时候，应当同时对鉴定机构的资质和鉴定人的资质进行审查，两项只要有一项不符合要求，就应当否定该鉴定意见的证据能力，不得将其作为证据。如《司法鉴定机构登记管理办法》规定，鉴定机构应当符合以下条件：① 有自己的名称、住所；② 有不少于二十万至一百万元人民币的资金；③ 有明确的司法鉴定业务范围；④ 有在业务范围内进行司法鉴定必需的仪器、设备；⑤ 有在业务范围内进行司法鉴定必需的依法通过计量认证或者实验室认可的检测实验室；⑥ 每项司法鉴定业务有三名以上司法鉴定人。司法鉴定机构如不符合上述条件的任何一项，将不得从事相应司法鉴定业务范围，在该所执业的鉴定人也不得从事该特定的业务。《司法鉴定人登记管理办法》对鉴定人也从正反两方面进行了规定，在此不再赘述。

这里需要明确的是《司法鉴定程序通则》中所规定的，对于疑难、复杂或特殊的鉴定事项，可以指定或选择多名鉴定人进行，并且在司法鉴定意见书上共同署名，如果有鉴定人对鉴定有不同意见的，应当分别注明。但是，司法鉴定机构在进行鉴定的过程中，遇有特别复杂、疑难、特殊技术问题的，鉴定人没有把握的，可以向本机构以外的相关专业领域的专家进行咨询，这里的专家可以是其他鉴定人，也可以是非鉴定人。在该种情况下，鉴定人最终出具的鉴定报告不能由该专家签署，依然应当由本机构的司法鉴定人出具，由该司法鉴定人独立对其负责。如果法院发现不是由司法鉴定人签署的，应当将该鉴定意见排除在诉讼证据之外。由此可知，医疗纠纷的司法鉴定中，鉴定人可以就所涉及的临床专科医学知识向相应的临床专家提出咨询请求，临床专家可以为鉴定提供技术支持，但鉴定意见最终仍须由鉴定人负责。

另外，如果鉴定机构和鉴定人与案件或者当事人有某种利害关系，可能致使鉴定意见不公等情形出现甚至有可能出具虚假鉴定意见的，鉴定机构和鉴定人应当回避。这些利害关系包括：① 鉴定人是被鉴定案件的当事人或者是当事人近亲属的；② 本人或者其近亲属和本案有利害关系的；③ 担任过本案的证人或者诉讼代理人的；④ 重新鉴定时，是本案原鉴定人的；⑤ 重新鉴定时，在同一鉴定事项的初次鉴定过程中作为专家提供过咨询意见的；⑥ 鉴定机构或者鉴定人有其他可能影响鉴定客观、公正的情形。

鉴定机构和鉴定人如果发现存在上述情形的，应当自行回避；委托单位或者委托人发现有上述情形的，也可以申请鉴定人回避，同时，对于驳回申请回避的决定，当事人及其法定代理人可以申请复议一次；委托单位或者委托人没有申请回避，鉴定人也没有自行回避的，如果所在鉴定机构发现鉴定人有需要回避的情形，可以指令该鉴定人回避。

二、有关司法鉴定意见书的外在形式

鉴定人完成鉴定后出具的司法鉴定意见书应当符合《司法鉴定文书规范》（司发通[2007]71 号）的要求，这也是鉴定意见最终形式合法的关键内核。这里需要明确的是司法鉴定意见书的鉴定人署名问题。在司法鉴定意见书上签名、盖章是明确出具鉴定意见书的主体和责任人的必要条件，对此，不同法律对此做出了不同规定。《刑事诉讼法》第一百四十五条规定，鉴定人进行鉴定后，应当写出鉴定意见，并且签名。《关于司法鉴定管理问题的决定》第十条规定，鉴定人应当独立进行鉴定，对鉴定意见负责并在鉴定上签名或者盖章。新的《民事诉讼法》和《司法鉴定程序通则》规定，鉴定人应当提出书面鉴定意见，在鉴定意见书上签名或者盖章。不同法律对司法鉴定意见书的署名问题进行了不同规定，有的规定是签名，有的规定是签名或者盖章，甚至有的地方性规章中明确鉴定人需要签名与盖章。对此，我们认为，由完成司法鉴定的鉴定人在最终司法鉴定意见书上签名必不可少的，也符合不同法律规定；至于盖章，可以视具体情况而定，对于鉴定人有印章的，可以在签名之后加盖印章。当然，地方规章有特别要求的，应当予以遵守。

三、有关鉴定程序的一般要求

司法鉴定机构在受理案件后应当指定合适的司法鉴定人进行鉴定，鉴定人应当依照法律规定的程序和相应技术操作规范进行检验。对此，有几项程序操作要求应当予以注意：① 司法鉴定人在进行鉴定的过程中，需要对女性进行身体隐私部位检查的，应当由女性司法鉴定人进行；无女性司法鉴定人的，应当有女性工作人员在场；② 司法鉴定人进行鉴定，应当对鉴定过程进行实时记录并签名。记录可以采取笔记、录音、录像、拍照等方式。记录的内容应当真实、客观、准确、完整、清晰，记录的文本或者音像载体应当妥善保存；③ 在鉴定中需要对未成年人的身体进行检查的，应当通知其监护人到场，对被鉴定人进行法医精神病鉴定的，应当通知委托人或者被鉴定人的近亲属或者监护人到场；④ 对需要到现场提取检材的，应当由不少于两名司法鉴定人提取，并通知委托人到场见证。其他法律中如果有特别要求的，也应当予以遵循。

四、有关鉴定人出庭

司法鉴定人出庭就鉴定意见参与庭审质证，是司法实践与法律要求提出的新问题，随着法律体系的不断完善，就此问题的规定已经越来越明晰。医疗纠纷案件因其涉及专业知识，且往往存在多因一果的复杂问题，仅就书面意见有时难以使他人(尤其非医学专业人士)深入理解，鉴定人出庭尤为必要。事实上，作者所在的鉴定机构，就医疗纠纷案件出庭的比例要远高于其他类型的医疗纠纷司法鉴定案件。据不完全统计，2013 年全年，医疗纠纷鉴定案件鉴定人出庭作证的，占全部案件总数的 8.7%，而非医疗纠纷的其他医疗纠纷司法鉴定案件，鉴定人出庭作证的不足全部案件总数的 0.5%，两者比例相差近 20 倍。

(一) 鉴定人出庭作证规定的沿革

在 1991 年《民事诉讼法》中，并没有关于鉴定人出庭作证的明确规定。该法第七十二条第二款规定："鉴定部门及其指定的鉴定人有权了解进行鉴定所需要的案件材料，必要时可以询问当事人、证人"。但本款没有规定鉴定人必须在法庭上询问当事人或者证人。该条第三款规定，"鉴定部门和鉴定人应当提出书面鉴定结论，在鉴定意见书上签名或者盖章。鉴定人鉴定的，应当由鉴定人所在单位加盖印章，证明鉴定人身份"。对于鉴定人出庭作证也无明文要求。《最高人民法院关于适用＜中华人民共和国民事诉讼法＞若干问题的意见》第七十二条仅是规定："证据应当在法庭上出示，并经过庭审辩论、质证。依法应当保密的证据，人民法院可视具体情况决定是否在开庭时出示，需要出示的，也不得在公开开庭时出示"。依据该条款规定，鉴定意见应当在法庭上出示并须经双方当事人质证，但仍没有要求鉴定人出庭作证。

2002 年《最高人民法院关于民事诉讼证据的若干规定》(法释[2001]33 号)对鉴定人出庭作证做出了重大改进。该规定第五十九条规定："鉴定人应当出庭接受当事人质询。鉴定人确因特殊原因无法出庭的，经人民法院批准，可以书面答复当事人的质询"。第六十一条第一款规定："经法庭许可，当事人可以向证人、鉴定人、勘验人发问"。此两条规定赋予了鉴定人出庭接受质询而不是作证的义务，同时考虑到对鉴定人因特殊情形不能出庭以及对其人身财产权益的保护，规定经法庭准许，鉴定人可以以书面形式答复质询。

（二）鉴定人出庭作证的现行法律规定

2005 年，《全国人民代表大会常务委员会关于司法鉴定管理问题的决定》第十一条规定："在诉讼中，当事人对鉴定意见有意义的，经人民法院依法通知，鉴定人应当出庭作证"。该条款明确了鉴定人出庭作证义务，宣示了鉴定人与证人同等的法律地位。上述决定第十三条又进一步规定，经人民法院依法通知，拒绝出庭作证的，由省级人民政府司法行政部门给予停止从事司法鉴定义务三个月以上一年以下的处罚；情节严重的，撤销登记。该规定明示了鉴定人出庭作证及相应的法律后果。

2012 年《民事诉讼法》在前述规定的基础上，对于鉴定人出庭作证进行了进一步的完善，并明确规定了鉴定人出庭作证义务，及拒不出庭作证的民事法律后果，为鉴定人出庭作证及对鉴定意见的采信提供了明确的法律依据。如新《民事诉讼法》明确规定鉴定人无故不出庭的，不得将鉴定意见作为认定案件事实的依据。这实际上是否认了鉴定意见的证据能力。具体而言，对于鉴定人出庭的情形，两大诉讼法做了不同的规定。新《民事诉讼法》第七十八条规定："当事人对鉴定意见有异议或者人民法院认为鉴定人有必要出庭的，鉴定人应当出庭作证。"这里鉴定人出庭具有两种情形，只要符合其中任何一种即可：① 当事人对鉴定意见有异议的，当事人应当提出合理理由证明该异议是适当的；② 人民法院认为鉴定人有必要出庭的，对于双方当事人没有对鉴定意见提出异议，而法院认为该鉴定意见可能存在缺陷，有可能影响对该鉴定意见的采信的，法院可以依职权要求鉴定人出庭。与民事诉讼活动相比，刑事诉讼活动对鉴定人出庭的条件规定更为严格，不仅要求公诉人、当事人或者辩护人、诉讼代理人需要对鉴定意见提出异议，而且要求必须是人民法院认为鉴定人有出庭作证必要，从法条的逻辑来看，两项条件中的任何一项不满足，鉴定人都无须出庭。此外，如果鉴定人无正当理由拒绝出庭作证的，那么鉴定意见将不得作为定案根据，至于鉴定费用是否需要退还，新《刑事诉讼法》却没有像《民事诉讼法》一样赋予当事人该申请权。

至于何为鉴定人不能出庭的"正当理由"，可以参照《最高人民法院关于行政诉讼证据若干问题的规定》的规定：① 当事人在行政程序或者庭前证据交换中对证人证言无异议的；② 证人因年迈体弱或者行动不便无法出庭的；③ 证人因路途遥远、交通不便无法出庭的；④ 证人因自然灾害等不可抗力或者其他意外事件无法出庭的；⑤ 证人因其他特殊原因确实无法出庭的。如果鉴定人具有上述情形之一，经过法院允许，可以向法庭提交书面质证意见。

当然，鉴定人出庭参与法庭质证是其应尽的义务，与此相应的，鉴定人当然也应当享受相应的权利，包括在自己或者近亲属人身受到危险时，可以向公安、检察、法院申请保护。具体的措施可以包括：① 不公开真实姓名、住址和工作单位等个人信息；② 在鉴定人出庭质证时要求旁听者暂时退庭；③ 采取不暴露外貌、真实声音等出庭作证的措施；④ 禁止特定的人员接触鉴定人及其近亲属；⑤ 对人身和住宅采取专门性保护措施；⑥ 其他必要的保护措施。

关于鉴定人出庭作证所发生的交通、住宿、就餐、误工等费用，目前有关法律没有做出具体规定，通常比照一般证人的相应待遇处理，但是目前司法实践中对该问题的解决并非十分理想，不能得到合理补偿的情况并不少见。我们认为，鉴定人上述费用的补偿必须做出专门规定，且应考虑到鉴定人职业的特殊情形，保障鉴定人的合法利益。有关部门应当进行积极协调，切实解决该问题，否则势必将影响鉴定人出庭质证的事项以及质证的效果。

五、有关专家辅助人

医疗纠纷鉴定案件因其专业性强，当鉴定人依法出庭作证时，时常使当事人、代理人及法官陷入难以理解、难以有效介入的窘境，对鉴定意见不能达到实质上的质证效果，令人有流于形式之感。专家辅助人制度的确立无疑有助于我们进一步推动鉴定人出庭作证的效果、确保鉴定意见的真实性和法官对鉴定意见的正确认定。当然，我国目前有关专家辅助人制度的规定不完善，对专家辅助人资格、诉讼地位、权利义务和出庭程序等内容都没有加以规定。这无疑将会影响专家辅助人对鉴定意见进行质证的效果，阻碍法官对鉴定意见的审查与认定。

我们认为，在专家辅助人资格方面，只要该专家具有该专业领域的知识即可，而无需像鉴定人那样取得相应的资质。当然，这里并不否定鉴定人也可以作为专家辅助人出庭，但是应当注意有关回避的相应规定。在诉讼地位方面，专家辅助人应当为独立的诉讼参与人，至于专家辅助人是否可有一定倾向性的问题，我们认为，专家辅助人的功能是帮助聘请他的当事人对鉴定意见进行质证，带有一定的倾向性应当是无可厚非的，但是其在质证过程中所运用的原理、技术、方法等均应当是切实可行的，而不能凭空捏造，更不能歪曲事实，否则应承担相应的法律责任。在权利义务方面，我们认为，专家辅助人有了解与鉴定事项有关的案件事实的权利、对鉴定意见进行质询的权利、获得相应报酬的权利、拒绝接受委托的权利等，同时应当承担帮助当事人对鉴定意见提出质询的义务、接受询问的义务、保守在诉讼活动过程中所知晓的国家秘密、个人隐私及商业秘密的义务等。另外，专家辅助人应当由当事人委托和聘请，费用由委托人承担，其他相应的出庭程序可以参照辩护人的有关规定。

（夏文涛　朱晋峰）

附录

附录1：医疗事故处理条例

2002年4月4日国务院令第351号公布，自2002年9月1日起施行

第一章 总 则

第一条 为了正确处理医疗事故，保护患者和医疗机构及其医务人员的合法权益，维护医疗秩序，保障医疗安全，促进医学科学的发展，制定本条例。

第二条 本条例所称医疗事故，是指医疗机构及其医务人员在医疗活动中，违反医疗卫生管理法律、行政法规、部门规章和诊疗护理规范、常规，过失造成患者人身损害的事故。

第三条 处理医疗事故，应当遵循公开、公平、公正、及时、便民的原则，坚持实事求是的科学态度，做到事实清楚、定性准确、责任明确、处理恰当。

第四条 根据对患者人身造成的损害程度，医疗事故分为四级：

一级医疗事故：造成患者死亡、重度残疾的；

二级医疗事故：造成患者中度残疾、器官组织损伤导致严重功能障碍的；

三级医疗事故：造成患者轻度残疾、器官组织损伤导致一般功能障碍的；

四级医疗事故：造成患者明显人身损害的其他后果的。

具体分级标准由国务院卫生行政部门制定。

第二章 医疗事故的预防与处置

第五条 医疗机构及其医务人员在医疗活动中，必须严格遵守医疗卫生管理法律、行政法规、部门规章和诊疗护理规范、常规，恪守医疗服务职业道德。

第六条 医疗机构应当对其医务人员进行医疗卫生管理法律、行政法规、部门规章和诊疗护理规范、常规的培训和医疗服务职业道德教育。

第七条 医疗机构应当设置医疗服务质量监控部门或者配备专(兼)职人员，具体负责监督本医疗机构的医务人员的医疗服务工作，检查医务人员执业情况，接受患者对医疗服务的投诉，向其提供咨询服务。

第八条 医疗机构应当按照国务院卫生行政部门规定的要求，书写并妥善保管病历

资料。

因抢救急危患者，未能及时书写病历的，有关医务人员应当在抢救结束后 6 小时内据实补记，并加以注明。

第九条 严禁涂改、伪造、隐匿、销毁或者抢夺病历资料。

第十条 患者有权复印或者复制其门诊病历、住院志、体温单、医嘱单、化验单（检验报告）、医学影像检查资料、特殊检查同意书、手术同意书、手术及麻醉记录单、病理资料、护理记录以及国务院卫生行政部门规定的其他病历资料。

患者依照前款规定要求复印或者复制病历资料的，医疗机构应当提供复印或者复制服务并在复印或者复制的病历资料上加盖证明印记。复印或者复制病历资料时，应当有患者在场。

医疗机构应患者的要求，为其复印或者复制病历资料，可以按照规定收取工本费。具体收费标准由省、自治区、直辖市人民政府价格主管部门会同同级卫生行政部门规定。

第十一条 在医疗活动中，医疗机构及其医务人员应当将患者的病情、医疗措施、医疗风险等如实告知患者，及时解答其咨询；但是，应当避免对患者产生不利后果。

第十二条 医疗机构应当制定防范、处理医疗事故的预案，预防医疗事故的发生，减轻医疗事故的损害。

第十三条 医务人员在医疗活动中发生或者发现医疗事故、可能引起医疗事故的医疗过失行为或者发生医疗事故争议的，应当立即向所在科室负责人报告，科室负责人应当及时向本医疗机构负责医疗服务质量监控的部门或者专（兼）职人员报告；负责医疗服务质量监控的部门或者专（兼）职人员接到报告后，应当立即进行调查、核实，将有关情况如实向本医疗机构的负责人报告，并向患者通报、解释。

第十四条 发生医疗事故的，医疗机构应当按照规定向所在地卫生行政部门报告。

发生下列重大医疗过失行为的，医疗机构应当在 12 小时内向所在地卫生行政部门报告：

（一）导致患者死亡或者可能为二级以上的医疗事故；

（二）导致 3 人以上人身损害后果；

（三）国务院卫生行政部门和省、自治区、直辖市人民政府卫生行政部门规定的其他情形。

第十五条 发生或者发现医疗过失行为，医疗机构及其医务人员应当立即采取有效措施，避免或者减轻对患者身体健康的损害，防止损害扩大。

第十六条 发生医疗事故争议时，死亡病例讨论记录、疑难病例讨论记录、上级医师查房记录、会诊意见、病程记录应当在医患双方在场的情况下封存和启封。封存的病历资料可以是复印件，由医疗机构保管。

第十七条 疑似输液、输血、注射、药物等引起不良后果的，医患双方应当共同对现场实物进行封存和启封，封存的现场实物由医疗机构保管；需要检验的，应当由双方共同指定的、依法具有检验资格的检验机构进行检验；双方无法共同指定时，由卫生行政部门指定。

疑似输血引起不良后果，需要对血液进行封存保留的，医疗机构应当通知提供该血液的采供血机构派员到场。

第十八条 患者死亡，医患双方当事人不能确定死因或者对死因有异议的，应当在患者死亡后 48 小时内进行尸检；具备尸体冻存条件的，可以延长至 7 日。尸检应当经死者近亲属同意并签字。

尸检应当由按照国家有关规定取得相应资格的机构和病理解剖专业技术人员进行。承担尸检任务的机构和病理解剖专业技术人员有进行尸检的义务。

医疗事故争议双方当事人可以请法医病理学人员参加尸检，也可以委派代表观察尸检过程。拒绝或者拖延尸检，超过规定时间，影响对死因判定的，由拒绝或者拖延的一方承担责任。

第十九条 患者在医疗机构内死亡的，尸体应当立即移放太平间。死者尸体存放时间一般不得超过 2 周。逾期不处理的尸体，经医疗机构所在地卫生行政部门批准，并报经同级公安部门备案后，由医疗机构按照规定进行处理。

第三章 医疗事故的技术鉴定

第二十条 卫生行政部门接到医疗机构关于重大医疗过失行为的报告或者医疗事故争议当事人要求处理医疗事故争议的申请后，对需要进行医疗事故技术鉴定的，应当交由负责医疗事故技术鉴定工作的医学会组织鉴定；医患双方协商解决医疗事故争议，需要进行医疗事故技术鉴定的，由双方当事人共同委托负责医疗事故技术鉴定工作的医学会组织鉴定。

第二十一条 设区的市级地方医学会和省、自治区、直辖市直接管辖的县(市)地方医学会负责组织首次医疗事故技术鉴定工作。省、自治区、直辖市地方医学会负责组织再次鉴定工作。

必要时，中华医学会可以组织疑难、复杂并在全国有重大影响的医疗事故争议的技术鉴定工作。

第二十二条 当事人对首次医疗事故技术鉴定结论不服的，可以自收到首次鉴定结论之日起 15 日内向医疗机构所在地卫生行政部门提出再次鉴定的申请。

第二十三条 负责组织医疗事故技术鉴定工作的医学会应当建立专家库。

专家库由具备下列条件的医疗卫生专业技术人员组成：

(一) 有良好的业务素质和执业品德；

(二) 受聘于医疗卫生机构或者医学教学、科研机构并担任相应专业高级技术职务 3 年以上。

符合前款第(一)项规定条件并具备高级技术任职资格的法医可以受聘进入专家库。

负责组织医疗事故技术鉴定工作的医学会依照本条例规定聘请医疗卫生专业技术人员和法医进入专家库，可以不受行政区域的限制。

第二十四条 医疗事故技术鉴定，由负责组织医疗事故技术鉴定工作的医学会组织专家鉴定组进行。

参加医疗事故技术鉴定的相关专业的专家，由医患双方在医学会主持下从专家库中随机抽取。在特殊情况下，医学会根据医疗事故技术鉴定工作的需要，可以组织医患双方在其他医学会建立的专家库中随机抽取相关专业的专家参加鉴定或者函件咨询。

符合本条例第二十三条规定条件的医疗卫生专业技术人员和法医有义务受聘进入专家库，并承担医疗事故技术鉴定工作。

第二十五条　专家鉴定组进行医疗事故技术鉴定，实行合议制。专家鉴定组人数为单数，涉及的主要学科的专家一般不得少于鉴定组成员的二分之一；涉及死因、伤残等级鉴定的，并应当从专家库中随机抽取法医参加专家鉴定组。

第二十六条　专家鉴定组成员有下列情形之一的，应当回避，当事人也可以以口头或者书面的方式申请其回避：

（一）是医疗事故争议当事人或者当事人的近亲属的；

（二）与医疗事故争议有利害关系的；

（三）与医疗事故争议当事人有其他关系，可能影响公正鉴定的。

第二十七条　专家鉴定组依照医疗卫生管理法律、行政法规、部门规章和诊疗护理规范、常规，运用医学科学原理和专业知识，独立进行医疗事故技术鉴定，对医疗事故进行鉴别和判定，为处理医疗事故争议提供医学依据。

任何单位或者个人不得干扰医疗事故技术鉴定工作，不得威胁、利诱、辱骂、殴打专家鉴定组成员。

专家鉴定组成员不得接受双方当事人的财物或者其他利益。

第二十八条　负责组织医疗事故技术鉴定工作的医学会应当自受理医疗事故技术鉴定之日起5日内通知医疗事故争议双方当事人提交进行医疗事故技术鉴定所需的材料。

当事人应当自收到医学会的通知之日起10日内提交有关医疗事故技术鉴定的材料、书面陈述及答辩。医疗机构提交的有关医疗事故技术鉴定的材料应当包括下列内容：

（一）住院患者的病程记录、死亡病例讨论记录、疑难病例讨论记录、会诊意见、上级医师查房记录等病历资料原件；

（二）住院患者的住院志、体温单、医嘱单、化验单（检验报告）、医学影像检查资料、特殊检查同意书、手术同意书、手术及麻醉记录单、病理资料、护理记录等病历资料原件；

（三）抢救急危患者，在规定时间内补记的病历资料原件；

（四）封存保留的输液、注射用物品和血液、药物等实物，或者依法具有检验资格的检验机构对这些物品、实物作出的检验报告；

（五）与医疗事故技术鉴定有关的其他材料。

在医疗机构建有病历档案的门诊、急诊患者，其病历资料由医疗机构提供；没有在医疗机构建立病历档案的，由患者提供。

医患双方应当依照本条例的规定提交相关材料。医疗机构无正当理由未依照本条例的规定如实提供相关材料，导致医疗事故技术鉴定不能进行的，应当承担责任。

第二十九条　负责组织医疗事故技术鉴定工作的医学会应当自接到当事人提交的有关医疗事故技术鉴定的材料、书面陈述及答辩之日起45日内组织鉴定并出具医疗事故技术鉴定书。

负责组织医疗事故技术鉴定工作的医学会可以向双方当事人调查取证。

第三十条　专家鉴定组应当认真审查双方当事人提交的材料，听取双方当事人的陈述及答辩并进行核实。

双方当事人应当按照本条例的规定如实提交进行医疗事故技术鉴定所需要的材料，并积极配合调查。当事人任何一方不予配合，影响医疗事故技术鉴定的，由不予配合的一方承担责任。

第三十一条　专家鉴定组应当在事实清楚、证据确凿的基础上，综合分析患者的病情和个体差异，作出鉴定结论，并制作医疗事故技术鉴定书。鉴定结论以专家鉴定组成员的过半数通过。鉴定过程应当如实记载。

医疗事故技术鉴定书应当包括下列主要内容：

（一）双方当事人的基本情况及要求；

（二）当事人提交的材料和负责组织医疗事故技术鉴定工作的医学会的调查材料；

（三）对鉴定过程的说明；

（四）医疗行为是否违反医疗卫生管理法律、行政法规、部门规章和诊疗护理规范、常规；

（五）医疗过失行为与人身损害后果之间是否存在因果关系；

（六）医疗过失行为在医疗事故损害后果中的责任程度；

（七）医疗事故等级；

（八）对医疗事故患者的医疗护理医学建议。

第三十二条　医疗事故技术鉴定办法由国务院卫生行政部门制定。

第三十三条　有下列情形之一的，不属于医疗事故：

（一）在紧急情况下为抢救垂危患者生命而采取紧急医学措施造成不良后果的；

（二）在医疗活动中由于患者病情异常或者患者体质特殊而发生医疗意外的；

（三）在现有医学科学技术条件下，发生无法预料或者不能防范的不良后果的；

（四）无过错输血感染造成不良后果的；

（五）因患方原因延误诊疗导致不良后果的；

（六）因不可抗力造成不良后果的。

第三十四条　医疗事故技术鉴定，可以收取鉴定费用。经鉴定，属于医疗事故的，鉴定费用由医疗机构支付；不属于医疗事故的，鉴定费用由提出医疗事故处理申请的一方支付。鉴定费用标准由省、自治区、直辖市人民政府价格主管部门会同同级财政部门、卫生行政部门规定。

第四章　医疗事故的行政处理与监督

第三十五条　卫生行政部门应当依照本条例和有关法律、行政法规、部门规章的规定，对发生医疗事故的医疗机构和医务人员作出行政处理。

第三十六条　卫生行政部门接到医疗机构关于重大医疗过失行为的报告后，除责令医疗机构及时采取必要的医疗救治措施，防止损害后果扩大外，应当组织调查，判定是否属于医疗事故；对不能判定是否属于医疗事故的，应当依照本条例的有关规定交由负责医疗事故技术鉴定工作的医学会组织鉴定。

第三十七条　发生医疗事故争议，当事人申请卫生行政部门处理的，应当提出书面申请。申请书应当载明申请人的基本情况、有关事实、具体请求及理由等。

当事人自知道或者应当知道其身体健康受到损害之日起 1 年内，可以向卫生行政部门提出医疗事故争议处理申请。

第三十八条　发生医疗事故争议，当事人申请卫生行政部门处理的，由医疗机构所在地的县级人民政府卫生行政部门受理。医疗机构所在地是直辖市的，由医疗机构所在地的区、县人民政府卫生行政部门受理。

有下列情形之一的，县级人民政府卫生行政部门应当自接到医疗机构的报告或者当事人提出医疗事故争议处理申请之日起 7 日内移送上一级人民政府卫生行政部门处理：

（一）患者死亡；

（二）可能为二级以上的医疗事故；

（三）国务院卫生行政部门和省、自治区、直辖市人民政府卫生行政部门规定的其他情形。

第三十九条　卫生行政部门应当自收到医疗事故争议处理申请之日起 10 日内进行审查，作出是否受理的决定。对符合本条例规定，予以受理，需要进行医疗事故技术鉴定的，应当自作出受理决定之日起 5 日内将有关材料交由负责医疗事故技术鉴定工作的医学会组织鉴定并书面通知申请人；对不符合本条例规定，不予受理的，应当书面通知申请人并说明理由。

当事人对首次医疗事故技术鉴定结论有异议，申请再次鉴定的，卫生行政部门应当自收到申请之日起 7 日内交由省、自治区、直辖市地方医学会组织再次鉴定。

第四十条　当事人既向卫生行政部门提出医疗事故争议处理申请，又向人民法院提起诉讼的，卫生行政部门不予受理；卫生行政部门已经受理的，应当终止处理。

第四十一条　卫生行政部门收到负责组织医疗事故技术鉴定工作的医学会出具的医疗事故技术鉴定书后，应当对参加鉴定的人员资格和专业类别、鉴定程序进行审核；必要时，可以组织调查，听取医疗事故争议双方当事人的意见。

第四十二条　卫生行政部门经审核，对符合本条例规定作出的医疗事故技术鉴定结论，应当作为对发生医疗事故的医疗机构和医务人员作出行政处理以及进行医疗事故赔偿调解的依据；经审核，发现医疗事故技术鉴定不符合本条例规定的，应当要求重新鉴定。

第四十三条　医疗事故争议由双方当事人自行协商解决的，医疗机构应当自协商解决之日起 7 日内向所在地卫生行政部门作出书面报告，并附具协议书。

第四十四条　医疗事故争议经人民法院调解或者判决解决的，医疗机构应当自收到生效的人民法院的调解书或者判决书之日起 7 日内向所在地卫生行政部门作出书面报告，并附具调解书或者判决书。

第四十五条　县级以上地方人民政府卫生行政部门应当按照规定逐级将当地发生的医疗事故以及依法对发生医疗事故的医疗机构和医务人员作出行政处理的情况，上报国务院卫生行政部门。

第五章　医疗事故的赔偿

第四十六条　发生医疗事故的赔偿等民事责任争议，医患双方可以协商解决；不愿意协商或者协商不成的，当事人可以向卫生行政部门提出调解申请，也可以直接向人民法院提起民事诉讼。

第四十七条　双方当事人协商解决医疗事故的赔偿等民事责任争议的，应当制作协议书。协议书应当载明双方当事人的基本情况和医疗事故的原因、双方当事人共同认定的医疗事故等级以及协商确定的赔偿数额等，并由双方当事人在协议书上签名。

第四十八条　已确定为医疗事故的，卫生行政部门应医疗事故争议双方当事人请求，可以进行医疗事故赔偿调解。调解时，应当遵循当事人双方自愿原则，并应当依据本条例的规定计算赔偿数额。

经调解，双方当事人就赔偿数额达成协议的，制作调解书，双方当事人应当履行；调解不成或者经调解达成协议后一方反悔的，卫生行政部门不再调解。

第四十九条　医疗事故赔偿，应当考虑下列因素，确定具体赔偿数额：

（一）医疗事故等级；

（二）医疗过失行为在医疗事故损害后果中的责任程度；

（三）医疗事故损害后果与患者原有疾病状况之间的关系。

不属于医疗事故的，医疗机构不承担赔偿责任。

第五十条　医疗事故赔偿，按照下列项目和标准计算：

（一）医疗费：按照医疗事故对患者造成的人身损害进行治疗所发生的医疗费用计算，凭据支付，但不包括原发病医疗费用。结案后确实需要继续治疗的，按照基本医疗费用支付。

（二）误工费：患者有固定收入的，按照本人因误工减少的固定收入计算，对收入高于医疗事故发生地上一年度职工年平均工资 3 倍以上的，按照 3 倍计算；无固定收入的，按照医疗事故发生地上一年度职工年平均工资计算。

（三）住院伙食补助费：按照医疗事故发生地国家机关一般工作人员的出差伙食补助标准计算。

（四）陪护费：患者住院期间需要专人陪护的，按照医疗事故发生地上一年度职工年平均工资计算。

（五）残疾生活补助费：根据伤残等级，按照医疗事故发生地居民年平均生活费计算，自定残之月起最长赔偿 30 年；但是，60 周岁以上的，不超过 15 年；70 周岁以上的，不超过 5 年。

（六）残疾用具费：因残疾需要配置补偿功能器具的，凭医疗机构证明，按照普及型器具的费用计算。

（七）丧葬费：按照医疗事故发生地规定的丧葬费补助标准计算。

（八）被扶养人生活费：以死者生前或者残疾者丧失劳动能力前实际扶养且没有劳动能力的人为限，按照其户籍所在地或者居民所地居民最低生活保障标准计算。对不满 16 周岁的，扶养到16周岁。对年满16周岁但无劳动能力的，扶养20年；但是，60周岁以上的，不超过15年；70周岁以上的，不超过5年。

（九）交通费：按照患者实际必需的交通费用计算，凭据支付。

（十）住宿费：按照医疗事故发生地国家机关一般工作人员的出差住宿补助标准计算，凭据支付。

（十一）精神损害抚慰金：按照医疗事故发生地居民年平均生活费计算。造成患者死亡的，赔偿年限最长不超过6年；造成患者残疾的，赔偿年限最长不超过3年。

第五十一条　参加医疗事故处理的患者近亲属所需交通费、误工费、住宿费，参照本条例第五十条的有关规定计算，计算费用的人数不超过2人。

医疗事故造成患者死亡的，参加丧葬活动的患者的配偶和直系亲属所需交通费、误工费、住宿费，参照本条例第五十条的有关规定计算，计算费用的人数不超过2人。

第五十二条　医疗事故赔偿费用，实行一次性结算，由承担医疗事故责任的医疗机构支付。

第六章　罚　　则

第五十三条　卫生行政部门的工作人员在处理医疗事故过程中违反本条例的规定，利用职务上的便利收受他人财物或者其他利益，滥用职权，玩忽职守，或者发现违法行为不予查处，造成严重后果的，依照刑法关于受贿罪、滥用职权罪、玩忽职守罪或者其他有关罪的规定，依法追究刑事责任；尚不够刑事处罚的，依法给予降级或者撤职的行政处分。

第五十四条　卫生行政部门违反本条例的规定，有下列情形之一的，由上级卫生行政部门给予警告并责令限期改正；情节严重的，对负有责任的主管人员和其他直接责任人员依法给予行政处分：

（一）接到医疗机构关于重大医疗过失行为的报告后，未及时组织调查的；

（二）接到医疗事故争议处理申请后，未在规定时间内审查或者移送上一级人民政府卫生行政部门处理的；

（三）未将应当进行医疗事故技术鉴定的重大医疗过失行为或者医疗事故争议移交医学会组织鉴定的；

（四）未按照规定逐级将当地发生的医疗事故以及依法对发生医疗事故的医疗机构和医务人员的行政处理情况上报的；

（五）未依照本条例规定审核医疗事故技术鉴定书的。

第五十五条　医疗机构发生医疗事故的，由卫生行政部门根据医疗事故等级和情节，给予警告；情节严重的，责令限期停业整顿直至由原发证部门吊销执业许可证，对负有责任的医务人员依照刑法关于医疗事故罪的规定，依法追究刑事责任；尚不够刑事处罚的，依法给予行政处分或者纪律处分。

对发生医疗事故的有关医务人员，除依照前款处罚外，卫生行政部门并可以责令暂停6个月以上1年以下执业活动；情节严重的，吊销其执业证书。

第五十六条　医疗机构违反本条例的规定，有下列情形之一的，由卫生行政部门责令改正；情节严重的，对负有责任的主管人员和其他直接责任人员依法给予行政处分或者纪律处分：

（一）未如实告知患者病情、医疗措施和医疗风险的；

（二）没有正当理由，拒绝为患者提供复印或者复制病历资料服务的；

（三）未按照国务院卫生行政部门规定的要求书写和妥善保管病历资料的；

（四）未在规定时间内补记抢救工作病历内容的；

（五）未按照本条例的规定封存、保管和启封病历资料和实物的；

（六）未设置医疗服务质量监控部门或者配备专（兼）职人员的；

（七）未制定有关医疗事故防范和处理预案的；

（八）未在规定时间内向卫生行政部门报告重大医疗过失行为的；

（九）未按照本条例的规定向卫生行政部门报告医疗事故的；

（十）未按照规定进行尸检和保存、处理尸体的。

第五十七条　参加医疗事故技术鉴定工作的人员违反本条例的规定，接受申请鉴定双方或者一方当事人的财物或者其他利益，出具虚假医疗事故技术鉴定书，造成严重后果的，依照刑法关于受贿罪的规定，依法追究刑事责任；尚不够刑事处罚的，由原发证部门吊销其执业证书或者资格证书。

第五十八条　医疗机构或者其他有关机构违反本条例的规定，有下列情形之一的，由卫生行政部门责令改正，给予警告；对负有责任的主管人员和其他直接责任人员依法给予行政处分或者纪律处分；情节严重的，由原发证部门吊销其执业证书或者资格证书：

（一）承担尸检任务的机构没有正当理由，拒绝进行尸检的；

（二）涂改、伪造、隐匿、销毁病历资料的。

第五十九条　以医疗事故为由，寻衅滋事、抢夺病历资料，扰乱医疗机构正常医疗秩序和医疗事故技术鉴定工作，依照刑法关于扰乱社会秩序罪的规定，依法追究刑事责任；尚不够刑事处罚的，依法给予治安管理处罚。

第七章　附　　则

第六十条　本条例所称医疗机构，是指依照《医疗机构管理条例》的规定取得《医疗机构执业许可证》的机构。

县级以上城市从事计划生育技术服务的机构依照《计划生育技术服务管理条例》的规定开展与计划生育有关的临床医疗服务，发生的计划生育技术服务事故，依照本条例的有关规定处理；但是，其中不属于医疗机构的县级以上城市从事计划生育技术服务的机构发生的计划生育技术服务事故，由计划生育行政部门行使依照本条例有关规定由卫生行政部门承担的受理、交由负责医疗事故技术鉴定工作的医学会组织鉴定和赔偿调解的职能；对发生计划生育技术服务事故的该机构及其有关责任人员，依法进行处理。

第六十一条　非法行医，造成患者人身损害，不属于医疗事故，触犯刑律的，依法追究刑事责任；有关赔偿，由受害人直接向人民法院提起诉讼。

第六十二条　军队医疗机构的医疗事故处理办法，由中国人民解放军卫生主管部门会同国务院卫生行政部门依据本条例制定。

第六十三条　本条例自2002年9月1日起施行。1987年6月29日国务院发布的《医疗事故处理办法》同时废止。本条例施行前已经处理结案的医疗事故争议，不再重新处理。

附：医疗事故分级标准

（一）一级甲等医疗事故

死亡。

（二）一级乙等医疗事故

重要器官缺失或功能完全丧失，其他器官不能代偿，存在特殊医疗依赖，生活完全不能自理。例如造成患者下列情形之一的：

1. 植物人状态；
2. 极重度智能障碍；
3. 临床判定不能恢复的昏迷；
4. 临床判定自主呼吸功能完全丧失，不能恢复，靠呼吸机维持；
5. 四肢瘫，肌力0级，临床判定不能恢复。

（三）二级甲等医疗事故

器官缺失或功能完全丧失，其他器官不能代偿，可能存在特殊医疗依赖，或生活大部分不能自理。例如造成患者下列情形之一的：

1. 双眼球摘除或双眼经客观检查证实无光感；
2. 小肠缺失90%以上，功能完全丧失；
3. 双侧有功能肾脏缺失或孤立有功能肾缺失，用透析替代治疗；
4. 四肢肌力Ⅱ级（二级）以下（含Ⅱ级），临床判定不能恢复；
5. 上肢一侧腕上缺失或一侧手功能完全丧失，不能装配假肢，伴下肢双膝以上缺失。

（四）二级乙等医疗事故

存在器官缺失、严重缺损、严重畸形情形之一，有严重功能障碍，可能存在特殊医疗依赖，或生活大部分不能自理。例如造成患者下列情形之一的：

1. 重度智能障碍；
2. 单眼球摘除或经客观检查证实无光感，另眼球结构损伤，闪光视觉诱发电位（VEP）P100波潜时延长＞160 ms（毫秒），矫正视力＜0.02，视野半径＜50；
3. 双侧上颌骨或双侧下颌骨完全缺失；
4. 一侧上颌骨及对侧下颌骨完全缺失，并伴有颜面软组织缺损大于30 cm^2；
5. 一侧全肺缺失并需胸改术；
6. 肺功能持续重度损害；
7. 持续性心功能不全，心功能四级；
8. 持续性心功能不全，心功能三级伴有不能控制的严重心律失常；
9. 食管闭锁，依赖造瘘；
10. 肝缺损3/4，并有肝功能重度损害；

11. 胆道损伤致肝功能重度损害；
12. 全胰缺失；
13. 小肠缺损大于 3/4，普通膳食不能维持营养；
14. 肾功能部分损害不全失代偿；
15. 两侧睾丸、副睾丸缺损；
16. 阴茎缺损或性功能严重障碍；
17. 双侧卵巢缺失；
18. 未育妇女子宫全部缺失或大部分缺损；
19. 四肢瘫，肌力Ⅲ级（三级）或截瘫、偏瘫，肌力Ⅲ级以下，临床判定不能恢复；
20. 双上肢腕关节以上缺失、双侧前臂缺失或双手功能完全丧失，不能装配假肢；
21. 肩、肘、髋、膝关节中有四个以上（含四个）关节功能完全丧失；
22. 重型再生障碍性贫血（1 型）。

（五）二级丙等医疗事故

存在器官缺失、严重缺损、明显畸形情形之一，有严重功能障碍，可能存在特殊医疗依赖，或生活部分不能自理。例如造成患者下列情形之一的：

1. 面部重度毁容；
2. 单眼球摘除或客观检查无光感，另眼球结构损伤，闪光视觉诱发电位（VEP）＞155 ms（毫秒），矫正视力＜0.05，视野半径＜10°；
3. 一侧上颌骨或下颌骨完全缺失，伴颜面部软组织缺损大于 30 cm^2；
4. 同侧上下颌骨完全性缺失；
5. 双侧甲状腺或孤立甲状腺全缺失；
6. 双侧甲状旁腺全缺失；
7. 持续性心功能不全，心功能三级；
8. 持续性心功能不全，心功能二级伴有不能控制的严重心律失常；
9. 全胃缺失；
10. 肝缺损 2/3，并肝功能重度损害；
11. 一侧有功能肾缺失或肾功能完全丧失，对侧肾功能不全代偿；
12. 永久性输尿管腹壁造瘘；
13. 膀胱全缺失；
14. 两侧输精管缺损不能修复；
15. 双上肢肌力Ⅳ级（四级），双下肢肌力 0 级，临床判定不能恢复；
16. 单肢两个大关节（肩、肘、腕、髋、膝、踝）功能完全丧失，不能行关节置换；
17. 一侧上肢肘上缺失或肘、腕、手功能完全丧失，不能手术重建功能或装配假肢；
18. 一手缺失或功能完全丧失，另一手功能丧失 50％以上，不能手术重建功能或装配假肢；
19. 一手腕上缺失，另一手拇指缺失，不能手术重建功能或装配假肢；
20. 双手拇、食指均缺失或功能完全丧失无法矫正；
21. 双侧膝关节或者髋关节功能完全丧失，不能行关节置换；

22. 一下肢膝上缺失，无法装配假肢；

23. 重型再生障碍性贫血(II型)。

（六）二级丁等医疗事故

存在器官缺失、大部分缺损、畸形情形之一，有严重功能障碍，可能存在一般医疗依赖，生活能自理。例如造成患者下列情形之一的：

1. 中度智能障碍；

2. 难治性癫痫；

3. 完全性失语，伴有神经系统客观检查阳性所见；

4. 双侧重度周围性面瘫；

5. 面部中度毁容，或全身瘢痕面积大于70%；

6. 双眼球结构损伤，较好眼闪光视觉诱发电位(VEP)＞155 ms(毫秒)，矫正视力＜0.05，视野半径＜10°；

7. 双耳经客观检查证实听力在原有基础上损失大于91 dBHL(分贝)；

8. 舌缺损大于全舌2/3；

9. 一侧上颌骨缺损1/2，颜面部软组织缺损大于20 cm^2；

10. 下颌骨缺损长6 cm以上的区段，口腔、颜面软组织缺损大于20 cm^2；

11. 甲状旁腺功能重度损害；

12. 食管狭窄，只能进流食；

13. 吞咽功能严重损伤，依赖鼻饲管进食；

14. 肝缺损2/3，功能中度损害；

15. 肝缺损1/2伴有胆道损伤致严重肝功能损害；

16. 胰缺损，胰岛素依赖；

17. 小肠缺损2/3，包括回盲部缺损；

18. 全结肠、直肠、肛门缺失，回肠造瘘；

19. 肾上腺功能明显减退；

20. 大、小便失禁，临床判定不能恢复；

21. 女性双侧乳腺缺失；

22. 单肢肌力Ⅱ级(二级)，临床判定不能恢复；

23. 双前臂缺失；

24. 双下肢瘫；

25. 一手缺失或功能完全丧失，另一手功能正常，不能手术重建功能或装配假肢；

26. 双拇指完全缺失或无功能；

27. 双膝以下缺失或无功能，不能手术重建功能或装配假肢；

28. 一侧下肢膝上缺失，不能手术重建功能或装配假肢；

29. 一侧膝以下缺失，另一侧前足缺失，不能手术重建功能或装配假肢；

30. 双足全肌瘫，肌力Ⅱ级(二级)，临床判定不能恢复。

（七）三级甲等医疗事故

存在器官缺失、大部分缺损、畸形情形之一，有较重功能障碍，可能存在一般医疗依赖，生活能自理。例如造成患者下列情形之一的：

1. 不完全失语并伴有失用、失写、失读、失认之一者，同时有神经系统客观检查阳性所见；

2. 不能修补的脑脊液瘘；

3. 尿崩，有严重离子紊乱，需要长期依赖药物治疗；

4. 面部轻度毁容；

5. 面颊部洞穿性缺损大于 20 cm^2；

6. 单侧眼球摘除或客观检查无光感，另眼球结构损伤，闪光视觉诱发电位（VEP）＞150 ms（毫秒），矫正视力 0.05—0.1，视野半径＜15°；

7. 双耳经客观检查证实听力在原有基础上损失大于 81dBHL（分贝）；

8. 鼻缺损 1/3 以上；

9. 上唇或下唇缺损大于 1/2；

10. 一侧上颌骨缺损 1/4 或下颌骨缺损长 4 cm 以上区段，伴口腔、颜面软组织缺损大于 10 cm2；

11. 肺功能中度持续损伤；

12. 胃缺损 3/4；

13. 肝缺损 1/2 伴较重功能障碍；

14. 慢性中毒性肝病伴较重功能障碍；

15. 脾缺失；

16. 胰缺损 2/3 造成内、外分泌腺功能障碍；

17. 小肠缺损 2/3，保留回盲部；

18. 尿道狭窄，需定期行尿道扩张术；

19. 直肠、肛门、结肠部分缺损，结肠造瘘；

20. 肛门损伤致排便障碍；

21. 一侧肾缺失或输尿管狭窄，肾功能不全代偿；

22. 不能修复的尿道瘘；

23. 膀胱大部分缺损；

24. 双侧输卵管缺失；

25. 阴道闭锁丧失性功能；

26. 不能修复的Ⅲ度（三度）会阴裂伤；

27. 四肢瘫，肌力Ⅳ级（四级），临床判定不能恢复；

28. 单肢瘫，肌力Ⅲ级（三级），临床判定不能恢复；

29. 肩、肘、腕关节之一功能完全丧失；

30. 利手全肌瘫，肌力Ⅲ级（三级），临床判定不能恢复；

31. 一手拇指缺失，另一手拇指功能丧失 50％以上；

32. 一手拇指缺失或无功能，另一手除拇指外三指缺失或无功能，不能手术重建功能；

33. 双下肢肌力Ⅲ级（三级）以下，临床判定不能恢复。大、小便失禁；

34. 下肢双膝以上缺失伴一侧腕上缺失或手功能部分丧失，能装配假肢；
35. 一髋或一膝关节功能完全丧失，不能手术重建功能；
36. 双足全肌瘫，肌力Ⅲ级(三级)，临床判定不能恢复；
37. 双前足缺失；
38. 慢性再生障碍性贫血。

(八) 三级乙等医疗事故

器官大部分缺损或畸形，有中度功能障碍，可能存在一般医疗依赖，生活能自理。

1. 轻度智能减退；
2. 癫痫中度；
3. 不完全性失语，伴有神经系统客观检查阳性所见；
4. 头皮、眉毛完全缺损；
5. 一侧完全性面瘫，对侧不完全性面瘫；
6. 面部重度异常色素沉着或全身瘢痕面积达 60%～69%；
7. 面部软组织缺损大于 20 cm^2；
8. 双眼球结构损伤，较好眼闪光视觉诱发电位(VEP)＞150 ms(毫秒)，矫正视力 0.05～0.1，视野半径＜15°；
9. 双耳经客观检查证实听力损失大于 71 dBHL(分贝)；
10. 双侧前庭功能丧失，睁眼行走困难，不能并足站立；
11. 甲状腺功能严重损害，依赖药物治疗；
12. 不能控制的严重器质性心律失常；
13. 胃缺损 2/3 伴轻度功能障碍；
14. 肝缺损 1/3 伴轻度功能障碍；
15. 胆道损伤伴轻度肝功能障碍；
16. 胰缺损 1/2；
17. 小肠缺损 1/2(包括回盲部)；
18. 腹壁缺损大于腹壁 1/4；
19. 肾上腺皮质功能轻度减退；
20. 双侧睾丸萎缩，血清睾丸酮水平低于正常范围；
21. 非利手全肌瘫，肌力Ⅳ级(四级)，临床判定不能恢复，不能手术重建功能；
22. 一拇指完全缺失；
23. 双下肢肌力Ⅳ级(四级)，临床判定不能恢复。大、小便失禁；
24. 一髋或一膝关节功能不全；
25. 一侧踝以下缺失或一侧踝关节畸形，功能完全丧失，不能手术重建功能；
26. 双足部分肌瘫，肌力Ⅳ级(四级)，临床判定不能恢复，不能手术重建功能；
27. 单足全肌瘫，肌力Ⅳ级(四级)，临床判定不能恢复，不能手术重建功能。

(九) 三级丙等医疗事故

器官大部分缺损或畸形，有轻度功能障碍，可能存在一般医疗依赖，生活能自理。例如造成患者下列情形之一的：

1. 不完全性失用、失写、失读、失认之一者，伴有神经系统客观检查阳性所见；
2. 全身瘢痕面积 50%～59%；
3. 双侧中度周围性面瘫，临床判定不能恢复；
4. 双眼球结构损伤，较好眼闪光视觉诱发电位（VEP）＞140 ms（毫秒），矫正视力 0.1～0.3，视野半径＜20°；
5. 双耳经客观检查证实听力损失大于 56 dBHL（分贝）；
6. 喉保护功能丧失，饮食时呛咳并易发生误吸，临床判定不能恢复；
7. 颈颏粘连，影响部分活动；
8. 肺叶缺失伴轻度功能障碍；
9. 持续性心功能不全，心功能二级；
10. 胃缺损 1/2 伴轻度功能障碍；
11. 肝缺损 1/4 伴轻度功能障碍；
12. 慢性轻度中毒性肝病伴轻度功能障碍；
13. 胆道损伤，需行胆肠吻合术；
14. 胰缺损 1/3 伴轻度功能障碍；
15. 小肠缺损 1/2 伴轻度功能障碍；
16. 结肠大部分缺损；
17. 永久性膀胱造瘘；
18. 未育妇女单侧乳腺缺失；
19. 未育妇女单侧卵巢缺失；
20. 育龄已育妇女双侧输卵管缺失；
21. 育龄已育妇女子宫缺失或部分缺损；
22. 阴道狭窄不能通过二横指；
23. 颈部或腰部活动度丧失 50%以上；
24. 腕、肘、肩、踝、膝、髋关节之一丧失功能 50%以上；
25. 截瘫或偏瘫，肌力Ⅳ级（四级），临床判定不能恢复；
26. 单肢两个大关节（肩、肘、腕、髋、膝、踝）功能部分丧失，能行关节置换；
27. 一侧肘上缺失或肘、腕、手功能部分丧失，可以手术重建功能或装配假肢；
28. 一手缺失或功能部分丧失，另一手功能丧失 50%以上，可以手术重建功能或装配假肢；
29. 一手腕上缺失，另一手拇指缺失，可以手术重建功能或装配假肢；
30. 利手全肌瘫，肌力Ⅳ级（四级），临床判定不能恢复；
31. 单手部分肌瘫，肌力Ⅲ级（三级），临床判定不能恢复；
32. 除拇指外 3 指缺失或功能完全丧失；
33. 双下肢长度相差 4 cm 以上；
34. 双侧膝关节或者髋关节功能部分丧失，可以行关节置换；
35. 单侧下肢膝上缺失，可以装配假肢；
36. 双足部分肌瘫，肌力Ⅲ级（三级），临床判定不能恢复；

37. 单足全肌瘫，肌力Ⅲ级（三级），临床判定不能恢复。

（十）三级丁等医疗事故

器官部分缺损或畸形，有轻度功能障碍，无医疗依赖，生活能自理。例如造成患者下列情形之一的：

1. 边缘智能；
2. 发声及言语困难；
3. 双眼结构损伤，较好眼闪光视觉诱发电位（VEP）＞130 ms（毫秒），矫正视力 0.3—0.5，视野半径＜30°；
4. 双耳经客观检查证实听力损失大于 41 dBHL（分贝）或单耳大于 91 dBHL（分贝）；
5. 耳郭缺损 2/3 以上；
6. 器械或异物误入呼吸道需行肺段切除术；
7. 甲状旁腺功能轻度损害；
8. 肺段缺损，轻度持续肺功能障碍；
9. 腹壁缺损小于 1/4；
10. 一侧肾上腺缺失伴轻度功能障碍；
11. 一侧睾丸、附睾缺失伴轻度功能障碍；
12. 一侧输精管缺损，不能修复；
13. 一侧卵巢缺失，一侧输卵管缺失；
14. 一手缺失或功能完全丧失，另一手功能正常，可以手术重建功能及装配假肢；
15. 双大腿肌力近Ⅴ级（五级），双小腿肌力Ⅲ级（三级）以下，临床判定不能恢复。大、小便轻度失禁；
16. 双膝以下缺失或无功能，可以手术重建功能或装配假肢；
17. 单侧下肢膝上缺失，可以手术重建功能或装配假肢；
18. 一侧膝以下缺失，另一侧前足缺失，可以手术重建功能或装配假肢。

（十一）三级戊等医疗事故

器官部分缺损或畸形，有轻微功能障碍，无医疗依赖，生活能自理。例如造成患者下列情形之一的：

1. 脑叶缺失后轻度智力障碍；
2. 发声或言语不畅；
3. 双眼结构损伤，较好眼闪光视觉诱发电位（VEP）＞120 ms（毫秒），矫正视力＜0.6，视野半径＜50°；
4. 泪器损伤，手术无法改进溢泪；
5. 双耳经客观检查证实听力在原有基础上损失大于 31 dBHL（分贝）或一耳听力在原有基础上损失大于 71 dBHL（分贝）；
6. 耳郭缺损大于 1/3 而小于 2/3；
7. 甲状腺功能低下；
8. 支气管损伤需行手术治疗；
9. 器械或异物误入消化道，需开腹取出；

10. 一拇指指关节功能不全；

11. 双小腿肌力Ⅳ级(四级)，临床判定不能恢复。大、小便轻度失禁；

12. 手术后当时引起脊柱侧弯 30 度以上；

13. 手术后当时引起脊柱后凸成角(胸段大于 60 度，胸腰段大于 30 度，腰段大于 20 度以上)；

14. 原有脊柱、躯干或肢体畸形又严重加重；

15. 损伤重要脏器，修补后功能有轻微障碍。

(十二) 四级医疗事故

系指造成患者明显人身损害的其他后果的医疗事故。例如造成患者下列情形之一的：

1. 双侧轻度不完全性面瘫，无功能障碍；
2. 面部轻度色素沉着或脱失；
3. 一侧眼睑有明显缺损或外翻；
4. 拔除健康恒牙；
5. 器械或异物误入呼吸道或消化道，需全麻后内窥镜下取出；
6. 口周及颜面软组织轻度损伤；
7. 非解剖变异等因素，拔除上颌后牙时牙根或异物进入上颌窦需手术取出；
8. 组织、器官轻度损伤，行修补术后无功能障碍；
9. 一拇指末节 1/2 缺损；
10. 一手除拇指、食指外，有两指近侧指间关节无功能；
11. 一足拇趾末节缺失；
12. 软组织内异物滞留；
13. 体腔遗留异物已包裹，无需手术取出，无功能障碍；
14. 局部注射造成组织坏死。成人大于体表面积 2%，儿童大于体表面积 5%；
15. 剖腹产引起胎儿损伤；
16. 产后胎盘残留引起大出血，无其他并发症。

附录 2：最高人民法院关于审理人身损害赔偿案件适用法律若干问题的解释

2003 年 12 月 4 日最高人民法院审判委员会第 1299 次会议通过

为正确审理人身损害赔偿案件，依法保护当事人的合法权益，根据《中华人民共和国民法通则》（以下简称民法通则）、《中华人民共和国民事诉讼法》（以下简称民事诉讼法）等有关法律规定，结合审判实践，就有关适用法律的问题作如下解释：

第一条　因生命、健康、身体遭受侵害，赔偿权利人起诉请求赔偿义务人赔偿财产损失和精神损害的，人民法院应予受理。

本条所称赔偿权利人，是指因侵权行为或者其他致害原因直接遭受人身损害的受害人、依法由受害人承担扶养义务的被扶养人以及死亡受害人的近亲属。

本条所称赔偿义务人，是指因自己或者他人的侵权行为以及其他致害原因依法应当承担民事责任的自然人、法人或者其他组织。

第二条　受害人对同一损害的发生或者扩大有故意、过失的，依照民法通则第一百三十一条的规定，可以减轻或者免除赔偿义务人的赔偿责任。但侵权人因故意或者重大过失致人损害，受害人只有一般过失的，不减轻赔偿义务人的赔偿责任。

适用民法通则第一百零六条第三款规定确定赔偿义务人的赔偿责任时，受害人有重大过失的，可以减轻赔偿义务人的赔偿责任。

第三条　二人以上共同故意或者共同过失致人损害，或者虽无共同故意、共同过失，但其侵害行为直接结合发生同一损害后果的，构成共同侵权，应当依照民法通则第一百三十条规定承担连带责任。

二人以上没有共同故意或者共同过失，但其分别实施的数个行为间接结合发生同一损害后果的，应当根据过失大小或者原因力比例各自承担相应的赔偿责任。

第四条　二人以上共同实施危及他人人身安全的行为并造成损害后果，不能确定实际侵害行为人的，应当依照民法通则第一百三十条规定承担连带责任。共同危险行为人能够证明损害后果不是由其行为造成的，不承担赔偿责任。

第五条　赔偿权利人起诉部分共同侵权人的，人民法院应当追加其他共同侵权人作为共同被告。赔偿权利人在诉讼中放弃对部分共同侵权人的诉讼请求的，其他共同侵权人对被放弃诉讼请求的被告应当承担的赔偿份额不承担连带责任。责任范围难以确定的，推定各共同侵权人承担同等责任。

人民法院应当将放弃诉讼请求的法律后果告知赔偿权利人，并将放弃诉讼请求的情况在法律文书中叙明。

第六条　从事住宿、餐饮、娱乐等经营活动或者其他社会活动的自然人、法人、其他组织，未尽合理限度范围内的安全保障义务致使他人遭受人身损害，赔偿权利人请求其承担相应赔偿责任的，人民法院应予支持。

因第三人侵权导致损害结果发生的，由实施侵权行为的第三人承担赔偿责任。安全保障义务人有过错的，应当在其能够防止或者制止损害的范围内承担相应的补充赔偿责任。安全保障义务人承担责任后，可以向第三人追偿。赔偿权利人起诉安全保障义务人的，应当将第三人作为共同被告，但第三人不能确定的除外。

第七条　对未成年人依法负有教育、管理、保护义务的学校、幼儿园或者其他教育机构，未尽职责范围内的相关义务致使未成年人遭受人身损害，或者未成年人致他人人身损害的，应当承担与其过错相应的赔偿责任。

第三人侵权致未成年人遭受人身损害的，应当承担赔偿责任。学校、幼儿园等教育机构有过错的，应当承担相应的补充赔偿责任。

第八条　法人或者其他组织的法定代表人、负责人以及工作人员，在执行职务中致人损害的，依照民法通则第一百二十一条的规定，由该法人或者其他组织承担民事责任。上述人员实施与职务无关的行为致人损害的，应当由行为人承担赔偿责任。

属于《国家赔偿法》赔偿事由的，依照《国家赔偿法》的规定处理。

第九条　雇员在从事雇佣活动中致人损害的，雇主应当承担赔偿责任；雇员因故意或者重大过失致人损害的，应当与雇主承担连带赔偿责任。雇主承担连带赔偿责任的，可以向雇员追偿。

前款所称从事雇佣活动，是指从事雇主授权或者指示范围内的生产经营活动或者其他劳务活动。雇员的行为超出授权范围，但其表现形式是履行职务或者与履行职务有内在联系的，应当认定为从事雇佣活动。

第十条　承揽人在完成工作过程中对第三人造成损害或者造成自身损害的，定作人不承担赔偿责任。但定作人对定作、指示或者选任有过失的，应当承担相应的赔偿责任。

第十一条　雇员在从事雇佣活动中遭受人身损害，雇主应当承担赔偿责任。雇佣关系以外的第三人造成雇员人身损害的，赔偿权利人可以请求第三人承担赔偿责任，也可以请求雇主承担赔偿责任。雇主承担赔偿责任后，可以向第三人追偿。

雇员在从事雇佣活动中因安全生产事故遭受人身损害，发包人、分包人知道或者应当知道接受发包或者分包业务的雇主没有相应资质或者安全生产条件的，应当与雇主承担连带赔偿责任。

属于《工伤保险条例》调整的劳动关系和工伤保险范围的，不适用本条规定。

第十二条　依法应当参加工伤保险统筹的用人单位的劳动者，因工伤事故遭受人身损害，劳动者或者其近亲属向人民法院起诉请求用人单位承担民事赔偿责任的，告知其按《工伤保险条例》的规定处理。

因用人单位以外的第三人侵权造成劳动者人身损害，赔偿权利人请求第三人承担民事赔偿责任的，人民法院应予支持。

第十三条　为他人无偿提供劳务的帮工人，在从事帮工活动中致人损害的，被帮工人应当承担赔偿责任。被帮工人明确拒绝帮工的，不承担赔偿责任。帮工人存在故意或者重大过失，赔偿权利人请求帮工人和被帮工人承担连带责任的，人民法院应予支持。

第十四条　帮工人因帮工活动遭受人身损害的，被帮工人应当承担赔偿责任。被帮工人明确拒绝帮工的，不承担赔偿责任；但可以在受益范围内予以适当补偿。

帮工人因第三人侵权遭受人身损害的，由第三人承担赔偿责任。第三人不能确定或者没有赔偿能力的，可以由被帮工人予以适当补偿。

第十五条　为维护国家、集体或者他人的合法权益而使自己受到人身损害，因没有侵权人、不能确定侵权人或者侵权人没有赔偿能力，赔偿权利人请求受益人在受益范围内予以适当补偿的，人民法院应予支持。

第十六条　下列情形，适用民法通则第一百二十六条的规定，由所有人或者管理人承担赔偿责任，但能够证明自己没有过错的除外：

（一）道路、桥梁、隧道等人工建造的构筑物因维护、管理瑕疵致人损害的；

（二）堆放物品滚落、滑落或者堆放物倒塌致人损害的；

（三）树木倾倒、折断或者果实坠落致人损害的。

前款第（一）项情形，因设计、施工缺陷造成损害的，由所有人、管理人与设计、施工者承担连带责任。

第十七条　受害人遭受人身损害，因就医治疗支出的各项费用以及因误工减少的收入，包括医疗费、误工费、护理费、交通费、住宿费、住院伙食补助费、必要的营养费，赔偿义务人应当予以赔偿。

受害人因伤致残的，其因增加生活上需要所支出的必要费用以及因丧失劳动能力导致的收入损失，包括残疾赔偿金、残疾辅助器具费、被扶养人生活费，以及因康复护理、继续治疗实际发生的必要的康复费、护理费、后续治疗费，赔偿义务人也应当予以赔偿。

受害人死亡的，赔偿义务人除应当根据抢救治疗情况赔偿本条第一款规定的相关费用外，还应当赔偿丧葬费、被扶养人生活费、死亡补偿费以及受害人亲属办理丧葬事宜支出的交通费、住宿费和误工损失等其他合理费用。

第十八条　受害人或者死者近亲属遭受精神损害，赔偿权利人向人民法院请求赔偿精神损害抚慰金的，适用《最高人民法院关于确定民事侵权精神损害赔偿责任若干问题的解释》予以确定。

精神损害抚慰金的请求权，不得让与或者继承。但赔偿义务人已经以书面方式承诺给予金钱赔偿，或者赔偿权利人已经向人民法院起诉的除外。

第十九条　医疗费根据医疗机构出具的医药费、住院费等收款凭证，结合病历和诊断证明等相关证据确定。赔偿义务人对治疗的必要性和合理性有异议的，应当承担相应的举证责任。

医疗费的赔偿数额，按照一审法庭辩论终结前实际发生的数额确定。器官功能恢复训练所必要的康复费、适当的整容费以及其他后续治疗费，赔偿权利人可以待实际发生后另行起诉。但根据医疗证明或者鉴定结论确定必然发生的费用，可以与已经发生的医疗费一并予以赔偿。

第二十条　误工费根据受害人的误工时间和收入状况确定。

误工时间根据受害人接受治疗的医疗机构出具的证明确定。受害人因伤致残持续误工的，误工时间可以计算至定残日前一天。

受害人有固定收入的，误工费按照实际减少的收入计算。受害人无固定收入的，按照其最近三年的平均收入计算；受害人不能举证证明其最近三年的平均收入状况的，可以参照受诉法院所在地相同或者相近行业上一年度职工的平均工资计算。

第二十一条　护理费根据护理人员的收入状况和护理人数、护理期限确定。

护理人员有收入的，参照误工费的规定计算；护理人员没有收入或者雇佣护工的，参照当地护工从事同等级别护理的劳务报酬标准计算。护理人员原则上为一人，但医疗机构或者鉴定机构有明确意见的，可以参照确定护理人员人数。

护理期限应计算至受害人恢复生活自理能力时止。受害人因残疾不能恢复生活自理能力的，可以根据其年龄、健康状况等因素确定合理的护理期限，但最长不超过二十年。

受害人定残后的护理，应当根据其护理依赖程度并结合配制残疾辅助器具的情况确定护理级别。

第二十二条　交通费根据受害人及其必要的陪护人员因就医或者转院治疗实际发生的费用计算。交通费应当以正式票据为凭；有关凭据应当与就医地点、时间、人数、次数相符合。

第二十三条　住院伙食补助费可以参照当地国家机关一般工作人员的出差伙食补助标准予以确定。

受害人确有必要到外地治疗，因客观原因不能住院，受害人本人及其陪护人员实际发生的住宿费和伙食费，其合理部分应予赔偿。

第二十四条　营养费根据受害人伤残情况参照医疗机构的意见确定。

第二十五条　残疾赔偿金根据受害人丧失劳动能力程度或者伤残等级，按照受诉法院所在地上一年度城镇居民人均可支配收入或者农村居民人均纯收入标准，自定残之日起按二十年计算。但六十周岁以上的，年龄每增加一岁减少一年；七十五周岁以上的，按五年计算。

受害人因伤致残但实际收入没有减少，或者伤残等级较轻但造成职业妨害严重影响其劳动就业的，可以对残疾赔偿金作相应调整。

第二十六条　残疾辅助器具费按照普通适用器具的合理费用标准计算。伤情有特殊需要的，可以参照辅助器具配制机构的意见确定相应的合理费用标准。

辅助器具的更换周期和赔偿期限参照配制机构的意见确定。

第二十七条　丧葬费按照受诉法院所在地上一年度职工月平均工资标准，以六个月总额计算。

第二十八条　被扶养人生活费根据扶养人丧失劳动能力程度，按照受诉法院所在地上一年度城镇居民人均消费性支出和农村居民人均年生活消费支出标准计算。被扶养人为未成年人的，计算至十八周岁；被扶养人无劳动能力又无其他生活来源的，计算二十年。但六十周岁以上的，年龄每增加一岁减少一年；七十五周岁以上的，按五年计算。

被扶养人是指受害人依法应当承担扶养义务的未成年人或者丧失劳动能力又无其他

生活来源的成年近亲属。被扶养人还有其他扶养人的，赔偿义务人只赔偿受害人依法应当负担的部分。被扶养人有数人的，年赔偿总额累计不超过上一年度城镇居民人均消费性支出额或者农村居民人均年生活消费支出额。

第二十九条 死亡赔偿金按照受诉法院所在地上一年度城镇居民人均可支配收入或者农村居民人均纯收入标准，按二十年计算。但六十周岁以上的，年龄每增加一岁减少一年；七十五周岁以上的，按五年计算。

第三十条 赔偿权利人举证证明其住所地或者经常居住地城镇居民人均可支配收入或者农村居民人均纯收入高于受诉法院所在地标准的，残疾赔偿金或者死亡赔偿金可以按照其住所地或者经常居住地的相关标准计算。

被扶养人生活费的相关计算标准，依照前款原则确定。

第三十一条 人民法院应当按照民法通则第一百三十一条以及本解释第二条的规定，确定第十九条至第二十九条各项财产损失的实际赔偿金额。

前款确定的物质损害赔偿金与按照第十八条第一款规定确定的精神损害抚慰金，原则上应当一次性给付。

第三十二条 超过确定的护理期限、辅助器具费给付年限或者残疾赔偿金给付年限，赔偿权利人向人民法院起诉请求继续给付护理费、辅助器具费或者残疾赔偿金的，人民法院应予受理。赔偿权利人确需继续护理、配制辅助器具，或者没有劳动能力和生活来源的，人民法院应当判令赔偿义务人继续给付相关费用五至十年。

第三十三条 赔偿义务人请求以定期金方式给付残疾赔偿金、被扶养人生活费、残疾辅助器具费的，应当提供相应的担保。人民法院可以根据赔偿义务人的给付能力和提供担保的情况，确定以定期金方式给付相关费用。但一审法庭辩论终结前已经发生的费用、死亡赔偿金以及精神损害抚慰金，应当一次性给付。

第三十四条 人民法院应当在法律文书中明确定期金的给付时间、方式以及每期给付标准。执行期间有关统计数据发生变化的，给付金额应当适时进行相应调整。

定期金按照赔偿权利人的实际生存年限给付，不受本解释有关赔偿期限的限制。

第三十五条 本解释所称城镇居民人均可支配收入、农村居民人均纯收入、城镇居民人均消费性支出、农村居民人均年生活消费支出、职工平均工资，按照政府统计部门公布的各省、自治区、直辖市以及经济特区和计划单列市上一年度相关统计数据确定。

上一年度，是指一审法庭辩论终结时的上一统计年度。

第三十六条 本解释自2004年5月1日起施行。2004年5月1日后新受理的一审人身损害赔偿案件，适用本解释的规定。已经作出生效裁判的人身损害赔偿案件依法再审的，不适用本解释的规定。

在本解释公布施行之前已经生效施行的司法解释，其内容与本解释不一致的，以本解释为准。

附录3：病历书写基本规范

卫生部关于印发《病历书写基本规范》的通知 卫医政发〔2010〕11号[1]

各省、自治区、直辖市卫生厅局，新疆生产建设兵团卫生局：

为规范我国医疗机构病历书写行为，提高病历质量，保障医疗质量和医疗安全，根据《医疗事故处理条例》有关规定，2002年我部印发了《病历书写基本规范（试行）》（以下简称《规范》）。《规范》实施7年多来，在各级卫生行政部门和医疗机构的共同努力下，我国医疗机构病历质量有了很大提高。

在总结各地《规范》实施情况的基础上，结合当前医疗机构管理和医疗质量管理面临的新形势和新特点，我部对《规范》进行了修订和完善，制定了《病历书写基本规范》。现印发给你们，请遵照执行。执行中遇到的情况及问题，及时报我部医政司。

二〇一〇年一月二十二日

第一章 基本要求

第一条 病历是指医务人员在医疗活动过程中形成的文字、符号、图表、影像、切片等资料的总和，包括门（急）诊病历和住院病历。

第二条 病历书写是指医务人员通过问诊、查体、辅助检查、诊断、治疗、护理等医疗活动获得有关资料，并进行归纳、分析、整理形成医疗活动记录的行为。

第三条 病历书写应当客观、真实、准确、及时、完整、规范。

第四条 病历书写应当使用蓝黑墨水、碳素墨水，需复写的病历资料可以使用蓝或黑色油水的圆珠笔。计算机打印的病历应当符合病历保存的要求。

第五条 病历书写应当使用中文，通用的外文缩写和无正式中文译名的症状、体征、疾病名称等可以使用外文。

第六条 病历书写应规范使用医学术语，文字工整，字迹清晰，表述准确，语句通顺，标点正确。

第七条 病历书写过程中出现错字时，应当用双线划在错字上，保留原记录清楚、可辨，并注明修改时间，修改人签名。不得采用刮、黏、涂等方法掩盖或去除原来的字迹。

上级医务人员有审查修改下级医务人员书写的病历的责任。

第八条 病历应当按照规定的内容书写，并由相应医务人员签名。

实习医务人员、试用期医务人员书写的病历，应当经过本医疗机构注册的医务人员审阅、修改并签名。

进修医务人员由医疗机构根据其胜任本专业工作实际情况认定后书写病历。

第九条病历书写一律使用阿拉伯数字书写日期和时间，采用24小时制记录。

第十条　对需取得患者书面同意方可进行的医疗活动，应当由患者本人签署知情同意书。患者不具备完全民事行为能力时，应当由其法定代理人签字；患者因病无法签字时，应当由其授权的人员签字；为抢救患者，在法定代理人或被授权人无法及时签字的情况下，可由医疗机构负责人或者授权的负责人签字。

因实施保护性医疗措施不宜向患者说明情况的，应当将有关情况告知患者近亲属，由患者近亲属签署知情同意书，并及时记录。患者无近亲属的或者患者近亲属无法签署同意书的，由患者的法定代理人或者关系人签署同意书。

第二章　病 历 书 写

第十一条　门(急)诊病历内容包括门(急)诊病历首页(门(急)诊手册封面)、病历记录、化验单(检验报告)、医学影像检查资料等。

第十二条　门(急)诊病历首页内容应当包括患者姓名、性别、出生年月日、民族、婚姻状况、职业、工作单位、住址、药物过敏史等项目。

门诊手册封面内容应当包括患者姓名、性别、年龄、工作单位或住址、药物过敏史等项目。

第十三条　门(急)诊病历记录分为初诊病历记录和复诊病历记录。

初诊病历记录书写内容应当包括就诊时间、科别、主诉、现病史、既往史，阳性体征、必要的阴性体征和辅助检查结果，诊断及治疗意见和医师签名等。

复诊病历记录书写内容应当包括就诊时间、科别、主诉、病史、必要的体格检查和辅助检查结果、诊断、治疗处理意见和医师签名等。

急诊病历书写就诊时间应当具体到分钟。

第十四条　门(急)诊病历记录应当由接诊医师在患者就诊时及时完成。

第十五条　急诊留观记录是急诊患者因病情需要留院观察期间的记录，重点记录观察期间病情变化和诊疗措施，记录简明扼要，并注明患者去向。抢救危重患者时，应当书写抢救记录。门(急)诊抢救记录书写内容及要求按照住院病历抢救记录书写内容及要求执行。

第三章　住院病历书写

第十六条　住院病历内容包括住院病案首页、入院记录、病程记录、手术同意书、麻醉同意书、输血治疗知情同意书、特殊检查(特殊治疗)同意书、病危(重)通知书、医嘱单、辅助检查报告单、体温单、医学影像检查资料、病理资料等。

第十七条　入院记录是指患者入院后，由经治医师通过问诊、查体、辅助检查获得有关资料，并对这些资料归纳分析书写而成的记录。可分为入院记录、再次或多次入院记录、24小时内入出院记录、24小时内入院死亡记录。

入院记录、再次或多次入院记录应当于患者入院后24小时内完成；24小时内入出院记录应当于患者出院后24小时内完成，24小时内入院死亡记录应当于患者死亡后24小时内完成。

第十八条 入院记录的要求及内容。

（一）患者一般情况包括姓名、性别、年龄、民族、婚姻状况、出生地、职业、入院时间、记录时间、病史陈述者。

（二）主诉是指促使患者就诊的主要症状（或体征）及持续时间。

（三）现病史是指患者本次疾病的发生、演变、诊疗等方面的详细情况，应当按时间顺序书写。内容包括发病情况、主要症状特点及其发展变化情况、伴随症状、发病后诊疗经过及结果、睡眠和饮食等一般情况的变化，以及与鉴别诊断有关的阳性或阴性资料等。

1. 发病情况：记录发病的时间、地点、起病缓急、前驱症状、可能的原因或诱因。

2. 主要症状特点及其发展变化情况：按发生的先后顺序描述主要症状的部位、性质、持续时间、程度、缓解或加剧因素，以及演变发展情况。

3. 伴随症状：记录伴随症状，描述伴随症状与主要症状之间的相互关系。

4. 发病以来诊治经过及结果：记录患者发病后到入院前，在院内、外接受检查与治疗的详细经过及效果。对患者提供的药名、诊断和手术名称需加引号（“”）以示区别。

5. 发病以来一般情况：简要记录患者发病后的精神状态、睡眠、食欲、大小便、体重等情况。

与本次疾病虽无紧密关系、但仍需治疗的其他疾病情况，可在现病史后另起一段予以记录。

（四）既往史是指患者过去的健康和疾病情况。内容包括既往一般健康状况、疾病史、传染病史、预防接种史、手术外伤史、输血史、食物或药物过敏史等。

（五）个人史，婚育史、月经史，家族史。

1. 个人史：记录出生地及长期居留地，生活习惯及有无烟、酒、药物等嗜好，职业与工作条件及有无工业毒物、粉尘、放射性物质接触史，有无冶游史。

2. 婚育史、月经史：婚姻状况、结婚年龄、配偶健康状况、有无子女等。女性患者记录初潮年龄、行经期天数 、间隔天数、末次月经时间（或闭经年龄），月经量、痛经及生育等情况。

3. 家族史：父母、兄弟、姐妹健康状况，有无与患者类似疾病，有无家族遗传倾向的疾病。

（六）体格检查应当按照系统循序进行书写。内容包括体温、脉搏、呼吸、血压，一般情况，皮肤、黏膜，全身浅表淋巴结，头部及其器官，颈部，胸部（胸廓、肺部、心脏、血管），腹部（肝、脾等），直肠肛门，外生殖器，脊柱，四肢，神经系统等。

（七）专科情况应当根据专科需要记录专科特殊情况。

（八）辅助检查指入院前所作的与本次疾病相关的主要检查及其结果。应分类按检查时间顺序记录检查结果，如系在其他医疗机构所作检查，应当写明该机构名称及检查号。

（九）初步诊断是指经治医师根据患者入院时情况，综合分析所作出的诊断。如初步诊断为多项时，应当主次分明。对待查病例应列出可能性较大的诊断。

（十）书写入院记录的医师签名。

第十九条 再次或多次入院记录，是指患者因同一种疾病再次或多次住入同一医疗机构时书写的记录。要求及内容基本同入院记录。主诉是记录患者本次入院的主要症状（或体征）及持续时间；现病史中要求首先对本次住院前历次有关住院诊疗经过进行小结，然后再书写本次入院的现病史。

第二十条 患者入院不足24小时出院的，可以书写24小时内入出院记录。内容包括患者姓名、性别、年龄、职业、入院时间、出院时间、主诉、入院情况、入院诊断、诊疗经过、出院情况、出院诊断、出院医嘱，医师签名等。

第二十一条 患者入院不足24小时死亡的，可以书写24小时内入院死亡记录。内容包括患者姓名、性别、年龄、职业、入院时间、死亡时间、主诉、入院情况、入院诊断、诊疗经过（抢救经过）、死亡原因、死亡诊断，医师签名等。

第二十二条 病程记录是指继入院记录之后，对患者病情和诊疗过程所进行的连续性记录。内容包括患者的病情变化情况、重要的辅助检查结果及临床意义、上级医师查房意见、会诊意见、医师分析讨论意见、所采取的诊疗措施及效果、医嘱更改及理由、向患者及其近亲属告知的重要事项等。

病程记录的要求及内容：

（一）首次病程记录是指患者入院后由经治医师或值班医师书写的第一次病程记录，应当在患者入院8小时内完成。首次病程记录的内容包括病例特点、拟诊讨论（诊断依据及鉴别诊断）、诊疗计划等。

1. 病例特点：应当在对病史、体格检查和辅助检查进行全面分析、归纳和整理后写出本病例特征，包括阳性发现和具有鉴别诊断意义的阴性症状和体征等。

2. 拟诊讨论（诊断依据及鉴别诊断）：根据病例特点，提出初步诊断和诊断依据；对诊断不明的写出鉴别诊断并进行分析；并对下一步诊治措施进行分析。

3. 诊疗计划：提出具体的检查及治疗措施安排。

（二）日常病程记录是指对患者住院期间诊疗过程的经常性、连续性记录。由经治医师书写，也可以由实习医务人员或试用期医务人员书写，但应有经治医师签名。书写日常病程记录时，首先标明记录时间，另起一行记录具体内容。对病危患者应当根据病情变化随时书写病程记录，每天至少1次，记录时间应当具体到分钟。对病重患者，至少2天记录一次病程记录。对病情稳定的患者，至少3天记录一次病程记录。

（三）上级医师查房记录是指上级医师查房时对患者病情、诊断、鉴别诊断、当前治疗措施疗效的分析及下一步诊疗意见等的记录。

主治医师首次查房记录应当于患者入院48小时内完成。内容包括查房医师的姓名、专业技术职务、补充的病史和体征、诊断依据与鉴别诊断的分析及诊疗计划等。

主治医师日常查房记录间隔时间视病情和诊疗情况确定，内容包括查房医师的姓名、专业技术职务、对病情的分析和诊疗意见等。

科主任或具有副主任医师以上专业技术职务任职资格医师查房的记录，内容包括查房医师的姓名、专业技术职务、对病情的分析和诊疗意见等。

（四）疑难病例讨论记录是指由科主任或具有副主任医师以上专业技术任职资格的医师主持、召集有关医务人员对确诊困难或疗效不确切病例讨论的记录。内容包括讨论日期、主持人、参加人员姓名及专业技术职务、具体讨论意见及主持人小结意见等。

（五）交（接）班记录是指患者经治医师发生变更之际，交班医师和接班医师分别对患者病情及诊疗情况进行简要总结的记录。交班记录应当在交班前由交班医师书写完成；接班记录应当由接班医师于接班后24小时内完成。交（接）班记录的内容包括入院日期、交班或接班日期、患者姓名、性别、年龄、主诉、入院情况、入院诊断、诊疗经过、目前情况、目前诊断、交班注意事项或接班诊疗计划、医师签名等。

（六）转科记录是指患者住院期间需要转科时，经转入科室医师会诊并同意接收后，由转出科室和转入科室医师分别书写的记录。包括转出记录和转入记录。转出记录由转出科室医师在患者转出科室前书写完成（紧急情况除外）；转入记录由转入科室医师于患者转入后24小时内完成。转科记录内容包括入院日期、转出或转入日期，转出、转入科室，患者姓名、性别、年龄、主诉、入院情况、入院诊断、诊疗经过、目前情况、目前诊断、转科目的及注意事项或转入诊疗计划、医师签名等。

（七）阶段小结是指患者住院时间较长，由经治医师每月所作病情及诊疗情况总结。阶段小结的内容包括入院日期、小结日期，患者姓名、性别、年龄、主诉、入院情况、入院诊断、诊疗经过、目前情况、目前诊断、诊疗计划、医师签名等。

交（接）班记录、转科记录可代替阶段小结。

（八）抢救记录是指患者病情危重，采取抢救措施时作的记录。因抢救急危患者，未能及时书写病历的，有关医务人员应当在抢救结束后6小时内据实补记，并加以注明。内容包括病情变化情况、抢救时间及措施、参加抢救的医务人员姓名及专业技术职称等。记录抢救时间应当具体到分钟。

（九）有创诊疗操作记录是指在临床诊疗活动过程中进行的各种诊断、治疗性操作（如胸腔穿刺、腹腔穿刺等）的记录。应当在操作完成后即刻书写。内容包括操作名称、操作时间、操作步骤、结果及患者一般情况，记录过程是否顺利、有无不良反应，术后注意事项及是否向患者说明，操作医师签名。

（十）会诊记录（含会诊意见）是指患者在住院期间需要其他科室或者其他医疗机构协助诊疗时，分别由申请医师和会诊医师书写的记录。会诊记录应另页书写。内容包括申请会诊记录和会诊意见记录。申请会诊记录应当简要载明患者病情及诊疗情况、申请会诊的理由和目的，申请会诊医师签名等。常规会诊意见记录应当由会诊医师在会诊申请发出后48小时内完成，急会诊时会诊医师应当在会诊申请发出后10分钟内到场，并在会诊结束后即刻完成会诊记录。会诊记录内容包括会诊意见、会诊医师所在的科别或者医疗机构名称、会诊时间及会诊医师签名等。申请会诊医师应在病程记录中记录会诊意见执行情况。

（十一）术前小结是指在患者手术前，由经治医师对患者病情所作的总结。内容包括简要病情、术前诊断、手术指征、拟施手术名称和方式、拟施麻醉方式、注意事项，并记录手术者术前查看患者相关情况等。

（十二）术前讨论记录是指因患者病情较重或手术难度较大，手术前在上级医师主持下，对拟实施手术方式和术中可能出现的问题及应对措施所作的讨论。讨论内容包括术前准备情况、手术指征、手术方案、可能出现的意外及防范措施、参加讨论者的姓名及专业技术职务、具体讨论意见及主持人小结意见、讨论日期、记录者的签名等。

（十三）麻醉术前访视记录是指在麻醉实施前，由麻醉医师对患者拟施麻醉进行风险评估的记录。麻醉术前访视可另立单页，也可在病程中记录。内容包括姓名、性别、年龄、科别、病案号，患者一般情况、简要病史、与麻醉相关的辅助检查结果、拟行手术方式、拟行麻醉方式、麻醉适应证及麻醉中需注意的问题、术前麻醉医嘱、麻醉医师签字并填写日期。

（十四）麻醉记录是指麻醉医师在麻醉实施中书写的麻醉经过及处理措施的记录。麻醉记录应当另页书写，内容包括患者一般情况、术前特殊情况、麻醉前用药、术前诊断、术中诊断、手术方式及日期、麻醉方式、麻醉诱导及各项操作开始及结束时间、麻醉期间用药名称、方式及剂量、麻醉期间特殊或突发情况及处理、手术起止时间、麻醉医师签名等。

（十五）手术记录是指手术者书写的反映手术一般情况、手术经过、术中发现及处理等情况的特殊记录，应当在术后 24 小时内完成。特殊情况下由第一助手书写时，应有手术者签名。手术记录应当另页书写，内容包括一般项目（患者姓名、性别、科别、病房、床位号、住院病历号或病案号）、手术日期、术前诊断、术中诊断、手术名称、手术者及助手姓名、麻醉方法、手术经过、术中出现的情况及处理等。

（十六）手术安全核查记录是指由手术医师、麻醉医师和巡回护士三方，在麻醉实施前、手术开始前和患者离室前，共同对患者身份、手术部位、手术方式、麻醉及手术风险、手术使用物品清点等内容进行核对的记录，输血的患者还应对血型、用血量进行核对。应有手术医师、麻醉医师和巡回护士三方核对、确认并签字。

（十七）手术清点记录是指巡回护士对手术患者术中所用血液、器械、敷料等的记录，应当在手术结束后即时完成。手术清点记录应当另页书写，内容包括患者姓名、住院病历号（或病案号）、手术日期、手术名称、术中所用各种器械和敷料数量的清点核对、巡回护士和手术器械护士签名等。

（十八）术后首次病程记录是指参加手术的医师在患者术后即时完成的病程记录。内容包括手术时间、术中诊断、麻醉方式、手术方式、手术简要经过、术后处理措施、术后应当特别注意观察的事项等。

（十九）麻醉术后访视记录是指麻醉实施后，由麻醉医师对术后患者麻醉恢复情况进行访视的记录。麻醉术后访视可另立单页，也可在病程中记录。内容包括姓名、性别、年龄、科别、病案号，患者一般情况、麻醉恢复情况、清醒时间、术后医嘱、是否拔除气管插管等，如有特殊情况应详细记录，麻醉医师签字并填写日期。

（二十）出院记录是指经治医师对患者此次住院期间诊疗情况的总结，应当在患者出院后 24 小时内完成。内容主要包括入院日期、出院日期、入院情况、入院诊断、诊疗经过、出院诊断、出院情况、出院医嘱、医师签名等。

（二十一）死亡记录是指经治医师对死亡患者住院期间诊疗和抢救经过的记录，应当在患者死亡后 24 小时内完成。内容包括入院日期、死亡时间、入院情况、入院诊断、诊疗经过(重点记录病情演变、抢救经过)、死亡原因、死亡诊断等。记录死亡时间应当具体到分钟。

(二十二) 死亡病例讨论记录是指在患者死亡一周内，由科主任或具有副主任医师以上专业技术职务任职资格的医师主持，对死亡病例进行讨论、分析的记录。内容包括讨论日期、主持人及参加人员姓名、专业技术职务、具体讨论意见及主持人小结意见、记录者的签名等。

(二十三) 病重(病危)患者护理记录是指护士根据医嘱和病情对病重(病危)患者住院期间护理过程的客观记录。病重(病危)患者护理记录应当根据相应专科的护理特点书写。内容包括患者姓名、科别、住院病历号(或病案号)、床位号、页码、记录日期和时间、出入液量、体温、脉搏、呼吸、血压等病情观察、护理措施和效果、护士签名等。记录时间应当具体到分钟。

第二十三条　手术同意书是指手术前，经治医师向患者告知拟施手术的相关情况，并由患者签署是否同意手术的医学文书。内容包括术前诊断、手术名称、术中或术后可能出现的并发症、手术风险、患者签署意见并签名、经治医师和术者签名等。

第二十四条　麻醉同意书是指麻醉前，麻醉医师向患者告知拟施麻醉的相关情况，并由患者签署是否同意麻醉意见的医学文书。内容包括患者姓名、性别、年龄、病案号、科别、术前诊断、拟行手术方式、拟行麻醉方式，患者基础疾病及可能对麻醉产生影响的特殊情况，麻醉中拟行的有创操作和监测，麻醉风险、可能发生的并发症及意外情况，患者签署意见并签名、麻醉医师签名并填写日期。

第二十五条　输血治疗知情同意书是指输血前，经治医师向患者告知输血的相关情况，并由患者签署是否同意输血的医学文书。输血治疗知情同意书内容包括患者姓名、性别、年龄、科别、病案号、诊断、输血指征、拟输血成分、输血前有关检查结果、输血风险及可能产生的不良后果、患者签署意见并签名、医师签名并填写日期。

第二十六条　特殊检查、特殊治疗同意书是指在实施特殊检查、特殊治疗前，经治医师向患者告知特殊检查、特殊治疗的相关情况，并由患者签署是否同意检查、治疗的医学文书。内容包括特殊检查、特殊治疗项目名称、目的、可能出现的并发症及风险、患者签名、医师签名等。

第二十七条　病危(重)通知书是指因患者病情危、重时，由经治医师或值班医师向患者家属告知病情，并由患方签名的医疗文书。内容包括患者姓名、性别、年龄、科别，目前诊断及病情危重情况，患方签名、医师签名并填写日期。一式两份，一份交患方保存，另一份归病历中保存。

第二十八条　医嘱是指医师在医疗活动中下达的医学指令。医嘱单分为长期医嘱单和临时医嘱单。

长期医嘱单内容包括患者姓名、科别、住院病历号(或病案号)、页码、起始日期和时间、长期医嘱内容、停止日期和时间、医师签名、执行时间、执行护士签名。临时医嘱单内容包括医嘱时间、临时医嘱内容、医师签名、执行时间、执行护士签名等。

医嘱内容及起始、停止时间应当由医师书写。医嘱内容应当准确、清楚，每项医嘱应当只包含一个内容，并注明下达时间，应当具体到分钟。医嘱不得涂改。需要取消时，应当使用红色墨水标注“取消”字样并签名。

一般情况下，医师不得下达口头医嘱。因抢救急危患者需要下达口头医嘱时，护士应当复诵一遍。抢救结束后，医师应当即刻据实补记医嘱。

第二十九条　辅助检查报告单是指患者住院期间所做各项检验、检查结果的记录。内容包括患者姓名、性别、年龄、住院病历号（或病案号）、检查项目、检查结果、报告日期、报告人员签名或者印章等。

第三十条　体温单为表格式，以护士填写为主。内容包括患者姓名、科室、床号、入院日期、住院病历号（或病案号）、日期、手术后天数、体温、脉搏、呼吸、血压、大便次数、出入液量、体重、住院周数等。

第四章　病 历 打 印

第三十一条　打印病历是指应用字处理软件编辑生成并打印的病历（如 Word 文档、WPS 文档等）。打印病历应当按照本规定的内容录入并及时打印，由相应医务人员手写签名。

第三十二条　医疗机构打印病历应当统一纸张、字体、字号及排版格式。打印字迹应清楚易认，符合病历保存期限和复印的要求。

第三十三条　打印病历编辑过程中应当按照权限要求进行修改，已完成录入打印并签名的病历不得修改。

第五章　其　　他

第三十四条　住院病案首页按照《卫生部关于修订下发住院病案首页的通知》（卫医发〔2001〕286 号）的规定书写。

第三十五条　特殊检查、特殊治疗按照《医疗机构管理条例实施细则》（1994 年卫生部令第 35 号）有关规定执行。

第三十六条　中医病历书写基本规范由国家中医药管理局另行制定。

第三十七条　电子病历基本规范由卫生部另行制定。

第三十八条　本规范自 2010 年 3 月 1 日起施行。我部于 2002 年颁布的《病历书写基本规范（试行）》（卫医发〔2002〕190 号）同时废止。

主要参考文献

全国人大常委会《关于司法鉴定管理问题的决定》
《人身损害受伤人员误工损失日评定准则(GA/T521-2004)》
《司法鉴定程序通则》
《司法鉴定机构登记管理办法》
《司法鉴定人登记管理办法》
《职工工伤与职业病致残程度鉴定(GB18667-2002)》
《中华人民共和国民事诉讼法》
《中华人民共和国刑事诉讼法》
《中华人民共和国行政诉讼法》
《最高人民法院关于适用〈中华人民共和国刑事诉讼法〉的解释》
最高人民法院、最高人民检察院、公安部、国家安全部、司法部《关于办理死刑案件审查判断证据若干问题的规定》
ICD-10 即《疾病和有关健康问题的国际统计分类(第 10 次修订本)》
常林. 司法鉴定专家辅助人制度研究. 北京：中国政法大学出版社，2012.
陈忆九，王慧君. 法医病理司法鉴定实务. 北京：法律出版社，2009.
杜志淳，霍宪丹. 中国司法鉴定制度研究. 北京：中国法制出版社，2002.
龚赛红. 医疗损害赔偿立法研究. 北京：法律出版社，2001.
黄丁全. 医疗法律与生命伦理. 北京：法律出版社，2007.
克雷斯蒂安·冯·巴尔. 欧洲比较侵权行为法(上). 张新宝译. 北京：法律出版社，2004.
肯尼斯·R·福斯特，彼得·W，休伯. 对科学证据的认定—科学知识与联邦法院. 王增益主译. 北京：法律出版社，2001.
李多敬. 医学分度学. 郑州：河南科学技术出版社，1999.
李凤鸣. 眼科全书. 北京：人民卫生出版社，1996.
李佩文. 恶性肿瘤误诊误治与防范. 北京：科学技术文献出版社，2002.
李庆生，谭家驹. 医院的法律责任. 北京：法律出版社，2004.
李圣隆. 医护法规概论. 中国台北：华杏出版社，1993.
刘梅. 2014 版职工工伤劳动能力鉴定标准应用指南. 上海：上海科学技术文献出版社，2015.

唐德华.《医疗事故处理条例》的理解与适用. 北京：中国社会科学出版社，2002.
王宝发.《最高人民法院关于民事诉讼证据的若干规定》释义. 北京：法律出版社，2002.
王国宝. 实用呼吸机治疗学. 北京：人民卫生出版社，1994.
王利民，杨立新. 人格权与新闻侵权. 北京：中国方正出版社，1995.
王旭. 医疗过失技术鉴定研究. 北京：中国人民公安大学出版社，2009.
王泽鉴. 侵权行为法. 中国台北：三民书局，2009.
吴军，夏文涛. 人身伤害司法鉴定操作指南. 北京：中国检察出版社，2006.
奚晓明.《中华人民共和国侵权责任法》条文理解与适用. 北京：人民法院出版社，2010.
夏文涛，邓振华. 眼外伤的法医学鉴定. 北京：中国检察出版社，2008.
肖进. 临床认识方法概论. 北京：人民军医出版社，1990.
严密. 眼科学. 第4版. 北京：人民卫生出版社，1999.
阎洪禄，高建鲁. 小儿眼科学. 北京：人民卫生出版社，2002.
中国人民解放军总后勤部卫生部. 临床疾病诊断依据治愈好转标准. 北京：人民军医出版社，1987.
朱广友. 法医临床司法鉴定实务. 北京：法律出版社，2009.
Margaret A. Refernce Manual on Scientific Evidencem, Federal Judicial Center. Berger, Evidentiary Framwork In, 1994.
R. Barrot, N. Nicourt, Le lien de causalité: Actualités medico-légales de reparation du dommage corporel. Volume IV, Paris: Masson, 1986.
Susan R. Poulter, Medical and Scientific Evidence of Causation: Guidelines for Evaluating Medical Opinion Evidence, In Carl Meyer (ed): Expert Wittnessing: Explaining and Understanding Science. CRC Press LLC, 1999.
Waldo E Nelson. 尼尔逊儿科学(上册). 第15版. 张国成主译. 西安：世界图书出版社，1999.
Waldo E Nelson. 尼尔逊儿科学(下册). 第15版. 张国成主译. 西安：世界图书出版社，1999.
包桂丽，滕宏飞. 医疗纠纷的第三方调解机制. 法制与社会，2011，(11)：46，50.
冯俊敏，李玉明，韩晨光. 418篇医疗纠纷文献回顾性分析. 中国医院管理，2013，33(9)：77—79.
郜欣. 早产儿视网膜病变. 国外医学·眼科学分册，1995，19(2)：119—122.
顾晓峰. 剖宫产术后腰骶神经根损伤致医疗纠纷1例. 中国司法鉴定，2013，(2)：135—136.
胡晓翔. 浅析医疗事故技术鉴定中的“回避”和“过失判定”. 医院管理论坛，2006，(10)：53—54.
胡琰峰，冯卓群. 医疗侵权中的因果关系-英美侵权行为法视角下的分析. 郑州航空工业管理学院学报，2005，24(2)：61—63.
李立. 医疗事故技术鉴定的调查取证. 中国司法鉴定，2011，(1)：59—61.
李荣，王建文. 医疗纠纷案件的法医学思考. 中国司法鉴定，2009，(1)：65—67.

李卓凝,张转利. 医法结合是医疗纠纷鉴定的必然趋势. 中国司法鉴定,2009,(6):74—76
梁丽萍.《侵权责任法》实施前后医疗纠纷处理的意义. 中医药管理杂志,2013,21(2):180—181.
刘冬梅,沈寒坚,夏文涛. 医疗干预对损伤程度鉴定与伤残等级评定的影响. 中国司法鉴定,2014,2:39—42.
刘秀芝,葛艳.《侵权责任法》对现阶段医疗纠纷处理影响的分析. 中国实用护理杂,2011,27(7):72—73.
吕艺,王侠,于波. 2002—2010 年辽宁省沈阳市城区居民伤害死亡因素分析. 中国健康教育,2012,28(6):472—475.
彭书雅,夏文涛. 机会丧失医疗纠纷因果关系及参与程度鉴定分析. 证据科学,2013,(3):354—359.
司法部司法鉴定科学技术研究所. 人体损伤医疗时限参考意见. 法医学杂志,1994,10(赔偿医学增刊):17—20
孙会艳,张军,夏文涛等. 上呼吸道异物梗阻继发肺部感染死亡引发医疗纠纷 1 例. 中国司法鉴定,2011,6:S19—20.
童元松. 人身意外伤害保险中多因致损的案例探析. 保险职业学院学报,2007,21(4):62—64.
汪建成,孙远. 刑事鉴定结论研究. 中国刑事法杂志,2001,(2):69—83.
汪建涛,廖瑞端,陈玮琪. 未成熟儿视网膜病变危险因素分析. 中国斜视与小儿眼科杂志,2001,9(3):113—115.
王文吉. 早产儿视网膜病变. 中华眼底病杂志,1996,12(1):30.
王亚新. 民事诉讼中的证人出庭作证. 中外法学,2005,(2):106—108.
王颖,周丛乐,姜艳荣等. 早产儿视网膜发病情况及发病因素探讨. 中国实用儿科杂志,1995,10(2):103—105.
伍啸青,戴龙,魏云等. 厦门市居民 2002—2009 年伤害死亡分析. 中华疾病控制杂志,2012,16(2):105—108.
夏文涛,董大安,范利华. 肠梗阻延误诊治时机引发纠纷分析. 中国临床医生,2010,38(9):77—78.
夏文涛,李瑜,董大安. 交通事故颈椎损伤手术治疗后植物状态致医疗纠纷分析. 中国临床医生,2010,38(4):75—76.
夏文涛,李瑜,董大安. 胸部开放性损伤后延误诊治致纠纷分析. 中国临床医生,2012,40(1):76—79.
夏文涛,李瑜,范利华. 腓总神经损伤延迟诊断引发纠纷分析. 中国临床医生,2010,38(5):78—79.
夏文涛,李瑜,刘瑞珏. 心肺疾病家庭诊治后死亡引发纠纷分析. 中国临床医生,2011,39(5):78—79.
夏文涛,杨小萍,范利华. 妇科手术后纱布异物遗留于阴道深部引发纠纷分析. 中国临床医生，2011，39(1)：77—79.
夏文涛，杨小萍，李瑜. 急救措施不力后死亡引发纠纷分析. 中国临床医生，2010，38(7)：77—78.
夏文涛，杨小萍，李瑜. 急性播散性脑脊髓膜炎致医疗纠纷. 中国临床医生，2012，40(2)：77—79.
杨立新，王丽莎. 错误出生的损害赔偿责任及适当限制. 北方法学，2011，5(2)：13—22.
叶名怡. 医疗侵权责任中因果关系的认定. 中外法学，2012，24：136—154.
于晓军，王海鹏，赖小平，祝家镇. 法医学死因分析及其参与度划分规范的探讨. 法医学杂志，2010，26(5)：383—386.
余芮. 医疗侵权案件因果关系的认定. 法学研究，2013，(9)：102—103.
袁伟伟，旋妮玲. 以“医闹”为突破点的医疗纠纷解决办法. 实用医学杂志，2014，(7)：1172—1174.
岳霞，乔东访，谭晓辉等. 医疗损害鉴定中的病历问题. 中国司法鉴定，2013，(2)：117—119.
张保，张路，孔令杰等. 从“医疗事故”鉴定向“医疗过错”鉴定的演变. 中国司法鉴定，2012，(6)：127—133.
张国明. 早产儿视网膜病变手术治疗新进展. 国外医学眼科学分册，2000，24(3)：169—173.
赵桐，唐怡. 医德法并重解决医患纠纷——基于几起重大医患事件的反思. 中国卫生事业管理，2013，30(3)：187—188，199.
朱广友. 法医临床鉴定意见之评价. 中国司法鉴定，2008，(6)：89—91.
朱广友. 科学证据的基本特征——兼谈法医学鉴定意见的审查. 中国司法鉴定，2007，(4)：10—13.
朱广友. 论司法鉴定意见的基本属性. 中国司法鉴定，2008，(4)：1—6
朱广友. 新生儿脑瘫医疗损害法医学鉴定 4 例. 法医学杂志，2011，27(4)：301—304.
朱广友. 医疗纠纷鉴定—判定医疗过失的基本原则. 中国司法鉴定，2003，(3)：42—46
朱广友. 医疗纠纷鉴定-因果关系判定的基本原则. 法医学杂志，2003，19(4)：232—236
朱晋峰. 刑事诉讼中鉴定意见证明力的不足与补强. 中国司法鉴定，2011，(4)：72—75.
朱晋峰. 重要鉴定人出庭作证问题论纲——以《刑事诉讼法修正案(草案)》. 中国司法鉴定，2012，(1)：75—79.
C. Quézel-Ambrunaz. Essai sur la causalité en droit de la responsabilité civile. Dalloz, 2010，185：158.
Committee for the Classification of Retinopathy of Prematurity. An international classification of retinopathy of prematurity. Arch Ophthalmol, 1942，25：203.
Diana Brahams. Consent and the Chain of Causation and Quantum. Medial-Legal Journal, 2002，70：183—187，
Jiemin Chen, Wentao Xia. Assessment of the responsibility between a road traffic accident and medical defects after the traffic accident injury of knee joint. Journal of

Forensic and Legal Medicine, 2012,19(4): 168—170.

Karen Bruce Lockhart. Professional Negligence Reports. Medical Legal Journal, 2000, 69:122—123.

Kennedy Grubb. Medical Law Text and Materials. London: Butterworths, 1989.

King JH. Causation, Valuation, and Chance in Personal Injury Torts Involving Preexisting Conditions and Future Consequence. Yale Law Journal, 1981, 90:1353 - 97.

Phelps DL. Retinopathy of Prematurity. : an estimate of vision loss in the United States—1979. Pediatrics, 1981,67(9): 924—925.

Terry TL. Extreme Prematurity and Fibroblastic Overgrowth of Persistent Vascular Sheath behind Each Crystalline Lens. I Preliminary Report. Am J Ophthalmol, 1942, 25:203.

致谢

值此搁笔付梓之际，我特别缅怀曾经给予我无私教诲的复旦大学附属中山医院王承棓教授、蒋豪教授，这些老前辈在学术上直面真理的大家风范，令我永远敬仰、难忘。同时也向给予我许多帮助的吴军主任法医师、戴钟英教授、陈道莅教授、陈峥嵘教授、龚鼎铨教授、张国桢教授、肖立主任医师等专家表示由衷的谢意。感谢司法部司法鉴定科学技术研究所的领导和诸位同事给予我们的支持。正是由于你们的关心和支持，才使本书能够在最初酝酿直至编撰完成长达三年多的时间，我们不敢懈怠，最终看到泛着墨香的成书面世。

本书的出版得到“十二五”国家科技支撑计划《司法鉴定关键技术研究》项目(2012BAK16B00)以及上海市法医学重点实验室(司法部司法鉴定科学技术研究所)的资助，在此一并谨致谢意。

感谢司法部司法鉴定科学技术研究所副所长、研究员、主任法医师、博士研究生导师陈忆九老师在本书撰写期间给予的关心和指导，并在百忙之中欣然应邀为本书作序。

期待读者能够原谅因为我们知识能力所限以至于书中难免存在的疏漏之处，期待并感谢您的每一点指正。

主编

二〇一五年二月